U0656831

谨以此书献给无微不至、悉心培养我的父母
以及伴我勇敢前行的太太和女儿

SALES FORCE

杨嵩 ◎ 著

{白金版}

销售力

首次提出并构建销售力体系，全书化繁为简，一脉相承。

首次构建销售用全景逻辑图。

首次将新制度经济学、博弈论、数理统计、计算机、哲学等融会贯通看销售。

原创 123 万字，253 张缜密的逻辑图，38 个精心锤炼的实用工具。

清晰的鸟瞰，理性的魅力，厚重的实践，助您在销售领域所向披靡。

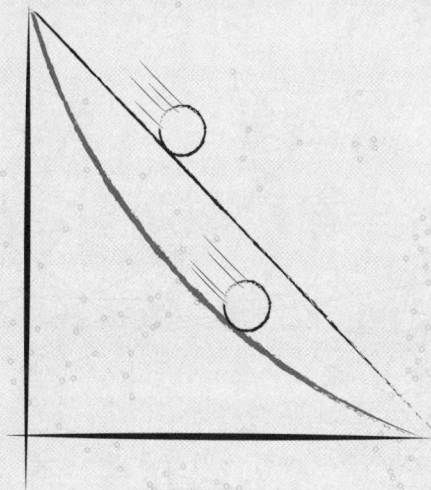

东北财经大学出版社
Dongbei University of Finance & Economics Press

大连

图书在版编目（CIP）数据

销售力：白金版／杨嵩著．—大连：东北财经大学出版社，2018.7
ISBN 978 - 7 - 5654 - 3151 - 7

Ⅰ．销…　Ⅱ．杨…　Ⅲ．销售 - 方法　Ⅳ. F713.3

中国版本图书馆 CIP 数据核字（2018）第 096093 号

东北财经大学出版社出版
（大连市黑石礁尖山街 217 号　邮政编码　116025）
网　　址：http：//www. dufep. cn
读者信箱：dufep @ dufe. edu. cn
大连图腾彩色印刷有限公司印刷　　　东北财经大学出版社发行

幅面尺寸：205mm×285mm　字数：1230 千字　印张：39.25　插页：6
2018 年 7 月第 1 版　　　　　　　　　　2018 年 7 月第 1 次印刷

责任编辑：蔡　丽　　　　　　　　　　责任校对：蓝　海
封面设计：冀贵收　　　　　　　　　　版式设计：钟福建

定价：188.00 元

教学支持　售后服务　联系电话：(0411) 84710309
版权所有　侵权必究　举报电话：(0411) 84710523
如有印装质量问题，请联系营销部：(0411) 84710711

对销售最直接的理解就是把产品或服务卖给客户。再引申一步看，我们所从事的很多工作本质上也都是销售，例如我们给领导的工作汇报或者给客户的提案实质上也是在销售一个想法（或者是概念、项目等）给对方。再把视野放开来看，很多看起来完全和销售不沾边的事情本质上也都是销售，美国总统的竞选活动实质上就是把自己"销售"给选民，而求婚本质上也是男士把自己"销售"给心仪的美女。

因此，几乎可以说"全民皆销售"！虽然本书探讨的是狭义的销售领域，但首先希望的是销售从业人员能够树立对这份职业的自豪感和热爱，我们是把企业的产品和服务在这个社会最终实现价值的关键人物，我们从事的是颇具技术含量的核心工作，我们从工作中所学到的知识技能和经验是可以触类旁通地应用于人生的各个领域，不仅使我们的工作更成功，而且可以使我们的人生更精彩。

小时候我们都听说过两个故事："小马过河"与"盲人摸象"，这其实深刻地预示了我们长大后在工作和生活中经常会遇到的困惑与无奈。要么别人教给我们的只是他在特定环境或条件下的经验之谈（换到此时此境自己未见得实用），要么就是我们从自己的角度只能看到的事物规律的局部，我们总是在追寻和渴望获得从空中俯瞰的"销售全景图"。是的，这种渴望一直都萦绕在我们的心头，这条追寻之路一直在我们的脚下延伸，或许这个梦想永远都无法完全实现，但我们要尽量趋近于这个目标，这就是本书试图努力的第一个方向。

销售是一个博大精深的领域，要试图建立这个"销售全景图"绝非易事，如何找到一个切入点或一条主线贯穿始终呢？凡事都有其逻辑或规律，佛家叫因果关系，数学叫函数与变量的关系，计算机软件叫输入与输出的关系。销量是我们最终期望达成的目标（在确保合理利润的前提下），这如同佛教讲的"果"，数学讲的"函数"，计算机软件讲的"输出"，那么影响销量的因素有哪些呢？这些因素又分成多少个类别以及多少个层级呢？如何把每一项工作做好，使其输出最大化呢（在既定输入下）？本书借鉴物理学的"作用力"作为贯穿始终的主线和逻辑，各个类别各个层级的每一项具体的销售要素都可理解为是直接或间接贡献销量的一种作用力，全书以此一脉相承。

理论与实践的融合才能迸发出巨大的生产力，否则仅有理论只是纸上谈兵，而仅仅是经验之谈又沦为简陋的"只知其然，不只其所以然"，并且在未来没有延展性。因此，本书试图努力的第二个方向是"顶天立地"，所谓"顶天"，就是尽量深入浅出地整理和归纳与销售相关的理论和知识体系，而所谓"立地"，就是脚踏实地开发了大量的实用工具。

无论是建立"销售全景图"还是做到"顶天立地"，都只能是遥不可及的梦想，不过有梦想的人总是幸福的。虽然本书离此远大目标或许只及万一，但仍然期望对销售战线的广大"追梦人"有所裨益。

2018 年春

目录

第1篇　销售导论

第1章　销售概述 3
1.1　销售的起源 3
1.2　销售的定义 4
1.3　销售工作简介 11
1.4　销售在企业生意体系中的重要性 15
1.5　在"销售之路"上的思维之旅 18
1.6　实地销售与销售战略 31

第2章　销售力知识体系 33
2.1　销售力简介 33
2.2　销售力三维结构体系简介 39
2.3　销售作用力体系简介 45
2.4　销售分析力体系简介 86
2.5　销售理论力体系简介 95
2.6　销售力知识体系的三维延伸 98
2.7　销售从业人员如何不断提升自己 100
本章要点回顾 101

第2篇　销售理论力体系

第3章　交易成本理论及其应用 105
3.1　新制度经济学简介 105
3.2　交易成本理论简介 110
3.3　应用1：销售战略即企业对外和对内的交易制度 116
3.4　应用2：渠道矩阵宽度的决策规律 119
3.5　应用3：渠道矩阵长度的决策规律 126
3.6　应用4：渠道一体化程度的决策规律 132
3.7　应用5：运用交易成本理论分析中国销售渠道的发展轨迹 140
3.8　交易成本理论及其应用小结 145
本章要点回顾 149

第4章　委托代理理论及其应用 151
4.1　委托代理理论的发展及相关概念 151
4.2　委托代理理论的核心 155

4.3　应用1：深入分析委托代理关系的必要性 ┈┈┈┈┈┈┈┈ 160

4.4　应用2：企业与渠道伙伴的利益分配制度 ┈┈┈┈┈┈ 169

4.5　应用3：企业对销售人员的利益分配制度 ┈┈┈┈┈┈ 178

4.6　委托代理理论及其应用小结 ┈┈┈┈┈┈┈┈┈┈┈┈ 184

本章要点回顾 ┈┈┈┈┈┈┈┈┈┈┈┈┈┈┈┈┈┈┈┈┈ 186

第5章　思维方法论及其应用 ┈┈┈┈┈┈┈┈┈┈┈┈┈┈ 189

5.1　定量分析与逻辑分析的重要性 ┈┈┈┈┈┈┈┈┈┈┈ 189

5.2　博弈论及其应用简介 ┈┈┈┈┈┈┈┈┈┈┈┈┈┈┈ 192

5.3　微观经济学及其应用简介 ┈┈┈┈┈┈┈┈┈┈┈┈┈ 207

5.4　系统论及其应用简介 ┈┈┈┈┈┈┈┈┈┈┈┈┈┈┈ 223

5.5　有关思维的两个小故事 ┈┈┈┈┈┈┈┈┈┈┈┈┈┈ 235

本章要点回顾 ┈┈┈┈┈┈┈┈┈┈┈┈┈┈┈┈┈┈┈┈┈ 236

第6章　量化分析工具及其应用 ┈┈┈┈┈┈┈┈┈┈┈┈┈ 238

6.1　数理统计概述 ┈┈┈┈┈┈┈┈┈┈┈┈┈┈┈┈┈┈ 238

6.2　如何测算抽样统计的准确度 ┈┈┈┈┈┈┈┈┈┈┈┈ 243

6.3　如何计算最佳样本容量 ┈┈┈┈┈┈┈┈┈┈┈┈┈┈ 249

6.4　抽样统计方法在销售中的应用 ┈┈┈┈┈┈┈┈┈┈┈ 252

6.5　统计预测法 ┈┈┈┈┈┈┈┈┈┈┈┈┈┈┈┈┈┈┈ 255

6.6　数理统计及其应用小结 ┈┈┈┈┈┈┈┈┈┈┈┈┈┈ 262

6.7　数据库理论概述 ┈┈┈┈┈┈┈┈┈┈┈┈┈┈┈┈┈ 264

6.8　合理设计数据表结构 ┈┈┈┈┈┈┈┈┈┈┈┈┈┈┈ 269

6.9　自动甄别数据源质量 ┈┈┈┈┈┈┈┈┈┈┈┈┈┈┈ 271

6.10　自动计算、查询与分析 ┈┈┈┈┈┈┈┈┈┈┈┈┈ 274

6.11　数据库理论小结 ┈┈┈┈┈┈┈┈┈┈┈┈┈┈┈┈ 275

6.12　销售理论力及其应用小结 ┈┈┈┈┈┈┈┈┈┈┈┈ 275

本章要点回顾 ┈┈┈┈┈┈┈┈┈┈┈┈┈┈┈┈┈┈┈┈┈ 277

第3篇　销售作用力体系

第7章　销售战略层面的作用力体系 ┈┈┈┈┈┈┈┈┈┈ 283

7.1　输出1：销售战略层面的基本作用力 ┈┈┈┈┈┈┈┈ 285

7.2　输出2：销售战略层面的人员作用力 ┈┈┈┈┈┈┈┈ 292

7.3　输出3：销售战略层面的资源作用力 ┈┈┈┈┈┈┈┈ 294

7.4　销售战略层面的作用力体系的输入 ┈┈┈┈┈┈┈┈┈ 296

7.5　企业的销售相关系统简介 ┈┈┈┈┈┈┈┈┈┈┈┈┈ 298

7.6　销售战略决策系统简介 ┈┈┈┈┈┈┈┈┈┈┈┈┈┈ 304

7.7　销售管理系统简介 ┈┈┈┈┈┈┈┈┈┈┈┈┈┈┈┈ 315

7.8　销售战略层面的作用力体系小结 ┈┈┈┈┈┈┈┈┈┈ 318

本章要点回顾 ┈┈┈┈┈┈┈┈┈┈┈┈┈┈┈┈┈┈┈┈┈ 318

第8章　人员作用力概述及队伍建立 ·· 320

8.1　实地销售的人员作用力概述 ··· 320

8.2　如何设计实地销售队伍的组织结构 ·· 325

8.3　实地销售队伍的组织结构设计的相关实用工具 ······························ 336

8.4　如何招聘与配置实地销售人员 ·· 347

本章要点回顾 ·· 356

第9章　实地销售队伍管理 ··· 358

9.1　实地销售队伍管理概述 ··· 359

9.2　透视销售队伍上下级关系的实质 ··· 361

9.3　激励原理概述 ··· 364

9.4　销售人员的绩效评估与薪酬体系 ··· 367

9.5　销售人员的综合评估与晋升机制 ··· 381

9.6　如何约束销售人员的"道德风险" ·· 383

9.7　实地销售队伍的日常管理 ··· 385

9.8　如何从管理者成长为领导者 ·· 399

9.9　实地销售队伍管理的精髓 ··· 404

本章要点回顾 ·· 404

第10章　实地销售队伍培训 ··· 406

10.1　销售培训概述 ··· 406

10.2　分析培训需求 ··· 409

10.3　建立销售培训体系 ·· 411

10.4　销售培训的实用方法 ·· 422

10.5　实地培训循环 ··· 425

10.6　在销售培训上花多少钱和时间 ··· 429

本章要点回顾 ·· 430

第11章　实地销售资源管理 ··· 433

11.1　实地销售的"资源作用力"概述 ··· 433

11.2　实地销售费用科目及其分类 ·· 438

11.3　"驼峰"费用授权模型 ·· 443

11.4　"三棱镜"费用分配模型 ·· 447

11.5　实地销售费用的操作规程 ··· 452

11.6　常见"费用黑洞"及其对策 ·· 460

本章要点回顾 ·· 463

第4篇　分销商系统

第12章　分销商概论 ··· 467

12.1　什么是分销商 ··· 467

12.2　分销商在销售渠道中存在的价值 ··· 469

目　录

3

12.3 分销商系统的构建与管理概述 ……………………………………… 472

12.4 透视企业与分销商的合作关系 ……………………………………… 478

12.5 中国分销商群体的现状简析 ………………………………………… 481

本章要点回顾 …………………………………………………………… 484

第13章 分销商系统的构建 ……………………………………… 485

13.1 分销商系统的构建概述 ………………………………………………… 485

13.2 分销商布局 ……………………………………………………………… 491

13.3 分销商定位与需求"杠铃" …………………………………………… 497

13.4 如何确立分销商的选择标准 ………………………………………… 500

13.5 如何寻找与调查目标分销商 ………………………………………… 505

13.6 如何说服目标分销商，提高其合作意愿 …………………………… 506

13.7 如何与目标分销商谈判合作条款 …………………………………… 512

13.8 最终确定分销商的方法与误区 ……………………………………… 524

本章要点回顾 …………………………………………………………… 527

第14章 分销商系统的管理 ……………………………………… 529

14.1 分销商系统管理概述 ………………………………………………… 529

14.2 分销商眼里的企业及其销售人员 …………………………………… 532

14.3 企业与分销商之间的 OSB 维护 …………………………………… 534

14.4 激励分销商 ……………………………………………………………… 547

14.5 协助与约束分销商提升再销售能力 ………………………………… 558

14.6 分销商洞察 ……………………………………………………………… 578

本章要点回顾 …………………………………………………………… 587

第15章 分销商冲货问题的分析与对策 ………………………… 589

15.1 冲货对生意的危害有多大 …………………………………………… 589

15.2 透视冲货问题背后的原因 …………………………………………… 590

15.3 冲货的"洪流"仅仅靠处罚机制能"堵"住吗 …………………… 598

15.4 应对冲货问题的"12 + 1"对策 …………………………………… 600

本章要点回顾 …………………………………………………………… 606

销售力

4

图索引

附图 1   销售力总纲（见书后）
附图 2   实地销售作用力示意图（略图）（见书后）
附图 3   实地销售作用力示意图（详图）（见书后）
附图 4   实地销售扫描分析流程（见书后）

第1篇   销售导论

第1章   销售概述

图 1－1   销售部门和销售人员的产生 ·········· 3
图 1－2   对销售从业人员的素质要求 ·········· 14
图 1－3   广义市场营销的四大类工作 ·········· 15
图 1－4   销售在企业生意体系中的地位和作用 ·········· 17
图 1－5   目标是销量 ·········· 18
图 1－6   销量的来源 ·········· 19
图 1－7   第2个问题的总答案 ·········· 20
图 1－8   不能直接卖进终端的选择 ·········· 21
图 1－9   销售团队的基本结构 ·········· 28
图 1－10   思维之旅 ·········· 31
图 1－11   销售地图 ·········· 31

第2章   销售力知识体系

图 2－1   现代自然科学对销售过程的思维方式 ·········· 34
图 2－2   实地销售过程中的因果关系 ·········· 34
图 2－3   销售力的分解 ·········· 35
图 2－4   销售力三维结构体系图 ·········· 36
图 2－5   MECE 原则 ·········· 37
图 2－6   "顶天立地"原则 ·········· 37
图 2－7   销售力知识体系的横向和纵向逻辑链 ·········· 38
图 2－8   销售力三维结构体系简图 ·········· 40
图 2－9   分解图1：销售力三轴 ·········· 41
图 2－10   分解图2：销售作用力－分析力的作用平面 ·········· 42
图 2－11   分解图3：销售作用力－理论力的作用平面 ·········· 43
图 2－12   分解图4：销售分析力－理论力的作用平面 ·········· 44
图 2－13   实地销售和销售战略在销售作用力逻辑链中的关系 ·········· 45
图 2－14   俯视图与环视图的关系 ·········· 46
图 2－15   销售作用力体系图（俯视图） ·········· 47

图 2-16 生产企业和消费者的销售作用力过程 ················ 48

图 2-17 销量的实现 ················ 48

图 2-18 交易实体能量星 ················ 48

图 2-19 箭形作用力 ················ 48

图 2-20 作用力传递箭头 ················ 48

图 2-21 矩形工作模块 ················ 49

图 2-22 燕尾形作用模块 ················ 49

图 2-23 生产企业"能量星" ················ 52

图 2-24 生产企业的基本作用力 ················ 53

图 2-25 生产企业的人员作用力 ················ 53

图 2-26 生产企业的资源作用力 ················ 54

图 2-27 分销商的"能量星" ················ 55

图 2-28 分销商的基本作用力 ················ 55

图 2-29 分销商的人员作用力 ················ 56

图 2-30 分销商的资源作用力 ················ 56

图 2-31 零售终端"能量星" ················ 57

图 2-32 终端的基本作用力 ················ 58

图 2-33 终端的人员作用力 ················ 58

图 2-34 终端的资源作用力 ················ 59

图 2-35 不同类型的作用力 ················ 59

图 2-36 作用力传递箭头 ················ 60

图 2-37 矩形工作模块 ················ 61

图 2-38 "销售资源配置与管理"模块 ················ 61

图 2-39 "燕尾形作用模块"的构图原则规范 ················ 62

图 2-40 "分销商布局与管理"模块 ················ 63

图 2-41 企业直供终端"能量星" ················ 64

图 2-42 分销商直接分销的终端"能量星" ················ 65

图 2-43 批发商"能量星" ················ 65

图 2-44 间接分销终端"能量星" ················ 66

图 2-45 "终端销售"模块 ················ 67

图 2-46 "燕尾形作用模块"小结 ················ 68

图 2-47 销售作用力体系图(环视图) ················ 70

图 2-48 销售作用力的分类 ················ 71

图 2-49 销售工作的6个要素 ················ 71

图 2-50 实地销售的逻辑层面 ················ 72

图 2-51 环视图与俯视图中"销量"表达方式的简要说明 ················ 74

图 2-52 放大的局部环视图(一) ················ 74

图 2-53 分销模块输出的作用力及其对其他要素的影响 ················ 75

图 2-54 分销模块输入的作用力和其他影响终端分销水平的因素 ················ 76

图 2-55 放大的局部环视图(二) ················ 78

图 2-56 促销模块输出的作用力及其对其他要素的影响 ················ 79

图 2-57 促销模块的具体工作 ················ 80

图 2-58 促销模块输入的作用力和其他影响终端单店销量的因素 ················ 81

图 2-59 放大的局部环视图(三) ················ 82

图 2-60   放大的局部环视图（四） ·············· 83

图 2-61   放大的局部环视图（五） ·············· 84

图 2-62   俯视图与环视图的比较 ·············· 85

图 2-63   销售分析力的作用 ·············· 86

图 2-64   实地销售分析力体系图的整体结构 ·············· 88

图 2-65   实地销售分析力体系图 ·············· 89

图 2-66   "现状扫描"模块 ·············· 90

图 2-67   "生意分析"模块（一） ·············· 92

图 2-68   "生意分析"模块（二） ·············· 93

图 2-69   "计划实施"模块 ·············· 94

图 2-70   销售理论力的作用 ·············· 95

图 2-71   生意的范畴 ·············· 99

图 2-72   （实地销售）销售力知识体系的三个延伸方向 ·············· 100

第2篇   销售理论力体系

第3章   交易成本理论及其应用

图 3-1   边际交易成本的概念 ·············· 112

图 3-2   企业销售全过程之交易成本示意图 ·············· 114

图 3-3   销售命题 1 的含义 ·············· 117

图 3-4   渠道矩阵宽度与主要生意指标的关系示意图 ·············· 120

图 3-5   4 个推理步骤的流程图 ·············· 121

图 3-6   生产企业的渠道矩阵示意图 ·············· 127

图 3-7   渠道矩阵宽度 ·············· 131

图 3-8   渠道一体化程度度量说明 ·············· 133

图 3-9   一体化和专业化的实质（以企业设立销售分公司的所有权一体化为例） ··· 134

图 3-10   企业渠道一体化程度度量标尺 ·············· 136

图 3-11   企业渠道一体化程度的上下限示意图 ·············· 139

图 3-12   商品流通图解 ·············· 141

图 3-13   1949 年以来中国商品流通渠道的发展轨迹图 ·············· 141

图 3-14   4 个销售命题的关系 ·············· 146

图 3-15   第 3 章的知识体系延伸示意图 ·············· 150

第4章   委托代理理论及其应用

图 4-1   委托代理理论中 3 个重要概念的关系 ·············· 153

图 4-2   企业内外交易关系示意图 ·············· 154

图 4-3   费用包干机制下企业的销量对比图 ·············· 165

图 4-4   企业与中间商之间利益制衡的循环关系 ·············· 169

图 4-5   销售命题 6 的函数表达式 ·············· 177

图 4-6   企业所有者与销售人员之间利益制衡的循环关系 ·············· 179

图 4-7   销售命题 7 的函数表达式 ·············· 183

图 4-8   7 个销售命题之间环环相扣的关系 ·············· 185

图 4-9   企业三大作用力示意图 ·············· 186

　图4-10　第4章的知识体系延伸示意图 ································ 188

第5章　思维方法论及其应用

　图5-1　销售过程中的因果关系 ································ 191
　图5-2　囚徒困境的得益矩阵 ································ 196
　图5-3　智猪博弈的得益矩阵 ································ 197
　图5-4　父女博弈的博弈树 ································ 199
　图5-5　求爱博弈的得益矩阵 ································ 201
　图5-6　4种博弈及其对应的均衡概念关系示意图 ················ 206
　图5-7　理解销售关系的"三部曲" ································ 207
　图5-8　边际分析法的成本概念 ································ 211
　图5-9　消费者的需求曲线 ································ 214
　图5-10　降价决策中"销售额增长比例"的保本点测算图 ········· 216
　图5-11　涨价决策中"销售额降低比例"的底线测算图 ········· 217
　图5-12　批发商的需求曲线 ································ 218
　图5-13　分销广度拓展与单店销量提升之间的资源分配规律示意图 ···· 220
　图5-14　企业生意系统体系图 ································ 228
　图5-15　渠道促销的补偿性回馈环路 ························· 230
　图5-16　企业拖欠人员工资的增强性回馈环路 ··············· 231
　图5-17　新品上市的滞后效应导致决策失误 ················· 232
　图5-18　PERT图 ································ 235
　图5-19　第5章的知识体系延伸示意图 ······················· 237

第6章　量化分析工具及其应用

　图6-1　信息对决策的重要性 ································ 239
　图6-2　消除季节影响前后的销量对比图 ····················· 259
　图6-3　销售中的数理统计应用示意图 ························· 263
　图6-4　数据处理能力对销售工作的重要性 ··················· 264
　图6-5　应用数据库软件的成本分析 ························· 267
　图6-6　数据库知识在销售工作中的应用分类 ··············· 268
　图6-7　对表6-4的修改 ································ 272
　图6-8　数据源真实性的甄别标准 ··························· 273
　图6-9　数据输入是否错误的甄别标准 ························· 273
　图6-10　数据库理论及软件在销售中的应用 ················· 275
　图6-11　销售理论力之逻辑关系示意图 ······················· 276
　图6-12　芝诺的比喻 ································ 277
　图6-13　第6章的知识体系延伸示意图 ······················· 279

第3篇　销售作用力体系

第7章　销售战略层面的作用力体系

　图7-1　销售战略层面与实地销售的作用力关系示意图 ·········· 283
　图7-2　销售战略层面的作用力体系图 ························· 284

图 7 - 3　品牌竞争力和产品竞争力的关系图 ·· 289
图 7 - 4　销售战略决策模块作用力体系图 ·· 305
图 7 - 5　第 7 章的知识体系延伸示意图 ··· 319

第 8 章　人员作用力概述及队伍建立

图 8 - 1　实地销售队伍建设模块作用力体系图 ······································· 321
图 8 - 2　实地销售队伍的组织结构设计图 ·· 325
图 8 - 3　三角定编法示意图 ··· 326
图 8 - 4　实地销售队伍的人员分工操作流程 ··· 331
图 8 - 5　实地销售队伍权限分配操作流程图 ··· 333
图 8 - 6　实地销售权限分配的"3415"模式 ·· 334
图 8 - 7　基于下属"成熟度"的授权模型 ··· 335
图 8 - 8　招聘与配置实地销售人员作用力体系图 ···································· 347
图 8 - 9　第 8 章的知识体系延伸示意图 ··· 357

第 9 章　实地销售队伍管理

图 9 - 1　管理实地销售队伍作用力体系图 ·· 358
图 9 - 2　实地销售队伍管理的目标与策略示意图 ···································· 359
图 9 - 3　销售队伍的"管理关系"示意图 ··· 361
图 9 - 4　激励循环示意图 ·· 364
图 9 - 5　激励实地销售人员操作流程图 ··· 366
图 9 - 6　实地销售人员底薪幅度示意图 ··· 369
图 9 - 7　销售人员奖金制度的"1234"设计模式 ··································· 372
图 9 - 8　比赛路线 ··· 378
图 9 - 9　销售人员晋升机制的"1234"设计模式 ··································· 381
图 9 - 10　MNE 管理模式操作流程 ·· 386
图 9 - 11　"365"快速分解法示意图 ··· 387
图 9 - 12　实地工作的 Z 形路线图 ··· 390
图 9 - 13　网点拜访的店内六要素 ·· 392
图 9 - 14　销售队伍考察的四要素 ·· 392
图 9 - 15　客户渗透示意图 ··· 392
图 9 - 16　实地销售报表的基本流程 ··· 396
图 9 - 17　3 个实地销售报表反映各销售环节的销售状况 ·························· 397
图 9 - 18　领导能力之"驱动引擎"示意图 ··· 401
图 9 - 19　第 9 章的知识体系延伸示意图 ··· 405

第 10 章　实地销售队伍培训

图 10 - 1　培训实地销售队伍作用力体系图 ·· 407
图 10 - 2　销售人员的 8 类培训需求 ·· 410
图 10 - 3　培训梯次及对应的销售职位 ·· 413
图 10 - 4　实地培训循环示意图 ··· 426
图 10 - 5　第 10 章的知识体系延伸示意图 ··· 432

图 11－1　销售资源三层含义示意图 ·· 433
图 11－2　实地销售资源管理模块作用力体系图 ·································· 434
图 11－3　实地销售费用的"3833"分类体系 ···································· 439
图 11－4　"驼峰"费用授权模型 ··· 443
图 11－5　与费用授权相关的因素 ··· 446
图 11－6　费用权限界定示意图 ··· 447
图 11－7　"三棱镜"费用分配模型示意图（一） ······························ 448
图 11－8　客户费用比例的 Z 形分类法示意图 ··································· 449
图 11－9　"三棱镜"费用分配模型示意图（二） ······························ 452
图 11－10　实地销售费用的操作流程 ·· 453
图 11－11　销售费用预算示意图 ·· 454
图 11－12　"一体化"跟进表的 20 个字段示意图 ······························ 457
图 11－13　实地销售费用的 4 种状态 ·· 460
图 11－14　7 个"费用黑洞"及 7 项对策 ·· 461
图 11－15　第 11 章的知识体系延伸示意图 ·· 464

第4篇　分销商系统

图 12－1　3 种不同长度的渠道示意图 ·· 469
图 12－2　分销商系统构建与管理模块作用力体系图（一） ················ 473
图 12－3　分销商能量星示意图 ··· 474
图 12－4　分销商系统构建与管理的 E 形结构图 ······························ 478
图 12－5　分销商系统构建与管理模块的整个作用力体系示意图 ········· 478
图 12－6　生产企业与分销商"合作关系"的实质 ····························· 479
图 12－7　生产企业与分销商之间的"服务交易"关系 ······················ 479
图 12－8　分销商系统构建与管理模块作用力体系图（二） ················ 484

图 13－1　构建分销商系统作用力体系图 ·· 486
图 13－2　分销商的渠道影响力示意图 ·· 487
图 13－3　分销商系统构建示意图 ··· 490
图 13－4　生意立方体的切割示意图 ··· 491
图 13－5　分销商布局的"浮球"分析法示意图 ································· 493
图 13－6　目标分销商"定位标尺"示意图 ·· 498
图 13－7　目标分销商的需求"杠铃"示意图 ···································· 499
图 13－8　目标分销商"素描模板"示意图 ·· 501
图 13－9　分销商选择生产企业时的关注因素 ···································· 506
图 13－10　目标分销商"利益驱动光盘" ·· 507
图 13－11　"驱动光盘"中影响销量的 4 个因素 ································ 508
图 13－12　"驱动光盘"中影响利润的 4 个因素 ································ 509

图 13－13　针对目标分销商无形利益的 6 个因素 ·············· 510

图 13－14　谈判步骤示意图 ·············· 513

图 13－15　"谈判地图"示意图 ·············· 514

图 13－16　与目标分销商的主要谈判问题一览 ·············· 514

图 13－17　与目标分销商的主要谈判问题详解 ·············· 515

图 13－18　小王的"谈判地图" ·············· 517

图 13－19　"雪花"形谈判技能示意图 ·············· 519

图 13－20　4 种不同的谈判者类型图 ·············· 524

图 13－21　杠杆效应示意图 ·············· 526

图 13－22　第 13 章的知识体系延伸示意图 ·············· 528

第14章　分销商系统的管理

图 14－1　管理分销商系统作用力体系图 ·············· 530

图 14－2　E 形分销商管理模型示意图 ·············· 531

图 14－3　分销商系统管理"坐标图" ·············· 532

图 14－4　分销商库存的变动曲线 ·············· 537

图 14－5　应对分销商拖欠货款的"8520"方法示意图 ·············· 538

图 14－6　李明与陈总的得益矩阵 ·············· 543

图 14－7　"买卖型"管理工作示意图 ·············· 547

图 14－8　企业激励分销商的目的 ·············· 548

图 14－9　分销商的需求示意图 ·············· 549

图 14－10　激励分销商之"勾股定理"示意图 ·············· 550

图 14－11　分销商激励"全景图" ·············· 551

图 14－12　分销商激励三角形示意图 ·············· 552

图 14－13　KPI 的设定 ·············· 552

图 14－14　分销商绩效评估指标示意图 ·············· 554

图 14－15　分销商的 RSP 示意图 ·············· 561

图 14－16　消费品行业的典型价格体系示意图 ·············· 561

图 14－17　T 形库存管理方法示意图 ·············· 563

图 14－18　ABC 类产品的数量比例与销量比例对比示意图 ·············· 565

图 14－19　直线式仓储布局示意图 ·············· 568

图 14－20　分销商洞察示意图 ·············· 578

图 14－21　沙漏形分销商绩效评估示意图 ·············· 582

图 14－22　沙漏形分销商绩效评估方法示意图 ·············· 586

图 14－23　第 14 章的知识体系延伸示意图 ·············· 588

第15章　分销商冲货问题的分析与对策

图 15－1　冲货博弈的得益矩阵 ·············· 591

图 15－2　零售终端与批发商的需求曲线 ·············· 594

图 15－3　透视冲货原因的"力学模型" ·············· 598

实用工具索引

第8章　人员作用力概述及队伍建立

【实用工具1】确定实地销售人员数量的三角定编法 …………………………… 327

【实用工具2】实地销售权限分配的"3415"模式 ………………………………… 334

【实用工具3】基于下属"成熟度"的授权模型 ………………………………… 335

【实用工具4】实地销售职位说明书格式与示例 ………………………………… 337

　　【实用工具4.1】大区经理职位说明书 …………………………………… 337

　　【实用工具4.2】区域经理职位说明书 …………………………………… 338

　　【实用工具4.3】城市经理职位说明书 …………………………………… 340

　　【实用工具4.4】销售代表职位说明书 …………………………………… 341

　　【实用工具4.5】促销员职位说明书 ……………………………………… 342

【实用工具5】实地销售经理责权利确认书格式与示例 ………………………… 343

　　【实用工具5.1】大区经理责权利确认书 ………………………………… 344

　　【实用工具5.2】区域经理责权利确认书 ………………………………… 345

　　【实用工具5.3】城市经理责权利确认书 ………………………………… 346

【实用工具6】面试"七部曲"及其15个操作步骤 …………………………… 349

【实用工具7】"678"面试技巧 ………………………………………………… 350

【实用工具8】确定录用人选的"三大原则，八项注意" ……………………… 354

第9章　实地销售队伍管理

【实用工具9】销售人员奖金制度的"1234"设计模式 ……………………… 371

　　【实用工具9.1】销量奖金计算方法及其应用 …………………………… 373

　　【实用工具9.2】专项奖金示例 …………………………………………… 378

　　【实用工具9.3】实地销售经理年度积分卡 ……………………………… 379

【实用工具10】销售人员晋升机制的"1234"设计模式 ……………………… 381

【实用工具11】制定下属工作目标的"365"快速分解法 …………………… 387

【实用工具12】实地工作的Z形路线图 ……………………………………… 389

　　【实用工具12.1】重要终端实地调查表 ………………………………… 393

　　【实用工具12.2】普通网点实地调查表 ………………………………… 394

【实用工具13】实地销售报表的基本流程与格式 ……………………………… 395

　　【实用工具13.1】月度客户进销存统计表 ……………………………… 397

　　【实用工具13.2】月度网点销售与分销记录卡 ………………………… 397

　　【实用工具13.3】月度终端销量汇总表 ………………………………… 398

【实用工具14】领导能力之"驱动引擎" ……………………………………… 400

　　【实用工具14.1】领导能力评估表 ……………………………………… 403

第10章　实地销售队伍培训

【实用工具15】12345，培训"销售虎" ･････････････････････････ 412

　【实用工具15.1】销售代表培训体系 ･････････････････････ 413

　【实用工具15.2】促销员培训体系 ･････････････････････････ 415

　【实用工具15.3】城市经理培训体系 ･････････････････････ 416

　【实用工具15.4】区域经理培训体系 ･････････････････････ 418

　【实用工具15.5】大区经理培训体系 ･････････････････････ 419

【实用工具16】"110"实用培训方法 ･････････････････････････ 422

【实用工具17】实地培训循环及其15个注意事项 ･･･････････ 426

　【实用工具17.1】实地培训报告 ･････････････････････････ 429

第11章　实地销售资源管理

【实用工具18】实地销售费用的"3833"分类体系 ････････････ 438

【实用工具19】"三棱镜"费用分配模型 ････････････････････ 447

【实用工具20】实地销售预算表的"1+3"格式 ･･･････････････ 453

　【实用工具20.1】实地销售预算表（基本格式） ･････････････ 454

【实用工具21】F-20一体化费用跟进表 ････････････････････ 456

【实用工具22】7个"费用黑洞"及7项对策 ････････････････ 461

第13章　分销商系统的构建

【实用工具23】分销商布局的"浮球"分析法 ･････････････････ 493

【实用工具24】目标分销商"定位标尺" ････････････････････ 498

【实用工具25】目标分销商的"素描模板" ･･････････････････ 500

　【实用工具25.1】目标分销商"画像"（格式） ･･･････････････ 504

【实用工具26】目标分销商的"利益驱动光盘" ･･･････････････ 507

　【实用工具26.1】目标分销商投入产出表 ･････････････････ 512

【实用工具27】目标分销商的"谈判地图" ･･････････････････ 513

【实用工具28】"雪花"形实用谈判技能 ････････････････････ 518

第14章　分销商系统的管理

【实用工具29】OPA订单计算法 ･････････････････････････････ 534

【实用工具30】应对分销商拖欠货款的"8520"方法 ････････ 538

【实用工具31】分销商往来账目一体化跟踪表 ･･･････････････ 545

【实用工具32】激励分销商之"勾股定理" ･･････････････････ 550

【实用工具33】T形库存管理方法 ･･･････････････････････････ 563

　【实用工具33.1】分销商库存结构分析表 ･････････････････ 566

【实用工具34】仓库管理的基本常识 ･････････････････････････ 567

【实用工具35】厂商联合预算表 ･････････････････････････････ 570

【实用工具36】分销商管理中的16种问题及其对策 ････････ 572

【实用工具37】分销商洞察工具表 ･･･････････････････････････ 579

【实用工具38】沙漏形分销商绩效评估方法 ･･････････････････ 581

　【实用工具38.1】分销商量化评估工具表 ･････････････････ 582

　【实用工具38.2】分销商经营效益分析表 ･････････････････ 584

销
售
力

第 1 篇

销售导论

第1章 ▰ 销售概述 ▰

1.1 销售的起源

人类社会为什么能够发展，首先是因为分工的不断深入和细化。分工必然导致交易，交易行为对卖方来讲就是销售工作。随着销售工作的频率不断加快和范围的不断扩展，产生了专门的销售部门和销售人员（见图 1－1）。

图 1－1 销售部门和销售人员的产生

1.1.1 分工导致交易

经济学鼻祖亚当·斯密在其《国富论》中指出，人类社会为什么能够发展，首先是因为分工。分工导致了生产效率的提高和生产资源的节约。社会因为有了分工才极大地提高了生产力，如果每个人都自给自足，那么我们这个社会还停留在蒙昧阶段。任何企业的目标都是利润，而实现利润必须向社会提供某种产品或服务，这是企业存在的基础和价值。因此企业首先考虑的问题是在这个社会中分工生产什么产品或提供什么服务。如有的企业选择生产电视机，有的选择生产洗发水，有的选择提供理发服务等。人类社会发展的历史也就是一部分工不断发展和细化的历史。

人类社会在进入近代史以前，已经经历了漫长的分工和交易的发展，达到了某种专业化的水平。但是在前现代，分工和专业化的发展是异常缓慢的。在进入 18 世纪以后，分工和交易活动才开始快速发展。

当今社会是分工非常细的时代，一个企业不仅要选择提供什么样的产品或服务类型，如是生产电器还是化妆品，还要细分到具体的产品品类。如具体生产洗衣机还是电视机，甚至还要再细分至更精细的产品定位。拿电视机企业来讲，是生产高档的 OLED 电视机，还是普通的液晶电视机。用营销术语来讲，这就是市场细分。企业的分工在不断细分。

有了分工，就必然产生交易，每个企业只有把自己的产品或服务通过交易得到社会的承认（通俗地讲，就是将产品或服务变成钱），才有可能生存和发展；企业越是缩小分工的范围，就越是扩大交易的范围，生产活动可以被分割开来，但消费活动具有综合性质，不可以被分割。一个企业或一个人可以专业化地生产电视机，但他不可能只消费电视机。分工越细，也就意味着交易活动越频繁，交易范围越广泛，交易金额越大。

1.1.2 当前国际和国内的交易活动

由于交易活动的频繁和广泛，已经出现了大量专门从事生产商和消费者之间交易活动的行业，最典型的就是零售和批发行业。这些行业的企业并不生产任何产品，也不是消费者或最终用户，专门从事企业和消费者之间的交易活动。

交易成本在很多国家已经超过了生产成本。最直观的理解是我们买一瓶 200 毫升的洗发水，消费者支付了 16 元（零售价），而企业的出厂价可能只有 7 元，这中间的 9 元差价就是交易成本，这还不包括企业为了交易所支付的销售费用和广告费用。在美国，交易成本占整个社会 GDP 的 1/3

以上。中国目前的社会交易系统的效率较美国低，交易成本占整个社会 GDP 的比例远高于美国的 1/3 比例。世界知名的美国沃尔玛（Walmart）连锁超市，2016 年营业收入达 4 858.7 亿美元。沃尔玛并不从事产品生产，它的背后是上百万个供应商，共销售上百万种商品；沃尔玛也不是这 4 000 多亿美元产品的消费者，它每年拥有多达 10 多个国家几亿名消费者。它的利润就可以理解为社会交易成本的一部分。

在近现代以前的相当长的历史时期中，中国经济在世界上一直处于相对领先的地位，因此交易的专业化也随之得到了一定发展。早在殷商时期，商业就成为一个相对独立的行业。"商人"一词原指商族的人，这说明早在商朝中国已完成了第三次社会大分工，即商业从手工业中分离出来，专门从事社会交易活动。近现代以来，西方国家的分工与交易的专业化水平越来越高，而我国的经济形态主要还是以"男耕女织"为特色的自给自足的小农经济。

1949 年中华人民共和国成立以后，中国工业的分工和专业化得到了较快发展。但是由于管理体制的原因，直到改革开放以前我国的商品交易活动主要是统购统销的方式，商品必须由百货站统一采购，然后通过各级百货站层层分配，最后通过国营商场零售给消费者。

经过改革开放 40 年的发展，目前的中国市场（特别是消费品市场）早已告别了短缺经济，总体上来讲是一个竞争激烈、供过于求的买方市场，大多数企业面临的问题已不是"能不能生产"的问题，而是"能不能卖出去"的问题。

随着经济的快速发展，商品交易领域也出现了大量的民营批发企业和批发商，以及大量的国际和国内零售巨头，再也不是低效率和单一的统购统销的社会交易方式。

1.1.3　交易产生销售

分工导致了交易，作为生产方来讲，交易产生了销售。无论是直接同消费者交易还是同中间商交易，这样的交易行为就是生产方的销售工作。销售工作的频率加快和范围扩大必然导致设立专门的销售部门及销售人员。

在古代，有销售工作但未必有专门的销售人员，小作坊主或者家庭里的男丁往往就是销售人员，但他们主要工作还是生产，销售只是偶尔和次要的工作。

在我国计划经济时期，每个国营的生产企业都设有销售科，当时的销售人员叫业务员。不过当时的销售工作相对简单，对于消费品而言，业务员就是同百货站打交道，俗称"拉业务"，至于百货站和供销社如何层层批发，以及国营商场如何零售，基本不用管，也管不了。

改革开放以来，随着我国经济的快速发展，市场已迅速由卖方市场转变为买方市场，零售和批发领域也出现了巨大的变革。在这样的宏观经济背景下，生产企业的销售工作已日益凸显其重要性，甚至成为企业的核心竞争力。

以下两个例子比较有代表性：有心人会发现，如今在招聘网站上，招聘最多的大概要数销售人员了，而且销售人员的待遇往往在本企业内较高；去大商场或超市，迎接你的不再是以前营业员冷冰冰的面孔，而是众多厂家导购员（或促销员）殷勤周到的服务和不厌其烦的推销。

1.2　销售的定义

1.2.1　生产企业的销售定义

对销售进行准确完整的定义并不是一项容易的工作，每一个销售人员对销售的定义和理解都不尽相同，学术界对销售的定义也有很多种。

在本书中，我们把生产企业的销售定义为：**销售是生产企业将产品或服务与消费者进行交易的全过程交易行为。**

对销售定义的解释如下：

1. 销售是关于生产企业的产品或服务的交易行为

所谓交易，就是利益的交换。生产企业向消费者提供产品或服务，消费者向企业支付一定金额购买这些产品或服务；消费者从交易中得到了所买产品或服务的使用价值，企业从交易中得到了销售收入，扣除成本就是企业的利润。

▶ 企业将产品或服务赠送给消费者的行为不是销售，如免费派发样品等。

▶ 企业的交易行为如果不是有关本企业生产的产品或服务，就不是销售。例如，企业同原料供应商、广告公司的交易行为就不是销售。

2. 销售是企业与消费者之间的交易行为

对生产企业来讲，一个完整的销售过程必须是企业与消费者之间的完整交易行为，即产品或服务确实被消费者购买，而企业也从交易中获得销售收入。

所谓消费者就是产品或服务的最终用户。在个别时候，消费者并不就是购买者，如婴儿产品的购买者可能是母亲，但消费者是婴儿。

生产企业经常不是直接同消费者交易，特别是对于洗发水、饼干等日常消费品而言，生产企业可能要先卖给零售商，再由零售商卖给消费者。但一个完整的销售过程仍然是，消费者支付一定金额从零售商购买企业的产品或服务并从中得到其使用价值，生产企业通过将产品或服务卖于零售商，从中得到销售收入，扣除成本就是企业的利润。

▶ 如果一件产品或一项服务最终没有被消费者购买，那么这件产品或这项服务的销售就没有最终完成。因为除了消费者以外的所有中间商（无论是零售商还是批发商）都是从再销售中获利，它们并不是这些产品或服务的最终用户。例如生产企业将100把牙刷卖给了零售商，甚至已回收货款，从短视的角度看企业已完成了这100把牙刷的销售，但是最终如果零售商只卖给消费者60把牙刷，还有40把牙刷要求向生产企业退货，那么我们说剩余的这40把牙刷并没有实现销售。所以即使企业没有同消费者直接交易，销售的本质仍然是企业同消费者的交易行为。母亲买婴儿产品的案例中，虽然母亲并不是最终的消费者，但是母亲购买的目的是给自己小孩使用，并非要转售获利，所以母亲购买了婴儿产品后可以认为该产品已经销售出去了。

▶ 如果一件产品或一项服务被消费者购买，但是零售商并没有将货款支付给生产企业，那么这件产品或这项服务的销售对于生产企业来讲也没有最终完成，因为生产企业并没有从交易中获得其应该获得的销售收入。

3. 销售是企业与消费者之间的全过程交易行为

（1）纵向全过程：企业同消费者之间经常不是直接交易，企业的销售过程可能包括先卖给批发商，再由批发商卖给零售商，最后由零售商卖给消费者，这些都是销售的组成部分。销售并不等于贸易，虽然零售商和消费者没有直接同企业交易，但是如何协助批发商将产品卖给零售商，如何协助零售商将产品卖给消费者都是企业的销售工作。

（2）横向全过程：就每个环节来讲，销售并不等于买卖，不仅仅是一手交钱一手交货。企业关注的是持续利益，所以企业的销售工作还包括培养销售队伍，扶持中间商，在零售店建立良好的品牌形象等。

1.2.2 对于销售定义的理解误区

长期以来，外界和销售人员自身对于销售的理解都存在一些误区，产生这些误区的原因主要是局限于销售的现象和枝节，没有看到销售的本质和全貌。

@ 误区1：销售就是推销（持这种观点的人大多是非销售从业人员或基层销售人员）。

一般的人了解销售都是从消费者的角度来看的，比如到商店里看到促销小姐向自己推销，或是一些业务员上门推销，所以简单地认为销售就等于推销；基层销售人员每天做的工作确实都是推销的工作，向商店推销，向消费者推销，所以也会认为销售就等于推销。从本章销售的定义不难看出，推销只是销售全过程的末端环节，只是销售工作中的一小部分。

@ 误区 2：销售就是和客户做买卖。

对销售人员来讲，打交道最多的就是直接客户，所谓直接客户就是向自己订货和付款的企业或个人，所以感觉销售的对象就是直接客户，一切销售工作的重心就是直接面对客户，而同客户的关系就是做买卖，也就是交货与收款。特别是很多企业都把回款作为最重要甚至是唯一的指标，更加深了销售人员的这种认识。

销售的最终对象是消费者，直接客户只是销售的第一个环节，而且对直接客户的销售工作也不是简单地订货、回款，还包括如何提升直接客户的再销售能力，只有最终把产品卖给消费者才完成了销售。

@ 误区 3：销售就是拉业务、搞关系。

销售工作是与人打交道的工作，与各类客户维持良好的关系是必要的。但是客情关系只是销售工作的润滑剂，如果销售人员把销售仅仅理解为"拉业务，搞关系"，就是舍本逐末。如果我们甚至为自己擅长搞关系而沾沾自喜，就是庸俗的。优秀的销售人员必须具备对生意的洞察力和善于找到生意的增长点，并且有效利用一切资源去达成目标。他至少应该是一个地区生意的全面管理者，是一支销售队伍的优秀领导者。

@ 误区 4：销售就是"嘴皮子"功夫。

销售最频繁的工作就是与人的沟通和说服性工作，但如果就此认为销售是"嘴皮子"功夫，就难免以偏概全了。首先销售并不仅仅是与人沟通，即使与人的沟通也不仅仅是靠能说会道、伶牙俐齿等所谓的"技巧"，其背后的真功夫是源于对生意的洞察与分析，源于广博的知识积累。

1.2.3　对必要的销售名词的定义及释义

由于目前销售业界的不少名词和概念来源很多且理解不一，这里有必要对本书后面将用到的一些重要名词作一解释，以免产生歧义。以下这些名词是使用频率最高也是最容易混淆的。本书的后续章节还将陆续对涉及的诸多名词给出其准确定义。

@ 名词 1：零售（retail）

定义：零售是将产品卖给消费者的交易行为。

释义：

▶ 只有卖给消费者的交易行为才是零售，如商店将洗发水卖给消费者。

▶ 顾名思义零售就是零散销售，因为消费者购买商品的目的是自用，所以其购买行为必然是购买商品种类很多但每样商品的购买数量很少。

▶ 并非只有商店才零售，生产企业直接卖给消费者也是零售行为。

@ 名词 2：批发（wholesale）

定义：批发是将产品批量卖给再销售单位的交易行为。

释义：

▶ 批发的对象一般是再销售单位。所谓再销售单位是相对消费者而言的，这些单位的购买目的不是消费，而是转售并从中牟利。

▶ 顾名思义，批发一般是批量销售，不是零卖。

▶ 团购是批发的特例。所谓团购就是消费者组织成团体批量购买，兼具批发和零售的特征。

相关名词

——流通：目前销售业界有不少人讲"流通"，其大致含义等同于批发。但是本书将尽量避免使用"流通"这个概念，因为其准确定义应该是指商品从生产出来以后一直到消费者的整个过程，流通也包括了零售环节。例如经济学里将社会经济活动分为生产领域和流通领域，将企业划分成生产企业和流通企业（包括零售商）。如果本书用到"流通"这个概念，是按照经济学的正式定义。

@ 名词3：零售商（retailer）

定义：零售商是专门从事商品零售的企业或经营实体。

释义：

▶ 零售商一般不从事商品的生产，只从事将产品转售给消费者的交易行为。

▶ 零售商的规模差异很大，大到年销售额上百亿元的大型连锁超市，小到年销售额不足10万元的"夫妻店"。

▶ 零售商的种类差异也很大，有百货商场、大型超级市场、便利折扣店、电器专卖店、杂货店等数十种类型。

相关名词

——KA：详见名词6。

——终端：详见名词7。

@ 名词4：批发商（wholesaler）

定义：批发商是专门从事商品批发的企业或经营实体。

本书后面所讲的批发商是从生产企业的角度所定义的狭义批发商。

狭义批发商的定义：不从本生产企业直接订货和回款的批发商。

狭义批发商的释义：

▶ 销售的对象是下级批发商或零售商。

▶ 该批发商不同该生产企业直接发生交易关系。

▶ 虽然某些批发商也零售给消费者，但是如果其主营业务是批发，则生产企业仍将其视为批发商。

@ 名词5：分销商（distributor）

定义：分销商是同生产企业直接交易的批发商。

释义：

▶ 分销商的本质就是批发。如果零售商同生产企业直接交易，也不能称之为该企业的分销商，而是直供零售商。

▶ 一个批发商只有相对某生产企业而言才可以被称为分销商。例如，某化妆品商行从联合利华公司直接进货，但也批发飘柔、海飞丝等宝洁公司的产品（不是从宝洁公司直接进货），其对于联合利华公司而言是分销商，对于宝洁公司而言就是批发商。

▶ 对于大多数生产企业来讲，不是任何一个批发商都可以从企业直接进货。作为分销商要履行很多职责和提供除买卖以外的各项服务，这在后面章节中会详细阐述。

► 有的企业不一定按照上述定义确定其分销商，还把直接进货的批发商再分为分销商和直供批发商，这种划分的理由是这些直供批发商并没有严格履行分销商的职责。本书为简单起见而采用上述定义，因为确定是否严格履行分销商职责并不是一件容易的事情，而且直供批发商本身也履行了一些分销商的职能，只不过是不够合格的分销商或分销义务相对宽松的分销商。

相关名词
——经销商、代理商、总代理、总经销

经销商和代理商与分销商的含义类似，本书之所以用分销商这个名词是为了和国际接轨，因为 distributor 的准确翻译就是分销商。

本书将避免使用"总代理"和"总经销"的概念，因为这个概念不够准确，什么是"总"没有明确界定，其大概含义是指其授权销售范围较大，如整个省或几个省。

我们可以根据分销商的授权销售范围在其前面加限定词，如省级分销商、地市级分销商、县级分销商等。

@ 名词6：KA（key account）

定义：本书定义的 KA 就是重点零售商。

释义：

► 本书对 KA 的定义并不准确，但是由于销售界对于这个词的使用太过于广泛而且大家理解基本一致，所以本书为避免歧义只好使用 KA 这个名词及其定义。

► KA 的英文直译是"重要客户"，泛指一切对于企业重要的客户，重要的分销商也应该是"重要客户"。而"重点零售商"的英文应该是"key retailer"，其缩写应是 KR。

► 各个行业对于 KA 的具体类型不尽相同。在快速消费品行业，一般 KA 主要指国内外的大型连锁超市，如沃尔玛、家乐福、上海联华、华润万家等；在电器行业，KA 主要指专业的大型电器连锁超市，如国美、苏宁等。

相关名词
——DBR（direct buying retailer），即直供零售商。其一般都是 KA，否则企业也不会直供。

@ 名词7：终端（terminal）

定义：终端是生产企业整个销售过程中最终面对消费者的端口或单位。

释义：

► 终端的概念是从生产企业的角度定义的，终端一定是把企业的产品直接卖给消费者的单位。

► 从前面零售商的定义不难看出，零售商一定是生产企业的终端。因为零售商的定义就指明其直接同消费者发生交易行为，在零售商和消费者之间已不可能再有中间环节。例如药店就是药品企业的一个销售终端。

► 但是生产企业的销售终端并不一定都是零售商。

零售商是整个社会根据其履行交易职能所作的分类，而终端是相对具体生产企业而言定义的。这两者的区别在于：

——有些单位是生产企业的销售终端，但这些单位不一定是零售商。最典型的例子是医院，不会有人将医院归类为零售商，因为医院主要是提供治疗服务的单位，但是对于药品企业来讲，医院确实是其将产品最终销售给消费者的一个端口，所以医院是药品企业的一个销售终端。这样的例子还有很多，如美容院不是零售商，因为其主要提供美容服务，却是化妆品企业的一个销售终端；汽车维修店不是零售商，因为其主要提供汽车检测与维修服务，却是润滑油、轮胎、配件的一个销售终端。

　　——有些生产企业自建销售终端。如小米之家是小米公司成立的直营客户服务中心，其并不是我们通常意义上所讲的零售商。

相关名词

　　——销售终端、零售终端、渠道终端
　　以上概念和终端的含义相同，加上限定词只是让终端的含义更直接和更明确。

@ 名词8：网点（outlet）

　　定义：网点是从生产企业的角度进行定义的，即任何参与销售过程的批发商和零售商。
　　释义：
　　▶ outlet 的英文原意就是"出货点"。
　　▶ 网点既可指单数，如这个网点，也可用以复数，如这些网点。

相关名词

　　——批发网点、零售网点、批零网点

@ 名词9：渠道（channel）

　　定义：渠道是实现生产企业与消费者之间交易的经营单位集合。
　　释义：
　　▶ 渠道就是销售通道，由介于生产企业与消费者之间的经营单位构成。
　　▶ 渠道是一个复数概念，是所有参与交易的经营单位的集合。

相关名词

　　——营销渠道、销售渠道、分销渠道
　　以上名词和渠道的含义相同，加上限定词只是让渠道的含义更直接和更明确。
　　——批发渠道、零售渠道、超市渠道、商场渠道等
　　在渠道前面加上这些限定词，就是把构成渠道的经营单位集合按照其不同的经营形态进行划分，这些名词都是渠道整个集合的子集。
　　这种划分可以按照不同的深度进行细分，批发和零售渠道是把渠道首先分为两大类，然后终端渠道再细分成超市渠道、商场渠道等。
　　——电器渠道、药品渠道、化妆品渠道、食品渠道等
　　在渠道前面加上这些限定词，是按照不同的行业来划分渠道，因为不同行业的渠道是不同的。例如，电器渠道是指所有实现电器生产企业同消费者之间交易的经营单位集合。

——通路

目前销售业界有不少人讲"通路"，其大致含义等同于渠道。

这个概念大概是中国台湾企业带进中国大陆的，本书将避免使用"通路"这个概念，因为"通路"的定义不是很准确。有些人把"通路"理解为整个销售渠道，有些人把"通路"理解为仅指批发渠道。

@ 名词10：分销（distribution）

定义1（"分销"作为动词）：对于一个生产企业来讲，分销就是将其产品卖进各类网点并维护这些网点不脱销的交易行为。

定义2（"分销"作为名词）：对于一个生产企业来讲，如果一个网点经常性地存有该企业产品的库存并可以被购买，我们就称该企业在这个网点有分销。

释义：

▶ "分销"作为动词来讲，实质就是将产品卖进网店和维护网点的销售工作。

▶ "分销"作为名词来讲，一方面是网点要经常性地存有该企业产品的库存，假如某网点只是事先说好短暂地卖几天，卖完无论如何都不再进货，不能称之为在这个网点有分销；另一方面如果某零售网点有库存，但是没有来得及或忘记摆上货架，不能为消费者所购买，或者这两天产品脱销，那么此时该网点没有此企业的分销。

相关名词

——铺货：其与"分销"作为动词的含义相同。

@ 名词11：促销（promotion）

定义：促销是生产企业针对分销商、批发商、零售终端、消费者等各环节的促进销售活动及这些活动的传播。

释义：

▶ 本书从生产企业的角度看问题，所以对促销作如上定义，其实分销商、批发商、零售终端等都可能做一些促进销售的工作。

▶ 一般促销分为针对渠道的促销和针对消费者的促销。渠道促销就是通过特价、赠品等各种激励措施提升分销商、批发商、零售终端销售的活动。消费者促销一般在零售终端内举行，主要方法也是特价和赠品等激励措施。

相关名词

——渠道促销、消费者促销、终端促销等

在促销前面加上这些限定词，是按照促销对象对促销进行划分。

终端促销一般指在终端内举行的消费者促销活动。

——特价促销、赠品促销等

在促销前面加上这些限定词，是按照促销内容对促销进行划分。

1.3　销售工作简介

1.3.1　销售工作的分类

我们可以根据不同行业销售工作的共性和个性，对销售工作进行分类。

1. 消费品的销售工作

消费品一般指主要用于家庭和个人消费的产品，如汽车、电视机、个人电脑、洗发水、饮料、香烟等。购买消费品的人被称为消费者。

消费品的销售工作具有以下共性：

▶ 目标消费者数量广大而且分散。

▶ 一般而言，生产企业与消费者直接交易的成本较高，所以绝大多数生产企业与消费者之间至少有一个中间商来协助完成交易。

消费品这个大类的内部根据其销售工作的差异性又可以分为两大类：

（1）快速流通消费品（fast moving customer goods，FMCG）。

人们日常生活中的消费品基本都属于 FMCG，如食品、饮料、化妆品、烟酒、OTC（非处方药）等。

FMCG 的销售工作除了具备以上两点消费品共性外，还有以下特性：

▶ FMCG 基本属于日常生活用品，其目标消费者几乎可以说是任何人，所以其目标消费者的数量更加巨大、更加分散。

▶ FMCG 大都属于低值易耗品，消费者每次购买的数量和金额较少，但购买频率很高。

▶ FMCG 销售渠道大都属于长而宽的渠道，渠道环节往往较多，一般在生产企业和消费者之间存在一个和多个中间商，而且需要密集分销，一般而言销售终端越广越好。

（2）耐用消费品（durable customer goods，DCG）。

DCG 包括汽车、电器、个人电脑、地板、润滑油等。

DCG 的销售工作同样具有以上两点消费品的共性，但是相比 FMCG 又具有以下特性：

▶ DCG 的目标消费者不仅是家庭，还包括企事业单位和政府机关等。

▶ DCG 的单位价值相比 FMCG 而言较高，而且使用期限较长，所以消费者每次购买金额较大，但购买频率较低。

▶ DCG 的销售渠道也属于长而宽的渠道，但是其渠道环节比 FMCG 要少，而且一般是选择性分销，在一定程度内销售终端越广越好。

▶ DCG 的销售工作一般比 FMCG 要多一项售后维修的服务。

2. 工业品的销售工作

所谓工业品是相对消费品而言的，一般指用于企业再生产的生产资料和装备，如卡车、大型计算机、发电机、机器设备、各种原材料等。

购买工业品的单位一般被称为用户。

工业品的销售工作具有以下共性：

（1）目标用户一般是专业性单位，用户数量较少而且比较集中。

（2）一般而言，生产企业与用户之间采用直接交易的方式，或至多存在一个中间商来协助完成交易。

（3）工业品的销售一般单笔交易金额很大，但购买频率相对消费品较低。

（4）工业品的销售工作相对消费品而言，基本上是一对一的销售方式，其渠道管理的复杂性较低。

（5）工业品的销售工作具有很强的专业性，需要大量的安装、调试、维修、试机、升级等后续服务。

3. 服务性产品的销售工作

服务性产品是指非物化的产品，如保险服务、美容服务、汽车维修服务、广告代理服务、咨询服务等。

服务性产品的销售工作具有以下共性：

（1）提供服务性产品的企业一般和目标客户之间采用直接交易的方式。

（2）服务性产品的销售工作比较单纯，重点是一对一的说服工作，不涉及复杂的物流和资金流等问题。

以上只是对销售工作进行一个大致分类，在这三大分类下还可以再细分，而且上述每类产品的销售工作共性仅是就其中大部分企业而言。

从以上分析中不难看出，消费品的销售工作相对最为复杂，本书重点针对消费品的销售工作，其他类产品的销售可以从中借鉴。

1.3.2　销售工作的特点

无论是消费品、工业品还是服务性产品的销售，相对于企业内部其他部门的工作是一项特殊的工作。归纳起来销售工作主要有 5 个特点。

1. 操作性

从前面对销售的定义可以知道，销售就是企业同外界交易的工作。而品牌部、财务部、生产部、人事部等各部门虽然职能各不相同，但有一个共同之处，就是主要在企业内部工作。

销售工作的对象是星罗棋布地分布在全国各个地方的众多分销商和大量的批零网点。无论你的想法多么创新，无论你的产品多么完美，都需要一车一车地卖进各个分销商，再从每个分销商一箱一箱地卖给批零网点，最后从终端一件一件地卖给消费者。即使你的一切计划都顺利实施，整个销售过程实地操作的工作量可想而知。

所以销售工作不是仅仅靠一个想法或者一份计划书就可以完成的，更多的是要靠"做"。操作性是销售工作最明显的特点，无论你是销售总监还是基层销售代表或促销人员，无论你在世界 500 强还是小型民营企业从事销售工作，无论你是销售消费品还是销售工业品（甚至销售服务性产品），大量的实地工作是必需的。如果寄希望于在办公室用电脑作一些计划，用电话发一些指令就可以做好销售工作是不可能的。

2. 复杂性

由于销售工作涉及的环节和人员太多（相对其他工作），其工作的复杂性是不言而喻的。以一个年销售 1 亿元的中小规模生产企业为例，销售工作对内要和企业几乎所有部门沟通，包括品牌部、财务部、生产部、储运部、人事部等，对外一般有上百个分销商并覆盖上千个批发网点和上万个零售终端，拥有至少 200～300 人的销售队伍（包括基层人员），具体工作从最基本的订货和回款到分销和促销等系列工作。

销售工作相比其他工作的复杂性更在于，销售工作的主要对象都是其他经营单位，而每个经营单位都是追求其自身利益而和生产企业合作的，并不是生产企业的下属单位或部门。任何销售工作都不可能像其他部门之间沟通那样发一个文件通知或开个会就完事，即使有问题还可以找总经理出面协调。尤其在目前中国处于买方市场的大背景下，与每一个分销商和批零网点的沟通、说服和执行的复杂性可想而知。

销售工作的复杂性还在于突发事件非常多，并且往往时间非常紧迫，而问题的处理又不可能像企业内部运作一样存在标准流程。

3. 量化性

销售工作的好坏是用数字来说话，企业的销量报表和费用报表年年有，月月有，甚至天天有，让你无所遁形。销售工作是最容易量化评估的工作，相比而言其他部门的工作有些是定性评估，即使量化评估，如品牌部也是以一个产品推出周期或一个推广波段来考核，而且考核标准也不像销售工作那样简单直接。

4. 非标准性

销售工作虽然存在一些标准和规律，但是各地的市场和渠道状况都不同，每个分销商和批零网点的经营情况也是千差万别，非标准性是销售工作的普遍特点。非标准性对销售人员提出了更高的要求，要求融会贯通和因地制宜，不可能像财务或生产等部门一样指望通过标准流程或电脑系统就解决大部分问题。

5. 策略性

将策略性放在最后一点不是因为它不重要，恰恰是根据前 4 个特点可以看出策略性对于销售工作是多么重要。

有些观点认为销售工作就是执行性工作，只要努力地不断"做"就行了。事实上，针对这样一项操作性很强、复杂性很大、极其容易量化考核和非标准性的销售工作，如果其工作没有策略性是无法想象的。

什么叫策略性？就是在具体操作之前，一切要动脑筋思考两个问题：

▶ 什么是正确的事？

▶ 如何正确地做事？

这种策略性并不仅仅是针对销售高层管理者而言，实际上对于各级销售经理来说策略性都是非常重要的。

关于销售策略和分析的内容是本书的重要组成部分，这里就不再赘述。

1.3.3 销售从业人员的素质要求

很长时间社会对于销售从业人员有一种成见，认为销售是一项人人都可以做的"嘴皮子"工作，只有没什么本事的人才做销售人员，选择销售职业是在没有其他职业选择情况下的无奈之举。更重要的是，不少销售从业人员（特别是基层销售人员）也不看重自己的工作甚至有某种自卑感，认为从事销售工作学不到什么东西，也不会有什么太大的发展，只是一种权宜之计。

销售工作从表面上看似乎很简单，但是并非人人都适合从事销售工作，更不是人人都可以把销售工作做好。销售工作的特点是"入门容易，做精难"。图 1-2 反映了对销售从业人员的素质要求。

1. 优秀的个人品格

（1）**勇于开拓**。销售人员在企业里永远是承担开路先锋的角色，所以销售人员必须是开拓性的人才，任何因循守旧、故步自封的人员都不可能成为好的销售人员。

（2）**为人正直**。销售人员一般都会接触货款和费用，而且需要管理一支队伍，所以为人正直是相当重要的。

（3）**脚踏实地**。即便是最高级的销售经理，也需要大量的实地工作，否则对市场的敏感度将下降，整个队伍的管理也难以落到实处。当然，脚踏实地对于中层、基层销售人员就更为重要了。

（4）**机智果断**。销售工作中经常会遇到意想不到的问题，事件的突发性以及对处理问题的迫切性，都要求销售人员具备不畏困难和机智果断的品格。

2. 全面的销售技能

（1）**过硬的"单兵"技能**。无论是什么级别的销售人员，首先将其作为个体来看至少要具备以下基本功：与人良好沟通的技能、具有逻辑性的说服技能、有效处理反对意见的技能、谈判技能。

（2）**优秀的团队领导能力**。销售并不是"单打独斗"的工作，销售经理总是一个或大或小团队的领导者，如何领导整个团队完成生意目标需要具备以下能力：合理配置人员的技能、设计和优化工作流程的技能、有效激励团队的技能、有效培训团队的技能。

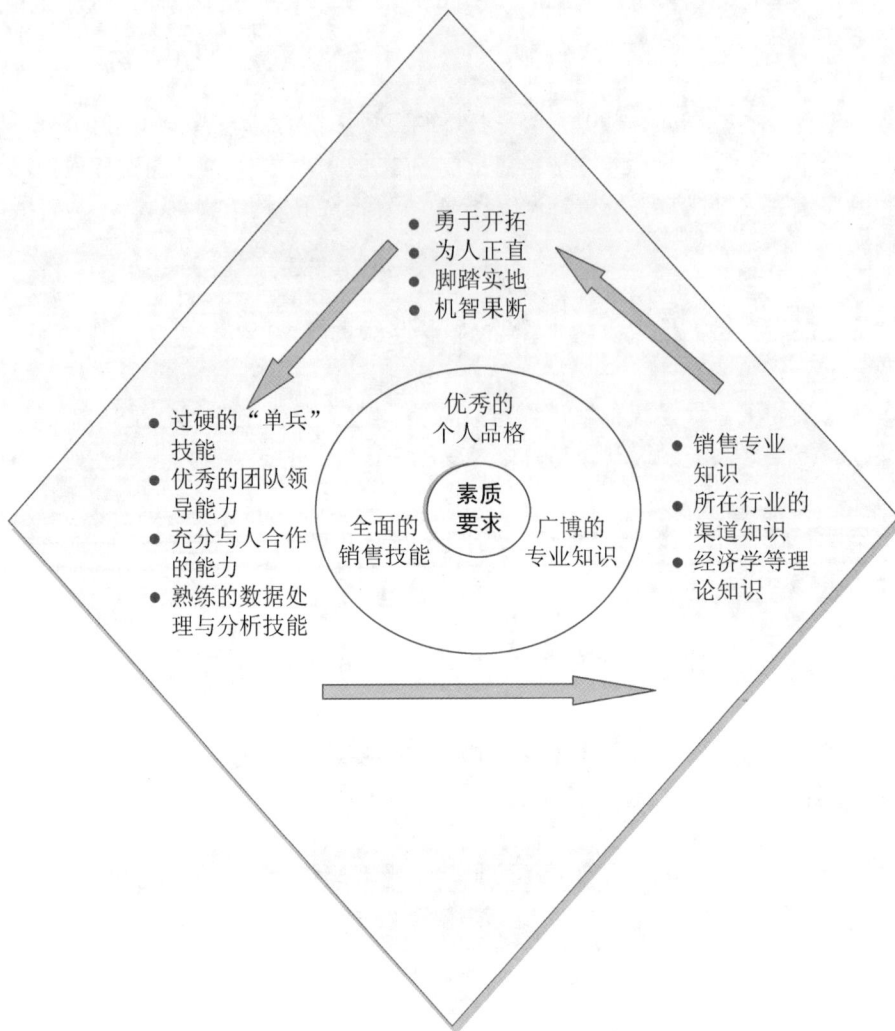

图 1-2 对销售从业人员的素质要求

（3）**充分与人合作的能力**。销售并不是"个人英雄主义"的舞台，而是一项系统工程。销售经理对内需要和企业内部所有部门合作，对外需要和分销商及批零网点等合作，如果不善于甚至不愿意与人合作，其成就是相当有限的。

（4）**熟练的数据处理与分析技能**。销售工作的主要特点之一就是"量化性"。一方面数据是一切销售过程和结果的衡量指标，数据对于销售的重要性是不言而喻的；另一方面销售工作所接触的数据量非常大，即使就最基层的城市经理而言，其接触的数据量也是相当大的。各个分销商的回款、进货、销售、库存、毛利、费用及其明细等，各个批零网点的销量、费用等，这些数据还可以细分至每个产品品类，而且只要生意在延续，每个月都会源源不断地产生大量的数据。

熟练的数据处理与分析技能是一项必需的销售技能，包括：如何将销售数据逻辑化、系统化地存储？如何根据原始数据进行自动计算，节省数据处理的时间？（最简单的例子就是根据促销员的每个月销量和奖金评定办法计算其每月奖金，虽然很简单，但是当人员很多而且评定办法较为复杂时，其工作量不可小觑）如何分析销售数据，寻找生意的增长点和问题点？

电脑是数据处理和分析最有用的工具，以上三项技能涉及简单的数据库设计、数据计算、数据统计、数据挖掘等计算机软件知识。

3. 广博的专业知识

（1）**销售专业知识**。这是各个行业的销售人员需要掌握的基础知识，如分销商经营行为、批发商经营行为、零售售商经营行为、消费者购买行为基础、组织行为基础、供应链管理、基本的财

14

务和税收知识等。以上只是举例，销售专业知识远不止于此。

（2）**所在行业的渠道知识。**销售人员除了掌握销售专业知识外，还需要了解所在行业的销售渠道，如行业内的一般贸易条款、行业内的一般价格体系、竞争对手状况等。

（3）**经济学等理论知识（对于高层销售经理而言）。**对于中、基层销售经理来讲，掌握销售专业知识与所在行业的渠道知识已经构建了一个良好的知识平台。如果一个销售人员对自己的职业生涯规划得更高、更远，那么经济学等理论知识将是你腾飞的翅膀。

经济学等理论知识与普通知识的区别在于：理论是一种经过高度提炼和严密论证的严谨知识体系。理论并不仅仅告诉我们"事物是这样的"或"你应该这样做"，更在于指导我们类似以下的问题：

事物为什么是这样的？

什么是事物发展的规律和本质？

许多不相干的现象或事物之间存在的共同规律是什么？

今天是这样，那明天会是怎样呢？

经济学等理论知识并非高悬天上，实际上我们在销售工作中经常自觉或不自觉地运用这些理论思考和解决问题，我们遇到的很多销售问题或现象本身就蕴含着一些经济学的规律。学习经济学等理论知识可以让我们"不仅知其然，还知其所以然"，可以从更高的视角看问题并举一反三。

知识链接 第2篇 销售理论力体系

1.4 销售在企业生意体系中的重要性

1.4.1 什么是市场营销

"市场营销"一般有广义和狭义之分。

本书借鉴美国营销学界权威菲利普·科特勒的定义，对广义的市场营销定义如下：

广义的市场营销是生产企业定位和推广其产品或服务，并与目标消费者或用户达成交易的整个管理过程。

广义的市场营销要解决以下三个问题：

（1）我们要提供什么样的产品或服务来满足或创造目标消费者的需求？

（2）我们如何通过各种推广和传播活动让目标消费者愿意购买？

（3）我们如何让目标消费者买得到我们的产品或服务？

针对以上三个问题就衍生出广义市场营销的四大类工作（见图1-3）。

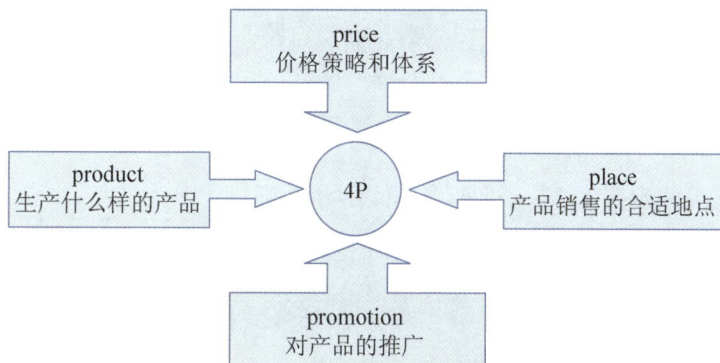

图1-3 广义市场营销的四大类工作

在实际运作中，我们更多的做法是将上述广义的市场营销分为两大部分，将如何解决第1和第2个问题的工作称为营销（狭义），解决第3个问题的工作称为销售。

狭义的市场营销是指生产企业的品牌定位和产品开发以及传播与推广的工作。

而企业的营销（广义）组织一般也由两个部门组成：

▶ 市场部（marketing department）——→ 狭义的营销工作

▶ 销售部（sales department）——→ 销售工作

每个企业的营销部门具体设置和名称不一定都是市场部和销售部，如宝洁公司将销售部称为"客户生意发展部"，有的企业将市场部称为"品牌部"或将市场部再细分为"产品部"与"策划推广部"等。但一般企业都有分别履行营销（狭义）和销售两大职能的部门，或者至少有分别从事这两项工作的营销人员。

通过以上对市场营销的定义，总结如下：

▶ 对市场营销的定义理解分为广义的市场营销和狭义的市场营销。

▶ 销售是广义的市场营销中的一部分。

▶ 在实际运作中我们所讲的市场营销大部分是指狭义的市场营销，它和销售共同组成广义的市场营销。

1.4.2　关于销售在企业生意中地位的两种极端认识

关于销售在企业生意中地位的问题，经常成为销售人员之间争论的话题，可谓是见仁见智。这里有必要对两种极端认识作澄清：

@ 极端认识1：销售不重要，只是在企业中的一项执行和跑腿的工作。

这种观点在那些与企业生意接触较少的人员中比较普遍，他们所理解的销售就是推销，就是平时看到的推销员和促销小姐。

企业内从事品牌管理与产品开发工作的人员，以及与营销（狭义）相关的广告公司和策划公司等人员不少也持类似观点。其原因在于以下两点：

▶ 营销（狭义）的知识体系已经非常丰富和相对完整，相比而言销售给人的感觉似乎没有太多的知识性和专业性。

▶ 营销（狭义）工作的成果容易交流和展示，比如一套定位准确、包装精美的产品，一条家喻户晓的广告片，一句耳熟能详的广告语；相比而言，销售工作的成果就不那么容易在大范围内交流和展示，也就不容易被人了解和认识。

@ 极端认识2：销售是企业的核心工作，其他部门的工作都是销售的服务工作。

这种观点我们称为"销售沙文主义"，部分销售人员持有类似观点，其原因在于他们有以下简单的逻辑：

▶ 企业没有回款，就不能生存和发展。

▶ 把货卖出去、把款收回来都是销售人员的功劳。

▶ 所有企业的所有部门都是靠销售部门养活，都是销售部门的附属部门。

以上两种认识虽然是两个极端，但其根源都在于只从表面现象看问题。

1.4.3　销售在企业生意体系中的地位与作用

从不同的行业、企业规模以及部门角度出发，对于销售在企业生意体系中的地位和作用都会有不同的理解。图1-4是以中国目前大多数本土消费品企业为例，对销售在企业生意体系中的地位和作用作形象化的描述。

对于图1-4简要说明如下：

（1）销售部和市场部合称为营销部门，是企业生意发展的两柄尖刀。

我们需要生产什么产品，如何让消费者愿意购买，如何让消费者买得到，确实是生意发展的关

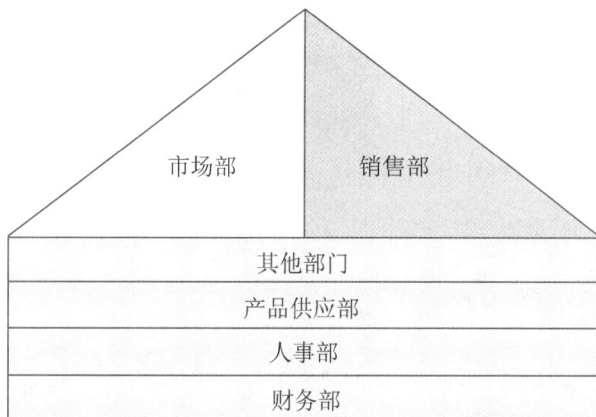

```
                  ┌─────────────┐
        市场部      │   销售部     │
      ┌────────────┼─────────────┤
      │        其他部门            │
      ├───────────────────────────┤
      │        产品供应部          │
      ├───────────────────────────┤
      │         人事部             │
      ├───────────────────────────┤
      │         财务部             │
      └───────────────────────────┘
```

图1-4 销售在企业生意体系中的地位和作用

键；其他部门是营销部门的支持性部门。特别是在中国目前绝大多数产品都是买方市场的背景下，"能不能卖出去"是最重要的问题。

（2）**市场部和销售部在企业的营销工作中是相辅相成与紧密协作的关系。**

将单个企业放在整个社会分工与交易的大环境里来看，市场部主管企业的社会分工问题，销售部主管企业的社会交易问题。

生意如同一个水桶，其水位高度由最短的那块板决定，如果营销（狭义）和销售工作任何一块板太短，都是企业生意发展的瓶颈。无论企业的品牌形象和产品价值多么优秀，如果消费者很难买得到，销量也很难达到目标；反过来，即使企业的产品可以被消费者很方便地购买，如果品牌形象和产品价值不能吸引消费者的购买需求，那也只是有分销而没销量。

在不同的行业以及企业的不同发展阶段，营销（狭义）和销售工作的权重会有所不同，企业的侧重点也就不同。

（3）**市场部负责解决的企业问题：**

▶ 市场需求丰富多样，而一个企业从专业化的角度出发不可能满足所有的市场需求。所以市场部最首要的工作就是选择具体满足哪一部分市场需求，即提供什么样的产品与服务。从这个问题衍生出来的就是品牌定位与市场细分下的产品开发等工作。

▶ 一般情况下，同样一类市场需求有许多企业提供类似的产品和服务，如何让消费者或用户选择购买本企业的产品和服务？当然我们的产品和服务自身的价值是消费者选择的首要因素，但是当市场竞争异常激烈或产品与服务自身物理属性不易被消费者鉴别以及各企业产品同质化时，我们就需要做一些品牌传播与产品推广等工作。

例如就化妆品行业而言，生产厂家和品牌至少超过5 000个，而消费者都不是专家，也没有测试工具，在购买前顶多只能判断一些最表面的感官因素，如香味、色泽、手感等，各类产品的这些感官因素往往趋于同质化，而且并不能真实反映产品的内在功效。购买后在使用过程中虽然可以增加更多对产品质量的了解，但是很多化妆品所宣称的功能和概念还是很难清楚鉴定。在这种情况下，品牌传播与产品推广就是让自己的产品在众多同类产品中脱颖而出，让消费者信任本企业的产品。

品牌传播与产品推广工作虽然本身不是企业与消费者之间的交易行为，但是任何实际交易行为的前提是消费者愿意购买，所以这些工作协助了企业与消费者之间达成交易，而所有品牌传播与产品推广的费用也是企业交易费用的一部分。从这个意义上讲，市场部除了决定企业的社会分工问题以外，也负责一部分协助销售的工作。

（4）**销售部的工作重点就是如何让企业与消费者之间的交易更加流畅，简单地说就是解决"买得到"的问题，这正是本书在后续章节要阐述的问题。**

1.5 在"销售之路"上的思维之旅

1.5.1 苏格拉底追问法简介

苏格拉底（Socrates，前469—前399年）是古希腊三大哲人中的第一位，和柏拉图、亚里士多德共同奠定了西方文化的哲学基础，并与释迦牟尼、耶稣、孔子并列世界四大圣哲。

在古希腊时代，真理的英文叫作discover，亦即"发现"的意思。苏格拉底是一个"伟大的追问者"，他把澄清思想和概念的混乱作为自己的天职，开创了通过提出与回答问题发现真理的思维方法。苏格拉底常在街头及市场与人聊天，从一些简单的问题开始一直往后追问探索，深入每一个概念的原意和问题背后的原因。他作为一个老师从来不硬性教导别人什么知识，而是不断地通过提问来引导别人跳离思维束缚和摒弃原有成见，"使一切事物清楚明白"，并"把一切隐蔽的东西带到光明中"。

苏格拉底的母亲是一位助产士，专门协助别人分娩婴儿，而苏格拉底的"追问法"就好比我们智慧的助产士，协助我们生出知识的胎儿。别人所能给我们的只是可以表述的知识，只能是一种借鉴，完整的知识体系应由自己领悟而生，这样才能够在实践中融会贯通。

作为一个销售人员，我们每天都在接触各种各样的销售知识，有上级和同事给自己的"经验之谈"，有培训讲师的"谆谆善诱"，有销售大师们的"实战集锦"，还有营销专家们的"国际MBA营销理论"。而我们所接触到的这些营销理论和实战经验，各有各的概念、重点、体系，甚至有些观点还彼此冲突，我们应该怎么办？

苏格拉底的"追问法"就是指引我们走出困惑的一缕亮光，让我们暂时放弃一切学习过的理论和案例并跳离自己的经验束缚，在一张白纸上从终点（销售目标）开始往回倒推，让自己的思维做一次快乐的旅行，去探索"销售之道"。

本书的知识体系和每个章节的内容就是通过不断"追问"建立起来的，没有参考和模仿任何其他的同类书籍。接下来的思维之旅将有助于读者一方面理清自己的思路，另一方面能更好地理解本书的知识体系。

1.5.2 追问销售的8大类共40个问题

以下从生产企业销售人员的角度，运用苏格拉底的"追问法"探索销售的全过程。

我们对每个问题所给出的答案只是点到为止的答案，这个答案的目的是引出下一个问题，所有问题就勾勒出了整个销售的知识体系。这些问题其实还可以不断细分，不可能用三言两语就能解答，本书的所有内容都是为了回答这些问题。

Ⅰ. 我们的目标是什么？（见图1-5）

1. 我们要什么？

答：利润。

2. 利润从哪里来？

答：利润＝销售收入－成本。

说明：

（1）用销售人员通俗的话讲，销售收入就叫回款。

（2）成本包括生产成本、企业运作和财务成本、营销（狭义）费用、销售费用等。

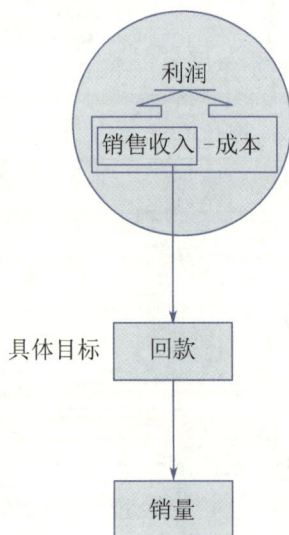

图1-5 目标是销量

销售力

3. 在为企业利润的贡献中，我们的具体目标是什么?

答：简单地说就是"开源节流"，尽可能增加回款，并把销售费用控制在企业规定的合理比例内。

4. 回款从哪里来?

答：回款来源于销量。

说明：

（1）增加回款的长远和根本途径就是提升销量。

（2）虽然我们可以通过招商会或订货会等形式大量回款，但这种先于销量的回款实际上只是一种融资行为，这些回款如果不能转化为实实在在的销量就不会有下次回款，而且还会有很多后遗症。

至此，我们可以得出第1个问题的答案：

"Ⅰ. 我们的目标是什么?"

作为销售人员，我们的主要目标是销量，并把销售费用控制在合理比例上。

Ⅱ. 销量从哪里来? （见图1-6）

5. 销量从哪里来?

答：销量来自于消费者或最终用户。

说明：

只有消费者或最终用户购买了我们的产品才形成真正的销量。除此之外的任何所谓"销量"，只能被称为发运量或库存转移。

6. 谁是我们的目标消费者或最终用户?

答：我们的目标消费者或最终用户是这样一群人或单位，他们的特征是……

说明：

（1）每个企业根据其产品特性和品牌定位都会勾勒出目标消费者或最终用户的一些特征，如其年龄、性别、收入、地理、消费特性等。

（2）工业品相对来讲界定其目标用户比较容易，而消费品只能是一个大致界定。

7. 我们可以直接将产品卖给目标消费者或最终用户吗?

答：不能。我们可能要通过中间商把产品卖给消费者。

说明：

（1）一般而言工业品可能直销，消费品较难直销。

（2）当然也有少数消费品采用直销的方式，如安利（Amway）。直销的消费品的单价往往较高，而且销售人员的提成比例很高，目前绝大多数消费品还是采用通过中间商的方式销售。

8. 我们的目标消费者一般从哪里购买我们这种类型的商品?

答：各类商品的零售终端。

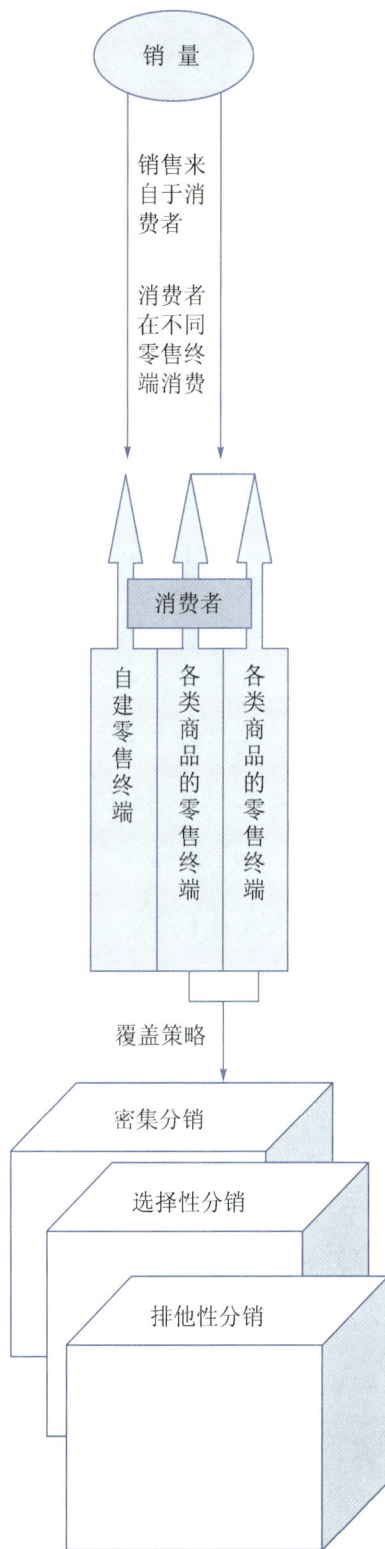

图1-6　销量的来源

9. 我们如果不能一对一直销，可不可以退而求其次自建零售终端呢？

答：从理论上讲，生产企业当然可以自建零售终端，但是专门零售商的存在本身就是社会分工和专业化的结果。

说明：

(1) 个别消费品（主要是耐用消费品）生产企业已经在尝试自建零售终端，如雅芳"专卖店"。

(2) 但是这种销售方式对于绝大多数企业来说是不可行的。因为一个零售终端的运作成本是很高的（如店面租金、装修费用、人员费用等），如果我们的单店销量达不到一定水平肯定是亏损的。

(3) 自建零售终端对于FMCG企业和绝大多数中小规模的耐用消费品企业来说，仍然是不可行的。宝洁公司作为中国最大的日化产品生产企业，其一年销售额超过600亿美元（2017年），仍然是通过社会商品流通领域的各类零售终端销售其产品。

10. 既然绝大多数生产企业要通过各类社会零售终端将产品卖给消费者，那么我们需要覆盖多少这样的零售终端呢？

答：这实际上一个分销密度（distribution intensity）选择的问题，主要取决于消费者或最终用户的购买需求，大致有三种分销密度：

▶ 密集分销（intensive distribution）：销售终端越多越好。

▶ 选择性分销（selective distribution）：销售终端有选择性地分布。

▶ 排他性分销（exclusive distribution）：一个地区只有少量甚至1个销售终端。

说明：

(1) 一般而言，目标消费者数量众多且单次购买金额小和购买频率高的产品需要密集分销；目标消费者数量较少且单次购买金额大和购买频率低的产品选择排他性分销；选择性分销介于两者之间。

(2) 绝大多数FMCG采用密集分销，如可口可乐的2A原则，核心就是"无处不在"。

(3) 耐用消费品和少数高档FMCG采用选择性分销。

(4) 部分工业品和极度奢侈的消费品采用排他性分销。

至此，我们可以得出第2个问题的答案：（见图1-7）

"Ⅱ. 销量从哪里来？"

(1) 从根本上来讲，销量来自于消费者或最终用户。

(2) 对于绝大多数生产企业（特别是消费品企业）来讲，由于消费者广泛和分散，以及其单次购买金额小和购买频率高的特点，我们需要通过大量的社会零售终端来销售产品。

(3) 从操作层面的意义上讲，终端就是消费者的集合与缩影，我们的销量来自于众多的零售终端，用更精确的术语表达是：

销量 = 分销终端数量 × 平均单店销量

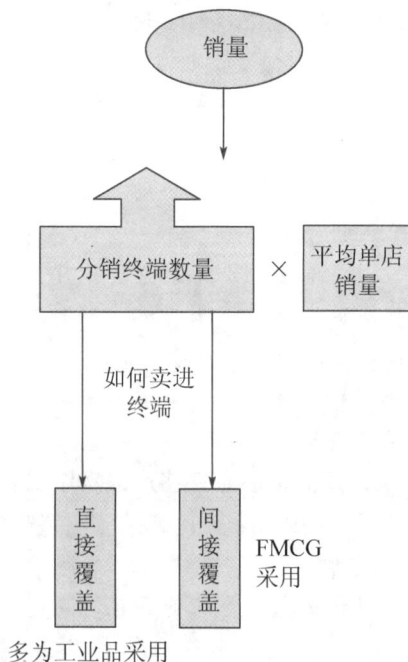

图1-7 第2个问题的总答案

Ⅲ. 我们采用什么方式将产品卖进目标终端？

11. 既然从操作层面上讲销量来自各类零售终端，那么我们可以直接将产品卖进所有零售终端吗？

答：理论上讲，作为生产企业当然可以选择直接卖进所有零售终端。但是从实际操作来看，有些零售终端我们可以直接卖进，有些零售终端我们不可以。对于 FMCG 来讲，大部分零售终端我们都不可以直接卖进。

说明：

（1）工业品一般选择直接覆盖零售终端。

（2）大部分 FMCG 不选择直接卖进零售终端，因为零售终端虽然相比消费者而言，其数量要少得多且更"看得见、摸得着"，但是其数量依然众多，而且分布非常分散，如果我们向每一个零售终端直接供货和收款，其交易成本相比销量而言很可能得不偿失。企业的交易成本包括送货费用、人员费用、财务运作费用、货款风险等。

（3）消费品企业一般仅选择大型零售终端直接覆盖，而很多中小企业则根本不选择直接覆盖零售终端。

12. 既然我们不能选择直接卖进所有终端，那么对于我们不能直接卖进的终端，应该怎么办？（见图 1-8）

答：理论上讲，我们有两个选择：

（1）企业自己在各地设立分支机构（如分公司或办事处），就近供应当地终端。

（2）在各地寻找分销商，让它们代替我们供应当地终端。

说明：

（1）对于绝大多数企业来说，在各地设立分支机构直接向当地终端供货与收款是不可行的。因为一个分支机构的运作成本是很高的（如办公室租金、仓储费用、运输费用、财务运作费用、人员费用、监控成本等），如果我们在当地的销量达不到一定水平肯定是亏损的，分销商的存在本身就是社会分工和专业化的结果。

（2）就各类生产企业的实际操作来看，只有个别企业选择完全依靠自身分支机构覆盖当地终端；少数企业选择一种折中方式，即在销量较大的区域和终端渠道采用自身分支机构的运作方式，其余通过分销商覆盖；大部分企业选择在各地通过分销商运作。

（3）有些观点将企业在各地设立分支机构理解为直供，确实从广义的角度看是企业直接同终端交易，但是就实际运作来看，分支机构和分销商的作用是类似的，只不过这个"分销商"的所有权属于企业。

（4）FMCG 企业一般主要选择通过分销商运作。

13. 我们设立了分销商或分支机构，就可以通过它们直接覆盖当地所有终端吗？

答：理论上讲，我们设立的分销商或分支机构可以直接覆盖当地所有零售终端。但从实际操作来看，部分终端分销商或分支机构可以直接卖进，部分终端不可以。

说明：

（1）因为零售终端的类型有很多，每个零售终端的销量差别也很大，如果分销商或分支机构向每一个终端直接供货和收款，其交易成本相比销量而言很可能得不偿失。一般而言，分销商或分支机构会直接覆盖其所在城市的大中型终端。

（2）当然，不同的行业和不同实力的分销商或分支机构其覆盖能力是不同的。

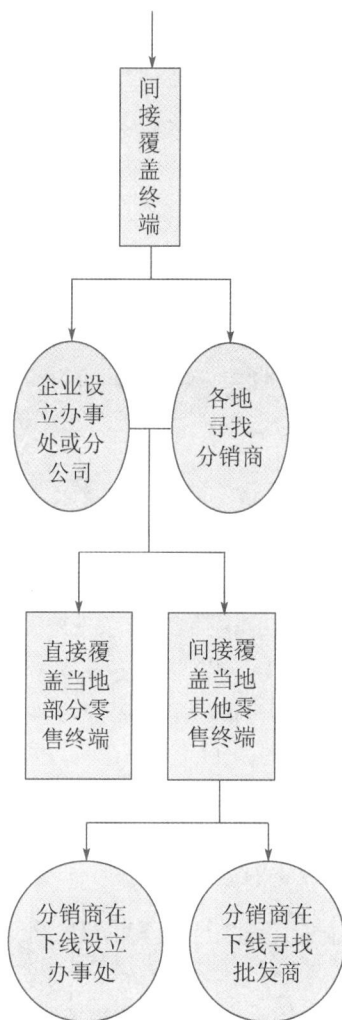

图 1-8　不能直接卖进终端的选择

14. 既然我们设立的分销商或分支机构也不能直接将产品卖进所有终端，那么对于剩余的终端，应该怎么办？

答：理论上讲，我们有两个选择：

（1）分销商或分支机构自己在其下线设立办事处，就近供应剩余终端。

（2）在分销商或分支机构下线寻找批发商，通过它们供应剩余终端。

说明：

（1）对于不同的市场和不同的分销商或分支机构来说，在下线设立办事处直接向当地终端供货与收款是不可行的。因为一个办事处的运作成本是很高的，如果我们在当地的销量达不到一定水平肯定是亏损的，批发商的存在本身就是社会分工和专业化的结果。

（2）所以就各类分销或分支机构的实际操作来看，只有少数选择完全依靠自身办事处覆盖那些不能直接覆盖的终端；部分企业选择一种折中方式，即在销量较大的城市和终端渠道采用自身办事处的运作方式，其余通过批发商覆盖；大多数分销商或分支机构选择通过批发商覆盖那些不能直接供应的剩余终端。

（3）一般而言，分销商或分支机构所在城市的小型终端通过批发商覆盖，同时比较偏远的二级城市或县城和乡镇的终端也通过批发商覆盖。

（4）当然，随着企业生意的发展要求渠道尽可能扁平化，原来由批发商覆盖的终端也越来越多地转由分销商或分支机构直接覆盖，但是这不能一概而论，运用批发商覆盖部分终端仍然是一种选择。

15. 既然在很多情况下我们需要通过分销商或分支机构直接或间接覆盖各地终端，那么我们究竟需要在全国如何布局分销商或分支机构呢？

答：这个问题有三个思考的角度：区域划分、产品品类划分、渠道类型划分。

说明：

（1）我们可以把省作为划分单位，把几个省合在一起或每个省设立一个分销商或分支机构；也可以把地级市作为划分单位，把几个地级市合在一起或每个地级市设立一个分销商或分支机构，甚至一个地级市设立几个分销商；最后还可以把县城作为划分单位，把几个县城合在一起或每个县城设立一个分销商或分支机构。

（2）当产品很多且品类差别较大时，我们还可以在以上区域划分的基础上选择不同的分销商或分支机构销售不同的产品品类。例如，我们可以在同一个城市选择A销售电器，选择B销售手机。

（3）当产品在不同渠道销售差别较大时，我们还可以在以上区域和产品划分的基础上，进一步选择不同的分销商或分支机构在不同的渠道类型销售我们的产品。例如我们可以在同一个城市选择A覆盖超市类型渠道，选择B覆盖百货商场类型渠道。

（4）这个问题是我们非常重要的一个战略课题，显然没有标准答案。一般而言，企业的销售规模越大，对分销密度的要求越高，就会倾向于更细分化的分销商或分支机构布局；反之，中小企业或分销密度要求不高的企业会倾向于相对粗略的布局。

16. 在确定了分销商布局以后自然产生了另外一个问题，什么样的客户适合做我们的分销商？（分支机构的问题相对简单，这里暂不讨论）

答：既然我们设立分销商是为了直接或间接覆盖当地的终端，这个问题自然也就转化成"要覆盖好当地的终端，需要分销商具备什么条件"。

分销商代替企业与当地终端交易，自然需要资金把我们的产品买回去，并且将产品送进当地终端。所以对于一个分销商的基本要求就是要有一定的资金实力和储运能力，并且在当地的终端渠道和批发渠道有一定的网络。

这个问题是我们必须思考的一个重要决策课题，不同的企业在不同的市场对于分销商的资金实力、储运能力及分销网络的要求是不同的，但选择分销商的标准有一个共同点："适合就是最好的。"不要一味求大，而是要和自己企业的实际状况匹配。

17. 分销商是我们的交易伙伴而不是下级单位，那么我们如何吸引那些目标客户成为我们的分销商呢？

答：分销商之所以愿意做我们的分销商，当然不是大公无私的帮助，而是其有利可图。

（1）分销商最看重的是什么？

最看重的自然是我们的产品可以为其带来多少利润：

分销商的利润 = 销量 × 毛利率

（2）销量取决于什么？

最重要的是我们的品牌和产品在市场上要有竞争力，具体讲，就是我们的产品要有品牌优势、价格优势、功能优势、包装优势等。

（3）毛利率 = （销售净收入 − 产品成本）÷ 销售净收入 × 100%。

（4）除了利润以外，分销商还看重什么呢？

分销商还看重我们是否给其提供各项支持，如资金、人员、费用、培训等。

（5）除了利润和支持，分销商还有没有其他考虑呢？

分销商还有一些考虑因素：如我们的服务好不好（会不会经常断货，送货及不及时，是否给其退换货，费用支付及不及时等）；我们企业有没有实力，声誉怎么样；我们的产品和其原有产品能否形成互补；我们的品牌能否帮助其提升自身形象等。

总之，交易就是利益的交换，我们在选择分销商，分销商也在选择我们。所以我们需要慎重设计与分销商的合作条款，让双方的利益达到平衡。不同的企业在不同的市场与不同的分销商，其合作条款也会不同。一般而言，合作条款取决于分销商具体需要承担的职责、双方的谈判地位及行业标准等。

至此，我们可以得出第 3 个问题的答案：

"Ⅲ. 我们选择什么方式将产品卖进目标终端？"

（1）我们将产品卖进目标终端大致有三种方式：

A. 企业直供；

B. 通过各地设立的分销商或分支机构直接覆盖终端；

C. 各地的分销商或分支机构再通过下线批发商间接覆盖终端。

（2）我们采用上述三种方式的哪一种或如何将三种方式进行结合，这就是企业对于渠道模式的设计问题，是我们销售战略最基本和最首要的决策课题：

A. 什么样的终端应该由企业直供？

B. 什么样的终端应该由分销商或分支机构直接覆盖？

C. 什么样的终端还需要通过批发商间接覆盖？

（3）在决定了渠道模式以后，自然就产生了销售战略的第二个决策课题：

A. 我们在全国范围的分销商或分支机构布局；

B. 我们对分销商的选择标准；

C. 我们与分销商的合作条款。

Ⅳ. 既然我们在大多数情况下需要通过分销商覆盖终端，那么我们应该如何建立和管理分销商这个直接而重要的交易伙伴？

18. 在确立了分销商布局、选择标准及合作条款后，我们如何在这些布局和原则的指引下实地建立分销商呢？

答：从逻辑顺序来讲，我们需要按照以下步骤工作：

第一步，在建立分销商以前我们首先需要明确：

A. 我们现在需要设立什么区域范围、什么产品品类、什么渠道的分销商；

B. 这样的分销商具体需要多少运作资金、怎样的储运能力和分销网络；

C. 根据我们的要求与合作条款，当地哪些客户是我们的目标。

第二步，实地调查和收集目标客户的相关信息。

第三步，与目标客户进行合作谈判。

第四步，签订合同与完成设立新分销商的具体工作。

19. 分销商是我们的交易伙伴，在建立了分销商以后我们如何与其交易呢？

答：简单地说就是要满足分销商的订单并把货款收回来。

20. 除了和分销商"做买卖"，我们还可以做些什么呢？

答：除了完成最基本的交易工作以外，还需要激励和约束分销商投入各项必要的销售资源。

说明：

一般分销商都不会只是销售我们一家的产品，即使只是销售我们的产品，我们也希望分销商重视我们的产品，确保必要的销售投入。分销商的投入包括资金投入、后勤保障、人员投入、费用投入等，而且根据合作条款企业一般都对分销商提供一定支持并有相应要求，所以我们还需要激励分销商投入各种资源，并约束分销商将我们提供的支持按要求落实到位。

21. 在激励和约束分销商投入资源的基础上，我们还可以做点什么呢？

答：我们还可以再进一步协助分销商内部的再销售管理。

说明：

（1）例如可以针对我们的产品，帮助分销商制定和维护各级客户的供应价格体系，协调分销商之间的价格冲突；协助分销商做好其库存和应收款管理；协助分销商提高其运输能力；协助分销商分配和管理其投入的费用；协助分销商培训和管理其销售人员等。

（2）这些工作并非越俎代庖或多管闲事，一方面目前中国的分销商整体运作水平并不高，另一方面分销商的销售品牌较多，并不一定有太多精力在我们的产品上。帮助分销商就是帮助我们自己，对于提升我们的销量非常有必要性。

22. 分销商毕竟是追求自身利益而和我们合作的，就算我们做好了以上管理工作，如果它不重视我们或没有足够的能力达到我们的目标，怎么办？

答：我们首先需要制定客观评估分销商的标准，不能简单地凭印象或关系决定。然后定期对每个地方的生意状况进行评估，如果当地的分销商确实达不到我们的要求，我们大致有三种办法：

（1）增加分销商，缩小原来分销商的销售范围。

（2）更换分销商，另找新客户来取代原有分销商。

（3）删除不符合要求的分销商。

至此，我们可以得出第 4 个问题的答案：

"Ⅳ. 我们应该如何建立和管理分销商这个直接而重要的交易伙伴？"

（1）建立分销商。这有四个步骤：

明确具体要求和目标→调查收集信息→谈判→签订合同及相关工作

（2）分销商管理。建立分销商以后，按照深入程度大致有三个层次的管理工作：

做好订货与收款工作→激励与约束分销商投入资源→协助分销商的再销售管理

（3）分销商管理评估。即使我们做好了管理工作，如果分销商达不到要求，怎么办：

制定客观的评估标准→定期评估→调整分销商（增、换、减）

Ⅴ. 前面讲过，建立和管理分销商的目的是将产品卖进终端，那么在实地工作中应如何将产品卖进终端呢？

23. 我们如何吸引终端来销售我们的产品呢？

答：终端和分销商一样，都是追逐利益的经营实体。要想让终端销售我们的产品，就必须让它们有利可图。

（1）终端最看重的是什么？

绝大多数情况下，最看重的当然是我们的产品可以为其带来多少利润：

终端的利润 = 销量 × 毛利率

（2）除了利润以外，终端还要求什么呢？

由于目前中国是买方市场，终端又是最接近消费者的环节，所以终端（特别是大型终端）一般都要求我们提供各项费用和支持，如进场费、年节费、赞助费以及我们如何帮助它再销售等。

终端之间的竞争也很激烈，所以其还希望我们的产品给它们带来一些无形利益（有时候这些无形利益甚至超过利润和费用支持），如能否为它增加客流量，能否使它们的品类更完善等。当然，我们的服务好不好，我们的企业有没有实力、声誉怎么样也是它们的考虑因素。

总之，交易就是利益的交换，终端的利益越大就越愿意销售我们的产品。当然，大多数情况下我们给它们的利益越大我们的成本也越大，所以我们需要努力使双方的利益达到平衡。

这个问题取决于终端的销量、双方的谈判地位及行业标准等。

24. 终端那么多又很分散，如何将我们的产品供应给终端呢？

答：这个问题我们前面已经讨论过，一般而言有三种方式：

（1）由企业直接供应终端；

（2）由分销商或分支机构直接供应终端；

（3）分销商或分支机构再通过批发商间接供应终端。

绝大多数消费品企业是三种方式兼而有之，对于不同的终端采用不同的方式。

25. 对于由企业直供的终端，我们如何将产品实地卖进终端呢？

答：企业直供的终端一般都是大型终端，其卖进过程并不简单，大致有四个步骤：

（1）调查和筛选目标终端；

（2）做好各项谈判前的准备工作；

（3）就各项分销事宜与终端谈判；

（4）谈判成功后，具体完成各项进场手续。

26. 既然我们找了分销商，对于其具体的分销工作是否就不用管了？

答：对于分销商的具体分销工作，有的企业管，有的企业不管；有的企业管得多，有的企业管得少，没有统一模式和标准。其实许多企业不管并非"不愿管"，而是由于实力有限，"管不到"。那么对于分销商的实地分销工作，我们具体应做些什么呢？

（1）分销商的销售人员一般负责多个品牌的销售工作，为了加快我们产品的分销速度与广度，可能需要在当地招一些销售人员专门协助分销商做好我们产品的分销工作。

（2）前面讲过在终端分销过程中可能会涉及一些费用，有时候我们可能需要提供部分费用支持，否则分销商感到自身无利可图，就不愿意分销一些费用较高但很重要的终端，当然很多时候我们可能需要和分销商分摊。

（3）当企业有重要新品上市时，考虑到靠销售人员逐个店去拜访速度太慢，有可能会协助分销商在当地召开新品上市会，加快分销速度。当然有时候即使没有新品上市，企业也可能视生意需要向批零网点提供一些激励措施，帮助分销商加快分销进度。

（4）除以上工作外，我们还可能协助分销商拟订分销计划，跟踪分销进度，并及时评估与调整等。

协助分销商做好实地分销工作，对于更快、更广地分销到各个终端肯定是有利的，但是这些工作都需要成本，所以我们应做哪些工作，每项工作又做到什么程度，必须根据生意需要而量力而行。

27. 前面讲过分销商也不是直接分销给所有终端，有些终端还需要通过批发商间接覆盖，那么如何让批发商愿意销售我们的产品呢？

答：批发商和终端、分销商一样，都是因为有利可图才销售我们的产品。但批发商既不像分销商一样靠近生产企业，也不像终端接近消费者，其看重两点：

（1）我们的产品可以为批发商带来多少利润：

批发商的利润 = 销量 × 毛利率

（但是销量和毛利率往往是背道而驰的，销量大的品牌由于竞争激烈毛利率往往很低，毛利率高的小品牌销量又不大）

（2）我们的产品能否帮助批发商吸引和稳定下线的批零客户网络。

正因为如此，批发商一般不愿销售我们的所有产品，只选择部分相对毛利率高或周转快的产品。

说明：

我们把货卖给批发商并不是最终目的，而是希望批发商再把产品分销给更多的终端。所以如果有条件的话，我们和分销商还需要指导和协助批发商的再分销工作。

28. **我们把产品卖进终端后，还需要做些什么来维护终端的分销水平呢？**

答：（1）满足终端订单与回收货款。首先，我们应努力使企业、分销商、批发商不要断货，并能及时将货物送给终端；接下来就是做好对账、开发票、收款等回款工作。当然，有时终端的退换货工作也可归于此类。

（2）协调终端的零售价。这项工作很重要也很艰难，如果终端零售价有的高，有的低，一方面会影响消费者的购买行为，另一方面会影响终端的销售积极性，甚至导致终端不再销售我们的产品。

说明：

如果我们的后续维护工作做得不好，就有可能一个终端分销的产品越来越少，甚至逐步有一些终端不再销售我们的产品，所以将产品卖进终端只是第一步，还需要切实做好终端维护工作。以上两项工作是维护终端分销水平必不可少的工作。即使由分销商或批发商覆盖的终端，我们也要指导和协助它们做好这些维护工作。

至此，我们可以得出第 5 个问题的答案：

"Ⅴ. 在实地工作中应如何将产品卖进终端呢？"

（1）让终端"愿意卖"。终端要有利可图：利润、费用支持、无形利益（如增加客流量等）。

（2）在条件允许的情况下，我们除了做好企业直供终端的分销工作以外，还要协助分销商将我们的产品更快、更广地分销进各个终端和批发商。不仅如此，我们还要和分销商一起指导和协助批发商的再分销工作。

（3）在将产品卖进终端后，还需要做好分销维护工作：满足终端订单与回收货款、协调终端价格体系等。

Ⅵ. 终端是面向消费者的端口，将产品卖进终端后如何提升终端的销量？

29. **哪些因素影响我们的产品在一个终端的销量？**

答：（1）该终端的有效客流量。终端的有效客流量，简单地说，就是到这个终端购物的人有多少，其中有多少是我们的目标消费者。一般而言，这是企业所不可控的外部因素。

（2）我们的品牌和产品对于消费者的吸引力，如品牌知名度、品牌美誉度、产品功能、产品质量、产品价格、产品包装等。这些工作一般由企业的品牌和产品部门负责，对于销售人员来讲只是提建议，不是其职责范围。

（3）销售人员的分销卖进和维护工作。这也是终端销量的基础。如果一个终端的分销产品不够多或经常断货，价格也不合理，那么终端的销量自然大受影响。

（4）我们可以做一些店内促销工作，刺激消费者的冲动性购买。消费者除了根据品牌和产品主动购买以外，还会受到店内其他因素的影响而冲动购买。终端的店内促销工作主要包括三个方面：一是良好的店内形象；二是各种各样的消费者促销活动（如赠品和特价）；三是营业员或企业导购人员的推荐。这三项工作就是销售人员提升终端销量的三个途径。

30. 如何提升终端的店内形象？

答：终端里的各类商品品种繁多，提升店内形象就是想尽一切办法吸引消费者的眼球。

（1）把我们的产品争取摆放在同类产品中最显眼的位置，并尽可能位于货架的视平线位置，让消费者容易看得到。

（2）在条件允许的情况下，在货架外作一些堆头或端架等特别陈列，让我们的产品更加引人注目。

（3）力争在店内多一些我们的售点广告（POP），如海报、灯箱、挂旗等。

（4）如果我们的销量在这个终端较大，还可以制作专柜甚至设立店中店等。

当然所有这些工作都需要获得终端同意，并且是有成本的。不同的企业在不同的终端，其店内形象工作的难易程度和投入资源也是不同的。

31. 如何做好消费者促销活动？

答：消费者促销活动简单地说，就是给予消费者除了产品及其附带服务之外的各种优惠，通过利益促进消费者的冲动性购买。

（1）消费者促销主要是赠品和特价两种形式。

（2）在条件允许的情况下，我们还可以针对促销活动做一些宣传工作，让更多的消费者更快地知道这些优惠。

说明：

（1）当然赠品并不一定就是物化的商品，出国旅游等也算广义的赠品。此外，有些企业还采用加强售后服务来吸引消费者，如"七天无效退款"或"国庆期间购买多送一年保修"等。

（2）宣传工作包括超市的快讯（DM）、路演（roadshow）等户外或店内促销展示等。我们需要考虑什么形式最有效，增加的销量和费用相比是否合理等。

32. 如何做好店内人员推荐工作？

答：对于中小型终端而言，争取店主和营业员能主动向消费者推荐我们的商品，这样的推荐显得比较中立和客观，而且几乎不需要费用。对于大型终端来说，我们可能要派驻专职的导购人员推荐我们的产品。

说明：

（1）激励店主或营业员的推荐是行之有效的措施，要想做到这一点，主要是让店主有利可图或给予营业员一些奖励，再加上销售人员的良好沟通。

（2）对大型终端派驻专职的导购人员推荐我们的产品，这就涉及三个问题：

什么终端值得我们派驻专职导购员？　　→ 投入产出分析

如何让导购员努力推销？　　→ 激励与约束

如何让导购员提升推销成功率？　　→ 培训

33. 看来上述三项促销工作确实能提升终端销量，但对于那些由分销商直接或间接覆盖的终端，是否将这些工作交给它们去做就可以了？

答：如果企业条件允许，我们需要指导和协助分销商做好三大促销工作。当然对于不同的企业和具体的市场，我们是否介入、介入的程度都没有标准答案，关键在于企业的实力及投入产出考量。

说明：

一般而言，分销商愿意做而且能做好三大促销工作的比较少。其原因在于：

（1）这些促销工作需要较多费用，分销商的利润往往难以支撑。

（2）品牌属于生产企业，分销商和企业只是一段时间的合作关系，对于我们的品牌和产品没有归宿感。

（3）即使我们给予分销商丰厚利润，并与其签下"终身合同"，有些促销工作分销商也难以做好。例如：分销商自行制作POP，既不专业也没有规模效应，且难以树立统一的品牌形象；大型消费者促销活动需要精心策划和宣传，这也是一般的分销商难以胜任的；分销商也很难做好对导购人员关于我们产品的专业培训工作等。

至此，我们可以得出第6个问题的答案：

"Ⅵ. 终端是面向消费者的端品，将产品卖进终端后如何提升终端的销量？"

（1）虽然终端的销量主要取决于终端客流量、品牌和产品竞争力等销售人员不可控制的因素，但是我们并非"无所作为"。从销售工作的角度看，我们有三个途径来提升终端销量：

A. 努力提升终端的店内形象（如货架陈列、堆头、POP、专柜等）；

B. 做好针对消费者的促销活动及其宣传工作（如赠品、特价、DM等）；

C. 激励店主和营业员主动推荐我们的产品或派驻专职导购人员等。

（2）即使对于那些由分销商覆盖的终端，我们也需要指导和协助其做好促销工作。

Ⅶ. 不知不觉地一路问下来，前面已经产生了6大类共33个问题，谁来思考和决策这些问题？谁去实地解决这些问题？

34. 一个生产企业需要什么样的销售团队来完成上述销售工作？

答：如果把整个销售工作比喻成一场没有硝烟的战争（就目前中国不少行业的激烈竞争程度来看，这样比喻并不过分），那么我们可以用大家熟悉的军队编制来形象化地说明销售团队的基本结构（见图1-9）：

（1）战略层面→制订全局作战计划并调配各作战力量→司令部（高级领导及参谋部）

销售战略→制定销售策略并组建和领导队伍→销售领导层

注：企业的销售领导层一般以销售总监为主，包括副总监、营销副总、总经理等。

（2）战术层面→落实具体战场的作战计划并调配力量→师团长等中高级指挥官

实地管理→落实本市场的生意计划并管理团队→销售管理层

注：企业的销售管理层一般包括大区经理和省区经理等（不同企业的称呼不同）。

（3）战役层面→执行具体作战方案并带领部队实际作战→连排长等基层军官

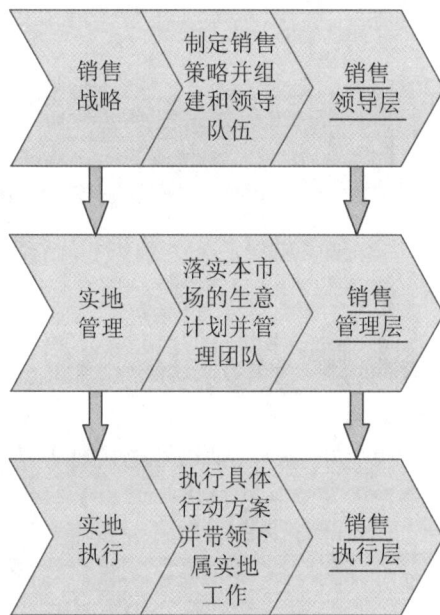

图1-9 销售团队的基本结构

实地执行→执行具体行动方案并带领下属实地工作→销售执行层

注：企业的销售执行层一般包括城市经理及以下人员（不同企业的称呼不同）。

一个生产企业的销售团队分为多少层级，每个层级需要多少人，每个层级具体完成什么工作，视生意需要而定。这是一个关于销售组织设计的重要决策课题。

35. 销售队伍是企业完成销售目标的重要力量，如何管理？

答：销售队伍的管理相比企业其他部门而言更为复杂，因为人员散布全国各地，而且销售人员主要不在办公室工作，难以监控。一般销售队伍的管理包括以下方面：

（1）明确各级销售人员的责、权、利。

（2）根据各项量化考核指标（主要是生意结果和过程中的重要指标），奖优罚劣。

（3）建立标准工作流程（如决策流程、报表流程等）。

（4）努力营造企业文化并树立销售人员正确的价值观。

销售队伍的管理非常重要，简单地说就是一个关于"激励与约束"的管理课题。

36. 管理好了销售队伍只是解决了工作积极性和责任心的问题，但实际工作并非"人有多大胆，地有多大产"，人员能力不高怎么办？

答：提升销售队伍素质的主要途径是培训，包括理论培训和实地培训。

说明：

一般销售队伍的培训工作需要注意以下方面：

（1）培训以人为本，一定要针对每个级别的工作需要设计培训课题，并且所有培训课题必须按照生意运行逻辑构成完整的知识体系。给人一串珍珠，而不是一把珍珠，否则受训者有可能越培训越糊涂。

（2）培训以生意结果为导向，目的是通过培训提高销售人员能力，提升销售业绩，不要总是讲绝对正确但不能转化为生产力的"真理"。衡量培训工作的好坏就是受训者在多大程度上将培训内容转化为了生产力，而不在于谁是培训者，培训主题是否"高深或国际流行"，以及培训氛围是否活跃（培训氛围只是帮助受训者容易接受知识的手段，现在社会上有些培训舍本逐末，受训者在培训期间感觉气氛很好，但回去以后并没感觉学到什么有价值的知识）。

（3）任何培训的最高境界都是"深入浅出"，培训者要具备渊博的知识和丰富的实战经验，真正对培训内容融会贯通。既不能就事论事地"浅入浅出"（这种简单其实是简陋），也不能生搬硬套地把自己都还没理解的理论"深入深出"（这种高深的背后实质上是浅薄）。

关于培训的原则和方法远不止以上这些。总之，具有实效的培训对于提升销售队伍的战斗力至关重要。

至此，我们可以得出第7个问题的答案：

"Ⅶ. 不知不觉地一路问下来，前面已经产生了6大类共33个问题，谁来思考和决策这些问题？谁去实地解决这些问题？"

（1）销售团队分为销售领导层、销售管理层、销售执行层，分别解决销售战略、具体市场管理、实地执行的问题。

（2）销售队伍的管理非常重要，核心就是解决人员"激励与约束"的问题。

（3）对销售队伍的培训是提升队伍战斗力的重要途径，关键是要将培训转化为实际生产力。

Ⅷ. 前面的7大类共36个问题，是从销售目标开始不断追问"为了实现目标，我们应该做什么"，所有问题最后都落脚于一个问题——"我们能做什么"，即如何在理想与现实之间寻求平衡？如何配置与管理我们有限的销售资源？

37. 生产企业需要投入什么销售资源以实现销售目标？

答：生产企业投入的销售资源大体分为两类：

（1）营运资金（working capital）。

营运资金 = 应收款总额 + 库存总额

注：财务公式中还需要减去应付款，但那由采购等部门负责。

（2）销售费用。

除了营运资金以外，我们还需要在销售过程中投入人、财、物，大致可以归纳成四类：

A. 销售队伍的费用（工资、奖金、福利、差旅费用等）；

B. 分销费用（终端进场费等分销费用、新品发布会或订货会等分销激励）；

C. 终端促销费用（陈列费、POP费用、导购人员费用、促销活动费用等）；

D. 对于分销商自身运作的支持费用（车辆、办公、电脑等）。

说明：

很多时候我们并没有把企业投入的营运资金视为其投入的销售资源，但实际上营运资金是企业最首要投入的销售资源。只要你不是全现款交易和零库存，就需要投入营运资金，这也是企业的风险所在。所以我们在评估销售部门的业绩时，不仅要看你回了多少款（反映生意规模），也要看你赚了多少钱（扣除费用，反映盈利水平），还要看你用多少营运资金实现了这些回款和利润（反映资金的使用效率）。不少企业并不是回款少，也不是不赚钱，就是因为资金效率低而导致现金流紧张甚至倒闭。

38. 我们应该如何管理企业的营运资金投入，提高资金使用效率？

答：这个问题主要是销售领导层的决策和监控的问题，关键在于如何在生意需要、企业资金实力及经营风险三者之间寻求平衡。

（1）任何生产企业都希望和分销商、直供终端等直接客户全现款交易，但在目前大多数行业处于买方市场的情况下难度较大。所以如何制定合理的信贷政策及客户信用评估，以及定期检讨就成为销售领导层非常重要的工作，当然各级销售人员在实地工作中按时回笼货款也是非常重要的。

（2）库存管理虽然在很多企业是采购部、生产部、财务部的工作，但是销售领导层对于企业的库存管理也负有不可推卸的职责，如根据生意需要设定合理的库存水平、相对准确的销量预测、对滞销库存产品的及时处理等。

39. 我们应该如何合理配置销售费用？

答：如何在既定销售费用约束下寻求销量最大化，这就是费用配置的原则。

合理配置销售费用并不是简单地加减乘除，其核心在于对生意现状的深入洞察，找到生意的增长点和问题点，然后增加对增长点的投入，减少对问题点的投入。

具体来讲，有两个考虑方向：一是如何在上述四类销售费用之间合理分配；二是如何在各个区域和客户之间合理分配。

"兵马未动，粮草先行。"一切生意策略和计划最终都要落实到销售费用的配置问题上，这是生意良性发展的基础。从生意分析来看，这是最后一个落脚点；从生意计划实施来讲，这是一切工作的第一步。

40. 那么我们应该如何有效管理销售费用，确保各项费用落到实处呢？

答：由于销售过程涉及的环节较多，以及客户或人员的道德风险，各级销售经理都需要加强费用管理，确保我们配置的各项费用落到实处，避免浪费、截留甚至贪污。大体来讲，措施有两个：

（1）建立严密的销售费用管理制度；

（2）实地调查，及时发现问题和解决问题。

至此，我们可以得出第8个问题的答案：

"Ⅷ. 如何配置与管理我们有限的销售资源？"

（1）生产企业投入的销售资源包括两部分：营运资金＋销售费用。

（2）营运资金的管理主要是销售领导层的决策和监控问题，关键在于如何在生意需要、企业资金实力及经营风险三者之间寻求平衡。

（3）合理配置销售费用源于对生意现状的深入洞察，建立严密的销售费用管理制度与实地调查是销售费用管理的两大措施。

1.5.3 "思维之旅"小结

以上运用苏格拉底的"追问法"沿着"销售之路"让我们的思维作了一次畅快的旅行（见图1-10）。

随着"旅途"的不断延伸，就如同在起点与终点之间勾勒出了一幅"销售地图"（见图

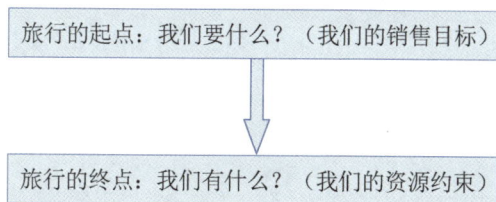

图1-10 思维之旅

1-11）：

每一个生意要素如同旅行道路中的一个个驿站，

每一项销售工作如同连接驿站间的一条条路径。

图1-11 销售地图

最后所有的销售问题汇总为一个问题：

如何在资源约束条件下，寻求销量最大化？

用数学语言表达就是：

MAX 销量|可用资源

整个"旅行"的过程实质上就是一个生意分析的过程，刚好是销售实际运作过程的逆向思维，生意的实际运作是以资源投入为起点，销量为终点。

以上的每一个问题都可以再细分，到目前为止我们的"销售地图"还只是一个轮廓模糊的"航拍图"，我们对每一个"驿站"除了地名以外还一无所知，对每一条"路径"除了其连接的两点以外也知之甚浅，本书的后续章节就如同深入到每一个"驿站"内部、每一条"路径"表面拍摄精细的"全景图"，最终绘制出具有实战意义的"销售地图"。

1.6 实地销售与销售战略

1.5部分通过对销售全过程的不断追问，衍生了关于销售的8大类共40个问题，思考决策与实地解决这些问题就是销售工作的全部内容。

对销售工作可以从不同的角度进行划分，这里是从销售知识体系的角度将销售工作划分为实地销售与销售战略，以便更具针对性地建立两部分销售知识体系。以下定义和分析是从中国目前大多数消费品企业的角度进行阐述，工业品和服务性产品的销售工作没有这么复杂，只是其中一部分。

1. 实地销售工作

实地销售工作是指实地销售管理与执行的工作，具体包括5大类工作：

（1）分销商的建立、管理与评估优化工作；

（2）各类批零渠道实地分销卖进与维护工作；

（3）协助各类终端再销售的实地促销工作；

（4）实地销售队伍的配置、管理与培训工作；

（5）实地销售费用的配置与管理工作。

注：生产企业内部负责实地销售工作的主要是销售管理层和销售执行层，具体包括大区经理、省区经理、城市经理及以下人员。

2. 销售战略工作

销售战略工作是指企业销售战略的制定与实施的工作，具体包括6大类工作：

（1）设计与优化企业的整体分销模式，以及渠道各环节的利益分配和合作框架；

（2）设计与优化销售团队的组织结构，制定各级人员责、权、利标准和建立培训体系等；

（3）建立各类销售费用的分配与管理体系；

（4）建立企业营运资金的管理制度，并有效提升资金使用效率；

（5）指导与监控实地销售工作；

（6）协调企业内部的销售相关部门。

注：生产企业内部负责销售战略工作的主要是销售领导层。

说明：

（1）以上两大类工作所指向的销售职位只是遵循大部分企业的惯例，不少企业的销售职位设置有所不同，但大致都有履行类似职责的相关职位。

（2）由于不同企业对于同一个职位所赋予的具体职责和权限有所不同，以上职位只是大致划分。例如，有些企业的大区经理就属于销售领导层，也参与企业销售战略的决策工作，不过其主要职责还是实地销售管理。

3. 从销售知识体系的角度划分"实地销售"与"销售战略"的原因

上述两大类工作的着眼点、思考方法、所需知识都有很大差异。

（1）虽然各个销售级别的工作都有一定差异性，但是从城市经理到大区经理只是"量变"，从管理一个城市的生意到管理一个省，再到管理几个省，其基本工作内容和所需知识的共性大于个性，都属于实地销售的范畴。

（2）销售战略是确定企业的发展方向以及每一个销售模块的"游戏规则"。就以大家最熟悉的销售队伍管理为例，这是各级销售经理（包括销售总监）都需要做的工作。但是销售领导层除了管理好直接下属外，还需要决策一些重大战略问题，如我们的销售组织结构如何设置，需要哪些层级，各级人员的生意要求和用人标准是什么，每个职位的责、权、利是什么，各个职位间如何沟通，如何针对各个销售职位建立系统的培训体系，如何建立企业文化等。实地销售经理（包括大区经理）主要是在这些框架下具体落实和执行。一般而言，实地销售经理对于上述原则问题是不能随意更改的，只能对这些问题提出建议或在这些框架的范围内根据实际情况作一些调整。

（3）当然，实地销售工作也需要很多思考和决策，并不是一个简单的执行，这也是我们为什么称为"实地销售"而非"销售执行"。但是实地销售的决策只是在整体销售战略框架下针对具体市场的策略，这些策略不可能与企业的战略背道而驰，是一个如何因地制宜落实整体战略的问题。

所以从以上分析可以看出，销售战略与实地销售的差异性很大。销售战略简单地说就是确立方向与制定"游戏规则"；实地销售是在既定"游戏规则"下如何因地制宜地落实与执行工作，至于实地销售内部各个层级的差异性主要是"大落实"与"小落实"的问题。

本书在此之前的内容都是就整个销售而言，本书之后的所有章节主要针对实地销售。

第2章 ❰ 销售力知识体系 ❱

2.1 销售力简介

2.1.1 销售研究方法综述

从第1章对销售的定义中，我们知道销售就是生产企业将产品或服务与消费者进行交易的全过程交易行为。而"销售力"从字面上不难看出，本书从"力"的角度来研究销售中的因果关系，在对销售力作出正式定义之前，我们先从不同的学科角度探讨研究问题的方法。

哲学是关于世界观的学说，是自然知识和社会知识的概括和总结，为一切科学研究提供了理论指导。"哲学"这个词最早出自希腊文的"φιλοσοφος"，即"philo-"（喜爱）和"sophia"（智慧），也就是"爱智慧"，其核心是"求真"和"求知"。哲学认为世间万事万物是普遍联系的，而这种联系的纽带就是因果关系，凡事有果必有因（又分为内因和外因），有因必有果。研究因果关系是发现事物发展规律的重要研究方法。第1章运用的苏格拉底"追问法"本质上也是在澄清概念的同时不断寻找事物之间的因果关系。

佛教讲因缘果报，比如种子是因，而水土、日光、空气、人工是缘；种瓜得瓜，种豆得豆，便是果报。有了种子，而没有水、土、日光、空气和人工，便生不出果来，所以缘也是很重要的。佛教的"因"是指内因，"缘"是指外因，"果"是指结果。宇宙各种事物在生成变化之过程中，皆有其因果作用，该定律可以包括物质现象和人类为谋求生存福乐而做的一切行为活动，其范围不受空间、时间的限制。种瓜得瓜，种豆得豆，是物质的因果；作善受福，作恶受殃，是行为的因果。

日常工作中，我们自觉不自觉地也在运用因果关系作为思维方法。例如我们经常说：

影响销量的因素有产品、广告、分销、人员……

要解决这个问题，取决于我们的努力和公司的支持……

要想提高这个城市的分销水平，先要换掉这个不合格的分销商……

培训是提高人员战斗力的重要途径……

以上对因果关系的理解只是一种模糊的表述，那种从文字到文字、从概念到概念、从理论到理论的语言描述的实用价值是相当有限的。社会科学自然化本身就是一种发展趋势，我们必须要运用现代的科学方法论及数理工具才能真正深入理解和系统表述销售中的因果关系，这是我们的知识是否成熟的标志。

那么现代自然科学是如何理解和表述因果关系的呢？（见图2-1）

物理学的本质就是力学，将自然界之间的各种因果关系都在"力"的概念上予以统一。所谓力就是物体对物体的作用，只要有力发生就一定要有受力物体和施力物体，并且两个物体之间的作用总是相互的，一个物体对另一个物体有力的作用，后一个物体一定同时对前一个物体有力的作用。物体间相互作用的这一对力，一般叫作作用力和反作用力。两个物体之间的作用力和反作用力总是大小相等，方向相反，作用在一条直线上，这就是牛顿第三定律。

数学用简洁的函数方程式来理解和表述事物间的因果关系。"果"就是函数，各项变量就是"因"，而变量又分为内生变量（内因）和外生变量（外因），变量的具体作用过程就是函数关系。就拿我们熟悉的营销4P理论来看，其函数关系表达如下：

销量 = f（产品，价格，促销，渠道）| 外部环境

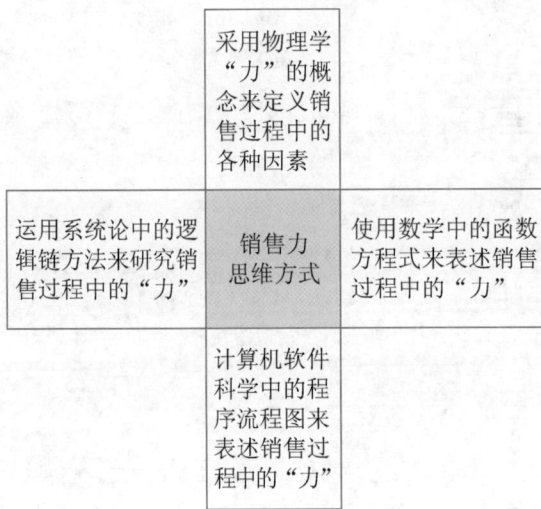

图2-1　现代自然科学对销售过程的思维方式

说明：

（1）销量是函数，即我们所说的结果。

（2）产品、价格、促销、渠道是4个影响企业销量的内生变量。

（3）f代表4个变量间的函数关系，如变量的权重大小、变量间是相加还是相乘。

（4）外部环境是外生变量，即企业无法控制的变量。如竞争对手的行为、渠道整体发展水平、消费者行为等，这些变量同样是影响企业销量的原因。

计算机软件科学用直观的程序设计流程图来理解和表述因果关系，结果称为"输出"，任何一个输出都是一个工作模块（模块的内部运作就是内因）的运行结果，而每一个工作模块都有其"输入"，这个"输入"就是外因。所以任何一个输出既取决于工作模块的运行水平，也取决于这个模块的输入。例如实地销售过程中的因果关系可以如图2-2所示。

图2-2　实地销售过程中的因果关系

从图2-2中可以看出，最终销量不仅取决于实地销售经理的管理与执行工作，还取决于企业投入实地销售的产品和费用支持等。实地销售经理可以控制和提升自己的工作质量，这是内生变量；企业的投入对于实地销售经理一般是不可控制的，这是外生变量。

系统论中用逻辑链方法来理解和表述事物间的因果关系，认为事物间的因果关系如同一环扣一环的逻辑关系链条，我们可以根据原因推导结果，也可以根据结果反演原因，逻辑链方法又叫作因果链方法。系统就是由若干个相互作用的成分组成的整体，在一个系统体系中由于空间和时间上的关联性，无论在空间和时间上都必然存在大量的因果链。我国著名科学家钱学森积极倡导和推动系统论在各个学科的运用，就是强调要从整体系统的角度研究和解决问题。

2.1.2　销售力的相关定义

现代物理学将大自然中的各种自然规律在"力"的概念上予以统一，并将宏观宇宙到微观世界的各种物质之间的相互作用力再分为4种，按强度由强到弱来排列它们分别是：强相互作用力、电磁相互作用力、弱相互作用力、万有引力。而爱因斯坦等一辈又一辈的物理学家还在不断追求将这4种力量再完全统一为"宇宙统一场论"，因为他们相信上帝创造宇宙是"简洁而和谐的"。

正是我们坚信任何理论的核心一定是"简洁而和谐的"，所以本书尝试将销售过程中的所有作用因素在"力"的概念上予以统一，并将销售力划分为销售作用力、销售分析力和销售理论力三大力量类型（见图2-3）。

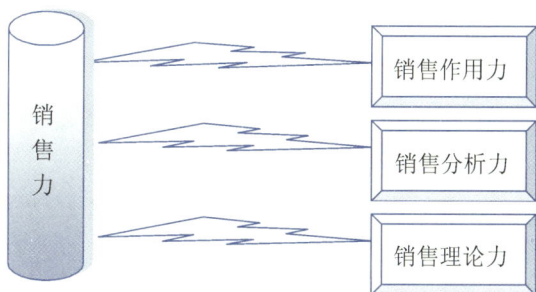

图 2 - 3　销售力的分解

下面采用物理学中"力"的概念来定义销售过程中的各种作用因素。

1. 销售力的定义

销售力是指在生产企业的销售全过程中，影响其生意结果的各种直接与间接作用力的集合。销售力是一个三维空间的力量体系，其三轴分别是销售作用力、销售分析力和销售理论力。

销售力三维结构体系图见图 2 - 4。

说明：

（1）这里所讲的作用力是指销售过程中影响生意结果的因素。

（2）所谓直接作用力就是销售过程中直接影响生意结果的因素。直接作用力既包括内在作用力（内因或称内在变量），也包括外在作用力（外因或称外在变量）。

（3）所谓间接作用力就是直接作用力背后的作用力，即通过影响直接作用力从而间接影响生意结果的因素。

2. 销售作用力的定义

销售作用力是销售力中的直接作用力（也可称之为直接销售力），是指在生产企业的销售全过程中，直接影响其生意结果的各种作用因素的集合。

说明：

（1）销售作用力首先是指正向作用力（又叫推动力（driving force）），即推动销售过程向目标方向运动的力量，如企业的销售队伍能力、分销商运作能力等。推动力是我们研究的重点，大多时候我们所讲的销售作用力都是指正向作用力。

（2）与正向作用力对应的就是反向作用力（又叫约束力（restraining force）），即阻碍销售过程向目标方向运动的力量，如竞争对手阻力、渠道阻力等。

3. 销售分析力的定义

销售分析力是销售力中的一种间接作用力，是指各级销售人员对销售作用力现状和趋势的扫描、分析与计划实施能力。

说明：

（1）销售分析力并不是生意运行过程中的直接作用因素，所以是销售力中的一种间接作用力。

（2）销售分析力是直接作用力背后的作用力，通过分析找出直接作用力的问题并实施解决方案，从而改善直接作用力，最终提升销售业绩。

4. 销售理论力的定义

销售理论力是销售力中的一种间接作用力，是指各级销售人员对有关销售理论的掌握和运用能力。

说明：

（1）销售理论力并不是生意运行过程中的直接作用因素，所以是销售力中的一种间接作用力。

（2）"知识就是力量"，销售理论力是直接作用力和销售分析力背后的作用力，通过指导实际销售工作和销售分析工作，从而提升直接作用力和销售分析力，最终改善生意结果。

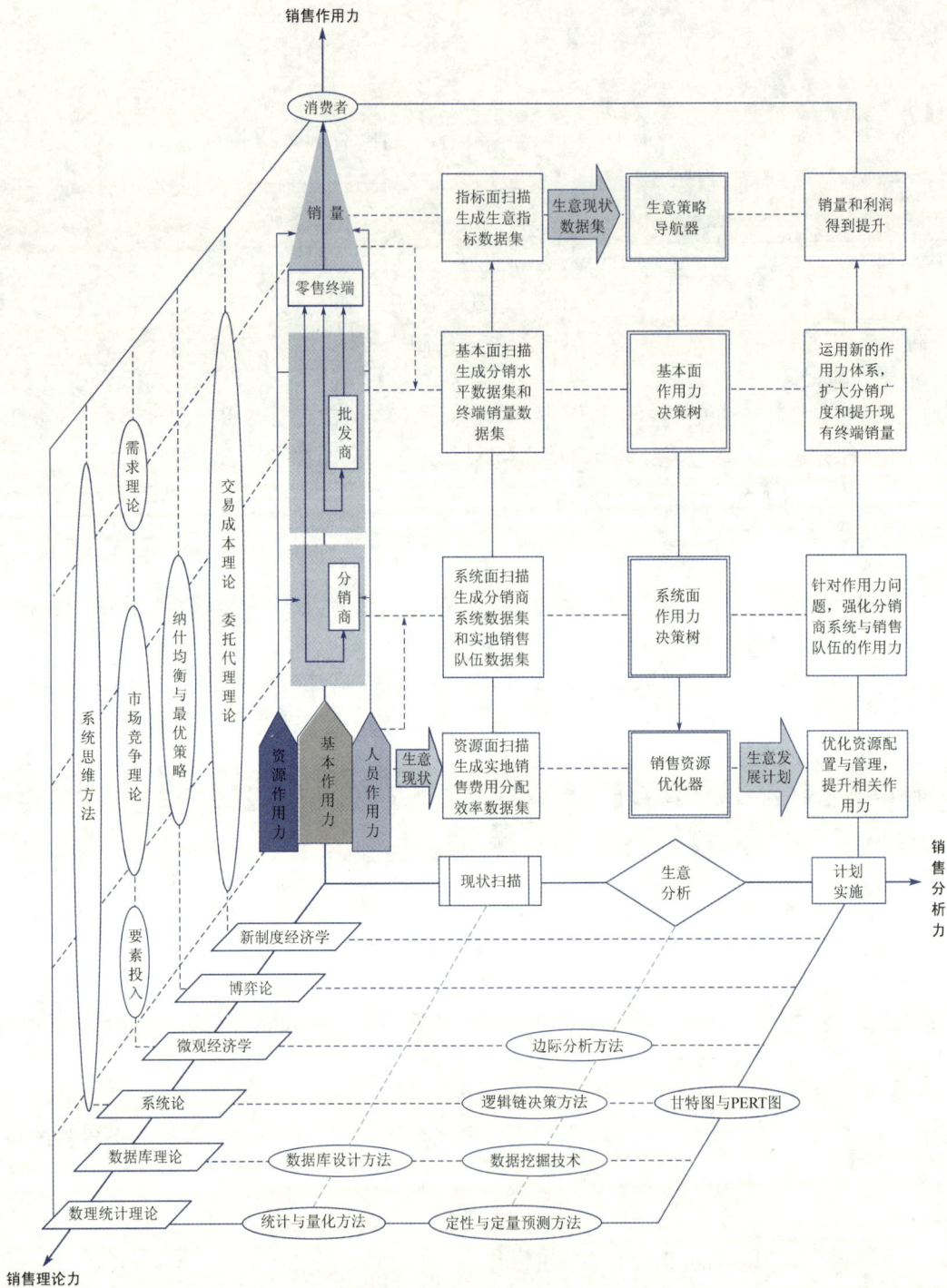

注：（1）本图以中国目前大多数消费品企业为背景；（2）本图的三维体系构图法来源于美国系统工程学家霍尔（A. D. Hall）所提出的系统工程三维结构。

图2-4 销售力三维结构体系图

2.1.3 销售力的研究方法

销售是生产企业与消费者之间的全过程交易行为，涉及的作用因素非常繁杂，整个销售过程的因与果是一个长长的逻辑链，而且在时空上并不紧密联系，并非一眼就可以看到。

我们运用系统论中的**逻辑链方法**来研究销售力。逻辑链方法就是一种系统思维方法，是以简驭繁的智慧，是帮助我们建立完整的销售力知识体系的重要工具。第1章所运用的苏格拉底"追问法"实质上就是用文字表述的粗略的逻辑链方法。

1. 销售力知识体系的完整性

（1）完整的横向逻辑链。

所谓销售力的横向逻辑链，就是由各种销售作用因素之间的横向逻辑关系所连接的全部销售知识点，包括销售作用力和销售分析力两大模块。

我们在第1章运用苏格拉底"追问法"所产生的8大类共40个问题，可以理解为横向逻辑链中销售作用力模块的所有知识点。虽然这些知识点还很模糊，但已基本穷尽所有需要思考和解决的直接销售作用力的问题。

任何生意目标的实现都不可能一步到位，是一个在运作中不断调整提高的过程，所以销售作用力不是一个静态的、线段式的因果关系，而是一个动态的、螺旋式上升的作用力循环。我们需要认识现状，分析各直接作用力的问题与机会，并制订与实施解决方案，从而有针对性地提升直接作用力，最终改善生意结果。整个生意分析过程也有其内在的逻辑链，其中的知识点同样是横向逻辑链中的一部分。

销售力横向逻辑链的完整性衡量标准就是世界著名的咨询公司麦肯锡所提出的 MECE 原则（见图2-5）。同一层级的知识点彼此应该是相互独立、没有交叉的，而所有的知识点汇总起来穷尽了该知识体系的所有知识点。

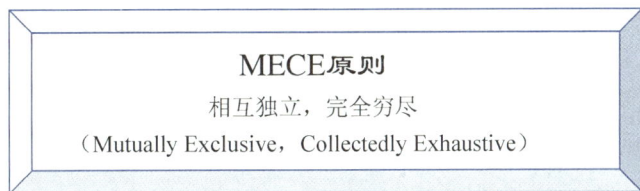

MECE原则
相互独立，完全穷尽
（Mutually Exclusive，Collectedly Exhaustive）

图2-5 MECE 原则

（2）完整的纵向逻辑链。

所谓销售力的纵向逻辑链，就是每一个横向逻辑链上的知识点，根据其纵向逻辑关系向上连接的理论知识和向下连接的操作知识。当然这些连接要根据知识点的内在逻辑关系延伸，不是牵强附会地连接。

销售理论力也是销售力逻辑链条中的一大模块，因为无论是直接销售过程还是销售分析过程，其每一个知识点都需要一定的理论指导，并且要将理论向下延伸为具体的操作工具。

销售力纵向逻辑链的完整性衡量标准就是我们通常所说的"顶天立地"原则（见图2-6）。

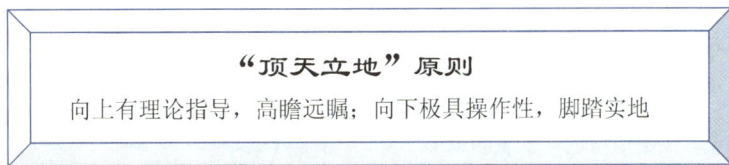

"顶天立地"原则
向上有理论指导，高瞻远瞩；向下极具操作性，脚踏实地

图2-6 "顶天立地"原则

如果我们的销售力知识体系的横向逻辑链能够达到"相互独立，完全穷尽"的标准，纵向逻辑链能够符合"顶天立地"的原则，那么我们可以说已经建立了完整的销售力知识体系（见图2-7）。当然这是一项艰巨而没有尽头的工作，本书只是往这个目标努力的一次尝试。

2. 为什么需要建立完整的销售力知识体系

让我们先来看两个小故事：

——过路人遇到一位醉汉在路灯下，跪在地上用手摸索，正在找自己房屋的钥匙，便想帮助他，问道："你在什么地方丢掉的呢？"醉汉回答是在他房子的大门前掉的。过路人问："那你为什么在路灯下找？"醉汉说："因为我家门前没有灯。"

——有一个木匠拜师学艺。前几天师傅给了他一把锤子，教他怎样在墙上钉钉子。他练了几天

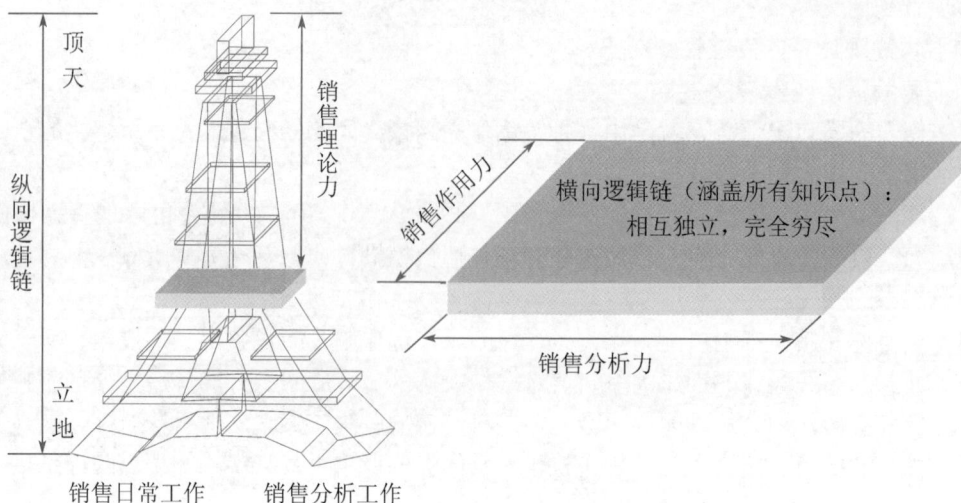

图2-7 销售力知识体系的横向和纵向逻辑链

后感到木匠活儿原来这么简单，于是告别师傅外出谋生。从此，这个木匠把螺丝等小零件都看成钉子，反正就是用锤子敲进去就行了。

这两个故事给我们什么启示呢？有灯光才易寻找，因此醉汉也不追究钥匙真正掉在哪里，看到灯光便开始找，虽然有时候钥匙确实是在路灯下，但是也经常掉在暗的地方。在销售工作中，我们经常应用最容易或最熟悉的方法来判断和解决问题，但是影响销售结果的作用力有很多，并非每次都是我们熟悉或容易的问题。同样，我们每个人都有擅长的知识和技能，如果我们有一把锤子，就把所有问题都看成钉子，不可能每次都能奏效。

造成上述问题的原因在于我们没有掌握完整的销售力作用体系和逻辑链方法，再加上人们常常只看到自己愿意看到的问题，不愿意去解决自己不熟悉或自己不擅长的问题，或需要耗费较多精力与资源才能解决的深层次问题。

例如：

——只要销量下降，就认为是销售人员的问题，把销售人员紧急叫回来训话或慷慨激昂地作一番动员，甚至再拿出奖金来刺激大家。这样解决问题的方法就是简单地认为销售作用力似乎就只是销售人员的积极性，"人有多大胆，地有多大产"。有时候确实是销售人员积极性的问题，但销售作用力还有很多，许多时候这样做效果并不好，甚至适得其反。

——再比如KA的问题，许多决策者没有完整的知识体系就很容易受舆论的引导，看到各种书籍和专家们把KA说成未来的发展方向，也不考虑KA需要的作用力是否具备，就不分青红皂白地一头扎进去，最后浑身"血淋淋"又被迫壮士断臂。

——也有的决策者只要看到回款下降，就马上使出一招，那就是开订货会或实施大型渠道促销。但是他不明白这是"饮鸩止渴"，每次订货会结束只会带来渠道价格体系的更加混乱，以及渠道各环节客户的观望心态；另外，刺激强度只能是有增无减，大大增加企业的成本负担，而且这样的回款往往不能提升销量，相反从长远来看是削弱提升销量的各种作用力。

也许他的理由是"我也没办法，企业现在没钱了"，但是有没有想过，企业为什么现在没钱？难道就和以前盲目泛滥的订货会或渠道促销没有关系吗？无原则的促销成本大大侵蚀了企业的正常利润，同时又损害了企业的长远销量，长此以往，企业只能走上一条恶性循环的"不归路"。这种恶性循环就是系统论里所讲的"补偿性回馈"。

在实际销售工作中上述例子可以说是比比皆是，其根本问题在于"只见树木，不见森林"，总是孤立地看待问题和解决问题。

销售力有其自身的逻辑链，因与果是一环扣一环的循环链，没有线段式的因果关系。我们必须把一个个孤立的知识点根据其内在逻辑关系串起来，完整的销售力知识体系有助于我们全面地分析问题和对症下药地解决问题，让我们"见树又见林"。

我们不要做只会在灯下找钥匙的醉汉；

我们不要做"有一把锤子就把所有问题都看成钉子"的木匠；

我们不要再奢望"一招制敌"，这种简单实质上是简陋。

2.1.4　销售力的表述形式

运用逻辑链方法，根据销售作用因素在横向和纵向上的逻辑联系所建立的知识体系严格来讲还不算是"体系"，只是"知识汇总"。只有把手中的一大把珍珠串成一串精美的项链，才有实际意义。任何学科的知识体系也必须形成一个严谨的、逻辑化的知识系统才具有实战价值，这也是其成熟与否的标志。

计算机软件科学是一门高度严谨、极具逻辑化与结构化的科学。以我们熟悉的 Windows 为例，由超过 3 000 名计算机软件专家，用了 3 年时间，耗资 30 亿美元才编写而成。这个有史以来最庞大的软件工程，其逻辑链的复杂性远远超过我们的销售工作，如何将软件设计工作层层分解并且保持编程人员之间沟通流畅，这就产生了软件工程这门新兴学科，而程序设计流程图就是其中一个化繁为简的重要工具。

所以我们使用计算机软件科学中的程序流程图作为销售力的主要表述形式，使整个销售力的知识体系高度逻辑化与结构化，不再是从文字到文字的纯语言描述。使用程序流程图表述销售力可以更清晰直观地表述销售力中的作用过程与逻辑关系，具体说明如下：

（1）借鉴软件工程中将复杂问题层层分解的方法，我们将销售力的整个作用过程根据其逻辑关系分解为一个个相对独立的工作模块（但合起来符合"完全穷尽"的原则），每一个工作模块下面再分解为更细的子模块（子模块根据需要再继续分解）。

（2）每一个工作模块和子模块都是销售力整个逻辑链中的一环，我们严格界定每一个工作模块和子模块的"输入参数"，即影响该模块的前端作用力；明确该模块的"输出参数"，及该模块对下一模块的后端作用力；精确描述模块内部的作用力传递路径。

通过上述程序流程图的方法表述的销售力，如同一幅"销售地图"，有以下优点：

（1）让我们很容易"见树又见林"，我们的视野可以很方便地在近景、中景与远景之间切换，既可以将整个销售力的作用结构一览无遗，又可以深入到每一个模块内部，近距离地研究具体的销售作用力（直接或间接的）。

（2）对每一个销售作用力（直接或间接的）进行准确定位。首先定位其所处层级，每个层级之间有清晰的输入和输出接口，然后在同一层级里定位其前后环节及具体的输入与输出作用力，这样我们就不会因为知识点的繁杂而混淆不清甚至迷失方向。

（3）万变不离其宗，一棵枝繁叶茂的大树只能有一个树根，每一条树枝甚至每一片树叶都有其连接树根的途径；同样，销售力的知识体系也只有一个根，那就是生意结果（销量等），无论是什么层级的作用力，无论是直接还是间接的作用力，都可以通过销售力作用流程图方便地搜索到其影响生意结果的传递路径。

同时为简洁起见，我们有时候也使用数学中的函数方程式来表述销售力。

销售力是一个庞大的三维力量作用体系，对所有直接或间接的作用力进行准确定义和完整分析及逻辑表述就是我们努力的方向。

2.2　销售力三维结构体系简介

第 1 章章末根据销售工作的共性与差异性将销售工作分为实地销售与销售战略。从销售作用力的角度来看，实地销售是销售战略的具体延伸，销售战略的输出就是实地销售的输入。

图 2-8 中的销售力三维结构体系简图是对所有销售力及其作用体系的高度概括，可谓全书的"龙头"与"树根"。当然，要将销售力的知识体系浓缩在一张书本大小的纸上并非易事，该图只是列出了知识体系中的一级模块，以中国目前大多数消费品企业为背景。

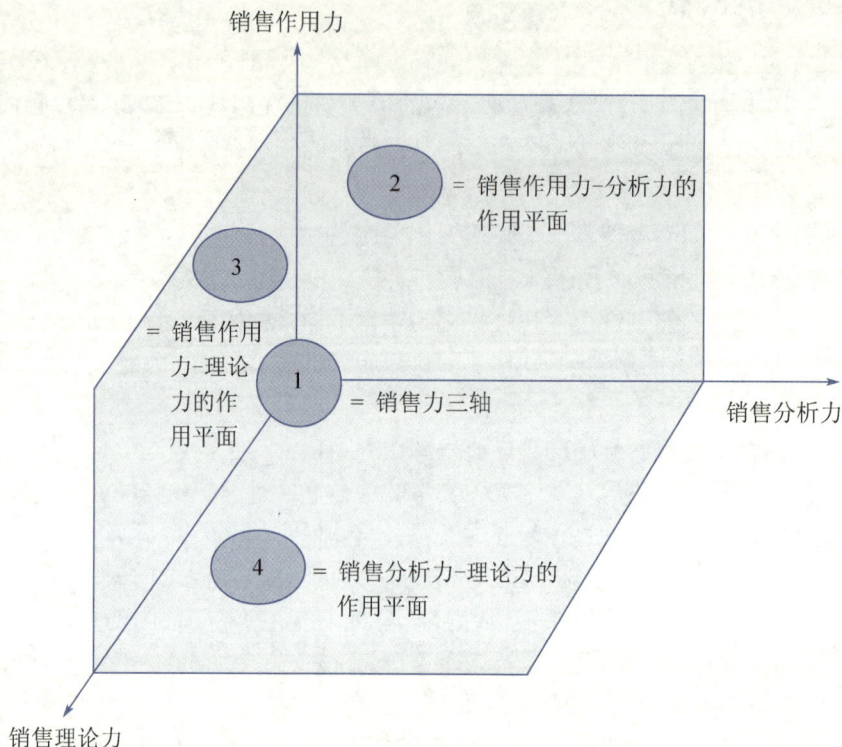

图 2-8　销售力三维结构体系简图

销售力三维结构体系简图以三大销售力为基轴，再加上三个作用平面。为方便读者理解，本书将简图再拆分为四个分解图（基轴及三个作用平面）作进一步说明（见图 2-9 至图 2-12）。

知识链接　2.1.3　销售力的研究方法

本书将销售力横向逻辑链（销售作用力和分析力两部分）上的所有直接或间接作用力要素及其作用路径，通过程序流程图的方法连接起来并绘制成知识体系图，而销售理论力的各要素及其应用则融入到知识体系图中的相应知识点的具体内容里。全书将实地销售系统层层分解，所有知识体系图从宏观到微观共分为五级：

A 级知识体系图（结构级）：高度概括本书的全局知识结构，对应全书。

说明：

（1）A 级知识体系图是整个（实地销售）销售力知识体系的"树根"，只有一个；

（2）"销售力三维结构体系图"（见图 2-4）是全书唯一的 A 级知识体系图；

（3）A 级知识体系图是整个实地销售系统的逻辑抽象与缩影。

B 级知识体系图（体系级）：概括各销售力基轴的整体知识结构。

说明：

（1）本书的 B 级知识体系图是对 A 级知识体系图中相应部分的细化，分别是"销售作用力体系图"（见图 2-15 和图 2-47）和"实地销售分析力体系图"（见图 2-65）；

（2）B 级知识体系图是销售作用力体系和销售分析力体系的逻辑抽象与缩影。

销售作用力

消费者

销量

零售终端

批发商

分销商

资源作用力　基本作用力　人员作用力

销售作用力概述：
销售作用力的作用过程与产品交易过程相符：
始于生产企业，终于消费者
始于企业投入实地销售的三大作用力，终于销量
实地销售作用力过程从宏观上分为以下4个阶段：

1. 终端销售
（1）销量如同左图三角形的面积，取决于底边宽度和高度：
销量＝分销终端数量×平均单店销量
（2）左图销量三角形的底边宽度代表零售终端的分销数量。
（3）左图从零售终端至消费者的直线箭头代表零售终端自身对消费者的销售作用力，两侧的箭头代表企业为协助终端销售所投入的资源作用力与人员作用力。
（4）左图销量三角形从底边到两腰的不同垂直高度分别代表各个终端不同的单店销量。

2. 终端分销
要实现终端的销售，必须先将产品分销进终端。
（1）左图三条垂直的直线箭头分别代表企业将产品分销进终端的三种方式，从左至右分别是：企业直供、分销商直接分销、通过批发商间接分销。
（2）这三条垂直的直线箭头也就是各供应商对终端的销售作用力的作用过程。
（3）左图两侧的箭头代表企业在整个分销过程中，协助分销商和批发商再分销的资源作用力和人员作用力。

3. 分销商建立与管理
要完成上述终端销售与分销工作，绝大多数生产企业都需要通过分销商运作。
（1）左图垂直的直线箭头代表企业与分销商的交易过程，也是企业基本作用力对分销商的作用过程。
（2）左图两侧的箭头代表企业在分销商的建立与管理中所投入的资源作用力和人员作用力。

4. 生产企业影响实地销售的三大作用力
（1）基本作用力包括：利益推动力、客户服务力、品牌/产品竞争力、渠道影响力，是任何企业必有的作用力。
（2）资源作用力和人员作用力分别指企业投入的实地销售费用和实地销售队伍对生意结果所产生的作用力。

销售理论力概述：
销售理论力就是销售人员掌握和应用有关理论的能力，其作用对象是销售作用力和销售分析力。

任何理论都来源于实践，并高于实践。销售并非"无源之水"，我们在销售工作中实际上自觉和不自觉地都在运用理论来指导销售运作和分析工作。如果我们能够系统地学习相关理论并在工作中有意识地加以应用，将有助于我们高屋建瓴地思考问题和更高效地解决问题。

以下销售理论力轴上所列的六大理论只代表本书的观点，本书认为这是销售工作中所需的主要理论工具。因篇幅所限，这里不一一阐述，详见后续章节。

新制度经济学
博弈论
微观经济学
系统论
数据库理论
数理统计理论

销售理论力

现状扫描　　生意分析　　计划实施

销售分析力

现状扫描是销售分析的第一个步骤，即对生意结果和主要作用力的数据及信息进行逻辑化与量化的收集和整理，最终形成生意现状数据集。现状扫描能力是销售分析力中的基础能力。

生意分析是销售分析的第二个步骤，即对现状扫描所得销售现状数据集进行系统分析，找出生意增长点和问题点及制定相应策略，最终形成生意计划。生意分析能力是销售分析力的核心能力。

计划实施是销售分析的第三个步骤，即贯彻与落实生意分析所形成的生意计划，切实加强目标作用力，最终改善生意结果。计划实施能力是销售分析力中的执行力。

销售分析力概述：
销售分析力的扫描—分析—实施对象是销售作用力，其基本过程是认清现状→找出机会与问题→实地解决问题。

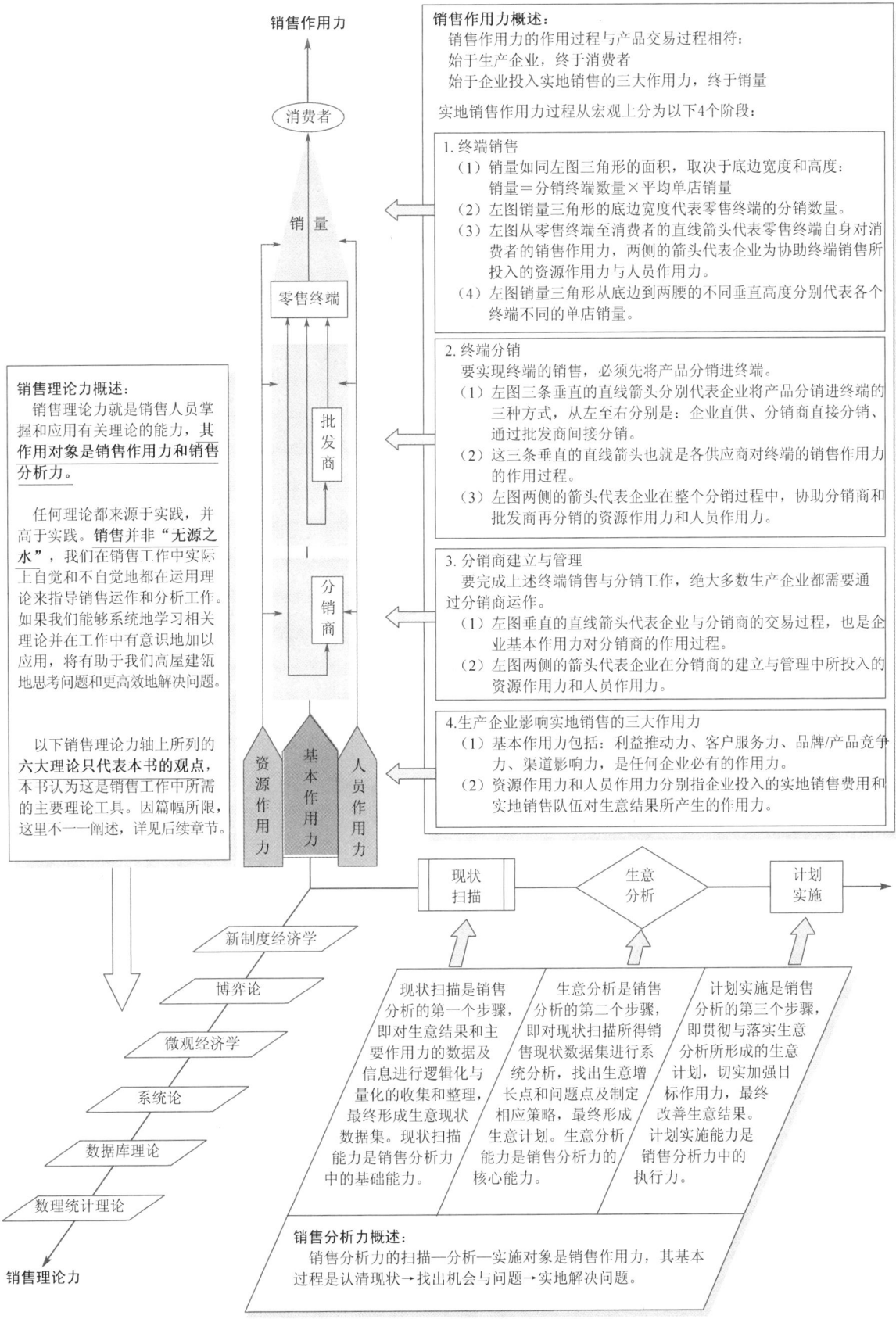

图2-9　分解图1：销售力三轴

销售作用力

概述：由销售作用力和销售分析力两轴必然构成一个作用平面，这个平面由水平4条线与垂直3条线相交构成12个作用点，水平4条线代表销售过程的4大模块，纵向3条线代表销售分析的3个过程。交叉点上的矩形代表具体的销售分析模块。整个平面是一个以生意现状为起点，通过扫描—分析—实施最终回到更优生意结果的循环。

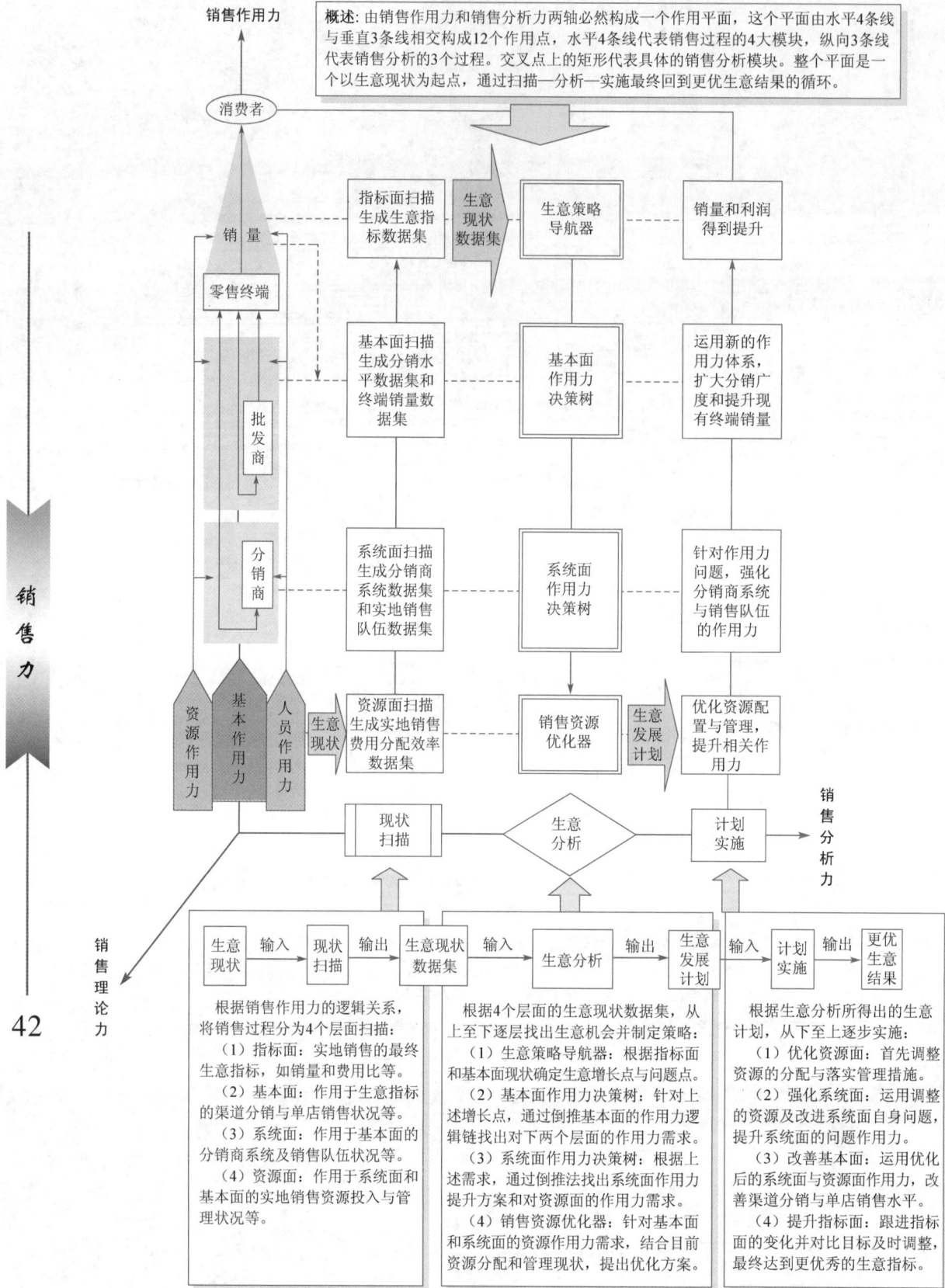

消费者

销售力

销量

零售终端

批发商

分销商

资源作用力　基本作用力　人员作用力

指标面扫描生成生意指标数据集

生意现状数据集

生意策略导航器

销量和利润得到提升

基本面扫描生成分销水平数据集和终端销量数据集

基本面作用力决策树

运用新的作用力体系，扩大分销广度和提升现有终端销量

系统面扫描生成分销商系统数据集和实地销售队伍数据集

系统面作用力决策树

针对作用力问题，强化分销商系统与销售队伍的作用力

生意现状

资源面扫描生成实地销售费用分配效率数据集

销售资源优化器

生意发展计划

优化资源配置与管理，提升相关作用力

现状扫描　　生意分析　　计划实施　　销售分析力

销售理论力

生意现状　输入　现状扫描　输出　生意现状数据集　输入　生意分析　输出　生意发展计划　输入　计划实施　输出　更优生意结果

　　根据销售作用力的逻辑关系，将销售过程分为4个层面扫描：
　　（1）指标面：实地销售的最终生意指标，如销量和费用比等。
　　（2）基本面：作用于生意指标的渠道分销与单店销售状况等。
　　（3）系统面：作用于基本面的分销商系统及销售队伍状况等。
　　（4）资源面：作用于系统面和基本面的实地销售资源投入与管理状况等。

　　根据4个层面的生意现状数据集，从上至下逐层找出生意机会并制定策略：
　　（1）生意策略导航器：根据指标面和基本面现状确定生意增长点与问题点。
　　（2）基本面作用力决策树：针对上述增长点，通过倒推基本面的作用力逻辑链找出对下两个层面的作用力需求。
　　（3）系统面作用力决策树：根据上述需求，通过倒推法找出系统面作用力提升方案和对资源面的作用力需求。
　　（4）销售资源优化器：针对基本面和系统面的资源作用力需求，结合目前资源分配和管理现状，提出优化方案。

　　根据生意分析所得出的生意计划，从下至上逐步实施：
　　（1）优化资源面：首先调整资源的分配与落实管理措施。
　　（2）强化系统面：运用调整的资源及改进系统面自身问题，提升系统面的问题作用力。
　　（3）改善基本面：运用优化后的系统面与资源面作用力，改善渠道分销与单店销售水平。
　　（4）提升指标面：跟进指标面的变化并对比目标及时调整，最终达到更优秀的生意指标。

图2-10　分解图2：销售作用力-分析力的作用平面

概述： 由销售作用力和销售理论力两轴必然构成一个作用平面，这个平面由横向4条线与纵向4条线相交构成16个作用点。横向4条线代表销售过程的4大模块，纵向4条线代表指导销售过程的4个学科。交叉点上的椭圆代表该学科作用于该销售模块的具体应用理论（由于篇幅所限，图中只列出最具指导意义的理论），如果一个椭圆覆盖两个或以上交叉点，说明该理论同时指导相对应的几个销售模块。

新制度经济学： 新制度经济学是自20世纪60年代以来经济学最令人瞩目的发展，对销售工作具有极强的指导意义。而之前的传统经济学（新古典经济学）偏重对生产和消费的研究，忽视了交易过程。

新制度经济学最核心的观点认为交易有成本，**制度的发生和演变就是为了节约交易成本**。交易成本理论是新制度经济学的基石，由此衍生的委托代理理论主要研究在**不对称信息**下委托人与代理人之间的行为（例如生产企业和分销商之间实质上就是委托代理关系）。

交易成本理论和委托代理理论是**指导销售全过程的两条主线，**如右图所示覆盖了销售过程的4大模块。

博弈论： 博弈论又叫对策论，是20世纪50年代开始兴起的运用数学方法研究对策行为的新学科，严格来讲是应用数学的一个分支。博弈论的出现广泛而深远地改变了经济学家的思维方式，由于在经济领域的应用最广泛和最成功，逐渐被当成经济学的一部分。

纳什可谓是博弈论的奠基者，以其名字命名的**"纳什均衡"**是指竞争各方在追逐各自利益的过程中必然趋于一种均衡状态，所谓均衡状态就是指在该状态下没有人有积极性打破这种均衡并从中获利。

最优策略则是研究在竞争各方达到均衡状态过程中如何制定竞争策略以谋求自身利益的最大化。

生产企业与分销商、批发商、零售商之间，以及这些经营单位彼此之间实际上都存在广泛的博弈关系。就实地销售而言，博弈论对于"分销商建立与管理"及"分销"两大模块的工作具有很强的实用价值。

微观经济学： 微观经济学是新古典经济学（我们通常所说的经济学）的一大分支，其核心是研究供给与需求行为，即生产企业和消费者为什么和怎么样作出经济决策。

需求理论主要阐述消费者如何作出购买决策，对于实地销售的"终端销售"模块有一定的指导价值。

市场竞争理论主要研究不同的市场竞争结构下企业的竞争行为，对于实地销售而言，主要是在"分销商建立与管理"及"分销"两个模块中可资借鉴。

要素投入理论主要研究企业的各种要素（或叫资源）如何合理配置以获得最大化利润。其最重要的方法就是边际分析方法。对于如何平衡三大作用力及三大作用力内部的资源配置具有重要的实用意义。

系统论： 系统论出现于20世纪50年代并迅速发展成为一个庞大的各学科交叉的理论体系，属于逻辑和数学的领域，现代系统论的主流就是我们通常所说的系统工程。所谓**系统**就是相互作用的诸要素所构成的有机整体。系统论指引我们看待事物的基本观点：

系统的观点：整体不是局部的简单相加，不能机械地、孤立地看待问题。

动态的观点：任何系统都是一个开放的系统，不断和外部环境交换物质和能量，即一定有作用于该系统的输入因素，该系统也有作用于外部的输出因素。

层级的观点：任何系统都可以从宏观到微观分为多个层级，这实际上就是系统的结构化。

销售就是一个庞大的系统，实地销售是其子系统，而销售又是整个营销系统的子系统。系统思维方法是帮助我们在销售工作中抽丝剥茧、以简驭繁的重要思维工具。

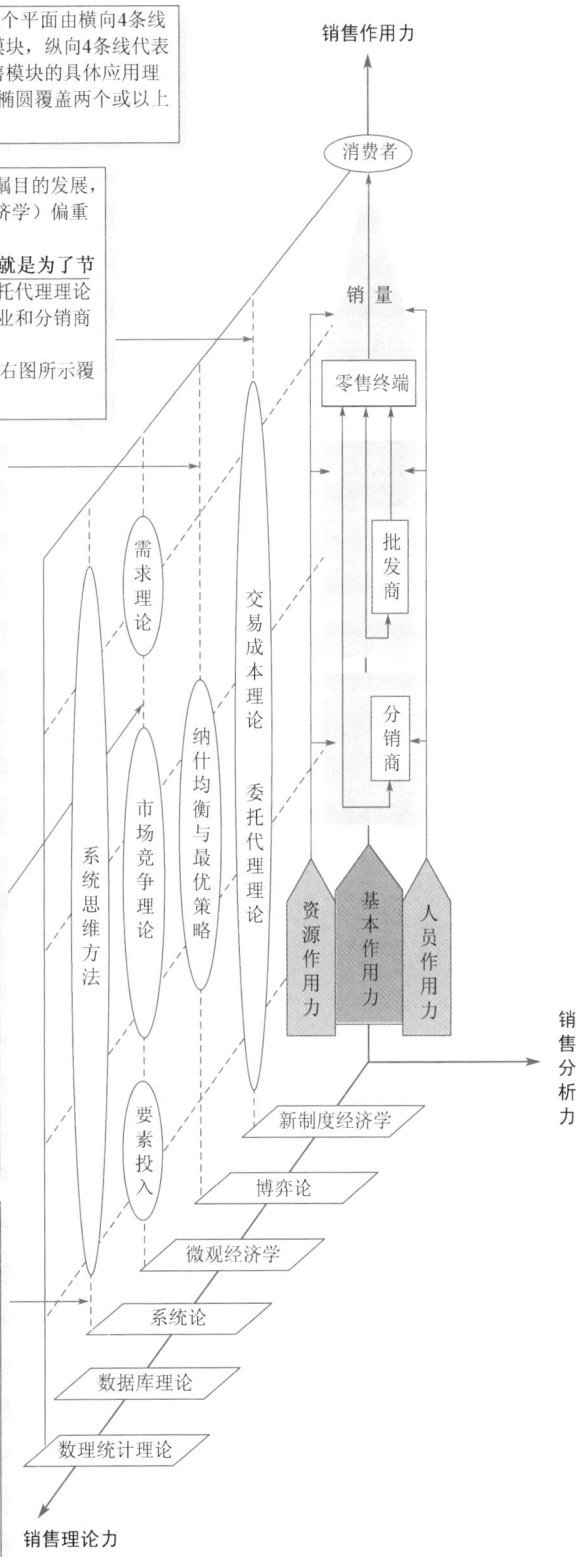

图 2-11 分解图 3：销售作用力 - 理论力的作用平面

銷售力

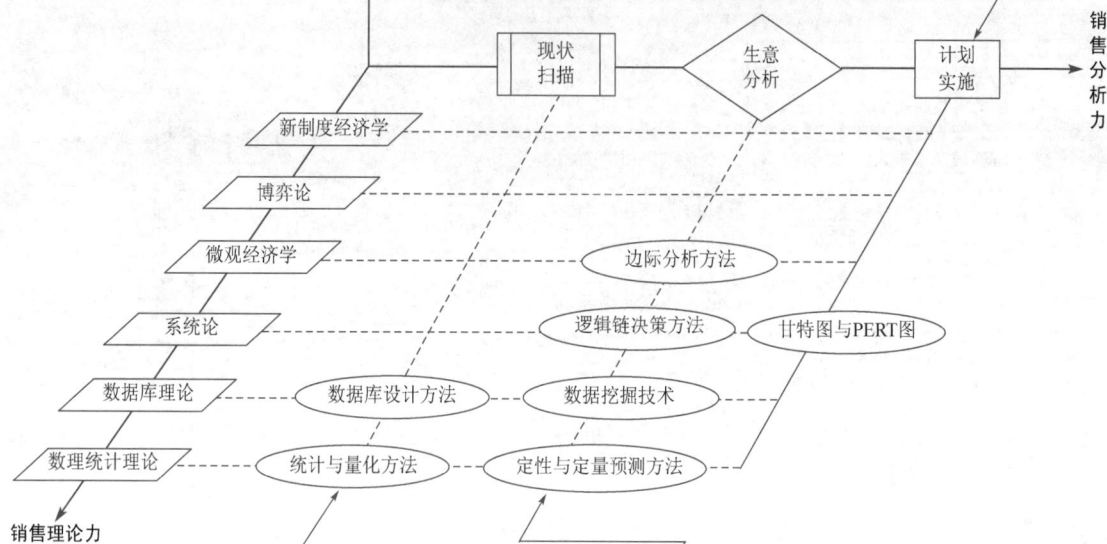

概述：由销售分析力和销售理论力两轴必然构成一个作用平面，这个平面由纵向3条线与横向4条线相交构成12个作用点。纵向3条线代表销售分析过程的3大模块，横向4条线代表指导销售分析过程的4个学科。交叉点上的椭圆代表该学科作用于该销售分析模块的具体应用理论方法。

甘特图与PERT图：这两个图是系统工程中项目管理的重要方法，对于实地销售工作中高效地实施生意计划提供了非常实用的工具。

销售作用力

销售分析力

现状扫描　生意分析　计划实施

新制度经济学
博弈论
微观经济学 —— 边际分析方法
系统论 —— 逻辑链决策方法 —— 甘特图与PERT图
数据库理论 —— 数据库设计方法 —— 数据挖掘技术
数理统计理论 —— 统计与量化方法 —— 定性与定量预测方法

销售理论力

作用于现状扫描模块的理论方法：

现状扫描模块可以大致分为两类工作：一是设计数据结构，以逻辑化形式存储数据及方便对数据再加工与进行分析；二是具体数据与信息的收集工作。

（1）数据库设计方法。**数据库**是一个计算机术语，就是按照某种逻辑方式组织在一起的信息集合，简单地讲就是一个数据容器。数据库的基本要素是"**数据表**"，而数据表的基本要素是"**字段**"。**数据库设计**简单讲就是根据数据的逻辑关系将其分门别类地存储在恰当数据表中的合理字段，以方便查询和再加工。

运用数据库设计方法的**必要性**：销售工作的一个特点就是量化性，销售过程会产生大量的数据，人工存储与加工这样庞大的数据集合几乎是不可能的，使用数据库设计方法可以将繁杂的数据逻辑化地存储并高效地查询和再加工数据。

运用数据库设计方法的**可行性**：销售数据一方面具有很大的共性，例如各个分销商的生意数据类型基本相同；另一方面销售数据又具有很大的重复性，每天、每月都在不断生成相同类型的数据，这使数据库的设计与应用成为了可能。

（2）统计与量化方法。在实地销售中具体收集数据和信息时，有些数据和信息不太容易直接获得。例如分销率和平均单店销量数据（特别对于分布广泛、数量众多的小店），我们必须要**应用基本的统计方法**科学地确定样本量和选择样本，然后**再根据样本数据进行合理推算**，并且应该清楚所得数据的误差范围。此外，有些信息可能并不是直接的数据，如销售人员的工作能力，如果只是简单的定性评价对后续的分析工作并不会有太大帮助，这时我们**需要应用基本的量化方法**设计合理的量化指标体系来对其作出客观量化的评估。

当然仅仅根据自己的经验和人工处理也可以做上述工作，但数据收集和处理的质量与成本就相差甚远了。

为何要舍近而求远呢？

作用于生意分析模块的理论方法：

生意分析模块是销售分析力的核心部分，在整个分析过程中如果应用下述三个理论方法可以使我们思路清晰，并大大提高工作效率。

（1）边际分析方法，又叫增量分析法，是微观经济学中进行经济决策的主要方法。简单地讲就是在权衡与选择时，**应以增量为依据而不是现有存量**。

生意分析的主要目的之一就是如何提升销量，即我们的销量还可以增加多少？这些增加的销量从哪里来？

所以在分析过程中，最需要关注的是哪些城市、哪些产品最具有增长空间，我们就应集中可用资源主攻这些城市和产品，而不应按照现有生意量平均分配资源。边际分析法主要应用于生意策略导航器和销售资源优化器。

（2）逻辑链决策方法，又叫因果链方法，是系统论中的重要分析方法。简单讲就是根据事物的因果关系从**上至下**（top-down）**倒推因果链条**，找出问题所在。其衍生的工具就是决策树。

生意策略导航器通过边际分析法找出增长点后，就需要以此为起点倒推销售作用力的逻辑链，找出为达到目标所应改善或加强的具体作用力。逻辑链方法主要应用于基本面作用力决策树和系统面作用力决策树。

（3）数据挖掘技术。这是一种新兴的商业信息处理技术，其主要特点是对生意数据库中的大量业务数据进行抽取、转换、提炼以及其他模型化处理，从中提取辅助商业决策的关键性数据。简单地讲就是对**原始的销售数据进行再加工以获得更具价值的信息**。

显然，通过现状扫描所获得的原始生意数据集并不能完全满足上述两种分析方法的需要，还要应用数据挖掘技术对原始数据进行再加工。实地销售工作中应用的只是最简单的技术，如生意集中度、生意稳定性、价值指数分析等。

（4）定性与定量预测方法。生意分析中必然涉及销售目标的预测，数理统计中的一些定性和定量预测方法可以在一定程度上帮助我们提高销量预测的准确率。

图 2-12　分解图 4：销售分析力 - 理论力的作用平面

44

C 级知识体系图（模块级）：概括 B 级知识体系图中的具体模块内的销售力作用体系。

说明：C 级知识体系图就是相应的实地销售的作用及分析模块的逻辑抽象与缩影。

D 级知识体系图（工作级）：深入至各 C 级模块中的具体销售力的作用过程，对应于具体的实地销售工作。

E 级知识体系图（操作级）：对于相对复杂的 D 级知识体系图，再将其销售工作分解为详细的操作步骤（见各实用工具）。

每一个知识体系图（无论是 A 级、B 级、C 级、D 级还是 E 级）实质上就对应一个不同层级的销售体系，是该体系的逻辑抽象与缩影。几乎每一项宏观或微观的实地销售工作都可以在本书中找到对应的知识点，而本书的每一个知识点都可以在相应知识体系图中找到其合适的位置。本书中不存在孤立的知识点，任何知识点都是一个或大或小的系统，一定有其输入和输出，也有其上级母系统和下级子系统（即便本书的末端知识点也会指出如何再向下延伸）。

2.3 销售作用力体系简介

销售作用力是指在生产企业的销售全过程中，直接影响其生意结果的各种作用因素的集合。销售作用力是销售力中的直接作用力（也可称之为直接销售力），销售分析力和销售理论力通过提升销售作用力从而改善生意结果。

▶ **知识链接**　2.1.2 部分销售作用力的定义

销售作用力体系就是从生产企业到消费者之间的逻辑链，即各种直接作用力一环扣一环的因果链。第 1 章用苏格拉底"追问法"所产生的 8 大类共 40 个问题，实际上就是用通俗的形式表述了销售作用力的逻辑链。实地销售则是这个逻辑链的后半部分，而销售战略是逻辑链的前半部分，销售战略必须贯彻落实到实地销售过程才能影响生意结果，所以销售战略作用力体系的输出就是实地销售作用力体系的输入。

▶ **知识链接**　1.5 部分苏格拉底"追问法"及 8 大类共 40 个问题

▶ **知识链接**　1.6 部分实地销售与销售战略的定义

实地销售和销售战略在销售作用力逻辑链中的关系如图 2-13 所示。

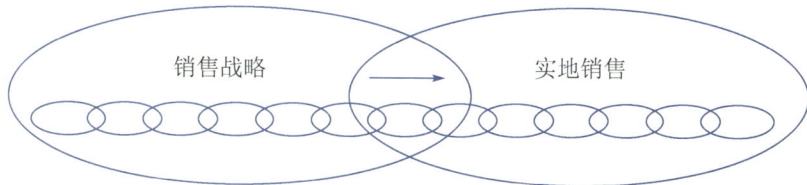

图 2-13　实地销售和销售战略在销售作用力逻辑链中的关系

本书同时给出两个作用力体系图：一个是站在客观的角度对作用力体系的"**俯视图**"（见图 2-15）；另一个是站在实地销售经理（一个或大或小区域的销售管理者）的角度对作用力体系的"**环视图**"（见图 2-47）。两个图相辅相成且各有侧重。

俯视图从客观的角度，对从生产企业到消费者之间销售作用力的整个作用过程进行逻辑抽象与提炼，其着眼点是整个销售过程中的"**交易实体**"（包括企业、分销商、批发商、零售终端、消费者），以产品的流动过程为脉络描述各"交易实体"之间的作用力传递路径。销售力三维结构体系简图（见图 2-8）中的销售作用力轴就是俯视图的缩略版。俯视图的优点是作用力传递路径与大家熟悉的产品流动过程相符，并将实地销售工作贯穿其中，非常直观便于理解。

环视图则是从实地销售经理的角度，以"我"为中心对实地销售作用力的整个作用过程进行逻辑抽象与提炼，其着眼点是销售经理的**"实地销售工作"**，以各类工作的逻辑顺序为脉络描述各"工作模块"的输入与输出作用力及传递路径。销售力三维结构体系简图中的销售分析力轴就是以环视图为基础展开整个分析过程。环视图的优点是更加简化与结构化，而且便于指导实地销售经理开展工作。

俯视图与环视图组成了看待实地销售作用力体系的完整视野（见图2－14）。

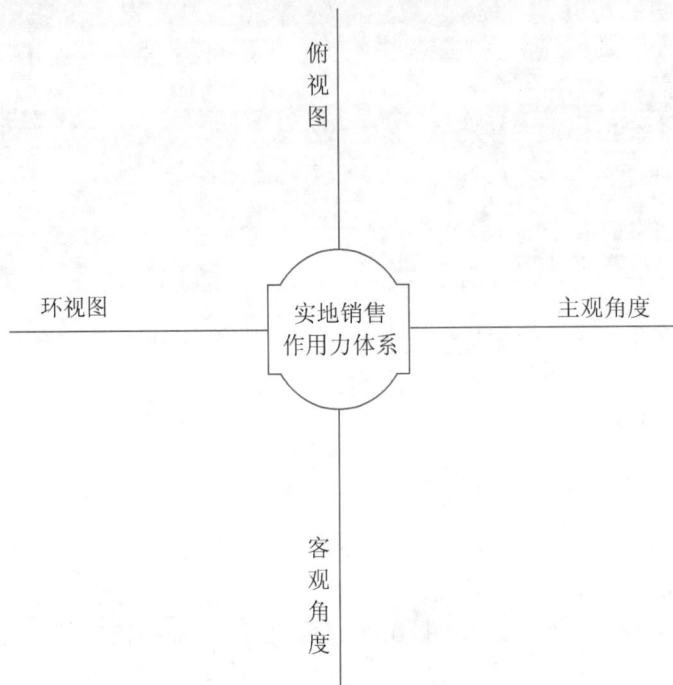

图 2 － 14　俯视图与环视图的关系

本书的所有知识体系图都对应一个或大或小的系统，所以读者在看销售作用力体系图（俯视图）之后的所有知识体系图时，按照以下"三部曲"将有助于快速理解：

第一步：看整个体系图的起点与终点，快速了解该系统的输入与输出。

第二步：看整个体系图中的作用要素，了解该系统包括哪些组成部分。

第三步：看连接各组成部分之间的作用力传递箭头，了解其内在逻辑关系。

2.3.1　销售作用力体系图（俯视图）

销售作用力体系图（俯视图）（见图2－15）的整体结构与销售力三维结构体系图（见图2－4）中的销售作用力轴的结构一脉相承，是对销售作用力轴的进一步细化，而销售作用力轴则是俯视图的缩略版。

（1）从销售过程来看，俯视图的起点是生产企业，终点是消费者。

虽然该图有很多组成要素和箭头，但是本质上可以抽象成两点一线的简图（见图2－16）。

俯视图的所有其他作用要素和箭头都是图2－16中的箭头的细化而已，描述生产企业和消费者之间的销售作用力的具体作用过程。不难看出俯视图与第1章对销售的定义高度吻合，销售就是生产企业将其产品或服务同消费者进行交易的全过程交易行为，整个交易过程也就是销售作用力的传递过程。

（2）从生意角度来看，俯视图的起点是企业的投入，终点是产出。

投入产出是所有销售人员的基本常识，俯视图与此常识也高度吻合。我们可以从生意的角度将俯视图抽象成两点一线的简图（见图2－17）。

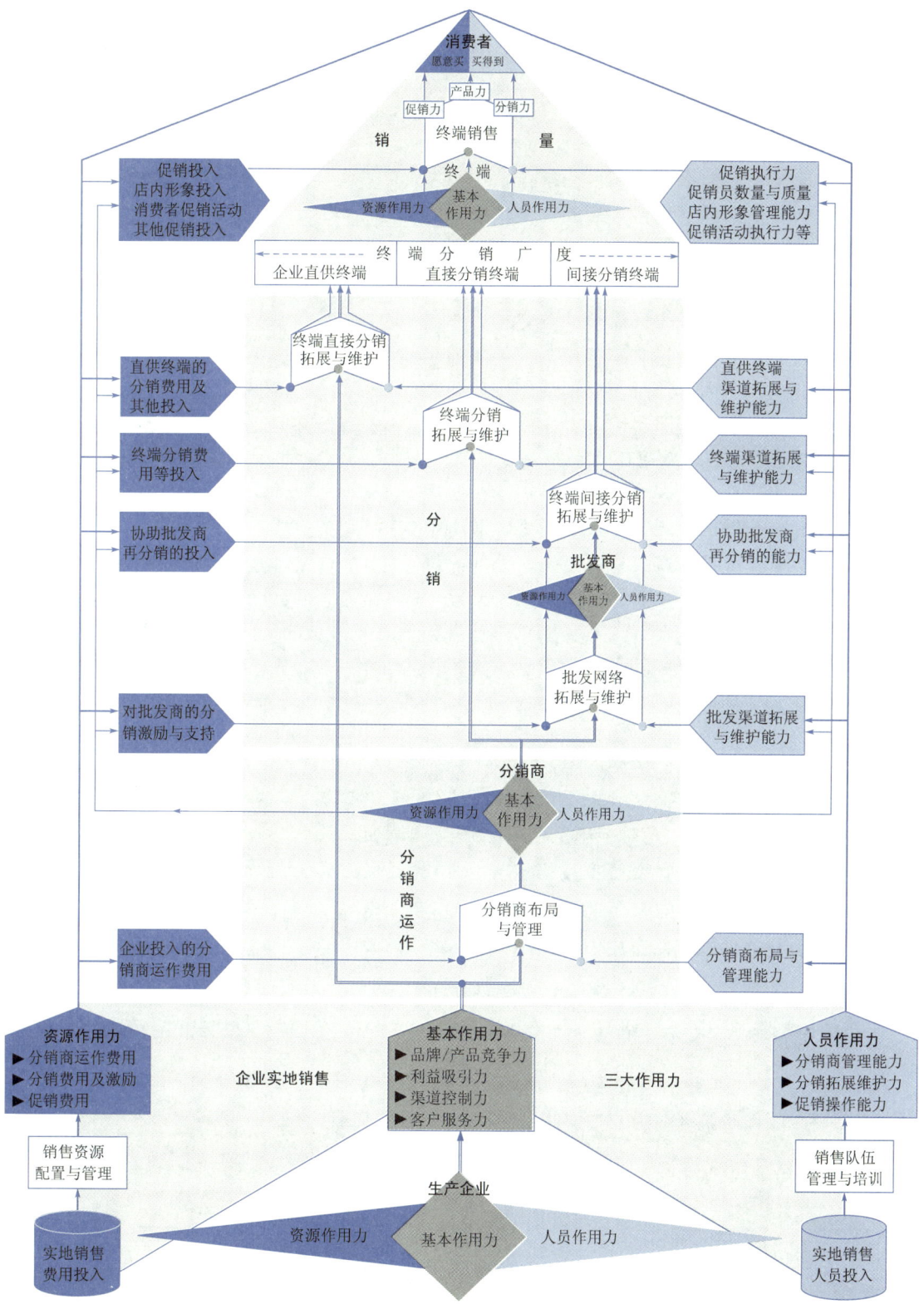

注：（1）本图从客观的角度，以"交易实体"为着眼点及其产品流动过程为脉络对实地销售作用力体系进行逻辑抽象和提炼；（2）本图是一个完整的实地销售作用力体系（因篇幅所限，省略了外部环境作用力），并非每个企业都具有本图所有作用力。

图2－15　销售作用力体系图（俯视图）

企业的产出就是销量，这里的销量指真正将产品卖给了消费者，而其他的卖给分销商或批零网点的所谓销量只能叫发运量。销量如同图2-17中的三角形，底边宽度代表终端的分销广度，即企业直供终端、分销商直接或间接分销终端加起来的数量。而图2-17中的若干垂直线段代表各个终端的销售过程，长短不同的线段高度分别代表每个终端不同的单店销量，三角形的面积代表销量的总和。当然实际终端的销量排列不可能是一个规则的三角形，该图只是一个示意图。

企业的三大作用力（具体解释详见下文的"交易实体能量星"说明）的背后是其销售投入，要想提升销量就必须加大销售作用力，而加大销售作用力往往要增加投入，所以企业的实地销售三大作用力实质上就是企业销售投入及其对投入管理水平的表现形式。

销售作用力体系的俯视图实质上就是描述企业投入如何转化为产出的作用过程，产出从根本上取决于投入及其转化效率，这是生意的基本逻辑。如何提高投入产出的转化效率就是所有销售工作的着眼点。

整个俯视图的结构可以用"三纵四横"来概括。三纵是指从企业到消费者之间的基本作用力、人员作用力、资源作用力三种作用力从下而上的作用路径；四横是指销售过程的四大部分，即形成企业实地销售三大作用力的部分、分销商建立与管理的部分、分销部分和终端销售部分。

俯视图的"三纵四横"结构与销售力三维结构体系图中的销售作用力轴的结构一以贯之，读者可以参阅前面关于销售力三轴的分解图（见图2-9至图2-12）及其说明，更易把握销售作用力体系俯视图的结构脉络。

知识链接 2.2 部分销售力三轴分解图

俯视图中有如图2-18至图2-22中的图例出现，下面结合每一个图例对俯视图中的知识体系进行详细说明。

销售力

图2-16　生产企业和消费者的销售作用力过程

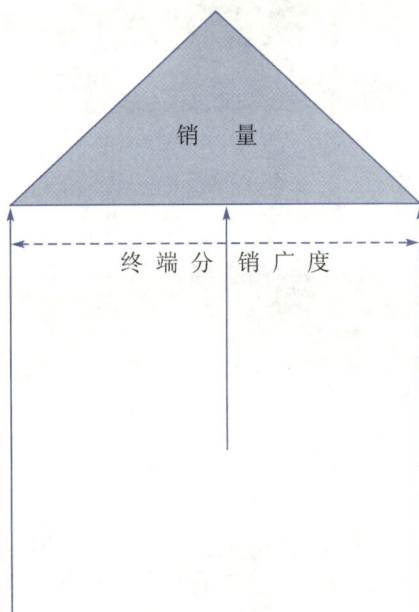

图2-17　销量的实现

图2-18　交易实体能量星

图2-19　箭形作用力

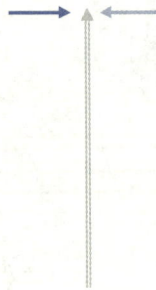

图2-20　作用力传递箭头

48

图 2-21 矩形工作模块

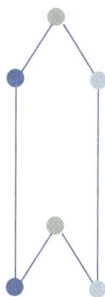

图 2-22 燕尾形作用模块

1. "交易实体能量星"说明

在生产企业的整个实地销售过程中依次有五类交易实体：

生产企业→分销商→批发商→零售终端→消费者

除了消费者以外，其余交易实体都将产品销售给下线的渠道伙伴，这个销售过程也就是前端实体对后端实体的销售作用力的作用与传递过程，每个环节的销量大小取决于该环节销售作用力的大小。生产企业最希望的当然是每个交易实体在该企业产品上对后续实体的销售作用力越大越好。

各交易实体的销售作用力统一划分成三个部分：基本作用力、人员作用力、资源作用力，并且都可以看成推动企业产品销售的能量。

图 2-18 所示的"交易实体能量星"就是对各交易实体（除消费者以外）销售作用力的直观而统一的表现形式。这是本书对交易实体销售作用力的独特表现形式。

基本作用力是任何交易行为中，卖方不可或缺的影响买方购买及再销售行为的作用力集合。其包括四种作用力：

▶ 产品竞争力：卖方提供的实物或服务性产品在市场中的竞争优势。任何交易的载体都是产品（实物或服务），所以产品竞争力必然是不可能缺少的实地销售作用力，包括品牌优势、产品价格优势、产品概念或功能优势、产品包装优势、产品内在质量优势、产品附带的服务优势（如电器保修）等。

说明：

A. 产品竞争力主要由企业的品牌推广与产品开发等部门负责，对于实地销售人员来说是不可控的作用力，但是产品竞争力是任何销售工作的基础并对销售结果产生至关重要的影响。

B. 虽然分销商、批零网点等并不是产品的最终消费者，但是企业提供的产品竞争力是影响它们销量的重要作用力，所以也是其面对下线客户时基本作用力的一部分。当然分销商、批零网点等无法改变生产企业的产品竞争力，这只是一个简单的作用力传递。

C. 不同行业其产品竞争力各组成部分的权重是不同的。例如品牌优势对于 FMCG 行业至关重要，而对于工业品而言可能产品质量和价格最重要。

▶ 利益推动力：卖方向买方所提供的再销售利益。除消费者以外的买方都是从转售中牟利，再销售利益显然是影响其购买与再销售行为的不可或缺的重要因素，正所谓"天下熙熙皆为利来，天下攘攘皆为利往"。

利益推动力包括三个方面：

第一，再销售毛利率，即买方的销售差价与进价的百分比。

第二，卖方向买方提供的信贷支持，如赊账额度与赊账期限。在同等销量和毛利的情况下，卖方的信贷支持越大意味着买方投入的资金越少，从而销售该产品的投资回报率越高，另外卖方提供的信贷支持也减少了买方的经营风险。

第三，买方销售该产品所带来的无形利益，如销售名牌所带来的形象提升和客户网络扩展

基
本
作
用
力

（对于终端而言是提升客流量），或该产品丰富和完善了其经营产品组合，以及卖方帮助其提升运作与管理能力等。

说明：

A. 广义的利益推动力还包括卖方对买方提供的所有人员、费用等支持，但本书将这些支持列为其他类型的作用力，因为它们毕竟和以上直接的利益还是有区别的，而且并非所有卖方都提供人员、费用等支持。

B. 销售过程中各环节的利益推动力是一个重要的销售战略问题，包括渠道价格体系设计与维护、信贷政策制定与管理等。一般实地销售人员只能提出建议或在较为有限的范围内决定。

C. 上述利益推动力的三个方面往往难同时具备，甚至有些还相互冲突，不同的企业会提供不同的利益组合，不同的客户对各方面的重视程度也不同。

▶ 渠道影响力：无论生产企业，还是分销商及批零网点，都有其自身的渠道影响力，包括三个方面：

第一，拥有下线客户的数量与质量，即通常所说的网络实力；

第二，在当地相关销售渠道的地位与声誉；

第三，与下线客户的合作紧密程度，发展到一定程度就是控制力。

任何交易实体只要存在就具有渠道影响力，只不过有的很大，有的几乎为零，有的甚至是反向作用力（如长期不讲信用）。毫无疑问，渠道影响力也是卖方影响买方购买和再销售行为的基本作用力之一。

说明：

A. 对于终端而言，客户就是消费者，其网络实力可以看作有效客流量。

B. 对于生产企业而言，最关心的是分销商及批零网点在其类型产品上的渠道影响力，如在电器销售渠道方面影响力很大的分销商对于一个食品生产企业来讲意义就不是很大。

▶ 客户服务力：卖方对买方的购买行为所提供的各种服务（主要指资金流和物流方面），这也是影响买方购买和再销售行为的因素。其包括四个方面：

第一，存货满足度。如果卖方经常断货显然对销售有很大的不良影响。

第二，送货服务，即卖方是否送货上门及送货时间等。

第三，退货服务，即卖方同意买方的退货比例及退货限制与处理时间等。

第四，结算服务，包括对账是否及时准确、是否及时提供发票，及费用支付是否规范和及时等。

任何交易都自然产生资金流和物流，必然伴随卖方的上述服务，只不过有的服务很好，有的服务较差（甚至成为反向作用力）。客户服务力也是卖方影响买方购买和再销售行为的基本作用力之一。

说明：

A. 以上所列出的客户服务力四个方面只是各环节销售共有的最基本服务，不同行业和不同的企业提供的服务有所不同。例如工业品企业还必须对分销商提供技术培训等服务。此外，不少重视服务的企业所提供的服务种类更多、更新。

B. 以上所讲的客户服务力主要针对渠道伙伴，不包括产品附带的对于消费者的服务（如保修等）。对于终端而言，上述客户服务力四个方面的具体内容也有一定差异性。

由以上阐述可以看出，基本作用力最大的特点是与任何生产企业在不同环节的交易过程中都密不可分，只要发生交易就存在上述四种基本作用力。

人员作用力 是任何交易行为中，卖方的销售人员影响买方购买及再销售行为的作用力集合。无论是生产企业，还是分销商、批发商与终端，一般都会有销售人员参与到该企业产品的销售过程中，并对销售结果产生影响。人员作用力的大小取决于两个方面：一是人员投入（硬件）；二是人员管理与培训（软件）。

当然行业不同，其对销售人员作用力的需求也不同，一般而言，工业品行业对销售人员作用力的需求小于消费品行业。同时，企业的规模与策略不同，其愿意投入的人员作用力也有很大不同。中国目前既有不少投入大量销售人员精耕细作的企业，也有很多企业几乎没有真正意义上的销售人员，其所谓的销售人员只不过是在办公室通过电话接订单和催回款。这也是本书为什么没有把人员作用力列入基本作用力的原因。

对于**生产企业而言**，其人员作用力不仅影响直接客户（如分销商和直供终端等）的购买行为，如果实力允许，还应视生意需要提供人员协助直接客户的再销售过程。所以俯视图中会出现6个生产企业的人员作用力箭头，深入到所有销售作用模块。

对于**分销商而言**，其人员作用力主要影响直接分销的终端及批发商的购买行为，一些分销商还提供人员协助批发商的再分销过程及重要终端的销售过程，所以俯视图中会出现从分销商引出的4个人员作用力箭头。

对于**批发商而言**，其人员作用力相对较小，主要体现在店内推销。部分批发商会派出销售人员实地分销下线批零网点，一些批发商还会提供促销员协助下线重要终端的销售过程。随着竞争程度的加剧，"坐商"正被逐步淘汰，越来越多的批发商积极参与到销售过程中。

对于**终端而言**，其人员作用力对销售结果的影响主要表现在终端店主和营业员对企业产品的主动推荐，当然这主要限于中小终端。

本书对销售资源的定义有3个层级，会根据需要采用不同的定义：

<u>广义的销售资源</u>：是指站在**整个企业的角度**，投入到销售过程中的所有资源，包括营运资金和销售费用两大部分。

知识链接 1.5.2 部分的第37个问题："生产企业需要投入什么销售资源以实现销售目标？"

<u>中义的销售资源</u>：站在实地销售的角度，仅指所有的实地销售费用，当然也包括销售人员费用（人员就是人力资源）。因为营运资金的决策和管理主要是销售战略的问题，而且营运资金一旦投入有相当的稳定性，不会经常更改。

<u>狭义的销售资源</u>：站在具体作用力的角度，将实地销售费用再分为销售资源和销售人员费用两个部分。因为人员是所有销售资源中最特别的资源，首先人员是其他资源的使用者，其次人员作用力具有很强的弹性和能动性（人员作用力不仅取决于人员投入，还取决于管理与培训），最后人员费用相比其他费用更具连续性和稳定性。

俯视图中的资源作用力指的是狭义的销售资源，即任何交易行为中，卖方投入的销售费用（除人员费用以外）所影响买方购买及再销售行为的作用力集合。资源作用力的大小取决于两个方面：一是费用投入（硬件）；二是费用配置与监控（软件）。

资源作用力与人员作用力类似，不同的行业对销售资源作用力的需求也不同。一般而言，工业品行业对销售资源作用力的需求小于消费品行业。同时，企业的规模与策略不同，其愿意投入的销售资源作用力也有很大不同。中国目前既有不少企业投入大量销售资源持续推动生意发展，也有很多企业还停留在"一手交钱，一手交货"的纯买卖阶段。资源作用力是重要的销售作用力，但不是必需的作用力，所以本书没有把资源作用力列入基本作用力。

对于**生产企业而言**，其资源作用力不仅影响直接客户（如分销商和直供终端等）的购买行为，如果实力允许还应视生意需要提供费用协助直接客户的再销售过程。所以俯视图中会出现6个生产企业的资源作用力箭头，深入到所有销售作用模块。

对于**分销商而言**，其资源作用力主要影响对终端的直接分销过程，一些分销商还提供费用协助批发商的再分销过程及重要终端的销售过程，所以俯视图中会出现从分销商引出的4个资源作用力箭头。

对于**批发商而言**，大多数批发商几乎没有对下线客户的资源作用力，部分批发商会提供一些下线终端的分销费用和重要终端的促销费用。随着各生产企业对渠道的不断精耕细作，那种"天女散花"

式的纯批发业务逐步萎缩，越来越多的批发商开始投入一些销售费用营造自身的销售网络。

对于终端而言，其资源作用力对销售结果的影响主要表现在为该企业产品提供良好的店内陈列和自主做一些赠品和特价促销活动，当然这主要取决于该企业产品对于终端的有形与无形利益推动力。

上述基本作用力、人员作用力、资源作用力都是销售力中的直接作用力，因为这三种力量都直接作用于具体的销售过程，而且对销售结果产生直接影响。毫无疑问，基本作用力越大则销量越大，但是每一项作用力的背后都意味着投入，这对于任何交易实体而言都是一个关于投入产出问题的"平衡"的艺术。

前面从纵向角度分别介绍了构成"能量星"的三种销售作用力，接下来从横向角度对于俯视图中出现的四大"交易实体能量星"进行详细说明。

生产企业"能量星"： 生产企业推动销售过程的三大直接作用力的集合如图2-23所示。

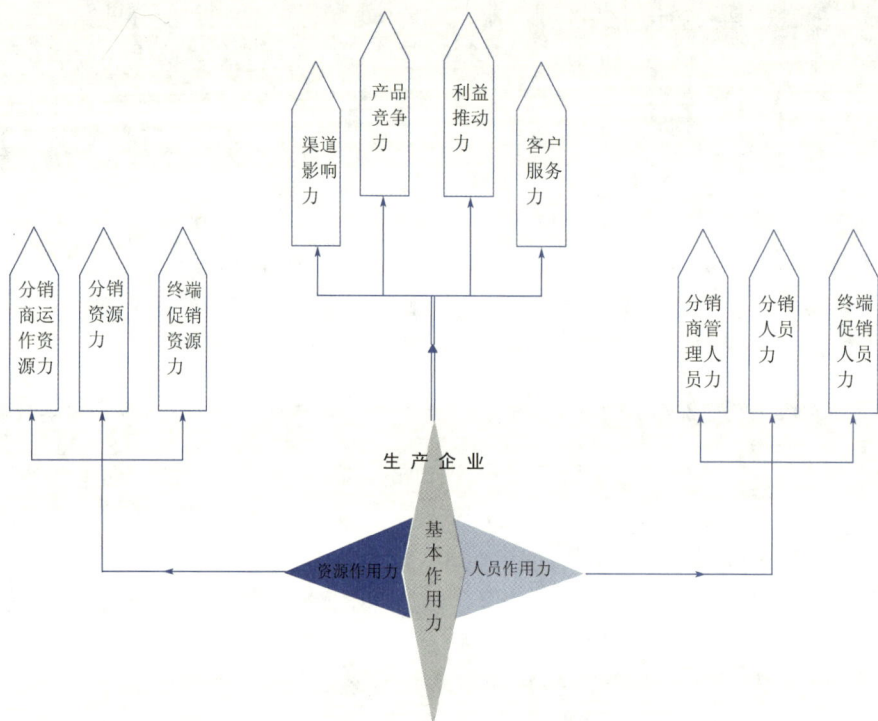

图2-23 生产企业"能量星"

A. 生产企业的基本作用力（见图2-24）：

a. 企业的产品竞争力： 在所有交易实体中，只有生产企业对产品竞争力的大小负责，分销商和批零网点等只是对产品竞争力的一个简单传递，这也是生产企业之所以叫作"生产企业"的重要标志。对于企业来讲，首先是"卖什么"的问题，然后才是"怎么卖"的问题，所以本书将产品竞争力列为第一个基本作用力，其对生意结果的影响是广泛而深远的。

b. 企业的利益推动力： 这首先表现在企业对直接客户（分销商、直供终端等）的利益推动力，包括这些客户的再销售毛利率、信贷支持和无形利益等；同时企业作为其产品在整个销售渠道的"总设计师"，还必须设计整个渠道的价格体系，考虑到各个环节的销售利益，否则仅是分销商有利益是不足以推动整个销售过程的。企业维护其价格体系的稳定性是一项艰难的工作，但是企业必须重视这一点；否则，利益推动力将会在渠道各个环节逐步衰减，最终对生意结果产生负面影响。

c. 企业的渠道影响力： 这里主要指企业对渠道交易伙伴的影响力，其对消费者的影响力可以理解为品牌与产品力。企业的渠道影响力主要表现在其行业地位、行业声誉及与各环节客户的合作紧密程度等，影响力发展到一定程度就是控制力。

企业的行业地位可以简单地用其市场份额来衡量；企业的行业声誉主要指其过往的生意发展过程中是否公平诚信、生意是否稳健等；合作紧密程度主要指企业是否积极参与各环节的销售过程（甚至与渠道伙伴一体化，如参股或控股等），对于"纯买卖"的企业来说，其销售渠道是一个松散的网络，谈不上什么影响力。

d. **企业的客户服务力**：主要指企业对于直接客户（分销商、直供终端等）的资金流与物流方面的服务水平，最基本的服务包括存货满足度、送货服务、退货服务、双向结算服务（如客户向企业的回款、企业向客户的费用支付）等。资金流和物流是任何交易的基础，企业服务力的高低直接影响其他所有销售工作。

B. 生产企业的人员作用力（见图2-25）：
生产企业的人员作用力具体表现在三个方面：

a. **分销商管理人员力**：企业的销售人员建立与管理分销商的能力。中国目前绝大多数企业（特别是消费品企业）都需要通过分销商销售其产品（至少是部分销售），能否找到合适的客户并说服其成为企业的分销商，以及在后续合作过程中能否有效管理分销商对于销售结果无疑会产生重要的影响。特别是那些几乎不参与分销商的再销售过程的企业，这项人员作用力至关重要。

b. **分销人员力**：是指企业的销售人员分销拓展、维护直供终端及协助与引导分销商再分销的分销能力。所谓分销拓展就是扩大分销终端的数量及提升各终端的产品分销率，而分销维护就是与已分销网点的资金流和物流等基本交易工作。
生产企业当然可以选择将产品全部交给分销商销售，并且"发射后不管"，具体分销工作由分销商自己承担，企业不提供任何销售人员参与其分销拓展与维护过程。但是，中国目前大多数产品（特别是消费品）都处于买方市场，竞争非常激烈，那种"靠天吃饭"的企业只能是市场这个大舞台上的配角，而且可能是越来越小的配角。销售人员对于生产企业而言既是一种成本负担，也是一股重要的生意推动力，关键是如何平衡及如何有效地运用人员作用力。

c. **终端促销人员力**：是指企业的销售与促销人员协助终端再销售的能力。
这主要包括以下三种人员作用力：
——在重要终端派驻促销员协助终端再销售的人员数量与质量；
——销售人员建立优秀的终端陈列等店内形象的能力；
——销售人员执行各种消费者促销活动的能力。

企业所投入的上述三种终端促销人员力对于终端的单店销量影响很大，可谓是关键的"临门一脚"，特别对于那些品牌与产品力较弱的企业，终端促销的人员作用力就显得更加重要了。

C. 生产企业的资源作用力（见图2-26）：
生产企业的资源作用力与人员作用力可谓相辅相成。这三种人员作用力如果没有相应的资源支

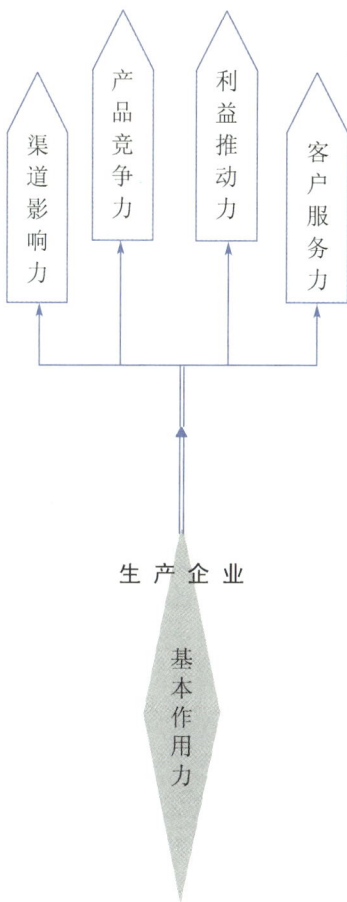

图2-24 生产企业的基本作用力

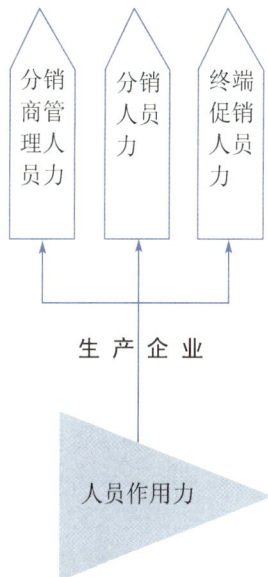

图2-25 生产企业的人员作用力

53

持，就是"巧妇难为无米之炊"；反过来，如果充足的资源作用力没有强大的人员作用力来结合，就是"暴殄天物"。

企业的资源作用力具体表现在三个方面：

a. **分销商运作资源力**：是指企业投入资源以提升分销商运作能力，从而对生意结果产生积极影响的作用力。

分销商的运作能力对于其后续销售环节影响极大，有时候仅靠人员管理能力并不能解决所有问题，所以部分企业就投入一些硬件和软件资源来提升分销商的运作能力。例如企业向分销商提供运输车辆、电脑系统（主要是计算机软件，最简单的如进销存管理）及其相关培训等。这种投入当然是为了企业自身的利益，"帮助别人也是帮助自己"。

b. **分销资源力**：是指企业投入费用以分销直供终端及协助分销商再分销过程，从而提升整体分销水平的作用力。其包括**终端分销费用和渠道分销激励**两大类资源作用力。

在中国买方市场的背景下，零售终端（特别是大型终端）处于渠道中的优势地位，往往对供应商要求一些分销费用（如进场费、赞助费、返利）。生产企业当然可以认为这是分销商的事，但是企业的毛利一般高于分销商的毛利，而且企业更在乎自身产品的分销速度与广度，所以一些企业会合理承担部分终端分销费用，以快速提升分销水平。

此外，在企业重要新品上市或希望快速提升原有产品分销水平时，企业往往会提供费用支持分销商在当地召开新品上市发布会或订货会，或只是针对渠道客户提供赠品、特价等激励措施。这样的分销激励主要针对批发渠道，因为企业和分销商都难以直接面对批发商下面数量众多又分散的小型终端，所以希望通过刺激批发商提升其下线终端的分销水平。这样的渠道促销主要作用是通过提升批发商下线终端的分销速度与广度从而提升销量，一般不能提升终端的单店销量，所以本书将渠道促销列入分销部分。凡事有利必有弊，如果企业滥用渠道促销甚至纯粹以"套钱"为目的，就走向了事物的反面，其导致的价格混乱和渠道观望等对于企业的长远销售具有极大损害。

c. **终端促销资源力**：是指企业投入费用以协助终端再销售，从而提升终端单店销量的作用力。其包括以下三个方面：

——协助销售人员建立店内形象的费用，例如陈列费用、POP费用；

——投入于各种消费者促销活动及其传播的费用，如赠品费用、特价费用、快讯费用、户外促销场地费用等；

——向终端的营业员所提供的销量奖励费用，转化为营业员推动销售的人员作用力。

终端是所有销售环节中最终面对消费者的端口，其重要性不言而喻，特别是大型终端历来是"兵家必争之地"。终端促销资源的投入往往不能完全依靠分销商。一方面终端促销的费用较大，大多数分销商没有这个积极性；另一方面即使"重赏之下必有勇夫"，由于许多终端促销投入需要一定的专业性和规模性（如促销员培训、POP设计与制作、大型促销活动推广等），分销商也难独立完成。所以生产企业投入终端促销资源力，并与终端促销人员力有机地结合，对于提升终端的单店销量是一种极大的推动力。

生产企业"能量星"的三大作用力是影响企业生意结果的主流力量，同时分销商的三大作用力也对企业生意结果具有重要影响。

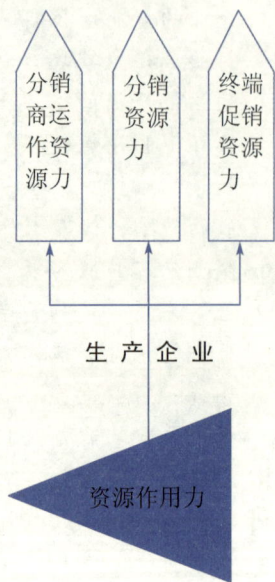

分销商的"能量星"：站在分销商下线批零网点的角度看，分销商影响其购买与再销售行为的三大直接作用力的集合如图 2-27 所示。

图 2-26　生产企业的资源作用力

销售力

54

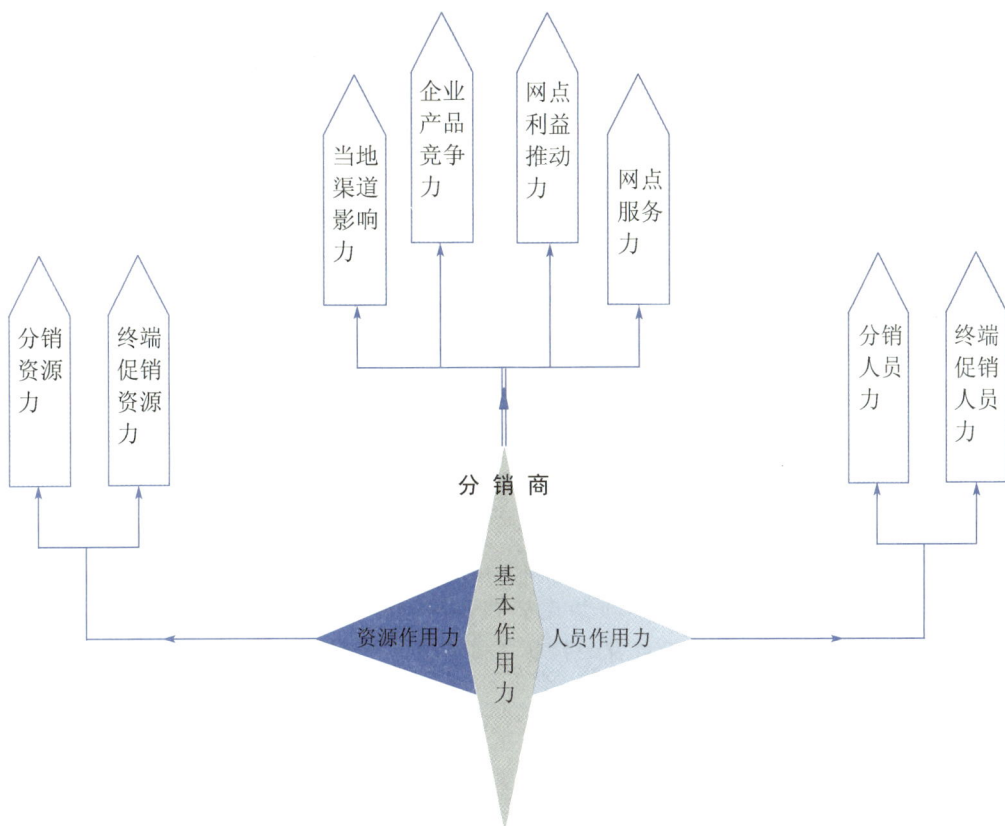

图 2 - 27　分销商的"能量星"

A. 分销商的基本作用力（见图2-28）：

a. 企业的产品竞争力：在面对下线批零网点时，分销商就如同生产企业的"代表"，企业的产品竞争力也自然传递作为分销商基本作用力的一部分，影响下线网点的购买与再销售行为。当然分销商除了不要卖假货和过期产品外，并不需要对这部分做什么。

b. 分销商对批零网点的利益推动力：首先是批零网点的再销售毛利率，这一点取决于企业设计的价格体系及其稳定性，以及分销商是否遵循该价格体系；其次是分销商对其下线批零网点所提供的信贷支持；最后是企业产品对批零网点所带来的无形利益等。

c. 分销商在当地的渠道影响力：首先是分销商在当地所覆盖的批零网点的数量与质量（就企业产品类型而言）；其次是分销商在当地渠道中的地位与声誉，一般而言，分销商在当地此类产品代理的品牌越多及销量越大，其渠道地位越高，而声誉则是指其在交易中是否公平诚信；最后是分销商与当地批零网点的合作紧密程度，分销商对下线网点的支持越大，越是深入到这些网点的再销售过程其影响力越大。

d. 分销商的网点服务力：主要指分销商对于批零网点的资金流与物流方面的服务水平，最基本的服务包括存货满足度、送货服务、退货服务、双向结算服务（分销商对网点的对

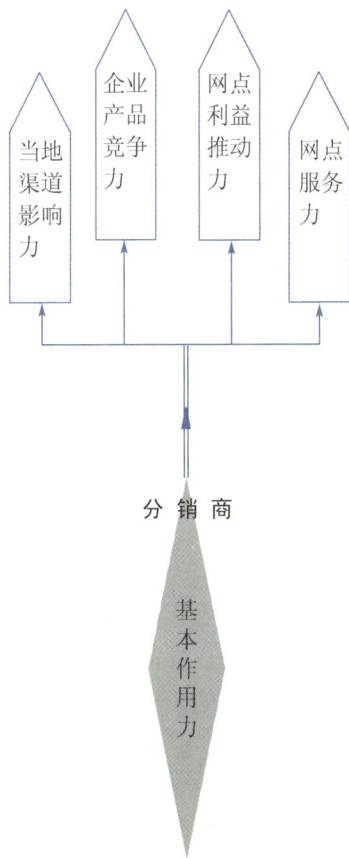

图 2 - 28　分销商的基本作用力

账/发票等服务，以及对网点的费用支付）等。分销商的网点服务力背后实质上就是其营运资金投入和后勤保障能力。

生产企业最关注的是分销商的渠道影响力与网点服务力，即我们通常所说的网络、资金、后勤，这三点对于企业产品在当地的销售业绩影响很大。

B. 分销商的人员作用力（见图2-29）：

生产企业投入的人员作用力是协助分销商的再销售过程，分销商自身也需要投入人员作用力，这就是俯视图中分销和促销部分的人员作用力后面有一大一小两个箭头的原因。分销商的人员作用力具体表现在两个方面：

a. 分销商的分销人员力：是指分销商投入的销售人员分销拓展与维护下线批零网点的分销能力。

对于那些不投入分销人员力的生产企业而言，分销商或多或少都必须投入销售人员执行批零网点的分销工作，当然其投入人员力的大小取决于企业对分销商的利益推动力和自身实力等；即使生产企业投入销售人员协助分销商的分销工作，一般而言，分销商也需要投入自身的销售人员负责生意的维护工作，如订货和收款等。

b. 分销商的终端促销人员力：是指分销商的销售与促销人员协助终端再销售的能力。一般而言，大多数分销商都认为"我把货卖进去，企业负责卖出去"，即分销是其职责，但促销就是企业的事了。但也有一些分销商因为利益驱使或与企业的协定投入人员力到终端促销中，包括以下三种人员作用力：

——协助终端再销售的促销员数量与质量，多数分销商都从自身利益出发向终端派驻其代理多个品牌的综合促销员；

——分销商的销售人员建立企业产品在终端的优秀店内陈列，这方面真正能做到和做好的分销商极少；

——分销商的销售人员执行各种企业或分销商自身策划的消费者促销活动，这方面真正能做到和做好的分销商也是极少。

虽然理论上分销商具有终端促销人员力，但是生产企业大多数情况下不可对这一点抱太大希望，真正做好终端促销工作还是要靠企业自身的终端促销人员力。

C. 分销商的资源作用力（见图2-30）：

分销商的资源作用力与人员作用力也是相辅相成的，具体表现在两个方面：

a. 分销商的分销资源力：是指分销商投入费用以直接分销终端及协助批发商的再分销过程，从而提升整体分销水平的作用力。

一些分销商会投入全部或部分终端分销费用将企业产品卖进终端，当然这取决于生产企业对其的利益推动力。一般而言，分销商较少主动为企业产品召开新品发布会或订货会，即使其主动提出也需要企业支付全部或至少部分的费用。

b. 分销商的终端促销资源力：是指分销商投入费用以协助终端再销售，从而提升终端单店销量的作用力。其包括以下三个方面：

——投入费用提升企业产品在终端的陈列等店内形象，如陈列费用等；

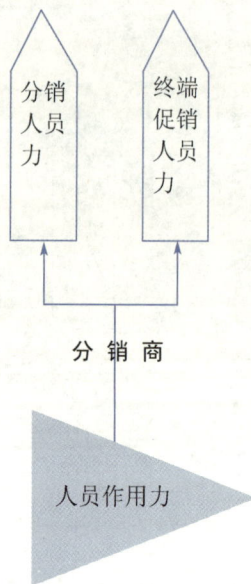

图2-29 分销商的人员作用力

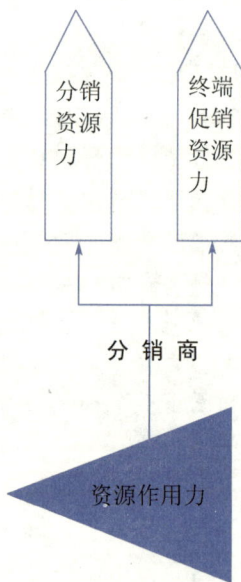

图2-30 分销商的资源作用力

销
售
力

56

——投入于各种消费者促销活动及其传播的费用，如赠品费用、特价费用、快讯费用、户外促销场地费用等；

——向终端的营业员所提供的销量奖励费用，转化为营业员推动销售的人员作用力。

虽然理论上分销商具有终端促销资源力，但是如同其终端促销人员力，生产企业对此不可寄予太大希望，因为分销商愿意投入的前提一定是企业让渡了自身的部分利润，且前面讲过分销商即使做也不一定能做好。

分销商"能量星"的上述三大作用力是影响企业生意结果的重要因素，生产企业当然希望这些作用力越大越好，但是作用力越大反作用力越大，要想提升分销商对下线批零网点的作用力，企业也必须加大对分销商的作用力。这实质上也是一个投入产出的平衡问题。

批发商"能量星"：是指站在批发商下线批零网点的角度看，批发商影响其购买与再销售行为的三大直接作用力的集合。

说明：实际上批发商是一个统称，在一级批发商下面还有二级、三级批发商等。

批发商的三大作用力与分销商非常类似。前面讲过分销商本质上也是批发商，只不过分销商同生产企业直接交易而已。但是有以下三点需要说明：

A. 批发商相比分销商而言，其与生产企业的合作关系要松散得多，所以除了基本作用力（这对交易行为必不可少）以外，大多数批发商几乎不会投入人员作用力和资源作用力；

B. 批发商的基本作用力并不是连续的力量，而是时断时续和高低起伏的，主要取决于其销售差价；

C. 部分生产企业和分销商一方面在不断增加直接覆盖终端（减少对批发商的依赖）的同时，也在引导和协助一些有潜力的批发商精耕细作，逐步将其转变为二级分销商。

读者可以将以上三点结合前面分销商的作用力说明来了解批发商的具体三大作用力，不再赘述。

零售终端"能量星"：是指站在消费者的角度看，零售终端影响其购买某企业产品行为的三大直接作用力的集合（见图2-31）。

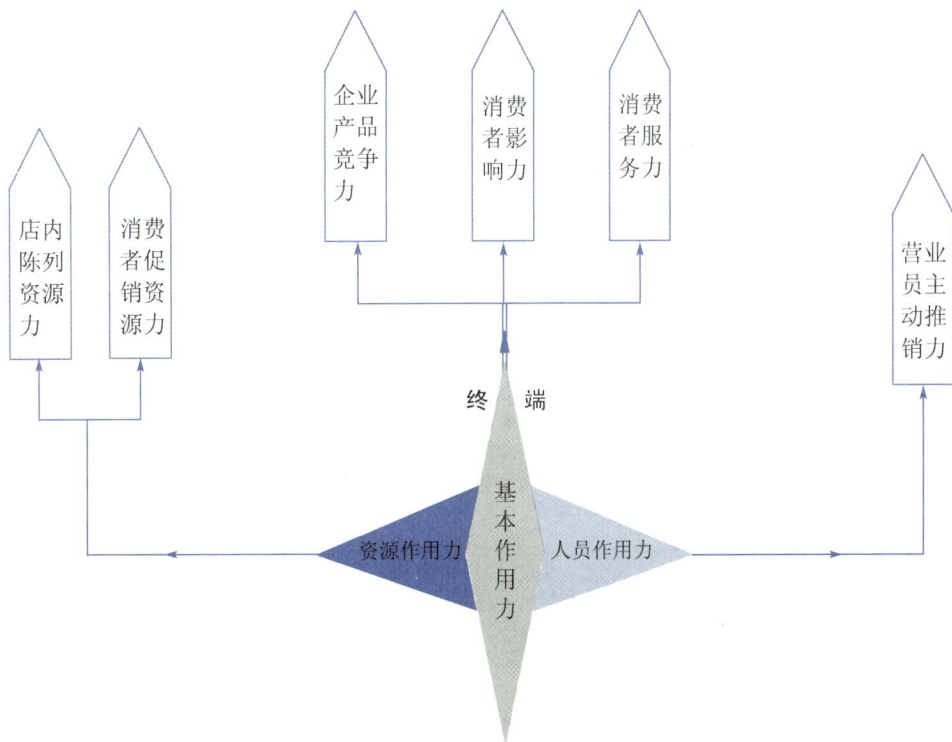

图2-31　零售终端"能量星"

A. 终端的基本作用力（见图2-32）：

a. 企业的产品竞争力：终端是生产企业的产品和消费者真正见面的"窗口"，企业的产品竞争力也自然传递作为终端基本作用力的一部分，影响消费者的购买行为。但是，其中的产品价格优势（指零售价）不仅取决于企业的原有定价，还取决于终端是否按照企业定价作为实际零售价格。消费者购买产品是为了使用产品，而不再是从转售中牟利，所以产品价值就是消费者最大的利益所在，终端的基本作用力中不再有利益推动力。

b. 终端在当地消费者中的影响力：终端的消费者影响力简单地说就是终端的**有效客流量**及"**客单价**"（客人的平均购买金额）。所谓有效客流量是指有可能购买该企业产品类型的消费者数量。例如妇女用品商店的客流量再大，其对于香烟企业而言有效客流量几乎为零。

此外，终端在当地的消费者影响力还包括终端在当地消费者心中的形象，以及消费者对于该终端的忠诚度等。当然这些因素最终都会反映在客流量中。

c. 终端的消费者服务力：从生产企业的角度看，最关注的是终端能否将其产品完整呈现在消费者面前，以及存货是否充足和是否向消费者提供企业要求的退换货服务。此外，终端对于大宗商品还可能向消费者提供送货上门和分期付款等服务。显然，终端在企业的产品上对消费者的服务越好，企业在该终端的销量有可能越大。

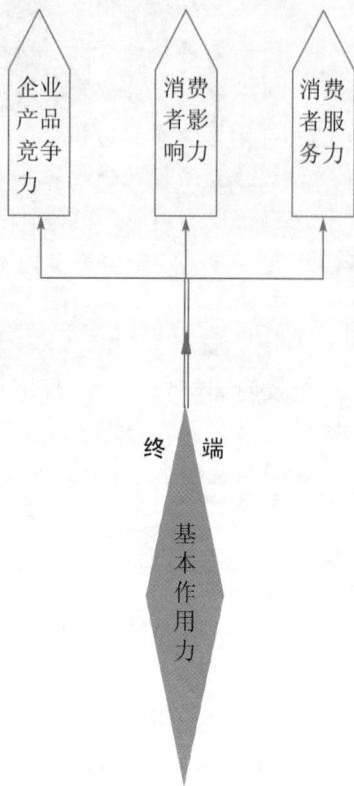

图2-32　终端的基本作用力

终端在当地消费者中的影响力是企业在产品进入该终端之前最关心的问题，而终端的消费者服务力是进入之后关心的问题之一。

B. 终端的人员作用力（见图2-33）：

对生产企业而言，终端的人员作用力主要是店内营业员（甚至店主）对该企业产品的主动推销力。这种推销力对于企业的销量非常重要，甚至比企业派驻的促销员还要有效，因为店主和营业员在消费者心目中是相对客观甚至专家的形象。

当然，终端营业员的主动推销力取决于企业产品为店主带来的利润，以及企业对营业员的推销奖励等。一般而言，只有中小终端的店主和营业员才有可能主动推销企业的产品。

C. 终端的资源作用力（见图2-34）：

对生产企业而言，终端对于其产品投入的资源具体表现在两个方面：

a. 店内陈列资源力：货架是终端最重要的资源，终端有大量的商品需要陈列，而终端把某企业的产品摆在什么位置及每个产品规格摆放多少，对于该企业在终端的销量影响很大。当然，除了货架以外，堆头位置及一切可以使用POP的地方都是提升企业在终端店内形象的资源。

所以，终端对于销售某企业产品的最大投入就是其用于陈列这些产品的货架等资源，是影响企业销量的重要作用力。终端对于每个企业的产品投入多少货架资源，取决于该企业产

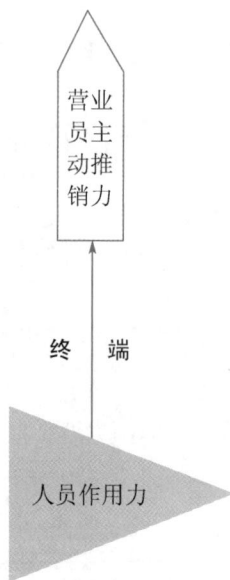

图2-33　终端的人员作用力

品的利益推动力。企业往往会投入陈列费用以争取更好的货架资源，从而提升终端销量。

b. **终端的消费者促销资源力**：是指终端为促进某企业产品的销售，而自行投入的赠品、特价让利等费用。

——中小终端有可能在利益驱使下主动投入促销费用以提升销量。

——大型终端几乎不可能自行投入消费者促销费用，至多是要求企业特价促销的时候承担部分让利费用。所以，企业为提高重要终端的销量，往往主动投入各种消费者促销活动及传播的费用。

通过前文对"交易实体能量星"的三大作用力及四个"能量星"的详细说明，我们知道"能量星"实质上就是各交易实体三大作用力的直观而统一的表现形式，而每个"能量星"的三大作用力具体内容又有所不同。那么这种"能量星"里的作用力在作用过程中如何表示呢？这就是接下来要说明的"箭形作用力"要素。

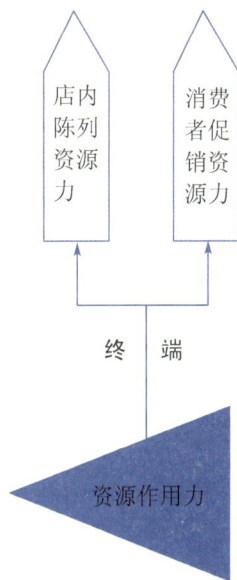

图 2 - 34　终端的资源作用力

2. "箭形作用力"说明

俯视图中的作用力要素统一用箭形方块来表示（见图 2 - 35）。

（1）基本作用力要素的表示方法。

基本作用力要素统一用灰色的箭形方块来表示，而且箭头方向只能是向上。

（a）资源作用力类型　　　　（b）基本作用力类型　　　　（c）人员作用力类型

图 2 - 35　不同类型的作用力

说明：俯视图中因为篇幅关系只标出了生产企业的基本作用力要素，其余交易实体的基本作用力要素用微缩的灰色圆点来代表，但是本书后续明细图中的基本作用力要素将全部还原为灰色箭形方块。

（2）人员作用力要素的表示方法。

人员作用力要素统一用浅蓝色的箭形方块来表示，而且箭头方向只能是向左或向上。

说明：俯视图中因为篇幅关系只标出了生产企业（将分销商的人员作用力与之合并）的"人员作用力要素"，其中右下角的箭头向上的方块代表企业所有人员作用力的集合，其余 6 个箭头向左的方块代表从中引出的具体作用力。其他交易实体的人员作用力要素用微缩的浅蓝色圆点来代表，但是本书后续明细图中的人员作用力要素将全部还原为浅蓝色箭形方块。

（3）资源作用力要素的表示方法。

资源作用力要素统一用深蓝色的箭形方块来表示，而且箭头方向只能是向右或向上。

说明：俯视图中因为篇幅关系只标出了生产企业（将分销商的资源作用力与之合并）的"资

源作用力要素"，其中左下角的箭头向上的方块代表企业所有资源作用力的集合，其余6个箭头向右的方块代表从中引出的具体作用力。其他交易实体的资源作用力要素用微缩的深蓝色圆点来代表，但是本书后续明细图中的资源作用力要素将全部还原为深蓝色箭形方块。

3. "作用力传递箭头"说明

俯视图中各作用力之间的传递路径统一用"作用力传递箭头"来表示（见图2-36）。

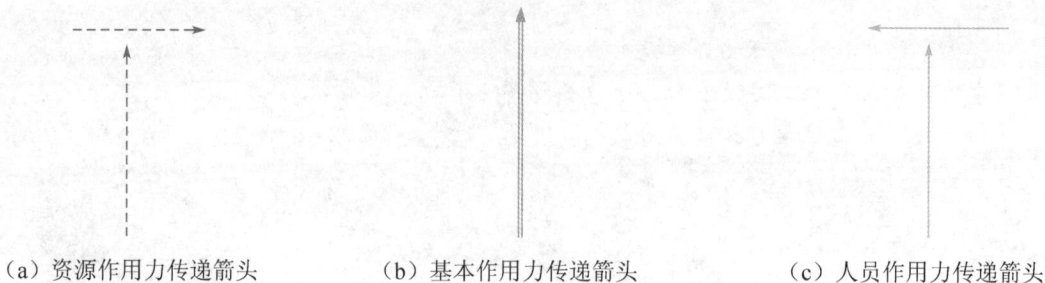

（a）资源作用力传递箭头　　　　（b）基本作用力传递箭头　　　　（c）人员作用力传递箭头

图2-36　作用力传递箭头

所有作用力传递箭头都遵循以下规则：

> 从前面讲过的系统论观点看，任何作用力一定是某个系统的输出，同时是某个系统的输入，所以作用力传递箭头的"箭头终点的作用力"≤"箭头起点的作用力"。
>
> 大多数情况下箭头终点的作用力（某系统的输入）就直接等于箭头起点的作用力（某系统的输出），也有可能箭头终点的作用力只是箭头起点的作用力集合中的一个分支，如前面从"能量星"的一大作用力中可以引出几个作用力传递箭头。

下面就三大作用力类型的"作用力传递箭头"分别说明如下：

（1）基本作用力的传递箭头的表示方法。

基本作用力的传递箭头统一用灰色双线箭头来表示，而且箭头方向只能是向上。

说明：双线表示基本作用力可以分为两类：一条线代表品牌与产品拉力；另一条线代表基本的销售推力，也就是广义市场营销所包含的两大部分。

从基本作用力的定义可以看出，基本作用力是任何交易必不可少的作用力，所以基本作用力的传递箭头也就代表了产品从生产企业到消费者之间的流动过程。

（2）人员作用力的传递箭头的表示方法。

人员作用力的传递箭头统一用浅蓝色单线箭头来表示，而且箭头方向只能是向左或向上。

说明：俯视图右侧垂直的单线外边线就代表从生产企业一直向上到达消费者的人员作用力传递路径，右侧垂直的较细浅蓝色边线代表从分销商一直向上到达消费者的人员作用力传递路径。

（3）资源作用力的传递箭头的表示方法。

资源作用力的传递箭头统一用深蓝色虚线箭头来表示，而且箭头方向只能是向右或向上。

说明：俯视图左侧垂直的虚线外边线就代表从生产企业一直向上到达消费者的资源作用力传递路径，左侧垂直的较细边线代表从分销商一直向上到达消费者的资源作用力传递路径。

俯视图中因为篇幅关系对每个作用力传递箭头只用文字标明其起点或终点的内容，大多数情况下用"箭形作用力"要素表明箭头起点的内容，而箭头终点的作用力要素一般用微缩的同色圆点来代表。不过根据上述作用力传递箭头表示方法的说明，我们可以从作用力传递箭头起点的作用力要素很容易地推断出微缩同色圆点所代表的作用力。

上述的交易实体能量星、箭形作用力要素、作用力传递箭头都是一个个独立的要素，那么这些要素是如何产生，彼此又是如何相互作用的呢？

这就是接下来要讲解的工作模块，每个模块都代表一个实地销售的子系统（或叫一项销售工作），包含输入（作用于该模块的作用力）、作用过程（模块内的具体工作）和输出（该模块所产生的作用力）。

俯视图中根据各工作模块的共性和差异性将所有工作模块分为两大类：一类是"燕尾形作用模块"；另一类是"矩形工作模块"。两者的区别在于"燕尾形作用模块"专门表示任何两个交易实体（如企业→分销商，终端→消费者）之间的交易过程，而"矩形工作模块"则表示其他的工作模块。

按照销售作用过程的逻辑顺序，我们先介绍"矩形工作模块"。

4. "矩形工作模块"说明

俯视图中共有两个"矩形工作模块"，分别位于俯视图的左下角和右下角。

（1）"销售队伍管理与培训"模块（见图2-37）。

A. 模块的输出：

该模块的输出是生产企业的销售人员作用力集合，即前面提到的分销商管理人员力、分销人员力、终端促销人员力等。

B. 模块内部的四项工作：

——实地销售队伍的建立与优化（人员招聘与淘汰等）；

——明确人员分工与合理配置；

——有效激励与管理人员；

——加强培训，提升销售人员能力。

C. 模块的输入：

该模块的输入是生产企业的实地销售人员投入，包括销售人员的工资、奖金、福利、差旅费用、培训费用等。

由上可知，生产企业的人员作用力既取决于人员投入（硬件），也取决于队伍的管理与培训（软件）。同样的人员费用在不同的管理与培训下也会有不同大小的人员作用力，从而产生不同的销售业绩，同时必要的人员费用投入也是任何管理与培训的基础。

图2-37 矩形工作模块

（2）"销售资源配置与管理"模块（见图2-38）。

A. 模块的输出：

该模块的输出是生产企业的销售资源作用力集合，即前面提到的分销商运作资源力、分销资源力、终端促销资源力等。

B. 模块内部的两项工作：

——对上述三种费用进行合理分配；

——有效监控各项费用在使用过程中是否落实到位。

C. 模块的输入：

该模块的输入是生产企业的实地销售费用投入（除人员费用外），包括实地销售经理可以支配的费用（一般与销量比例挂钩）、企业统一的促销活动费用和POP支持，以及企业向分销商等提供的车辆、电脑系统等硬件支持等。

由上可知，生产企业的资源作用力既取决于费用投入（硬件），也取决于对资源的配置与管理（软件）。同样的费用投入在不同的配置与管理下也会有不同大小的资源作用力，从而产生不同的销售业绩，同时必要的费用投入也是任何资源配置与管理的基础。

图2-38 "销售资源配置与管理"模块

俯视图生产企业"能量星"中的人员作用力和资源作用力是就企业整体而言，从中引出的实地销售人员投入和实地销售资源投入，还需要实地销售经理认真做好上述两个模块的工作才能有效转化为影响生意结果的两大作用力。而企业的基本作用力主要由企业总部和销售战略层负责，实地销售经理几乎无法控制，只能在此基础上扬长避短地开展工作，因此企业的基本作用力直接作为实地销售系统的输入（外因或外生变量）。

5. "燕尾形作用模块"说明

俯视图中的"燕尾形作用模块"是对各交易实体之间的销售力作用过程的统一而直观的表现形式，构图原则规范如图2－39所示（以企业→分销商为例）：

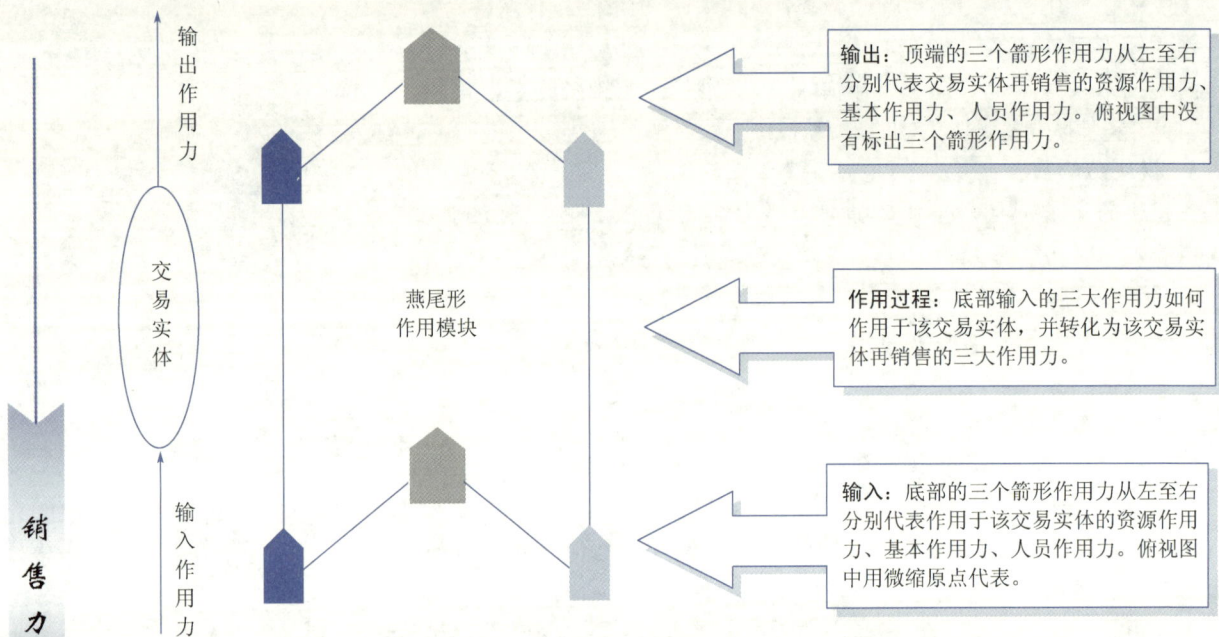

输出：顶端的三个箭形作用力从左至右分别代表交易实体再销售的资源作用力、基本作用力、人员作用力。俯视图中没有标出三个箭形作用力。

作用过程：底部输入的三大作用力如何作用于该交易实体，并转化为该交易实体再销售的三大作用力。

输入：底部的三个箭形作用力从左至右分别代表作用于该交易实体的资源作用力、基本作用力、人员作用力。俯视图中用微缩原点代表。

图2－39 "燕尾形作用模块"的构图原则规范

A. "燕尾形作用模块"的底部一定连接一个"交易实体能量星"，顶部则连接另一个"交易实体能量星"。

B. 底部连接的交易实体是销售过程中的上游单位（如企业），顶部连接的交易实体是与其直接交易的下游单位（如分销商）。

C. "燕尾形作用模块"底部的三个圆点分别代表上游单位的三大作用力并连接上游单位的"能量星"，顶部的三个角（由于篇幅限制，俯视图中没有标出三个圆点）分别代表下游单位的三大作用力并连接下游单位的"能量星"，而模块本身则表示上游单位（如企业）的三大作用力如何影响与转化为下游单位（如分销商）再销售的三大作用力。

例如，"分销商"三个字只是一个笼统的概念（可以从不同的角度理解），生产企业最关注的只是分销商对其产品再销售的三大作用力（分销商的输出），所以俯视图中的交易实体都以"能量星"的形式出现，并非指其本身，而是对生产企业真正有意义的这些交易实体输出的再销售三大作用力。

俯视图中共有六个"燕尾形作用模块"，代表销售过程中六种不同的交易关系，以下逐一说明。另外，俯视图由于整体布局的需要，对作用力箭头的走向作了一些调整，以下将还原成每个模块最直观的输入与输出表现形式，但是所有的输入、输出关系与原图完全一致。

（1）"分销商布局与管理"模块简介。

分销商能量星的三大作用力就是"分销商布局与管理"模块的输出，主要指分销商对当地批零渠道的分销与终端促销的作用力（见图2－40）。

分销商布局与管理模块包括四项工作：

▶ 分销商的布局（规划、设立、优化）；

▶ 做好分销商与企业之间交易过程的资金流与物流的维护工作；

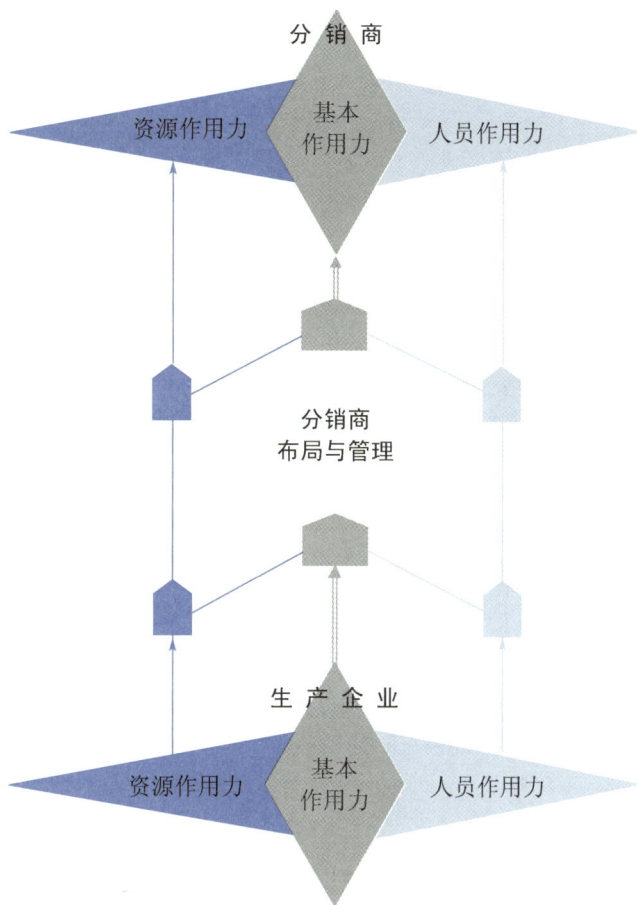

图 2 - 40   "分销商布局与管理"模块

▶ 激励与约束分销商投入资源（包括人员）到企业产品的再销售过程中；

▶ 协助分销商提升其管理和运作力等。

企业对分销商的作用力包括三个方面：

▶ 除企业的产品竞争力和渠道影响力外，主要是企业对分销商的利益推动力和资金流、物流方面的服务力；

▶ 企业的销售人员管理分销商的能力；

▶ 企业协助分销商提升运作能力的资源投入（如运输车辆、电脑系统等）。

（2）"终端直接分销拓展与维护"模块简介。

企业直供终端"能量星"的三大作用力就是"终端直接分销拓展与维护"模块的输出，主要指已分销的直供终端影响当地消费者购买企业产品的作用力（见图 2 - 41）。

终端直接分销拓展与维护模块包括三项工作：

▶ 将企业的产品卖进目标直供终端，并持续提升已分销终端的产品分销率；

▶ 做好企业与直供终端之间交易过程的资金流与物流的维护工作；

▶ 激励终端投入资源（包括陈列资源、营业员推销等）到企业产品的销售过程中，同时约束终端按照企业建议零售价销售。

企业对直供终端的作用力包括三个方面：

▶ 除企业的产品竞争力和渠道影响力外，主要是企业对直供终端的利益推动力和资金流、物流方面的服务力；

▶ 企业销售人员对直供终端的分销能力；

▶ 企业投入的直供终端分销费用等。

63

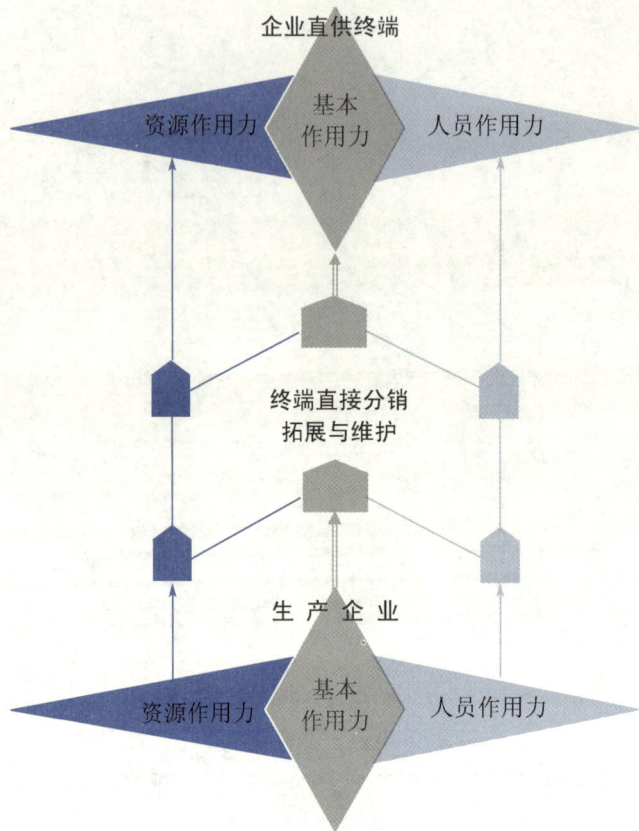

图2-41 企业直供终端"能量星"

（3）"终端分销拓展与维护"模块简介。

分销商直接分销的终端"能量星"的三大作用力就是该模块的输出，主要指这些终端影响当地消费者购买企业产品的作用力（见图2-42）。

终端分销拓展与维护模块中分销商要做的工作与企业分销直供终端所做的三项工作类似；同时，企业所投入的终端分销人员也协助分销商做好此项工作，如直接向终端卖进产品和协助制订计划与跟踪分销进度等。

该模块输入的作用力有两个来源：

▶ **分销商**在当地终端渠道的影响力、对终端的利益推动力和服务力，以及分销商所投入的终端分销人员数量与质量和终端分销费用等；

▶ 企业协助分销商所投入的终端分销人员的数量与质量及终端分销费用等。

（4）"批发网络拓展与维护"模块简介。

批发商"能量星"的三大作用力就是该模块的输出，主要指批发商影响下线批零网点购买与再销售企业产品的作用力（见图2-43）。

批发网络拓展与维护模块中包括三项工作：

▶ 将企业的产品卖进目标批发商，并持续提升已分销批发商的产品分销率；

▶ 做好批发商与分销商之间交易过程的资金流与物流的维护工作；

▶ 激励批发商投入资源（包括资金、人员、下线终端的分销费用等）到企业产品的销售过程中，同时约束批发商按照企业建议批发价销售。

该模块输入的作用力有两个来源：

▶ **分销商**在当地批发渠道的影响力、对批发商的利益推动力和服务力，以及分销商所投入批发渠道的分销人员数量与质量等；

▶ 企业协助分销商所投入的批发渠道分销人员的数量与质量，以及为刺激批发商购买与再分

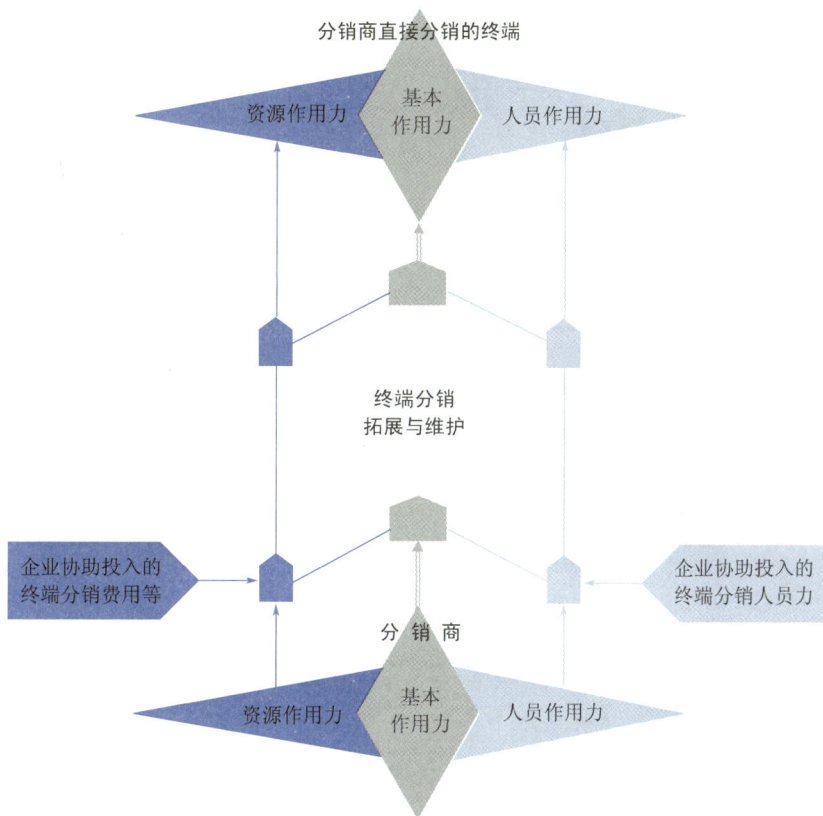

分销商直接分销的终端

资源作用力　基本作用力　人员作用力

终端分销
拓展与维护

企业协助投入的
终端分销费用等

企业协助投入的
终端分销人员力

分 销 商

资源作用力　基本作用力　人员作用力

图 2 - 42　分销商直接分销的终端"能量星"

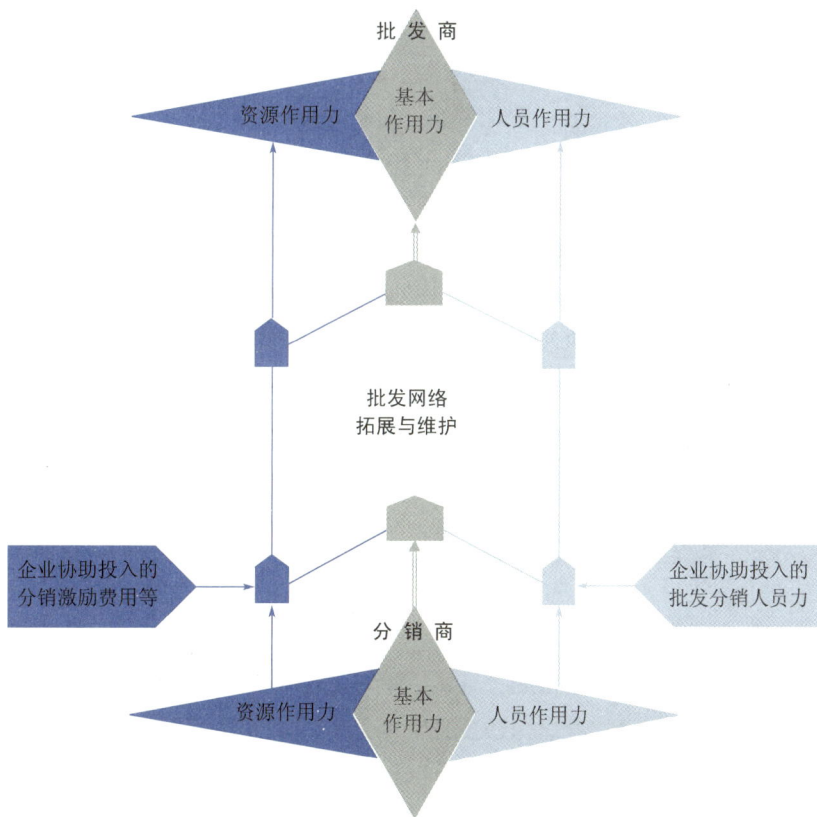

批 发 商

资源作用力　基本作用力　人员作用力

批发网络
拓展与维护

企业协助投入的
分销激励费用等

企业协助投入的
批发分销人员力

分 销 商

资源作用力　基本作用力　人员作用力

图 2 - 43　批发商"能量星"

销的各种分销激励费用等。

（5）"终端间接分销拓展与维护"模块简介。

间接分销终端"能量星"的三大作用力就是该模块的输出，主要指这些终端影响当地消费者购买企业产品的作用力（见图2-44）。

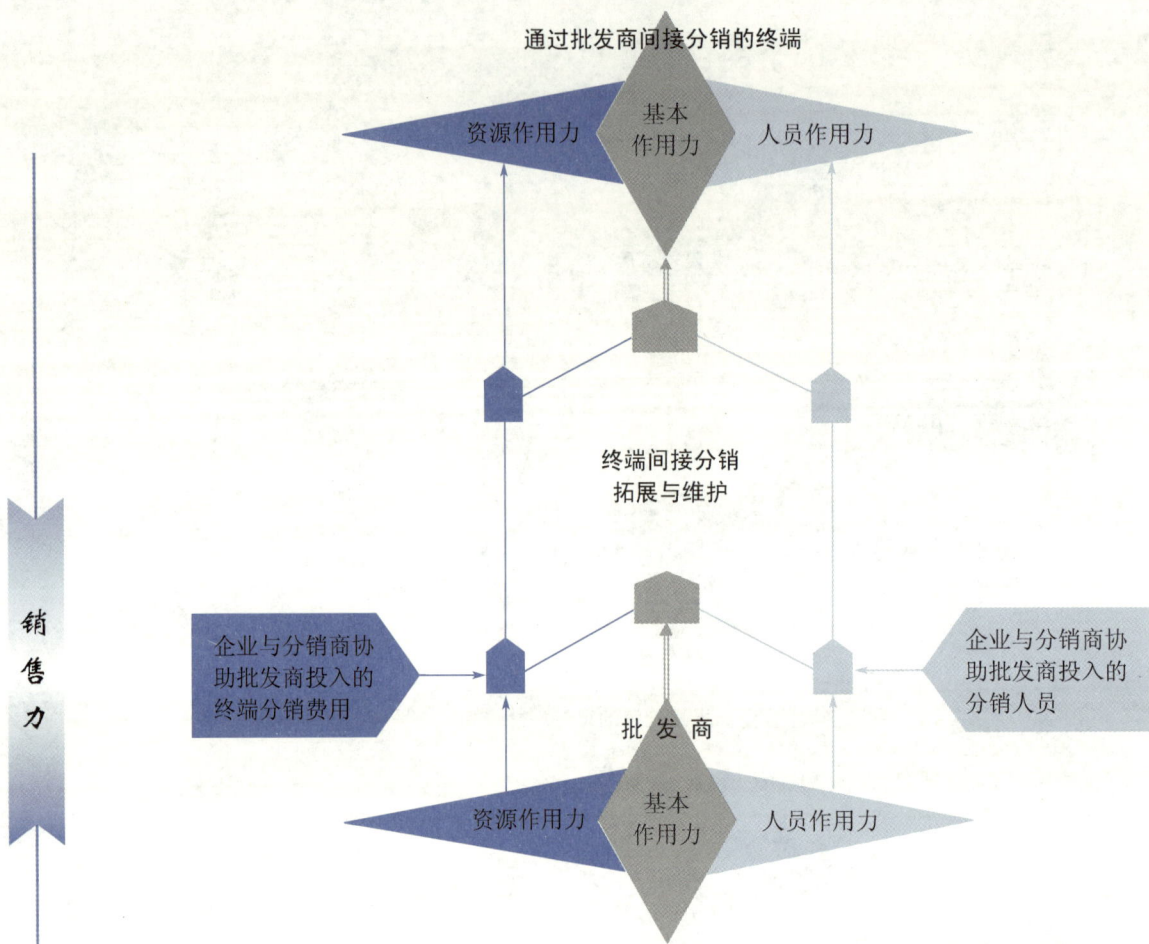

图2-44 间接分销终端"能量星"

该模块中批发商要做的工作与分销商直接分销终端所做的三项工作类似；一般而言，纯粹依靠批发商精耕细作是不太可能的，企业或分销商往往会选择有潜力的批发商派驻销售人员协助与指导其再分销工作。

该模块输入的作用力有两个来源：

▶ **批发商**对于企业或分销商而言，最重要的是其渠道影响力和资金，批发商其他方面的作用力一般较弱；

▶ **企业或分销商**一般会选择有潜力的批发商投入终端分销人员及终端分销费用等协助其再分销。

（6）"终端销售"模块简介。

一切营销工作最终都汇聚到两个目的：让消费者"愿意买"和"买得到"。因此，所有的销售作用力在面对消费者的时候都凝聚成三股力量：**产品力**（吸引消费者主动性购买）、**促销力**（促进消费者冲动性购买）、**分销力**（让消费者可以很方便地在各种终端购买企业的产品，并且终端里品种齐全，货源充足等）。终端销售模块输出的这三种力量是所有销售作用力的汇合，只不过集中于终端这个"窗口"作用于消费者。

终端销售模块中实地销售工作要做的就是加强"促销力"，即协助终端提升产品的店内形象，执行各种消费者促销活动，以及派驻促销员主动推销产品三项工作（见图2－45）。

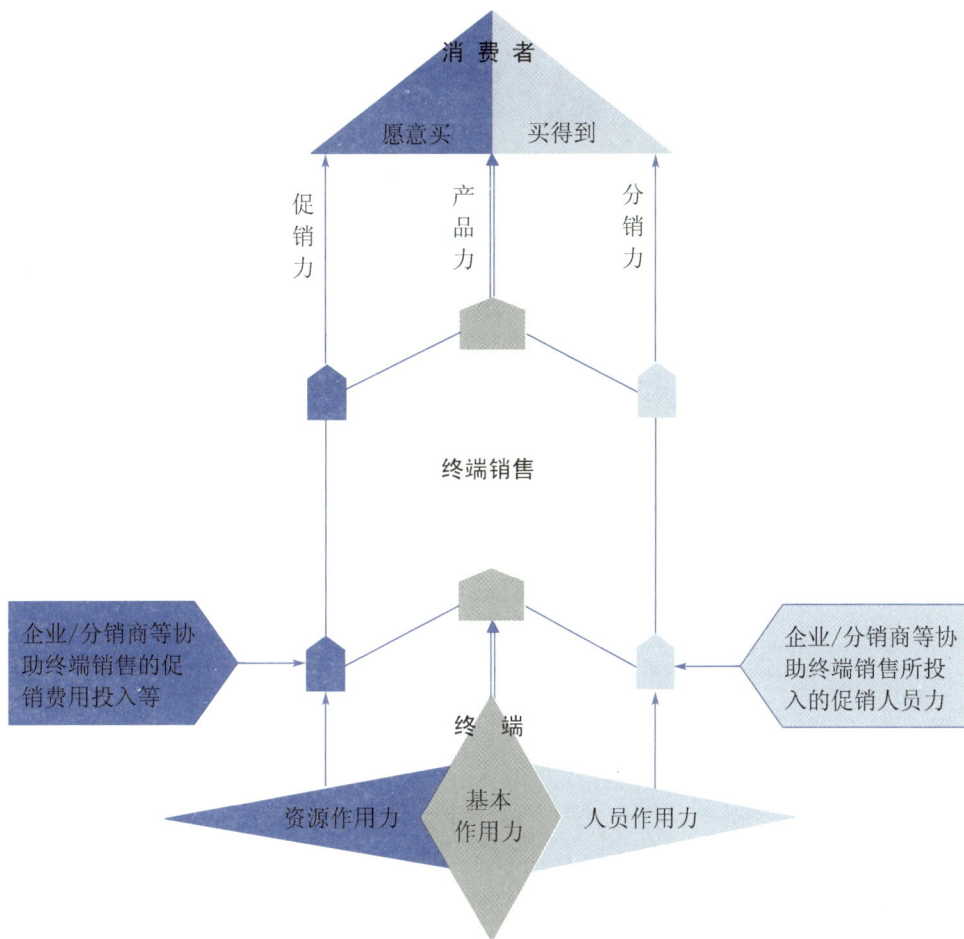

图2－45 "终端销售"模块

该模块输入的作用力有两个来源：

▶ **终端**自身销售企业产品的三大作用力，如有效客流量和对消费者的服务力，以及终端投入的货架陈列资源、消费者促销费用、营业员主动推销力等。

▶ **企业、分销商、批发商**等为协助终端再销售所投入的终端促销员的数量与质量，以及为促进消费者购买的各种促销费用等资源。（由于批发商的终端促销投入较少且出于布局需要，俯视图中没有标出其相应作用箭头）

（7）"燕尾形作用模块"小结。

"燕尾形作用模块"是销售作用力体系图（俯视图）中最重要的部分，用统一而直观的形式表现了销售过程中的六个直接交易模块，细心的读者可能已经发现整个俯视图也是一个燕尾形的作用结构。图2－46从实地销售的整体角度直观地表现了实地销售的作用力体系。

实地销售系统的输入是生产企业的三大作用力（基本作用力、人员作用力、资源作用力），这三大作用力从源头来看即企业销售战略层及其他部门的输出。

实地销售就是如何将企业的三大作用力（输入）通过一系列的作用过程，最终有效转化和传递为影响消费者购买行为的三种力量（产品力、促销力、分销力）。

前面用了大量篇幅对实地销售作用力体系图（俯视图）作了详细的介绍，由于本小节的内容较多，下面对要点作一小结：

1. 实地销售作用力体系的起点与终点

（1）从销售过程来看，起点是生产企业，终点是消费者。

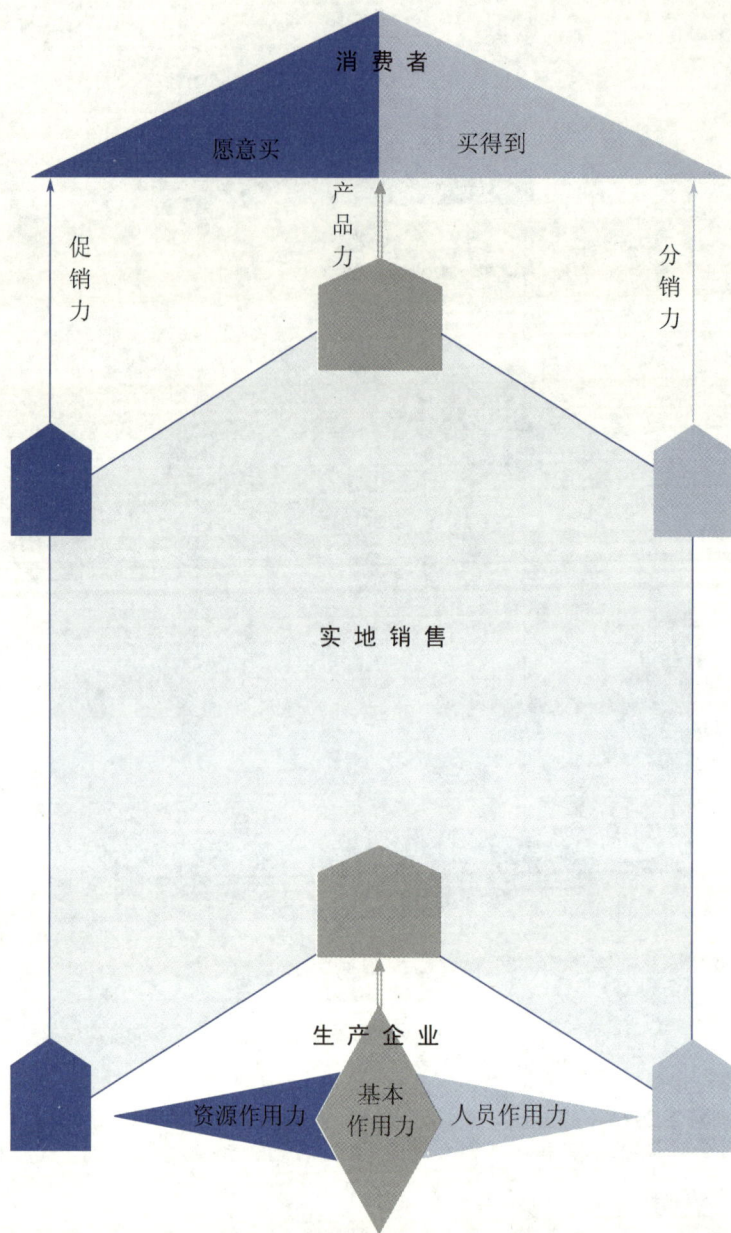

销售力

消费者

愿意买　　　买得到

促销力　　产品力　　分销力

实地销售

生产企业

资源作用力　基本作用力　人员作用力

图 2-46　"燕尾形作用模块"小结

68　　（2）从生意角度来看，起点是企业的销售投入，终点是销量，两者结合就是利润。

（3）从作用力角度看，起点是企业的三大销售作用力（基本作用力、人员作用力、资源作用力），终点是最终影响消费者购买行为的三种作用力（产品力、促销力、分销力）。

2. 实地销售作用力体系的脉络→"三纵四横"

（1）从纵向角度看，三大销售作用力是贯穿整个销售过程及各交易实体的三条纵向脉络，即基本作用力、人员作用力、资源作用力。

（2）从横向角度看，实地销售四大部分是划分整个销售过程的四条横向脉络，即形成企业实地销售三大作用力的部分、分销商建立与管理的部分、分销部分和终端销售部分。

3. 实地销售作用力体系的要素→"43326"

（1）4个"交易实体能量星"。

"能量星"是对所有销售过程中交易实体（消费者除外）的三大销售作用力集合的统一而直观的表现形式，包括"生产企业能量星""分销商能量星""批发商能量星""零售终端能量星"。

（2）3 种"箭形作用力"。

其是对各种输入与输出的具体作用力的规范而直观的表现形式。基本作用力用向上的灰色箭形方块表示，人员作用力用向上或向左的浅蓝色箭形方块表示，资源作用力用向上或向右的深蓝色箭形方块表示。

（3）3 种"作用力传递箭头"。

其是对作用力传递路径的规范而直观的表现形式。基本作用力传递箭头用向上的双实线箭头表示，人员作用力传递箭头用向上或向左的单实线箭头表示，资源作用力传递箭头用向上或向右的虚线箭头表示。

（4）2 个"矩形工作模块"。

其是对所有除直接交易过程以外的销售工作模块的规范而直观的表现形式，包括"销售队伍管理与培训"模块、"销售资源配置与管理"模块。

（5）6 个"燕尾形作用模块"。

其是对各交易实体之间的销售力作用过程的统一而直观的表现形式，包括"分销商布局与管理"模块、"终端直接分销拓展与维护"模块、"终端分销拓展与维护"模块、"批发网络拓展与维护"模块、"终端间接分销拓展与维护"模块、"终端销售"模块。另外，整个实地销售作用力体系也是一个从企业三大作用力到消费者之间的燕尾形的作用系统。

> 实地销售作用力体系图（俯视图）从客观的角度，用逻辑化、标准化的直观形式表述了整个实地销售的作用力体系，并规范定义了大量的销售作用力术语和确立了标准的符号语言（图例），是了解与研究实地销售作用力的重要工具。

俯视图从客观的角度表述了实地销售的作用力体系，接下来我们尝试从实地销售经理的主观角度来看问题，将会得到一幅不同画面又相互联系的实地销售作用力体系图（环视图）。

2.3.2 销售作用力体系图（环视图）

图 2-47 从实地销售人员的主观角度，根据其对各种作用力的控制程度将所有作用力从内到外划分为三个区域，整个图以实地销售的工作模块为着眼点描述其输入输出和作用力传递路径，如同以"我"为中心的实地销售作用力体系的"环视图"。

环视图就是以实地销售经理（一个或大或小区域的销售管理者）为中心环视实地销售作用力体系的图像。

环视图可以简单地用"364"来概括：3 个作用力量圈、6 个实地销售要素、4 个销售逻辑层面。

（1）3 个作用力量圈（见图 2-48）。

从实地销售经理的角度，根据其可控程度将所有销售作用力由内到外分为三类：

A. **可控制的销售作用力**：在实地销售经理职权范围内可以改变的作用力。

B. **可影响的企业或上级作用力**：企业总部或上级对其销售工作的作用力，实地销售经理对于这类型作用力无法控制，但可以提出建议施加影响。

C. **外部作用力**：外部市场环境影响实地销售工作的作用力，销售经理对于这类型作用力无法控制和影响。

实地销售经理的工作重点主要是改善可控制的销售作用力，确有必要则提出建议影响上级作用力，而对外部作用力能做的就是在了解的基础上因地制宜工作。

可控制的销售作用力是内因（或内生变量），后两种作用力是外因（或外生变量）。

（2）6 个实地销售要素。

从实地销售经理的角度，整个销售工作可以概括为右边卡通图所形象化表述的 6 个要素（见图 2-49）：

圆角矩形区域代表外部市场作用力(不可控制和影响)

椭圆形区域代表企业或上级作用力(可影响)

钻石形区域代表实地销售经理可控制的作用力

销量

销售力

70

当地批零渠道的集中程度及分销费用状况

企业的产品力及对直供终端的基本作用力

企业的整体渠道分销策略与模式

输出 终端分销水平

分销

终端直接分销拓展与维护 | 协助分销商分销终端渠道 | 协助分销商分销批发渠道

实地分销模式设计与优化

输入 影响分销的作用力

输出 终端单店销量

促销

建立优异的店内陈列等形象 | 有效执行消费者促销活动 | 促销员或店内营业员导购

实地促销组合设计与优化

输入 影响促销的作用力

终端的有效客流量等客观因素

店内竞争产品的数量与质量及其促销力度

企业的品牌与产品对消费者的吸引力

输出 分销商系统三大作用力

分销商 系统

分销商订货回款等日常管理 | 激励与约束分销商投入资源 | 协助分销商提升其运作能力

分销商结构的布局与优化

输入 影响分销商的作用力

输出 实地销售人员作用力

实地销 售队伍

明确分工合理配置销售人员 | 有效管理与激励销售人员 | 加强培训提升人员能力

实地销售队伍的建立与优化

输入 影响销售队伍的作用力

企业的整体渠道分销策略与模式

当地渠道现状及同类产品竞争力度

企业对分销商的基本作用力:
品牌/产品竞争力
行业地位与声誉
对分销商的利益推动力
对分销商的服务力

输出 实地销售资源作用力

实地销售资源

合理分配资源:销售人员费用分销商运作费用分销费用促销费用 | 有效监控各项费用投入的使用情况,确保按用途和规章制度真正落实到位

输入 企业对该区域的投入

企业的销售人员管理制度与培训体系

企业的销售费用分配与管理制度

企业根据其销售战略及该区域重要性投入实地销售资源

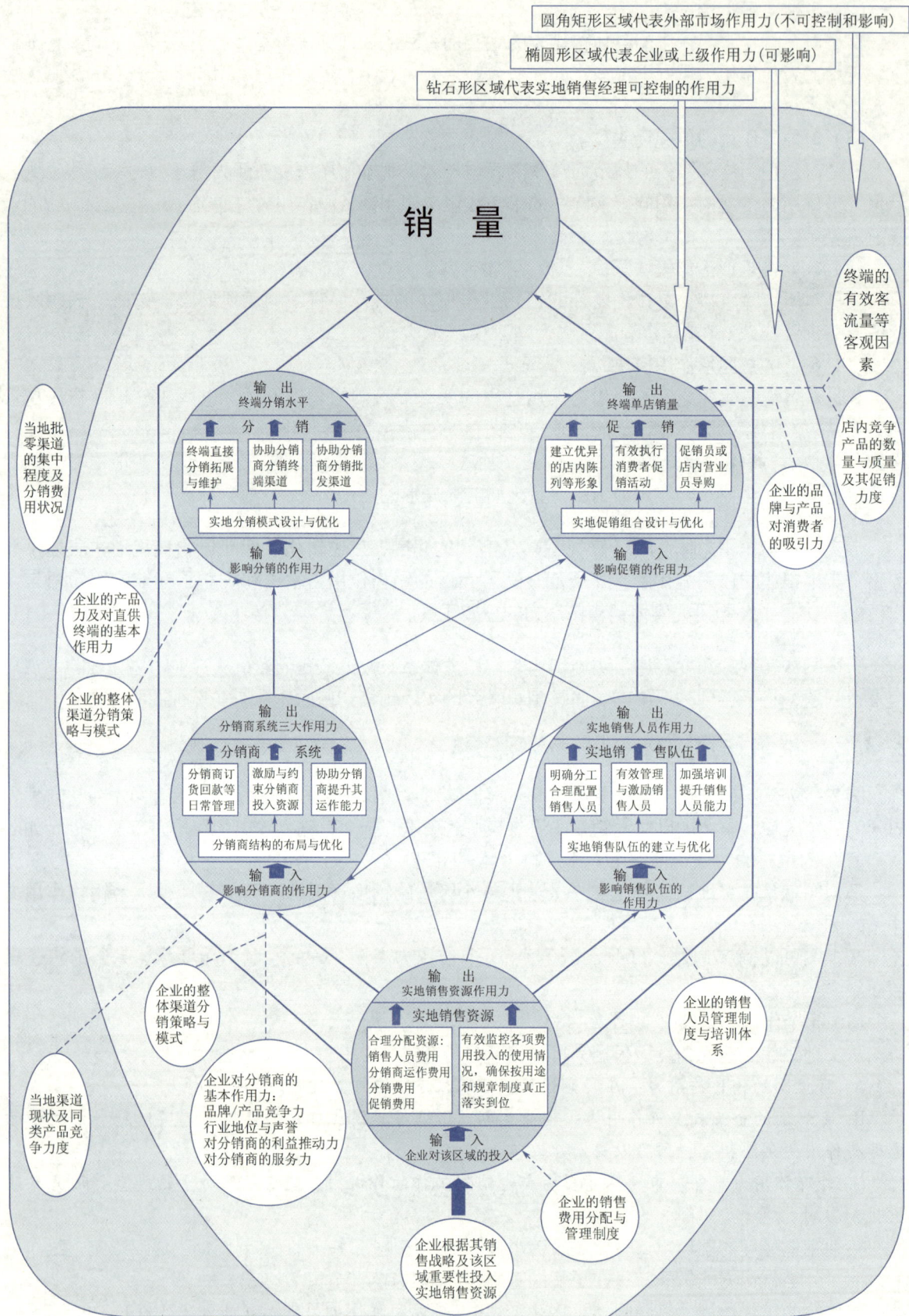

注:本图从实地销售人员的主观角度,根据其对各种作用力的控制程度将所有作用力从内到外划分为三个区域。整个图以实地销售的工作模块为着眼点描述其输入、输出和作用力传递路径,如同以"我"为中心的实地销售作用力体系的"环视图"。

图 2-47 销售作用力体系图(环视图)

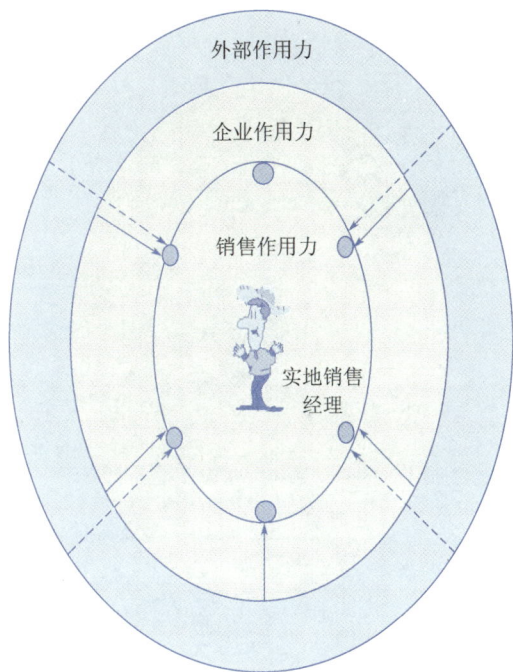

图 2-48　销售作用力的分类

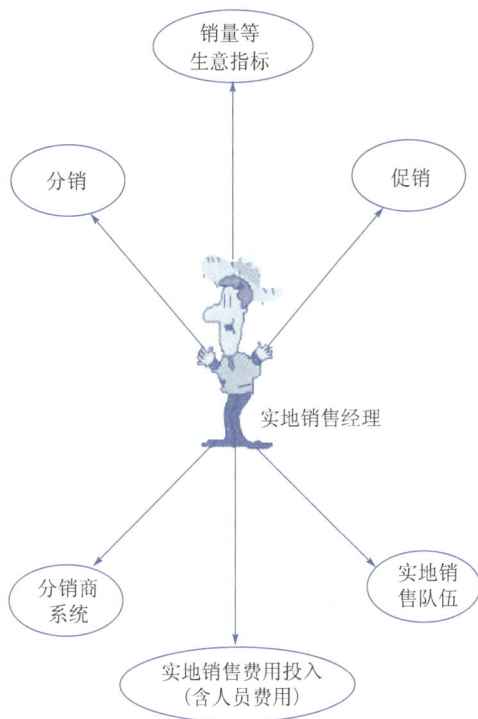

图 2-49　销售工作的 6 个要素

A. 头顶销量等生意指标：这是所有实地销售经理的工作目标和压力所在。

B. 一手抓分销，一手抓促销：为了达到企业规定的生意目标，实地销售经理必须一方面提升所辖区域的分销广度，另一方面提升终端单店销量，此外别无他途。

C. 实地销售队伍和分销商系统好比销售经理的两条腿：这两者是支撑实地销售经理完成上述工作的重要力量，光靠自己单打独斗是不行的（这里比喻"腿"没有任何贬义，只是说明其支撑作用）。

D. 实地销售费用投入（含人员费用）好比是地面："脚踏实地"才能做好工作，合理的投入（如同坚实的地面）才会有好的产出。

（3）4 个销售逻辑层面。

根据实地销售作用力的逻辑关系，环视图将实地销售划分成 4 个逻辑层面（见图 2-50）：

A. 指标面：全称是生意指标面，是实地销售经理的工作目标、销售结果及考核标准，主要包括回款和费用比例等。所有实地销售的生意指标都以销量为核心。

B. 基本面：全称是渠道基本面，指由批零渠道与消费者所组成的市场，具体包括企业的产品在各类销售渠道中的分销与终端销售状况等。基本面的表现好坏是直接影响指标面业绩的唯一因素，其他作用力都是通过改善基本面从而提升生意指标。

C. 系统面：全称是实地销售系统面，指由实地销售队伍与分销商系统所组成的实地销售运作系统，系统面是基本面的重要支撑力量，并且其他销售作用力都必须通过系统面的运作从而改善基本面表现，最终影响指标面的销售业绩。

D. 资源面：全称是实地销售资源面，即企业对实地销售的所有人、财、物等投入。资源面是实地销售经理维持系统面运作，并支持系统面改善基本面表现的重要作用力。

相比而言，俯视图是根据实地销售作用力的自然顺序将销售过程划分成 4 个部分：

形成企业实地销售三大作用力部分→分销商建立与管理部分→分销部分→终端销售部分

以上 4 个销售逻辑层面实际上是对实地销售 6 要素的进一步概括，更清晰地揭示了实地销售工

71

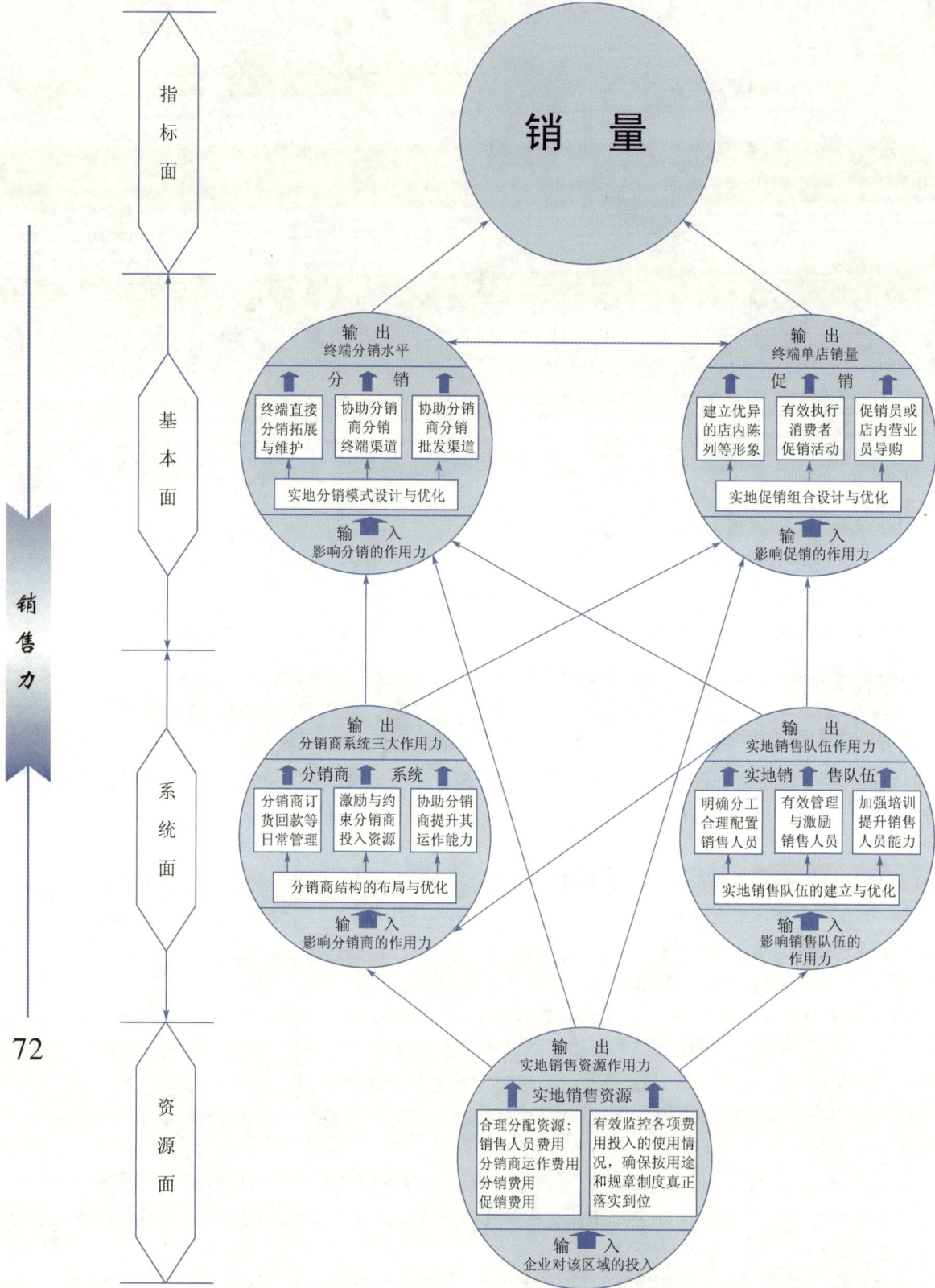

销 量

输 出
终端分销水平
分 销
终端直接分销拓展与维护　协助分销商分销终端渠道　协助分销商分销批发渠道
实地分销模式设计与优化
输 入
影响分销的作用力

输 出
终端单店销量
促 销
建立优异的店内陈列等形象　有效执行消费者促销活动　促销员或店内营业员导购
实地促销组合设计与优化
输 入
影响促销的作用力

输 出
分销商系统三大作用力
分销商　系统
分销商订货回款等日常管理　激励与约束分销商投入资源　协助分销商提升其运作能力
分销商结构的布局与优化
输 入
影响分销商的作用力

输 出
实地销售队伍作用力
实地销　售队伍
明确分工合理配置销售人员　有效管理与激励销售人员　加强培训提升销售人员能力
实地销售队伍的建立与优化
输 入
影响销售队伍的作用力

输 出
实地销售资源作用力
实地销售资源
合理分配资源：销售人员费用分销商运作费用分销费用促销费用　有效监控各项费用投入的使用情况，确保按用途和规章制度真正落实到位
输 入
企业对该区域的投入

指标面

基本面

系统面

资源面

销售力

72

图 2－50　实地销售的逻辑层面

作之间的层级关系，可以作以下形象化的比喻：

实地销售如同一个四层楼的大厦，实地销售经理的目标是上四楼（指标面）看风景，上四楼必须先到三楼（基本面），到三楼之前又必须经过二楼（系统面），而整个上楼的动作必须从一楼（资源面）开始。当然这是就中国目前大多数生产企业的实地销售而言，也有的企业没有或只有部分系统面和资源面，如只生产然后交由一个单位包销，或基本上没有实地销售队伍，完全"靠天吃饭"。

接下来，我们一一了解 3 个作用量力圈里 4 个逻辑层面中的 6 个实地销售要素。

1. "销量"说明

毫无疑问，对于实地销售经理而言，一切工作的出发点和归宿都是为了完成甚至超过企业或上级规定的生意指标。每个企业对实地销售经理的考核指标各有侧重，并且有的很具体有的很粗略，但是万变不离其宗，所有对于实地销售经理考核指标的最重要部分一定是回款和费用比例，即销售经理的投入产出。

（1）"销量"的定义。

这里所讲的"销量"（offtake）是指生产企业将产品<u>真正卖给消费者的销售金额</u>。我们在日常工作中经常提到的"销量"比较广泛和模糊，如对分销商的销量、批发商的销量、终端销量等。严格来讲，除终端销量以外的所有"销量"称为"发运量"（shipment）更准确，因为这种"销量"只代表库存转移，如果不能最终卖给消费者将会有大量的退货。

（2）为什么说"销量"是实地销售生意指标的核心？

A. **回款从根本上讲来自于销量**，没有持续的销量就不会有稳定的回款，要想增加回款只能提升销量，纯粹以回款为目的的订货会只是通过让利将以后数月的货款集中回笼，并不能提升全年回款总额（甚至因为冲货等原因还可能降低全年回款总额），所以严格讲是融资行为，不是销售行为。

B. 对于实地销售经理而言，**费用比例一般是企业或上级给定的**，而且企业在制定费用比例时已经根据利润进行了测算，所以实地销售经理最重要的工作是如何在给定费用的情况下努力提升销量。

上述指标没有列入利润的原因有三点：一是企业确定销售费用比例时已事先对利润做好测算；二是实地销售经理并不能对企业整体利润负责，如生产成本、广告费用、企业全局销售费用等；三是即使要计算实地销售的利润也很容易，将回款减去费用可以了。

（3）"销量"来自于"终端分销水平"和"终端单店销量"。

销量 = 终端分销水平 × 终端单店销量

终端分销水平包括三层含义：

A. 企业的产品进入当地各类终端的数量及相关比例；

B. 已分销终端里企业各产品的分销率；

C. 这些终端的分销维护水平，如是否断货、价格是否合理等。

A 点所指的分销终端数量是这里所讲的影响销量的一大因素，而 B 点和 C 点通过影响单店销量从而影响总体销量。

各类终端的平均单店销量自然不同，这里所指的平均单店销量是各种终端渠道的加权平均销量。

终端单店销量是衡量企业产品竞争力（也包括促销力）的重要标准。而分销商或批发商的发运量既包括许多终端的销量，又可能退货，所以不能作为企业产品竞争力的标准。

终端单店销量是影响销量的两大因素之一。

（4）将环视图与之前俯视图中的"销量"表达方式作一比较说明（见图 2 - 51）。

A. **环视图从代数方程式的角度**，表述销量的影响因素；

B. **俯视图从几何图形的角度**，表述销量的影响因素。

二者实际上是殊途同归，销售作用力关系完全相同，只不过表达形式不同。

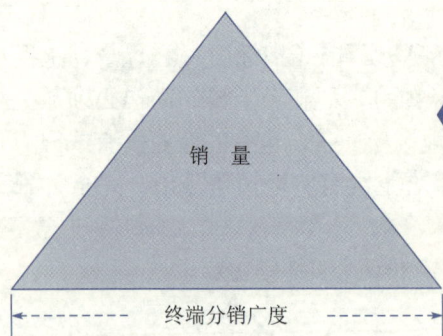

俯视图中，销量如同左边三角形的面积，取决于其底边宽度和高度。而左图三角形中的高低不同的垂直线段代表各个终端不同的单店销量，销量也可以理解为这些垂直线段的长度加起来的总和。

销量

终端分销广度

图2-51　环视图与俯视图中"销量"表达方式的简要说明

知识链接　2.3.3 部分

2."分销"说明

（1）分销模块概述。

分销是实地销售经理最重要和最基本的工作，从图2-52放大的局部环视图可以看出：

销售力

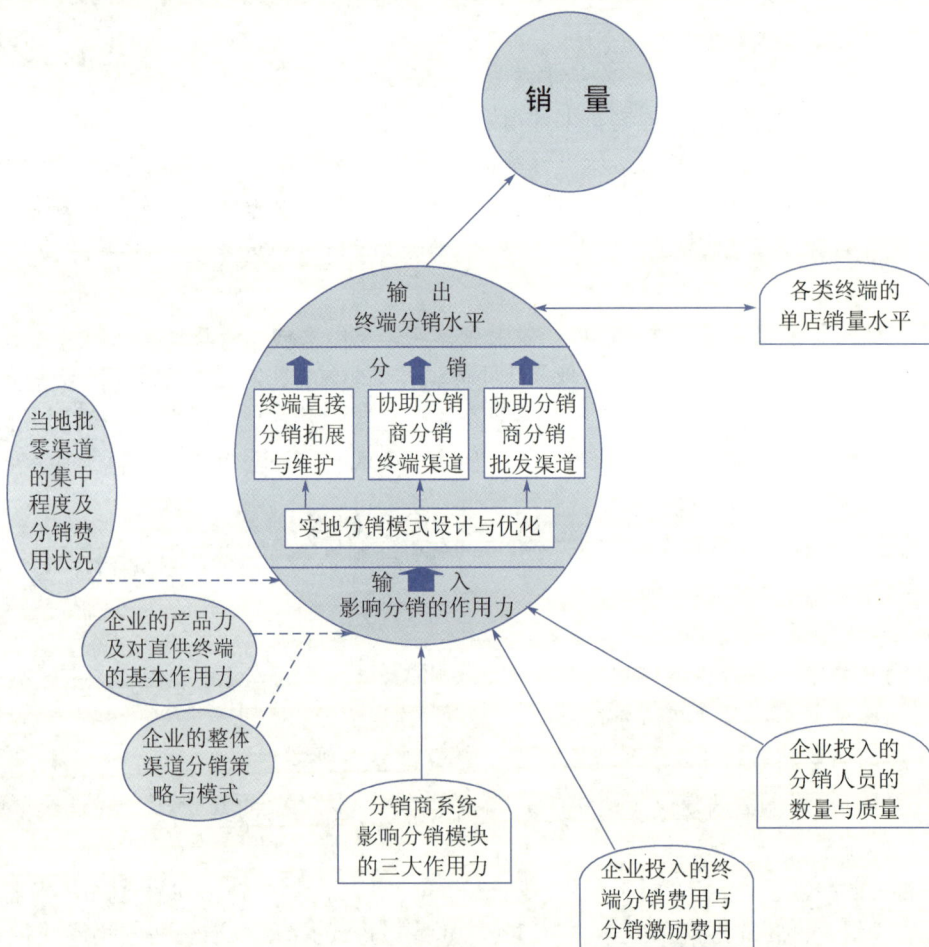

销　量

输　出
终端分销水平

各类终端的
单店销量水平

分　销

终端直接
分销拓展
与维护

协助分销
商分销
终端渠道

协助分销
商分销
批发渠道

当地批
零渠道
的集中
程度及
分销费
用状况

实地分销模式设计与优化

输　入
影响分销的作用力

企业的产品力
及对直供终端
的基本作用力

企业的整体
渠道分销策
略与模式

分销商系统
影响分销模块
的三大作用力

企业投入的终
端分销费用与
分销激励费用

企业投入的
分销人员的
数量与质量

74

图2-52　放大的局部环视图（一）

A. 分销模块的输出是终端分销水平，并对两方面产生影响：销量、终端单店销量水平。

B. 终端分销水平受两方面影响：

a. 初始分销水平取决于实地分销工作的质量；

b. 分销水平的衰减率取决于终端的单店销量水平（就是已建立的分销水平能否保得住）。

这给了我们一个启示：不要认为终端单店销量只影响总体销量，它反过来也会影响分销水平。

C. 实地分销工作的输入有6个作用力（3+3）：

a. 3个实地销售内部作用力：分销人员的数量与质量、分销费用、分销商系统的三大作用力。

b. 3个企业和外部作用力：企业基本作用力、企业整体分销策略与模式、当地分销工作难度。

这说明客观评估一个区域或城市的分销工作，不仅要看其最终分销水平，还要结合当地分销难度、企业整体的销售战略与基本作用力综合考虑。

D. 实地分销工作主要包括图2-52中4个矩形方块所表示的具体工作：

a. 实地分销模式的设计与优化是开展分销工作的基础和规划。

b. 实地销售经理需尽可能做好三种分销方式的相应工作。

接下来分别对分销模块的输出、具体工作、输入三个方面作进一步的介绍，并结合俯视图中的相应内容进行对比联系。这样读者既可以通过前面俯视图的相关内容快速了解环视图，也可以通过环视图的相应内容加深对俯视图的理解。

（2）分销模块输出的作用力及其对其他要素的影响见图2-53。

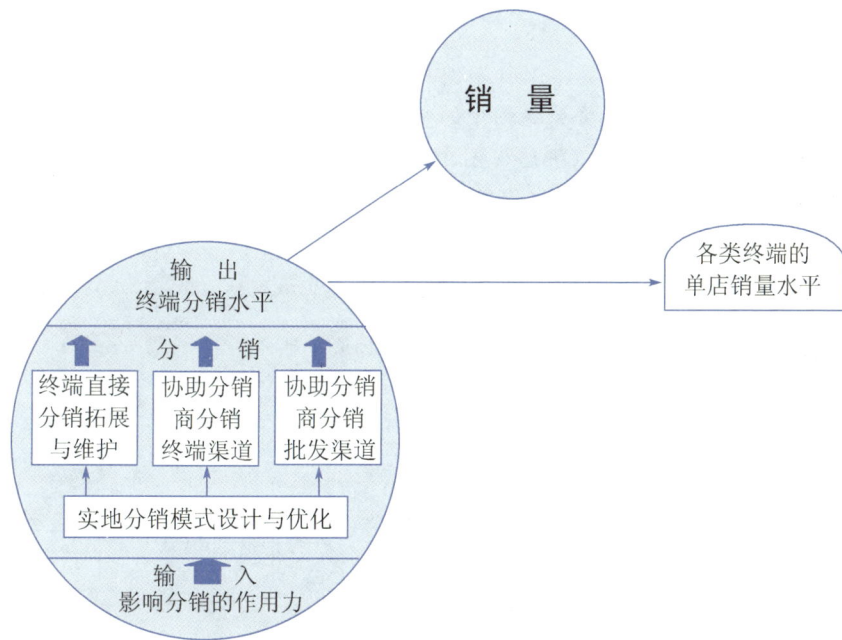

图2-53 分销模块输出的作用力及其对其他要素的影响

环视图（从实地销售经理角度看）	俯视图（从作用力体系角度看）

▶ **分销模块输出的作用力：**

A. 分销模块的输出是"终端分销水平"： ⟷ **A. 分销部分的输出是"终端能量星"：**

a. 分销终端的数量与质量；

b. 已分销终端的产品分销率；

c. 已分销终端的维护水平（存货、价格等）。

a. 所有分销终端的有效客流量（消费者影响力）；

b. 消费者服务力中的产品齐全；

c. 消费者服务力中的其他服务。

▶ 分销模块输出的作用力对其他要素的影响：

A. "终端分销广度"是销量方程式的变量；　　←→　　A. "终端分销广度"是销量三角形的底边宽度；

B. 终端的产品分销率及维护水平影响终端的单店销量。　　←→　　B. "终端能量星"中的消费者服务力是影响终端销售的重要作用力。

（3）分销模块的具体工作。

环视图分销模块的具体工作与俯视图中分销部分的四个"燕尾形作用模块"大致相同，但有以下两点需要说明：

A. 实地分销模式设计与优化：

a. 实地销售经理需要根据当地渠道和分销商的具体状况，确定哪些终端应该由企业直供，哪些应由分销商直接覆盖，哪些交由批发商间接覆盖。由于各地情况不同，销售经理必须在企业整体分销策略的指导和约束下因地制宜地选择当地最合适的分销模式。

b. 这项工作是其他分销工作的基础，但不是销售过程中的直接作用力，所以俯视图中没有标示。

B. 三大具体分销工作说明：

a. 终端直接分销拓展与维护的具体工作与俯视图完全一致。

b. 站在销售经理角度看问题，将俯视图中的终端分销模块改为协助分销商分销终端渠道。

C. 站在实地销售经理角度，可以将俯视图中建立批发商网络和协助批发商再分销的两个作用模块合二为一，就是协助分销商分销批发渠道。

至于三大具体分销工作的详细内容，请参阅俯视图中相应4个"燕尾形作用模块"的简介，这里不再赘述。

> **知识链接**　2.3.1 部分

（4）分销模块输入的作用力和其他影响终端分销水平的因素见图2-54。

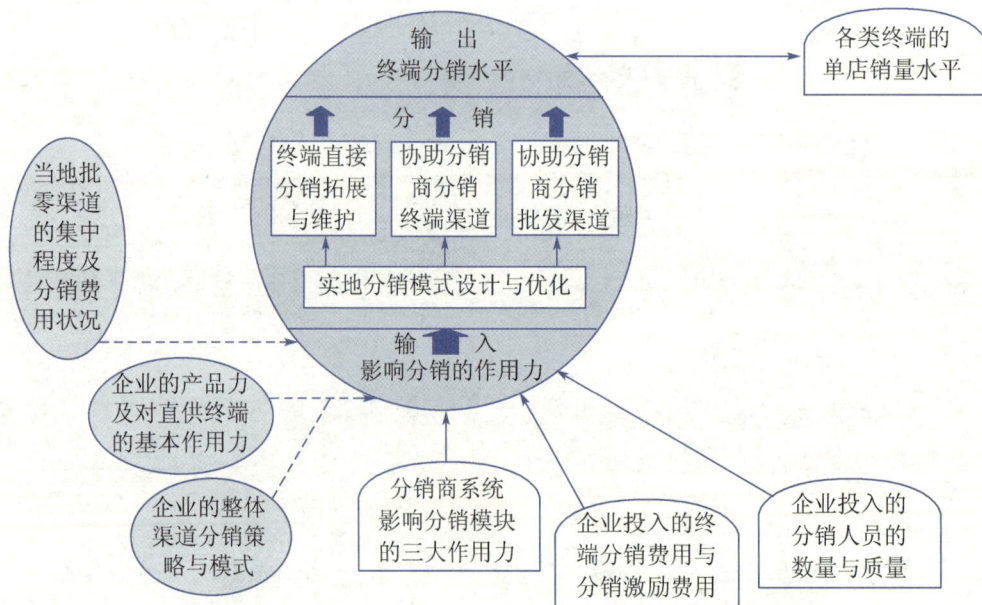

图 2-54　分销模块输入的作用力和其他影响终端分销水平的因素

环视图（从实地销售经理角度看）	俯视图（从作用力体系角度看）

▶ **分销模块输入的作用力（3＋3）：**

A. 3 个实地销售内部的作用力：

a. 分配于分销工作的分销员数量与质量；

b. 分配于终端的分销费用与分销激励费用；

c. 分销商系统对批零网点的渠道影响力、利益推动力、服务力，以及投入的分销人员力与分销资源力。

B. 3 个企业或外部作用力：

a. 企业的产品力影响所有分销工作，同时企业对直供终端的利益推动力、服务力、渠道影响力直接影响直供终端的分销等；

b. 企业的整体渠道分销策略与模式是实地分销工作的指导和约束，销售经理只能在这个大框架下，结合当地渠道状况因地制宜地开展工作；

c. 当地批零渠道越集中相对而言分销工作难度越小，而当地终端分销费用的高低则是直接影响实地分销工作的进度。

⟷ **A. 俯视图中下列作用力与之一一对应：**

a. 企业人员作用力中的分销人员力；

b. 企业资源作用力中的分销资源力；

c. "分销商能量星"的三大作用力中的基本作用力（除产品力）、分销人员力和分销资源力。

⟷ **B. 俯视图中下列作用力与之对应：**

a. 企业对直供终端的基本作用力是直接分销终端模块的重要作用力，而企业产品力则传递到分销商和批发商的基本作用力中；

b. 俯视图从客观角度描述作用力体系，企业的渠道分销策略和模式是影响实地销售经理分销工作的重要因素，但不是交易实体之间的直接作用力，所以没有标示；

c. 俯视图由于篇幅关系没有标示外部环境的作用力，环视图的这一点正好补充和完善了对于俯视图的理解。

▶ **影响终端分销水平的其他因素：**

各类终端的单店销量水平：

a. 将企业产品卖进终端并做好维护工作，并不能保证一直维持初始的分销水平，因为如果终端销量不理想，将会导致撤场或分销品种的减少；

b. 批发商的销量最终取决于下线所有终端的销量，所以终端的单店销量同样会影响批发商的分销水平。

⟷ **俯视图中没有与之对应的作用关系：**

a. 俯视图以交易实体为着眼点表述它们之间的作用力关系，而企业的终端销量与分销水平之间的作用关系不是交易实体之间的直接作用力，所以没有标示；

b. 但是终端销量对分销水平的作用关系完善了实地销售作用力体系，这就是为什么我们要从两个角度看问题的原因和价值。

3. "促销"说明

（1）促销模块概述。

促销是实地销售经理在分销工作基础之上的另一项重要工作。这里所讲的促销是促进终端销售的行为，而促进分销水平的渠道促销我们将其归入分销的范畴。从图 2－55 中可以看出：

A. 促销模块的输出是终端单店销量，并对两方面产生影响：销量、终端分销水平。

B. 终端单店销量受 4 个方面影响：

a. 企业的品牌与产品对消费者的吸引力是影响终端单店销量的首要因素；

b. 实地销售可以主动提升终端单店销量的途径就是店内促销（本模块）；

c. 终端分销水平中的终端维护质量是维持终端正常销量的影响因素；

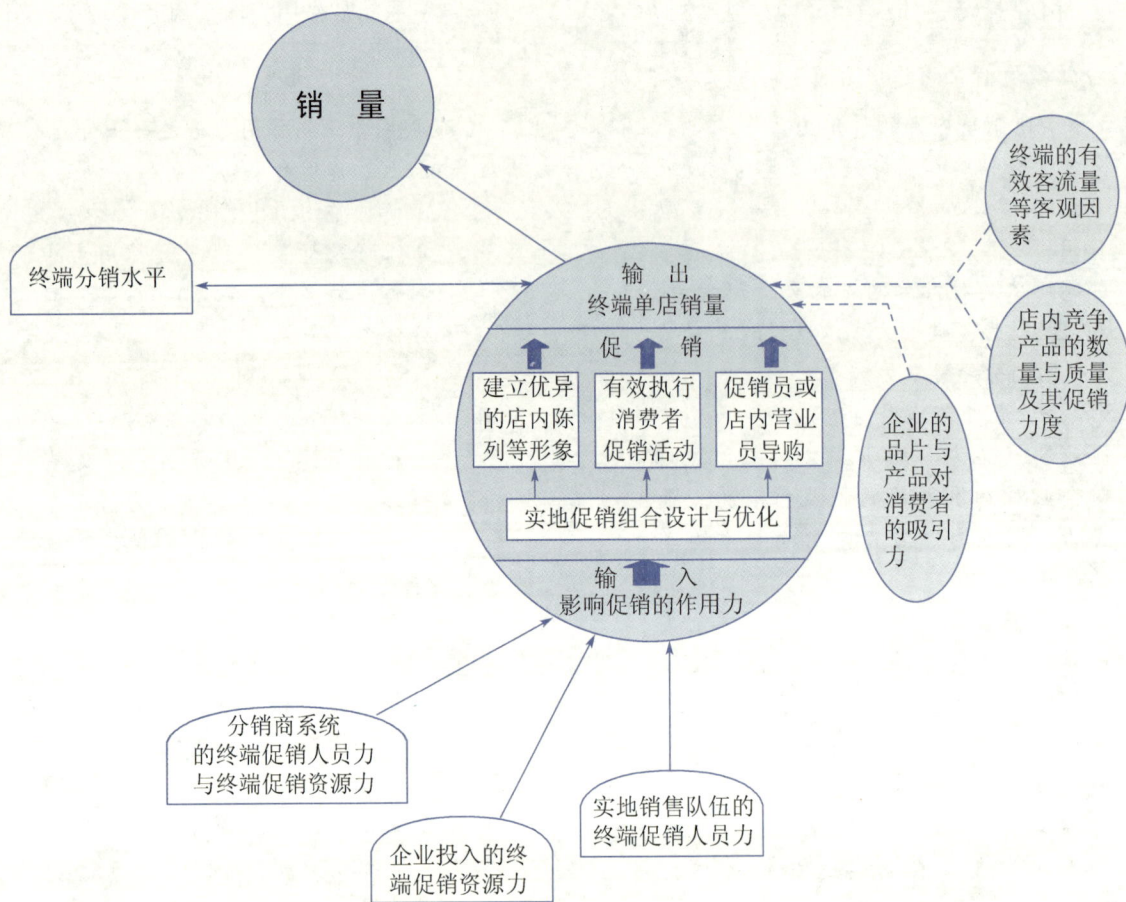

图 2 - 55　放大的局部环视图（二）

d. 终端自身的客流量及竞争对手状况等是影响终端销量的外部环境因素。

说明：①并非不少销售人员所说的"我们把货卖进去，能不能卖出去是产品的事"，实际上实地销售仍然可以对终端销量产生一定的影响；②影响终端销量的因素很多，而且最重要的产品力等因素并非实地销售可以控制，所以我们在终端销量不理想时不要只从实地销售方面找原因。

C. 促销工作的输入有 3 个作用力：

a. 企业的终端促销人员力、终端促销资源力及分销商自身的这两种作用力；

b. 除了上述三种作用力外，从俯视图中我们知道在促销工作中还需要尽量激励终端自身投入促销资源力和促销人员力（特别对于中小型终端）。

说明：企业销售战略层或上级对实地销售的影响已经融入了促销费用的分配与管理体系中，所以这里就没有将其单独作为一个输入作用力。

D. 实地促销工作主要包括图 2 - 55 中 4 个矩形所表示的 4 项具体工作：

a. 实地促销组合就是三种促销方式的有机结合，是开展促销工作的基础和规划。

b. 实地销售经理在确定促销组合的基础上尽可能做好 3 种促销方式的相应工作。

接下来分别对促销模块的输出、具体工作、输入三个方面作进一步的介绍，并如同前面分销模块一样将俯视图中的相应内容进行对比联系，以便读者融会贯通。

（2）促销模块输出的作用力及其对其他要素的影响见图 2 - 56。

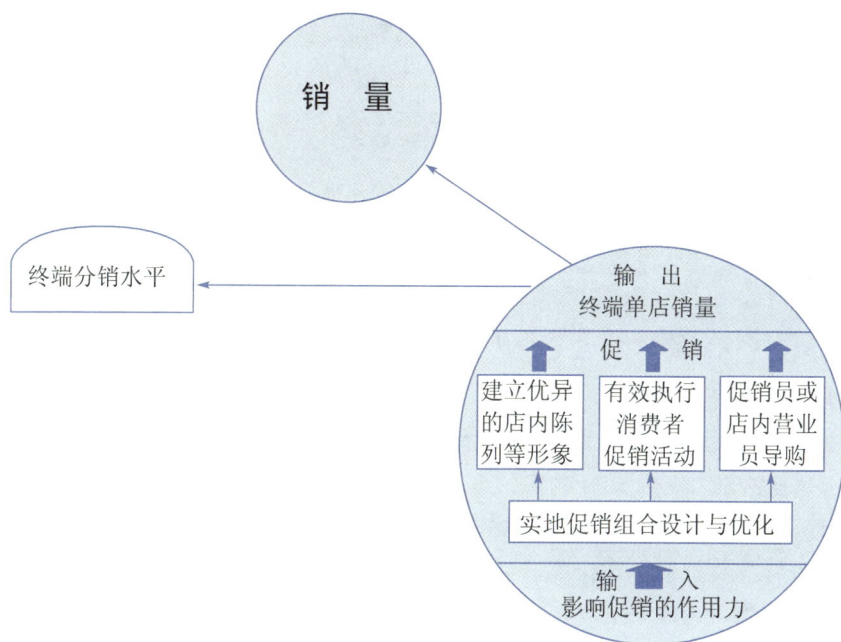

图 2－56　促销模块输出的作用力及其对其他要素的影响

环视图（从实地销售经理角度看）	俯视图（从作用力体系角度看）

▶ 促销模块输出的作用力：

A. 促销模块的输出是"终端单店销量"（促销模块只是终端销售的一个部分）：

a. 各类终端的平均单店销量；

b. 所有终端的加权平均单店销量；

c. 是衡量产品力（及促销力）的重要标准。

⟷

A. 终端销售部分的输出是所有作用力的汇聚，即让消费者"愿意买"和"买得到"：

终端单店销量是衡量消费者是否"愿意买"的重要标准。

▶ 促销模块输出的作用力对其他要素的影响：

A. "终端单店销量"是销量方程式的变量。

⟷

A. "终端单店销量"是销量三角形的高度。

B. 终端的单店销量水平影响终端的分销水平（包括批发商的分销水平）。

⟷

B. 终端单店销量对分销水平的作用不是交易实体之间的直接作用力，俯视图没有标示。

79

（3）促销模块的具体工作。

俯视图由于篇幅关系没有标示"终端销售"部分的具体工作（但在文字简介中有简要说明）。图 2－57 是"终端销售"中的一部分，4 项具体工作则是其补充。

　　A. 实地促销组合设计与优化：

　　a. 根据产品和终端特点确立三种促销方式各自的重要性，以及如何将三者有机结合。

　　b. 这项工作是其他促销工作的基础，但不是销售过程中的直接作用力，所以俯视图简介没有提及。

B. 建立优异的店内陈列等形象：

a. 一方面要依靠企业和分销商投入的陈列费用和 POP 物料等；另一方面要激励终端自身对企业产品投入更好的货架陈列等资源。

b. 优异的店内形象可以划分为 4 个层次：醒目的正常货架陈列→抢眼的货架外陈列→夺目的店内售点广告→专业的销售阵地（如专柜、店中店等）。

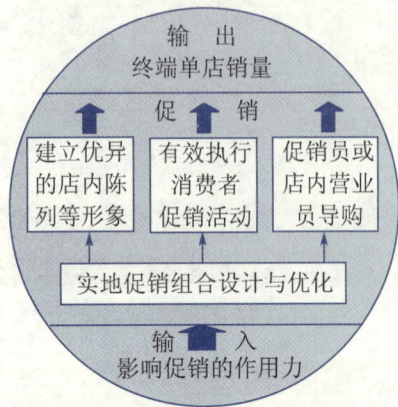

> **知识链接** 2.3.3 部分

C. 有效执行消费者促销活动：

a. 促销活动五花八门，但核心都是通过赠品和特价等优惠吸引消费者的现场冲动性购买。

b. 除了执行有企业或分销商投入的消费者促销活动外，我们还要激励终端自身投入资源于消费者促销活动（特别对于中小型终端）。

D. 促销员或店内营业员导购：

a. 企业或分销商在终端内派驻促销员推销产品。

b. 激励店主或营业员主动推荐企业产品（主要针对中小终端）。

说明：俯视图里将终端自身的促销作用力作为"终端能量星"的一部分，是分销部分的输出。

（4）促销模块输入的作用力和其他影响终端单店销量的因素见图 2-58。

图 2-57 促销模块的具体工作

环视图（从实地销售经理角度看）	俯视图（从作用力体系角度看）

▶ **促销模块输入的作用力：**

A. 实地销售队伍的终端促销人员力：　　⟷

a. 企业派驻的终端促销员数量与质量；

b. 销售人员提升店内形象的能力；

c. 销售人员执行消费者促销活动的能力。

A. 俯视图里企业的人员作用力中的促销人员力与之对应。

B. 企业投入的终端促销资源力：　　⟷

a. 分配于终端陈列的费用、企业的各种 POP 物料费用；

b. 分配于消费者促销活动的赠品、特价、快讯、户外促销等费用；

c. 企业为激励终端营业员主动推销产品所投入的奖励费用等。

B. 俯视图里企业的资源作用力中的终端促销资源力与之对应。

C. 分销商系统投入的促销人员力和促销资源力：　　⟷

具体内容与企业类似。

C. 俯视图里"分销商能量星"中人员作用力和资源作用力中的终端促销人员力和终端资源力与之对应。

▶ **影响终端单店销量的其他因素：**

A. 终端分销水平中的终端维护质量：　　⟷

包括终端的存货是否充足、价格是否合理等。

A. 俯视图中将终端维护质量视为消费者服务力，是"终端能量星"的一部分。

B. 企业的品牌与产品对消费者的吸引力：　　⟷

这是吸引消费者主动购买的重要作用力。

B. 俯视图中将产品力传递为终端基本作用力之一，也是"终端能量星"的一部分。

销售力

80

C. **终端的有效客流量等客观因素：**

这是影响终端销量的外部作用力。

$\longleftrightarrow$

C. 俯视图中将终端的有效客流量视为消费者影响力，也是"终端能量星"的一部分。

D. **竞争产品的数量与质量及其促销力度：**

企业在一个终端的销量不仅取决于自身的努力，还受竞争对手影响，任何时候优势都是一种相对优势。

$\longleftrightarrow$

D. 俯视图由于篇幅关系，没有将竞争对手等外部作用力列入其中，这一点是对俯视图的补充和完善。

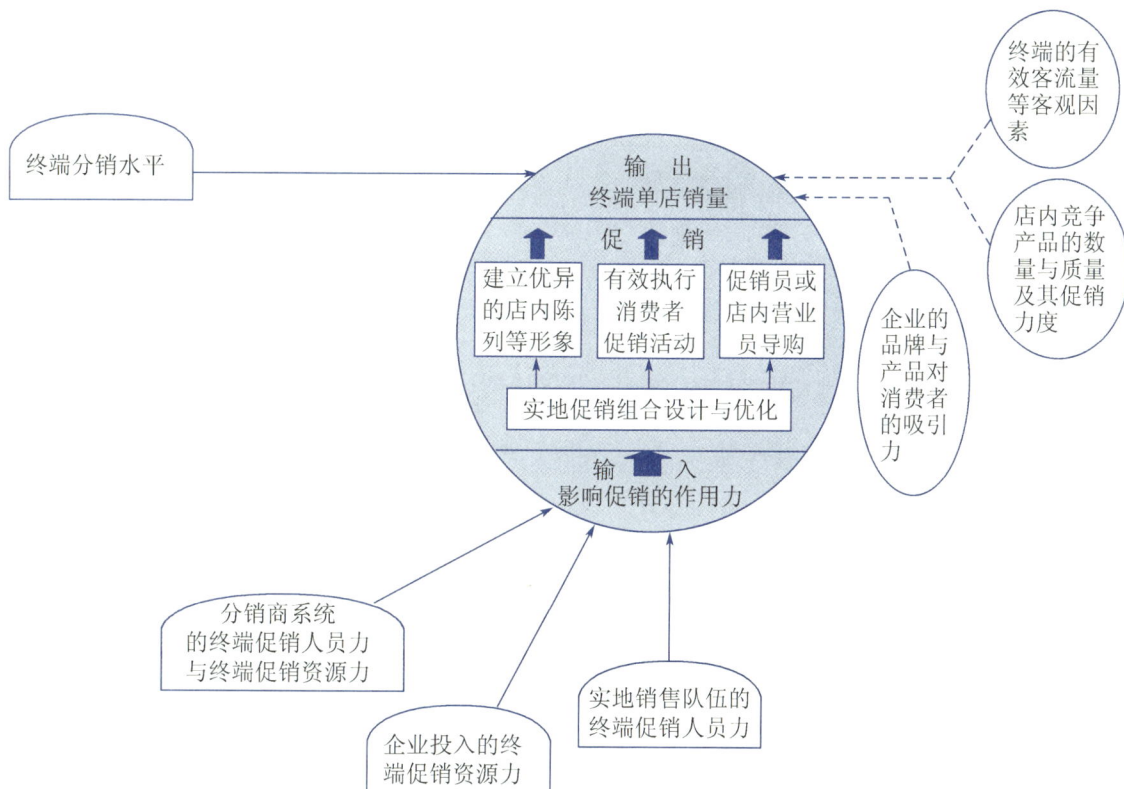

图 2-58　促销模块输入的作用力和其他影响终端单店销量的因素

4. "分销商系统"说明

分销商系统是企业实地销售的重要运作系统，是支撑分销与促销的重要作用力。

从图 2-59 中可以看出：

A. "分销商系统"模块的输出是分销商系统的三大作用力（俯视图中的"分销商能量星"），并对两方面产生影响：一是影响分销的作用力；二是影响促销的作用力。

B. 分销商系统的输入有 5 个作用力：

a. 实地销售队伍的分销商管理人员力。

b. 实地销售资源中用以提升分销商运作能力的资源投入。

c. 企业对分销商的基本作用力。

d. 企业的整体渠道分销策略与模式中关于分销商系统的部分，如我们需不需要分销商？如果需要，具体希望分销商为我们做什么？针对我们的要求，需要什么样的分销商？

e. 当地渠道现状及同类产品竞争力度，即企业的三大作用力是否在当地分销商中具有相对优势，可以找到合适的分销商并有效管理分销商等。

说明：①上述前 3 个作用力实际上就是俯视图里企业作用于分销商的三大作用力。②企业的分

81

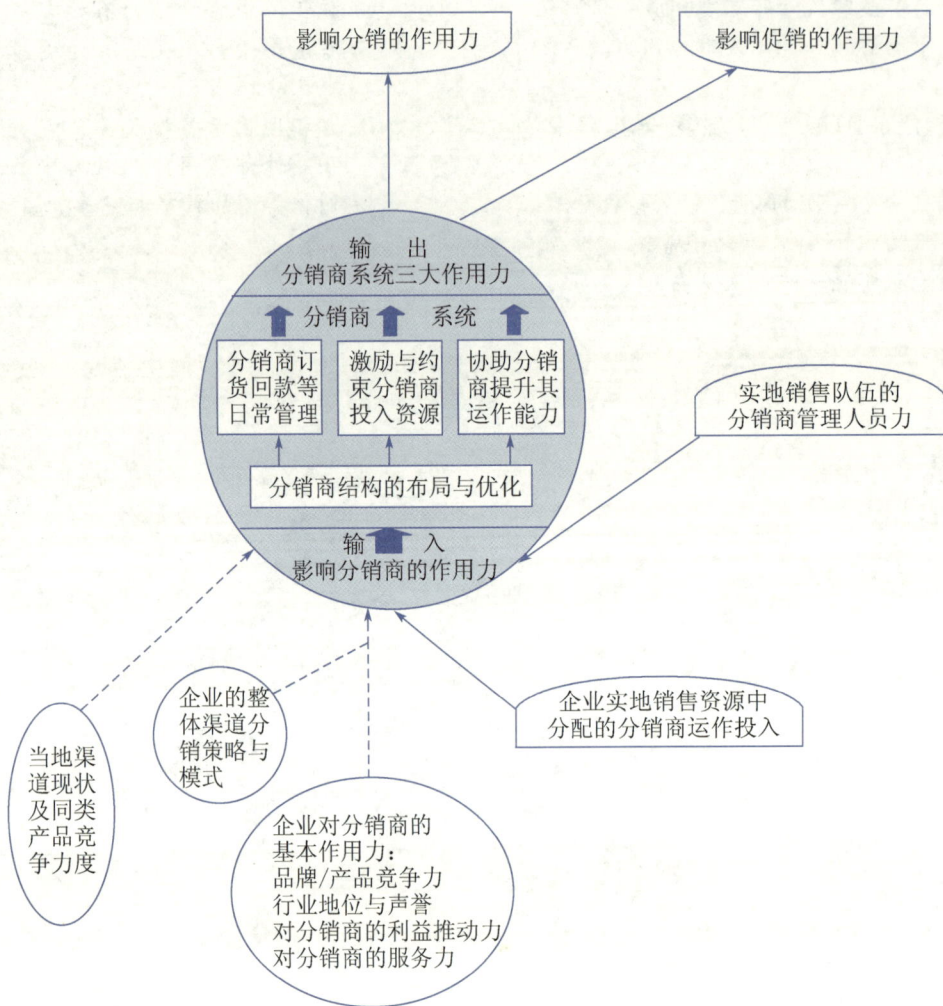

图 2-59　放大的局部环视图（三）

销策略对实地建立分销商系统的工作有较大影响，但不是企业与分销商之间的直接作用力，所以俯视图里没有标示，这一点是对俯视图的补充和完善。③俯视图由于篇幅关系没有标示外部作用力，渠道现状和竞争对手等外部作用力是对俯视图的有益补充。

C. "分销商系统"模块的4项具体工作与俯视图里"分销商布局与管理"部分完全相同。

由上可见，环视图的"分销商系统"模块与俯视图中的"分销商布局与管理"作用模块的输出、具体工作、输入都基本一致，只是环视图中多了两个输入，即企业渠道策略和外部环境作用力。

读者可以参考前面俯视图简介中关于"分销商布局与管理"作用模块和"分销商能量星"部分的说明。

5. "实地销售队伍"说明

实地销售队伍是完成分销与促销工作、管理分销商系统的重要作用力。

从图2-60中可以看出：

A. "实地销售队伍"模块的输出是实地销售队伍作用力（俯视图中企业的"人员作用力"），并对三方面产生影响：一是影响分销的分销人员力；二是影响促销的终端促销人员力；三是影响分销商系统的分销商管理人员力。

说明："实地销售队伍"模块的输出与俯视图中的"实地销售队伍管理与培训"模块完全一致，并且都是从人员作用力中再分为3股力量分别影响3个方面。

B. "实地销售队伍"模块的输入有2个作用力：

a. 实地销售资源中分配用以人员方面的投入，包括销售人员的工资、奖金、福利、差旅费用等。

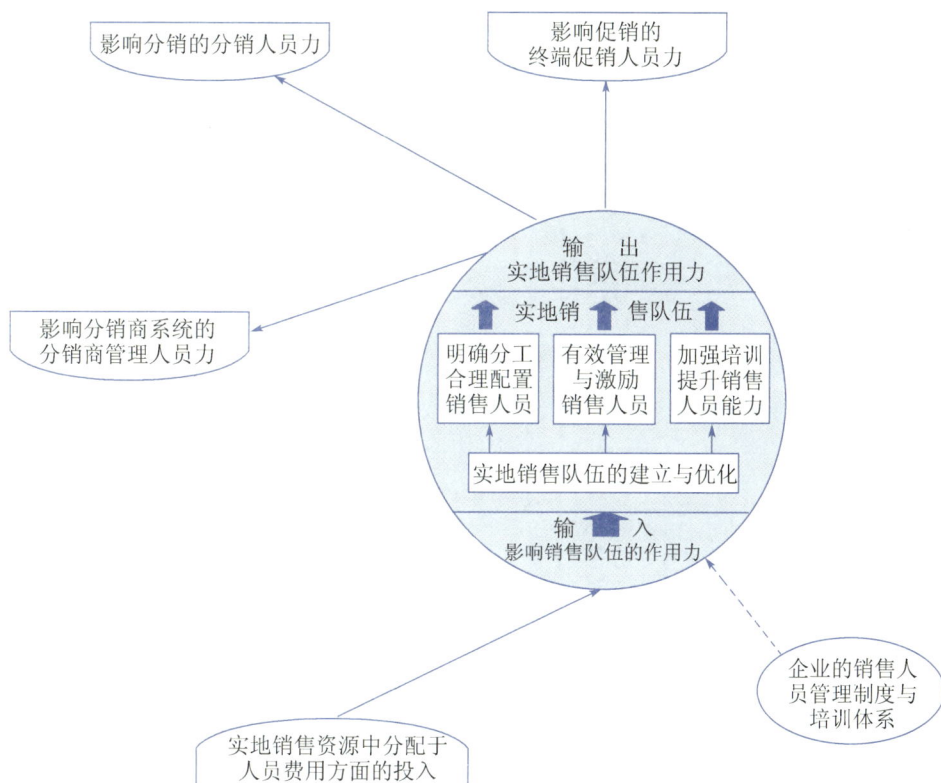

图 2-60　放大的局部环视图（四）

　　b. 企业的销售人员管理制度与培训体系，即企业统一的销售人员薪酬制度、评估制度、企业
　　对实地销售经理的培训和指导销售经理再培训其下属的资料等。

　　这说明实地销售经理对下属队伍的管理并非"天马行空"，必须在企业的统一管理制度下结合
当地实际情况有效管理团队；同时，重视培训工作的企业也不会让实地销售经理"孤军奋战"地
培训其下属团队，而会提供相应支持。

　　说明：①上述 a 点即俯视图中右下角的"实地销售人员投入"。②上述 b 点是企业销售战略层
对实地销售经理的管理规范和培训指导，确实对于实地销售队伍模块有重要影响，但不是交易实体
之间的直接作用力，所以俯视图中没有标示，这一点是对俯视图的完善。

　　C. "实地销售队伍"模块的四项具体工作与俯视图里"销售队伍管理与培训"模块完全相同。

　　由上可见，环视图的"实地销售队伍"模块与俯视图中的"销售队伍管理与培训"工作模块
的输出、具体工作、输入都基本一致，只是环视图中多了一个输入，即企业的销售人员管理制度与
培训体系。

　　读者可以参考前面俯视图简介中关于"销售队伍管理与培训"工作模块的说明。

　　6. "实地销售资源"说明

　　环视图里所讲的"实地销售资源"是从实地销售经理的角度看，其可以运用的所有企业投入
的销售费用（包括人员费用），即俯视图中狭义的"实地销售资源"加上"实地销售人员投入"。

　　从图 2-61 中可以看出：

　　**A. "实地销售资源"模块的输出是实地销售资源作用力（俯视图中企业的"资源作用力"加
上实地销售人员投入），并对 4 个方面产生影响：一是影响分销的企业分销资源力；二是影响促销
的企业终端促销人员力；三是影响分销商系统的分销商运作资源力；四是影响实地销售队伍的实地
销售人员投入。**

　　说明：环视图与俯视图中的相应内容基本一致，只不过俯视图鉴于人员作用力的特殊性，将 4
项资源作用力拆分成 3+1 而已。

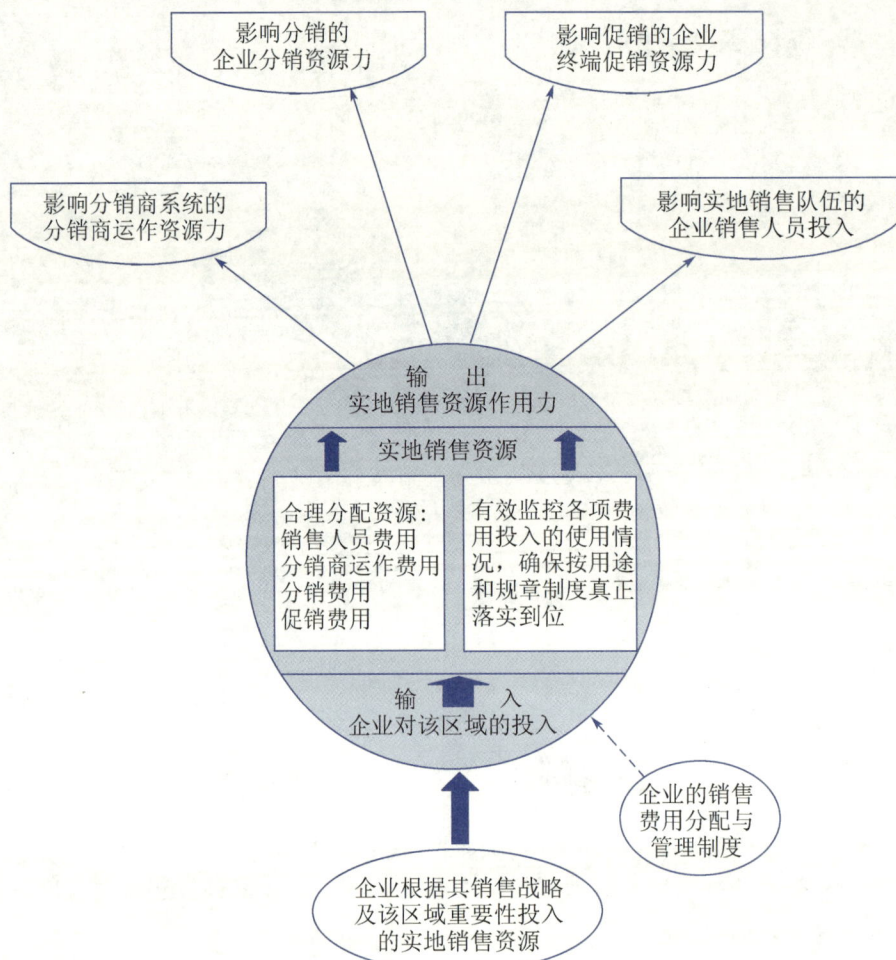

图 2-61 放大的局部环视图（五）

B. "实地销售队伍"模块的输入有 2 个作用力：

a. 企业投入实地销售的所有费用，这由企业的整体销售战略及该区域的重要性决定，实地销售经理无法控制。

b. 企业的销售费用分配与管理制度是实地销售经理必须遵守的"游戏规则"，并非企业投入费用总额后实地销售经理就可以随意使用。例如，有的企业规定人员费用不得超过总体费用的多少比例，以及企业统一的促销费用不得挪用等。

说明：①上述 a 点即俯视图中左下角的狭义"实地销售资源"加上右下角的"实地销售人员投入"。②上述 b 点是企业销售战略层对实地销售经理的费用约束和指导，对于"实地销售资源"模块的工作有非常重要的影响，但不是交易实体之间的直接作用力，所以俯视图中没有标示，这一点是对俯视图的完善。

C. "实地销售资源"模块的两项具体工作与俯视图里"销售资源配置与管理"模块基本相同，只不过这里将人员投入也包括在内。

该模块的详细内容，读者可以参阅俯视图简介中关于"销售资源配置与管理"工作模块及"企业能量星"的具体说明。

2.3.3 销售作用力体系之"俯视图"与"环视图"对比说明

如果把实地销售作用力体系比喻成一枚金币，那么俯视图（见图 2-15）与环视图（见图 2-47）就是金币的两面，都是对实地销售作用力体系的系统化与逻辑化的表述。

下面就 8 个方面对两张图进行对比说明（见图 2-62），以便读者融会贯通。

销
售
力

84

对比指标	实地销售作用力体系图 （俯视图）	实地销售作用力体系图 （环视图）
1.视野角度	从客观的角度，如同从空中鸟瞰实地销售作用力体系的俯视图	从实地销售经理的主观角度，如同以"我"为中心环视实地销售作用力体系的环视图
2.着眼点	以参与销售的交易实体为着眼点	以各项实地销售工作为着眼点
3.作用力流向	以生产企业的产品流动过程作为实地销售作用力的流向	以实地销售工作的逻辑关系作为实地销售作用力的流向
4.起点与终点	从销售过程看，生产企业→消费者；从生意角度看，投入→产出（销量）；从作用力角度看，企业三大作用力→最终影响消费者购买的三种力量	从实地销售经理的工作角度看，起点是实地销售资源，终点是生意指标（以销量为核心）
5.结构脉络	整体结构是"三纵四横"，以三大销售作用力为纵向脉络，以销售过程的四个部分为横向脉络	整体结构是"三圈四层"，以实地销售经理可控程度将作用力从内到外划分成三个作用力量圈，根据逻辑关系将销售工作从下至上分为四个层面
6.构成要素	所有要素可以概括为"43326"： 4个"交易实体能量星" 3种"箭形作用力" 3种"作用力传递箭头" 2个"矩形工作模块" 6个"燕尾形作用模块"	所有要素可以概括为"364"： 3个"实地销售作用力量圈" 6大"实地销售要素" 4个"销售逻辑层面"
7.主要优点	（1）非常直观，便于理解：作用力传递过程与大家熟悉的产品流动过程相符，一目了然 （2）规范化与标准化：规范定义了大量销售力术语，并确立了标准的符号语言，为本书奠定了良好的基础	（1）以人为本，便于操作：将销售作用力从内到外划分成三个力量圈，销售经理更清楚"应该做什么"和"能够做什么" （2）更简化与结构化：将实地销售工作简化成6个模块，并清晰表述各模块之间的作用力输入与输出的逻辑关系
8.在本书中用途	本书的实地销售作用力部分将以俯视图为主、环视图为辅来展开所有内容	本书的实地销售分析力部分将以环视图为主、俯视图为辅来展开所有内容

图 2-62　俯视图与环视图的比较

2.4.1 销售分析力体系概述

销售分析力是销售力中的一种间接作用力，是指各级销售人员对销售作用力现状和趋势的扫描、分析及计划实施能力。销售分析力不是生意运行过程中的直接作用因素，而是直接作用力背后的作用力，通过分析找出直接作用力的问题并实施解决方案，从而改善直接作用力，最终提升销售业绩（见图2–63）。

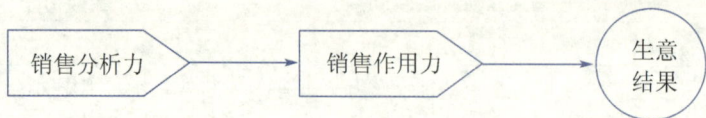

图2–63 销售分析力的作用

销售分析力的作用对象是销售作用力，而销售作用力的作用对象是销售过程中的交易实体。实地销售分析力的输入就是当前生意运行过程中的实地销售作用力，而输出就是更优化的实地销售作用力。

1. 为什么销售分析力是销售力的一个重要组成部分？

销售作用力表述了销售全过程中的逻辑链关系（或因果关系），即什么样的力量影响了生意结果以及这些力量之间的相互作用关系。销售作用力体系给我们提供了一个完整的逻辑思维框架，让我们很清楚提升销售业绩的各种途径。但是实际销售过程中每一类交易实体都有很多（如有多个分销商、众多批零网点等），而且我们的销售资源和时间都是有限的，所以我们还要精确地回答以下问题：

（1）在"我"管辖的区域中，哪些城市或直接客户（包括分销商、直供终端等）是下个季度或下月的销量增长点？哪些产品是增长点？

（2）针对上述增长点，我们的主攻方向是扩大分销广度还是提升终端单店销量？或者两者同时进行？哪些渠道和终端是我们的具体目标呢？

（3）在影响上面目标的作用力中，哪些暂时没有问题？哪些需要我们立即加强与改善呢？

（4）为了加强与改善那些有问题的作用力，我们具体需要做什么呢？

（5）上述工作是否需要新增资源，需要新增哪些资源？如果需要，这些新增的资源可否通过本区域内部调配来实现呢？如果不能完全通过内部调配解决，那么具体需要向企业总部或上级申请增加多少资源投入，以及如何说服"我"的上级呢？

显然，实地销售作用力体系只是为我们回答这些问题提供了方向，要精确地回答上述问题就必须依靠销售分析力。如果把实地销售作用力体系比喻成描述人体生理结构，那么实地销售分析力体系就如同对人体的诊断与治疗，所以销售分析很多时候又叫"销售诊断"，实地销售经理对所辖区域的生意分析就如同"自我诊断"。

2. 什么是实地销售分析力体系？

实地销售分析力体系就是从了解生意现状到制定生意发展计划，直至计划实施全过程中的逻辑链，即各种分析环节一环扣一环的因果链。实地销售分析力体系具体包括三大纵向分析模块和横向四个层面：

（1）三大纵向分析模块。

▶"**现状扫描**"**模块：**

A. 定义：

"现状扫描"是销售分析的第一个步骤，即对生意结果和主要作用力的数据和信息进行全面系统的量化收集与逻辑整理，最终形成"销售现状数据集"。

B. 说明：

"现状扫描"的过程如同用X光机对人体进行全面扫描，最终得到的X光片就是"销售现状

销
售
力

数据集"。销售人员通常所说的"做报表"有些类似现状扫描，但是现状扫描的内容又远不止"做报表"，具备以下三个特点：

a. 系统化：现状扫描是对生意现状的全方位扫描，并不是零星的"做报表"。

b. 数量化：现状扫描是将生意结果和主要作用力用数据的形式进行量化描述，而不是停留在一般定性描述的阶段。

c. 逻辑化：现状扫描的过程和结果都不是随意堆砌的"大杂烩"，而是根据销售作用力内在的因果关系对数据进行逻辑化的收集与整理。

C. 作用：

"现状扫描"如同架设在生意现状和生意分析之间的桥梁，要想改变现状必须先认识现状，要想明确"我们该去哪里"必须先知道"我们目前在哪里"，如同西医在诊疗之前要先拍片或化验，中医要先"望闻问切"一样。

▶"生意分析"模块：

A. 定义：

"生意分析"是销售分析的核心模块，即对现状扫描所得的"生意现状数据集"进行系统分析，找出生意增长点或问题点并制定相应策略，最终形成"生意发展计划"。

B. 说明：

"生意分析"的过程如同根据X光片或化验结果对病因进行诊断，最终得到的药方就是"生意发展计划"（当然并非生意出现问题才需要分析，分析的目的也是如何进一步提升销售业绩）。销售人员通常所说的"看报表"有些类似生意分析，但是生意分析的内涵又远不止"看报表"，或者说不同的人"看报表"也有不同的"看"法。"生意分析"具备以下三个特点：

a. 以数据为基础：生意分析不是简单的"拍脑袋，出点子"，而是基于销售数据和事实的科学分析。

b. 系统化：生意分析切忌简单的"头痛医头，脚痛医脚"，必须运用逻辑链方法对问题追本溯源，找出现象背后的原因并对症下药。

c. 逻辑化：生意分析的过程和结果如同现状扫描一样，不是随意堆砌的"大杂烩"，而是根据销售作用力内在的因果关系衍生出逻辑化的分析流程，得到逻辑化的结果。

C. 作用：

"生意分析"的作用简单地说，就是明确三个问题：

——我们下一步的目标是什么？

——为了达到目标，我们应该做什么？

——我们如何做？

▶"计划实施"模块：

A. 定义：

"计划实施"是销售分析的最后一个步骤，即贯彻与落实生意分析所形成的"生意发展计划"，真正在实际工作中改善目标作用力，最终提升销售业绩。

B. 说明：

"计划实施"就是销售分析力中的执行力，即如何把"心动"转化为"行动"，再好的生意计划如果得不到切实执行只能是一张废纸（甚至还弄巧成拙）。计划实施过程如同具体的打针吃药，最终改善病情恢复健康。

"计划实施"模块具备以下"三个落实"的特点：

a. 落实到人：任何生意计划必须先落实到具体单位（如分销商等），最终落实到具体的责任人。不能只笼统地讲"集体或团队"，否则就可能造成"一个和尚担水喝，两个和尚抬水喝，三个和尚没水喝"，协作是在分工明确的基础上的协作。

b. 落实到事项：任何计划必须分解为具体可执行的事项，否则笼统而言的"工作"是很难执行和跟进评估的。

c. 落实到时间：每个人完成每件事项都必须设定完成时间，并据此跟进评估；否则，"一团和气"是无法完成计划的。

C. 作用：

"计划实施"如同连接生意分析和实际生意运行之间的管道，是把计划变成现实的途径。

（2）4个横向的销售逻辑层面。

这就是实地销售作用力体系图（环视图）中的四个销售逻辑层面，即指标面、基本面、系统面和资源面，具体内容详见环视图简介。实地销售分析力之所以选用环视图作为基础的原因如下：

▶ 实地销售分析是实地销售经理对所辖区域生意的"自我诊断"，其主体与环视图相同，都是实地销售经理；

▶ 实地销售分析的出发点就是如何提升销售业绩，其着眼点和落脚点是实地销售工作，这一点与环视图相同。

知识链接　2.3.2 部分环视图简介

2.4.2　销售分析力体系图

实地销售分析力体系图就是对整个实地销售分析过程的逻辑抽象与提炼，是图 2-4 中销售分析力平面的进一步细化。事实上，要把整个销售分析力的作用过程浓缩到一张 A4 纸大小的纸上并非易事，实地销售分析力图只是列出了主要模块及其要点，对于企业和外部作用力的分析没有在此图上表现，但是具体介绍和后续展开图会有所补充和完善。实地销售分析力体系图的整体结构如图 2-64 所示，具体展开如图 2-65 所示。

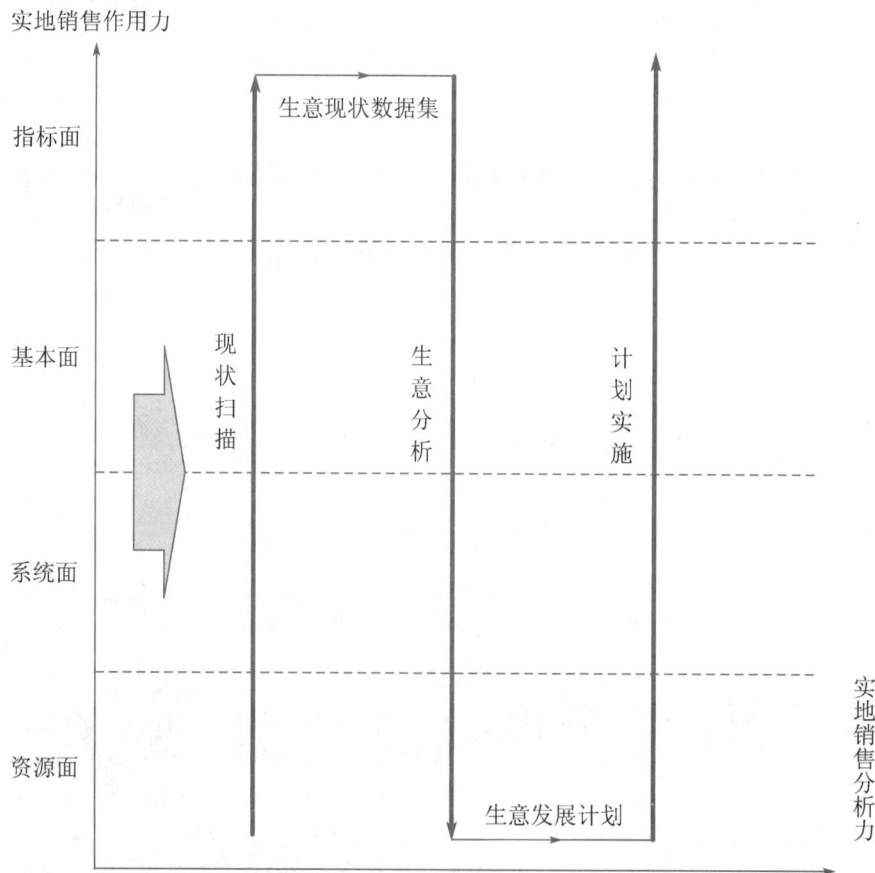

图 2-64　实地销售分析力体系图的整体结构

实地销售分析力体系图简介如下：

1. "现状扫描"模块说明

A. "现状扫描"的 6 个扫描仪分别针对实地销售作用力体系图（环视图）的 6 大实地销售要素，就是将纷繁复杂的实地销售现状转化为逻辑有序的"数字地图"的过程（见图 2-66）。

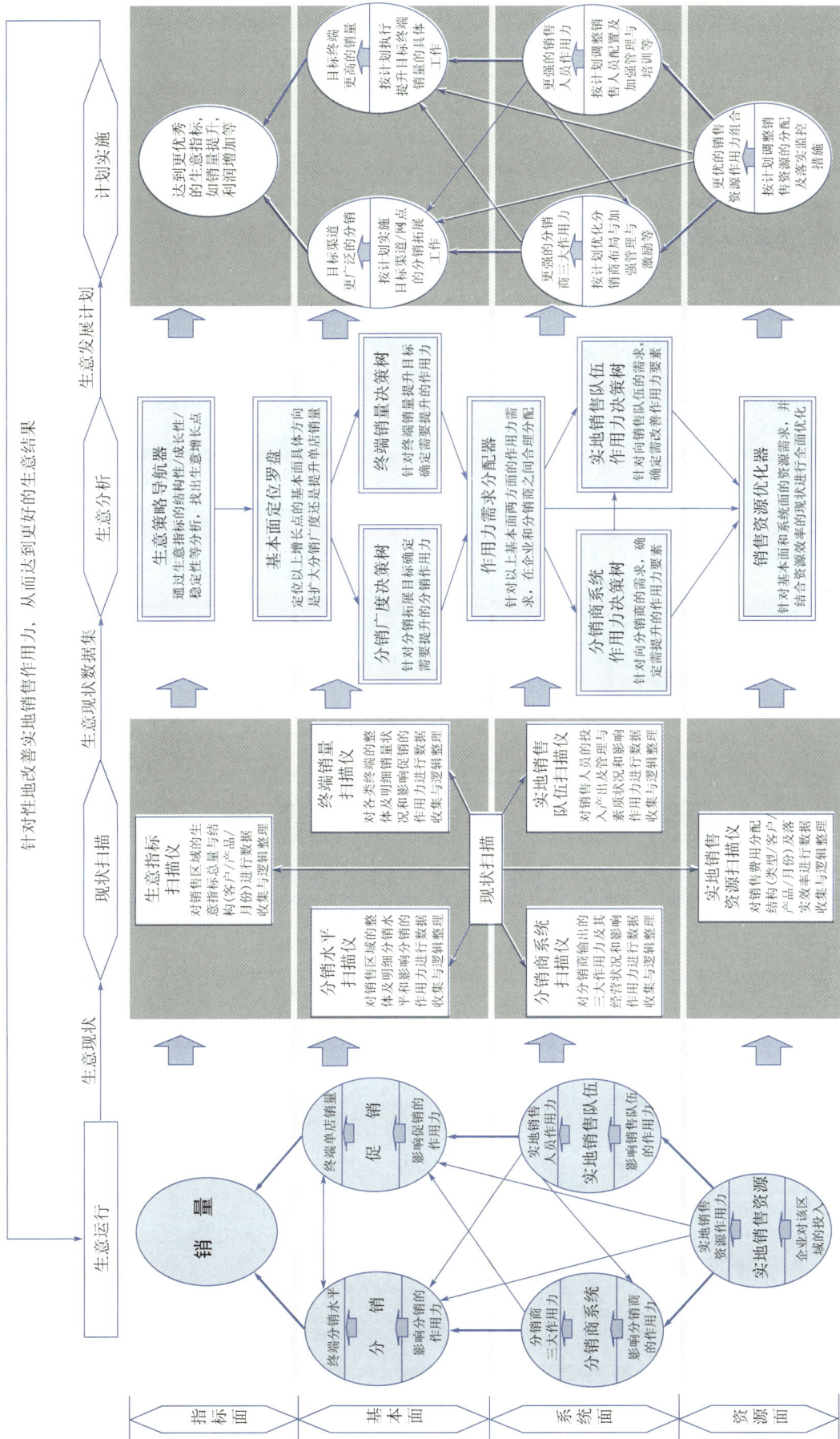

图2-65 实地销售分析体系图

生意运行 → **生意现状** → 现状扫描 → **生意现状数据集** → 生意分析

销售力

（1）生意指标扫描仪：
A.**扫描对象**：销售区域的生意结果
B.**数据收集方法**：企业总部提供的销量和费用等报表 + 销售经理的统计
C.**扫描工具**：区域生意指标汇总表、客户生意指标透视表、按客户/产品/月份结构分类的销量分解表等
D.**输出结果**：生意指标数据集(销售区域的生意总量和生意结构的数据集合)

（2）分销水平扫描仪：
A.**扫描对象**：销售区域的分销状况
B.**数据收集方法**：实地销售人员的分销报表 + 销售经理的抽样统计
C.**扫描工具**：渠道分销状况一览表、主要网点分销状况明细表，以及关于价格体系、分销人员力、服务水平等信息的量化评估表
D.**输出结果**：分销水平数据集

生意指标扫描仪
对销售区域的生意指标总量与结构(客户/产品/月份)进行数据收集与逻辑整理

（3）终端销量扫描仪：
A.**扫描对象**：各类终端的销售状况
B.**数据收集方法**：实地销售人员的终端销量报表+销售经理的抽样统计
C.**扫描工具**：终端销售状况一览表、主要终端销售状况明细表，以及评估各种促销方式投入产出效益、促销人员力、店内形象等信息的量化评估表
D.**输出结果**：终端销售数据集

分销水平扫描仪
对销售区域的整体及明细分销水平和影响分销的作用力进行数据收集与逻辑整理

终端销量扫描仪
对销售区域的整体及明细终端销量和影响促销的作用力进行数据收集与逻辑整理

现状扫描

分销商系统扫描仪
对分销商输出的三大作用力及其经营状况和影响作用力进行数据收集与逻辑整理

实地销售队伍扫描仪
对销售人员的投入产出及管理与素质状况和影响作用力进行数据收集与逻辑整理

（4）分销商系统扫描仪：
A.**扫描对象**：区域内分销商的运作状况
B.**数据收集方法**：分销商的销售报表+销售经理的实地调查
C.**扫描工具**：主要分销商三大作用力一览表，主要分销商经营状况一览表，企业对分销商的服务水平、分销商管理人员力等信息估测的量化评估表
D.**输出结果**：分销商系统运作现状数据集

90

（5）实地销售队伍扫描仪：
A.**扫描对象**：实地销售队伍的运作状况
B.**数据收集方法**：销售人员报表 + 销售经理的实地调查
C.**扫描工具**：主销售队伍配置状况一览表、销售人员投入产出效益表、销售队伍管理水平评估表、销售人员素质评估表等
D.**输出结果**：实地销售队伍运作现状数据集

实地销售资源扫描仪
对销售费用分配结构(类型/客户/产品/月份)及落实效率进行数据收集与逻辑整理

（6）实地销售资源扫描仪：
A.**扫描对象**：销售区域的实地销售资源分配与使用状况
B.**数据收集方法**：企业总部提供的费用报表+销售经理的统计与调查
C.**扫描工具**：客户投入产出效益汇总表、销售费用分配明细表、费用使用状况量化评估表等
D.**输出结果**：实地销售资源分配与使用现状数据集

注：由于篇幅关系，本图未列出企业的基本作用力等实地销售经理不可控的因素，但具体扫描内容包括这些因素。

图2-66 "现状扫描"模块

B. "现状扫描仪"的核心是对6大销售要素的输出与输入进行"量化评估"，而忽略具体的工作过程。

C. 本书将"现状扫描"模块的6大部分命名为"扫描仪"，主要目的是形象化地表述其全面性和系统性。

2. "生意分析"模块说明

A. 生意分析的过程与生意运行的过程刚好相反，从生意结果开始沿着实地销售作用力体系的逻辑链，从上至下逐层分析，最终形成完整的生意发展计划。

B. 整个"生意分析"模块可以分为两大部分：

第一部分（见图2-67）：我们应该做什么？（做正确的事）

第二部分（见图2-68)）：我们应该怎么做？（正确地做事）

C. "生意分析"的每个环节都有两个输入：一是上级分析环节的输出；二是相关销售现状数据集（在图2-67中略）。图2-67中的每个箭头都代表上个环节的输出，也是下个环节的输入。

D. 本书对"生意分析"模块的各个环节都有一个形象化的命名，主要目的是更直观地表述该分析环节的特性。

3. "计划实施"模块说明（见图2-69）

A. "计划实施"的6个模块分别针对实地销售作用力体系图（环视图）的6大实地销售要素，其内在逻辑关系也与实地销售作用力的逻辑链基本一致。

B. "计划实施"的过程与"生意分析"的过程刚好相反，从资源面→系统面→基本面→指标面，所谓"兵马未动，粮草先行"。

2.4.3 销售分析力体系图小结

销售分析力体系图是对销售分析部分的高度抽象与逻辑提炼，下面对要点作一小结：

1. 实地销售分析力体系的起点与终点

（1）起点：生意运行现状（实地销售作用力的现状与销售结果）。

（2）终点：更优化的实地销售作用力与更优秀的销售业绩。

说明：实地销售分析力是一个不断螺旋式上升的循环，并不是一个简单的线段。

2. 实地销售分析力体系的脉络→"三纵四横"

（1）从纵向角度看，三大销售分析模块是贯穿整个实地销售分析过程的三条纵向脉络，即现状扫描、生意分析、计划实施。

（2）从横向角度看，四个销售逻辑层面是划分整个销售分析过程的四条横向脉络，即指标面、基本面、系统面、资源面。

3. 实地销售分析力体系的要素→"12346"

（1）1个中心。

整个实地销售分析力体系都是围绕一个中心展开，即如何提升一个区域的销量与利润。实地销售分析并非数字游戏，所有工作的出发点和归宿都是销售业绩。

（2）2个基本点。

实地销售分析力的核心就是思考和解决两个问题：

我们应该做什么？→做正确的事

我们应该怎么做？→正确地做事

（3）3个分析模块。

围绕1个中心和两个基本点，实地销售分析力按照分析事物的自然逻辑顺序分为3个分析模块，即现状扫描（认识现状）、生意分析（制定对策）、计划实施（将计划变为现实）。

（4）4个销售逻辑层面。

每个模块的逻辑流程都以4个销售逻辑层面逐级展开。

现状扫描 —生意现状数据集→ 生意分析 —生意发展计划→ 计划实施

销售力

生意策略导航器
通过生意指标的结构性/成长性/稳定性等分析，找出生意增长点

基本面定位罗盘
定位以上增长点的基本面具体方向是扩大分销广度还是提升单店销量，及具体渠道/网点

分销广度决策树
针对分销拓展目标，确定需要提升的具体分销作用力

终端销量决策树
针对终端销量提升目标，确定需要提升的具体促销作用力

作用力需求分配器
针对以上基本面两方面的作用力需求，在企业和分销之间合理分配

（1）生意策略导航器：
A.输入：
生意指标数据集、分销水平与终端销量数据集、上级的要求
B.输出：
该销售区域下一步的销量目标和销量增长点，即主攻的城市、客户及主攻产品等
C.分析步骤：
a.对生意指标进行数据挖掘，得到更有价值的决策信息
b.对城市、客户、产品的若干指数进行综合评估，初步确定主攻方向
c.结合基本面数据对主攻方向作出进一步的筛选
d.结合上级要求与以上增长点的预期新增销量，确定销量目标

（2）基本面定位罗盘：
A.输入：
生意策略导航器所确定的主攻城市、客户及主攻产品，基本面的分销水平与终端销量数据集
B.输出：
主攻城市、客户，主攻产品的具体分销拓展的渠道、网点，以及应提升销量的明细终端等
C.分析步骤：
a.将分销广度与终端销量的数据集组合成为"销量增长空间图"，确定销量增长方向主要是广度还是深度
b.确定具体的分销拓展的渠道（尽可能明细至网点）及分销产品的品类
c.确定具体的需要提升销量的终端名称及其新增销量的要求

（3）分销广度决策树：
A.输入：
基本面定位罗盘所确定的具体分销拓展渠道、网点及分销产品的品类，以及"分销水平数据集"中影响分销广度的作用力的相关数据
B.输出：
为达到目标渠道和网点的分销广度提升目标，所需新增和改善的影响分销广度的具体作用力要素
C.分析步骤：
a.根据实地销售作用力体系的分销作用力逻辑链，倒推形成有关分销广度的决策树
b.沿着决策树从"树根"开始一环扣一环地梳理需要新增或改善的有关分销作用力要素
c.将所有梳理出来的作用力需求整理成为"分销拓展作用力需求卡"，作为输出结果

（4）终端销量决策树：
A.输入：
基本面定位罗盘所确定的具体需要提升的终端及新增销量要求，及"终端销售数据集"和"分销水平数据集"中影响单店销量的分销维护作用力的相关数据
B.输出：
为达到目标终端的销量提升目标，所需新增或改善的促销作用力和分销维护方面的具体作用力要素
C.分析步骤：
a.根据实地销售作用力体系的终端销售作用力逻辑链，倒推形成有关提升终端销量的决策树
b.沿着决策树从"树根"开始一环扣一环地梳理需要新增或改善的有关作用力要素
c.将所有梳理出来的作用力需求整理成为"终端销售作用力需求卡"，作为输出结果

92

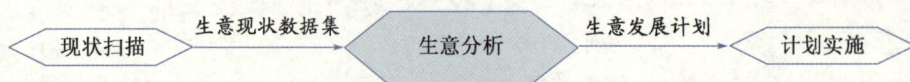

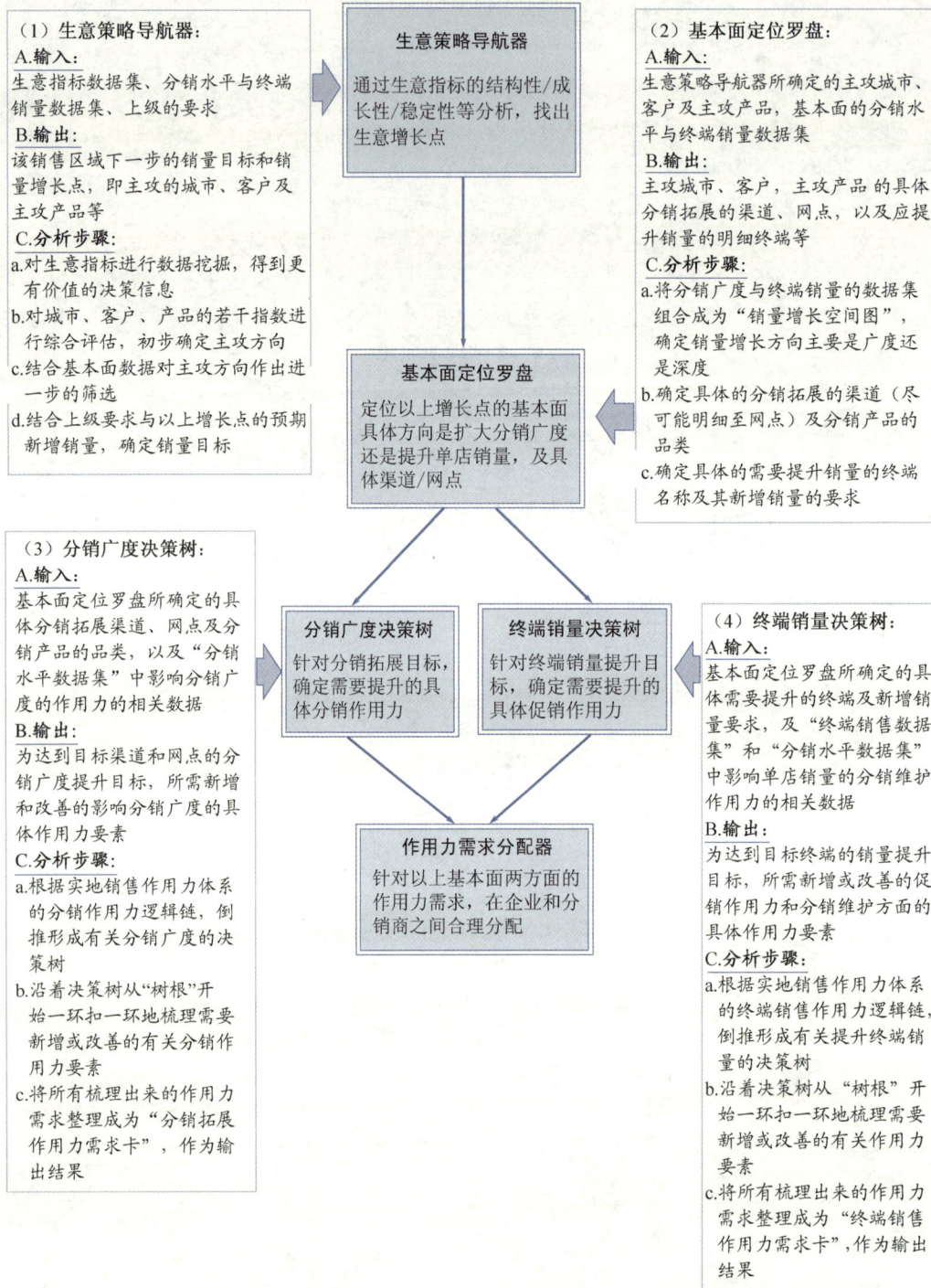

注：（1）以上"生意分析"模块的四个环节实际上都是在**从宏观到微观的三个层面上回答"我们应该做什么"**。"生意策略导航器"从**城市、客户和产品的层面上**、"基本面定位罗盘"从**渠道和网点的层面上**、"分销广度决策树"和"终端销量决策树"从**具体作用力要素的层面上**分别回答"我们应该做什么"。（2）在基本面的分析模块中，将终端维护作用力从原来的分销部分移入到"终端销售"部分中。因为终端维护虽然属于分销工作的一部分，但是终端维护作用力实质上是终端销量的重要影响因素。从生意分析的自然逻辑来看，我们将销量提升的方向分为"广度拓展"和"深度挖掘"（提升现有终端销量）更符合人们的思维习惯。

图 2-67　"生意分析"模块（一）

（5）作用力需求分配器：

A.**输入**：来自分销广度拓展和终端销量提升两方面对具体作用力要素的需求，以及系统面与资源面现状扫描的数据集。

B.**输出**：对分销商系统的三大作用力需求、对企业的分销资源力与促销资源力的需求、对企业的人员作用力的需求，以及对企业基本作用力的需求（在本图中省略）。

C.**分析步骤**：

a.基本面的需求归纳起来总含三方面的需求：资源作用力、人员作用力和基本作用力。作用力需求分配器首先就是将这三方面的作用力需求进行分类：第一类是明显应从分销商系统着手解决的问题，如分销商缺货问题；第二类是明显应由企业自身解决的问题，如企业的产品质量、人员培训等；第三类是可以在企业和分销商之间合理分配的问题，如新增的分销和促销费用如何分摊等。

b.第二步就是对上述的第三类作用力需求进行合理分配，而分配的基础有两个：一是企业与分销商之前的有关协议或约定；二是目前系统面和资源面的现状。根据这两点明确企业和分销商之间对于新增费用的具体分摊比例。

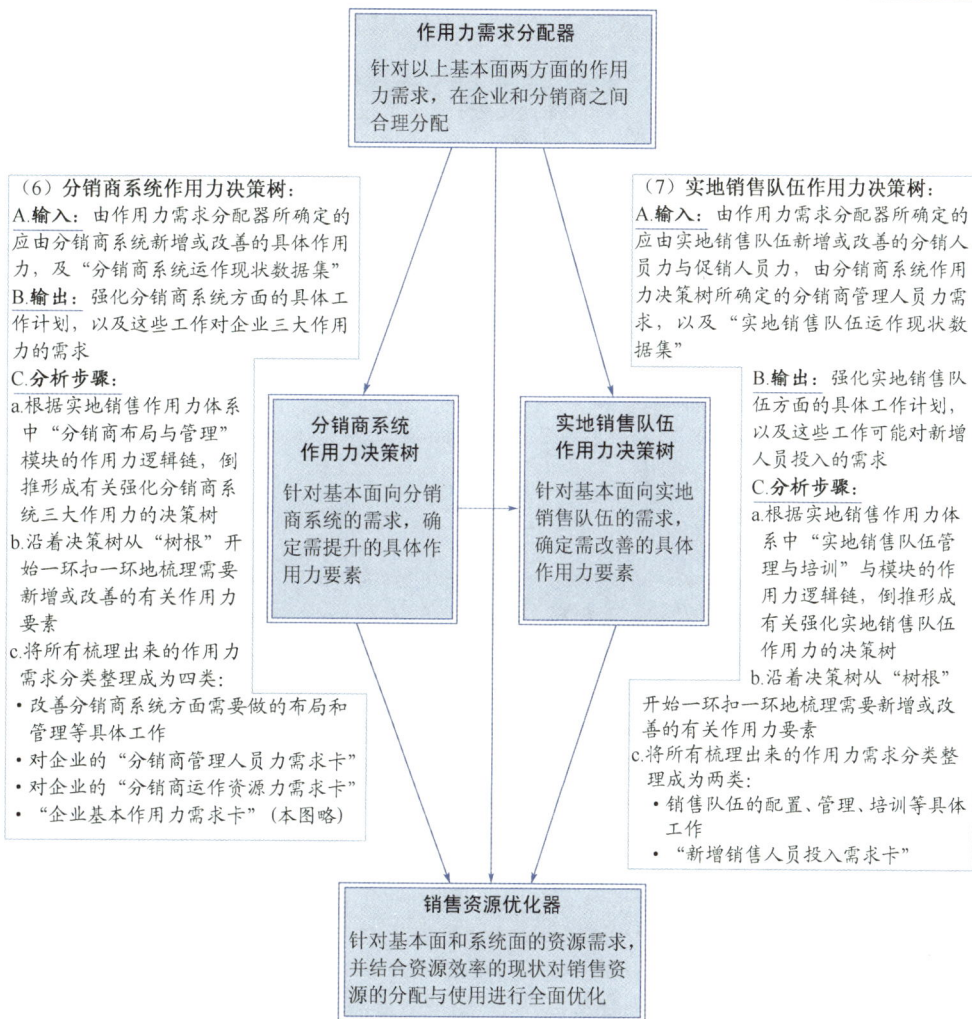

> **作用力需求分配器**
>
> 针对以上基本面两方面的作用力需求，在企业和分销商之间合理分配

（6）分销商系统作用力决策树：

A.**输入**：由作用力需求分配器所确定的应由分销商系统新增或改善的具体作用力，及"分销商系统运作现状数据集"

B.**输出**：强化分销商系统方面的具体工作计划，以及这些工作对企业三大作用力的需求

C.**分析步骤**：

a.根据实地销售作用力体系中"分销商布局与管理"模块的作用力逻辑链，倒推形成有关强化分销商系统三大作用力的决策树

b.沿着决策树从"树根"开始一环扣一环地梳理需要新增或改善的有关作用力要素

c.将所有梳理出来的作用力需求分类整理成为四类：

• 改善分销商系统方面需要做的布局和管理等具体工作
• 对企业的"分销商管理人员力需求卡"
• 对企业的"分销商运作资源力需求卡"
• "企业基本作用力需求卡"（本图略）

> **分销商系统作用力决策树**
>
> 针对基本面向分销商系统的需求，确定需提升的具体作用力要素

> **实地销售队伍作用力决策树**
>
> 针对基本面向实地销售队伍的需求，确定需改善的具体作用力要素

（7）实地销售队伍作用力决策树：

A.**输入**：由作用力需求分配器所确定的应由实地销售队伍新增或改善的分销人员力与促销人员力，由分销商系统作用力决策树所确定的分销商管理人员力需求，以及"实地销售队伍运作现状数据集"

B.**输出**：强化实地销售队伍方面的具体工作计划，以及这些工作可能对新增人员投入的需求

C.**分析步骤**：

a.根据实地销售作用力体系中"实地销售队伍管理与培训"与模块的作用力逻辑链，倒推形成有关强化实地销售队伍作用力的决策树

b.沿着决策树从"树根"开始一环扣一环地梳理需要新增或改善的有关作用力要素

c.将所有梳理出来的作用力需求分类整理成为两类：

• 销售队伍的配置、管理、培训等具体工作
• "新增销售人员投入需求卡"

> **销售资源优化器**
>
> 针对基本面和系统面的资源需求，并结合资源效率的现状对销售资源的分配与使用进行全面优化

（8）销售资源优化器：

A.**输入**：来自基本面和系统面的新增或优化资源需求，以及资源面分配与使用现状扫描的数据集

B.**输出**：销售资源的优化配置方案 + 加强资源使用效率的监控措施，以及（有可能）向企业或上级提出的新增投入申请

C.**分析步骤**：

a.首先根据扫描的"销售资源分配与使用现状数据集"分析目前销售资源分配方面的问题点，然后制定"节流"方案

b.针对上述基本面和系统面的资源需求，尽可能通过区域内部调配将"节流"方案中分离出来的可用资源用以满足上述生意增长点的新增资源需求，如确有必要则向企业或上级申请新增投入

c.最后，根据销售资源的使用现状数据制定加强监控的措施，避免资源被截留与浪费

　　注：（1）以上"生意分析"模块的四个环节实际上都是在<u>从三大作用力的角度回答"我们应该怎么做"</u>。（2）由于篇幅关系，本图未列出企业的基本作用力等实地销售经理不可控的因素。

图2-68　"生意分析"模块（二）

生意分析 —生意发展计划→ 计划实施 —改善后的销售作用力组合→ 生意运行

（6）达到更优秀的生意指标：
A.输入：
目标渠道更广泛的分销率、目标终端更高的销量
B.输出：
更高的销量和销售利润(有时销量和短期利润不能同时兼顾，取决于企业当时的策略)
C.具体工作：
跟进销售目标的完成进度，及时调整计划和解决实施过程中的问题

（4）执行对目标渠道、网点的分销拓展计划：
A.输入：
更强的企业分销人员力和分销资源力、(有可能)更强的企业基本作用力(本图略)，以及更强的分销商系统三大作用力
B.输出：
目标渠道更广泛的分销率
C.具体工作：
按计划将企业产品卖进新的渠道及明细网点，并针对性地提升薄弱产品品类的分销率

（5）执行对目标终端的销量提升计划：
A.输入：
更强的企业促销人员力、促销资源力及分销维护能力，(有可能)更强的企业产品力（本图略），以及更强的分销商系统三大作用力
B.输出：
目标终端更高的销量
C.具体工作：
按计划执行各种促销工作和加强终端维护工作

达到更优秀的生意指标，如销量提升、利润增加等

目标渠道更广泛的分销
按计划实施目标渠道、网点的分销拓展工作

目标终端更高的销量
按计划执行提升目标终端销量的具体工作

（3）执行加强分销商系统三大作用力的计划：
A.输入：
(有可能)新增的分销商运作资源投入、更强的分销商管理人员力、(有可能)更强的企业的基本作用力(本图略)
B.输出：
分销商系统更强的三大作用力(针对分销与促销两方面)
C.具体工作：
按计划调整分销商布局、加强管理与激励等各项工作

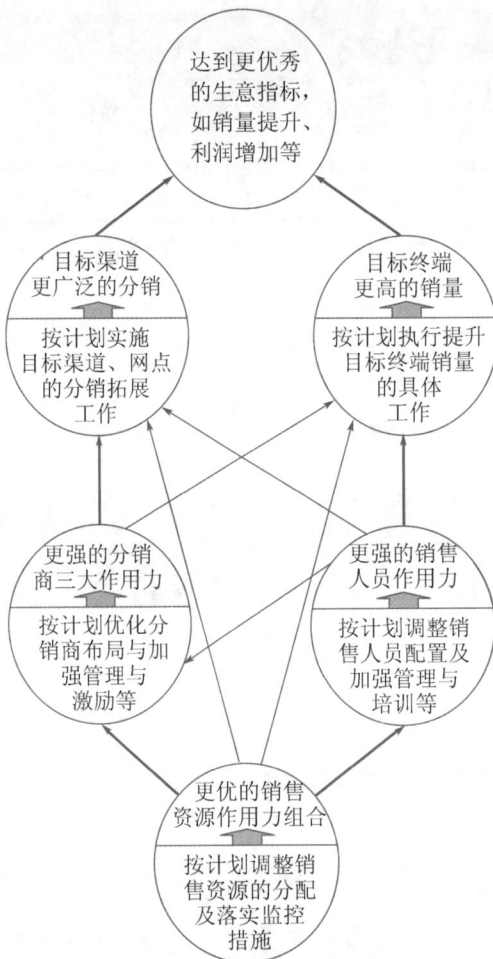

（2）执行加强实地销售队伍的计划：
A.输入：
(有可能)新增的人员投入，企业或上级改善的整体管理与培训体系(本图略)
B.输出：
更强的分销商管理人员力、更强的分销人员力、更强的促销人员力
C.具体工作：
按计划调整人员配置，加强管理和落实培训等各项工作

更强的分销商三大作用力
按计划优化分销商布局与加强管理与激励等

更强的销售人员作用力
按计划调整销售人员配置及加强管理与培训等

更优的销售资源作用力组合
按计划调整销售资源的分配及落实监控措施

销售力

94

（1）实施"实地销售资源优化方案"：
A.输入：
企业或上级向该销售区域新增的资源总投入(并非每个生意发展计划都需要企业新增投入，有时企业根据整体战略还有可能减少总投入)
B.输出：
更合理的资源作用力组合，更有效地将资源落实到位
C.具体工作：
按照计划重新调整销售资源在四个方向的分配，该增加的增加，该减少的减少，并切实贯彻加强资源管理的各项措施

注：（1）以上6个计划实施模块的编号反映了实施过程中的顺序。（2）由于生意分析中将终端维护工作移入终端销量提升部分，本图中的分销拓展与终端销量提升之间就没有作用箭头。（3）由于篇幅关系，本图中未列出企业的基本作用力等实地销售经理不可控的因素。

图 2-69 "计划实施"模块

（5）6类分析要素。

3个分析模块在4个销售逻辑层面上的分析要素并非"天马行空"，每个分析模块的整体结构都与实地销售作用力体系图（环视图）的六边形基本相同，而且6类分析要素与6个实地销售要素严格地一一对应，体现了"源于生意，归于生意"的宗旨。

> 实地销售分析力体系图从实地销售经理的角度，用逻辑化、标准化的直观形式表述了整个实地销售的分析力体系，并规范定义了大量的销售分析术语和确立了标准的分析流程与思维框架，是了解与研究销售分析力的重要工具。

2.5 销售理论力体系简介

销售理论力是销售力中的一种间接作用力，是指各级销售人员对有关销售理论的掌握和运用能力。销售理论力并不是生意运行过程中的直接作用因素。销售理论力是直接作用力和销售分析力背后的作用力，通过指导实际销售工作和销售分析工作，从而提升直接作用力和销售分析力，最终改善生意结果（见图2-70）。

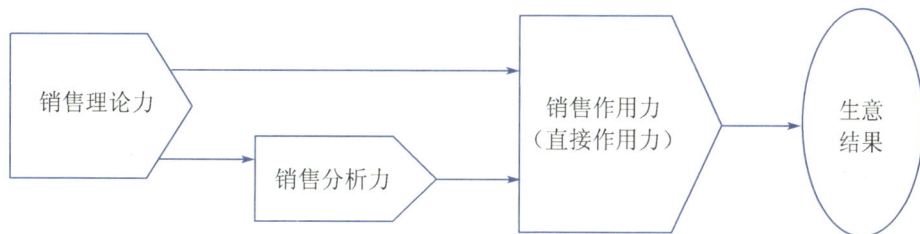

图2-70　销售理论力的作用

2.5.1 什么是销售理论？

1. 什么是理论？

要对"理论"这个概念给出精确的定义并非易事。简单地说，理论就是对事物的本质及发展规律的严谨而系统的科学认识。理论来自于实践，又高于实践（是对实践的抽象与提炼），并反过来指导实践。

（1）理论所揭示的是事物的本质及发展规律。

并非对任何问题的认识都可以称为理论。例如我们知道苹果会从树上掉下来，这只是一种对表面现象的认识，其本质是地球引力。

（2）理论是严谨而系统的科学认识。

现在有些营销界人士喜欢把自己的一些经验总结冠之以"××理论"。真正的理论必须是严谨而系统的知识体系，而不是零星和松散的知识片段的堆砌。

（3）没有绝对的理论。

理论总是对某些实践领域的概括和提炼，都有其适用前提和应用范围，目前还没有发现绝对的理论。例如万有引力理论虽然能够解释绝大多数自然现象，但是在微观粒子领域就完全失效，而且从更广阔的背景来看，万有引力理论只是相对论的一个特例。

2. 什么是销售理论？

严格来讲，这里所指的销售理论是用于指导销售的理论。销售只是整个经济领域中的一个很小的分支，应该说目前还没有销售自身的完整理论体系，反过来经济和其他领域的许多理论都适用于销售。

理论有很多层次，本书所讲的销售理论特指对于销售具有普遍解释力和指导力的"源头理论"。例如我们通常所说的激励理论就不在本书的销售理论之列，并非激励不重要，而是激励理论实际上只是委托代理理论的一个衍生知识和具体应用而已。

本书共列举了六大指导销售的理论体系，分别是：

▶ 新制度经济学（主要指交易成本理论和委托代理理论）
▶ 博弈论（主要指纳什均衡与最优策略等）
▶ 微观经济学（主要指需求理论、市场竞争理论、要素投入优化理论、边际分析方法等）
▶ 系统论（主要指系统化的思维方法及逻辑链决策方法等）
▶ 数据库理论（主要指数据库设计方法与数据挖掘技术等）
▶ 数理统计理论（主要统计与量化方法及定性定量预测方法等）

2.5.2 为什么销售理论力是销售力的重要组成部分？

1. 一些销售人员对于"理论"的认识误区

不少销售人员只要一提到"理论"两字就马上产生两个联想：

@ **误区一：理论都是一些华而不实的东西，中看不中用。**

持这种观点的人员一方面是没有系统学习过真正的理论知识，只是道听途说或自以为是，不了解也就不可能有客观的判断；另一方面可能被一些所谓的"营销理论"所误导，确实理论本身也是良莠不齐，不少人动不动就喜欢把自己的经验总结或囫囵吞枣的理论称之为理论，但我们总不能因噎废食。

@ **误区二：理论都太深奥且离我们的具体工作很遥远，只有企业重大战略可能才需要。**

实际上理论之所以成为理论，就在于其对实践的广泛影响力和指导力。任何销售现象的存在和变化都有相关理论所揭示的规律，可以说理论在销售工作中是无处不在的。所谓"一花一世界，一草一如来"，就是指最平常、最具体的事物都可以折射出理论的光芒，因为理论本来就来自于实践。当然，我们不学习和掌握理论知识一样可以做销售，就如同我们不知道万有引力的知识也照样在地球上生活，但是我们就不可能制造出宇宙飞船遨游太空，这就是区别。

2. 销售理论力的重要性简介

销售人员掌握和运用理论的能力至少在两个方面对其销售工作有很大帮助：

（1）帮助我们化繁为简，将各种销售知识融会贯通。

万物各具一理，万理同出一源。

许多表面不相关的问题，其背后都是同一个规律在支配，都可以用同一个理论来解释和指导。还是从脍炙人口的牛顿发现万有引力的故事说起。300多年前苹果从树上掉下来砸到牛顿的脑袋，今天我们在营销推广中经常运用"卫视广告"，这两件事看起来可谓风马牛不相及，但是都可以用万有引力理论来解释。如果没有万有引力理论，就不会有人造卫星，也就不存在"卫视广告"。再推而广之，月球为什么围绕地球旋转？为什么男子跳高的世界纪录只有2.45米？为什么三峡工程可以利用长江水流来发电？"神舟十一号"为什么能载着航天员在太空飞行？这些问题的背后都是一个规律在起作用，那就是地球的引力。这个例子也充分地说明了理论来自于实践，又反过来指导实践。

再来看我们熟悉的销售工作，以下问题看起来也是没什么关系，而且各有各的"理论"和知识：

——我们如何设立与管理分销商？　　——→　　众多的分销商管理"理论"和知识
——我们如何与批发商打交道？　　　——→　　许多批发商管理"理论"和实战集锦
——我们如何与KA合作？　　　　　——→　　数不胜数的KA"理论"和实战培训
——我们如何管理下属？　　　　　　——→　　形形色色的激励理论和领导理论等
——我们如何与上级打交道？　　　　——→　　各种类似"搞定上级50招"的出谋划策
——企业老板如何与职业经理人相处？——→　　众多的管理理论和"现身说法"

——为什么分销商要冲货？ $\longrightarrow$ 各种关于冲货行为的解释与对策

——为什么 KA 有时低于成本价销售？ $\longrightarrow$ 众多的 KA 价格管理策略和案例

——市场部如何与销售部合作？ $\longrightarrow$ 繁多的组织行为"理论"和案例

再推而广之到产品销售以外的领域：

——保险公司与保险人之间如何交易？ $\longrightarrow$ 形形色色的保险"理论"

——银行如何审核申请人的贷款？ $\longrightarrow$ 各种信用审查机制和方法

——中央政府与地方政府间如何相处？ $\longrightarrow$ 众多的政治体制方面的"理论"

仔细思考以上问题，就会发现他们都具有以下共性：

▶ 都有两个或以上的主体；

▶ 双方都存在合作与利益关系；

▶ 双方存在信息不对称的问题，即某一方就某些具体信息比另一方知道得要多。

以上共性导致这些问题都受一个规律支配，都可以用委托代理理论来解释和指导具体工作。委托代理理论就是贯穿上述问题的"红线"，是思考与解决这些问题的理论核心，当然具体的问题还需要其他的知识来辅助，但是委托代理理论是其他具体知识的基础。举这个例子主要为了说明理论如何化繁为简，具体内容在这里就不详细展开，有兴趣的读者可以参阅本书第 4 章对于委托代理理论及其应用的详细阐述。

从以上阐述不难看出，销售理论力可以帮助我们打通各种销售问题之间的壁垒，不会再孤立地看问题，更重要的是让我们的思维非常简洁和清晰，不会被形形色色的所谓销售"理论"和知识搞得无所适从（各种所谓销售"理论"之间往往观点不同，甚至互相冲突），正所谓"一法通，万法通"。

爱因斯坦毕生都在追求将所有物理现象统一用一个方程式来解释，因为他深信上帝用简洁的和统一的方法来创造宇宙。本书作者对此也深信不疑，对于"理论"两字是非常吝啬的，那么多的所谓"营销理论"不过是更高层理论的衍生产品和具体应用而已，我们在销售工作中真正需要的理论以及确实称得上理论的寥寥无几。

（2）帮助我们高屋建瓴，洞察各种销售现象背后的本质与规律。

高度决定视野，视野决定空间。

化繁为简是对事物的横向联系，高屋建瓴则是对现象的纵向深入。

本质和规律永远都隐藏在表面现象的背后，销售理论力如同给了我们一双"慧眼"，让我们能透过现象看本质并举一反三，当然这也是另一种意义的化繁为简。

销售可以理解为由各个环节的交易过程所组成，表面上看每个中间商的利润主要来自于贱买贵卖，即通常所说的差价。这种利润来自于差价的现象是古今中外的销售过程中的普遍现象，但是这种现象的背后是什么呢？

——为什么消费者明知道去生产企业购买产品比到超市更便宜，还要到超市买呢？

——为什么零售终端明知道分销商有销售差价，还要从分销商进货呢？

——为什么又有的终端从企业直接进货，有的从分销商进货，甚至还有的从批发商进货呢？

——为什么生产企业明明知道分销商要加价销售，他不自己赚这个钱呢？

——为什么有的产品毛利率高，有的产品毛利率低呢？

——为什么一个产品在每个销售环节的毛利率是一个相对稳定的数值（如 5%）呢？

——为什么就是 5%，而不是 10% 或 2% 呢？

以上问题可以归纳成两个问题：

▶ 为什么一个交易实体的上家和下家明明知道中间有差价，而不绕过该交易实体直接交易，由自己来赚这个钱呢？

▶ 为什么某个交易实体的差价是一个相对稳定的数值，难道其不想再多赚点吗？

从以上问题中可以看出贱买贵卖只是表面现象，如果没有深层次的原因，这种贱买贵卖是非常脆弱的。别人凭什么贱卖给你，为什么又有人愿意从你手中贵买？为什么你赚的是这个差价，而不是更多或更少呢？

交易成本理论和委托代理理论为我们揭示了所有中间商（包括分销商、批发商、零售终端等）利润的本质：

表面上看中间商的利润来自于贱买贵卖，但本质上其利润来源于对上下家交易成本的节约，是中间商的服务所得。从长期来看，中间商的毛利率必然趋向于一个相对稳定的数值，这个数值不高于其节约的上下家单位交易成本，如果高于此则上下家有可能直接交易；这个数值不低于中间商的服务成本，如果低于此则中间商就不会参与。

中间商实质上是一个服务商，对上游提供销售服务（三大销售作用力），对下游提供采购服务，所以中间商和上下游也是一个委托代理关系。这也揭示了另外一个现象的本质，从表面上看一个中间商的竞争对手是同类的中间商（如分销商认为其主要竞争对手是该区域的其他分销商），而本质上其上下游更是其竞争对手，因为它们在有利可图时会随时绕过中间商直接交易。

以上举例只是为了说明理论如何使我们高屋建瓴地透过现象看本质，具体内容在这里就不详细展开，有兴趣的读者可以参阅本书第3章对于交易成本理论及第4章对于委托代理理论的详细阐述。

我们只有站得高才能看得远，看得远才有发展空间。这个空间既是指生意的增长空间，也是指销售人员自身的成长空间。

2.5.3　什么是实地销售理论力体系？

上述六大销售理论对实地销售和销售战略都具有极大的指导意义，只不过具体应用有些不同而已。实地销售理论力体系就是销售理论力对于实地销售作用力和实地销售分析力的作用力集合。

实地销售理论力体系可以分为三个部分：

（1）新制度经济学中的交易成本理论和委托代理理论是指导销售全过程的两条主线；

（2）博弈论、微观经济学、系统论是指导如何提升实地销售作用力的三种力量；

（3）系统论、数据库理论、数理统计理论是指导如何提升实地销售分析力的三种力量。

当然以上只是就主要作用而言的大致划分，销售分析力以销售作用力为作用对象，自然与销售作用力有关的理论对其也有指导意义。

第2篇就是对实地销售理论力体系及其应用的详细阐述，这里就不再展开。

最后对销售理论力体系作如下小结：

> 如果将销售比喻成古希腊的"克诺塞斯迷宫"，
> 那么销售理论就是带领我们走出迷宫的"阿里阿德涅线团"。
> 化繁为简与高屋建瓴，
> 就是"皓月照繁尘"的境界。

2.6　销售力知识体系的三维延伸

本章前面的内容已经就实地销售的销售力知识体系作了一个相对完整的介绍，后续各章只是本章内容的进一步展开和细化。本书自始至终都强调知识体系的完整性和系统性，并尝试向"相互独立，完全穷尽"（横向标准）和"顶天立地"（纵向标准）的方向努力，显然这两个标准只可能不断趋近，任何一本书和任何一个人都不可能达到这个境界。

一串珍珠远远超过一把珍珠的价值。读者可以在本书知识体系的基础上继续延伸，并与本书的知识体系有效衔接，从而构成自己所有的一串光彩夺目的"知识项链"，最终取得骄人的成就。

2.6.1 如何在本书知识体系的基础上继续向上延伸？

向上延伸有两个方向：一是继续提升理论高度；二是继续向上扩大知识面。

1. 如何继续提升理论高度

本书所列的指导销售的六大理论体系只是作者的一家之言，肯定还有一些有价值的理论没有囊括其中，且就这些理论而言我也只是刚入门的学生，再加上本书侧重于这些理论的实际应用，所以对于理论本身的介绍不可能花太多笔墨。当然，如同一个刚考过驾照的人讲如何学车更通俗易懂一样，读者将本书作为这些理论的入门读物还是有所裨益。

这些理论体系用博大精深来形容一点都不为过，本书中的少少篇幅只是蜻蜓点水，所以读者可以直接阅读这些理论的原著，相信一定会深感有幸进入了一个巨大的思想宝库。学以致用是颠扑不破的真理，学习理论的目的不是炫耀几个高深的概念，而是在实际工作中切实加以应用，将理论知识真正转化为"生产力"。

2. 如何继续向上扩大知识面

如图 2-71 所示，实地销售只是营销领域的一小部分，即便整个营销也并非生意的全部。

图 2-71　生意的范畴

2.6.2 如何在本书知识体系的基础上继续向下延伸？

虽然本书始终注重"将知识转化为生产力"，在很多方面已经精确到操作步骤和操作工具，但是"立地"永远是一个只能逼近而无法达到的目标，无论知识多么实用和多么具体（且每本书总有侧重点和篇幅限制），总还有进一步细化的空间。

所以读者还需要结合自身的具体工作将本书的知识点进一步向下延伸，真正变成自己可以随手拈来的实用操作工具。本书的定位并非一本事无巨细的销售培训大全（从某种意义上讲，本书也是一本针对实地销售经理的培训手册），所以本书在销售人员的培训部分只列出了各级人员的培训体系和相关要点，但没有具体展开，读者需要将其他更细化的具体培训内容与本书的培训体系衔接。

2.6.3 如何在本书知识体系的基础上继续横向延伸？

本书所阐述的是各个行业共通的实地销售专业知识，但每个行业还有其自身的行业销售特点，即使就本书主要针对的 FMCG 行业而言，食品、化妆品，饮料等行业的销售也不是完全相同。行业之间的销售区别一方面是因为产品的物理特性不同，另一方面是中国各个行业的发展阶段也不同。此外，由于中国地广人多，即便同一个行业甚至是同一个企业，不同的地域其渠道的发展阶段与特点也有所不同。

所以读者需要在本书专业知识体系的基础上，横向延伸行业知识和渠道知识。

简单地讲，行业知识主要包括消费者购买行为、渠道特点、价格体系、竞争对手状况等，渠道知识主要包括当地的批零渠道结构与分布等。

图2-72用直观的方式表述了（实地销售）销售力知识体系的三个延伸方向。

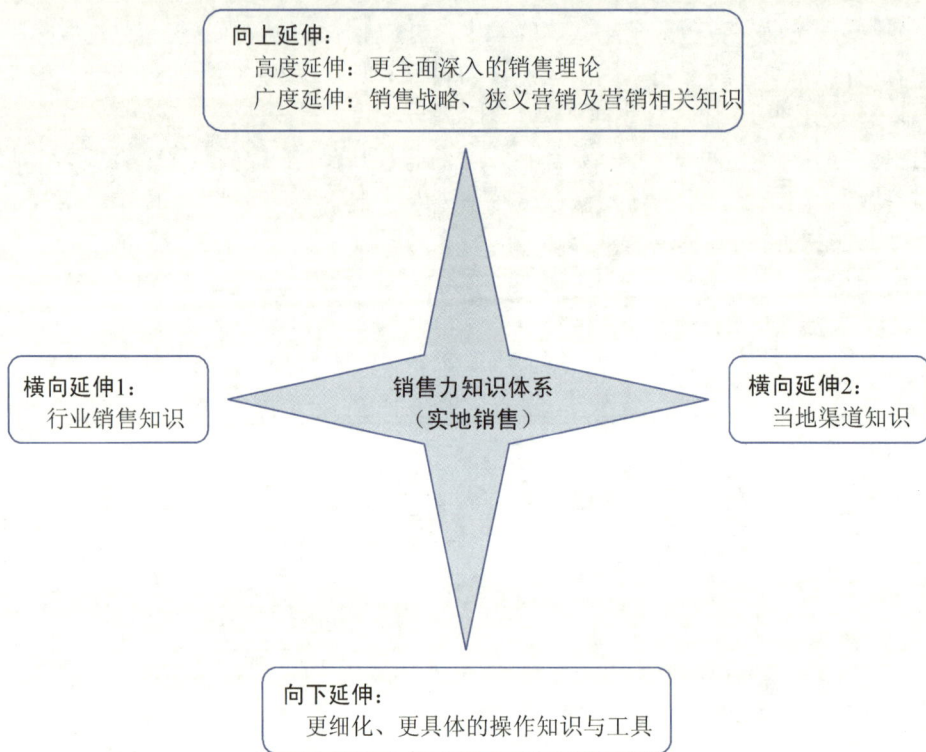

图2-72　（实地销售）销售力知识体系的三个延伸方向

2.7　销售从业人员如何不断提升自己

在本章即将结束的时候讲一下"题外话"：销售从业人员如何不断提升自己？

1. 以"我"为主，做个"有心人"

不要做任人摆布的小马过河中的"小马"或盲人摸象中的"盲人"，做**有心人**。"三人行，必有我师"，学习别人的知识自然是很有必要的，如通过看书、培训、向"高手"请教来提升自己。但是每个人都有其经验和理论的局限性，而且销售在共性的基础上也有许多差异性，没有人是终结者或万能专家，也没有知识放之四海而皆准。销售人员一定要以"我"为主，批判性地学习别人的知识（包括对本书），不要盲从，而应扬弃。

做个有心人就意味着**"像做学问一样做生意"**，不一定非要在研究机构或大学才是做学问，每个销售人员都可以在工作中研究"销售之道"，都会有自己的独到见解和适合本企业至少是适合本区域销售的方法。目前的专家或大师也是龙蛇混杂，有的所谓专家也只不过是**"像做生意一样做学问"**。佛语讲，只要心中有佛，在哪里修行都一样。只要我们是个"有心人"，在工作和学习中不断地提升自己，不要让每一天只是简单地重复，就可以成为行业（至少是所在企业）的"销售专家"。

2. 理论结合实践

目前营销界有所谓"理论派"和"实战派"之分，大致是根据你的"出身"来划分。来自于企业的叫"实战派"，来自于研究机构或大学的叫"理论派"。这种划分本身就不太合理，无论什么"派"，你的理论或知识都必须要能够转化为"生产力"，帮助别人提升生意业绩。如果一定要划分，应划分为"有效派"和"无效派"。

事实上理论与实践是不可分割的，没有理论指导的实践是盲目的，没有实践支撑的理论是空洞的。实战派所标榜的就是"简单实用"，但如果仅仅是一些实战经验的总结，这样的简单其实是"简陋"，这样的实用只是在较低的层次和较小的范围内实用；理论派所标榜的就是站得高与看得远，这就如同空中的闪电，如果你不像富兰克林一样把天上的电导引到地上用以照明，那么天上的闪电除了吓唬人以外还有什么用呢？

销售从业人员提升自己的途径就是理论结合实践。一方面不断地总结和提炼自身的工作经验；另一方面积极学习各种理论并在实际工作中加以应用，只有这样才能通过自身的领悟与融会贯通不断提升自己。

▶ 本章要点回顾 ◀

本章是全书的核心部分。从本章内容可以看出，如果狭义的营销是一门艺术，那么销售就是一门结构严谨、逻辑严密的科学。

本章要点可以概括为"11-23-333"：（以下要点不仅针对实地销售，也适用于整个销售）

1个导向：销售以消费者为导向。
1个目标：销售工作以销量等生意指标为目标。

2个标准：对销售的认识应系统化，在横向上要努力达到"相互独立，完全穷尽"的标准，在纵向要努力达到"顶天立地"的标准。
"3"维销售力结构：销售力是由3种力量构成的三维结构体系：销售作用力、销售分析力、销售理论力。

3种销售作用力：3种力量直接作用于销售全过程：基本作用力、人员作用力、资源作用力。
3种销售分析力：销售分析力按照逻辑顺序分为：现状扫描力、生意分析力、计划实施力。
3类销售理论力：销售理论力根据其主要作用划分为3个类型：
（1）新制度经济学中的交易成本理论和委托代理理论是指导销售全过程的两条主线；
（2）博弈论、微观经济学、系统论是指导如何提升实地销售作用力的3种力量；
（3）系统论、数据库理论、数理统计理论是指导如何提升实地销售分析力的3种力量。

如果把销售比喻成一座大山，那么11-23-333就如同进入这座大山的密码，而后续各章就如同爬山的过程。正如证严法师所言：

只要找到了路，就不怕路有多远。

第 2 篇

销售理论力体系

第3章 ▰ 交易成本理论及其应用 ▰

　　指导销售的理论既有社会科学也有自然科学，本章连同后续两章就如同一个窗口，透过这个窗口可以一窥人类思想宝库的瑰丽风景，让我们的思维更加简洁和更具洞察力，对于有效提升销售作用力和销售分析力很有帮助。

　　"万物各具一理，万理同出一源。"许多表面看起来不相关的工作其实背后受同一个规律支配，理论就是帮助我们化繁为简的工具；形形色色的销售现象往往隐藏了事物的本质，理论如同给了我们一双"慧眼"，让我们从现象与细节中摆脱出来，高屋建瓴地认识问题与解决问题，正所谓高度决定视野，视野决定空间。

　　本章着重点在于**交易成本理论在销售中的应用**，所以对于理论本身的介绍尽可能简要且不求完整，重点介绍与销售有很强关联的部分。另为使广大销售人员容易理解，本章努力用通俗易懂的语言介绍各种理论，尽量避免其中的数学公式和深奥部分。如果读者希望完整了解这些理论，最好直接阅读原著。

　　因为这些交易成本理论本身并非专门针对销售的理论，而是适用于整个经济领域，甚至政治、法律、工程等各个方面，所以原著中很少有针对销售（特别是针对一个企业的销售）的具体指导和示例，而目前国内似乎还没有将这些理论深入系统地应用到销售中的先例。本书所有关于理论与销售联系的知识和举例出自作者自己的理解，仅仅代表本书的观点，读者不用拘泥于此，完全可以在此基础上另辟蹊径。

　　本章有关交易成本理论在销售中的应用举例只是为了说明其作用，实际上在销售中的应用远不止于此，本书后续各章都会将交易成本理论的应用贯穿其中。

3.1　新制度经济学简介

　　交易成本理论和委托代理理论都属于新制度经济学的范畴，所以在讲述这两个理论之前有必要对新制度经济学作一简单的介绍。如果把指导销售的各种理论比喻成"北斗七星"，那么新制度经济学就是其中最耀眼的北斗星，所以本章对于交易成本理论与委托代理理论着墨最多，并对其应用各举了一个详细的例子加以阐述。

3.1.1　新制度经济学的崛起

　　美国著名经济学家科斯（Coase）于 1960 年发表了一篇著名的论文《社会成本问题》，引起了经济学界的轰动，连同其 1937 年发表的另一篇论文《企业的性质》揭开了现代新制度经济学（new institutional economics）发展的序幕。可以说科斯教授的这两篇论文就是新制度经济学的奠基石。

　　新制度经济学在传统经济学的基础上引入了人性、交易成本、信息不对称性和不完全合同（或称契约）等制度因素，从而开拓了一个崭新的经济学研究领域，涵盖了企业理论、产业组织、劳动力市场、经济法学、比较经济分析，甚至货币理论等多个经济学的分支。直到今天，新制度经济学的准确边界还没有被精确地界定，但是我们基本可以认为新制度经济学是交易成本经济学、产权分析和合同理论的混合。

　　所谓"新"是相对区分于 19 世纪末与 20 世纪初德国历史学派和美国制度主义理论家的那种注重对制度作描述性分析的研究。新制度经济学使新古典经济学（传统的微观经济学与宏观经济学等）和早期的制度经济学融合起来，并使经济学真正成为社会科学中的"显学"，不仅对经济领域产生重大影响，而且渗透到法学、政治、公共决策等诸多领域。

正因为新制度经济学巨大的现实指导意义，科斯教授作为奠基者荣获 1991 年的诺贝尔经济学奖；对制度演进和变迁研究作出重大贡献的另一名美国经济学家诺斯（North）教授获得 1993 年的诺贝尔经济学奖；对不对称信息下激励行为研究（委托代理理论）作出奠基性贡献的美国经济学家莫里斯（Mirrlees）教授获得 1996 年的诺贝尔经济学奖。真的要感谢科斯、诺斯、莫里斯等经济学家的杰出贡献，否则我们的销售工作就少了一盏指路明灯。

3.1.2 新制度经济学的理论核心与启示

虽然有关新制度经济学的文献数不胜数，但是其理论核心非常"简洁"：

> **定理一：制度是经济发展的关键（甚至是最重要的）因素。**

制度被理解为与具体行为集有关的规范体系。在诺斯（1989）的定义中，制度从根本上说是由非正式的约束、正式规则和这两者的实施特征所组成的集合。简单地说，制度就是"游戏规则"。

任何工作都要先设定"游戏规则"，剩下的只是各个单位和个人在规则下的具体运作行为。例如从宏观而言，企业是在行业交易制度下运行的"个体"；从微观而言，销售人员是其所在企业设定的"游戏规则"下工作的"个体"。"游戏规则"可以讲是战略层面，在此框架下的具体工作可以说是战术层面。

（1）整个社会的第一层次"游戏规则"是法律。法律就是规范任何人和单位行为的"游戏规则"。毋庸置疑，法治环境是影响经济发展的关键因素。就以销售为例，在中国目前企业信用缺乏的背景下，法治环境直接影响企业的销售成本。这方面的例子俯拾皆是，企业之间的债务纠缠和诈骗行为及相应的打官司成本对销售的影响是不言而喻的。

（2）就宏观经济领域来看，市场经济体制和计划经济体制就是一种基本的经济制度，就是这个国家所有企业的总体"游戏规则"，每个企业只是宏观制度环境中的"游戏个体"。宏观经济制度对于一个国家经济发展的影响是根本和长远的，这一点不言自明。

（3）就生产企业的销售而言，销售战略就是企业所有销售人员的"游戏规则"，其中最核心的是企业的渠道矩阵，即企业应该通过多少长度与宽度的渠道组合将产品卖给消费者，以及企业在这个渠道组合中扮演什么样的角色。如企业选择直销（如安利（Amway））和通过终端销售就是完全不同的交易制度，而在选择终端销售的企业中，企业是自建终端还是通过现成终端销售，是通过分销商覆盖终端还是自建分公司，都是不同一体化程度的交易制度。渠道矩阵就是企业销售最核心的"游戏规则"，在此基础上才是如何设计与建立销售组织及如何配置销售资源的其他制度问题。所以，本书将销售划分为销售战略与实地销售，前者是设计与优化"游戏规则"，后者是在此"游戏规则"下如何操作的问题。由此可见，销售战略就是企业的交易制度安排，是影响销售的关键性因素。如果销售战略不正确，实地销售再好也难以挽回败局。

（4）即使从实地销售来看，也不全是执行的问题，还需要在企业销售战略的总体"游戏规则"下设计本区域的具体"游戏规则"。例如销售领导层确定了渠道矩阵后，由于各地渠道状况不尽相同，实地销售经理还必须在此交易制度下结合当地实际情况确定实地分销模式，这也就是具体分销工作的更细化的"游戏规则"。

我国经济学家吴敬琏先生曾经发表过一篇极有分量的论文，叫作《制度重于技术》，着重阐述了制度对于经济发展的重要性。我们从初中开始就知道"生产力决定生产关系"的道理，新制度经济学对我们的习惯思维带来的冲击着实不小。著名经济学家盛洪先生在《经济学精神》一书中的精辟论述可谓是对于制度重要性最好的注解：

"当然，中国在近代以来是落伍了。有些人从技术角度去解释，有些人到文化中找原因。但是，只要我们用制度观去分析，就会发现从这两个角度去探寻原因所得出的结论是多么荒谬。当我们反省中国的落伍时要问的问题，不应是中国人为什么没有发明蒸汽机，而是为什么没有创立专利法，为什么没有从企业的合伙制走向股份有限公司，为什么没有从私人钱庄中发展出现代银行……"

综上所述，定理一对于销售工作的启示就是：

制度是影响销售的关键因素。这里所讲的制度既包括企业与渠道伙伴和消费者的交易制度，也包括企业内部的管理与激励制度等，大到企业的整体销售战略（渠道矩阵、销售组织结构、销售资源配置等），小到一份分销商合同及销售人员的薪酬制度。当销售业绩不理想时，各级销售管理者都不要仅仅责怪下属或分销商，也不要简单地推出一些"治标不治本"的措施，还需要检讨企业整体或实地销售的"游戏规则"是否正确合理。

> 定理二：制度的产生和变迁是自然演进的结果。

定理一说明了制度在经济发展中的关键性作用，随之而来的问题就是，制度是如何产生及变迁的呢？定理二具有三重含义：

1. 制度的产生与变迁并非源于个别"精英"的设计

在新制度经济学看来，制度是在人们之间的互动过程中，在人们的利益冲突的妥协中生成起来的，它内生于人群和社会，是"土生土长"的。所以，经济学鼻祖亚当·斯密说过，自然形成的制度是最好的制度。人是趋利避害的"经济人"，当外部环境的变化引起新的潜在利益或打破现有的利益均衡，人们就会自发地追求新的制度安排，或者为了增加收益，或者为了避免损失，都是由人们的利益驱动的。

市场经济制度是推动西方近现代经济高速发展的重要动因，其核心就是通过市场价格体系这只"看不见的手"引导人们的经济行为并在全社会配置资源，让每个企业、每个人在追求自利的过程中"不知不觉"地推动社会经济增长。"市场"可谓是最重要的制度创新，但是"市场"并非哪个"精英"或政府的发明，而是人们在追求自利的过程中自发形成的制度。

在经济史中，绝大多数的制度创新，如货币的发明、纸币的使用、银行的诞生和股份有限公司的出现等，都不是出自经济学家或政府的设计，而是经济当事人的创造。即使法律制度的产生和变迁也多以司法判例的变迁为形式，成功的立法多是对已经发生的变革的追认，并且必然是以社会大多数成员的接受为条件的。用一句套话来说，就是人民群众创造了历史。

2. 人们可以在一定程度上参与制度设计与完善

上一点着重强调制度的社会性和自愿性，但是制度的自然演进并不意味着没有人的思考。在历史中，银行的出现、股份有限公司的创立、连锁店的崛起、大批量生产方式的诞生以至法律制度的设立，都很难说是离开了经济当事人以及社会精英的智慧。制度就是在解决利益冲突的过程中形成的解决方案，人们有意识的制度完善往往是对既成事实的追认和进一步完善，所以制度完善的基础是符合社会大多数经济当事人的利益，不是个别精英根据自己喜好的"理想设计"。

3. 制度的产生与变迁是一个进化的过程，而不是突变和革命

尽管一个社会、一个企业可能借鉴另一个社会、另一个企业的制度安排，但新的制度安排必须从内部"生长"出来。一种新的制度在一个社会或企业的真正扎根，取决于这种制度是否在运作过程中确实有利于社会和企业的长远发展，是否逐渐为大多数成员发自内心的接受。简单照搬和强迫实施都不是制度变迁的自然规律，制度的产生和变迁不是靠谁拍脑袋想出的"点子"，也不是位高权重的人一宣布就代表制度已经真正扎根，那种认为从别处拿来一套制度并在企业一宣布就"完事大吉"的想法是非常天真和不切实际的。

综上所述，定理二对于销售工作的启示就是以下三点：

（1）销售人员切忌妄自尊大，瞧不起合作客户。

在我的工作经历中，常常看到一些职业经理人（特别是外企人员）自诩为"销售精英"，自认

为从重点大学毕业又受过外企所谓的系统培训，整天拿着部笔记本电脑又满口英文单词，觉得那些分销商和批零网点的老板简直就是"土老冒"，需要自己来"点化"和教育。这种态度用著名的奥地利经济学家哈耶克的一本书名来概括，就是《致命的自负》。

由于中国经济发展阶段的特殊性，目前我国相当一部分分销商和批零网点的老板大多从20世纪80年度中后期和90年代起步，其整体文化水平确实不高，有些还是小学文化水平，甚至我还亲眼见过一些生意很大的老板只会签自己的名字。但是不要忘记，是谁将中国从计划经济体制下的国营百货站层层调拨的分销体系演进到目前百花齐放的相对高效的分销渠道，不是政府和经济学家等社会精英，而是现在商品流通领域大大小小的"老板"们，他们是中国交易制度演进的参与者和实践者。如果没有这些"老板"，我们现在只能面对国营百货站和国营商场冷冰冰的面孔和低效的运作水平，将会大大增加企业的交易成本。虽然我们现在大谈直供 KA 和精耕细作，但是这些分销商和批零网点的老板毕竟完成了一个重要的历史使命，而且在看得见的将来仍将发挥不可或缺的作用。

上述观点没有贬低外企职业经理人的意思，作者大学一毕业就进入了宝洁公司销售部，自己就曾经有过这些浅薄的想法。随着工作阅历的增加和理论学习，我开始意识到自己的肤浅，并总是告诫下属，相比那些分销商和批零网点的老板们，我们只是晚辈，只是"模拟炒股"，他们才是真正的商海弄潮儿。

（2）销售制度没有先进与落后之分，只有适合与不适合之分，所以不能简单照搬。

随着改革开放的不断深入，许多国际大型企业进入了中国的各个行业，为我国带来了先进的管理思想，也培养了众多销售人才。随着外企的职业经理人纷纷进入民营企业，这些先进的管理思想和方法也带入了我国的民营企业。

最为民营企业看重的就是外企的"系统化"，从销售的角度看就是外企的交易制度与企业内部的各项管理体系，简单地说，就是外企同渠道伙伴与消费者的"游戏规则"及企业内部的"游戏规则"。确实如同西方国家主要靠"法治"一样，外企最大的优点就是制度化管理及其框架下的系统运作。而我国民营企业如同中国千百年来的"人治"社会一样大都是简单的"老板说了算"，老板英明则企业有望，老板错误则企业失败。

本书的观点是本土企业最需要学习的是外企的制度管理与"系统化"的专业精神与方法，并非具体的制度和系统。民营企业学习外企的"系统化"这个大方向无疑是正确的，但是我们不能简单地认为外企的制度都是先进的，先进的东西就都是适合我们的。我在宝洁工作之后就进入了民营企业，对于这方面的认识可以说是深有体会。

西方文化的特点就是逻辑化、系统化，执著于一个问题的"完全穷尽"，并且善于总结提炼，然后用文字固化下来；中国文化讲究对"形而上"的领悟和言传身教。以食品连锁企业为例，为什么麦当劳在全球开了几万家连锁店能保证其食品质量基本一致，而本土企业只不过在国内开了几十家连锁店就产品质量大幅下降且怨声载道呢？原因之一就在于麦当劳有一本厚厚的操作手册，详细规范了选料、工艺（甚至精确到温度）等生产过程的所有细节，而本土企业一般是派师傅到分店言传身教或至多有本"要点指南"。所以外企的制度管理与"系统化"的专业精神与方法是最值得我们学习的。

同时，外企的具体模式不一定就是先进的和成功的，外企在中国也有很多失败的例子，即使是成功的，也有许多前提条件，对于本土企业也只有参考意义。无论外企还是本土企业，都是在中国做生意，所有的制度和系统都必须符合中国的生意规律。因为中国的销售渠道与西方发达国家差别很大，成功的外企也都是根据中国实际情况及时调整了原有制度和系统。新制度经济学指出任何制度都是"内生"的，我国的本土企业和职业经理人与其照搬外企的制度和系统，不如在参考外企模式的基础上多花些精力研究中国的"销售之道"。

以作者的个人经验为例，在宝洁公司的工作期间，每次职位升迁都会收到几本厚厚的操作手册和培训手册，让我能顺利地进入新的角色。其实这些手册并没有什么神秘之处，不过是前人的经验

销售力

总结和运作规范，只是对我当时的工作有所帮助，并不能在太大程度上指导我以后在民营企业的工作。但是美国企业的这种专业精神和行之有效的方法对于我日后的工作习惯和思维方法的影响是长远的，同时也让我认识到外企的制度与系统并非人们想象的那么神秘和高不可攀，只要拥有这种精神，中国人一样可以做得很好，本书就是在这种信念引导下的产物。实事求是地讲，本书的理论体系和知识主要来自于作者的经验总结和理论学习，只是在少数操作层面的细节知识参考了宝洁公司的一些培训内容。我相信任何"有心人"都能做到并做得更好，正所谓"功夫不负有心人"。

（3）各级销售管理者在推行新的销售制度时不能一意孤行，也不要指望一蹴而就。

各级销售管理者都可能在其职权范围内设计一些"游戏规则"，主要包括企业同渠道伙伴和消费者的交易制度及企业内部的各项管理制度等。

首先不能将自己的"游戏规则"强加给渠道伙伴，交易是双方公平与自愿的行为，那种只顾自己不顾别人的"强盗规则"不可能带来良好的生意结果；即使对方迫于短期形势压力勉强接受，你赢了合同也不一定就赢了市场。其次，对于自己的下属也不要简单粗暴地将各种指标和待遇强加其身，下属也是一个理性的"经济人"，并非属于某个企业或某人的"包身工"。如果没有公平的升迁机会与合理的报酬，那种看似机关算尽的"游戏规则"注定是得不偿失的。所以，当我们对外、对内的"游戏规则"遇到抵触时不要一意孤行，而应认真听取并采纳相关人员的合理意见。当然并非要求企业是慈善机构，或要求管理者"舍己为人"，只是"游戏规则"必须对双方公平合理，只是"己所不欲，勿施于人"的古训而已。

日本杰出企业家松下幸之助特地请了一个寺庙的长老做他的顾问。这个顾问的特点是，每当进行生意谈判的时候，他总是提醒松下这个生意是否照顾到了对方的利益。这种着眼于双方长期合作的态度，不能不说是松下后来成功的重要因素之一。我国著名企业家李嘉诚也有一句经商的至理名言，如果从公平角度看他可以占11%的股份，他往往只占9%的股份。这其实就是"大智若愚"的顶级智慧，就是"大道无形"的至高境界。

此外，各级销售管理者在推行新制度的时候，不要以为制度一宣布就算建立了，而要密切跟进和依据实际情况及时修正，任何制度的扎根都需要时间和大多数成员的接受，不能指望一蹴而就。

3.1.3　新制度经济学小结

以上只是挂一漏万地对新制度经济学作了一个非常简单的介绍，核心是两个定理：

> **定理一：制度是经济发展的关键（甚至是最重要的）因素。**
> **定理二：制度的产生和变迁是自然演进的结果。**

新制度经济学博大精深，希望上述简介能够引起读者对新制度经济学的兴趣。接下来将详细阐述新制度经济学中与销售最密切相关的<u>交易成本理论</u>与<u>委托代理理论</u>及其应用。实际上新制度经济学并不仅限于此两大理论，如产权理论（分销权某种意义上就是一种产权）也很有指导意义。

如果把销售比作地球，那么生产企业如同"南极"，消费者如同"北极"，而分销商和批零网点等如同各大洲，各个销售工作模块如同五大洋；<u>交易成本理论如同"经线"</u>，<u>委托代理理论如同"纬线"</u>；"A为什么会和B交易"可用交易成本理论解释，"A和B如何交易"可用委托代理理论解释。

几乎销售过程中的所有交易实体及各项工作都可以通过这两个理论进行定位和分析。

<u>交易成本理论从纵向分析"为什么会这样交易？"→WHY？</u>

帮助我们思考和解决类似下列的问题：

——为什么有的行业直销，有的行业要通过终端销售？

——为什么有的企业要自建终端，有的企业要通过现成终端销售？

——为什么企业对有的终端要直供，对有的终端通过第三方？

——为什么有的企业通过分销商覆盖终端，有的企业要自建分公司或办事处？

——为什么有的企业有庞大的销售队伍，有的企业几乎"靠天吃饭"？

——为什么有的企业投入大量的费用协助分销商和终端再销售，有的企业"一毛不拔"？

——为什么有的行业广告铺天盖地，有的行业根本就看不到广告？

......

委托代理理论从横向分析"交易双方如何交易？"→HOW？

帮助我们思考和解决类似下列的问题：

——企业如何管理分销商？

——我们如何应对分销商的冲货行为？

——我们如何与批发商打交道？

——我们如何与 KA 合作？

——我们如何应对 KA 低于成本价的倾销行为？

——我们如何管理下属？

——我们如何与上级打交道？

——企业老板如何与职业经理人相处？

......

说明：企业内上下级之间的命令与服从关系也是一种交易关系，属于第二类交易，即管理的交易（managerial transaction），又叫企业内交易。

3.2 交易成本理论简介

交易成本理论又叫交易成本经济学，是新制度经济学的基础部分。事实上早期新制度经济学就定义为交易成本经济学，所以新制度经济学的起源与初期发展历程也就是交易成本理论的发展过程。

3.2.1 交易成本理论的概念说明

交易成本理论涉及诸多概念，正确理解这些概念是了解交易成本理论的前提。下面对最重要的概念作一简要说明：

1. 分工与交易

分工就是产品与服务的专业化生产。

交易（transaction）就是人与人之间的利益交换。

分工与交易是一对不可分割的"孪生兄弟"，分工必然导致交易，交易必然以分工为前提。人类经济发展的历史也就是一个分工不断深入和细化、交易不断扩大和频繁的社会化分工与交易的过程。

2. 生产活动与交易活动

分工与交易包含两方面的关系：一方面是人与自然的关系；另一方面是人与人的关系。基于此，可以将所有经济活动划分为两大类：生产活动与交易活动。

生产活动是人们对自然界的交往中获得消费资源和生产资源的活动，简单地说，就是人对自然的经济活动；

交易活动是人们从与他人的交往中获得消费资源和生产资源的活动，简单地说，就是人对人的经济活动。

一个企业或一个人越是专业化地生产，即越是缩小生产的自然对象的范围，就必然越是要扩大与其他企业或他人交易的范围。

3. 生产成本与交易成本

生产活动与交易活动必然要耗费资源。

耗费于生产活动的资源就是生产成本。

耗费于交易活动的资源就是交易成本(transaction cost)，或者可以简单地认为，除了生产成本以外的资源耗费就是交易成本，又称交易费用。

案例 3-1 有助于对交易成本的理解。

这个案例从最简单的日常生活中揭示了什么是交易成本，以及它如何影响人们的交易行为。当然经济活动中的交易成本是无处不在的，仅就直接交易成本来看，至少包括以下费用：

A. 寻找交易对象的费用：

双方要进行交易，就必须寻找交易对象，即另一方。从时间和资源耗费来看，这种寻找活动必然要花费成本。就销售工作来看，销售人员在设立分销商之前的市场调查所花的时间和费用就是寻找交易对象的费用。

B. 信息传递费用：

销售人员初步确定了目标客户以后，必然要和对方互相交换信息。如带上样品拜访，介绍企业背景和合同条款等，而目标客户也需要介绍自己的实力和经营状况等信息。这个信息传递过程往往需要多次拜访，期间双方所花的时间和费用就是信息传递费用。

C. 谈判与决策费用：

双方的信息沟通完成后，就进入实质性谈判阶段。分销商往往会对合同条款提出异议，例如希望供货价格再低一点儿，返利能不能多一些，最好先给铺底等。这些谈判有时是"拉锯战"，需要几天甚至几个月的时间，双方谈判的时间和费用就是谈判费用。有时候由于这个目标客户非常重要，企业的决策很慎重，可能上级会专门飞过来谈判和最终拍板，这些时间和费用都是谈判与决策费用。

D. 监督与实施成本：

合同签订后从生产企业的角度看，销售人员还需要跟进与监督分销商是否按照协议执行，而且如果货款不到位还可能反复沟通甚至打官司；分销商实施合同必然也要发生成本。这些费用都是监督与实施成本。

以上就销售人员设立分销商为例说明了销售工作中随处可见的交易成本，但这只是一个直接交易过程中的交易成本。生产企业最终是和消费者之间交易，所以企业的总体交易成本远远不止上述四类费用，详见本部分对于生产企业交易成本的完整定义。

4. 单位交易成本与边际交易成本

（1）单位交易成本。

单位交易成本就是平均每实现一个单位的交易额所发生的交易费用。

从生产企业销售的角度看，简单地说，单位交易成本就是每一块钱销售额中平均要支付多少交易费用。例如企业本年度销售额是 10 亿元，总共交易费用是 3 亿元，我们就可以判断每元钱销售额中平均要耗费 3 毛钱的单位交易成本。为简单起见，我们常常用百分比来表示单位交易成本，可以讲这个企业的单位交易成本比例是 30% 。

案例 3-2 说明了单位交易成本及其对交易行为的影响。在案例 3-2 中，小明可能并不明白什么是单位交易成本，但是在他简单的"盘算"中，他一定想原来光买零食去趟沃尔玛不划算，但买这么多东西去趟沃尔玛就值得了。这个案例说明了两点：

A. 交易成本在相当程度上是固定成本，例如小明去沃尔玛只买 5 元钱的零食和买几百元的商品所花的公共汽车费与时间几乎没有什么区别。

B. 单位交易成本往往取决于交易额，并且对人们的交易行为影响极大。

案例3-3说明了时间（交易成本的构成要素）对于不同的人具有不同的价值，同样的单位交易成本情况下不同的人也会有不同的选择。

为什么在同样的单位交易成本下，小明和爸爸的选择不同呢？为在爸爸的眼里半小时的休息时间比20元钱的差价更有价值，或者他用这半小时所做工作的收入远远超过20元钱。这个案例同样说明单位交易成本决定人们的交易行为，但是时间成本是一个主观判断的成本，小明爸爸认为去沃尔玛的单位交易成本高于去7-11便利店，所以他选择了去7-11便利店购买。当然如果要购买的商品差价是几百元钱，选择又可能改变。

（2）边际交易成本。

边际是经济学的核心概念之一，并以其为中心发展为经济学中著名的"边际学派"。

边际（marginal）是一个动态的概念，意即变化或差异。与其相连有许多概念，如边际成本、边际收益、边际效用、边际分析等。

边际交易成本就是每增加或减少一个单位的交易额所新增或减少的交易费用，或改变现有交易方式所新增或减少的交易费用。

类似地，边际交易收益就是每增加或减少一个单位的交易额所新增或减少的收益，或改变现有交易方式所新增或减少的收益。

边际交易纯收益 = 边际交易收益 - 边际交易成本

案例3-4说明了什么是边际交易成本。

只买零食需要小明爸爸6分钟的时间，再增加购买食用油与香烟并不会增加购买时间，因此购买食用油与香烟的边际交易成本为零，并降低了整个购买过程的单位交易成本；但是增加了熨衣板和喷壶后，小明的爸爸多花了5元钱费用，这5元钱就是购买熨衣板和喷壶新增的边际交易成本。图3-1可以清楚地说明边际交易成本的概念。

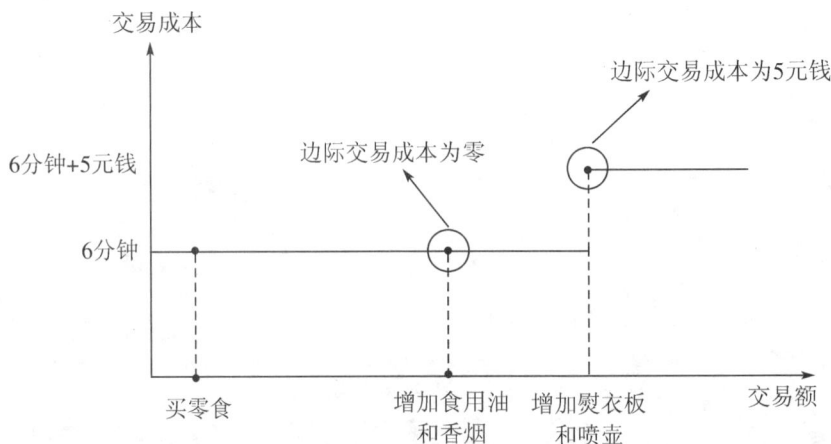

图3-1 边际交易成本的概念

以上关于单位交易成本和边际交易成本的定义及案例，对于销售工作的启示就是：

A. 单位交易成本决定了采用何种交易方式来销售企业的产品。

B. 交易成本与销售额并非线性的增长关系。由于交易成本在一定范围内是固定成本，所以在此范围内的边际交易成本为零；一旦突破临界点，交易成本将会明显提高，新增费用就是此临界点的边际交易成本。

C. 边际交易成本决定了每种交易方式的边界，这也就是同一个企业在规模较小的阶段与规模扩大后所采用的交易方式不同的原因。

5. 交易活动的分类

早期的美国制度经济学家康芒斯（Commons）将交易活动分为三类：

第一类：买卖的交易（bargaining transaction）。 这是指人与人之间平等自愿的产品和服务买卖活动。买卖的交易又称为市场交易，这是人们最熟悉的交易活动。从本书对于销售的定义来看，生产企业的销售过程就属于买卖的交易的范畴。

第二类：管理的交易（managerial transaction）。 这表现为契约规定的上下级之间的命令和服从关系，管理的交易又称为企业内交易。用交易来理解企业内部上下级关系似乎有些"赤裸裸"，似乎无视"下级的奉献"和"上级的关心"，但这就是上下级关系的实质。上级不是"慈善家"，只不过通过下级（包括老板对员工）为其创造价值，以达到自己的目标；反过来，下级也不是"活雷锋"，为上级工作的目的是获得自己的利益，如薪酬、升职等。所以企业老板与销售队伍、销售队伍的上下级之间本质上就是一种交易关系，是一种利益的交换。当然在短期内，在个别情况下可以有"不求回报的奉献"和"不重利益的关心"，但是从根本和长期来看上级和下级都是追求利益的"经济人"，上下级关系必然是交易关系，正所谓"只有永远的利益，没有永远的感情"。这句话只适用于企业内的上下级关系，不能简单地推而广之到亲情和爱情等领域。

事实上，将上下级关系理解为交易关系只不过将事实摊在阳光下，并非排斥企业文化和忠诚与奉献等优良品质，但这些都是建立在利益交换基础上的"润滑剂"，所谓"皮之不存，毛将焉附"。如果我们不能正确认识这一点，在销售工作中一味讲感情，一味讲思想教育，无疑是舍本逐末。正因为康芒斯高屋建瓴地将企业内交易纳入交易活动的范畴，我们才可以拆除对外销售工作与对内销售管理之间的壁垒，将二者用同样的理论和思维方法去分析。

第三类：配额的交易（rationing transaction）。 这表现为法律意义上的上下级关系，主要是政府对公民之间的关系，又称政府交易。这一类交易不是本书讨论的内容，本书着重分析销售工作中的前两类交易活动。

上述三种交易活动分别对应于现代社会中的三种基本的制度安排：市场、企业和政府。市场（或称市场制度）是买卖的交易，即市场交易集合；企业（或称企业组织）是管理的交易，即企业内交易的集合；政府（或称政府体制）是配额的交易的集合。这三种制度安排及延伸部分基本上覆盖了现代经济体系，可见经济活动的实质就是分工基础上的交易活动。

而上述三种交易的不同比例的组合，从宏观上构成了不同的经济体系。例如，计划经济以配额的交易和管理的交易为主，市场经济以买卖的交易为主。从生产企业的销售来看，市场交易与企业内交易之间存在互相替代与此消彼长的关系，如企业通过分销商销售就是市场交易的方式，而设立分公司的销售模式就是企业内交易的方式，同样企业通过终端销售与自建终端也是相同的道理，这就引出了一个销售战略的重要课题：

生产企业在销售渠道中是专业化还是一体化，即是采用市场交易的方式还是采用企业内交易的方式？此外，什么样的专业化或一体化程度是适合本企业的模式？

6. 生产企业与消费者之间的交易成本

下面以中国目前大多数生产企业（特别是消费品企业）为背景，将交易成本的概念应用到销售过程中。生产企业与消费者之间的交易成本如图 3 – 2 所示。

例如某个企业生产的洗发水每瓶出厂价是 10 元，零售价是 20 元，企业从收入的 10 元中还要平均每瓶支付 4 元的交易费用（包括销售、广告、销售支持等费用），消费者购买一瓶洗发水的直接交易费用大约是 2 元（购买时间成本和交通费分摊），则生产企业与消费者之间的交易成本可以用下式来表述：

该瓶洗发水的交易成本 = 16 元 = 4 元（企业支付的交易成本）+

10 元（渠道毛利）+

2 元（消费者耗费的直接交易费用）

这个例子的数据只是虚构，但基本和宏观经济的统计数据相吻合，西方发达国家的交易成本超

销
售
力

交易成本A: 消费者购买产品所直接耗费的费用
（1）消费者购买企业的产品所耗费的时间成本
（2）消费者购买企业产品所支付的交通费等费用
（3）信息收集等费用（如产品和销售信息的搜寻费用）

交易成本B: 渠道中间环节的单位交易成本=零售价-出厂价
这部分是生产企业和消费者通过中间渠道交易所支付的间接交
易成本，因为消费者以零售价购买，而企业只按出厂价收入。
（1）零售终端的毛利往往是渠道交易成本的主要组成部分
（特别是消费品）
（2）批发商毛利是渠道毛利中最脆弱的部分，如果上下游直
接交易，该毛利为双方所瓜分
（3）分销商毛利是其之所以成为分销商的原因

交易成本C: 生产企业直接支付的交易费用
这部分是企业为促进与消费者之间的交易，从其毛利中支付的
各种交易费用。
（1）销售费用包括企业投入销售的所有人、财、物，以及用
于销售渠道的营运资金利息等成本
（2）广告费用是企业为搜寻和吸引消费者购买所投入的各种
宣传与推广费用
（3）销售支持费用是企业的非营销部门为支持交易活动的所
有费用，包括储运费、销售相关的财务运作费用、法律诉讼等
费用

消费者
直接交易费用

零售价

零售终端毛利

终端供货价

批发商毛利

批发价

分销商毛利

出厂价

销售费用

广告费用

销售支持费用

税前利润

生产成本

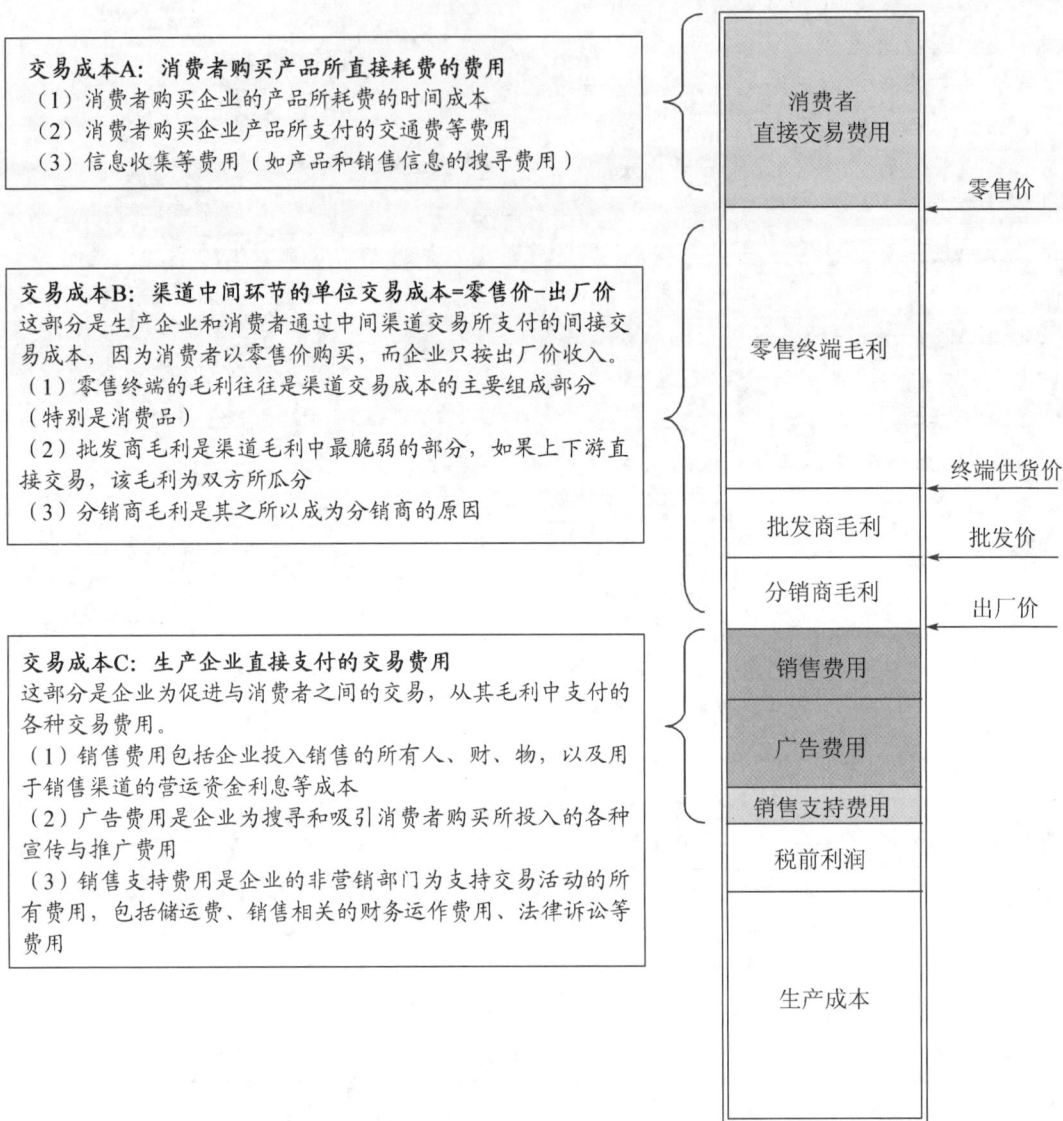

注：（1）以上列举的是完整的企业与消费者之间的交易费用类型，并非每个企业产品销售过程中都有这些费用。（2）以上各个方块的大小比例大致反映 FMCG 的交易成本构成比例，但各个行业和不同的企业以及不同的区域都有一定差异性。

114

图 3－2　企业销售全过程之交易成本示意图

过整个 GDP 的 50%，暂时还没有看到我国关于交易成本的精确统计，但是由于我国交易制度的相对落后，可以推断交易成本比例一定高于西方发达国家的比例。

从以上定义和举例中，读者一定会自然而然地产生三个问题：

（1）为什么广告费用是企业直接交易成本的一部分？

这个问题可以从两个方面来看。一方面，广告费用确实不是企业与消费者之间的实际交易过程中所发生的费用，所以不属于销售费用；另一方面，广告（含其他形式的推广）活动显然不属于生产活动，其目的是协助交易，因为实际交易的前提是对方愿意购买，而广告就是在心理层面上激发交易对象的购买欲望。所以广告费用无疑是企业交易成本的一部分，但又有别于销售费用。

（2）为什么渠道毛利是企业与消费者之间整体交易成本的一部分？

表面上看，这部分既不需要企业直接支付，也不是消费者购买行为所耗费的费用。

首先，从消费者的角度看，零售价与出厂价之间的差额显然是由自己"买单"，但是上例中的10元差价显然比消费者自己去企业购买的费用要低；否则，消费者就宁可直接去企业购买。

其次，从生产企业的角度看，既然这10元差价是消费者"买单"，与企业又有什么关系呢？一方面，最终零售价对于消费者的购买需求影响极大，对于绝大多数产品而言，在质量保证的前提下零售价越低则销量越大，所以渠道毛利虽然不由企业支付，但对于企业的最终销量影响很大；另一方面，既然消费者愿意花20元购买本企业的产品，企业总是有这样一种冲动，如果其直销的成本低于10元渠道差价，他一定会直接将产品卖给消费者，由自己来赚这个钱。

（3）消费者耗费的直接交易费用对于企业的销售工作有什么意义？

表面上看，这部分费用既不会影响零售价，也不由企业支付。但是在同等产品质量前提下，消费者购买哪个企业的产品不仅取决于零售价，还取决于其所耗费的交易费用，小明买零食的案例就充分说明了这一点。前面讲过分销就是让消费者能很容易"买得到"，分销背后的经济学解释就是为了节省消费者购买该企业产品的交易费用，因为对于大多数消费品而言，如果消费者需要支付较多的时间成本和交通费用才能买到一个企业的产品，那么他多半会就近购买其他同类产品。

对以上概念的正确理解是了解交易成本理论的重要基础，归纳如下：

► **分工与交易**
► **生产活动与交易活动**
► **生产成本与交易成本**
► **单位交易成本与边际交易成本**
► **交易活动的三大分类（市场交易、企业内交易、政府交易）**
► **生产企业与消费者之间的交易成本由三部分构成：企业直接交易成本、渠道毛利、消费者直接交易费用**

3.2.2　交易成本理论的核心

交易成本理论的核心非常"简洁"，可以用一条定理来概括：

> **定理三：交易有成本，制度的发生和演变便是为了节约交易成本。**

这里的制度就是指从宏观经济到具体企业运作的各种"游戏规则"，人类社会有三种基本的制度安排：市场、企业和政府，这三种制度的诞生和演变就是为了节约交易成本。

市场制度的起源是一个物理存在的"贸易集市"（这也是市场的字面意义），类似于销售人员现在常说的某个城市的"××批发市场"，这种贸易集市的诞生和发展就是为了节约买卖双方搜寻交易对象的交易成本。到今天市场制度的含义已经广泛得多，而且并非指物理意义上的贸易集市，但是其宗旨和起源时仍然一样，那就是为了节约交易成本。

市场制度的应用也有其边界，如果一切交易都是独立所有权的个体之间交易最有效率，就不会诞生企业，更不会出现类似全球500强的跨国企业。正因为有些交易活动采用企业内部交易的方式更有效率，才诞生了企业，可以说企业就是为节约不适合由市场交易的那些交易活动的交易成本而产生的制度安排。

但是当存在外部经济性的问题时，就并非市场或企业的制度可以解决。所谓外部经济性就是一个企业或个人可以得到某种收益，却把成本转嫁给他人，如抢劫，又如企业为降低生产成本对污水不经处理就排入河流，企业虽然节约了生产成本却对他人造成了更大损害；或者一个企业或个人投入了很多，但其收益却被其他人"搭便车"而共同占有，如用于社会治安和国家安全的投资。政府这种制度安排的诞生就是为了解决那些由市场和企业制度所无法解决的外部经济性问题，从本质上可以把政府看作提供安全、秩序等服务的公共机构，也是为了节约全社会的交易成本。当然，并非每个政府都在这方面做得很好，现在中国许多城市所提的改善投资软环境实际上就是节约交易成本，改善投资硬环境就是节约生产成本。

节约了交易成本实际上也就是增加了生产活动的可用资源，因为交易活动与生产活动使用同样的资源，包括资金、人员、土地等。同时，交易成本的节约导致了社会分工的进一步专业化，从而有助于促进技术进步和提高生产效率。

就企业的销售工作来看，一切对外交易制度（或称销售模式）和对内管理制度的产生和演变也是为了节约交易成本。这种节约可以从两方面来理解：一是在现有销量规模下节省交易成本；二是在现有交易成本下提升销量规模。可见定理三与销售工作密切相关，而且与销售人员的投入产出的常识高度吻合。当然，如果我们对定理三的理解和应用仅止于此，是没有任何实战意义的。接下来将更详细地阐述如何应用交易成本理论指导我们的销售工作。

交易成本是贯穿整个新制度经济学理论的线索，以下应用并非仅着眼于上述定理三，而是连同新制度经济学的一共三个定理的综合应用：

> 定理一：制度是经济发展的关键（甚至是最重要的）因素。
> 定理二：制度的产生和变迁是自然演进的结果。
> 定理三：交易有成本，制度的发生和演变便是为了节约交易成本。

需要说明的是，以上定理及其划分只是作者对新制度经济学及交易成本理论的理解与概括，并非新制度经济学公认或现成的三大定理，难免有可能失之偏颇，读者完全可以在学习原著后提出自己的理解。

以下所有的"销售命题"是作者将理论应用于销售的一些基本结论，仅代表本书的观点，读者可以作为参考，但无须囿于其中。

3.3 应用1：销售战略即企业对外和对内的交易制度

> **销售命题1**：生产企业的销售战略实质上就是对外和对内的交易制度安排，这种制度安排是所有销售工作的核心。

销售人员经常都会提及销售战略，但究竟什么是销售战略呢？这个问题恐怕没有标准化的答案，而且一般的答案都是描述性的，如"销售战略包括……"本命题应用交易成本理论揭示了销售战略的实质，将其概括为企业对外和对内的交易制度安排，用更精练的语言来讲销售战略就是八个字——**"渠道矩阵＋利益分配"**。

图3-3直观地表述了销售命题1的含义。

3.3.1 渠道矩阵简介

渠道矩阵指企业销售渠道的宽度（或称分销密度）与长度（往往是几种渠道长度的组合），以及渠道一体化程度。简单地说，渠道矩阵就是企业交易制度的基本框架，近似于通常所说的销售模式。

企业的销售战略首要是确定交易制度框架，即企业的渠道矩阵宽度与长度，以及企业在此渠道矩阵中的一体化程度。简单地说，就是要思考和确定两个问题：

第一，需要哪些单位（渠道长度）、多少单位（渠道宽度）参与整个销售过程？

第二，企业在整个销售过程中扮演什么角色（渠道一体化程度）？

1. 渠道矩阵的宽度

渠道矩阵的宽度主要是指一个企业销售渠道的末端环节的分销密度，即企业的销售渠道可以覆盖全国（也可细至每个区域）多大比例的目标消费者。简单地说，多少消费者可以**"买得到"**该企业的产品。

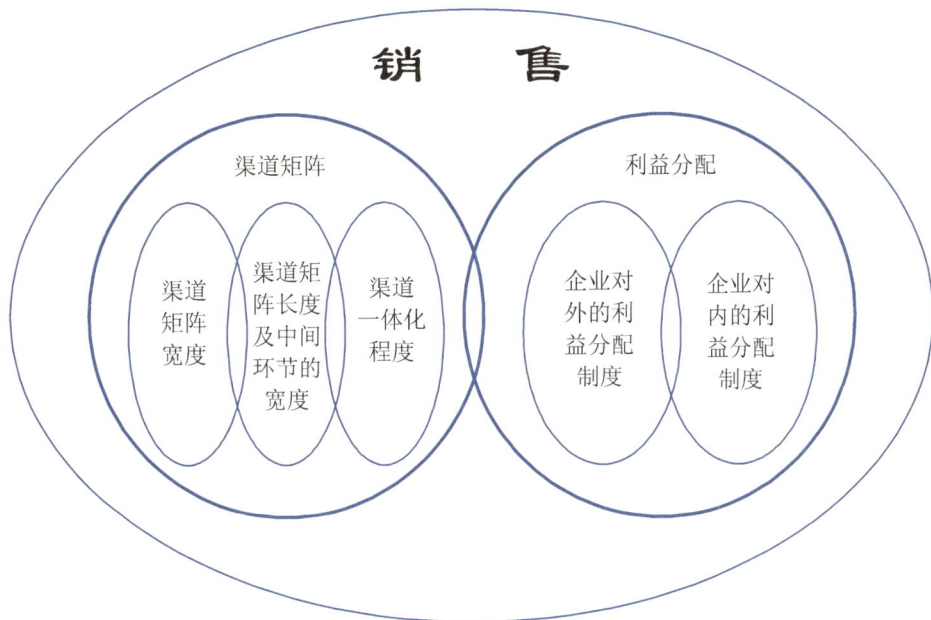

图 3 - 3　销售命题 1 的含义

（1）**对于通过终端销售的企业**，直观的理解就是所有分销终端的数量占市场所有终端数量的比例（称为数字分销率），更精确的衡量标准是企业的终端加权分销率，即根据各类终端的重要性给予一个权重，计算所有分销的终端占市场全部终端的比例。

（2）**对于直销的企业而言**，直观的理解就是购买其产品的消费者数量占总人口的比例，更精确的衡量标准是根据各类消费者的重要性给予一个权重，计算购买其产品的消费者占总人口的比例。

说明：①渠道矩阵的宽度在具体操作时，可以全国，各省，各城市分别评估。②渠道矩阵宽度的含义，也可延伸到后续渠道中间环节的分销密度。

2. 渠道矩阵的长度

渠道矩阵的长度是指从生产企业到消费者所有交易环节的数量，一个企业的渠道矩阵往往是不同渠道长度的渠道组合。

（1）**最短的渠道**：生产企业→消费者（长度为2）（直销的方式）

（2）**最长的渠道**：生产企业→分销商→批发商→终端→消费者（长度为5）

说明：①以上渠道长度为5，只是近似的说法，实际上批发商还可分为二级批发商、三级批发商等。②与渠道长度不可分割的问题是每个中间环节的单位数量，也就是渠道中间环节的宽度。

3. 企业的渠道一体化程度

渠道一体化程度是指企业参与渠道销售过程的深入程度，可以理解为企业对其销售渠道的控制程度。一体化总是相对专业化而言的，一体化程度越高，则专业化程度越低；反之亦然。企业的渠道一体化有两种方式：

（1）**所有权一体化**，即企业通过收购或自建的方式拥有下游交易单位的所有权。例如企业自建终端或自行设立销售分公司就是所有权一体化的形式。这里所讲的销售分公司是指取代分销商参与实际交易的经营单位，并非指管理型的分公司。

（2）**运作一体化**，即企业通过投入各种销售资源（包括人员）参与甚至控制下游单位的再销售过程，但并不拥有下游单位的所有权。本书所讲的企业人员作用力和资源作用力就是运作一体化的作用要素，如果一个企业不选择任何程度的渠道一体化，也就几乎不存在人员作用力和资源作用力。

117

渠道一体化的极端是绝对一体化和绝对专业化：

绝对一体化：生产企业拥有销售渠道中的所有下游交易单位的所有权，除了消费者环节以外，所有的交易都是企业内交易。

绝对专业化：生产企业完全不涉及销售过程，基本上只负责生产活动，例如交由一个单位包销。

说明：

渠道一体化是指在不改变渠道矩阵长度的前提下，这项工作是"自己做"还是全部或部分交给"别人做"；广义来说，缩短渠道长度也可理解为渠道一体化的形式，例如企业不通过中间环节直供终端，但是本书将其规入渠道矩阵长度设计的范畴，或者说本书的一体化仅指狭义的一体化。

即使渠道达到绝对一体化程度的企业，也不能简单地等同为"直销"。例如一个企业的产品全部通过其自建终端销售，和安利的直销模式也有很大不同，只是其零售渠道的所有权一体化而已。

中国目前采用渠道绝对一体化和绝对专业化交易制度的生产企业都很少，大多数企业介于两者之间。

3.3.2 利益分配制度简介

利益分配包括企业的渠道矩阵中对外（渠道伙伴）和对内（员工）两方面。一个单位或个人的利益＝收益－成本－风险，风险可以视为负的利益。

无论市场交易还是企业内交易都是利益的交换，利益是贯穿渠道矩阵中所有单位与人员的"红线"，是维系渠道矩阵的纽带，是总体"游戏规则"的重要组成部分。利益分配包括两个方面：一是市场交易的价格体系和其他激励与约束机制；二是企业内部销售人员的激励与约束机制。

1. 市场交易的利益分配制度：以渠道价格体系为基础的激励与约束机制

渠道价格体系的设计与维护是企业对外交易制度的基础，它决定了整个交易过程中各个环节的基本利益分配，是所有渠道伙伴的主要利润来源，也是基本作用力中的利益推动力的主要内容，对于销售结果影响极大。同时，企业的销售战略还要考虑如何维护渠道价格体系的稳定性，以及当价格体系不可避免地受到冲击时，如何通过其他方法维护相关渠道环节的利益推动力。除渠道价格体系以外，还有诸如资金支持、费用支持、人员支持和服务要求等与渠道利益相关的内容，所有渠道利益分配制度的物化形式就是"合同"。

2. 企业内交易的利益分配制度：人员激励与约束机制

只要不是绝对专业化的企业，都涉及销售人员的激励制度问题。对于所有权一体化的企业，销售分公司或自建终端基本不存在价格体系的问题（当然可能有一个内部价格，作为利润考核标准），把对外利益分配的问题转化为对内利益分配的问题。一般来说人员激励制度包括薪酬体系、培训体系和职位升迁等。培训被视为一种重要的员工福利，不仅是提升员工的能力，也是员工利益的一部分。

3.3.3 销售战略小结

销售命题 1 指出了企业的销售战略实质上就是对外和对内的交易制度安排，就是企业销售的总体"游戏规则"，即渠道矩阵＋利益分配。最后有必要说明两点：

（1）交易成本理论在销售的应用主要是在销售战略层面，但是并不表示实地销售就是纯粹的执行，事实上由于各地渠道状况的差异性。以上销售战略在每个区域具体落实时，实地销售经理也需要思考当地的具体策略。

（2）现在营销乃至整个企业界都非常强调执行力，这是一个很好的现象，是对过去"重战略，轻执行"的纠正，但是我们不能"矫枉过正"地反过来忽视销售战略，因为企业对外对内的交易制度安排对于销售结果影响巨大，执行力只有在方向正确的前提下才能充分发挥其价值。

3.4　应用2：渠道矩阵宽度的决策规律

> **销售命题2：** 消费者对于某类产品可接受的直接单位交易成本，决定了消费者对于购买此类产品的空间便利性的需求，生产企业的渠道矩阵宽度（或称分销密度）以此需求为基点上下波动。从定性角度看，渠道矩阵宽度的最终定位取决于生产企业可承受的单位交易成本；从定量角度看，其分销扩展边界将停留在企业的边际利润为零的那一点。

销售命题2回答了销售战略的首要问题：企业如何设计并优化其渠道矩阵的宽度？并解释为什么不同的行业、同行业的不同企业的渠道矩阵宽度各不相同。

图3-4直观地表述了销售命题2的含义。

从消费者的角度看，（在价格相同的前提下）当然希望自己的交易成本几乎为零，能最方便地买得到企业的产品；人同此心，生产企业自然希望全国的消费者最好都到自己的仓库直接提货。企业的渠道矩阵宽度定位就是供需双方利益平衡的结果。

下面分别从供应方和需求方的角度，将该命题拆分为两个子命题来一一说明。

3.4.1　渠道矩阵宽度以消费者需求为导向

> **子命题2.1：** 消费者对于某类产品可接受的直接单位交易成本，决定了消费者对于购买此类产品的空间便利性的需求，生产企业的渠道矩阵宽度（或称分销密度）以此需求为基点。

以下是该子命题的4个推理步骤：

第一步： 消费者的直接单位交易成本是影响其购买行为的重要因素，由3类成本构成。

A. 消费者购买产品的时间成本，即消费者购买该企业的产品所平均耗费的时间，无疑时间对于每个人来说是一种稀缺和不可再生的资源，所以当然是一种成本。从前面"小明买零食"的案例中说明时间是一种主观判断的成本，如果把时间量化成金钱，大致等于这些购买时间的机会成本，即消费者的同样时间可以创造的价值和获得的收入。简单地说，收入越高的人的时间越值钱。

B. 消费者购买产品所耗费的交通费等可见费用。只要不是网上订购并送货上门，消费者一般购买产品或服务都必须花费交通费，当然对于时间成本不高的人也可以走路，这也就是把交通费用转化为了时间成本。

C. 消费者购买产品所耗费的信息收集等费用。消费者购买前一般都要了解产品的信息和售点的信息，收集这些信息要花费时间甚至一些费用，从这个意义上讲，广告的作用之一是节省消费者收集产品信息的成本。

消费者购买企业一个单位的产品所平均耗费的上述三种成本之和就是其直接单位交易成本，用数学公式表达就是：

消费者直接单位交易成本 = 购买企业产品所耗费的总成本 ÷ 购买企业产品金额

（说明：消费者一次性购买某种产品的数量往往很小，所以购买产品金额近似于产品单价）

消费者购买一件商品的成本 = 商品单价 + 直接单位交易成本

以上等式无疑说明直接单位交易成本是影响消费者具体购买行为的重要因素。

第二步：产品单价越低，消费者越不愿意耗费更多的直接交易费用，反之亦然。

由于消费者购买不同产品所耗费的交易成本基本是固定成本，例如去同一家商店买一包零食与买一个照相机的时间（挑选相机所多花的时间相比整个往返时间几乎可以忽略不计）和交通费用

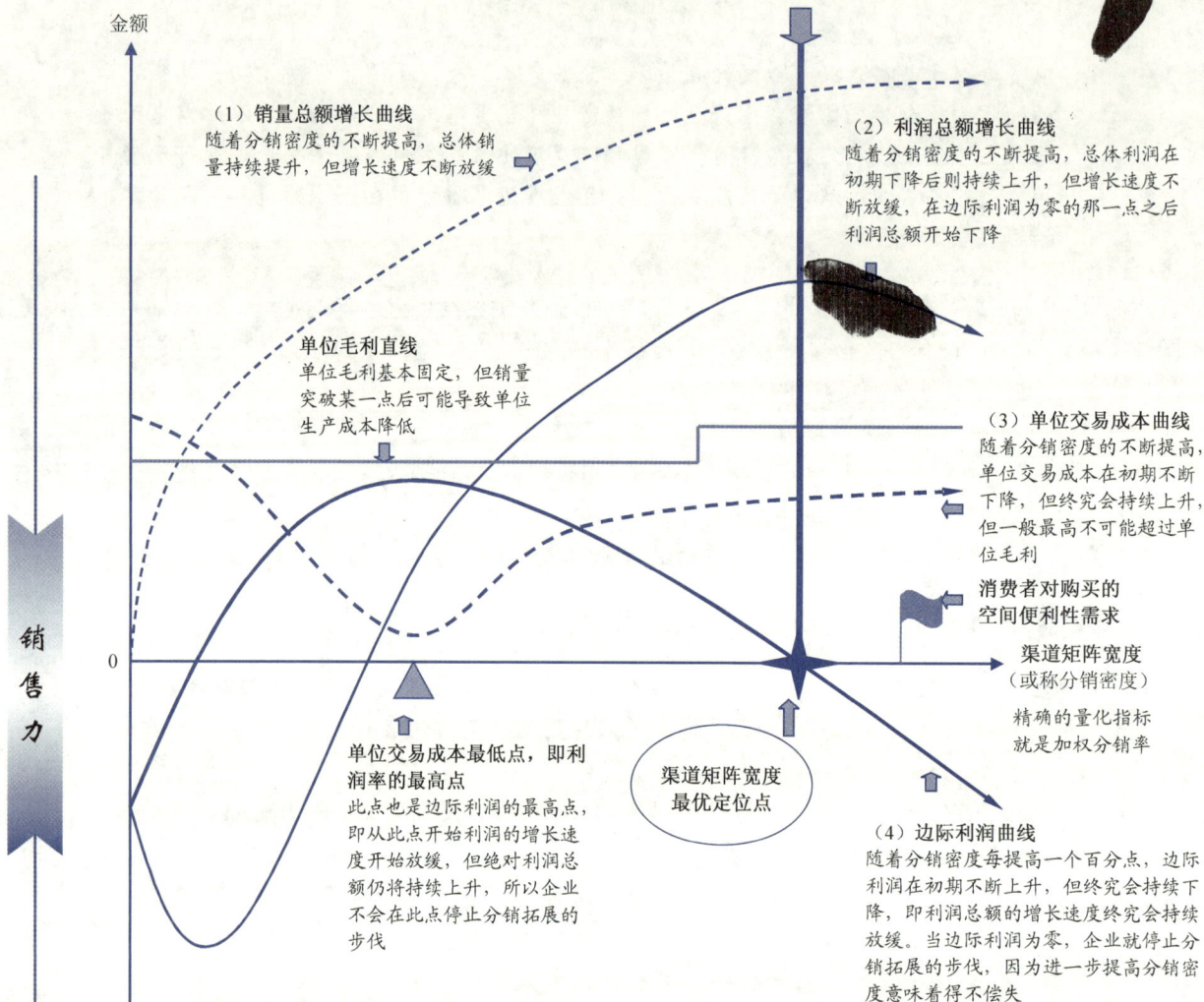

渠道矩阵宽度的扩展边界
渠道矩阵宽度的扩展边界将定位在以下垂直线所对应的企业边际利润为零的那一点。因为在这一点企业的利润总额最大化，再继续提升分销密度将得不偿失

金额

（1）销量总额增长曲线
随着分销密度的不断提高，总体销量持续提升，但增长速度不断放缓

（2）利润总额增长曲线
随着分销密度的不断提高，总体利润在初期下降后则持续上升，但增长速度不断放缓，在边际利润为零的那一点之后利润总额开始下降

单位毛利直线
单位毛利基本固定，但销量突破某一点后可能导致单位生产成本降低

（3）单位交易成本曲线
随着分销密度的不断提高，单位交易成本在初期不断下降，但终究会持续上升，但一般最高不可能超过单位毛利

消费者对购买的空间便利性需求

渠道矩阵宽度
（或称分销密度）

精确的量化指标就是加权分销率

单位交易成本最低点，即利润率的最高点
此点也是边际利润的最高点，即从此点开始利润的增长速度开始放缓，但绝对利润总额仍将持续上升，所以企业不会在此点停止分销拓展的步伐

渠道矩阵宽度最优定位点

（4）边际利润曲线
随着分销密度每提高一个百分点，边际利润在初期不断上升，但终究会持续下降，即利润总额的增长速度终究会持续放缓。当边际利润为零，企业就停止分销拓展的步伐，因为进一步提高分销密度意味着得不偿失

销售力

注：（1）以上渠道矩阵宽度的定位基于一个基本的假定，即企业的最终目标是追求利润总额最大化。某些企业在某些时期可能并不以此为最终目标，但从普遍性和长期性来看此假定是成立的。（2）并非每个企业都像本图所示的最终渠道矩阵宽度的定位小于消费者的需求，但大多数企业是此种类型。（3）为将各项生意指标放在一个坐标系里综合考察，以上各条曲线的绝对值与实际状况并不成比例。（4）四条曲线的形状只是反映其大致走向（其规律详见前面的说明），实际数据不可能是如此平滑的曲线。

图 3-4　渠道矩阵宽度与主要生意指标的关系示意图

几乎相同。所以消费者的直接单位交易成本主要取决于购买商品的单价，或者说商品单价越低，则消费者的直接单位交易成本越高。终端（特别是大型终端）的作用就是让消费者通过将各种商品同时采购，有效地降低每件商品的单位交易成本，但从每类商品的角度看，商品单价依然是影响消费者直接单位交易成本的重要因素。

既然交易成本一定程度上属于固定成本，所以消费者的单位交易成本主要取决于商品的单价。但什么是消费者对于某类商品的直接单位交易成本的可接受程度呢？这是一个关于消费者主观判断的问题，很难精确量化，可以从定性的角度归纳出以下 5 个影响因素：

A. 商品单价：本身就是消费者单位交易成本计算公式中的"分母"，自然是影响消费者对于单位交易成本的可接受程度的首要因素。

B. 商品的必需程度： 在同等单价的情况下，显然越必需的商品消费者越愿意付出更多的交易费用。

C. 商品的紧缺程度： 在同等单价的情况下，越紧缺的商品消费者越愿意付出更多的交易费用。例如过去商品短缺的年代，消费者愿意花很长时间排队购买商品。

D. 商品的物理属性及其消费习惯： 在同等单价的情况下，越是保质期很短的商品越需要密集分销，例如不含任何防腐剂的鲜奶。另外，越是有时间压力消费的商品越需要密集分销，例如早餐，如果卖早餐的售点不在居住地或工作地附近是很难想象会有什么销量的。

E. 每个消费者对于该类商品及企业产品的偏好程度： 在以上 4 个因素相同的情况下，显然消费者购买欲望越强，则可接受的单位交易成本越高。这种购买欲望一方面反映对该类商品的偏好，另一方面反映消费者对企业品牌和产品的偏好。

因为以下两个原因，本命题将分析的重点放在商品单价上：

▶ 以上 5 个影响因素中，商品的必需程度及其物理属性和消费习惯与行业密切相关，难以逐一讨论。而目前中国绝大多数商品都是买方市场，基本不存在商品短缺的问题，所以这个问题没有现实意义。消费者偏好纯粹是个人主观判断，从销售工作的角度没有操作性，而且大多数消费者的偏好还是具有一定的共性。

▶ 商品单价是所有因素中的首要因素，并且是其他影响因素的基础。

所以从一般性的角度，得出如下结论：

产品单价越低，消费者越不愿意耗费更多的直接交易费用；反之亦然。

第三步：产品单价越低，消费者对于购买该产品的空间便利性要求越高；反之亦然。

在构成消费者直接交易成本的三个方面中，除产品信息收集费用以外，几乎所有的费用都与其购买距离成正比（企业直销的情况在下一个子命题中阐述），所以上面的第二步的结论可以进一步推理为，产品单价越低，消费者对于购买该产品的空间便利性要求越高。虽然影响消费者可接受直接单位交易成本的因素并不仅限于空间便利性，但这显然是从企业的销售角度最首要考虑，也最具操作性的因素。

第四步：产品单价越低，渠道矩阵的终端分销宽度（或称广度、密度）就应该越宽，即企业需要覆盖的终端数量越多；反之亦然。

渠道矩阵也称为分销矩阵，消费者购买某企业产品的空间便利性与该企业产品分销的终端数量成正比，即企业的分销终端越多，消费者平均买得到该产品的距离越短，则消费者所耗费的直接单位交易成本越低。例如电视机的分销终端数量远远少于汽水的分销终端数量，因为消费者可以为买一部电视机花费更多的时间和交通费到较远的商场去购买，但只可能在附近的商店去买一瓶汽水（除非买其他东西时顺便购买），如果生产汽水的企业只分销较少的终端，他就会失去很多消费者（比如不能指望一个郊区的消费者到市中心的大商场去买一瓶汽水）。

以上 4 个推理步骤可以浓缩成图 3-5 中直观的流程图。

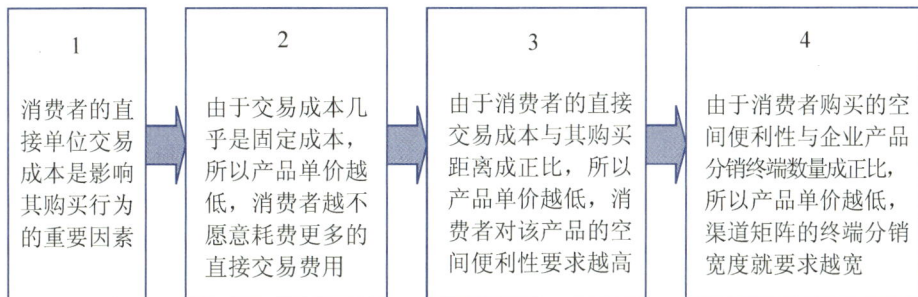

1	2	3	4
消费者的直接单位交易成本是影响其购买行为的重要因素	由于交易成本几乎是固定成本，所以产品单价越低，消费者越不愿意耗费更多的直接交易费用	由于消费者的直接交易成本与其购买距离成正比，所以产品单价越低，消费者对该产品的空间便利性要求越高	由于消费者购买的空间便利性与企业产品分销终端数量成正比，所以产品单价越低，渠道矩阵的终端分销宽度就要求越宽

图 3-5　4 个推理步骤的流程图

通过 4 个逻辑推理的步骤，一步一步地将以下子命题呈现出来：

消费者对于某类产品可接受的直接单位交易成本，决定了消费者对于购买此类产品的空间便利

性的需求，生产企业的渠道矩阵宽度（或称分销密度）以此需求为基点。

最后，对以上命题的两个概念作一说明：

（1）如何理解上述命题中"可接受"的具体含义？

A. 所谓消费者"可接受"的直接单位交易成本，就是**消费者购买企业产品所愿意耗费的交易费用的上限**，如果超过这个限度消费者就可能转而购买其他同类商品，或推迟购买。由于消费者的交易费用在相当程度上与购买距离成正比，所以可以形象化地理解为一个终端销售该类产品的辐射半径。例如消费者平均只愿意到2公里的范围内购买某件商品，如果企业在一个城市只分销了一个终端，则这个终端方圆2公里范围内居住和路过的消费者有可能购买该企业的产品，而其余消费者就可能转而购买其他更方便"买得到"的同类商品。当然消费者的实际购买行为并非如此简单，一方面，大型终端自身的吸引力导致消费者可能从更远的地方来批量购买各种商品；另一方面，如果消费者特别偏好该企业的产品，也可能愿意从更远的距离来购买。但是从定性分析与普遍规律的角度看，消费者"可接受"的单位交易成本无疑对其是否购买一个企业的产品影响很大。

B. 所谓消费者"可接受"是指上限，每个消费者都希望在此限度内单位交易费用越低越好，或者说越方便购买越容易促使消费者购买。另外，商品单价是消费者购买成本的主要组成部分，消费者当然不希望方便购买的商品其价格就比同类商品高很多，所以这里的"可接受"也是指以合理的零售价格为前提。

（2）如何理解上述命题中"基点"的具体含义？

A. 所谓"基点"就是基本的标准，在目前我国绝大多数产品都处于买方市场的大背景下，生产企业的渠道矩阵宽度自然应以消费者的购买需求为基本的标准，那种"酒香不怕巷子深"的年代已不复存在。

B. "基点"是从消费者的角度对生产企业提出的分销密度标准，在实际操作中，生产企业的渠道矩阵宽度可以围绕此中心上下波动。

著名的美国营销学家科特勒教授在其《营销管理》一书中将各类产品的分销密度定性划分为：密集分销、选择性分销和排他性分销。而上述子命题实质上就是以**"消费者可接受的直接单位交易成本"**作为主线，将三种分销密度背后的原因一以贯之，让我们的思维更"简洁"。

以上命题与人们的常识高度吻合，但如果我们仅停留于这种定性分析，显然无法有效指导企业渠道矩阵的设计和优化工作，接下来从企业的角度定量分析渠道矩阵宽度的最终定位的问题。

3.4.2 渠道矩阵宽度的最终定位取决于企业的交易成本

子命题2.2：生产企业的渠道矩阵宽度（或称分销密度）以消费者购买的空间便利性需求为基点上下波动。从定性角度看，渠道矩阵宽度的最终定位取决于生产企业可承受的单位交易成本；从定量角度看，其分销扩展边界将停留在企业的边际利润为零的那一点。

生产企业以消费者的需求为导向，但这是以企业盈利为前提，渠道矩阵的宽度是供需双方利益平衡的结果。即使渠道专业化分工（即中间商的介入）可以大大降低企业和消费者的交易成本，但是渠道矩阵的宽度与企业的交易成本仍然是正相关的关系，即一个企业产品的分销密度越大，企业所支出的交易成本也越大。因为所有的分销商和批零网点都不是"免费的午餐"，必然将所有的分销成本转嫁到企业头上，或者由企业直接支付或者通过企业让渡更多的"差价"来解决，这两种方法都会增加企业的交易成本；中间商越多，意味着企业与之打交道的交易成本也会上升。

以上命题省略了中间商环节，因为渠道矩阵的宽度从根本上取决于消费者和生产企业的选择，这也是决定中间商存在与否的基础。命题3将在此基础上继续探讨渠道长度的问题。

1. 生产企业的单位交易成本的构成

（1）企业支付的直接单位交易成本。

这是指企业从其单位毛利（出厂价－单位生产成本）中支付的用于交易和协助交易的平均单位费用。用数学公式表达就是：

企业直接单位交易成本 = 直接支付的交易费用总额 ÷ 销售额

企业直接支付的交易成本包括三种费用：

A. 销售费用：所有用于销售过程的人、财、物等费用，以及营运资金成本。

B. 广告及推广费用：所有的信息传播及吸引消费者购买的费用。

C. 销售支持费用：储运费用、销售相关的财务运作费用、法律诉讼等费用。

以上三种费用并非与销售额成简单的线性关系，即不是销售额每增加一块钱就增加同等比例的交易费用。企业的直接交易费用在一定范围内也是固定成本，例如不可能招用半个销售人员（兼职除外），终端进场费是一次性固定投入，电视台一般收取广告费用也不会与销量挂钩，仓库和货车也是企业的固定成本。

所以，<u>企业的销售规模对于直接单位交易成本影响巨大</u>，同一行业中不同规模的企业往往直接单位交易成本相差较大，特别是在 KA 等大型终端渠道的单位交易成本相差甚远。当然企业的单位交易成本还与其管理和运作水平有较大关系。

（2）渠道中间环节的单位交易成本 = 零售价 – 出厂价。

这部分差价是企业通过渠道中间环节交易的成本，可以理解为生产企业让渡给中间商的毛利。消费者按照零售价购买企业的产品，但企业只按出厂价收入，所以渠道中间环节的差价是企业单位交易成本的一部分，也是衡量渠道运作效率的重要标准。关于这方面的详细说明可以参见前面企业交易成本的定义。

2. 不同行业的渠道矩阵宽度

从行业之间比较来看，即使消费者可接受的直接单位交易成本接近，不同行业的渠道矩阵宽度仍然由较大的差异性。这种行业差异性主要是两方面的原因：

（1）政府管制等政策原因。

例如消费者对于购买 OTC 的空间便利性需求和大多数 FMCG 类似，但是由于 OTC 是特殊商品，一般只能在药店专售，所以 OTC 相比 FMCG 而言其分销密度要小。

（2）各行业的企业单位交易成本差异较大的原因。

从消费者的角度看，对于单价接近的商品其可接受的直接单位交易成本也基本一致，或者说对于购买的空间便利性需求是相似的；但是从生产企业的角度看，由于消费需求量的不同导致单位交易成本也有很大不同，所以分销密度差异性也很大。

例如国际著名品牌服装和个人电脑的价格区间接近（3 000 ~ 20 000 元），其各自的消费者对于空间便利性的要求相似，但是目前个人电脑的分销至少已经渗透到中国的大多数县城，而国际一流服装品牌还只是在中国的部分大城市有几个专卖店。实质上由于高档服装并非必需品，其消费者对于购买的空间便利性要求更高，显然国际服装企业很清楚许多中小城市也有其消费者，而且这些消费者一般不可能接受专门坐飞机到大城市购买这些高档服装（除非旅游或出差顺便购买）。目前过小的分销密度丢失了不少潜在的生意，但是这些服装企业为什么不大举进军空白市场呢？原因就在于中小城市的消费者对于高档服装的整体需求量不大，设立一个专卖店的单位交易成本可能高到让企业无利可图，所以宁可放弃这些生意。

以上例子说明企业的渠道矩阵的宽度并非仅仅取决于消费者的可接受直接单位交易成本，还取决于各个行业的特性。

3. 同一行业的不同企业的渠道矩阵宽度

同一行业的不同企业，其渠道矩阵宽度的最终定位可能高于或低于消费者对于购买此类商品的空间便利性需求。从定性的角度看，原因就在于不同企业可承受的单位交易成本差异性较大。一般而言，销售规模越大，毛利率越高，运作能力越强的企业其渠道矩阵宽度越宽。

（1）一般而言随着分销密度的增加，初期企业的单位交易成本将会不断下降，但终究企业的单位交易成本将会随着分销密度的增加而持续上升。

这是本命题成立的前提条件，如果分销密度越高则单位交易成本越低，那就不存在企业可不可以承受的问题，所有企业都会将自己的分销密度趋于100%，这与市场现状显然不符，原因如下：

▶ **初期企业的单位交易成本将会不断降低。**前面讲过，企业的直接交易成本在一定程度上是固定成本，例如分销一个终端和10个终端可能都只需要一个销售代表，其他交易成本也是类似道理，所以不难理解为什么初期单位交易成本会不断下降。

▶ **企业的单位交易成本终究将会随着分销密度的增加而持续上升。**

一方面企业总是倾向于先选择销量较大和成本相对较低的终端分销，随着分销终端的不断增加，新增的销量显然不可能同比例增加，而且新增的单位分销成本也会不断上升。另外，各个终端的消费者显然有所交叉，分销的终端越多也会拉低原有分销终端的销量。

另一方面，随着分销终端越来越多，分销商、批发商、实地销售人员和管理人员等必然相应增加，企业内外的各种合作与管理关系将成几何级数增长，必然导致沟通、监控等管理成本大幅上升。

销量增长速度的放缓和成本增长速度的加快，必然会使得企业的单位交易成本持续上升。

（2）什么因素影响企业对于单位交易成本的可承受程度？

▶ **销售规模：**本身就是计算企业直接单位交易成本的"分母"，在"分子"（直接交易成本）一定程度上是固定成本的情况下，对企业单位交易成本的影响巨大。

▶ **毛利率：**显然同样的单位交易成本比例对于不同毛利率的企业，其可承受程度是完全不同的，例如30%的直接单位交易成本比例对于毛利率只有20%的企业来讲意味着亏损，而对于50%毛利率的企业是完全可以承受的。渠道差价就是通过影响企业的毛利率而影响企业的单位交易成本的可承受程度。

▶ **运作能力：**同样的交易费用投入在较强的运作能力下其销量有可能提高，意味着降低了企业的直接单位交易成本，也就提高了企业对于单位交易成本的可承受程度。当然运作能力相比以上两点较难量化，接下来的讨论不以此为重点。

生产企业对于直接单位交易成本的最高承受程度以毛利率为上限，即使短期可能突破此上限，但长期突破此上限就意味着亏损。在此上限内每个企业对于单位交易成本的具体可承受程度则很难一概而论，这与企业的发展阶段和期望的利润水平等因素有关。另外需要注意的是，分销并非将产品卖进一个网点就完事了，还有后续的分销维护成本。

（3）为什么企业的渠道矩阵宽度有可能高于消费者的空间便利性需求？

前面讲的基点只是消费者可接受的直接单位交易成本，当然在此限度内继续让消费者越方便购买越能促使其购买。只要在企业可以承受的单位交易成本前提下，显然企业会不断扩大渠道矩阵的宽度。

先用上述内容来分析一下消费品直销的问题，显然直销方式的一个最大特点就是企业或分销商不通过终端，直接将产品卖给数量众多的消费者，其渠道矩阵的宽度很宽而长度很短。人们往往有一种直觉，渠道越短则交易成本越低，但实际上直销是一种单位交易成本很高的交易制度，只有毛利率极高的企业才能承受这种单位交易成本。

A. 以著名的直销企业安利为例，消费者完全可以接受到附近的超市购买洗发水、牙膏等日用产品，但安利主动与消费者联络并热情地送货上门，消费者的直接交易成本几乎为零。可是我们看一下安利产品的价格，一支牙膏卖40元左右，一瓶洗发水卖50元左右，高于超市里很多同类商品的价格。这说明什么？

B. 再来看电视直销，那些产品确实可以称得上"新、奇、特"，但其价格相比终端里销售的同类产品而言用"一个天上，一个地下"形容绝不过分。例如一个普通拖把在终端里卖25元，电视直销里的拖把卖300多元（还是超值优惠价）。当然这些拖把确实是比普通拖把有更多的功能，但仅从常识判断，真的需要怎么贵吗？

本书无意深入探讨直销的问题，只是想说明毛利率越高的企业，其渠道矩阵的宽度就可能越宽，因为这些企业可以承受高昂的单位交易成本。如果直销真的可以节约企业和消费者之间的单位交易成本，那么必定同样生产成本的产品的售价应该比终端零售价低。但为什么如此"巧合"，所有的直销产品的售价都远高于同类产品的终端零售价？

再来看通过终端销售的企业。为什么"飘柔"洗发水和"可口可乐"饮料几乎达到100%的分销率？只要卖洗发水和饮料的终端就能见到这两种产品。其实消费者可以接受的这类产品的空间便利性并不一定要求达到100%分销率的程度，比如一条长500米的街道有5个杂货店，只要一家店有分销，这条街道的消费者应该都愿意走几步路去买"飘柔"洗发水或"可口可乐"饮料。宝洁公司和可口可乐公司为什么要这样做呢？

表面的解释是每个终端都有销量，自然终端越多销量越大；或者这些产品好卖，终端都愿意卖。这些是原因之一，但不要忘记宝洁公司和可口可乐公司都有一支庞大的小店分销队伍和诸如专用车辆等投资，才能达到如此之高的分销密度。这种成本对于一般的企业是不可想象的，但由于它们的销售规模很大，所以单位交易成本相对并不高，在企业可以承受的范围之内。

（4）为什么企业的渠道矩阵宽度有可能低于消费者的空间便利性需求？

绝大多数中小企业尽管很清楚消费者的空间便利性需求，却不可能让全国的消费者都买得到它们的产品，甚至在一个城市都不可能让大多数消费者能方便地购买这些企业的产品，其原因就是由于单店销量不大，导致每个终端的单位交易成本高到企业无法承受的程度，所以这些企业宁可放弃部分生意。当然，有的企业短期可以承受过高的单位交易成本，但从长期来看必然服从于上述规律。

4. 渠道矩阵宽度的扩展边界

从定量角度看，企业渠道矩阵宽度的扩展边界将停留在边际利润为零的那一点。

如果进一步扩大分销密度，则新增的边际利润为负数，即新增的毛利小于新增的分销费用，那么企业将在边际利润为零的那一点停止扩展渠道矩阵的宽度。

说明：新增的毛利又称为边际交易收益，新增的费用又称为边际交易成本。

（1）为什么渠道矩阵宽度的边界不停留在单位交易成本最低的那一点，或直至整体生意的单位交易成本高到无利可图才停止呢？

企业的目标是追求利润绝对值最大化，并非利润率最大化。虽然单位交易成本最低的那一点意味着利润率最大，但是只要越过这一点还有钱可赚，就可以增加企业的总利润，企业就不会停止分销拓展的步伐。

如果企业的渠道矩阵宽度超过了边际纯收益为零的边界，当然并不意味着企业整体生意的单位交易成本就高到无利可图。但如果新增的成本大于新增收益，为什么企业要把边界内的盈利去弥补边界外的亏损呢？

（2）企业渠道矩阵宽度的具体边界最终将会停留在边际利润为零的那一点。

总体而言，销量与分销密度的同步增长的关系符合经济学的边际报酬递减规律，即随着分销率的不断提高，销量增长的速度不断放缓。

比如一条长500米的街道有5个杂货店，当第一家店有企业的产品分销时，可能每月销量是1 000元；当企业的分销水平增长到所有5个店时，一般不可能将每月总体销量从1 000元提升到5 000元，这说明每个店的销量并非以1 000元的速度匀速递增。

另一方面，新增的分销费用在一定程度上是固定成本，所以必然存在这样一个边界，在这个边界以外再扩大分销密度是新增成本大于新增收益，企业的分销拓展工作就告一段落。

企业渠道矩阵宽度的边界并非一成不变，当影响边际交易成本或边际交易收益的因素发生变动时，边界也会相应的扩张或收缩。例如由于企业产品升级或广告投放的原因导致单店销量大大提升，原来觉得无利可图的分销拓展成为了可能；同样，由于分销成本的大幅上升（例如KA提高费用标准），原来已经分销的网点也可能被迫收缩。

3.4.3 渠道矩阵宽度小结

以上将销售命题2拆分成两个子命题，分别从消费者和企业的角度分析了影响企业渠道矩阵宽度设计与操作的因素，概括起来就是，消费者的需求决定了基点，企业根据自身情况以此基点为中心上下波动，前者定性，后者定量；类似于产品价格以其价值为基点，围绕价值上下波动的道理。

当然，由于信息收集和决策能力等原因，绝大多数企业在实际分销工作中并不可能事先精确地确定其渠道矩阵宽度的边界，但企业是趋利避害的经营实体，往往通过试错法不断学习和寻找合理边界，当觉得有利可图时一定会继续扩大分销密度，当感到某一块亏损或无利可图时则会主动收缩分销网点甚至放弃整个分销区域（有时也是被迫撤场），这种反复调整的过程就会不断趋近合理的分销密度边界。

渠道矩阵宽度是销售战略的首要问题，这也是本书将其列在前面的原因。渠道矩阵的宽度在很大程度上影响了渠道的长度及后续中间环节的宽度，并且对渠道一体化的难度和决策有较大影响，可以说几乎直接和间接影响了销售工作的各个方面。

为什么有的企业在热火朝天地一轮分销拓展以后，紧接着又大幅收缩？为什么有的企业会踟躇不前，白白地失去很多盈利机会？原因就在于没有事先根据产品特点和企业实际情况，周详地考虑和规划合理渠道矩阵宽度的问题，自然就会交很多"学费"。

销售命题2并不能让我们在分销工作中凡事都"先知先觉"，但可以避免分销工作的盲目性；当然，精确地确定渠道矩阵宽度的边界实际上是不可能的，但通过上述决策规律可以相对准确地确定分销密度的合理范围，缩短反复调整的时间和减少相应成本。本书的后续内容将在此基础上进一步往下延伸，使之更具操作性，比如我们需要继续探讨下述问题：

▶ 如何根据企业的实际情况，相对准确地测算不同分销密度下的"单位交易成本"和"边际利润"？

▶ 如何根据上述测算，确定企业可承受的单位交易成本和大致的分销扩展边界？

▶ 达到同样的分销密度目标可以有不同的次序组合，如何确定各区域、各类渠道和各类产品的轻重缓急顺序，并划分为可衡量、可操作的分销拓展步骤？

销售命题2可以指导我们更高效地思考和解决上述问题，相对准确地确定总体分销目标与边界，并更好地规划阶段性的分销目标。

3.5 应用3：渠道矩阵长度的决策规律

销售命题3： 只有一个中间环节能够节约交易双方的单位交易成本，该中间环节才有可能存在；当交易双方直接交易的单位交易成本大于双方各自可接受的单位交易成本之和时，该中间环节必定存在。在既定的渠道矩阵宽度下，每个中间环节所需的单位数量，取决于可选中间商对渠道下游的有效覆盖半径，半径越大则所需单位数量越少；反之亦然。

销售命题2回答了销售战略的首要问题，企业如何设计并优化其渠道矩阵的宽度？销售命题3则在此基础上进一步回答销售战略的第二个问题，即企业如何设计并优化其渠道矩阵的长度，并解释为什么不同的行业、同行业的不同企业的渠道矩阵长度各不相同。

图3-6直观地表述了销售命题3的含义。

销售命题3的前半部分是定性分析，即需不需要中间环节；后半部分是定量分析，即每个中间环节需要多少中间商？有必要说明一点：这里所指的中间环节，包括分销商、批发商、零售终端等专门从事交易工作的经营实体，也包括企业的销售分公司、销售办事处和自建终端等，因为这些单位也是一种中间环节，只不过是所有权一体化的中间商。本命题不讨论这个中间环节是一体化还是专业化的问题，这个问题留给下一个命题。

以下将销售命题3从定性与定量的角度，拆分成两个子命题分别说明。

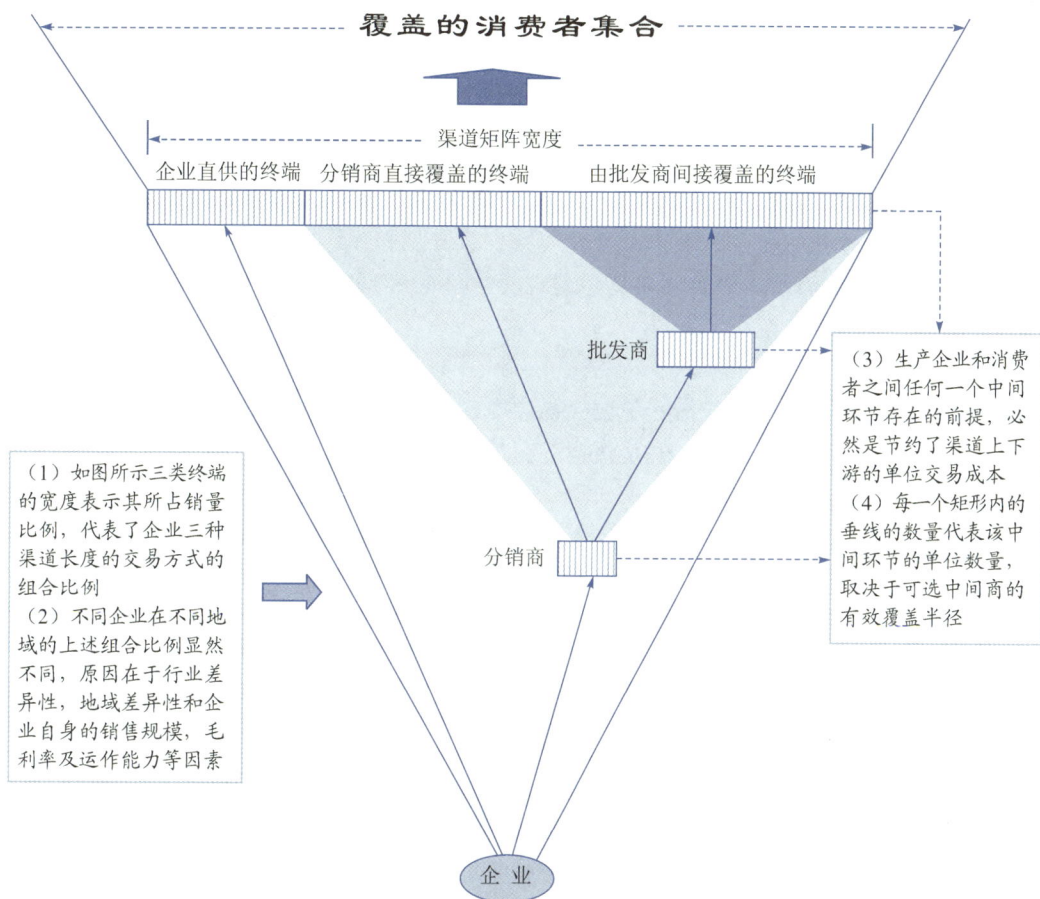

覆盖的消费者集合

渠道矩阵宽度

企业直供的终端　分销商直接覆盖的终端　由批发商间接覆盖的终端

批发商

（1）如图所示三类终端的宽度表示其所占销量比例，代表了企业三种渠道长度的交易方式的组合比例
（2）不同企业在不同地域的上述组合比例显然不同，原因在于行业差异性，地域差异性和企业自身的销售规模，毛利率及运作能力等因素

（3）生产企业和消费者之间任何一个中间环节存在的前提，必然是节约了渠道上下游的单位交易成本
（4）每一个矩形内的垂线的数量代表该中间环节的单位数量，取决于可选中间商的有效覆盖半径

分销商

企　业

注：（1）每个生产企业的渠道矩阵都呈本图的漏斗形，本图实际上是销售命题2示意图中渠道矩阵宽度往下的延伸部分。本图仅限于通过终端（包括自建终端）销售产品的企业，直销不在此列。（2）并非每个企业都具有上述三种渠道长度的交易方式，其具体组合比例也不尽相同。（3）本图所示的分销商包括企业设立的销售分公司、批发商包括企业设立的销售办事处、终端包括企业的自建终端，因为从渠道长度来看是一样的，只是所有权不同而已。（4）各个矩形区域的垂直线段的数量只是从定性上表示多与少，与实际状况并不成比例。

图3-6　生产企业的渠道矩阵示意图

3.5.1　每个中间环节存在的必要与充分条件

子命题3.1： 只有一个中间环节能够节约交易双方的单位交易成本，该中间环节才有可能存在。
当交易双方直接交易的单位交易成本大于双方各自可接受的单位交易成本之和，则该中间环节必定存在。

127

1. 中间环节存在的必要条件和充分条件

A. 必要条件：

任何一个中间环节必须能够节约交易双方的单位交易成本，才可能存在。

B. 充分条件：

当交易双方直接交易的单位交易成本大于双方各自可接受的单位交易成本之和，则该中间环节必定存在。

上述必要条件不难理解，如果一个中间环节不能节约交易双方的单位交易成本，则该中间环节没有任何存在的必要。但是一般而言，交易双方总是有直接交易的冲动，通过中间环节往往是退而求其次的选择，这可能是因为直接交易更方便，从心理上更放心，而且感到不确定性的风险更小。所以并非只要中间环节能够节约双方的交易成本就一定存在，还需要这种节约的单位交易成本足够大到让交易双方"心动"。

上述充分条件的含义是，当交易双方直接交易的单位成本大于双方各自可接受的单位交易成本之和时，这种直接交易方式实际上是不可行的，就必须通过中间环节交易。

例如对于大多数消费品而言，由于产品单价较低，消费者和生产企业可以接受的单位交易成本往往较低，但是直接交易成本在一定程度上是固定成本，与产品的单价没有太大关系。例如一瓶售价为20元的洗发水，假如企业和消费者直接交易可能需要至少100元的交易成本，这100元费用肯定要企业或消费者的任何一方来承担或双方分摊，而消费者可能只愿耗费5元的交易费用，企业可能最多愿意支付10元的交易费用（不可能超过其单位毛利），那么由于剩下的85元费用没有着落，企业和消费者就不可能达成交易。

2. 零售和直销

由于生产企业与消费者直接交易的单位交易成本，一般远远大于各自可接受的单位交易成本之和，所以出现了零售终端环节，反之就是直销的交易制度。

上面的例子说明对于绝大多数消费品而言，生产企业和消费者直接交易的方式几乎是不可行的。零售终端这种交易组织的出现就是为了从各个方面节约生产企业与消费者之间的单位交易成本。一方面，使消费者可以将各种商品一起购买并节省了消费者的搜寻成本等，从而大大降低了消费者购买每件商品的单位交易成本；另一方面，由于规模采购也大大降低了生产企业的单位交易成本，所以通过零售终端这个中间环节，生产企业和消费者都在各自可以接受的单位交易成本范围内间接完成了交易。从中国目前零售行业的迅速发展，特别是大型连锁卖场的快速成长，就可以看出零售终端确实是一种节约社会交易成本的制度安排。

当然，并非所有的企业与消费者都要通过零售终端完成交易，例如工业品由于单价较高且交易对象的范围相对狭窄，企业和用户直接交易的成本有可能在双方可接受的范围之内，所以大多采用直销的方式。消费品也有直销的方式，例如前面讲过的安利和电视直销等，这是因为供应方的高毛利使之可以承受高昂的直接交易成本，仍然是遵循上述规律。

3. 批发环节和直供

以此类推，由于生产企业与零售终端直接交易的单位交易成本，往往大于各自可接受的单位交易成本之和，所以出现了分销商和批发商等批发环节，反之就是直供终端。

（1）为什么企业和终端之间有可能存在三种不同渠道长度的交易方式？

批发环节对于企业与终端而言，如同终端对于企业与消费者的作用，降低了企业与终端的单位交易成本，其中道理不再赘述。从图2－15的销售作用力俯视图中可以清晰地看到从企业和终端之间有三种不同渠道长度的交易方式：

▶ <u>**企业直供终端**</u>：这部分终端由于单店销量相对较高与相对集中等原因，企业直供的单位交易成本在其可承受范围之内，所以企业有可能选择直供的方式，企业的自建终端一般也属于此类范畴。余下的那些终端交给分销商覆盖。

▶ <u>**分销商直接覆盖终端**</u>：这部分终端对于分销商而言，由于分销商的本地化优势和多品牌集合的规模效应等原因，可以大大节约单位交易成本。对于企业直供是无利可图的终端，分销商直接覆盖的单位交易成本却在其可承受范围之内，这里将企业的销售分公司理解为所有权一体化的分销商。同理，并非所有终端由分销商直接覆盖的单位交易成本都在其可承受范围之内，余下的那些终端通过批发商间接覆盖。

▶ <u>**通过批发商间接覆盖终端**</u>：这部分终端对于企业和分销商而言，由于单店销量相对较小或地域分布过于分散等原因，所以其单位交易成本高到企业和分销商都无法承受。而批发商由于其进一步本地化的优势和更多品牌集合的规模效应，对于这些企业和分销商直接覆盖是无利可图的终端，批发商覆盖却可以大大节约单位交易成本，当然往往伴随的是服务水平的下降和覆盖效率的降低。当然，批发商往往并非一个环节，在大批发商和终端之间可能还存在小批发商，其道理类似。这里将企业的销售办事处理解为所有权一体化的批发商。

（2）为什么不同的企业在不同的地域，上述三种渠道长度的组合各不相同？

▶ 从行业差异性来看： 由于产品单价、消费习惯等差异性，消费者对于空间便利性的需求不同，所以终端的绝对数量和平均单店销量也相差甚远，导致覆盖每个终端的单位交易成本差异较大。一般而言，产品单价越高的行业，越可能更多地采用渠道长度较短的交易方式。

▶ 从地域差异性来看： 由于中国目前各个区域，各个城市的渠道发展水平不一，渠道销量集中度越高的地域，往往企业或分销商直接覆盖的单位交易成本越低，企业越可能更多地采用渠道长度较短的交易方式。

▶ 从同一行业的不同企业来看： 前面讲过的影响单位交易成本的因素，不仅影响企业的渠道宽度，也影响企业这三种不同长度渠道的组合，主要包括企业的销售规模、毛利率、运作能力等。相对而言，企业的销售规模越大，毛利率越高，运作能力越强，越可能更多地采用渠道长度较短的交易方式。

图 2－15 直观地表示了企业和终端之间的三种不同渠道长度的交易方式，但并没有说明为什么不同的企业这三种交易方式的组合不同。读者可以参考图 2－15 及其简介，将前后内容联系在一起。

4. 专题讨论：企业应否直供 KA？

企业应该直供 KA 还是通过分销商？甚至进一步涉及渠道宽度的问题，应不应该进入 KA？

（1）其实这个问题并不复杂，KA 也是一种终端，渠道长度的决策也遵循上述规律。

只要生产企业经过仔细测算，认为可以承受直供 KA 的单位交易成本就应该直供。即使通过分销商的单位交易成本略低一些也应该直供，因为直供可以降低将来分销商变更和做大后讨价还价的风险。即使短期来看直供 KA 的单位交易成本暂时无法承受，如果有很大可能将来发展到可以承受的范围也应该直供，因为毕竟 KA 在中国的发展速度很快；反之，如果经过测算，企业在短期和长期都无法承受直供 KA 的单位交易成本，那就不应该直供。

这个问题还可以进一步延伸，因为 KA 高昂的单位交易成本，即使通过分销商供应 KA，分销商往往也要求企业承担全部或部分费用，如果企业经过测算认为短期和长期都无法承受，那就不应该进入那些 KA。从 3.4 部分销售命题 2 的理论来看，就是那些 KA 短期和长期的边际利润都小于零，应该被排除在渠道矩阵宽度的边界之外，当然边际利润为正的 KA 应该进入。

（2）一个简单的问题为什么复杂化了呢？

因为现在不少理论宣扬 KA 是现代商业渠道，是未来的发展方向，每个企业都应趁早进入 KA 渠道（有些还强调最好直供），而且举出了一大串如何重视 KA 渠道的如雷贯耳的国际 500 强企业名称。在这种强大的理论攻势下，许多销售决策者和实地销售人员都深信不疑，争先恐后地投入了进军 KA 渠道的洪流之中，但是几年之后结果是不少企业"壮士断臂"或还在"苦苦挣扎和骑虎难下"。**KA 在目前和将来销售渠道中的重要性毋庸置疑，但是 KA 也是一种零售终端，也服从上述渠道矩阵决策的基本规律**，国际 500 强在 KA 的单位交易成本与中小企业能相提并论吗？大多数 KA 的游戏规则是"强者恒强，弱者恒弱"，你越强则 KA 收取的费用越低且支持也越大，你越弱就越是"宰割"的对象。

针对这种现象，销售界流传着这么一句话——**"终端（主要指 KA）做形象，流通做销量"**，大意是做 KA 亏了就亏了，但对企业的品牌形象有帮助，堤内损失堤外补，可以从批发渠道中赚回来。这句话从定性的角度看有一定道理，但仔细想想就觉得有点似是而非，究竟 KA 对企业形象的帮助是多大，而这种形象帮助对于批发渠道的销量实质上可以提升多少。如果这种传递关系是很微弱的，企业为什么要把别的地方赚的钱白白亏在 KA 里呢？从定性的角度看提升 1% 和 99% 都是提升，但从实际操作来看就完全不同甚至是相反的结果。作者也很重视 KA，后续章节中有大量关于 KA 的内容，只是想强调每个企业、每个销售人员都应独立地思考问题，不要盲从。交易制度没有先进与落后之分，只有适合和不适合之分，**"适合即最佳"**。

3.5.2　每个中间环节所需单位的数量（中间环节的宽度）

子命题3.2： 在生产企业既定的渠道矩阵宽度下，每个中间环节所需的单位数量，取决于可选中间商对渠道下游的有效覆盖半径，半径越大则所需单位数量越少；反之亦然。

一般而言，如果一个中间环节是不可避免的，那么在同样生意结果的前提下，企业一般倾向于每个中间环节的单位数量越少越好。直观的解释就是交易单位越少，企业与之打交道的总体交易成本就越低，从而单位交易成本也越低（在销量相同的前提下）。

1. 什么是一个中间商对渠道下游的有效覆盖半径？

（1）什么是有效覆盖？

如果 A 单位与渠道下游的 B 单位建立了稳定连续的生意关系，就可以说 A 单位有效覆盖了 B 单位。

（2）什么是批发单位（分销商和批发商）的有效覆盖半径？

如果 A 批发单位能够有效覆盖一个区域大部分的终端，就可以说 A 单位有效覆盖了该区域，所有有效覆盖区域的集合就是 A 单位的有效覆盖半径。

直观的理解可以是该批发单位有效覆盖的地理空间范围，更精确的理解是在一定地理范围内（如某城市或某个省）该单位的加权覆盖率，即有效覆盖的所有终端占当地市场全部终端的销量比例（对于生产企业而言，需要细分到同类产品的销量比例）。

说明：

▶ 有效覆盖半径只是一个形象化的概念，更精确的说法应是加权覆盖率。例如有时我们会说某批发单位的有效覆盖半径是半个城市，并不一定指在地理空间上分割的城市的一半，而是指有效覆盖了占一个城市50%销量的终端。

▶ 所谓"大部分"是一个加权平均的概念，不是简单的算术平均。因为每个终端的销量相差很大，如果一个城市有100个终端，有效覆盖了最大的10个终端，这10个终端占整体零售额的80%，我们也可以说有效覆盖了这个城市。

当然，不同的企业对于"大部分"的理解和要求是不一样的，但一般在60%～80%。

一个批发单位的有效覆盖半径就是第2章所讲的该批发单位渠道影响力的重要组成部分，也是通常所说的网络实力的主要含义。一般分销商或批发商的有效覆盖半径仅指其可以直接覆盖终端的范围，通过下线批发网点间接覆盖的终端可以理解为其覆盖半径的范围，但是否属于其有效覆盖半径取决于对这些间接覆盖终端的影响力甚至控制力。

（3）什么是零售终端的有效覆盖半径？

直观的理解可以是该零售终端以其为中心，可以有效覆盖消费者的地理空间范围，更精确的理解是在一定地理范围内（如某城市或某个省）该零售终端的零售额所占整体市场零售额的比例（对于生产企业而言，需要细分到同类产品的销量比例）。

对于零售终端的有效覆盖半径概念的理解与上述批发单位类似，但是零售终端往往在其有效覆盖半径内不太可能达到60%～80%的市场占有率（即使就某类商品而言），因为消费者数量巨大且购买行为习惯各不相同，再加上许多冲动性和随机性的购买，同一地理范围往往有很多零售终端。

2. 中间环节所需的单位数量

每个中间环节所需的单位数量，取决于可选中间商对渠道下游的有效覆盖半径，半径越大则所需单位数量越少，反之亦然。

（1）企业在一个区域（或一个城市）所需分销商的数量，取决于可选分销商的有效覆盖半径。

所谓"可选"的含义是两个方面：一是当地批发商自身的有效覆盖半径；二是根据企业的实际情况，有可能成为其分销商的批发客户的有效覆盖半径。并非有效覆盖半径大的批发商都愿意成为某企业的分销商，而且分销商关键要与企业的实际状况和需要匹配，不一定越大越好。

如果可选分销商的有效覆盖半径能够有效覆盖整个区域，企业一般就在该区域设立一个分销商，否则就可能对该区域进行划分，由几个分销商共同覆盖该区域。当然，每个企业对有效覆盖的理解和要求不尽相同，而且具体的分销商布局还有其他考虑因素，但是以上规律仍不失为关于分销商布局的基本规律。分销商对其下线批发网点的布局道理与此类似。

（2）生产企业或分销商在一个城市所需覆盖终端的数量，也取决于当地各终端的有效覆盖半径，更精确地讲是市场占有率。

假如企业的目标是在当地有效覆盖终端达到80%的加权分销率，在不同的城市及不同的行业，具体需要覆盖的终端数量是不同的，可能有的只要20个大终端就可以达到目标，有的需要至少100个终端才能达到目标。一般而言，当地终端的销量越集中，企业的分销难度越小（见图3-7）。

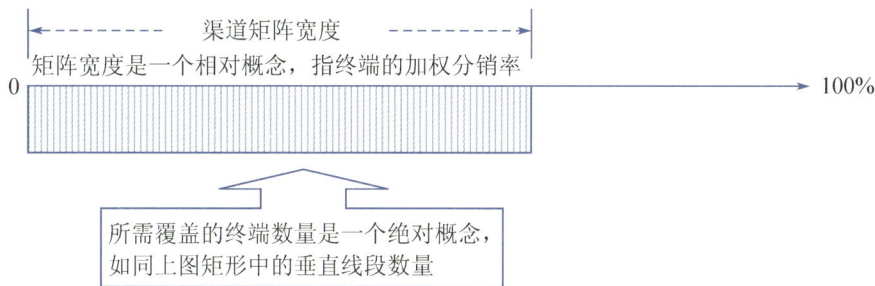

图3-7　渠道矩阵宽度

销售命题2指出了渠道矩阵宽度（或称分销密度）由企业可承受的单位交易成本确定，扩展边界停留于边际利润为零的那一点，回答了上图中企业是否应该以80%作为有效覆盖目标（或称加权分销率）的问题，而本命题是在此基础上进一步精确分析，如果达到80%的加权分销率在一个城市具体应该覆盖多少终端。

（3）生产企业在一个区域所需的销售分公司，销售办事处或自建终端的数量，与以上道理类似。

事实上，正是因为每个销售分公司，销售办事处或自建终端的有效覆盖半径是有限的，实际工作中往往很少有企业完全依靠这些单位覆盖全部区域，一般还需要分销商，批发商或其他终端作为补充。

说明：

▶ 子命题3.2只是在销售命题2确定了分销密度目标的基础上进一步分析"所需中间商的数量"，批发环节的存在与否及其数量是为终端分销密度目标而服务的，而且其分销成本最终要转嫁到企业，所以企业在批发环节的决策仍然取决于最终渠道矩阵宽度的单位交易成本和边际利润。

▶ "有效覆盖半径"的概念从另一个侧面印证了销售命题2所述的销量与分销密度之间的边际报酬递减规律。因为销量最终取决于消费者的购买，由于每个批发单位的有效覆盖半径必然有相当部分是交叉的，所以随着分销商和批发商的增加，并不会新增相同比例的分销终端；同理，每个终端的消费者必然也有部分交叉，新增终端的数量与新增的消费者数量并不成正比，也就不可能新增同样比例的销量。

3.5.3　渠道矩阵长度小结

销售命题3从定性的角度阐述了企业渠道矩阵长度中每个中间环节存在的必要条件与充分条件；从定量的角度分析了在既定渠道矩阵宽度的前提下，每个中间环节需要多少数量的中间商。

在实际销售工作中由于信息收集和决策能力等问题，决策者不可能准确把握不同渠道长度的组合比例和精确计算每个中间环节所需单位的数量，往往通过试错法不断学习和寻找合理范围，一方面在不同渠道长度之间反复调整，另一方面中间环节的单位数量过多则主动收缩（例如分销商密度太高导致冲货加剧），数量过少则主动增加（如批发商过少，不能覆盖大部分县城），这种反复调整的过程就会不断趋近最优的渠道长度组合及合理的中间商数量。

企业对于渠道长度组合及中间商数量的决策对其分销工作影响很大，企业的基本作用力、分销资源力和分销人员力的组合，就是在确定了渠道长度组合及所需中间商数量这个大前提之下的进一步延伸，包括设立渠道价格体系、后勤保障及如果企业需要参与到渠道销售过程，其分销队伍如何根据渠道特点配备、销售费用如何配置等具体工作。

为什么有的企业直供 KA 后又匆匆转给分销商？为什么有的企业在渠道扁平化的思想指引下大量开设地级和县级城市分销商，然后又大规模地精简，转过来强调"大客户战略"，或者反向过程？往往伴随这些过程的是销售人员招了又撤，撤了又招，或其他销售资源投入了又被迫放弃。原因都在于事前并未对合理的渠道长度组合及所需中间商数量有一个周详的规划与科学的决策，自然就会在这些问题上摇摆不定，大大增加调整的时间和成本。

世事无绝对，销售命题 3 并不能使我们"运筹帷幄之中，决胜千里之外"，但至少可以避免分销工作中的盲目性，使我们少做"事后诸葛亮"。当然，精确地确定渠道长度组合与所需中间商数量实际上是不可能的，但上述决策规律可以帮助我们相对准确地确定合理的范围，并缩短反复调整的时间和减少相应成本，正所谓**"凡事预则立，不预则废"**。本书的后续内容将在此基础上进一步往下延伸，使之更具操作性，比如我们需要继续探讨下述问题：

▶ 如何根据企业和各个地域的实际情况，相对准确地具体测算覆盖各类终端的单位交易成本？

▶ 如何根据上述测算结果，相对准确地确定哪些终端应该直供（或根本就不应该有直供的方式），哪些终端应该由分销商直接覆盖（我们显然不希望找一个纯粹"二传手"的分销商），哪些终端适合通过批发商间接覆盖？

▶ 如何根据以上渠道长度组合的标准，确立分销商的布局与数量，以及对分销商的基本软硬件要求？

▶ 如何将以上所有分销工作，按照逻辑顺序规划其轻重缓急顺序，并拆分为一个个可衡量、可操作的分销步骤？

销售命题 3 可以指导我们更高效地思考和解决以上问题，并与销售命题 2 共同揭示了生产企业的渠道矩阵宽度与长度的决策规律，销售命题 4 将继续探讨不同的企业在其既定的渠道矩阵中应该扮演什么样的角色。这就是渠道所有权一体化或运作一体化的问题。

3.6 应用 4：渠道一体化程度的决策规律

销售命题 4： 生产企业的渠道一体化程度，从经济效益的角度应该定位于一体化过程中"相对边际利润"为零的那一点，这一点也是理论上的下限，其上限直至一体化过程的"绝对边际利润"为零。如果企业希望降低"受制于人"的不确定性风险，则最终定位趋近于上限；反之，如果企业希望降低固定成本较高所导致的投资风险，则最终定位有可能突破理论上的下限。

广义来讲，缩短渠道长度也是提高渠道一体化程度的过程，因为渠道长度越短意味着企业相对更容易控制渠道。有关渠道长度的问题，销售命题 3 已经作了详细阐述，销售命题 4 专门分析狭义的渠道一体化问题，即在渠道长度既定的情况下企业如何确定其渠道一体化的程度。具体来讲就是回答两个问题：

（1）如果渠道的一个中间环节是不可避免的，那么企业应该自己设立这些下游单位，还是通过市场上的中间商销售？这就是**所有权一体化的问题**。

（2）如果上一个问题的答案是通过市场上的中间商销售，那么企业是把销售工作全部还是部分交给中间商来完成？如果是部分，那么具体比例如何界定？这就是**运作一体化的问题**。

由于直销方式不仅是长度最短的渠道，也是渠道一体化程度最高的方式，当然直销也存在如何加强直销渠道的控制力的问题（主要针对其直销人员），但本命题只讨论大多数通过终端销售的企业的渠道一体化程度的问题。

图 3 - 8 直观地表述了销售命题 4 的含义。

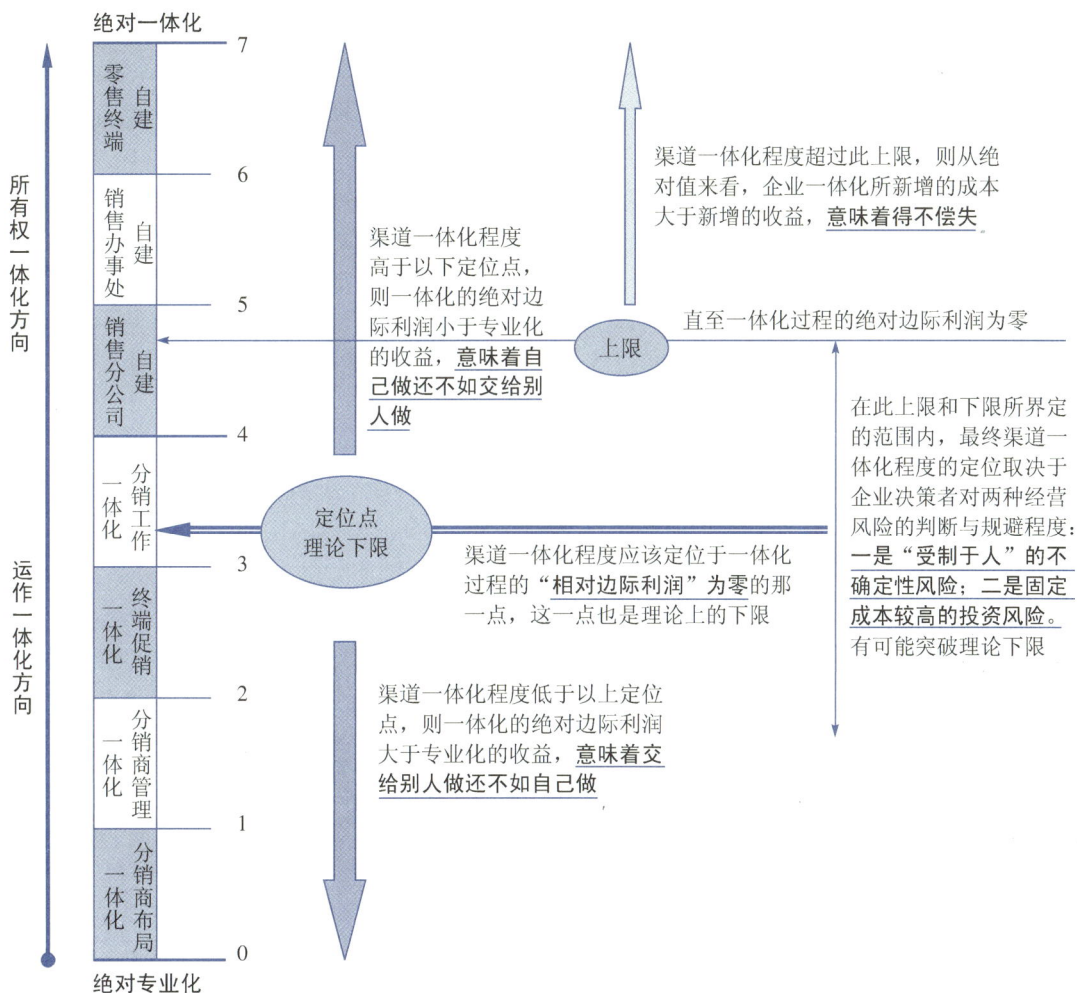

注：（1）图中所示的上下限只是构图需要，并非特指某类企业的上下限。（2）左侧"度量标尺"上的数字为"渠道一体化指数"，数字越大代表渠道一体化程度越高，详见之前的渠道一体化程度度量标尺相关说明。

图 3 - 8　渠道一体化程度度量说明

3.6.1　渠道一体化的相关概念说明

在正式分析渠道一体化问题之前，有必要对相关概念及其相互关系作一些说明。

1. 一体化和专业化总是一对不可分割的"孪生兄弟"，并且方向相反

一体化程度越高意味着专业化程度越低，反之亦然。销售命题 4 也可以理解为一体化程度的上限就是专业化程度的下限，反过来，一体化程度的下限就是专业化程度的上限。

2. 一体化和专业化的实质就是两种交易方式之间的互换

每次一体化程度的提高，实质上就是用企业内交易的方式取代市场交易的方式，或者说用管理的交易方式取代买卖的交易方式。

以企业设立销售分公司的所有权一体化为例，如图 3 - 9 所示。

第3章　交易成本理论及其应用

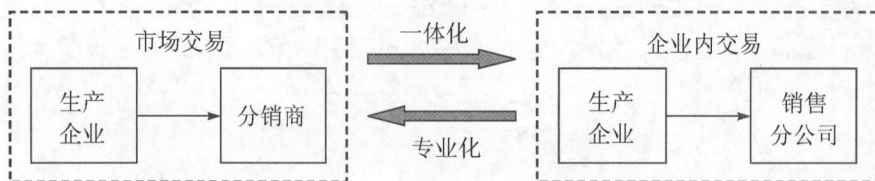

图 3-9　一体化和专业化的实质（以企业设立销售分公司的所有权一体化为例）

3. 运作一体化和所有权一体化的关系

运作一体化是指在专业化的市场交易方式的前提下，将某项具体的销售工作从市场交易的方式转变为企业内交易的方式；所有权一体化是将整个交易环节从市场交易转化为企业内交易，是更彻底的一体化形式。

同一渠道环节的运作一体化与所有权一体化的最终界限是**产品的所有权是否发生转移**，即运作一体化程度再高也不会导致产品的所有权发生转移，如越过此界限就是所有权一体化。例如无论一个企业多么深入地参与到分销商的再销售过程，产品的所有权始终属于分销商，企业只是协助分销商的再销售而已。

4. 什么是一体化的绝对边际利润

一体化的绝对边际利润是指在不考虑专业化的比较利益前提下，**每个一体化步骤就绝对值而言为企业所贡献的利润（也可能是亏损）**。

例如企业设立了一个销售分公司，该分公司一年的销售毛利（销售收入－生产成本）减去投入该分公司的所有交易成本，就是设立销售分公司这种所有权一体化步骤的绝对边际利润。再举一个运作一体化的例子，比如企业让分销商只负责 KA 的送货与结款，其他的分销与促销工作全部由企业承担，则这些 KA 一年为企业带来的销售毛利减去企业投入 KA 的所有交易成本，就是 KA 分销与促销一体化步骤的绝对边际利润。

5. 什么是一体化的相对边际利润

在渠道一体化的实际决策中，企业总是在每个环节或具体工作是"自己做"还是"别人做"两者之间进行比较，每次决策都是一个一体化与专业化之间选择的过程。

所谓一体化的相对边际利润，就是相对该环节或工作的专业化而言，每次一体化程度的提高所新增（也可能减少）的利润，即相对新增（偶尔也可能减少）的毛利减去相对新增（偶尔也可能减少）的直接交易成本。用专业术语讲，就是一体化相对专业化而言的相对边际毛利减去相对边际成本。

例如企业某个一体化步骤相对原有专业化而言，新增的毛利是 200 万元，而相对新增的直接交易费用是 150 万元，则相对边际利润是 50 万元。

（1）一体化过程的"相对边际毛利"构成。

以下三点的结合就是一体化所新增（也可能减少）的销售毛利额，即一体化步骤的相对边际毛利。

A. 提高企业毛利率：

一体化最直接的相对边际收益自然是原来由中间商获得的差价，现在转由企业获得，即使销量不变也增加了企业的毛利。这个问题对于所有权一体化而言不难理解，如何理解运作一体化所带来的这种边际收益？

前面讲过，各个中间商环节最终必然把所有渠道费用转嫁给企业，如果企业完全不参与各个环节的再销售过程，必然要让渡更多的产品差价给渠道伙伴，即使按照销量提取一定比例费用的费用包干方式（或各种返利）实质上也是一种变相的让渡产品差价形式。所以企业运作一体化程度越高，即越深入地参与下游单位的再销售过程，自然让渡给渠道的产品差价也可能越少，所节约的渠道差价就是运作一体化的相对边际收益。

当然，并非企业所有的运作一体化都意味着必须降低中间商的毛利率，还出于提升销量的考虑。

B. 提高企业销量：

一体化过程相比同等条件下采用专业化的方式，一般都可能新增一部分销量，销量的提升也会导致相对边际利润的增加。当然，如果企业自身的运作能力很差，有时一体化甚至会降低原有销量。

C. 扩大规模后带来的生产成本降低：

此外，如果新增销量达到一定程度，有可能带来企业单位生产成本的降低，这也是一体化的边际收益。这个问题涉及复杂的生产领域，本书只是定性简介，不作为分析重点。

(2) 一体化过程的"相对边际成本"构成。

一体化过程往往伴随着企业直接交易成本（相比专业化）的上升，例如企业可能要投入更多的销售人员，更多的营运资金和储运、办公等费用。此外，协调与监控等管理成本也会随之上升。这些因为一体化过程所新增的直接交易成本就是一体化过程的相对边际成本。本书用交易成本而非销售费用，就是因为一体化并非仅仅增加销售费用，也会带来其他运作费用的上升。

说明：专业化的相对边际利润的定义与计算方法与上类似但方向相反，不再详细解释。

在上述概念的基础上，将销售命题4拆分成3个子命题，分别阐述关于企业渠道一体化程度决策的规律。

3.6.2 如何"量化"企业的渠道一体化程度？

子命题4.1：各生产企业的渠道矩阵一体化程度位于绝对专业化和绝对一体化之间的某一点，而渠道一体化指数（或专业化指数）则是对渠道一体化程度的量化刻度。

1. 企业渠道一体化程度度量标尺（见图3-10）的作用

(1) 度量标尺是用来量化评估企业渠道一体化程度的，但仅限于通过终端销售的大多数企业（直销不在此列）。

(2) 度量标尺直观地展示了整个渠道一体化过程的路径，而渠道一体化指数对一体化程度进行了一定的量化，相对精确地反映了企业对其销售渠道的控制程度。

(3) 用一个数值来绝对量化企业渠道一体化程度实际上是不可能的，一体化指数只是从大体上判断企业的渠道一体化程度，不是最精确的方法，却是相对可行的方法。

2. 度量标尺的结构说明

(1) 沿着度量标尺从下往上的7个方块，基本代表了渠道一体化程度从低到高的7个阶段，而且上一个阶段一般建立在下一个阶段的基础之上。

例如分销商管理一体化一般建立在分销商布局一体化的基础之上，而分销和终端促销一体化也建立在分销商管理一体化的基础之上，很难想象一个企业在不参与任何分销商管理工作的前提下介入分销和促销一体化过程。而所有权一体化的程度显然高于运作一体化，也自然意味着分销和促销一体化。所有权一体化过程中，自建终端显然比批发环节的所有权一体化更彻底，企业对渠道的控制程度也越高；用销售办事处取代批发商自然比仅仅用销售分公司取代分销商的所有权一体化程度又进了一步。

(2) 各个企业对于销售分公司，销售办事处和自建终端的称呼与理解不尽相同，这里的理解是销售分公司（不是指管理型的分公司）对应于分销商，销售办事处对应于批发商，自建中断对应于市场上的零售终端。同时，不要太拘泥于所有权一体化的各种细节。

例如企业可能通过收购分销商的股份来达成所有权一体化的目的，我们就没有必要去深究是控股50%还是80%才算所有权一体化，只要从销售的角度看企业可以基本控制该分销商的再销售行为，就可以认为该分销商已经类似于销售分公司。有时企业自建终端也不一定是100%由自己负责，也可能与分销商合作，但只要该终端主要销售该企业的产品就可以理解为企业的自建终端。

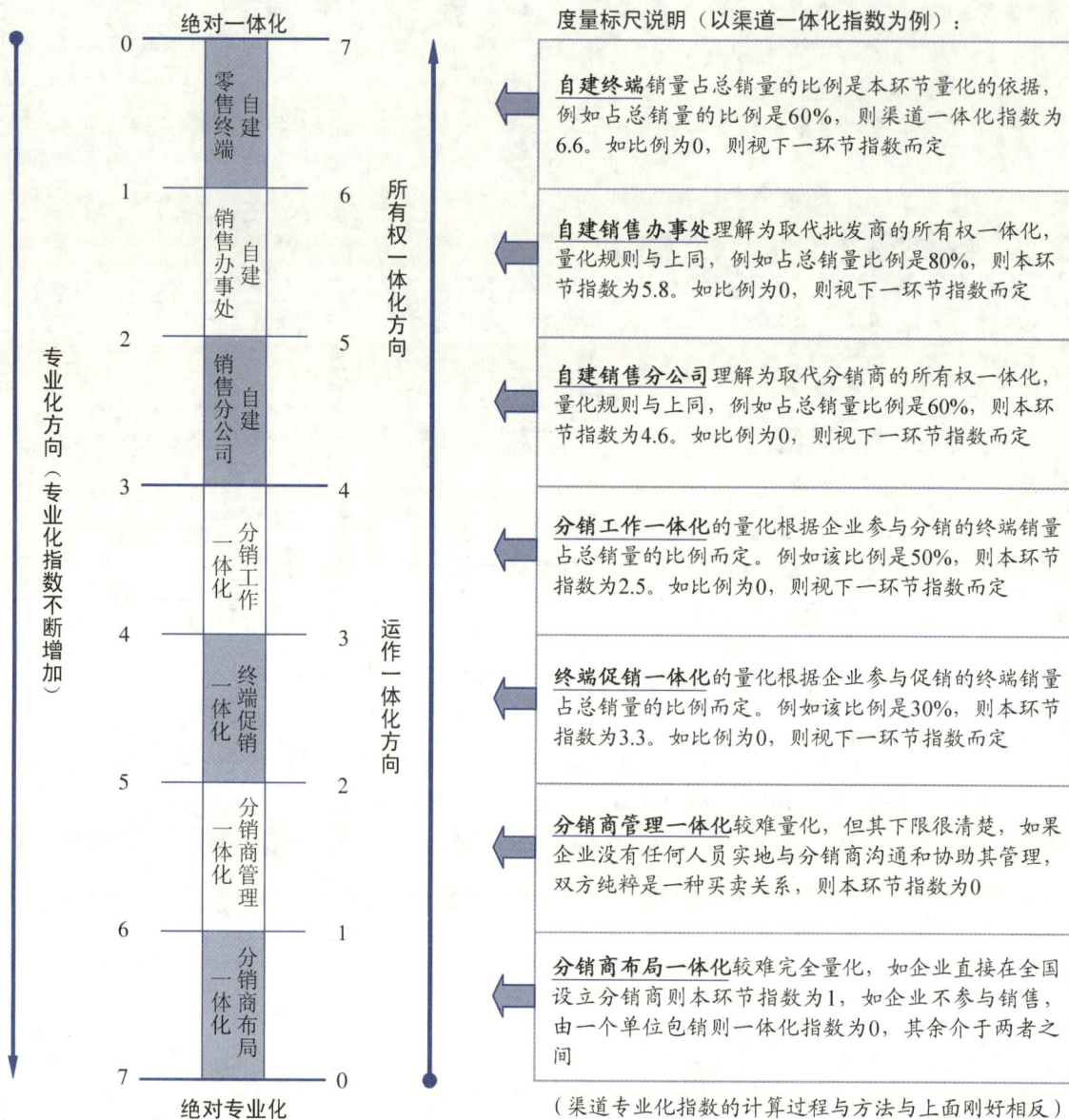

度量标尺说明（以渠道一体化指数为例）：

自建终端销量占总销量的比例是本环节量化的依据，例如占总销量的比例是60%，则渠道一体化指数为6.6。如比例为0，则视下一环节指数而定

自建销售办事处理解为取代批发商的所有权一体化，量化规则与上同，例如占总销量比例是80%，则本环节指数为5.8。如比例为0，则视下一环节指数而定

自建销售分公司理解为取代分销商的所有权一体化，量化规则与上同，例如占总销量比例是60%，则本环节指数为4.6。如比例为0，则视下一环节指数而定

分销工作一体化的量化根据企业参与分销的终端销量占总销量的比例而定。例如该比例是50%，则本环节指数为2.5。如比例为0，则视下一环节指数而定

终端促销一体化的量化根据企业参与促销的终端销量占总销量的比例而定。例如该比例是30%，则本环节指数为3.3。如比例为0，则视下一环节指数而定

分销商管理一体化较难量化，但其下限很清楚，如果企业没有任何人员实地与分销商沟通和协助其管理，双方纯粹是一种买卖关系，则本环节指数为0

分销商布局一体化较难完全量化，如企业直接在全国设立分销商则本环节指数为1，如企业不参与销售，由一个单位包销则一体化指数为0，其余介于两者之间

（渠道专业化指数的计算过程与方法与上面刚好相反）

注：左侧数字代表渠道专业化指数，数字越大则专业化程度越高，7表示绝对专业化；右侧数字代表渠道一体化指数，数字越大则一体化程度越高，7表示绝对一体化。

图3-10　企业渠道一体化程度度量标尺

说明：度量标尺中将"终端促销一体化"排在"分销工作一体化"之下，因为第2章在介绍销售作用力时已经指出，企业在终端促销方面更专业更有规模效应，相比而言分销商在分销方面更有优势，所以企业往往会更多地参与到终端促销的过程中。当然这也不是绝对的，分销是终端促销的基础，有时候企业也会先参与到分销过程中，所以如果必要可以将两者在标尺中的上下关系对调。

3. 渠道一体化指数的计算说明

（1）在具体计算某个企业的渠道一体化指数时，从上至下逐个评估，由于各个环节的指数存在一定的传递关系，一般而言最终渠道一体化指数可以用最上面一个非零环节的一体化指数来代表，但是这种计算方法不能绝对化。例如：一个企业在全国设立了一个自建终端作为试点，我们不能就此判断其渠道一体化指数高于6，还需要结合其他环节的一体化指数综合考虑。

（2）最终的渠道一体化指数只是一个简化的判断标准，还必须结合每个环节的指数综合评估，特别是分销和终端促销各自的一体化程度要分别判断。

（3）实际的渠道一体化过程相当复杂，不可能全部都能用文字精确表达，在实际计算"渠道一体化指数"时要灵活运用。比如"参与分销的终端"中"参与"两个字很难精确定义，但至少可理解为企业的人员和资源（特别是人员）直接介入了这些终端的分销过程。

企业渠道一体化程度度量标尺只是衡量渠道一体化程度的整体框架，本书后续章节将会在此基础上对每个环节的一体化程度进行深入分析。下面将结合度量标尺及其一体化指数来分析企业渠道一体化程度的决策规律。

3.6.3　企业渠道一体化程度的定位点及上下限

子命题4.2： 生产企业的渠道一体化程度，从经济效益的角度应该定位于一体化过程中"相对边际利润"为零的那一点，这一点也是理论上的下限，其上限直至一体化过程的"绝对边际利润"为零。

1. **一般而言，随着企业渠道一体化程度的不断提高，其一体化过程的绝对边际利润和相对边际利润都会不断降低，直至成为负数，即必然有为零的那一点**

以上规律是销售命题4的基础，否则每个企业都不会选择任何专业化的交易方式，这与市场现状和常识显然不符，下面简要说明其原因：

（1）随着渠道一体化程度的不断提高，一体化的绝对边际利润呈加速度下降，并最终成为负数。

▶ **就所有权一体化的过程来看**不难理解。例如一个企业设立销售分公司能够盈利，不代表自建销售办事处甚至自建终端就能盈利，因为越深入渠道的末端环节越缺乏规模效应，企业的单位交易成本就越高。

▶ **就运作一体化的4个阶段来看**，显然越往上企业越没有优势（也是越需要专业化的原因），销量增长的速度不断放缓，而成本递增速度不断加快，必然导致绝对边际利润快速递减。**就每个运作一体化环节内部来看**，企业总是先选择大的分销商加强管理，选择大的终端加强促销和分销，随着参与销售过程的比例越来越高，显然销量增长速度放缓，而成本递增速度加快，必然导致绝对边际利润快速递减。

（2）随着渠道一体化程度的不断提高，一体化的相对边际利润不断降低，并最终成为负数。

▶ 一体化的相对边际利润是相对专业化而言的边际利润，或者说就是一体化的绝对边际利润减去专业化的绝对边际利润。

▶ 既然随着一体化程度的提高，一体化的绝对边际利润加速递减，自然说明专业化的收益不断递增，一减一增显然导致一体化的相对边际利润更快速地下降，而且比绝对边际利润先到达零点。

▶ 在相对边际利润为零的时候，意味着这一点的一体化绝对边际利润等于专业化的收益，此时一体化的绝对边际利润还是正数。例如自建销售分公司只要没亏损，该一体化步骤的绝对边际利润都是正数，但这并不说明销售分公司的方式就比分销商为企业所带来的利润更多，可能两相比较该一体化步骤的相对边际利润已经是负数。

以上只是简单地说明绝对边际利润和相对边际利润递减的规律，上述原因并非全部原因，本命题的重点不是要深入探讨这些原因，只要此规律存在就可以分析下面的问题。

2. **生产企业的渠道一体化程度，从经济效益的角度应该定位于一体化过程中"相对边际利润"为零的那一点，这一点也是理论上的下限**

有关一体化过程的"相对边际利润"的定义，读者可以参考销售命题4一开始的解释，这里不再赘述。随着渠道一体化程度的提高，"相对边际利润"不断降低，在相对边际利润为零的时候，这一点的一体化绝对边际利润等于专业化的收益。

（1）一体化"相对边际利润"的零点就是企业渠道一体化程度的定位点。

如果越过"相对边际利润"的零点，就意味着新增一体化步骤的绝对收益不如专业化，会减少企业的总体利润额（相比采用专业化的方式）；反之，如果企业的渠道一体化程度不到达这一点，就意味着过早地采用专业化的方式，也会减少企业的总体利润额（相比采用专业化的方式）。简单地说，就是在"相对边际利润"的零点以上"别人做"比"自己做"要好，以下则"自己做"比"别人做"要好。因此，这一点也就是渠道一体化过程中的总体利润最大化的一点，本命题所述的"从经济效益的角度"就是这个意思。

(2) 一体化"相对边际利润"的零点也是企业渠道一体化程度的理论下限。

从以上分析可以看出，"相对边际利润"的零点也就是渠道一体化程度的下限，之所以加上"理论上"作为前缀，是指有些因素可能会导致企业突破此下限。例如有的企业的生产技术和成本具有很大优势，希望少参与销售过程多集中资源于生产活动，或者企业主非常不愿意承担固定成本较高所带来的投资风险（这个问题后面会详述）。但是普遍来看，上述子命题仍然是绝大多数企业遵循的规律。

实际销售工作中，绝大多数企业都不会选择绝对专业化，其渠道一体化指数的下限至少是1，即全国分销商布局的工作还是由自己来完成，不会把产品交给一个或几个单位"包销"。其原因就在于"包销"所获得的利润一般小于直接在全国设立分销商带来的利润。

(3) 影响企业一体化"相对边际利润"的因素。

不同的企业其渠道一体化过程中"相对边际利润"的零点，在度量标尺上的位置差异性较大，主要取决于三大类因素。这些因素实际上也就是影响企业单位交易成本的因素，销售命题2和销售命题3已有详细说明，以下只简要阐述：

A. 就行业之间的差异性来看：

不同类型的产品其单店销量的差异性很大，或者说其销量的网点集中度相差较远，显然网点集中度越高，行业平均的渠道一体化程度有可能越高，因为企业在一体化过程中的投入相对集中且容易管理。

B. 就同一行业的不同企业的差异性来看：

前面讲过的影响企业自身"单位交易成本"的因素同样是影响企业一体化过程中的"相对边际利润"的因素，主要指企业的销售规模、毛利率和运作能力等。这些因素对于一体化和专业化的具体收益和成本都会产生很大作用，自然也就对两者相比较而言的一体化过程的相对边际利润有很大影响。

C. 就地域之间的差异性来看：

同一企业在不同地域也可能选择不同的渠道一体化程度。原因也在于地域的渠道集中程度及可选中间商的质量都有较大差异性，自然对企业一体化的"相对边际利润"影响很大。

图 3 – 11 对渠道一体化程度的定位点（理论下限）作出了直观的表述，也包括接下来要分析的一体化程度的上限。

3. 生产企业渠道一体化程度的上限，直至一体化过程的"绝对边际利润"为零

(1) 一体化"绝对边际利润"的零点就是企业渠道一体化程度的上限。

有关一体化过程的"绝对边际利润"的定义，读者可以参考销售命题4一开始的解释。以上规律指出了渠道一体化程度的最高边界，也就是说，无论一个企业多么希望加强对渠道的控制力，都会在此上限停止渠道一体化的步伐。因为越过此上限，就意味着从绝对值来讲，新增成本大于新增收益，进一步的一体化只会带来亏损，从绝对值上降低企业的总体利润额。即使企业短期的一体化程度可能超过此上限，但从长期来看一定遵循上述规律。

(2) 企业渠道一体化程度为什么可能突破理论定位点？

前面第2点讲过，从经济效益角度看渠道一体化程度应该定位于一体化的"相对边际利润"零点，为什么有的企业可能突破那一点直到此上限才停止渠道一体化的进度呢？原因在于大多数企业总有一体化的冲动，或者说总不愿"受制于人"，即使相对而言专业化的经济效益好一些，但考虑到自身对渠道控制力太弱，将来会有许多不确定的风险，也可能放弃专业化的利益加强渠道的一

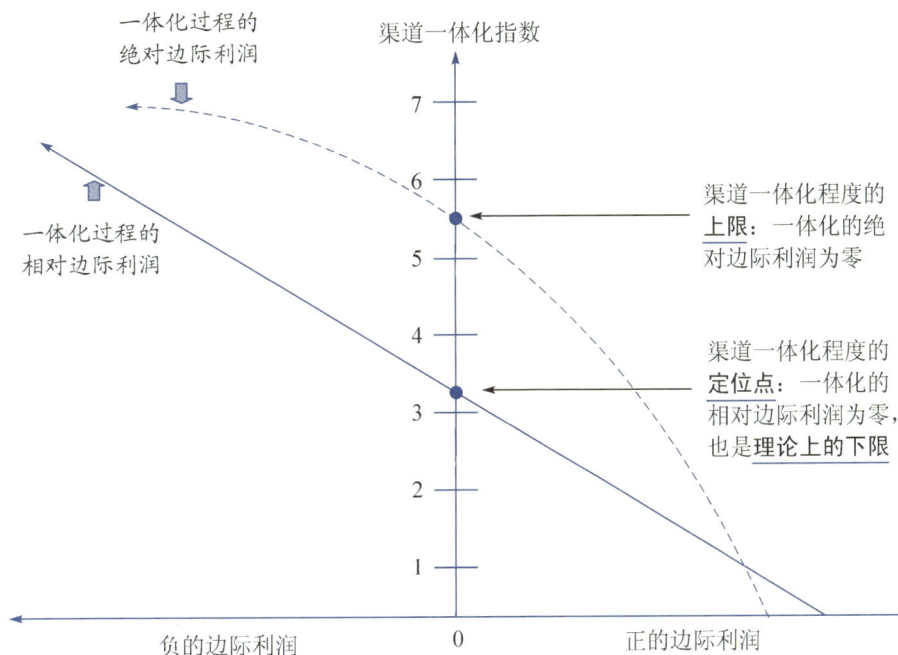

注：（1）图中往左上方倾斜的曲线（虚线）表示随着一体化程度的提高，一体化的绝对边际利润呈加速度递减，并最终成为负的边际利润；曲线上的每一点所对应的纵坐标表示一个一体化指数，所对应的横坐标代表该一体化指数的绝对边际利润。（2）图中往左上方倾斜的直线表示随着一体化程度的提高，一体化的相对边际利润不断递减，并最终成为负的边际利润，当然实际上这种变化不可能恰好是一条直线。直线上每个点的纵坐标与横坐标与以上第2点的解释类似。（3）图中的曲线与直线的形状只是构图需要，没有特别含义。每个企业一体化过程的绝对边际利润和相对边际利润的变动规律各不相同，但究竟从大方向看是不断递减，且必然和纵轴有两个交点，这两个交点就分别代表该企业渠道一体化程度的上限和定位点（也是理论下限）。

图 3 – 11   企业渠道一体化程度的上下限示意图

体化程度。所谓上限是指最高边界，实际销售工作中企业一般不会达到此上限，即使某个一体化步骤从绝对值上还没有出现亏损，但如果感到相对专业化而言效益很差，也有可能转而采用专业化的方式。

（3）影响企业一体化"绝对边际利润"的因素。

不同的企业其渠道一体化过程中"绝对边际利润"的零点，在度量标尺上的位置差异性较大，影响因素与前面第2点所述的影响"相对边际利润"的因素大致相同。

3.6.4　企业渠道一体化程度的最终定位

子命题4.3： 如果企业希望降低"受制于人"的不确定性风险，则渠道矩阵一体化程度的最终定位趋近于上限；反之，如果企业希望降低固定成本较高所导致的投资风险，则最终定位有可能突破理论上的下限。

子命题4.2所界定的定位点和上下限是企业渠道一体化程度的"理性边界"，但是决策者必然有自己的主观偏好，在此边界范围之内的最终定位就因人而异了。

1. "受制于人"的不确定性风险

显然渠道专业化程度越高，意味着企业对渠道的控制能力越弱，所以渠道一体化程度与企业决策者对"受制于人"的不确定性风险的判断与规避程度密切相关。企业越不希望承受这样的风险，就越是会加强对渠道的控制（不惜牺牲一些经济利益），则渠道一体化程度就越趋近上限；反之，则越接近甚至突破下限。

2. 固定成本较高所导致的投资风险

一般而言，渠道一体化程度越高，意味着企业投入渠道的直接成本越高，所以渠道一体化程度与企业决策者对这种投资风险的判断与规避程度密切相关。企业越不希望承受这样的风险，就越是会降低固定成本（不惜牺牲一些经济利益），则渠道一体化程度就越容易突破下限；反之，则越接近上限。

专业化往往意味着投资风险较小，因为企业的直接交易成本较少，而直接交易成本一定程度上是固定成本，自然有较大的投资风险。专业化的成本往往通过直接或变相的让渡差价的形式体现，大部分是一种与销量挂钩的变动成本，显然投资风险较小。

世上没有万全之策，上述两种风险是此消彼长的关系，一种风险的降低必然导致另一种风险的上升，最终取决于决策者的判断与偏好。当然除了以上两个因素以外，还有企业的长远战略重点、企业短期和长期的资金实力等，都会对渠道一体化的决策产生影响，这些因素很难一概而论。

3.6.5 渠道一体化程度小结

销售命题4阐述了企业渠道矩阵一体化程度的决策规律，在实际销售工作中由于信息收集和决策能力等问题，决策者不可能准确控制一体化程度的进程，往往通过"试错法"不断学习和寻找合理范围，超过上限则主动收缩（如销售分公司持续亏损），跌出下限则往往主动参与销售过程（如专业化的效益很差），这种反复调整的过程就会不断趋近合理的渠道一体化程度。

企业对于渠道一体化程度的决策对其销售战略影响极大，企业三大销售作用力的组合，就是在确定了渠道一体化程度这个大前提之下的具体工作。渠道一体化程度越高首先意味着企业需要投入更多的人员作用力和资源作用力，同时影响企业的渠道价格体系（利益推动力），显然一体化程度越高，则让渡给渠道的差价越小。此外，企业的后勤保障等客户服务力也与渠道一体化程度密切相关。

为什么有的企业设立了销售分公司或办事处后又匆匆撤掉？为什么有的企业招了人又撤，撤了又招？原因都在于事前并未对合理的渠道一体化程度有一个周详的规划与科学的决策，自然就会在这些问题上摇摆不定，大大增加调整的时间和成本。

虽然销售命题4并不能使我们事事都"未卜先知"，但至少可以避免渠道一体化过程中的盲目性。当然，精确地确定渠道一体化程度的上下限实际上是不可能的，但上述决策规律可以帮助我们相对准确地确定渠道一体化程度的合理范围，并缩短反复调整的时间和减少相应成本。本书的后续内容将在此基础上进一步往下延伸，使之更具操作性，比如我们需要继续探讨下述问题：

▶ 度量标尺7个一体化阶段（特别是运作一体化）的每一个环节内部，如何细分为若干可衡量、可操作的一体化步骤？

▶ 如何根据企业的实际情况，相对准确地测算每个一体化步骤的"相对边际利润"和"绝对边际利润"？

▶ 如何根据以上测算结果，确定渠道一体化的上下限？

▶ 如何根据上下限，规划渠道一体化的轻重缓急顺序？

▶ 如何在渠道一体化的规划之下，具体安排企业的三大作用力组合？即如何配置销售人员和其他销售资源，如何优化企业的价格体系和协调后勤保障等服务水平？

销售命题4可以指导我们更高效地思考和解决以上问题，从而确定相对合理的渠道一体化程度，使企业更接近利润最大化的目标。

3.7 应用5：运用交易成本理论分析中国销售渠道的发展轨迹

本章前面对于交易成本理论的应用主要着眼于生产企业的角度，来分析交易成本理论在销售中的应用，即如何规划企业销售的"游戏规则"。当我们将视野扩大到整个社会的商品流通领域，每一个企业只是社会交易的"游戏规则"下的个体，或者说上一节所阐述的 4 个销售命题只是在整个商品流通领域的"大游戏规则"下企业自身的"小游戏规则"。

注：商品流通是指产品从生产领域向消费领域的运动过程，如图 3-12 所示。不少销售人员把流通仅仅理解为批发，所以本书尽量不使用流通的概念，避免歧义。

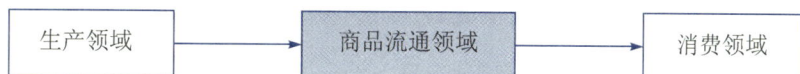

图 3-12　商品流通图解

首先回顾一下新制度经济学及其交易成本理论的三大定理：

> 定理一：制度是经济发展的关键（甚至是最重要的）因素。
> 定理二：制度的产生和变迁是自然演进的结果。
> 定理三：交易有成本，制度的发生和演变便是为了节约交易成本。

接下来尝试用上述三大定理去把握中国销售渠道发展的脉搏，从纷繁复杂的现象中掌握其内在的发展规律。归纳起来，就是要回答三个问题：

A. 为什么我国的商品流通渠道（社会交易制度）会从昨天演变成今天的状况？

B. 为什么今天各类行业的各个企业的销售渠道模式（企业交易制度）千差万别？

C. 中国的商品流通渠道（社会交易制度）的明天将会向什么方向演变？

每个企业既是卖方（对应销售部），也是买方（对应采购部），所以商品流通领域既包括消费品的流通，也包括工业品（或称生产要素）的流通，以下主要讨论消费品的流通渠道。

3.7.1　1949 年以来中国商品流通渠道的发展轨迹及其规律

1949 年以来中国商品流通渠道的发展轨迹如图 3-13 所示。

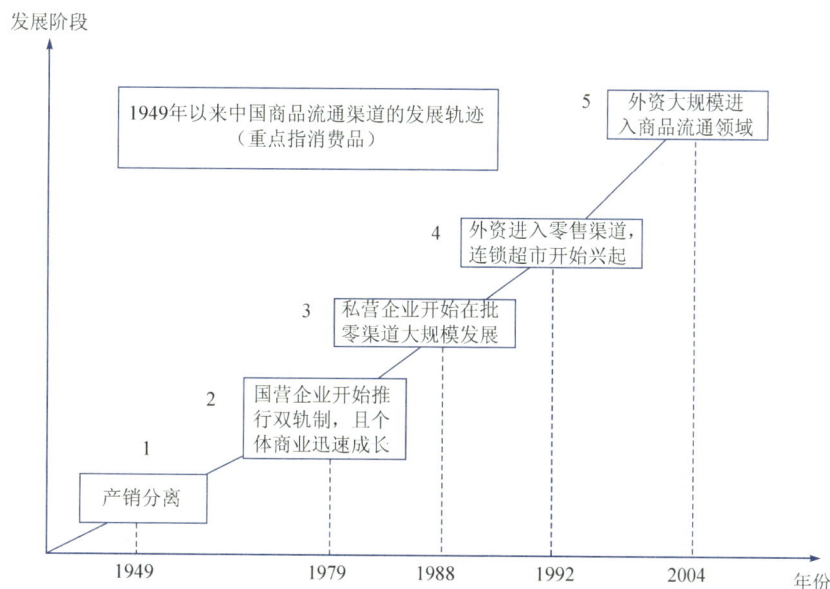

注：以上年份只是具有里程碑的意义，其对应的发展阶段并非绝对从这一年开始。

图 3-13　1949 年以来中国商品流通渠道的发展轨迹图

第一阶段（1949—1978 年）：计划经济体制下的企业产销分离。

中华人民共和国成立以后，采用以政府（特别是中央政府）调控为主的计划经济体制。虽然这 30 年社会交易制度也在不断演变并存在一些差异，但从销售的角度看，这一阶段最大的共性和特点就是<u>"产销分离"</u>。

整个流通领域被国营商业部门（负责消费品）和物资部门（负责生产资料）所垄断。所有消费品被划分为一类商品、二类商品和三类商品，而国营商业部门也相应分为三级批发和一级零售共四个层次。生产企业没有销售自主权，全部由国营商业部门"统购包销"（有点类似于前面所讲的绝对专业化，但这是强制性的），这就是所谓"社会大工厂"的含义。国营的商业企业对于生产企业和消费者都具有绝对的垄断优势，整个商品流通渠道按照严格的层级关系，由各级国营百货站层层批发，最后通过国营商场卖给消费者。

上述交易制度使整个社会承受了高昂的交易成本，而由于国营商业企业的垄断优势，这些昂贵的产品交易费用全部转嫁给了生产企业和消费者。例如：

▶ 由于国营商业部门希望简化操作和降低管理难度，大量地裁撤零售网点，把跑腿、排队时间和运输费用等转嫁给了消费者，而且消费者还要忍受国营商场低劣的服务和冷冰冰的面孔。

▶ 再从生产企业的角度看，不仅要忍受国营商业部门低效的运作水平，而且其所谓的销售科就是与国营商业企业拉关系甚至请客送礼，这也是一种高昂的交易成本。

在这种"产销分离"的交易制度下，生产企业没有真正意义上的销售，消费者也没有任何选择。虽然在政治体制的束缚下这样的交易制度坚持了30年，但是交易制度必然要向节约交易成本的方向演变。

第二阶段（1979—1987年）：国营企业开始推行双轨制，且个体商业迅速成长。

相信"双轨制"这个概念对于20世纪80年代以前出生的人们并不陌生，而之后的年轻一代可能根本不知为何物。所谓"双轨制"就是从1979年开始，国家逐步扩大生产企业的销售自主权，"计划内"仍然由国营商业部门"统购包销"，但"计划外"允许企业自主销售。这个阶段以1979年国家下发的《关于扩大国营工业企业经营管理自主权的若干规定》文件为启动标志，之后又陆续下发了若干相关的法律文件，直至1988年国家颁布《中华人民共和国全民所有制企业法》。从1979年开始，国营工业企业逐步涉足销售过程并且自主销售的比例越来越大，企业"自产自销"在今天看来是天经地义的事情，中华人民共和国成立以后用了40年的时间来完成这种交易制度的演变。

同一时期，代表高昂交易成本的国营商业部门的垄断地位被打破，个体商业（包括集体商业）迅速发展并进入了零售业和批发业，以下数字可见一斑："从1978到1988年，全国个体零售商业从业人员从13.6万人增长到1 106.2万人，增长了80.3倍；集体零售商业的从业人员从336.2万人增长到711.7万人，增长了1.1倍。"①

不言而喻，商品流通领域的上述交易制度演变大大降低了生产企业和消费者的交易成本，也是改革开放后我国经济迅速发展的重要制度因素。虽然这样的制度演变以国家颁布的法律文件为标志，但是国家只不过是把强制性的束缚放开，特别是个体商业的迅速成长完全是自发的演进过程，并不是政府引导或社会精英倡导的结果，而国家的立法和相关理论的出现不过是对已发生的交易制度的追认和规范而已。

第三阶段（1988—1991年）：私营企业开始在批零渠道大规模发展。

1988年国家颁布了《中华人民共和国全民所有制企业法》和《中华人民共和国私营企业暂行条例》，并在1988年的《中华人民共和国宪法修正案》中进一步明确了私营企业的性质、地位和作用。1988年无疑是中华人民共和国交易制度演变过程中的分水岭，以此为契机，私营企业开始在批零渠道大规模（甚至是超常规）发展，目前历史最长的私营批发和零售企业大部分就是在1988年前后成立的（之前只是小规模的个体户），这种发展对于中国近30年以及未来交易制度的影响是根本性的和深远的。随着竞争的加剧，国营批发和零售企业的生意不断萎缩，不少国营的商业企业已经消失，剩下的绝大部分企业已经通过股份制改革转变机制来提升竞争力。相关数据无须详查，只要看看今天的销售人员还有多少是在与国营百货站或国营商场打交道就知道了。

---

① 中国统计年鉴（1989）.

生产企业或消费者并不在乎批零网点的所有权性质，他们只是根据利益的驱使，选择单位交易成本更低的交易方式和交易对象，商品流通领域的这种制度演变是自然演进的结果。销售命题3指出，任何一个中间环节的存在必然以降低交易双方的单位交易成本为前提（如果没有强制力），代表昂贵交易费用的国营商业企业的消失和转制自然是顺理成章的事情。

第四阶段（1992—2003年）：外资进入零售渠道，连锁超市兴起。

1992年国家发布政策，进行我国零售业对外开放试点，但仅限于北京、上海、天津、广州、大连、青岛和深圳。外资主要以连锁超市的业态进入我国零售业，这里的超市既包括大型卖场也包括便利店等小超市（如7-11），其中尤以沃尔玛、家乐福等为代表。虽然1992年之后国家政策又逐步放开，但这些外资连锁超市在中国的迅速发展还是远远超过了国家政策所规定的数量。

伴随着外资零售企业的"抢滩"，我国本土的连锁超市在同一时期也获得了超常规发展，其中以上海联华、上海华联和深圳华润等为代表。

连锁超市的发展并不仅限于FMCG，也包括耐用消费品，如国美和苏宁等大型电器连锁卖场等。

为什么连锁超市（特别是大型连锁卖场）会在中国迅速崛起并获得超常规的发展呢？原因就在于连锁超市同时降低了消费者和生产企业（包括分销商等）的单位交易成本：

▶ **从消费者的角度看**，超市区别于其他零售业态最大的特点是"自选"，更方便消费者购买的好处是显而易见的；同时，大型卖场拥有更多的商品组合（有些还包括饮食和娱乐等），消费者平均在每件商品上所耗费的时间和交通费用等都大幅度下降。此外，由于连锁超市的集中采购和先进的运作系统导致了自身成本的下降，因此零售价也相比原有商场普遍要低。

▶ **从生产企业（包括分销商等）的角度看**，由于连锁超市的集中采购和统一管理，大大降低了企业的单位交易成本，使企业的分销拓展和维护工作更有规模效应，而且降低了企业生意的不确定性和经营风险。当然这种单位交易成本的节约是相对原有大商场或杂货店而言，目前企业也抱怨KA的费用太高，部分是由于供求关系所影响，但随着KA之间竞争程度的加剧终究要回到正常轨道。

第五阶段（2004年12月11日至今）：外资大规模进入商品流通领域。

从2004年12月11日开始，中国履行加入WTO的承诺，取消外资进入我国商品流通领域的所有限制，具体来讲就是"三不"政策：不限制外资流通企业的设立地点；不限制外资流通企业的中方合资比例；不限制外资流通企业的网点数量与经营范围（意味着可以进入批发渠道）。国内流通企业用"狼来了"形容这一变化并不夸张，外资流通企业往往相比本土企业而言具有更大的资金优势和更强的管理优势，也就更能节约生产企业和消费者之间的单位交易成本。

很难预测外资流通企业未来在中国的市场占有率，但有一点是肯定的，随着"三不"政策的实行必将带来中国零售和批发渠道更全面深入的演变，这种变化也包括本土商品流通企业的"做大"与"做强"。

以上简要回顾了1949年以来商品流通领域中交易制度的发展"五部曲"（这方面没有公认的划分，仅代表本书的观点），本书无意对此问题进行深入探讨（关于这个问题有不少专著），只是想应用新制度经济学及其交易成本理论分析此发展轨迹背后的规律。

定理一：制度是经济发展的关键（甚至是最重要的）因素。

1949年以来经济发展的步伐与社会交易制度的发展水平完全吻合，更合理的交易制度不仅节约了社会交易成本，而且使生产企业可以投入更多的资源于生产领域，并同时促进了社会分工的进一步深入，使企业的生产效率和技术水平持续提高。当然制度并非仅指交易制度，还包括产权制度和法律制度等，本书仅从销售的角度分析交易制度的演变。如果还停留于1978年以前的"产销分离"状态，不知中国还能否有今天举世瞩目的经济成就。

定理二：制度的产生和变迁是自然演进的结果。

虽然每一个里程碑往往以国家颁布的法律或政策为标志，但是这些法律或政策所起的作用只是"允许那样做"，但并非"倡导甚至强迫那样做"，而且这些法律和政策或者顺应了市场需求，或者是对商品流通领域已经发生的演变的追认和规范。整个交易制度的产生和变迁，是所有企业和个人在利益驱使下自然演进的结果。

定理三：交易有成本，制度的产生和演变便是为了节约交易成本。

虽然 1949 年以来中国每次交易制度的产生和演变所涉及的领域和具体内容各不相同，但是万变不离其宗，始终向着同一个方向运动，那就是节约交易成本。更准确地说是节约交易双方的单位交易成本，因为交易双方总是有降低单位交易成本的需求和冲动，并且总是自然选择单位交易成本最低的交易方式；每种新的交易方式并非无所不能和完全取代原有交易制度（例如 KA 的快速发展并非就意味着商场或杂货店的消失），其扩展边界总是停留在边际收益为零的那一点。

3.7.2 各个企业的销售渠道模式为何各不相同？

上述的五个发展阶段只是从宏观角度看社会交易制度的共性，但是发展到今天为什么不同的企业的销售渠道模式各不相同呢？原因如下：

1. 行业差异性

从定性的角度看，不同的行业消费者可接受的单位交易成本和生产企业可承受的单位交易成本相差甚远，这种差异性自然决定了不同的行业所选择的渠道宽度（包括中间环节的密度）与长度各不相同；从定量的角度看，不同行业的企业的边际交易收益和边际交易成本也各不相同，自然每种交易方式的扩展边界也差别较大。

最直观的现象就是今天工业品与消费品的销售渠道模式差异很大，而消费品中耐用消费品与FMCG 之间又存在相当差异。

以上道理在前面的 4 个销售命题中已有详细阐述，不再详细说明。

2. 同一行业不同企业之间的差异性

即使就同一行业来看，由于企业的销售规模、毛利率和运作能力等差异较大，各个企业可承受的单位交易成本及边际利润也各不相同，这里不再赘述。

3. 地域差异性

中国地域广大且各地的渠道发展水平不一，这主要表现在当地的渠道集中度与交易费用的差别。即使同一个企业在不同的地域，也会选择不同的渠道宽度与长度以及渠道一体化程度，显然一个企业在 KA 发展水平较高的江苏与相对渠道分散的新疆的渠道模式差异很大。

上述三种差异性综合起来导致不同企业的销售渠道模式千差万别，而且同一个企业也不可能只采用单一的交易方式，但归根结底所有的差异都源于企业的单位交易成本与边际交易利润的差异。交易成本理论及 4 个销售命题可以帮助我们化繁为简，透过表面现象把握其内在的规律，详见本章之前的阐述。

3.7.3 中国的商品流通渠道将会向什么方向演变？

对未来的预测从来都是一件困难的事情，但我们可以应用交易成本理论并结合中国目前的渠道现状，大致预测以下 4 个发展方向：

（1）零售渠道的集中程度将越来越高，具体表现在两个方面：一是单店的平均营业面积和市场占有率将持续提升；二是门店之间的连锁程度将越来越高。

目前我国的零售渠道集中度较低，未来大型卖场的数量将持续上升，并占据越来越多的市场份额；通过兼并与扩张等方法，零售渠道会越来越集中于数十家"零售业寡头"。原因就在于上述两个方面都能更大地节约消费者和生产企业的单位交易成本，所以自然具有充足的存在理由和巨大的发展空间。

（2）批发渠道（分销商和批发商等）将逐步萎缩，企业和零售终端之间将越来越多地采用直接交易的方式。

销售命题 3 指出，当交易双方直接交易的单位交易成本大于双方各自可接受的单位交易成本之和，就必定存在中间环节。伴随着零售渠道的集中程度持续提高，意味着生产企业与零售终端直接交易的单位交易成本将不断降低，原来高昂的直接交易费用将会逐步降低到企业（包括规模较小的企业）与零售终端都可以接受的程度。

（3）批发渠道不会消失，但会发生两个转变：一是相对集中于地广人稀的区域和市场规模较小的县城及乡镇；二是批发环节将转型为服务环节，更好地充当生产企业的"销售代理商"和零售终端的"采购代理商"，其继续存在的理由与利润来源是因为其服务为上下游所节约的交易成本。

A. 虽然生产企业和零售终端将越来越多地绕开批发环节而直接交易，但是这种直接交易的方式并不能覆盖所有地域，它总有边界和死角。连锁超市的发展也是遵循边际报酬递减的规律，随着连锁超市越来越深入到地广人稀的区域和市场规模较小的县城及乡镇，其自身的单位成本也会不断提升，直至边际收益为零的那一点自然就会停止扩张。所以零售渠道集中度的提高并不就意味着中小终端的消失，那些中小终端仍然可能通过批发环节采购。

B. 另一方面，零售渠道集中度的提高只是降低了生产企业与终端直接交易的门槛，但是必然还有一些规模较小、毛利率较低和运作能力较差的企业仍然在此门槛之下，所以批发渠道仍然是这些企业与终端之间的"桥梁"。

C. 由于零售终端与生产企业直接交易成本的整体下降，批发环节自然也必须改善其服务水平，从而进一步降低上下游的单位交易成本才有生存的空间。批发环节的利润不再是简单意义上的"贱买贵卖"，而是其"服务所得"。这种服务对于生产企业而言就是高效的"销售代理服务"，对于零售终端而言就是优质的"采购代理服务"。

（4）"无店铺"的直销形式将更为普遍。

这里指广义的直销，包括分销商不通过终端而直接卖给消费者。随着电子商务技术的提升和相关交易制度的完善，网上购物等"无店铺"直销形式的单位交易成本将相对减少，对于消费者和企业而言也就降低了直接交易的门槛，自然就会有更多的企业与消费者采用这种交易方式。

交易成本理论及4个销售命题如同手中的"听诊器"，使我们可以感知中国交易制度产生与变迁过程中所跳动的脉搏；又如同将我们带到高空的"飞船"，让我们可以俯视商品流通领域的"昨天"和"今天"并眺望"明天"，从中发现一条贯穿始终的"红线"，那就是交易成本。

3.8 交易成本理论及其应用小结

本章用了大量篇幅阐述交易成本理论及其在销售中的应用，因为销售就是生产企业的交易行为，自然交易成本理论在销售中具有极其广泛的应用和重要的指导意义。与销售工作最密切相关的应用显然是4个销售命题。

3.8.1 4个销售命题的理论源头及相互关系

1.4个销售命题的理论源头

定理一：制度是经济发展的关键（甚至是最重要的）因素。

首先我们从新制度经济学的定理一推导出了销售命题1，揭示了销售战略的实质就是企业对外和对内的交易制度安排，这些制度安排是所有销售工作的核心。

定理二：制度的产生和变迁是自然演进的结果。

虽然没有从定理二中推导出其他销售命题，但定理二本身对设计和优化企业的交易制度提供了重要启示。

定理三：交易有成本，制度的发生和演变便是为了节约交易成本。

这里的交易成本"节约"是两层含义：一是绝对意义上的"节约"，即在销量相同的情况下如何节约交易成本；**二是相对意义上的"节约"**，即如何让同样的交易成本产生更大的销量。

从交易成本理论的核心（定理三）推导出了其余 3 个销售命题，分别阐述了渠道矩阵的宽度、长度及渠道一体化程度的决策规律，以**"交易成本"**的概念及其理论作为贯穿始终的红线，回答了生产企业首先必须面对和思考的 3 个基本的销售战略问题：

（1）渠道宽度：我们应该和能够覆盖多大比例的消费者？

（2）渠道长度及中间环节宽度：为了实现上述目标，需要多少个中间环节参与到销售过程？各种不同长度的渠道如何组合？每个中间环节具体需要多少中间商？

（3）渠道一体化程度：在上述渠道宽度和长度既定的情况下，企业在该渠道中应该扮演什么样的角色？简单地说，哪些应该企业"自己做"，哪些适合交给"别人做"？

2.4 个销售命题是一种环环相扣的关系（见图 3 - 14）

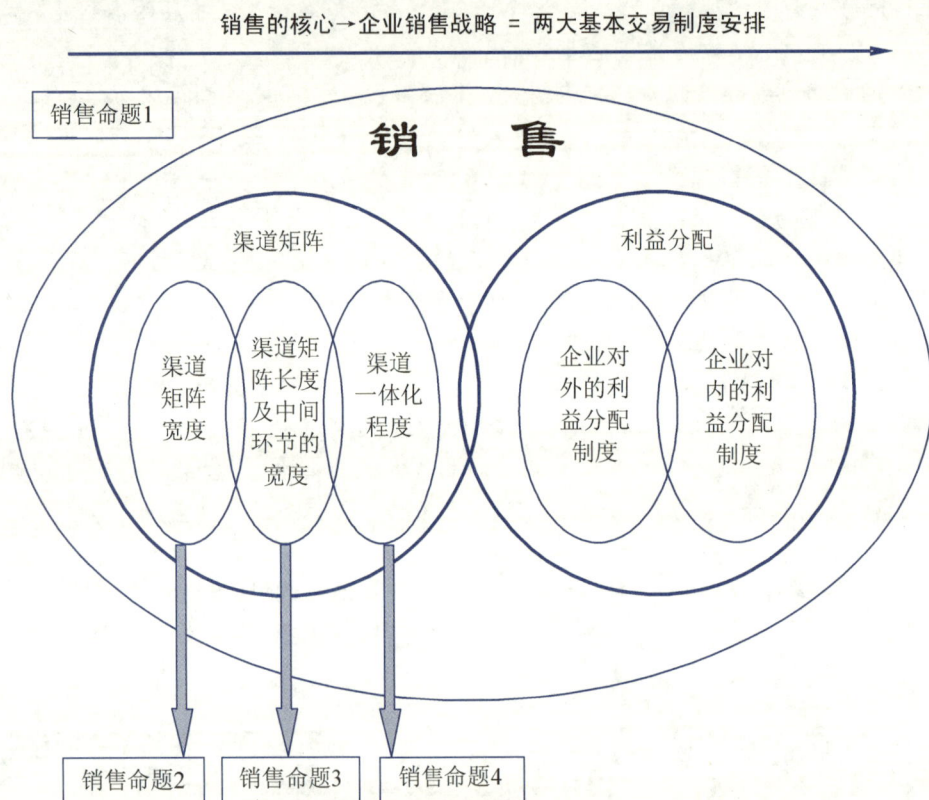

图 3 - 14   4 个销售命题的关系

3.4 个销售命题的统一逻辑

（1）尽管 4 个销售命题所针对的问题和具体内容各不相同，但具有三点共性：

A. 都基于企业追求利润最大化的假定。

B. 都是有关销售战略的决策问题，所谓决策实际上就是"选择"。

C. 无论渠道矩阵的宽度和长度还是渠道一体化程度，本质上都是企业对其交易方式（或称交易制度）不同方面的选择。

（2）虽然各个销售命题中所涉及的概念不尽相同，但都是以"交易成本"为核心，从中衍生出相关概念，其中最重要的是：

A. 单位交易成本：总体判断各种交易方式的选择标准。

B. 边际交易利润：精确判断各种交易方式的扩展边界，也简称为边际利润。

C. 边际交易成本：决定边际交易利润的重要变量。边际交易收益相对容易计算，主要是新增销量的毛利（不考虑无形收益）。

（3）4 个销售命题的统一逻辑：

A. 选择何种交易方式，总体上取决于其单位交易成本。

B. 每种交易方式一般符合"边际报酬递减"的规律，其扩展边界将停留在边际交易利润等于其他交易方式的那一点；上限不超过边际交易利润的零点。

当然，我们也可以从其他角度思考销售问题，而且交易成本并非其中唯一的因素，但是，显然交易成本及其相关概念是其中最重要的影响因素，而且这种一以贯之的分析方法可以使我们的思维更"简洁"和更具逻辑性。

3.8.2 如何正确理解 3 大定理和 4 个销售命题的作用

任何理论的价值无非两点：**解释现象和指导实践**。

1. 解释纷繁复杂的销售现状

（1）交易成本理论首先使我们"知其然"。

显然本章的 3 大定理和 4 个销售命题与绝大多数企业的销售"现象"相吻合，这从一个侧面印证了其正确性。我们不能因为其和销售"现象"吻合，就觉得没有价值。事实上，检验一个理论正确与否的标志首先就是能否解释实际工作中的"现象"。

如果牛顿的"万有引力"理论得出的结果是"苹果应该自动往天上飞"，这虽然颇有新意，但无须证明就知道一定是错误的。

为什么交易成本理论会和销售"现象"吻合呢？原因就在于每个企业或销售人员至少都在按照"趋利避害"的本能行事，其行为从根本上来讲总是自觉或不自觉地符合相关理论所揭示的规律。

（2）交易成本理论使我们不仅"知其然"，而且"知其所以然"。

如果理论仅仅停留在描述销售工作中的各种现象，那就不成其为理论。理论更重要的是揭示现象背后的规律，使我们能看到各种现象之间的共性，以及不同类现象的"边界"。这就是通常所说的"透过现象看本质"。

例如销售渠道中存在 3 种不同的终端覆盖方式（企业、分销商、批发商），这是人所共知的事情。但为什么不同的行业、不同的企业以及在不同的地域其渠道长度的组合比例具有很大的差异性呢？对于每个企业，各类终端应该选择什么样的覆盖方式？三种覆盖方式的边界（或者说适用范围）在哪里？

真正实用的理论所揭示的销售规律往往不是停留在定性的阶段，而是深入到相对量化（意味着有操作性）和高度逻辑化的水平。

例如每个中间商的利润从现象上看是"贱买贵卖"的结果，但本质上是来自于所节约的上下游直接交易成本，而且其利润的上限不可能高于所节约的交易成本。下一章的委托代理理论会将其上下限的范围进一步缩窄，更加精确化。

2. 切实指导实际销售工作

（1）正确的销售理论往往使我们认识到自己的直觉或常识并不可靠。

人们总是有"趋利避害"的本能，但并不代表所做的每一件事都符合自己的利益，因为这种"趋利避害"行为的前提是正确认识了什么是"利"和"害"。当问题很简单或结果很明显时，依靠直觉和常识就可以达到"趋利避害"的目的。但是大多数时候问题并非一眼就能看清楚，或总是与我们的直觉与常识相符。

这样的例子在销售工作中俯拾皆是：

直觉 1：渠道越短，价格越便宜。

这种直觉的推理是：渠道中每个环节肯定要赚钱，层层加价自然价格更高。

"存在的就是合理的"。事实上，渠道中任何一个中间环节的存在的理由总是因为降低了原有的单位交易成本。渠道的产生和演变从长期来看，总是往节约交易成本的方向运动。

现实情况恰恰相反，所谓的"厂家直销"往往是最昂贵的交易方式。

直觉2：分销越多越好。

这种直觉的推理是：每个店都会产生销量，自然分销网点越多销量越大。

就作者工作中所接触的销售人员，不少是抱着这样的"信条"在工作。不少企业的老板也是这样要求销售人员的，"你们只管分销，卖不卖得出去是我的事情"。

实际上分销密度与单店销量水平（反映了企业综合的产品竞争力）密切相关，蒙着脑袋一味地分销肯定是得不偿失的，我们还要考虑分销成本及尽可能准确的销量预测，以及后续的分销维护成本。本章的销售命题2指出，最合理分销密度的扩展边界是边际利润的零点。

再举一个有关销售常识的例子：同行是竞争对手，上下游是合作伙伴。

实际上每个中间商的上下游一般视中间环节为退而求其次的选择，一旦上下游认为时机成熟肯定会绕过中间商直接交易，这对中间商同样是生意损失（甚至是更严重的损失）。所谓时机成熟，销售命题3对此作了界定，即当上下游直接交易的单位交易成本降低到双方都可以接受的程度就有可能。

因此一个中间商的上下游不仅是其合作伙伴，也是其竞争对手，甚至是更重要的竞争对手。

上述例子主要说明销售理论在具体工作中的应用价值，我们不要总是依靠直觉或常识做事而故步自封。道教始祖老子有一句穿越时空的至理名言，这里与读者共勉：

> 反之，道之动。

短短5个字道尽了深邃的哲理，其大意是指事物真正的发展规律往往与人们的直觉和常识相反。

（2）交易成本理论不仅适用于销售战略层面，对实地销售同样具有极强的指导意义。

交易成本理论及4个销售命题的运用并非仅限于企业的销售战略层面，一个企业的销售不可能只由一个人思考，其他各级实地销售人员都简单地执行。

简单地说，战略就是做事情的方法，而战术或执行就是具体做事情。每个级别的销售人员都有自己的战略（为以示区别，我们一般称为策略），都需要在做每项工作之前先考虑"做事情的方法"。当把整个市场从全国缩小到一个省或一个城市，甚至缩小到一个分销商或一个终端，其销售工作的决策规律和思维方法是一致的。

由于各地渠道状况差异性很大，实际上企业的销售战略只能是大方向，各级销售管理者还需要在此"大方向"上确定"小方向"，即根据当地的实际情况制定该区域的"销售战略"（或称销售策略）。实地销售经理考虑的地域范围比较狭窄，且决策权限较小，许多想法可能需要申请获得批准才能实施。所以，交易成本理论的价值就在于既可以使企业决策者高瞻远瞩，又可以具体而微地指导每个销售人员的实地工作。因为理论所揭示的规律具有普遍性，这就是理论同纯粹经验的区别。正如禅宗的偈语所讲：

> 一花一世界，一叶一菩提。

（3）交易成本理论与企业三大销售作用力的关系。

交易成本理论及4个销售命题就是企业三大销售作用力背后的理论作用力之一，因为三大销售作用力建立于正确决策渠道矩阵宽度和长度，以及渠道一体化程度的基础之上，是核心战略的进一步延伸和具体化。如果方向不正确，那么具体的销售作用力组合必然是"事倍功半"甚至"南辕北辙"。本章每个销售命题都简要说明了与三大销售作用力的关系，这里不再赘述。

当然仅仅依靠交易成本理论并不能解决所有销售问题，从图3-14可以看出，销售战略中的利益分配问题还没有触及，第4章的委托代理理论及其应用将会重点阐述这方面的问题。同时，本章

148

的 4 个销售命题只是交易成本理论的应用简介，每个销售命题的结束部分也指出了需要进一步具体化的问题，本章的作用只是打开一扇"窗户"。

"学以致用"是永恒的真理，以下结束语和读者共勉：

> 理论如同降落伞，如果不打开将一无所用。

本章要点回顾

本章是销售理论力的第一部分，对企业的整体销售战略和实地销售策略具有广泛的指导意义。本章要点可以概括为"3 + 4 + 1"：

3 个定理（新制度经济学及交易成本理论的核心）：

> 定理一：制度是经济发展的关键（甚至是最重要的）因素。
> 定理二：制度的产生和变迁是自然演进的结果。
> 定理三：交易有成本，制度的发生和演变便是为了节约交易成本。

4 个销售命题（新制度经济学及交易成本理论在销售中的应用）（见图 3-14）：

销售命题 1：生产企业的销售战略实质上就是对外和对内的交易制度安排，这种制度安排是所有销售工作的核心。

销售命题 2：消费者对于某类产品可接受的直接单位交易成本，决定了消费者对于购买此类产品的空间便利性的需求，生产企业的渠道矩阵宽度（或称分销密度）以此需求为基点上下波动。从定性角度看，渠道矩阵宽度的最终定位取决于生产企业可承受的单位交易成本；从定量角度看，其分销扩展边界将停留在企业的边际利润为零的那一点。

销售命题 3：只有一个中间环节能够节约交易双方的单位交易成本，该中间环节才有可能存在；当交易双方直接交易的单位交易成本大于双方各自可接受的单位交易成本之和时，该中间环节必定存在。在既定的渠道矩阵宽度下，每个中间环节所需的单位数量，取决于可选中间商对渠道下游的有效覆盖半径，半径越大则所需单位数量越少；反之亦然。

销售命题 4：生产企业的渠道一体化程度，从经济效益的角度应该定位于一体化过程中"相对边际利润"为零的那一点，这一点也是理论上的下限，其上限直至一体化过程的"绝对边际利润"为零。如果企业希望降低"受制于人"的不确定性风险，则最终定位趋近于上限；反之，如果企业希望降低固定成本较高所导致的投资风险，则最终定位有可能突破理论上的下限。

1个中国商品流通渠道的发展轨迹图（新制度经济学及交易成本理论在宏观领域的应用）（见图3-13）。

读者可以在第3章基础上进一步延伸知识体系（见图3-15）。

更系统地学习新制度经济学与交易成本理论原著

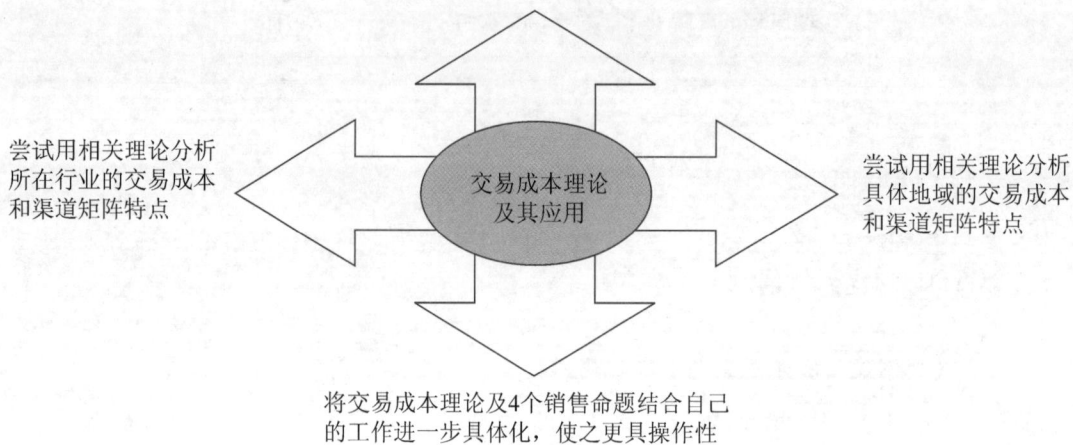

尝试用相关理论分析所在行业的交易成本和渠道矩阵特点

交易成本理论及其应用

尝试用相关理论分析具体地域的交易成本和渠道矩阵特点

将交易成本理论及4个销售命题结合自己的工作进一步具体化，使之更具操作性

图3-15　第3章的知识体系延伸示意图

销售力

第4章 ❮ 委托代理理论及其应用 ❯

第3章的交易成本理论及其4个销售命题阐述了渠道矩阵的决策规律，主要回答的是"为什么会这样交易？"的问题，比如：

为什么一个企业的分销密度应该这样定位？

为什么企业的渠道长度应该这样组合？

为什么企业要在销售过程中扮演这样的角色？

渠道矩阵构建了企业交易制度的基本格局，但仅是整个交易制度中的**"可见部分"**。在分析上述问题时我们只是从生产企业"如何追求利润最大化"的角度出发，显然交易就意味着利益的交换，在整个交易制度中还有一条**"无形的主线"**将所有参与者连接起来，那就是利益。

所以，我们不仅要回答"为什么"，还要进一步思考参与销售过程的单位与人员具体如何交易（包括企业内和企业外），这个问题的实质就是利益分配制度。委托代理理论为我们研究此类问题打开了另一扇"窗户"。

4.1 委托代理理论的发展及相关概念

4.1.1 委托代理理论的起源与发展

委托代理理论是一个既古老又年轻的理论，最早可以追溯到两百多年前的经济学鼻祖亚当·斯密，但对销售工作真正具有指导意义的委托代理理论则是从20世纪70年代才开始发展起来的。整个委托代理理论的起源与发展可以分为四个阶段：

1. 古典经济学的委托代理理论

亚当·斯密在其名著《国民财富的性质和原因的研究》中指出了当时英国股份制企业的问题："要想股份企业董事们监视钱财用途，像私人合伙公司伙员那样用意周到，那是很难做到的。""疏忽和浪费，常为股份公司业务经营上多少难免的弊窦。"这是经济学著作中第一次提到有关所有权与经营权分离后的代理问题。

之后英国著名的经济学家约翰·斯图亚特·穆勒（John Stuart Mill）在1848年出版的《政治经济学原理》一书中，进一步探讨了股份企业对经理人和员工激励从而降低代理成本和提高效率的问题。

2. 新古典经济学的委托代理理论

新古典经济学就是我们今天通常所说的经济学，其创始人马歇尔指出：

大的私人企业的首脑，承担营业的主要风险，他把企业的许多细节工作委托别人去做……如果他所委托为他经营货物的采购和销售的人，从与他们交易的人那里收受佣金，他就能发觉和处罚这种欺诈行为。如果他们徇私和提拔他们无能的亲友，或者他们自己敷衍塞责，甚至他们没有表现出使他们最初被提升的那种非凡的能力，他就能发觉错误之所在，并加以纠正。但是，在上述这些事情上，股份企业的大多数股东——除了少数的例外情况外——差不多是无能为力的。

私人企业所具有创造性、主动性和目的的一致性以及行动的敏捷，多为股份企业所罕见。

马歇尔的上述观点说明他已初步发现了代理问题主要是由信息不对称所造成的。

3. 制度学派的委托代理理论

制度学派产生于19世纪末20世纪初的美国，新制度经济学之所以冠之以"新"就是相对其而言。制度学派的经济学家从历史描述的角度认为，技术与管理知识已经成为最稀缺的资源，股份企业的控制权已经从资本家手中转移到"技术结构阶层"手中，这就导致"经理人"总是从自身利益和兴趣出发，而将股东利益束之高阁。

4. 新制度经济学的委托代理理论

以上三个发展阶段的委托代理理论大都局限于股东与经理人（包括员工）之间的委托代理问题，而且没有发展出系统的理论体系，总体上是描述问题多于解决问题。

从 1960 年科斯教授发表著名的论文《社会成本问题》开始，制度的重要性才真正引起经济学界的关注。特别是进入 20 世纪 70 年代以后，随着博弈论、契约理论和信息理论等被引入委托代理问题的研究中，委托代理理论才获得了革命性的发展，并真正能够对经济活动中的委托代理问题具有指导意义。在此期间，不同学科的大量学者都对此作出了重要贡献，其中对不对称信息下激励行为研究（委托代理理论）作出奠基性贡献的美国经济学家莫里斯教授，获得 1996 年的诺贝尔经济学奖。

由于委托代理理论的着眼点是不对称信息，所以又被称为信息经济学（至少是其主要组成部分）；由于委托代理理论的落脚点是不对称信息下的机制设计，故又称为机制设计理论或者契约经济学（或称契约理论）；由于委托代理理论中大量地应用博弈论的分析方法，所以经常与博弈论联系在一起。

4.1.2 委托代理理论的概念说明

委托代理理论涉及一些重要概念，正确理解这些概念是了解委托代理理论的基础。下面对最重要的概念作简要说明。

1. 不对称信息

不对称信息是指交易关系中一方拥有另一方所不拥有的信息（行动或知识），即交易双方中的某一方相对具有信息优势。

例如：分销商比生产企业更了解其产品在当地的实际销售状况，实地销售人员比其上级更了解自己的工作行为及所辖区域的实际销售状况。

2. 委托代理关系、委托人与代理人

这两个概念源于法律范畴。在法律上，当 A 授权 B 代表 A 从事某种活动时，委托代理关系就发生了，A 被称为委托人，B 被称为代理人，但经济学的定义与此不同。

（1）经济学上的委托代理关系泛指任何一种涉及不对称信息的交易关系。

从以上定义可以看出委托代理关系首先是一种交易关系。并非所有交易关系都属于委托代理关系，只有涉及不对称信息的交易关系才是委托代理关系；并非一定要签订法律意义上的授权合同，才是委托代理关系。

（2）经济学上的代理人是指交易关系中拥有信息优势的一方。

（3）经济学上的委托人是指交易关系中处于信息劣势的一方。

说明：以上定义背后隐含的假定是，代理人所拥有的这种信息（行动或知识）影响委托人的利益，或者说委托人不得不在不知情的状况下为代理人的行为承担风险。所谓不对称信息并非指与交易无关的纯粹私人信息。

3. 委托代理机制

研究委托代理关系的目的就是设计完善的委托代理机制（又称交易契约），一般将委托人视为设计委托代理机制的主体。委托人的问题就是在不对称信息下，如何设计一个激励与约束的机制，诱使代理人从自身利益出发选择对委托人最有利的行动。

委托代理机制的核心就是委托人与代理人之间的利益分配制度。

（1）什么是委托人或代理人利益的完整理解？

风险是指未来可能发生的不确定性损失，可以视为负的收益。因此委托人和代理人任何一方的利益不仅要考虑收益，还要兼顾风险。

利益＝收益（有形＋无形）－成本－风险

说明：

A. 收益，指委托人或代理人合作与不合作相比所新增的收益。有形收益主要是销售毛利和其他收入；无形收益指并非即时产生经济效益但对将来或整体生意有促进作用的一些收益，如对生产企业而言的产品分销率、对分销商而言的网络扩展和管理水平提升等。

B. 成本，指委托人或代理人合作与不合作相比所新增的成本。委托人或代理人在决策的时候不应将"沉淀"的固定成本进行所谓的分摊，而应重点考虑该交易活动所新增的成本。

C. 风险，指委托人或代理人合作与不合作相比所新增的风险。同成本的道理一样，决策时不应将已经"沉淀"的风险进行所谓的分摊。例如分销商引进一个新品牌后，不能将其所有应收款的坏账风险按品牌简单分摊。另外，风险并非完全靠主观判断，可以在一定程度上量化。例如分销商的平均坏账比例大约是 3%，而如果一个新品牌的生意所导致新增应收款总额是平均 20 万元，则该品牌在应收款方面的新增风险大约是 6 000 元。

（2）所谓收益的分配就是委托人愿意从总体收益中分配多少给代理人，以诱使代理人选择对自己最有利的行动，这就是激励的问题。

比如企业留给分销商的毛利空间的大与小就是双方的收益分配问题，再比如销售人员的提成比例的高与低就是企业主与销售人员的收益分配问题。

（3）所谓风险的分配包括两层含义：

A."共同交易风险"中委托人与代理人如何分担。任何生意都不可能只有利益而没有风险，所以交易双方总会共同面临一些交易风险。

比如销售过程中必然有些产品滞销和残损，这是企业和分销商共同面对的交易风险。如果企业不向分销商提供退换货的服务，就意味着这些风险全部由分销商承担；反之，如果无条件退换货，就全部由企业承担风险。

再举一个企业内交易的例子。例如一个区域的销量无法精确预测并且总会上下波动，这是企业主和销售人员在工资支出和收入方面共同面临的风险。如果销售人员的收入完全是销量提成（没有基本工资），就意味着销量不确定的风险完全由销售人员承担；反之，如果销售人员的收入都是固定工资（当然以销售人员可接受为前提），则销量波动的风险就全部由企业承担。

B."代理人的道德风险"如何分担。委托人除了分担上述"共同交易风险"以外，还面临"代理人的道德风险"，那就是由于信息不对称，代理人有可能利用其信息优势（行动与知识）对委托人的利益造成损害。委托人为降低这种"代理人的道德风险"，往往提高代理人的违约成本，这实际上也就是委托人将这种风险转嫁给了代理人，所以也是风险的分配问题，同时是通常所说的约束问题。

比如企业为了防范分销商冲货所带来的生意损失的风险，要求分销商交纳保证金；再比如企业为了防范销售人员贪污费用甚至卷款逃跑，有时要求销售人员交纳保证金和提供担保。这些约束措施都降低了委托人的风险，但增加了代理人的风险，所以也就是一个风险分配的问题。

区分"共同交易风险"和"代理人的道德风险"非常容易，如果一种风险的存在与代理人的行为无关就是"共同交易风险"，反之就是后者。

委托代理理论中 3 个重要概念的相互关系如图 4-1 所示。

图 4-1　委托代理理论中 3 个重要概念的关系

4. 销售工作中的委托代理关系

将委托代理理论应用于销售的前提是销售工作中确实存在委托代理关系，否则就成了牵强附会。

（1）前面交易成本理论指出一个企业存在两种类型的交易关系：一是市场交易（或称买卖的交易）；二是企业内交易（或称管理的交易）（见图4-2）。

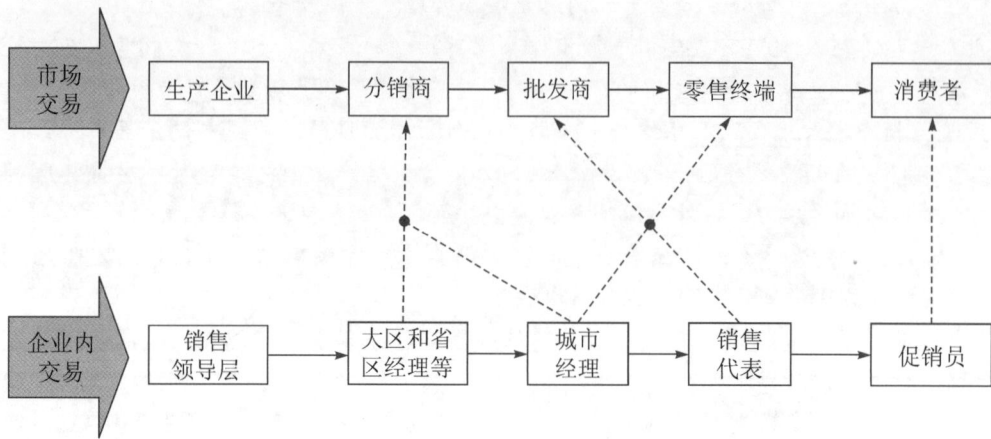

注：（1）图中每一条实线箭头代表一种交易关系，虚线箭头代表每个职位销售人员的主要工作对象。（2）以上企业内外交易关系中的单位与人员只是相对完整和大致的划分，并非每个企业都如此。（3）销售领导层实际上也参与实地销售过程，但为与实地销售经理有所区别没用虚线表示。

图4-2　企业内外交易关系示意图

（2）根据委托代理理论的定义，只有存在不对称信息的交易关系，才是委托代理关系。

以下分析将说明销售过程中各种企业内外的交易关系都是委托代理关系。

A. 企业销售渠道中各环节之间的交易关系就是委托代理关系。

一般而言，销售渠道中的每一个环节比其上游环节更了解自身运作情况和渠道下游的具体销量和费用状况，或者说上游环节要了解同样信息需要付出更大成本（这种信息成本如果大于所获收益，上游环节就不会去了解）；每个环节有可能利用这种信息优势在为自己牟利的同时损害上游环节的利益，或者让上游环节为其行为承受风险。因此销售渠道中的每个中间环节既是上游环节的代理人，又是其下游环节的委托人。

比如企业不可能精确了解分销商的每一单出货对象和金额，分销商就可能通过冲货来提升自己的销量，但对企业带来整体生意的损失；再比如企业往往让分销商代垫一些销售费用（如终端费用、订货会费用），即使企业直接支付也需要分销商实地谈判和操作，但企业不可能精确地知晓每一笔销售费用的真正用途和金额，分销商就可能利用这种信息优势截留或挪用企业的销售费用。同理，批发商和零售终端与分销商之间也存在上述信息不对称的问题，批零网点也可能利用其信息优势损害分销商的利益或让分销商为其行为承受风险。

B. 企业销售组织内部各层级之间的交易关系也是委托代理关系。

一般而言，销售组织中的每个销售人员比其上级更了解自身的工作努力程度和所辖区域的具体销量和费用状况，或者说上级要了解同样信息需要付出更大成本（这种信息成本如果大于所获收益，企业或上级就不会去了解）；各级销售人员有可能利用这种信息优势在为自己牟利的同时损害企业和上级的利益，或者让企业与上级为其行为承受风险。因此销售组织中的每个销售人员既是其上级的代理人，又是其下属的委托人。

比如企业总部或上级销售经理对于一个销售人员的总体销量和费用自然很清楚，但往往不可能精确了解每个销售区域或城市的具体销量构成与费用实际落实状况（即使了解多半也来自于销售人员的报表）。销售人员就可能利用其信息优势为自己牟利，例如撺掇分销商冲货来提升其销售业绩，或者故意报高大型零售终端在整体销量中的比例（往往会带来企业更多的终端投入）；甚至直接虚报人员"吃空饷"与虚报销售费用。这些行为必然损害企业和上级的利益，或让企业与上级为其行为承受风险。

由交易成本理论我们知道，企业外的生意关系和企业内的管理关系实质上都是交易关系；通过委托代理理论我们对这种交易关系的理解更深了一步，销售工作中的各种交易关系由于存在信息不对称的问题又都属于委托代理关系，或者说一个生产企业的销售过程中存在两类代理人（渠道伙伴和销售人员）。事实上正是由于销售过程中存在普遍的委托代理问题，各项工作才变得更为复杂与非常棘手。以此为出发点，我们开始去了解委托代理理论及其在销售中的应用。

4.2 委托代理理论的核心

新制度经济学的委托代理理论是研究不对称信息下交易关系和契约安排的理论，一般从委托人的角度出发，即委托人如何根据"观测"到的不完全信息来奖惩代理人，以激励其选择对委托人最有利的行动。委托代理理论的核心非常"简洁"，本书将其主要内容概括为两大定理。另外，委托代理理论中运用了大量的数学（主要是微积分）方法来阐述和证明，本书为方便读者理解尽可能省略了这些数学公式，只是用文字尽量深入浅出地介绍相关理论，有兴趣的读者可以直接阅读相关著作。

4.2.1 委托代理关系的定性分析

> 定理四：在研究委托代理问题时，应该遵循方法论上的个人主义，并且要高度重视机会主义的问题。交易过程（至少双方预期）持续时间越长，交易双方的机会主义可能性越低；同时由于市场上"隐性激励机制"的存在，也会使机会主义问题得到部分缓解。

注：以上定理的排序号延续第3章。

1. 方法论上的个人主义

在新制度经济学的委托代理理论中，个人在组织中的作用被赋予了全新的解释并受到前所未有的重视。"社会""国家""企业"等不再被认为是一个像个人一样行动的集体，组织或集体本身不再是主要的研究对象；相反，对社会单位的分析必须从其个体成员的地位和行动开始，其理论必须建立在个体成员的地位和行动之上。

我以前常听到一些企业的老板向我抱怨："我都给了分销商那么多好处，怎么就不见销量上升呢？"这种抱怨隐含了一个假定，即分销商是一个人，或者说就等于其老板。不要忘记分销商也是一个企业，其内部同样存在委托代理问题，虽然分销商老板感到有利可图后积极性很高，但是真正实地操作的是其手下的销售人员；如果分销商老板的这种积极性没有真正转化为其销售人员的激励与约束措施，那么上述企业对分销商的让利或投入很难带来更好的生意结果。这种问题在分销商规模越大、代理品牌越多的时候就越突出。

同样的道理，KA等大型零售终端（只要不是夫妻店）的内部同样存在委托代理问题，对生产企业的销售影响较大的采购员或店长本身也只是其所在终端的代理人，虽然零售终端肯定有其内部的激励与约束机制，但毕竟采购员或店长的利益并非与终端的利益完全一致。所以我们不能笼统地谈对终端的利益和风险分配，还要考虑具体谈判对象最关注的是什么，本书在终端分销与促销部分就引入了对采购员个体的分析。

再来看企业销售组织内部的问题。有的企业将所有人员工资包干给省区经理，且工资比例比包干前还高，但发现并未带来销量的上升甚至还下降。企业的老板往往把一个省区看成一个抽象的"人"，但实际上一个省区的销售队伍内部也存在委托代理问题，即使不考虑省区经理贪污的问题，如果省区经理不能将新增的费用有效转化为调动下属的积极性上，那么企业坐等销量的上升可能只会是"水中月，镜中花"。

对销售工作的启示就是在具体的交易过程中，不仅要考虑对方单位（实际上就是所有者）的利益及行为，也要考虑具体谈判对象或主要合作对象的利益及行为。

2. 机会主义问题

由于每个人都是趋利避害的"经济人"，所以交易过程中必然有不少人在利益诱使面前是不诚实的，可能掩盖真相、歪曲数据或故意混淆是非。用著名的新制度经济学家威廉姆森（William-son）的话说，就是存在"**欺诈性地追求自我利益**"（self-seeking with guile）。

机会主义问题的根源就是委托人与代理人之间的信息不对称，按照其发生时间又可以分为两大类型：

（1）事前的机会主义问题。

这是指这种机会主义问题发生在交易（或签约）之前（ex ante）。委托代理理论中研究事前"机会主义"问题的就是**逆向选择（adverse selection）模型**。例如分销商在签约之前都会讲自己网络和资金等实力很强，并不一定向企业的销售人员坦陈实情，同理生产企业也会大夸其产品质量如何优秀，管理如何规范，将来投入有多大等。本来推销自己无可厚非，但往往交易双方被利益驱使有可能夸大其辞甚至提供虚假信息。再看企业销售组织内部的问题，招聘前应聘人员有可能为获得工作机会提供虚假的履历和学历证明等，同时企业可能隐瞒一些自身严重的问题。

（2）事后的机会主义问题。

这是指这种机会主义问题发生在交易（或签约）之后（ex post）。委托代理理论中研究事后"机会主义"问题的就是**道德风险（moral hazard）模型**。这是委托代理理论的研究重点，也是本书主要分析的问题。这方面的例子在前面介绍销售工作中的委托代理问题时已有说明，但那些例子都是从委托人的角度看代理人的事后"机会主义"（或称道德风险）问题；事实上委托人也存在道德风险的问题，例如企业可能不向客户兑现承诺，上级可能不向下属兑现承诺等。

委托代理问题实质上就是由不对称信息导致的机会主义问题，正是由于销售过程中普遍存在的事前和事后的机会主义问题，大大增加了企业内外各个交易环节的额外交易成本。所以一个尔虞我诈的社会不可能是一个富裕的社会，一个不讲诚信的企业不可能成为一个长期成功的企业。

3. 交易过程（至少双方预期）持续时间越长，交易双方的"机会主义"可能性越低

博弈论精确地阐述并证明了上述规律，博弈论中将一次交易称为"单次博弈"，而将持续的交易称为"重复博弈"。这个道理不难理解，当交易过程（至少双方预期）持续时间越长，由于交易双方顾忌到未来的利益，即使眼前可以"**欺诈性地追求自我利益**"，也可能因为"投鼠忌器"的原因而暂时放弃机会主义的行为，除非这种短期的欺诈性利益大到等于未来利益的总和。简单地说，就是当顾忌到未来利益的时候，"坏人"也可能暂时表现得像"好人"一样。

根据上述规律还可以进一步得出一个推论：

随着双方合同到期日的逼近，而某一方（甚至双方）又预期不会再续签合同，则机会主义行为发生的可能性就越高。

国企老总的"**59岁现象**"就是该理论最好的注脚。销售工作中这种现象也很常见。例如年底企业同分销商续签合同之前，分销商最有可能欠账不还或更明目张胆地截留企业的销售费用；再比如一个销售人员刚加入企业一般不会立即采取机会主义的行为，在合同期满之前或"跳槽"之前，则机会主义问题发生的可能性较高，而且临时员工比正式员工的机会主义倾向更高。定理四就是对通常所说的"临走捞一票"现象的理论解释。

上述理论对于销售工作的启示主要是两点：

（1）尽可能强调交易过程（包括企业内）的长期性，甚至有时可能"画饼充饥"。

（2）在任何代理人合同期满之前或察觉到代理人有可能终止合同时，特别要关注代理人的机会主义问题，并尽可能采取预先防范措施。

事实上不少销售人员在工作中自觉和不自觉地应用上述方法，例如经常向客户强调合作是长远的，经验丰富的还主动规划未来的合作蓝图（即使事实上不存在）；企业对销售人员也经常灌输"看长远一点"的思想，聪明的企业主和管理人员还主动向销售人员介绍企业的发展蓝图和每个员工的职业生涯发展规划。归根结底都是希望降低代理人的机会主义倾向（至少是主要目的之一），这都是定理四在销售工作中的具体应用。

4. 市场上"隐性激励机制"的存在，也会使机会主义问题得到部分缓解

如果按照上述第3点所揭示的规律，似乎每个代理人都可能"临走捞一票"，但现实情况并非如此，原因就在于市场交易的双方还可能同时从事其他交易活动，销售人员还需要在将来去其他企业工作（同时企业还需要继续招人），所以市场（包括劳动力市场）上还存在一种"隐性激励机制"，相对缓解了机会主义问题。

隐性激励机制（implicit incentive mechanism），顾名思义并非交易双方的直接委托代理机制，而是整个市场对于参与者的宏观激励与约束。委托代理理论将这种"隐性激励机制"模型化为"**市场－声誉模型**"。

每个企业和个人都追求"趋利避害"，但一般而言这种"利"和"害"都是长期合并的总和，并非仅指眼前利益。而企业和个人在市场的声誉无疑对其未来收益影响极大，如同商品的品牌价值所带来的商业利益一样。因此代理人（包括委托人）不仅追求单个交易活动（包括长期交易）的收益，还需要考虑其他交易活动及未来的收益，这样"市场－声誉"的隐性激励机制就在一定程度上和交易双方的直接委托代理机制起到同样的效果。

例如，分销商考虑到如果欺诈一家生产企业可能会带来其他企业不愿意与其合作，或提高其他企业与他合作的成本，就有可能在一定程度上抑制其机会主义的冲动；反过来，生产企业顾忌到对其他分销商的影响也会有所克制。

再从企业销售组织的内部来看，由于销售人员还需要将来到其他单位工作，并且希望不断提升自己的市场价值（升职在一定程度上提升了其市场价值），就有可能在一定范围内抑制自己的机会主义行为；反过来，企业考虑到对其他销售人员的影响和将来还需要招人的问题，也会有所克制。

交易过程的持续时间和"市场－声誉"的隐性激励机制对于机会主义问题的抑制作用，直观的理解就是代理人（有时也包括委托人）"**投鼠忌器**"的心理．前者顾忌的是该交易活动的未来利益，后者顾忌的是当期和未来其他交易活动的利益，也是在利益驱使下的理性选择。

但是显然上述抑制作用只是在一定程度上对机会主义的问题有所缓解，再加上将机会主义者和非机会主义者事先区分开来的鉴定成本很高，而且非机会主义者也可能在交易过程中转变，所以相对完善和不断优化的委托代理机制（显性激励机制）就显得非常重要。

著名诗人北岛的一句警世名言，可以作为对委托代理问题的精辟注解：

> "卑鄙是卑鄙者的通行证，高尚是高尚者的墓志铭！"
> 如果一个社会如此，那将是莫大的悲哀；
> 如果一个企业如此，那将是最大的不幸！

市场上的"隐性激励机制"就是社会对于"好人"的激励与对"坏人"的惩罚；企业对外的利益分配制度应是对于"好客户"的奖励与对"投机客户"的处罚，同理企业内部的利益分配制度应是对"好员工"的奖赏与对"投机分子"的处罚。当然由于高昂的信息收集成本与企业的决策水平差异，想100%做到这一点是不可能的，也就是说不可能存在"完美机制"或"完全合同"，但这显然是企业对外、对内的委托代理机制的设计标准与演变方向。

4.2.2 委托代理关系的定量分析

> **定理五**：委托人追求自身利益最大化的过程面临来自代理人的两个约束：一是参与约束，即代理人从与委托人交易中所获得的利益，不能小于其最大的机会成本（又称保留利益）；二是激励相容约束，即任何委托人最希望的代理人行为，都只能通过使代理人自身的利益最大化来实现。

以上定理就是委托代理理论的基本分析模型的文字表述，即针对事后机会主义问题的"道德风险模型"。定理五共有 3 种数学模型化的方法，分别是：

A. 状态空间模型化（state-space formulation）方法：

该数学模型由威尔逊（Wilson，1969）、斯宾塞和泽克豪森（Spence & Zeckhauser，1971）、罗斯（Rose，1973）最初使用。这种模型的好处是将代理人的努力程度和自然状态等每一种技术关系都非常直观地表述出来，但得不到经济学上有信息量的解。

B. 分布函数的参数化（parameterized distribution formulation）方法：

这是一种与状态空间模型化方法等价的但更方便的模型化方法，由莫里斯（1974，1976）和霍姆斯特姆（Holmstrom，1979）开始使用。<u>这种方法已经成为目前的标准方法</u>，莫里斯教授也因为其奠基性的贡献荣获 1996 年的诺贝尔经济学奖。

C. 一般化分布（general distribution formulation）方法：

这种方法对参数化方法进一步简化，得到更简练的一般化模型，但关于行动和成本的经济学解释消失了。

1. 委托代理理论的数学模型

事实上定理五的文字描述并不能精确表达委托代理理论的基本分析方法，而该方法又是整个委托代理理论的基石，所以为让熟悉微积分的读者能够对定理五有完整的理解，将分布函数的参数化方法的数学表达式列明如下（不熟悉的读者可以略过这一段）：

$$\max_{\alpha,\ s(x)} \int \upsilon(\pi - s(x))f(x,\pi,\alpha)dx \qquad \text{-----} \rightarrow \text{委托人利益最大化}$$

$$\text{s.t. (IR)} \int \mu(s(x))f(x,\pi,\alpha)dx - c(\alpha) \geqslant \bar{\mu} \qquad \text{-----} \rightarrow \text{代理人的参与约束}$$

$$\text{(IC)} \int \mu(s(x))f(x,\pi,\alpha)dx - c(\alpha) \geqslant$$
$$\left. \int \mu(s(x))f(x,\pi,\alpha')dx - c(\alpha'), \forall \alpha' \in A \right\} \text{激励相容约束}$$

上述公式的主要参数及含义说明：

第 1 行公式：

<u>整体含义就是委托人利益最大化。</u>

$\int \upsilon(\pi - s(x))f(x,\pi,\alpha)dx$ 整个积分代表委托人的利益。

式中：π 代表产出；x 代表委托人可以观测的结果；α 代表代理人的工作努力程度；$\upsilon(\ )$ 代表委托人的利益函数；$s(\ )$ 表示委托人对代理人的激励合同；$f(\ )$ 代表自然状态（与代理人无关的变量）的分布函数。

第 2 行公式：

<u>整体含义就是代理人从与委托人交易中所获得的利益应大于等于其保留利益。</u>

式中："$\geqslant$"号前面的 $\int \mu(s(x))f(x,\pi,\alpha)dx - c(\alpha)$ 代表代理人的利益，其中"$-$"号前面的积分代表代理人的收益，后面代表代理人所付出的成本；"$\geqslant$"号后面代表代理人的保留利益。π、x、α、$s(\ )$、$f(\ )$ 代表的含义与上同；$\mu(\ )$ 代表代理人的收益函数；$c(\ )$ 表示代理人的成本函数。

第 3 行与第 4 行公式：

<u>整体含义就是委托人最希望代理人的努力程度（用 α 表示）所为代理人带来的利益，应大于</u>

等于代理人选择所有其他行动时所获得的利益，这样代理人才可能按照委托人的意愿行动。

式中："$\geq$"号前面的 $\int \mu(s(x))f(x, \pi, \alpha)dx - c(\alpha)$ 代表代理人在选择行动 α 时的利益，后面的 $\int \mu(s(x))f(x, \pi, \alpha')dx - c(\alpha')$ 代表代理人选择其他任何行动时所获得的利益；$\forall \alpha' \in A$ 中的 A 表示代理人所有可以选择行动的集合（如勤奋或偷懒），α' 则是属于 A 行动集合中的任何一种选择。

虽然定理五的数学模型较为复杂（本书还省略了其复杂的证明过程），但是其中的道理并不难理解。委托人总是希望代理人能够最努力地为自己的利益工作或服务，但委托人不可能强迫代理人按照自己的意愿行事（即使有强制力，效果也不一定好），所以必须设计一种委托代理机制诱使代理人参与并在追求自身利益的同时实现委托人的目标。亚当·斯密这个经济学的祖师爷早就说过：我们每天所需的食料和饮料，不是出自屠户、酿酒师或烙面师的恩惠，而是出自他们自利的打算。我们不说唤起他们利他心的话，而说唤起他们利己心的话。我们不说自己需要，而说对他们有利。

2. 代理人的参与约束（individual rationality constraint）

委托人的委托代理机制必须首先吸引代理人参与到交易过程中来，简单地说，你设计的"游戏规则"首先得让别人愿意和你"玩"。无论一个委托人多么吝啬，这是其实现交易的"底线"，也就是对委托人的代理人参与约束，又称"个人理性约束"。

并非只要有钱赚或有工资领，代理人就愿意参与。代理人参与的最低标准是和委托人交易所获得的利益不能小于其最大的机会成本，所谓机会成本就是代理人因为参与该交易活动所放弃的其他利益，其中所放弃的最大利益就是其保留利益，即代理人即使不与委托人合作，也能从其他交易活动所获得的最大利益。

从企业对外销售的角度来看，企业让分销商与其合作的前提是该分销商所获得的利益，不能小于分销商同时从其他可选择的企业所获得的利益。一般而言，分销商代理任何品牌都需要投入资金等资源，而分销商的资源总是有限的，投入一个品牌就意味着失去了同样的资源所能带来的其他生意机会，因此分销商总是会选择代理相对利益较高的品牌。当然分销商的资源往往并非只够代理一个品牌，但至少利益较低的品牌会放在优先程度较低的位置，当资源紧张时会毫不犹豫地放弃。即使没有任何其他品牌的选择机会，一个分销商的最小保留利益就是同等资金的银行利息，如果代理一个品牌所赚的钱（扣除风险损失）还不如银行利息，那么分销商一般是不会考虑的。同理，批零网点在权衡是否分销一个企业的产品时也遵循上述规律。

从企业内部的销售人员来看，一个销售人员之所以加入一个企业，至少是该企业所给予的利益是其所有选择机会中最大的（当然利益并非仅指工资），否则他不会考虑。"跳槽"的原因就是其机会成本大于现有利益，正所谓"人往高处走"。即使销售人员没有任何其他工作机会，其最小的保留利益就是同样的闲暇给他带来的生活享受，虽然这种闲暇的价值很难量化，但在一定程度上是可以测算的。例如一个销售人员暂时没有任何工作机会，如果一个企业给他每月 5 000 元的工资，他多半不会因为没事干就接受企业的条件，这时我们就可以推算其一个月闲暇的价值肯定大于 5 000 元；如果企业按照 1 000 元的速度不断增加工资水平，到了 10 000 元时该销售人员接受了，那么我们可以大致认为其一个月闲暇的价值是 10 000 元，这也就是其最低的保留利益（显然低于平均工资水平）。当然，每个人的最低保留利益显然是不同的。

3. 代理人的激励相容约束（incentive compatibility constraint）

企业总是希望客户能把其产品作为最重要的品牌来投入资源，但是最好客户要的毛利和费用支持越少越好；企业总是希望每个销售人员最大限度地努力工作，但是最好员工要的工资和福利越低越好。这就是通常说的**"又要马儿跑得快，又想马儿不吃草"**。同理，分销商总是希望利润越高越好，而自己的投入尽可能少和风险尽可能低，**最好"轻轻松松赢大奖"**；不少销售人员最希望的工作是所谓的**"两多一少"**，即工资多、假期多、工作量少。显然委托人和代理人的"如意算盘"都不可能奏效，委托代理机制就是双方利益平衡的产物。

激励相容约束是指委托人要想代理人按照其最希望的要求行动，不可能通过"强制合同"（forcing contract）来实现，而且不论委托人如何奖惩代理人，代理人总是选择最大化自己利益的行动。所以委托人就必须设计一种激励机制，让代理人选择委托人"最希望的行动"的时候代理人自身利益也达到了最大化。简单地说就是奖优罚劣，让客户越投入或员工越努力，其所获得的利益越大，自然企业的利益也越大；反之亦然。

例如企业自然希望每个销售人员最大限度地努力工作，不断提高其所辖区域的回款，并且不要有任何的欺诈行为，比如不要冲货和贪污费用等。企业要想做到这一点，就必须让销售人员选择这样的行动，所获得的利益比所有其他选择（例如偷懒和欺诈）更多；否则，销售人员就不会选择企业所希望的工作行为。当然，也有少数销售人员会有较高的追求，如把努力工作看成一种提高自我的途径，但上述规律就普遍性和长期性来看是成立的。

生产企业最希望代理人的行动无非两点：一是尽可能多地投入（客户）或努力工作（员工）；二是不要有任何欺诈行为。这个问题如果不存在信息不对称其实并不复杂，企业根据每个客户的投入程度和每个销售人员的工作行为进行奖惩就可以达到目标，但企业往往只能"观测"到每个代理人最终的生意结果，即回款总额和费用总额，并不能直接"观测"到代理人的具体行为。

可能有的读者从直觉上感到这个问题很简单，企业要的就是结果而代理人的具体行为并不重要。先把费用比例规定好，客户的销量越大其自身利润也越大，同时企业的利润也越大，这就实现了"激励相容"；销售人员的问题也很简单，只要实行提成制（控制费用比例），销量越大则销售人员的奖金就越高，同时企业的利润也越大，也就实现了"双赢"。看看目前企业的实际情况，就知道代理人的"激励相容约束"问题并非想象中这么简单。接下来介绍的委托代理理论在销售中的应用，将会谈到这个问题。

委托代理理论在销售中的应用非常广泛，是研究企业内外任何交易双方的具体交易行为的重要理论工具。需要说明的是，以上两大定理只是作者从销售应用的角度对委托代理理论的理解与概括，实际上委托代理理论远不止于此，读者最好能够在本书的基础上直接学习原著。以下"销售命题"是本书将委托代理理论应用于销售战略的利益分配问题，所得出的一些基本结论。所谓利益分配并非仅指类似"三七开"的简单比例问题，更重要的是如何通过利益分配机制实现企业的利润最大化目标。

委托代理理论的适用范围包括整个政治和经济等领域，例如中央政府与地方政府之间的关系也是一种委托代理关系。对于委托代理理论而言，一个企业的销售只不过是"牛刀小试"，所以原著中主要以宏观政治和经济问题作为研究对象。以下在销售中的应用仅仅出自作者自己的理解，读者不用拘泥于此。此外，本章的应用主要紧扣销售战略中的利益分配制度，实际上委托代理理论在销售中的应用并不仅限于此。

4.3 应用1：深入分析委托代理关系的必要性

> **销售命题5：** 虽然仅仅通过企业可"观测"的每个代理人的销量和费用总额来决定利益分配最简单易行，但是企业追求利益最大化的目标，不可能通过简单的对外销量奖励和对内销量提成制度（加上费用比例控制）就能实现。
>
> 同时，企业的渠道一体化过程并不能降低其所面临的代理人机会主义风险，只不过是用一种代理人风险取代另一种代理人风险：渠道一体化程度越高，则外部代理人（客户）风险相对越低，但内部代理人（员工）风险相对越高；反之亦然。

注：销售命题的排序号延续第3章。

4.3.1 什么是简单的激励机制?

企业的决策者往往出于直觉会选择最简单的激励机制，并且认为这样做的效果很好，而且自己所面临的风险最小。

1. 决策者"直觉"的推理过程

所谓最简单的激励机制，虽然各个企业的具体形式不同，但其推理过程是一致的，主要基于以下三点考虑：

<u>第一步</u>：因为回款是企业所有者最关注的生意结果，而且每个代理人（客户和员工）的回款总额是最容易"观测"的变量，所以一切的激励机制以回款总额为唯一参考标准最"简单实用"。

<u>第二步</u>：前面讲过，代理人（客户和员工）除了要求合理利润或薪酬外，总是将各种服务费用计到委托人头上。例如客户总是将各种分销和终端促销等费用视为向企业提供服务的成本，销售人员不可能自己支付差旅费等费用为企业工作。自然从第一步可以推出第二步：企业最希望所有费用与回款按一定比例挂钩，这样企业的管理最简单而且风险最小（因为所有费用都成为了变动成本），于是企业顺理成章地选择了费用包干机制，即将所有市场费用（包括分销、促销、基层人员工资等）按照一定比例包干给客户或销售经理，甚至索性将所有费用折扣于出厂价。此外，销售经理的个人费用（包括差旅费、通信费用、市内交通费等）更加琐碎，直接提高提成比例将这些费用折入其中。

<u>第三步</u>：在费用比例控制的前提下，对客户采用根据回款总额给予不同比例返利的激励方式，对销售经理采用根据回款提成的激励方式（同时把底薪尽可能压低）。这样，由于客户和销售经理的回款越多，则获得的返利或提成也越多，自然在利益驱使下会努力提升回款，显然企业的利润也越大（费用比例控制的前提下），双方不就实现"双赢"了吗？

2. 简单激励机制的共性（各个企业存在细节的差异性）

企业对客户的激励机制：回款返利 + 费用按比例包干(或直接价扣)

企业对销售经理的激励机制：回款提成 + 市场和个人费用都按比例包干

说明：①费用支持对于客户和员工也是一种利益，费用包干机制意味着对于回款越多的客户或员工，企业提供的激励越大。②如果客户已经包干了市场费用，则员工只是包干个人费用。

3. 简单激励机制的"好处"与实施企业的分类

A. 上述激励机制的好处是显而易见的，可以概括为"一箭三雕"：

▶ 操作很简单，企业的管理成本可以降到最低；

▶ 大部分费用都是与回款挂钩的变动成本，企业的亏损风险很小；

▶ 企业不担心代理人浪费或贪污费用的风险，节省了监督成本。

B. 实际运作中采用上述激励机制的企业，可以划分为两大类型：

▶ 第一类企业确实认为上述激励机制简单有效，这样的激励模式使企业在同等条件下已经实现了利益最大化的目标；

▶ 第二类企业知道上述激励机制并非最有效的激励模式，但由于企业的规模和管理能力等问题只能退而求其次，这种简单的模式对其最适合。

对于第二类企业，这样的选择是正确的，因为新制度经济学的定理二已经指出所有的制度安排不能简单照搬，"适合即最佳"。但是第一类企业则由于认识上的局限，导致了相当部分的利润损失。只要看一看中国各个行业的成功企业，就会发现很少有成功的企业采用上述简单的激励机制，如果上述激励机制真的既简单又最有效，这些企业为何还要舍近求远呢？

下面分别从企业对外和对内两个角度，对上述简单的激励机制的局限性进行分析。为使整个分析过程更加易于理解，下面的分析过程将围绕作者曾经咨询过的"美丽日化企业"的真实案例来展开（企业和品牌名称都换成了虚构的名称）。

案例 4 - 1   美丽日化企业的激励机制（一）

美丽日化企业主要生产"柔香"牌洗发水，其一支洗发水的平均出厂价是 10 元，而生产成本是 4 元。分销商的平均毛利率是其销售金额的 15%。

该企业对分销商采用如下激励机制：（1）所有市场销售费用按回款的 15% 包干；（2）年回款额达到 100 万元返利 1%，达到 300 万元返利 3%，500 万元以上返利 5%。

该企业年回款总额为 5 000 万元，除掉以上给分销商的激励成本外，每年还要直接支付大约 1 000 万元的营销费用（广告、销售人员费用等），则：

企业的年度毛利 = **3 000** 万元（5 000 万元回款 - 2 000 万元生产成本）

企业的年度利润 = **1 100** 万元（3 000 万元毛利 - 1 000 万元直接费用 - 900 万元分销商的费用）

（注：900 万元分销商的费用 = 5 000 万元 ×（15% + 3%），假定平均返利是 3%）

4.3.2 企业对外实行简单的激励机制，将会造成相当部分的销量和利润损失

企业对客户的简单激励机制可以概括为：

回款返利 + 费用按比例包干（或直接价扣）

1. 运用"静态比较分析法"简化整个分析过程

▶ 知识链接　　*5.3.8 部分"静态比较分析法"*

由于影响企业利润的因素很多，而分销商主要是通过回款来影响企业的利润，而且一个企业的回款并非全部来自于分销商（例如可能还有销售分公司、劳保或出口），所以我们假定其他因素（如企业对自身费用的控制）不变的情况下，所有的回款都来自于分销商，并且分销商的回款越多，企业的利润越多。

短期回款并不和分销商的发运量成正比，分销商的发运量并不完全代表真正的销量，但我们假定分销商的回款 = 发运量 = 销量，这一假定就普遍性和长期性来看是成立的。这样我们就可以进一步认为分销商的销量越大，企业的利润越大。

影响销量的因素并非仅是分销商，我们假定在分析过程中其他因素不变，如产品质量、广告和销售人员的努力程度等。这样我们就可以认为分销商的作用越大，分销商的销量越大。

分销商的作用并非仅取决于其投入资源的多少，还与其运作能力相关，但我们假定分销商的能力是既定和平均的。这样我们就可以认为分销商投入的资源越多，分销商的销量越大。

162

这样我们就得到了以下的因 - 果链条：

企业利润→分销商的回款→分销商的发运量→**分销商的销量**→分销商的作用→**分销商投入的资源**

最后我们就把企业利润与分销商行为之间的关系，简化为：

企业的销量 = 分销商的销量→分销商投入的资源

（注：以上过程将复杂的企业利润问题简化为分销商的投入资源越多，则企业利润越大。这样我们就可以将分析对象缩窄为分销商的销量与投入资源之间的关系。整个简化过程并不失一般性）

2. 在市场费用包干的激励机制下，分销商对一个企业产品的资源投入，将会停留在边际利润等于其最大的机会成本的那一点。这就意味着分销商有可能不会按比例将应投入的费用全部投入到企业产品的销售中，往往转化为了分销商的利润，甚至变成其代理的其他品牌的投入

（1）分销商对一个品牌的资源投入与其销量增长符合边际报酬递减的规律。

分销商每增加一分投入，其新增的销量终究呈持续下降的趋势，也就意味着分销商的边际利润

（新增毛利 – 新增费用和风险）必然不断降低。这一点读者可以参见第 3 章的相关内容，这里不再解释。

（2）分销商的资源是有限的，其投入总是在所代理的各个品牌之间进行比较和选择。

分销商的资源包括营运资金、费用投入（实质上也是资金）、储运资源、人力资源（包括老板）等。一个分销商往往同时代理多个品牌，当分销商感到继续投入某企业产品的边际利润下降到不如其他品牌所带来的边际利润时，一般会将资金、费用、人员等转移到其他品牌，这时按照销售额的费用比例应投入的费用可能转移到其他品牌。

（3）即使分销商没有代理其他品牌，如果某项投入的边际利润 ≤ 0，分销商也会停止投入，直接将费用转化为利润。

这个道理和企业投入的边界在边际利润的零点是一致的。

案例 4 – 2

以"柔香"牌洗发水为例，分销商在 A 终端的月销售额是 4 000 元（按分销商的销售价计算）。假定每个堆头陈列可以在原有销量的基础上平均提升 50%，A 终端的每个堆头费用是 1 000 元，那么分销商会不会在 A 终端投入堆头费用呢？

1. 如果不投入堆头费用

分销商在 A 终端的每月利润 = 1 200 元

计算过程：

600 元（毛利）+ 600 元（可从企业获得的费用）

（注：分销商的毛利率是 15%，可提费用比例是 15%。销售价与出厂价的区别忽略不计）

2. 如果投入堆头费用

分销商在 A 终端的每月利润 = 800 元

计算过程：

——A 终端的销量增长到每月 6 000 元

——每月毛利是 900 元，每月可从企业获得的费用支持是 900 元（计算方法与上同）

——则每月利润就是 800 元（900 元毛利 + 900 元可获费用 – 1 000 元堆头费用）

3. 分销商在 A 终端投入堆头的边际利润为 –400 元（800 – 1 200）

从以上分析可以看出，分销商投入堆头后每月仍然有 800 元的利润，但由于分销商在 A 终端投入堆头的边际利润是负数，所以分销商多半不会选择在 A 终端投入堆头，这样分销商将原有销量的每月 600 元的费用转化为了利润，而美丽日化企业也就失去了每月 1 500 元的销售额。

说明：

（1）为简化计算过程，以上假定 A 终端没有其他费用。

（2）也许分销商为了将"柔香"牌洗发水进入 A 终端，花了 2 000 元的进场费。但即使该进场费分摊完以后，分销商的决策也与上相同，只不过少转化了几个月的费用为利润而已。

（3）读者不用拘泥于上述例子的细节，也许分销商会将 A 终端节省的费用投入到其他终端，也许分销商本身在 A 终端的维护费用已经很高。以上例子只是说明分销商的边际决策规律，以及存在将费用转化为利润的可能性。

---

3. 在费用包干机制下，由于企业的边际利益一般高于分销商，所以即使分销商按比例将应投入的费用全部投入到企业产品的销售中，企业所获得的长期利润水平也远低于同等条件下可以达到的最大化利润

（1）分销商在较低的毛利率下的投入行为，导致企业的销量和利润损失。

由于企业的毛利率一般高于分销商，在同等费用情况下，显然企业的边际利润也高于分销商。

简单地说，就是一些分销拓展或终端促销的投入对于分销商而言是"无利可图"的，但从企业来看却可能是有利可图的。分销商即使按比例全部投入费用，但所产生的销量与企业利润最大化时的销量还有相当距离。

（2）即使企业给予分销商较高的毛利率（甚至高于企业自身），分销商同样不愿承受过多的风险，导致企业的市场启动和拓展过程缓慢，必然带来企业长期的销量和利润损失。

每个分销商的生意发展有不同的阶段，不可能每个分销商每个月都是同样的费用比例，往往启动期的固定投入最多，但销量反而最小。采用固定费用比例包干后，将会导致分销商（特别是市场规模较小）的市场启动和拓展过程很长，因为分销商肯定是采取"走一步，看一步"的策略，并不愿意为企业承担过大的风险。自然企业也会损失很多本来可以获得的销量与利润。

例如分销费用基本上是一种与销量无关的固定成本，企业为了降低自己的风险将费用包干给分销商，实际上就是销量预测不准和销量波动的风险转嫁给了分销商。所以分销商往往选择相对保守的分销密度（特别对费用高昂的KA），这也就从根本上减少了销量规模，即使分销商将已分销网点所产生的销量按比例将全部费用投入到销售过程，也离企业利润最大化的目标很远。

（3）即使企业在给予分销商较高的毛利率（甚至高于企业自身）的同时还采取其他措施降低分销商的风险（实际上较难操作），由于企业除了关注短期利润外，还关注自身品牌和渠道建设等无形利益（对长期利润有重要影响），而分销商一般只关注短期利润。这种差异性必然导致企业的长远销量和利润的损失，这也是本命题采用"边际利益"概念而非"边际利润"的原因。

生产企业不仅看重短期利润，还关注分销率、市场占有率、品牌价值等无形利益，所以为了总体利润最大化有可能投入一些短期亏损但对长期很有价值的资源，并相对分销商更愿意和更能够承受风险。由于生产企业和分销商一般是每年签合同（即使签很长时间，实际也难守信），分销商一般只关注自身的短期利润，不会对某个品牌有很强的归属感和较长远的投入。这也会导致企业无法实现其利润最大化的目标。

例如分销一个终端从短期（比如半年甚至一年）来看可能是亏损的，但企业可能会考虑到该终端对企业品牌的影响力以及未来可以盈利仍然决定投入，但费用包干机制下分销商多半不会分销该终端，自然也就造成了企业长远利润和无形利益的损失。

图4-3直观地表述了费用包干机制下分销商的行为及企业的销量和利润损失。

4. 纯粹的"回款返利"制度，对于分销商的激励作用很可能导致两种效果：一是几乎起不到激励作用；二是促使分销商"冲货"。这两者都必然给一个企业的总体销量和利润带来损失

前面分析了费用包干机制下的委托代理问题，实际上"回款返利"制度的激励效果也不理想甚至还有不少"副作用"，因为分销商总是以自身利润最大化为目标。

（1）由于根据分销商回款所给予的返利比例往往小于分销商的毛利率，也小于费用包干机制下的费用比例，所以大多数情况下对于分销商起不到激励作用。

当企业的产品竞争力较弱时，分销商根本不在乎给企业的回款和由此所得的返利奖励，可能还提高自身的毛利率（自然零售价也"水涨船高"），进一步降低企业产品的销量。

（2）反过来，如果企业的产品销量很大，"回款返利"制度很可能促使分销商"冲货"，对企业的整体和长远生意造成损失。

"回款返利"制度下分销商两种截然不同的行为，其内在规律是一致的，原因在于不同企业销量的"价格弹性"和"投入弹性"具有很大的差异性，归根结底仍然是这种行为的边际利润的区别。

综上所述，我们看到在企业对分销商实行简单的激励机制下，将会造成企业相当部分的销量和利润损失，同样的道理适用于批发商（分销商实际上就是一个区域的"总批发商"）。一般企业很少对零售终端采用类似的激励机制，即使实施其规律和结果也大致相同。

既然企业对外采用简单的激励机制其效果并不理想，那么企业如果对内采用简单的激励机制，针对"自己人"的效果又如何呢？

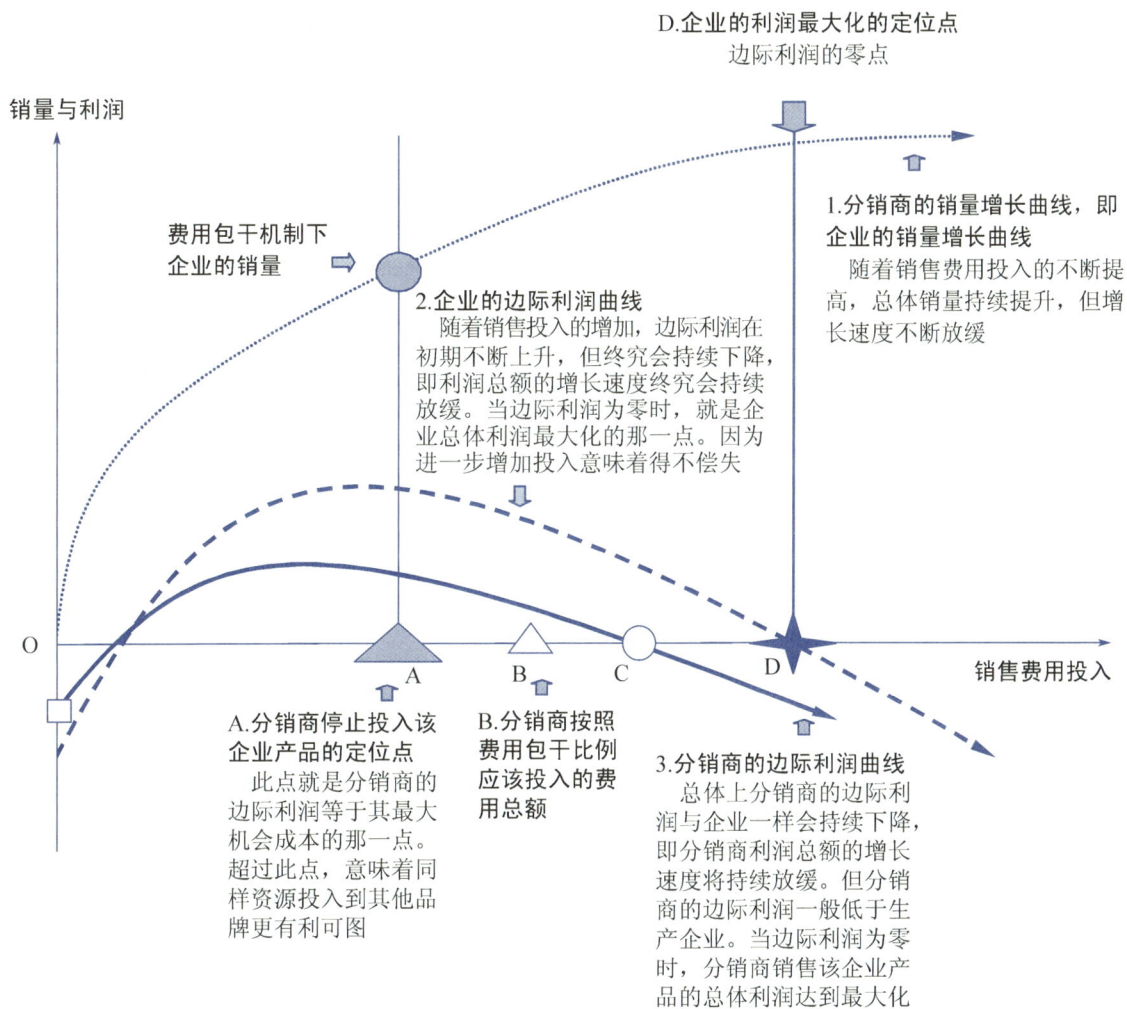

D.企业的利润最大化的定位点
边际利润的零点

1.分销商的销量增长曲线，即企业的销量增长曲线
随着销售费用投入的不断提高，总体销量持续提升，但增长速度不断放缓

费用包干机制下企业的销量

2.企业的边际利润曲线
随着销售投入的增加，边际利润在初期不断上升，但终究会持续下降，即利润总额的增长速度终究会持续放缓。当边际利润为零时，就是企业总体利润最大化的那一点。因为进一步增加投入意味着得不偿失

销量与利润

销售费用投入

A.分销商停止投入该企业产品的定位点
此点就是分销商的边际利润等于其最大机会成本的那一点。超过此点，意味着同样资源投入到其他品牌更有利可图

B.分销商按照费用包干比例应该投入的费用总额

3.分销商的边际利润曲线
总体上分销商的边际利润与企业一样会持续下降，即分销商利润总额的增长速度将持续放缓。但分销商的边际利润一般低于生产企业。当边际利润为零时，分销商销售该企业产品的总体利润达到最大化

注：本图直观地表述了费用包干机制下，分销商的行为选择及由此企业所损失的销量和利润。

（1）以上沿着横轴的 A、B、C、D 四个点分别代表销售费用投入的四个定位点。A 点代表费用包干机制下的分销商投入定位点，D 点代表企业投入的最佳点，两点所对应的销量差距就是费用包干机制下企业的销量损失，这部分销量包含的利润就是企业的利润损失。

（2）A、B、C、D 的排列关系反映了一般性的情况。A 点在 B 点之前是因为分销商由于机会成本的原因，有可能将按比例应投入的费用转向其他品牌或直接转化为利润；B 点在 C 点之前是因为分销商有毛利，并非按比例投入的费用使用完毕就意味着边际利润为零。当分销商的机会成本很小时，分销商的 A 点也可能排列在 B 点之后（用毛利来投入费用），但 A、B 点一定在 C 点之前，而且 C 点是分销商投入的上限；同时，一般 C 点必然在 D 点之前。

（3）为将各项生意指标放在一个坐标系里综合考察，以上纵轴与横轴并不成比例，同时各条曲线的绝对值与实际状况也不成比例。三条曲线的形状只是反映其大致走向（其规律详见第 3 章销售命题 2 的说明），实际数据可能是如此平滑的曲线。

图 4 - 3　费用包干机制下企业的销量对比图

4.3.3 企业对内实行简单的激励机制，同样会造成相当部分的销量和利润损失

企业对销售人员的简单激励机制概括为：

回款提成 + 市场和个人费用都按比例包干

> **案例4-3** 　　　　　　　　　　美丽日化企业的激励机制（二）
>
> 　　美丽日化企业在发现了"分销商包干费用机制"的各种问题后，认为应该把费用主动权控制在"自己人"手里，并及时作出了如下调整：
>
> 　　（1）不再将市场销售费用按回款的15%包干给分销商，而是按同等比例包干给各省区的销售经理。所谓包干就是省区经理对所有费用无须申请，但需要提供合格发票，总费用控制在规定比例之内。
>
> 　　（2）各省区经理底薪每月5 000元，奖金和所有个人费用合在一起，统一按回款额5%的比例每月提成。
>
> 　　（3）由于考虑到制定回款目标既麻烦又难保公正，所以没有就回款目标完成率来设定累进提成点数。但宣布每年年底考核，业绩好的调到销量较大的区域。
>
> 　　新制度实施了3个月，美丽日化企业发现了几个现象：（1）有些区域的销量有明显的提升；（2）原来销量较小的区域销量进一步下跌，没有任何新区域成长起来；（3）财务部老是报告销售人员贪污费用（如虚假发票）的情况。

1. 将市场销售费用包干给销售经理相比包干给分销商有利有弊，但同样会造成企业相当部分的销量和利润损失

（1）主要好处在于销售经理不存在多个品牌之间选择的机会成本，所有按比例投入的费用应该可以全部投入到企业产品的销售过程中（不考虑费用截留问题的前提下）。

（2）弊端是：由于销售经理的提成比例一般远低于其包干的市场费用比例，也低于分销商的毛利率，所以截留市场费用的"道德风险"更大，主要表现为吃"空饷"或虚报费用。

> **案例4-4**
>
> 　　刘涛（化名）是美丽日化企业负责海滨城市的销售经理，最近手下一个负责中小超市的销售代表张三辞职了。张三每月的工资加上奖金和补贴大约是4 800元，每月销售额平均大约30 000元（虽然销售额不高，但从企业角度看还是有利可图的）。这时刘涛突然闪过一个念头，如果不告诉企业张三辞职（这就是不对称信息），企业照常发张三的工资，那自己不就赚了吗？
>
> 　　刘涛的具体计算过程如下：
>
> 　　（1）假定张三的边际贡献销量 = 20 000元。
>
> 　　也就是说张三在与不在的销量差别是20 000元。显然张三并非其30 000元销量的唯一作用因素，即使其离去并不会导致原有的30 000元销量全部消失，而且刘涛还可以通过让其他销售人员兼管来进一步降低这种销售额损失，所以这种假定是成立的。
>
> 　　（注：以下计算假定销售额等于回款，这种假定从长期来看是成立的）
>
> 　　（2）如果刘涛招一个人来顶替张三：
>
> 　　刘涛的收益 = 1 000元(20 000元销量×5%提成率)
>
> 　　（3）如果刘涛不招人，由自己吃"空饷"：
>
> 　　刘涛的收益 = 4 800元(张三原有的薪酬待遇)
>
> 　　（4）刘涛吃"空饷"的边际收益 = 3 800元(4 800元截留工资 - 1 000元提成损失)。
>
> 　　同样的道理适用于其他销售费用，只要一项费用投入所新增的销量不能达到该费用的20倍（因为刘涛的提成比例是5%），刘涛就有贪污该项费用的机会主义倾向。

案例 4-4 只是说明了销售经理的道德风险可能性及其边界，实际情况不可能如此严重，原因有三：

A. 分销商与销售经理之间还有相互制衡的作用，一般分销商也知道市场费用的包干比例，而且对于企业不知道的信息，往往对于分销商而言并没有什么秘密。

B. 销售经理也存在"投鼠忌器"的心理，一方面担心被企业发现的风险，另一方面劳动力市场也存在"隐性激励机制"，如果一个销售人员因为贪污被开除往往找工作会更困难。

C. 不少销售经理也有相当的道德水平和自律能力。

但上述案例至少给我们两点启示：

▶ 企业不要认为将市场费用按回款比例包干给销售经理就可以高枕无忧，虽然表面上总体费用比例可以控制（似乎企业肯定赚钱），但是总体销量和利润绝对值的损失可能更加严重。

▶ 当然即使市场费用不按比例包干，销售经理同样存在道德风险。但是企业包干费用的出发点本来就是要简化管理和监控成本，这种情况下企业决策者会认为"无论你怎么玩，反正在我规定的比例内"，而销售经理也可能因此而更加"理直气壮"，所以显然在费用包干的情况下销售经理的道德风险更大。

（3）即使销售经理不存在任何道德风险，这种千篇一律的费用比例也会为企业带来相当部分的销量和利润损失。因为任何投入和产出之间往往都存在时间上的滞后问题，这种做法必然一方面导致目前销量较小的市场或新市场无法成长，另一方面又造成那些相对成熟市场的资源投入的浪费。这一点和前面分销商包干费用的情况类似，这里不再详细阐述，读者可参考之前的相关内容。

2. 至于将销售经理的个人费用按回款比例包干，则更是只有不得已才为之的"下下之策"，必然会造成企业相当大的销量和利润损失

这样做的前提是假定销售经理的个人费用与回款成正比。事实上，销售经理的个人费用（如住宿和交通费）往往是固定成本，在很大程度上并不与回款总额密切相关；更重要的是，销售经理出差所起的作用，往往并非能产生即时的回款，但可能对生意的长远发展和以后的回款很有帮助。

在个人费用包干的机制下，销售经理的所有出差甚至城市内的日常网点拜访都必然从两点出发：

A. 从定性角度看，这些个人费用的支出能否带来即时的回款；

B. 从定量角度看，如果一项工作所耗费的个人费用小于新增的回款提成，那就没有必要去做了。

案例 4-5

美丽日化企业自从实施了 5% 的提成机制后（含个人费用和奖金），所有销售人员的出差大幅度减少，而原有销量较低的区域和新市场的销量一路下跌。每一个销售人员在考虑每一项工作时只有一个出发点：这项工作所耗费的个人费用与能够带来的回款是否达到 1:20 的比例，如果达不到就意味着这项工作的边际利益为负数，"做"还不如"不做"。

美丽日化企业的毛利率是 60%，显然在销售经理的上述行为选择下，企业的销量和利润损失巨大。

案例 4-5 给我们两点启示：

▶ 个人费用包干机制下，只会让所辖区域销量相对大或集中的销售经理更有利，而这种多支付的个人费用就是一种浪费；反过来，所辖区域销量相对小或分散的销售经理，其出差可能就意味着个人的亏损。这样真正需要销售经理付出更多努力的小市场（但可能潜力巨大）和新市场可能除了萎缩甚至消失，不会有其他的结果。

例如美丽日化企业在河北省的月销量是 50 万元，在四川省的月销量是 25 万元，但并不意味着销售经理在河北所需支出的个人费用是在四川的 2 倍。再比如美丽日化企业在北京市和河北省的销量都是 50 万元，但并不意味着两地销售经理所需支出的个人费用相同，无疑河北省的销售经理所需耗费的个人费用要远大于北京市的销售经理。

▶ 本来销售人员和分销商类似，对企业的长期归属感不可能和企业所有者一样强，在这种"急功近利"的氛围下，更加不会再有人愿意"精耕细作"和"看长远"，一切工作以即时回款为导向。毋庸置疑，这样的企业很难在激烈的市场竞争中发展甚至生存。

虽然上述简单激励机制可以在一定程度上提高销售人员的积极性，但对于大多数企业而言，总体看来是"弊"远远大于"利"。

目前行业内对于企业对外或对内采用简单激励机制的做法，有一句"一针见血"的话："自己生的孩子（指企业的品牌和产品）不想养，指望别人替自己养和承受风险。"

由于客户和员工只是追求自身利益最大化的代理人，这种做法必然导致自己的"孩子"营养不良。生产企业的决策者不能只是着眼于"怕麻烦"或"没风险"（实际上风险可能更大），必须要深入分析销售过程中的各种委托代理关系，以寻求相对合理的委托代理机制。

"一分耕耘，一分收获"永远是颠扑不破的真理。

4.3.4 渠道一体化过程并不能降低企业所面临的代理人"机会主义"风险

第3章的销售命题4阐述了下列规律：

A. 渠道一体化程度越高，则企业"受制于人"的不确定性风险越小。

B. 渠道专业化程度越高，则企业因固定成本较高所导致的投资风险越小。

渠道一体化过程只是用"企业内交易"取代"市场交易"的过程，并不能降低企业所面临的代理人"机会主义"风险，只不过是用一种代理人风险取代了另一种代理人风险：

▶ 渠道一体化程度越高，企业所面临的外部代理人（客户）的"机会主义"风险越小，但同时其内部代理人（员工）的"机会主义"风险越大。

▶ 反之，渠道一体化程度越低（专业化程度越高），企业所面临的内部代理人（员工）的"机会主义"风险越小，但同时其外部代理人（客户）的"机会主义"风险越大。

注：上述"机会主义"风险，并非仅指代理人直接损害企业的利益（如贪污等），也包括客户或员工为了自身利益而放弃企业利益（如降低销量）的行为。

以上道理显而易见，这里不再详细解释。读者也可参考前面有关渠道一体化的内容。

知识链接 第3章的销售命题4

本节的上述所有内容都是为了说明一个问题：

生产企业必须"正视"销售过程中的委托代理问题，依靠简单的激励机制或渠道一体化都无法有效解决这个问题。唯一的途径是努力寻求相对合理的对外和对内委托代理机制，真正实现"双赢"。

第一节在介绍委托代理理论时也指出，委托代理问题是一个非常复杂的问题，不可能存在"完美机制"或"完全合同"。任何委托代理机制都存在代理人的"机会主义"风险，而且需要在成本和收益之间平衡。但是在不同的委托代理机制下，企业所达到的利润（也包括无形利益）水平还是有明显的区别，我们不能因为"凡事总有得有失"这样一句似是而非的定性判断就把所有问题搪塞过去，甚至放弃自己的努力。事实上任何理论都是这样，不可能达到100%的完美程度并且总有"特例"，但人类并没有因此就停止探索和进取的步伐。例如导弹的命中精度可能永远也无法达到厘米级的精确程度，但是各国仍然孜孜以求地不断提高命中精度，原因就在于精确到1公里范围和100米范围还是有很大的不同。

接下来的两个销售命题分别针对企业对外和对内的委托代理机制提出了一些原则性的指导。每个企业的情况千差万别，这些"原则"只是就大多数企业在大多数情况下的共性而言，我们也要辩证地看待这些关于委托代理关系的指导原则，同时本书的后续章节将会在这两个命题之下进一步延伸和具体化。

销售力

4.4　应用2：企业与渠道伙伴的利益分配制度

销售命题6： 销售渠道中每个中间商所获得的总体利益（收益 - 成本 - 风险），其下限不得低于该中间商的保留利益（其最大的机会成本）。在此基础上企业为实现自身利益最大化的目标，其对外的利益分配制度应遵循以下"3 + 2"原则：

◆ 3大激励原则（以下主要以分销商为例）：

▶ 引入激励机制的变量应尽可能达到"充足统计量"的标准。

所谓"充足统计量"是指引入激励机制的信息，达到使委托人充分判断代理人行为的标准。

▶ 任何一项激励措施中，分销商所分配利益的上下限标准：

a. 下限：分销商所分配的边际利益≥分销商的保留利益（最大的机会成本）。

b. 上限：分销商所分配的边际利益≤双方总体边际利益 - 企业的保留利益。

在此上下限范围内的最终定位取决于双方的谈判地位及其他难以量化的无形利益。

▶ 对分销商的激励方式应尽量少采用"价格折扣"的方式，最好是基于"充足统计量"中各项销售指标的支持（资金、费用等）与奖励方式。

◆ 2大约束原则：

▶ 中间商的机会主义风险 = f（所获利益，惩罚力度，监测概率）

中间商的机会主义风险取决于公式右边的3个变量，并与其成反比。

▶ 企业的监测力度 = f（边际监测成本，边际监测收益）

企业的监测力度取决于新增的监测成本和新增的监测收益，并停留在两者相等的那一点。

4.4.1　企业与中间商之间的利益关系概述

由4.1部分的"委托代理机制"的定义知道，企业与中间商之间的委托代理机制的核心就是利益分配制度。这里的利益并非仅指毛利或收入，任何一方的利益由三方面构成：

利益 = 所获收益（有形 + 无形） - 所分担的成本 - 所承受的风险

1. 企业与中间商之间利益关系的实质

企业与中间商之间的利益关系是一个利益制衡的循环关系。

企业的利益与中间商的投入相关，而中间商的投入又取决于中间商所获得的利益，最终中间商的利益又回到其对企业所贡献的利益。这是一个利益循环的过程，也是研究双方委托代理机制的起点。

从委托代理理论的"激励相容"约束原理不难得出以上结论。

图4 - 4直观地表述了企业与中间商之间利益制衡的循环关系（以分销商为例）。

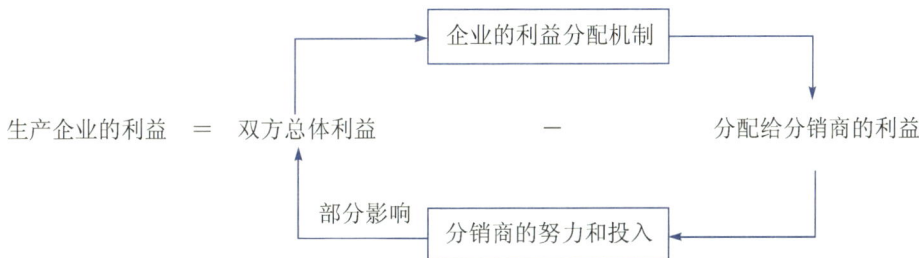

注：（1）双方总体利益可以直观地理解为总体销量及由此产生的总体毛利；（2）实际上利益的分配也包括成本和风险的分配。

图4 - 4　企业与中间商之间利益制衡的循环关系

2. 企业与中间商之间利益分配制度的要点

企业和中间商都以追求自身利益最大化为目标。在信息不对称情况下，中间商往往有两类"机会主义"问题：一是不努力投入到企业的产品销售过程中，造成企业的销量损失；二是在谋取自身利益的同时直接损害企业的利益，后者也被称为"机会主义风险"。

针对第一类问题的对策就是激励机制，针对第二类问题的就是约束机制。通俗地说，就是"胡萝卜＋大棒"的政策。具体来讲，企业作为委托人必须考虑四个问题：

A. 根据什么标准（相关变量必须能够"观测"）判断谁是"好客户"，谁是"差客户"？

B. 依据上述判断结果，应该给予"好客户"多少奖励或支持？

C. 对于"好客户"的奖励或支持，以什么方式体现最好？

D. 对于"投机客户"如何约束其"机会主义风险"？

4.4.2 中间商利益的具体构成

利益分配不仅是价格体系的问题，而且是收益、成本和风险三者的综合分配问题。以下从中间商的角度来探讨其利益的具体构成（反过来就是企业的利益）。

中间商的利益＝收益(有形＋无形)－成本－风险

1. 中间商的收益：从销售某企业产品中所获得的有形与无形的"好处"

A. 有形收益：

首先是销售毛利，即中间商从销售差价中所获得的收益，这就是价格体系的问题。

其次是企业所提供的各种奖励，如销量返利、分销奖励等。这些奖励可能以现金的方式，也可能以货物或车辆等形式体现。

B. 无形收益：

这主要包括企业的品牌和管理系统为中间商所带来的网络扩展、形象提升、产品组合的完善，以及运作和管理能力的提升等。这些收益虽然没有直接体现为中间商的利润，但对其整体和长远的生意发展具有较大价值。无形收益一般不存在分配的问题。

2. 中间商的成本：为销售某企业产品所支付的各项费用的总和（以下以分销商为例）

A. 分销商的营运资金成本：

营运资金＝应收款＋库存总额－向企业的欠款

营运资金成本可以简单地理解为这些资金的利息或融资成本。企业给予分销商的资金支持是一种重要的激励措施，因为降低了分销商的资金成本，从而提高了分销商的利益。

B. 分销商所支付的销售费用（为该企业产品）：

——分销费用；

——终端促销费用；

——销售人员费用（含促销员）；

——储运等后勤费用。

企业给予分销商的费用支持是一种重要的激励措施，因为在一定程度上分担了分销商的销售费用，从而提高了分销商的利益。

3. 中间商的风险：为销售某企业产品所承受的不确定性损失（以下以分销商为例）

风险与成本的区别在于：成本是确定支出的费用，而风险是未来不确定的损失。

A. "共同交易风险"中由分销商承受的部分：

——产品滞销所导致的库存积压风险（一般双方分担）；

——产品残损所导致的利润损失（一般企业承担）；

——分销商自身应收款的坏账风险（一般由分销商自己承担）；

——其他不确定性的风险。

B. 企业为降低中间商的"道德风险"，所要求中间商承受的违约风险：

——主要表现方式为企业要求中间商所提供的各种保证金。

C. 中间商所面临的生产企业的"道德风险"：

——例如生产企业可能不按协议或承诺支付费用和返利等。

实际上在信用缺乏的情况下，中间商要求企业给予的资金支持除了降低资金成本以外，更重要的是防范企业的"道德风险"，这些欠款如同企业向分销商要求的保证金一样，实质上是一种"风险抵押"。

虽然风险是不确定的且难以量化，但显然是中间商在权衡利益时的重要考虑因素。特别是在收益和成本接近的情况下，中间商一定会选择风险较小的企业。

综上所述，我们可以得出中间商利益的完整表达式：

中间商的利益＝收益(销售毛利＋企业各种奖励＋无形收益) －

成本（营运资金成本＋所支付的销售费用）－

风险（所分担的"共同交易风险" ＋违约风险＋生产企业的"道德风险"）

注：上述任何一个变量都是利益分配制度的内容，都会改变中间商的利益，也就改变了企业的利益。

4.4.3 企业所面临的中间商"参与约束"

企业首先必须要让中间商愿意销售其产品，这是利益分配制度中最起码的条件。

中间商选择销售一个企业的产品，最低标准是该企业为中间商所带来的利益大于等于中间商的保留利益。

绝大多数情况下中间商并非只有一个选择。由于其资源是有限的，选择一个企业有时就意味着放弃另一个企业，所以中间商并非只要"有钱赚"就愿意销售一个企业的产品，而是在各个企业之间权衡比较，其保留利益就是选择销售一个企业的产品后所放弃的最大利益，即其最大的机会成本。即使没有别的选择，如果销售一个企业的产品的投资回报率还不如银行利息，中间商多半不会参与交易。

即使一个中间商开始销售某企业的产品，如果在合作过程中由于企业的价格体系混乱等原因导致其获得的利益下降，或者有更好的机会出现（保留利益上升）而资源又发生冲突，那么中间商也可能终止合作。例如分销商有可能提前终止代理合同，终端有可能要求企业撤场。

企业所面临的中间商"参与约束"是利益分配制度的必要条件，在此基础上才谈得上如何进一步激励与约束的问题。这方面的内容前面介绍委托代理理论时已有详细阐述，不再赘述。

知识链接 4.2.2 部分

4.4.4 激励原则1：尽量达到"充足统计量"的标准

显然激励机制的首要问题是根据什么标准判断中间商（主要指直接客户）的行为？也就是企业作为委托人必须考虑的四个问题中的第1个问题：

根据什么标准（相关变量必须能够"观测"）判断谁是"好客户"、谁是"差客户"？

1. 充足统计量的概念说明

充足统计量（sufficient statistics）是指进入激励机制的信息，达到使委托人充分判断代理人行为的标准。

由于信息不对称的原因，企业显然无法直接"观测"到客户的行为，只能通过生意结果来推测客户的行为。上一节所讲的简单激励机制就是企业通过回款来推测客户的行为，并且隐含了这样一种逻辑：回款多的客户就是"好客户"，所以企业给予的返利和费用支持（按回款比例）就应越多。

上一节的分析已经说明**"最简单的并非最有效"**的道理，如果激励机制不当，就可能错误地奖励"投机客户"和制约"好客户"，对企业的整体生意造成损失。因此我们可以认为回款数据并非激励客户所需的充足统计量。

那么，还需要引入什么信息才能相对准确地判断客户的"优劣"呢？这个问题实际上可以转化为两个问题（以分销商为例）：

A. 分销商的行为对企业销量的影响作用，究竟体现在哪些销售指标上？

B. 如何以较低的成本获得这些销售指标，从而达到"充足统计量"的标准？

2. 什么是企业判断中间商行为的充足统计量？

以下以分销商为例分析，因为分销商与企业的委托代理关系相对而言最为复杂和完整。

（1）A 类统计变量：包括分销商的回款总额、发运总额、费用比例。

这些数据显然是企业最终关注的生意结果，也是企业不用花成本就可以收集到的信息，自然成为首先进入充足统计量的变量。

说明：发运总额理论上应该等于回款总额。但由于企业可能对分销商赊账，所以发运总额可能大于回款；有时分销商可能会有预付款（特别是年底为达到合同目标），所以回款总额也可能大于发运。在两者相差较远的时候应该引入发运总额，反之则不需要。

（2）B 类统计变量：主要指分销商的"亩产量"。

"亩产量" ＝（发运总额 – 退货部分 – 冲货部分）÷代理区域的市场规模

回款总额（包括发运总额）并不能使企业准确判断分销商的努力程度（各种资源投入），充足统计量中至少还应引入"亩产量"的指标。

首先，应从发运总额（分销商从企业的进货额）中去掉退货的部分，这点不难理解。

其次，必须从发运总额中摒弃掉冲货的部分，因为"冲货"行为在很大程度上是把其他区域的销量"窃为己有"，并没有提升（往往是减少）企业的总销量；这种行为所导致的回款不是奖励的问题，而是如何制约与处罚的问题。

最后，需考虑每个分销商代理区域的市场规模大小的区别，企业最希望的是每个分销商能充分挖掘代理区域的市场潜力。如果回款绝对值越高就代表分销商越优秀，企业所给予的支持或奖励也越多，那么中小市场和新市场就永无"出头之日"。同时，企业的奖惩也显然不公正，占据大市场的客户即使不努力也能得到很多好处，而覆盖中小市场的客户再努力也无法获得企业的"青睐"。虽然几乎所有企业都会根据市场规模来确定不同的合同目标及相应返利，但仅凭这一点奖励和约束是没有太大意义的。

（3）C 类统计变量：主要指分销商所代理区域的加权分销率、分销维护水平、终端相对销量。

虽然"亩产量"的指标使企业的判断准确度大大前进了一步，但如果可能，在激励机制中还应引入上述 3 个变量，这才构成了相对完善的充足统计量。其原因如下：

▶ 分销商的努力并非影响其代理区域销量（包括"亩产量"）的唯一因素，甚至不是最重要的因素。

企业的销量 ＝P（分销商的努力，分销商的实力，企业三大作用力，当地市场状况）

实际上分销商可以产生作用的就是 C 类统计变量，并通过这些指标影响销量。

注：由于各分销商销售的产品几乎是一样的，所以终端相对销量反映分销商的终端促销投入与管理水平，但是将不同品牌的终端销量进行比较是没有意义的。

▶ "亩产量"中的"冲货"部分较难统计，通过分销商代理区域内的 C 类统计变量可以更准确地判断"亩产量"，并结合其回款和发运总额推测其是否"冲货"及大致"冲货"金额。

事实上引入 C 类统计变量也只是相对完善的充足统计量，企业自身的实地销售队伍素质也直接影响 C 类统计变量的 3 个指标，而且各地的品牌效应和市场难度也不同。但是如果进一步考虑这些因素，则统计工作量太大且相对难以量化，对于大部分企业而言是得不偿失的。此外，各地的市场难度可以用不同的费用比例标准来灵活考虑。

3. 如何有效收集"充足统计量"所要求的信息？

相信大多数人都会认同三类统计变量的作用，但最重要的顾虑就是收集这些数据太麻烦和成本较高。我们可以通过一些统计学的原理来大大降低收集信息的成本，并达到较高的准确度，大致包括以下方法：

（1）对统计对象进行分类整理。

例如，精确计算一个区域的市场规模是不可能的也没必要，我们可以将各分销商的代理区域划分成几个级别，这样可以相对准确地衡量其"单产量"。再比如，品牌效应和市场难度（主要反映在费用比例）也不能精确计算，但将各区域大致划分成几个级别是可能的。虽然这种划分并不是100%准确，而且同一级别内也有差异，但是至少相对扩大了判断准确性。

（2）收集报表＋抽样调查＋简单的量化方法。

一般而言，每个企业都会要求分销商或销售人员提供分销等报表，或至少这样要求是可行的且不会让企业增加什么成本。关键问题是这些数据是否准确，企业可以在多大程度上相信。其实采用统计学上的抽样调查原理，可用很低的成本就知道这些上报数据的准确度。有些信息本身不是量化的数据（如终端维护水平），但是用一些简单的量化方法就可以相对客观地将信息转化为数据。

综上所述，企业判断分销商行为的充足统计量（相对而言）按照信息收集成本从低到高排列如下：

A 类统计变量：回款总额、发运总额、费用比例。

B 类统计变量："亩产量"。

C 类统计变量：加权分销率、分销维护水平、终端相对销量。

在实际操作中不要笼统地以回款为激励目标，尽量以分销商真正可以影响的"C 类统计变量"为目标，这样便于将分销商所不可控的因素隔离开来，更准确地评估分销商的努力程度及激励成本的投入产出情况，也能在一定程度上减少分销商的机会主义风险（如冲货）。

当然，所谓"充足"只是相对而言，并且仅就大多数企业的共性来考虑。不同的企业根据实际情况还会加入其他指标，例如专门列出某种重要新产品的分销率、分销商的回款准时率等，或者在上述指标的基础上进一步精确化。

企业判断自负盈亏的销售分公司业绩的充足统计量与上类似；企业或分销商对批发商的判断标准与此一致，对零售终端的判断标准相对简单也略有不同。

4.4.5　激励原则2：中间商所应分配利益的上下限标准

明确了激励机制的"充足统计量"标准之后，自然就是如何根据这些指标分配双方利益，即企业作为委托人必须考虑的4个问题中的第2个问题：

依据上述判断结果，应该给予"好客户"多少奖励或支持？

由于实际工作的复杂性，要精确达到"激励相容约束"原理所定义的理论最佳点是不可能的，但是可以界定每一项激励措施内中间商所分配的利益的上下限标准。以下分析仍以分销商为例，并继续以美丽日化企业的案例来展开。

案例4-6　　　　　美丽日化企业的激励机制（三）

美丽日化企业希望激励分销商进一步提高原本很薄弱的二、三级市场的分销率，于是准备在滨海市进行试点。首先进行了如下测算：

（1）预计滨海市可以平均新增50 000元的销量。

（2）滨海市每月平均大约需要新增总共18 000元的费用：15 000元的销售费用，包括人员费用、分销和终端促销费用等；1 500元的运输费用，同时需要投入30 000元的营运资金，资金成本和风险加在一起大约是每月 1 500 元。

（3）总共新增的毛利是 30 000 元＋7 500 元（企业毛利率是 60%，分销商是 15%），减去 18 000 元总费用，新增利润是 19 500 元。

注：假定美丽日化的其他投入（广告和销售经理费用等）是固定成本，则该项目新增的费用不用考虑原有固定成本。

美丽日化企业感到有利可图，于是向分销商推出了如下激励机制：

（1）假如分销商愿意参与此项目，则美丽日化承担除资金成本和运输费用以外的所有费用。

（2）分销商必须投入一辆货车专门负责二、三级市场的运输，并且保证投入 30 000 元营运资金（按销量测算）。分销商每月总共支付费用 3 000 元（1 500 元资金成本＋1 500 元运输费）。

则在上述利益分配制度下：

总共 19 500 元的新增利润中，美丽日化获得 15 000 元（占 77%），分销商获得 4 500 元（占 23%）。

1. 任何一项激励措施中，分销商所应分配利益的下限

下限：分销商所分配的边际利益 ≥ 分销商的保留利益（最大的机会成本）。

注：上述下限实际上就是分销商的"参与约束"。"参与约束"并非仅指分销商是否愿意成为分销商的约束条件，也适用于分销商在合作过程中是否选择接受企业的每一项激励措施。

（1）随着分销商努力程度的不断提高，其所带来的销量增长也遵循边际报酬递减规律；在既定的利益分配制度下，分销商努力程度的提升边界将停留在每一分努力所新增的边际利益与同等资源的保留利益相等的那一点。

（2）所以企业的每一项激励措施为分销商所带来的新增利益，至少要大于等于分销商的保留利益。

知识链接 本章委托代理理论的参与约束

在案例 4-6 中，如果分销商的 3 万元资金和一辆货车的投入在其他品牌上的回报可以达到每月 4 500 元以上的利润，则该分销商显然不会参与美丽日化企业的二、三级市场拓展计划；或者分销商会进一步讨价还价，争取更多利益。反过来，如果分销商的资金和车辆本来就是闲置，机会成本几乎为零，则分销商有可能同意该利益分配方案。

2. 任何一项激励措施中，分销商所应分配利益的上限

上限：分销商所获得的边际利益 ≤ 双方总体边际利益 - 企业的保留利益。

注：此上限实际上就是企业的"参与约束"，道理同分销商的"参与约束"。

（1）一般而言，市场上往往还有其他客户可以成为企业的分销商，这些潜在客户让企业获得的最大利益就是企业的保留利益；如果现有分销商使企业获得的边际利益小于企业的保留利益，则企业就可能转换分销商或将部分工作划给新客户。

（2）企业的最小保留利益是零，此时总体边际利益全部由分销商获得，这时企业可能看重市场占有率的上升等。

在案例 4-6 中，分销商不同意美丽日化企业提出的利益分配机制，要求企业进一步承担运费和增加 30 000 元的欠款，并且要求每月 2 000 元的风险补贴。这时美丽日化企业可能有两种反应：

A. 如果企业没有其他客户可以选择，也就是说保留利益为零，那么美丽日化企业可能会答应此条件。这时美丽日化获得每月 10 000 元的新增利润，而分销商获得 9 500 元的新增利润，这种新增利润就是双方的边际利益。

B. 如果美丽日化可以找到一个批发商专门覆盖二、三级城市，该批发商只要求企业进一步承担运费，则美丽日化的保留利益就是 13 500 元（原有 15 000 元利润再减去 1 500 元运费），即现有分销商应分配利益的上限是 6 000 元（19 500 元总利润减去美丽日化的保留利益 13 500 元）。如果分销商的要求超过 6 000 元的上限，则美丽日化有可能将二、三级城市的拓展工作交给新批发商来做。

当然，实际工作中考虑的因素更多一些，例如企业要考虑其他方面的损失，不一定分销商的要求超过上限企业就一定考虑转换客户。但从普遍性和长期性来看，这个上限是成立的。

3. 在上述上下限的范围之内，最终利益分配取决于双方的谈判地位和其他无形利益

这一点就无法一概而论，需要具体问题具体分析。

4.4.6 激励原则 3：企业应尽量少采用"价格折扣"的激励方式

明确了激励机制的充足统计量标准和分配利益总量之后，紧接着就是采用什么样的激励方式的问题，即企业作为委托人必须考虑的 4 个问题中的第 3 个问题：

对于"好客户"的奖励或支持，以什么方式体现最好？

这方面的一般原则是（以分销商为例）：

对分销商的激励方式应尽量少采用"价格折扣"的方式，最好是基于"充足统计量"中各项销售指标的支持（资金、费用等）与奖励方式。

例如上述案例中，美丽日化企业与分销商谈妥利益分配机制后，不一定要采用承担费用的方式，可以按一定比例折算成价格折扣，让分销商获得同等利润，但这样做的弊端很大。

1. 实行"价格折扣"作为激励方式，实际上就是根据回款总额的简单激励方式，这样做的激励效果相对较弱，而且容易导致"冲货"问题

（1）"价格折扣"意味着客户所得到的利益与回款和进货成正比，这样企业很难针对某项生意目标去激励分销商，事实上主动权掌握在客户手里。

例如上述案例中，本来美丽日化企业的激励目标是很有针对性的，实际上就是提升二、三级市场的"亩产量"。但如果采用"价格折扣"作为激励方式，即使双方有协议约定，分销商也可能不按要求投入，而美丽日化企业的目的就很难达到。

（2）分销商拿到比其他客户更低的价格折扣以后，其要实现同样的利润并不一定要通过二、三级城市拓展来实现，"冲货"可能是一条更轻松的途径。

2. 最好是与"充足统计量"的各项指标挂钩，对分销商提供支持和奖励

（1）企业在制定"价格体系"时，只要能让分销商的毛利率达到行业平均水平就可以了（当其他激励较多时，甚至可以略低），不要把所有激励放在"差价"这一个篮子里。价格一旦确定往往不能随意更改，企业如同"箭已离弦"再想激励和约束分销商也感到"后继乏力"了。

（2）对分销商的所有支持和奖励都不要简单地和回款总额挂钩，而是要针对性地与相关生意指标联系在一起，这样才能达到"精确制导"的目的。除了"价格折扣"，激励方式大致分为三类：资金支持、费用支持、各种奖励（包括回款奖励）。

——例如资金的支持不要简单地和回款挂钩，还可以进一步要求分销商扩大终端的分销率，因为往往终端（特别是 KA 等大型终端）的应收款期限比批发客户要长。同样的生意量，直接覆盖终端比例越高的分销商显然其营运资金投入越多，企业也越应该激励这些分销商；否则，就鼓励了分销商做"二传手"，甚至利用企业的资金去经营其他品牌。

——同时，费用的支持也不要简单地和回款挂钩，可以和具体的分销要求与终端促销目标等联系在一起。这样可以激励分销商努力扩大分销面及提升单店销量；否则，这些费用可能白白转化为客户的利润，甚至变成分销商"冲货"的"利器"。

——各种奖励也是同样的道理，最好能围绕"亩产量"甚至明确的分销和促销要求等进行奖励。例如可以针对二、三级城市的分销拓展，奖励分销商一些货车，既"对症下药"，还使奖励本身变成了分销商的运作资源，进一步提高了分销商的运作能力。

用一个比喻可以形象地说明两种激励方式的区别，"价格折扣"或其他与回款完全挂钩的激励方式如同普通炸弹，企业很难控制命中目标的效果并可能造成较大浪费；反过来，与"充足统计量"各项指标挂钩的激励方式如同精确制导炸弹，企业相对可以更有效地达到目标与获得更好的投入产出效益。当然，对于一些谈判地位较弱的企业可能既要采用其他激励方式，也要保障分销商较高的毛利率，但最好也不要只用"价格折扣"这一招。

4.4.7 企业对中间商"机会主义"风险的约束原则

激励机制通俗地说，就是双方如何着眼于"把饼做大"前提下的利益分配问题，但是在不对称信息下，中间商有可能认为从企业的那部分"饼"中直接拿走一块更省事。这就是企业作为委托人必须考虑的4个问题中的最后一个问题：

对于"投机客户"如何约束其"机会主义风险"？

1. 中间商的"机会主义风险"的具体表现形式

（1）价格问题。例如分销商可能高价销售从而损害企业的销量，也可能低价"冲货"导致企业的价格体系混乱。同样，批发商和零售终端存在类似行为。

（2）挪用费用甚至截留的问题。例如，分销商可能不按企业规定的用途使用销售费用，甚至虚报费用。

（3）欠款不还的问题。例如，分销商不按合同规定付款，甚至一开始就蓄意诈骗。

（4）其他问题。例如，分销商、批发商、零售终端可能卖假货，或者利用企业的品牌从事一些合同规定之外的活动。

2. 中间商的机会主义风险 = f（所获利益，惩罚力度，监测概率）

以上公式的含义是，中间商的机会主义风险的可能性大小取决于公式右边的3个因素，并与其成反比。

（1）中间商所获利益越大则越会"投鼠忌器"，因为担心被企业发现后的损失更大。这有点类似于"高薪养廉"的道理。

（2）企业的惩罚力度越大，则中间商机会主义行为的可能损失就越大，自然机会主义的倾向就越低。企业为防范风险让分销商提供保证金或信用抵押等，都属于提高对中间商机会主义行为的惩罚力度的措施。

（3）如果企业虽然惩罚力度很大，但实际上不能有效监测到中间商的机会主义行为，那么中间商也不会有所顾忌。这就是通常所说的"光打雷，不下雨"。

3. 企业的监测力度 = f（边际监测成本，边际监测收益）

（1）显然企业的监测概率与其监测力度成正比。以上公式的含义是，企业的监测力度取决于每新增一分监测成本和该监测工作所带来的收益，这种收益主要指减少了企业目前或未来的损失。

（2）一般而言，企业的监测工作也遵循边际报酬递减的规律，所以监测力度会停留在边际监测成本等于边际监测收益的那一点，因为再加强监测力度就得不偿失了。监测成本很大程度上是固定成本，这就意味着规模越大的企业其监测力度可能越大，同一企业对于大客户的监测力度可能相对较大。

（3）当然惩罚有时也需要企业付出短期的成本，例如分销商不再合作或终端撤场。

惩罚力度很难一概而论，取决于企业的市场地位和处罚决心。

每个企业的约束机制和监测力度各有不同，但普遍都遵循上述原则。

4.4.8 企业与渠道伙伴的利益分配制度小结

销售命题6阐述了企业对外（客户）利益分配制度的3个激励原则和2个约束原则，但实际销售工作中企业与客户的委托代理问题非常复杂，再加上信息收集和决策能力等问题，不可能存在

"完美"的利益分配制度，或者说"最优"的激励与约束机制。企业决策者往往和其他销售战略问题一样，通过"试错法"不断学习和寻找更合理的机制，通过反复调整的过程不断趋近合理的利益分配制度。

企业与渠道伙伴的利益分配制度对其销售战略影响极大，企业的利益推动力是基本作用力中最重要的作用力，如何平衡双方的利益以及这种利益如何实现，对于销售结果至关重要。

为什么有的企业的价格体系一变再变？为什么有的企业的销售政策"朝令夕改"？原因都在于事前并未对激励和约束机制有一个周详的规划与科学的决策，自然就会在这些问题上摇摆不定，大大增加调整的时间和成本。

虽然销售命题6只是一些原则性的指导，但至少可以避免我们在考虑利益分配问题时的盲目性。委托代理理论已经证明没有"完美机制"或"完全合同"，但上述决策规律可以帮助我们相对准确地确定激励和约束机制的合理范围，并缩短反复调整的时间和减少相应成本。本书的后续内容将在此基础上进一步往下延伸，使之更具操作性。比如，我们需要继续探讨下述问题：

（1）如何根据企业的实际情况确定最适合的"充足统计量"？

（2）如何相对高效地获得上述信息？

（3）如何相对精确地测算每项激励措施中利益分配的上限与下限？

（4）如何根据企业的实际情况，选择最适合的激励方式？

（5）如何针对企业面临的具体"机会主义"风险，设计可行的约束机制？

销售命题6可以指导我们更高效地思考和解决以上问题，从而设计和优化销售工作中的相对合理的激励与约束机制。

图4-5是对销售命题6的简练表述（以分销商为例，并在公式中以D代表分销商）。

1.客户激励机制的因果链

① 企业的利益 = 双方总体利益 - 分销商的利益

↑

②企业的销量 = f（D的努力，D的实力，企业三大作用力，当地市场状况）

↑

③D的努力程度 = f（每一分努力的边际利益，同样资源的保留利益）

↑

④分销商的利益 =

f（D回款与发运总额，D费用比例，D"亩产量"，D加权分销率，D分销维护水平，D终端相对销量）

{ A类统计变量 } {B类统计变量} { C类统计变量 }

2.客户约束机制的因果链

①分销商的机会主义风险 = f（分销商的利益，惩罚力度，监测概率）

↑

②企业的监测力度 = f（边际监测成本，边际监测收益）

说明：（1）以上采用的函数表达式是一种简练的因果关系表述法。（2）每个函数表达式的基本含义是：等号左边的结果（函数）取决于等号右边括号内的变量，等号后的f表示具体的函数关系，例如可以简单理解为每个变量的重要性比例。

图4-5 销售命题6的函数表达式

4.5 应用3：企业对销售人员的利益分配制度

销售命题7： 企业所有者与销售人员（包括上下级之间）之间是一种委托代理关系，企业所有者（或决策者）为实现自身利益最大化的目标，对各级销售人员的利益分配制度遵循以下"2+2"原则：

◆ 2大激励原则：

▶ 总体而言，激励制度的4个要素与销售人员的职位呈"正相关"的关系：

人员激励机制包括4个要素：底薪占总收入的比例、评估标准、评估与奖励周期、激励方式。

A. 职位越低越适用于底薪比例相对较低的激励机制；反之亦然。

B. 职位越低越适用于简单的销量考核方法；反之，职位越高越需要引入"充足统计量"考核。

C. 职位越低越适用于较短的评估与奖励周期（通常为1个月）；反之亦然。

D. 职位越低越适用于奖金为主的激励方式；反之，职位越高越适用于综合激励方式（奖金+培训或深造+职业生涯发展）。

▶ 销售人员总体收入的上下限标准：

A. 下限：销售人员的总体收入≥销售人员的保留利益（个人最大的机会成本）。

B. 上限：销售人员的总体收入≤同类人员的最高薪酬待遇。

注：实际上销售人员的利益还包括培训和职位升迁等激励因素。在此上下限范围内的最终定位很难一概而论，但一定与销售队伍在生意中的重要性成正比，而销售队伍的重要性往往与企业的渠道一体化程度成正比。

◆ 2大约束原则：

▶ 销售人员的机会主义风险=f（所获利益，惩罚力度，监测概率）

销售人员的机会主义风险取决于公式右边的3个变量，并与其成反比。

▶ 企业的监测力度=f（边际监测成本，边际监测收益）

企业的监测力度取决于新增的监测成本和新增的监测收益，并停留在两者相等的那一点。

4.5.1 企业所有者与销售人员之间的利益关系概述

由4.1.2部分的"委托代理机制"的定义知道，企业所有者与销售人员之间的委托代理机制的核心就是利益分配制度，其具体表现形式就是激励和约束机制。

> **知识链接** 4.1部分委托代理机制的定义

1. 企业所有者与销售人员之间利益关系的实质

企业所有者与销售人员之间的利益关系，同企业和渠道伙伴一样，也是一个利益制衡的循环关系。

图4-6直观地表述了企业所有者与销售人员之间利益制衡的循环关系。

2. 企业所有者与销售人员之间利益分配制度的要点

企业所有者和销售人员都以追求自身利益最大化为目标。在信息不对称情况下，销售人员往往有两类"机会主义"问题：一是不努力投入到销售工作中，造成企业的销量损失；二是在谋取自身利益的同时直接损害企业所有者的利益，后者也被称为"机会主义风险"。

针对第一类问题的对策就是激励机制，针对第二类问题的对策就是约束机制。通俗地说，就是"胡萝卜+大棒"的政策。

销售力

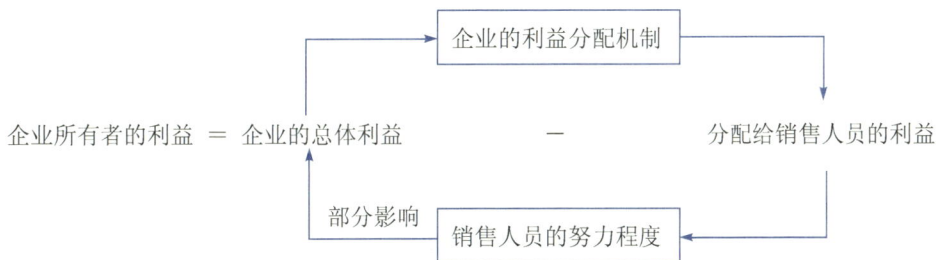

图 4 – 6　企业所有者与销售人员之间利益制衡的循环关系

4.5.2　销售人员激励机制的四要素

虽然每个企业的销售人员激励制度千差万别，但无非 4 个要素的组合。具体来讲，企业所有者（或决策者）作为委托人在激励员工方面必须考虑 4 个问题：

A. 底薪和奖金的比例如何搭配？

B. 根据什么标准判断谁是"好员工"、谁是"差员工"？

C. 这些标准以多长的周期来考核较为合适？

D. 对"好员工"的奖励，以什么方式体现最好？

注：具体的底薪和奖金绝对值显然也是考虑的重要因素，但这个问题很难一概而论。

4.5.3　激励原则 1：激励机制四要素与销售职位呈正相关关系

1. 底薪占总收入的比例与销售职位的高低呈正相关关系

职位越低（特别是基层销售人员）越适用于底薪比例较低的激励机制；反之，职位越高（特别是高层管理者）越适用于底薪比例较高的激励机制。

注：以上规律只是为简单起见的表述法，主要说明对于职位较高的销售人员应该底薪水平适当地提高（这里的"高"指相对市场上同等职位的平均底薪）。实际上高层管理者也可能是"高底薪 + 高奖金"，其底薪所占总收入的比例可能比基层销售人员还低，但这种"高奖金"不应建立在"低底薪"的基础上，所以与上述规律并不相悖。

（1）"隐性激励机制"的作用。

劳动力市场的"隐性激励机制"对于基层销售人员的激励和约束作用相对微弱，原因在于其数量众多而且"声誉效应"并不明显，如果底薪比例较高有可能大大增加其"偷懒"等机会主义行为的可能性。

反过来，职业经理人市场的"隐性激励机制"对于中高层销售经理的激励和约束作用相对明显，原因在于其"声誉效应"可以带来以后更多的利益，即使底薪比例较高也不一定就增加其"偷懒"等机会主义行为的可能性。

同时，职位较高的人员往往意味着其工作经历越长，在行业内的"沉淀价值"较高，如果因为"偷懒"而导致业绩不佳，则其声誉的损失比基层销售人员要大得多，或者说"偷懒"的机会成本更大。

所以从"隐性激励机制"的激励和约束两方面来看，职位越高的销售人员越可能不是纯粹"奖金刺激"下的工作行为。当然，职位越高的销售人员也可能自我追求更高或自律精神更强，但对这些主观问题就不展开讨论了。

（2）职位越高的销售人员其"机会主义风险"为企业造成的损失可能越大。

职位较低（特别是基层销售人员）意味着权限较小，能够动用的资源很少，往往只有一条途径去争取更多的奖金，那就是努力工作。其"机会主义"行为顶多也就是做做假报表而已。

反过来，职位较高的销售经理在"低底薪，高奖金"的激励机制下，很有可能忽视生意的长远发展而选择大量的"短期行为"，为企业的短期和长期利益带来相当大的损失并让企业为其承担风险。

例如实地销售经理可能撺掇分销商"冲货"，并为此随意许下一些不能兑现的承诺（如补贴分销商的费用等）；或者不顾分销商布局的合理性而大量开设新客户，使短期销量有明显上升。同时对于那些回报时间相对滞后的"精耕细作"的工作，则可能置之不理。高层的销售管理者更可能推行大量的渠道促销，快速提升短期销量，这种行为实质上是把后期销量集中在当前体现，造成企业的利润损失和长期价格体系的混乱。虽然企业所有者可以采取各种方法来弥补和防范，但制度是决定性的因素，在这样的激励机制下可谓是"防不胜防"。

（3）职位较低的销售人员其目标往往很单一，较为容易考核；职位较高的销售人员其目标往往是多种指标的综合，相对考核难度较大。

一般而言，职位较低（特别是基层销售人员）的销售人员需要考虑的问题很简单。例如促销员就是如何提升所在终端的销量，销售代表就是如何提升所覆盖区域的销量，而各种分销和终端促销费用一般不用他们考虑。

反过来，企业希望中高层销售经理达成的生意目标并非仅仅是短期销量，还包括利润、分销水平、组织建设等。这方面的问题在紧接着的评估标准方面会详细阐述。

2. 各级销售人员的评估标准所引入的变量与销售职位的高低呈正相关关系

职位越低（特别是基层销售人员）越适用于简单的销量考核方法；反之，职位越高（特别是高层管理者）则应引入其他变量，尽可能达到"充足统计量"的标准。

（1）对于职位较低的销售人员，销量是一个相对准确的考核标准，而且耗费太多资源在考核上效益不高。

A. 由于其目标往往很单一而且可控制的因素较少，所以销量与其努力程度之间的因果关系比较简单和直接，比较适用于简单的销量考核方法。当然，这种考核的销量必须与其努力程度有直接关系，不能泛泛而谈。

实际上职位较低的销售人员（特别是基层销售人员），除了可以决定自己的努力程度以外，其他因素往往都是由外界或上级给定的。所以在考虑到其他因素的前提下，可以相对容易地判断销量与其努力程度之间的关系。

B. 另一方面，由于每个基层销售人员所影响的销量相对较小，如果企业或销售管理者耗费太多资源在基层销售人员的考核上，投入产出效益不高。当然，如果企业的规模较大或考核方法非常有效，能够进一步引入分销率和单店销量等更细化的考核指标自然激励效果更好。

（2）对于职位较高的销售经理（特别是高层管理者），不能仅仅把回款（或销量）作为唯一的考核标准，还需要引入其他变量，尽可能达到"充足统计量"的标准。

按照信息收集成本，考核标准从低到高排列如下：

A 类统计变量：回款总额、发运总额、费用比例。

B 类统计变量："亩产量"。

C 类统计变量：加权分销率、分销维护水平、终端相对销量。

D 类统计变量：组织建设（管理与培训）、系统创新与优化。

前面三类统计变量与分销商的"充足统计量"标准一致，具体内容及其引入原因，读者可以参考 4.4.4 部分的内容。

中高层销售经理比分销商还多承担了一个职责，那就是组织建设与系统创新等。所谓系统创新包括销售模式和运作系统等。这部分工作虽然不一定能立即转化为回款或销量，但对于企业的生意发展非常重要。事实上，D 类统计变量同样可以量化，而且并不如想象中需要那么大的信息收集成本。这方面的评估不用太频繁，可以半年或每年一次。

当然，每个企业可以根据自己的需要和能力选取上述部分统计变量作为评估标准，或者在此基础上进一步深入和细化。最终所确定的针对各级人员的"统计变量集合"通常称为KPI（key performance indicator），即"关键绩效指标"。

3. **各级销售人员的评估和奖励周期与销售职位的高低呈正相关关系**

职位越低（特别是基层销售人员）越适用于较短的评估与奖励周期（通常为一个月）；反之，职位越高（特别是高层管理者）越适用于较长的评估与奖励周期（通常为季度、半年、年）。

（1）对于职位较低的销售人员，往往短期就可以"观测"其工作业绩，而且及时兑现奖励会大大提高其积极性。

职位较低的销售人员（特别是基层销售人员）往往工作职责比较简单，而且更贴近销售的末端环节，所以销售结果与努力程度的关系很快就可以体现出来。另一方面这些销售人员受奖励的刺激作用非常明显，而且对企业的归属感相对较弱，如果不及时兑现奖励往往会带来不少猜疑。

（2）对于职位较高的销售人员，需要相对较长的时间才可以准确判断其工作业绩。

一方面，许多管理工作从启动到最终体现为回款的上升，需要一定的传递时间，如客户布局的调整、队伍管理与培训等。如果每月评估和奖励，不仅烦琐，而且使销售经理可能不愿做基础工作。另一方面，如果评估和奖励周期太短，有可能促使销售经理的短期行为。如"冲货"或"压库存"等，对生意长远发展没有好处。

实际操作中往往是"长短结合"，例如回款和销量肯定要每月评估，但奖励不一定要每月兑现，可以再结合季度、半年和年度其他指标的考核分批发放。

4. **各级销售人员的激励方式组合与销售职位的高低呈正相关关系**

职位越低（特别是基层销售人员）越适用于以奖金为主的激励方式；反之，职位越高（特别是高层管理者）越适用于综合激励方式（奖金＋培训或深造＋职业生涯发展）。

任何销售人员到一个企业工作，无非三个目的：

A. 有满意的收入；

B. 能够不断提升自己的知识和能力；

C. 能够有长远的职业生涯发展。

（1）对于职位较低的销售人员，适用于以奖金为主的激励方式。

钱对于每个人的意义，也符合边际报酬递减的规律。职位较低的销售人员往往绝对收入较低，钱的作用对其工作努力程度极其重要。当然，基层销售人员也有提高自己的追求和职业生涯发展的渴望，如果在奖金的基础上也能结合这两点最为理想，但奖金始终是第一位的。

（2）对于职位较高的销售人员，适用于综合激励方式。

A. 奖金无疑是重要的，但对于中高层管理者而言其重要性比基层人员要低。

B. 中高层销售经理也视培训或深造机会为一种重要的利益（或者说福利）。一个人不仅需要在企业"放电"，也希望能在企业"冲电"。所以，企业建立针对每个职位的培训体系，不仅提高了"战斗力"，也是针对各级人员激励机制的重要内容。

C. 企业的职位升迁机制也是激励机制的重要组成部分。达到什么标准可以晋升；反之，什么标准应该降级甚至淘汰？企业的整体激励机制中必须包括每个级别销售人员的职业生涯发展规划，这对于提高人员的努力程度至关重要。

实际操作中的激励机制就是将上述三种激励方式与各项考核指标挂钩。精神奖励（如评先进等）、假期、保险等激励方式与上述三种激励方式联系在一起，共同起到激励作用。

4.5.4 销售人员总体收入的上下限标准

在实际操作中，销售人员考虑的整体利益还包括培训和职业生涯发展机会等无形利益。

1. **下限是销售人员的保留利益**

企业所有者（或决策者）首先必须要让销售人员愿意接受这份工作，这是利益分配制度中最起码的条件。

一个销售人员是否选择在一个企业工作，最低标准是该企业所支付的薪酬待遇（含无形利益）大于等于该销售人员的保留利益。

一个销售人员的保留利益就是其最大的机会成本，大致可用劳动力市场同等职位的平均收入水平作为参考。这个道理与中间商是否选择销售一个企业的产品一致，企业所面临的销售人员"参与约束"是利益分配制度的必要条件，在此基础上才谈得上如何进一步激励与约束的问题。这方面的内容前面介绍委托代理理论时已有详细阐述，不再赘述。

2. 上限是市场上同类人员的最高薪酬待遇

这个上限实际上就是企业所有者（或决策者）的"参与约束"。总体而言，劳动力市场是一个完全竞争的市场，如果销售人员要求的薪酬待遇超过企业招聘其他同类人员的要求，那么企业多半不会同意。当然，每个人的素质难以精确量化，但还是存在一个大致的判断标准。同时，也有个别人员出类拔萃，企业可能会以高于市场上同类人员的最高薪酬录用。但是这条上限就绝大多数情况而言是成立的。

3. 在此上下限范围内利益分配的最终定位

这个问题因企业和人员的不同很难一概而论，但一定与销售队伍在生意中的重要性成正比，而销售队伍的重要性往往与企业的渠道一体化程度成正比。

企业一体化程度越高，表示"企业内交易"相比"市场交易"的比例越高，也就意味着销售队伍的重要性越大，自然销售人员所分配的利益就越趋近于上限；反之亦然。

知识链接 3.6 部分的销售命题 4

4.5.5 企业对销售人员"机会主义"风险的约束原则

这方面的内容与企业对渠道伙伴"机会主义"风险的约束原则基本相同，以下只简要阐述，不再详细展开。

1. 销售人员的"机会主义风险"的具体表现形式

（1）吃"空饷"或贪污其他销售费用。这是指虚报不存在的下属人员或销售费用等。

（2）做假报表。企业往往要求各级销售人员提供报表，而这些报表往往直接或间接地与人员利益联系在一起，因此各级销售人员都有可能做假报表为自己牟利。

（3）"冲货"问题。销售经理为了提高奖金或业绩排名等原因，有可能撺掇分销商低价"冲货"至其他区域。更重要的是，销售经理往往为此向分销商许下各种承诺，最终不能兑现的时候导致企业和分销商的矛盾。

（4）贪污货款或货物。这既包括销售人员与分销商串通骗取企业的货款或货物，也包括销售人员可能贪污分销商与其下线客户交易的货款或货物。

（5）兼职问题。如果企业管理不善，销售人员有可能同时为其他企业兼职工作，也包括利用手中的资源为其他企业服务，如让下属销售其他企业的产品，或者利用企业的专柜同时销售其他产品从中牟利等。

（6）其他问题。其包括伙同客户卖假货或者利用企业的销售经理身份从事一些工作之外的活动等。

以上所有问题的根源都在于企业和销售人员之间的"信息不对称"。

2. 销售人员的机会主义风险 = f（所获利益，惩罚力度，监测概率）

以上公式的含义是，销售人员的机会主义风险的可能性大小取决于公式右边的三个因素，并与其成反比。核心就是：

销售人员"投鼠忌器"的顾忌越大，则采取机会主义行为的可能性就越低；反之亦然。

3. 企业的监测力度 = f（边际监测成本，边际监测收益）

显然，企业的监测概率与其监测力度成正比。以上公式的含义是，企业的监测力度取决于每新增一分监测成本和该监测工作所带来的收益，这种收益主要指减少了企业的损失或追回赃款等。其中道理与企业监测渠道伙伴的机会主义行为类似，不再赘述。

4.5.6　企业与销售人员的利益分配制度小结

销售命题 7 阐述了企业对内（销售人员）利益分配制度的两个激励原则和两个约束原则，但实际销售工作中企业与销售人员的委托代理问题非常复杂，再加上信息收集和决策能力等问题，不可能存在"完美"的利益分配制度，或者说"最优"的激励与约束机制。企业决策者往往和其他销售战略问题一样，通过"试错法"不断学习和寻找更合理的机制，通过反复调整的过程不断趋近合理的利益分配制度。

企业与销售人员的利益分配制度对其销售战略影响极大，企业的人员作用力显然与此密切相关，如何平衡双方的利益以及这种利益如何实现，对于销售结果至关重要。

为什么有的企业的销售人员工资升了又降，降了又升？为什么有的企业的奖金制度"朝令夕改"？为什么有的企业怎么激励都看不到销量上升？原因都在于事前并未对激励和约束机制有一个周详的规划与科学的决策，自然就会在这些问题上摇摆不定，大大增加调整的时间和成本。

虽然销售命题 7 只是一些原则性的指导，但至少可以避免我们在考虑利益分配问题时的盲目性，帮助我们相对准确地确定激励和约束机制的合理范围，并缩短反复调整的时间和减少相应成本。本书的后续内容将在此基础上进一步往下延伸，使之更具操作性。比如，我们需要继续探讨下述问题：

（1）如何根据企业的实际情况确定各级销售人员的总体收入水平？

（2）如何具体确定企业各级销售人员的底薪和奖金数额？

（3）如何相对合理地确定各级销售人员的考核指标体系，以及如何高效地获得这些信息？

（4）如何根据企业实际情况，具体确定评估和奖励周期以及激励方式的组合？

（5）如何针对企业面临的具体"机会主义"风险，设计可行的约束机制？

销售命题 7 可以指导我们更高效地思考和解决以上问题，从而设计和优化相对合理的人员激励与约束机制。

图 4-7 是对销售命题 7 的简练表述（以中高层销售经理为例，并在公式中以 S 代表）。

1. 人员激励机制的因果链

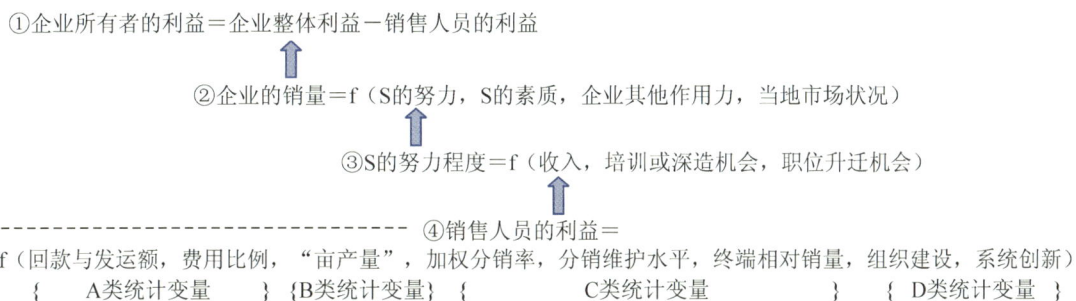

①企业所有者的利益＝企业整体利益－销售人员的利益

②企业的销量＝f（S 的努力，S 的素质，企业其他作用力，当地市场状况）

③S 的努力程度＝f（收入，培训或深造机会，职位升迁机会）

④销售人员的利益＝
f（回款与发运额，费用比例，"亩产量"，加权分销率，分销维护水平，终端相对销量，组织建设，系统创新）
　　{　A 类统计变量　}　{B 类统计变量}　{　　　　C 类统计变量　　　　}　　{　D 类统计变量　}

2. 人员约束机制的因果链

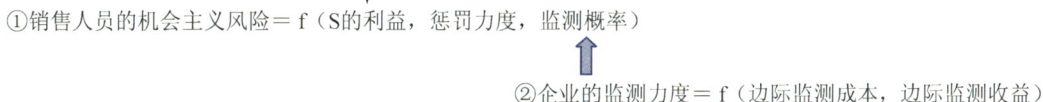

①销售人员的机会主义风险＝f（S 的利益，惩罚力度，监测概率）

②企业的监测力度＝f（边际监测成本，边际监测收益）

说明：（1）以上采用的函数表达式是一种简练的因果关系表述法。（2）每个函数表达式的基本含义是：等号左边的结果（函数）取决于等号右边括号内的变量，等号后的 f 表示具体的函数关系，例如可以简单理解为每个变量的重要性比例。

图 4-7　销售命题 7 的函数表达式

本章用了大量篇幅阐述委托代理理论及其在销售中的应用，因为销售工作中的所有对外和对内的交易关系都是委托代理关系，而我们经常遇到的问题就是如何在不对称信息下实现企业的利益最大化目标，自然委托代理理论在销售中具有极其广泛的应用和重要的指导意义。

4.6.1　委托代理理论的两大定理和 3 个销售命题的作用

（1）委托代理理论的两大定理分别从定性和定量的角度，分析了不对称信息下的激励和约束行为。

（2）由此衍生的 3 个销售命题揭示了企业对外和对内利益分配制度的决策规律。

（3）委托代理理论两大定理和 3 个销售命题的作用可以归纳为两点：

A. 使我们对销售工作中的各种委托代理关系不仅"知其然"，而且"知其所以然"，并且让我们认识到"最简单的激励机制不一定是最有效的"。

B. 委托代理理论不仅适用于销售战略层面，对实地销售同样具有极强的指导意义，因为实地销售人员与客户的工作关系和对下属的管理关系同样是委托代理关系。

（4）委托代理理论对销售工作的启示：

A. 根据自己的需要对利益进行"剪裁"。

虽然所有的客户都是"趋利避害"，但往往对各种利害关系不一定认识的很清楚。如果我们能够对委托代理关系中的收益和风险有深刻的理解，做到"胸有成竹"，就可以根据自己的需要对相关利益进行"剪裁"。例如，当客户没有认识到销售本企业产品所带来的某些利益时，就可以对其进行清晰的讲解和说服；反过来，如果客户没有认识到某些成本和风险，就可以暂时不必点破。

B. 不是"人有多大胆，地有多大产"。

对客户和下属的激励是必要的，但首先要明白其真正对销售结果所起的作用是什么，不要盲目和笼统地激励；更不要认为人的积极性是唯一因素，超过合理限度的激励就是浪费。

C. 并非"赢了合同就赢了市场"。

与其处心积虑地"算计"客户和下属，不如着眼于如何把"饼"做大。如果不是"激励相容"的利益分配制度，迟早会让企业和管理者"作茧自缚"，甚至客户和下属会主动退出（参与约束）。

第 3 章对理论的应用价值已经作了详细阐述，其中道理并非仅指交易成本理论，也适用于委托代理理论，读者可以参考。

> **知识链接**　3.8.2 部分

至此，第 3 章和第 4 章对新制度经济学的两大理论及其应用已经作了简单的介绍。由于两章的内容较多，下面着重梳理一下两大理论及其应用的脉络和逻辑关系。

4.6.2　7 个销售命题之间环环相扣的关系

A. 从第 3 章的新制度经济学原理衍生出了销售命题 1，阐述了销售战略的实质就是企业对外和对内交易制度的安排；

B. 从第 3 章的交易成本理论衍生出了销售命题 2 至销售命题 4，阐述了渠道矩阵的决策规律；

C. 从第 4 章的委托代理理论衍生出了销售命题 5 至销售命题 7，阐述了利益分配的决策规律。

所有的销售命题分别针对销售战略中不同方面的制度安排，都在"**制度**"这个概念下统一起来。这种一以贯之的分析方法使我们的思维更"简洁"和更具逻辑性，也是新制度经济学对销售

销售力

的指导意义和应用价值所在。

7 个销售命题之间环环相扣的关系如图 4 - 8 所示。

销售的核心→企业销售战略＝两大基本交易制度安排

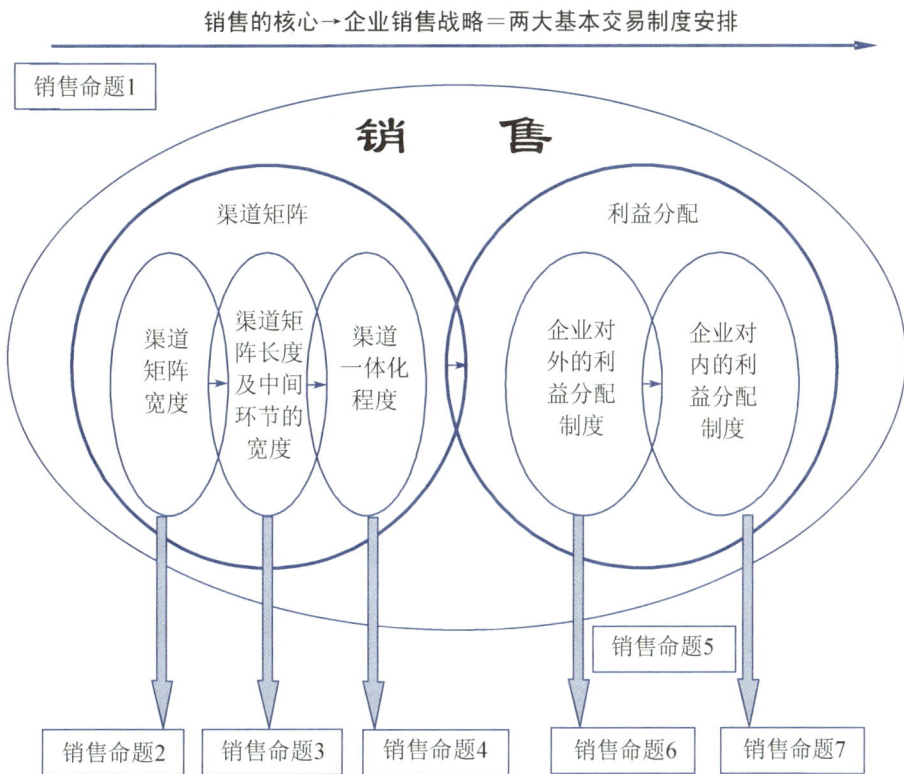

图 4 - 8　7 个销售命题之间环环相扣的关系

7 个销售命题的排列顺序反映了思考销售战略各个问题的逻辑顺序，简述如下。

1. 渠道矩阵内的逻辑顺序

渠道矩阵宽度（销售命题 2）➡渠道矩阵长度及中间环节宽度（销售命题 3）

渠道矩阵宽度是一个企业的销售渠道末端环节的密度，代表了可以覆盖消费者的比例，是所有销售工作的出发点和归宿。显然渠道矩阵长度及中间环节的宽度，都是为达到渠道矩阵宽度目标而服务，或者说是在既定渠道矩阵宽度下的决策问题。

渠道矩阵宽度与长度（销售命题 2 和销售命题 3）➡渠道一体化程度（销售命题 4）

渠道一体化程度是指在既定的渠道矩阵宽度与长度下，企业选择哪些销售工作应该"自己做"，哪些适合交给"别人做"。如果渠道矩阵的宽度和长度还没有决定，就谈不上渠道一体化的问题，或者说不同的渠道宽度与长度决定了不同的渠道一体化程度（对同一个企业而言）。

渠道矩阵（销售命题 2 至销售命题 4）➡利益分配（销售命题 5 至销售命题 7）

利益分配是在既定的渠道矩阵情况下，企业如何与渠道伙伴和销售人员分配利益的问题。如果参与销售过程的渠道伙伴和销售人员都不确定，就不存在利益分配的问题。例如企业如果选择了绝对一体化，就不存在与渠道伙伴的利益分配问题；反之，绝对专业化也就不存在与销售人员的利益分配问题。不同的渠道矩阵决定了不同的利益分配制度（对同一个企业而言）。

2. 利益分配制度内的逻辑顺序

企业对外的利益分配制度（销售命题 6）➡企业对内的利益分配制度（销售命题 7）

企业内部的利益分配制度是企业所有者与销售人员如何分配企业整体利益的问题，显然必须建立在企业与渠道伙伴的利益分配基础之上；否则，企业整体利益都不确定，何谈内部分配的问题。

185

4.6.3　7个销售命题与企业三大作用力之间的关系

企业三大作用力是销售战略的表现形式，或者说是销售战略的"输出"；7个销售命题就是企业销售战略内在的决策规律。

本书在第2章的销售作用力体系中指出，企业三大作用力（基本作用力、人员作用力、资源作用力）是直接影响销售结果的作用因素，但在销售作用力体系图（俯视图）中"企业能量星"是作为起点出现，当时并没有解释企业如何决定每种作用力的大小及其组合，而7个销售命题则解释了"企业能量星"背后的作用因素和普遍规律。以下形象化的比喻可以使读者更深入地理解两大理论及7个销售命题与企业三大作用力之间的关系：

如果把销售比喻为连接企业和消费者的桥梁（人们经常这样比喻），那么实地销售就好比是桥面，企业的三大作用力如同贯穿整个桥面的三根钢梁；7个销售命题则是支撑3根钢梁的7个桥柱，交易成本理论和委托代理理论就是7个桥柱下坚实拱形支架（见图4-9）。

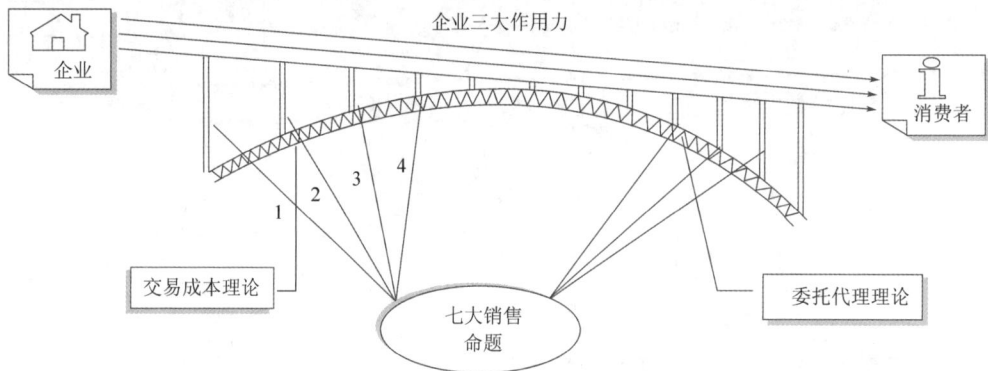

图4-9　企业三大作用力示意图

最后，用我国古代《汉书·董仲舒传》里的一个有名的典故作为本章的结束语，并和读者共勉：

临渊羡鱼，不如退而结网。

原意是鼓励人们脚踏实地，不要空想成功。

这里借鉴的含义是，当企业所有者和管理者发现生意结果不理想时，不要一味地"高压"和埋怨客户与下属，也需要检讨对外和对内的委托代理关系中的利益分配制度是否满足了代理人的"参与约束"和"激励相容约束"条件。简单地说就是，不要仅仅着眼于"游戏"主体，也需要考虑"游戏规则"。

▶ 本章要点回顾 ◀

本章是销售理论力的第二部分，揭示了企业对外和对内的利益分配制度的决策规律，并对销售工作中的委托代理问题具有广泛的指导意义。

本章要点可以概括为"1+2+3"：

1个委托代理理论的概念关系图（见图4-1）。

2个定理（委托代理理论的核心）：

定理四：在研究委托代理问题时，应该遵循方法论上的个人主义，并且要高度重视机会主义的问题。交易过程（至少双方预期）持续时间越长，交易双方的机会主义可能性越低；同时由于市场上"隐性激励机制"的存在，也会使机会主义问题得到部分缓解。

定理五：委托人追求自身利益最大化的过程面临来自代理人的两个约束：一是参与约束，即代理人从与委托人交易中所获得的利益，不能小于其最大的机会成本（又称保留利益）；二是激励相容约束，即任何委托人最希望的代理人行为，都只能通过使代理人自身的利益最大化来实现。

3 个销售命题（委托代理理论在销售中的应用）：

销售命题 5： 虽然仅仅通过企业可"观测"的每个代理人的销量和费用总额来决定利益分配最简单易行，但是企业追求利益最大化的目标，不可能通过简单的对外销量奖励和对内销量提成制度（加上费用比例控制）就能实现。

同时，企业的渠道一体化过程并不能降低其所面临的代理人机会主义风险，只不过是用一种代理人风险取代另一种代理人风险：渠道一体化程度越高，则外部代理人（客户）风险相对越低，但内部代理人（员工）风险相对越高；反之亦然。

销售命题 6： 销售渠道中每个中间商所获得的总体利益（收益－成本－风险），其下限不得低于该中间商的保留利益（其最大的机会成本）。在此基础上企业为实现自身利益最大化的目标，其对外的利益分配制度应遵循以下"3＋2"原则：

◆ 3 大激励原则（以下主要以分销商为例）：

▶ 引入激励机制的变量应尽可能达到"充足统计量"的标准。

所谓"充足统计量"是指引入激励机制的信息，达到使委托人充分判断代理人行为的标准。

▶ 任何一项激励措施中，分销商所分配利益的上下限标准：

A. 下限：分销商所分配的边际利益≥分销商的保留利益（最大的机会成本）。

B. 上限：分销商所分配的边际利益≤双方总体边际利益－企业的保留利益。

在此上下限范围内的最终定位，取决于双方的谈判地位及其他难以量化的无形利益。

▶ 对分销商的激励方式应尽量少采用"价格折扣"的方式，最好是基于"充足统计量"中各项销售指标的支持（资金、费用等）与奖励方式。

◆ 2 大约束原则：

▶ 中间商的机会主义风险 ＝f（所获利益，惩罚力度，监测概率）

中间商的机会主义风险取决于公式右边的 3 个变量，并与其成反比。

▶ 企业的监测力度 ＝f（边际监测成本，边际监测收益）

企业的监测力度取决于新增的监测成本和新增的监测收益，并停留在两者相等的那一点。

销售命题7：企业所有者与销售人员（包括上下级之间）之间是一种委托代理关系，企业所有者（或决策者）为实现自身利益最大化的目标，对各级销售人员的利益分配制度遵循以下"2+2"原则：

◆ 2大激励原则：

▶ 总体而言，激励制度的4个要素与销售人员的职位呈正相关关系：

人员激励机制包括4个要素：底薪占总收入的比例、评估标准、评估与奖励周期、激励方式。

A. 职位越低越适用于底薪比例相对较低的激励机制；反之亦然。

B. 职位越低越适用于简单的销量考核方法；反之，职位越高越需要引入"充足统计量"考核。

C. 职位越低越适用于较短的评估与奖励周期（通常为一个月）；反之亦然。

D. 职位越低越适用于奖金为主的激励方式；反之，职位越高越适用于综合激励方式（奖金＋培训或深造＋职业生涯发展）。

▶ 销售人员总体收入的上下限标准：

A. <u>下限</u>：销售人员的总体收入≥销售人员的保留利益（个人最大的机会成本）。

B. <u>上限</u>：销售人员的总体收入≤同类人员的最高薪酬待遇。

注：实际上销售人员的利益还包括培训和职位升迁等激励因素。在此上下限范围内的最终定位很难一概而论，但一定与销售队伍在生意中的重要性成正比，而销售队伍的重要性往往与企业的渠道一体化程度成正比。

◆ 2大约束原则：

▶ 销售人员的机会主义风险＝f（所获利益，惩罚力度，监测概率）

销售人员的机会主义风险取决于公式右边的3个变量，并与其成反比。

▶ 企业的监测力度＝f（边际监测成本，边际监测收益）

企业的监测力度取决于新增的监测成本和新增的监测收益，并停留在两者相等的那一点。

读者可以在第4章基础上进一步延伸知识体系（见图4-10）。

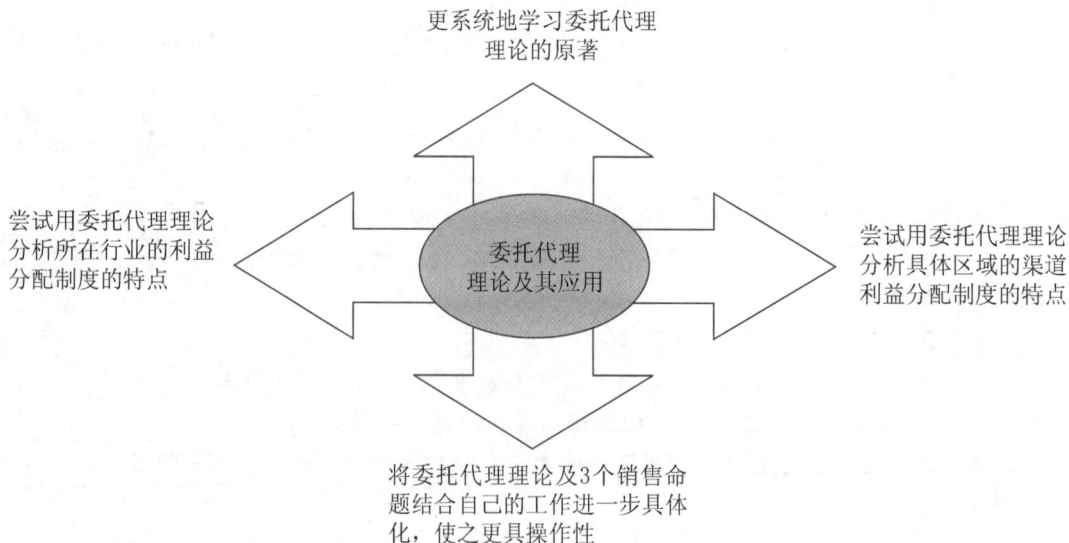

图4-10　第4章的知识体系延伸示意图

第5章　❰ 思维方法论及其应用 ❱

第3章的交易成本理论和第4章的委托代理理论如同贯穿整个销售工作的"经线"和"纬线"，为我们思考销售问题提供了一个清晰而简洁的"思维坐标"。细心的读者可能已经发现，两大理论及其衍生命题运用了一些逻辑思维方法和数理知识。不仅如此，在整个"思维坐标"下的具体工作还需要进一步运用大量的自然科学知识，这样才能构成完整的销售理论力，并最终解决销售过程中的各种问题。

社会科学"自然科学化"本身就是当今学术发展的一大趋势，那种从文字到文字、从概念到概念的描述方法在实际工作中的应用价值存在相当大的局限性。

本章主要介绍**博弈论、微观经济学、系统论**，重点在于从中吸取思维的"营养"并应用于销售工作。这些理论可以使我们的思维更精确，避免总是停留在泛泛而谈的阶段；同时让我们的思维更具逻辑性，不是零散和杂乱的思维。此外，自然科学的表述方法非常简练，对于提高我们表述问题的"简洁性"也不无裨益。思维方法论对销售工作的价值至少体现在两点：**定量化与逻辑化**。

本章只是起到打开3个"窗口"的作用，对于理论本身的介绍尽可能简要而不求完整，并重点介绍与销售有很强关联的部分。另外，为使广大销售人员容易理解，本章努力用通俗易懂的语言介绍各种理论，尽量避免其中的数学公式和深奥部分。如果读者希望完整了解这些理论，最好直接阅读原著。

本章所介绍的3个学科是应用于各个领域的思维方法论，其研究对象本来并非销售，所以本章所有关于理论与销售联系的知识和举例出自作者自己的理解，仅仅代表本书的观点，读者完全可以在此基础上举一反三。

5.1　定量分析与逻辑分析的重要性

5.1.1　定量分析的重要性

"定量"是与"定性"相对而言的概念，主要是指分析问题时不仅要定性判断，还需要精确到数量（或数据）的水平。

例如我们说 A 客户比 B 客户的销量大，这就是定性判断；但销量大多少呢，是 1% 还是 99%？这就是定量分析的问题。

1. 销售工作中的不少定性判断是绝对真理，但毫无作用

【例 5-1】"在分销过程中，该进的店就要进，不该进的店千万别进。"

在作者的工作经历中，经常听到一些销售经理对下属发出这样的指示。这句话绝对没错，但对下属的实际指导价值在哪里？这句话用计算机软件设计的术语来讲，就是"循环计算"，A 结果取决于 B 变量，而 B 变量又取决于 A 结果。

【例 5-2】"在与客户谈判时，一方面要争取自己的利益，另一方面也要顾全大局。"

这句话看起来四平八稳而且很辩证，但意义何在？

【例 5-3】"对于好的客户应该扶持，对于差的客户要减少支持甚至坚决砍掉。"

这句话所陈述的工作方向无疑是正确的，但何谓"好"、何谓"差"？扶持的具体含义是什么？减少支持到什么程度是合理的？

【例5-4】"对于销售人员的管理要常抓不懈，必须兢兢业业和勤勤恳恳。"

这样的指示对具体管理工作的价值在哪里？

【例5-5】"我们今年的工作取得了很大成绩，销量有较大的增长。下一步准备一手抓分销，一手抓促销，争取明年的生意有更大发展。"

作者看到过不少下属的工作报告满篇都是类似的语句，这样的定性陈述几乎没有传达什么有价值的信息。

类似的例子不胜枚举。当然，并非上述定性判断就毫无必要，但如果仅停留于此就显得空洞和缺乏实际价值。由此延伸，定量分析不完全是指所有问题都要以数据表达，也包括思维的精确性和深入性，即不要凡事都泛泛而谈。

2. 很多时候，销售人员和客户之间（包括上下级之间）争论不休，结果是谁也说服不了谁，根源都在于"空对空"的定性思维和表达方式

【例5-6】张三（销售人员）对王老板（分销商经理）说："你应该追加资金到我们的产品销售中，你看近来商场老是断货，你的生意损失也不小。"王老板回答说："我投入的资金是够的，就是你没把我的库存管理好。"如果这样争论下去，恐怕三天三夜也不会有结果。

也许张三和王老板所讲的都是事实，但为什么就说服不了对方呢？

张三可以用断货的品种和时间，结合日均销量计算具体损失的销量和客户损失的毛利，再根据库存控制原理计算出究竟需要追加多少资金，这样显然更能打动王老板；同时，对于王老板的指责，可以通过库存控制原理所计算出的库存天数说明这样的库存水平是合理的。

王老板需要深入分析究竟哪些产品的库存不合理，相比合理库存天数而言多占用了多少资金，这样才能使自己的指责有理有据。

【例5-7】李明（企业的销售总监）对刘总（企业的所有者）说："我们应该大举进入KA渠道，虽然短期是亏损的，但是长期可能盈利，而且对于批发渠道的销售也有一定的带动作用。"刘总回答说："我怕这些投入付之东流，风险太大，还是以后再说吧。"如果这样争论下去，恐怕谁也说服不了谁。上下级之间的争论往往最后就是谁的"官"大谁说了算，但真理并不总站在"大官"的一边。

如果李明能精确地计算出收益、成本、风险在未来一段时间（例如12个月）的分布，测算过程中可能需要应用一些概率估算和抽样统计的方法，那么不仅自己"心里有数"，也更容易说服刘总。

综上所述，销售工作中很多定性的道理可能是人所尽知的事情，不存在任何分歧，关键在于量化的判断标准；有些问题如果不深入到"定量分析"的水平，可能永远是"公说公有理，婆说婆有理"，成为解不开的"死结"。

190 学习自然科学的目的是：

第一，**训练自己"定量分析"的思维方式**，而非复杂的数学公式。比如博弈论就是用数学方法来分析利益问题，我们并不一定要掌握那些复杂的公式，但这种分析方法对销售工作非常有益。

第二，并非在自己的观点或报告中随意塞上一些数据就叫"定量分析"，那只是**"形似而神不似"**。很多简单的问题可能只需要加减乘除就够了，但是有些问题的"定量化"可能需要运用更高级的数学知识。

比如例5-7中李明对于进入KA渠道的利润测算。这实际上是一个预测的问题，往往需要一些概率估算和统计学中抽样与推算的方法才能使结果相对准确。李明当然可以凭自己的经验甚至想象随便罗列一些数据来糊弄刘总，而且尽量按照有利于证明自己观点的方法来"编写"数据。一方面这样的数据不一定能"蒙混过关"，另一方面即使刘总同意了也不代表李明的观点就是正确的，生意的运行有其内在的规律，并不以个人的意志为转移。

5.1.2 逻辑分析的重要性

学习自然科学的目的除了提高"定量分析"能力以外，更重要的是使我们的思维更具逻辑性。很多时候，我们并不需要纠缠于具体的数学公式，关键是提升自己的逻辑思维能力。

现实工作中，我们经常会夸一个人的讲话或书面报告很有"逻辑性"，多半是指其条理清晰或其推理过程环环相扣。这种"逻辑性"只是表面上的逻辑性，很可能一个条理清晰甚至推理过程环环相扣的报告，其内在的逻辑关系是完全错误的。

逻辑分析，简单地说就是准确判断事物之间的因果关系。

（1）销售过程中的因果关系（见图5-1）并非都"一目了然"，其复杂性在于：

A. 有的是直接因果关系，但有的是间接传递的因果关系。

B. 某个结果往往不止一个原因，而该结果再影响的其他结果也不止一个。

C. 不少因果关系并非即时产生，而存在时间的滞后效应（有的甚至滞后较长时间）。

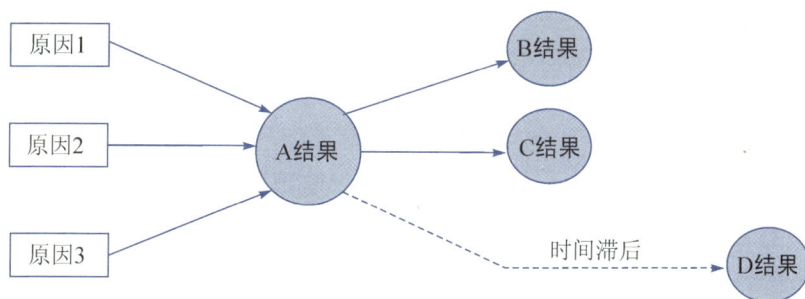

图 5-1　销售过程中的因果关系

（2）逻辑分析能力首先体现为思维的严密性。

如果我们对销售过程中的全部因果关系没有完整的认识，那就谈不上正确判断事物之间的因果关系。本书第2章的销售作用力和分析力体系图，实际上就是本书对"绘制"销售"逻辑地图"的尝试。衡量思维严密性的标准就是**MECE 原则，即"相互独立，完全穷尽"**。

有关"MECE"的原则，第2章已有详细解释，这里不再赘述。

知识链接　第2章的 MECE 原则

（3）当一个目标的实现出现问题时，逻辑分析能力可以帮助我们准确地找到主要原因。

往往一个目标的实现出现问题时，并非所有影响因素都是主要原因，只有准确地找到主要原因才能开展后续的工作。这方面常用的方法就是**静态比较分析法**，因为一个结果虽然有多个原因，但每个原因也有多个结果，通过比较其他相关的结果就可以不断排除非主要的原因。

例如，A城市的张三（城市经理）抱怨王总监（销售总监）的进入二、三级城市的战略，是导致A城市近期销量下降的原因，而王总监则归咎于张三没有按照指示切实执行，谁是谁非呢？这时可以选其他和A城市类似的其他城市来比较，如果这种销量下降是同类城市的普遍现象，那么基本可以肯定王总监的战略是销量下降的主要原因；反之，如果其他同类城市的销量都上升，就可以认为主要是张三的执行原因。这种排除法的前提是必须对影响销量的所有因素有清晰的了解，这样才能选取其他因素类似的城市作比较。例如王总监举出B城市销量上升的案例，但张三可能反驳说B城市最近3个月的广告投放非常密集，没有可比性。

知识链接　5.3.8 部分静态比较分析法及其应用

（4）当推行一项销售策略时，逻辑分析能力可以帮助我们周全地考虑所有可能的结果，并结合定量分析法进行量化评估。

往往一项销售策略推出后会影响多个结果，特别有些结果不是即时产生的，但等到发生时为时已晚。如果我们不能严密地思考问题，就可能"捡了芝麻，丢了西瓜"，总是在做"亡羊补牢"的事情。往往多个结果之间有利有弊，这时就需要运用定量分析方法进行量化评估，而不能用一句似是而非的"凡事都有利有弊"就搪塞过去。

例如 A 企业在"渠道扁平化"的思想指引下，大量在地级和县级城市开设直接分销商，产生了哪些结果呢？无疑短期回款有明显上升，而且地级和县级城市的分销率应该有明显上升。这两点也是企业推行此项策略最希望产生的结果，但有些负面结果可能是不容易看到的，或者即使预计到了也没有认真评估其严重性。过了一段时间后，A 企业又发现了三个结果：

——人员成本很高而且管理困难，投入产出效益比预计的差。

——由于销量分散以后，每张订单数量很小，而且企业的储运能力难以覆盖部分地级和县级城市，于是，要求地级和县级城市的分销商合并订单并规定最小订单量，自然招致这些新客户的抱怨。

——紧接着原有中心城市的分销商开始"消极怠工"，中心城市内的销量也开始明显下滑。

A 企业又匆忙将这些地级和县级城市分销商划给原有大分销商，作为其下线的二级分销商。"亡羊补牢"虽然不一定为时已晚，但一件事情发生了再挽回也只是"破镜重圆"，毕竟在"原镜"上留下了种种"痕迹"，且还不提调整的成本和时间损失。

由以上分析可以看出，逻辑分析是销售人员（特别是中高层管理者）必备的思维能力。讲话或书面报告的逻辑性只是做到了**"形似"**，关键是准确判断销售过程中的因果关系，而本章接下来介绍的自然科学就是提升我们逻辑分析能力的思想宝库。

5.2 博弈论及其应用简介

博弈论译自英文 game theory，直译就是"游戏理论"。博弈论是研究决策主体的行为发生直接相互作用时候的决策，以及这种决策的均衡问题的理论。简单地说就是研究企业或个人之间对策的理论，所以又被称为"对策论"。在我国用"博弈论"来翻译 game theory 显得有些晦涩和高深，相对而言英文原义更直接易懂，也与新制度经济学中"制度"就是"游戏规则"的理解非常吻合。不言自明，我们已经从"游戏理论"和"游戏规则"两者之间看到了博弈论与新制度经济学的密切关系，而且博弈论更重要的是对于"游戏行为"本身具有重要的指导意义和应用价值。

前两章的交易成本理论和委托代理理论主要是从生产企业的角度，考虑如何在销售过程中实现自身利益最大化的问题。在具体销售工作中，企业与渠道伙伴和销售人员等代理人之间是一种相互作用的互动关系，整个"游戏"并非企业单方向的"发号施令"，交易双方都有自己的对策并且根据对方的策略不断调整自己的策略，目标都是在"游戏"中"赢"，而且代理人之间本身也存在博弈的关系。博弈论对于指导销售工作中的各种对策提供了重要的方法论，具有极其广泛的应用价值，这也是本章将其放在五大理论体系之首的原因。

5.2.1 博弈论的起源与发展

整个博弈论研究的历史及在经济领域的应用大致可以分为三个阶段。

1. 对策理论的零星研究阶段（18 世纪初至第二次世界大战）

现在博弈论中仍在应用的一些经典的博弈模型，如关于企业产量决策的古诺（Cournot）模型和关于市场竞争中价格决策的伯川德（Bertrand）模型，分别于 1838 年和 1883 年提出。本书在"冲货"问题的研究中应用了伯川德模型。20 世纪 20 年代，法国数学家波雷尔（Borel）用最佳策略的概念研究了下棋和其他具体的决策问题，并试图将其作为应用数学的分支加以系统研究。虽然他最终没有完成博弈论的理论体系，但作了许多很有益的尝试。

当然，只要有竞争或者"游戏"，就肯定有关于这方面的对策研究。有关博弈问题的研究甚至可以追溯到更早的年代，例如我国著名的"田忌赛马"的故事就是一个非常经典的博弈案例。但总体来讲，第二次世界大战以前有关对策问题的研究是零星的，并不成体系。

2. 博弈理论的成型与快速发展阶段（从第二次世界大战至今）

第二次世界大战期间，由于军事对抗的需要，博弈的思想方法和研究方法被广泛地运用到军事领域和战时的其他活动之中，显示了它的重要性和威力。

一般认为，现代博弈论起源于1944年由冯·诺依曼（von Neumann）和摩根斯坦恩（Morgenstern）合作的《博弈论和经济行为》（The Theory of Games and Economic Behavior）一书，该书的出版标志着系统的博弈理论的初步形成。但实际上现代博弈理论跟他们讲的东西关系不大，只是运用了此书创立的一些概念。顺便提一句，冯·诺依曼也是发明现代计算机的基础思想——"存储程序"理论的创始人。

美国数学家纳什（Nash）可谓现代博弈论的奠基者，他在1950年和1951年分别发表了两篇关于非合作博弈的论文《n人博弈中的均衡点》和《非合作博弈》，定义了纳什均衡的概念。同时，塔克（Tucker）于1950年定义了"囚徒困境"（Prisoners' Dilemma）。他们两个人的著作奠定了现代非合作博弈论的基石。

进入20世纪60年代以后，泽尔腾（Selten，1965）将纳什均衡的概念引入了动态分析，提出了"精炼纳什均衡"概念；海萨尼（Harsanyi，1967—1968）则把不完全信息引入博弈论的研究。之后，若干科学家不断发展了博弈论的研究范围和研究深度，不再一一列举。

3. 博弈论在经济领域中的广泛应用阶段（从20世纪70年代中期至今）

博弈论广泛应用于经济领域则是20世纪70年代中期之后的事情。随着新制度经济学的迅速发展，经济学家开始意识到信息是一个非常重要的问题；同时发现个人决策有一个时间顺序（sequence），例如委托代理关系中A方的决策往往基于对B方决策或行为的了解，同时反过来A方的决策又影响之后B方的行为。博弈论发展到这个阶段正好为这两方面的问题（一个是信息，一个是时序）提供了有力的研究工具。博弈论在经济学中的绝大多数应用模型都是在20世纪70年代中期之后发展起来的，大体从80年代开始，博弈论逐渐成为主流经济学的一部分，甚至可以说是微观经济学的基础。

严格地讲，博弈论并不是经济学的一个分支。它是一种方法论，应用范围涵盖经济、政治、军事、外交、国际关系以及犯罪学等，实际上博弈论是应用数学的一个分支。但是由于博弈论在经济领域的应用最广泛和最成功，1994年诺贝尔经济学奖授予了三位博弈论专家（数学家）：纳什、泽尔腾、海萨尼。

5.2.2 博弈论的基本概念

1. 参与人

参与人（player）指的是博弈中选择行动以最大化自己利益的决策主体。

销售工作中的博弈参与人主要包括生产企业、分销商、批发商、零售终端，以及生产企业的销售人员和其他交易实体的相关人员。

2. 行动

行动（action）是参与人的决策变量。例如销售人员的工作态度可以选择勤奋或偷懒，这就是两种行动。

在多个参与人（至少两个）的博弈中，每个参与人所选择的行动合起来被称为"行动组合"。例如销售人员的行动可以选择勤奋或偷懒，而企业的行动也有高工资和低工资两种选择，则（高工资、勤奋）是一种行动组合，而（低工资、偷懒）又是另外一种行动组合。

3. 信息

信息（information）指参与人在博弈中的知识，特别是关于外部环境（客观条件）的知识，及有关其他参与人（对手）的特性和行动的知识。销售工作中通常所说的市场调查或客户渗透，就是获得市场与对方信息的手段。信息在博弈中非常重要，正所谓"知己知彼，百战不殆"。

参与人在特定时刻所知道的博弈中的信息集合，被称为"信息集"（information set）。

4. 战略

战略（strategy）是参与人在给定信息集的情况下的行动规则，即参与人在什么情况下应选择什么行动。

 a. 博弈论中的"战略"概念与本书在之前的销售战略的含义略有不同，这里的战略是指对于做事（或称行动）方式的决策规律，而我们通常说的销售战略是指在此决策规律下已经作出的选择。当然战术就是具体如何做事（行动本身），这一点是共同的。这也从一个侧面说明了无论职位高低，销售人员都需要有自己的战略。当然，我们通常把销售工作中对生意影响较大的选择称为"战略"，一般的选择为以示区别，可以称为"策略"。

 b. 例如"人不犯我，我不犯人；人若犯我，我必犯人"就是一种战略，这里"犯"与"不犯"是两种不同的行动，战略规定了什么时候选择"犯"、什么时候选择"不犯"。

5. 得益

得益（benefit）是指博弈各方从博弈中所获得的利益，既包括确定的得益，也包括不确定情况下的期望得益，这是博弈参与人真正关心的东西。

此概念和委托代理关系中所讲的利益分配制度下双方所获得的利益含义相同。

6. 结果

结果（outcome）是指博弈各方所感兴趣的所有东西，如均衡战略组合、均衡行动组合、均衡得益组合等。

在销售工作中，可以简单地理解为双方的利益分配结果。

7. 均衡

均衡（equilibrium）是指所有参与人的最优战略的组合，在这种情况下，任何一方都不会从改变现状中获得更大的利益（其他条件不变）。均衡和均衡结果是两个容易混淆的概念。例如两个分销商都选择"冲货"是各自最优战略的组合，称之为均衡；在此均衡状态下的双方具体得益可以理解为均衡结果。

5.2.3 博弈论概述

简单地说，博弈论就是要分析两个问题：

A. 什么是博弈过程的均衡状态（有时不止一个）？

B. 在均衡状态下每个参与人的最优战略是什么？

1. 合作博弈与非合作博弈

整个博弈论又分为"合作博弈论"与"非合作博弈论"，两者区别在于，前者的博弈各方之间存在有约束力的协议，后者则没有。整个博弈论的研究重点主要是<u>"非合作博弈"</u>，原因在于竞争是一切社会发展和经济关系的"主旋律"，任何"合作协议"都是有条件的和暂时的；同时，一般协议都是不均衡的状态（参与人可以从违反协议中获得好处），所以很短暂也很脆弱。

2. 四大博弈分类及对应的均衡概念

所有博弈问题可以从两个角度进行划分：

（1）参与人行动的先后顺序。

A. 静态博弈：如果在博弈过程中参与人同时选择行动，或虽非同时，但后行动者并不知道前行动者采取了什么行动，这就是静态博弈。

B. 动态博弈：如果在博弈过程中参与人的行动有先后顺序，且后行动者能够观测到先行动者所采取的行动，这就是动态博弈。

（2）是否具备"完全信息"。

完全信息（complete information）是指每一个参与人对所有其他参与人（对手）的特征、战略空间和得益有准确的知识，即没有事前的不确定性。

根据每个博弈问题是否具备"完全信息"，博弈划分为以下两类：

A. 完全信息博弈。

B. 不完全信息博弈。

将上述两个角度的划分结合起来，我们就得到四种不同类型的博弈（见表5-1）。

表5-1   四大博弈分类及对应的均衡

信息 ＼ 行动顺序	静 态	动 态
完全信息	完全信息静态博弈 （纳什均衡）	完全信息动态博弈 （精练纳什均衡）
不完全信息	不完全信息静态博弈 （贝叶斯纳什均衡）	不完全信息动态博弈 （精练贝叶斯纳什均衡）

3. 博弈论和销售工作的共同点

（1）博弈论以个人利益最大化为前提，这和第4章介绍销售过程中的委托代理关系的基本假定是一致的。

（2）博弈论研究的是人与人之间在利益关系下的相互影响和作用，包括利益的冲突和一致两方面的问题，这与企业同客户、上下级之间的竞争与合作的关系是吻合的。

（3）博弈论特别重视信息对"游戏规则"和个人选择的影响作用，这与销售工作中的各种委托代理关系的信息不对称问题可谓一脉相承。博弈论为委托代理理论的研究提供了重要方法，从这个意义上讲，委托代理理论是博弈论应用中的一部分。

5.2.4 完全信息静态博弈及其应用简介

完全信息静态博弈（static games of complete information）是指博弈中的每个参与人都具有完全信息（没有事前的不确定性），且各方独自作出选择（在选择前不能观测到对方的选择）。

注：所谓完全信息是相对而言的概念，一般不存在100%的完全信息。

"纳什均衡"（Nash Equilibrium）就是完全信息静态博弈问题的均衡解。

在多人（至少两人）参与的博弈中，每个参与人都选择自己的最优战略，所有参与人选择的战略一起构成一个战略组合（strategy profile）。

纳什均衡指的是这样一种战略组合，该组合由所有参与人的最优战略组成。也就是说，给定别人战略的情况下，没有任何参与人可以从选择其他战略中获得更大利益，也就没有人有积极性打破这种均衡。

纳什均衡是一种"僵局"：给定别人不动的情况下，没有人有兴趣动。

纳什均衡也可以从另一个角度来理解。假设博弈中的所有参与人事先达成一项协议，规定出每个人的行为规则。在没有外在的强制力约束时，当事人是否会自觉遵守这个协议？或者说，这个协议是否可以自动实施（self-enforcing）？

如果说当事人会自觉遵守这个协议，也就等于说这个协议构成一个纳什均衡；给定别人遵守协议的情况下，没有人有积极性偏离协议规定的自己的行为规则。换句话说，如果一个协议不构成纳什均衡，它就不可能自动实施，因为至少有一个参与人会违背这个协议，不满足纳什均衡要求的协议是没有意义的。

下面以囚徒困境和智猪博弈进一步说明完全信息静态博弈，并阐述其在销售工作中的应用。

1. 囚徒困境

囚徒困境的例子本身就部分地奠定了非合作博弈论的理论基础，并且可以作为实际生活中许多现象的一个抽象概括，几乎是任何一本讲述博弈论的书的首选案例。

（1）囚徒困境简介。

两个嫌疑犯作案后被警察抓住，分别被关在不同的屋子里审讯。警察告诉他们：如果两人都坦白，各判刑5年；如果两个都抵赖，各判1年（可能证据不足，罪行较轻）；如果其中一人坦白另一人抵赖，坦白的放出去，不坦白的判刑10年，这可能就是“坦白从宽，抗拒从严”的意思。

以下用“战略式表述”（strategic form representation）方法来表述博弈过程（见图5－2），这种方法特别适合于静态博弈分析，又被称为“标准式表述”（normal form representation）方法。

囚徒A ＼ 囚徒B	坦白	抵赖
坦白	-5（A），-5（B）	0（A），-10（B）
抵赖	-10（A），0（B）	-1（A），-1（B）

注：4个方格中的数学代表两个囚徒在不同行动组合下的“得益”。

图5－2　囚徒困境的得益矩阵

①在囚徒困境中，纳什均衡就是（坦白，坦白）。

②（坦白，坦白）不仅是纳什均衡，而且是占优战略（dominant strategy）均衡，就是说不论对方如何选择，个人的最优选择都是坦白。简单地说，任何一方选择“坦白”就立于“不败之地”。

③比如对于囚徒A而言：在B不坦白的情况下，如果自己坦白被放出来，不坦白的话也要判1年，所以坦白比不坦白好；在B坦白的情况下，如果自己坦白被判5年，不坦白的话判10年，所以还是坦白比不坦白好。这样在囚徒A看来，无论B是否选择坦白，自己选择坦白都是最优战略。同理，囚徒B也是一样的思考过程，所以最终两个囚徒都选择坦白，各判刑5年。

④上例中两个人都抵赖被各判刑1年，显然比都坦白各判刑5年好，但是（抵赖，抵赖）不是纳什均衡。即使两个囚徒在被警察抓住之前建立一个攻守同盟（死不坦白），这个攻守同盟多半也没用，因为它构不成纳什均衡，任何一方很容易从改变选择中获得更大利益。

说明：图5－2又被称为“得益矩阵”，是“战略式表述”的直观表示方法，仅适用于博弈只有两方且每方的选择是有限的情况下。一般而言，“战略式表述”方法用函数关系表达。

（2）囚徒困境的启示。

囚徒困境反映了一个深刻的问题，那就是每个人在选择对自己最有利的行动的时候，往往最后的结局对大家都不利。在这个例子中虽然最后的选择对囚徒双方不利，但对社会是有利的。此外，很多企业之间的价格协定不能持久对于消费者和社会竞争也是有利的。但是，现实生活中囚徒困境所导致的社会损失可能更大。

现实生活中，“大家都好”的愿望往往不是纳什均衡，真正的结局往往是“大家都差”。从这种意义上说，个体理性与集体理性的矛盾是人类的悲哀，这就是纳什均衡的哲学含义。

美国和苏联军备竞赛下的“核恐怖平衡”就是纳什均衡，双方都明白这些资金用于社会福利将大大提升人民的生活水平，但是双方都不发展核武器的选择显然不是均衡状态，因为任何一方都可能从改变选择中大大得益。同理，各个国家都没有军队是对“大家都好”的选择，但是自从人类社会产生以来，似乎这种美好的愿望就从来没有实现过。

公共产品的供给也是一个囚徒困境的问题。现实生活中，我们看得更多的是“一个和尚有水吃，三个和尚没水吃”，而不是“众人拾柴火焰高”。原因都在于，如果我做你不做，我得不偿失；如果你做我不做，我就可以“搭便车”，所以最终大家都选择“不做”或“少做”，这种纳什均衡使所有人的福利都得不到提高。

（3）囚徒困境在销售中的应用。

分销商之间的“冲货”问题就是一个典型的“囚徒困境”的博弈问题。显然，大家都不“冲货”，各自耕好“自留田”（甚至再商定好一个高价位），是一个对所有分销商都有利的选择，但是，这种状态不是纳什均衡，因为在这种情况下任何一个分销商很容易通过“冲货”来提升自己的销量和利润。对于一个分销商而言，最优选择是在自己代理的区域按照厂家规定的价格体系销售（甚至高价销售），然后低价“冲货”到其他区域增加销量和毛利。

所以，任何分销商之间的价格协议或者厂家的价格规定都不构成纳什均衡，很多时候企业对“冲货”进行简单的“围追堵截”是徒劳的，或者说得不偿失。囚徒困境为我们认识和解决“冲货”问题提供了一个新的思路。

知识链接 第 15 章

2. 智猪博弈

（1）智猪博弈简介。

猪圈里养着一头大猪和一头小猪。猪圈的一头有一个猪食槽，另一头安装一个按钮，控制着猪食的供应。按一下按钮会有 10 个单位的猪食进槽，但谁按按钮谁就需要付出 2 个单位的成本（消耗体力）。

若大猪先到食槽，大猪吃到 9 个单位，小猪只能吃到 1 个单位；

若同时到，大猪吃 7 个单位，小猪吃 3 个单位；

若小猪先到，大猪吃 6 个单位，小猪吃 4 个单位。

大猪与小猪不同行动选择下的得益矩阵如图 5－3 所示。

大猪＼小猪	按按钮	等待
按按钮	5（大），1（小）	4（大），4（小）
等待	9（大），1（小）	0（大），0（小）

注：（1）4 个方格中的数字代表两只猪在不同行动组合下的“得益”；（2）以上“得益”等于每只猪吃到的猪食减去按按纽所付出的成本。

图 5－3 智猪博弈的得益矩阵

在智猪博弈中，什么是纳什均衡？

① 在智猪博弈中，纳什均衡就是（大猪按按钮，小猪等待），各获 4 个单位的得益，多劳者不多得。

② 如果大猪选择“按按钮”，小猪也去按时得到 1 个单位，等待则获得 4 个单位；如果大猪选择等待，小猪去按得到 －1 个单位，等待则得 0 单位。

③ 所以，无论大猪选择“按按钮”还是“等待”，小猪的最优选择都是“等待”；反过来，如果小猪总是选择“等待”，大猪的最优选择只能是“按”，因为毕竟对于大猪而言“按”还是比“不按”的得益要多。

（2）智猪博弈的启示。

我们经常将“双方各自支付的成本按收益的比例分摊”视为天经地义的事情，但智猪博弈启示了小猪的最优策略是“等待”而非“分摊”。因为小猪如果足够聪明，它知道在自己选择“等待"的情况下，大猪肯定会主动去做并承担所有成本，而自己就可以搭大猪的便车（free rider）。

现实生活和工作中，"小猪"可以泛指一切在同一活动中收益相对小的一方。例如企业的小股东不需要承担监督管理层的成本，可以搭大股东的"便车"；股票市场上的散户与大户之间也是同样的道理。大到社会的"改革"，小到企业内部机制的"改变"，往往都是由"大猪"推动的，因为"大猪"的得益更大；聪明的"小猪"的最优策略是在"等待"中坐享其成。

当然，上述"坐享其成"的策略适用于利益悬殊情况下的"小猪"，有时候"小猪"可能也需要付出一些成本，但不一定按收益比例来分摊。

（3）智猪博弈在销售中的应用。

在大多数情况下，生产企业与分销商和批零网点相比都是"大猪"（就该企业的产品而言），因为同样的销量增长情况下，生产企业所获得的利润往往大于中间商。更重要的是，企业从生意发展中所获得的无形利益远远大于中间商，例如品牌价值和分销渠道都是企业重要的无形资产。所以生产企业作为"大猪"，在生意遇到困难时不要总是奢望"小猪"先动，而应主动去解决问题。此外，更不要企图将成本和风险全部转嫁给"小猪"，这样做的结果往往是大家都在"等待"（或进展缓慢），最终"大猪"损失更大。这也从博弈论的角度说明了适当渠道一体化的必要，并从另外一个侧面印证了简单激励机制的弊端。

上述规律只是就总体而言，在企业和中间商就某些具体问题的博弈中，企业有时也可能扮演"小猪"的角色。例如分销商因为与企业的某些冲突停止了进货，如果该分销商的主要销量集中于KA 等大型终端，那么分销商面临的不仅仅是销量和毛利的损失，还存在因为断货问题造成的终端罚款。所以这种情况下分销商成了"大猪"，企业可以选择"等待"或至少没有必要满足其无理要求。

中小企业在制定销售策略时，如果大企业已经推出了类似策略，那么中小企业应该认真研究和充分借鉴其利弊，不要总选择"先动"。这也是从策略意义上的"搭便车"。推而广之，某类新产品的消费者教育和广告成本往往很大，小企业的选择是等大企业"先动"然后模仿，并在大企业打开市场后以相对廉价的产品再进入市场。

以上列举了"囚徒困境"和"智猪博弈"两个著名的完全信息静态博弈的例子。事实上完全信息静态博弈是最简单的博弈，因为包含了两个很强的约束条件（完全信息和静态），而且参与人的战略和行动实际是一回事，从而战略选择就变成简单的行动选择。接下来我们将约束条件逐步放宽，分析其他类型的博弈问题。

5.2.5 完全信息动态博弈及其应用简介

完全信息动态博弈（dynamic games of complete information）是指博弈中的每个参与人具备完全信息（不存在事前的不确定性），但各方的行动有先后顺序，且后行动者能观测到先行动者的选择或行为。

完全信息动态博弈和完全信息静态博弈的区别，主要是引入了参与人决策之间的相互影响作用。在静态博弈中所有参与人同时行动，或后行动者无法"观测"或即使"观测"到了前者的选择但无暇反应，因此，任何一方在作出选择时不用考虑自己的选择对另一方的影响。但是在动态博弈中，后行动者自然会根据先行动者的选择而调整自己的选择，同时先行动者在作出选择时自然也会预期到这一点。所以，完全信息动态博弈最重要的一点是引入了"威胁"的概念。

"精练纳什均衡"（Perfect Nash Equilibrium）就是完全信息动态博弈问题的均衡解。由于"子博弈精练纳什均衡"的正式定义是用复杂的数学公式表述的，下面给出一个简单（但不精确）的用文字描述的定义：

精练纳什均衡是剔除掉"不可置信的威胁"后的纳什均衡。

具体指的是这样一种战略组合，该组合由所有参与人的最优战略组成。也就是说，给定别人战略的情况下，没有任何参与人可以从选择其他战略中获得更大利益，也就没有人有积极性打破这种均衡。但是这种均衡状态不包括"不可置信的威胁"下的均衡。

所谓"不可置信的威胁"与信息经济学中另一个很重要的概念联系在一起，那就是"承诺行动"。承诺行动是当事人使自己的威胁战略变得让对方可以置信的行动。一种威胁在什么时候才是可置信的？答案是，只有当事人在不施行这种威胁的行动就会遭受更大损失的时候。

下面的父女博弈将有助于读者更好地认识"完全信息动态博弈"与"子博弈精练纳什均衡"。

1. 父女博弈简介

一个富有家庭的女儿爱上了一个贫穷的小伙子，她父亲坚决不同意并威胁说，如果女儿不断绝恋爱关系就断绝父女关系。如果女儿相信父亲的话，她大概会中断恋爱关系，因为毕竟"血浓于情"，恋人可以重新选择而父亲是无法选择的。但问题是假如女儿真的与恋人结婚了，父亲真的会承诺行动吗？什么是父女博弈的均衡解？

下面介绍博弈的另外一种表述形式，即"扩展型表述"（extensive form representation）方法，适合于动态博弈。以下博弈树（game trees）就是扩展形的一种形象化表述（见图5-4）。

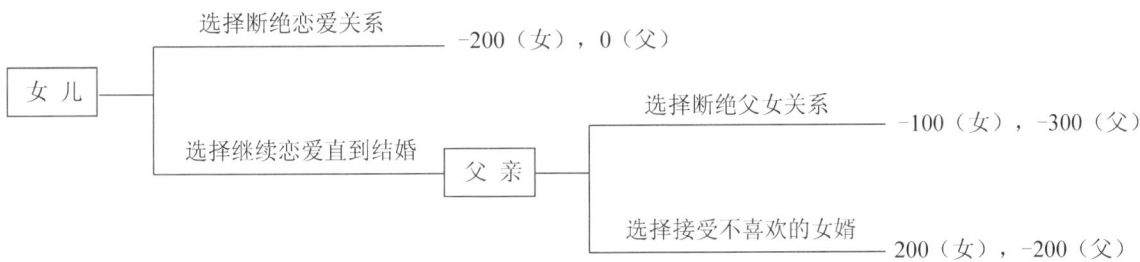

注：（1）以上的数字代表父女的"幸福指数"，表示博弈中的得益；（2）从女儿的角度看，恋人给女儿带来的幸福为200，而失去父亲的痛苦是-300；（3）从父亲的角度看，接受不喜欢的女婿的痛苦为-200，而失去女儿的痛苦是-300。

图5-4 父女博弈的博弈树

从图5-4中的博弈树可以看出，聪明的女儿当然明白父亲断绝父女关系是"不可置信的威胁"，她知道一旦"生米煮成熟饭"，父亲只好吃下去。因为给定女儿选择结婚行为的情况下，父亲选择断绝父女关系并非其最优行动（父亲的损失更大）。

最终结果往往是女儿勇敢地与原恋人结婚，父亲只好承认这个当初不喜欢的女婿，这就是父女博弈中唯一的精练纳什均衡。而（女儿选择断绝恋爱关系，父女关系得以维持）或（女儿选择恋爱直到结婚，父亲选择断绝父女关系）都不是真正的纳什均衡。

2. 精练纳什均衡的启示

精练纳什均衡在军事对抗中的应用最为广泛，成语"穷寇莫追"讲的就是这个道理。如果进攻的一方预计到撤退方已无退路时，这种追击往往损失很大，因为撤退方别无选择只能"死战到底"。撤退方往往应用"破釜沉舟"的策略，让进攻方相信自己"死战到底"的威胁是可置信的，因为在这种情况下"不死战"比"死战"的损失更大。因此"破釜沉舟"的策略有时不仅被用于鼓舞士气，也有使自己的"威胁"变成"可置信的威胁"的作用。市场竞争中这样的策略也很多，不再列举。

3. 精练纳什均衡在销售中的应用

再回到前面囚徒困境的"冲货"问题上，假如企业事先对所有分销商发出了警告，如果被发现"冲货"就终止生意关系。显然分销商是否继续选择"冲货"取决于其是否相信这是"可置信的威胁"。如果某分销商在企业整体销量中的比例较高，而且企业一旦终止合作可能要花很长的时间和很高的成本才能重新接手市场，这时该分销商会认为这是"不可置信的威胁"而继续选择"冲货"。因为给定该分销商"冲货"的前提下，企业实施承诺行动的成本比不实施要高。推而广之，由于总体上企业是"大猪"，对于"冲货"行为的惩罚往往是企业的损失比客户大，因此当"冲货"行为确实发生后，企业在是否承诺行动上往往陷入"进退两难"的尴尬境地。所以，我们在设计"冲货"约束机制时一定要慎重。

当博弈从单次博弈变成重复博弈（repeated games）时，特别是博弈次数无限大（每个企业总是有会计理论中的"继续经营假设"），参与人的最优战略往往会改变，均衡结果也就可能不同。比如企业的分销商很多而且"冲货"对企业造成的长远损失很大，企业可能会选择"承诺行动"，因为长期收益大于短期损失。这就是"杀一儆百"的道理，虽然"杀一"可能带来短期损失，但是"儆百"的威慑作用所带来的长期收益可能更大。

企业的上述两种选择实质上反映了"投鼠忌器"和"杀一儆百"的两种心态，不少企业总是摇摆不定和难以取舍。什么是一个企业对于"冲货"问题的最优战略选择？这是一个非常复杂的问题，所以本书专门用第15章来分析"冲货"的问题。

5.2.6 不完全信息静态博弈及其应用简介

不完全信息静态博弈（static games of incomplete information）是指博弈中的每个参与人并不具备完全信息（存在事前的不确定性），但各方独自作出选择（在选择前不能观测到对方的选择）。

显然，不完全信息静态博弈与前两种博弈的根本区别在于参与人并不具备完全信息。这种博弈是现实工作中更加普遍的博弈，许多情况下我们对博弈对手都不是完全了解。在1967年之前，博弈论遇到这种情况是无能为力的。因为当你还不清楚你的对手为何物时，你如何选择自己的战略呢？这个问题的解决要归功于美国著名的数学家海萨尼。

海萨尼的办法是引入一个虚拟的参与人——"自然"（nature）。"自然"首先行动，选择参与人的"类型"，被选择的参与人知道自己的真实类型，而其他参与人并不清楚被选择的参与人的真实类型，仅知道各种可能类型的概率分布。另外，被选择的参与人也知道其他参与人心目中的这个分布函数，即分布函数是一种"共同知识"（common knowledge）。

说明：（1）所谓类型可以理解为博弈对手的收益和成本类型，例如对方是高成本还是低成本；也可以理解为对方的性格特征，例如谈判对手是强硬派还是妥协派。（2）所谓概率分布，就是对方在不同类型之间的可能性，例如谈判对手有60%的可能是强硬派，40%的可能是妥协派。

上述方法实际上就是将概率论引入博弈论的研究中，这种方法被称为海萨尼转换（Harsanyi transformation）。通过这个转换，将不完全信息博弈转换成完全但不完美信息博弈（games of complete but imperfect information）。所谓"完全"是指参与人知道对方类型的概率分布，"不完美"是指不知道对方具体的类型。

<u>贝叶斯纳什均衡</u>（Bayesian Nash Equilibrium）就是不完全信息静态博弈问题的均衡解，即纳什均衡在不完全信息下的扩展，也被简称为贝叶斯均衡。正式定义的数学公式较为复杂，下面给出一个简单（但不精确）的用文字描述的定义：

贝叶斯纳什均衡是这样一种战略组合：给定自己的类型和别人类型的概率分布的情况下，每个参与人的期望利益达到了最大化，也就是说，没有人有积极性选择其他战略。

现实工作和生活中不确定性是普遍的，而确定性是有限的和短暂的，所以完全信息静态博弈可以看成不完全信息静态博弈的一个特例，而贝叶斯纳什均衡也就是纳什均衡在不完全信息下的扩展。

求爱博弈将有助于读者更好地认识不完全信息静态博弈与贝叶斯纳什均衡。

1. 求爱博弈简介

一个女孩非常看重结婚对象的品德，但无法准确判断求爱者的品德好坏。这时，该女孩的决策显然取决于她在多大程度上相信求爱者是一个品德优良的人。假定女孩如果与品德优良的人结婚其幸福指数是200，而和品德恶劣的人在一起是-200；对于求爱者而言，如果被接受是200，不接受是-50（丢了面子）。

为简化分析，假定求爱者只有两种类型：品德好与品德坏。假设该女孩知道求爱者品德好的概率是X，而求爱者也知道自己在女孩心目中的这个X概率。求爱博弈的得益矩阵见图5-5。

求爱者品德好情况下的得益矩阵

女孩

求爱者	接 受	不接受
求 爱	200（男），200（女）	-50（男），0（女）
不求爱	0（男），0（女）	0（男），0（女）

品德好的概率是X → 求爱者

N

求爱者品德差情况下的得益矩阵

女孩

求爱者	接 受	不接受
求 爱	200（男），-200（女）	-50（男），0（女）
不求爱	0（男），0（女）	0（男），0（女）

品德坏的概率是1-X → 求爱者

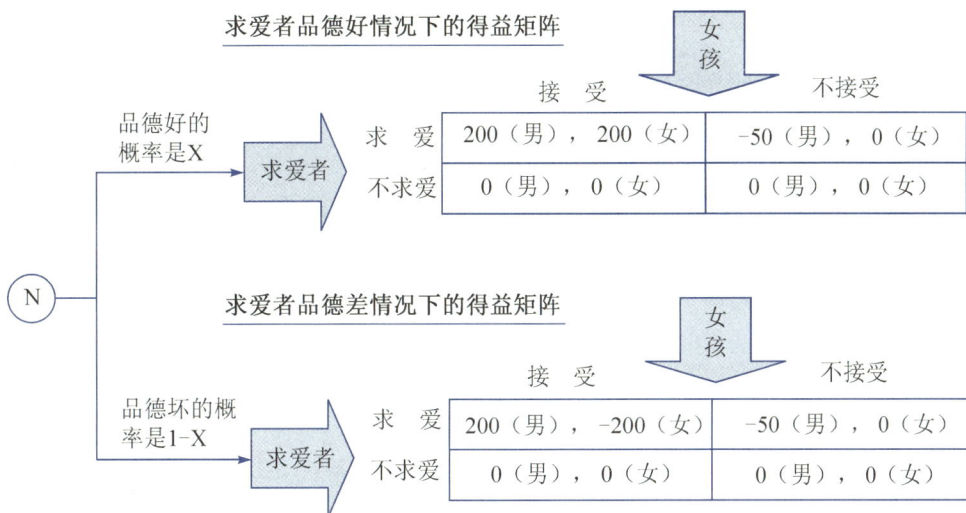

注：（1）方格中的数字代表男女双方的幸福指数，即不同行动组合下的"得益"。（2）N代表虚拟的"自然"。

图 5-5 求爱博弈的得益矩阵

从得益矩阵可以计算出：女孩如果接受求爱，则得益为 $200X + (-200)(1-X)$；不接受为零。

因此求爱博弈的贝叶斯纳什均衡是：

A. 当 X 大于 1/2 时，（求爱者选择求爱，女孩选择接受）；

B. 当 X 小于 1/2 时，（求爱者选择不求爱，女孩不选择接受）。

注：为什么 X 小于 1/2 时，求爱者选择不求爱呢？因为他知道求爱会被拒绝，而不愿丢面子。

2. 贝叶斯纳什均衡的启示

求爱博弈只是一个最简单的不完全信息静态博弈的例子，主要为了使读者对此有一个直观认识。贝叶斯纳什均衡主要在机制设计问题和诱使代理人（拥有信息优势的一方）显示信息方面有广泛的应用。其中一个重要应用领域是招标或一级密封价格拍卖。以招标为例，不同投标者之间就是不完全信息下的静态博弈，因为每个投标者并不知道其他参与人的真实成本与报价，仅知道其概率分布。其矛盾在于，报价越低则中标可能性越大，但另一方面，给定中标的情况，报价越低则利润越小。让更多的人参与投标，对于招标者而言是有利的事情。

1994 年美国政府向商家拍卖大部分电磁波谱。这一回合拍卖由一批博弈论专家本着最大化政府收益和各商家的利用率原则精心设计，取得极大的成功。政府获得超过 100 亿美元的收入，各频率的波谱也都找到了满意的归宿。与此相对应的是，新西兰一个类似却没有经过博弈理论设计的拍卖会惨遭失败。政府只获得预计收入的 15%，而被拍卖的产品也未能物尽其用。譬如因为无人竞争，一个大学生只花 1 美元就买到了一个电视台许可证！

3. 贝叶斯纳什均衡在销售中的应用

贝叶斯纳什均衡在销售工作中的谈判方面具有重要的应用价值。显然，对于不同类型的谈判对手，我们的策略也不同。在谈判之前不仅要收集生意方面的信息，也要尽可能收集谈判对手的性格特征等信息，并据此设计自己的最优策略。

此外，贝叶斯纳什均衡在委托代理机制的设计中也具有重要的应用价值。由于销售工作中绝对的静态博弈并不普遍，具体应用将结合下一部分的不完全信息动态博弈集中阐述。

5.2.7 不完全信息动态博弈及其应用简介

不完全信息动态博弈（dynamic games of incomplete information），是指博弈中的每个参与人并不具备完全信息（存在事前的不确定性），但各方的行动有先后顺序，且后行动者能观测到先行动者的选择或行为。

显然，不完全信息动态博弈是最复杂的一种博弈，突破了"完全信息"和"静态"两个约束条件。销售工作中的博弈大多数情况下都属于此类博弈，因为不完全信息是普遍的，而且一般都不是单次博弈，而是重复博弈（无论与客户还是上下级之间），每一方都可能既是先行动者也是后行动者（至少相比上次博弈）。

其复杂性在于博弈过程不仅是参与人选择行动的过程，而且是参与人不断修正信念的过程，即不断修正对其他参与人类型判断（概率分布）的过程。

每个参与人的行动都传递着有关自己类型（如强硬还是软弱）的某种信息，后行动者可以通过观察先行动者的行动来修正对其类型的先验信念（概率分布），然后选择对自己最优的行动。另一方面，先行动者显然预计到自己的行动将被后行动者所利用，就会设法传递对自己最有利的信息，并尽量隐藏对自己不利的信息。

在介绍不完全信息动态博弈的均衡之前，有必要解释一下贝叶斯规则：

贝叶斯规则是概率统计学中应用所观测到的现象修正先验概率的标准方法。比如说，你新招了一个销售人员王垒，你对他的品德暂时没有任何了解，这时你可能认为王垒品德不好的概率是50%，这就是先验概率。有一次你发现王垒赌钱，你认为大多数赌钱的人品德都不好，那么你可能提高对王垒品德不好的概率判断，比如提高到70%，这就是后验概率。过了一段时间，王垒做了一件好事，你或许会或许不会修正你对他的看法，取决于这件事好到什么程度，因为坏人有时为了假装好人也会干一些好事。

读者暂时只要明白什么是先验概率（prior probability）和后验概率（posterior probability），以及人们根据新的观测信息从先验概率修正为后验概率就可以了。

精练贝叶斯纳什均衡（Perfect Bayesian Nash Equilibrium）就是不完全信息动态博弈问题的均衡解，这是精练纳什均衡和贝叶斯纳什均衡的结合，也简称为精练贝叶斯均衡。由于正式定义的数学公式非常复杂，下面给出一个简单（但不精确）的用文字描述的定义：

精练贝叶斯纳什均衡是所有参与人战略和信念的组合，满足如下条件：

（1）给定每个人有关其他人类型（概率分布）的信念的情况下，他的战略选择是最优的；

（2）每个人有关他人类型的信念都是使用贝叶斯法则从所观测到的行为中获得的。

注：上述均衡的定义与其他三个均衡定义的区别是，不仅是战略的组合，也是信念的组合。

黔驴技穷博弈有助于读者更好地认识不完全信息动态博弈与精练贝叶斯纳什均衡。

1. 黔驴技穷博弈简介

这是一个脍炙人口的故事，但这个简单的故事揭示了不完全信息动态博弈的基本规律。

毛驴刚到贵州时，老虎见它是个庞然大物，不知有多大本事，感到很神奇。给定这个"信念"，老虎躲在树林悄悄观察毛驴就是一种最优选择。过了一阵子，老虎逐渐接近毛驴，希望获得这个庞然大物的真实本领的信息。

有一天，毛驴忽然大叫一声，老虎吓了一跳，急忙逃走，这也是老虎的最优选择，因为毛驴的叫声是老虎预料之外的。又过了一些天老虎又来观看，对毛驴的叫声也习以为常了，但仍不敢下手，因为它对毛驴的真实本领还没有完全了解。

再后来，老虎对毛驴挨得很近，往毛驴身上挤碰，故意冒犯它。毛驴在忍无可忍的情况下，就用蹄子去踢老虎。这一踢向老虎传递的信息是"毛驴不过这点本事而已"，所以老虎反倒高兴了。到这时，老虎对毛驴已有完全了解，所以就扑过去把它吃了。

在老虎与"黔驴"的博弈中，老虎通过观测毛驴的行为逐渐修正对毛驴的判断，直到看清其真面目后才敢把它吃掉，这是一个精练贝叶斯纳什均衡。老虎的每一步行动都是其当时信念下最优的选择；同时，"黔驴"的行为是在其信念下的理性选择，因为它知道自己本事有限，所以不到万不得已不用那仅有的"一招"，否则它早就被老虎吃掉了。

2. 精练贝叶斯纳什均衡的启示

精练贝叶斯纳什均衡最重要的应用是"信号传递模型"。例如在劳动力市场中，学历就传递了一个重要的工作能力的信息。谁都明白"文凭不等于水平"的道理，但即使大学教育对于一个人的工作能力毫无作用，考上大学本身就传递了一个有用的信息，因为能考上大学的人的智力和知识水平整体要优于没考上大学的人。

正如前面强调承诺行动的成本在完全信息动态博弈中的重要性一样，成本在不完全信息动态博弈的信号传递中也极其重要。只有负担成本或投入资源的行动才是可信的，简单地告诉对方"我们企业有实力"或"我是好人"不会传递任何有价值的信息，因为这样的"自夸"不用花成本，谁都可以讲。

3. 精练贝叶斯纳什均衡在实地销售中的应用

精练贝叶斯纳什均衡的"信号传递模型"对于销售具有极其广泛的应用价值，因为企业与客户之间、上下级之间的博弈往往不是一个纯粹的行动选择，这种选择总是建立在自己的"信念"（对方属于什么类型的主观概率分布）基础之上。例如同样一个销售人员在不同的销售经理下面其表现可能截然不同，如果他认为其上级很可能是一个言出必行的人，那么他多半会遵守管理制度；反过来，如果他认为其上级很可能是一个软弱与妥协的人，那么他多半会"猖狂"一些。同一个客户对不同的企业（实际上是对企业的各级销售经理）其行为选择也有所不同。以下是作者结合实地销售工作的特点，向各级销售经理所提供的一些建议（仅供参考）：

（1）注重你的第一印象，不要被客户和下属"看穿"你。

一个销售经理到新的区域后，你给客户与下属的第一印象就是他们对你的"先验概率"，这是其以后修正的基础（贝叶斯公式的基数），所以千万重视自己的第一印象。

客户和下属一定会注意观察你的一举一动及对各种问题的处理，甚至会通过一些事件故意试探你，并通过他们的观察不断修正其后验概率，然后根据其"信念"选择针对你的行为。所以，你必须尽量传递对自己有利的信息，这样博弈的均衡状态才会按照你的目标发展。

一个销售经理应向客户和下属传递的信息至少包括以下两点（无论你是否属于此"类型"）：

A. 一个销售经理首先必须"表现"得坚强和果断（即使你其实很柔弱）。

不幸的是，大多数人都是欺软怕硬的。

所以你不能显得软弱和优柔寡断，否则就只能是<u>"马善被人骑，人善被人欺"</u>。

B. 其次，必须"表现"得正直和敬业（即使你可能内心不认同）。

所谓正直就是诚实和公正。正直和敬业是你赢得大家尊重的必要条件。

只有负担成本的行动才会传递有价值的信息，简单地自我表白"我很坚强或我很正直"是没有意义的。你至少必须在达到均衡状态之前付出多一些，客户和下属才会按照你的期望不断修正他们的判断，从而选择对你有利的行为。

当然，如果你还具有相当的专业水平就更好（这比较难"表现"）。

（2）主动设计一些事件来帮助你"认清"客户和下属。

你也可以主动设计一些事件来更快速、更准确地"认清"客户和下属。比如故意对一些事情"表现"得很马虎，看看谁会跳出来骗你。

（3）不要被客户和下属的"好事"而麻痹。

客户和下属都可能做一些"好事"来博取你的好感，关键要看这些"好事"好到什么程度以及持续过程，千万不要被表面现象麻痹。在作者的工作经历中，就看到过一些客户一直都准时回款并积极合作，然后在时机成熟时找一个理由申请大笔信用额（还承诺不久归还），拿到货后就再无声息了。"坏人"为了达到自己目的也会在一段时间假装"好人"，所谓<u>"路遥知马力，日久见人心"</u>就是这个道理。

（4）不完全信息有时也是一件好事，不要急于"揭穿"客户和下属。

当信息不完全时，有些"别有用心"的客户或下属很可能认为你还不了解他们的本质和真实意图，即使聪明的你已经洞悉一切也不要急于"揭穿"，因为这些人很可能为了以后的利益不愿过早地暴露自己的本性。一个人干"好事"还是"坏事"常常不取决于他本性上是"好人"还是"坏人"，而在很大程度上取决于其他人在多大程度上认为他是"好人"。如果那些"别有用心"的客户或下属认为你并不知道他们的真实面目，他们也会在一段时间内做出一些对你和你的工作有利的行为；只要你"心里有数"就不会受到伤害，所以不用急于"揭穿"他们。

这或许就是**"难得糊涂"**的博弈解释。

注：客户或下属的"别有用心"就是之前第4章所讲的这两类代理人的各种机会主义风险。

4. 精练贝叶斯纳什均衡在销售战略层面的应用

精练贝叶斯纳什均衡的信号传递模型在企业的销售战略层面的应用更具价值。因为销售领导层的每一项决策或行为所传递的信息往往并非代表其个人，而是代表整个企业，所有客户和实地销售人员都会据此调整他们对企业的判断并选择自己的行为。

(1) 客户（包括实地销售人员）最关心的往往是企业在两个方面的类型：

第一，有没有实力（很大程度上指资金实力）；

第二，有没有信誉（是否言出必行）。

客户对企业的"信念"就是客户在这两方面对企业判断的主观概率，即他们在多大程度上认为企业是有实力和有信誉的。并根据自己的判断选择是否对该企业有长远打算，即是否愿意投入更多更长远的资源于销售过程中，这就是第4章所讲的客户在考虑利益时也包括对风险的权衡（风险视为负的收益）。但是客户不可能看到大多数企业的资产负债表或利润表，也不可能光听企业老板或销售人员说"我们的企业有信誉"，只能通过观察企业的行为来不断修正自己的判断。

(2) 企业的"名牌"和"硬件"已不能准确地传递相关信息。

一般而言，客户首先看是不是"名牌"，其次就是看企业的厂房、办公条件甚至企业老板坐什么车。这些因素在前些年能够相对准确地判断企业的实力，但是由于两方面的原因，现在所传递的信息价值已大不如前：

第一，经过多年发展，不少企业都在表面上做得很"光鲜"，再从"硬件"上判断企业实力相对不准，或者说同样的"硬件"下企业的实力其实相差甚远。这就如同几十年前人们通过一个人是否有"大哥大"来判断其是否有钱，现在手机已经完全不存在这种信息的传递功能。

第二，近些年来，"名牌"企业出现资金问题的比比皆是，部分原因恰恰是为创造"名牌"的巨大投入所导致。不少"名牌"企业可能已经是一个空壳，其资金状况很可能还远远不如非"名牌"的企业。因此，"名牌"已经不能准确传递"企业有实力"的信息。

(3) 以下两个例子将说明在"是否有实力"方面企业行为所传递的信息及其对生意的影响。

A. 广告在销售中的信息传递效应。

一般认为，广告主要针对消费者，是（狭义）营销部门考虑的问题。但中国目前有些"怪现象"，广告不是给消费者看，而是给渠道客户看。例如不少企业在招商前或招商过程中投放 1~2 个月的广告，一招完商就停止投放广告。从品牌营销的角度看，这样的广告对于消费者的购买行为和品牌资产的建立几乎没有价值，纯属浪费。但是从销售的角度看意义很大，因为广告往往向渠道客户传递了"这个企业有实力"的信息，可以吸引客户的大笔回款。当然，这属于生产企业的机会主义行为，中国有很多分销商都吃过这个亏，但是分销商也在博弈中不断成长，如果企业要故技重演恐怕没那么容易了。

B. 拖欠人员工资的信息传递效应。

我国目前有部分企业拖欠人员工资，这种行为不仅仅是影响人员积极性的问题，更重要的是向渠道客户传递了"这个企业没实力，我们要小心点"的信息。作者认为企业拖欠人员工资是愚蠢至极的行为，原因有三：

a. 影响销售人员（包括其他员工）的积极性自不必说，生意肯定受影响。

b. 关键是让客户"处处提防"，客户的回款和费用投入肯定会减少，因为现在是买方市场，几

销售力

乎没有什么企业的产品是"非卖不可"的。这种情况往往成为连锁反应，客户回款越少，企业短期的资金状况越困难；客户费用投入减少甚至转向其他品牌，企业的长期回款更是大幅度减少，而且生意的根基都可能动摇。

c. 在我国目前劳动保障方面的法律法规相对完善的情况下，企业所拖欠的工资最终也是要支付给员工的，即使倒闭也是人员工资优先偿付。也就是说，企业拖欠之后还是要给的，并没有为自己节省一分钱。

所以，企业拖欠人员工资的行为可谓是"有百害而无一利"，最终只有一个"输家"，那就是企业自身，更准确地说就是企业所有者。如果企业资金状况确实困难，最优选择是及时裁员。虽然也向客户传递了不利信息，但"两害相权取其轻"，至少节省了部分人员成本，而且留下的人员还可以努力工作。

实际上，对于大多数拖欠人员工资的企业而言，人员工资只是一个很小的比例，并非企业从绝对值上面没有支付能力，而是企业所有者或决策者将人员的重要性排在相对靠后的位置，因为拖欠人员工资的危害往往不及时体现，对生意的影响有一个滞后效应。

所以，**拖欠人员工资的行为所传递的不仅仅是"企业有无实力"的信息，还反映了企业所有者（或决策者）的"心态"和判断能力的问题，这恐怕是更严重的信息。** 客户和销售人员肯定会这样判断：资金紧张可能只是暂时的问题，假以时日还有可能改善。但一个人的性格和判断能力就不是一朝一夕的问题，正所谓**"江山易改，本性难移"**。不言自明，当客户和员工有了这样的"信念"之后，这样的企业还有什么发展前途甚至生存的可能？

（4）以下两个例子将说明企业在"是否有信誉"方面所传递的信息及其对生意的影响。

A."千金买马"的信息传递效应。

据《战国策·燕策一》记载，古时候有个国君，很喜欢千里马，就不惜千金求购。可是，求购了三年也没买到一匹，他很是着急。国君派了一个侍臣出去找了三个月，才找到一匹千里马，等到他找到卖主的时候，刚好那匹马死了。那侍臣犹豫了很长时间，最后还是下决心花五百两金买下了千里马的尸骨，带回去交给了国君。国君看了非常生气，说："你是怎么搞的，叫你去买千里马，你居然花这么多钱买回来匹死马，有什么用？"那侍臣回答说："主公别生气，你想呀，这死千里马你还肯出五百两金去买，更何况活的千里马呢？天下买马的人一定会因此认定你肯出高价买好马，那千里马不就很快被送上门来嘛！"果然，不出多长时间，就有人陆续送来了多匹千里马。聪明的侍臣用买马骨吸引全社会的人，进而为他的主公得到全天下的千里马。

"千金买马"的故事实际上就是博弈论中"声誉模型"的通俗版本，企业的决策者一定要考虑到自己对某个客户（或人员）的个别行为有可能带来良性或恶性的连锁效应。例如有的企业刚与一个新分销商签订了合同，当地另外一个客户提出更好的条件来合作，于是企业就撕毁合同"另攀高枝"。这样的行为对于其他分销商（包括上例中后签约的客户）传递的是一种什么样的信息？无疑所有的分销商都会根据这件事情修正他们对于企业信誉的判断，并选择对企业"步步提防"的合作行为，对企业的整体和长远生意必然造成损失。反过来，如果企业果断地"吞下苦果"，反而可以**"失之桑榆，收之东隅"**。

B."杀一儆百"的信息传递效应。

在本节前面所举的"冲货"问题的处罚问题上就运用了"杀一儆百"的信息传递效应。企业如果认为没有把握就不要草率地推出关于"冲货"问题的处罚制度，没有制度总比出台以后不去执行要好。如果推出了关于"冲货"问题的处罚制度，真有分销商"明知故犯"，那企业实际上已经别无选择，只能是言出必行，就算是"苦果"也必须吞下。因为企业在这个问题上的处理行为与所有分销商对其信誉的判断密切相关，其后果不仅影响"冲货"问题本身，也与企业与分销商的所有合作息息相关。

综上所述，精练贝叶斯纳什均衡的"信号传递模型"给予我们在销售工作中的启示就是：

不要孤立地看待一人一事，我们的每一个行为都在向客户和下属传递信息，并且他们总是在其

"信念"之下对其行为作出选择，从而影响生意结果。

5.2.8 博弈论及其应用小结

前面简要地介绍了四种类型的博弈及其均衡，四种博弈之间实际上也就是一个约束条件不断放宽的过程。所以，前一种博弈往往是后一种博弈的特例，而相应的均衡状态却是一个不断收窄的过程（因为引入了更多变量）（见图 5 - 6）。

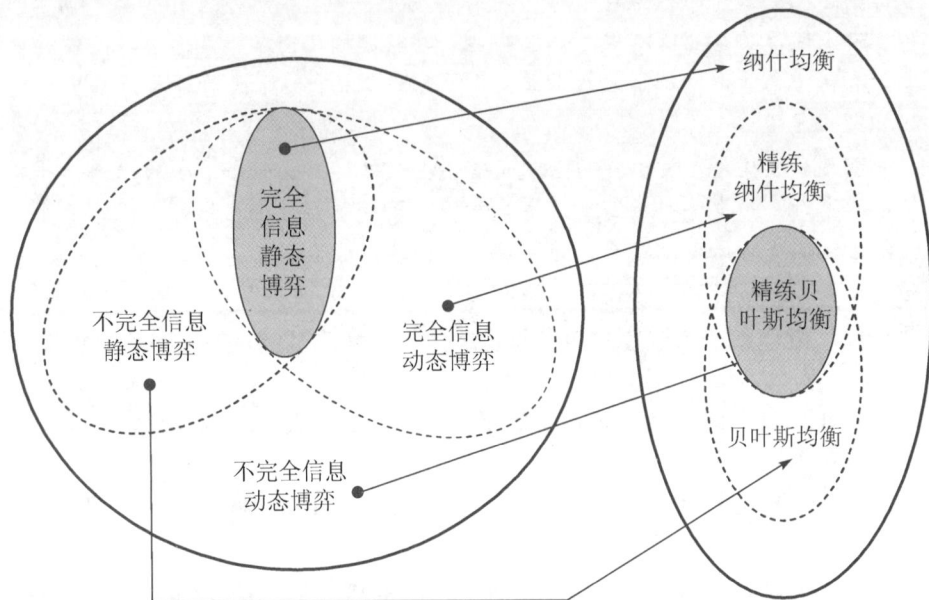

图 5 - 6 4 种博弈及其对应的均衡概念关系示意图

无论是何种博弈以及所对应的均衡解是什么，我们至少知道以下两点就可以了：

（1）博弈分析的目的是寻找自己的最优策略，并判断什么情况下才是稳定的均衡状态。

（2）任何博弈的过程总是不断趋近并最终达到均衡状态，所有均衡都满足纳什均衡条件：

A. 纳什均衡指的是这样一种战略组合，该组合由所有参与人的最优战略组成。也就是说，给定别人战略的情况下，没有任何参与人可以从选择其他战略中获得更大利益，也就没有人有积极性打破这种均衡。纳什均衡是一种"僵局"：给定别人不动的情况下，没有人有兴趣动。

B. 纳什均衡也可以从另一个角度来理解。假设博弈中的所有参与人事先达成一项协议，规定出每个人的行为规则。如果说当事人会自觉遵守这项协议，也就等于说这项协议构成一个纳什均衡。换句话说，如果一项协议不构成纳什均衡，它就不可能自动实施，因为至少有一个参与人会违背这个协议，不满足纳什均衡要求的协议是没有意义的。

通过对博弈论的学习，我们对销售过程中的各种交易关系的理解又深入了一步，顺利完成了"三级跳"（见图 5 - 7）：

A. 通过第 3 章对交易成本理论的学习，我们知道了企业对外的市场关系和企业内部的管理关系本质上都是一种交易关系，这样我们将所有销售过程中的关系统一理解为"交易关系"。

B. 通过对第 4 章委托代理理论的学习，我们知道了销售过程中的各种交易关系都存在信息不对称的情况，所以我们将所有销售过程中的关系进一步理解为"委托代理关系"。

C. 通过对本章博弈论的学习，我们将销售过程中的各种委托代理关系从两个角度进行了扩展：

a. 企业与客户和人员的委托代理关系并非总是委托人指向代理人的单向关系，而是委托人和代理人之间的双向博弈关系。

b. 销售过程中不仅存在企业和客户及上下级之间的纵向关系，也存在客户与客户之间、人员与人员之间的横向关系。虽然他们彼此之间并不发生交易，也不存在委托代理关系，但是

交易关系	委托代理关系	博弈关系
A.企业与渠道伙伴之间 B.企业内部上下级之间	A.企业与渠道伙伴之间 B.企业内部上下级之间	A.企业与渠道伙伴之间 B.企业内部上下级之间 C.客户之间，人员之间
交易成本理论	委托代理理论	博弈论

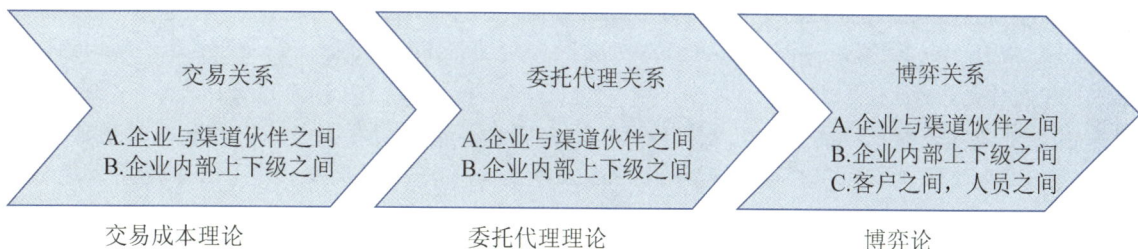

注：以上发展过程是我们对于销售的理解不断完善的过程，也是我们的思维不断深入和理论工具不断丰富的过程。

图5-7　理解销售关系的"三部曲"

这些横向竞争关系也是双向的博弈关系。

这样，我们通过博弈论对销售过程中的所有纵向和横向关系都有了全面认识，并且对这些关系的理解又进了一步，将其统一理解为博弈关系。在此基础上，我们就可以运用博弈论的思维方法来分析销售工作中的各种对策问题。

5.3　微观经济学及其应用简介

微观经济学译自英文 microeconomics，与宏观经济学（macroeconomics）合在一起成为现代的主流经济学。所谓"主流"的含义是指我们通常所说的经济学如果不加限定一般都指微观与宏观经济学，这也是大学有关经济学的标准课程。此外，人们所知道（或听说）的一些经济学道理和名词主要也来自于微观与宏观经济学，例如市场、价格、供给、需求、宏观调控、货币政策等。

微观经济学主要研究具体经济单位（如企业、消费者、工人）为什么和怎么样作出经济决策，即消费者的需求行为和生产者的供给行为以及市场竞争行为等。相比之下，宏观经济学则着眼于对社会经济总量的研究，如 GDP（国内生产总值）、利率、失业率、通货膨胀率等。

在开始介绍微观经济学之前，需要说明以下几点：

（1）经济学发展到今天，实际上已经是许多学科的结合体（例如博弈论、系统论、法学等），并且应用范围不仅限于经济领域，也包括政治（如公共决策）、法律（如经济法）等。

（2）经济学理论的各种学派很多，例如前面所讲的新制度经济学就是近几十年令人瞩目的发展。各种学派之间既互相融合也互相批判，还没有类似于自然科学一样的完全标准体系（至少自然科学的基础是标准体系）。

（3）现在微观经济学和宏观经济学的界限也越来越模糊，宏观经济学越来越关注总体经济现象的微观经济基础。

微观经济学着重研究生产企业的供给和彼此之间的竞争行为，以及消费者的需求行为，反而对与销售最密切相关的商品流通领域关注较少，所以本书从销售的角度出发，将微观经济学列在相对次要的位置。但是，微观经济学的一些分析方法对于销售工作也很有应用价值，接下来主要是阐述那些可以指导销售工作的分析方法，并非介绍微观经济学的整个理论体系。如果读者对微观经济学有兴趣，建议直接阅读原著，这方面的教科书很多。

5.3.1　微观经济学的起源与发展

实际上微观与宏观是现代经济学的划分，并非经济学诞生以来就如此区分。因此以下对微观经济学发展过程的介绍，不可避免地会涉及整个西方经济学的发展过程。

1. 古典经济学(17世纪下半叶至19世纪上半叶)

古典经济学又称古典政治经济学或古典学派。古典经济学的核心观点就是经济自由主义，反对国家干预。著名的"看不见的手"就是比喻市场和价格体系对于经济发展的自然调节作用。整个古典经济学的形成和发展至少应该提到以下四位英国人的贡献：

（1）**威廉·配第**（William Petty，1623—1687）：古典经济学的创始人，被称为"政治经济学之父"，代表作是《**赋税论**》。

（2）**亚当·斯密**（Adam Smith，1723—1790）：将古典经济学发展成为完整和成熟的理论体系，是公认的现代经济学鼻祖，"看不见的手"就出自亚当·斯密，代表作是《**国富论**》《**道德情操论**》。

（3）**大卫·李嘉图**（David Ricardo，1772—1823）：在斯密的理论基础上，完成了英国古典政治经济学的基本体系，与斯密并称为英国古典政治经济学的两大代表人物，代表作是《**政治经济学及赋税原理**》。

（4）**约翰·穆勒**（John Mill，1806—1873）：在继承李嘉图学说的基础上兼收并蓄，其理论体系被视为经济学史上的第一次大融合，代表作是《**政治经济学原理**》。

同期，法国还有著名的经济学家魁奈、西斯蒙第、萨伊、巴师夏和英国的经济学家马尔萨斯和西尼尔等，也对古典经济学的发展作出了重要贡献，不再一一介绍。

2. 新古典经济学（19世纪70年代至今）

19世纪70年代由"边际革命"开始而逐渐形成的新古典经济学，又被称为新古典学派。随着资本主义经济的发展，经济学的主要任务转向如何在市场经济下最优配置资源与实现利润最大化。"边际革命"适应了这一需要，新古典经济学在继承古典经济学的经济自由主义的同时，以边际效用价值论代替了古典经济学的劳动价值论，以需求为核心的分析代替了古典经济学以供给为核心的分析。其中，最为重要的人物就是英国著名经济学家马歇尔。

阿尔弗雷德·马歇尔（Alfred Marshall，1842—1924）：英国剑桥学派创始人，也是新古典经济学的集大成者，实现了经济学史上的第二次大融合。他综合了古典经济学和边际效用理论、边际分析方法，形成了一套较为精密而又形式化的微观经济理论，代表作是《**经济学原理**》。

现代的微观经济学直接源于马歇尔。

之后大量的经济学家在马歇尔的理论体系的基础上不断发展和完善，这就是我们今天看到的"微观经济学"。

3. 凯恩斯主义（20世纪30年代至今）

1929—1933年资本主义世界的经济大危机，严重打击了此前百余年间在经济学界一直占统治地位的古典均衡理论。古典均衡理论包括主张资本主义市场经济能够自动达到充分就业均衡的古典学派和新古典学派。由20世纪30年代的"凯恩斯革命"开始而逐渐形成的凯恩斯主义是一套完整的宏观经济理论体系，是资本主义经济大危机的产物。

约翰·梅纳德·凯恩斯（John Maynard Keynes，1883—1946）：英国人，对资本主义条件下失业和生产过剩的形成原因作出了新的解释，提出政府干预和调节经济的政策主张，建立起一套完整的宏观经济理论。凯恩斯在1936年出版了其划时代的巨著《**就业、利息和货币通论**》，提出了"有效需求不足"的理论思想，被经济学界看作一场理论革命。他的理论至今仍然影响着各国经济政策的制定和当代经济理论的发展。

凯恩斯主义是现代宏观经济学的经典思想。

之后大量的经济学家在凯恩斯的理论体系上不断发展和完善，并分成"美国凯恩斯学派"和"英国凯恩斯学派"。直到20世纪70年代，凯恩斯主义都是宏观经济学的主流和"正统"。

4. 20世纪70年代之后的经济学发展

20世纪70年代，西方主要资本主义国家陷入严重的"滞胀"困境，凯恩斯主义及其政策束手无策。于是货币主义、供给学派、理性预期学派（又称新古典宏观经济学）等现代经济自由主义理论兴起，对"凯恩斯革命"进行了"革命"。作为对新古典宏观经济学的回应，于20世纪80年代在美国又兴起"新凯恩斯主义经济学"。

同一时期新制度经济学迅速发展（第3章已经介绍），将早期制度经济学的观点和新古典经济学的理论相结合，对微观和宏观经济学都带来了相当大的"变革"。目前的微观经济学教科书已经引入了部分新制度经济学和博弈论的理论。

从以上微观经济学（包括整个经济学）的发展历史可以看出，经济学总是与当时经济发展的需要联系在一起，并且总是在各种学派的冲突与融合中不断发展。由于微观经济学是一个庞杂的理论体系，下面不会对其内容进行全面介绍，只重点阐述对销售工作最密切相关的两个分析方法：<u>一是边际分析法；二是静态比较分析法</u>。这两种方法实际上也是微观经济学的"主线"，特别是边际分析法本身就促成了现代微观经济学的诞生。

5.3.2 边际分析的基本概念

边际的概念译自英文 margin，这个词在经济学中运用极广，边际概念和边际分析法的提出被认为是经济学方法的一次革命。学会了边际分析法，就懂得了经济学家如何思考问题，也就入了经济学的门。

以下关于边际分析法的讲解，将围绕作者一个实地工作的真实案例（人员采用化名）来展开。

> **案例 5-1　　　　　全分销和优异陈列就值得鼓励吗？（一）**
>
> 刘总为了解市场一线的情况，到安徽合肥市实地工作。当地的城市经理小王带着刘总来到了合肥最大的商场之一"商之都"。小王自豪地给刘总介绍说：
>
> （1）我们公司的产品在这个商场达到了全分销，即所有产品规格都在该店有分销；
>
> （2）每个月我们保证有 3 个堆头，陈列水平绝对优于竞争对手。
>
> 刘总关心地问道：这个商场的投入产出情况怎么样？小王如数家珍地报出了一连串数字：
>
> A. 每个单品条码费是 500 元，共进了 48 个条码，一共是 24 000 元。
>
> B. 每月每个堆头费用是 1 200 元，每月总共是 3 600 元。
>
> C. 这个店有 1 个促销人员，每月工资和奖金加在一起大约是 1 200 元。
>
> D. 每个月该店的销量按分销商的供货价计算是 25 000 元，按厂价计算是 20 000 元。
>
> E. 根据公司对于进场费按照 1 年分摊的标准，这个店每月分摊进场费 2 000 元，加上 3 600 元堆头费和 1 200 元促销员费用，每月费用共是 6 800 元；除以 20 000 元的月均销量（按厂价计算），则平均费用比例是 34%。
>
> F. 34% 的费用比例刚好低于公司规定的单店费用比例不得超过 35% 的标准。
>
> 应该说，该店分销和陈列都很好，费用比例又不超标，而且小王对一个商场的销售数据又如此了解，可算是一个称职的城市经理。确实，大多数"领导"都会感到很满意，小王按照自己的思维方式也认为应该得到刘总的鼓励和表现。
>
> 小王说完以后用期待的目光看着刘总，刘总会怎么表态呢？

1. 存量和增量

<u>存量</u>是现有的总量，如现有销售总额，销售费用总额等。

<u>增量</u>是在任何一个存量水平下的增长数量。例如某个分销商上月的销量是 20 万元，下月的销量提升到 22 万元，则原有的 20 万元是"存量"，而新增的 2 万元销量就是"增量"。如果销量下降，则增量为负数。

2. 边际

简单地说，边际就是在某一存量水平下的"变动"，反映的是事物的发展趋势，而非事物的绝对水平。而边际量就是"变动量"，即增量。例如上例中新增的 2 万元销量就称为边际销量。边际销量反映了销量的增长速度，而非销量总额。

3. 边际收益、边际成本和边际贡献

任何事物的变动总有其原因，没有无缘无故的变动。在销售工作中最常用的"投入产出"的概念实际上就是反映了投入与产出之间的因果关系。

A. 边际收益泛指某一决策或行为所新增（或减少）的收入或无形收益。例如边际销量、边际利润、边际毛利等都是边际收益的具体应用。

B. 边际成本泛指某一决策或行为所新增（或减少）的投入或费用。例如边际广告费用、边际销售费用等都是边际成本的具体应用。

C. 边际贡献等于边际收益减去边际成本。其在销售中也被称为边际利润，即新增利益。

4. 弹性

弹性是对一个变量（如销量）对于另一个变量（如分销水平）的变动敏感性的精确度量。用数学方法表示，就是两个变量变动百分比的比值。

例如：

销量的分销弹性＝销量增长的百分比÷分销增长的百分比

如果在现有生意状况下，加权分销率增长了10%，而销量增长了5%，则我们说目前生意中销量的分销弹性是0.5（5%除以10%）。

如果销量的分销弹性大于1，我们就说销量**具有分销弹性**（distribution elastic）；反之，我们就说销量**缺乏分销弹性**（distribution inelastic）。同理，我们也可以计算"销量的价格弹性""销量的广告弹性""销量的促销弹性"或总体上的"销量的费用弹性"等。

5. 边际报酬递减规律

显然，从以上定义可以看出，所谓"边际"或"弹性"总是相对于销量的某一水平而言的，在不同的销量水平下同样的"边际成本"所获得的"边际销量"具有很大差异，即弹性有很大差异。

边际报酬递减规律是经济活动中的一个普遍规律，泛指收益随着投入的不断增加其增长速度不断放缓的现象，即"收益的投入弹性"持续降低并趋于零，有时甚至降到负数。

举一个生活中的简单例子就很容易理解。例如你吃第一碗饭的时候满足度为10，显然第二碗饭所新增的满足度小于第一碗饭（假定为5），之后每多吃一碗饭所新增的满足度不断降低，假定你吃到第5碗饭时已经非常饱。当你再吃第6碗饭的时候，可能新增的满足度已经是负数，不仅没有增加你的满足度，反而让你感到恶心或呕吐。其实每一碗饭的成本是一样的，但给你带来的满足度持续降低，直至为零，并最终带来负面的感受。

影响销量的各种因素也遵循边际报酬递减规律，例如分销第1家店所带来的销量是2万，此后每新增1个店的分销所新增的销量不可能按照2万的速度递增，当分销密度已经很高时新增的分销所带来的销量增长可能已经微乎其微。如果考虑到分销密度太高可能导致商店之间"杀价"，反而原有分销的商店不愿努力推销，那么最后的分销所带来的边际销量可能为负。广告投放、促销力度、销售人员数量等与销量的关系也符合边际报酬递减规律，当然广告在初期可能是边际报酬递增，因为不达到一定规模的广告投放是没有意义的，但是广告投放所带来的销量增长速度终究会持续放缓。

5.3.3　边际分析方法

经济学家提出"边际"的概念并非故弄玄虚，而是为了作出正确的决策，即经济学家常说的**"决策在边际上"**。

1. 沉没成本与机会成本

大多数时候，我们会自觉不自觉地应用财务核算的"会计成本"概念来评估投入产出，并视其为天经地义的事情。所谓会计成本就是如实记录所有实际发生的费用，并将固定成本按照一定比例进行分摊。财务核算的观念中没有沉没成本和机会成本的概念。

沉没成本（sink cost）是指在作出某项决策之前已经发生的费用。例如企业已经投资的厂房、设备和已经投放的广告费用，及分销过程中已经支付的进场费用等。沉没成本一般都是固定成本。

机会成本（opportunity cost）是指在作出某项决策之后，必须因此而放弃的其他收益。例如各级销售管理者可以支配的费用总是有限的，投入了这个城市可能就不可以投入到另一个城市（至少会减少），增加了分销费用可能就相应地减少了促销投入等。而每项决策所放弃的其他投入方向的收益就是机会成本。

运用边际分析法作出决策，首先就要求我们从"会计成本"中移出"沉没成本"，并引入"机会成本"（见图5-8）。

图5-8　边际分析法的成本概念

2. 边际分析原则1

任何一项决策的必要条件是：其行为所带来的边际贡献≥0，即该项决策的边际收益≥边际成本。

看一看案例5-1中刘总是如何表态的?

案例5-2　　　　　　　　**全分销和优异陈列就值得鼓励吗?（二）**

刘总对小王说，你的工作很努力也有一定的成效，你先告诉我这每月2万元的销量由哪些产品组成? 小王不愧是一个敬业的城市经理，很清楚地说道：

（1）前10个单品大约每个月的销量是12 000元，即20%的单品占了大约60%的销量；

（2）后面的30个单品大约每月销量是7 500元，合起来前40个单品大约占了98%的销量。

刘总说道：那就是说最后10个单品每个月的销量大概只有500元。这时，小王有点尴尬地说道："不瞒您说，剩下来的单品一般每月就卖2~3支，有的还一个月都是'白板'，前两天商场还嚷着要这些单品撤场。"

刘总说：这10个单品5 000元的进场费看来是亏定了。接着又问，那堆头带来的销量增长怎么样? 小王说，没做堆头之前的销量大约每月是12 800元，做了3个堆头后提升到20 000元。刘总若有所思地说：那就是说3个堆头的新增销量是7 200元，与3 600元的堆头费用相比投入产出比是50%。

接着刘总又问，有没有出现过只做两个堆头或一个堆头的情况。小王摸了摸脑袋说："有一个月商场因为别的品牌减少了我们一个堆头，我很气愤，后来发现当月销量果然下降了1 500元。"刘总笑了笑说："你不用气愤，商场无意中帮你省了钱。"小王不解地看着刘总，刘总亲切地拍了拍小王的肩膀说："以后不要总是惯性思维，不要把所有费用和所有销量混在一起看问题，要具体分析每个单品、每个堆头的新增费用和新增销量，这样你才能当好这个家。"

【案例分析】

本例中，刘总显然没有被表面现象和笼统的数据所迷惑，而是通过提问一步一步地引导小王用边际分析的方法来思考问题。

A. 无疑，该店的最后10个单品分销的边际贡献小于零。

按一年计算：

边际成本：5 000元条码费

边际收益：3 000元毛利（假定毛利率是50%），6 000元销量（500元×12个月）

边际贡献（或称边际利润）：−2 000元（3 000元新增毛利−5 000元新增费用）

注：以上计算还不考虑被提前撤场的问题，以及3个堆头的投入下才有此销量。

B. 至少，第3个堆头的边际贡献小于零。

按每月计算：

边际成本：1 200元堆头费

边际收益：750元毛利（假定毛利率是50%），1 500元销量

边际贡献（或称边际利润）：-450元（750元新增毛利-1 200元新增费用）

显然，按照小王的总体投入产出的思维方法，他的做法是合理的；但是如果用边际分析法深入思考，就会发现至少以上两个决策是亏损的。当然这只是一个举例，实际工作中不能只根据一个月的数据作为标准，并且有时还要考虑商场对销量的要求，但总体分析方法是一致的。

边际收益就是因为该项决策或行为所导致的新增收入，不要把某项决策或行为发生之前的已有收入和新增收入混为一谈，这样无法准确反映该项决策或行为的真正贡献。边际成本就是因为该项决策或行为所导致的新增成本。显然，沉没成本与发生之后的所有决策无关，因此决策时所考虑的边际成本不包括沉没成本的分摊部分。所谓边际贡献大于零，简单地说，该决策或行为的利润不能为负数；否则就是得不偿失。

实际上，大多数销售人员在考虑问题时自觉或不自觉地都在应用边际分析的方法。但是，现实工作中类似"小王"这样的"总量思维"（或称存量思维）也不少见，原因在于将总费用和总销量简单相除既容易也符合人们的思维惯性。学习边际分析法，就是使我们将"边际思维"作为一种思维习惯，在工作中自觉地加以应用。

当然，企业对于进场费这样的沉没成本纳入考核标准是必要的，这主要是指在发生前必须慎重；但一旦发生之后，有关促销工作的决策中就没有必要再考虑进场费的问题，只需要考虑每项促销活动的边际贡献，因为即使总体费用比例（包括进场费分摊）超支，那也只是总结分销工作的教训而已，不要因为总体费用比例超支就停止一切促销投入（如果这些促销投入的边际贡献为正），那样只能是"亏上加亏"。

"边际贡献大于零"只是作出一项决策或实施一种行为的必要条件，简单地说，就是最起码的底线。销售工作中的资源往往是有限的，例如销售费用并非要多少有多少，而且每个人的时间和精力也是有限的。如果许多决策或行为的边际贡献都大于零，如何取舍呢？或者说如何安排各项工作的轻重缓急？

3. 边际分析原则2

任何一项决策的充分条件是：其行为所带来的边际贡献≥机会成本，即在当时的生意状况下，该项决策的边际贡献大于等于同等资源在其他方向投入所产生的边际贡献。

我们接着看一看之前的案例中，刘总和小王是如何进一步交流的。

案例5-3　　　　　全分销和优异陈列就值得鼓励吗？（三）

小王听完刘总的谈话后，信服地说："我知道了，不是分销的单品越多越好，也不是堆头越多越好，关键是要就单个问题来分析。"接着虚心地问道："刘总，您看看这个商场的生意还有没有其他问题？老实说，听您这么一讲，其他方面我也不是很有底了。"

刘总赞许地点了点头，接着说道：

（1）分销已经是既成事实，以后吸取教训就可以了。此外，第3个堆头肯定是不用做了。

（2）就这个商场而言，我感觉还有一点儿可以改进。你尝试作一下调整，下个月只做1个堆头，刚好省下来1 200元可以多请1个促销员，也就是说将1个堆头转换成1个促销员。

以我的经验，应该销量会比现在有增长。

（3）你是合肥市的城市经理，不是负责"商之都"商场的销售代表，还应该把所有的销售费用在各个终端之间合理分配。比如考虑一下合肥市内的其他终端，如果同样的费用投入到其他终端，销量会不会增加得更大？

（4）还可以把视野放宽一些，把合肥市内现有终端的投入产出效益排个序，将那些效益差的终端减少投入甚至砍掉。然后把同样的费用投入到郊县的终端作个测试，看看郊县新增的销量是否比原有市内终端损失的销量大。

小王听完以后非常高兴地说道："我一定马上进行调整和测试，今天我学到了做销售要动脑筋的道理。其实我的目标就是怎样把这些费用在各个网点以及各种费用类型之间合理分配，尽可能让有限的费用产生最大的销量。"

此时，刘总终于表扬小王道："你很年轻，只要注意学习和举一反三，一定会进步很快。我刚才给你讲的道理，用标准术语来说就是边际分析方法，下个月你们回公司开会的时候，看来有必要对所有销售人员都作一下这方面的培训。"

【案例分析】

本例中，刘总实际上就是在引导小王开阔思路，不要"只看一点，不及其余"。其中的建议就是让小王比较各种费用投入的边际贡献，并非只要一项投入"有钱赚"就应该做，而是将同等费用投入到边际贡献最大的用途上。

相对而言，销售人员容易考虑到决策的必要条件（边际贡献≥0）。但在销售工作中，我们很容易有一种惯性思维，只要费用投入总体上认为合理或者没有出现重大问题，就按照原有做法持续下去，很少考虑每项决策和投入的机会成本。机会成本，顾名思义不是实际发生的成本，是一种只有通过比较才能发现的损失，所以往往被销售人员所忽视。

决策的充分条件（边际贡献≥机会成本）给我们的启示，用一个形象化的比喻来讲，就是不要"捡了芝麻，丢了西瓜"。当你的视野中没有"西瓜"的时候，你就总是陶醉在"捡到芝麻"的喜悦之中。

学习边际分析法可以让我们放开视野，将考虑"机会成本"作为一种思维习惯，不仅要看绝对意义上的"得失"（必要条件），而且要看相对意义上的"得失"（充分条件）。这样我们才能在销售工作中自觉地根据边际贡献的大小对各项策略或行为进行排序，并根据排序科学地分配费用和我们的时间，从而让有限的资源产生最大的销量。

边际分析法所指出的决策行为的必要条件和充分条件，与第3章所讲的"交易成本"的绝对意义上的节约和相对意义上的节约是一脉相承，并且是帮助我们节约"交易成本"的实用方法。

4. 边际分析法应用概述

边际分析法在销售工作中的应用价值无论如何强调都不过分，实际上在第3章阐述"交易成本理论"和第4章阐述"委托代理理论"的7个销售命题时已经普遍地运用了边际分析的思想。从图2-4的销售力三维结构体系图中可以知道：

A. 微观经济学在销售作用力体系（实际销售过程）的应用主要是三个部分：

a. 应用于"终端销售模块"的需求理论；

b. 应用于"分销商布局与管理"和"分销"两大模块的市场竞争理论；

c. 应用于"企业三大作用力模块"的要素投入理论。

说明：上述三大理论的核心实际上是共同的，贯穿其中的主线就是边际分析法。

B. 微观经济学在销售分析力体系（销售分析过程）的应用直接注明是边际分析方法。

5.3.4 边际分析1：需求理论在"终端销售"中的应用

微观经济学的一大部分就是解释和预测消费者的需求行为，从销售的角度看，消费者的需求可以简单地理解为企业的产品在终端的销量，而需求行为可以理解为消费者在终端的购买行为。当然，微观经济学所研究的需求和需求行为并非这么简单，只是为方便讲述需求理论在销售中的应用，才如此理解。销售经理在工作中经常会遇到下列问题：

▶ 新产品上市后销量不好，销售人员和分销商、批零网点等往往抱怨价格太高。作为一个销售经理，你如何知道自己的抱怨和直觉是否正确呢？如果你是正确的，如何说服上级调整价格呢？如果你说服了上级，具体的降价幅度是多少呢？

▶ 你负责的分销商以高于企业规定的价格体系销售产品，自然会导致零售价"水涨船高"；你"苦口婆心"地向分销商说明"薄利多销"的道理，但分销商就是不听。

▶ 即使分销商按照规定的价格体系销售产品，但批发商和终端却高价销售。你也是"不厌其烦"地与他们多次谈判，无非还是讲"薄利多销"的道理，但往往收效甚微。

价格问题是销售工作中最普遍、最难解决的问题，作者在工作经历中经常看到销售经理为此"伤透脑筋"，但讲来讲去都是"薄利多销"的道理。这个定性的道理谁都明白，问题的关键在于"薄利"是确定发生的事实，但"多销"到什么程度就不是那么容易判断了。企业和客户的目的并非完全就是"多销"，而是利润最大化。人的本性总是先看到"容易看到"的确定发生的事实，但从本能上对于不确定性的风险总是不愿尝试和采取规避的态度。

1. 消费者的需求曲线

一般而言，需求曲线是如图 5 – 9 所示的一条向下倾斜的曲线，即价格越低则需求量越大。同类产品中各个品牌的需求曲线的位置和形状显然不同，这主要与产品竞争力等因素相关；但是就同一个产品而言，普遍存在价格越低则需求量越大的规律（个别奢侈品和心理因素影响较大的产品除外）。

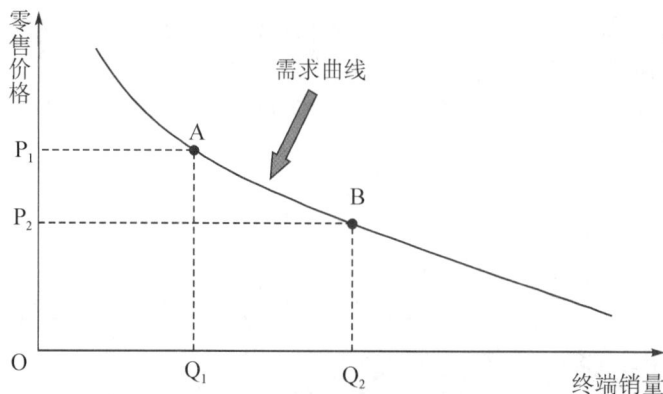

注：P_1 代表价格 1，Q_1 代表此价格所对应的需求量；P_2 代表价格 2，Q_2 代表此价格所对应的需求量。

图 5 – 9　消费者的需求曲线

所谓"薄利多销"的实质，就是图 5 – 9 中需求曲线上的 A 点向 B 点的运动过程。而"需求的价格弹性"则是度量需求曲线上销量和价格之间变动敏感性的指标。

需求的价格弹性（price elasticity of demand）就是对销量和价格之间变动敏感性的精确度量。具体来讲，就是销量变动的百分比除以价格变动的百分比，用数学公式表示如下：

$$E_p = -\frac{\Delta Q/Q}{\Delta P/P}$$

式中：E_p 表示需求的价格弹性；ΔQ 表示销售的变化量，ΔP 表示价格的变化量；$\Delta Q/Q$ 表示销量变动的百分比，$\Delta P/P$ 表示价格变动的百分比。

2. 如何定量分析"调价"行为的利润变动情况？

所有直接或变相的"降价"手段和目的都是一样的：

手段就是最终降低零售价（如果不最终降低零售价是没有意义的），目的就是提升销量。

这是一个人所共知的定性判断，实际销售工作中最大的难点在于如何知道降价的策略对于

"降价方"是否正确，以及如何相对精确地定量分析合理的降价幅度。当然涨价的计算方法也是一致的。

以下分析基于三个假定：

A. "调价方"追求利润最大化。

B. 只分析调价行为的边际毛利，换句话说，分析的重点是"调价方"在调价前和调价后的毛利总额对比。

C. 因为调价行为与"调价方"的其他费用无关，所以在其他费用不变的情况下，调价行为产生的边际毛利也就是边际利润。

注：为使以下分析具有普遍性，企业、分销商或批零网点等统称为"调价方"。

作者根据需求的价格弹性原理，得出了定量分析调价行为与"调价方"利润变动关系的简便公式，供读者参考。

◆ **调价行为对"调价方"是否有利的标准：**

$$\text{利润} - \frac{\text{价格变动}}{\text{指数}（\text{PPI}）} = \frac{（1 + \text{销售额增减百分比}）\times（\text{原毛利率} + \text{调价百分比}）}{（1 + \text{调价百分比}）\times \text{原毛利率}} \quad\quad (5-1)$$

▶ PPI ≥ 1，代表调价行为"有利"（调价后总利润增长）；反之亦然。

▶ 调价后的毛利增长或下降百分比 = PPI - 1

▶ 调价后增加或减少的利润 = 原毛利额 ×（PPI - 1）

说明： 其他费用不变的情况下，增加或减少的毛利额就是新增或减少的利润额。

▶ 调价后的毛利绝对值 = 原毛利额 × PPI

说明：

（1）PPI（profit-price index）意为利润 - 价格变动指数。在其他费用不变的情况下，毛利的变动就是利润的变动。

（2）所谓"有利"的含义是指该"调价"行为对"调价方"的边际贡献 ≥ 0，即调价后利润总额增加了，所以认为"有利"。如果 PPI 等于 1，说明调价前后利润没有区别，但如果销量增加了，也视为"有利"。

（3）"销售额增长百分比"按照零售价或供货价计算，结果是一样的。

（4）终端降价的比例是以零售价为基础，如果"降价方"按照供货价承担同等比例的费用，则"降价方"承担的降价比例与终端的零售价降价比例相同；否则，按以下公式换算：降价方承担的降价比例 = 按零售价承担的降价比例 ÷ 供货价占零售价的比例。

（5）公式中的毛利率显然是指"调价方"在所调价产品上的原有毛利率。之所以用毛利率作为计算参数，是因为其他费用与此降价行为无关，所以毛利也可看成边际纯利。

此外，该毛利率是按照供货价倒扣的毛利率，即（售价 - 进价）/售价；对于生产企业而言，进价可以理解为单位生产成本。

公式 5-1 的具体推导过程不再详述，读者可以根据边际成本与边际收益的计算方法自行计算，以检验公式 5-1 是否正确。**公式 5-1 的用途在于：**

（1）在定量分析"调价"行为的结果时，用 3 个比例的参数就能快速计算。

（2）相对准确地判断"降价"行为本身的利弊，不用计算影响利润的一大堆数据，也排除了其他因素的"干扰"。

（3）运用该公式可以让我们避免用直觉思考问题，例如价格下降 20%，销售额增长 20%，是不赚不亏吗？

【例 5-8】例如销售经理小王说服了上级，同意让企业的直供终端的零售价下降 15%。但终端普遍只承担 3%，其余 12% 由企业承担。结果零售额增长了 30%，企业降价前的毛利率是 60%，试问此降价行为对于企业是否有利？（说明：企业对直供终端的供货价是零售价的七五折）

解：首先计算企业实际承担的调价比例：

$-12\% \div 0.75 = -16\%$

然后按公式 5 - 1 计算：

PPI = $(1 + 30\%) \times (60\% - 16\%) \div [(1 - 16\%) \times 60\%]$ = 1.13

降价对企业有利，并且降价后企业的毛利增长了 13%。

注：以上例子也适用于分销商或批发商与终端之间的降价问题；涨价的计算方法相同。

公式 5 - 1 是评估调价行为是否"有利"的简便工具，但销售工作中实际上更重要的是对调价行为之前的测算。我们从公式 5 - 1 可以进一步推出两个更实用的对于调价行为决策之前的测算公式。

◆ 给定"调价方"承担的降价比例，销售额必须增长多少比例，企业才能"保本"？

给定"调价方"的涨价比例，销售额只能下降多少比例，企业的涨价才"有利可图"？

$$销售额变动比例的盈亏平衡点 = \frac{(1 + 调价百分比) \times 原毛利率}{原毛利率 + 调价百分比} - 1 \qquad (5-2)$$

▶ 对于降价行为，只有销售额增长比例≥盈亏平衡点，才对"降价方"有利。

▶ 对于涨价行为，只有销售额下降比例≤盈亏平衡点，才对"涨价方"有利。

注：所谓"盈亏平衡"的概念是该调价行为对"调价方"的边际利润等于零，即调价前和调价后的利润总额相同。

【例 5 - 9】例如某分销商的毛利率是 40%，销售经理小王试图说服其降价 10% 以提升销量。试问小王必须（有根据地）预测降价后的销售额提升多少比例，该分销商才能有利可图，也才能说服分销商？

解：根据公式 5 - 2 计算如下：

销售额增长比例的保本点 = $(1 - 10\%) \times 40\% \div (40\% - 10\%) - 1 = 20\%$

该分销商的销售额至少要增长 20%，降价行为才有利可图，小王也才能说服分销商。

【例 5 - 10】某企业的毛利率是 50%，试图涨价 15% 以提升利润。当然企业的老板预计到销售额可能会下降，试问涨价后的销售额最多只能下降多少比例，该企业的涨价行为才是有利可图的？

解：根据公式 5 - 2 计算如下：

销售额降低比例的底线 = $(1 + 15\%) \times 50\% \div (50\% + 15\%) - 1 = -12\%$

该企业的销售额最多只能下降 12%，涨价行为才有利可图；否则得不偿失。

随着降价和涨价幅度的不断提升，本书运用公式 5 - 2 对不同毛利率下的两个企业测算销售额变动比例的盈亏平衡点。从图 5 - 10 和图 5 - 11 可以看出如下规律：

(1) 同一企业选择不同的降价幅度，销售额增长比例的保本点呈边际递增的规律；反过来选择不同的涨价幅度，销售额降低比例的底线呈边际递减的规律。

(2) 在相同的降价幅度下，毛利率越高的企业，其销售额增长比例的保本点要求越高；反过来，在相同的涨价幅度下，毛利率越高的企业，其可以承受的销售额降低比例的底线越窄。

216

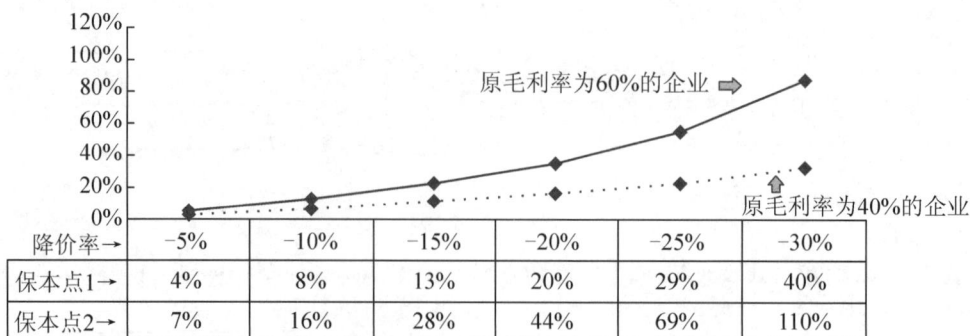

降价率→	-5%	-10%	-15%	-20%	-25%	-30%
保本点1→	4%	8%	13%	20%	29%	40%
保本点2→	7%	16%	28%	44%	69%	110%

图 5 - 10　降价决策中"销售额增长比例"的保本点测算图

◆ 给定销售额增长比例的目标，"降价方"可以承受的"降价比例"的底线是什么？

给定销售额降低比例的要求，"涨价方"至少要提升多少"涨价幅度"？

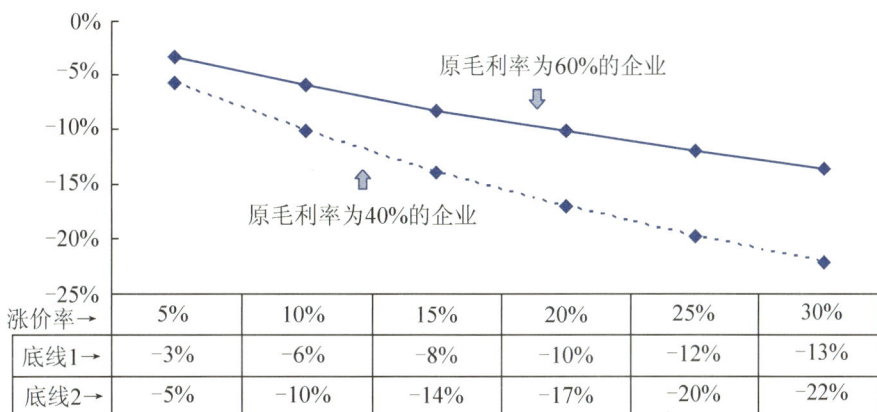

涨价率→	5%	10%	15%	20%	25%	30%
底线1→	-3%	-6%	-8%	-10%	-12%	-13%
底线2→	-5%	-10%	-14%	-17%	-20%	-22%

图 5-11　涨价决策中"销售额降低比例"的底线测算图

$$调价幅度的盈亏平衡点 = \frac{销售额增减比例 \times 原毛利率}{原毛利率 - 销售额增减比例 - 1} \qquad (5-3)$$

► 对于降价行为，只有降价比例≤盈亏平衡点，才对"降价方"有利；

► 对于涨价行为，只有涨价比例≥盈亏平衡点，才对"涨价方"有利。

说明：

（1）所谓"盈亏平衡"的概念是该调价行为对"调价方"的边际利润等于零，即调价前和调价后的利润总额相同。

（2）当然，销售额的增减目标应是相对准确的预测；否则计算出的"盈亏平衡点"就可能与实际结果相差较远。此外，销售额最终的增长比例与降价比例也有很大关系。

（3）该公式的用途在于，当对于某项特价促销活动所产生的零售额增长比例已经基本清楚时，在与终端在分摊特价费用比例的谈判时，快速计算自己的底线所在，并知道什么时候放弃。

【例5-11】国庆将至，某终端的采购员打电话给分销商的王老板说："我们准备搞一个国庆大型的特价促销活动，所有商品要大降价，你赶快过来商量一下你们公司代理的品牌怎么做。"王老板根据以往的经验判断，这种国庆大促销可以提升大约70%的零售额，一路上就在心里嘀咕："怎么样和商场分担特价的费用呢？我自己的底线在哪里？"试问王老板在谈判中的底线是什么？（注：王老板的平均毛利率是30%）

解：根据公式5-3计算如下：

降价比例的底线 =70%×30%÷（30%-70%-1）= -15%

答案：在零售额增长70%的前提下，该分销商的供货价最多只能下降15%；否则，得不偿失。

以上3个公式就是边际分析法在价格决策中的实际应用，从举例中可以知道，终端的短期特价促销和长期调价的计算方法是一致的。如果没有定量分析，一味地讲"薄利多销"或"涨价可以提升毛利率"是没有任何说服力的。但是，要想准确地知道具体产品的"需求的价格弹性"（销售额增减比例和调价比例的比值）是无法通过计算来实现的，只有两个途径：

A. 做个"有心人"，注意观察和记录历次调价（包括终端的短期特价促销）过程中销量的变动比例，然后在决策时将"历史数据"放入上述3个公式中进行计算。

B. 在大规模实施"调价"策略之前，最好先作测试，观察需求的价格弹性，然后再运用上述3个公式帮助决策。

3. 推而广之，可以按照同样的边际分析方法应用于其他终端促销方式中

除了特价促销外，还包括赠品促销、陈列提升、促销人员等提升终端销量的方式。所有促销方式的评估和测算，都必须用"边际"的思维来考虑，而非简单地运用"总量平均"的方法，这一点在案例5-1至案例5-3中已有详细阐述。

217

5.3.5　边际分析2：市场竞争理论在"分销商布局与管理"中的应用

前面用博弈论分析了"冲货"问题与纳什均衡的关系，我们再进一步分析，为什么销售工作中往往是一个分销商"冲货"到另一区域的批发商，相对而言终端所受的影响较小。这可以用微观经济学中的伯川德模型来解释。虽然微观经济学的"需求"一词仅指消费者的需求，但我们可以从销售的角度将"需求"的概念推广到批零网点，这样就可以将需求曲线作为工具来分析问题。

从图5-12可以看出，批发商的需求曲线是一条非常平缓的曲线，微小的价格变动就可能导致需求量的巨大变化；零售终端的需求曲线是一条相对陡峭的曲线，同样的价格变动所带来的需求量的变化远比批发商要小。批发商的需求量对于进货价格非常敏感，**即其"需求的价格弹性"很大，这就是边际分析的方法。**

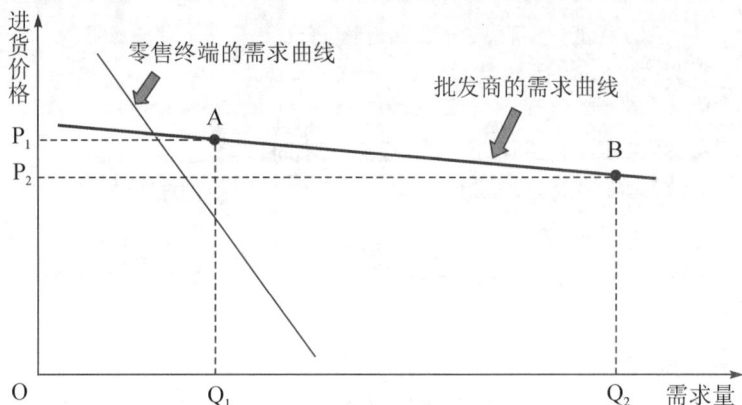

注：P_1代表批发商的进货价1，Q_1代表此价格所对应的批发商的需求量；P_2代表批发商的进货价2，Q_2代表此价格所对应的批发商的需求量。

图5-12　批发商的需求曲线

伯川德是19世纪法国的经济学家，其模型原本用于分析生产企业之间的竞争行为。当各个生产企业的产品基本上不存在差异性时，这类产品被称为"无差异产品"，如青菜、石油、煤炭等。所有"无差异"产品的"需求的价格弹性"非常大，如果市场上生产该类产品的企业数量很多，即属于完全竞争市场（没有人可以操作价格），那么最终所有的产品只能有一个价格，在这个价格下生产企业的利润趋于零。这实际上就是因徒困境博弈中所揭示的道理："大家都好"往往不构成纳什均衡，最终的结果常常是"大家都差"。

这就是著名的伯川德悖论（Bertrand Paradox）。

将伯川德模型用于销售工作中，就会发现各个分销商所销售的同一企业的产品是100%的**无差异产品**，根本没有任何区别。而如果生产企业的分销商布局广泛，数量众多，那么实际上就接近于**完全竞争市场**。满足了这两项条件，就不难理解为什么中国"名牌"产品的分销商往往批发的利润几乎为零。

伯川德模型为我们在销售工作中理解和应对"冲货"问题提供了一个新的思路。至于为什么批发商的需求曲线相对零售终端是一条非常平缓的曲线，其原因又回到了交易成本的问题上，这里不再赘述。

5.3.6　边际分析3：要素投入理论在"企业三大作用力"配置中的应用

微观经济学中的"要素"主要指生产要素，例如土地、资金、人力等。要素投入理论原本是分析企业的生产行为，即生产过程中如何科学分配生产要素的投入，以实现利润最大化。我们可以将该理论引入到销售工作中，把各种销售资源理解为"要素"，例如销售过程中所需的人、财、物等。这样，我们就可以运用要素投入理论来分析销售工作中的资源配置问题。

我们在销售工作中常常会遇到下列问题：

——企业的每种销售作用力的背后都需要投入，那么如何分配这些投入呢？不同的投入显然意味着不同的销售作用力组合，也就会产生不同的生意结果。例如同样的一笔资金是用来充实销售队伍以提升人员作用力，还是用来作为销售费用提升资源作用力呢？

——同样的人员投入，应该在分销商管理、分销工作和终端促销工作之间如何分配呢？

——同样的销售费用，应该在分销商运作、分销费用和终端促销费用之间如何分配呢？

——上述问题还可以进一步细化，同样的费用如何在各个城市以及各个网点之间分配呢？

——作为企业的总经理，还要考虑资源如何在广告费用和销售费用之间进行分配，甚至整个营销费用和生产等其他部门之间如何分配。

上述问题可以说是各级销售管理者几乎每天都会面临的问题，归根结底就是一个投入产出的问题：

如何合理分配有限的资源，使销量最大化？（交易成本相对意义上的节约）

在销量既定的情况下，如何合理分配资源使总投入最小化？（交易成本绝对意义上的节约）

要素投入理论是帮助我们正确思考和解决资源分配问题的有力工具，其核心就是边际分析方法。由图 2 - 47 可以知道如下公式：

销量 = 终端分销水平 × 终端单店销量

由上述公式自然可以推导出，任何企业的销量提升途径只有两个：一是扩大分销"面"，即广度拓展，又称粗放式增长；二是提升单"点"销量，即深度拓展，又称集约式增长。

总之，无非在"面"和"点"上做文章。两者的作用和手段是一样的，都可以提升销量，也都需要投入。从作用上来看，两者可以互相替代；从手段上来看，两者存在资源冲突，一方的投入增加往往意味着另一方投入的减少。因此，销售资源的分配总体上就是在"广度"和"深度"两方面的投入分配，以实现销量最大化。具体说明如下：

A. 增加分销终端的数量（广度拓展）

a. 投入更多的分销拓展费用，如终端进场费、渠道促销费用等；

b. 投入更多的分销拓展人员；

c. 为提高分销终端的数量，投入于分销商运作能力方面的费用，如运输车辆等。

B. 提升已分销终端的单店销量（深度拓展）

a. 投入更多的终端促销费用，如特价促销费用、赠品促销费用、货架陈列费用等；

b. 投入更多的终端促销人员及相关管理人员（如终端督导和培训讲师等）；

c. 为激励终端（主要是中小终端）主动推销的费用投入，例如针对终端的赠品（如箱内赠品）或让利费用，针对终端营业员的推销奖励等；

d. 为进一步提升现有终端的产品分销率所投入的单品条码费用，以及用于提升现有终端的分销维护水平的投入等。

通过以上分析，我们将资源分配问题首先简化为"广度"和"深度"两方面的分配。下面应用要素投入理论分析两者之间资源分配的基本规律。

图 5 - 13 直观地表述了销售资源分配的基本规律：

给定资源投入总额的情况下，最优资源分配是这样一种分配组合：在该组合下，各个方面投入的边际销量相等。

当然上述规律只是一个思维方法，实际工作中笼统地测算"广度"和"深度"投入的边际销量几乎是不现实的，而且销售资源的分配与上述模型还具有下述差异性：

（1）各种销售投入分解到最末端环节，往往具有"不可再分割"的特性。也就是说，实际上的销售投入是图 5 - 13 中横轴上的一个个"离散"的点，而非"连续"的直线。例如我们可以选择终端分销的单品数量，但不能选择一个单品的条码费用（例如不能分销半个单品），同理我们不能只招"半个人"或只做"半个堆头"。以人员投入为例，假如一个销售代表平均工资和费用是

边际销量

预算约束线（或称成本控制线）
线段的长度代表可以支配的投入
总额，等于分配与广度和深度两
方面的投入总和（I = DI + PI）

MR*

MR*表示最优投入
分配下，广度和深
度投入的边际销量，
且两者相等

单店销量投入的边际销量曲线
随着每一单位的单店销量投入的增加，
新增销量持续下降，并最终趋于零。
PI₀表示边际销量为零时的促销等投入

O   PI*   DI*   DI₀   PI₀   销售投入

PI*表示在给定总
投入I的情况下，
最合理分配的单
店销量投入额

DI*表示在给定总
投入I的情况下，
最合理分配的分
销广度投入额

分销广度投入的边际销量曲线
随着每一单位的分销投入的增加，新
增销量持续下降，并有可能变为负数。
DI₀表示边际销量为零时的分销广度投入

给定投入总额，最优资源分配的直观表示图

(a)

PI（单店销量投入）

I（投入总额）

等预算线（或称等成本线）
在该线上的任一点都代表不同
的广度与深度投入的分配组合，
但投入总额I是相同的

最优资源分配点
给定投入总额I的情况下，该点
所对应的两方面的投入DI*和PI*，
其边际销量相等

PI*

O   DI*   I（投入总额）   DI（分销广度投入）

(b)

销
售
力

220

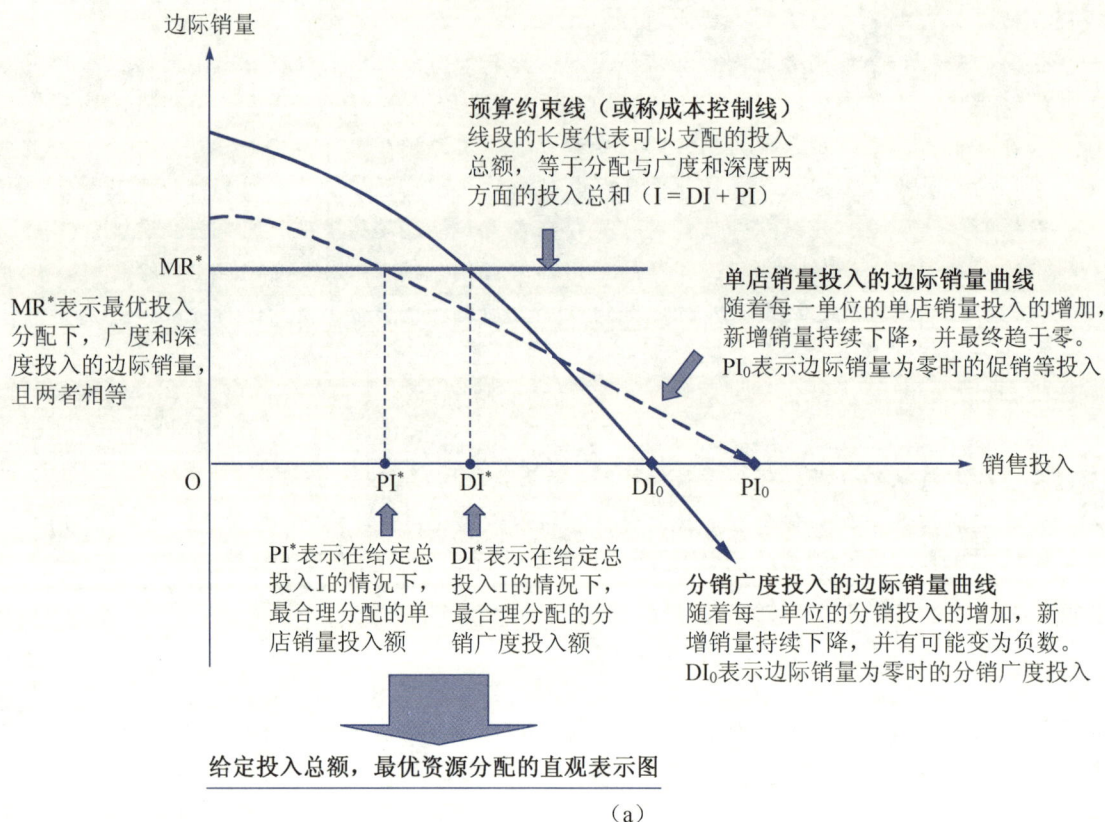

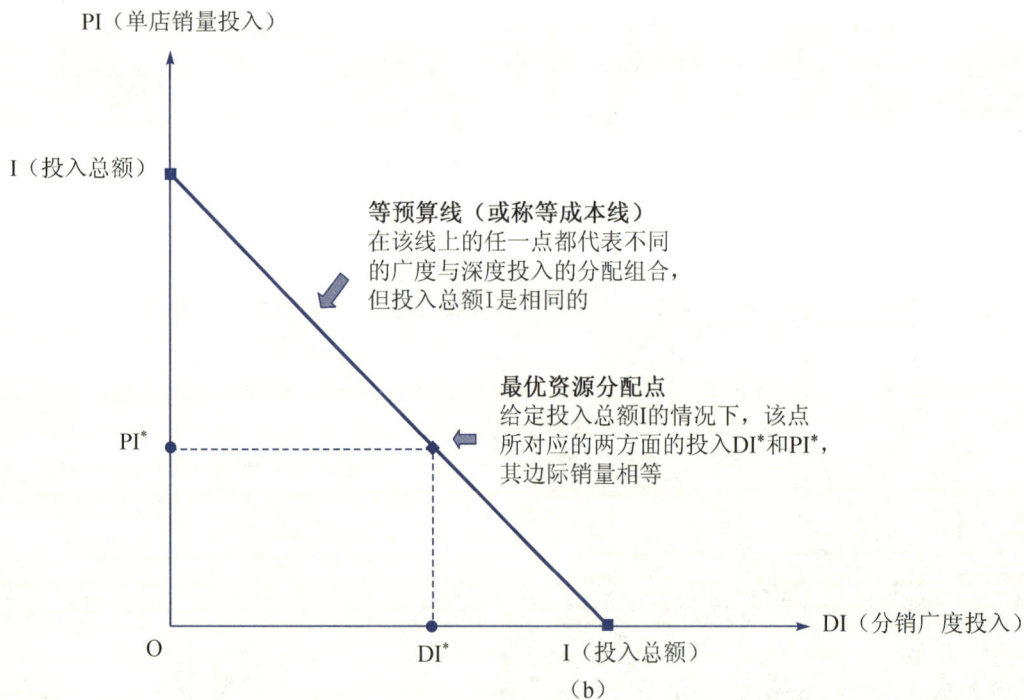

注：（1）本图上图中的两条边际销量曲线只是表示边际报酬递减规律。每个企业的曲线形状和高度都不相同；
图中的销量和投入与实际数据也不成比例。（2）I 代表投入总额，DI 代表分销广度投入，PI 代表促销等提升现有终
端销量的投入。（3）如果预算总额越多，则本图上图中的预算约束线越往下移，反之越往上移。如果预算约束线
高于整个 PI 的边际销量曲线，意味着所有资源都应投入于"广度"。（4）本图下图的等预算线代表给定投入总额
情况下的不同分配组合，两个极端就是全投入于 PI 或 DI。该图的投入总额与上图预算约束线的长度相等。PI* 和
DI* 的数据与上图相同。

图 5 - 13　分销广度拓展与单店销量提升之间的资源分配规律示意图

2 000元，我们只能选择2 000元、4 000元、6 000元等的"费用投入点"，实际上不存在2 200元、2 500元、3 000元等"费用投入"的情况。

（2）各种销售投入之间往往存在"连带关系"，简单地说，有些投入"要投就一起投，放弃则一起放弃"。例如新招了几个销售代表，往往意味着必须新增一个管理人员；分销一个终端，不能仅考虑首次进场费用，还要考虑以后的分销维护费用等。

由于上述两个原因，销售工作中的很多投入项目的费用绝对值并不相等（甚至差异性很大），而且不可分割。这样，比较每个项目的边际销量实际上是没有意义的；由于投入不是"连续"的直线，所有不存在边际销量相等的"那一点"。

由于销售工作的特点，显然要素投入理论的模式无法"照搬"到销售资源分配中，但我们可以运用其思维方法进行两项转换：

（1）虽然每个投入项目的新增费用和新增销量是无法比较的，但是边际利润（边际毛利－边际成本）却是可以比较的，我们可以将边际利润作为销售资源分配的主要标准；

（2）既然投入是"离散"的点，我们可以将各个项目的边际利润进行排序，根据可以支配的资源总额来按照边际利润从大到小的顺序决定项目取舍。

本书在上述两项转换的基础上，发展了具有操作可行性的销售资源分配**"两步分解法"**：

第一步：首先测算各个省份或城市资源投入的边际利润（新增利润），应用上述规律在省份或城市之间分配资源投入。

第二步：其次测算具体省份或城市内的各种销售投入（包括广度和深度）的边际利润，然后将各种投入的边际利润进行排序，按照从大到小的顺序进行资源分配和取舍。

通过以上三个方面的介绍，我们可以看出边际分析法在"终端销售""分销商布局与管理""分销""销售资源分配"等销售工作中具有极其广泛的应用价值，为各级销售管理者提供了一个有用的决策工具。

至于边际分析法在销售现状分析中的应用，不再详细介绍。对销售现状分析的目的就是在生意现状（存量）的基础上"开源节流"（增量），不言而喻，边际分析法是必须应用的思维方法。

5.3.7 边际分析法小结

边际分析法的实质就是要求我们从习惯性的"存量思维"转变为"增量思维"，并且从传统的"会计成本"中移出"沉没成本"，引入"机会成本"。边际分析所表示的两种变量之间变动的关系可以用高等数学的"微分"来表示。通过下面的例子读者可以很容易了解什么是"微分"。

【例5－12】你正在广深高速公路上开车，随着时间的推移，你所累积的公路里程（可理解为销量或利润总额）在不断增加，显然累积公路里程与行进速度（可理解为边际销量或边际利润）相关。下面我们用y代表累积里程，用x代表速度。

在行进过程中每一时点上所新增的里程计为dy，dy被称为累积里程y的"微分"。显然每一时点新增的里程等于该时点的速度，即dy = x。所以从直观的意义上讲，"边际"概念可以理解为速度的概念；所谓"边际报酬递减"也就可以理解为销量或利润的增长速度持续放缓。

在行进过程中你的速度自然在不断变化，每一时点上新增或减少的速度计为dx，dx被称为速度x的"微分"。显然每一时点增加或降低的速度就是该时点的"加速度"，即dx = x′（加速度计为x′）。所谓"边际报酬递减"也就可以进一步理解为在销量或利润的增长过程中加速度为负数。

例5－12说明"边际"概念实际上就是一个速度的概念以及速度的"加速度"概念，反映事物的变化趋势，即"边际"是一个动态而非静态的概念。而"微分"就是精确表述和计算"边际"变动的数学工具。"微分"和"积分"是互逆运算，例如例5－12中"积分"就是累积的公路里程y（可理解为销量或利润总额），等于其所有"微分"dy的总和。"微分"和"积分"两者合在一起就是我们常听说的"微积分"，又称"数学分析"，也是高等数学的主要内容。

在销售工作中"变化"是常态，"存量"只是一个暂时的概念，随着时间的推移现在的"存量"

就不再是"存量"。此外，所有的"存量"只代表历史和过去，我们最关心的是"增量"，即以后的生意发展趋势；很多时候我们不仅要知道"存量"结果，也需要知道过往生意的运行过程，作为之后决策的参考。显然这种需求是各行各业的共同需求，在此需求的指引下诞生了"微积分"，可见数学并非高深的数字游戏，总是对实践的抽象又反过来指导实践。与我们所说的"存量思维"和"增量思维"所对应的就是"常量数学"和"变量数学"，微积分就是变量数学的基础理论。

当然，实际销售工作中（特别对于实地销售经理）的大多数情况都不需要运用微积分的计算，我们最重要的是应用边际分析的思维方法。但是，有时候对于一些复杂的问题我们常常认为边际分析的方法虽然很好，但"不可行"或"不实用"，背后的原因其实在于我们不会计算复杂情况下的边际成本和边际收益，这时微积分的理论或许会有所帮助。即使我们不需要应用微积分的计算理论，学习一下其简练的表述方法也不无裨益。读者如果对微积分感兴趣，可以直接阅读原著，这方面的教科书很多。

5.3.8 静态比较分析法及其应用

销售工作中的因果关系远远比上述"开车"的例子要复杂得多，影响生意结果的因素很多，而且各种因素相互纠缠在一起。此外，有些是直接影响因素，有些是间接影响因素，不少因素的影响过程还存在"滞后"效应。应用边际分析法作出决策的前提是，我们要清楚地知道每项决策的边际成本和边际收益。

显然边际成本很容易知道，但边际收益却难以判断，或者说销量对每个影响因素的敏感程度难以判断，因为总是有很多因素在共同起作用，当你想判断一个影响因素的作用时，总是存在其他的"干扰因素"。那么多的影响因素，怎么知道谁的"贡献"大或谁的"责任"大呢？所以，各级销售管理者在实际工作中常常遇到下列"头疼"的问题：

▶ 某个区域的销量下降了，可能与当地的销售经理有关系，也可能与分销商有关系，也可能与当地渠道的变化有关系，还可能与广告的投放或产品的生命周期有关系。什么是主要因素呢？

▶ 销售经理想提高一个 KA 的销量，显然途径很多，可以作特价促销，也可以作赠品促销，还可以派驻促销员或者增加分销品种等。每种方式的边际成本是很清楚的，但如何测算边际收益呢？如果不知道每种方式大致的边际收益，怎么可能知道应该采取什么主要措施，或如何进行促销组合？

▶ 推而广之，一个企业的销量增长了，往往市场部认为是产品升级和广告的作用，但销售部同期也大力提高了分销广度和加强了促销深度，谁的边际贡献更大呢？反过来销量下降的情况下，两个部门互相指责，甚至说生产部门的质量下降是主要原因，究竟谁应承担主要责任呢？显然各个部门的工作都可能是销量上升或下降的主要原因，这不是一个简单的"争功劳"或"找替罪羊"的问题，而是对下一步企业的整体生意策略至关重要的问题。

1. 什么是静态比较分析法

静态比较分析法是经济学家研究问题的另一重要方法，并且常常和边际分析法共同使用。研究经济运行的规律不可能采用"物理实验"的方式，如何从众多影响因素中排除掉"干扰因素"？正是在这种需求下诞生了"静态比较分析法"，这种方法直接源于现代微观经济学的创始人马歇尔。

静态比较分析法是指在其他因素基本相同的状态下，分析一种因素的变动所导致结果变动的关系。

注：①这里的"静态"是一种相对而言的概念，指其他因素基本不变的状态。②"静态比较"指在两种"静态"之间，比较一种因素"变"与"不变"之间的结果差异。③例如前面分析"调价"行为的销量变动情况，必须在其他因素几乎没有发生变化的"静态"下，比较调价前和调价后的销量差异；否则，就不能准确判断销量的变动是因为调价的原因，还是同期其他因素变动的原因。

2. 静态比较分析法在销售工作中的应用

静态比较分析法在销售工作中的应用主要体现在两个方面：

A. 在事情发生之前，相对准确地测算某个行为的边际收益，为决策中的边际分析提供重要的参考数据；

B. 在事情发生之后，通过"静态比较"寻找促成结果的主要原因，当然这也体现了"边际"变动的思想。

简单地说，静态比较分析法在销售中的应用就是帮助"事前决策"和"事后分析"。

实际上，案例 5-1 至案例 5-3 就运用了静态比较分析法。静态比较分析法在"事前决策"中的具体操作就是在销售工作中注意观察和记录各种因素的"需求弹性"，以及进行有针对性的"测试"；在"事后分析"的具体操作就是"决策树"。显然，运用静态比较分析法的前提是我们必须具有完整的知识体系，如果我们不清楚影响生意结果的所有因素，那么在自认为的"静态"中就会忽略其他影响因素。

5.3.9　微观经济学及其应用小结

微观经济学主要研究生产企业的供给行为和消费者的需求行为。学习微观经济学的目的主要是学习经济学家的两种思维方法，那就是边际分析法和静态比较分析法。这两种分析方法在销售工作中具有极其广泛的应用价值，本书的全书都贯穿着这两种分析方法。

无论分析什么销售问题，我们至少应知道以下三点：

（1）不要模糊地看问题，而应深入分析每种行为的新增销量和新增成本。

（2）不要孤立地看问题，应从"会计成本"中移出"沉没成本"，引入"机会成本"。

（3）不要笼统地看问题，而应在相对"静态"中测算某一因素的贡献或寻找事情的原因。

边际分析法实质上是一种动态的分析方法，与静态比较分析法合在一起就是引导我们的思维**"动静皆宜"**。以下名言是两种分析方法最好的脚注，与读者共勉：

> 一张一弛，文武之道；
> 运用之妙，存乎一心。

当然，要改变思维惯性并非易事，系统的学习可以使我们将这两种分析方法逐渐变成一种思维习惯。此外，销售人员在工作中往往自觉或不自觉地也在应用这两种分析方法，但系统的学习可以帮助我们在工作中更深入地应用，而非模糊和在表面层次地应用。

5.4　系统论及其应用简介

"系统"一词最早出现于古希腊语中，原意是事物中共性部分和每一事物应占据的位置，也就是部分组成整体的意思。从中文字面上看，"系"指关系和联系；"统"指有机统一，"系统"则指有机联系和统一。将系统作为一个重要的科学概念予以研究，则是由奥地利理论生物学家冯·贝塔朗菲（L. Von. Bertalanffy）于 1937 年首次提出，他认为**系统是"相互作用的诸要素的综合体"**。

系统论用相互关联的综合性思维取代分析事物的分散思维，突破了以往分析方法的局限性，帮助人们摈弃那种用简单方法来解决复杂系统问题的习惯。系统论是一个多学科交叉的理论，几乎包括一切与系统有关的学科和理论，如管理理论、运筹学、信息论、控制论、哲学和行为科学等，是自然科学与社会科学之间的重要桥梁，使许多自然科学和社会科学的面貌焕然一新。

系统在我们的生活和工作中无处不在，如环境生态系统、人体生理系统、社会宏观经济系统、企业微观生意系统等。销售无疑也是一个系统，而且是一个较为复杂的系统，其复杂性在于：

（1）众多企业内外的交易单位或人员。

A. 销售过程中涉及大量的分销商和成千上万的批零网点；

B. 销售人员的数量往往在生产企业各部门中最为庞大。

（2）极其繁杂的销售工作。

A. 大到渠道宽度和长度、渠道一体化程度及利益分配制度等决策问题；

B. 小到每张订单的处理、每笔费用的申请与报销，以及每个人员工资的计算等。

（3）较为复杂的外部因素。

A. 竞争对手的一举一动都会对销售结果产生不同程度的影响；

B. 消费者和渠道的发展与变化都会造成生意结果的变动。

销售系统的复杂性可以归纳为两类复杂性：一是细节性复杂；二是动态性复杂。"动态性复杂"中的因果关系微妙，而且对其干预的结果在一段时间并不明显。传统的分析方法一般只能处理"细节性复杂"，系统论则是处理"动态性复杂"的重要方法论。此外，所有的销售工作无非决策活动与执行活动，系统论不仅为决策活动提供思维方法，而且对执行活动提供了指导。

本节尽可能避免使用系统论的艰深术语和数学公式，并且只介绍与销售密切相关的思维方法和分析工具。有关销售的应用只是出自作者自己的理解，仅供读者参考。

5.4.1　系统论的起源与发展

在自然界和人类社会中，可以说任何事物都是以系统的形式存在的。从古代到现在，人类一直都在孜孜以求地探索类似"整体与部分关系"的系统问题。

1. 古代朴素的系统思想

人类很早就有了系统思想的萌芽，主要表现在对整体、组织、结构、等级等概念的认识。我国著名的《孙子兵法》就揭示了战争系统的运行规律，春秋末期的道家始祖老子就着重强调自然界的统一性。古希腊杰出的科学家和哲学家亚里士多德（前384—前322年）就有过如下精辟的论述："一般说来，所有的方式显示全体并不是部分的总和。"他以房屋作为例子，说明一所房屋并不等于它的砖瓦、木料等建筑材料的总和，并指出"由此看来，很清楚，你可以有了各个部分，而还没有形成整体，所以各个部分单独在一起和整体并不是一回事"。

人们把亚里士多德的这一思想概括成**"整体大于部分的总和"**。

2. 系统思想的成熟与发展（19世纪上半叶至20世纪上半叶）

15世纪下半叶，由于近代科学的兴起，产生了力学、天文学、物理学、化学以及生物学等自然科学的学科。这些学科把自然界的局部细节，从总的自然联系中抽出来而分门别类地加以研究。这种方法引进哲学中，就形成了"形而上"的思维方法，在深入的和细节的考察方面，相比古代哲学是一个进步。但是，近代科学的发展撇开了总体联系来考察事物和过程，正如恩格斯所指出的，**"以这些障碍堵塞了自己从了解部分到了解整体，到洞察普遍联系的道路"**。

19世纪上半叶，自然科学已取得了伟大的成就，特别是能量转化、细胞和进化论的发现，使人类对自然过程是相互联系的认识有了很大提高。辩证唯物主义就是在这三大发现的基础上形成的系统思想，强调物质世界的普遍联系及其整体性，这是"一个伟大的基础思想，即认为世界不是一成不变的事物的集合体，而是过程的集合体"（恩格斯）。

总之，系统思想在辩证唯物主义那里取得了哲学的表达方式，在运筹学和其他学科中取得定量的表达方式，并在系统工程应用中不断充实有关实践的内容，系统思想方法从一种哲学思维逐步形成为专门的科学——系统科学。

3. 一般系统论的诞生（20世纪30—40年代）

奥地利理论生物学家冯·贝塔朗菲于20世纪30年代提出在第二次世界大战后的1947年发表的关于一般系统和一般系统论的概念，被广泛认为是现代系统论诞生的重要标志。由于他学识渊博，耕读甚广，因此他能悟出不同学科、不同系统间存在一种相似的结构。据此，他提出应该用一种共同的语言和术语统一这种"同构性"，并由此创造了一般系统论的概念。其核心观点是：**为了认识事物的整体性，既要了解其各组成部分，更要了解它们之间的关系。**

4. 系统论的飞速发展（从第二次世界大战结束后至今）

（1）控制论。

美国科学家维纳（Wiener）于1948年出版了他的影响久远的经典著作《控制论》，着重研究系统各个部分如何进行组织，以便实现系统的稳定、有目的的行为。

（2）信息论。

美国科学家香农（Shannon）于1949年出版了他的名著《通信的数学理论》。该书的问世，为以抽象思维方式研究系统提供了理论基础。信息论的核心观点是：任何系统都可以简化为多股"流"，如人流、物流、财流和信息流等，其中信息流起着支配作用。

（3）耗散结构理论。

比利时物理学家普利高津（Prigogine）于20世纪70年代提出了耗散结构（dissipative structure）的学说。耗散结构相对于平衡结构的概念而言，主要包含以下三个基本观点：

A. 开放系统是产生耗散结构的必要前提；

B. 非平衡态是有序之源；

C. 涨落导致有序。

耗散结构理论与协同学（synergetics）一起推进了系统"自组织"理论的发展。

例如，在一个销售队伍中，如果每个销售代表按照销售经理的指令行事，那么称之为组织的功能；如果经理不发出指令，销售代表按照规程或默契各尽其责地协调工作，就称其为"自组织"的功能。

实际上，"自组织原理"从定量研究方面揭示了制度安排的重要性，与新制度经济学殊途同归，也体现了道家"无为而无不为"的哲学思想。

（4）突变理论。

法国著名数学家托姆（Thom）于1972年提出了突变理论（Catastrophe Theory），从定量的角度研究各种事物的不连续变化，并试图用统一的数学模型来描述这种变化。突变理论对于系统结构演化的方式和规律提供了新的认识，并在经济危机、市场行情变动、股市预测等方面有着广泛的应用。

销售过程中的生意发展轨迹就是一个典型的不连续变化过程，无论是销量还是成本的增长总是在一段连续变化之后出现一个临界点，突破临界点将带来跳跃式的发展。例如广告投放对销量的影响，在广告投放数量达到临界点之前，广告所导致的销量增长非常缓慢，但一旦突破某个临界点，销量将大幅上升，之后又会面临下一个临界点。同理，一开始增加分销密度，销量迅速增长，但达到某个临界点后销量增长速度非常缓慢。我们之前所讲的边际报酬递减规律是就大方向而言，实际上在整个发展过程中存在不少临界点，在某一阶段甚至是边际报酬递增，而且即使递减也不是等速度递减，过了某个临界点之后递减的速度可能会大大增加。突变理论的数学模型可以帮助我们相对准确地找到临界点，将边际报酬递减规律的定性理解推进到定量分析发展轨迹的更深入水平。

5. 系统工程的兴起与广泛应用（从20世纪中叶至今）

系统工程（system engineering，SE）是建立在上述系统理论基础上的实用技术科学。系统工程是在第二次世界大战期间，为适应军事需要而形成的，但真正被人们重视是从美国"阿波罗登月计划"开始的。系统工程的应用几乎遍及社会、经济、军事、生态环境和工程技术的各个方面。这里"工程"的含义并非仅指基建工程，可以理解为泛指一切复杂的项目。例如，销售战略的重大改变或者重要产品的上市，都可以理解为一个小型的系统工程，因为这些项目所涉及的单位和工作很多，无论是决策还是执行都非常复杂。系统工程的基本理论可以帮助我们统筹协调销售工作中的一些重大项目。

从以上对于系统论的起源和发展历史的介绍可以看出，系统论并非人们想象中的那么神秘和与现实工作遥不可及，虽然有些概念比较生僻，但是其研究对象本身就是我们的工作和生活。还是那句话，销售并非无源之水，很多时候我们在销售工作中的困惑或一些朴素的系统思维方法都可以从系统论中找到答案。系统论是让我们"见树又见林"的重要思维工具，也是将我们自发的系统思维方法引向深入的重要指导。

5.4.2 一般系统论的3个基本观点与8个原理

在阐述3个基本观点之前，首先介绍系统论中系统和环境的概念：

▶ **系统**定义为由若干个（至少为两个）相互作用的成分组成的整体。

▶ **环境**定义为对系统有影响，但与系统任何成分的相互联系或相互作用都弱于系统内各要素之间的联系与作用的那些实体的集合。

▶ 由系统和环境的概念必然引出边界的概念。**系统边界**定义为包含系统所有基本成分并有效而完整地隔离系统与其环境的物理或概念的界线。

系统与环境的划分是相对而言的，也就是说，系统的边界取决于看问题的角度和观察者的位置。例如，图2－47就是从实地销售经理的角度所看到的销售系统，系统的边界是其对各项生意要素的控制力或影响力。显然，你的职位越高就意味着管理的系统越大，系统边界不断外移，以前对你而言的环境也就部分变成了现在管理系统内的要素。

1. **系统的观点：整体不是部分的简单相加**

由此观点推出以下4个原理：

（1）**突现性质原理**。

整体大于部分之和，简单地说就是"1＋1＞2"。

A. 这就是本书一再强调完整和逻辑的知识体系的重要性并以此为目标的原因。即使你知道了所有的知识，如果没有组织成逻辑性的知识体系，那么这些零散的知识在实际工作中所起的作用非常有限，因为一串珍珠项链的价值远远大于一把珍珠。

B. 该原理给我们的另一个启示就是销售资源整合的重要性，我们追求的是整体最优，而非局部最优。即使每个孤立的销售要素看起来都很不错，如果没有良好的协调与合理组合，那么反而是"1＋1＜2"。如同一个人的五官单独看都很漂亮，但合在一起不一定是美人。此外，不要简单照搬其他公司或案例中的某个具体做法，那样只能是"东施效颦"，任何一种模式必须同企业的其他因素有效结合，才能实现整体最优。

（2）**整体性原理**。

系统要素间的耦合度（捆绑程度）均强于系统中的任何要素与环境中的任何实体（个体或系统）间的耦合度。

这个原理实际上告诉了我们划分销售系统的标准，并非给每个随意的组合加上一个"系统"的后缀就是系统，那只是无组织的集合。例如图2－15中的4个横向模块（4个子系统）和3大作用力（3个子系统）是按照销售功能来划分；图2－47则是按照实地销售经理的控制力或影响力程度来划分。就每种划分的标准来看，任一系统或子系统内要素之间的耦合度要高于这些要素与系统外的其他成分之间的耦合度。

（3）**关联性原理**。

任何个体成为系统成分的必要条件是它与系统其他成分（至少有一个）之间存在关联性，这种关联性实际上就是作用或被作用的关系。

这从销售作用力体系图或分析力体系图中可以看出，系统中没有一个要素是孤立的，至少和一个其他的系统要素之间有输入或输出的连线。

（4）**协调器原理**。

A. **协调器存在原理**。任何一个系统必然存在控制系统各成分的协调器。

B. **协调器唯一性原理**。任何一个系统只能有一个系统级的协调器。

C. **协调能力原理**。任何一个系统协调器的能力大小取决于两个因素：一是协调器自身的控制能力；二是可使用信息量的适当性、充分性和及时性。

D. **协调效果原理**。协调器的能力越强，系统越紧凑，向心力越强，系统的突现性质越突出，即"1+1>2"的效应越明显；反之，协调器能力越弱，系统越松散，离心力越强，系统的突现性质越微弱，甚至"1+1<2"。

协调器原理应用于销售工作，就是指导我们如何管理和领导团队及客户。

A. 任何一个销售系统，哪怕最基层的销售队伍也需要一个实际上的"头"，否则必然是一盘散沙。即使制度安排很合理，从而系统具有"自组织"的功能，也需要一个管理者领导和监督，只不过不一定老是"发号施令"。

B. 无论销售系统的大小，一个系统只能有一个"头"，多头管理注定行不通。

C. 各级销售管理者的管理能力不仅与其自身素质有关，还与其可获得的信息量有关，如果对生意状况"知之甚少"，不可能做好管理工作，所以我们应多进行实地工作和注重报表流程。另外，自身素质还包括对信息的处理和分析能力，否则再多的信息也没有意义，这就是本书将销售现状分析作为极其重要的一部分销售工作的原因。

D. 各级销售管理者对于其所辖生意的发展至关重要，正所谓"兵熊熊一个，将熊熊一窝"。我们对于各级销售经理（特别是中高层经理）的选拔和任命应极其慎重，如果一个管理者不称职，所浪费的不仅是其自身工资，更重要的是整个销售系统的瘫痪和生意损失。

2. 动态的观点：一般系统都处于运动和开放状态（开放性原理）

开放性原理： 一般系统都不是孤立和隔绝的，总是与环境进行输入与输出的交换。这种系统又称开放系统，任何一个开放系统都能在一定条件下保持其自身的动态稳定性。

开放性原理对于销售工作的启示就是，任何一个或大或小的销售系统都需要投入，也肯定有产出，在本书的各种销售力体系图中表述为系统的输入和输出。销售工作中没有"无源之水"，也不存在只入不出的"黑洞"。

3. 层级的观点：任何系统都按照严格有序的层级组织起来

由此观点推出以下 3 个原理：

（1）体系性原理。

任何系统都处于某个更大的系统体系的某个特定层次上。相对所属成分它是系统，相对更高层系统它是系统成分。

如果不能将一个复杂的销售系统分解成不同层级的系统体系，那么我们必然无法有效思考和解决问题。本书是这个方面的一个尝试，所有的知识体系（代表一个或大或小的销售系统）按照从宏观到微观分为五个级别：A 级（结构级）、B 级（体系级）、C 级（模块级）、D 级（工作级）、E 级（操作级）。

这样我们才能认清各种销售系统在整个销售体系中所处的层级，并很清楚其上下左右的关系。

（2）多隶属原理。

任何系统都可能因观察者的角度和位置不同，而隶属于不同的系统体系。

例如图 2-15 和图 2-47 就是从不同的角度看待各种销售要素，自然同一销售要素在两个图里的位置和隶属系统都不相同。再比如终端的消费者促销活动，从销售的角度看，在终端执行是提升终端销量的途径之一，所以划入"终端销售"的子系统；但从（狭义）营销的角度看，这种促销活动的对象是消费者，并且与品牌定位有一定关系，所以划入（狭义）营销的系统体系之中。实际上，大多数企业在终端推行的消费者促销活动都需要两个部门协作。

（3）惯性原理。

一切系统（无论是物理系统还是抽象系统）都有一定的惯性（阻止变化的能力），而且系统越庞大越复杂，系统的惯性越大。

这个原理对于销售工作的启示是三个方面：

A. 越高层的销售管理者，在推行新策略或改变现有制度时越要慎重，要充分考虑到系统惯性的强大阻力；

B. 因为原有系统的惯性，在新策略实施后可能系统仍然按照原有方向运动，不要急忙作判断，需要一段时间观察，而且越重大的策略越需要耐性；

C. 我们的思维系统同样存在惯性，甚至比销售系统的惯性还要大，因为人最难改变的是自己，所以尽量提醒自己不要被思维惯性所左右和蒙蔽。

根据系统与环境的定义，以及一般系统论的三大基本观点，下面我们给出一个直观的企业生意系统体系图（见图5-14）。

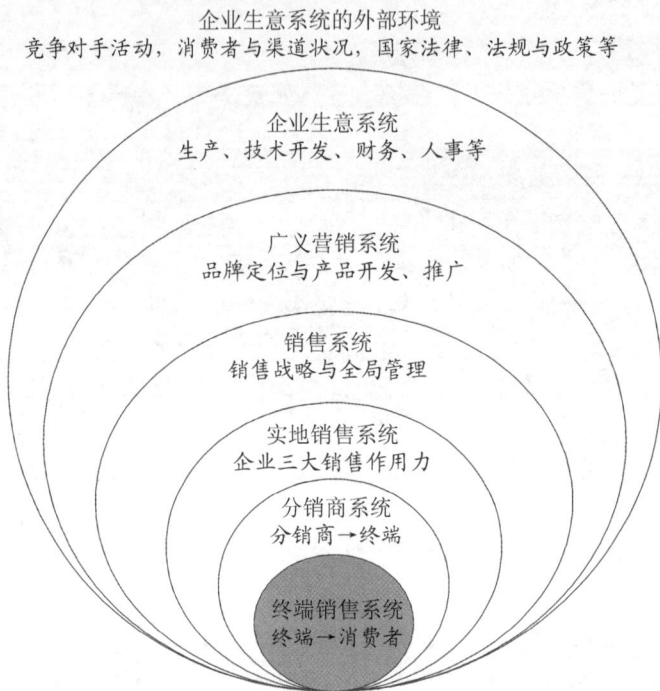

企业生意系统的外部环境
竞争对手活动，消费者与渠道状况，国家法律、法规与政策等

企业生意系统
生产、技术开发、财务、人事等

广义营销系统
品牌定位与产品开发、推广

销售系统
销售战略与全局管理

实地销售系统
企业三大销售作用力

分销商系统
分销商→终端

终端销售系统
终端→消费者

注：（1）图中的宋体字表示系统名称，楷体字表示除下级系统外的其他系统或说明；（2）图中只是以通过终端销售的产品为例的相对完整的系统，并非每个企业都如此；（3）本图说明一个企业所有的工作最终都是为了在终端将产品卖给消费者。

图5-14　企业生意系统体系图

5.4.3　逻辑链方法及其应用

我们在销售工作中往往只觉得有问题，而不知道问题是什么；只是觉得需要"改进"点什么，而不知道从何处着手去改进；或者我们的干预与"改进"常常事与愿违，生意发展的方向与初衷相反，对策比问题更糟。用系统论的术语来讲，就是不知道系统是什么以及它的边界在哪里，并且对于系统内的逻辑链以及系统之间的逻辑链混淆不清，换句话说就是没有掌握系统分析方法。

228

系统分析（system analysis）是最早于20世纪30年代提出的分析方法。作者认为逻辑链方法是系统分析方法中与销售工作联系最密切，应用最广泛的分析方法，也是本书一以贯之的分析方法。本书各个层级的知识体系图以及相应知识点都体现了逻辑链方法的运用。

1. **逻辑链方法的定义**
逻辑链方法是根据原因预测结果或根据结果反演原因的方法，因此又叫因果链方法。

逻辑链方法之所以成为一种重要的系统分析方法，是来源于大多数系统所固有的以下两种性质：

（1）**空间（层级）上的关联性。**

在一个系统体系中，任何相邻的两个系统层次间都必然存在某种相互关联性，即较高层次系统的突现性质必然是较低系统层次上诸系统单元间相互作用的产物。

注意这里所讲的"空间"并非指地理空间，而是系统空间，即系统之间的层级关系。例如最微观的终端销售系统出现问题，必然整个生意系统都会出现问题。

（2）时间上的关联性。

在某个特定时刻的系统状态既是以前系统演化和发展的结果，也是影响以后系统状态的原因。

我们永远不可能在一张白纸上写文章，总是在过往生意系统的基础上开始努力，同时现在的努力将会对以后的生意结果产生重要影响。简单地说，每一影响既是"因"也是"果"，没有什么事情只受到一个方向的影响。

以上两种性质决定：

在大多数系统中，无论在空间上还是在时间上，必然存在大量的因果链。

2. **逻辑链方法的应用简介**

逻辑链方法在销售工作中的应用主要体现在以下三个方面：

（1）根据逻辑关系定义各个层级的销售系统及其边界，并保持系统之间的接口相容性，即某个系统的输出必然是其他系统的输入，同时该系统的输入也必然是其他系统的输出。

（2）预测生意发展的结果，即根据销售系统各要素的变动情况和逻辑关系，预测生意发展趋势与结果。

（3）保持销售系统的可追溯性，即根据生意现状反向思维，反推造成目前生意结果的原因。只有使用逻辑链方法实现系统的演化和转换，才有可能保持销售系统的可追溯性。但是我们要注意在销售系统中，一个结果往往有很多可能的原因，即这种因果关系不是绝对的因果关系，所以还需要结合前面所讲的静态比较分析法。

逻辑链方法的运用首要是建立销售系统中完整的逻辑链或者"销售逻辑地图"，否则上述三个应用都无从谈起，这方面在第 2 章阐述研究销售问题的逻辑链方法时已有详细说明。其标准就是横向逻辑链的"**相互独立，完全穷尽**"，以及纵向逻辑链的"**顶天立地**"，这里不再赘述。

知识链接　2.1.3 部分

下面着重介绍逻辑链方法对于提升我们的思维能力的应用价值。很多时候，我们容易把一个逻辑关系简单地看成是从 A 到 B 的"**线段式**"的因果关系，但实际上销售工作中的不少逻辑关系是"**环状**"的因果关系，即因果链是一个循环链，而且存在时间的滞后问题。由于因果循环链和滞后效应的存在，大大增加了逻辑分析的复杂性，借助逻辑链方法我们就可以相对准确地判断销售过程中的各种逻辑关系。

3. **因果循环链与滞后效应**

因果循环链，简单地说就是原因和结果之间互为因果关系，并且这种因果循环往往存在相当的时间滞后的情况。

这种因果循环链又分为两种情况：一是循环结果反过来抵消了初始原因所产生的结果；二是循环结果进一步加强了初始原因。用系统论的术语讲，前者是补偿性回馈，后者是增强性回馈。

（1）**补偿性回馈环路。**

补偿性回馈环路（compensating feedback cycle）意指善意的干预或行动引起了系统的反映，但这种反映反过来抵消干预或行动所创造的效益，甚至使情况更糟，也就是我们常说的"事与愿违"甚至"好心办坏事"。

从销售工作的角度看，我们常常推出一项措施的目的是提升销量或利润，但结果往往是降低了销量或利润。如同我们将乒乓球往前打，但乒乓球在前面拐了一个弯，从背后击中了我们。图 5-15 可以帮助读者理解补偿性回馈环路的概念。

（2）**增强性回馈环路。**

增强性回馈环路（reinforcing feedback cycle）意指结果反过来加强原因，从而造成生意往同一方向加速运动，也就是我们常说的"良性循环"或"恶性循环"，类似于"滚雪球效应"。

从销售工作的角度看，我们常常对一项措施所造成危害的严重性估计不足，没有看到其内在的恶性循环的逻辑链；反过来，有时又低估一项措施所带来的利益，没有意识到良性循环的"利益

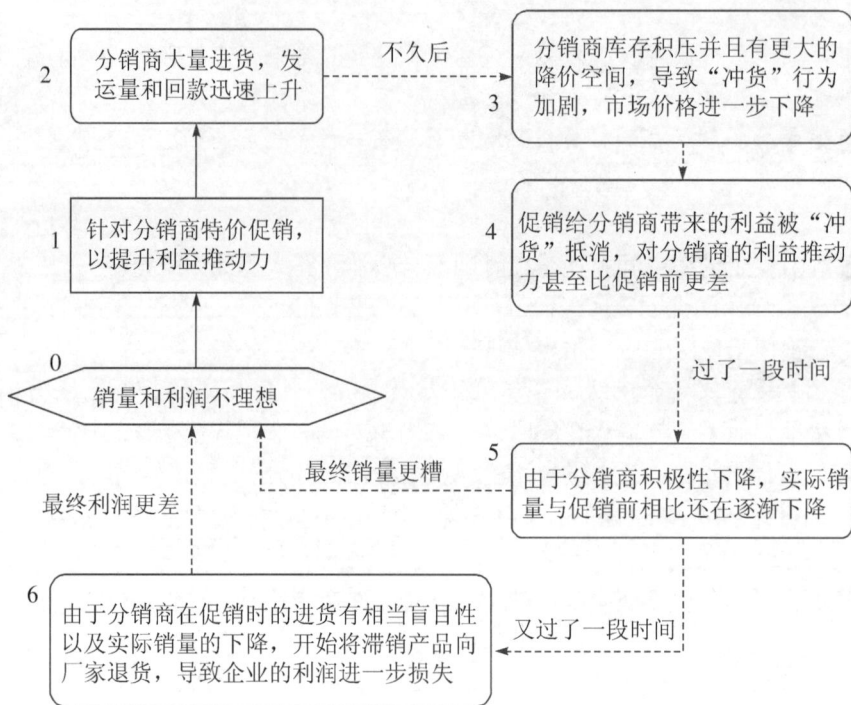

注：（1）有时候人们只看到图中从 0～2 步骤的"线段式"的逻辑链（用实线箭头表示），对整个因果循环链却不甚清楚，最后必然导致"1＋3"的结果。1 就是原来预期的发运和回款上升，3 就是 3 个预期之外的负面结果：实际销量反而下降，因退货和降价遭受双重利润损失；价格体系下降后很难再上升，将来企业为提升利益推动力势必再让渡自身利润。（2）适度和以扩大分销为目标的渠道促销会对生意产生积极作用，但纯粹以"套钱"为目标的渠道促销一般都是"得不偿失"。所以在制定渠道促销活动时，一定不要只看着 1 个短期的正面结果，还要看到 3 个负面的滞后结果。

图 5 - 15　渠道促销的补偿性回馈环路

倍增"效果。图 5 - 16 可以帮助读者理解增强性回馈环路的概念。

（3）时间滞后效应。

即使没有因果循环的问题，仅仅因为时间的滞后效应也可能导致我们的决策失误。在销售工作中很多因果关系都不是立即体现的，往往需要一个较长时间的传递和反馈过程，如果我们没有这方面的逻辑思维，就很容易"目光短浅"并且"不撞南墙不回头"。图 5 - 17 可以帮助读者理解时间滞后效应所导致的企业决策失误。

4. 逻辑链的系统分析方法对销售工作的启示

▶ 今日的成功源于昨日的努力；反过来，今日的失败是昨日的"报应"。

因与果在时空上并不紧密联系，特别是存在时间的滞后效应。一方面不要急于求成，所谓"欲速则不达"；另一方面，不要对今天做的事抱有侥幸心理，"报应"迟早会来。

▶ "勿以善小而不为，勿以恶小而为之。"

由于存在增强性回馈的因果循环，声誉靠一点一滴的"小善"积累将会产生"滚雪球"的效应；反过来，"小恶"有可能导致连锁反应，最终无法收拾，而人们很多时候却是"不撞南墙不回头"，甚至"不见棺材不掉泪"。我们不要总是事到临头才后悔"早知今日，何必当初"。

▶ **对策可能比问题更糟，"渐糟"之前往往先"渐好"。**

由于存在补偿性回馈的因果循环，很多"治标不治本"的对策常常会产生一些即时的预期效果，但最终会抵消所有效益，甚至问题比行动之前更糟糕。

▶ **不要避重就轻，显而易见的对策往往无效。**

人们常常有"掩耳盗铃"的本性和弱点，看不见或不愿看见自己不想看到的严重问题。例如

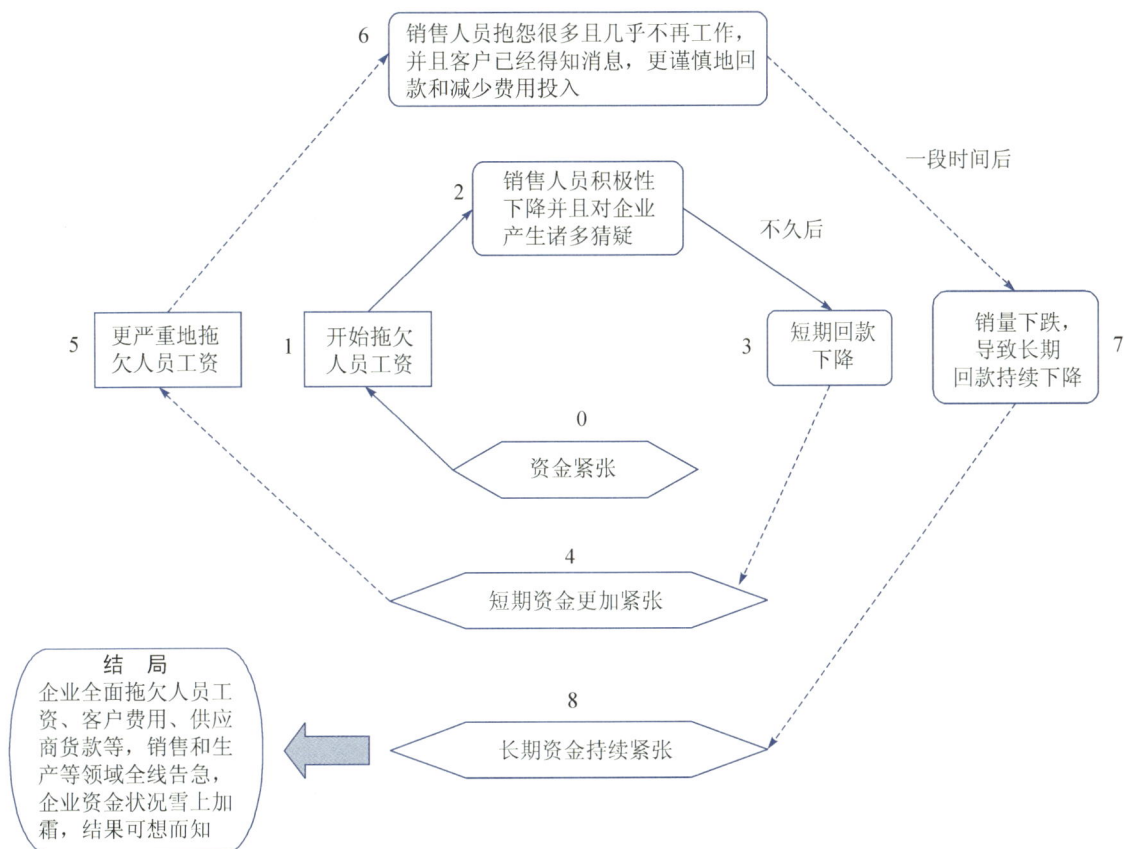

注：（1）很多时候企业的所有者或决策者都看到了图中从 0～2 步骤的"线段式"的逻辑链（用实线箭头表示），对于整个因果循环链却不甚清楚；或者总是看到自己愿意看到的东西，"掩耳盗铃"有时候是人的本性和弱点。（2）往往一开始拖欠工资的时候，企业所有者或决策者总认为是暂时的情况，一缓过劲来就立即补发；殊不知这是一个增强性回馈的恶性循环，资金状况越来越糟，事情的发展远远超过当初的预期。正所谓"开弓没有回头箭"，在拖欠工资问题上千万不要抱侥幸心理，这往往是一条"不归路"。（3）反过来，很多事情也可以成为良性循环。例如，企业的声誉越好，则客户和人员越愿意与其合作或为其工作，生意越好；生意越好就更有支撑声誉的实力，如此良性循环下去。

图 5 – 16　企业拖欠人员工资的增强性回馈环路

生意水平下降了，企业决策者往往是什么办法最容易就武断地认为其是下降的原因，比如简单地激励或训斥销售人员或者搞搞渠道促销；不愿或不敢去考虑一些深层次的问题，比如产品或品牌竞争力的问题或者整体渠道格局的问题，因为这些问题意味着要"动大手术"和大投入。但是生意的发展并不以谁的意志为转移，"天道酬勤"永远是颠扑不破的真理。

▶ 鱼与熊掌可以兼得。

并非"奸商"或"奸诈"的销售人员就能成功，往往声誉和长期利益是相辅相成的良性循环。"厚黑学"不过是小角色的把戏，而且只能赚到点短期的"蝇头小利"，这样的做法是饮鸩止渴。

5.4.4　其他系统分析方法及其应用

1. 黑箱理论

所谓黑箱理论，就是对于那些系统内部的运作状态暂时认识不清的系统，将其看成一个"黑箱"，重点观察其输入和输出。那些部分了解内部运作的系统，被视为"灰箱"，重点观察未知部分的输入与输出。

A. 本书的各级知识体系图在说明时都建议读者首先看系统的输入和输出，只要"掐住了首尾"你就可以快速了解该系统的功能，然后在此基础上再逐步了解系统内部的运作过程。作者实

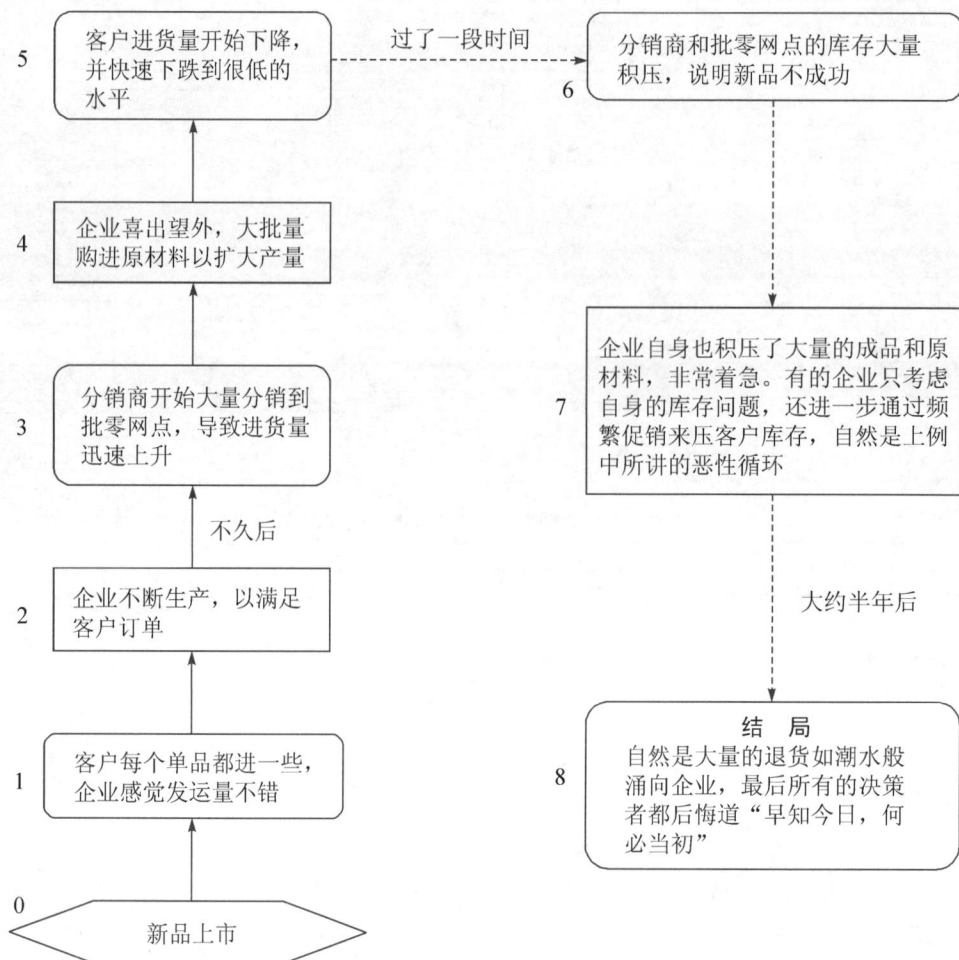

5	客户进货量开始下降，并快速下跌到很低的水平	··过了一段时间··→ 6 分销商和批零网点的库存大量积压，说明新品不成功
4	企业喜出望外，大批量购进原材料以扩大产量	
3	分销商开始大量分销到批零网点，导致进货量迅速上升	7 企业自身也积压了大量的成品和原材料，非常着急。有的企业只考虑自身的库存问题，还进一步通过频繁促销来压客户库存，自然是上例中所讲的恶性循环
	不久后	
2	企业不断生产，以满足客户订单	
1	客户每个单品都进一些，企业感觉发运量不错	大约半年后
0	新品上市	8 结　局 自然是大量的退货如潮水般涌向企业，最后所有的决策者都后悔道"早知今日，何必当初"

注：（1）在没有和消费者真正见面之前，新品的成败都是未知数。即使分销商或网点认为不错也不是最终答案，真正的销量是消费者说了算。（2）新品到达消费者手上总有一段时间，企业的最优行为是先选取某些有代表性的城市作测试；或者在上市后高度关注某些城市的终端销量，单店销量才是产品竞争力的唯一检验标准，然后根据单店销量预测合理的市场需求量，再作出相关决策。（3）实际上，不少决策者即使已经收到终端销量不好的信息也认为是暂时情况。推出一个系列的新产品如同企业生了一个"婴儿"，自然寄予了很大期望，并且总武断地认为"自己的产品"是最好的，归根结底还是"掩耳盗铃"的心态在作祟。

图5-17　新品上市的滞后效应导致决策失误

际上就是受了黑箱理论的启发才作此说明。

　　B. 在实际销售工作中，我们也不要急于看过程，先看各个系统的输入与输出。例如我们不了解一个分销商的内部运作状况，就先看其输出的生意指标和三大作用力，再看企业影响分销商运作的三大作用力（分销商的输入），就已经快速了解了大致的生意状况。输入与输出包含了投入产出，但不仅限于投入产出。

　　2. 自顶向下方法和自下而上方法

　　系统的复杂性往往给人以错觉，以为只有先解决细节问题才有可能最后解决全局问题，但是系统论的无数案例证明，系统问题的解决主要取决于自顶向下的方法。

　　A. 自顶向下方法是先考虑事物的全局，而后再逐步细化地考虑局部的方法，即从宏观到微观、从整体到局部的分析方法。本书的整个布局就是一个典型的自顶向下方法的运用，试图让读者先有一幅完整的图画，然后在该图画中不断将某个局部清晰化，这样层层分解直至最终的操作层级。

　　B. 自下而上方法是先考虑局部，而后再逐步综合地考虑全局的方法，即从微观到宏观、从局部到整体的分析方法。这是自顶向下方法的逆方法。

C. 两种方法的适用范围：

a. 自顶向下方法有助于保持系统的完整性和有序性，因此，是一种重要的系统方法。同时，由于在所有系统中占统治地位的体系结构是层次结构，所以自顶向下方法不仅必要而且可能。但自顶向下方法的应用要求应用者具有较丰富的相关系统知识，特别要求他们具有足够的抽象思维能力。

b. 自下而上方法并不要求应用者具有上述知识和能力，但难以保证系统的完整性和有序性，主要适用于操作层面的问题。

3. 抽象与信息隐藏方法

系统论难以被人理解的一个重要原因是它依赖于抽象思维（用左半脑思维），而这种思维要比形象思维（用右半脑思维）困难得多。

（1）抽象方法。

从实体、关系或它们的属性的有限或无限多样性中，通过比较分析和归纳综合过程寻找共同点的方法被叫作**抽象方法**。

在抽象的基础上还可以再抽象，因此，抽象可能在若干个层次上进行。高层次的抽象不包含低层次抽象中的每个因素，而只将低层次抽象作为一个整体。从根本上说，没有抽象就没有系统论，甚至也没有系统本身。"系统"本身就是一种抽象，一种关于"关系"的抽象。

抽象实际上就是一个"化繁为简"的过程，使我们在销售工作中不淹没于繁杂的现象和细节之中。

（2）信息隐藏方法。

为了突出系统的主要因素或基本点，忽略、舍弃或掩盖系统的其他因素的方法被叫作**信息隐藏方法**。

信息隐藏方法是使用抽象方法的基础，没有信息隐藏就不能抽象。但是，信息隐藏的目的不仅仅是为了抽象。如果不能恰当地使用信息隐藏方法，实际销售工作的复杂性往往使人感到如堕烟海，找不到处理问题的头绪，常常使人陷入细微末节而不能自拔。

4. 概念化方法

概念是对一类对象的基本特征所作的高度概括；符号是对概念的一种标记形式。概念化方法无疑也是简化复杂性的一种方法。

本书"创造"了大量的有关"销售力"的概念和符号，目的就是简化分析和阐述过程中的复杂性。

5. 模型化方法

系统模型是对系统的一种替代形式，而模型化方法就是为研究系统而建立模型的方法。系统模型包括两类：一是定性模型（类比模型）；二是定量模型（数学模型）。模型的优点在于直观性、形象性、简洁性等。

本书运用了大量的比喻和示意图，目的就是建立销售系统的定性模型（类比模型），使读者能够对销售的理解更直观和形象；第3章和第4章的7个销售命题，就是作者对建立销售战略的定量模型的尝试，其中的示意图又属于定性模型。

上述系统分析的方法对于提高各级销售管理者的逻辑分析能力极有帮助，作者在实际工作中应用这些分析方法确实感到受益匪浅，而且这些方法在本书的运用也随处可见，读者可以将本书作为学习这些方法的"案例"，仅供参考。

5.4.5 指导销售执行的两个系统工具图

系统论不仅可以帮助我们提高销售工作中的决策能力，而且系统工程的一些项目管理工具也可以帮助我们统筹协调重要生意计划的实施过程。其中最简单实用的就是甘特图和PERT图。

1. 甘特图

甘特图（Gantt chart）在 20 世纪初由亨利·甘特所开发，又称长条图（Bar chart）。它基本上是一种线条图，横轴表示时间，纵轴表示要实施的活动，而用一条"横条"表示该活动的起始和结束时间，横条着色可以表示在整个计划期间计划的和实际的活动完成情况。

甘特图作为一种控制工具，直观地表明每项任务计划在什么时候进行，以及实际进展与计划要求的对比，帮助管理者统筹协调计划进度并发现实际进度偏离计划的情况。传统的甘特图不能表示活动之间的相互关系，现在一些软件工具（如 MS Project）可以用横条之间的箭头表示活动的依赖关系。甘特图的特点是直观性强，缺点是各项任务之间的相互关系难以表达，而且一旦改变进度安排，整个图形的形状就改变了，必须重新绘制。

2. PERT 图

PERT 图（PERT chart）又称为网络图（network chart），是网络分析和项目进度优化与控制的重要工具。PERT（program evaluation and review technique）意为"计划评审技术"，最初是在 20 世纪 50 年代末开发潜艇系统中为协调 3 000 多个承包商和研究机构而开发的，之后在系统工程中得到广泛应用。

PERT 图是一种类似流程图的箭线图，它描绘出项目包含的各种活动的先后次序，标明每项活动的时间或相关的成本。对于 PERT 图，项目管理者必须考虑要做哪些工作，确定时间之间的依赖关系，辨认出潜在的可能出问题的环节。借助 PERT 图还可以方便地比较不同行动方案在进度和成本方面的效果。可见 PERT 图可以弥补甘特图的缺点，所以在销售工作中需要视情况选用甘特图或 PERT 图，甚至有时两者同时使用。

构造 PERT 图，需要明确以下 3 个概念：

事件（event）表示主要活动结束的状态。

活动（activity）表示从一个事件到另一个事件之间的过程。

关键路径（critical path）是 PERT 图中花费时间最长的事件和活动的序列。

建立一个 PERT 图要求管理者确定完成项目所需的所有关键活动，按照活动之间的依赖关系排列它们之间的先后次序，以及估计完成每项活动的时间。这些工作可以归纳为 5 个步骤：

（1）确定完成项目必须进行的每一项有意义的活动、完成每项活动会产生的事件或结果。

（2）确定活动完成的先后次序。

（3）绘制活动流程从起点到终点的图形，明确表示出每项活动及其他活动的关系，用圆圈表示事件，用箭线表示活动，结果得到一幅箭线流程图，我们称之为 PERT 图。

（4）估计和计算每项活动的完成时间。

（5）借助包含活动时间估计的网络图，管理者能够制定出包括每项活动开始和结束日期的全部项目的日程计划。在关键路径上没有松弛时间，沿关键路径的任何延迟都直接延迟整个项目的完成期限。

销售工作中的一些重大生意计划就是一个个项目，涉及企业内外的很多单位和人员，并且有些工作是并行的，有些工作必须有先后次序。实际上一个生意计划的实施过程就如同在 PERT 图上的推进过程。PERT 图可以让我们直观地了解事件和活动之间的关系并及时跟踪和调整工作进度，使我们能清晰地找出关键路径，并将主要精力集中于此。

需要说明的是，只要输入一些基本的信息和数据，微软公司提供的软件 Ms Project 就可以帮助我们快速绘制清晰美观的甘特图、PERT 图及其他图形。图 5 – 18 是一个最简单的 PERT 图。

5.4.6 系统论及其应用小结

系统论是一种处理"动态性复杂"问题的方法论，整个理论体系博大精深，本节只不过从销售应用的角度挂一漏万地作了简单的介绍。通过对系统论及其应用的简介，读者应该可以感受到两点：

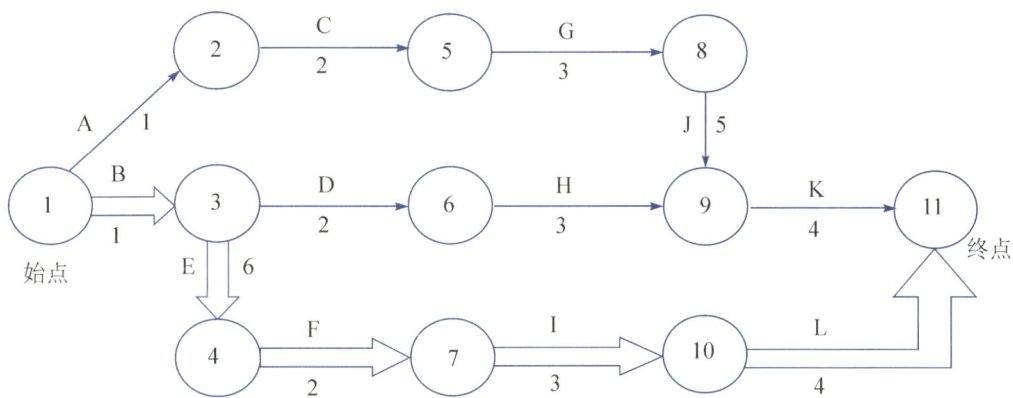

图 5-18　PERT 图

第一，揭开了系统论神秘的面纱后，发现讲的其实就是我们日常工作和生活中的问题；

第二，系统论的基本观点和分析方法，对于销售工作的决策和执行确实很有帮助。

事实上作者也是通过计算机软件设计接触了系统论，越深入学习越感到受益匪浅，本书的整体思维和布局就是所学系统理论的实际应用。相比系统论的主要研究对象而言，一个企业的销售系统可谓"微不足道"的系统，但我们在销售工作中至少应知道以下4点：

A. 看待任何销售问题，把握三个基本观点：系统的观点、动态的观点、层级的观点。

B. 在销售工作中注意运用逻辑链的系统分析方法：

a. 横向逻辑链标准：相互独立，完全穷尽。

b. 纵向逻辑链标准：顶天立地。

c. 不要"线段"式地认识逻辑链，而应"环状"地认识逻辑链：补偿性回馈环路、增强性回馈环路。

d. 因与果在时空上并不紧密联系，特别是存在"时间滞后效应"。

C. 其他系统分析方法对提高思维能力也有所帮助：黑箱理论、自顶向下与自下而上的分析方法、抽象与信息隐藏方法、概念化方法、模型化方法。

D. 两个图：甘特图、PERT 图。

归根结底，系统论就是训练我们的"大局观"和培养缜密的逻辑思维。混沌理论（Chaos Theory）中著名的**"蝴蝶效应"**是最好的注解，与读者共勉：

> 美国佛罗里达的风暴，是由于数月前北京的一只蝴蝶挥动了一下翅膀而引起的。

5.5　有关思维的两个小故事

故事1说明了什么道理呢？

（1）人总是存在思维惯性，正如余大总是在"送水"上面做文章，从步行挑水到自行车再到摩托车送水不过是同一方式在不断重复中的逐渐量变而已，如同销售工作中的经验积累一样。

（2）做事情的方式比某一方式下如何做事情更重要，也就是说"做正确的事"是成功的前提。如果采用低效率的方法做事，无论你多努力最终是不会有竞争力的。

（3）任何学习和改变都需要提前支付一定的固定成本，之后的边际成本很

故事1

小，但收益很大；如同打井和铺设自来水管显然比买摩托车的固定投资要大，但是只会用摩托车送水的人最终注定要被淘汰。

（4）只有学以致用，才能将知识转化为生产力和财富。思维方法论的作用就是改善我们思考和解决问题的方式。虽然学习与改变并非易事，但这是一个企业或个人保持竞争力的必要途径。

故事2说明了什么道理呢?

任何理论和知识都不可能达到100%准确度，并有其适用范围，而且凡事总有特例。如果我们只看到理论知识"不完美的地方"，那么只能"一辈子赤脚走路"。

思维是一种无形而强大的力量，掌握良好的思维方法无疑是销售从业人员的一笔巨大的财富，有助于我们在竞争日益激烈的市场环境中把握先机。

最后用法国17世纪的天才科学家帕斯卡（Pascal）的名言作为本章的结束语，并与读者共勉：

故事2

> 人只是自然界一根脆弱的芦苇，
> 但这是一根会思考的芦苇。

▶▶ 本章要点回顾 ◀◀

第5章对博弈论、微观经济学、系统论及其应用作了简要介绍，是关于交易成本理论和委托代理理论的逻辑分析与定量分析方法的必要延伸。要将3个学科浓缩为一章并非易事，本章着眼于销售应用的角度，只涉及了与销售密切相关的部分知识点。

本章要点概括如下：

▶ **两种重要的销售分析思想**：定量分析＋逻辑分析

▶ **博弈论"2+1+1"**
2个基本要点：
（1）博弈分析的目的就是寻找自己的最优策略，并判断什么情况下才是稳定的均衡状态。
（2）任何博弈的过程总是不断趋近并最终达到均衡状态，所有均衡都满足纳什均衡条件：

A. 纳什均衡指的是这样一种战略组合，该组合由所有参与人的最优战略组成。也就是说，给定别人战略的情况下，没有任何参与人可以从选择其他战略中获得更大利益，也就没有人有积极性打破这种均衡。纳什均衡是一种"僵局"：给定别人不动的情况下，没有人有兴趣动。

B. 纳什均衡也可以从另一个角度来理解。假设博弈中的所有参与人事先达成一项协议，规定出每个人的行为规则。如果说当事人会自觉遵守这项协议，也就等于说这项协议构成一个纳什均衡；换句话说，如果一项协议不构成纳什均衡，它就不可能自动实施，因为至少有一个参与人会违背这项协议，不满足纳什均衡要求的协议是没有意义的。

1个表和1个图：表5-1和图5-7。

▶ **微观经济学"2+3"**
2个重要的经济学分析方法：边际分析法与静态比较分析法。

销售力

3 个经济学分析问题的角度：

（1）不要模糊地看问题，而应深入分析每个行为的新增销量和新增成本；

（2）不要孤立地看问题，应从"会计成本"中移出"沉没成本"，引入"机会成本"；

（3）不要笼统地看问题，而应在相对"静态"中测算某一因素的贡献或寻找事情的原因。

▶ 系统论"3 + 1 + 5 + 2"

3 个系统论的基本观点： 系统的观点、动态的观点、层级的观点。

1 个最重要的系统分析方法： 逻辑链分析方法：

A. 横向逻辑链标准：相互独立，完全穷尽。

B. 纵向逻辑链标准：顶天立地。

C. 不要"线段"式地认识逻辑链，而应"环状"地认识逻辑链：补偿性回馈环路、增强性回馈环路。

D. 因与果在时空上并不紧密联系，特别是存在"时间滞后效应"。

5 个其他系统分析方法： 黑箱理论、自顶向下与自下而上的分析方法、抽象与信息隐藏方法、概念化方法、模型化方法。

2 个图： 甘特图、PERT 图。

读者可以在第 5 章基础上进一步延伸知识体系（见图 5 – 19）。

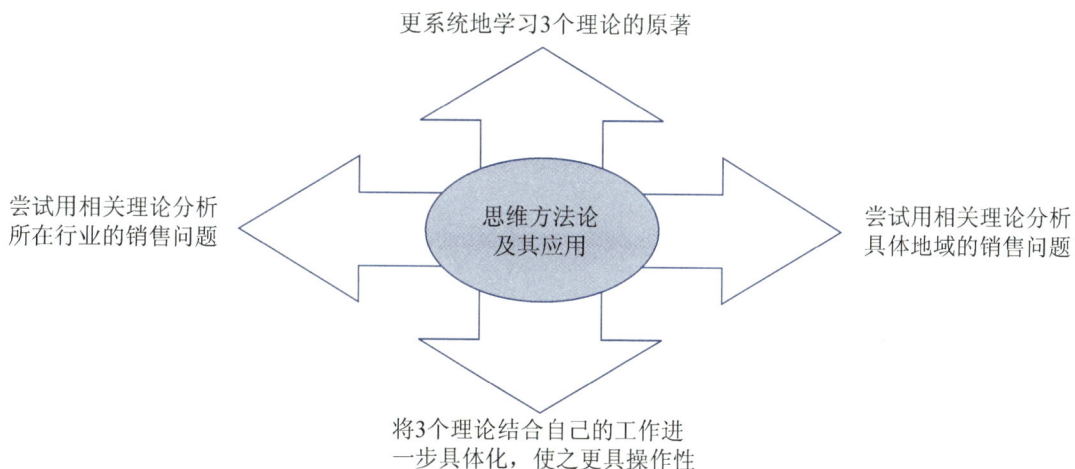

图 5 – 19 第 5 章的知识体系延伸示意图

第6章 ▶ 量化分析工具及其应用

科学决策的一个重要特征就是"以数据为基础"。我们之前介绍交易成本理论、委托代理理论、博弈论、微观经济学和系统论时，尽量避免了其中的数学公式和繁复的计算，而着重于思维方法的阐述和应用。但是在将这些理论真正转化为销售力的过程中，我们必然会遇到两个"难点"：

A. 如何获得"不确定性"的销售数据？

上述 5 大理论工具加上简单的四则运算已经可以解决部分"确定性"的销售问题，但是在我们的工作和生活中，**"不确定性"是更加普遍和长久的现象**，任何"确定性"都是局部和暂时的，在这些"不确定性"的问题面前普通数学知识就无能为力了。

B. 如何高效处理和分析庞杂的销售数据？

即使我们能够获得所需的全部销售数据，存储、查询、计算和分析这些数据的工作量也足以让人"望而生畏"。企业的数据库软件主要面向运作管理和财务统计，针对销售管理和生意分析的较少，更不可能为每一个销售经理量身定做。所以，数据处理是横亘在每个销售管理者面前的"拦路虎"。

正因为销售过程中存在广泛的不确定因素以及庞大的数据量，或许有的读者已经在想："这些理论看起来很有道理但不实用，因为很多数据根本就没有办法获得；许多方法虽然有用但不可行，因为相关的数据处理耗费时间太多。"

上述观点不无道理，也是许多销售经理长期"坚持"靠经验和主观判断处理问题的重要原因，即使学习了一些理论知识也只有"三分钟的热情"。作者在工作中也一直被这两个"难点"所困扰，正是在这种迫切的需求之下，我们将目光投向了两个领域：**数理统计、数据库理论**。

本章的内容不可避免地会涉及较多的数学公式和符号，但是具体的计算过程都控制在高中数学水平以内；希望读者能花一些耐心和时间，因为这些数学公式确实为销售工作提供了强大而实用的量化分析工具。

6.1 数理统计概述

数理统计的全称是"概率论与数理统计"，是从数量方面研究不确定性现象统计规律的数学分支，属于方法论科学。

从 17 世纪的巴斯卡和费尔马研究"得点"问题开始，到贝叶斯、拉普拉斯和科尔莫罗夫等人建立概率的公理化体系，把概率的思想和方法提高为处理一般科学问题的原理，这为概率成为数学学科奠定了基础。概率理论的自身发展以及它与其他数学分支的结合，极大地影响和促进了数理统计的发展。K. 皮尔逊和 R. A. 费雪是推动数理统计发展的标志性人物。大批概率统计学家先后不懈的努力和杰出贡献，使得当今概率统计的理论更加丰富，并广泛应用于经济、政治、军事、医学等各个领域。

需要说明的是，数理统计的"统计"与我们常说的"报表统计"是完全不同的含义，这里的统计指随机现象的概率分布，而报表统计的意思更多指汇总。

由于数理统计是一门博大精深的学科，本书不可能系统地介绍主要理论或原理，而且销售工作中实际也用不到那么多复杂的统计理论，所以，接下来的内容主要围绕如何解决销售工作中的四大类"不确定性"的问题来展开。此外，所有的例子大都取材于作者的工作经历，在理解和计算中难免有错漏之处，仅供读者参考。

6.1.1 数理统计的作用

英文有一句谚语："Garbage in，garbage out."（垃圾进，垃圾出。）我们的思维如同一个"处理器"，获取的信息如同"输入"，作出的决策如同"输出"；无论你的处理器本身多么强大，如果得不到充分的信息或都是"垃圾信息"，那你最后的决策只能是"垃圾决策"。图6-1直观地表示了信息的重要性。

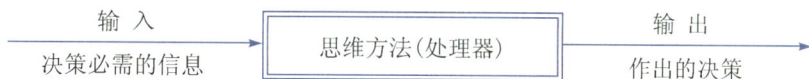

输　入　　　　　　　　　　　　　　　　　　　　　　　　　　　　　输　出
决策必需的信息　　————→　　思维方法(处理器)　　————→　　作出的决策

注：（1）如果没有办法从"不确定性"因素中"测量"所需信息，再好的思维方法作用也有限；（2）如果随意"拍脑袋"给出一些所谓的数据，那只能是"垃圾进，垃圾出"。

图6-1　信息对决策的重要性

数理统计帮助我们在"不确定性"因素中把握"确定性"信息的重要工具。

如果没有相对准确的数据，再好的思维方法的作用也极其有限，甚至运用正确的思维方法可能得出错误的结论或作出错误的决策。

例如第5章所讲的边际分析法是一个很重要的分析方法，是否运用"边际"思维来进行决策分析是思维方法的问题，但如果不能相对准确地预测"边际收益"（边际成本相对容易测算），运用边际分析方法所作出的决策同样可能是错误的。再比如第3章所讲的渠道矩阵的决策规律，如果决策者连各个城市的分销率都不知道，如何确定渠道宽度（分销密度）的边界并进而决定渠道长度的组合等。虽然理论上分销数据是"确定性"的，但是分销普查的费用往往高到"信息成本大于收益"的地步，所以分销数据在我们的头脑中就是"不确定"的。

6.1.2　销售工作中的四类"不确定性"问题

正是从销售工作中的"困惑"和需求出发，我们试图去"测量"不确定性问题中的"确定性"。以下问题都是作者在工作中遇到过的问题，相信也是各级销售管理者都曾经面临或正在面临，而且将来还要继续面对的问题。我们常常感到在下述问题前"无能为力"，只能凭经验或直觉行事，但是"心里总是没底"。有关销售工作的"不确定性"问题可以分为四类：

第一类不确定性的问题：分析对象数量巨大，无法逐个了解。

这类问题本身是"确定性"的问题，但由于收集信息的成本太高，所以无法获得准确的信息。

由企业直供或分销商直接覆盖的终端的销量和分销率往往都有销售报表且容易了解，但是通过批发渠道间接分销的那些众多而分散的终端（更多地散布于二、三级城市甚至农村），我们就很难了解其单店销量和分销水平。但对于不少企业而言，批发渠道的销量是很重要的组成部分，如果不清楚其下线终端的单店销量和分销水平，如何科学地进行批发渠道的分销和促销决策？第4章所讲的委托代理机制也强调"充足统计量"的标准，如果不清楚某分销商或销售经理的分销率和单店销量，评估其业绩只能笼统地看回款了。当然销售工作中类似的"不确定性"问题还很多。

第二类不确定性的问题：各级销售经理如何判断下属或客户提供的报表的可靠程度。

这类问题是我们已经获取了相关信息（报表），但由于报表提供者的"机会主义"风险，我们不能全信又不能不信，怎么办？

每个企业为获取销售信息，都或多或少地要求客户或实地销售人员提供报表，这些报表显然是企业无法"直接观测"的信息（如客户回款数据就不用提供）。企业收集信息的目的就是改善自身"信息不对称"的劣势，但是这些数据和报表提供者的利益相关，所以虚假报表并不少见。销售报表一般包括网点销量表、网点分销表、人员工资表、费用报表等。作为管理者，最头疼的就是这些报表的可靠程度，虚假的报表只会误导生意决策和错误的奖惩行为。第4章的约束原则指出，如果管理者监测虚假报表的能力很低，那么"做假报表"的机会主义风险就越大。但是彻查每张报表的每个数据显然是不现实的，如何以最低的成本获取相对准确的关于报表可靠程度的信息？

第三类不确定性的问题：定量判断事物之间的因果关系。

我们常常从经验或直觉知道某些因素之间存在因果关系，但是往往定性判断并没有什么实用价值。比如，提升1%和99%虽然都说明有因果关系，但不同数据下的决策可能完全不同。定量判断因果关系实质上就是"测算"本章所讲的一个变量相对另一个变量的"弹性"或敏感度，这常常是一个让人"头疼不已"的问题。

边际分析法是普遍应用的分析方法，新增成本很容易测算，但是某类投入（比如特价促销）所新增的销量常常是一个难以定量判断的问题，也就是说两者之间的弹性或敏感度难以测算。显然只知道销量会增长在实际工作中是毫无意义的，无论你懂不懂数理统计的原理，都必须作出预测和判断，大多数时候我们只能依靠自己的经验或直觉。

还有些问题我们无法给出具体的数据，但我们也想知道两个因素之间的关联性的强弱。比如小王是一个化妆品企业的销售经理，从直觉上他感到促销人员的皮肤好坏可能和销售业绩相关。他很想知道自己的直觉是否正确，而且这种关联性究竟有多强，因为他可以根据此判断来决定以后招聘促销员是否应把皮肤作为一个衡量标准。即使这类问题，数理统计理论也可以帮上忙。

第四类不确定性的问题：整体销量预测。

这是各级销售管理者必然面临的问题，当然我们可以随便给出一个数据"交差了事"，但对于中高层管理者而言就没那么简单了。因为企业可能会根据你的销量预测安排生产和采购计划，以及预算分配和现金流测算等。

相信大多数销售经理都有类似的感受：只要遇到了以上四类问题，每次作出决策后总是心里不踏实，更不用讲去"说服别人"了，有时连自己都不是完全信服。当作者系统地学习了数理统计理论（大学里虽然学过，但当时没有工作经验早忘了）以后，可以用"喜出望外"四个字来形容。

6.1.3 数理统计的基本思想

数理统计的原理并不复杂，只要具备基本逻辑分析能力的人都可以想得到，作者将数理统计的基本思想概括成两点：

A. 从局部推测整体（空间）；

B. 让历史告诉未来（时间）。

当然，仅有这两个基本思想是不够的，还需要相关的数学知识来具体实现。虽然推导和证明相关统计公式非常复杂，但是要看懂和应用这些公式并不难。

6.1.4 概率论和数理统计的基本概念

以下仅涉及本书的应用所需的概念，这是理解后续数理统计理论的基础，其他更具体的概念将在各部分内容的讲解中再介绍。

1. 概率论的基本概念

（1）概率（probability）：衡量某一特定事件的机会或可能性的数值量度。

任何概率必然介于0和1之间。概率论中对概率的定义有三种方法：

A. 古典概率：是指等可能发生情况下的概率（如抛硬币）。

B. 相对频数概率：是指根据结果发生的不同频率的概率（如盈利和亏损并非等可能发生）。

C. 主观概率：是指根据主观判断的某结果发生的可信程度的概率（如认为某人是好人的概率是80%）。

（2）样本点（sample point）：可能发生的某个单一结果。

例如抛硬币有两个样本点：正面或反面。

（3）样本空间（sample space）：所有可能的样本点的集合。

样本空间中所有样本点的概率之和必然等于1。

例如抛硬币的样本空间由两个样本点组成：（正面，反面）。

（4）事件（event）：可能发生也可能不发生的随机事件（简称事件），是若干样本点的集合。

任何一个事件用大写英文字母表示，例如事件A、事件B等。

事件的概率等于事件中所有的样本点的概率之和，事件A的概率计为P（A）。

例如"1次抛硬币中刚好是正面"就是一个事件，其概率是1/2；"1次抛硬币中或者是正面，或者是反面"也是一个事件，其概率是1。

（5）随机变量（random variable）：试验结果的数值性描述。

一般用X代表随机变量，并且其取值必须是数值。

例如将抛硬币的结果用随机变量用X代表，取值为1（正面）和0（反面）。

（6）离散型随机变量（discrete random variable）：可取一个有穷或无穷数列的值的随机变量。

例如抛硬币的结果用随机变量用X代表，其取值只能为1（正面）和0（反面），不可能有0.5等小数，所以是离散变量。

（7）连续型随机变量（continuous random variable）：可取一个区间或一系列区间的任何值的随机变量。

例如一包洗衣粉的实际重量就是一个连续型随机变量，某个区间内的任何一个数值都可能是其实际重量。

2. 数理统计的基本概念

（1）**数学期望（expected value）：度量随机变量的平均值或中心位置。**

离散型随机变量的数学期望符号与计算公式：

$$E（X）= \mu = \sum Xf（X）$$

式中：X代表某一随机变量；f（X）代表该随机变量任一取值下的概率，被称为概率函数。

此平均值实际上就是对所有可能的取值按照<u>其概率作为权重进行加权平均</u>。连续型随机变量的平均值必须运用积分的计算公式，这里不作阐述。

例如1次抛硬币的结果的平均值计算如下：

$$E（X）= \mu = 1 \times 0.5 + 0 \times 0.5 = 0.5$$

因为随机变量X只有两个可能的取值1（正面）和0（反面），而且概率相等都是0.5，所以按照上述公式计算可得X的平均值是0.5。推而广之，对于多个取值和每个取值的概率不同的情况也可按照上述公式计算。

（2）**方差（variance）：度量随机变量的变异性或分散度。**

离散型随机变量的方差符号与计算公式：

$$Var（X）= \sigma^2 = \sum （X - \mu）^2 f（X）$$

式中：（X - μ）即X任一取值与平均值之间的差，统计学上称之为离差；f（X）代表该随机变量任一取值下的概率。此平均值实际上就是对X所有离差的平方按照其概率作为权重进行加权平均。

下面举一个最简单例子来说明方差如何计算及意义：

A企业在7、8、9这3个月的销量分别是10万、20万、30万；B企业在7、8、9这3个月的销量分别是15万、20万、25万。（注：3个月的销量数据的发生概率相同，都是1/3）

①A企业的销量平均值$\mu_A = 10 \times 1/3 + 20 \times 1/3 + 30 \times 1/3 = 20$（万）

B企业的销量平均值$\mu_B = 15 \times 1/3 + 20 \times 1/3 + 25 \times 1/3 = 20$（万）

②A企业的销量方差$\sigma_A = （10 - 20）^2 \times 1/3 + （20 - 20）^2 \times 1/3 + （30 - 20）^2 \times 1/3 = 66.67$

B企业的销量方差$\sigma_B = （15 - 20）^2 \times 1/3 + （20 - 20）^2 \times 1/3 + （25 - 20）^2 \times 1/3 = 16.67$

以上计算说明，虽然两个企业的销量平均值相同，但是两者的方差相差很大，显然B企业的生意比A企业更稳定。

（3）标准差（standard deviation）：方差的平方根。

标准差的符号与计算公式：

$$\sigma = \sqrt{\sigma^2}$$

由于方差是平方和，难以和原数据进行直接比较，而标准差就可以直接度量原数据的绝对分散度。

以上例的 A 企业为例：

A 企业的销量标准差 $= \sqrt{66.67} = 8.17$

这说明 A 企业的销量与平均值正负偏移大约是 8.17 万。

（4）标准差系数（coefficient of variation）：标准差相对平均值大小的量度。

标准差系数 $= \sigma / \mu \times 100$

以上例的 A 企业为例：

A 企业的销量标准差系数 $= 8.17 \div 20 \times 100 = 41$

由于各企业的销量绝对值存在差异，标准差系数可以在不同企业之间比较其销量的分散度，标准差系数越小说明企业的销量稳定性越高；反之亦然。

3. 总体与样本的相关概念

（1）总体（population）：研究对象的全体构成的集合。

例如我们要研究某个区域的销售状况，则该区域的所有网点的集合就是总体。

（2）总体参数（population parameter）：描述总体的一个数值特征。

最重要的总体参数是 4 个：

A. 总体容量：总体包含的基本单位数量，用 N 表示。

例如某个区域有 500 个网点，则总体容量可视为 500。

B. 总体均值：总体的数学期望或称平均值，用 μ 表示。

例如某个区域的平均分销率或平均单店销量。

C. 总体标准差：描述总体的某项数据的变异性或分散度，用 σ 表示。

例如某个区域的单店销量的标准差，反映各网点之间销量的差异性。

D. 总体比率：描述总体的某项比例特征，用 P 表示。

例如所有人员工资的真实比例。

注：以上符号是总体参数的标准符号，在任何统计公式中出现都代表同样的含义。

（3）样本（sample）：总体的一个子集。

例如从一个城市抽取 20 个网点所组成的集合，就是该城市所有网点的一个样本。

（4）样本统计量（sample statistic）：描述样本的一个数值特征。

与总体参数相对应，主要的样本统计量是 4 个：

A. 样本容量：样本内包含的基本单位数量，用 n 表示。

例如样本中包含 20 个网点，则样本容量可视为 20。

B. 样本均值：样本的数学期望或称平均值，用 $\overline{X}$ 表示。

例如从抽样的 20 个网点中计算的平均单店销量。

C. 样本标准差：描述样本的某项数据的变异性或分散度，用 s 表示。

例如抽样的 20 个网点中平均单店销量的标准差，反映样本中各网点销量的差异性。

D. 样本比率：描述样本的某项比例特征，用 $\overline{P}$ 表示。

例如从所有人员工资中抽查 10 个，所得出的真实性比例。

注：①以上符号是样本统计量的标准符号，在任何统计公式中出现都代表同样的含义；②抽样统计的目的就是从样本统计量推断所对应的总体参数；③第 4 章委托代理理论中所讲的"充足统计量"的统计量的概念就源于此。

6.1.5　正态分布与两大统计定理

对"正态分布""大数定律""中心极限定理"有一个基本的认识，是理解数理统计方法的基础。作为销售经理，只要知道其结论就可以了，并不需要关心其复杂的推导过程。

1. 正态分布

正态分布，全称是正态概率分布（normal probability distribution），是描述连续性随机变量的最重要也是最普遍的概率分布。简单地说，就是随机变量发生的概率在平均值附近最高，然后向两侧递减；离平均值越远，发生的概率越低，反之亦然。

自然界和我们销售工作中的绝大多数随机现象都服从正态分布的规律，如人的身高和体重分布、降雨量分布、销量的随机波动、销售人员的能力分布等。直观地理解，就是任何时候一个社会或一个团队中杰出的人才和极差的人员都是少数，大部分人都居于中等附近的水平。正态分布虽然是连续随机变量的概率分布，但很多时候统计学也将其用于离散型的随机变量的近似。

（1）正态分布的概率分布曲线。

概率密度函数是通过积分运算所得到的某一连续型随机变量的概率分布，由于正态分布的概率密度函数非常复杂，本书通过其概率分布曲线来描述正态分布的特点：

A. 任何一个正态分布的曲线都是"钟形"分布。

B. 每一个正态分布曲线的位置由平均值 μ 决定，即均值越大曲线位置越向右移；反过来，均值越小曲线位置越向左移。

C. 曲线的高度与宽度由标准差 σ 决定，标准差越大则曲线宽度越宽且高度越低；反过来，曲线宽度就越狭窄而陡峭。也就是说，一个正态分布曲线的形状由其平均值 μ 和标准差 σ 完全决定。

D. 正态分布曲线的最高点总是在平均值。

E. 正态概率分布在均值两侧对称分布，曲线的两端向两个方向延伸，且理论上永远不会与横轴相交。

（2）标准正态分布。

标准正态分布（standard normal probability distribution）指具有均值 0、标准差为 1 的正态分布。服从标准正态分布的随机变量通常用 Z 来表示。

所有的正态分布的概率都可以从标准正态分布中计算得出，而标准正态分布的概率值并不需要我们计算，统计学中有现成的标准正态分布表。

2. 大数定律

概率论中一切关于大量随机现象的平均结果稳定性的原理统称为大数定律。

例如当抛硬币的次数很多时，正面和反面出现的次数几乎相等。

3. 中心极限定理

从总体中抽取样品容量为 n 的简单随机样本，当样本容量很大时，样本均值 $\bar{x}$ 的抽样分布可用正态概率分布近似。

当总体为正态概率分布时，对任何样本容量，样本均值的分布均为正态分布。

大数定律和中心极限定理解释了为什么独立重复试验中事件发生的频率具有稳定性、为什么很多实际问题中出现的随机变量服从正态分布或近似地服从正态分布。大数定律和中心极限定理的结论是我们利用正态分布解决实际问题的理论依据。

6.2　如何测算抽样统计的准确度

在销售工作中常常因为总体数量太多（如客户、网点、人员数量很多），我们总是自发地运用从局部推断整体的方法。无论我们是否意识到自己在进行抽样统计，这种从局部推断整体的方法在统计学的正式定义就是"抽样统计"。比如我们在实地工作中，常常从拜访过的网点情况来推断整个城市的生意状况。但是我们在抽样统计过程中，最"苦恼"的是两点：

　　A. 如何判断自己的抽样结果在多大程度上近似于总体的实际状况？

　　B. 究竟抽查多少单位才最合理？（所谓合理的意思是满足要求的精度下尽可能减少数量）

以下抽样统计方法皆基于简单随机抽样，即总体中的每一个单位都有相同的概率被抽中。事实上销售工作中应用最多的也是简单随机抽样。

【例6-1】某饮料企业希望了解自己新推出的"美味橙汁"在滨海市区的小型终端（如小超市、杂货店等）的销量和分销状况。由于这些小终端的进货渠道很不稳定，而且大多数从众多的批发商那里进货，企业无法从销售报表中掌握有关数据。因此主管滨海市的区域经理决定动用所有销售人员进行一次抽查，估计滨海市区共有500家左右小终端，总共抽查了30家小终端。

6.2.1　点估计

所谓点估计（point estimate），就是样本统计量作为总体参数的估计值。以例6-1为背景，说明如下：

1. 计算样本均值

$$\chi = \sum \chi_i / n \qquad (i = 1, 2, \cdots, n) \tag{6-1}$$

例6-1的单店月销量均值$\chi = (1\,540 + 1\,230 + \cdots + 1\,630) \div 30 = 1\,380$（元）

2. 计算样本标准差

$$s = \sqrt{\sum (\chi_i - \chi)^2 / (n-1)} \qquad (i = 1, 2, \cdots, n) \tag{6-2}$$

例6-1的样本标准差$s = \sqrt{453\,125 \div 29} = 125$（元）

注：之所以用（n-1）作为分母而非n，是因为统计学公式证明用（n-1）得到的样本标准差是总体标准差的无偏估计。

3. 计算新品分销比例

在例6-1调查的30个网点中，有"美味橙汁"分销的是19家，那么例6-1的新品分销比例$P = 19 \div 30 = 0.63$。

注：本例之所以选用新品分销的比例，是要引入比例的计算方法，因为后续计算中比例与均值的计算是不同的。更多的时候在销售工作中是了解该企业在某个店所有产品的分销率，这种分销率的统计公式与单店销量相同。

通过上述计算过程，我们完成了称为"点估计"的统计过程：

　　A. 我们以样本均值$\chi = 1\,380$元作为总体均值μ的点估计量；

　　B. 以样本标准差s作为总体标准差σ的点估计量；

　　C. 以新品分销比例P作为总体分销比例P的点估计量。

具体的数值则称为"点估计值"。

6.2.2　"区间估计"的基本概念

上述点估计的计算过程即使不学习数理统计理论也可以完成。无论何时，在用样本均值估计总体均值时，人们最关心的是："这一估计有多好？"所谓"有多好"这一问题对于上述例子而言，其实就是问以$\chi = 1\,380$元作为总体均值μ的估计时误差如何？一般无偏点估计值与总体参数之差的绝对值被称为抽样误差。当用样本均值χ估计总体均值μ时，抽样误差为：

抽样误差 $= |\chi - \mu|$

但是难点就在于总体均值μ是未知的，只能通过其他方法进行测算。数理统计中用区间估计（interval estimate）的方法来测算抽样统计的准确度。

1. 置信区间

如果以样本均值x为中心构造一个区间（或称范围），我们可以在某一精度上确信总体均值μ在该范围之内，则该区间称为置信区间（confidence interval）。

置信区间由两部分组成：点估计和边际误差。例如总体均值的置信区间表示为：样本均值x ± 边际误差。

2. 置信水平

置信区间的精度被称为置信水平（confidence level），具体精度值被称为置信系数。

统计学上一般运用95%的精度进行抽样误差的分析，有时也选择90%和99%的精度。显然在同一精度下，抽样误差越小则置信区间的范围越窄（边际误差越小）。

运用以上两个概念，回答"这一估计有多好或多准确"的统计学答案将是：

在95%（举例）的精度下，我们可以确信总体参数在此置信区间内。

这样测算抽样误差的工作就变成了寻找边际误差的工作，或者说在某一精度下（比如95%）构造置信区间的问题。

3. 什么叫大样本？

大样本适用于以下两种情况：

A. 总体是无限的；

B. 总体是有限的，但样本容量小于等于总体容量的5%，即n/N≤5%。

一般而言，统计学上将n≥30的样本视为大样本。

大样本的概念非常适用于销售工作，比如很多时候我们只知道一个城市的网点数很多，但谁也不可能精确知道总体网点数量。

在大样本状态下，中心极限定理可以保证样本均值x的抽样分布近似服从于正态概率分布，这样我们就可以运用正态分布概率来计算置信区间的边际误差。以下统计公式如果没有特别说明都基于大样本的假定之下，这个假定在销售中的抽样统计一般是成立的。

6.2.3 大样本情形下的置信区间测算

1. 总体均值的置信区间计算公式

$$x \pm Z_{\alpha/2}\ (s/\sqrt{n}) \tag{6-3}$$

式中：x 表示样本均值；s 表示样本标准差；n 表示样本容量；α 表示（1 - 置信系数）；$Z_{\alpha/2}$表示标准正态分布上侧面积为 α/2 时的 Z 值。

说明：（1）公式 6 - 3 是测算样本结果与总体状况之间准确度的重要公式。（2）从公式 6 - 3 可以看出，总共有 4 个变量决定边际误差：s 和 n 从早已通过点估计的计算得到；α 通过置信系数即要求的精度决定，如精度要求为 95%，则 α 为 5%；$Z_{\alpha/2}$可以通过查正态分布表获得（见表 6 - 1），如 α 为 5%，则 α/2 为 2.5%。

表6-1　　　　　　　　　　常用置信水平的 $Z_{\alpha/2}$ 值

置信水平	α	α/2	$Z_{\alpha/2}$
90%	0.10	0.050	1.645
95%	0.05	0.025	1.960
99%	0.01	0.005	2.576

对于 3 个常用的置信水平，我们可以将总体均值的置信区间计算公式简化如下：

$$\chi \pm 1.96(s/\sqrt{n}) \qquad (\text{置信系数为95\%}) \qquad (6-3-1)$$

$$\chi \pm 2.576(s/\sqrt{n}) \qquad (\text{置信系数为99\%}) \qquad (6-3-2)$$

$$\chi \pm 1.645(s/\sqrt{n}) \qquad (\text{置信系数为90\%}) \qquad (6-3-3)$$

例6-1的单店月销量的总体均值在95%精度下的置信区间计算如下：

$$1\,380 \pm 1.96 \times (125 \div \sqrt{30}) = 1\,380 \pm 45$$

即95%置信区间为（1 335，1 425）。

因此，该饮料企业在滨海市中小终端的平均单店月销量可以理解如下：

在95%的精度下，我们可以确信平均单店月销量在1 335元和1 425元之间；换句话说，在95%的准确度下，估计平均单店月销量为1 380元，正负误差不超过3.3%。

我们再计算一下99%精度下的置信区间：

$$1\,380 \pm 2.576 \times (125 \div \sqrt{30}) = 1\,380 \pm 59$$

即99%置信区间为（1 321，1 439）。

因此，该饮料企业在滨海市中小终端的平均单店月销量也可以理解如下：

我们可以确信平均单店月销量在1 321元和1 439元之间；换句话说，估计平均单店月销量为1 380元，正负误差不超过4%。

注：当置信系数达到99%时，我们可以去掉关于精度的说明，因为剩下的1%是小概率事件，可以理解为概率为零。

2. 总体总量的置信区间计算公式

$$N\chi \pm Z_{\alpha/2}(s/\sqrt{n})N \qquad (6-4)$$

式中：N表示总体容量；χ表示样本均值；s表示样本标准差；n表示样本容量；α表示（1-置信系数）；$Z_{\alpha/2}$表示标准正态概率分布上侧面积为$\alpha/2$时的Z值。

对于3个常用的置信水平，我们可以将总体总量的置信区间计算公式简化如下：

$$N\chi \pm 1.96(s/\sqrt{n})N \qquad (\text{置信系数为95\%}) \qquad (6-4-1)$$

$$N\chi \pm 2.576(s/\sqrt{n})N \qquad (\text{置信系数为99\%}) \qquad (6-4-2)$$

$$N\chi \pm 1.645(s/\sqrt{n})N \qquad (\text{置信系数为90\%}) \qquad (6-4-3)$$

例6-1中滨海市所有小型终端月总销量在95%精度下的置信区间计算：

$$500 \times 1\,380 \pm 1.96 \times (125 \div \sqrt{30}) \times 500 = 690\,000 \pm 22\,500$$

即95%置信区间为（667 500，712 500）。

因此，该饮料企业在滨海市中小终端的月总销量可以理解如下：

在95%的精度下，我们可以确信月总销量在667 500元和712 500元之间；换句话说，在95%的准确度下，估计月总销量为690 000元，正负误差不超过3.3%。

我们再计算一下99%精度下的置信区间：

$$500 \times 1\,380 \pm 2.576 \times (125 \div \sqrt{30}) \times 500 = 690\,000 \pm 29\,500$$

即99%置信区间为（660 500，719 500）。

因此，该饮料企业在滨海市中小终端的月总销量可以理解如下：

我们可以确信月总销量在660 500元和719 500元之间；换句话说，估计月总销量为690 000元，正负误差不超过4%。

有时候，我们抽样调查的目的可能是推断总体中的某个比例，例如例6-1中所讲的"美味橙汁"的分销比例，即已分销该产品的网点数量占总体数量的比例。关于比例问题的区间估计方法与均值或总量有所不同。

3. 总体比例的置信区间计算公式

$$P \pm Z_{\alpha/2}\sqrt{P(1-P)/(n-1)} \qquad (6-5)$$

式中：P 表示样本比例；n 表示样本容量；α 表示（1 – 置信系数）；$Z_{\alpha/2}$ 表示标准正态概率分布上侧面积为 α/2 时的 Z 值。

对于 3 个常用的置信水平，我们可以将总体总量的置信区间计算公式简化如下：

$$P \pm 1.96 \times \sqrt{P\ (1-P)\ /\ (n-1)} \qquad （置信系数为 95\%） \qquad (6-5-1)$$

$$P \pm 2.576 \times \sqrt{P\ (1-P)\ /\ (n-1)} \qquad （置信系数为 99\%） \qquad (6-5-2)$$

$$P \pm 1.645 \times \sqrt{P\ (1-P)\ /\ (n-1)} \qquad （置信系数为 90\%） \qquad (6-5-3)$$

例 6–1 中"美味橙汁"在滨海市所有小型终端的总体分销比例，在 95% 精度下的置信区间计算：

$$0.63 \pm 1.96 \times \sqrt{0.63 \times (1-0.63) \div (30-1)} = 0.63 \pm 0.18$$

即 95% 置信区间为（0.45，0.81）。

因此，"美味橙汁"在滨海市中小终端的分销比例可以理解如下：

在 95% 的精度下，我们可以确信分销比例在 45% 和 81% 之间；换句话说，在 95% 的准确度下，估计分销比例为 63%，正负误差不超过 29%。

我们再计算一下 99% 精度下的置信区间：

$$0.63 \pm 2.576 \times \sqrt{0.63 \times (1-0.63) \div (30-1)} = 0.63 \pm 0.23$$

即 99% 置信区间为（0.4，0.86）。

因此，"美味橙汁"在滨海市中小终端的分销比例可以理解如下：

我们可以确信分销比例在 40% 和 86% 之间；换句话说，估计分销比例为 63%，正负误差不超过 37%。

显然，对于分销比例的抽查结果不足以推断总体分销比例，误差范围太大。统计学的规律指出，当估计总体比例时，置信区间的宽度可能很宽，一般需要大的样本容量，以保证获得总体比例的估计精度。此外，关于总体比例的统计推断所适用的大样本定义也与均值不同，必须满足以下两个条件才可以视为样本容量足够大：

（1）$n \times P \geqslant 5$

（2）$n \times (1-P) \geqslant 5$

满足以上两个条件，样本比例 P 的抽样分布可用正态分布近似。

4. 有限总体修正系数

上述计算边际误差的公式实际上是简化的公式，当总体容量 N 是有限的并且已知的情况下，可以用上述公式计算所得的边际误差结果再乘以一个"有限总体修正系数"，这样可以让结果更加精确。

$$有限总体修正系数 = \sqrt{(N-n)\ /\ (N-1)} \qquad\qquad (6-6)$$

例 6–1 中的有限总体修正系数计算如下：

$$\sqrt{(500-30) \div (500-1)} = 0.97$$

根据统计学的经验法则，以下两种情况可以不用计算此系数：总体容量 N 无限；n/N ≤ 5%。

销售工作中的绝大多数抽样统计都满足以上条件，特别是很多时候总体容量 N 并不能精确获得，但我们知道 N 很大（否则就不需要抽样统计），而且一般样本容量 n 都小于总体容量的 5%；反之，我们就可以运用有限总体修正系数修正边际误差。

6.2.4 小样本情形下的置信区间测算

之前我们一直讨论的是大样本情况下的准确度估计，但有时在销售工作中也可能存在小样本的情况，下列公式将有助于解决小样本下的区间估计问题。小样本的定义与大样本刚好相反，读者可以参考大样本的定义。统计学上一般将样本容量 n < 30 的情形视为小样本。

【例 6–2】假如例 6–1 中的饮料企业希望知道"美味橙汁"在滨海市 30 家 KA 中的销量与主

要竞争产品"营养橙汁"的销量对比情况。显然，该企业不可能获得竞争产品"营养橙汁"在每个KA中的销量数据。如果拿到了5家KA的"营养橙汁"销量数据（假定符合随机抽样），并且完成了点估计的计算过程，结果如下：

样本均值Ⅹ：85%（5家店的"美味橙汁"与竞争产品的销量对比比例平均是85%）

样本标准差s：4%（5家店的销量对比比例与85%的平均值之间，平均相差4%）

如何知道上述样本均值85%，在估计整体KA的销量对比比例上"有多好"？

1. 小样本情形下总体均值的置信区间计算公式

$$Ⅹ \pm t_{\alpha/2}(s/\sqrt{n}) \qquad\qquad (6-7)$$

式中：Ⅹ表示样本均值；s表示样本标准差；n表示样本容量；α表示（1-置信系数）；$t_{\alpha/2}$表示自由度为（n-1）时，t分布上侧面积为α/2时的t值。

说明：（1）从公式6-7可以看出，小样本下的计算公式与大样本的主要区别在于：用$t_{\alpha/2}$替换了$Z_{\alpha/2}$，也就是用t概率分布替代了标准正态概率分布。

（2）t概率分布简介：

——样本容量减1，即（n-1）称为t分布的"自由度"；

——对于不同的自由度，有且仅有唯一的t分布与之相对应；

——随着自由度的逐步增大，t分布与标准正态概率分布也越来越近似；

——所有的$t_{\alpha/2}$取值可以通过t分布表获得，并不需要手工计算。

（3）其他变量的含义和计算方法与大样本的计算公式6-3相同。

（4）为使结果更精确，可把上述公式计算出的边际误差再乘以有限总体修正系数。

（5）当我们对统计结果的精度要求不高，并且样本容量n>10时，也可以使用大样本情形下的计算公式来作为小样本统计问题的近似。但是，在n小于10的情形下，t值和Z值的差别还是很大的。实际上Z值就是t值在自由度为无穷大时的极限，也就是说，随着自由度的增大，t值无限趋近于Z值。两者的差别，只要读者一看t分布表就可以知道，这样就可以根据实际情况灵活运用。

例6-2的销量对比比例的总体均值在95%精度下的置信区间计算如下：

$$85\% \pm 2.776 \times (4\% \div \sqrt{30}) = 85\% \pm 2\%$$

（注：2.776是自由度为4时$t_{0.025}$的取值）

即95%置信区间为（83%，87%）。

因此，该饮料企业在滨海市各家KA的"美味橙汁"与竞争产品的单店销量比例可以理解如下：

在95%的精度下，我们可以确信单店销量比例在83%和87%之间；换句话说，在95%的准确度下，估计平均单店销量比例为85%，正负误差不超过2.4%。

（注：正负误差%是用边际误差2%除以均值85%）

至于99%精度下的置信区间，读者很容易通过查t分布表来计算。

我们再对比一下采用大样本的计算公式所得的95%精度置信区间：

$$85\% \pm 2 \times (4\% \div \sqrt{30}) = 85\% \pm 1.4\%$$

即95%置信区间为（83.6%，86.4%）。

显然，用大样本的标准正态概率分布替代t分布，会造成高估小样本情形下的准确度的问题。这在统计学中是普遍规律，并非仅适用于上述例子，所以在小样本情形下我们应尽可能采用t概率分布。与小样本情形下总体均值的区间估计方法相同，我们可以得到以下两个小样本情形下有关总体总量和总体比例的区间估计公式。

2. 小样本情形下总体总量的置信区间计算公式

$$NⅩ \pm t_{\alpha/2}(s/\sqrt{n})N \qquad\qquad (6-8)$$

式中：N表示总体容量；Ⅹ表示样本均值；s表示样本标准差；n表示样本容量；α表示（1-置信

销
售
力

系数）；$t_{\alpha/2}$ 表示自由度为（n－1）时，t 分布上侧面积为 $\alpha/2$ 时的 t 值。

（注：具体变量的说明和计算示例，详见公式6－7和公式6－4）

3. 小样本情形下总体比例的置信区间计算公式

$$P \pm t_{\alpha/2} \sqrt{P\,(1-P)\,/\,(n-1)} \tag{6-9}$$

式中：P 表示样本比例；n 表示样本容量；α 表示（1－置信系数）；$t_{\alpha/2}$ 表示自由度为（n－1）时，
t 分布上侧面积为 $\alpha/2$ 时的 t 值。

（注：具体变量的说明和计算示例，详见公式6－7和公式6－5）

6.2.5 抽样统计的准确度测算小结

通过以上内容的学习，我们初步掌握了如何从局部推断整体的统计方法。任何统计推断都不能
给出100%的精确答案，但是运用这些公式使我们能够精确地度量抽样误差，也就是很好地回答了
"抽样结果有多好" 的问题。数理统计原著中有关于这些统计公式的数学推导和证明过程，并且这
些统计公式在各行各业都得到了广泛应用，因为不确定性是世界的普遍现象。本书省略了具体证明
过程，有兴趣的读者可以直接查阅数理统计原著。

上述抽样统计方法归纳起来就是两点：

A. 用点估计的方法从样本统计量推断总体参数；

B. 用区间估计的方法测算点估计的准确度，具体指置信区间及其置信水平。

以前我们对局部"观测"的结果可能总是心里"没底"，而且这种数据也很难对别人有说服
力。无疑公式6－1至公式6－9的9个统计公式在实际销售工作中具有极其广泛的实用价值，使我
们大大降低了总体上的不确定性，将这种不确定性缩窄到可以接受的一个范围，并且精确地给出了
误差范围（置信区间及其置信水平）；如同原来的"弹着点"在整个城市范围内随机分布，现在将
其缩窄到某条街道。这些统计公式非常容易运用，只包含四则运算、平方和平方根计算，最复杂的
是 Z 值和 t 值，但这些值都不需要我们计算，可以查相关的分布表获得。

6.3 如何计算最佳样本容量

上述方法适用于抽样统计工作完成之后的推断过程，但我们经常在抽样统计工作之前为"样
本容量"的问题犹豫不决：

一方面，如果抽样单位的数量太多意味着成本越高和时间越长，而且这种"付出"究竟提高
了多少准确度也不清楚。实际上样本容量和准确度之间的关系完全服从边际报酬递减规律，而且递
减速度很快，即样本容量为20并非意味着其准确度就是样本容量为10的准确度的2倍。

另一方面，如果抽样单位数量太少，又担心数据准确度不高甚至误导决策。

这种抽样统计之前的"两难"选择汇聚成一个强烈的需求：

如何在要求的准确度下，寻找"最佳样本容量"？

注：所谓最佳样本容量是指既能满足规定的准确度，又能将抽样单位的数量降到最低。

在抽样设计中，样本容量的选择是一个重要的问题，因为同时涉及精度和成本（包括时间成
本）。通常，选择样本容量的方法是首先规定所需要的精度，然后确定满足精度的最小的样本
容量。

**精度（precision）是对抽样误差的概率解释，具体指某一置信水平（通常用95%）下置信区
间的大小，越小的置信区间提供越高的精度。而置信区间的大小取决于"允许误差"B 的大小，
即选择精度水平相当于选择 B 的值。**

6.3.1 给定总体均值的允许误差 B 时的最佳样本容量计算公式

$$n = (Z_{\alpha/2})^2 s^2 / B^2 \tag{6-10}$$

式中：n表示最佳样本容量；α表示（1－置信系数）；$Z_{\alpha/2}$表示标准正态概率分布上侧面积为$\alpha/2$时的Z值；s表示样本标准差；B表示对总体均值估计的允许误差。

说明：从以上公式可以看出，总共有3个变量决定最佳样本容量：

——α通过调查方要求的置信水平决定。例如置信系数要求为95%，则α/2为2.5%；$Z_{\alpha/2}$可以通过查正态分布表获得，如α/2为2.5%时，Z值为1.96。

——B由人为设定，代表允许的抽样误差大小。

——s在调查之前显然并不知道，可通过以下3种方法获得近似数据：

第一种方法：用两步抽样法。先抽取一部分单位，得到s的值，然后将该值代入公式6－10，确定全部样本容量；再抽取剩余单位。

第二种方法：用之前抽样调查的标准差代替。

第三种方法：根据以往的资料估计标准差。

对于3个最常用的置信系数，我们将$Z_{\alpha/2}$的取值进行平方之后代入公式6－10，得到以下简化公式：

$n = 3.84 \times s^2/B^2$ （置信系数为95%） (6－10－1)

$n = 6.64 \times s^2/B^2$ （置信系数为99%） (6－10－2)

$n = 2.71 \times s^2/B^2$ （置信系数为90%） (6－10－3)

例6－1 在500个小店中抽查了30个店，其单店销量的样本标准差s是125元，在95%的置信系数下，其销量均值的抽样误差是46元（参见公式6－3的计算示例）。

假如区域经理希望在95%的置信水平下，将允许的抽样误差B控制在30元以内，试问最佳样本容量是多少？

$n = 3.84 \times 125^2 \div 30^2 = 67$

因此，如果要求销量均值的允许误差在30元以内，最佳样本容量理解如下：

在95%的准确度下，样本容量必须达到67，单店销量平均值的抽样误差才可以控制在正负30元以内。

如果样本均值仍然是扩大样本容量前的1 380元，则95%置信区间由原来的（1 335，1 425）缩窄到（1 350，1 410），即扩大样本容量后的精度更高；但提高的精度与扩大的样本容量并不成正比。

公式6－10是一个简化的计算最佳样本容量的统计公式，可以满足销售工作中的一般抽样统计需要。如果对计算准确度要求很高，而且总体容量有限且已知，则可以选用下列复杂但更准确的计算公式：

$n = Ns^2 / [NB^2/(Z_{\alpha/2})^2 + s^2]$ (6－10－4)

式中：N表示总体容量。

注：公式6－10－4与公式6－10的主要区别是在计算中引入了总体容量N。

运用公式6－10－4对公式6－10的数据进行重新计算如下：

$n = 500 \times 125^2 \div (500 \times 30^2 \div 4 + 125^2) = 61$

说明：对于3个最常用的置信系数，我们同样可以将$(Z_{\alpha/2})^2$的取值分别代入公式6－10－4，得到3个简化公式，读者可以自行计算。

通过以上两个公式的对比，发现两者计算出的最佳样本容量差别并不大，而且简化公式6－10的结果略大，这样准确度更保险。所以，一般情况下在销售工作测算抽样统计的最佳样本容量时一般选用简化公式6－10。

6.3.2 给定总体总量的允许误差B时的最佳样本容量计算公式

$n = (Z_{\alpha/2})^2 s^2 N^2/B^2$ (6－11)

对于3个最常用的置信系数，我们将$Z_{\alpha/2}$的取值进行平方之后代入公式6－11，得到以下简化公式：

$$n = 3.84 s^2 N^2 / B^2 \qquad \text{（置信系数为95\%）} \tag{6-11-1}$$

$$n = 6.64 s^2 N^2 / B^2 \qquad \text{（置信系数为99\%）} \tag{6-11-2}$$

$$n = 2.71 s^2 N^2 / B^2 \qquad \text{（置信系数为90\%）} \tag{6-11-3}$$

例6-1 在滨海市的500个小店中抽样30个店，从抽样结果估计滨海市500个小终端的每月总销量是690 000元，在95%置信水平下正负误差不超过23 000元。单店销量的样本标准差s仍然是125元。（参见公式6-4的计算示例）

假如区域经理希望在95%的置信水平下，将总销量的允许误差B控制在正负10 000元以内，试问最佳样本容量是多少？

$$n = 3.84 \times 125^2 \times 500^2 \div 10\,000^2 = 150$$

因此，如果要求总销量的允许误差在10 000元以内，最佳样本容量理解如下：

在95%的准确度下，样本容量必须达到150，总销量的抽样误差才可以控制在正负10 000元以内。

如果估计总销量仍然是扩大样本容量前的690 000元，则95%置信区间由原来的（667 500，712 500）缩窄到（680 000，700 000），精度得到提高。

同理，公式6-11是一个简化的控制总量抽样误差下，计算最佳样本容量的统计公式，如果对计算准确度要求很高，则可以选用下列复杂但更准确的计算公式：

$$n = N s^2 / \left(B^2 / (Z_{\alpha/2})^2 / N + s^2 \right) \tag{6-11-4}$$

注：对于3个最常用的置信系数，我们同样可以将$(Z_{\alpha/2})^2$的取值分别代入公式6-11-4，得到3个简化公式，读者可以自行计算。

运用公式6-11-4对公式6-11的数据进行重新计算如下：

$$n = 500 \times 125^2 \div (10\,000^2 \div 4 \div 500 + 125^2) = 119$$

通过以上两个公式的对比，发现对总量误差控制所计算出的最佳样本容量仍然是简化公式6-11的结果偏大，这样准确度更保险。当然，如果调查费用较高时，我们可以选择准确公式6-11-4所计算的最佳样本容量。可以证明，当总体容量N越大，两个公式计算的结果越接近。

6.3.3 给定总体比例的允许误差B时的最佳样本容量计算公式

$$n = (Z_{\alpha/2})^2 P (1-P) / B^2 \tag{6-12}$$

式中：P表示样本比例。

注：P在调查之前显然并不知道，可采用类似样本标准差s的3种事先估计方法获得近似数据：

第一种方法：用两步抽样法。先抽取一部分单位，得到P的值，然后将该值代入公式6-12，确定全部样本容量；再抽取剩余单位。

第二种方法：用之前抽样调查的样本比例代替。

第三种方法：根据以往的资料估计P。

如果是一个全新的调查，对于可能的P值一无所知，就用0.5代替，统计学规律可以保证这样的代替可以使置信区间的允许误差比希望的要小得多。

对于3个最常用的置信系数，将$Z_{\alpha/2}$的取值进行平方之后代入公式6-12，得到以下简化公式：

$$n = 3.84 P (1-P) / B^2 \qquad \text{（置信系数为95\%）} \tag{6-12-1}$$

$$n = 6.64 P (1-P) / B^2 \qquad \text{（置信系数为99\%）} \tag{6-12-2}$$

$$n = 2.71 P (1-P) / B^2 \qquad \text{（置信系数为90\%）} \tag{6-12-3}$$

例6-1 在滨海市的500个小店中抽样30个店，从抽样结果显示"美味橙汁"的样本分销比例是0.63，抽样误差是0.18，也就是说总体分销比例的95%置信区间是（0.45，0.81）。（参见公式6-5的计算示例）

显然这样的估计精度不能作为决策的依据，假如区域经理希望在95%的置信水平下，将总体分销比例的允许误差B控制在正负0.1以内，试问最佳样本容量是多少？

$n = 3.84 \times 0.63 \times (1 - 0.63) \div 0.1^2 = 90$

因此，如果要求总体分销比例的允许误差在10%以内，最佳样本容量理解如下：

在95%的准确度下，样本容量必须达到90，总体分销比例的抽样误差才可以控制在正负0.1以内。

如果样本分销比例仍然是扩大样本容量前的0.63，则95%置信区间由原来的（0.45，0.81）缩窄到（0.53，0.73），精度得到提高。

同理，公式6-12是一个简化的控制总体比例抽样误差下，计算最佳样本容量的统计公式，如果对计算准确度要求很高，则可以选用下列复杂但更准确的计算公式：

$$n = NP(1 - P) / \left[NB^2 / (Z_{\alpha/2})^2 + P(1 - P) \right] \tag{6-12-4}$$

注：对于3个最常用的置信系数，我们同样可以将$(Z_{\alpha/2})^2$的取值分别代入公式6-12-4，得到3个简化公式，读者可以自行计算。

运用公式6-12-4对公式6-12的数据进行重新计算如下：

$n = 500 \times 0.63 \times (1 - 0.63) \div \left[500 \times 0.1^2 \div 3.84 + 0.63 \times (1 - 0.63) \right] = 76$

通过以上两个公式的对比，发现对总体比例误差控制所计算出的最佳样本容量仍然是简化公式6-12的结果偏大，这样准确度更保险。当然，如果调查费用较高时，我们可以选择准确公式6-12-4所计算的最佳样本容量。可以证明，当总体容量N越大，两个公式计算的结果越接近。

6.3.4　最佳样本容量计算小结

通过以上内容的学习，我们进一步掌握了如何在抽样统计之前根据希望的误差范围，确定最佳样本容量的问题。以前我们在确定抽查单位的数量时往往比较随意，无疑公式6-10至公式6-12的3个统计公式及其衍生公式在实际销售工作中具有极其广泛的实用价值，使我们能够在事前根据误差要求科学地确定最佳样本容量，这样一方面帮助我们减少了不必要的抽查成本或时间，同时又能准确满足精度要求。有关最佳样本容量的问题，最后补充两点：

（1）以上统计公式都基于大样本情形，如果是小样本的情形，建议选用简化公式，这样结果更准确。

（2）确定最佳样本容量的所有统计公式中，样本标准差都是重要的变量。如果根据事先计算的最佳样本容量在抽样之后得出的置信区间范围大于允许误差范围，原因就在于实际的样本标准差大于事先设定的数据。这时，可以将实际抽样所得的样本标准差放入相关计算公式中再确定最佳样本容量，然后据此补查剩余的单位，再将两次所得的样本数据综合计算，结果就能达到精度要求。

综合以上抽样统计之前和之后的数理统计公式6-1至公式6-12，我们在销售工作中既可以准确估计抽样结果的精确度，又可以在抽样之前根据要求的误差范围合理确定最佳样本容量。原来我们感到"头疼"的不确定性问题，在数理统计理论的强大威力面前无所遁形，这是对"知识就是力量"的最好注脚。

6.4　抽样统计方法在销售中的应用

销售工作中经常遇到的四类"不确定性"问题的前两类问题和部分第三类问题，虽然表现形式各异，而且很多问题表面上看并非抽样统计的问题，但究其实质都是"从局部推断整体"的问题，所以基本上都可以应用抽样统计的原理和公式进行定量分析，将"不确定性"降到最低。大多数时候，我们可以只抽查不到总体容量5%的单位，就可以在最多正负5%的误差范围内推断总体情况，也就是说**应用抽样统计方法大大降低信息成本**，由此可见数理统计理论对于销售工作的实用价值和经济效益。

6.4.1 "参数化"统计方法在销售中的应用

前面介绍的所有统计公式都属于"参数化"统计方法，即统计对象可用数值进行量化。下面简要说明这些统计方法在前三类"不确定性"销售问题中的应用。

第一类不确定性的问题：分析对象数量巨大，无法逐个了解。

这类问题本身是"确定性"的问题，但由于收集信息的成本太高，所以无法获得准确的信息。这类问题是典型的抽样统计问题，之前所计算的例子都属于此类型。

我们可以运用抽样统计的方法，以很低的成本（包括时间成本）就相对准确地了解几乎所有的销售结果和影响销售的作用力要素，例如网点销量、分销率、客户库存比例（如果得不到每个客户的库存数据）、客户盈利水平、分销商的三大作用力等。对一些定性的变量，例如陈列水平、人员素质、管理水平等，我们可以按照从好到差的顺序对这些定性变量评分（如5分代表优秀，依次往下为4分、3分、2分等），然后再运用抽样统计的方法推断总体水平。具体操作步骤可以参考下面第二类问题的计算步骤。

第二类不确定性的问题：各级销售经理如何判断下属或客户提供的报表的可靠程度。

这类问题是我们已经获取了相关信息（报表），但由于报表提供者的"机会主义"风险，我们不能全信又不能不信，怎么办？

其实这类问题可以转换成推断总体比例的问题，和之前例子中推断"美味橙汁"在滨海市的总体分销比例类似。作者将具体操作归纳为如下10个步骤：

（1）将某份报表所涉及的所有记录视为"总体"，则记录数量视为"总体容量N"。

例如一份工资表中有80个人员，则总体容量N为80；再比如一份费用报表中有60笔费用，则总体容量N为60。

（2）根据需要设定"允许的抽样误差B"及其置信水平（一般将置信水平定为95%）。

例如在95%置信水平下将允许抽样误差B设定为3%，表示允许真实比例与样本比例的绝对值的正负误差不超过3%；如果希望知道相对误差比例，则要等样本比例计算出来以后，用样本的实际抽样误差除以样本比例。

（3）预估总体或样本的"真实性比例P"。

可以借用之前的类似报表抽查的真实性比例。如果难以预估，就将P值设定为0.5。

（4）运用统计公式6-12确定"最佳样本容量n"。

根据设定的置信水平选择公式6-12-1、公式6-12-2、公式6-12-3，将上述B值和P值代入公式计算，得到最佳样本容量n的具体数值。

注：①一般情况下应选用上述简化公式；如果抽查成本很高，也可以根据准确公式6-12-4进一步缩小最佳样本容量n。②如果是小样本情形，则必须选用上述简化公式。

（5）实际抽查。

根据最佳样本容量n，随机抽样相应数量的记录。如果数据真实则计为1，虚假则计为0。当然，什么是"真实"的判断，根据数据的特点可以留有适当余地。例如对于工资或费用这类问题，只要是"吃空饷"或某个人员实际收到的工资或某笔费用与企业支付的不符，就视为虚假，不用留任何余地；但是，对于终端销量或分销率等数据，在相差5%~10%范围内都可以视为真实，因为这种差异有可能并非人为的故意作假。

（6）计算样本的真实性比例。

将每个抽查记录的真实性结果（1或0）相加，再除以样本容量n，就可以得到样本的真实性比例P值。

（7）运用统计公式6-5测算总体真实性比例的置信区间。

首先根据置信水平选择公式6-5-1、公式6-5-2、公式6-5-3，然后将第4步计算所得的样本容量n和第6步计算所得的样本的真实性比例P值，代入统计公式中，即得到总体真实性比

253

例的置信区间。如果是小样本情形，应选用统计公式 6 - 9 。

（8）视需要对上述置信区间的抽样误差再乘以有限总体修正系数（公式 6 - 6）。

如果对误差范围的精度要求很高，特别是小样本情形下，可以通过修正系数进一步精确。

（9）对比置信区间的误差范围与事先设定的允许误差 B 。

如果实际的抽样误差大于允许误差 B ，将样本的真实性比例代入上述第 4 步的计算过程，然后重复第 5 步到第 8 步的计算步骤，就可以获得允许误差范围内的抽样结果。

（10）根据置信区间判断目标报表的真实性。

我们可以将置信区间的上限作为判断标准，以免"冤枉好人"。即使抽查的样本结果反映 100% 真实，也不代表总体真实性比例就是 100% ，置信区间告诉我们还有一个误差范围，但至少说明该报表的虚假比例很低。如果抽查工作是经常性的，根据大数定律，所有作假的人总有一天会被查出来，正所谓"天网恢恢，疏而不漏"。

其他有关总体比例的抽样统计过程和以上计算方法完全一致，有关总体均值或总体总量的抽样统计过程与上述操作步骤基本一致，只是在每个步骤具体运用的统计公式和变量不同而已。这里就不再举例，因为具体计算过程和"美味橙汁"的总体分销比例完全相同，读者可以在实际工作中加以应用和检验。

第三类不确定性的问题：定量判断事物之间的因果关系。

我们常常通过经验或直觉知道某些因素之间存在因果关系，但是往往定性判断并没有什么实用价值，比如提升 1% 和 99% 虽然都说明有因果关系，但不同数据下的决策可能完全不同。定量判断因果关系实质上就是"测算"本章所讲的一个变量相对另一个变量的"弹性"或敏感度，这常常是一个让人"头疼不已"的问题。

这类问题在统计学上的术语叫**"回归分析"，即根据过往两个或多个变量的数据，利用统计方法建立一个表示变量之间相互关系的方程式。**显然，这种方法主要适用于连续变量之间的因果关系判断，但销售工作中的不少变量实际上是相对固定的（虽然理论上是连续变量）。

比如，我们最关注的是做一个堆头后终端销量的增长比例，一般不关心随着堆头数量的增长终端销量的变动情况。再比如终端的特价促销，虽然理论上有许多特价比例可以选择，但实际操作中往往就是两三个特价促销的比例，我们最关注的是某一常用特价促销幅度（如八八折）下终端销量的增长比例。

这种类型因果关系的定量判断往往可以运用抽样统计的原理，从"观测"到的部分案例去推断一般规律，为以后的决策提供参考依据。抽样统计原理在定量判断因果关系方面的应用与一般抽样统计大致相同，其特别之处在于两点：

（1）样本的选择不一定采用简单的随机抽样，需要考虑对象的代表性；

（2）对于样本均值的计算不一定是简单的算术平均，可能要根据时间远近或重要性对样本数据赋予不同的权重。

6.4.2 秩相关系数及其在销售中的应用

有些销售工作中的因果关系判断问题，无法准确用数值对两个因素进行量化，例如 6.1.2 部分提出的例子：小王是一个化妆品企业的销售经理，从直觉上他感到促销人员的皮肤好坏可能和销售业绩相关。他很想知道自己的直觉是否正确，而且这种关联性究竟有多强，因为小王可以根据此判断来决定以后招聘促销员是否应把皮肤作为一个衡量标准。小王如何才能知道促销员皮肤和销售业绩的相关关系？

数理统计中的"非参数化"方法是寻找上述问题答案的重要途径。非参数化方法简单地说是对于难以量化因素的统计方法，常常是用来分析这些数据并得出统计结论的唯一途径。"斯皮尔曼秩相关序数"只是数理统计中的一种非参数化方法。

所谓相关系数（correlation coefficient）就是衡量两个因素之间线性相关关系的数值量度，其取

值从 −1 到 +1。接近 +1 的值表示强的正线性相关，接近 −1 的值表示强的负线性相关，接近零的值表示几乎无线性相关关系。

斯皮尔曼秩相关序数的计算公式是：

$$r_s = 1 - 6 \sum d_i^2 / [\, n\,(n^2 - 1)\,] \qquad (i = 1, 2, \cdots, n) \tag{6-13}$$

式中：r_s 表示斯皮尔曼秩相关序数；d_i 表示同一单位在两个变量中的秩（排序号）相减的差；n 表示样本容量。

【例 6-3】虽然我们很难对促销员的皮肤质量进行量化，但对皮肤质量排序并不难。假定小王随机选取了 10 名促销员，并对促销员的皮肤质量和销售业绩按照从高到低的顺序进行排序。排序结果如下：

促销员	A	B	C	D	E	F	G	H	I	J
皮肤质量排序	2	4	7	1	6	3	10	9	8	5
销售业绩排序	1	3	5	6	7	4	10	8	9	2
d_i 取值	1	1	2	−5	−1	−1	0	1	−1	3
d_i^2 取值	1	1	4	25	1	1	0	1	1	9

➡ $\sum d_i^2 = 44$

$$r_s = 1 - 6 \times 44 \div [\, 10 \times (100 - 1)\,] = 0.73$$

以上计算结果表明促销员的皮肤质量与其销售业绩的"秩相关系数"是 0.73，可以理解两者存在显著的正相关关系。换句话说，促销员的皮肤质量是影响其销售业绩的原因之一，证明小王的直觉是正确的，而且在以后招聘促销员时应该把皮肤质量作为一个参考标准。

可见斯皮尔曼秩相关序数是定量判断销售变量之间因果关系的第二种方法（第一种方法是抽样统计）。这种统计方法简单易行，对于准确验证我们在销售工作中的经验或直觉判断具有重要的实用价值。读者可以阅读原著了解其他的非参数化统计方法。

6.5 统计预测法

无论我们是否意识到自己在做一些"预测"工作，实际上预测和销售工作是密不可分的，因为预测反映了人们希望知道未来不确定性变化的心理需求和生意需求。

销售工作中的预测问题大致可以分为两大类：

1. 定量判断因果关系（销售中的第三类不确定性问题）

这类预测针对销售中的第三类不确定性问题，我们判断这些因果关系的目的是预测以后类似的作用因素下销量的变动情况，这在统计学上被称为"因果预测"。

从微观角度来看，可能是某个终端的堆头、快讯、促销活动与终端销量的因果关系；从宏观角度来看，可能是广告投入、销售投入或者产品质量与销量的因果关系。总之，因果预测在销售工作中的各个层面都无处不在。

之前我们介绍了两种因果预测（或判断）的方法（抽样统计和秩相关系数），接下来我们将探讨数理统计学中最重要的因果预测模型——回归分析模型。

2. 判断销量或其他生意指标与时间序列之间的变动关系

这类预测针对销售中的第四类不确定性问题，简单地说，就是未来的生意将如何发展。这是通常意义上的"未来预测"。

从微观角度来看，可能是预测某个分销商或某个终端的生意发展趋势；从宏观角度来看，可能是预测企业的整体销量和利润的走势。影响生意发展的企业内外的因素非常之多，很多时候因果预测并不能满足预测生意整体发展的需要。从系统论的原理知道生意发展的昨天、今天和明天环环相扣，并且大多是逐渐演变的过程，一般不存在莫名其妙或突如其来的上升，以及无缘无故或不期而至的下降。

一般而言，生意发展（无论是宏观还是微观层面）总有其内在的规律和变化趋势，这为在预测中运用数理统计方法提供了可能。统计预测的基本思想就是**"让历史告诉未来"**，这与抽样统计中的**"从局部推断整体"**实际上如出一辙，因为在时间的长河中，历史（或者说过去）也就是一个局部，我们只能从历史中寻找线索并以此推测未来。接下来重点介绍"未来预测"（即第二类预测问题），其中的回归分析方法和其他预测方法也部分适用于因果预测。

每个企业及其每个客户（甚至每个终端）的生意发展轨迹可谓千差万别，但我们可以将所有宏观或微观的生意发展轨迹归纳成两种类型：

第一类：无明显的发展趋势（简称"无趋势"）。

所谓"无趋势"是指生意的发展轨迹呈现随机波动的现象，没有明显的升降或循环趋势。针对此类"无趋势"的生意预测，我们采用**"平滑预测法"**。

第二类：有明显的发展趋势（简称"有趋势"）。

所谓"有趋势"是指生意的发展轨迹呈现一定的升降或循环趋势。针对此类"有趋势"的生意预测，我们采用**"趋势推测法"**。

下面我们分别介绍平滑预测法与趋势推测法及其在销售中的应用，这两种预测方法统称为时间数列预测方法。

6.5.1 平滑预测法及其应用

平滑预测法就是旨在消除生意随机波动性的预测方法，包括移动平均法、加权移动平均法和指数平滑法三种预测方法。

平滑预测法的核心就是以"平均值"作为预测值，其统计原理基于之前介绍的大数定律和中心极限定理，即在试验次数（每月或每周的销售可视为一次试验）足够多的情形下，随机变量的概率分布服从于正态分布。简单地说，随机变量的取值在平均值附近概率最大。

1. 移动平均法

移动平均法使用时间序列中最近几个时期的数据值的平均数，作为下一个时期的预测值。移动平均法是最简单的平滑预测法，计算公式如下：

预测值 = 移动平均值 = 最近 n 期数据之和/n　　　　　　　　　　　　　　　　（6-14）

一般 n 设定为 3，如果生意波动较大可以设定为 6；需要在实际工作中根据预测误差不断调整 n 值。

统计学中最常用的衡量预测精度的指标是**均方误差**，即预测误差平方和的平均数，简称MSE（mean squared error）。

【例 6-4】某企业在 1 月的销量为 17 万，2 月为 21 万，3 月为 19 万，则第 4 月的预测销量 = $(17+21+19) \div 3 = 19$（万）。以此类推，每个月的销量预测都等于前 3 个月销量的算术平均值。4—9 月的均方误差是多少？

预测结果与实际值呈如下结果：

月	1	2	3	4	5	6	7	8	9
实际值	17	21	19	23	18	16	20	18	22
预测值				19	21	20	19	18	18
预测误差				4	-3	-4	1	0	4
预测误差的平方				16	9	16	1	0	16 ➡加总 = 58

则 4—9 月的 MSE = $58 \div 6 = 9.67$。

2. 加权移动平均法

加权移动平均法是给过往时间序列中的每个数值设定一个权数（重要性比例），所有的权数必须加起来等于 1。计算公式如下：

预测值 = 加权移动平均值 = 最近 n 期数据乘以各自权数，再汇总之和　　　　　（6-15）

一般是时间越近的数据给予的权重越大。对于最常用的 3 期平均预测法，一般最近的一期数值权重为 1/2，再往前一期是 1/3，最远一期是 1/6。

例如采用加权移动平均法对例 6 – 4 中的第 4 个月的销量作预测，计算如下：

第 4 个月的预测销量 = $17 \times 1/6 + 21 \times 1/3 + 19 \times 1/2 = 19.33$（万）

以此类推，每个月的销量预测都等于前 3 个月销量的加权平均值。

加权移动平均法一般比简单的移动平均法的准确度要高，但是如果生意波动很大，则运用简单的移动平均法更合适。

3. 指数平滑法

指数平滑法是加权移动平均法的一种特例，只选择最近一期数据的权数，其他时期数据的权数可以通过传递关系自动推算出来，并且数值离预测时期越久远，权数就变得越小。计算公式如下：

$$F_{t+1} = \alpha Y_t + (1 - \alpha) F_t \tag{6 – 16}$$

式中：F_{t+1} 表示 $t+1$ 期时间序列的预测值；Y_t 表示 t 期时间序列的实际值；F_t 表示 t 期时间序列的预测值；α 表示平滑常数，即最近一期数据的权数。

平滑常数 α 必须介于 0 和 1 之间，一般设定为 0.2，根据预测误差灵活调整。如果生意的随机波动较大，应选择较小的平滑常数，这样选择的原因是大多数预测误差是由随机波动引起的，我们不希望过分反映和太快调整误差；反之，如果生意的随机波动较小，应选用较大的平滑常数，原因在于当出现预测误差时可以迅速反映变化并自动作出调整。

具体的计算过程是从时间起点开始（第 1 期的预测值等于其实际值），应用上述公式逐步算出每个时期的预测值，然后再根据最近一期的实际值和预测值来对下一期的数值进行预测。整个计算过程并不复杂，但是比较麻烦，最好应用 Excel 软件自动计算。

6.5.2 趋势推测法及其应用

一般而言，生意发展轨迹属于完全随机波动的很少，大多数包含 4 个成分：

A. **趋势成分**（trend component）：尽管生意呈现随机起伏的形态，但在一段较长的时间内，仍然可能呈现逐渐增长或逐渐下降的变化态势，这种往某个方向的逐渐转变就是"趋势"。

B. **循环成分**（cyclical component）：尽管生意具有长期趋势，但是常常在更长期有周期性的波动，任何时间间隔超过 1 年的周期性波动都被视为循环成分，一般指宏观经济或行业的长期性波动。

C. **季节成分**（seasonal component）：一年内的有规则的波动视为季节成分，如饮料、空调、化妆品等企业的生意都存在季节成分。

D. **不规则成分**（irregular component）：泛指上述 3 种成分之外的其他因素，它说明了在分离趋势、循环、季节成分后的真正偏差。不规则成分是由那些影响生意的短期、不可预期和不重复出现的因素引起的。不规则成分是造成生意随机变动的因素，并且无法预测其对生意的影响。

趋势推测法就是根据过往生意的变化规律对未来作出预测的方法。

下面我们着重分析包含趋势成分和季节成分的趋势推测法。其大致可以分为以下步骤：

第一步：计算季节指数。

第二步：运用季节指数消除季节影响，确定回归分析模型。

第三步：运用季节指数调整趋势推测值。

当然，没有季节成分的趋势推测简单得多，只要直接完成第二步就可以了。下面逐一介绍趋势推测法的 3 个步骤，并围绕以下例子展开。

【例 6 – 5】王海是星光电视机厂的湖北区域经理。在 2018 年度评估中由于销售业绩突出，公司将其提升为东北市场的大区经理。王海在走马上任之前希望多了解一些东北市场的销售情况，这样才能对 2019 年的销售目标"心中有数"，既有利于和上级"讨价还价"，也能合理地将 2019 年的销售目标分配给自己的新下属。于是王海从财务部要来了 2015—2018 年东北市场每个季度的销售额数据，准备"挑灯夜战"，对东北市场2019年的销售目标作一个合理的预测。

1. 计算季节指数

所谓季节指数（seasonal index），就是对季节性对于生意影响作用的数值量度。

如果企业的销售没有季节性，则可跳过这一步。需要说明的是，这里的销量一般用企业的发运量作为近似数据，因为从长期来看两者应该基本相等。计算季节指数包括4个步骤：

A. 计算4个季度（或12个月）的移动平均数的具体方法参见之前的介绍；

B. 由于4个季度或12个月的移动平均数的分母都是偶数，所以计算出的移动平均数难以和某个季度精确对应，于是将连续的两个移动平均数再取平均值，得到"中心化的移动平均数"；

C. 用过往每个季度或每个月的实际数值除以所对应的"中心化的移动平均数"，就得到该季度或该月的"季节不规则值"；

D. 对每年的同一季度（或月）的季节不规则值取算术平均值，就是该季度（或月）的季节指数。

通过如表6-2所示的实例，读者很容易了解以上4个步骤的计算方法。

表6-2　　　　　　　东北市场"星光电视机"销售额的季节指数计算示例

年	季度	A 销售额 （万元）	B 4个季度的 移动平均数	C =（B1 + B2）/2 中心化的 移动平均数	D = A/C 季节不规则值
2015	1	4 800			
	2	4 100			
			5 350		
	3	6 000		5 475	1.096
			5 600		
	4	6 500		5 738	1.133
			5 875		
2016	1	5 800		5 975	0.971
			6 075		
	2	5 200		6 188	0.840
			6 300		
	3	6 800		6 325	1.075
			6 350		
	4	7 400		6 400	1.156
			6 450		
2017	1	6 000		6 538	0.918
			6 625		
	2	5 600		6 675	0.839
			6 725		
	3	7 500		6 763	1.109
			6 800		
	4	7 800		6 838	1.141
			6 875		
2018	1	6 300		6 938	0.908
			7 000		
	2	5 900		7 075	0.834
			7 150		
	3	8 000			
	4	8 400			

销
售
力

根据每年同一季度的"季节不规则值"取平均值，得到各季度的季节指数如下：

第一季度的季节指数＝（0.971＋0.918＋0.908）÷3＝0.93

第二季度的季节指数＝（0.840＋0.839＋0.834）÷3＝0.84

第三季度的季节指数＝（1.096＋1.075＋1.109）÷3＝1.09

第四季度的季节指数＝（1.133＋1.156＋1.141）÷3＝1.14

以上季节指数的含义如下：

（1）销售最好的季度是第四季度，比平均季度销售水平高14%；最差的季度是第二季度，比平均季度销售水平低16%。

（2）直观的解释可能是东北冬天很寒冷，人们减少了户外活动，所以电视机需求量上升；反过来，春季和夏季天气暖和，人们的各种活动增加，所以减少了看电视的兴趣。

4个季度（或12个月）的季节指数的平均值必须等于1。如果不等于1，需要进行微调，具体方法如下：

将每个季度的季节指数乘以4（如果月份则乘以12），然后除以未调整的季节指数的总和。

上例季节指数的平均值刚好是1，所以不需要调整。

找出季节指数的目的是在趋势推测中去掉季节影响，然后观测生意的发展趋势，这个过程的统计学术语是**"消除季节影响"：用每个季度（或每个月）的实际销量除以相应的季节指数，得到新的数据就是"消除季节影响"的数值。**

图6－2将实际销量与消除季节影响的销量作了对比，我们可以从中看出逐渐增长的趋势，但只是从定性的角度知道"逐渐增长"这个事实，对于预测并没有太大帮助。以往我们常常是根据经验主观设定一个增长比例作为预测的结果，但自己对这种增长比例也"心中没底"，而且很难说服别人。例6－5中的王海就遇到了这个难题，自己给出的增长比例如何能够说服上级和下属呢？如果大家没有标准的方法作为沟通的依据，那么争论是难以避免的，而且这种争论的结果往往最终取决于职位的高低。所以趋势推测的难点就在于如何量化这种增长（或下降）趋势，并以此相对准确地预测未来的销量。

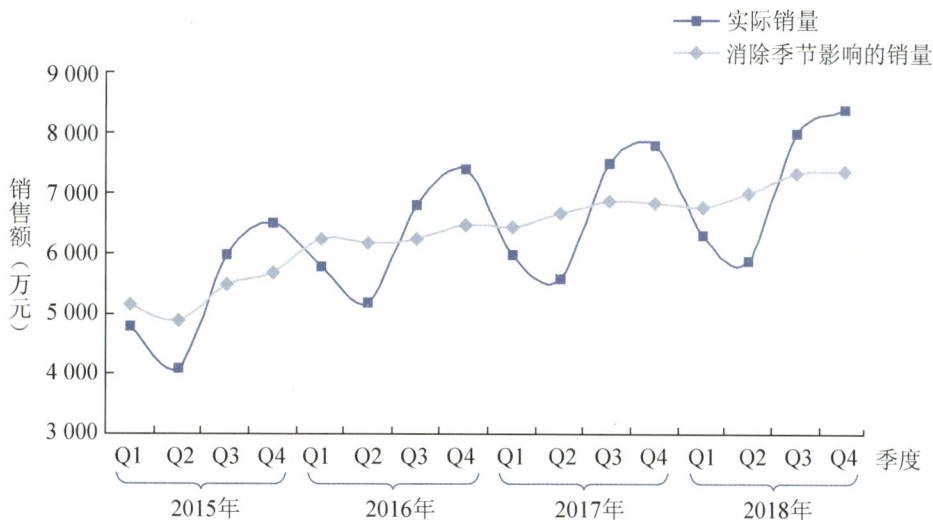

图6－2 消除季节影响前后的销量对比图

2. 建立线性回归模型

所谓回归模型就是描述因变量（如销量）与自变量（如时间或销售投入）相互关系的方程。线性回归模型是最常用的回归方程，因为其回归曲线是一条直线而得名；只有1个因变量和1个自变量的线性回归模型被称为简单线性回归，如销量（因变量）和时间（自变量）的预测模型。

数理统计学解决这个难题的方法是根据历史数据，消除季节影响后解出线性回归方程，然后将未来任一时期的时间值输入方程式，得到对应的销量预测值。

（1）简单线性回归方程。

$$y = b_0 + b_1 x \tag{6-17}$$

式中：y表示需要预测的结果变量（如销量）；x表示自变量（如时间）；b_0表示回归直线的截距；b_1表示回归直线的斜率。

所有简单线性回归方程的不同点就在于b_0和b_1的不同，而我们建立回归模型的重点就是找出具体的b_0和b_1的取值。基本的思路自然是从历史数据中寻找规律，相对合理地确定这两个重要的参数。

（2）运用最小二乘法确定回归直线的截距b_0和斜率b_1。

对于线性回归方程中b_0和b_1的所有可能取值，其判断标准当然是预测误差最小化，具体判断标准就是我们之前所讲的均方误差最小化。

所谓最小二乘法就是用微分学求出估计的回归方程的方法，其目标是使MSE极小化。

$$b_1 = \frac{\sum x_i y_i - (\sum x_i \sum y_i)/n}{\sum x_i^2 - (\sum x_i)^2/n} \qquad (i = 1, 2, \cdots, n) \tag{6-18}$$

式中：b_1表示回归方程中的"斜率"参数；x_i表示历史数据中自变量的第i值（如2015年第一季度的x_i取值为1）；y_i表示历史数据中结果变量的第i个值（如2015年第一季度的销售额为4 800万元）（注：如果存在季节性，需要将y_i先消除季节影响后再代入公式6-18）；n表示总的观测次数（如例6-4中共有16个季度的数据，则n值为16）。

$$b_0 = \bar{y} - b_1 \bar{x} \tag{6-19}$$

式中：b_0表示回归方程中的"截距"参数；$\bar{y}$表示结果变量的历史数据平均值（如例6-5中16个季度的平均销量）（注：如果存在季节性，$\bar{y}$是指消除季节影响后所计算的平均值）；b_1表示回归方程中的斜率（已由公式6-18解出）；$\bar{x}$表示自变量的历史数据的平均值。（注：如果是时间作为自变量，则把第一个季度或月份视为1，以此类推，然后将所有序号加总再除以数据个数。例6-5中的$\bar{x} = (1+2+\cdots+16) \div 16 = 8.5$）

上述公式的推导和证明已经超出本书的范围，微分学可以证明通过上述公式计算出的两个参数b_0和b_1，可以使回归方程的预测误差极小化。我们只要在销售预测中懂得如何应用上述3个公式就可以了。这些公式看起来复杂，其实无非四则运算加上平方计算而已。

运用上述公式我们对例6-5的回归方程计算如下：

①运用公式6-18计算回归方程的"斜率"参数b_1：

$$b_1 = \frac{915\ 078.03 - 136 \times 101\ 752.37 \div 16}{1\ 496 - 136^2 \div 16} = 147.60$$

（注：公式6-18中变量x的取值按照季度的序号来取值，如2015年第一季度取值为1，2016年第一季度取值为5，以此类推，最后2018年第四季度取值为16；101 752.37是对每个季度的实际销量除以季节指数后的数值加总而来的）

②运用公式6-19计算回归方程的"截距"参数b_0：

$\bar{x} = (1+2+\cdots+16) \div 16 = 8.5$

$\bar{y} = 101\ 752.37 \div 16 = 6\ 359.52$

$b_0 = 6\ 359.52 - 147.60 \times 8.5 = 5\ 104.92$

③将上两步所计算出的"斜率"b_1和"截距"b_0代入公式6-17得到如下回归方程：

$y = 5\ 104.92 + 147.60x$

式中：y代表预测销量；x代表季度序号。

3. 进行季节调整

所谓季节调整就是对趋势方程的预测值乘以所预测季度或月份的季节指数，得到最终的预

销
售
力

测值。

对于存在生意季节性的销售额预测，我们将公式 6 - 17 的回归方程修正如下：

$$y = (b_0 + b_1 x) \times 季节指数 \qquad\qquad (6 - 20)$$

式中：y 表示需要预测的结果变量（如销量）；x 表示自变量（如时间）；b_1 表示回归直线的斜率（由公式 6 - 18 计算得出）；b_0 表示回归直线的截距（由公式 6 - 19 计算得出）。

我们尝试用趋势方程来帮助例 6 - 5 中的王海预测东北市场星光电视机在 2019 年 1 月的销售额：

（1）运用上述的回归方程计算趋势推测值：

y = 5 104. 92 + 147. 60 × 17 = 7 614. 12（万元）

（注：2019 年第一季度的序号是 17，所以在回归方程中的 x 值就是 17）

（2）用之前计算出的第一季度的季节指数 0.93 进行季节调整：

2019 年第一季度的销售额预测值 = 7 614. 12 × 0.93 = 7 081. 13（万元）

说明：我们可以同时得出 2019 年第二、三、四季度的销售额预测值。当第一季度结束之后，应该用第一季度的实际销售额加入历史数据中以修正"斜率"b_1 和"截距"b_0 的值以及季节指数的取值，这样对之后的销售预测会更准确。以此类推，每个季度结束后就将其实际销售额加入历史数据修正三大参数的取值。

在销售工作中我们更多的是以月份为单位来预测销售额，月份预测的计算过程和所用统计公式与之前的季度预测完全相同，只是注意以下两点：

A. 以 12 个月的移动平均数来取代 4 个季度的移动平均数；

B. 计算每个月的季节指数，而不是每个季度的季节指数。

4. 趋势推测法小结

趋势推测法是在销售工作中经常使用的预测方法，因为大多数生意发展轨迹都包含趋势成分，不少行业还存在季节成分；至于循环成分大多指宏观经济的运行周期或行业发展周期，日常销售工作中一般不用考虑，而不规则成分是不可预测的。

<u>趋势推测法的基本思想可以概括为"先分再合"</u>，即先从生意发展轨迹中分离出季节成分来判断趋势，再结合季节成分确定最终预测值。在实际工作中，趋势推测法具有极其重要的实用价值，并且往往和因果预测法结合使用。趋势成分和季节成分反映了生意发展的"惯性"和规律，趋势推测法就是对这种"惯性"和规律的预测。如果未来有重要因素的变动，例如广告投入会大幅增加或减少，则针对性地应用因果预测法对趋势推测法的结果进行调整，如果没有重大变动则不需要调整。

不难看出，两种预测方法对于我们在销售工作中把握未来的不确定性具有非常重要的实用价值。当然，这需要我们改变过去凡事靠经验或直觉判断的思维习惯，只要我们能够学以致用，就可以在工作中将**"知识转化为生产力"**。

关于回归分析模型，最后补充说明三点：

（1）如果销售没有季节性，则无须事先计算季节指数，也不需要进行事后的季节调整。

（2）简单线性回归方程也适用于因果预测模型，如销售额与广告投入的回归分析、销售额与分销密度的回归分析等；但是要求自变量是连续变量，否则得到的方程式没有实际意义。

（3）简单线性回归模型只是最简单的回归分析方法，还可以建立多个自变量的回归方程，如建立销售额与分销密度、促销投入、广告投放等多个自变量一起的回归方程，这种方法被称为**多元线性回归模型**。此外，还可以建立**非线性回归模型**，即回归曲线不是直线，特别适用于边际报酬先递增后递减的相关关系。但是，这些数学模型非常复杂而且要求使用者具备高等数学知识，在实地销售工作中，运用简单线性回归模型已经可以满足需要，即使边际报酬变动的回归曲线在某一段也可近似看成直线。此外，还有简单的定性预测方法，就不再介绍。

6.5.3 预测准确度的判断方法

人们对于任何预测总会问："**预测与现实究竟有多接近？**"统计学中描述预测准确度的术语是**拟合优度**，判断拟合优度的重要指标是**判定系数**。

$$r^2 = SSR/SST \qquad (i = 1, 2, \cdots, n) \tag{6-21}$$

式中：r^2表示判定系数；SSR（squared sum of regression）表示回归平方和；SST（squared sum of total）表示总的平方和。

$$SSR = \sum (\hat{y}_i - \overline{y})^2$$

式中：$\hat{y}_i$表示第 i 个预测值，i = 1, 2, $\cdots$, n；$\overline{y}$ 表示结果变量的 n 个实际发生值的平均值。

$$SST = \sum (y_i - \overline{y})^2$$

式中：$\hat{y}_i$表示第 i 个实际发生值，i = 1, 2, $\cdots$, n；$\overline{y}$ 表示结果变量的 n 个实际发生值的平均值。

与SSR 和SST 相关的一个概念是SSE（squared sum of error），意为误差平方和，而且可以证明 SST = SSR + SSE 。

$$SSE = \sum (y_i - \hat{y}_i)^2$$

式中：y_i表示第 i 个实际发生值；$\hat{y}_i$表示第 i 个预测值，i = 1, 2, $\cdots$, n；任何一个y_i和$\hat{y}_i$之间的离差被称为第 i 个残差。

此外，从判定系数很容易推算出两个变量之间的"样本相关系数"：

$$r_{xy} = \pm \sqrt{r^2}$$

r_{xy}是一个介于 -1 和 $+1$ 之间的数值。$\pm$ 符号就是回归方程中斜率 b_1的符号，符号为正表示正相关，即两个变量往同一方向变动；反之，则往相反方向变动。r_{xy}的绝对值越大，则表示相关性越强；反之，则表示相关性很弱。这和之前介绍的斯皮尔曼秩相关序数的含义相同，只是计算方法不同而已。

判定系数r^2 总是一个介于 0 和 1 之间的百分比，对其含义理解如下：

（1）判定系数是对预测的拟合优度的数值度量。

（2）判定系数的百分比表示回归方程或其他预测方法对现实解释程度的百分比，剩余部分则是未能解释或预测的比例。换句话说，我们可以把SSR 理解为SST 中已被解释的部分，SSE 理解为 SST 中未被解释的部分。

（3）显然，判定系数越大，则拟合优度越高，或者说预测的准确度越高。如果判定系数等于 1，就是完全拟合；如果判定系数为 0，则是最差的拟合。

运用判定系数r^2，我们就可以精确度量预测方法的准确性，并据此灵活调整预测方法或相关参数，不断提高预测精度。

6.6 数理统计及其应用小结

数理统计涉及的内容较多，而且对于大多数读者可能比较陌生，用图 6-3 直观地表述所有内容之间的逻辑关系。

图 6-3 所涉及的数理统计知识仅仅是**概率论与数理统计**中的"冰山一角"。本书主要针对销售工作中的四类不确定性问题，向读者介绍一些实用的数理统计方法。需要说明的是，数理统计是一门非常严谨的科学，本书的部分方法只是简化的近似公式，对于更复杂的内容没有涉及。例如抽样统计中还有更复杂的分层抽样和整群抽样等方法；回归分析模型中还有多元回归模型和非线性回归模型等。一般的销售工作所要求的精度运用本书介绍的方法基本可以满足。

本书的核心内容可以"浓缩"为第 6 章中的 21 个统计公式，我们至少应掌握和应用其中最重

销售中的不确定性问题

第一类不确定性的问题：分析对象数量巨大，如何以低成本把握总体信息

第二类不确定性的问题：如何判断客户或下属提供报表的可靠程度

第三类不确定性的问题：如何定量判断事物间的因果关系，作为决策依据

第四类不确定性的问题：如何预测未来企业整体或某区域的销售额等指标

从局部推断整体

用样本均值推断总体均值

用样本均值推断总体总量

用样本比例推断总体比例

让历史告诉未来

因果预测法
通过历史数据精确判断变量之间的因果关系

时间数列法
通过过往时期的连续数据精确判断生意趋势与规律

回归分析

抽样后的统计推断

运用点估计的方法根据样本统计量推断总体参数

运用区间估计的方法确定点估计的置信区间及置信水平

抽样前的最佳样本容量确定

设定允许误差及置信水平

预估总体或样本标准差

运用统计公式计算最佳样本容量

非参数化方法

适用于对难以量化因素之间的相关性判断，常常是此类问题的唯一途径，如斯皮尔曼秩相关系数

趋势推测法

适用于具有趋势成分或季节成分的普遍生意轨迹
（1）计算季节指数，量化季节影响作用
（2）消除季节影响后，建立趋势的线性回归方程
（3）对趋势方程的预测值进行季节调整

平滑预测法

适用于随机波动的生意轨迹

移动平均法

加权移动平均法

指数平滑法

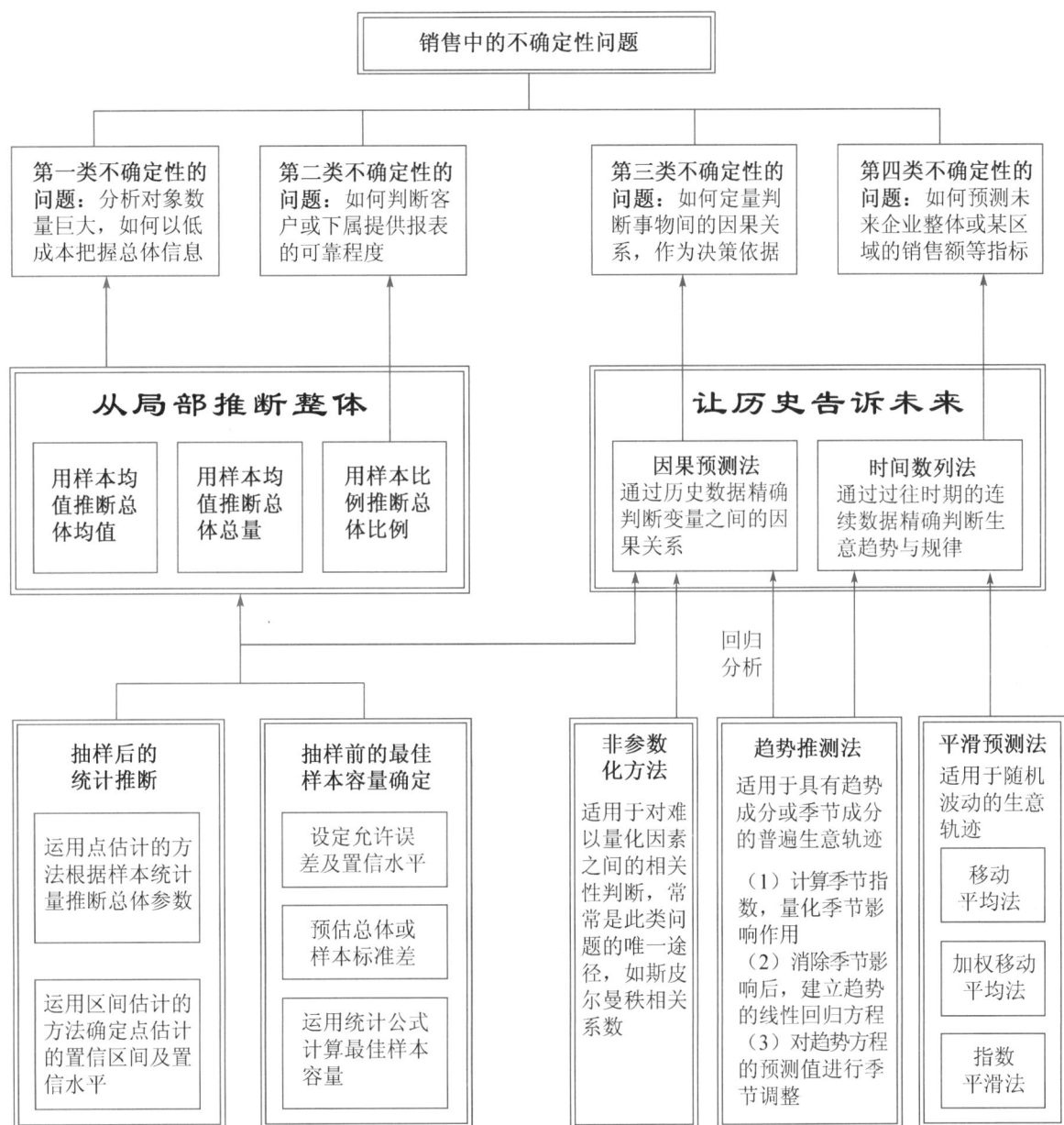

图 6-3　销售中的数理统计应用示意图

要的 8 个统计公式：

重要公式 1：点估计中对样本标准差的计算公式。

$$s = \sqrt{\sum (X_i - X)^2 / (n - 1)} \qquad (i = 1, 2, \cdots, n) \qquad (6-2)$$

重要公式 2：区间估计中对总体均值的置信区间的计算公式。

$$X \pm Z_{\alpha/2}(s/\sqrt{n}) \qquad (6-3)$$

重要公式 3：给定总体均值的允许误差 B 时的最佳样本容量（简化）计算公式：

$$n = (Z_{\alpha/2})^2 s^2 / B^2 \qquad (6-10)$$

···················以上为抽样统计的 3 个重要公式···················

重要公式 4：斯皮尔曼秩相关序数的计算公式。

$$r_s = 1 - 6 \sum d_i^2 / [n(n^2 - 1)] \qquad (i = 1, 2, \cdots, n) \qquad (6-13)$$

···················以下为统计预测的 4 个重要公式···················

重要公式 5：简单线性回归方程的计算公式。

$$y = (b_0 + b_1 x) \times 季节指数 \quad （如果不存在季节性则不需季节指数） \tag{6-20}$$

重要公式 6：简单线性回归方程中斜率 b_1 的计算公式：

$$b_1 = \frac{\sum x_i y_i - (\sum x_i \sum y_i)/n}{\sum x_i^2 - (\sum x_i)^2/n} \quad (i = 1, 2, \cdots, n) \tag{6-18}$$

重要公式 7：简单线性回归方程中截距 b_0 的计算公式：

$$b_0 = \bar{y} - b_1 \bar{x} \tag{6-19}$$

重要公式 8：衡量统计预测拟合优度的判定系数计算公式：

$$r^2 = SSR/SST \quad (i = 1, 2, \cdots, n) \tag{6-21}$$

最后，以数理统计两大基本思想（仅代表本书观点）作为该部分的结束语：

> 从局部推断整体，让历史告诉未来。

6.7 数据库理论概述

销售是一项整天同数据打交道的工作，我们收集和分析数据的目的是更科学地决策。从边际分析法知道，如果分析数据所新增的收益（如科学决策所新增的销量或费用的节约）大于分析数据本身的成本（主要是时间成本），显然数据分析是没有意义的。换句话说，我们在**销售工作中运用数据分析的准则是边际成本≤边际收益**。

6.7.1 数据处理能力的重要性

一个销售管理者的权限往往体现在其可以接触的生意数据的数量，职位越高所接触的数据量就越大。如果我们的数据处理能力较弱，自然意味着同样的数据分析工作所需耗费的时间越多，即数据分析的边际成本越高，根据上述准则意味着大量的数据将得不到充分利用（见图6-4）。更直接的理解就是，**所谓的权力实际上只能让你粗略了解生意运行的结果，仅仅"知道了结果"本身并不能改变以后的生意结果。**

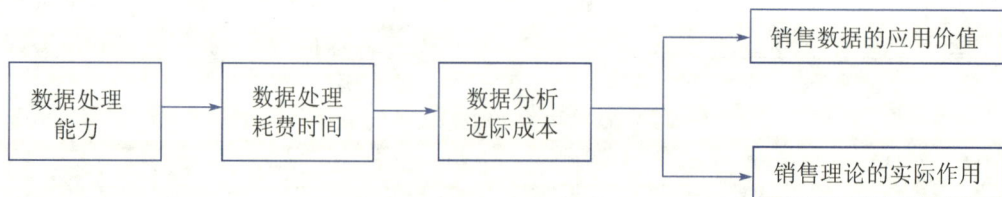

图 6-4 数据处理能力对销售工作的重要性

例如一个企业的总经理当然可以接触公司所有的生意数据，销售总监可以接触所有的销售相关数据。如果他们（包括其秘书或文员等）不具备较强的数据处理能力，那么多的原始数据实际上并不能提供什么有价值的信息，一般的管理者无非看看最后的加总结果而已，如总回款、总利润、总发运量等。这些汇总数据只是反映生意运行的结果，如果需要找出生意的机会点或问题点并制定相应策略，这些数据并没有多大帮助。换句话说，仅仅"知道了结果"本身并不能改变以后的生意结果。如果是客户或下属销售人员提供的报表，又无法知道真假（运用抽样统计方法同样需要较多的数据处理时间），一个"信也不是，不信也不是"的数据难以产生多大的价值。

另一方面，本章前面所介绍的交易成本理论、委托代理理论、博弈论、微观经济学、系统论的**"着眼点"和"落脚点"一般都是量化的数据**，这是所有科学的基本特征。数理统计原理虽然为这些理论提供了解决"不确定性问题"的计算方法，而且那些统计公式只是简单的四则运算加上平方与平方根计算，但是又带来了计算量很大的新问题（因为样本数据往往很多）。可能有的读者已经在想："这么麻烦的计算过程能有什么实用价值，有这个时间我还不如干脆普查好了，或者我就算靠经验或直觉行事也比花掉的计算时间要划算。"本书所介绍的各种理论的应用都比普通方法要求更多的数据处理工作，如果缺乏有效的数据甄别和处理技术，那么所谓的"销售理论力"也只能是"水中月，镜中花"。

6.7.2 数据库应用在销售中的必要性和可行性

从图6-4可以看出数据处理能力对销售工作的实用价值：一方面降低了数据处理的边际成本；另一方面扩大了各种销售数据所产生的边际收益。也就是说，较高的数据处理能力降低了数据分析的门槛，同样一项数据处理的工作对于数据处理能力较弱的人而言可能是不可行或不合算的行为，对于具备较强数据处理能力的人也许只是"易如反掌"的事情。

当然，只要给予足够多的时间，理论上所有的数据处理工作都可以通过"人工处理＋计算器"的方法来完成。但是时间是最重要的稀缺资源，并且可以通过其机会成本与其他费用同等比较，应用计算机可以极大地提高数据处理能力。换言之，处理同样的数据量可以节省大量的人工时间。下面的例子是作者亲身经历的一个案例，可以充分说明学习数据库知识对于提高数据处理效率的意义。

我刚到一个企业工作，秘书为我准备了大量的Excel报表。从这些报表中我看到了明显的人工处理的痕迹，比如一些小数点被输入成了句号。于是我随意选了一张包含800多个终端销量的统计表，问秘书花了多长时间从原始数据中统计出来，她说用了整整两天的时间。我找出原始数据，运用Excel的"数据透视表"功能，只用了30秒就自动生成了类似的统计报表，而且100%准确。如果我们把1天工作时间算作8小时，则16个小时与30秒相比是1 920倍。这个数字确实让人难以想象，但并非一个特例，很多时候数据库知识帮助我们提升的效率远不止于此。后来我才了解到包括该秘书在内的各个部门人员整整花了1个月的时间才准备完所有的报表，实际上如果事先运用数据库的基本知识构建了良好数据结构的原始数据表，只需要一个人半天的时间就足够了。顺便说一下，该秘书后来成了Excel"专家"。

1. 销售工作中巨大的数据量导致数据库应用的必要性

设想你是某企业的大区经理，下辖30个分销商和10个直供终端，我们暂不考虑对分销商下线终端的数据分析，至少你需要对这40个直接客户的生意数据有一定的了解。

（1）所有的原始数据至少可以从以下四个角度来划分：

A. 总共有40个直接客户。

B. 每个直接客户的主要生意指标，如销量、回款、库存、工资及各类费用等，假定为10个指标。

C. 每个客户的上述生意指标又可以按产品品类来细化：假定平均为5个品类（我们暂不考虑细分至单品）。

D. 每个月都在不断产生上述数据：假定只考虑12个月，则一年所产生的数据量为24 000个原始数据。

（2）通过原始数据可以产生的报表数量。

A. 任何一张报表只能是两维报表，即上述任意两项的组合，比如客户明细与生意指标组合成一年的生意汇总报表、客户明细和月份组合成一年的某项生意指标（如销量）的"客户每月某项指标明细表"；根据简单的排列组合计算，可知有6种组合方式，即6种报表格式。

B. 一般而言，任意两项组合而成的报表数量是剩余两个因素所含单位数量的乘积，即在同样的报表格式下有多种数据填入方式。例如客户明细和月份组合的"客户每月某项指标明细表"，有10个指标及5个产品品类，即60种数据填入方式；比如产品品类1的销量在客户和月份中的分布是其中一种填入方式，产品品类2的库存在客户和月份中的分布是另外一种填入方式。

将以上两项综合起来总共可能产生 1 310 张报表，当然有些客户或产品以及某些次要指标你可能不想具体了解，我们假定只需要其中 10% 的报表，也有 131 张报表。但是很多时候你考虑问题的尺度可能并非上述基本尺度，比如你可能想将客户的数据汇总为城市或省份，所以最终可能的报表至少超过200 张。

实际上以上测算只是最低限度的数据量，即使如此也可以看出用人工处理的方法是不现实的，所以不少销售经理在工作中只是简单看看客户的回款和费用汇总数据就够了。正如我们前面指出，仅仅知道生意结果本身并不能改变以后的生意结果。于是，原始数据中所蕴藏的大量有价值的信息就与我们"失之交臂"了。

2. 销售工作中应用数据库知识与软件的可行性

如果学习数据库知识的时间成本高于边际收益，显然数据库应用是没有意义的。所以可行性的问题就转化成两个问题：

A. 究竟学习数据库知识以应用相关软件，能为我们提供多大的帮助？

B. 学习数据库知识需要花费多少时间成本？

（1）在销售工作中应用数据库软件的价值。

很多客户和同事总会问我一个问题："究竟电脑能帮助我们做什么？"我的回答总是："除了不能帮你输入原始数据，其他所有数据计算和报表生成等工作都可以由电脑自动完成。"换句话说，我们所要做的只是输入原始数据，这是任何数据库软件都不能代替的（销售中的许多原始数据并不能如终端的 POS 机一样自动扫描），其他所有的工作都可以交给电脑自动完成，形象地说就是："只要你想得到的，电脑都能做得到。"

再加上销售数据的两个特点，使数据库软件的价值可以得到充分体现：

A. 空间上存在数据结构或计算方法的相似性。 每个客户、每个终端或每个产品的原始数据类型往往是相同的，差异只表现在具体数值的不同，而且所有生意指标的计算公式都完全一致。再比如上一节所讲的抽样统计公式，无论在何时何地进行抽样统计，计算方法都是一样的。

B. 时间上存在大量相同计算方法的重复性。 每个月所产生的数据类型与上个月并没有什么差异，而且每一次改变往往意味着之后又是相同的重复。比如抽样统计等工作往往也是经常性的。

由于销售数据的处理工作存在空间上的相似性和时间上的重复性，所以一个简单的程序可以被大量地重复使用，这样学习数据库知识和编写程序的时间成本就可以被分摊到几乎为零的地步。

以最简单也最常用的销售人员（包括促销员）工资表为例，各个城市的奖金计算方法往往一致。假如一个企业有 100 个城市的销售经理需要提交工资表，即使按 12 个月来算，也有 1 200 张工资表，假定手工计算每张工资表需要半小时，那么一年就需要耗费 600 小时。如果我们用两个小时的时间编写一个自动计算的工资表，即实地销售经理只需要输入原始数据，所有计算由电脑自动完成，那么完成一张工资表的时间可能会缩减到 5 分钟，一年所耗费的时间总共是 100 小时，即节省了 500 小时的时间，整个投入产出可以看成是 2∶500。这还不考虑电脑计算的 100% 准确度和后续处理的方便性。

（2）学习数据库知识会不会耗费太多时间呢？

学习数据库知识和生意中的许多规律一样，也遵循边际报酬递减规律，即我们只需要耗费很少的时间就可以掌握基础知识，已经可以应对一般的销售数据处理问题，大多数的销售经理并不需要成为"数据库专家"。

现在的数据库软件都尽可能让用户方便使用，即软件设计中的"界面友好"准则。比如上一节的统计公式，如果有人指点的话，只需要 5 分钟就可以学会如何在 Excel 软件中设计一个计算公式，并且可以重复使用，以后只需要输入具体参数和原始数据，计算结果就可以瞬间自动生成。如果完全自学，至多两天就可以掌握如何设计自动计算的公式。反过来，我们采用"手工＋计算器"的方法，每次至少需要半小时才能计算出一个答案，而且难保 100% 正确。

此外，很多企业都有数据库系统，为什么还要自己学习呢？原因在于这些系统更多的作用是管理生意的运作，提供的分析功能很少，而且一般只包含企业可控的发货、回款、费用等数据，并不涉及对于销售工作很有意义的实地销售数据，特别是其设计对象几乎不是面向实地销售经理的。

那么，为什么我们不可以将销售工作中的计算程序和数据库设计工作交给软件公司或公司内的IT部门去做？原因很简单，销售工作（特别是实地销售）中所需要的计算程序和小型数据库，如果请软件公司来设计往往成本太高；如果请IT部门来做，你必须向其提供详细的"需求说明书"，这个时间也不可低估。更重要的是，销售工作存在很大的变动性和灵活性，凡事都请别人做毕竟不方便，何况我们学会基本的数据库知识并不需要耗费太多的时间。

3. 如何鉴定数据库应用的范围

如图6-5所示，应用数据库软件需要耗费学习和设计简单程序的时间，这是固定成本，随后增加的边际成本只是输入原始数据的时间。所以，如果重复处理的数据量越大，意味着越需要应用数据库软件来处理数据。换句话说，销售经理的职位越高，企业的规模越大（往往意味着数据量越大），则数据库应用的价值就越大。

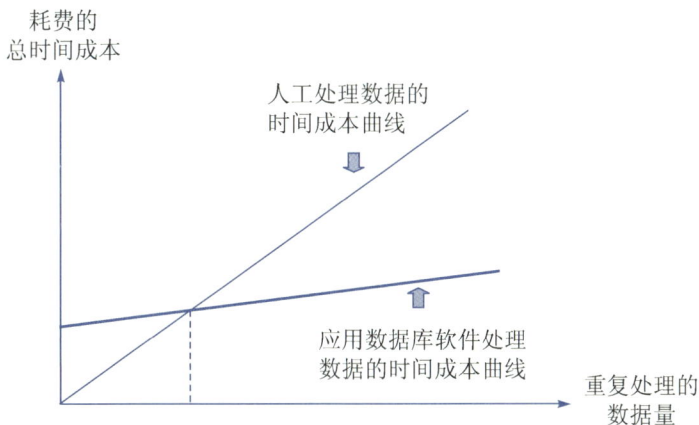

图6-5　应用数据库软件的成本分析

作者在工作经历中常常听到一些下属说："我也知道电脑有用，就是太忙了没时间学习。"其实这就是前面系统论所讲的"增强性反馈环路"，越不学习运用电脑提高工作效率，就会越忙；越忙则更没时间学习。后来我把电脑书送给他们并当场演示数据库软件的强大威力，他们都改变了看法，并更多地应用数据库软件提高工作效率。其实很多时候我们不愿去尝试新事物的背后原因是不了解，希望接下来的内容可以为不了解数据库知识的读者打开一扇窗户，激发学习数据库知识的兴趣。

6.7.3　数据库知识概述

数据库是一个计算机术语，指与某个主题或商业应用程序相关的信息集合。为便于访问和检索，数据库把这些相关的信息按照某种逻辑方式组织在一起。简单地说，数据库就是一个与对象关联的数据容器。

所有的数据库都分为两大部分：一是原始数据表；二是相关的运算程序。

数据库的基本概念如下：

1. 与原始数据表相关的基本概念

（1）表（table），又称为数据表，就是把信息逻辑性地组织成行和列的数据容器，所有的原始数据都存储在"表"中。一般数据库都包含多个表，分门别类地存储各种信息。

注：数据库中的"表"和我们通常说的表格既有联系又有区别：联系之处在于从外形上看都是由纵横交错的方格组成；区别的地方在于"表"的每一行代表一条行信息，并且具有相同的数据结构。

（2）字段（field）。表的每一列数据所代表的含义称为"字段"。例如一个销售人员的基本信息被拆分成姓名、性别、入职日期、职位、基本工资等，这些属性就是"人员信息表"的字段。

（3）记录（record）。表的每一行数据称为一条"记录"。例如张三的所有个人信息在表中用一行数据表示，被称为"人员信息表"的一条记录。

（4）单元（cell）。表的行（记录）与列（字段）的相交处就是"单元"，每一单元内存储的数据称为"值"。一行包含同一个对象的所有字段的单元，一列包含同一字段的所有对象的单元。

（5）主键（key）。表的所有字段中必须有一个唯一确定记录对象的字段，即该字段的值不能重复，这个字段就称为"主键"。例如"个人信息表"中姓名一般就是主键，如果有同名的人员，则必须用人员编码作为主键。

2. 数据运算的基本概念

（1）查询（query），类似于向数据库提问，是一组操作的集合。例如我们可能会查询张三的个人信息，也可能查询所有"男性"的销售人员名单，或者查询所有"男性"的区域经理等。

（2）报表（report），就是根据原始数据，由数据库软件按照事先设计的运算程序自动生成的数据组合。例如我们可以设计程序，由数据库自动生成所有"男性"的区域经理的统计报表。

3. 数据库知识在销售工作中的应用分类（见图 6 – 6）

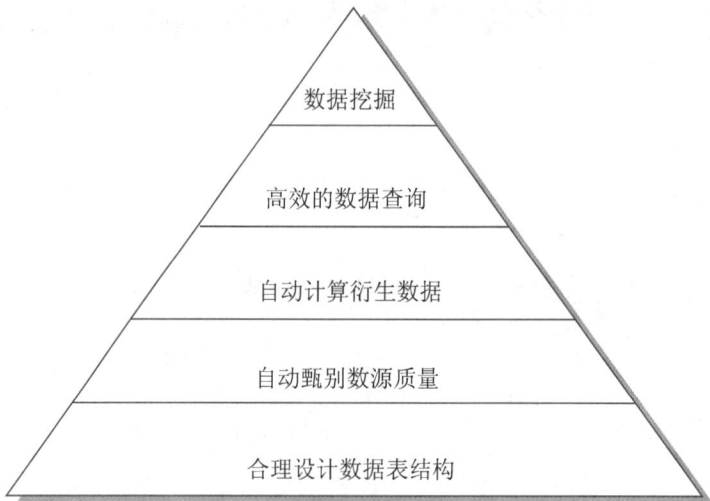

图 6 – 6　数据库知识在销售工作中的应用分类

4. 学习数据库知识并在销售工作中应用数据库软件处理数据

（1）**极大地降低数据处理的时间成本。**理论上我们只需要耗费输入原始数据的时间，其他工作全部由电脑自动完成。

（2）**使各种报表与原始数据完全"同步"。**虽然人工处理也可以完成各种报表，但是运用数据库软件可以使各种报表达到和原始数据"同步"的程度，即原始数据输入完毕，所有的报表也"瞬间"自动完成。这对于我们及时把握生意动态很有实用价值，并不是简单地节约数据处理时间的问题。

（3）**所有的报表成为了"活报表"，可以根据需要自由"剪裁"。**由数据库软件自动生成的报表与人工完成的报表最大的区别在于，人工完成的报表是无法动态变化的"死报表"，而通过数据库软件生成的同一份报表可以根据使用者的不同需要"变体"为成百上千张报表。例如前面所讲的大区经理所需的报表，如果由人工完成就是需要多少张就必须做多少张报表，而通过数据库软件顶多只需要设计 6 个不同方面组合的报表格式，所有的填入内容可以简单地通过选择"下拉箭头"的选项来灵活变化，也就是说 6 份报表代表了 1 310 张报表。假如再设计一些简单的程序，那么只需要一份报表格式就够了，所有可能的报表组合都可以通过选择"下拉箭头"的选项来自由"剪裁"，并且所有的图表都可以同步改变。

此外，原始数据改变后（如新增了本月的数据），人工统计必须重新制作报表，而电脑自动生成的报表会根据原始数据的改变而"同步"改变，其效率差异可想而知。

从以上两个方面可以看出，数据库软件自动生成的报表是名副其实的"活报表"。

一般人们都认为，运用电脑软件处理数据无非节省了时间（即上述第一点），实际上那只是最表面和最微不足道的价值，真正的魅力在于上述第三点，这不是简单的节省时间的问题，而是将枯燥、麻烦的数据分析变为了一项轻松而愉快的工作。

我们所讲的数据库软件泛指一切与数据处理相关的电脑软件，其中销售工作中最常用的是Excel。严格地说，Excel 是"电子表格软件"，并非真正意义上的数据库软件。但是由于 Excel 简单易学而且应用很广泛，并且也包含了相当部分的数据库功能，所以对于各级销售经理而言是最适合的数据处理软件。此外，当数据量较大时我们也使用 Access 数据库软件。如果企业有数据库系统，则可将其视为部分原始数据的来源，我们学习和使用 Excel 或 Access 软件的目的是对这些原始数据和实地销售中产生的数据（如分销率、单店销量、客户库存等）进行高效的处理和分析，以提高销售工作中的数据处理能力。

6.8 合理设计数据表结构

本书所讲的"数据表"如果没有特别说明都指数据库中的"表"，即存放原始数据的空框，并非泛指一切表格。从图 6-6 中可以看出，合理设计数据表结构是一切数据处理的基础，如同整座"数据大厦"的地基。本节有关数据库知识的介绍将围绕案例 6-1 来展开。

案例 6-1　　　　　　　　　　**客户进销存数据库的应用（一）**

王海是星光电视机厂的湖北区域经理，在 2018 年度评估中由于销售业绩突出，公司将其提升为东北市场的大区经理。王海在上任之前从财务部要来了 2013 年至 2018 年东北市场每个月每个客户的回款和发运数据，到任之后发现前任大区经理并没有留下"客户进销存"的数据，这些数据显然不可能从公司总部获得。按照王海的经验，这些数据是最重要也是最基本的实地销售数据，于是准备自己建立一个小型数据表来收集这些数据。

于是王海根据自己的经验设计了如表 6-3 所示的客户进销存季度统计表。

表 6-3　　　　　　　　　　　　　　**客户进销存季度统计表**

客户名称	城市	省份	第（　）月数据			第（　）月数据			第（　）月数据			第（　）月数据		
			进	销	存	进	销	存	进	销	存	进	销	存
（略）														

注：（1）本表是销售经理根据经验或直觉最容易设计的数据表格式；（2）因为一张 A4 纸的宽度往往只能容纳一个季度的数据，所以通常是季度统计表。

表 6-3 的格式显然是从人工处理数据的角度出发，虽然对每个客户的进销存原始数据可以一目了然，但是在后续的数据分析中则"困难重重"，例如：

（1）如果要计算每个客户上月的库存天数等衍生指标，或者要以城市或省份为单位考察进销存状况，势必要人工计算并重新设计另外一个表格。

（2）有时我们想重点分析某一省份各城市或各客户的进销存状况，比如王海不可能将整个大区的数据都提供给各省区域经理，所以每个省就各需要另外一张报表。

（3）有时我们希望将半年甚至一年、两年的进销存数据放在一起，观察整体发展趋势，而且同样存在以客户、城市、省份为不同单位来分析的需要，这样工作量自然很大。

（4）如果要在数据基础上绘制各种直观的图表，显然上述数据格式难以胜任。

总之，上述"客户进销存季度统计表"只能提供单一的信息，原始数据的价值无法得到充分发挥；换句话说，只能让我们知道生意结果，对于决策的帮助并不大。这是一张典型的缺乏数据库知识的凭直觉或经验设计的数据表，类似的数据表在各级销售经理中非常普遍。

6.8.1　数据表设计的三个基本原则

销售工作中"数据表设计"的常见问题及对应的三个基本原则：

1. 没有注意将原始数据和衍生数据分开

所谓"衍生数据"指可以通过原始数据计算得到的数据。例如，利润就是销售额和费用的衍生数据，无须收集；再比如，所有的汇总值和比例等都是衍生数据。

▶ **数据表设计的基本原则 1：**

数据表只能包含原始数据，一切衍生数据由软件自动计算。

这样的好处在于有效节省存储量，因为所有的衍生数据都可以在需要时由事先设定的计算程序自动计算；另外，保证所有"衍生数据"的计算 100% 准确。

2. 没有"数据表"和"报表"的区分意识，往往一个表格既是原始数据表也是报表

所谓"报表"是从数据表中抽取的原始数据加上所需衍生数据的组合。案例 6-1 中的客户进销存季度统计表实质上应该是一个报表，但也是存放原始数据的数据表。

▶ **数据表设计的基本原则 2：**

数据表必须严格按照"字段 + 记录"的格式设计，每个字段不能随意更改。

案例 6-1 中每个数据表的月份总是在不断改变，这就不符合字段的定义。解决方法是增加一个"月份"字段，然后再加上进销存三个字段。

3. 缺乏"数据集成化"的思想，经常将同类数据分散存放在多个数据表中

例如案例 6-1 中将客户的进销存数据以季度为单位分成若干表格。

▶ **数据表设计的基本原则 3：**

同类数据必须存放在一个数据表中。

这样做的好处是可以方便后续的查询和分析工作。

根据上述三个基本原则，我们对王海设计的"客户进销存季度统计表"进行修改（见表 6-4）。

表 6-4　　　　　　　　　　**客户进销存季度统计表（改进后）**

客户名称	城市	省份	月份	进货额	出货额	月末库存额
（略）						

注：每月的月末库存额也就是下月的月初库存额。

满足了上述三个基本原则的数据表可以算是"合格"的数据表，即能够用数据库软件的计算程序自动生成各种报表。例如表 6-4 就可以运用 Excel 的"数据透视表"功能轻松地完成各种进销存报表并且同步生成图表。

注：读者可以按照表 6-4 的格式设计一个 Excel 表，并输入一些测试数据。首先将所有的原始数据区域点中，之后选择顶部菜单栏的"数据"，并在其下拉菜单中选择"数据透视表和数据透视图"，然后根据提示进行简单的操作，不用 1 分钟就可以得到你想要的报表，并且报表格式和内容可以随意组合。

6.8.2 数据表设计的三大范式

但是仅仅满足三个基本原则的数据表，并非设计"优秀"的数据表。例如我们在操作中会遇到下列问题：

客户名称和所在城市及省份总要不断地重复输入，而且输错一个字电脑都认为是代表不同的含义。例如"沈阳市好运公司"和"沈阳好运公司"在电脑中视为两个不同的客户，或者"沈阳市"与"沈阳"也视为两个不同的城市。显然表6－4既输入麻烦又很可能出错。

数据库理论中有明确的数据表结构的设计标准，称为"范式"，顾名思义就是规范的格式，常缩写为 NF（normal format）。按照要求从低到高的顺序分为三个范式：

1. 第一范式（NF1）

第一范式要求去掉所有重复的数据组，即把重复的数据移到它们各自的"表"中。例如，表6－4中的"省份"与"城市"在意义具有重复性，应该将"省份"移到另外一个表中。

2. 第二范式（NF2）

第二范式要求每个表拥有预定义的主键。第二范式的具体要求就是去除"冗余数据"，即表中的所有冗余字段应该移到另一个表中，所谓冗余字段就是根据某一字段值总是取相同值的字段。例如表6－4中的"城市"和"省份"都是冗余字段，因为对于同一个客户，其城市和省份总是相同的，所以应该把"城市"和"省份"都移到另一个表中。

3. 第三范式（NF3）

第三范式要求每个表中的所有字段都与主键直接相关，具体操作就是去掉表中不依赖主键的字段。

表6－4中去掉"城市"和"省份"后已经没有不与"客户名称"直接相关的字段，所以已经满足第三范式。假如案例6－1中每个客户每个月的"折扣率"都不同，显然"折扣率"字段不属于第二范式应该去掉的字段，但是"折扣率"并非和客户直接相关，因为一个折扣率可以适用于多个客户。如果案例6－1中存在"折扣率"字段，在第三范式的要求下就应该去掉。

我们根据数据库理论中的三个范式对表6－4作进一步修改（见图6－7）。

我们将表6－5与表6－4进行对比，会发现如下优点：（1）输入数据的工作量降到最低，同时意味着数据存储量降到最低；（2）不存在重复输入的数据，这样将同一数据输入错误的可能性降到最低；（3）数据的伸缩性大大加强，例如某个客户的名称更改只需在表6－5（b）改动一处即可，无须在主要的进销存数据表中逐个更改；（4）由于建立了表之间的关联，所以任何报表可以轻松地通过数据库软件自动完成。

从表6－3到表6－4再到表6－5的优化过程可以看出，学习数据库知识对于销售工作中的数据处理具有重要的实用价值。如果"数据大厦"的地基不合理，那么后续的数据计算和分析工作都将无法高效地完成。

6.9 自动甄别数据源质量

数据表结构设计完成以后，数据表就是存放原始数据的"容器"。显然仅仅"容器"合理是不够的，如果里面存放的数据质量不高，比如都是虚假的数据或存在大量人为的输入错误，那么这样的数据表也没有多大实用价值。上一节所介绍的抽样统计原理可以抽查数据的真实性，但是在实际操作中却面临两个问题：

A. 如何检查人为输入的错误。如果是总部人员的输入错误，那岂不是冤枉了好人？

B. 那么多的客户和销售人员，如果随机抽查可能要1~2年才能轮回一次，如何才能缩小怀疑对象的范围，有的放矢地抽查呢？

人们一般认为这两个问题电脑不可能帮得上忙，只有叫数据输入员认真一些，只能凭感觉决定

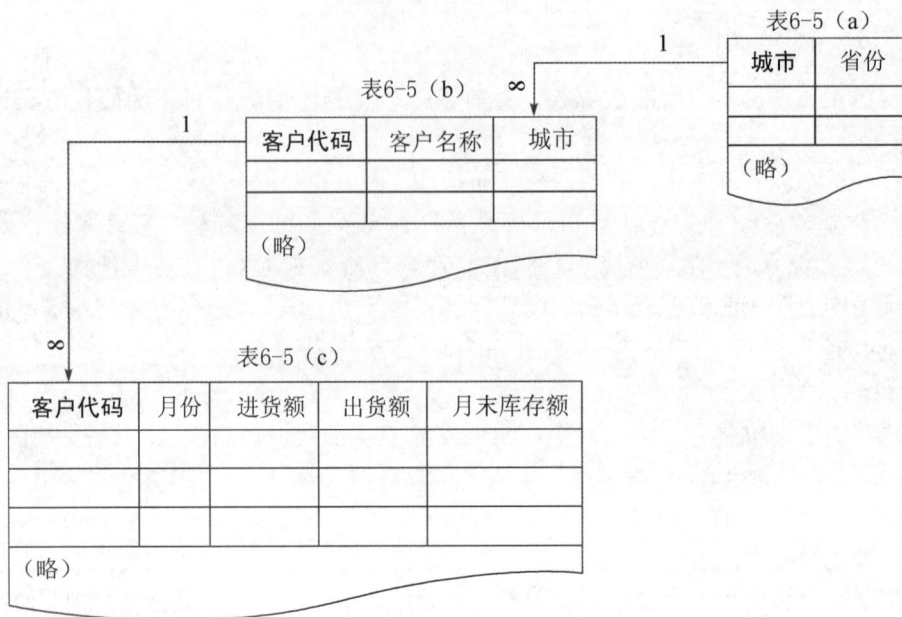

表6-5（a）

城市	省份
(略)	

表6-5（b）

客户代码	客户名称	城市
(略)		

表6-5（c）

客户代码	月份	进货额	出货额	月末库存额
(略)				

注：（1）我们按照 NF3 的要求，将表 6-4 拆分成如本图所示的表 6-5 的 3 张数据表；（2）每个表都有唯一的主键（黑体显示），并通过主键同其他表的相应字段联结；（3）"∞"代表"无穷大"，即后一个表的主键值与前一个表的相应字段值总是"一对多"的关系。

图6-7　对表6-4的修改

抽查对象。作者在工作中摸索出了两条经验，可以通过设计简单的计算程序再结合数理统计的知识，由软件来自动甄别数据源的质量。

案例6-2　　　　　　　　客户进销存数据库的应用（二）

　　王海在学习了数据库设计的三个范式后非常高兴，并据此设计了表 6-5 作为客户进销存的原始数据表。但是很快他发现不少客户和下属弄虚作假，而且输入员最近也经常心不在焉，人为的输入错误很多。王海明白"垃圾进，垃圾出"的道理，但是要他按照原始报表与电脑数据一一对比，以及抽查每个客户的数据真实性又几乎不可能。为此，王海苦恼不已。

6.9.1　自动甄别数据源质量的第一种方法

利用数据之间的逻辑关系在一定程度上判断数据的真实性。

以案例 6-2 为例，客户或者下属对进销存数据的作假无非两种情况：

（1）故意夸大出货量，以掩盖销售不佳的事实，争取企业更大的支持。

（2）故意缩小出货量，从而加大库存量，这样可以在一些与库存有关的政策上获利，如厂家降价后对客户按照库存补差价。

关于客户进销存数据的判断问题，存在以下 3 个逻辑公式：

①每月的月末库存额 = 下月的月初库存额

②每月的出货额 = 月初库存额 + 本月进货额 − 月末库存额

③客户的总出货额 = 期初库存额 + 统计期间的进货总额 − 期末库存额

注：（1）客户的进货总额也就是企业的发运额，企业的财务部可以提供 100% 可靠的数据；（2）一般的客户或下属往往是在利益驱动的时候才作假，所以期初库存往往相对准确；（3）如果出货量作假，一定是报表的期末库存与实际期末库存不符，但是根据公式①②可以通过传递关系大致知道期末库存额，也就是说在这种判断方法之下，即使作假也有限；（4）如果网点向分销商退货或分销商向企业退货，还需要在库存额上加入网点退货额，并减去分销商向企业的退货额。

通过以上 3 个逻辑公式可以查出明显的作假行为，并将作假的数额控制在有限的范围；同理，也可以据此判断网点销售额。道理虽然很简单，但是人工计算的工作量太大，而且表 6-5 只是一个最简单的进销存数据表，实际上大多数企业的进销存报表都要求提供每个单品的进销存数据，所以如果不依靠数据库软件是很难完成上述工作的。只要在 Excel 或 Access 软件中编写简单的程序就可以由电脑自动对每个客户的数据（包括精确到每个单品）进行上述逻辑关系的计算，并自动列出所有"可疑名单"及其相应的"问题数据"。

上述方法也适用于其他报表的数据检查，因为任何销售数据都不是孤立的，总是与其他数据存在逻辑关系。虽然很多"作假者"也明白上述道理，但是如果电脑水平有限，要逐个去"拼凑"每个单品的进销存数据也非易事。事实上作者运用自己编写的程序就发现了不少下属报表中弄虚作假的问题。即使"作假者"拼凑的数据"天衣无缝"或者发生人为的输入错误，我们还可以运用第二种方法发现其中的蛛丝马迹。

6.9.2 自动甄别数据源质量的第二种方法

根据数理统计中的"正态分布"原理，找出异常值。

在没有发生重大因素（如广告大量增加与缩减或大量新产品推出）的变动时，每个客户和网点每月的销售额总是服从于正态概率分布的统计规律，具体应用如下：

A. 68. 26% 的月销售额在其均值的正负 1 个标准差范围；

B. 86. 64% 的月销售额在其均值的正负 1. 5 个标准差范围；

C. 95. 44% 的月销售额在其均值的正负 2 个标准差范围；

D. 99. 72% 的月销售额在其均值的正负 3 个标准差范围。

有关正态分布、均值、标准差的概念详见上一节的数理统计知识。

所谓异常值(outlier) 是指不符合统计规律的异常大或异常小的值。 这里"异常"的含义总是针对某个客户或某个产品而言的相对概念，同一个数值对于 A 客户是异常值，对于 B 客户可能就是正常值。

(1) 判断是否弄虚作假，一般用 6 ~ 9 个月的移动平均值作为"均值"，将异常值的判断标准设定为正负 1. 5 个标准差范围（见图 6-8）。

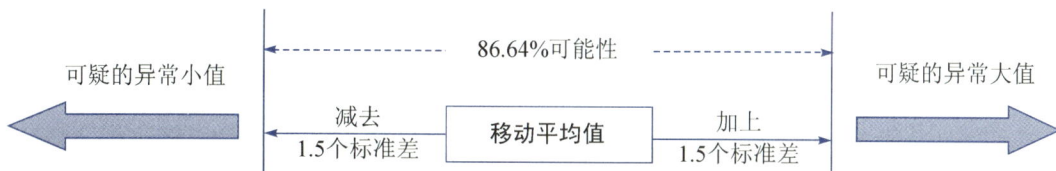

注：（1）如果在实际工作中发现 1. 5 个标准差范围太严格，可以扩大到 2 个标准差（95. 44% 可能性）；反之，如果太宽松，可以缩小到 1 个标准差（68. 26% 可能性）。当然也可再取中间值，这就需要查标准正态分布表了解对应的概率。（2）移动平均值的月份也可根据需要灵活调整。

图 6-8 数据源真实性的甄别标准

(2) 判断是否人为的输入错误，一般用 9 ~ 12 个月的移动平均值作为"均值"，将异常值的判断标准设定为正负 3 个标准差范围（见图 6-9）。

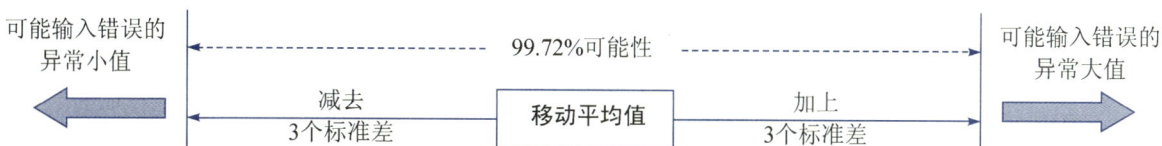

注：（1）如果在实际工作中发现 3 个标准差范围太宽松，也可以缩小到 2 个标准差（95. 44% 可能性）；（2）移动平均值的月份也可根据需要灵活调整。

图 6-9 数据输入是否错误的甄别标准

以上方法并不仅限于销售额，也适用于费用、库存等任何销售数据。显然，这样巨大的计算量不可能由人工完成，只要根据上述原理在 Excel 或 Access 软件中编写简单的程序就可以对每个数据进行自动甄别，并自动列出所有"可疑名单"及其相应的"可疑数据"。

即使那些表面上看来符合第一种方法所述逻辑关系的数据，也可以由第二种方法找出蛛丝马迹。所谓"可疑"的意思并非绝对弄虚作假，而是将我们的判断范围从大量的原始数据中缩小到极其狭窄的范围中去判断，这样我们的抽查就可以更有的放矢了。因为根据统计规律，绝大多数销售数据的正常上升或下降，都不可能超过移动平均值的正负 1~2 个标准差范围。

人为的输入错误虽然有多种可能，但绝大多数都是多了或少了一个或几个零，或者不小心点错了小数点的位置。这些输入错误一般都会导致错误数值在移动平均值的正负 2~3 个标准差范围以外。从作者的经验来看，几乎 95% 的输入错误都可以通过上述方法甄别出来。

虽然上述两种自动甄别的方法不能 100% 解决数据源质量的问题，但无疑极大地提高了数据源质量甄别的效率，读者不妨一试。

6.10　自动计算、查询与分析

输入和存储数据的目的是运用数据帮助决策，这也是数据库知识和相关软件真正大放异彩之处。

1. 自动计算与数据查询

设计数据表和甄别数据源质量的目的，首先是根据原始数据进行自动计算和数据查询，并将计算和查询结果生成各种统计报表。Excel 或 Access 等数据库软件中都有大量的计算公式和数学函数，可以说销售工作中的所有计算问题都可以通过设定简单的计算公式来自动完成。

例如上一节中的所有统计公式，如果由人工计算既费时又难保准确，而且这些统计公式将会不断地重复使用。我们只需要最多两天的时间就可以学会如何在 Excel 中设定计算公式，并且所有的统计公式都是一个固化的程序，以后只要输入原始数据和参数，计算结果就会自动生成。这样抽样统计和统计预测的复杂计算将"化于无形"，自然我们会更愿意使用数理统计的方法来解决销售工作中的不确定性问题。

数据库软件的数据查询功能也不难掌握，我们可以对数据库提出各种各样的问题，对原始数据进行不同角度的过滤与合并，最终组合成我们需要的答案。

2. 数据挖掘技术

数据库理论并非仅仅帮助我们提高数据处理的效率，除了自动计算和数据查询以外，数据挖掘技术在销售分析中具有非常重要的应用价值。

数据挖掘（data mining）**是一种商业信息处理技术，其主要特点是对商业数据库中的大量业务数据进行抽取、转换、分析和其他模型化处理，从中提取辅助商业决策的关键数据。**简单地说，数据挖掘技术并非对原始数据进行简单的计算和查询，而是从原始数据中"挖掘"出更具价值的关键信息，类似于"知识发现"的功能。

数据挖掘可粗略地理解为三部曲：

（1）**数据准备**：类似于我们在第 2 章所介绍的销售现状扫描。

（2）**数据挖掘**：类似于我们在第 2 章所介绍的销售分析器。

（3）**结果的解释评估**：类似于最终的生意策略确定。

数据挖掘根据任务划分为如下几种：分类或预测模型的数据挖掘、数据总结、数据聚类、关联规则发现、序列模式发现，依赖关系或依赖模型发现，异常和趋势发现。

数据挖掘一出现就引起了信息产业界的极大关注，其主要原因是由于企业广泛使用数据库，存在大量的数据，迫切需要从这些数据中获取有用的信息和知识。获取的信息和知识有广泛的应用，如商务管理、生产管理、市场控制、市场分析、工程设计和科学探索等。

数据挖掘技术在销售工作中只是牛刀小试，在销售分析中最常用的一般是生意集中度分析（又称生意结构分析）、生意稳定性分析、趋势分析、相关性分析等。通过这些分析可以提炼出原始数据中蕴藏的更具价值的关键信息，使我们准确地找到生意的增长点和问题点，并有针对性地制定相应策略。将数据挖掘技术与数据库软件相结合，我们就能设计自动的销售分析报告，使销售分析的数据处理工作量降到几乎为零，可以将精力专注于分析各种"挖掘"出的关键信息。

数据挖掘技术的具体操作方法，必须结合大量的实际数据阐述，这里不再详细展开。

6.11 数据库理论小结

学习数据库等计算机程序设计知识，不仅可以使我们提高数据处理的能力，而且还可以带来许多无形利益：

A. 计算机程序对"相互独立，完全穷尽"的逻辑链标准要求最高，任何一点的混淆不清或考虑不周的都会让程序在运行中出现错误或得不到我们希望的结果。即使学习简单的程序设计也可以训练我们的逻辑思维能力，使思维更缜密。

B. 计算机软件设计中的标准化表述方法可以使我们在表达思想时更加简洁，并且学会用"逻辑流程图"来清晰表述销售工作中的各种错综复杂的逻辑关系。

数据库理论博大精深，限于本书的目的所限，本节只是蜻蜓点水般地对有关内容作简单的介绍，不可能深入到数据库软件的应用和程序设计。希望读者至少能"捕捉"到以下两点信息，并对数据库知识产生兴趣：

A. 数据库软件对于销售工作的价值，比人们通常意识到的作用要大得多。

B. 学习数据库知识并在销售工作中加以应用，比人们想象中的要简单得多。

图 6 – 10 用直观的示意图说明销售工作中的数据库应用及其价值。

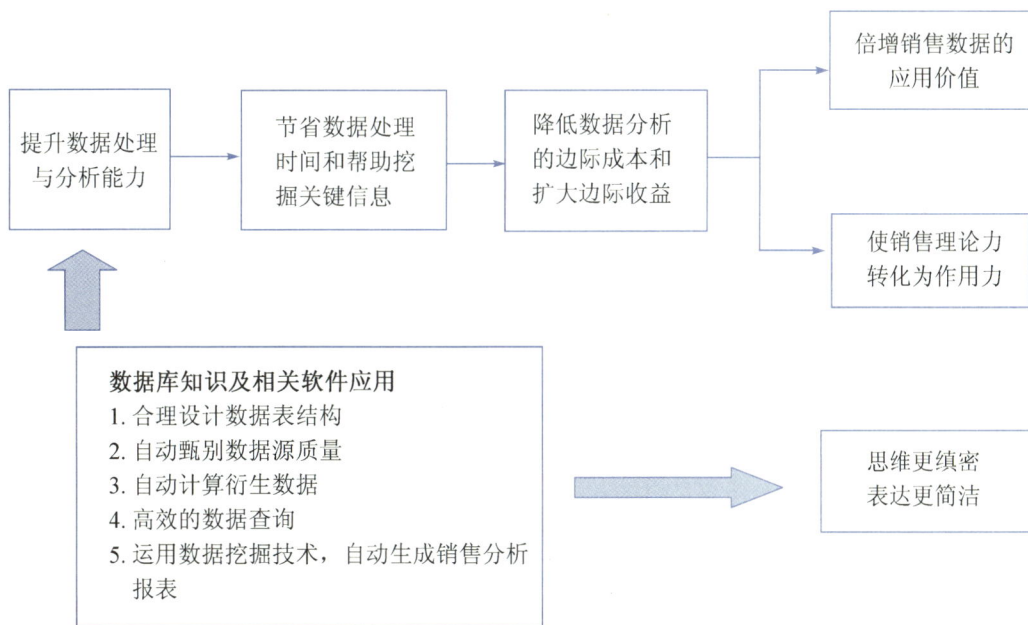

图 6 – 10 数据库理论及软件在销售中的应用

6.12 销售理论力及其应用小结

至此，本书已经对销售理论力所涉及的 7 个理论体系及其应用作了简单的介绍。这如同为我们打开了 7 个窗口，让我们透过每个窗口都可以看到壮丽的风景，充分说明了销售并非"无源之水"

的道理。本书之所以将销售理论力部分放在销售作用力和销售分析力之前,是希望 7 个理论体系如同"北斗七星",能够指引我们以后前进的道路。

6.12.1　7 个销售理论体系的逻辑关系

销售理论力的 7 个组成部分并非作者随意"拼凑"的结果,而是由一环扣一环的逻辑关系所联结成的整体。我们在第 4 章中将第 3 章的交易成本理论和第 4 章的委托代理理论比喻成销售这座桥梁的两大基石,那么第 5 章和第 6 章的 5 个理论体系就是支撑两大基石的坚实河床。图 6 - 11 中的"北斗七星图"直观地表述了 7 个理论之间的逻辑关系。

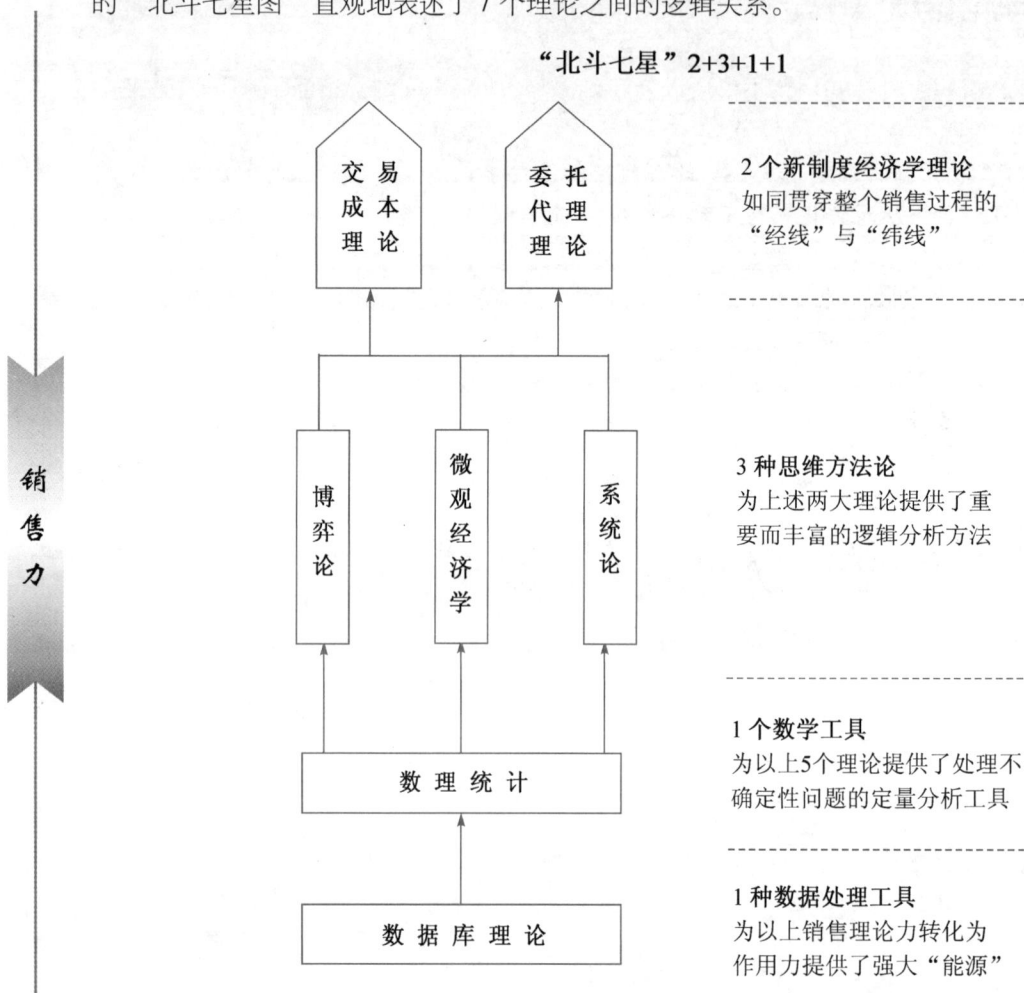

"北斗七星" 2+3+1+1

销售力

交易成本理论　　委托代理理论

2 个新制度经济学理论
如同贯穿整个销售过程的
"经线"与"纬线"

博弈论　微观经济学　系统论

3 种思维方法论
为上述两大理论提供了重
要而丰富的逻辑分析方法

数理统计

1 个数学工具
为以上 5 个理论提供了处理不
确定性问题的定量分析工具

数据库理论

1 种数据处理工具
为以上销售理论力转化为
作用力提供了强大"能源"

276

图 6 - 11　销售理论力之逻辑关系示意图

6.12.2　如何在销售工作中应用理论知识

(1) 学习和应用理论知识本身也有成本,而且往往是固定成本,所以根据边际成本与边际收益的规律,我们可以得出如下结论:

A. 从纵向角度看,职位越高的销售管理者越需要在工作中更多地应用理论知识,因为其管理的生意规模更大。对于销售总监或大区经理而言,销售额增长 5% 或者决策准确度提高 5% 的价值,与基层销售人员相比是完全不同的。

B. 从横向角度看,规模越大的企业的销售管理者越需要在工作中更多地应用理论知识,道理同上。

(2) 对于一目了然的问题,没有必要按照理论知识亦步亦趋。理论知识只是解决问题的一种手段,最终目的是解决问题和提升业绩,如果能够凭经验迅速作出准确的判断,没理由舍近而求远。但是我们需要提防经验或直觉的"误导"，很多例子证明经验或直觉并不总是可靠的。

（3）"学以致用"是颠扑不破的真理。学习理论知识的目的并非懂得几个"新鲜"的名词，而是在工作中切实加以应用并逐渐融会贯通，将理论知识转化成自己的一种思维习惯，真正提升销售业绩。只有这样，**才能"兼收并蓄"，而非"东施效颦"**。

6.12.3 学无止境

从第3章到本章所介绍的理论知识，只不过是这些理论的"皮毛"，其中的应用简介也只是"冰山一角"；本书的"销售理论力"部分只是起点，而非终点。

在作者的工作经历中，听过不止一人说过下面的话：

"销售这一行我干了这么久，又在500强的外企受过系统培训，该知道的我都知道了。"

这句话可以理解为"我已经掌握了100%的销售知识"。用计算机术语讲，这句话是循环计算。什么叫"该知道的"，那是用"已经知道的"来作为定义；因为对于自己不知道的东西当然不会划入"该知道的"范围。如果只知道1%，但把分母也设为1%，两者相除不就是100%了吗？可见要达到所谓的100%很容易，关键在于分母的大小，如果我们总是用自己所知道的知识作为"分母"，那人人都是100%。这使我想起了工作中亲身经历的一件事情：

有一次开完会后和几个销售经理聊天，无意中说起了Excel。其中一个人说他已经精通了Excel。我好奇地问他如何精通法。他说："我已经会画出一个表格，而且还会变字体和颜色，最重要的是连自动加总的功能我也用过。"我顿时无语，其实很多人都把Excel当成一个"画表格"的软件，如果仅停留于此，连1%的Excel知识都没有掌握。这真是应验了"无知者无畏"的道理。

每个人可能都有"自以为是"的阶段，作者也曾经很自负。随着工作阅历的增加，我越来越感到自己的知识不够用，并开始静下心来学习，越学习越觉得外面的天地很广阔，其实自己所知道的只不过是微不足道的一点。直至今天，我也认为自己只是刚迈进了销售的大门，还有很长一段路要走。

最后用古希腊伟大的哲学家芝诺关于知识的比喻作为本章的结束语，并与读者共勉（见图6-12）。

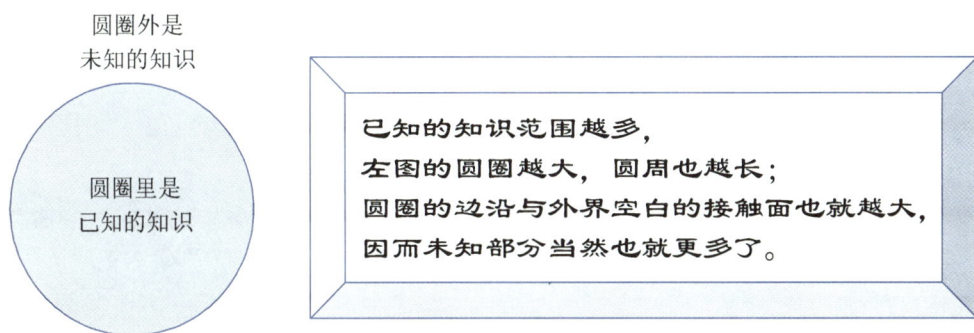

圆圈外是未知的知识

圆圈里是已知的知识

已知的知识范围越多，
左图的圆圈越大，圆周也越长；
圆圈的边沿与外界空白的接触面也就越大，
因而未知部分当然也就更多了。

图6-12 芝诺的比喻

▶ 本章要点回顾 ◀

本章是销售理论力部分的最后一章，数理统计和数据库理论为前面介绍的5个理论体系提供了重要的量化分析工具。本章着眼于销售应用的角度，期望对读者能够起到见微知著的作用。

本章要点概括如下：

▶ **数理统计"1+2+8"**

1个数理统计的基本思想：从局部推断整体，让历史告诉未来。

2 种定量分析"不确定性问题"的方法：

（1）抽样统计法：

A. 抽样之后运用"点估计"的方法从样本统计量推断总体参数，运用"区间估计"的方法确定点估计的置信区间及其置信水平。

B. 抽样之前根据允许误差范围，运用统计公式确定最佳样本容量。

（2）统计预测法：

A. 统计预测分为"因果预测"和"时间数列预测"。

B. 因果预测法包括三种方法：抽样统计、非参数化方法、回归分析法。

C. 时间数列预测法分为两大类：

——对于完全随机波动的生意轨迹采用"平滑预测法"，包括移动平均法、加权移动平均法、指数平滑法。

——对于具有趋势成分或季节成分的生意轨迹采用建立简单线性回归模型的方法，要点是运用统计公式确定简单线性回归方程并计算季节指数。

8 个销售工作中最常用的统计公式（"3＋1＋4"）：

（1）3 个抽样统计的计算公式：

A. 样本标准差的计算公式(6－2)；

B. 总体均值的置信区间的计算公式(6－3)；

C. 给定总体均值的允许误差 B 时的最佳样本容量（简化）计算公式(6－10)。

（2）1 个非参数化方法的计算公式：斯皮尔曼秩相关序数计算公式(6－13)。

（3）4 个统计预测的计算公式：

A. 简单线性回归方程的计算公式(6－20)；

B. 简单线性回归方程中斜率 b_1 的计算公式(6－18)；

C. 简单线性回归方程中截距 b_0 的计算公式(6－19)；

D. 衡量统计预测拟合优度的判定系数计算公式(6－21)。

▶ 数据库理论"3＋5"

3 个数据库知识及软件对于销售的应用价值：

（1）倍增销售数据的应用价值；

（2）使销售理论力真正转化为作用力；

（3）使我们的思维更缜密、表达更简洁。

5 个具体应用：

（1）合理设计数据表结构；

（2）自动甄别数据源质量；

（3）自动计算衍生数据；

（4）高效的数据查询；

（5）运用数据挖掘技术提炼更具价值的关键信息，并自动生成销售分析报告。

▶ 7 个销售理论如同"北斗七星"，存在紧密的逻辑关系"2＋3＋1＋1"

2 个新制度经济学的理论（交易成本理论和委托代理理论），如同贯穿整个销售过程的"经线"与"纬线"。

3 种方法论（博弈论、微观经济学、系统论），为上述两大理论提供了重要而丰富的逻辑分析方法。

1个数学工具（数理统计），为上述5个理论提供了处理不确定性问题的定量分析工具。

1种数据处理系统（数据库理论），为以上销售理论力转化为作用力提供了强大"能源"。

读者可以在第6章基础上进一步延伸知识体系（见图6-13）。

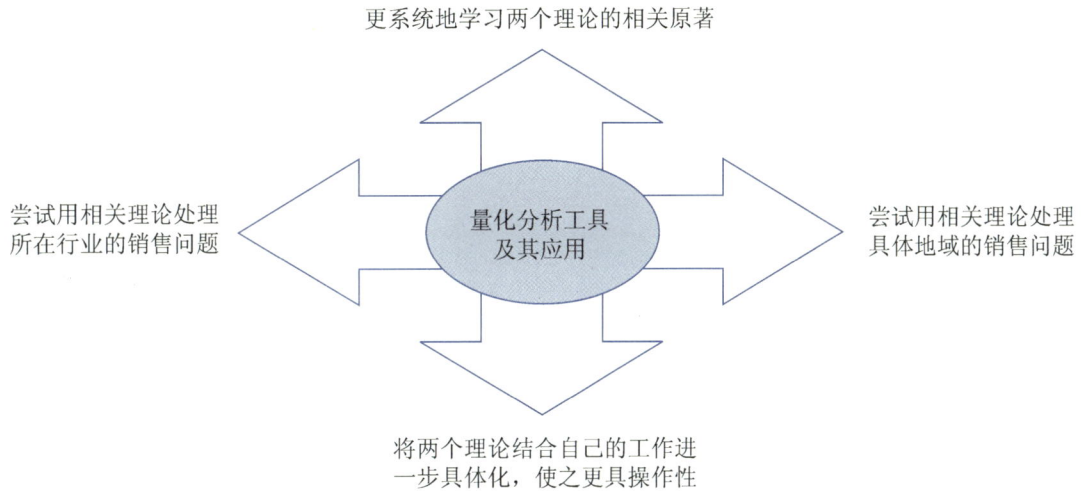

更系统地学习两个理论的相关原著

尝试用相关理论处理
所在行业的销售问题

量化分析工具
及其应用

尝试用相关理论处理
具体地域的销售问题

将两个理论结合自己的工作进
一步具体化，使之更具操作性

图6-13　第6章的知识体系延伸示意图

第6章 量化分析工具及其应用

第 3 篇

销售作用力体系

第7章 ◀ 销售战略层面的作用力体系 ▶

　　实地销售经理并非"孤胆英雄",总是在企业总部的支持和约束下开展工作,而企业影响实地销售的所有因素都可以浓缩为图2－15中的"企业能量星"。从图2－15中可以看出,实地销售工作是在"企业能量星"基础上的进一步延伸和具体实施。

　　"企业能量星"实际上就是企业总部所"输出"的战略层面的三大销售作用力。虽然实地销售经理不能控制"企业能量星"的各种要素,但这是分析整个实地销售作用力体系的起点,对于了解本书的后续内容不无裨益。

　　销售战略层面与实地销售之间的作用力关系见图7－1。销售战略层面的作用力体系图见7－2。

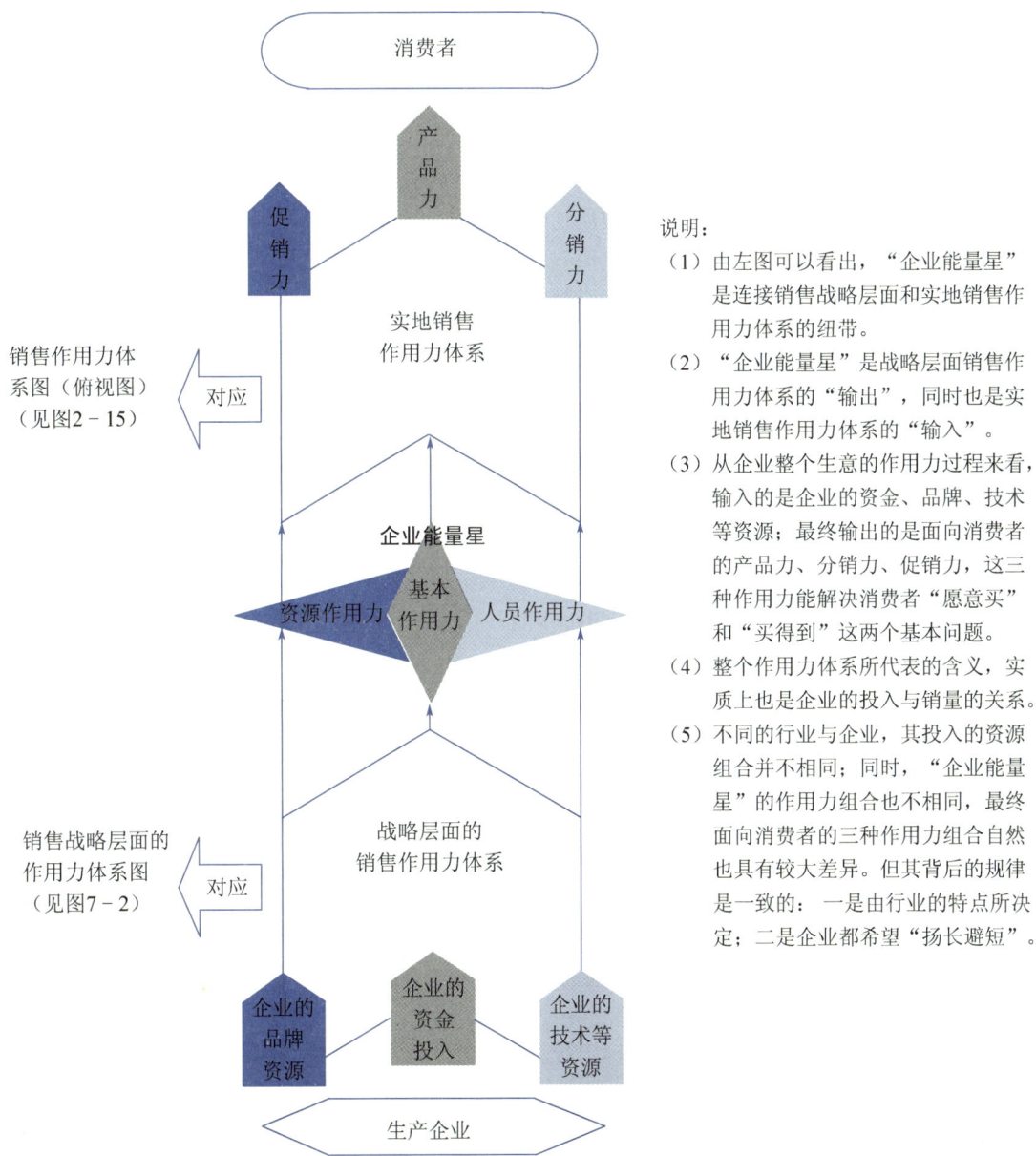

说明:

（1）由左图可以看出,"企业能量星"是连接销售战略层面和实地销售作用力体系的纽带。

（2）"企业能量星"是战略层面销售作用力体系的"输出",同时也是实地销售作用力体系的"输入"。

（3）从企业整个生意的作用力过程来看,输入的是企业的资金、品牌、技术等资源;最终输出的是面向消费者的产品力、分销力、促销力,这三种作用力能解决消费者"愿意买"和"买得到"这两个基本问题。

（4）整个作用力体系所代表的含义,实质上也是企业的投入与销量的关系。

（5）不同的行业与企业,其投入的资源组合并不相同;同时,"企业能量星"的作用力组合也不相同,最终面向消费者的三种作用力组合自然也具有较大差异。但其背后的规律是一致的:一是由行业的特点所决定;二是企业都希望"扬长避短"。

图7－1　销售战略层面与实地销售的作用力关系示意图

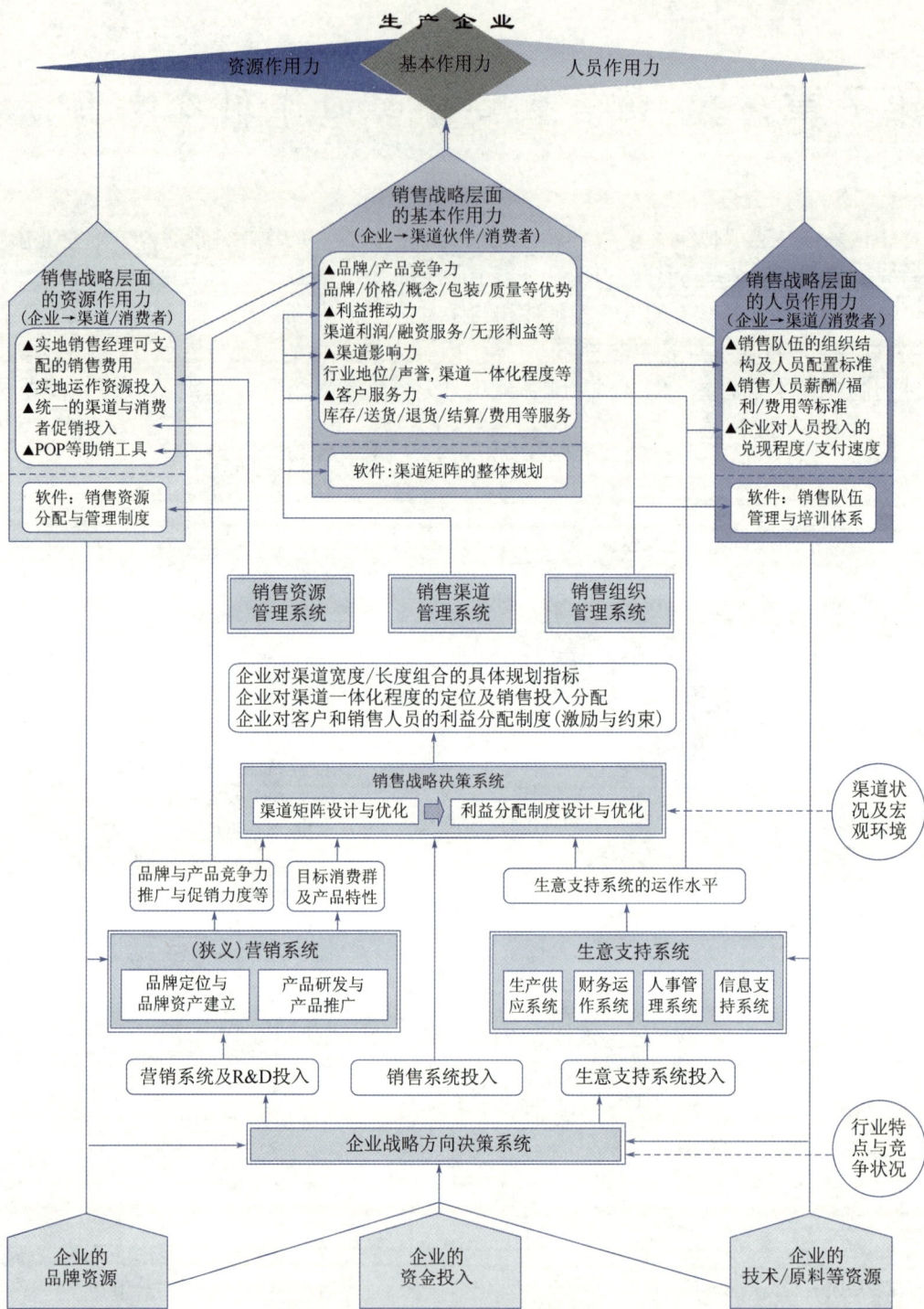

生 产 企 业

资源作用力　　　基本作用力　　　人员作用力

销售战略层面
的基本作用力
（企业→渠道伙伴/消费者）

▲品牌/产品竞争力
品牌/价格/概念/包装/质量等优势
▲利益推动力
渠道利润/融资服务/无形利益等
▲渠道影响力
行业地位/声誉,渠道一体化程度等
▲客户服务力
库存/送货/退货/结算/费用等服务

软件:渠道矩阵的整体规划

销售战略层面
的资源作用力
（企业→渠道/消费者）

▲实地销售经理可支
配的销售费用
▲实地运作资源投入
▲统一的渠道与消费
者促销投入
▲POP等助销工具

软件:销售资源
分配与管理制度

销售战略层面
的人员作用力
（企业→渠道/消费者）

▲销售队伍的组织结
构及人员配置标准
▲销售人员薪酬/福
利/费用等标准
▲企业对人员投入的
兑现程度/支付速度

软件:销售队伍
管理与培训体系

销
售
力

销售资源
管理系统

销售渠道
管理系统

销售组织
管理系统

企业对渠道宽度/长度组合的具体规划指标
企业对渠道一体化程度的定位及销售投入分配
企业对客户和销售人员的利益分配制度(激励与约束)

销售战略决策系统

渠道矩阵设计与优化　　利益分配制度设计与优化

渠道状
况及宏
观环境

品牌与产品竞争力
推广与促销力度等

目标消费群
及产品特性

生意支持系统的运作水平

（狭义)营销系统

品牌定位与
品牌资产建立

产品研发与
产品推广

生意支持系统

生产供
应系统

财务运
作系统

人事管
理系统

信息支
持系统

营销系统及R&D投入　　　销售系统投入　　　生意支持系统投入

企业战略方向决策系统

行业特
点与竞
争状况

284

企业的
品牌资源

企业的
资金投入

企业的
技术/原料等资源

注：本图是销售作用力体系图（俯视图）（见图2-15）底部"企业能量星"的向下延伸部分，也是实地销售经理所不能控制的部分。

图7-2　销售战略层面的作用力体系图

　　任何宏观或微观的销售作用力体系都是一个开放的系统，一定有其输入与输出。从系统论的"黑箱理论"中我们知道，在分析一个作用力体系（实质上就是一个系统）时，首先应关注其输出与输入，只要"卡住了首尾"，就能迅速把握该作用力体系的功能，中间的所有作用过程实际上就是将输入转化为输出的途径。因此本书后续所有章节在阐述各个层级的销售力知识体系时，总是先关注输出与输入，再分析中间的作用过程。

7.1 输出1：销售战略层面的基本作用力

销售战略层面的基本作用力也就是实地销售的基本作用力，因为实地销售经理几乎不能控制和改变基本作用力的各项因素。

基本作用力是任何交易行为中卖方不可或缺的影响买方购买及再销售行为的作用力集合。就生产企业而言，具体包括四类作用力要素：（1）企业的产品竞争力；（2）企业的渠道影响力；（3）企业的利益推动力；（4）企业的客户服务力。

销售战略层面与基本作用力伴随的还有相关"软件"，即企业销售渠道的整体规划。显然，在同样的基本作用力要素下，不同的渠道规划最终产生的销售结果具有较大的差异性。

基本作用力与人员作用力和资源作用力最大的区别在于，在企业的任何交易行为中都必然存在上述四种基本作用力要素，并对生意结果产生重要影响，不同企业的区别只不过是基本作用力的大小不同而已。这也是本书将上述四种作用力要素合在一起并统称为基本作用力的原因。

7.1.1 企业的品牌/产品竞争力

销售过程中的任何交易必然以企业的产品（服务也可被视为服务性产品）为载体，所以品牌/产品竞争力必然是不可或缺的销售作用力，而且是影响整个销售过程和最终销售结果的首要作用力。为方便起见，以下将品牌/产品竞争力简称为产品竞争力，因为品牌优势总是通过具体的产品来体现。

产品竞争力指企业提供的实物或服务性产品在市场中的竞争优势，包括品牌竞争力和产品自身的竞争力。其可以概括为如下的"2+6"：

2种品牌竞争力： 品牌知名度与品牌精髓。

6种产品竞争力： 产品线竞争力、产品价格优势、产品概念或功能优势、产品包装优势、产品内在质量优势、产品附带的服务优势（如电器保修）等。

1. 企业品牌/产品竞争力的总体评估指标：产品竞争力指数

所谓竞争力，是一个相对概念，是指某企业的产品与竞争对手相比较而言的竞争力。显然，抽象地谈产品竞争力没有太大的实际意义，我们可以找到一个相对客观的指标来进行量化评估，那就是"产品竞争力指数"。

◆ **产品竞争力指数**（product competition index，PCI）**是对企业品牌/产品竞争力的一种数值量度。其计算公式如下：**

$$PCI = \frac{\text{企业各终端渠道的"加权平均单店销量"}}{\text{竞争对手各终端渠道的"加权平均单店销量"}}$$

（1）PCI可以用第6章所介绍的抽样统计方法进行测算。在抽样时，应遵循静态比较分析的原则，尽可能选择店内其他要素基本相同的终端，因为在店内其他要素（如陈列、促销活动等）基本相同的情况下，不同品牌的销量差异就反映了品牌/产品竞争力的差异。

（2）可用各渠道的销量占总体销量的比例作为每个终端渠道的权重，进行加权平均。

（3）在竞争对手的选择方面，可以选用最直接的竞争对手，也可以将行业内品牌/产品竞争力最强的企业作为参照标准。

（4）在实地销售中应用最多的往往不是对企业整体产品竞争力的评估，而是对某个城市、某类终端渠道以及某类产品的产品竞争力评估。

【例7-1】 A食品企业生产高档的饼干和巧克力两类产品，主要在KA渠道销售。区域经理刘涛希望了解本企业的产品相对于主要竞争对手B企业的竞争力情况，以作为寻找生意增长点的依

285

第7章 销售战略层面的作用力体系

据。于是刘涛选取了店内销售要素基本相同的KA终端进行了抽样调查。饼干类产品A企业的单店月均销售额是50 000元，B企业是80 000元；巧克力类产品A企业的单店月均销售额是40 000元，B企业是100 000元。已知饼干类产品在A企业的销售额比例大约是45%，试问A企业相对于B企业的产品竞争力指数是多少？

运用PCI的公式计算如下：

饼干类产品的PCI = 50 000 ÷ 80 000 = 0.63

巧克力类产品的PCI = 40 000 ÷ 100 000 = 0.40

整体产品的PCI = 0.63 × 0.45 + 0.40 × 0.55 = 0.28 + 0.22 = 0.50

【分析】

（1）从以上结果可知，在其他销售作用力相同的情况下，A企业的终端单店平均销售额是B企业的50%。

（2）相对而言，A企业饼干类产品的竞争力与B企业比较接近，所以区域经理刘涛应该将分销和促销的重点往饼干类产品倾斜。

（3）就A企业整体来看，巧克力类产品与饼干类产品虽然销售额绝对值比较接近，但显然巧克力类产品的提升空间更大。

（4）我们还可以运用第6章所介绍的抽样统计原理，对上述PCI计算结果进行误差范围确定，这里不再赘述。

计算产品竞争力指数的基本方法就是静态比较分析法，从影响生意结果的诸多要素中将产品竞争力分离出来，专门分析产品竞争力对生意结果的影响作用。具体操作可以概括为**"两步分离法"**：

A. 将分销率分离出去，因为分销率与销售系统的运作水平有很大关系。

B. 在终端的单店销售额比较中，再将其他店内销售要素（如陈列、促销活动等）分离出去。

这样，在其他店内销售要素基本相同的情况下，终端的单店销售额差异也就反映了各企业的产品竞争力差异。产品竞争力（狭义）由营销部门决定，产品竞争力指数对销售工作具有重要的指导意义：

（1）生意结果并不仅仅取决于企业自身的努力，更取决于和竞争对手相比的产品竞争力。除销售以外的所有因素都可以归结为产品竞争力的差异，并可以用产品竞争力指数进行量化评估，因为企业的广告投入、产品研发水平、生产工艺及成本等差异最终都可以浓缩为PCI指标。

（2）从企业整体生意来看，通过PCI指标再结合总体销售额对比，我们可以发现企业的战略重点是提升产品竞争力还是加强销售系统的作用力，从而准确地找出生意的"瓶颈"和增长点。

（3）从销售工作来看，通过比较各类产品、各个区域及各种渠道的PCI指标，我们可以找到应该主攻的产品、区域及相应渠道，并据此合理分配销售资源的投入。

虽然我们在销售工作中往往自发地运用上述方法，但产品竞争力指数为我们提供了量化指标，有助于正确地决策。

由于本书的目的所限，不可能对品牌管理与产品开发等（狭义）营销工作进行深入探讨，下面只是对产品竞争力的构成要素进行简单的介绍。

2. 企业的品牌竞争力简介

企业的产品竞争力在很多时候首先表现为品牌竞争力，在营销术语中称为"品牌资产"（brand assets），主要包含两个方面：

（1）品牌知名度（brand awareness）。

市场研究中一般用两个指标来评估品牌知名度：

▶ **品牌主动提及率，即在不提示的情况下，调查对象对某品牌主动提及的比例。**例如，抽取一定数量的消费者，然后向他们提问"你知道的洗发水品牌有哪些"，如果有80%的消费者都提到"海飞丝"，那么该品牌的主动提及率就是80%。当然，很多时候还需区分第一提及的品牌是谁，这里不再详述。

▶ 提示下的品牌认知率，即在主动提示的情况下，调查对象对某品牌的认知比例。比如，上例中对未主动提及"海飞丝"品牌的剩余20%消费者，再提问"你知道海飞丝这个品牌吗"，如果有15%的消费者都知道"海飞丝"，那么"海飞丝"在提示下的品牌认知率就是95%。

所谓名牌，可以简单理解为品牌知名度较高的产品。企业提高品牌知名度的主要途径是各种媒介的广告投放。无疑，品牌知名度对消费者的购买行为具有重要的影响。

（2）品牌精髓。

品牌精髓（brand essence），又称品牌核心资产，是品牌通过长期发展**固化沉淀**下来的该品牌独有的资产。其主要包括以下7个方面：

▶ **品牌所代表的"品质"（quality），即一直以来该品牌在消费者心目中所代表的产品品质和最直接产生的功能及情感利益的联想。**例如，一说到"飘柔"，我们的脑海中就会出现"飘逸柔顺的秀发"，这就是品牌塑造成功"品质"的代表；又如，人们一说起"CHANEL"，想到的是"优雅高档的法国时尚产品"；再如，人们一说起"Volvo"，想到的就是"安全的汽车"。

▶ **品牌一直继承的"传统"（heritage），主要是指该品牌在产品本身、外观、宣传推广及文化等方面一直继承和保留下来的有别于其他品牌的独特传统。**例如，"力士"（Lux）在品牌创立之初就采用"Big Star of Celebrity"（当红巨星）作为产品推广和代言的策略。近一个世纪以来，"力士巨星"伴随了一代又一代人的成长。一直到今天，在全球范围内，力士仍然采用当初的推广方式。我们说"力士"与"巨星"的联姻就是该品牌历史悠久的"传统"。

▶ **"专业支持"（professional endorsement），是指各种专业机构对该品牌的专业认证等。**例如，佳洁士（Crest）牙膏在全球都采用了"口腔专业部门"的"专业认证"，为产品增强说服力。

▶ **"公共关系"（public relationship），是指与该品牌联系在一起的各项公共活动。**例如，自1928年以来，可口可乐公司为奥林匹克事业作出了不可磨灭的贡献。可口可乐是奥运会最长久的企业赞助者。它与国际奥委会在寄托着人类美好的"和平、信念、希望"的奥运盛会上精诚合作、互利共存；在"更快、更高、更强""重在参与"的奥运精神指引下，共同推动国际体育竞赛和世界和平的发展。在和奥运会源远流长的合作关系以及身为奥林匹克大家庭的成员方面，没有任何公司可以和可口可乐公司相提并论。

▶ **"包装"（packaging），是指长期以来在外观形状和商标上所固化下来的资产。**例如，可口可乐的红色商标及外观形象；各个著名品牌香水瓶的外观设计，通常都是固定的，很少更改，让人一见就产生品牌联想。

▶ **"价格"（pricing）。这里的价格不是我们通常所指的具体的价格体系，而是该品牌大的价格定位和策略。它通常和品牌"高/中/低"档的定位息息相关。**例如，欧莱雅化妆品公司旗下拥有"兰蔻"（Lancome）、"欧莱雅"（L'oreal）和"美宝莲"（Maybelline）三大系列品牌，分别代表"高/中/低"档的产品定位，而实现该定位的其中不可分割的部分就是各自的价格和定位策略。

▶ **"广告"（advertisement），是指该品牌长期以来在广告推广中一直沿用的标志性元素，以及一直秉承的独特风格和路线。**例如，"飘柔"广告中著名的头部背面特写（头发柔顺一泻而下的镜头）、"百事可乐"的广告中永远是年轻偶像等。

总之，品牌精髓所有的元素都是通过长期累积形成的该品牌独有的区别于其他品牌的特征；品牌所累积的精髓越丰富，它所树立的品牌形象就越鲜明，品牌影响力就越强大。品牌精髓是不少企业所忽视的资产，往往认为"狂轰滥炸"的广告就代表了品牌竞争力，这是非常"短视"的营销手法。

3. 企业的产品竞争力简介

许多人在日常工作当中，经常会混淆"品牌"（brand）和"产品"（product）的概念。"品牌"是指在这个品牌下所有产品的集合，它可以是单一的产品，也可以是跨品类的产品集合。如"玉兰油"品牌下就拥有"润肤系列产品""洁肤系列产品""沐浴产品"。

产品竞争力是指具体某一种产品在同类市场上的竞争能力，主要包括以下6种：

(1) 产品线竞争力。

这是指产品的种类是否完整、分布是否合理、是否具有互补性和整体竞争力。产品线的发展与规划应该具有战略性和长期性，每一种新产品的推出，都应该符合以下原则：

▶ 与现有产品有互补性，能填补现有产品线的不足；

▶ 直接和竞争对手的相关产品竞争，而不是和自有产品相争，造成内部产品的恶性"自相残杀"（cannibalization）；

▶ 与该产品线整体形象和谐统一；

▶ 具有可持续发展的可能。

(2) 产品价格优势。

这是指该产品的价格体系是否具有吸引力。对消费者而言，就是指在同类产品竞争的情况下，你的定价对目标消费者来说是否合适、是否具有竞争力。通常，我们会采取"价格测试"等消费者定量研究来测试产品价格的适用性。

(3) 产品概念。

这是指产品所具有的以满足消费者需求为前提的利益，以及支持该利益点的各项理由（reason to believe，RTB）。衡量某种产品的概念是否具有优势或竞争力，主要是看两点：

▶ 我们提出的产品利益是否反映了消费者洞察，是否满足了他们的主要需求，或者是否找出了消费者还未被满足的重要需求，并且我们提供的产品利益正好能够满足这种需求。

▶ 是否有清晰、可信甚至是独特的RTB，去告诉消费者为什么我们的产品可以满足他们的需求。

通常情况下，我们会在产品开发的初期和产品升级换代的时候，利用"产品概念测试"等重要的市场研究手段对产品概念进行检验和修正。

(4) 产品包装优势。

这是指产品的包装是否切合产品的形象和定位，从而引起目标消费者的共鸣。产品包装的风格通常与产品的形象和定位密不可分；产品的包装在同类产品中是否具有优势，也可以通过"包装测试"来取得第一手的消费者洞察资料。

(5) 产品内在质量优势。

这是产品最终能否获得市场认可的关键。消费者的需求能否被满足或能否最好地得到满足，最终都会落实到产品的内在质量上。对于产品质量的优劣，消费者具有最终的发言权。就大多数快速流通消费品而言，我们都可以通过"产品盲测"的方式来比对产品和竞争对手产品的质量高低，这是我们在新产品推出时和产品改良后常用的测试手段。

(6) 产品附带的服务优势。

这是指产品的售后服务或咨询等方面的服务。对家电行业来说，产品的服务优势往往会起到关键作用。

品牌竞争力和产品竞争力有着不可分割与相辅相成的关系，如图7-3所示。

7.1.2 企业的渠道影响力

销售渠道中的分销商和批零网点等不仅看重企业的产品竞争力，也关注企业自身的状况，通俗地说，渠道伙伴"不仅关注鸡蛋的质量，还关注是什么鸡生的"。任何生产企业都存在渠道影响力，只不过有的很大，有的几乎为零，有的甚至是反向作用力（如长期不讲信用）。无疑，渠道影响力也是生产企业影响渠道伙伴购买和再销售行为的基本作用力之一。

企业的渠道影响力大致包括三个方面的内容：

1. 企业的行业地位

全面评估一个企业的行业地位是一个复杂的系统工程，已经超出了本书的范围。从销售的角

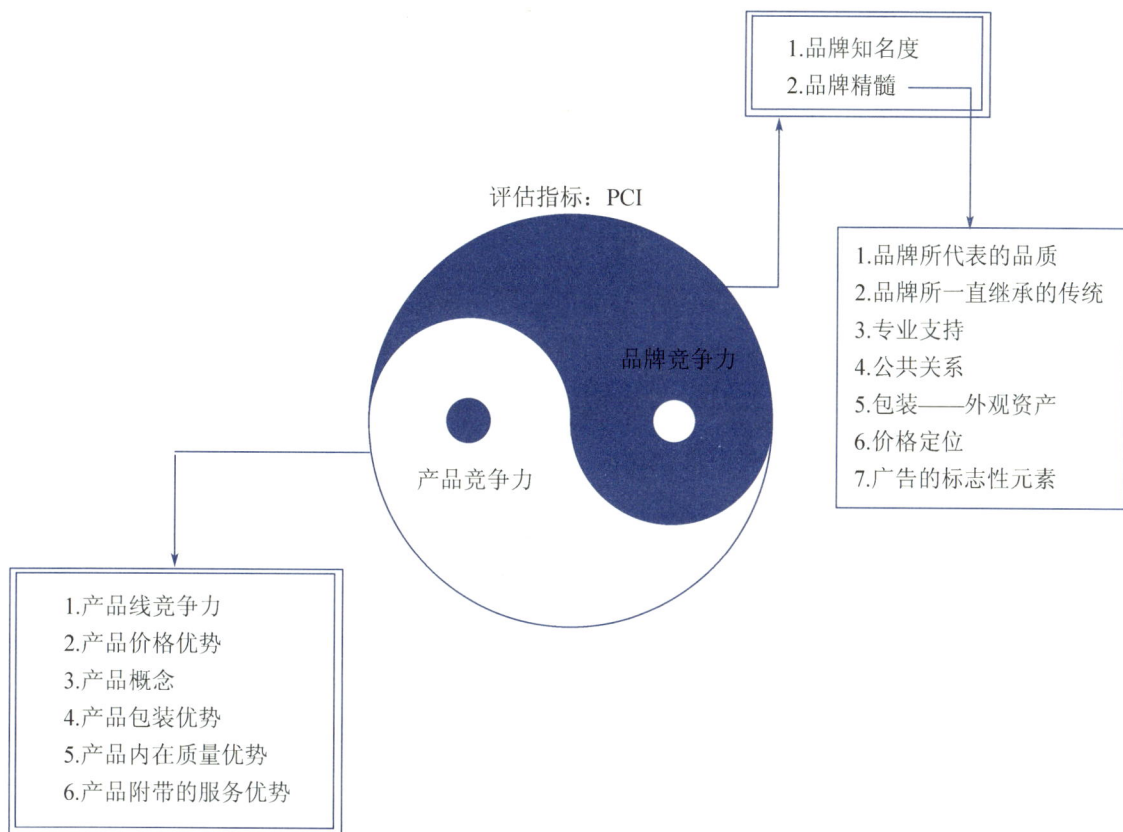

图 7 - 3　品牌竞争力和产品竞争力的关系图

度，我们可以简单地用企业的市场占有率作为评估指标。

所谓市场占有率（market share），可以简单地理解为企业的销售额占同行业总体销售额的比例。

企业的市场占有率越高，表明企业的行业地位越高，往往意味着企业的实力越强，自然会对渠道伙伴的购买和再销售行为产生重要影响。

2. 企业的行业声誉

从博弈论的"声誉模型"可以知道，企业的行业声誉对其生意结果影响极大。从销售的角度，可以将企业的行业声誉简单地概括为以下三个方面：

（1）企业与渠道伙伴合作过程中的诚信程度。

如果企业采用欺诈和"过河拆桥"的手段，无疑行业声誉很糟，即使其产品再好，也不会有客户愿意与其合作或至少不会大量投入到对该企业的产品销售中。

（2）企业在销售过程中是否奉行与渠道伙伴"长期双赢"的理念。

如果企业对自己的生意没有长期打算，总是以"短期套钱"为目标，显然也不会有渠道伙伴愿意做"冤大头"。

（3）企业的销售政策是否考虑周详与连贯。

如果企业总是"朝令夕改"，不仅会对生意产生不利影响，也会严重损害渠道伙伴的信任基础。

企业的行业声誉如同企业自身的"品牌"，是一个比产品品牌和渠道更重要的无形资产，建立良好的行业声誉并非一朝一夕之功，但已经建立的声誉很容易在一夜之间坍塌。在目前我国经济整体处于买方市场的背景下，企业的行业声誉显得更为重要，即使你的产品市场占有率较高，也并非非买不可；行业地位可以逐步提高，但行业声誉一旦损害就很难恢复。虽然企业的行业声誉较难量化评估，但"公道自在人心"。

3. 企业的渠道一体化程度

从第3章阐述的"渠道矩阵"可以知道,渠道一体化程度就是企业介入销售渠道再销售过程的深入程度,也可以理解为企业对销售渠道的控制水平。显然,企业的渠道一体化程度越高,企业对渠道的影响力(甚至控制力)也就越强,也就越能使生意向着自己期望的目标发展。

衡量企业渠道一体化程度的指标是<u>"渠道一体化指数"</u>,详见3.6部分。

7.1.3 企业的利益推动力

利益是连接企业和所有渠道伙伴的纽带,利益推动力显然是影响渠道伙伴购买与再销售行为不可或缺的重要因素,也是最重要的销售作用力。从某种意义上讲,企业的另外三种基本作用力最终都可以归结为利益推动力,因为产品竞争力越强,意味着渠道伙伴在同等努力水平下的销量越高;企业的行业声誉越好,意味着渠道伙伴的经营风险越小;客户服务力越强,意味着渠道伙伴与企业的合作越流畅。

1. 利益推动力的评估指标1:中间商的利益绝对值

中间商的利益 = 收益(有形 + 无形) - 成本 - 风险

(1) 中间商的收益:从销售某企业产品中所获得的有形与无形的"好处"。

A. 有形收益:

首先是销售毛利,即中间商从销售差价中所获得的收益,这就是价格体系的问题。

其次是企业所提供的各种奖励,如销量返利、分销奖励等。这些奖励可能以现金的方式体现,也可能以货物或车辆等形式体现。

B. 无形收益:

其主要包括企业的品牌和管理系统为中间商所带来的网络扩展、形象提升、产品组合的完善,以及运作和管理能力的提升等。这些收益虽然没有直接体现为中间商的利润,但对其整体和长远的发展具有较大价值。无形收益一般不存在分配的问题。

(2) 中间商的成本:为销售某企业产品所支付的各项费用的总和(以下以分销商为例)。

A. 分销商的营运资金成本:

营运资金成本 = 应收款 + 库存总额 - 对企业的欠款

营运资金成本可以简单地理解为这些资金的利息或融资成本。企业给予分销商的资金支持是一种重要的激励措施,由于降低了分销商的资金成本,从而提高了分销商的利益。

B. 分销商所支付的销售费用(为该企业产品):

——分销费用;

——终端促销费用;

——销售人员(含促销员)费用;

——储运等后勤费用。

企业给予分销商的费用支持是一种重要的激励措施,因为在一定程度上分担了分销商的销售成本,从而提高了分销商的利益。

(3) 中间商的风险:为销售某企业产品所承受的不确定性损失(以下以分销商为例)。

风险与成本的区别在于:成本是确定支出的费用,而风险是未来不确定的损失。

A. "共同交易风险"中由分销商承受的部分:

——产品滞销所导致的库存积压风险(一般由双方分担);

——产品残损所导致的利润损失(一般由企业承担);

——分销商自身应收款的坏账风险(一般由分销商自己承担);

——其他不确定性风险。

B. 企业为降低中间商的"道德风险"而要求其承受的违约风险:

——主要表现方式为企业要求中间商提供各种保证金。

C. 中间商所面临的生产企业的"道德风险":

例如,生产企业可能不按协议或承诺支付费用和返利等。

实际上,在信用缺乏的情况下,中间商要求企业给予的资金支持除了降低资金成本以外,更重要的是为了防范企业的"道德风险"。这些欠款如同企业向分销商要求的保证金一样,实质上是一种"风险抵押"。

虽然风险是不确定的且难以量化,但显然是中间商在权衡利益时的重要考虑因素,特别是在收益和成本接近的情况下,中间商一定会选择风险较小的企业。

综上所述,我们可以得出中间商利益的完整表达式:

中间商的利益 = 收益(销售毛利 + 企业各种奖励 + 无形收益) -
　　　　　　成本(营运资金成本 + 所支付的销售费用) -
　　　　　　风险(所分担的"共同交易风险" + 违约风险 + 生产企业的"道德风险")

注:上述任何一个变量都是影响中间商利益的因素,也就是企业利益推动力的构成要素。

2. 利益推动力的评估指标2:中间商的投资回报率

投资回报率(return on investment,ROI)是评估中间商销售某企业产品所获利益的通用指标。其计算公式如下:

中间商的投资回报率 = 中间商的纯利 ÷ 中间商投入的资金

广义的利益推动力也包括企业的人员作用力和资源作用力,因为这两项作用力越大,意味着企业对渠道伙伴的直接支持越大,渠道伙伴的销量越大而且分担的成本相对降低。但本书将这些支持列为其他类型的作用力,因为它们毕竟和中间商所获得的直接利益有区别,而且人员和费用支持并非销售过程中不可缺少的因素,所以基本作用力中包含的利益推动力可以理解为狭义的利益推动力。其主要指以下三个方面:

(1) 由渠道价格体系所决定的渠道伙伴的毛利空间及其他奖励;
(2) 企业向渠道伙伴提供的融资服务;
(3) 渠道伙伴从销售企业产品中所获得的无形利益。

显然,只要有交易发生,就必然涉及上述基本的利益问题,可见利益推动力是基本作用力的重要组成部分。销售过程中各环节的利益推动力是一个重要的销售战略问题,包括渠道价格体系设计与维护、信贷政策制定与管理等,本质上是企业与渠道伙伴委托代理关系中最敏感的利益分配问题(详见4.4部分)。

7.1.4 企业的客户服务力

企业与任何直接客户发生交易关系,必然伴随着最基本的资金流和物流。所谓客户服务力,就是企业为直接客户的购买行为所提供的各种服务(主要指资金流和物流方面),这也是影响客户购买和再销售行为的因素。其具体包括四个方面的服务:

1. 存货服务

衡量存货服务的量化指标是"库存服务水平",定义如下:

库存服务水平(inventory service level,ISL)是对企业存货服务的数值量度。其计算公式如下:

库存服务水平 = 1 - 平均缺货率

2. 送货服务

一般企业都会为直接客户提供送货服务,衡量送货服务的量化指标主要有两个:

(1) 订单到货时间(order to delivery,OTD)是对企业送货服务的数值量度,即从客户向企业下订单至货物送达客户所需的平均时间。

(2) 订单吻合度(order match level,OML)是对企业送货服务的另一数值量度,即到货与客户订单的吻合程度。

订单吻合度(OML)= 1 - 发错货物的平均比率

OTD 与 OML 实质上是评估企业后勤保障能力的两大指标，当然有时还需要考虑到货后的货物残损情况。如果企业不提供送货服务，则该项客户服务力就是零。

3. 退货服务

任何企业都可能存在产品滞销的问题，这也是企业及其客户所共同面临的经营风险。一个企业能否提供退货服务以及提供多大比例的退货服务，实质上也就是滞销产品风险在双方之间承担的比例问题。无疑，企业的退货服务对客户的购买和再销售行为具有重要影响。衡量企业退货服务的量化指标主要有两个：

（1）允许退货比例（permitted ratio of return goods，PRRG）是对企业退货服务的数值量度，即企业允许客户的退货额占其总体进货额的比例。伴随"允许退货比例"，很多企业往往还有一些附加条款，如产品保质期及进货时限等，甚至还要求退货金额的计算需要按客户原进货价打折等。

（2）退货处理时间（processing time of return goods，PTRG）是对企业退货服务的另一数值量度，即从企业收到客户的退货到实际冲减客户应收款或补发同等价值货物的时间。PTRG 越短，客户的资金占用越少；反之，客户的资金占用越多。

4. 结算服务

前面的三项服务主要针对物流方面，但只要有交易就必然产生资金流，企业对客户资金流方面的服务可以归结为结算服务。大多数企业都可能要求客户（主要是分销商）代垫部分销售费用，所以结算服务是一种双向资金流的服务。评估企业结算服务的量化指标包括三类：

（1）往来账目服务水平。

评估指标1：企业与客户对账的时间间隔。

评估指标2：企业与客户就发运、回款、费用等进行对账的准确度。

（2）费用支付时间。

这是指企业向客户支付代垫费用的平均时间，也包括企业兑现奖励的时间等。

（3）发票服务水平。

评估指标1：企业向客户提供正规进货发票的比例。

评估指标2：企业向客户提供发票的时间。

销售过程中的任何交易行为必然伴随着企业的上述四项服务，只不过有的企业服务很好，有的服务较差（甚至成为反向作用力）。客户服务力实质上反映了企业的储运、财务等生意支持部门的运作水平，对销售工作和生意结果的影响不容低估。

当然，以上所列出的客户服务力的四个方面只是销售过程共有的最基本服务，不同行业和不同企业其提供的服务有所不同。例如，工业品企业还必须对分销商提供技术培训等服务。此外，不少重视服务的企业所提供的服务种类更多、更新。

以上所讲的客户服务力主要针对直接客户（特别是分销商），不包括针对消费者的服务（如保修等），而且对终端而言，上述客户服务力四个方面的具体内容也有一定的差异性。

7.1.5 战略层面的基本作用力小结

以上所介绍的企业基本作用力的四个要素，是影响生意结果的重要因素，并与企业的所有销售工作密切相关。显然，实地销售经理无法控制战略层面基本作用力的各要素。这些要素直接作用于销售过程的各个环节，是实地销售的基本作用力。

上述的四大要素只是基本作用力的"硬件"，与之相应的还有销售领导层对销售渠道的整体规划，详见本章后续的渠道矩阵规划指标。

7.2 输出2：销售战略层面的人员作用力

销售战略层面的人员作用力与基本作用力有所不同，主要是提供给实地销售经理的人力资源，最终作用于实地销售的人员作用力还取决于各级销售管理者的管理与培训能力。

企业在战略层面的人员作用力，是企业为管理与协助客户再销售所投入的人力资源（硬件），以及从宏观上对人力资源的管理与培训体系（软件）。

人员作用力并非不可或缺的销售作用力，但是大部分企业一般都会有实地销售人员参与到渠道的再销售过程中，并对销售结果产生积极影响。人员作用力的需求由于行业特点与企业渠道一体化程度的不同而存在较大的差异性。一般而言，工业品行业对人员作用力的需求小于消费品行业。同时，企业的规模与策略不同，其愿意投入的人员作用力也有很大不同。中国目前既有不少投入大量销售人员精耕细作的企业，也有很多企业几乎没有真正意义上的销售人员，其所谓的销售人员只不过是在办公室通过电话接订单和催回款的员工。这也是本书为什么没有把人员作用力列入基本作用力。

具体来讲，销售战略层面的人员作用力主要包括以下三方面的内容。

7.2.1 销售队伍的组织结构与人员配置标准

1. 销售队伍的组织结构

（1）"块状"组织结构。

大部分企业销售队伍的组织结构都采用"块状"结构，或至少以其为基础。

所谓块状组织结构，是指销售队伍按照地域划分为不同的层级关系，一般以行政区划作为划分标准。

例如，几个省合为一个大区，由大区经理管辖，大区经理下面再设每个省的区域经理，区域经理下设城市经理等。

（2）"条状" + "块状"组织结构。

当企业的产品或渠道之间差异性较大时，也采用"条状"结构。

所谓条状组织结构，是指销售队伍按照产品类型或渠道类型平行划分，在每个队伍内再按"块状"结构划分为不同的层级关系。

例如，家电企业将其销售队伍分为空调队伍、冰箱队伍、电视机队伍等。

显然，销售队伍的组织结构是一个战略层面的决策问题，会对企业的实地销售过程产生重要影响。由于实地销售经理几乎不能影响整体组织结构的设计，这里不作进一步阐述，只是将其视为一个实地销售作用力体系的"输入"要素。

2. 销售队伍的人员配置标准

企业的销售领导层一般都会根据整体销售战略，制定一个与各地的生意规模挂钩的人员配备标准，实地销售经理只能在此范围内决定其人员数量。无疑，企业的人员配备标准是影响销售结果的一个重要因素。

7.2.2 销售队伍的薪酬、福利、费用等标准

销售队伍的组织结构和人员数量从总体规模上决定了人员作用力的强弱，而具体的人员薪酬等标准则从质量上决定了人员作用力的强弱，因为这些标准决定了可以招聘到的人员的素质，同时也是影响其工作积极性的重要因素。

销售人员投入 = 薪酬 + 福利 + 费用

1. 销售队伍的薪酬标准

大部分企业对销售人员的薪酬都采用**"底薪 + 奖金"**的方式，具体的底薪数额与奖金评定方式无疑会极大地影响人员作用力。

2. 销售队伍的福利标准

销售人员的福利主要包括四个方面，它们是影响销售人员对企业归属感的重要因素。

（1）各种保险：如养老保险、失业保险、工伤保险等。

（2）**住房公积金**：企业为销售人员提供的未来购房基金。

（3）**带薪假期**：指除了国家法定节假日外，企业为销售人员提供的年假等。

（4）**其他福利**：如户口与住房等，常常和业绩评估挂钩。

3. **销售队伍的费用标准**

销售人员的个人费用标准包括四个方面，它们是影响销售人员工作质量的重要因素。

（1）**差旅费标准**：如出差住宿的酒店及交通工具等的标准。

（2）**通讯费标准**：企业为销售人员分担的通信费的标准。

（3）**市内交通费标准**：由于销售人员主要是实地工作，所以即使不出差也会涉及市内交通费的问题，相关标准就是企业对销售人员市内交通费用的补贴。

（4）**异地工作租房标准**：实地销售人员很可能会被派驻到非家庭所在地长期工作，企业所提供的租房标准会直接影响到销售人员的生活质量。

以上待遇标准关系到销售人员的切身利益，是销售领导层甚至总经理需要决策的重大问题。企业和销售人员之间的关系是建立在利益交换基础上的委托代理关系，上述问题实质上也是一个企业和销售人员之间的利益分配问题。其相关内容详见第 4 章。

7.2.3　企业对销售人员待遇的兑现程度与处理速度

企业是否以及多快兑现其承诺，也是影响人员作用力的因素之一。一方面，它体现了企业对员工的重视程度；另一方面，也反映了财务等部门对销售队伍的服务水平。它可以用 3 个量化指标来评估。

1. **人员待遇的兑现比例**

这是指企业是否信守承诺和尊重自己制定的"游戏规则"，这也是企业声誉的重要组成部分。

2. **发放工资的准时程度**

这是指企业是否按照合同规定按时发放销售人员的底薪和奖金。

3. **人员费用的报销时间**

这是指销售人员从寄出报销单据至收到款项的费用平均处理时间。

以上指标对于部分企业而言可能根本不存在问题，但中国目前也有不少企业（特别是民营企业）严重缺乏诚信，经常拖欠员工的工资和费用，往往到年底借故"赖掉"应该兑现的年终奖。这些都会极大地影响销售人员的工作积极性，并有可能对生意造成恶性循环，最终那些不守诚信的老板们必然是"搬起石头砸了自己的脚"。

知识链接　4.5 部分

7.2.4　销售战略层面的人员作用力小结

销售战略层面的人员作用力并非最终作用于实地销售过程的人员作用力，其转化过程还依赖于实地销售经理的管理与培训能力，所以本书将在实地销售的人员作用力部分再定义人员作用力的量化指标。销售战略层面的人员作用力对于实地销售工作具有根本性的影响，虽然实地销售经理只是战略层面人员作用力的"接受者"，无力改变企业的决策，但是他们可以选择是否留在企业以及是否努力工作。这就是委托代理理论中所讲的代理人的"参与约束"和"激励相容约束"。

上述三大要素只是销售战略层面人员作用力的"硬件"，与之相应的还有销售领导层所建立的人员管理与培训体系，有关内容详见 7.7.2 部分。

7.3　输出 3：销售战略层面的资源作用力

销售战略层面的资源作用力主要是提供给实地销售经理的可用资源，最终作用于实地销售的资源作用力还取决于各级销售管理者的资源分配与管理能力。

企业在战略层面的资源作用力，是企业为协助客户再销售所投入的销售资源（硬件），以及从宏观上对销售资源的分配与管理制度（软件）。

这里所讲的是狭义的销售资源，指除去销售人员投入以外的销售费用（包括物品投入等），因为人员是所有销售资源中最特别的资源。首先，人员是其他资源的使用者；其次，人员作用力具有很强的弹性和能动性（人员作用力不仅取决于人员投入，还取决于管理与培训）；最后，人员费用相比其他费用更具连续性和稳定性。

> **知识链接** 2.3.1 部分对 3 种销售资源的定义

销售战略层面的资源作用力与人员作用力类似，不同的行业对销售资源作用力的需求也不同。一般而言，工业品行业对销售资源作用力的需求小于消费品行业。同时，企业的规模与策略不同，其愿意投入的销售资源作用力也有很大不同。中国目前既有不少企业投入大量销售资源持续、推动其生意发展，也有很多企业还停留在"一手交钱，一手交货"的纯买卖阶段。资源作用力是重要的销售作用力，但不是必需的作用力，所以本书没有把资源作用力列入基本作用力的范畴。具体来讲，战略层面的资源作用力主要包括以下四方面的内容。

7.3.1　实地销售经理可支配的销售费用

大部分企业都按照当地销量提取一定比例的销售费用，作为实地销售经理可以支配的费用（人员投入已归入人员作用力）。这些费用主要用于当地的分销和终端促销等方面。费用比例由销售领导层决定，实地销售经理基本无法更改（即使要更改，也必须事先申请）。但是实地销售经理可以在制度规定下，视生意需要在客户、网点与费用类型之间进行合理分配，并且有效管理这些费用，确保落到实处。

换句话说，实地销售经理可支配的销售费用总额由战略层面的资源作用力所决定，而在此费用总额内如何有效配置资源，则往往由实地销售经理在一定权限内决定。

7.3.2　实地运作资源投入

这部分销售资源主要指企业投入于分销商或销售分支机构的运作资源，包括车辆、办公环境及用品、电脑系统等。这些投入往往由销售领导层决定，实地销售经理通常只具有建议权，但同样是影响实地销售结果的资源作用力。

7.3.3　企业统一的渠道促销与消费者促销投入

这部分销售资源往往由企业总部直接决定和统一投入，实地销售经理只是执行，但同样是影响实地销售结果的资源作用力。

1. 企业统一的渠道促销

统一的渠道促销指企业整体策划和实施的针对分销商或批零网点的促销活动，大致包括以下三种类型：（1）新品上市发布会；（2）大型订货会；（3）简单的特价或赠品促销活动。

> **知识链接** 第 11 章有关渠道促销的部分

2. 企业统一的消费者促销

统一的消费者促销指企业整体策划和实施的针对消费者的促销活动。其大致可以分为两大类型：

（1）在终端店内的消费者促销。

这种类型的促销往往在大型终端比较频繁。虽然各个企业的宣传主题和操作手法各异，但本质上主要是三种促销方式：

A. 特价促销：终端零售价短期打折。

B. 赠品促销：买产品送赠品。

C. 服务促销：如延长保修期或赠送美容服务等。

（2）与产品"捆绑"的消费者促销。

这种促销的优点是只要产品到达的地方，消费者都可以享受促销优惠，并且实地销售队伍的工作量相对小；但是，这种类型的促销只有企业总部可能策划与实施，实地销售经理不可能自行设计此类促销活动。其大致可以划分为以下两种方式：

A. 生产促销装的产品：如在某个阶段，产品附带赠品并统一包装。

B. 生产附带促销信息的产品：如在产品的包装上附带刮奖卡，或者让消费者寄回包装即可参加抽奖等。

7.3.4 提升店内形象的各种助销工具

这部分销售资源往往由企业总部统一设计与制作，并根据各地的需要统筹分配，主要用于零售终端，部分也用于批发网点。按照投入从高到低的顺序，它可以分为以下四种类型：

▶ 店中店的形象设计与装修；

▶ 专柜形象的设计与制作；

▶ 一般助销品的设计与制作，如海报、灯箱、挂旗等；

▶ 各种产品和促销的宣传单张等。

7.3.5 销售战略层面的资源作用力小结

销售战略层面的资源作用力对实地销售经理的工作具有重要的影响作用，正所谓"巧妇难为无米之炊"。以上四个方面的资源作用力都可以用三个指标来衡量：

A. 投入总量，即各类资源的投入费用总额；

B. 投入质量，如统一促销活动的策划水平与统筹协调能力、POP 的实用性等；

C. 运作效率，如所有费用的兑现速度和相关物品到达实地销售的速度等。

销售战略层面的资源作用力也需要通过实地销售经理的资源分配与管理能力，才能最终转化为实地销售的资源作用力，所以本书将在实地销售的资源作用力部分再定义资源作用力的量化指标。

上述的四大要素只是销售战略层面资源作用力的"硬件"，与之相应的还有销售领导层所建立的销售资源分配与管理制度，有关内容详见 7.7.3 部分。

7.4 销售战略层面的作用力体系的输入

销售战略层面的作用力体系实际上也就是企业整体运营的作用力体系，因为企业所有的投入与各部门的工作最终都体现在销售环节，所以，销售战略层面的作用力体系的输入也就是企业投入的所有资源，大致可以分为以下三类。

7.4.1 企业的资金投入

不言而喻，资金投入是任何企业的运行与发展所必需的资源，也是影响品牌、技术、生产等其他资源的基本因素。资金如同一个企业的"血液"，从根本上决定了企业各方面的策略和具体运作，是影响所有销售作用力的基本因素。如果"供血不足"，企业所有部门的策略都会受到很大局限，而且具体运作也会出现问题，这不是简单地通过提高管理水平就可以解决的问题。

从销售工作的角度，我们将一个企业的资金投入看成"给定"的外部变量，因为所有的管理者都不可能决定企业的资金投入规模。如果企业的董事会或所有者至少要作一个决策，那必然是该企业的资金投入规模。有关对企业投资问题的深入分析已经超出了本书的范围，下面只是简单地介绍一下影响企业资金投入的三大因素：

（1）行业特点决定了企业资金投入的"下限"。

显然，不同的行业要求"进入者"的资金投入"门槛"具有较大的差异性。例如，在一个比较成熟的汽车市场，一个企业至少要达到年产30万辆的规模才有可能生存；否则，必然因为成本过高而被淘汰，这就必然要求企业投入大量的资金。而对于饮料、化妆品等FMCG行业，对资金投入的最低要求很小，当然要把企业做大、做强，也需要更多的资金投入。

（2）企业的资金实力决定了其资金投入的"上限"。

这不言自明，每个企业的资金实力都是其最重要的竞争力之一。

（3）企业的投资策略决定了其最终的资金投入规模。

在上述的上下限之内，有的企业着眼于长期投资回报，有的企业看重短期回收投资，这些投资策略决定了企业最终的资金投入规模。

7.4.2　企业的品牌资源

对大多数行业（特别是FMCG行业）而言，企业通过长期发展所**"固化与沉淀"**下来的品牌资产是极其重要的资源。虽然资金投入是生意运行与发展的必要条件，但是品牌资产可能是推动生意发展的最重要资源。

美国"可口可乐"公司的总裁曾经说过一句非常著名的话，大意是说如果他的企业失去了所有的厂房和资金等资源，只要还保存了"可口可乐"的品牌，就可以在很短的时间内重新恢复到以前的生意水平。品牌资源的重要性由此可窥一斑而知全豹。

当然，这里所说的品牌资源绝非仅指品牌的知名度，一个缺乏"品牌精髓"的所谓名牌，其生命力是短暂的，这方面的例子在我国本土企业中俯拾皆是。只要企业有钱，就可以通过广告投放来建立和提高品牌知名度，但是在"狂轰滥炸"的广告之后，是否在消费者心中留下了品牌的核心资产，那就取决于营销水平的高低了。

7.4.3　企业的技术、原料等资源

除了资金和品牌资源以外，部分行业（特别是工业品和耐用消费品行业）的技术、原料等资源对企业的销售作用力也具有重要影响。

1. 技术资源

企业的技术资源包括强大的科技研发能力和先进的生产工艺等。

在许多科技含量较高的行业中，企业的技术资源是其产品竞争力的核心，甚至会形成"技术壁垒"，这不是短期资金投入和品牌价值可以替代的。

例如，在我国的家用电器和手机等行业，几乎所有的企业都只是简单的"装配商"；核心技术掌握在发达国家的企业手中，而那些拥有技术资源的企业从中获得了巨大利润。

2. 原料资源

这是指企业控制和占有的稀缺的原料资源。

部分行业的原料是地球上不可再生的资源，比如石油就是最典型的例子。对这些行业的企业而言，原料资源往往成为其核心竞争力。

例如，作者曾经为一些地板生产企业作过咨询和培训，发现对实木地板而言，最重要的是一个企业对相关的木材资源的控制和占有程度，其他资源的重要性都相对次要。

当然，一个企业要拥有技术和原料等资源，雄厚的资金是必要条件，但是并非只要有资金就可以掌握这些资源。

7.4.4　销售战略层面的作用力体系的输入小结

以上所介绍的资金、品牌、技术与原料等资源，是企业整个生意系统的"初始动力"，从根本上决定了企业最终输出的所有销售作用力。从广义上来说，企业的人才资源也是影响企业的一种重

要资源，但本书基于以下三点原因没有将人才资源列入其中：

（1）人才在很大程度上可以通过资金投入进行招募和培训；

（2）上述三大资源在一定程度上也是企业人才资源的"固化"和"浓缩"；

（3）本书将人才资源的作用放到了作用力体系内所有系统的运作中，也就是说，上述三大资源是企业所有人员的工作平台，人才的作用就体现在如何将这些资源转化为尽可能强大的销售作用力。

至此，前面四节已经对销售战略层面的作用力体系的输出（销售战略层面的三大作用力）与输入内容作了简单的介绍，与实地销售经理最密切相关的是输出。接下来简要说明将输入转化为输出的各个生意系统，虽然这些并非实地销售经理的工作，但具备一些粗略的了解对实地销售经理的工作同样会有所帮助。

7.5　企业的销售相关系统简介

虽然本书以销售为着眼点，但是我们也要清楚地看到销售系统与企业其他生意系统之间是一种密不可分的关系，而且对某些行业而言，销售系统（甚至整个营销系统）并不一定是企业最重要的生意系统。本节的内容将有助于我们进一步了解其他生意系统对销售系统的作用，以及销售系统在企业整体生意中的位置。

7.5.1　企业战略方向决策系统

虽然企业的每个部门都有其重要性并具有特定的功能，但是任何企业在不同的发展阶段总有其相对而言的战略重点，以形成企业的核心竞争力或完善企业的整体竞争力。这是每个企业的最高领导层首要考虑的问题，也是其最重要的决策，因为这直接影响到包括销售系统在内的所有生意系统的策略和运作。

所谓企业战略方向决策系统，就是根据行业特点与企业资源状况决定企业的投入重点，以形成企业的核心竞争力或完善其整体竞争力。

虽然不同的行业和不同发展阶段的企业，其战略重点具有很大的差异性，但是决策规律基本一致，主要包括以下两点：

A. 从行业角度看：哪方面的资源最稀缺，则掌握这方面资源的企业就越具有竞争优势，同时这个方向往往就是该行业的企业的战略重点。

B. 从企业自身角度看：战略重点的选择无非"扬长补短"："扬长"的目的是形成核心竞争力；"补短"的目的是完善整体竞争力。

具体来看，企业的战略方向大致可以划分为五大类：

1. 品牌导向型

品牌导向型即企业的战略重点以建立品牌优势为主，以期形成市场竞争中的"品牌壁垒"。

品牌导向型适用于大部分消费品行业的企业，因为技术、原料、渠道等一般都不是稀缺资源，唯有品牌可能成为企业独特的核心竞争力。当然，建立品牌优势非一朝一夕之功，而且需要持续投入大量的资金，所以许多中小企业往往是"心有余而力不足"。

2. 渠道导向型

渠道导向型即企业的战略重点以销售渠道为主，以期形成市场竞争中的"渠道优势"。

渠道导向型一般适用于以下两种类型消费品行业的企业。

A. 消费品行业的中小型企业：虽然从这些行业的特点来看，唯有品牌可能成为企业独特的核心竞争力，但是由于中小企业自身的资金限制，要想在与大品牌的竞争中获得"一席之地"，只能先从销售渠道的"精耕细作"中建立局部优势。

B. 品牌优势相当的企业：具有品牌优势的企业并非一家，而且往往互为主要竞争对手，这时企业的战略重点很可能会转移到销售渠道上，以完善整体竞争力。

3. 技术导向型

虽然品牌和销售渠道对每个企业都相当重要，但是高科技企业营销的前提是产品在技术上具有很强的竞争力；否则，大量的营销投入往往"得不偿失"。技术导向型企业的战略重点就是技术研发，以期形成市场竞争中的"技术壁垒"。

技术导向型一般适用于高科技行业的企业，因为掌握了技术优势，往往意味着企业拥有独特的核心竞争力。例如，Intel 公司就是一个典型的技术导向型企业，虽然其也在建立品牌优势，但是其核心竞争力无疑来源于技术。

4. 资源导向型

这里的资源主要指自然界不可再生的资源，使用这类资源进行生产的企业其战略重点往往是控制或占有自然资源，以期形成市场竞争中的"资源壁垒"。

例如，对于石油、矿产、实木地板等行业，掌握了自然资源，往往意味着企业拥有独特的核心竞争力，这是营销和技术等无法比拟的优势。

5. 成本导向型

成本导向型即企业的战略重点放在如何降低生产成本上，具体做法一般是通过大规模生产节约成本，以期形成市场竞争中的"价格壁垒"。

成本导向型主要适用于对价格较为敏感的行业。例如，"格兰仕"微波炉就是一个典型的例子，通过大规模生产降低了成本，从而以价格作为"竞争利器"，使许多微波炉企业退出了市场。

以上五种战略方向只是一个企业相对而言的战略重点，并且有可能混合使用。企业的战略方向总是适用于某个发展阶段，并非一成不变。属于企业战略方向的部门或系统必然能获得更大的投入，同期，其他部门的投入可能相应减少，这会直接影响每个部门或系统所输出的作用力。具体来讲，企业的战略方向决策系统最终"输出"了三大类投入（主要指资金）：

A. 企业对营销（狭义）系统和 R&D 的投入：主要指企业对建立品牌资产、产品研发与推广方面的各种投入。R&D 投入与营销系统投入合为一体的原因在于两者的联系非常紧密，营销系统中的产品开发向 R&D 提出了需求和方向，而 R&D 为营销系统提供了技术支持以及对行业技术发展的前瞻。

B. 企业对销售系统的投入：主要指企业对整个销售系统的所有资源投入，这方面的内容前面已有详细阐述。

C. 企业对生意支持系统的投入：主要指企业对生产供应、财务运作、人事管理、信息支持等系统的资源投入。

显然，上述三大类投入决定了相应三大系统的策略与运作，也就形成了战略层面销售作用力的不同组合。从销售的角度看，企业战略方向的决策无疑对销售战略的影响极大，并通过传递关系体现在最终的实地销售作用力水平上。

7.5.2 企业的营销（狭义）系统

如果说企业的战略方向离销售经理还相对比较遥远，那么营销（狭义）系统与销售工作则是息息相关的，因为"品牌/产品竞争力"是基本作用力中最首要的作用力，对生意结果影响巨大。

1. 企业的营销（狭义）系统由哪些部门组成？

企业的营销（狭义）系统以市场部为核心，包括市场、市场研究和 R&D 等部门。当然，销售部门也属于广义的营销系统。

（1）市场部（marketing department），是负责品牌资产建立、产品开发与推广的部门。有的企业也将市场部称为品牌部或产品部等，但其功能基本一致；有的企业将市场部细分为产品开发部、广告部（或称媒介部）、策划部等。

（2）市场研究部（market research department），是负责消费者行为研究的部门。一般大型企业会单独设立市场研究部，中小企业往往将相关人员归入市场部内。

（3）R&D 部门（research & development department），是负责技术研究与开发的部门。严格来讲，R&D 部门是一个独立的技术部门，并不属于营销系统。但是其工作与市场部紧密相关，从销售的角度可以将其看作营销（狭义）系统的一部分。

2. 企业的营销（狭义）系统具体包括哪些工作？

从销售的角度，可以将企业营销（狭义）系统的工作简单地划分为三大类：

（1）品牌定位。

一般而言，品牌定位（brand positioning）包括以下五个方面：

▶ 确定目标消费者。通过对竞争环境的了解和对消费者的洞察，确定目标消费者（target consumer）并给出准确的描述。一个好的目标消费者定位必须基于对消费者行为的深刻洞察。比如，不少企业的目标消费者定位类似于"女性白领，25～35 岁，收入较高且追求时尚"这样的描述。这样的定位看起来给出了目标消费者的特征，但实际上没有任何与产品相关的消费者洞察。目标消费者定位适用于手机、化妆品、衣服等各个种类的产品。

▶ 确定品牌差异点。品牌差异点简单地说就是消费者选择你的品牌最重要的理由。不少企业的品牌差异点类似于"第三代优质产品"这样的空洞描述，而"农夫山泉有点儿甜"可谓是一个较好的品牌差异点。

▶ 确定品牌的利益诉求。品牌的利益诉求指引发消费者购买的功能诉求或情感诉求。不少企业的品牌利益诉求类似于"质量一流"这样的空泛描述，或者类似于"含人参精华"这样将成分当成利益的描述，这样的利益诉求不可能激发消费者的购买欲望。

▶ 确定品牌的个性与价值。品牌的个性与价值指品牌所代表的信念以及它的拟人性格。比如，某品牌让人联想到"成熟与专业的成功人士"，这就是品牌的个性与价值。

▶ 确定品牌的支持点。品牌支持点（reason to believe，RTB），简单地说就是消费者为什么要相信你的上述品牌差异点、利益诉求。比如，农夫山泉的"取自千岛湖水面下 70 米处无污染的天然水源"就是一个较好的 RTB，但不少企业往往选择类似于"法国科技"或"添加多种有效成分"等不具说服力的 RTB，这就很难支撑上述的品牌定位。此外，专业认证也属于 RTB 的范畴。

综上所述，品牌定位就是确定一个品牌希望留在消费者心中的"核心元素"，通常是不能随意更改的。品牌定位是一项系统和专业的工作，并非只要打广告有了知名度就建立了品牌。从某种意义上说，营销（狭义）艺术的核心就是品牌定位的艺术。

（2）产品开发。

产品开发（product development）就是在品牌定位的基础上开发系列具有竞争力产品的工作。

产品开发一般包括产品线规划、产品价格定位、产品概念或功能定位、产品包装设计、产品质量定位、产品附带的服务定位等，即前面所介绍的构成产品自身竞争力的六个要素。具体内容详见之前的产品竞争力说明。

（3）品牌建设与产品推广。

品牌建设与产品推广（brand building & product promotion）就是向消费者传播品牌定位及产品等的信息，大致包括五种方式：

▶ 广告，顾名思义就是"广而告之"，是通过各种媒介向消费者传递信息的方式。电视广告无疑是最常用的广告形式，还包括网络、报纸、杂志、户外等其他广告形式。

▶ 公关活动，是指企业通过一些公共关系的社会活动，实现推广品牌和产品的目的，如赞助一些体育比赛、文娱节目或慈善活动等。

▶ 免费派送等消费者教育活动。这些消费者教育活动也能起到推广品牌和产品的作用。

▶ 售点广告。这就是通常所说的店内形象建设，如店中店、专柜、横幅、灯箱等店内助销工具。售点广告一般由销售人员执行，所以和销售工作密切相关。

▶ 消费者促销。通过各种消费者促销活动提高消费者的尝试购买率和重复购买率，大部分也需要由销售人员执行，和销售工作密切相关。

3. 企业的营销（狭义）系统对销售工作的影响体现在哪里？

企业的营销（狭义）系统对销售工作的影响，体现在其所"输出"的战略层面的销售作用力上，具体来讲，包括以下三个方面：

A. 品牌和产品竞争力：

这是企业基本作用力中首要的作用力，是决定终端单店销量的根本因素，对整个销售过程的所有环节都会产生极大的影响作用。

B. 企业统一的消费者促销活动：

这是企业战略层面的资源作用力中的一股重要力量，直接影响到终端的单店销量。

C. 店内助销工具：

这是售点广告的重要工具，对于提升店内形象从而提升单店销量具有重要作用。店内助销工具一般都是通过市场部设计与制作的，因为与品牌形象密切相关，当然也需要兼顾销售部门的意见。

4. 专题讨论：广告的实质与作用

不可否认，广告在整个营销过程中具有非常重要的作用，也往往是企业所有营销（包括销售）投入中金额最大的一块。广告是销售人员和渠道客户最为关注的问题，生意谈判中的第一句话经常就是"有没有广告"。在许多销售人员和客户的心目中，广告已经成了营销的代名词，不少企业的老板也持类似的看法。

从传统的营销理论来看，广告的作用是传递品牌和产品信息，是建立品牌和推广产品的一种手段。对广告的详细介绍已经超出了本书的范围，下面只是尝试从经济学的角度去分析广告的实质，为销售人员全面深入地理解广告的作用提供一个新的视野。

（1）有关广告的两个问题。

从第3章的交易成本理论可知，广告成本也属于企业的交易成本，最终必然由消费者来"埋单"（体现在产品价格中），也就是通常所说的"羊毛出在羊身上"，而且企业能够持续投放广告，一定是因为从中获得了"超额利润"。下面我们只对"名牌"与"非名牌"进行对比分析，即了解"名牌效应"背后的实质，至于"名牌"与"非名牌"之间的区别那是品牌定位的问题，属于营销艺术的范畴。

A. 消费者为什么要为企业的广告"埋单"并让名牌企业获得"超额利润"呢？

直观的解释是广告提高了品牌的知名度，"名牌"自然就应比"非名牌"的价格高。

但仔细一想，上述解释有点似是而非。对绝大多数商品而言，消费者最终买的是其使用价值，一个产品生产出来以后带给消费者的使用价值是既定的，与打不打广告没有直接关系。

B. 为什么大量投放广告的企业总是相对集中于某些消费品行业呢？

直观的解释是消费品的目标消费者数量巨大又很分散，广告是传递信息的重要手段。至于为什么集中于某些消费品行业，是因为这些行业的利润率较高，可以承受高昂的广告费用。

但是消费品何止成千上万种，仅仅从利润率的角度解释似乎比较牵强，而且高利润率本身就反映了"名牌效应"，那些大量投放广告的行业也有许多企业的利润率很低。

（2）广告的根源是企业与消费者之间的"信息不对称"。

生产企业与消费者之间存在严重的"信息不对称"问题，企业对自己产品的功能和质量<u>**心知肚明**</u>，但是消费者只能通过购买前的"目测"与使用后的"感受"来<u>**雾里看花**</u>。从商品"鉴定成本"的角度可以将所有消费品大致分为三类：

A类商品："鉴定成本"很低的商品。

这类商品在消费者购买之前就很容易通过"目测"或其他简单方法判断其质量。

例如蔬菜和水果等商品，一般只要看一下外形或尝一尝就大致知道质量好坏。当然，也存在

"金玉其外，败絮其中"或卖方故意作假的可能，但是总体来讲，这些商品的质量很容易鉴定。

B类商品："鉴定成本"较低的商品。

这类商品在消费者使用或消费之前，无法准确判断其质量，但是在使用或消费之后就比较容易"感受"其所宣称的主要功能和鉴定其质量好坏。

例如餐厅的饭菜和大多数食品，一般只要消费者吃过以后就能作出大致的判断。

C类商品："鉴定成本"很高的商品。

这类商品即使在消费者使用或消费之后，也不易"感受"其所宣称的主要功能与质量，特别是很难"感受"隐藏在某些功能背后的副作用。

例如化妆品、保健品、功能性饮料、部分家用电器等，消费者除了能够通过感官对一些表面的功能作出判断外，几乎无法对其广告中所宣称的主要卖点进行判断。比如，消费者喝了一瓶口服液，除了能感知味道以外，对其所宣称的"富含18种氨基酸，能够改善人体微循环"根本无法知晓。

目前，我国广告投放相对集中的商品大部分都属于"鉴定成本"很高的C类商品，其原因在于两点：

▶ 消费者无法感知和验证这些商品广告所宣称的"新功能、新概念"，企业只要做到两点就可以获得"超额利润"：一是所有的作用、机理要"自圆其说"；二是产品不要存在消费者可以感受到的明显缺陷。要做到这两点并不难，有的企业甚至根本没有加入新技术或增加成本，就可以通过"概念炒作"获得暴利。

▶ 实际上消费者购买这些"名牌"商品的原因并不一定就是相信其所宣称的功能，只是这种知名度在消费者心中转化为了对其总体质量的可信度。因为这些商品的鉴定成本很高，所以消费者在无法判断其功能和质量的情况下，一般存在下述的逻辑推理：

这个企业打了那么多广告，总不会把产品质量做得很差吧？那样它就得不偿失了，还是买名牌产品放心一些。消费者的这种心态，在口服类与接触皮肤类等高度敏感的商品方面表现得尤为强烈。

从这个意义上讲，广告的作用除了传递品牌和产品信息以外，其行为本身也向消费者传递了一个有价值的信息："我都沉没了那么多成本下去，你可以相信我的质量不会差。"

所以广告成本可以理解为某种"鉴定成本"，甚至是企业对消费者的"质量保证金"。

以上推理基本上是成立的，名牌产品即使没有其宣称的那些先进的功能或概念，其总体质量至少不会存在严重问题。这并非出自这些企业的"社会公德"，而是没有任何名牌企业希望庞大的广告沉没成本因为产品质量问题而付之东流。

因此广告的作用不仅体现其具体传递的信息上，其行为本身也符合博弈论中"信号传递模型"的原理，在企业与消费者的信息不对称中起到了传递产品质量信息的作用，同时向渠道客户传递了有关企业实力的信息（也是不对称信息）。

▶ **知识链接** 5.2.7部分关于信号传递模型的介绍

对那些相对容易鉴定产品质量的行业而言，并非广告没有作用，而是因为一个企业的资金是有限的，将资金投入到产品质量的研发上可能收益更大；或者基于产品质量相对容易鉴定的前提，节省广告费用以提升产品的价格竞争力可能更为有效。

综上所述，我们得到如下结论：

广告费用是生产企业的一种直接交易成本，更精确地讲是产品信息鉴定成本。一般而言，一个行业投放广告的多与少和消费者对该类产品的鉴定成本是正相关的关系，即消费者越难鉴定这类产品的内在质量，该行业的整体广告可能投放越多；反之亦然。

当然，以上分析只是提供了一个看待广告的新视野，并不能涵盖广告的所有方面，而且名牌效应有时也是为了满足消费者的虚荣心，在此不再深入探讨。

销
售
力

（3）广告并非万能灵药。

正是由于广告的重要作用，某些行业的企业认为唯有广告是万能灵药，忽视企业的整体竞争力，甚至利用其"信息不对称"优势愚弄消费者。

消费者在"信息不对称"中永远处于劣势，大部分广告都充溢着夸大之词。这就需要新制度经济学所讲的制度来维护消费者利益，打击企业的投机行为。当然，我国还有很长的一段路要走，因为我国目前的制度主要管的还是"细菌含量是否超标或是否假冒商标"等问题，至于"首乌洗发水"是否真含首乌成分尚无暇顾及。但作者始终信奉一句话：**"真的假不了，假的真不了。"** 那些"机关算尽"的虚假广告最终一定会"搬起石头砸了自己的脚"。

即使不是虚假广告，也不能让广告的作用走到极端。生意的作用力体系是一个系统，广告并非唯一因素。如果将所有资源投到广告上，忽视技术研发和渠道建设等，最终必然是"昙花一现"，这方面的前车之鉴可以说数不胜数。我国不少本土企业总是"各领风骚两三年"，往往是风光一时后惨淡收场，正所谓**"成也广告，败也广告"**，原因就在于这些企业根本不具备可持续发展的整体竞争力。

限于本书的范围，以上只是就企业的营销（狭义）系统作了一个简略的介绍。实际上营销（广义）不分家，销售人员了解一些基本的品牌和产品知识，对自己的工作一定会有所帮助。

7.5.3　企业的生意支持系统

销售几乎和企业的所有部门都发生关系，最直接"打交道"的就是企业的生意支持系统，具体包括以下四个系统：

1. 货→企业的生产供应系统

（1）企业的生产供应系统包括生产部门（上游是采购部门）、仓储和运输部门等。

（2）任何销售工作都必然涉及企业与客户之间的物流，而生产供应系统的工作直接影响到基本作用力中的客户服务力，如存货服务、送货服务、退货服务等，而且产品质量的稳定性也与生产部门密切相关。

（3）企业生产供应系统的运作水平又取决于企业对这些部门的投入以及这些部门的管理能力。

> **知识链接**　2.3.1 部分有关客户服务力的介绍

2. 款→企业的财务运作系统

（1）企业的财务运作系统主要指财务部门。

（2）任何销售工作都必然涉及企业与客户之间的双向资金流，而且销售人员的工资与费用等也由财务部门具体负责。财务运作系统的工作会直接影响到客户服务力中的结算服务水平，以及对销售人员费用的处理速度等。

（3）企业财务运作系统的运作水平又取决于企业对财务部门的软硬件投入以及财务部门的管理能力。

> **知识链接**　本章有关结算服务与人员费用处理的介绍

3. 人→企业的人事管理系统

（1）企业的人事管理系统主要指人事与行政等部门。

（2）销售人员的合同、户口、福利等一般由人事部门具体负责，高效的人事管理系统还涉及企业文化的建设。人事管理系统的工作会直接影响到战略层面的人员作用力。

（3）企业人事管理系统的运作水平又取决于企业对人事部门的软硬件投入以及人事部门的管理能力。

4. 信息→企业的信息支持系统

（1）企业的信息支持系统主要指计算机网络和数据库系统等，一般由 IT 部门负责。

（2）信息是连接企业内所有部门以及企业与客户、实地销售人员之间的"纽带"，如果没有完善的信息系统作为支撑，无疑所有部门的运作效率都会大受影响，从而间接影响企业的所有销售作用力。

（3）企业信息支持系统的运作水平又取决于企业对 IT 部门的软硬件投入以及 IT 部门的技术能力。

企业的生意支持系统无疑是销售工作顺利开展的"运作平台"，对企业的三大作用力都会产生直接影响（见图 7-1）。如果生意支持系统的运作水平较低，不仅会直接影响到部分销售作用力，而且会大幅增加销售人员与相关部门的协调和沟通成本。

7.5.4 企业的销售相关系统小结

企业的销售相关系统主要包括以下三大系统：

A. 企业战略方向决策系统；

B. 营销（狭义）系统；

C. 生意支持系统。

本书的重点放在了这些系统的"输出"即对销售作用力的影响方面，至于这些系统的具体运作已经超出了本书的范围。销售领导层的工作并非仅仅着眼于销售本身，还需要和这些相关系统进行协调与沟通。对实地销售经理而言，基本上可以将这些相关系统的"输出"看成企业给定的"外部变量"，只能在此基础上"扬长避短"地开展工作。

7.6 销售战略决策系统简介

战略层面销售作用力体系中与销售工作最密切相关的就是销售战略决策系统。它从根本上决定了所有销售工作的方向和运作方式，是销售领导层最首要的工作（见图 7-4）。

销售战略决策系统可以简练地概括为八个字：

渠道矩阵＋利益分配

7.6.1 销售战略决策系统的输出

销售战略决策系统的输出就是企业的交易制度，即影响整体销售作用力的制度因素。

在阐述具体内容之前，有必要先回顾一下第 3 章所定义的基础概念：

A. 渠道矩阵：

渠道矩阵指企业销售渠道的宽度（或称分销密度）与长度（往往是几种渠道长度的组合），以及渠道一体化程度。

B. 利益分配：

利益分配包括企业渠道矩阵中对外（渠道伙伴）和对内（员工）两方面。

一个单位或个人的利益＝收益－成本－风险，风险可以视为负的利益。

1. 渠道矩阵宽度的具体规划指标

渠道矩阵宽度主要指一个企业销售渠道末端环节的分销密度，即企业的销售渠道可以覆盖全国（也可细至每个区域）多大比例的目标消费者，简单地说，就是多少目标消费者可以"买得到"该企业的产品。

下面的指标主要针对大部分通过终端销售产品的企业，有关直销方式的相关内容详见上述知识链接部分的说明。

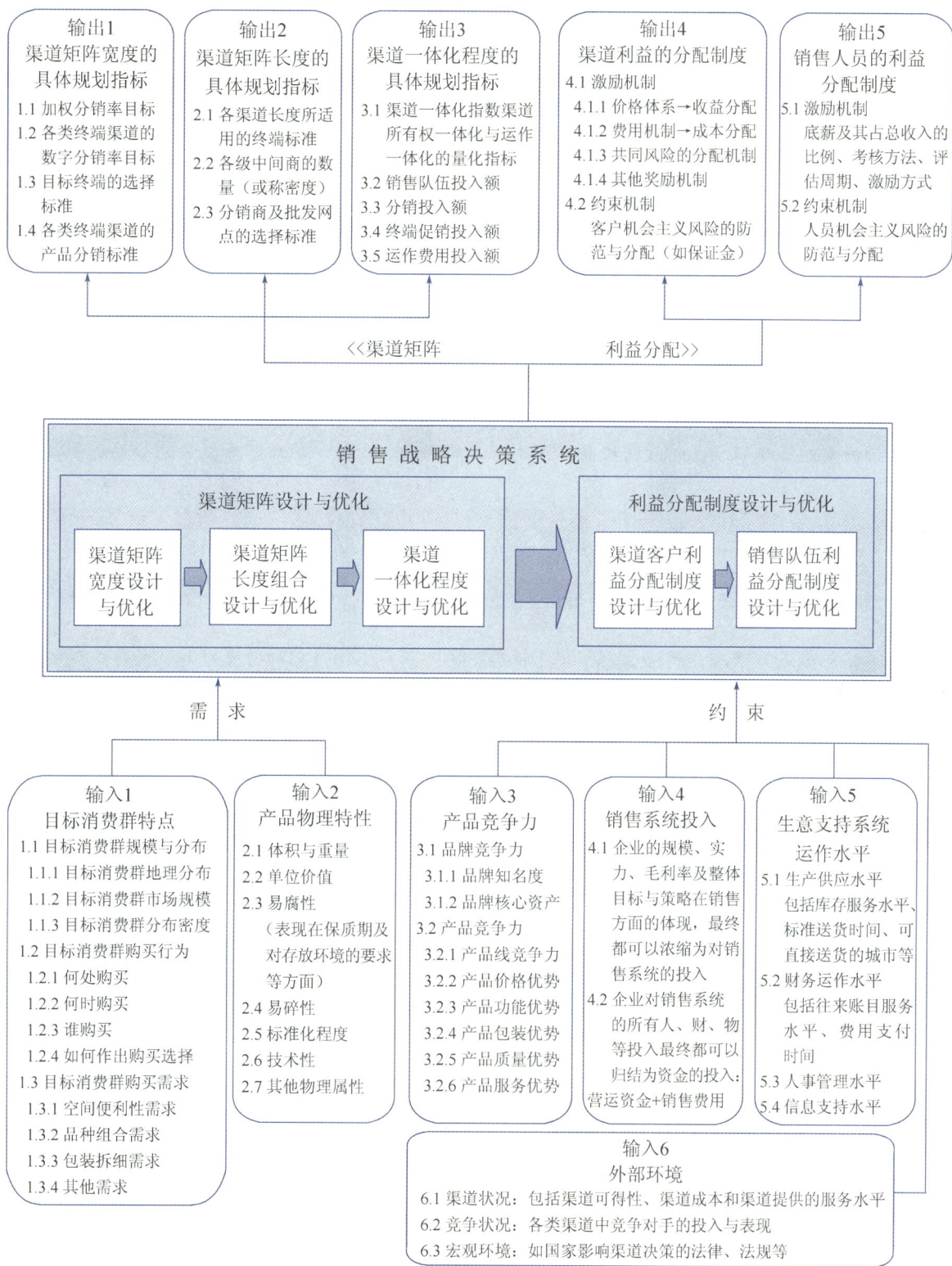

输出1 渠道矩阵宽度的具体规划指标	输出2 渠道矩阵长度的具体规划指标	输出3 渠道一体化程度的具体规划指标	输出4 渠道利益的分配制度	输出5 销售人员的利益分配制度
1.1 加权分销率目标 1.2 各类终端渠道的数字分销率目标 1.3 目标终端的选择标准 1.4 各类终端渠道的产品分销标准	2.1 各渠道长度所适用的终端标准 2.2 各级中间商的数量（或称密度） 2.3 分销商及批发网点的选择标准	3.1 渠道一体化指数渠道所有权一体化与运作一体化的量化指标 3.2 销售队伍投入额 3.3 分销投入额 3.4 终端促销投入额 3.5 运作费用投入额	4.1 激励机制 　4.1.1 价格体系→收益分配 　4.1.2 费用机制→成本分配 　4.1.3 共同风险的分配机制 　4.1.4 其他奖励机制 4.2 约束机制 　客户机会主义风险的防范与分配（如保证金）	5.1 激励机制 　底薪及其占总收入的比例、考核方法、评估周期、激励方式 5.2 约束机制 　人员机会主义风险的防范与分配

《渠道矩阵　　利益分配》

销售战略决策系统

渠道矩阵设计与优化：渠道矩阵宽度设计与优化 → 渠道矩阵长度组合设计与优化 → 渠道一体化程度设计与优化

利益分配制度设计与优化：渠道客户利益分配制度设计与优化 → 销售队伍利益分配制度设计与优化

需求　　　　　　　　　　　约束

输入1 目标消费群特点	输入2 产品物理特性	输入3 产品竞争力	输入4 销售系统投入	输入5 生意支持系统运作水平
1.1 目标消费群规模与分布 　1.1.1 目标消费群地理分布 　1.1.2 目标消费群市场规模 　1.1.3 目标消费群分布密度 1.2 目标消费群购买行为 　1.2.1 何处购买 　1.2.2 何时购买 　1.2.3 谁购买 　1.2.4 如何作出购买选择 1.3 目标消费群购买需求 　1.3.1 空间便利性需求 　1.3.2 品种组合需求 　1.3.3 包装拆细需求 　1.3.4 其他需求	2.1 体积与重量 2.2 单位价值 2.3 易腐性 　（表现在保质期及对存放环境的要求等方面） 2.4 易碎性 2.5 标准化程度 2.6 技术性 2.7 其他物理属性	3.1 品牌竞争力 　3.1.1 品牌知名度 　3.1.2 品牌核心资产 3.2 产品竞争力 　3.2.1 产品线竞争力 　3.2.2 产品价格优势 　3.2.3 产品功能优势 　3.2.4 产品包装优势 　3.2.5 产品质量优势 　3.2.6 产品服务优势	4.1 企业的规模、实力、毛利率及整体目标与策略在销售方面的体现，最终都可以浓缩为对销售系统的投入 4.2 企业对销售系统的所有人、财、物等投入最终都可以归结为资金的投入：营运资金+销售费用	5.1 生产供应水平 　包括库存服务水平、标准送货时间、可直接送货的城市等 5.2 财务运作水平 　包括往来账目服务水平、费用支付时间 5.3 人事管理水平 5.4 信息支持水平

输入6 外部环境
6.1 渠道状况：包括渠道可得性、渠道成本和渠道提供的服务水平
6.2 竞争状况：各类渠道中竞争对手的投入与表现
6.3 宏观环境：如国家影响渠道决策的法律、法规等

注：如果企业设立销售分公司，可以理解为图中的分销商，其余机构以此类推。

图7-4　销售战略决策模块作用力体系图

（1）终端加权分销率的目标。

所谓终端加权分销率，即根据各类终端的重要性（比如一个KA和一个杂货店的重要性显然不同）给予其一个权重，计算企业的所有分销终端占市场全部终端的比例。

终端加权分销率是衡量企业总体分销水平的统一指标，企业对终端加权分销率所设立的目标直接影响了交易制度的其他指标及实地销售工作。在实际操作过程中，往往需要将此指标细分到不同类型的区域，甚至进一步细分至不同的产品品类。

（2）各类终端渠道的数字分销率的目标。

仅仅设定总体"加权分销率"的目标并不具备操作性，在渠道矩阵宽度规划中，还必须细分到各终端渠道的"数字分销率"目标。不同终端渠道的分销目标往往差异较大，这体现了不同类型的终端在企业渠道矩阵中的重要性和优先顺序，是实地分销工作的"准绳"。

各终端渠道的"数字分销率"，即企业在某终端渠道的分销终端数量占该渠道终端总数量的比例。

注：①终端渠道类型一般根据不同终端的规模和业态进行划分，如大卖场、大商场、中型超市、杂货店等。②从销售工作的实际操作角度，还可将上述终端渠道再根据城市类别的不同进一步细分。

（3）目标终端的选择标准。

"分销率"意味着有的终端在分销目标之内，有的暂时不在此范围。这自然引申出了另一个问题，为什么终端应该分销或至少应优先分销？这就会涉及目标终端的选择标准。

目标终端的选择标准，大致包括目标终端所在的区域、业态、单店销量、分销费用及资信状况等因素。

（4）各类终端渠道的产品分销标准。

一个企业的产品组合往往由多个产品品类及众多的产品规格所构成，不可能对所有终端渠道分销的产品组合"一刀切"，所以设定了总的终端分销标准之后，必然涉及各类终端渠道的具体产品分销标准。

各类终端渠道的产品分销标准，即企业根据不同产品与不同终端的特点所制定的各类终端渠道应该分销（至少是优先分销）的产品组合。

以上 4 个指标是对渠道矩阵宽度规划的具体量度，并且按照"从上至下"的逻辑顺序排列，其存在一环扣一环的紧密关系。确定了渠道矩阵宽度的目标之后，自然是采用什么样的方式将相应产品分销进目标终端，这就是渠道长度的规划问题了。

2. 渠道矩阵长度的具体规划指标

渠道矩阵的长度是指从生产企业到消费者所有交易环节的数量，一个企业的渠道矩阵往往是不同渠道长度的组合。

如果不考虑企业对消费者的"直销"方式，渠道长度总体上可以划分为三种类型：

A. 生产企业→直供终端→消费者；

B. 生产企业→分销商→终端→消费者；

C. 生产企业→分销商→批发商→终端→消费者。

显然，笼统地谈渠道长度没有操作性，下面的三个指标就是对渠道长度的具体量度：

（1）各渠道长度所适用的终端标准。

对通过终端销售产品的大部分企业而言，不同长度销售渠道的末端环节必然是终端，所以对渠道长度的规划首先就是定义不同长度的渠道所适用的终端标准，大致包括终端所在的区域、业态、单店销量、分销费用及资信状况等因素。其具体指以下三类终端标准：

▶ **什么样的终端适合由企业直供？**

▶ **什么样的终端应该由分销商直接覆盖？**

▶ **什么样的终端适合交由批发商间接覆盖？**

注：这里所讲的终端标准与前面渠道矩阵宽度的"目标终端标准"既有联系又有区别，前者指这个终端应不应该分销，后者指用什么样的方式分销目标终端。

一般企业的渠道长度规划都是上述三种渠道长度的组合，而且不同的地域可能渠道长度组合也有所不同（如离生产企业较近的地域可能渠道长度相对短）。当然，企业并非一定要选择所有渠道长度的覆盖方式，比如企业可以全部直供或绝对不直供。

（2）各级中间商的数量（或称密度）。

如果企业不是全部采用直供终端的方式，就必然涉及分销商的数量（或称密度）及其布局的标准，实际上也就是企业从**分销区域、分销产品、分销渠道**这三个角度对分销商"代理范围"进行划分的问题，即使企业采用销售分公司的运作方式也存在上述三个方面的划分标准。划分越细，意味着分销商（或销售分公司）的数量越多，分布越广泛；反之亦然。中间商（分销商、批发商和终端）的数量主要取决于企业可选中间商的"**有效覆盖半径**"。

> ▶ **知识链接** 3.5.2 部分有关有效覆盖半径的定义

（3）分销商及批发网点的选择标准。

如果企业不是全部采用销售分公司运作的方式，就必然进一步涉及分销商及批发网点的选择标准问题。用销售人员通俗的话来讲，就是把市场划分以后"用什么样的萝卜来填这些坑"。

注：目标终端的选择标准属于渠道矩阵宽度的具体规划指标。

当然，企业对不同规模和特点的市场必然要求不同标准的分销商，但都是以企业所希望分销商"输出"的三大作用力为导向，具体包括以下五个方面：分销商在当地的渠道影响力（与企业的产品类型相关），即通常所说的网络实力；分销商的资金实力及诚信状况；分销商的后勤保障能力；分销商的人员作用力；分销商的资源作用力。

批发网点的选择标准与上述类似。当然，以上标准只是粗略的划分。

3. 渠道一体化程度的具体规划指标

渠道一体化程度是指企业参与渠道销售过程的深入程度，可以理解为企业对其销售渠道的控制程度，简单地说，就是企业在渠道矩阵中扮演什么样的角色。其包括以下两种方式：

A. 所有权一体化，即企业通过收购或自建的方式拥有下游交易单位的所有权。

B. 运作一体化，即企业通过投入各种销售资源（包括人员）参与甚至控制下游单位的再销售过程，但并不拥有下游单位的所有权。

"**渠道一体化指数**"是企业渠道一体化程度的量度指标。具体内容详见 3.6.2 部分的"**企业渠道一体化程度度量标尺**"及"**渠道一体化指数**"的计算方法。

渠道一体化总是相对专业化而言的，一体化程度越高，则专业化程度越低；反之亦然。一般而言，企业的渠道一体化程度越高，意味着企业直接投入的销售资源（包括人员）越多；企业确定了渠道一体化指数（以及各环节的一体化指数）以后，自然就会涉及总体销售投入在各个销售环节的分配问题。销售投入的分配方向可以划分为以下四大类型：

▶ **销售队伍投入额；**

▶ **分销投入额；**

▶ **终端促销投入额；**

▶ **运作费用投入额。**

上述销售投入类型的详细说明及其进一步细分，详见 11.2 部分的费用科目。

以上所介绍的渠道宽度和长度及一体化程度的具体规划指标，都属于渠道矩阵的范畴，可谓整体销售工作的"大政方针"，对企业的销售作用力体系具有根本与深远的影响。接下来介绍的利益分配制度也以此为基础。

4. 渠道利益分配制度

利益无疑是维系企业与渠道客户合作关系的主要"纽带"，对客户的购买行为与再销售行为具有极其重要的影响。

渠道客户的利益 = 收益(有形与无形) − 成本 − 风险

渠道利益分配制度就是企业与渠道客户有关收益、成本与风险的分配机制。

（1）激励机制。

▶ **价格体系→收益分配**

企业和所有渠道客户的收益主要来源于销售毛利（差价），所以价格体系实际上决定了渠道所

307

有环节（包括生产企业）的毛利空间，它也是利益分配制度的首要指标。

▶ **费用机制→成本分配**

企业的费用分配与管理机制决定了渠道所有环节（包括生产企业）所分担的成本，从而直接影响各环节的最终利益。

▶ **共同风险的分配机制**

风险的含义是未来可能发生的损失。企业和渠道客户都面临一些共同的经营风险，如产品滞销、坏账等。共同风险在企业与渠道客户之间不同的分担比例，无疑直接影响各环节的最终利益。

▶ **其他奖励机制**

除以上三个方面以外，许多企业都会为客户提供其他奖励，最常见的就是"返利"。前面第4章在阐述渠道利益分配制度中已经指出，企业不能仅仅根据回款或销量总额对客户作出奖励。

（2）约束机制。

由于企业与渠道客户之间的关系是建立在"信息不对称"基础上的委托代理关系，所以企业作为委托人还面临渠道客户（代理人）的机会主义风险。为防范自己所面临的代理人风险，企业往往会建立一些约束机制，目的是使代理人在采取机会主义行为时也会遭受较大的损失。企业的约束机制实质上就是将企业所面临的代理人机会主义风险转移一部分给渠道客户，通过增加代理人的风险来降低自身的风险（如保证金制度）。

以上内容在第4章的委托代理理论中已有详细阐述，这里不再赘述。

5. 销售人员的利益分配制度

各级销售人员与企业之间同样是一种交易关系，而且也是建立在"信息不对称"基础上的委托代理关系，所以企业针对销售人员的利益分配制度直接影响到人员作用力。

（1）激励机制。

A. 底薪及其占总收入的比例；

B. 各级人员的业绩考核方法；

C. 各级人员的评估周期（也是奖励兑现周期）；

D. 激励方式（奖金、升职、培训）。

（2）约束机制。

企业作为委托人同样面临销售人员（代理人）的机会主义风险，所以企业必然要建立针对销售人员的约束机制，实质上也是将企业所面临的代理人机会主义风险转移一部分给销售人员，通过增加代理人的风险来降低自身的风险（如开除、担保或保证金制度等）。

以上内容在第4章的委托代理理论中也有详细阐述，这里不再赘述。

综上所述，销售战略决策系统的五大输出是企业销售战略的核心，也从根本上决定了战略层面与实地销售作用力的强弱与组合。如果一个企业的渠道矩阵和利益分配制度的各项指标没有经过周详的规划，那势必会在上述问题上摇摆不定，但上述任意一项指标的变动都是"牵一发而动全身"，必将带来整个销售系统的"反复震荡"。

7.6.2　销售战略决策系统的输入

销售战略决策系统的输入是指影响销售战略决策的企业内外因素，总体上可以划分为"需求"因素与"约束"因素，包括六大类：

A. 目标消费群的特点；

B. 产品的物理特性；

C. 品牌/产品竞争力；

D. 销售系统投入；

E. 生意支持系统的运作水平；

F. 外部环境。

A、B 两项对销售战略提出了"需求"，即"应该怎么做"；后面四项是销售战略的约束条件，即"能够怎么做"。图 7－4 几乎已经包含了所有影响销售战略决策的具体因素，销售战略决策就是在这些"需求"与"约束"因素之间的合理平衡。

1. 目标消费群的特点

虽然销售工作的主要对象是渠道客户，但是所有的销售渠道都是为消费者服务的，所以本书从始至终都强调销售以消费者（市场）为导向，这是一切销售战略决策的出发点，而且每一个销售战略决策者都应将满足目标市场的需求作为其根本的努力方向。

（1）目标消费群的规模与分布。

以下三项因素可概括为"市场因素"，这也是工业品和消费品、耐用消费品和 FMCG 之间在渠道模式上具有较大差异性的主要原因。

▶ 目标消费群的地理分布，即目标消费群所在的地理范围和地理位置以及与生产企业的距离。一般而言，在同等渠道宽度目标的前提下，目标市场的地理范围越大和离生产企业的距离越远，企业使用长渠道的可能性越大；反之亦然。

▶ 目标消费群的市场规模，可以简单地理解为潜在消费者的数量与平均需求量的乘积。一般而言，目标市场的规模越大，企业使用长渠道的可能性越大；反之亦然。

▶ 目标消费群的分布密度。每一单位区域内潜在消费者的数量决定了目标消费群的分布密度。在目标消费群的地理分布和市场规模既定的情况下，目标消费群分布密度越低，企业使用长渠道的可能性越大；反之亦然。

（2）目标消费群的购买行为。

目标消费群任何一种形式的购买行为都会对渠道结构产生重要影响。这也是实地销售工作中必须考虑的重要因素。

▶ 何处购买，即目标消费群对购买某类产品地点的选择偏好。这是销售战略决策中首要考虑的购买行为因素。例如，消费者越来越喜欢到大卖场购物，自然意味着企业必须加强对 KA 的覆盖；又如，消费者对于某些产品越来越喜欢在家中网购，这就意味着企业采用网络或电话直销方式的比重应该提高。

▶ 何时购买，包括消费者购买某类产品的季节性与购买频率等。例如，渠道中间商的作用之一就是存货，这可以减缓需求高峰与低谷对生产企业的影响；又如，消费者的购买频率影响了促销活动持续时间的长短以及赠品的选择等。

▶ 谁购买。某些产品的消费者与购买者并非一体，了解真正的购买者对于分销和促销活动具有重要影响。比如，婴儿产品的消费者是婴儿，但实际购买者却是母亲，所以了解母亲的购买行为对于此类产品的销售战略决策很有帮助。

▶ 如何作出购买选择，包括消费者对品牌及每次购买数量的选择等。对于不同类型的产品，消费者的购买选择具有较大的差异性。比如，有的产品是广告作用很大，有的是价格最重要，还有的是店内形象和促销最重要，无疑这些因素对销售战略决策具有重要影响。

（3）目标消费群的购买需求。

目标消费群的购买需求直接影响销售战略的决策。其主要包括以下四个方面的需求：

▶ 空间便利性需求，即目标消费群对可以买到某类产品的空间距离的需求。空间距离直接关系到消费者的单位交易成本，一般而言与商品单价成正相关的关系，即商品单价越低，消费者所要求的空间便利性越高；反之亦然。这一点在前面的交易成本理论中已有详细阐述。

▶ 产品组合需求，包括两层含义：一是对某类商品的组合需求；二是对各类商品在购买地点上的组合需求。零售终端的出现就是为了满足消费者在产品组合方面的购买需求。对销售工作而言，则是如何将企业的产品在终端与关联产品集中陈列，并且在可能的情况下交叉促销等。

▶ 包装拆细需求，即消费者对单支产品容量的需求。这会直接影响到企业产品容量的设计，也会影响到促销工作中的"捆绑促销"。

► 其他需求。消费者对某些产品还存在送货上门、维修服务等需求。这些需求在大型耐用消费品上面表现得比较突出，对渠道的宽度和长度都有较大影响。

以上有关目标消费群特点的所有因素，显然是企业销售战略决策中的首要考虑因素。需要指出的是，洞察目标消费群的购买行为与购买需求对于实地销售工作（特别是终端促销）也具有极强的指导意义。

2. 产品的物理特性

除了目标消费群特点之外，产品的物理特性也对企业的销售渠道提出了相应的"需求"，而且也在一定程度上影响了目标消费者的购买行为与购买需求。

（1）产品的体积与重量。

体积大且分量重的产品相对应的仓储、装卸和运输费用也较高。一般而言，体积或重量越大的产品，要求销售渠道的宽度越窄和长度越短；反之亦然。

（2）产品的单位价值。

一般而言，产品的单位价值越低，要求渠道的长度越长；反之亦然。

（3）产品的易腐性。

容易腐烂的产品（如不含防腐剂的鲜奶）或保质期很短的产品，以及对存放环境要求较高的产品（如雪糕）都属于易腐产品。总体而言，易腐产品的销售渠道在离企业较近的范围内越短越好；对于和企业相距很远的市场，则必须选择专业的分销商和零售终端。

（4）产品的易碎性。

一般而言，易碎产品（如玻璃制品）要求销售渠道的长度尽可能短，以减少中间环节装卸过程中的损失。

（5）产品的标准化程度。

如果产品属于定制型（如工业机械）或半定制型产品（如家具），一般要求销售渠道的中间环节越少越好，这样便于信息沟通与提供服务；反之，标准化产品（绝大多数 FMCG）则要求销售渠道的长度较长。

（6）产品的技术性。

技术含量较高的产品（如工业品和个人电脑）一般要求销售渠道的长度尽可能短，这样便于制造商将产品的技术性能介绍给潜在客户，并在售后与客户保持联系和提供服务。

以上的六大产品特性可以概括为"产品因素"。不难看出，产品因素对销售渠道的长度具有重要影响，并由此影响了销售战略其他方面的决策。

综上所述，目标消费群特点和产品的物理特性对企业的销售战略提出了"需求"；但这些需求只是努力的方向，企业最终的销售战略还取决于企业内外的各种约束条件。

3. 品牌/产品竞争力

品牌/产品竞争力既是企业的基本作用力之一，也是影响销售战略决策的极其重要的因素。因为品牌/产品竞争力从根本上决定了终端的单店销量，即在其他销售作用力既定的情况下决定了企业的总销量，由此必然影响销售过程所有环节的策略与运作。

有关品牌/产品竞争力的详细内容，本章前面已有详细说明，这里不再赘述。

4. 销售系统投入

企业对销售系统的投入是任何销售战略决策者都必须面对的"硬约束"，是企业整个交易制度的"基石"。

（1）所有"企业因素"在销售方面的体现，都可以浓缩为销售系统投入。

企业因素主要包括企业的规模、资金实力、毛利率、整体目标与策略等。这些因素一方面体现了企业的资金实力和盈利能力等，另一方面体现了销售系统在企业整体生意体系中的地位和重要性。如果把企业的所有资源比成一张"饼"，那么销售系统投入取决于"饼的大小"和"销售系统在饼中的比例"。因此，所有的企业因素在销售方面的体现，都可以浓缩为销售系统投入。

（2）企业对销售系统的所有投入，最终都可以归结为资金的投入。

虽然企业对销售系统的投入有人、财、物等多种表现形式，但是归根结底都是资金的投入，并可以划分成两大类：

▶ **营运资金**

营运资金 = 库存资金 + 应收款

▶ **销售费用（包括人员费用）**

营运资金是维持销售系统运转的流动资金，销售费用可以理解为销售过程中耗费掉的资金，因此所有销售系统投入都可以归结为资金的投入。

从企业角度看，销售系统投入也就是整个销售部门可用的广义"销售资源"。其详见本书2.3.1 部分的解释。

5. 生意支持系统的运作水平

销售工作的各个方面（包括促销品和助销品等）都离不开物流和资金流，所以生意支持系统的运作水平直接影响企业的三大作用力，同时是销售战略决策中必须重视的基本因素。例如，即使企业希望渠道扁平化，但如果储运系统无法提供相应的后勤保障，想法也无法实施；又如，企业希望直供 KA，但 KA 的订货和结算都相对零散而且要求很高，如果企业的后勤与财务系统无法支撑，那最终也是作茧自缚。

生意支持系统的运作水平在本章前面已有介绍，这里不再赘述。

6. 外部环境

企业不能闭门造车，其销售战略决策不仅要考虑企业内的因素，还需要考虑外部环境的影响。外部环境主要包括以下三个方面：

（1）渠道状况。

渠道状况指影响企业销售渠道结构的三大指标：

▶ 中间商的可得性。很多时候能否得到适宜的中间商将会直接影响企业的渠道结构。比如，企业本来希望通过分销商覆盖市场，但如果找不到适宜的客户也只能直供终端，甚至如果找不到适宜的终端，可能还需要自建终端或采用直销的方式。

▶ 渠道成本，包括企业让渡的毛利、必须承担的费用和风险等。如果渠道成本过高，企业往往倾向于减少使用中间商。

▶ 中间商所提供的服务水平。中间商所提供的服务水平即中间商所"输出"的三大作用力，往往是渠道演变的结果，并非一朝一夕可以改变。显然，中间商对企业的服务水平直接影响到企业是否使用以及在多大程度上使用中间商。

（2）竞争状况。

竞争状况指各类渠道中竞争对手的投入和表现。企业的任何销售战略和具体运作所能得到的"产出"不仅取决于企业自身的投入和努力，也与竞争对手的表现密切相关。对中小企业而言，其往往选择"避实击虚"的战略，将竞争对手相对薄弱的渠道作为战略重点，其中最典型的就是目前我国不少企业采用的"农村包围城市"的策略。

（3）宏观环境。

除以上两点以外的其他外部因素都可以归入宏观环境的范畴。最典型的是国家对于某些产品或某种销售方式的法律、法规，如国家对药品、烟酒等特殊商品的销售渠道限制，以及对直销方式的限制与要求等。

7.6.3 销售战略决策系统的决策规律

以上销售战略决策系统的输出和输入看起来似乎非常复杂，涉及各种纷繁因素。理论的作用就是帮助我们**"以简驭繁"**，从各种现象和因素中找出根本规律。

1. 交易成本是有关渠道矩阵决策的主要线索

通过对第3章交易成本理论的学习，我们知道影响渠道矩阵决策的所有因素基本上都贯穿着一条主线："交易成本"。销售就是企业与消费者之间的全部交易行为，因此所有影响因素最终的"落脚点"都是企业与消费者之间的交易成本（包括沟通、服务等），而且交易成本必然在企业和消费者双方之间分摊。这样我们就可以得到如下结论：

"需求"可以浓缩为消费者可以接受的"单位交易成本"，"约束"可以归结为企业可以承受的"单位交易成本"（包括让渡给渠道客户的利润），所以企业销售战略的决策就可以简化为如何在两者的"单位交易成本"之间平衡。

2. 委托代理关系是有关利益分配决策的基本准绳

绝大多数企业的销售模式都涉及渠道客户和销售人员的利益分配问题。通过对第4章委托代理理论的学习，我们知道企业内外的交易关系实质上都是建立在"信息不对称"基础上的委托代理关系，因此所有的利益分配制度都必然以"委托代理关系"为基本准绳。

3. 与销售战略决策规律相关的7个销售命题

销售命题1： 　　　　　　　　　　　**销售战略概述**
生产企业的销售战略实质上就是对外和对内的交易制度安排，这种制度安排是所有销售工作的核心。

知识链接 　3.3部分销售命题1的详细内容

销售命题2： 　　　　　　　　　**渠道矩阵宽度的决策规律**
消费者对于某类产品可接受的直接单位交易成本，决定了消费者对于购买此类产品的空间便利性的需求，生产企业的渠道矩阵宽度（或称分销密度）以此需求为基点上下波动。从定性角度看，渠道矩阵宽度的最终定位取决于生产企业可承受的单位交易成本；从定量角度看，其分销扩展边界将停留在企业的边际利润为零的那一点。

知识链接 　3.4部分销售命题2的详细内容

销售命题3： 　　　　　　　　　**渠道矩阵长度的决策规律**
只有一个中间环节能够节约交易双方的单位交易成本，该中间环节才有可能存在；当交易双方直接交易的单位交易成本大于双方各自可接受的单位交易成本之和时，该中间环节必定存在。在既定的渠道矩阵宽度下，每个中间环节所需的单位数量，取决于可选中间商对渠道下游的有效覆盖半径，半径越大则所需单位数量越少；反之亦然。

知识链接 　3.5部分销售命题3的详细内容

销售命题4： 　　　　　　　　　**渠道一体化程度的决策规律**
生产企业的渠道一体化程度，从经济效益的角度应该定位于一体化过程中"相对边际利润"为零的那一点，这一点也是理论上的下限，其上限直至一体化过程的"绝对边际利润"为零。如果企业希望降低"受制于人"的不确定性风险，则最终定位趋近于上限；反之，如果企业希望降低固定成本较高所导致的投资风险，则最终定位有可能突破理论上的下限。

知识链接 3.6 部分销售命题 4 的详细内容

销售命题 5：

利益分配制度概述

虽然仅通过企业可"观测"的每个代理人的销量和费用总额来决定利益分配最简单易行，但是企业追求利益最大化的目标，不可能通过简单的对外销量奖励和对内销量提成制度（加上费用比例控制）就能实现。

同时，企业的渠道一体化过程并不能降低其所面临的代理人机会主义风险，只不过是用一种代理人风险取代另一种代理人风险：渠道一体化程度越高，则外部代理人（客户）风险相对越低，但内部代理人（员工）风险相对越高；反之亦然。

知识链接 4.3 部分销售命题 5 的详细内容

销售命题 6：

渠道客户的利益分配原则

销售渠道中每个中间商所获得的总体利益（收益 - 成本 - 风险），其下限不得低于该中间商的保留利益（其最大的机会成本）。在此基础上企业为实现自身利益最大化的目标，其对外的利益分配制度应遵循以下"3 + 2"原则：

◆ 3 大激励原则（以下主要以分销商为例）：

▶ 引入激励机制的变量应尽可能达到"充足统计量"的标准。

所谓充足统计量，是指引入激励机制的信息，达到使委托人充分判断代理人行为的标准。

▶ 任何一项激励措施中，分销商所分配利益的上下限标准：

A. 下限：分销商所分配的边际利益≥分销商的保留利益（最大的机会成本）

B. 上限：分销商所分配的边际利益≤双方总体边际利益 - 企业的保留利益

在此上下限范围内的最终定位，取决于双方的谈判地位及其他难以量化的无形利益。

▶ 对分销商的激励应尽量少采用"价格折扣"的方式，最好是基于"充足统计量"中各项销售指标的支持（资金/费用等）与奖励方式。

◆ 2 大约束原则：

▶ 中间商的机会主义风险 = f（所获利益，惩罚力度，监测概率）

中间商的机会主义风险取决于公式右边的 3 个变量，并与其成反比。

▶ 企业的监测力度 = f（边际监测成本，边际监测收益）

企业的监测力度取决于新增的监测成本和新增的监测收益，并停留在两者相等的那一点。

313

知识链接 4.4 部分销售命题 6 的详细内容

销售命题 7：

销售人员的利益分配原则

企业所有者与销售人员（包括上下级之间）之间是一种委托代理关系，企业所有者（或决策者）为实现自身利益最大化的目标，针对各级销售人员的利益分配制度应遵循以下"2 + 2"原则：

◆ 2 大激励原则：

▶ 总体而言，激励制度的 4 个要素与销售人员的职位呈正相关关系：

人员激励机制包括 4 个要素：底薪占总收入的比例、评估标准、评估与奖励周期、激励方式。

A. 职位越低越适用于底薪比例相对较低的激励机制；反之亦然。

B. 职位越低越适用于简单的销量考核方法；反之，职位越高越需要引入"充足统计量"考核。

C. 职位越低越适用于较短的评估与奖励周期（通常为1个月）；反之亦然。

D. 职位越低越适用于奖金为主的激励方式；反之，职位越高越适用于综合激励方式（奖金＋培训或深造＋职业生涯发展）。

▶ **销售人员总体收入的上下限标准：**

A. <u>下限</u>：销售人员的总体收入≥销售人员的保留利益（个人最大的机会成本）

B. <u>上限</u>：销售人员的总体收入≤同类人员的最高薪酬待遇

注：实际上，销售人员的利益还包括培训和职位升迁等激励因素。在此上下限范围内的最终定位很难一概而论，但一定与销售队伍在生意中的重要性成正比，而销售队伍的重要性往往与企业的渠道一体化程度成正比。

◆ **2 大约束原则：**

▶ **销售人员的机会主义风险＝f（所获利益，惩罚力度，监测概率）**

销售人员的机会主义风险取决于公式右边的3个变量，并与其成反比。

▶ **企业的监测力度＝f（边际监测成本，边际监测收益）**

企业的监测力度取决于新增的监测成本和新增的监测收益，并停留在两者相等的那一点。

知识链接 4.5 部分销售命题7 的详细内容

销售战略决策系统的5个模块之间存在一环扣一环的逻辑关系。

7.6.4 销售战略决策系统小结

销售战略决策系统无疑是所有销售工作的核心部分，对整个销售作用力体系乃至最终的销售结果具有根本和长远的影响，具体内容可以概括为"5＋5＋6"：

5 个输出内容：

▶ 渠道矩阵宽度的具体规划指标；

▶ 渠道矩阵长度的具体规划指标；

▶ 渠道一体化程度的具体规划指标；

▶ 渠道利益分配制度；

▶ 销售人员的利益分配制度。

5 大决策模块：

▶ 渠道矩阵宽度设计与优化；

▶ 渠道矩阵长度设计与优化；

▶ 渠道一体化程度设计与优化；

▶ 渠道客户的利益分配制度设计与优化；

▶ 销售队伍的利益分配制度设计与优化。

6 个输入因素：

▶ 目标消费群的特点；

▶ 产品的物理特性；

▶ 品牌/产品竞争力；

▶ 销售系统投入；

▶ 生意支持系统的运作水平；

▶ 外部环境。

由于本书主要针对实地销售，所以不可能对销售战略决策系统进行详细的阐述。

7.7 销售管理系统简介

销售战略决策系统是"销售战略层面作用力体系"的核心模块，但还只是从宏观上确定了"大政方针"，销售领导层还需要做好具体实施和全局管理工作，这样才能最终形成战略层面的三大销售作用力。所以与三大销售作用力相对应，自然就衍生出了三大销售管理系统：

A. 销售渠道管理系统 →战略层面的基本作用力 →以"客户"为对象；

B. 销售组织管理系统 →战略层面的人员作用力 →以"人员"为对象；

C. 销售资源管理系统 →战略层面的资源作用力 →以"资金"为对象。

7.7.1 销售渠道管理系统

从图 7-2 中可以看出，销售渠道管理系统的"输出"是除"品牌/产品竞争力"以外的所有基本作用力，其管理对象是"客户"。这里的"客户"主要指企业的直接客户，即所有与企业直接发生交易关系的单位，包括分销商、直供终端和其他类型的客户等；同时，企业的销售分公司、销售办事处、自建终端等所有权一体化的渠道单位也可以理解为广义的"客户"。

我们可以根据销售渠道管理系统所影响的具体作用力要素，将其细分为四大类工作。

1. 渠道利益管理→利益推动力

利益推动力是基本作用力中极为重要的一种。它不仅取决于销售战略中的渠道利益分配制度，还与销售领导层的渠道利益管理能力密切相关。

（1）渠道价格体系的维护。

由于渠道客户只是追求自身的利益，所以销售渠道中实际的价格体系并非仅仅按照企业的"一厢情愿"来发展。虽然利益分配制度中一般包括有关客户"高价销售"或"低价倾销"的约束机制，但是具体的监督和协调工作自然是销售渠道管理的首要工作。

对企业价格体系冲击最大的往往是分销商的"冲货"行为，其次是终端的零售价与企业的建议零售价相差较远。出现这些问题的原因和对策，详见本书的后续相关内容。

（2）客户应收款管理。

企业向客户提供的"融资"金额无疑是利益推动力的重要组成部分，一方面降低了客户的资金成本，另一方面也降低了客户的经营风险。从企业的角度看，向客户提供的"融资"金额直接关系到营运资金的投入大小，也提高了企业的经营风险。

在销售战略的"融资"制度下，对客户应收款的具体管理已经不是一个简单的实地销售问题，而是销售渠道管理的重要工作，一般包括两个方面的内容：根据客户的资信和生意状况，合理地确定企业提供的"融资"额度并及时调整；跟进客户的回款情况，及时发现和解决问题。

（3）客户评估与奖惩。

在销售战略的客户激励与约束机制下，销售领导层必须定期对客户的生意水平进行评估并按"游戏规则"进行奖惩，这直接影响到所有客户的利益。客户评估也包括对新客户的条件审核，一般新客户（至少是重要客户）的设立需要销售领导层作出最终决定。

（4）渠道问题协调。

在生意运行过程中，企业与客户之间以及客户与客户之间总会出现许多问题，除了有关价格体系的问题以外，还有诸如报表真实性、合同理解歧义等各种问题。所有问题基本上都与企业和客户的利益相关，协调重大的渠道问题自然是销售领导层责无旁贷的工作。

2. 建立行业声誉→渠道影响力

行业地位是企业长期发展所累积的结果，一般不是短期销售管理工作可以改变的，但是企业的行业声誉则与销售领导层的管理工作有很大的关系。如果企业在销售渠道管理工作中不按合同办事或不讲诚信，那么将会损害企业的行业声誉，从而使企业的渠道影响力大打折扣。

3. 协调生意支持系统→客户服务力

虽然企业的销售战略中确定了客户服务力的各项指标，但是具体操作由其他部门负责，所以销售渠道管理不可避免地涉及生意支持系统的协调工作，包括销售预测、送货与退货问题协调、账目分歧问题的协调、费用支付问题协调等。

4. 实地指导与贯彻渠道矩阵的整体规划→基本作用力的相关"软件"

在销售战略决策系统确定了渠道矩阵的整体规划之后，销售领导层还必须用这些规划实地指导销售经理，并真正贯彻落实。虽然渠道矩阵规划并非直接的销售作用力，但是和基本作用力的最终"产出"密切相关，所以本书将其称为基本作用力的相关"软件"。

7.7.2 销售组织管理系统

从图7-2中可以看出，销售组织管理系统的"输出"是"战略层面的人员作用力"，其管理对象是"人员"。这里的"人员"包括所有与企业销售工作相关的人员，重点是由企业支付全额或部分薪酬的销售人员（包括促销人员）。

销售战略中的渠道一体化程度决定了销售队伍的投入总额，也就决定了整个销售组织的规模；同时，销售人员的利益分配制度也是贯穿销售组织管理的"主线"。但是，同样的销售队伍投入可能产生不同的销售组织结构，而且利益分配制度也存在如何细化与执行的问题。

所以在销售战略的基础上，还必须通过进一步的销售组织管理工作才能最终形成"战略层面的人员作用力"。其具体包括以下工作：

▶ 确定销售组织结构及其各层级的人员数量；

▶ 确定销售人员的薪酬、福利、费用等具体标准；

▶ 协调企业的财务部门，完全兑现企业承诺并加快支付速度。

以上三项工作的"输出"就是战略层面的人员作用力（硬件），详见本章前面的相关内容，具体的工作过程这里不再赘述。

"人"是非常重要而特殊的资源，上述三方面只是构成"战略层面人员作用力"的硬件，实地销售经理并非在既定的人员投入下完全"自由发挥"。销售领导层还需要建立管理与培训体系，为实地销售经理提供"软件"支持和约束。

（1）建立销售组织内的决策流程。

决策流程包括两方面的含义：一是各级销售经理的权限；二是汇报与批准流程。

各级销售管理者时刻都面临大大小小的决策问题，如果没有科学的决策流程，那么整个销售组织的运行效率必然非常低下，可能会出现下面三种情况：

A. 实地销售经理没有任何决策权，造成企业的反应速度很慢；

B. 实地销售经理决策权过大，造成企业的风险太大；

C. 各级销售管理者根本不清楚什么应该汇报和什么不需要汇报，以及向谁汇报和谁有决定权，企业的销售工作势必处于"混乱"状态。

（2）建立销售组织内的职位升迁机制。

职位升迁机制对人员作用力具有直接影响，包括两层含义：

A. 任何人的职位升迁都必须透明化，不能"任人唯亲"；

B. 对于每一级别销售经理的升职或降职，必须以相对客观的量化指标作为依据，不能凭主观判断随意决定。

注：奖金考核方式已包含于"薪酬标准"之中。

（3）建立销售组织内的双向信息沟通机制。

信息沟通机制包括上下级之间的双向沟通，并非通常所说的下级向上级交报表。这是销售领导层（包括实地销售经理）了解实地生意状况的重要途径之一，也是下级定期获得上级指示的途径。

（4）建立人员薪酬和费用的监控体系。

实地销售经理有可能存在"吃空饷"或虚报个人费用等"道德风险"，所以必须建立相关的监控体系以减少企业损失。其重点在于如何监测这些弄虚作假的行为，一般采用第6章所介绍的抽样统计方法。

（5）建立销售组织内的培训体系。

培训既是提高销售人员工作能力的重要工具，也是构成销售人员个人利益的组成部分。

虽然绝大多数销售领导者都意识到了培训的重要性，但是真正"身体力行"的并不多。更重要的是，必须针对每个销售职位建立系统的培训体系，那种"通用"和零散的培训并不能产生多大的作用。

（6）建立销售组织内的"团队文化"。

"团队文化"主要指销售组织内共同的价值观、做人做事的原则等。团队文化对于提升销售组织的凝聚力至关重要，当然这对销售领导层提出了更高的要求。

7.7.3 销售资源管理系统

从图7-2中可以看出，销售资源管理系统的"输出"是"战略层面的资源作用力"，其管理对象是"资金"。

这里的"销售资源"指除人员投入以外的狭义资源。换句话说，它可以被理解为实地销售队伍的可用资源。资源虽然有多种表现形式，但都可以归结为资金。

销售战略中的渠道一体化程度决定了销售投入的总额与投入方向，但是并未涉及总部与实地之间如何分配，以及如何使用和管理销售资源等问题。所以在销售战略的基础上，还必须通过进一步的销售资源管理工作才能最终形成"战略层面的资源作用力"。其具体包括以下五大类工作：

（1）具体分配各区域实地销售经理可支配的费用投入，并监控落实状况。

（2）具体分配各区域的实地销售运作资源，并监控使用状况。

（3）策划统一的渠道促销和消费者促销活动，并跟进落实状况。

（4）具体分配各区域的助销工具数量，并跟进使用状况。

以上四项工作的"输出"就是战略层面的资源作用力（硬件），也就是支撑实地销售经理工作的"资源平台"。策划统一的消费者促销活动和设计与制作助销工具一般以（狭义）营销系统为主，但销售领导层也需要参与协商、决定。详见本章前面有关资源作用力的内容，具体的工作过程这里不再赘述。

（5）建立销售资源分配与管理制度。

前面四个方面只是构成"战略层面资源作用力"的硬件，销售领导层还需要建立销售资源的分配与管理制度，这样才能充分发挥所有销售资源的作用。

▶ **建立各类销售资源的实地分配制度。** 销售领导层一般不可能将所有销售资源分配到客户甚至网点，所以必须向实地销售经理提供各类销售资源在实地分配的标准或指导原则，其中以实地销售经理可支配的费用为重点。如果没有明细的实地分配制度，将可能导致实地销售过程中大量的资源浪费。

▶ **建立各类销售资源的管理制度。** 由于客户和各级销售经理可能存在"机会主义"行为，所以必须建立严格的资源管理制度；否则，销售资源很可能被"挪用"和"截留"。销售资源的管理制度大致包括以下三个方面的内容：实地销售费用的预算与报销流程；实地销售资源是否真正到位的监测体系；对浪费资源或弄虚作假行为采取的处罚措施。

以上对销售管理系统的三个部分进行了简略的介绍，从中可以看出，销售战略决策系统是销售管理系统的基础，同时后者是前者的具体化和必要延伸。只有两者相结合，才能最终形成战略层面的销售作用力。

7.8 销售战略层面的作用力体系小结

销售战略层面的作用力体系反映了企业内所有部门（包括销售领导层）的工作对销售作用力的作用过程。其输出是"企业能量星"，也就是实地销售作用力体系的"输入"。销售战略层面的作用力不仅对实地销售具有根本和深远的影响，而且对其决策和运作过程的大致了解也有助于实地销售经理的工作：

（1）企业的整体销售战略只能是宏观指导，还需要实地销售经理在所辖区域因地制宜地贯彻落实。因此，销售战略决策系统的输出、输入和决策规律对实地销售经理思考本区域的销售战略同样适用，而且不一定每个企业的销售领导层都制定了清晰正确的销售战略，这使得实地销售经理更有必要独立地思考本区域的销售战略。

（2）销售管理系统的所有内容，都是各级销售管理者的实地销售工作。本书的后续内容将详细阐述实地销售中的销售管理工作。

（3）了解营销系统（狭义）的基本知识，对于实地销售工作（特别是终端促销）也不无裨益。此外，分销商（或销售分公司）的生意支持系统与企业的生意支持系统也基本相同。

以下形象化的比喻有助于读者更直观地理解销售战略与实地销售的关系：

如果将实地销售经理比喻成"剑客"，那么战略层面的销售作用力如同其手中的"剑"（其中剑尖是基本作用力，两刃是战略层面的人员作用力和资源作用力），而与战略层面销售作用力相关的"软件"如同"剑谱"（包括销售渠道的整体规划、销售组织管理与培训体系、销售资源分配与管理制度，这也体现了销售领导层"剑法"的高低），实地销售经理的综合能力如同剑客的"剑法"（本书的后续内容就如同"剑法"的修炼），最终的生意结果如同"剑客"的威力＝"剑"＋"剑谱"＋"剑法"。

▶◀ 本章要点回顾 ▶◀

本章是实地销售作用力体系的起点。由于本书的目的所限，本章只是简要地介绍了企业总部所有部门的工作对销售作用力的影响及作用过程，使读者能够大致了解"企业能量星"的形成过程。

本章要点可以概括为"2＋3＋3"：

2个作用力体系图：
▶ 销售战略层面的作用力体系图（见图7-1）
▶ 销售战略决策模块作用力体系图（见图7-4）

3大"输出"的战略层面销售作用力：
▶ 销售战略层面的基本作用力（包括其相关"软件"：销售渠道的整体规划）
▶ 销售战略层面的人员作用力（包括其相关"软件"：销售组织管理与培训体系）
▶ 销售战略层面的资源作用力（包括其相关"软件"：销售资源分配与管理制度）

3大运作系统：
▶ 销售相关系统，包括"企业战略方向决策系统""（狭义）营销系统""生意支持系统"。
▶ 销售战略决策系统，其核心是渠道矩阵＋利益分配，包括5类销售战略规划指标（输出）、5个工作模块、6类输入因素。
▶ 销售管理系统，包括"销售渠道管理系统""销售组织管理系统""销售资源管理系统"。

读者可以在本章的基础上进一步延伸知识体系（见图7-5）。

销售力

更系统地学习销售战略层面的决策和运作知识

尝试用战略层面的销售作用力体系分析所在行业与企业的特点

战略层面的
销售作用力体系

尝试用战略层面的销售作用力体系分析具体区域的销售战略

将战略层面的各个运作系统的知识结合自己的工作进一步具体化，使之更具操作性

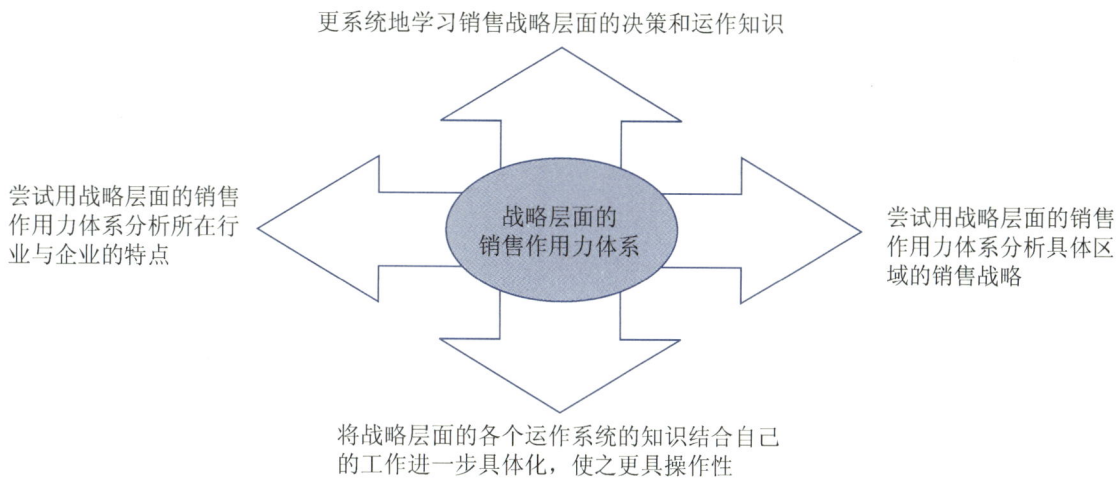

图 7 - 5   第 7 章的知识体系延伸示意图

第8章 ◀ 人员作用力概述及队伍建立 ▶

任何一个实地销售经理都是其负责的生意范围内的销售管理者。毋庸置疑，建设一支强大的销售队伍是其首要工作，因为"人员作用力"是实地销售经理达到生意目标的重要作用力，同时也是将其他销售作用力转化为"产出"的关键因素。

本书将所有与"人员作用力"相关的工作统一归入**实地销售队伍建设模块**，并按照逻辑关系分为三大部分：

建立队伍（第8章）→管理队伍（第9章）→培训队伍（第10章）

虽然企业的销售领导层一般都为实地销售经理就队伍建立及其管理与培训工作提供了一定的指导和约束，但至少存在以下三点原因，使我们有必要深入探讨实地销售队伍建设的具体工作：

（1）中国地域辽阔且渠道和消费者状况差异较大，实地销售经理（特别是大区经理和省区经理）必须将企业的销售组织规划在各地"**因地制宜**"地加以落实，不能只是一个不加思考的"被动执行者"。

（2）实地销售队伍的管理与培训是一项操作性很强的工作，企业总部的相关指导和约束只能是一个"大政方针"，实地销售经理必须不断提升自己的"**基本功**"。

（3）各个企业销售领导层的专业能力差异很大，我国目前不少企业的销售领导并不一定能向实地销售经理提供系统的管理与培训指导。在这种情况下，实地销售经理"不能等，不能靠"，必须"**自力更生**"，做好队伍的管理与培训工作。

第8至10章侧重于实用性和操作性，试图为读者提供一个建设实地销售队伍的"**工具包**"，即在简要阐述相关知识的基础上，尽可能为实地销售经理将知识转化为"生产力"提供"**容易的下一步**"。

本章的所有内容都基于一个前提（此前提对于大部分企业在一定程度上都是成立的）：

企业的整体销售战略中包括一定规模的实地销售队伍。换句话说，企业的渠道矩阵具有一定的渠道一体化程度，而不是简单的生产后交由其他单位"包销"。

8.1 实地销售的人员作用力概述

从图 8 – 1 中不难看出，整个模块是一个"3 + 4 + 2"的结构：

3 个输出：

整个模块作用于后续三大销售过程的人员作用力：管理分销商的人员作用力、分销拓展与维护的人员作用力、提升终端销量的人员作用力。

4 类工作：

按照逻辑顺序排列如下：设计实地销售的组织结构、招聘与配置销售人员（此两项可归结为"建立队伍"）、管理实地销售队伍、培训实地销售队伍。

2 个输入：

影响整个工作模块的因素：企业对实地销售的人员投入（硬件）、企业整体的销售组织管理与培训体系（软件）。

根据 5.4.4 部分中的"黑箱理论"，我们首先关注实地销售队伍管理与培训模块的输出与输入，然后再详细分析中间的具体工作。

输出：人员作用力
(企业→渠道和消费者)

企业的销售人员投入通过实地销售队伍建设模块，转化为推动市场销售的
一股极其重要的作用力量，分为三大类：

**输出1：管理分销商
的人员作用力**

1.1 直接管理人员的数量
1.2 管理人员的努力程度
1.3 管理水平：包括设立分销商、
生意日常管理、激励与约束、
协助分销商再销售等能力

**输出2：分销拓展与
维护的人员作用力**

2.1 企业分销与维护直供终
端的人员数量与质量
2.2 企业直接参与到分销商
再分销过程的人员数量
与质量

**输出3：提升终端
销量的人员作用力**

3.1 促销员的数量与质量
3.2 销售人员的店内形象
管理和操作能力
3.3 销售人员对终端促销
活动的执行力

实地销售队伍建设模块

销售人员的工作努力程度/诚信程度
整个销售团队的工作效率

销售人员的工作能力及对工作的
兴趣与热忱

3 管理实地销售队伍

| HVC激励机制 | MNE管理模式 |

4 培训实地销售队伍

| 建立培训体系 | 课堂+实地培训 |

销售人员的基础素质及是否"人尽其用"

2 招聘与配置销售人员

| 招聘销售人员 | 配置销售人员 |

具体大区／区域／城市的销售组织结构

权限分配   标准化
命令链   **1 设计实地销售的组织结构**   人员分工
人员数量   层级设置

硬　件   软　件

**输入1
企业对实地销售的
人员投入**

1.1 销售人员的工资投入
底薪/奖金及其他奖励等
1.2 销售人员的福利投入
保险、公积金、户口、住房等
1.3 销售人员的费用投入
差旅费、通信费、市内交通费、
应酬费、异地工作租房费等
1.4 企业对销售人员投入的兑现
程度与支付速度

**输入2
企业整体的销售组织
管理与培训体系**

2.1 销售组织结构规划
2.2 各级销售人员配备标准
2.3 统一的决策流程
2.4 薪酬标准（含奖金评定方法）
2.5 人员评估与升迁机制
2.6 标准的信息沟通机制
2.7 人员薪酬与费用监控体系
2.8 统一的培训体系

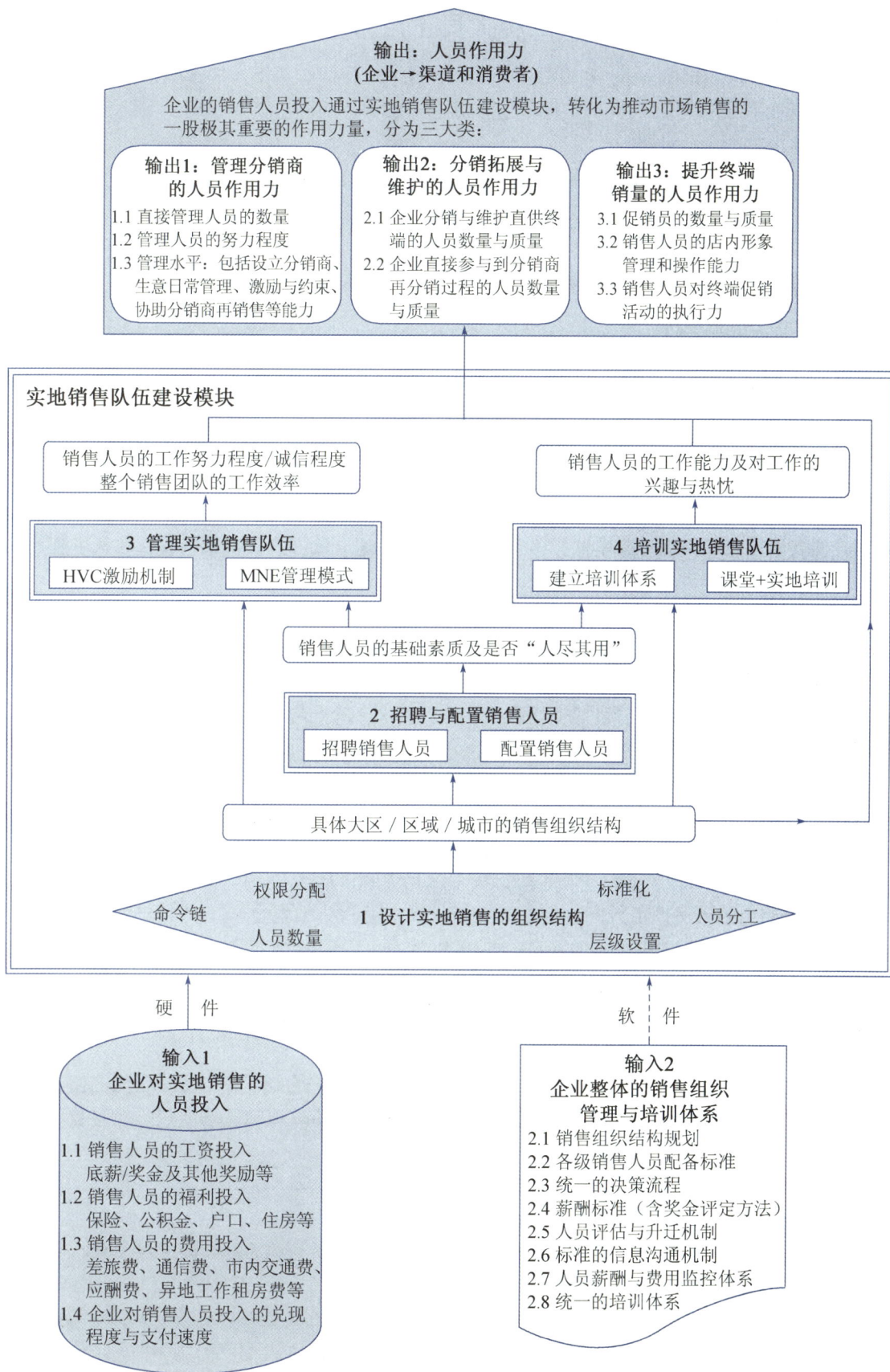

注：如果企业设立销售分公司，可以理解为图中的分销商，其余机构以此类推。

图8-1　实地销售队伍建设模块作用力体系图

8.1.1 输出：销售过程中的三种人员作用力

"输出"是一个工作模块所承担的功能，具体表现为对后续销售工作的影响，是我们看待任何一项销售工作时首要关注的部分；"实地销售队伍建设模块"的输出就是作用于后续实地销售过程的三种人员作用力。

1. 实地销售人员作用力的总体评估指标

评估具体大区、区域、城市的"人员作用力"并非易事，一般有两个基本思路：

A. 所有的人员作用力都必然体现在最终的生意结果中；

B. 将影响最终生意结果的其他因素尽可能隔离（静态比较分析法）。

从以上两个思路出发，我们用"相对增长指数"（relative growth index，RGI）作为各地人员作用力的总体评估指标。其计算公式如下：

相对增长指数（RGI）＝某个区域（或城市）的销量增长率÷企业平均销量增长率

注：①一般以年度（至少是半年）作为评估周期，因为时间太短存在许多偶然和突发因素。②由于企业很难得到准确的"销量"数据，一般用发运总额（结合回款总额）作为销量的近似值，但必须尽可能扣除"冲货"的部分。③以上指标基于每个区域或城市的其他作用力因素基本相同，如广告和销售投入比例等。④RGI只能是一个大致评估的指标，没有考虑回款准时率、费用比例等因素。这些因素一般由企业总部掌控。比如，某个区域的客户没有准时回款，往往也就不可能继续发货。此外，对于没有历史数据的新市场，还需要结合其他指标来评估。

【例8-1】某企业在北京市2018年相比2017年的销量增长率是40%，同期企业的平均增长率是30%，则：

北京市的RGI＝40%÷30%＝1.33

以上计算结果可以理解为，北京市场的人员作用力比企业平均水平高出33%。

RGI并非绝对准确的人员作用力评估指标，因为各地基础不同，导致增长速度也会不同，而且企业投入总会有差异。但是从操作可行性的角度看，RGI是一个操作简便而且在一定程度上客观反映了人员作用力大小的量化指标。企业因为多种因素带来了销量增长，增长比例的不同在一定程度上反映了当地人员作用力的大小；反过来，如果企业的整体生意呈下降趋势，则下降幅度较小的地方可以理解为"相对增长"，同样反映了当地人员作用力的价值。

2. 管理分销商的人员作用力

分销商是大部分企业销售运作的基础，销售分公司可以理解为"所有权一体化"的分销商。实地销售的人员作用力首先体现在分销商管理方面，具体由以下三个方面构成：

（1）直接管理人员的数量。

企业直接管理分销商的人员一般是城市经理和省区经理。

很多企业的城市经理又称客户经理，顾名思义就是管理客户的经理；省区经理往往直接管理部分核心分销商，或至少较为深入地直接参与到分销商管理工作中。直接管理人员的绝对数量并非准确的量化指标，我们可以用以下两个指标来量化评估：

▶ **分销商直接管理人员的"人均月销售额"：**

人均月销售额＝企业月度销售总额÷直接管理人员的数量

注：一般将省区经理和城市经理或其他履行类似职责的人员，视为分销商直接管理人员。

▶ **分销商直接管理人员的"人均管理分销商数量"：**

人均管理分销商数量＝企业的分销商总数÷直接管理人员的数量

"人均月销售额"大致反映了直接管理人员的充足与否及其"人均产出水平"，但是销售额取决于很多因素，还必须结合"人均管理分销商数量"才能客观反映管理人员的平均工作量。显然，上述两项指标越低，意味着销售经理的管理工作可以做得更细、人员作用力越大。当然，过低的指标导致企业的人力成本过高，这是一个平衡的问题。

很难有统一的标准来衡量适用于每个企业的上述两项指标，但至少可以用下述原则来判断企业分销商直接管理人员的数量是否充足：

在既定的管理与培训体系下，企业要求实地销售经理做到的分销商管理工作能否基本完成？如果答案是肯定的，说明人员数量基本合理；否则，说明人员数量可能不足（当然还需要考虑管理与培训方面的因素）。

(2) 管理人员的努力程度。

这方面比较难用量化指标评估，只能结合管理水平通过相关的生意指标来衡量。

(3) 管理水平。

分销商管理水平大致包括五个方面：

▶ 设立和优化分销商的能力：体现在新设立或调整分销商的相对数量和质量方面。

▶ 生意日常管理能力：体现在企业与分销商之间物流、资金流的相对流畅程度方面，其中最重要的指标是"准时回款率"。

▶ 激励与约束分销商的能力：体现在分销商投入的资金、费用和人员上，以及企业投入的销售资源是否真正落实到位等方面。

▶ 协助分销商再销售的能力：体现在对分销商内部运作的管理（如库存服务水平、平均应收款天数、投入产出比例等指标），及协助分销商再分销和促销的能力等方面。

3. 分销拓展与维护的人员作用力

分销是实地销售最重要的工作，相关人员作用力主要指企业直接参与分销工作的人员数量与质量，一般针对销售代表和城市经理（直接负责大型批零网点）。其具体包括两个方面：

(1) 企业分销与维护直供终端的人员数量与质量。

直供终端往往是企业销售渠道中最重要的终端，一般由企业的销售人员直接覆盖。以下三个指标可以作为人员数量与质量的评估指标：

▶ 定期拜访的直供终端数量。定期拜访是指持续、有规律的拜访。

▶ 对直供终端的拜访频率。拜访频率一般指每周拜访同一个网点的次数。

▶ 对直供终端的拜访质量。拜访质量简单地说就是销售人员在拜访网点时都做了什么以及产生了什么样的生意结果。

(2) 企业直接参与到分销商再分销过程的人员数量与质量。

不少企业并非仅仅派驻一个销售经理管理分销商，还会提供销售代表直接协助分销商的再分销过程。与上述类似，以下三个指标可以作为人员数量与质量的评估指标：

▶ 定期拜访的批零网点数量；

▶ 对各类网点的拜访频率；

▶ 对各类网点的拜访质量。

总体来看，企业分销拓展与维护的人员作用力可以用"分销率"和"分销维护水平"的相关生意指标进行衡量。

4. 提升终端销量的人员作用力

提升终端销量是继分销之后另一项重要的实地销售工作，具体包括三个方面：

(1) 企业的促销员数量与质量。

向终端派驻促销员是企业提升终端销量的重要途径之一。促销员质量主要指其工作积极性、对产品和相关专业知识的掌握程度与销售技巧等。

(2) 销售人员的店内形象管理与操作能力。

其主要指销售人员的货架与货架外陈列技巧、POP 运用能力，以及对终端的说服能力等。

(3) 销售人员对终端促销活动的执行力。

终端促销活动对销量的提升作用，不仅取决于促销活动本身的力度与策划水平，而且与销售人员的执行密切相关。执行力包括事前的谈判能力、促销过程中的跟进与处理突发事件的能力、促销活动后与终端结算和总结的能力。

总体来看，企业提升终端销量的人员作用力可以用"终端单店销量"的相对比较进行衡量。

8.1.2　输入要素简介

不言自明，一个区域的人员作用力并不仅仅取决于当地销售经理的管理与培训能力，还受到两个因素的制约：

▶ 企业对实地销售的人员投入（硬件）；

▶ 企业整体的管理与培训体系（软件）。

上述的硬件和软件是企业战略层面作用力体系的"输出"，也是实地管理与培训工作的"平台"，实地销售经理不可能超越其客观条件的限制。

知识链接　7.2 部分

8.1.3　四项工作简介

"实地销售队伍建设模块"的四项工作并非简单的并列关系，而是一环扣一环的逻辑关系。

（1）设计实地销售的组织结构。

这确定了具体大区、区域或城市的组织结构六要素，为后续三项工作奠定了整体框架。

（2）招聘与配置销售人员。

这确定了销售队伍的基础素质以及是否"人尽其用"，是管理与培训工作的基础。

（3）管理实地销售队伍。

这决定了销售人员的工作积极性和整个团队的工作效率，也是培训工作得以开展的前提。

（4）培训实地销售队伍。

在前三项工作的基础上，进一步提高销售人员的工作能力并在一定程度上提高人员的工作积极性（培训也是一种人员利益）。简单地说，就是让实地销售人员不仅"愿意做"，而且"做得更好"。

8.1.4　小　结

综上所述，实地销售队伍建设模块是将企业的销售人员投入转化为"人员作用力"的关键环节，对整个生意结果具有举足轻重的作用。以下形象化的比喻有助于读者更直观地理解四项工作的作用与关系：

如果把"建设实地销售队伍"比作"耕种农作物"，那么销售管理者如同"农夫"，而下属就好比是"种子"：

A. "组织结构的设计"好比最开始对耕田的规划：要考虑种什么，以及这些农作物如何搭配（如同职位设置与人员分工），然后决定农作物的密度等（如同人员编制等）。总之，首先需要对整个耕田的布局进行整体规划。

B. "人员招聘与配置"如同接下来对各类种子的采购与播种。无疑，种子本身的质量对最终的收成至关重要，因此采购（如同人员招聘）环节一定要把好关。无论如何精心挑选，同类种子中必然存在质量的差异性，而且同类型的"坑"也存在位置、水源、光照的差异，因此在播种（如同人员配置）时还要考虑什么"坑"适合放什么种子。至此，整个耕种的前期工作已经完成，耕田的"大模样"也出来了。

C. "管理实地销售队伍"如同外在的松土、灌溉、施肥、拔草等工作，为种子的生长提供良好的外部环境，目的就是让种子能够将自身的生长潜力发挥到最大。

D. "培训实地销售队伍"对"农夫"提出了更高的要求，如同从种子的内部去改善其基因组合，这样在相同的外部环境下可以获得更高的产量。

上述比喻同时说明了一个朴素的真理："一分耕耘，一分收获。"如果你是一个懒惰和马虎的"农夫"，那么注定因守着一片贫瘠的土地。

本章接下来的内容主要探讨如何建立实地销售队伍的问题（上述 A、B 两项），至于队伍建立之后的管理与培训工作将放在第 9 和 10 章阐述。

8.2　如何设计实地销售队伍的组织结构

所谓实地销售队伍的组织结构，简单地讲，就是实地销售人员分工与协作的整体框架。

销售队伍组织结构的设计更多地属于销售战略层面的范畴，在有些企业中，甚至是人事部门的工作范围。本节只是对相关原理作简单介绍，重点在于为读者提供一些具体操作的程序。

8.2.1　实地销售队伍的组织结构设计概述

我们在工作中经常会提到"组织结构"，究竟组织结构包括哪些要素呢？如图 8 - 2 所示，各级实地销售经理在设计辖区范围内的组织结构时，必须思考和回答 6 个关键问题：

关键问题	对应工作
1. 我的辖区内需要和可能建立多大规模的销售队伍？	→确定编制
2. 我所管辖的销售队伍需要设置多少个层级？	→层级设置
3. 各个层级内的销售人员如何分工？	→人员分工
4. 每个销售人员向谁汇报？	→命令链
5. 各种决策权应该放在哪一级？	→权限分配
6. 以上 5 个要素应该用什么样的方式固化下来？	→规范化

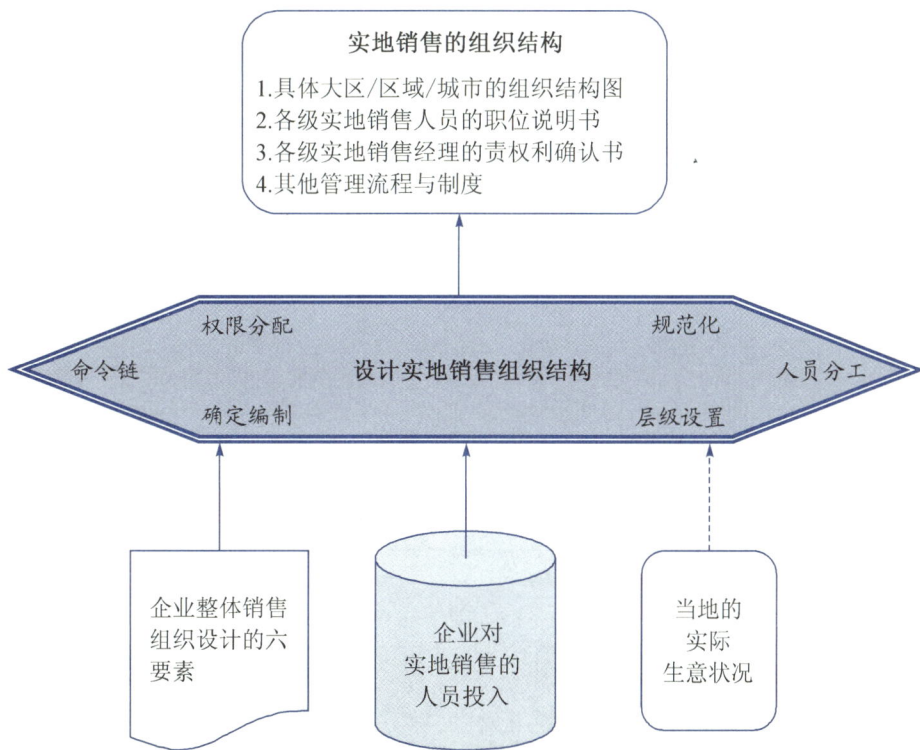

实地销售的组织结构
1.具体大区/区域/城市的组织结构图
2.各级实地销售人员的职位说明书
3.各级实地销售经理的责权利确认书
4.其他管理流程与制度

设计实地销售组织结构

权限分配　　规范化
命令链　　　　　　人员分工
确定编制　　层级设置

企业整体销售组织设计的六要素

企业对实地销售的人员投入

当地的实际生意状况

图 8 - 2　实地销售队伍的组织结构设计图

从整个企业的销售组织结构设计来看，应该是先确定"层级设置"与总体分工原则，然后才是"确定编制"的问题。本书从实地销售工作的特点出发，将"确定编制"作为首要的组织结构设计要素，原因如下：

A. 对实地销售经理而言，不可能完全根据生意需要或理想化的模式设计当地的组织结构。其必然受到企业对人员投入方面的预算约束，因此确定人员编制是其他设计要素的基础。

B. 企业总部的层级设置和总体分工原则往往只是一个框架，实地销售经理必须根据当地的人员编制因地制宜地考虑问题。

比如，从层级设置来看，如果城市经理的数量不多，大区经理也可以直接管理部分（甚至全部）城市经理；同理，区域经理也可以直接管理部分（甚至全部）销售代表。再从人员分工来看，即使企业整体要求按产品划分销售人员，但如果当地生意规模达不到要求，也可能共用销售人员。

8.2.2　任何确定实地销售队伍的人员编制

从组织结构设计的操作层面来看，各级销售管理者首要考虑的问题就是队伍规模，即通常所说的 **"定编"** 问题。因为队伍规模的大小直接对应人员投入的多少，而这正是每个实地销售经理必须面对的硬性 "预算约束"，而且对于不同规模的销售队伍，显然组织结构的其他要素也随之发生变化。

确定合理的 "人员编制" 需要考虑诸多因素，如何使自己的思维清晰而简洁呢？本书从实地销售工作的特点出发，把最关键的考虑因素归纳为 "三角定编法"（见图 8 - 3），仅供读者参考。

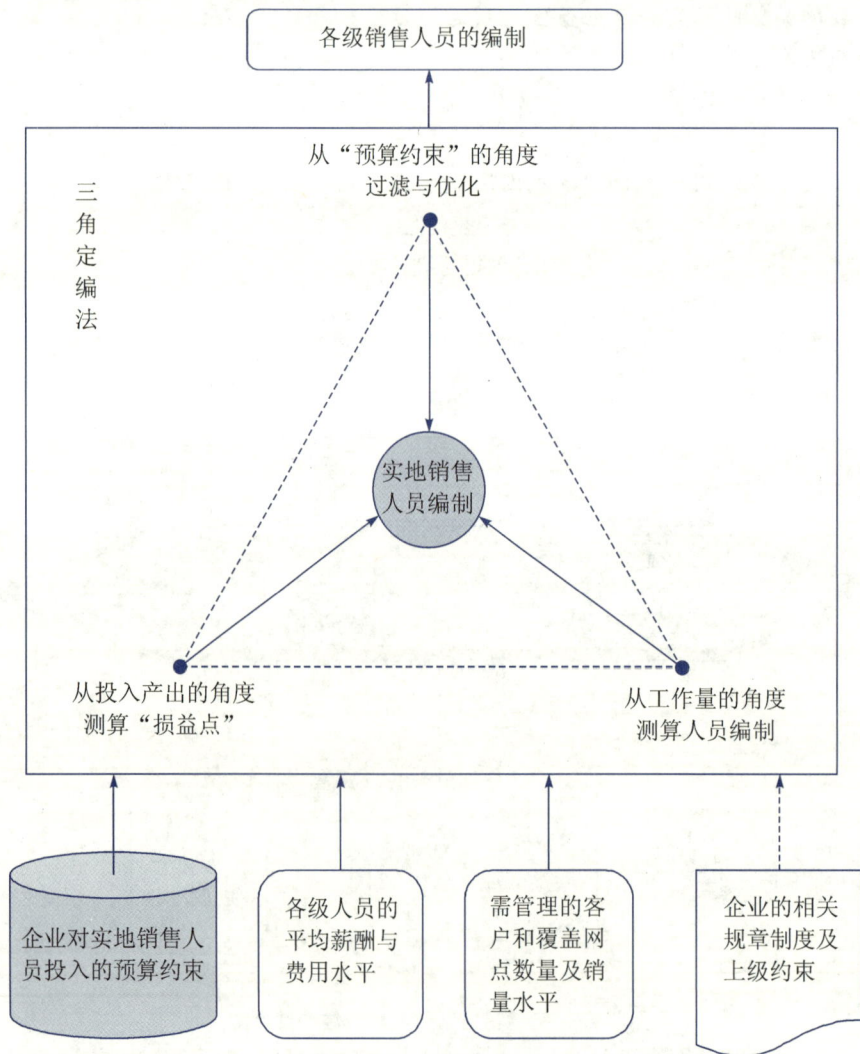

图 8 - 3　三角定编法示意图

确定实地销售人员数量的三角定编法

总体说明：

（1）"三角"指分析实地销售人员编制的三个角度：投入产出分析、工作量分析、预算约束分析。

（2）"三角"的含义并非指简单的三个步骤，而是从上述三个角度取其"交集"，即最大限度地满足三方面要求的"人员编制"。

（3）三角定编法只是抽取人员编制分析中最关键和共通的要素。不同的企业以及不同的市场在确定人员编制方面，还应视生意需要考虑其他因素。

一、测算各级人员投入的"损益点"

1. 人员投入"损益点"的定义

人员投入"损益点"指投入一个销售人员（无论什么级别）的最低销量要求。如果低于此点，则企业投入该人员得不偿失；反之，则该人员的投入有利可图。

2. 确定人员投入"损益点"的基本方法

边际分析是确定人员投入"损益点"的基本方法，即增加一个销售人员所新增的毛利应该大于等于新增的人员成本。人员投入的"损益点"并非整体生意的"损益点"，即使总体生意亏损，增加人员投入本身仍然可能盈利（减少亏损）；反过来，即使总体生意盈利，增加人员投入本身仍然可能亏损（降低了利润）。

▶ **就成本测算方面：** 应该摈弃"沉没成本"，即已经发生而无法挽回的成本（比如前期投入的运作费用、分销费用等），只考虑新增人员本身的薪酬和费用等。

▶ **就销量测算方面：** 不应将原已存在的销量统一纳入其中，而应重点考虑因为增加该人员所新增的销量。

3. 人员投入"损益点"的计算公式

"损益点" =（人员成本÷平均利润率）×（1÷预计新增销量比例 +1）

注：①上述公式基于等式新增利润＝新增人员成本，具体推导过程从略。②"人员成本"指估算的新增人员所发生的费用，包括薪酬、个人费用、其他费用等。③"平均利润率"可以通过毛利减去其他同期发生的营销费用（不算沉没成本）再除以销量得到。一般而言，实地销售经理不可能获得准确的"平均利润率"，但可以相对保守地作出估计，当然也可由企业统一设定此参数。④"预计新增销量比例"是一个较难测算的数据，而且各行业和企业差别较大，这只能基于平时的积累。当然，也可主观设定为要求新增的销量比例。引入该参数的原因是边际分析的需要，因为一个销售人员的价值体现在新增的销量上，并非所有销量都与其相关。

【例8-2】某企业销售代表的平均人员成本（工资＋费用等）为2 500元/每月，平均利润率大致为20%，预计（或要求）平均新增销量30%，试问"损益点"是多少？

损益点 =（2 500÷20%）×（1÷30% +1）=12 500×4.33≈5.5（万元）

【例8-3】某企业区域经理的平均人员成本（工资＋费用等）为12 000元/每月，平均利润率大致为20%，预计（或要求）平均新增销量20%，试问"损益点"是多少？

损益点 =（12 000÷20%）×（1÷20% +1）=60 000×6≈36（万元）

说明：

A. 测算各级销售人员的"损益点"很有必要（特别是对于基层销售代表和促销员），因为这是从投入产出的角度设定的最低销量要求，且从操作角度看也简单易行。

B. 人员投入"损益点"的计算只能是估算，需要通过"试错法"不断调整。

二、按照生意需要和工作量测算"人员编制"

人员投入的"损益点"只是确定"人员编制"的必要条件，由于生意结构的集中度不同，客户或网点的数量差异较大，所对应的工作量自然差别较大。下面以基层销售代表为例，阐述如何根据生意需要和工作量测算"人员编制"。

1. 销售代表的人员编制

$$\text{销售代表的人员编制} = \text{该城市需要覆盖网点的数量} \div \left(\text{人均每周拜访次数} \div \text{每周拜访频率要求} \right)$$

注：①销售代表指直接覆盖网点的基层销售人员。②（人均每周拜访次数÷每周拜访频率要求）也就是人均可以覆盖的网点数量。

2. 经验数据

通常将一个城市的网点大致分为三类：KA渠道、批发渠道和小店渠道，然后分别计算其人员编制。作者从工作中总结的经验数据如表8-1所示（仅供参考）。

表8-1   **人员编制的经验数据**

网点类型	每周拜访频率要求	人均每周拜访次数	人均覆盖网点数量
KA	≥3次/周	5次	≤8
批发网点	≥2次/周	8次	≤20
小店	≥1次/周	18次	≤90

注：①不同的企业对"网点类型"的划分也不同，但"人员编制"的计算方法相同。②不同的企业对于"每周拜访频率要求"也有所不同，以上经验数据仅供参考。③以上"人均每周拜访次数"以一般的省会城市为标准，特大城市由于地域更广，次数需要适当降低，普通地级市则可相应增加。"人均每周拜访次数"还基于该销售代表所负责网点的全部销售工作。如果工作细化，则可相应增加拜访次数。

【例8-4】已知某城市需要覆盖的KA有22家、批发商有35家、小店有500家，试问该城市经理需要多少销售代表？

KA渠道的销售代表"人员编制" $=22 \div 8 = 2.75 \approx 3$（人）

批发渠道的销售代表"人员编制" $=35 \div 20 = 1.75 \approx 2$（人）

小店渠道的销售代表"人员编制" $=500 \div 90 = 5.55 \approx 6$（人）

说明：

A. 实地销售经理应该亲自拜访各类网点，测算平均每天拜访次数。

B. "每周拜访频率要求"并非仅仅取决于实地销售经理的规定，还与渠道特点和生意需要密切相关。

C. 当销售人员投入受到限制时，不要简单地让一个销售代表覆盖过多网点，那样只能是"心理安慰"，因为拜访质量比拜访网点的数量更加重要，应该根据可用人员数量反推实际可以覆盖的网点数量，然后按照"舍小保大"的原则，将所有目标网点按照销量大小重新进行筛选。

D. 如果一个销售代表负责两类或以上的渠道，可以根据上述方法分别计算再合并衡量其合理覆盖网点数量。

E. 以上计算方法也适用于直接拜访网点的实地销售经理。

实地销售经理同样需要做大量的实地工作，这方面每个企业的规定差异较大，但其计算原理与上述类似。此外，在确定销售管理者的数量时，还需要考虑后续将要谈到的控制跨度问题。控制跨度越窄，则管理人员的数量要求越多，而且层级往往也越多。

将上述计算出的人员需求量与"损益点"的要求相结合，去除掉那些在"损益点"之下的人员需求，就可以初步得到较为合理的人员编制。但切忌为表面上达到"损益点"的要求，不切实际地拼凑客户或网点。

三、根据人员投入的"预算约束"过滤和优化人员编制

从前两步的"交集"中得到的各级人员数量，只是理论上的人员编制，最后还必须在实地销售经理所受到的"预算约束"下决定取舍：

基本思路就是"舍小保大"，所谓大或小，是指岗位的"边际贡献"，即让有限的人员投入尽可能带来最大的销量增长。

1. 对每个岗位的"边际贡献"进行排序

所谓岗位的"边际贡献"，即新增利润，在同级岗位中只需要直接比较新增销量，因为人员成本几乎相同。将每个岗位的"边际贡献"按照从大到小的顺序进行排序。

2. 根据预算约束对上述排序进行过滤和优化

同级人员中，可以按照"边际贡献"从大到小进行筛选，直到满足预算的约束。

不同层级的人员之间，也可以按照"边际贡献"适当比较，比如销售代表和促销员之间可以互换，甚至销售管理者与销售代表之间在一定程度上也可以互换（如削减不必要的管理者，增加一线销售代表的数量）。

说明：

A. 促销员的编制问题相对特殊，因为可以当作店内促销要素之一来看待，所以还需要结合其他促销要素的"边际贡献"综合考虑，详见终端促销部分的内容。

B. 除非企业或上级对人员投入有硬性限制，否则，实地销售经理应将总体的人员投入与其他销售费用放在一起综合考虑，同样以"边际贡献"作为决定取舍的标准。换句话说，人员投入的"预算约束"也应具有一定的弹性，不能"郑人买履"。

综上所述，"三角定编法"就是从三个角度分析人员编制，然后取其"交集"。其基本方法是：以按照工作量测算的人员编制为基础，根据设定的人员投入"损益点"先行剔除投入产出不合理的部分，然后在"预算约束"内按照岗位的"边际贡献"进行过滤和优化。

8.2.3 实地销售队伍的层级设置

尽管企业总部统一设置了销售队伍的各个层级，但是每个销售经理仍然需要"因地制宜"地考虑所辖队伍的层级设置。在"层级设置"和确定管理人员的数量方面，基本思路是：

努力使架构扁平化，并尽可能充实一线销售队伍。

1. 控制跨度的概念

"控制跨度"的概念在组织结构的设计中占有非常重要的地位，因为在很大程度上它决定着要设置多少个管理层级，以及各级管理人员的编制。

控制跨度（span of control）指一个管理者可以有效直接管理多少下属。

目前的组织结构设计趋势是加宽控制跨度，因为控制跨度过窄的弊端是显而易见的：

（1）管理层次增多，管理人员的成本也大幅增加；

（2）销售队伍内的垂直沟通更加复杂并减慢决策速度，且使高层管理人员趋于孤立；

（3）容易对下属监督过细，妨碍销售人员的自主性。

当然，不能走另一个极端，因为每个管理人员的精力总是有限的。我们也不能总是追求表面上的"架构扁平化"和节省管理成本，让各级管理流于形式，其纯属"心理安慰"。

2. 什么样的控制跨度比较适合销售队伍？

这个问题很难有标准答案，需要读者在工作中自己摸索。就作者的经验来看：

实地销售队伍的控制跨度（各级销售经理的直接下属）以 7.13 人比较适宜。

3. 实地销售队伍的基本层级设置

从大多数企业来看，一般按照管辖地域（使先按渠道或产品划分）的大小，将实地销售队伍从上至下划分为 5 个层级：

（1）大区（district）→ 大区经理。

大区一般为 3.6 个省份的组合。

注：有的企业将大区称为市场、地区或片区等。

（2）区域（unit）→ 区域经理。

区域一般为一个省级行政区划或一个特大城市，也可能是大省的一部分或 2~3 个小省的组合。

注：有的企业将区域称为省区或地区等。

（3）城市（city）→ 城市经理。

城市一般指一个大城市，也可能是特大城市的一部分或几个小城市的组合。

注：有的企业将城市经理称为客户经理或销售主任等。

（4）分区（section）→ 销售代表。

分区一般指一个城市的某一地理范围或一个小城市。

（5）终端（terminal）→ 促销员。

促销员主要在终端负责产品的具体促销工作。

以上只是按照地域划分的 5 个基本层次，有的企业在此基础上还进一步增加一些中间层次。比如，在城市和分区之间增加一个层次（常常按渠道集中），称为"销售主管"，或者按渠道和产品类型进一步细分。上述 5 个层级只是就企业整体而言的，实地销售经理还需要根据队伍规模和控制跨度，灵活决定在自己辖区内的"层级设置"。比如，大区经理同样可以直接管理部分（甚至全部）城市经理。形式总是追随于实际功能的。

知识链接 ▶ 8.3.1 部分有关各级实地销售职位说明书的内容

8.2.4 实地销售队伍的人员分工

确定了队伍规模和层级设置之后，显然就是人员分工的问题了。分工的好处是显而易见的，明确岗位职责有利于提高员工的专业知识和技能。它即通常所说的"**定岗**"。

实地销售队伍的人员分工（work specialization）是组织结构设计中的重要步骤，具体指销售工作的划分标准与细分程度。简单地讲，就是如何"各司其职"。

显然，我们可以从很多角度对实地销售人员进行分工，但是无论采用什么样的分工标准，都必须做到思路清晰和逻辑严密。本书根据实地销售工作的特点总结出了"菱形分工法"：

所谓菱形分工法，是指任何一个实地销售队伍的人员分工，总可以用四个划分标准进行唯一而准确的"界定"，即负责地域、负责渠道、负责产品、具体职责，并且按照以下的逻辑顺序进行划分：

第一步：从地域的角度明确人员分工。

由于销售工作的实地操作性，出于节省人员的差旅费用及时间成本等方面的考虑，对负责地域的划分始终是各级销售人员的首要分工标准。

第二步：在地域分工的基础上，考虑是否需要按产品或渠道类型作进一步细分。

由于不同渠道的重要性和所需知识与技能具有较大差异，在一定程度上，按照渠道对销售人员分工往往很有必要性。如果企业的产品品类很多而且在渠道、操作等方面存在较大差异，那么有可能同一个地域的销售人员需要进一步按照产品品类进行分工。

第三步：在地域、渠道和产品分工的基础上，考虑是否有必要将销售工作再进行拆分。

比如，将分销与促销工作进行拆分，甚至进一步将分销拓展与分销维护工作进行拆分等。

实地销售队伍的人员分工操作流程如图 8-4 所示。

1. 按地域划分实地销售人员

与前面的层级设置一样，地域划分通常在 5 个层面上进行：大区、区域、城市、分区、终端，并遵循以下 3 个原则：

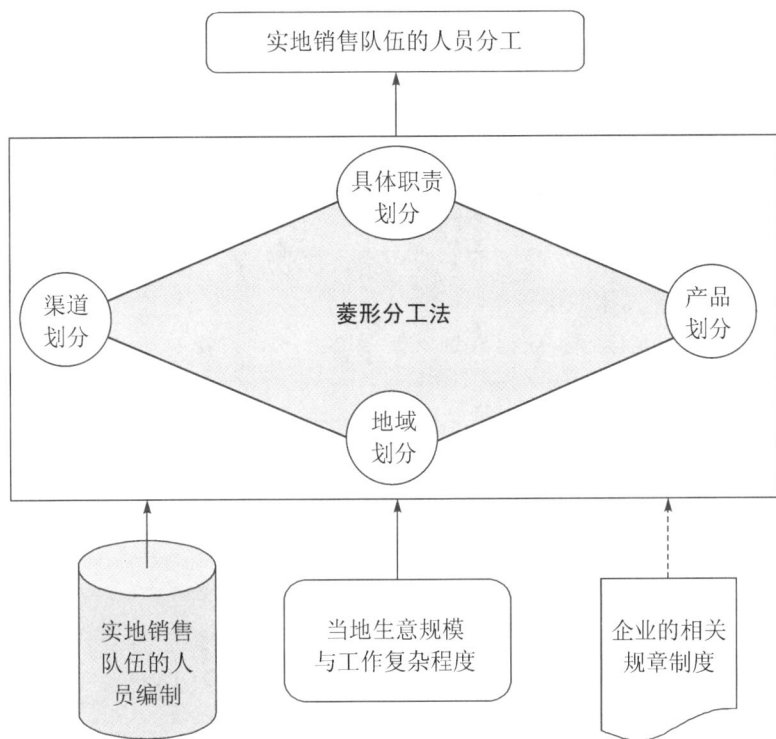

图 8 - 4   实地销售队伍的人员分工操作流程

（1）地理相邻。

任何一级销售人员，其具体负责的地域范围都尽可能在地理空间上相邻，这样可以减少出差时间和费用，并相对容易解决一定范围内的渠道问题。

（2）行政区划 + 渠道格局。

一般的企业以行政区划作为划分单位，但是也需要考虑当地的渠道格局。比如，徐州市属于江苏省，但是从当地客户的进货和出货渠道来看，其往往和山东南部、安徽东北部联系在一起，所以有的企业将徐州与山东南部和安徽东北部组合成一个区域。

（3）销售额趋近。

无论是宏观上大区的划分还是微观上分区的划分，同一层级的不同人员其管理的生意规模不能差异太大，这主要是为了方便比较和评估。从经验看，同一层级中最高的销售额最好不要高出最低销售额的 2 倍以上。

2. 按渠道划分实地销售人员

由于各类渠道的重要性不同和所需人员素质的差异性，在地域划分的基础上往往还需要引入渠道划分。

（1）至少基层销售代表的人员分工需要引入渠道划分。

对于基层销售代表的分工，在地域划分的基础上往往再按照以下 3 个渠道进行划分：

A. KA 渠道，即当地的大型零售终端，也有的企业称为"大店渠道"。

B. 批发渠道，即当地的主要批发商。

C. 小店渠道，即当地的中小零售网点（也包括一些小批发商）。

上述 3 个渠道所需人员的专业知识和销售技能差异较大，所以很难由一个销售代表同时覆盖某个分区中的所有网点。由于 KA 往往是连锁店，所以还可能在 KA 渠道中进一步按照具体的连锁店进行分工。为了节省销售代表的拜访时间，往往是渠道划分结合地域划分。

（2）实地销售经理的分工是否需要按渠道划分取决于生意规模。

按渠道划分，实地销售经理显然可以提高人员的专业性，但是同时会提高人员成本和增加协调管理的难度。目前，大部分中小企业不再将实地销售经理（城市经理及以上）按照渠道划分，原因在于细分后的"人均销售额"往往无法支撑庞大的人员成本。

大型企业最多的是使 KA 渠道的实地销售经理相对独立，原因在于 KA 渠道人员所需要的专业知识和销售技能与其他渠道差别最大。此外，将各渠道的实地销售队伍从上至下分开的成功案例并不多。

3. 按产品划分实地销售人员

如果一个企业的生意规模较大，而且不同产品品类的销售渠道和专业知识具有较大差异，往往在地域划分的基础上引入产品划分。这方面一般由销售领导层统一规划，这里不再深入探讨。

4. 划分实地销售人员的具体职责

销售工作的具体内容非常广泛，所以在地域、渠道、产品划分的基础上，还有可能对具体职责进一步细分，举例如下：

（1）将分销工作与终端促销工作分开。

比如，有的企业只要求销售代表做好分销及其维护工作，增设人员专门负责终端促销工作，甚至设立"终端督导"专门负责促销员管理。

（2）在分销工作与终端促销工作内进一步细分。

比如，有的企业将分销工作细分为"分销拓展"和"分销维护"，一般负责分销拓展的人员素质更高，而素质相对较低的人员只负责已分销网点的订货和陈列维护等工作（通常称为理货员）。"分销维护"只要求销售代表做好分销及其维护工作，增设人员专门负责终端促销工作，甚至设立"终端督导"专门负责促销员管理。

（3）在实地设立专门负责培训工作的"培训经理"。

这主要适用于那些对人员专业素质要求很高并对此极其重视的企业。

5. 销售人员分工中的常见问题

有些实地销售经理没有经过深思熟虑，如同"太公分猪肉"似地简单地把下属的"地盘"一分了事。看起来每个地方都有人"管"，但实际上下属根本不可能完成那么多工作，也就只能"电话遥控"地敷衍了事，最终什么地方都没人"管"。

启示：宁可自己兼管（甚至只是电话遥控），也不要给下属分配"无法完成的工作"。

很难有"放之四海而皆准"的销售队伍分工模式，但一般遵循以下的基本规律：

如果对销售工作进一步细分所带来的边际收益大于边际产本，那么就应该进一步细分；反之，进一步的分工将"得不偿失"。

这就是边际分析方法在"人员分工"决策中的应用。当然，在实际工作中做到绝对准确的测算是不可能的，我们总是在"试错"中不断总结和优化，尽可能接近最合理的分工状态。

8.2.5　如何设计实地销售队伍的"命令链"

命令链（chain of command）是组织中从上至下的不间断的权力路线，简单地讲，就是规范谁向谁汇报工作。

命令链能够回答每个销售人员的类似问题："我对谁负责""谁向我发出指令""我有问题时去找谁"。任何一个实地销售队伍都可以被视作一个系统，根据系统论的"协调器唯一性原理"，任何一个销售人员有且只能有一个直接上级，这就是组织结构中的**"命令统一性"**原则。

> **知识链接** *5.4.2 部分的系统论协调器原理*

所谓命令统一性（unity of command）原则，指一个人只能对一个直接上级负责，必须保持命令链的连续性。

这个原则不难理解，如果命令链的统一性遭到破坏，一个下属可能就不得不疲于应付多个上级，并且在不同命令的矛盾和优先次序之间作出艰难的选择。当然，在特殊情况下，一个实地销售人员可能有两个甚至多个上级。比如，某个新产品上市或某个分销拓展计划需要设立专门的项目经理，但是必须明确他与当地主管经理的职责划分，并设置相关的矛盾协调机制。命令统一性原则在大多数企业实地销售队伍的组织设计中一般不存在问题，关键是在具体工作中我们要遵循以下规定：

任何一级销售管理者都不要"越级指挥"，这样只会让直接下级无所适从，并容易使相关人员和客户"自以为是"。在你"越俎代庖"中体现的不是自己的权威，恰恰暴露了自己管理上的无能和认识上的狭隘。如果你有想法，可以通过命令链的传递让相关人员去执行；如果你对下级不满意，可以通过正常程序来更换。

8.2.6　如何设计实地销售队伍的权限分配

在确立了人员分工、人员编制、命令链和控制跨度 4 个要素之后，实地销售组织结构的"框架"已经呈现出来。换句话说，我们已经可以画出组织结构图。**正如"利益分配"是贯穿销售过程的主线一样，"权限分配"是组织结构设计中的"画龙点睛"之笔。**

所谓权力（authority），这里指管理职位所固有的发布命令并期望命令被执行的权力。

实地销售工作的特点造成了上下级之间在地理空间上往往彼此分离，所以每一个实地销售经理作为一级管理人员，为了完成其职责、任务，都需要被授予一定的权力。各级销售经理对下属权限的分配，既要遵循企业的整体权限分配原则，也要根据实际情况灵活决定（见图 8－5）。

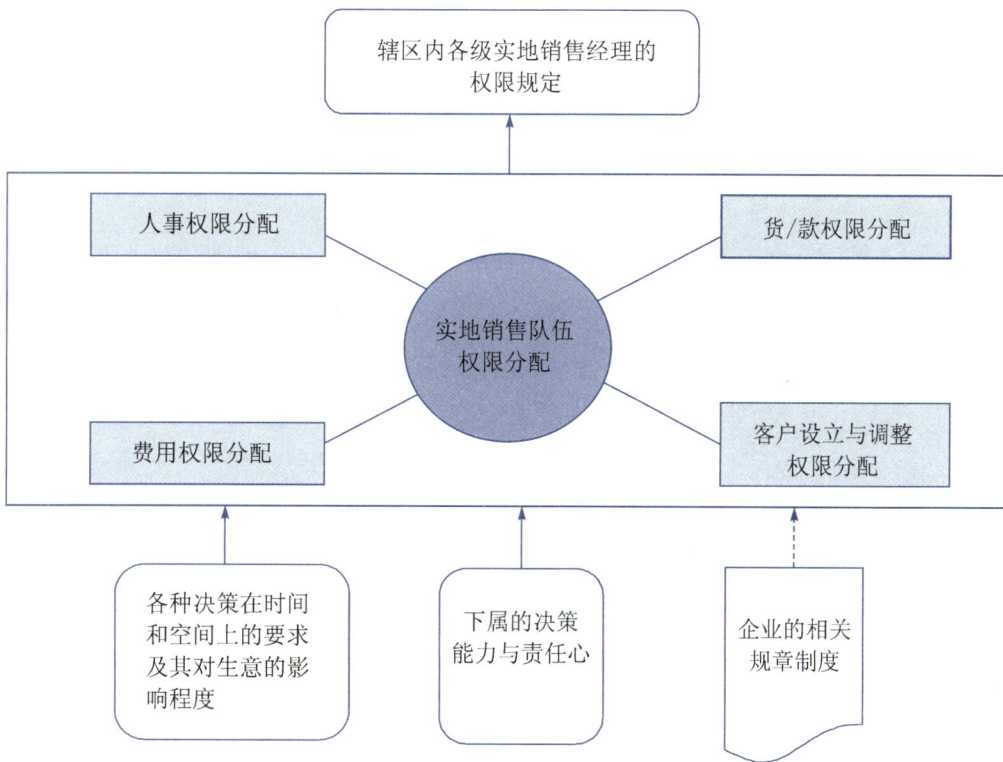

333

图 8－5　实地销售队伍权限分配操作流程图

1. 影响实地销售经理进行权限分配的因素

无论一个实地销售经理是倾向于"集权"还是"分权"，总是受到以下 3 个因素的约束：

（1）各种决策在时间和空间上的要求及其对生意的影响程度。

"权力"实际上就是"决策权"，而不同类型的决策对时间和空间上的要求显然差异较大，即使再愿意"集权"的管理者在某些决策方面也不得不"放权"。

例如，在与 KA 的谈判过程中，促销活动或者堆头位置有时要求谈判人员必须当场作出决策，如果总是需要请示汇报，恐怕无法及时抓住商机。又如，人员招聘，在空间上要求必须现场面试，任何一个销售管理者都不可能总是"飞来飞去"地面试基层人员。

此外，有的决策对生意影响极大，即使再愿意"放权"的管理者可能也需要权衡轻重。

比如，对于重要客户的更换，或者批准金额较大的"赊销额"，往往不能随意"放权"。

（2）下属的决策能力与责任心。

即使再愿意"放权"的实地销售经理在决定"权限分配"时，也必须重视下属的"决策能力与责任心"，因为下属所有决策行为的后果最终都需要由上级和企业承担。所以在具体的"权限分配"中不能照搬企业规定或简单地"一刀切"，应有所区别。

反过来，如果下属的"决策能力和责任心"足以掌握一定程度的决策权，如果上级"高度集权"，则势必造成人才的流失，因为"授权"本身代表一种信任，也是激励下属的方式。

（3）企业的相关规章制度。

企业的相关规章制度中最重要的就是各级销售管理者自身的权限，无论一个实地销售经理多么倾向于"放权"，也只能在自身的权限范围内"再授权"给下属。

2. 实地销售队伍权限分配的具体操作

实用工具2

实地销售权限分配的"3415"模式

（3S原则＋4个权限类别＋15项明细权限）

总体说明：

（1）实地销售是一项比较繁杂的工作且涉及的内容较多。本工具旨在提供一个完整而严密的思维框架。

（2）"3415"模式如图8-6所示。

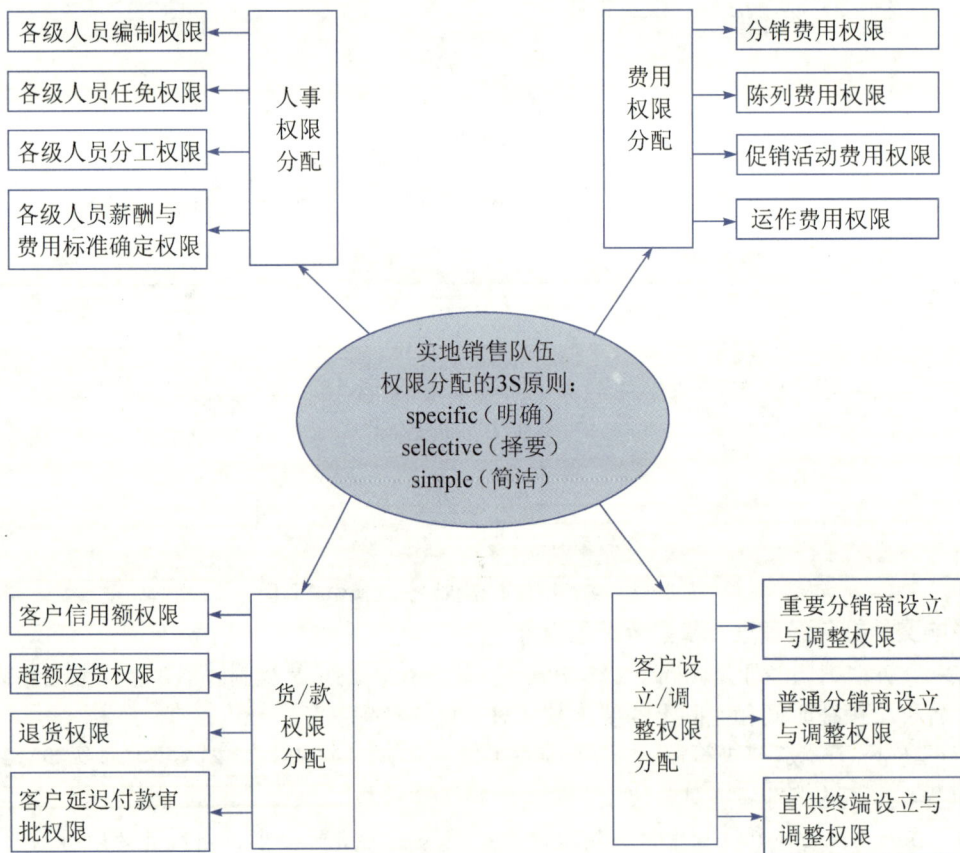

图8-6 实地销售权限分配的"3415"模式

一、3S 原则

specific（明确）：所有"授权"应明确具体并易于衡量和执行，不能笼统和模糊。

selective（择要）：所有"授权"应选择重要的权限，细节问题可以参见具体管理制度。

simple（简洁）：各项"授权"在表述上应力求简洁，不要拖泥带水。

二、权限分配的五个操作步骤

第一步，分析下属所需权限的"需求"和"约束"。根据下属的工作任务及其决策能力和责任心，以及你所拥有的权限，清晰地决定要授什么权，给谁授权，具体授予他哪些权力。

第二步，规定下属的"权限范围"。任何授权都伴随着限制条件，应使下属明确无误地认清自己决策问题的权限范围。

第三步，允许下属参与"权限分配"。完成一项工作需要多大权力，负责该项工作的人最清楚。如果允许下属在一定程度上参与权限分配的过程，将有助于你更准确地了解实际情况，并提高下属的工作积极性和责任感。

第四步，将授权"公之于众"。授权不是发生在真空里，不仅需要以书面形式让"被授权人"清楚自己的权限范围，而且应该让受到此授权影响的相关人员也清楚授权内容，便于配合与协作。

第五步，建立反馈机制。并非在权限分配之后就"完事大吉"，还需要跟进下属的目标进度与权力使用情况，及时对授权作出调整。

说明：4 个权限类别与 15 项明细权限基本囊括了实地销售经理的主要权限，有助于读者在实地操作时周密考虑。具体内容详见后续的"责权利责任书"示例，此处不再逐一赘述。

实用工具3

基于下属"成熟度"的授权模型

总体说明：

在影响"权限分配"的三大因素中，具体工作的决策特点和企业的规章制度很难一概而论，但是对于如何根据下属的情况适当授权却可以建立一个实用的操作模型（见图 8-7）。

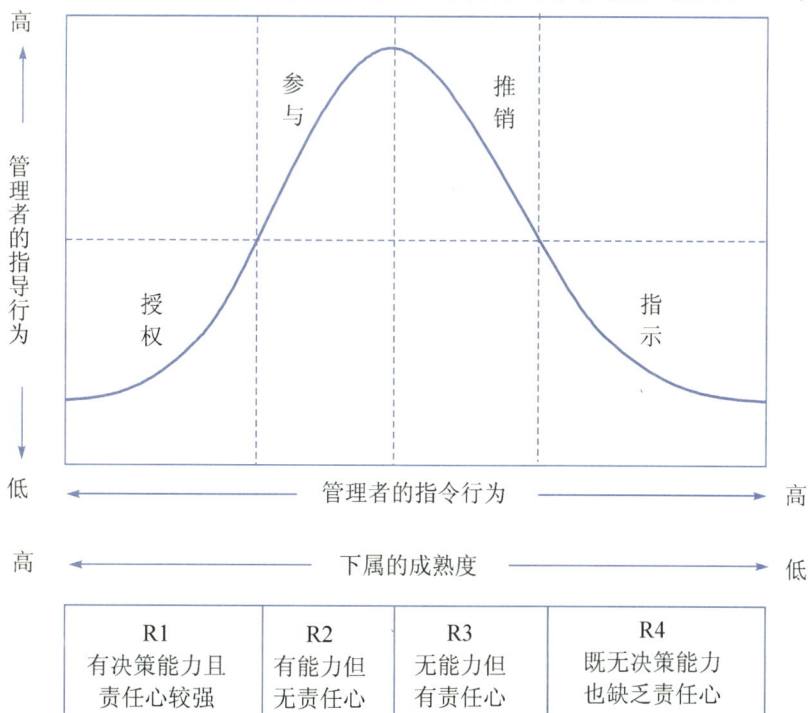

图 8-7 基于下属"成熟度"的授权模型

一、名词解释

A. 管理者的指令行为，即管理者向下属发出清晰的执行性工作的命令。

B. 管理者的指导行为，即管理者向下属提供的引导、鼓励和分析等支持性行为。

C. 下属的成熟度，即下属完成工作的决策能力和责任心的程度。

二、管理者的授权行为分类与对应的下属类型

如图8－8所示，按照管理者"指令行为"和"指导行为"两轴的高低水平，我们将授权行为分为四大类，并分别对应四种"成熟度"的下属。

（1）授权（低指令＋低指导）：适用于R1成熟度的下属。对于既有决策能力又有责任心的下属，管理者可以充分授权，不必过多干涉其具体工作。

（2）参与（低指令＋高指导）：适用于R2成熟度的下属。对于有决策能力但缺乏责任心的下属，管理者应和下属共同决策，以用其所长，重在引导和鼓励。

（3）推销（高指令＋高指导）：适用于R3成熟度的下属。对于无决策能力但有责任心的下属，管理者不仅要发出具体指令，还需要将"为什么要怎么做"的原因"推销"给下属。这样既保证了当前工作的有效性，也能使这类下属在具体工作中逐步成长。

（4）指示（高指令＋低指导）：适用于R4成熟度的下属。对于无决策能力也缺乏责任心的下属，管理者只需简单明了地告诉他做什么、怎么做，以及何时何地去做，然后及时跟进其工作进度。

以上两个实用操作工具有助于实地销售经理针对其下属的权限分配工作，最终的"输出"就是辖区内对各级下属的"授权书"，具体格式和示例详见8.3.2部分。

3. 专题讨论：集权与分权

"权限分配"是一个涉及企业和实地状况诸多因素的复杂问题，很难有统一的标准模式，但我们可以大致划分为"集权"与"分权"两种类型。

所谓集权（centralization），是指销售队伍中的决策权高度集中于一点的权力分配状况；反之，如果各级销售管理者能够在一定范围内自主作出决策，就称为分权（decentralization）。

近年来，"分权式决策"的趋势比较突出，这与使组织更加灵活和快速地作出反应的管理思想是一致的。它具有以下四大优点：

（1）大幅提高实地销售队伍的反应和决策速度；

（2）易于培养下属的决策和管理能力，改变"独木难支"的状况；

（3）提高下属的工作积极性和责任感；

（4）让各级销售管理者能真正做到"各司其职"，特别是使中高级管理者从工作细节中解脱出来，将精力放在更重大的生意问题上。

8.2.7　如何使实地销售组织结构"规范化"

336

规范化（formalization）是指实地销售队伍各项工作实行标准化的程度。

在规范化程度较高的实地销售队伍中，应该有明确的"组织结构图""职位说明书""责权利确认书"，并对主要工作制定详细的操作流程和规章制度等。规范化并不意味着"僵硬和死板"，只是清晰地划定了"游戏规则"与"游戏本身"之间的界线，是"边界管理"（boundary management）的必要前提。

一切的规范化形式都服从于功能，并基于生意需要。

本书将会为读者提供大量有关实地销售工作的规范化格式与示例，使实地销售经理掌握各种"拿来就可用"的实用工具。

8.3　实地销售队伍的组织结构设计的相关实用工具

组织结构设计属于"组织行为学"的范畴，是一个相当大的课题，以上只是就实地销售组织结构设计的六要素作了简单介绍。就实地销售组织结构的框架而言，各个企业大同小异，关键在于管理上的"细功"，而且对实地销售经理而言，再多的道理也比不上一个实用工具易于理解和便于应用，所以本书着重于向实地销售经理提供以下实用工具。

8.3.1　实地销售职位说明书格式与示例

实地销售经理在完成其组织结构的设计工作之后，首要是编制各个销售职位的职位说明书，既让每个员工清楚自己的角色和职责，也便于相关人员的招聘和选拔。

职位说明书（job description）主要包括两个方面：一是该职位的具体工作职责；二是对从事这项工作的员工的素质要求，简单地说，就是明确该项工作以及从事此项工作的人的特点。

实用工具4

实地销售职位说明书格式与示例

总体说明：

1. 职位说明书是一份重要的组织结构设计文件，大致包括以下5项内容：

（1）工作角色。通常用一句话简要说明。

（2）工作目标。只需简要说明总体工作目标，并非指具体的销售指标。

（3）上下级关系。明确其汇报工作的直接上级和管辖的直接下属以及其他下属。

（4）工作职责。其通常包括生意发展和组织建设两方面的职责，因为组织建设的作用并非仅仅体现于短期生意发展中，还体现为为企业打造持续的竞争力。

（5）素质要求。其通常包括三个方面的要求，即资格要求、知识和技能要求、性格特质要求。

2. 后面附了5个主要实地销售职位的职位说明书格式与示例：

（1）大区经理职位说明书。大区经理有的企业也称市场经理、地区经理或片区经理等。

（2）区域经理职位说明书。区域经理有的企业也称省区经理、地区经理等。

（3）城市经理职位说明书。城市经理有的企业也称客户经理、销售主任等。

（4）销售代表职位说明书。销售代表有的企业也称业务员、销售员等。

（5）促销员职位说明书。促销员有的企业也称导购员、美容顾问等。

说明：

A. 虽然各个企业的职位名称不同，但基本上实地销售队伍主要包含以上5个职位，其他职位可以此为借鉴。

B. 实用工具中的示例以大多数企业为背景，只是简要勾勒出该职位的基本要点，具体应用时还需加入企业自身的销售特点。

C. 企业自营的销售分公司经理的职位说明书可以参考大区经理或区域经理的职位说明书，并在此基础上加入一些分公司财产和财务管理等内容，其余人员以此类推。

D. 所有的职位说明书篇幅尽量控制在一页A4纸之内，最多不要超过两页。

实用工具4.1

大区经理职位说明书

一、工作角色

大区经理（district manager，DM），是企业在实地的最高级别销售经理，全面负责企业在一个大区（通常为3~6个省）的生意发展和组织建设工作。

二、工作目标

有效运用企业的各项销售投入，不折不扣地完成企业分配的销售指标，并且致力于销售渠道和销售团队的基础建设，提升所辖大区生意发展的持续竞争力。

三、上下级关系

直接上级：销售总监。

管辖下属：区域经理（直接下属）、城市经理、销售代表、促销员等实地销售人员。

四、工作职责

1. 生意发展

（1）合理规划本大区范围内的直接客户布局，并亲自负责核心客户的开发与调整。

（2）带领和督促下属建立和完善大区内的分销网络，以达到企业规定的分销目标。

（3）带领和督促下属不断加强重要 KA 的各项店内要素，以持续提升单店销量。

（4）制订本大区的季度计划和月度计划，并将其分解部署给具体责任人。凡事要有始有终，必须根据计划及时跟进指导和评估下属的工作。

（5）合理分配与控制本大区的费用预算，努力提高投入产出水平。

（6）亲自协调和处理本大区范围内的跨区域客户矛盾（含跨区域的连锁 KA）。

（7）勇于探索和创新，并善于将自己和下属在实际工作中的经验加以归纳和提升，为销售领导层提供合理建议。

2. 组织建设

（1）根据生意需要设计本大区的组织结构，并合理配置本大区的实地销售经理队伍。

（2）在公司原则的基础上，制定具体的人员评估与激励制度，真正做到奖优罚劣。

（3）根据公司提供的培训资料并结合自身经验，实地培训下属，以提高其销售技能。

（4）勤于实地工作，每45天至少和每个区域经理实地工作一次（原则上每次不少于3天），每90天至少和每个城市经理实地工作一次（原则上每次不少于1天）。

五、素质要求

1. 资格要求（以下为原则上的要求，的确很优秀可以特别考虑）

年龄：28～45岁。

学历：大学本科及以上。

性别：不限。

工作资历：在本企业担任区域经理两年以上，或在其他企业担任大区经理两年以上。

2. 专业知识和技能要求

（1）具有较强的生意分析和策略思维能力，以及优秀的谈判技能和果断处理问题的能力。

（2）具备本行业的分销商运作、分销和促销工作等专业知识，熟悉当地渠道者优先。

（3）具备较强的沟通能力、领导能力和一定的培训能力。

（4）熟练掌握 Word、Excel、PowerPoint 等办公软件，能设计简单程序者优先。

3. 性格特质要求

（1）为人正直，处事公允。

（2）性格坚强，遇事果断。

（3）开朗，善于与人沟通和乐于同别人合作。

实用工具4.2

区域经理职位说明书

一、工作角色

区域经理（unit manager，UM），是实地销售队伍的"中坚力量"，负责企业在一个区域（通常为一个省）的生意发展和组织建设工作。

二、工作目标

有效运用企业的各项销售投入，不折不扣地完成上级分配的销售指标，并且致力于销售渠道和销售团队的基础建设，提升所辖区域生意发展的持续竞争力。

三、上下级关系

直接上级：大区经理。

管辖下属：城市经理（直接下属）、销售代表、促销员等实地销售人员。

四、工作职责

1. 生意发展

（1）亲自负责本区域范围内的直接客户布局，并视生意需要及时优化和调整。

（2）带领和督促下属建立和完善区域内的分销网络，以实现上级规定的分销目标。

（3）带领和督促下属不断加强主要终端的各项店内要素，以持续提升单店销量。

（4）在上级指导下，制订本区域的季度计划和月度计划，并将其分解部署给具体责任人。凡事要有始有终，必须根据计划及时跟进指导和评估下属的工作。

（5）在上级指导下，合理分配与控制本区域的费用预算，努力提高投入产出水平。

（6）亲自协调和处理本区域范围内的跨城市客户矛盾（含区域性的连锁KA）。

（7）及时上交相关报表（数据真实和完整），并善于归纳和提升工作经验，为上级提供建议。

2. 组织建设

（1）根据上级的组织规划，完善本区域的组织结构，并合理配置本区域的城市经理和主要销售代表。

（2）在公司原则和上级指导下，确定每个城市经理的责权利确认书及具体的销售目标，并制定销售代表与促销员的评估和激励细则，真正做到奖优罚劣。

（3）根据公司提供的培训资料并结合自身经验，实地培训下属，以提高其销售技能。

（4）勤于实地工作，每30天至少和每个城市经理实地工作一次（原则上每次不少于2天），每90天至少和每个主要的销售代表实地工作一次（原则上每次不少于半天）。

五、素质要求

1. 资格要求（以下为原则上的要求，的确很优秀，可以特别考虑）

年龄：25～40岁。

学历：大学本科。

性别：不限。

工作资历：在本企业担任城市经理两年以上，或在其他企业担任区域经理两年以上。

2. 专业知识和技能要求

（1）具有较强的谈判技能和执行能力，以及一定的生意分析和策略思维能力。

（2）具备本行业的分销商运作、分销和促销工作等专业知识，熟悉当地渠道者优先。

（3）具备较强的沟通能力、管理能力和基本的培训能力。

（4）能够运用Word、Excel等办公软件制作一般的报表和报告。

3. 性格特质要求

（1）为人正直，处事公允。

（2）勤奋努力，积极上进。

（3）性格开朗，善于与人沟通和乐于同别人合作。

城市经理职位说明书

一、工作角色

城市经理（city manager，CM），是企业第一线的销售经理，具体负责客户管理、实地分销和促销以及基层销售队伍建设等工作。

二、工作目标

有效运用企业的各项销售投入，不折不扣地完成上级分配的销售回款等指标，并且致力于销售渠道和基层销售队伍的基础建设，提升所辖城市生意发展的持续竞争力。

三、上下级关系

直接上级：区域经理。

管辖下属：销售代表、促销员等实地销售人员。

四、工作职责

1. 生意发展

（1）管理直接客户和协助客户再销售，并就客户布局和调整等向上级提出建议。

（2）亲自跟进当地核心批零网点的分销和促销工作，每周至少拜访每个核心网点一次。

（3）带领下属和协调客户建立与完善本城市的分销网络，加强终端的各项店内要素，完成上级规定的分销与促销目标。

（4）在上级指导下，制订本城市的月度行动计划，并将其分解部署给具体分销商和销售人员。凡事要有始有终，必须根据计划及时跟进指导和评估下属的工作。

（5）在上级的指导下，合理分配与控制本城市的费用预算，努力提高投入产出水平。

（6）亲自协调和处理本城市范围内的客户矛盾（含区域性的连锁KA）。

（7）及时上交相关报表（数据真实和完整），并向上级汇报市场情况和竞争对手的信息等。

2. 组织建设

（1）根据上级的组织规划，合理配置本城市的销售代表和促销员。

（2）在公司原则和上级的指导下，确定每个销售代表和促销员的薪酬标准及其具体的销售目标，真正做到奖优罚劣。

（3）根据公司提供的培训资料并结合自身经验，实地培训下属，以提高其销售技能。

（4）勤于实地工作，每30天至少和每个销售代表实地工作一次（原则上每次不少于半天），每60天至少和每个主要的促销员实地工作一次（原则上每次不少于1小时）。

五、素质要求

1. 资格要求（以下为原则上的要求，的确很优秀的，可以特别考虑）

年龄：21~35岁。

学历：大学专科及以上。

性别：不限。

工作资历：在本企业担任销售代表两年以上，或在其他企业担任城市经理两年以上。

2. 专业知识和技能要求

（1）具有较强的执行能力和谈判技能以及一定的生意分析能力。

（2）基本掌握本行业的分销商运作、分销和促销工作等专业知识，熟悉当地渠道者优先。

（3）具备一定的沟通能力、管理能力和初步的培训能力。

（4）能够运用Word、Excel等办公软件者优先。

3. 性格特质要求

（1）为人正直，处事公允。

（2）工作踏实，积极上进。

（3）性格开朗，善于与人沟通和乐于同别人合作。

实用工具4.4

销售代表职位说明书

一、工作角色

销售代表（sales representative，SR），是企业第一线的"销售尖兵"，具体执行批零网点的订货与收款以及分销和促销等工作。

二、工作目标

有效运用企业的分销和促销资源，不折不扣地完成上级制定的销量目标。

三、隶属关系

直接上级：城市经理。

四、工作职责

1. 订货与收款

（1）及时跟进所辖网点的订货工作，并向其主动提供建议订单，确保网点备有合理库存。

（2）按照回款期限，及时回收网点的货款。

2. 分销覆盖

（1）按照上级的拜访频率要求，定期拜访所辖网点：

KA等大型终端：≥3次/周。

批发网点：≥2次/周。

小店：≥1次/周。

（2）努力使辖区范围内的分销网点数量和产品分销率达到上级规定的分销目标。

（3）每月更新和上交最新的网点资料。

3. 陈列与促销

（1）根据上级制定的货架陈列标准，努力使所辖网点的陈列达到规定目标。

（2）正确使用所有助销工具（如海报、挂旗等）。

（3）切实执行各种批发渠道和终端渠道的促销活动。

4. 记录与报表

（1）按照上级要求，及时填写和上交销售报表，并确保数据的真实性和完整性。

（2）有效使用相关报表，提升所辖网点的分销和销量水平。

（3）及时向上级汇报销售工作中的问题和竞争对手信息。

五、素质要求

1. 资格要求（以下为原则上的要求，的确很优秀的，可以特别考虑）

年龄：18～30岁。

学历：高中文化程度及以上。

性别：不限。

工作资历：在其他企业担任类似职务一年以上者优先。

2. 技能要求

（1）具有良好的口头表达能力和与人沟通能力。

（2）初步掌握网点拜访和陈列、促销等基本技能。

（3）会讲本地方言者优先。

3. 性格特质要求

（1）诚实可靠，人品端正。

（2）工作踏实，积极上进。

（3）性格开朗，善于与人沟通和乐于同别人合作。

促销员职位说明书

一、工作角色

促销员（promotion assistant，PA），是企业面向消费者的"窗口"，负责终端销量的提升工作。

二、工作目标

通过自身努力并结合产品的相对优势和促销资源，不折不扣地完成上级制定的销量目标。

三、隶属关系

直接上级：终端督导。

四、工作职责

1. 产品推荐

（1）微笑迎接消费者并主动推荐企业产品。

（2）在推荐过程中，熟练运用与企业产品相关的专业知识以及培训的销售技巧。

2. 执行消费者促销工作

（1）有效利用促销活动，提升终端销量。

（2）妥善保管和正确使用赠品。

（3）按照上级规定，做好促销活动的相关统计（如特价期间的销量）。

3. 库存与陈列维护

（1）根据上级制定的"最低库存标准"，提醒采购员或联络销售代表订货。

（2）按照陈列标准，保持货架或专柜陈列的标准化与整洁。

（3）正确使用所有助销工具（如海报、挂旗、专柜用品等）。

4. 记录与报表

（1）按照上级要求，及时填写和上交销售报表，并确保数据的真实性和完整性。

（2）及时向上级反馈消费者信息（如消费者需求、对新产品的反应、质量投诉等）。

（3）及时向上级汇报竞争对手的新产品和促销活动等信息。

5. 其他职责

（1）按照要求着装，保持仪容仪态整洁大方。

（2）遵守企业和商店的各项规章制度。

五、素质要求

1. 资格要求（以下为原则上的要求，的确很优秀的，可以特别考虑）

年龄：18～30岁。

学历：高中文化程度。

性别：女性。

工作资历：在其他企业担任类似职务一年以上者优先。

2. 技能要求

（1）具有良好的口头表达能力和与人沟通能力以及善于处理消费者投诉的能力。

（2）初步掌握相关产品知识和基本推销技能。

（3）会讲本地方言者优先。

3. 性格特质要求

（1）仪容端庄，大方得体。

（2）诚实可靠，人品端正。

（3）工作踏实，积极上进。

（4）性格开朗，善于与人沟通和乐于同别人合作。

8.3.2 实地销售经理责权利确认书格式与示例

职位说明书是对各级销售职位的"共性"描述，但是每个实地销售人员最关心的是与自己密切相关的具体分工、权限和利益。当然，我们可以给销售经理一本厚厚的相关文件，让他自己从中搜寻其关心的信息。本书为读者提供了一个实用工具，将组织结构中与每个实地销售经理联系最紧密的要素浓缩到一页文件中，这就是责权利确认书。

责权利确认书是规范每个实地销售经理的具体职责（分工）、权限和利益，并经其本人和上级签名确认的正式文件。

实用工具5

实地销售经理责权利确认书格式与示例

总体说明：

（1）责权利确认书是一份不可或缺的组织结构设计文件，主要包括以下5项内容：

①基本信息：姓名、职位、部门、生效日期。

②工作职责：职责范围和主要职责两方面。

③薪酬及费用标准：底薪、奖金和其他费用标准。

④上下级关系及职位升迁标准。

⑤主要权限一览：对其四大类权限进行清晰的界定。

说明：

A. 从广义来看，薪酬待遇和职位升迁标准也属于组织结构设计的范畴，由于这两项内容非常重要，所以本书将其单列出来，放入后续的"管理实地销售队伍"部分。就员工来看，将这两项与组织结构设计的其他要素合为一体更加方便，所以责权利确认书也包括了薪酬待遇和职位升迁标准。

B. 责权利确认书一定要由员工本人和直接上级经理签名确认，既表示对员工的尊重，也使其更有安全感。

C. 在员工入职时应该同其签订责权利确认书。此外，在员工调动、职位升迁或相关制度有重要改变时，也需要重新签订责权利确认书。

D. 与下属签订的责权利确认书应该一式两份，一份由员工保管，另一份交给企业的人事或财务部门，上级经理可以复印存档。

E. 责权利确认书不是明细的管理制度，不必包罗万象，所以篇幅尽量控制在一页A4纸之内，最多不要超过两页。

（2）后面附了3个实地销售管理职位的责权利确认书格式与示例：

①大区经理责权利确认书。

②区域经理责权利确认书。

③城市经理责权利确认书。

说明：

A. 销售代表和促销员不需要如此详尽的责权利确认书，重要的是薪酬和评估奖励制度，详见第9章的内容。

B. 示例中的具体内容只是起到一种示范作用，不同的企业具有较大的差异性。

大区经理责权利确认书

姓　名	职　务	部　门	生效日期
李　明	华东大区经理	销售部	201×年×月×日

一、工作职责

	职责范围	主要职责
负责地域	上海、江苏、浙江、山东、安徽共5个省级行政区划	1. 有效利用各种销售资源，完成企业制定的销售回款等目标
负责渠道	所有销售渠道	2. 合理分配与严格控制费用，确保费用的真实性、完整性和有效性
负责产品	企业的所有产品	3. 有效管理与培训所辖的实地销售队伍，支持生意的可持续发展 注：具体职责详见"大区经理职位说明书"

二、薪酬及费用标准（月）

基本工资≫	12 000元	基地城市≫	南京
奖金	详见附后的奖金制度	基地城市房租≫	3 800元/月（异地工作）
通讯费额度≫	1 000元	出差交通工具≫	500公里以上乘坐飞机，其余为火车硬卧和二等座或汽车，交通费实报实销
市内交通费额度≫	800元	出差住宿标准/天≫	A类城市500元，B类城市350元，C类城市250元
交际应酬费额度≫	3 000元	出差补贴/天≫	A类城市150元，B类城市120元，C类城市100元，城市分类见费用制度

注：所有费用在标准内凭发票实报实销，超支自付

三、上下级关系及职位升迁标准

直接上级≫	销售总监	管辖下属≫	区域经理（直接下属）、城市经理、销售代表、促销员等
升职标准≫	1. 必须在同级人员中量化评估排名前10%，且具备管理和培训同级人员的潜力 2. 可直接升任的职位为销售副总监，详见"大区经理量化评估制度"		
降职或辞退标准≫	1. 所辖大区的月销售回款额连续3个月低于大区经理的最低标准或量化评估排名最后10%，予以降职 2. 在工作中如有弄虚作假或其他欺骗行为，一旦发现立即辞退（详见相关管理制度）		

四、主要权限一览

权限类别	权限明细	权限描述
人事权限	人员编制权限	在大区总体费用不超标的前提下，可以决定城市经理及以下人员的编制
	人员任免权限	可以决定城市经理及以下人员的任免，对区域经理的任免有建议权
	人员分工权限	可以决定区域经理及以下人员的分工和城市经理及以下人员的调动，对区域经理的调动有建议权
	薪酬与费用权限	可以在规定的幅度内调整区域经理及以下人员的底薪，在奖金和费用标准方面有建议权
费用权限（所有费用需报总部备案）	终端分销费用权限	在大区总体费用不超标的前提下，可以决定除全国性连锁KA以外的终端分销费用
	陈列费用权限	在大区总体费用不超标的前提下，可以决定终端和批发网点的陈列费用
	促销活动费用权限	在大区总体费用不超标的前提下，可以决定除批发渠道和全国性连锁KA以外的促销活动
	运作费用权限	在大区总体费用不超标和企业费用标准规定内，可以决定运作费用
货/款权限	客户信用额权限	在企业信用额标准规定下，可以决定10万元以内的客户信用额（赊销额）
	超额发货权限	对于信誉良好而短期资金紧张的客户，可以决定不超过30天与5万元以内的超额发货
	退货权限	在客户合同规定退货比例内，可以决定10万元以内的退货
	客户延迟付款审批	对于信誉良好而短期资金紧张的客户，可以审批不超过15天与5万元以内的延迟付款
客户设立/调整权限	重要分销商设立/调整	对于省会级城市的重要分销商的设立/调整有建议权，在最终审批前不得向其他人透露
	普通分销商设立/调整	在不与"分销合同"冲突的前提下，可以决定普通地级市的分销商的设立/调整
	直供终端设立/调整	在企业有关直供终端的规定范围内，可以设立和调整除全国性连锁KA以外的直供终端

本人已知悉上述内容，并同意所有条款。

_____
确认人签名/日期

_____
销售总监签名/日期

344

区域经理责权利确认书

姓 名	职 务	部 门	生效日期
刘 涛	山东区域经理	销售部	201×年×月×日

一、工作职责

职责范围		主要职责
负责地域	山东省（行政区划范围）	1. 有效利用各种销售资源，完成企业制定的销售回款等目标
负责渠道	所有销售渠道	2. 合理分配与严格控制费用，确保费用的真实性、完整性和有效性 3. 有效管理与培训所辖的实地销售队伍，支持生意的可持续发展注：
负责产品	企业的所有产品	具体职责详见"区域经理职位说明书"

二、薪酬及费用标准（月）

基本工资≫	6 500 元	基地城市≫	济南
奖金≫	详见附后的奖金制度	基地城市房租≫	2 500 元/月（异地工作）
通信费额度≫	600 元	出差交通工具≫	500 公里以上乘坐飞机，其余为火车硬卧和二等座或汽车，交通费实报实销
市内交通费额度≫	600 元	出差住宿标准/天≫	A 类城市 350 元，B 类城市 300 元，C 类城市 200 元
交际应酬费额度≫	1 500 元	出差补贴/天≫	A 类城市 120 元，B 类城市 100 元，C 类城市 80 元，城市分类见费用制度

注：所有费用在标准内凭发票实报实销，超支自付

三、上下级关系及职位升迁标准

直接上级≫	华东大区经理	管辖下属≫	城市经理（直接下属）、销售代表、促销员等
升职标准≫	1. 必须在同级人员中量化评估排名前10%，且具备管理和培训同级人员的潜力 2. 可直接升任的职位为大区经理，详见"区域经理量化评估制度"		
降职或辞退标准≫	1. 所辖区域的月销售回款额连续 3 个月低于区域经理的最低标准或量化评估排名最后10%，予以降职 2. 在工作中如有弄虚作假或其他欺骗行为，一旦发现立即辞退（详见相关管理制度）		

四、主要权限一览

权限类别	权限明细	权限描述
人事权限	人员编制权限	在区域总体费用不超标的前提下，可以决定销售代表和促销员的编制
	人员任免权限	可以决定城市经理以下人员的任免，对城市经理的任免有建议权
	人员分工权限	可以决定城市经理及以下人员的分工和销售代表的调动，对城市经理的调动有建议权
	薪酬与费用权限	可以在规定的幅度内调整城市经理以下人员的底薪，在奖金和费用标准方面有建议权
费用权限 （所有费用需报总部备案）	终端分销费用权限	在区域总体费用不超标的前提下，可以决定除区域性连锁 KA 以外的终端分销费用
	陈列费用权限	在区域总体费用不超标的前提下，可以决定终端和批发网点的陈列费用
	促销活动费用权限	在区域总体费用不超标的前提下，可以决定除区域性连锁 KA 以外的终端促销活动费用
	运作费用权限	在企业费用标准规定内，可以决定 1 000 元以内的运作费用，以上需报上级审批
货/款权限	客户信用额权限	有建议权，需报上级审批
	超额发货权限	有建议权，需报上级审批
	退货权限	在客户合同规定退货比例内，可以决定 5 万元以内的退货
	客户延迟付款审批	有建议权，需报上级审批
客户设立/调整权限	重要分销商设立/调整	有建议权，但在最终审批前不得向其他人透露
	普通分销商设立/调整	在不与"分销合同"冲突的前提下，可以决定月均销售额不超过 5 万元的分销商的调整
	直供终端设立/调整	在企业有关直供终端的规定范围内，可以设立和调整除区域性连锁 KA 以外的直供终端

本人已知悉上述内容，并同意所有条款。

_____
确认人签名/日期

_____
大区经理签名/日期

城市经理责权利确认书

姓 名	职 务	部 门	生效日期
余 红	济南城市经理	销售部	201×年×月×日

一、工作职责

职责范围		主要职责
负责地域	济南市（行政区划范围）	1. 有效利用各种销售资源，完成企业制定的销售回款等目标
负责渠道	所有渠道	2. 合理分配与严格控制费用，确保费用的真实性、完整性和有效性 3. 有效管理与培训所辖的实地销售队伍，支持生意的可持续发展
负责产品	企业的所有产品	注：具体职责详见"城市经理职位说明书"

二、薪酬及费用标准（月）

基本工资≫	2 000元	基地城市≫	济南
奖金≫	详见附后的奖金制度	基地城市房租≫	1 800元/月（异地工作）
通信费额度≫	400元	出差交通工具≫	火车硬卧和二等座或汽车，交通费实报实销
市内交通费额度≫	300元	出差住宿标准/天≫	A类城市300元，B类城市250元，C类城市150元
交际应酬费额度≫	800元	出差补贴/天≫	A类城市100元，B类城市80元，C类城市60元，城市分类见费用制度

注：所有费用在标准内凭发票实报实销，超支自付

三、上下级关系及职位升迁标准

直接上级≫	山东区域经理	管辖下属≫	销售代表、促销员等
升职标准≫	1. 必须在同级人员中量化评估排名前10%，且具备管理和培训同级人员的潜力 2. 可直接升任的职位为区域经理，详见"城市经理量化评估制度"		
降职或辞退标准≫	1. 所辖城市的月销售回款额连续3个月低于城市经理的最低标准或量化评估排名最后10%，予以降职 2. 在工作中如有弄虚作假或其他欺骗行为，一旦发现立即辞退（详见相关管理制度）		

四、主要权限一览

权限类别	权限明细	权限描述
人事权限	人员编制权限	在总体费用不超标和满足销量标准的前提下，可以决定促销员的编制
	人员任免权限	可以决定促销员的任免，对销售代表的任免有建议权
	人员分工权限	可以决定销售代表和促销员的分工及调动
	薪酬与费用权限	可以在规定的幅度内调整促销员的底薪，在奖金和费用标准方面有建议权
费用权限 （所有费用需报总部备案）	终端分销费用权限	在总体费用不超标的前提下，可以决定3 000元以内的终端分销费用
	陈列费用权限	在总体费用不超标的前提下，可以决定1 000元以内的终端陈列费用
	促销活动费用权限	在总体费用不超标的前提下，可以决定1 500元以内的终端促销活动（连锁KA除外）费用
	运作费用权限	有建议权，需报上级审批
货/款权限	客户信用额权限	有建议权，需报上级审批
	超额发货权限	有建议权，需报上级审批
	退货权限	有建议权，需报上级审批
	客户延迟付款审批	有建议权，需报上级审批
客户设立/调整权限	重要分销商设立/调整	有建议权，但在最终审批前不得向其他人透露
	普通分销商设立/调整	有建议权，但在最终审批前不得向其他人透露
	直供终端设立/调整	在企业有关直供终端的规定范围内，可以设立和调整除连锁KA以外的直供终端

本人已知悉上述内容，并同意所有条款。

_____
确认人签名/日期

_____
区域经理签名/日期

销 售 力

8.4　如何招聘与配置实地销售人员

实地销售的组织结构如同一个虚位以待的"空框"，接下来的工作自然是用什么样的人员去充实这个"空框"，这就是人员招聘与配置工作。在为数不少的销售经理眼里，"招聘"往往是一个被忽视的问题，或者简单地认为是人力资源部门的事。

"招聘"环节对实地销售的人员作用力影响很大，也是管理与培训工作的基础，而且由于实地销售的工作特点，无论是人力资源部门还是上级经理都不可能"包揽"实地销售经理对其下属的招聘工作，所以招聘能力可谓每个实地销售经理的"基本功"。

8.4.1　实地销售人员之招聘与配置概述

招聘与配置实地销售人员作用力体系图如图8-8所示。

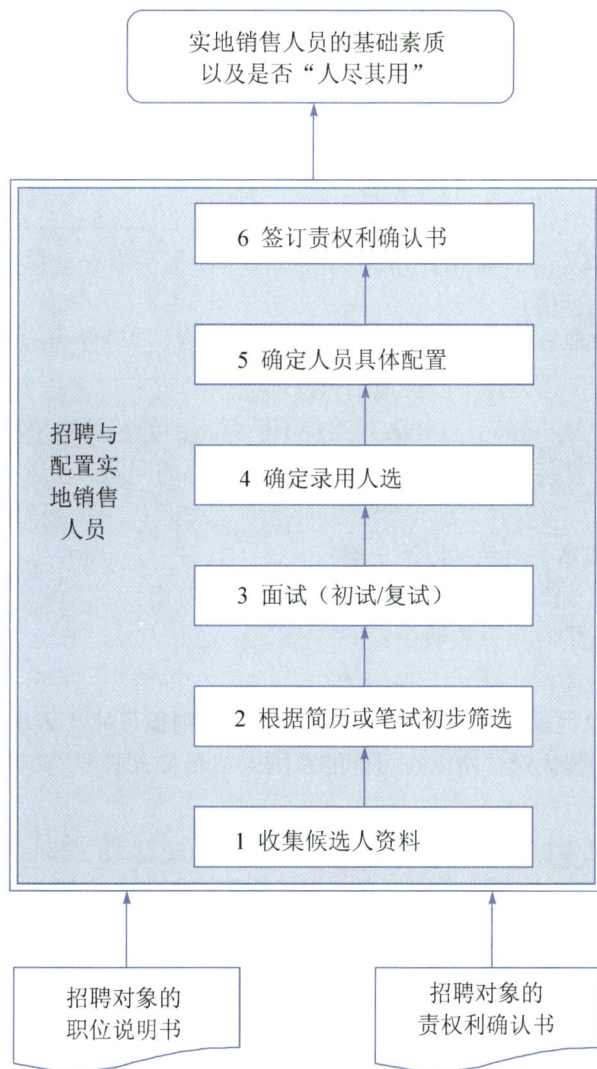

图8-8　招聘与配置实地销售人员作用力体系图

1. 人员招聘与配置工作的"输出"

招聘环节决定了实地销售人员的基础素质，人员配置环节决定了销售管理者能否对下属做到"人尽其用"。无论你在管理与培训方面多么在行或者自身的工作能力有多强，如果你找来的是一群素质平庸（相对而言）的下属，那么注定你也只能创造平庸的业绩。

2. 人员招聘与配置工作的"输入"

在开始招聘工作之前，实地销售经理应该预先了解招聘对象的"职位说明书"和"责权利确认书"，这也是组织结构设计工作的"输出"。

3. 人员招聘与配置工作的 6 个步骤

如图 8-8 所示，一般人员招聘与配置工作包括 6 个步骤，其中最重要的有 4 步：（1）收集候选人资料；（2）面试（一般包括初试和复试）；（3）确定录用人选；（4）确定人员的具体配置。

接下来重点阐述以上 4 个步骤的具体操作及其实用工具。这将有助于实地销售经理挑选到最合适的人才并合理地加以运用，而且降低选错人的风险。此外，有一点需要特别说明：

一定要与新入职的员工签订明确的"责权利确认书"，对基层销售人员而言，则是"职责与评估奖励制度"。不少销售经理往往只是按照人力资源部门的要求与新员工签订一份"劳动合同"，然后拿出一大堆规章制度给新员工，甚至只是口头交代一下工作安排。

"责权利确认书"是你给新下属提供的"容易的下一步"，有助于新员工尽快进入角色并开展工作，而且也能建立新员工对企业和上级良好的第一印象。

8.4.2 如何收集候选人资料

寻找最佳的候选人对招聘者而言是一个挑战，通常需要多管齐下。实地销售经理可能选择的途径大致有 9 种，根据招聘效果（结合可行性）排列如下：（1）报刊广告；（2）互联网广告；（3）当地人才市场或其他人力资源中介公司；（4）从竞争对手"挖角"；（5）公司人才资料库；（6）员工推荐；（7）朋友推荐；（8）客户推荐；（9）猎头公司（一般只有企业总部招聘高层经理才应用此方法，实地销售经理较少运用）

上述 9 种途径的效果很难有统一的衡量标准，我们只能用"可能收集到的候选人数量"作为参考。在作者的工作经历中，发现不少实地销售经理为图"省事"或"省钱"，通常采用让客户推荐的方法（因为自己人生地不熟），这样做其实并不明智。因为招聘对象将来在工作中往往与客户有各种利益关系，即使不直接负责该客户，也存在通报信息的问题，所以不能将客户推荐作为主要的候选人收集途径。

1. 一般而言，招聘成本主要包括以下三类：

（1）信息发布成本（如广告费用、人才市场等的中介费用）；

（2）招聘者或候选人的往返差旅费用；

（3）招聘者的时间成本。

2. 招聘工作不能简单地以"省成本"为主要目标，否则很可能"因小失大"

招聘的目的是找到最佳人选，所以在可能的范围内尽量投入必要的招聘费用和时间成本，原因如下：

（1）从经验来看，我国目前的平面和网络广告费用，往往与招聘对象一个月的工资与费用总额相当（甚至更低），如果一次招聘多人还存在规模效应；但是如果招到的人员不合适再解聘，至少要浪费 1~3 个月的工资和费用。

（2）新招人员的工资和费用还只是表面损失，同期损失的销售额（机会成本）可能远不止这些工资和费用。

（3）如果把目光再放长远一些，那些不合适人员所耽误的生意发展进度，以及频繁更换下属对客户和相关人员的心理影响，恐怕更不可小视。

所以，就候选人资料收集工作来看，并没有什么秘诀，关键是要在思想上重视和有"诚意"，一不能只图"省事"，二不能只图"省钱"，正所谓磨刀不误砍柴工。

据作者所知，宝洁公司在中国一年的招聘费用 10 多年前就高达几千万元，这并非仅仅因为其招聘人员数量较多，更体现了公司对招聘环节的重视，说到底是对人才的重视。相比之下，很多本土企业投放产品广告可以"一掷千金"，而对于人才招聘却"惜墨如金"。虽然翻开每个企业的介绍，都有诸如"人力资源是公司最重要的资源"或"人就是资产"等真知灼见，但真正身体力行的恐怕不多。

任何企业的长期成功都不是偶然的，为什么宝洁等外企可以屹立上百年仍生机勃勃？为什么绝大多数本土企业总是"昙花一现"？仅从人才招聘的"诚意"就可见一斑。

8.4.3　如何做好招聘面试工作

面试是任何招聘工作中的核心环节，即通过与候选人面对面沟通所获取的信息，来推断其是否适合招聘职位的互动过程。

从某种意义上讲，面试就是面试者与候选人基于"信息不对称"条件下的一个博弈过程，显然面试者如同买方，处于"信息劣势"；候选人如同卖方，对自己的工作经历和能力"心知肚明"。所以面试者总是希望尽可能了解候选人的"真实能力"，而候选人总是试图"表现"得更有能力并隐瞒一些不利信息，这就是委托代理理论中所讲的"逆向选择"问题。

知识链接 　4.2.1 部分的"逆向选择"

任何一个实地销售经理都需要明白，在面试的"博弈"过程中你只是刚好担任面试者的角色，这并不代表你比候选人更聪明，而且不少销售人员都擅长面试的应对之道（这也是销售技巧的应用），甚至胜过于你。所以掌握必要的面试技能是你找到适合下属的"基本功"。

1. 谁适合担任面试者

这个问题没有标准答案。就作者的经验来讲，应该遵循"隔级招聘"的原则：

所谓隔级招聘，指任何一个销售职位的招聘，必须由其相隔一级的上级亲自面试并最终作出决定，其直接上级应该参与面试过程或负责"初试"。

"隔级招聘"的原因如下：

（1）不少实地销售经理倾向于招聘"老实听话"的下属，特别是不愿意录用能力较强的直接下属，怕其危及自己的职位；

（2）在一定程度上，可以减少"任人唯亲"的可能性。

细心的读者可能已经注意到，在前面的各级实地销售经理"责权利确认书"的示例中，每级销售经理对其直接下属的人事任免只有建议权，最终决定权总是相隔一级。这就是"隔级招聘"原则的具体应用。

2. 实地销售人员招聘的面试流程

掌握招聘面试的流程也属于面试技能的内容之一，详见实用工具6。

实用工具6

面试"七部曲"及其 15 个操作步骤
（适用于实地销售人员招聘）

总体说明：

（1）本工具有助于销售经理把握整个面试的节奏，以完整和有效地完成面试工作。

（2）面试"七部曲"和 15 个操作步骤仅就面试工作的共性而言，需要在具体工作中灵活运用。

第一步：面试前的准备

（1）了解招聘对象的职位说明书、主要职责和素质要求；

（2）了解招聘对象责权利确认书的大致内容，以便回答候选人可能提出的问题；

（3）在每个候选人面试之前至少用 10 分钟的时间，快速浏览面试对象的简历等资料，避免面试过程中反复问一些简历中已详细说明的简单问题。

第二步：面试前奏

（1）简单地自我介绍，也让面试对象作一个自我简介；

（2）简要说明本次面试的目的以及预计进行的时间；

（3）可以挑选简历中的某一特别之处，引导面试对象聊一聊这个话题，借此松弛其紧张情绪并建立双方的友善关系，使他接下来更愿意敞开沟通。

第三步：以简历为基础，深入了解面试对象的过往工作信息

以对方提供的简历和相关资料开始提问，可以加深对其工作经历及诚实性的了解；由于候选人对其简历最为熟悉，也有助于气氛的进一步缓和。

（1）深入了解面试对象工作业绩和承担管理角色的具体数据。

面试对象的简历及其相关资料，一般都会包括其过去的工作业绩和管理角色（仅适用于销售经理），但往往比较笼统；深入到具体数据，既可以更清楚地了解其工作状况，也可以从其回答态度和相关数据是否存在逻辑矛盾等方面，大致判断其业绩真伪。

（2）追问面试对象取得某些重要业绩的工作过程。

一方面，可以进一步判断其工作业绩的真实性；另一方面，也可以判断在这些业绩中面试对象所起到的作用究竟有多大。

（3）询问面试对象过去和此次"跳槽"的原因。

第四步：根据面试问卷所列问题提问，并就对方回答引发出的问题跟踪提问

（1）根据面试问卷上预先准备的问题逐个提问。

面试对象往往对这些问题没有充分准备，除了获得相关信息外还可以判断其反应能力。

（2）面试对象的回答也可能引发出另外的问题，可以选择性地跟踪提问。

第五步：主动让面试对象提问，并"有节制"地回答问题

之前主要是面试者提问，通过让面试对象提问可以了解其关注点，也是面试者适当"推销"企业和介绍该职位的机会，同时还是一种礼貌的表示。但是面试者没有义务完全回答对方的问题，对于敏感问题可以点到为止。

如面试对象往往会问到企业的销售额，可以笼统地回答"在行业居于前列，且增长迅速"。

第六步：结束面试

（1）如果是最后一轮面试，作为惯例需要向对方询问"可以入职的日期"和"最低工资要求"等，以作为最终录用的参考。

（2）告诉面试对象下一步和大概需要决定的时间等。

第七步：立即记录面试结果

必须在面试结束后马上记录面试结果，以免将候选人"张冠李戴"。

3. 实地销售人员招聘的面试技巧

面试是面试者与候选人之间的沟通过程，更是一个双方博弈的过程。在了解了面试"七部曲"之后，实地销售经理如果能掌握一些面试技巧并避免易犯的错误，将会如虎添翼。

实用工具7

"678"面试技巧
（适用于实地销售人员招聘）

总体说明：

本工具旨在提供简单实用的面试方法，包括6种控制面试节奏的技巧、7种"问问题"的技巧、8大面试者易犯的错误。

一、6 种控制面试节奏的技巧

1. 始终掌握主动，不要让候选人就一个问题喋喋不休或被其带到不相关的话题上

通常，一个自我意识极强和健谈的候选人，容易使面试场面失去控制。面试者不要被对方"牵着鼻子走"。当对方就一问题长时间喋喋不休时，必须礼貌地打断，及时转入下一个问题；当对方将话题转移到与面试无关的问题时，必须清醒地引导其切入正题，更不要参与讨论。当然，也不要因为对方健谈就心生反感，这也是销售人员所需的一种性格特质。

2. 保持始终如一的温和态度，不要将你的反应"写在脸上"

在整个面试过程中，候选人也在不断观察你的表情，所以不要"误导"候选人，最好一直保持温和的态度，既让对方感到有亲和力，又使其觉得有一定距离。

3. 不时点头示意，鼓励候选人敞开沟通的窗口

不时点头示意，代表你在听并且理解对方所讲的内容，这对候选人是一种鼓励。

4. 不要批评候选人，这样会使他的回答越来越具有防卫性

如果在面试过程中批评候选人，将会导致后续沟通出现障碍，可能整个面试过程难以按正常节奏进行。

5. 偶尔对一些重要信息进行整理和小结，让候选人知道你有相当的了解和兴趣

这样做既可以澄清你的理解是否正确，同时可以鼓励候选人讲得更多。比如："你讲的意思归纳起来就是……是这样吗？"

6. 在双方沉默时，不要急着去填补空白的时刻；相反，可以利用沉默的空当来产生一种无形的压力，测试候选人处理这种情况的能力

在这种情况下，你可以把自己当成客户，观察对方处理"沉默"的能力。因为在真正的销售工作中经常会出现类似的情况，优秀的销售人员通常会立即提出对方感兴趣的其他话题，以避免冷场。

二、7 种"问问题"的技巧

1. 在了解候选人的过往工作时，不断追问数据和细节，并将其进行前后联系

候选人出于"推销自己"的本能，总是会夸大其过往工作业绩和承担的职责，并隐瞒一些不利信息。面试者解决这个问题的方法，就是不断追问数据和细节，因为精确到数据和细节的"虚构"并不容易（特别是在临时拼凑的情况下），往往"造假者"都会在这样的追问下漏洞百出；同时，这样做也能获得更详细的信息。举例如下：

"在你的简历中提到你到任以后，一年之内所辖区域的生意增长了80%，请告诉我你到任前的销售额是多少？一年后提升到了多少？"

注：销售额应该是不假思索就可以"蹦出来"的，如果想半天（多半在按增长比例心算）才回答的人往往数据令人怀疑。

"从你的简历中知道你负责××企业整个江苏省的生意，一年销售额高达2 000万元，请告诉我这些销售额具体由哪些城市构成？最好卖的产品是什么？各占多少比例？KA、批发渠道、其他渠道的销量比例是多少？"（具体问这些问题时要有先后顺序，获得一个答案后再继续问）

注：如果候选人并非真正负责整个江苏省的生意，或者其销售额是夸大的，那么临时拼凑这些数据往往很难吻合；如果候选人不能迅速地清晰回答问题，至少说明其对生意的了解和洞察非常不够。

"之前你说通过二级城市拓展，使整个区域的生意提高了60%，那么请告诉我当时你总共拓展了几个城市？第一个城市是什么？月销售额是多少？总共新招了多少人？××城市招了多少人？所采取的第一个行动步骤是什么？"（具体问这些问题时要有先后顺序，获得一个答案后再继续问）

注：不仅要追问生意结果，还要追问细节。

"之前你告诉我上任后开源节流，销售额增长到了每月30万元，费用比例压缩到10%；刚才你讲共管辖12个销售人员、25个促销员，似乎所有的费用都投入于人员工资也不一定够？"

注：面试者一定要反应敏捷，注意将对方所讲的数据前后联系。一般候选人容易夸大其节省费用的本领，但在问到管辖人员时往往出于本能又会夸大其下属的数量，前后联系就能发现其中的破绽。因为两个问题有先后顺序，候选人反应不一定这么快，随口说的数据往往不可能完全吻合。

2. 尽可能询问开放式的探索性问题，而不是"是与否"的选择性问题

开放式的问题可以让你获得更多信息，有助于判断候选人的分析能力和逻辑思维能力；选择性问题并不能揭示太多有价值的信息，并且"正确答案"往往很明显。开放式的问题一般是"如何做""是什么""为什么"等。举例如下：

"从简历中看到你将销售额提高了50%，请告诉我你具体采取了哪些措施？"

"为什么你认为KA渠道对你所在的企业不重要？"

"请告诉我在你所管辖的区域中，具体的组织结构是什么？"

"请谈谈你对食品在批发渠道分销的理解。"

不好的例子："你觉得分销重不重要？"

3. 在了解候选人的工作能力时，提问中应要求其提供案例，而不要直接询问

案例是了解候选人工作能力的重要依据，而直接询问通常是没有意义的。举例如下：

"请列举一个你过去工作中能够体现你的领导能力的真实案例。"

"能否给我举一个你过去工作中的案例，说明你是如何妥善处理企业与分销商之间的矛盾的？"

"请告诉我一个你在过去工作中亲自分销KA的案例，成功或失败的案例都可以。"

不好的例子："你认为自己的领导能力怎么样？"

不好的例子："你认为自己可以管理好分销商吗？"

不好的例子："你认为自己的分销能力强不强？"

4. 加入一些情景式的问题，如"如果在……样的情况下，你会如何处理"

情景式的问题可以让你判断候选人的应变能力和性格特质。举例如下：

"你在销售会议中陈述观点时，如果有人打断你并大力反驳，你会如何处理？"

"如果分销商拒付货款，你如何处理？"

"如果你的销售费用已经用完，但有一个项目你又认为很好，你会怎么办？"

5. 在涉及敏感问题时，以"如果你方便的话……"作为前缀，避免自己尴尬

候选人有时来自于竞争企业，你可以通过面试了解一些竞争品牌的情况，但是如果处理不当很容易吃"闭门羹"，并且让你很尴尬，因为候选人完全可以说"我不能泄露公司机密"。此外，在涉及候选人是否结婚或有否子女等私人问题时，也要谨慎。如果你加了上述前缀，既表示对候选人的尊重，也不会在被拒绝时感到尴尬。举例如下：

"如果你方便的话，能否告诉我××企业的费用标准？"

"如果你方便的话，能否告诉我××产品的销量情况？"

6. 避免问让候选人感受到明显有倾向性或太空泛的问题

没有经验的面试者，有时所提问题的答案是"标准答案"（无论候选人的内心是否这么认为），或者提问本身已经流露出自己的倾向。此外，有时所提的问题范围太大，适合由销售总监或总经理来回答。举例如下：

不好的例子："你觉得在销售工作中最好不要接触现金，对吗？"

不好的例子："你觉得为人正直对销售工作重要吗？"

不好的例子："扎实做好分销、促销工作与短期套钱行为，哪个好？"

不好的例子："你怎么看待销售工作？"

不好的例子："你觉得饮料行业的销售应该怎么做？"

7. 始终注视候选人的眼睛，关注其回答问题时的声音与肢体语言

"眼睛是心灵的窗户。"如果候选人在回答问题时没有把握，则往往不敢与你的目光正视或声

音发抖，或者变换坐姿以掩饰不安的情绪。

三、8大面试者易犯错误

1. 自己讲的时间比候选人还多

没有经验的销售经理往往在面试过程中自己讲得很多（可能是职业特点）。记住，在面试中你不再是销售经理，而是"客户"，关键在于"聆听"。

2. 与候选人展开激烈的辩论

没有经验的面试者，往往容易在面试过程中与候选人就某一观点激烈争论，也许是"同行相争"。这样做只会妨碍彼此的进一步沟通，面试不是研讨会或辩论赛。

3. 提问"天马行空"，缺乏准备和逻辑性

不少销售经理在面试前，往往不事先准备问题的提纲，在面试过程中也是"想到哪问到哪"。这样做不但不会获取到足够信息，还会让候选人轻视你。

4. 以偏概全和以貌取人

没有经验的面试者往往因为候选人在一个问题上回答得好或坏，而影响对他的最终判断，或者因为对候选人的第一印象而影响其判断。成熟的面试者应该有耐心，并且只在面试结束后才作出判断，避免与所需"人才"失之交臂。

5. "毫无节制"地回答候选人提出的问题

在面试结束前，应该主动让候选人提问。但是面试者必须有选择、有节制地回答候选人所提出的问题。比如，对于招聘职位的"工作职责"，可以简要说明；对于本企业的"销售额"等敏感数据，可以模糊回答；对于具体的"薪酬和费用标准"等，可以这样回答："我们将会提供公平和极具竞争力的待遇，详细标准将会在确定录用人选后再作沟通。"

6. "推销"的味道太浓

在招聘任务比较迫切时，许多销售经理都会在面试过程中不厌其烦地"推销"企业和招聘的职位，这样做往往适得其反。因为候选人可以从中看出你很急迫，从而影响对相关问题的回答。在面试过程中，只要适度"推销"就可以了，真正的"推销"是在你确定人选后的说服工作中。

7. 完全以自己的认识作为"标准答案"

不少销售经理在面试过程中，本能地将自己对问题的认识作为"标准答案"，不能用开放的心态来看待候选人的观点，并且偏爱那些与自己观点相似的候选人。这样做既会影响整个面试过程，也会影响最终对候选人的判断。

8. 态度傲慢，缺乏礼貌

初次担任面试者的销售经理，往往自认为比候选人"高出一截"。态度傲慢必然导致双方沟通的"窗口"缩小甚至关闭，严重影响对人才的选拔，并有损企业形象。

综上所述，做好实地销售人员招聘的面试工作，关键在于三点（仅代表本书观点）：

（1）坚持"隔级招聘"的原则；

（2）遵循面试"七部曲"及其15个操作步骤；

（3）掌握"678"面试技巧。

在此基础上，比较重要的就是准备"面试问卷"（至少是面试提纲）。面试问卷根据企业和职位的不同而差异较大，最重要的依据是招聘对象的职位说明书，只要在问卷设计中运用7种"问问题"的技巧并包含"七部曲"提示，就可以设计出一份良好的面试问卷。就作者的经验来看，预先准备的问题在5~10个比较适宜。

8.4.4 如何确定合适的录用人选

完成面试工作之后，自然就是根据面试结果确定最终的录用人选。这是一个主观判断的复杂问题，很难一概而论，实用工具8供读者参考。

确定录用人选的"三大原则，八项注意"
（适用于实地销售人员招聘）

总体说明：

确定录用人选是招聘环节的最后一个步骤，本实用工具旨在帮助决策者避免一些常见错误。

一、三大原则

1. 公正原则

"公正"的含义就是以候选人的素质作为唯一的判断标准，体现在两个方面：

（1）不要"任人唯亲"。

这里的"亲"是广义概念，包括亲属、朋友、熟人推荐的人等。

（2）可以"举贤不避亲"。

如果候选人中有自己的亲属或朋友，而且其素质确实高于其他候选人，同样可以录用；但是亲属不能作为自己的直接下属。

2. 民主决策原则

在"隔级招聘"的基础上，各级销售管理者也需要考虑招聘对象直接上级的意见（嫉贤妒能的意见除外）。因为在具体工作中，录用人员毕竟是同其直接上级共事的。

3. 关键能力优先原则

候选人有时候各有所长，难以取舍。在这种情况下，招聘者应以该职位所需的关键能力作为优先考虑因素，不要优柔寡断。

二、八项注意

1. 注意在确定录用人选之前，对其进行必要的背景调查

背景调查又称经历查核（reference check），对于重要职位的人选更有必要。最终决定者应该亲自打电话给适当的人（部分可由候选人提供），仔细倾听对方的回复，特别是"弦外之音"；但是不要打电话给候选人的现任上级。

2. 注意不要从一堆"烂苹果"中勉强挑选"相对不烂"的苹果

在确定录用人选时，应该奉行"宁缺毋滥"的原则，明知不合格却勉强录用，往往得不偿失。

3. 注意不要只录用"与自己相似的人"

销售经理在确定录用人选时，往往出于本能地偏爱与自己性格、工作经历相似的候选人。一个组织的活力在于"宜和不宜同"，"互补"比"雷同"更加重要。

4. 注意不要仅仅以"老实听话"为判断标准

由于销售的实地工作特点，任何一级销售人员都需要一定的独立思考和应变能力。仅仅"老实听话"的候选人，并不能完全胜任销售工作的要求。

5. 注意并非素质越高越好

"最佳人选"的含义就是最合适的人选。如果一个候选人曾经担任过比招聘职位高出很多的职务，或者其过去收入明显高于招聘职位给定的薪酬，或者其工作资历和学历远远超过要求，他并不一定就是合适人选。因为这样的人很可能只是将本次应聘作为权宜之计，不一定会安于本职工作。

6. 注意不要拘泥于"职位说明书"的资格要求

在确定录用人选时，对于候选人的年龄、学历、工作时间等因素，可以将"职位说明书"的资格要求作为一个参考标准，但不要"郑人买履"。对于确实优秀的人员，可以破格录用并向上级作出解释，薪酬标准也可以在请示上级后适当浮动，正所谓"不拘一格降人才"。

7. 注意不要急于求成

确定的录用人选有的可以立即上班，有的需要一段时间在原单位交接工作。不要以这点时间差异影响对录用人选的决定，除非人员需求非常紧急。

8. 注意不要勉强候选人接受录用

招聘是一个双向选择过程。如果在你耐心说服之后，录用人选仍然"半推半就"，那么不要勉强对方。因为"工作意愿"有时比"工作能力"更为重要，正所谓"强扭的瓜不甜"。

8.4.5 如何合理配置实地销售人员

往往一次招聘过程会录用多人，所以实地销售经理需要合理分配新下属的具体分工。这方面需要考虑的因素不少，但最重要的是八个字：**"人尽其用，愈强愈大。"**

1. 人员配置的目标：人尽其用

（1）尽可能发挥每个人的专长和渠道优势。比如，一个新下属擅长于批发渠道，并且对××区域最熟悉，则尽可能将其配置到相应区域的批发渠道。

（2）根据每个人的能力给予相应的舞台空间。具有同样专长和渠道优势的下属往往不止一个，这就会涉及下述原则。

2. 人员配置的原则：愈强愈大

"愈强愈大"的人员配置原则，指在同级人员中将能力最强的配置给目前销量或销量潜力最大的市场，并以此类推。

（1）根据你的判断，对所有录用人员的素质进行排序；

（2）对目前不同市场销量或销量潜力进行排序；

（3）将最强的人员分配给目前销量或销量潜力最大的市场，并以此类推。

原因如下：

A. 我们可以将每个销售人员的能力排序理解为在其他因素相同的情况下，提升销量比例大小的排序。在同等比例下，自然是基数越大，提升的销量绝对值越大，对整体生意的贡献也就越大。

B. 不少销售经理在人员配置中，往往是生意最差的地方安排最强的人员，理由是别人都做不好，只有他能做好。如果该地方并非销量潜力较大的地方，或者由于客观因素限制，任何销售人员所起的作用都非常有限，那么这样的安排就不是很合理。因为最强的人员确实能使该地的销量有一定比例的增长，但是其销量增长的绝对值并不大；反过来，目前销量或销量潜力最大的地方如果没有安排"能人"，那么看不到的生意损失（本可以增长的销量）可能很大。

当然，"愈强愈大"只是人员配置的总体原则，不一定要绝对化。此外，"愈强愈大"的人员配置原则，并非仅限于对新下属的配置，也适用于对所有下属的分工和调整。

"愈强愈大"原则最简单直接的应用，就是在促销员与终端之间的分配问题上，读者将会看到仅仅因为促销员配置的改变就会带来非常可观的终端销量增长。

8.4.6 招聘与配置实地销售人员小结

招聘与配置实地销售人员工作是队伍建设的重要组成部分，归纳起来就是 4 点：

1. 整个招聘工作要有"诚意"，不要只图"省事"或"省钱"

2. 面试是招聘工作的核心（包括三个要点）

（1）坚持"隔级招聘"的原则；

（2）遵循面试"七部曲"及其15个操作步骤；

（3）掌握"678"面试技巧。

3. 确定录用人选时，应关注"3 大原则，8 项注意"

4. 人员配置环节中，最重要的是八个字："人尽其用，愈强愈大"

至此，本章已经阐述了"实地销售队伍建设"模块 4 项工作中的前两项："组织结构设计"

"人员招聘与配置"。这两项工作可以概括为"建立队伍"。接下来自然是如何将这支队伍的作用力发挥到最大，这就是第9和10章将要探讨的管理与培训工作。

"建立队伍"可以被视为队伍管理与培训的前期工作，如同整个"人员作用力"的地基，但往往被忽视。

最后用《礼记·中庸》中的一句名言作为本章的结束语，并和读者共勉：

凡事预则立，不预则废。

本章要点回顾

本章简要介绍了实地销售人员作用力的整体框架，并着重阐述了建立队伍的两大工作："组织结构设计""人员招聘与配置"。这些内容属于"组织行为""人力资源"的范畴。本章从实地销售工作的角度出发，重点集中于向读者提供相关的实用工具，为销售经理提供"容易的下一步"。

本章要点可以概括为"1+6+8"：

1个总览：实地销售队伍建设模块的作用力体系图（见图8-1）

▶ **3个输出**：

整个模块作用于后续三大销售过程的人员作用力：管理分销商的人员作用力、分销拓展与维护的人员作用力、终端促销的人员作用力。

▶ **4类工作**：

按照逻辑顺序排列：设计实地销售的组织结构、招聘与配置实地销售人员（此两项可归结为"建立队伍"）、管理实地销售队伍、培训实地销售队伍。

▶ **2个输入**：

影响整个工作模块的因素：企业对实地销售的人员投入（硬件）、企业整体的销售组织管理与培训体系（软件）。

6个组织结构的设计要素：

关键问题		对应工作
1. 我的辖区内需要和可能建立多大规模的销售队伍？	→	确定编制
2. 我所管辖的销售队伍需要设置多少个层级？	→	层级设置
3. 各个层级内的销售人员如何分工？	→	人员分工
4. 每个销售人员向谁汇报？	→	命令链
5. 各种决策权应该放在哪一级？	→	权限分配
6. 以上5个要素应该用什么样的方式固化下来？	→	规范化

8个实用工具：

【实用工具1】确定实地销售人员数量的三角定编法

【实用工具2】实地销售权限分配的"3415"模式

【实用工具3】基于下属"成熟度"的授权模型

【实用工具4】实地销售职位说明书格式与示例

【实用工具5】实地销售经理责权利确认书格式与示例

【实用工具6】面试"七部曲"及其15个操作步骤

【实用工具7】"678"面试技巧

销售力

【实用工具8】 确定录用人选的"三大原则，八项注意"

读者可以在本章的基础上进一步延伸知识体系（见图8-9）。

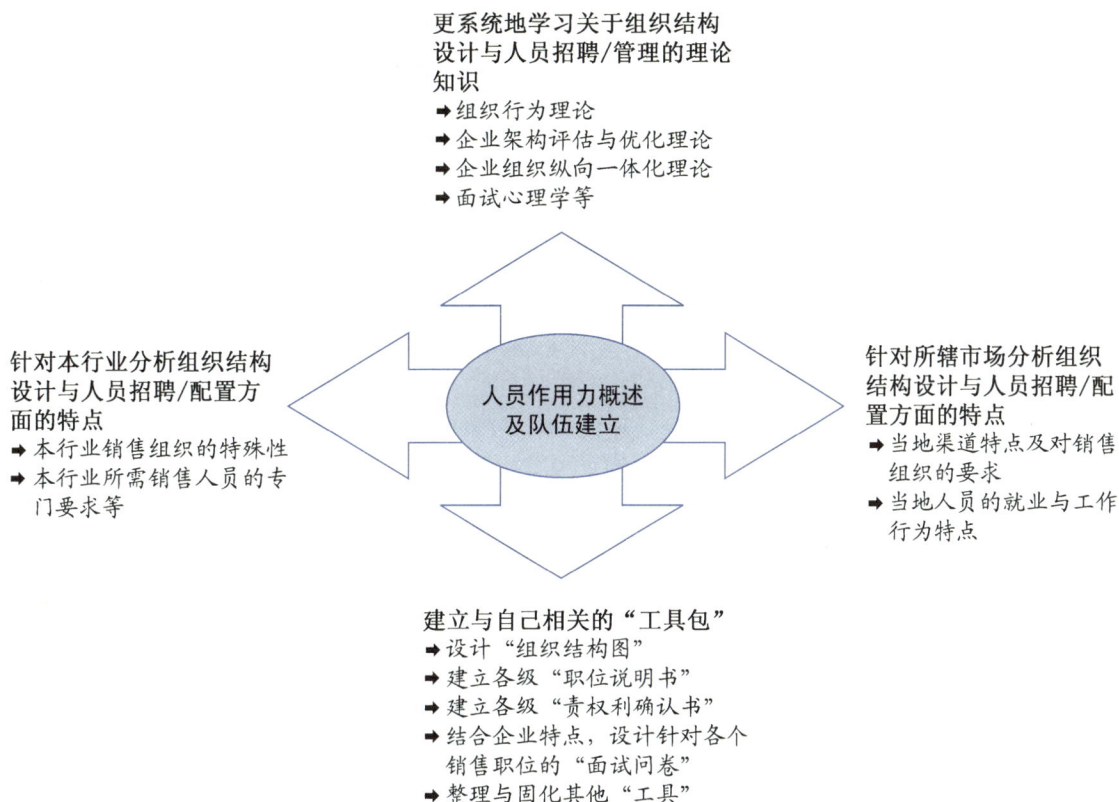

更系统地学习关于组织结构
设计与人员招聘/管理的理论
知识
➡ 组织行为理论
➡ 企业架构评估与优化理论
➡ 企业组织纵向一体化理论
➡ 面试心理学等

针对本行业分析组织结构
设计与人员招聘/配置方
面的特点
➡ 本行业销售组织的特殊性
➡ 本行业所需销售人员的专
门要求等

**人员作用力概述
及队伍建立**

针对所辖市场分析组织
结构设计与人员招聘/配
置方面的特点
➡ 当地渠道特点及对销售
组织的要求
➡ 当地人员的就业与工作
行为特点

建立与自己相关的"工具包"
➡ 设计"组织结构图"
➡ 建立各级"职位说明书"
➡ 建立各级"责权利确认书"
➡ 结合企业特点，设计针对各个
销售职位的"面试问卷"
➡ 整理与固化其他"工具"

图8-9　第8章的知识体系延伸示意图

第9章 ▌实地销售队伍管理 ▌

第8章阐述了如何建立实地销售队伍，但这只是团队建设的第一步；如果缺乏有效的管理，一群"龙"合在一起也可能成为一只"虫"。"管理"可能是销售经理提及频率最高的词汇之一，究竟什么是"人员管理"呢？这个问题恐怕没有标准答案，每个人都会有自己的理解，但是这些理解中应该都包含一个基本点：

管理的意义就在于尽可能发挥和协调个体的作用，以提升团队的工作绩效。

注：有时候，人们将整个"团队建设"笼统地称为管理；本章所阐述的是狭义的"队伍管理"，将其作为"团队建设"的一部分，并与"建立队伍"和"培训队伍"并列。

队伍管理可谓是"实地销售队伍建设"模块中工作量最大并且涉及内容最多的一项工作，本章旨在建立一个"化繁为简"的逻辑结构（见图9-1），并试图为读者提供一些实地销售队伍管理工作中的实用工具。

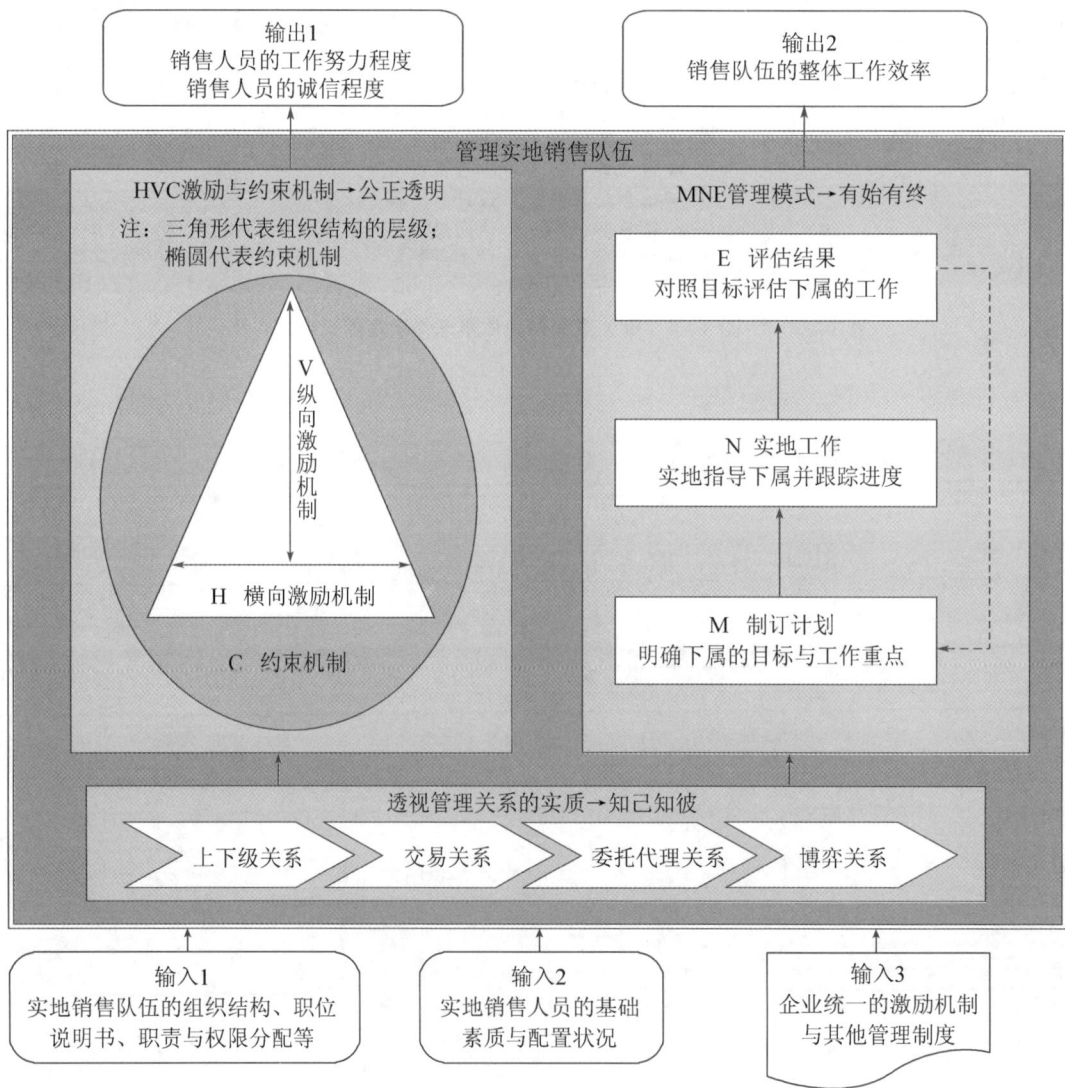

图9-1 管理实地销售队伍作用力体系图

9.1 实地销售队伍管理概述

无须学习任何管理知识，我们就可以从上述基本点出发并通过简单的逻辑推理，衍生出两个分析管理问题的基本思路：

A. 就一个实地销售人员而言，哪些个人因素影响了其工作绩效？

B. 销售管理者通过什么方式来改善下属的上述因素，从而提升其工作绩效？

9.1.1 实地销售队伍管理的目标与策略

实地销售队伍管理的目标与策略示意图如图 9−2 所示。

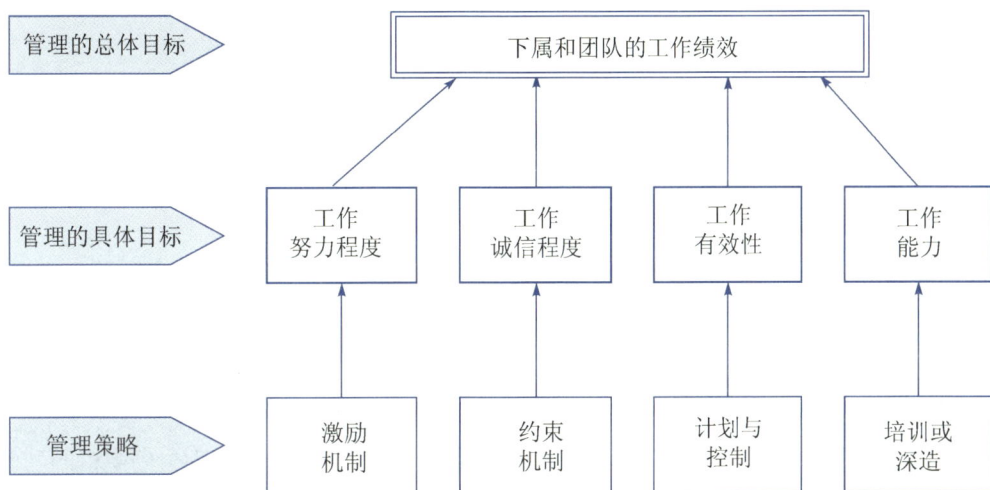

图 9−2　实地销售队伍管理的目标与策略示意图

1. 影响下属工作绩效的四大个人因素

（1）工作努力程度。销售是一份辛苦的实地工作，工作是否努力无疑是影响其工作绩效的最直接因素。

（2）工作诚信程度。实地销售人员不可能与其上级在一个办公室内工作，而且可能会利用其"信息优势"产生机会主义行为，所以其工作诚信程度对工作绩效至关重要。

（3）工作有效性。一个实地销售人员即使工作很努力，也很诚实，如果其工作目标和重点选择不当，最终的工作绩效也会大打折扣，甚至南辕北辙。

（4）工作能力。实地销售工作并非一个简单的"体力活"，即使一个实地销售人员具备上述三方面的要素，如果其工作能力达不到要求，往往也是"心有余而力不足"。

2. 实地销售队伍管理的四大策略

管理就是不断改善下属的上述四种个人因素，与之一一对应就是管理的四大策略。

（1）激励机制。通过满足销售人员各个层次的需要，提高其工作努力程度。

（2）约束机制。通过预先防范和监测机制，约束下属的机会主义行为。

（3）计划与控制。为下属提供明确的目标与相互协调的工作重点，提升其工作有效性。

（4）培训与深造。通过课堂和实地培训提升下属的工作能力，并尽可能为其提供深造机会。

当然，广义的销售队伍管理也包括之前所讲的组织结构设计和人员招聘与配置。本书将培训工作单列出来，然后把前三项管理策略划分为两大类管理工作：

A. 激励与约束机制 →管理的"游戏规则"

B. 计划与控制 →日常管理工作

通过以上分析，我们可以给出"实地销售队伍管理"的如下定义（仅代表本书的观点）：

实地销售队伍管理，指如何提高下属的工作努力程度与诚信程度，以及整个团队的效率。简单地讲，就是激励与约束+计划与控制。

9.1.2　实地销售队伍管理概述

实地销售队伍管理是一项既复杂又简单的工作，复杂性在于涉及的人员和具体工作很多，而掌握了其中的规律也很简单。如图 9 - 1 所示，整个实地销售队伍的管理工作可以概括为"2 + 3 +3"：

◆ 2个"输出"：

1. 下属的工作努力程度与诚信程度

管理工作的质量直接影响到下属的工作努力程度和诚信程度，这是人员作用力的基本要素。

2. 团队的整体工作效率

整体并不等于部分的简单相加，团队的整体工作效率包括：

（1）在每个工作阶段，所有下属是否有清晰的目标和相互协调的工作重点；

（2）管理者是否及时跟进和指导下属的工作过程；

（3）销售队伍内部是否有流畅的信息反馈机制，以及管理者是否对照目标及时评估每个下属的工作成果。

◆ 3项工作：

1. 分析销售管理者与其下属的委托代理关系→知己知彼

任何管理工作总是涉及"管理者"和"下属"两方，两者之间的关系是一种建立在利益基础上的"交易关系"，更准确地讲，这种交易关系是建立在"信息不对称"基础上的"委托代理关系"。所以做好管理工作的前提，是必须认真分析管理者与下属之间的委托代理关系，找出双方各自的利益所在及下属可能出现的"道德风险"等，然后有针对性地设计激励与约束机制。

知识链接　第 4 章

2. HVC 激励与约束机制→公正透明

激励与约束机制是管理工作中最重要的"游戏规则"，与下属的工作努力程度和诚信程度密切相关。HVC 激励与约束机制包括三个方面：

（1）H（horizontal）——横向激励机制，即在每个层级内，如何分配各个下属的奖金及其他物质奖励，也包括精神奖励（如评选先进工作者或标兵等）。

（2）V（vertical）——纵向激励机制，即在各个层级之间，如何决定每个下属的升职或降职乃至辞退，这也是激励的重要组成部分。

（3）C（constraint）——约束机制。由于下属相对上级管理者具有一定的"信息优势"，所以可能导致其产生机会主义行为，因此必要的约束机制是提升其诚信程度的保障。

虽然各个企业和地区的激励机制和约束机制差异较大，但是一个好的机制一定符合"公正透明"的原则，即无论横向还是纵向的激励机制，都以员工业绩和能力为评估标准，而且所有的激励与约束机制都"有言在先"并公之于众。

3. MNE 管理模式→有始有终

作为实地销售管理者，并非确定了"游戏规则"就能指望坐享其成，必须承担重要的"协调器"角色。MNE 是一种形象化的说法，本义是指"早中晚"，这里引申为每个工作阶段的三个管理步骤（做到有始有终）：

（1）M（morning）——目标管理，即在每个工作阶段开始时，明确所有下属的目标及相互协调的工作重点。

（2）N（noon）——实地工作，即在下属的工作过程中，管理者应该勤于实地工作，及时指导下属和跟进其工作进度。

（3） E （evening）——评估结果，即在每个工作阶段结束时，管理者应该及时收集相关信息，并对下属的工作成果进行评估，以便制订下一阶段的计划。

◆ **3 个"输入"：**

实地销售队伍的管理工作并非"空中楼阁"，必须考虑以下影响因素：

1. **实地销售队伍的组织结构六要素**

这包括实地销售队伍的组织结构、职位说明书、职责与权限分配等，这是开展管理工作的基础。

2. **实地销售人员的基础素质与配置状况**

下属的基础素质及是否"人尽其用"，无疑会对具体的管理工作产生直接影响。

3. **企业统一的激励机制与其他管理制度**

这包括企业统一的奖金制度、职位升迁制度和报表等其他管理制度。实地销售经理在管理工作中不可能逾越企业的规章制度，但是也要根据实际情况予以补充和完善，特别是当企业缺乏系统的激励和管理制度时，更应该"自力更生"。

9.2 透视销售队伍上下级关系的实质

任何销售管理工作都会涉及管理者与下属两方，从表面上看，这种管理关系是一种上下级关系，即由"管理者""被管理者"在组织中的地位和企业授予管理者的权力所决定的关系。

如果只是简单的上下级关系，那么管理工作也就是一个简单的"命令与服从"的问题，但事实上许多销售经理都意识到"管人"最难；如果我们的认识仅停留于此，那么管理的深度将非常有限，也很难成为优秀的销售管理者。所以，深刻认识上下级关系的实质是一切管理工作的前提，正所谓"知己知彼，百战不殆"。

正是在交易成本理论、委托代理理论和博弈论的指导下，我们对销售队伍"管理关系"的实质有了不断深入的认识（见图 9 - 3）。本书的第 2 篇中已经对这三大理论体系及其在销售中的应用作了较为详细的阐述，下面只是将相关内容集中起来作一个简要的回顾。

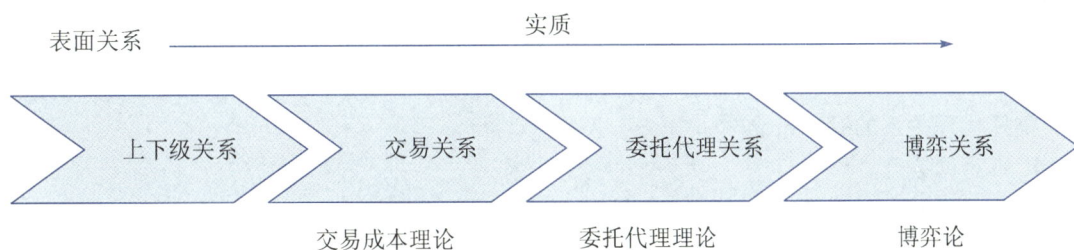

表面关系 ————————————→ 实质

上下级关系 → 交易关系 → 委托代理关系 → 博弈关系

交易成本理论　　委托代理理论　　博弈论

注：以上认识过程是根据上述三大理论，对"管理关系"的理解不断深入和完善的过程。

图 9 - 3　销售队伍的"管理关系"示意图

9.2.1 上下级关系是一种"交易关系"

我们经常会提到"经营管理"的概念，言下之意是将一个销售经理的工作分为"经营"和"管理"两大部分："经营"一般指对外的销售工作，"管理"一般指对内的销售工作。但是从"交易成本理论"的角度来看，两者并没有什么区别，都是一种交易活动。"经营"是销售经理代表企业与客户的交易活动，称为"市场交易"；"管理"是销售经理与下属的交易活动，称为"管理交易"（或企业内交易）。

将对外和对内的销售工作关系都理解为"交易关系"，并非简单的概念合并。其关键在于深刻地指出了管理关系的实质是建立在利益基础上的交换关系。

1. 上级需要通过下级完成自己的销售目标

每个大区经理的销售目标能否完成，取决于所辖的每个区域经理是否能够完成目标；同理，每个区域经理的销售目标能否完成，又取决于所辖的每个城市经理是否能够完成目标。以此类推，直至最基层的销售代表和促销员。

各级销售管理者的利益（如奖金、晋升等）无疑同其销售业绩密切相关，因此每个销售人员的工作直接影响到其上级能否完成销售目标，也就意味着影响其上级的切身利益。换句话说，在任何上下级关系中，销售管理者总是需要通过下级来完成自己的利益目标。

2. 下级需要通过上级达到自己的利益目标

每个下级都是"经济人"，同样以追求自身利益为目标。下级努力工作的前提自然是希望上级能够满足自己的利益追求，如更多的收入、更高的职位等。

3. 上下级之间的交易关系对管理工作的启示

用交易来理解销售管理工作可能会让人从心理上不舒服，但这就是上下级关系的实质，因为利益永远是销售管理工作背后的主要驱动力。**上级不是"慈善家"**，总是通过下级（包括老板对员工）为其创造价值，以实现自己的销售目标和利益追求；反过来，**下级也不是"活雷锋"**，为上级工作的目的是获得自己的利益，如薪酬、升职等。所以销售队伍的上下级（企业老板与销售队伍）之间本质上就是一种交易关系，即利益的交换关系。

将上下级关系理解为交易关系，只不过将事实摊在阳光下，并非无视"下级的奉献"和"上级的关心"。在短期内和个别情况下可以有"不求回报的奉献"和"不重利益的关心"，但是从根本上和长期来看，上级和下级都是追求利益的"经济人"。这也并非排斥企业文化和忠诚与奉献等优良品质，但这些品质都是建立在利益交换基础上的"润滑剂"，所谓*"皮之不存，毛将焉附"*。如果我们不能正确认识到这一点，在销售工作中一味讲感情或思想教育，无疑是舍本逐末。

知识链接　第 3 章

9.2.2　上下级关系的本质是"委托代理关系"

上下级之间的关系不仅是"交易关系"，还是建立在"信息不对称"基础之上的"委托代理关系"。第 4 章已经对销售队伍上下级之间的委托代理关系作了非常详细的阐述，以下只是作一简要回顾。

1. 委托代理关系的基本概念

（1）不对称信息。

不对称信息（asymmetric information）是指交易关系中一方拥有另一方所不拥有的信息（行动或知识），即交易双方中的某一方相对具有信息优势。

例如，下级通常比其上级更了解自己的工作行为及所辖区域的实际销售状况。

（2）委托代理关系、委托人与代理人。

这两个概念源于法律范畴。在法律上，当 A 授权 B 代表 A 从事某种活动时，委托代理关系就发生了，A 被称为委托人，B 被称为代理人。但经济学的定义与此不同：

A. 经济学上的委托代理关系泛指任何一种涉及不对称信息的交易关系。

a. 从以上定义可以看出，委托代理关系首先是一种交易关系；

b. 并非所有的交易关系都属于委托代理关系，只有涉及不对称信息的交易关系才是委托代理关系；

c. 并非一定要签订法律意义上的授权合同，才是委托代理关系。

B. 经济学上的代理人（agent）是指交易关系中拥有信息优势的一方（如下级）。

C. 经济学上的委托人（principal）是指交易关系中处于信息劣势的一方（如上级）。

说明：销售管理工作中的上下级关系是一种典型的"委托代理关系"，上级是委托人，而下级是代理人。代理人所拥有的信息（行动或知识）影响委托人的利益，或者说委托人不得不在不知

情的状况下为代理人的行为承担风险。所谓不对称信息，并非指与交易无关的纯粹私人信息。

2. 销售管理者作为委托人，必须面临来自下级的两个"约束"

（1）下级（代理人）的参与约束（individual rationality constraint，IR）。

任何销售管理者首先必须吸引下级（代理人）参与到销售工作中来，最直接的理解就是提供的薪酬待遇不能低于行业内的平均标准；反过来看，现在的下属也可能会因为有更好的工作机会而"跳槽"。

（2）下级（代理人）的激励相容约束（incentive compatibility constraint，IC）。

激励相容约束是指上级要想让下级按照其最希望的要求行动，不可能通过"强制合同"来实现，而且不论委托人如何奖惩代理人，代理人总是选择最大化自己利益的行动。所以委托人就必须设计一种激励机制，让代理人在选择委托人"最希望的行动"时，代理人自身利益也达到了最大化。简单地说，就是如何将上下级的利益联系在一起，让下属明白工作越努力其所获得的利益越大，自然管理者的目标也越易达成。最常用的就是"销量提成"方法，上级要销量（也意味着自己的利益），下级要提成。

3. 销售管理者作为委托人，面临下级的"道德风险"

一般而言，销售队伍中的每个销售人员比其上级更了解自身的工作努力程度和所辖区域的具体销量、费用状况，或者说上级要了解同样信息需要付出更大成本（这种信息成本如果大于所获收益，上级就不会去了解），而且下属有可能利用这种信息优势在为自己牟利的同时损害企业和上级的利益，或者让企业与上级为其行为承担风险，具体表现形式如下：

（1）吃"空饷"或贪污其他销售费用。例如，虚报不存在的下属人员或虚报销售费用。

（2）做假报表。企业往往要求各级销售人员提供报表，而这些报表往往直接或间接地与人员利益联系在一起，因此各级销售人员都有可能做假报表为自己牟利。

（3）"冲货"问题。销售经理出于奖金或业绩排名等目的，有可能撺掇分销商低价"冲货"至其他区域。更重要的是，销售经理往往为此向分销商许下各种承诺，最终不能兑现的时候就会导致企业和分销商的矛盾。

（4）贪污货款或货物。这既包括销售人员与分销商串通骗取企业的货款或货物，也包括销售人员贪污分销商与其下线客户交易的货款或货物。

（5）兼职问题。如果企业管理不善，销售人员有可能同时为其他企业工作。这包括利用手中的资源为其他企业服务，如让下属销售其他企业的产品，或者利用企业的专柜同时销售其他产品从中牟利等。

（6）其他问题。例如，伙同客户卖假货，或者利用企业的销售经理身份从事一些工作之外的活动。

以上所有问题的根源都在于销售管理者和下属之间的"信息不对称"，虽然企业是"第一损失承担者"，但是下属的"道德风险"同样给上级管理者造成了相当大的损失：

A. 由于费用被挪用或贪污等，产品销量遭受损失；

B. 销售管理者至少要承担其下属机会主义行为的"领导责任"。

所以在销售管理工作中，必须从委托代理关系的高度来认识上下级关系，不能简单地以为是"命令与服从"的关系。在此基础上，销售管理者采取的措施就是建立激励和约束机制。

> **知识链接** 第4章

9.2.3 上下级关系是一种"博弈关系"

销售管理并非上级对下级单方向地"发号施令"，每个下属也不是被动的"接受者"，整个管理工作是上下级之间相互作用的互动关系，双方都会根据对方的策略不断调整自己的策略，正所谓"上有政策，下有对策"。所以作为销售管理者，不仅要考虑到下属的"道德风险"，还要在管理工作中充分重视博弈的策略。这部分可参考5.2.7部分的例子。

综上所述，销售队伍的管理关系不是表面上的上下级关系，也不是简单的"命令与服从"关系。它首先是一种建立在利益基础上的交易关系，本质是建立在"信息不对称"基础上的委托代理关系，也是一种互动的博弈关系。所以作为销售管理者，不能被自己表面的职位和权力所迷惑，一定要清醒地认识到管理工作背后的诸多因素，这样才能做好这个"头"。

9.3 激励原理概述

激励和约束如同一个硬币的两面，是销售管理的首要工作。激励和约束机制如同保障销售组织运行的"游戏规则"，正所谓"没有规矩，不成方圆"，而激励无疑又是"重中之重"。

9.3.1 什么是激励

激励（motivation）就是通过满足个体的某些需要激发其努力工作，从而实现组织目标。任何激励都包括两个主体和四个要素（见图9-4）。

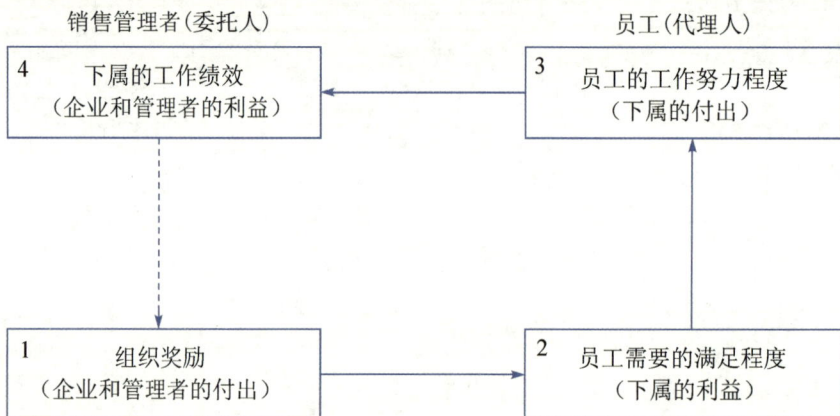

注：从工作绩效4到激励1之间的箭头之所以是虚线，表示这一步无法做到绝对客观，这是所有激励机制的重点和难点。

图9-4 激励循环示意图

1. 激励机制的两种逻辑

从图9-4可以看出，激励是一种循环关系。从委托人和代理人两个角度来看，都是从自己的利益出发又回到自己的付出。其分别隐含如下逻辑：

（1）从委托人（管理者）的角度看（4→3→2→1）：

4→3：要想提升下属的工作绩效，就必须提高下属的工作努力程度。

3→2：要想提高下属的工作努力程度，就必须满足其部分需要。

2→1：要满足下属的部分需要，就必须提供各种奖励并与其绩效挂钩。

（2）从代理人（员工）的角度看（2→1→4→3）：

2→1：要想满足自己的需要，就必须获得企业和上级提供的各种奖励。

1→4：要获得各种奖励，就必须提升工作绩效。

4→3：要想提升工作绩效，就必须努力工作。

2. 为什么激励对销售管理尤为重要

（1）必要性。

销售往往是上下级分离的实地工作，销售管理者无法直接"观测"到下属的行为。

（2）可行性。

销售工作的结果相对容易量化，为激励行为提供了可能。

3. 对人性的两种基本假设

一个销售管理者关于人性的观点是建立在一组特定的假设之上的，并倾向于根据这些假设决定对下属的激励行为。美国学者道格拉斯将其归纳为两种完全不同的人性假设：

X 理论：

（1）员工天生讨厌工作并尽可能地逃避工作；

（2）由于员工天生讨厌工作，必须对其进行强制、控制或惩罚，迫使他们实现目标；

（3）员工逃避责任，并且尽可能地寻求正式的指导；

（4）大多数员工认为安全感在工作相关因素中最为重要，并且没有什么进取心。

Y 理论：

（1）员工会把工作看成与休息或游戏一样自然的事情；

（2）如果员工对工作作出承诺，他能自我引导和自我控制；

（3）普通人能学会接受甚至寻求责任；

（4）人们普遍具有创造性决策能力，而不只是管理层次的核心人物具有这种能力。

无疑，符合上述两种假设的员工，在销售队伍中都可以找到，对激励工作的启示在于：

A. 符合 X 理论假设的员工，表明其需要层次较低，金钱激励和约束机制非常重要。

B. 符合 Y 理论假设的员工，表明其需要层次较高，除了金钱激励以外，还需要提供其他激励方式，如精神鼓励、授权、更高的职位和培训等。

C. 虽然激励机制是"游戏规则"，但是销售管理者在具体激励下属时需要因人而异。

9.3.2　激励体系的四个基本关系

图 9-4 只是一种定性描述，在设计激励体系时还必须深入了解由 4 个要素所构成的 4 种激励关系。

1. 员工努力→工作绩效的关系

虽然从理论上讲，员工越努力则工作绩效越高，但是在不同的销售队伍中其相关性强弱也有显著差异。不言而喻，最终的工作绩效不仅取决于员工的努力程度，还受到很多客观因素的制约（如产品竞争力、费用投入、员工的工作能力等）。从形象化的比喻来看，员工的"表演"结果不仅取决于努力程度，还受到"舞台"大小和表演功力的制约。所以，**在激励机制的设计中，不能简单地认为"重赏之下，必有勇夫"或者"人有多大胆，地有多大产"**；否则，激励可能比"不激励"更糟。这就是系统论中"对策可能比结果更糟"的道理。

作者曾经接触过一个真实的案例：某企业老板看到产品销量下降很大，于是将所有销售经理的提成从 1% 提升到 5%（同步降低底薪）。其出发点自然是"重赏之下，必有勇夫"。其实该企业产品销量下降的原因主要是产品老化和渠道投入严重不足，销售经理再努力工作也不可能带来销量的大幅增长，于是大部分销售经理都作出了一样的选择，将自己的提成补贴给分销商，让它们大量冲货，结果可想而知，自然是"赔了夫人又折兵"。

2. 工作绩效→组织奖励的关系

这种关系就是"绩效评估"，是所有激励机制的重点和难点。这个问题同第一个问题实际上是联系在一起的。绩效评估的要点有两条：

A. 真正反映员工工作努力程度与工作能力等的个人因素与工作绩效的相关性；

B. 尽可能以数据说话，力求客观和公正。

本章的后续内容将会对此详细阐述，这里不再赘述。

3. 组织奖励→员工需要满足程度的关系

虽然总体来讲，每个员工都追求更多的收入和更高的职位，但是人的需要有多个层次，不能简单地一概而论。所以，不能笼统地以"升官发财"为激励手段，还需要运用多种激励方式的组合，并因人而异地有所侧重。其详见后续内容。

4. 员工需要满足程度→工作努力程度的关系

一般而言，员工的需要满足度越高，就会越努力工作，但是具体到每个销售人员，这种转化关系的强弱也有较大差异。有的人可以做到"士为知己者死"，有的人可能本性懒惰或缺乏追求，无论你怎么激励都"岿然不动"。

综上所述，我们在设计激励机制时，不能想当然地把4个激励要素之间的循环看成天经地义的事情，还必须深入分析具体的销售队伍中这4个要素之间传递关系的强弱。

9.3.3 激励机制的逻辑流程

激励实地销售人员操作流程图如图9-5所示。

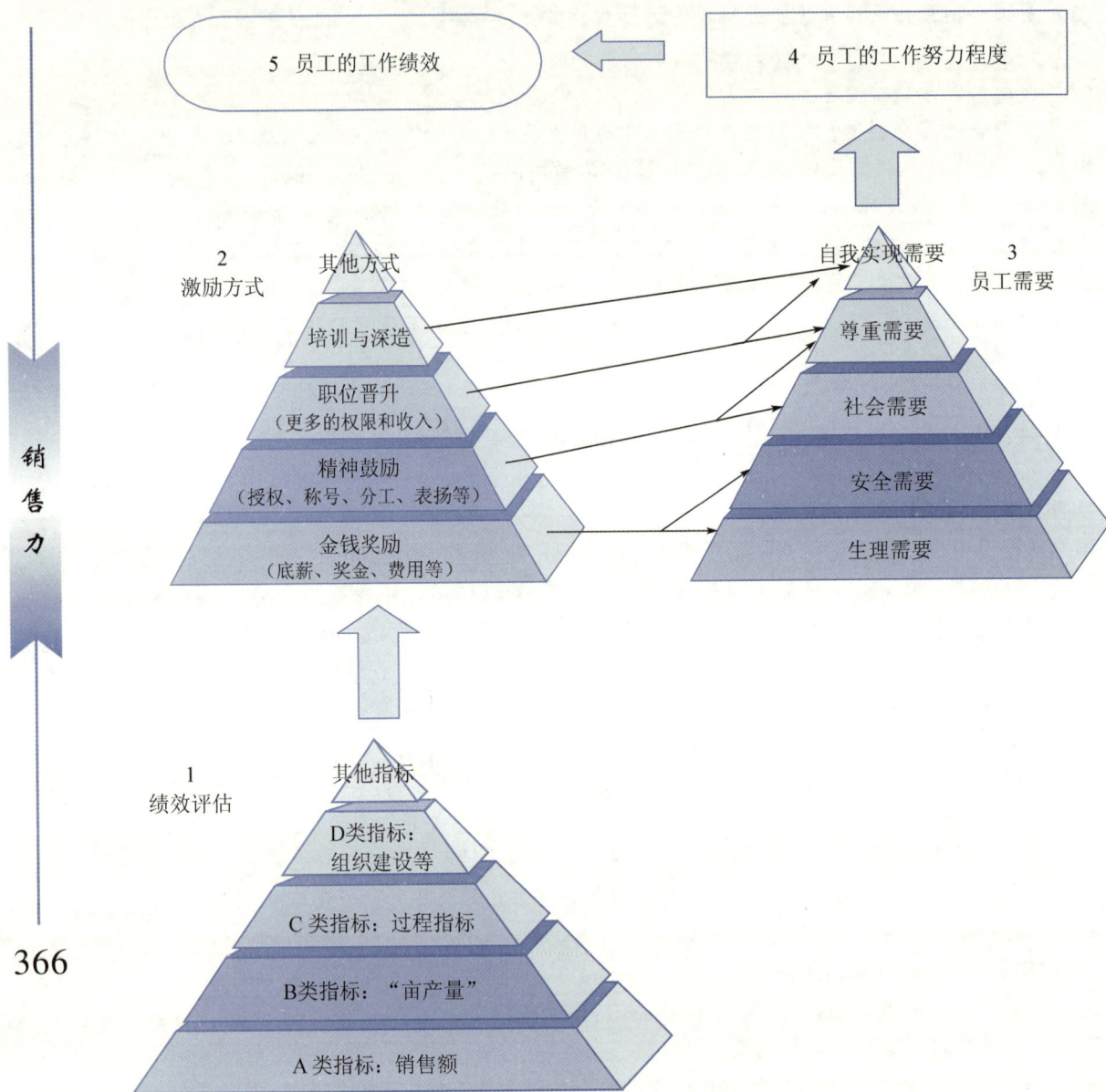

图9-5 激励实地销售人员操作流程图

1. 销售人员的需要层次

员工的需要无疑是考虑一切激励机制的出发点，最著名的相关理论当数马斯洛（Maslow）的**需要层次理论（Hierarchy of Needs Theory）**。他假设每个人内部都存在以下5种需要层次：

（1）**生理需要**：简单地讲就是人的生存需要。

（2）**安全需要**：保护自己免受生理和心理伤害的需要。

（3）**社会需要**：包括爱、归属、接纳和友谊等。

（4）**尊重需要**：内部尊重因素——自尊、自主和成就；外部尊重因素——地位、认可和关注等。

（5）自我实现（self-actualization）需要：一种追求个人能力极限的内驱力，包括成长、发挥自己的潜能和自我实现。

马斯洛进一步把上述5种需要划分为高层次和低层次。生理需要和安全需要属于**较低层次的需要**（lower-order needs）；社会需要、尊重需要和自我实现需要属于**较高层次的需要**（higher-order needs）。区分这两个层次需要的前提是：

较高层次的需要从内部使人得到满足，较低层次的需要从外部使人得到满足。

当任何一种需要基本得到满足后，上一个层次的需要就成为主导需要，个人总是顺着需要层次的阶梯前进。对实地销售人员激励工作的启示在于：

"金钱"并非激励下属的唯一方式，不同层级的销售人员的需要层次也不同。一般而言，对于基层销售人员，以金钱激励为主；对于中高级销售经理，则必须结合其他激励方式，以满足其多层次的需要。

2. 激励方式的四个层次

针对员工不同层次的需要，激励方式也是一个多层次的体系：

（1）金钱奖励（横向激励方式1）。

——实地销售管理者可以决定的主要是底薪、奖金和费用等，从企业整体来看，还包括利润分红、股票期权等。

——金钱激励主要满足员工的生理需要和安全需要。安全需要很大程度上也是对金钱的需要，而销售人员出差的安全需要与住宿和交通标准直接相关。

（2）精神鼓励（横向激励方式2）。

——实地销售管理者在金钱奖励方面的余地往往相当有限，所以更不能忽视精神奖励。它包括及时表扬下属、给下属表现自己的机会、安排下属同级别中更富挑战性的工作、评选先进或标兵、适当授权给下属（授权代表信任）。因为每个员工都希望自己的行为被上级关注、自己的成绩能够得到上级的认可与尊重，这些需要并不一定完全靠金钱奖励来体现。

——精神鼓励主要满足员工的社会需要和尊重需要。

（3）职位晋升（纵向激励方式）。

——职位晋升是每个员工在上述两种横向激励方式基础之上的进一步追求。实地销售管理者需要给下属规划一个职业生涯发展的"阶梯"，让其明白什么情况下可以得到晋升。

——职位晋升主要满足员工的尊重需要和自我实现需要。

（4）培训与深造。

——每个员工心里都明白，前三种奖励都与企业密切相关，只有自己的能力完全属于自己，正所谓唯有一技傍身最重要，所以获得培训与深造机会，是员工的高层次需要和利益所在。本书将培训单列出来，另外讲述。

——培训与深造主要满足员工的自我实现需要。

通过以上的简要分析可以看出，4种激励方式并非"空穴来风"，而是分别针对员工5层次的需要。本书将金钱奖励和精神鼓励统称为**"横向激励机制"**，因为这些激励方式都是在一个层级之内的人员激励；将职位晋升称为**"纵向激励机制"**，因为这涉及组织结构内各个层级之间的职位升降。同时，把培训单列出来，因为它与前三种激励方式的具体操作存在较大区别。员工的绩效评估体系同样由4个层次组成，接下来将会重点阐述。

9.4 销售人员的绩效评估与薪酬体系

在实地销售人员的激励机制中，薪酬体系无疑是最基本、最直接的激励制度，每个销售人员的薪酬结构大体上由三部分构成：

销售人员的薪酬 = 底薪 + 奖金 + 费用

销售管理者在设计下属的薪酬制度时，一般有以下两个基本思路：

A. **总量问题**：各级下属薪酬的总体水平应该在多少比较合适？

B. **结构问题**：在该总量前提下，各种薪酬待遇根据什么标准进行分配？

9.4.1 实地销售人员的薪酬体系概述

1. 哪些因素影响销售人员的薪酬总量

什么样的薪酬总量才是合适的水平？这个问题没有标准答案，主要由三个因素决定：

（1）行业中类似职位的平均薪酬水平。

平均薪酬水平大致代表了销售人员的机会成本，也代表了企业和销售管理者聘用相关人员的机会成本，所以这是双方考虑薪酬水平的基准。

（2）所需人员的素质要求。

不同企业对相同职位的人员的素质要求差异较大，一般与企业的渠道一体化程度相关。企业的渠道一体化程度越高，意味着对各级职位的人员素质要求越高，销售人员的工作量也相对越大。比如，A 企业的区域经理主要负责设立分销渠道、协调分销商与企业之间的订货与回款；B 企业的区域经理需要进一步管理分销和促销工作以及相应队伍的建设。自然，B 企业的区域经理素质要求更高，薪酬水平也相应更高。

（3）员工对企业的边际贡献。

边际贡献指因为员工的工作努力和工作能力而为企业新增的销量和利润。显然，不同企业提供给同级销售人员的"舞台"大小完全不同，自然其边际贡献也不同；员工的薪酬总量一定小于其边际贡献，所以不同企业的薪酬水平差异也较大。

2. 销售人员薪酬结构的基本类型

仅从形式上看，可以将各个企业销售人员的薪酬结构大致划分成以下三种类型：

（1）底薪＋费用。

少数大型外资企业的销售经理（不包括基层销售人员）没有奖金，企业提供较具竞争力的底薪，充分体现了企业对员工的信任。这在很多企业看来也许"不可思议"。

作者以前在宝洁公司担任销售经理时，就没有任何奖金，但是宝洁的销售队伍并没有因此而"懈怠"，同样非常努力工作。当然，这种做法并不适用于大多数企业，因为企业的规模、系统管理水平和员工素质等不能简单相比。

（2）底薪＋奖金。

部分企业不向销售人员提供任何额外费用，所有费用都"包干"在底薪和奖金之中。这种做法值得商榷。因为各级销售人员的实地工作都需要费用，如果将费用包干会让销售人员感觉是自己掏钱为公司出差，那么大家的"最优策略"当然是不出差或少出差。不言自明，一切都靠电话和网络遥控的销售工作，只能是"靠天吃饭"，可能连底薪和奖金都有部分是浪费的。

（3）底薪＋奖金＋费用。

这是大部分企业采用的薪酬结构方式，也是本书接下来重点探讨的内容。

当然，还有对销售人员全部采用"销量提成"的薪酬结构，但一般仅限于兼职或临时人员，或者局限于保险等个别行业。

接下来主要探讨底薪和奖金部分，至于各级实地销售人员的费用标准难以一概而论，具体费用类型和中等水平的数据可以参考 8.4 部分的"责权利确认书"格式与示例。

知识链接 实用工具 5

9.4.2 如何确定销售人员的底薪水平

行业中类似职位的平均底薪水平，自然是首要参考标准。在此基础上大致遵循以下规律：

底薪占总收入的比例与销售职位的高低呈正相关关系。职位越低（特别是基层销售人员）越

销
售
力

适用于底薪比例较低的激励机制；反之，职位越高（特别是高层管理者）越适用于底薪比例较高的激励机制。

注：相关原因详见第 4 章委托代理理论中的详细阐述，这里只是应用其结论。

1. 每个级别销售人员的底薪，应该允许有一个变动幅度（上限与下限）

原因如下：

（1）便于在聘用人员时，根据其素质差异有一定的浮动空间。

（2）毕竟能够获得升职机会的销售人员不会太多，可以对一些比较优秀的销售人员适当增加底薪，以示激励。虽然同级别内底薪增加的绝对值不一定很大，但是这表示上级对下属工作的认可，其激励作用不可小视。

（3）对于工作年限较长的销售人员（特别是基层销售人员），可以在此幅度内适当增加底薪，以示激励。有的企业则进一步制定了固定的"工龄工资"制度。

2. 中等水平的实地销售人员底薪幅度（见图 9-6）

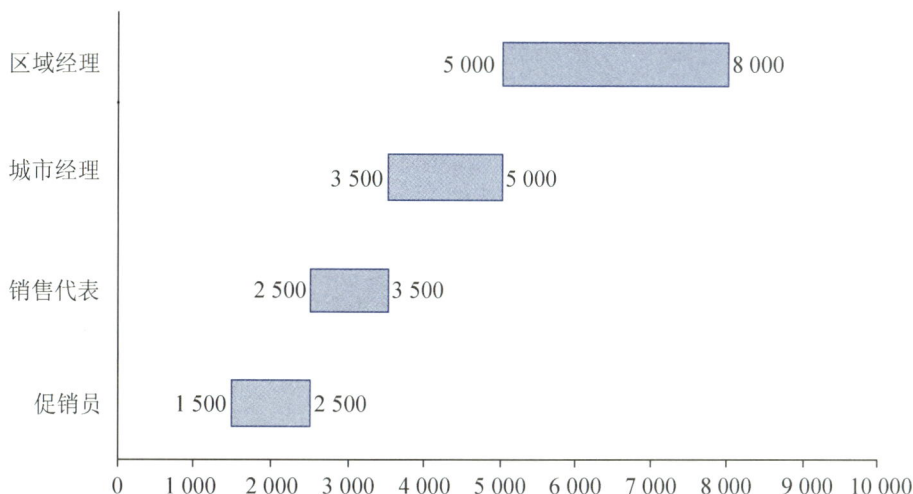

注：（1）以上底薪幅度以中等薪资水平的企业为背景，仅供读者参考；（2）城市经理及以下人员的底薪幅度，以普通省会城市为背景。

图 9-6　实地销售人员底薪幅度示意图

9.4.3 绩效评估的指标体系

销售人员薪酬结构的三个要素中，确定底薪和费用标准并不太难，最困难也是最重要的激励体现在奖金机制上。相信每个销售管理者在评估下属的工作绩效并设计相应奖金机制的时候，都会陷于以下的**"两难处境"**：

销量显然是最容易观测到的"结果"而且数据绝对准确，可是谁都明白影响最终销量的因素有很多，仅凭销量绝对无法客观反映每个人的工作努力程度和工作能力。如果要引入其他指标，又感到费时、费力而且难以保证数据的绝对准确。另外，哪些指标相对重要和可行呢？

客观地讲，很难找到摆脱上述"两难处境"的完美之策。本书试图找到解决这个"难题"的相对有效的方法，并为读者提供相应的实用操作工具。

任何奖金机制的核心都是"绩效评估"，但是绩效评估不仅限于奖金机制，还包括精神鼓励和职位晋升等所有激励机制。绩效评估的关键在于找到适宜的评估指标体系，这就是 KPI。

KPI（key performance indicator，关键绩效指标），指评估各级销售人员工作业绩的指标（也称统计量）集合。

判断 KPI 是否合理就是"充足统计量"标准。

所谓充足统计量（sufficient statistic），是指进入激励机制的信息达到使委托人（销售管理者）充分判断代理人（下属）行为的标准。

1. 什么样的 KPI 是销售管理者判断下属工作绩效的"充足统计量"

由于信息不对称，销售管理者无法直接"观测"到下属的工作行为，只能通过生意结果来推测。不少销售管理者常常奉行这样一种逻辑：

回款多的员工就是"好员工"，所以给予的奖励就应越多。

但是回款总额显然不满足**"充足统计量"**的要求，如果将其作为KPI中唯一的指标，很可能错误地奖励了投机分子和打击了真正的好员工，不能体现激励机制"奖优罚劣"的初衷。

本书按照相关指标的统计难易程度，将评估销售人员工作绩效的KPI分为四大类：

（1）A 类指标。

A 类指标包括销售人员的回款总额、发运总额、费用比例。

这些数据显然是企业和销售管理者最终关注的生意结果，也是不用花成本就可以收集到的信息，自然成为首先进入KPI的指标。

说明：发运总额理论上应该等于回款总额，但由于企业可能对分销商赊账，所以发运总额可能大于回款总额；有时分销商可能会有预付款（特别是年底为达到合同目标），所以回款总额也可能大于发运总额。在两者相差较远的时候应该引入发运总额，反之则不需要。

（2）B 类指标。

B 类指标主要指销售人员的"亩产量"。

亩产量 ＝（发运总额 － 退货部分 － 冲货部分）÷所辖地域的市场规模

回款总额（包括发运总额）并不能使管理者准确判断销售人员的努力程度和工作能力，KPI 中至少还应引入"亩产量"的指标。当然在实际操作时，并不一定要真正计算出"亩产量"的具体数值，可以根据市场大小不同制定不同的销售目标，后面会具体谈到。

A. 应从发运总额（所辖客户从企业的进货额）中去掉退货的部分，这点不难理解。

B. 必须从发运总额中摒弃掉冲货的部分，因为"冲货"行为在很大程度上是把其他区域的销量"窃为己有"，并没有提升（往往是减少）企业的总销量。这种行为所导致的回款不是奖励的问题，而是如何制约与处罚的问题。

C. 考虑每个销售人员所辖区域的市场规模大小，企业最希望每个销售人员都能充分挖掘所负责区域的市场潜力。如果回款绝对值越高就代表销售人员越优秀，企业所给予的奖励也越多，那么中小市场和新市场的销售人员就永无"出头之日"。同时企业的奖惩也显然不公正，占据大市场的销售人员即使不努力也能得到很多好处，而负责中小市场和新市场的员工再努力也无法获得上级的"青睐"。

（3）C 类指标。

C 类指标主要指销售人员所辖地域的加权分销率、分销维护水平、终端相对销量。

虽然"亩产量"的指标使企业的判断准确度大大前进了一步，但如果可能，在KPI中还应引入上述 3 个变量，这才构成了相对完善的充足统计量。原因如下：

A. 销售人员的工作努力程度与工作能力并非影响其所辖地域销量（包括"亩产量"）的唯一因素，甚至不是最重要的因素。

最终的销量 ＝ P（工作努力程度，工作能力，企业三大作用力，当地市场状况）

事实上，真正可以起到作用的就是C 类指标，并通过这些指标影响销量。

注：由于所有销售人员销售的产品几乎是一样的，而且终端投入比例也大致相同，所以终端相对销量反映了销售人员的终端管理水平，但是将不同品牌的终端销量进行比较没有意义。

B. "亩产量"中的"冲货"部分较难统计，通过销售人员所辖地域内的C 类统计变量可以更准确地判断"亩产量"，并结合其回款和发运总额推测其是否"冲货"及大致"冲货"金额。

（4）D 类指标。

D 类指标主要指实地销售经理在组织建设（管理与培训）、系统创新与优化方面的工作业绩。

实地销售经理的有些工作并不能立即体现在当期生意结果中，但是却可能为所辖地域的长期生意发展奠定良好的基础。比如，对下属的管理与培训、分销模式的创新、对分销商运作系统的优化等。当然，要量化这些工作绩效并不容易，后面涉及相关工具。

当然，所谓充足统计量只是相对而言的，以上4类指标仅就大多数企业的共性和可操作性来考虑。比如，各地的品牌效应和市场难度都是影响生意结果的重要因素，但是如果进一步考虑这些因素，则统计工作量太大且相对难以量化，对大部分企业而言是得不偿失的，而且各地的市场难度可以用不同的费用比例标准来灵活考量。

此外，不同的企业根据实际情况还会加入其他指标，如专门列出某种重要新产品的分销率、分销商的回款准时率等，或者在上述指标的基础上进一步精确化。对于设立销售分公司的企业，评估销售人员业绩的KPI与上述类似。

2. 如何有效收集"充足统计量"所要求的KPI

相信大多数读者都会认同以上4类统计变量的作用，但最重要的顾虑就是收集这些数据太麻烦和成本较高。我们可以通过一些统计学原理来大大降低收集信息的成本，并达到较高的准确度。

3. 运用KPI评估销售人员奖金的4个问题

在上述KPI的基础上，我们在设计各级销售人员的奖金制度时，还必须考虑4个问题：

（1）常识告诉我们，不可能也没必要对每个级别的销售人员都采用4类KPI，那么如何确定各级销售人员具体的KPI呢？

（2）如何确定各级销售人员的奖金兑现周期（或称评估周期）？

（3）每种KPI的统计时间和难度各不相同，并可能与上述奖金兑现周期的要求发生时间矛盾，难道每次奖金发放都要考虑所有指标吗？

（4）每个企业的发展阶段不同，如何灵活设计奖金制度？

9.4.4 如何运用KPI设计销售人员的奖金制度

设计销售人员的奖金制度是一个比较复杂的问题，实用工具9为读者提供了清晰的设计模式和操作示例。

实用工具9

销售人员奖金制度的"1234"设计模式

总体说明：

（1）本工具旨在提供一个逻辑清晰的实用模式，以帮助销售经理设计下属的奖金制度。

（2）"1234"模式将奖金制度设计的关键要素加以提炼，方便读者记忆：1个中心、2个基本点、3种奖金方式、4类KPI（见图9-7）。

1个中心：所有的奖金制度都以"奖优罚劣"为中心。

2个基本点：

（1）职位越低，越适用于简单的销量考核方法；反之，职位越高，越需要使KPI达到"充足统计量"标准。

（2）职位越低，越适用于较短的评估与奖励兑现周期（通常为1个月）；反之，职位越高，越需要相对较长的评估与奖励兑现周期（季度、半年、年）。

注：其中的原因详见第4章的相关分析。

3种奖金方式（概述）：

▶ 基本思路

不再把KPI的所有指标理解为不可分割的整体，而是根据各项指标的重要性和统计难度，将所有奖金"一拆为三"并分别对应不同的评估指标：

A. 销量奖 →销量指标

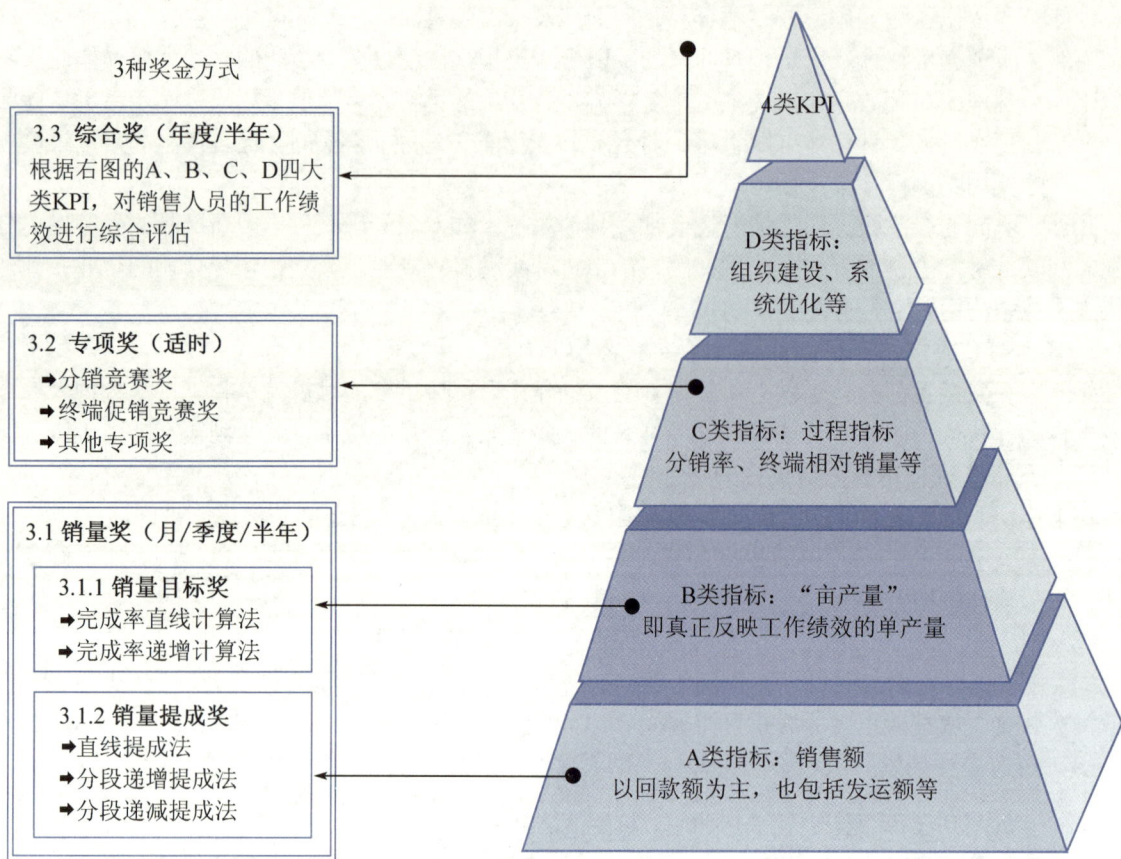

3种奖金方式

3.3 综合奖（年度/半年）
根据右图的A、B、C、D四大类KPI，对销售人员的工作绩效进行综合评估

3.2 专项奖（适时）
➡分销竞赛奖
➡终端促销竞赛奖
➡其他专项奖

3.1 销量奖（月/季度/半年）

3.1.1 销量目标奖
➡完成率直线计算法
➡完成率递增计算法

3.1.2 销量提成奖
➡直线提成法
➡分段递增提成法
➡分段递减提成法

4类KPI

D类指标：
组织建设、系统优化等

C类指标：过程指标
分销率、终端相对销量等

B类指标："亩产量"
即真正反映工作绩效的单产量

A类指标：销售额
以回款额为主，也包括发运额等

销售力

图9-7　销售人员奖金制度的"1234"设计模式

B. 专项奖 →过程指标

C. 综合奖 →综合指标

这样既可以实现奖金发放的及时性，又可力求整体奖金的公正性和针对性，从而在一定程度上摆脱绩效评估中的"两难处境"。

1. 销量奖（适用于各级销售人员）

（1）为什么要设置销量奖？

虽然最终的销量并不能完全反映员工的工作努力程度和工作能力，但是销量奖仍然是无法替代的奖金方式，原因在于销量（主要指销售回款额）指标具有其他指标无可比拟的优势：

A. 最终指标：所有销售工作的成效必然体现在销量上，它也是企业最关注的指标。只不过由于存在短期与长期销量的差异、销售人员的机会主义、市场规模不同等问题，绩效评估变得非常复杂。

B. 数据统计成本最低：几乎不需要任何统计成本。

C. 数据及时性：从理论上讲，销售管理者和企业可以随时获得员工的销量数据。

D. 数据准确性：销量数据可谓100%精确，不存在任何主观判断或统计偏差。

（2）两种销量奖有什么区别？

对于"销量提成奖"，无论具体采用如何与销量挂钩的方法（虽然也可能包含销售目标），在销售人员之间，总是市场规模越大，奖金数额越多；"销量目标奖"主要与目标完成率挂钩，与市场本身的规模关系不大。换句话说，"销量提成奖"以A类KPI（销售额）为主，而"销量目标奖"则进一步引入了B类KPI（亩产量），因为在制定销售目标时一定会根据市场规模的不同而有所差异。

2. 专项奖（适用于区域经理及以下人员，有时以团队为单位）

分销和促销等"过程指标"才是真正反映销售人员工作努力程度和工作能力的指标，虽然最终都应体现于销量，但是销量毕竟有太多其他的影响因素。专项奖以 C 类 KPI（过程指标）为主，一般表现为分销竞赛和终端促销竞赛等，优点在于：

　　A. 可以更有效地激励销售人员（因为是其所能及的指标），从而更直接地推动销量；

　　B. 过程指标的作用不仅是评估工作绩效，更为销售人员指明了提高销量的途径。

　　3. 综合奖（适用于城市经理及以上人员）

　　综合奖则是结合 KPI 的 4 类指标，对实地销售经理的工作绩效进行综合评估，确保评估的客观性。由于综合奖的许多指标需要相对较长的时间观察，并且统计成本也较高，所以一般以年度为单位，最多以半年为单位。

　　▶ **3 种奖金方式的优点**

　　从不同角度满足绩效评估的需求：

　　A. 销量奖 →满足绩效评估的"及时性"

　　B. 专项奖 →满足绩效评估的"针对性"

　　C. 综合奖 →满足绩效评估的"客观性"

　　以上 3 种奖金数额的具体比例很难一概而论，从经验来看，大致可用 5∶2∶3 的比例。

4 类 KPI（概述）：

　　按照信息收集成本，从低到高排列如下：

A 类指标：企业可以直接统计的指标，以销售回款额为主，兼顾发运额和费用比例等。

B 类指标："亩产量"，即从销售额中扣除退货、冲货部分，再根据市场规模平均。

C 类指标：也称"过程指标"，主要指分销率和终端相对销量等。

D 类指标：也称"软指标"，主要指组织建设、系统创新与优化水平等。

　　注：上述指标的具体说明详见之前的相关内容。

知识链接 本章前面的 4 类 KPI 说明

实用工具9.1

销量奖金计算方法及其应用

　　总体说明：

　　（1）销量奖金只是 3 种奖金方式的其中一种，需要与另外两种奖金方式（专项奖和综合奖）结合使用。

　　（2）销量奖金的计算方法总体上分为两类：一是销量提成奖；二是销量目标奖。区别在于前者与销售人员所辖市场的规模密切相关，后者考虑了"亩产量"的因素，只与目标完成率相关。

　　（3）这里所讲的"销量"并非真正销售给消费者的销量，主要指销售回款额（兼顾发运额）。

一、销量提成奖

　　销量提成奖有多种计算方法，其共同点都是将"销售回款额"直接作为奖金的计算参数。

　　1. 直线提成法

　　◆ 计算公式：

　　奖金 = 销售回款额 × 提成比例　　　　　　　　　　　　　　　　　　　　　　　（9 − 1）

　　注：（1）当发运与回款悬殊较大时，往往还兼顾发运额。（2）对于销售代表和促销员等人员，一般以网点回款或销量作为计算数据。

　　【例 9 − 1】如提成比例设定为 1%，销售回款额为 20 万元，则奖金为 2 000 元（200 000 × 1%）。

　　◆ 利弊简析：

　　优点：简单易行。

弊端：销售人员的奖金受市场规模影响巨大，容易让"占据"大市场的人不劳而获，而"不幸"分得小市场或新市场的人员则感到严重不公平。因此很难调动人员的积极性，并且相对规模较小的市场或新市场很难开拓。

◆ 适用的生意状况：

直线提成法一般都是"权宜之计"，适用于销量难以预测的情况：

——适用于刚建立的企业，或者企业出现重大变动使销量难以预测；

——适用于新开拓的市场或新增网点；

——适用于重要新产品上市初期的单提奖金。

2. 分段递增提成法

基本思想是将销售回款按绝对值或目标完成率分为几段，提成比例不断递增。

◆ 计算公式：

奖金＝分段回款额×递增提成比例（然后相加）   （9－2）

注：（1）通常做法是设立回款下限（又称保底）和目标，从而将销售回款分为三段；然后分别制定递增的提成比例，往往下限以内的部分提成比例为零。也可以只设定目标，下限用目标的相应比例来设定（如目标的60%）；或者只设下限，将销售回款额分为两段。（2）对于销售代表和促销员等人员，一般以网点回款或销量作为计算数据。

【例9－2】城市经理小王的月回款下限是20万元，在此之内的部分没有提成；月回款目标是30万元，在下限和目标之间的回款提成比例设定为1%；超过目标部分提成比例为1.5%。

假如小王某月销售回款额为40万元，则奖金计算如下：

当月奖金＝（300 000－200 000）×1% +（400 000－300 000）×1.5% ＝2 500（元）

奖金＝销售回款总额×变动提成比例（根据目标完成率递增）   （9－3）

注：（1）通常做法是先设立目标，然后定出目标完成率下限（又称保底比例），再结合100%完成率，从而将销售回款的目标完成率分为三段；而后分别制定递增的提成比例，往往下限以内的部分提成比例为零。当然也可只定下限，达不到下限没提成，超过下限按设定提成比例计算。（2）公式9－3和公式9－2没有本质区别，差异在于公式9－3是将销售回款总额全部计算在内，所以提成比例相对较低，而且在设计递增梯度时不容易拉开。总体上看，公式9－2比公式9－3更容易激励人员。（3）对于销售代表和促销员等人员，一般以网点回款或销量作为销售目标的计算数据。

【例9－3】城市经理小王的月回款目标是30万元，如果目标完成率低于60%，没有提成；如果目标完成率在60% ~ 100%，则按所有销售回款额提成0.5%；如果目标完成率超过100%，则按所有销售回款额提成0.7%。

假如小王某月销售回款额为40万元，则奖金计算如下：

目标完成率＝40÷30＝133%（所以提成比例为0.7%）

当月奖金＝400 000×0.7% ＝2 800（元）

◆ 利弊简析：

优点：增加了销售人员提升销量的压力和动力，而且相比"直线提成法"，适当考虑了市场规模的因素，可以减缓"分配不公"的程度。

弊端：

（1）销售目标和底线的设定依赖于上级的主观判断，难以保证客观。

（2）销量奖金往往按照月度或季度发放，这样的奖金计算方法很可能导致每个人员一年获得的奖金总额，不仅取决于回款总额，还取决于这些回款在每个月份如何分布。销售人员如果看到某个月的回款达不到目标甚至下限，就有可能劝说客户推迟回款，与下月回款合并，以便在下月拿到最高的提成比例。

（3）市场规模仍然对同级别销售人员的奖金影响较大，依然很难调动人员的积极性，并且相对规模较小的市场或新市场很难开拓。

◆ 适用人员及生意状况：

分段递增提成法是不少企业和销售管理者采用的方法。

——特别适用于促销员、销售代表等基层销售人员，因为销量的压力和动力是非常有效的激励措施，而且他们难以影响网点的销量或回款（促销员不可能，销售代表即使有类似行为也很容易被察觉）。

——也适用于有较大销量增长空间的销售经理，但是必须在分段递增提成法的基础上适当修正。比如，每月只发放80%的奖金，每半年或年底根据总体目标完成情况进行奖金调整，对之前已发放的奖金"多退少补"。

3. 分段递减提成法

基本思想同"分段递增提成法"一致，只不过提成比例是反方向递减，实际工作很少使用这种计算方法。

二、销量目标奖

销量提成奖中虽然也涉及销售目标，但是始终将"销售回款额"直接作为奖金的计算参数，所以市场规模对奖金总是有很大影响。销量目标奖引入了"亩产量"的概念，消除了市场规模对奖金的影响。

1. 完成率直线计算法

基本思想是给定每个级别人员的奖金基数，然后根据目标完成率计算奖金。

◆ 计算公式：

奖金 = 奖金基数 × 目标完成率　　　　　　　　　　　　　　　　　　　　(9-4)

注：（1）通常做法是先设立各级人员的奖金基数，然后再根据市场规模设定每个人员的销量目标。（2）对于销售代表和促销员等人员，一般以网点回款或销量作为计算数据。

【例9-4】某企业城市经理小王的每月奖金基数是2 000元，月均回款目标是30万元。

假如小王某月销售回款额为40万元，则奖金计算如下：

当月奖金 = 2 000 × （40÷30） = 2 667（元）

◆ 利弊简析：

优点：

（1）根据同级别人员不同的市场规模制定相应的销量目标，并乘以同样的奖金基数，能更客观地评估销售人员的工作努力程度和工作能力；同时，也有利于人员调动和开拓新市场。

（2）企业和销售管理者更容易预测奖金数额，便于人员成本的控制。

弊端：

（1）销售目标的设定至关重要，但依赖于上级的主观判断，难以保证客观。

（2）带来了一个新问题：容易使销售人员感到"奖金封顶"了。其关键在于目标不能定得太高，要允许一部分人超额完成。

◆ 适用人员及生意状况：

完成率直线计算法适用于市场相对成熟的企业或各地区市场规模差异较大的企业。

——不太适用于促销员、销售代表等基层销售人员。因为市场成熟只是就总体而言的，着眼于具体网点还是有很大的潜力，而且各网点销量的差异反而可以作为人员配置中的激励手段。

——比较适用于区域经理及以上级别人员，因为这些人员一般需要在一定范围内调动，而且最强的销售经理往往用于开拓潜力巨大的新市场或薄弱市场。城市经理视其工作更接近区域经理还是销售代表，酌情而定。

2. 完成率递增计算法

其基本思想同"分段递增提成法"类似，只不过以奖金基数为计算标准。

◆ 计算公式：

奖金 = 奖金基数 × 修正后的目标完成率　　　　　　　　　　　　　　　　(9-5)

注：①通常做法是先设立各级人员的奖金基数，然后再根据市场规模设定每个人员的销量目标。②设立目标完成率的下限，下限之内没有奖金，即将其目标完成率修正为零；如果目标完成率超过100%，则超额部分乘以一定的系数，将计算奖金的目标完成率往上修正。③对于销售代表和促销员等人员，一般以网点回款或销量作为计算数据。

【例9－5】某企业城市经理的每月奖金基数是2 000元，小王的月均回款目标是30万元。企业规定目标完成率低于60%，没有奖金；如果目标完成率超过100%，超过的部分乘以1.5之后作为计算奖金的目标完成率。

假如小王某月销售回款额为40万元，则奖金计算如下：

目标完成率 = 40 ÷ 30 = 1.33

修正后的目标完成率 = 1 + （1.33 - 1）×1.5 = 1 + 0.5 = 1.5

当月奖金 = 2 000 × 1.5 = 3 000（元）

▶ 利弊简析：

相比完成率直线提成法，完成率递增计算法使销售人员完成销量目标的压力和动力进一步增强，其他利弊基本与其类似。

▶ 适用人员及生意状况：

与完成率直线提成法基本相同。

三、"销量奖"计算方法及其应用小结

以下只是大体规律，关键还在于各级销售管理者在"试错"中不断优化。

（1）从企业和生意状况的角度看：相对成熟的企业和市场倾向于应用"销量目标奖"的计算方法；新建立的企业或整体都处于快速增长中的企业以及销量难以预计的生意状况，倾向于应用"销量提成奖"。

（2）从销售人员的层级来看：对于基层销售人员，相对适宜采用"销量提成奖"的计算方法；对于中高级销售经理，相对适宜采用"销量目标奖"的计算方法。

（3）从两类计算方法内部来看，如果对销量能够相对准确地预测，最好采用"分段递增提成法"或"完成率递增计算法"。

（4）如果需要，可以两类计算方法并用。比如，对于已开拓的市场采用"销量提成奖"，对于新开拓市场采用"销量目标奖"。

（5）具体的提成比例或奖金基数，没有通用标准；关键在于奖金加上底薪的总收入，能够吸引到需要的人才。

四、专题讨论：销量目标的制定

除了最简单的"直线提成法"以外，几乎所有的销量奖金计算方法在具体操作时都涉及销量目标的制定。制定每个下属的销量目标，一直是各级销售管理者面临的"难题"。

1. 基本思想：销量目标应该让下属"跳起来可以够得着"

A. 销量目标总是高于现实销量，必须让下属"跳起来"才可以达到；

B. 销量目标又必须让下属能"够得着"，否则再好的奖金制度也没有意义。

说明：销量目标的制定并非管理者的单向过程，是和下属双向沟通的互动过程。

2. 制定销量目标的SMART原则

SMART是"聪明"的意思，这里用于5个原则的缩写。

（1）specific（明确具体）：销量目标不能模糊不清，如同人员分工一样，必须明确该销量目标所指的地域（最好精确到客户和网点）、产品和渠道，避免发生理解上的歧义。

（2）measurable（可衡量的）：销售代表（包括部分城市经理）的销量和回款往往只能由分销商提供，所以在制定这些人员的销量目标时，必须确保可以获得相应的准确数据。

（3）achievable（可达到的）：让下属"跳起来可以够得着"，否则奖金就失去了激励的意义。

（4）relevant（相关的）：不少销售经理为了让下属的总体销量"看起来"可以满足公司的要

求，常常将与下属工作无关的销量也"拼凑"到销量目标中。城市经理往往把分销商自身批发的销量也划给销售代表，区域经理往往把一些城市经理根本不可能顾及的客户也划给他。这样做对销量奖金的评定非常有害，很可能下属真正负责的产品销量在显著下降，但由于其他部分的销量增长而"莫名其妙"地超额完成目标；反过来，也有可能下属通过努力提高了其真正负责的产品销量，但由于其他部分的销量降低而"深受其害"。相关性原则是在制定销量目标时最容易忽略的原则，"拼凑"的销量目标可谓"有百害而无一利"。

（5）time-line（清晰的时限）：任何销量目标都必须清晰地界定时间限制，这一点一般都能做到。

3. 制定销量目标的 3 个操作细则

（1）销量预测方法。

制定下属的销量目标，实际上就是销售管理者对下属的销量进行预测。基本方法无非两个：时间数列预测＋因果预测。

A. 时间数列预测：简单地讲，就是根据每个下属的"历史销量"对未来销量作出预测。

B. 因果预测：在时间数列预测结果的基础上，再考虑未来可能变动的重要作用因素对销量的影响。比如，重要新产品的上市、分销或促销投入的增加或减少，以及季节因素等。

知识链接 第 5 章的预测方法

重要提示：在制定销量目标时切忌"鞭打快牛"（也称棘轮效应（Ratchet Effect）），可以向业绩突出的下属提出更高的销量要求，但实际计算奖金的销量目标不要比其他人增幅更高；否则下属会感到越努力越受打击，奖金也就失去了激励的意义。

（2）销量目标的时间跨度。

销量目标的时间跨度，即按照多长的时间来制定下属的销量目标，比如是逐月定目标还是每个季度末定下季度的目标。这个问题对于奖金机制的激励效果非常重要。

A. 经验法则：

①在可以对销量作出相对合理预测的情况下，尽量扩大销量目标的时间跨度。

②最好不要逐月定销量目标，既费事又容易打击下属的积极性。

原因在于：销量目标如果具有相对较长的时间跨度，可以让下属不用过于担心"鞭打快牛"的问题，从而为实现目标努力工作。此外，也有利于下属了解上级对一段时间内的销量规划，并相应安排其工作重点。

B. 经验数据：

什么是各级人员销量目标的合理时间跨度呢？这个问题没有标准答案，以下是作者的经验数据，仅供参考。

①促销员和销售代表：以**季度**为单位制定销量目标较为适宜。

②城市经理及以上级别人员：以**年度**为单位制定销量目标较为适宜（便于安排工作计划），可视需要每半年甚至每季度适当调整。

（3）是否需要在实施过程中，调整已制定的销量目标(也称为事后评估)。

销售管理者应将制定的销量目标视为与下属的"契约"，绝对不能随意调整。

A. 原则上不要将已制定的销量目标在实施过程中上调。如果一看下属的销量目标完成情况较好，就将后续的目标上调，将向下属传递一个非常危险的信号，严重影响下属的工作积极性并破坏上下级之间的信任。

B. 不要仅仅因为下属的"抱怨"而在实施过程中下调已制定的销量目标。没有绝对合理和公正的目标。如果一听到下属的抱怨就在实施过程中随意下调目标，将会向下属传递"会哭的孩子有奶吃"的危险信号，严重影响管理者在各个方面的"权威"和可信度。

C. 如果作用因素的实际变动与预期不吻合，或者生意发生了没有预计到的事件，应该果断下调下属的销量目标。比如，新产品没有如期上市，但原来制定的销量目标已经考虑到这一增长因素，这时合理下调目标既公正又无损管理者的威信，只会向下属传递积极的信号。

专项奖金示例

总体说明：

（1）专项奖金是针对生意的各种作用要素（主要为过程指标）对实地销售人员采取的一种激励方式。

（2）优点在于直接针对影响销量的作用因素，并且为销售人员提供了提升销量的途径；一般在生意发展过程中适时评估，当然也可在年底专门设立某些方面的"专项奖金"。

（3）专项奖一般针对最重要的两类过程指标：一是分销水平；二是终端促销水平，同时可针对任何销售作用因素，如队伍建设、分销商管理等。

"星光"杯分销拉力赛

公司将会在6月份隆重推出"星光"系列产品，这将是下半年的重要生意增长点。本大区的所有销售人员都必须全力投入到新产品的分销工作中，勇夺分销拉力赛的冠军。

各城市的"星光快车"正在起跑线上蓄势待发，GO！

1. **首发日期**：201×年6月1日

2. **参赛阵容**：8个省会级城市的"A级车队"，20个重要地级市的"B级车队"

3. **比赛路线**：如图9-8所示

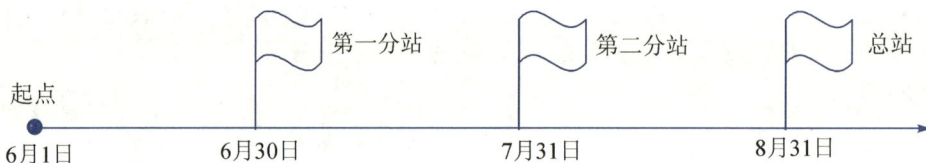

图9-8 比赛路线

4. **竞赛指标**：各城市"星光"系列产品的加权分销率

注：（1）统计标准以之前规定的各城市的各类网点数量为基础，同时发生终端费用的网点必须符合公司的相关费用标准；（2）加权分销率的计算和核查方法详见相关文件。

5. **奖项设置**：A组和B组分别比赛，并以城市为单位发放奖金

（1）分站奖（以截止每个分站结束日期的加权分销率作为标准，共3个分站）：

分站冠军：奖金20 000元

分站亚军：奖金10 000元

分站季军：奖金8 000元

（2）拉力赛总奖（把每个分站的名次相加，作为评估指标）：

拉力赛冠军：奖金100 000元，并颁发"星光"杯拉力赛冠军奖杯

拉力赛亚军：奖金50 000元，并颁发"星光"杯拉力赛亚军证书

拉力赛季军：奖金30 000元，并颁发"星光"杯拉力赛季军证书

说明：所有分站和总站的获奖单位，必须同时完成之前制定的销售回款目标的80%以上，否则宁缺毋滥。所有"参赛者"如有任何问题，可致电林小姐询问。

××大区"星光"杯拉力赛组委会

201×年5月20日

销售力

实地销售经理年度积分卡

总体说明：

（1）积分卡是综合绩效评估中对销售业绩（硬指标）部分的量化评估体系，既要考虑指标的全面性，也要重视可行性。

（2）一般对实地销售经理不直接采用利润指标考核，通过销量目标和费用比例间接考核。

评估指标	指标计算方法	满分	评分细则
1 销量目标完成率	①销量目标完成率＝实际完成销量÷年度销量目标 ➡实际完成销量＝销量（回款和发运取其低）－退货×2 ➡示例：小王的年度销量目标为900万元，本年回款1 100万元，发运1 200万元，所辖客户退货为50万元，则： 实际完成销量＝1 100－50×2＝1 000（万元） 销量目标完成率＝1 000÷900×100%＝111% ➡数据来源：一律以财务部提供的数据为准	40	➡该项指标得分＝40×销量目标完成率 ➡该项指标得分不封顶 ➡示例：小王得分＝40×111%＝44（分） （注：计算结果四舍五入）
2 销售费用比例	②销量费用比例＝实际费用（除本人外）÷实际完成销量 ➡实际费用：包括除本人以外的辖区内所有费用和工资 ➡实际完成销量：参见指标1的计算结果 ➡示例：上例中小王的年度销售费为220万元，则： 销售费用比例＝220÷1 000×100%＝22% ➡数据来源：一律以财务部提供的数据为准 ➡标准费用比例：各级职位的标准费用比例详见费用制度	15	➡该项指标得分： （1）费用超支：15－超支%数×1.5 （2）费用节余：15＋节余%数 费用节余，仅当销量目标完成率到80%以上，才按上述公式计算，否则只得15分 ➡该项指标得分不设下限，最高20分 ➡示例：小王是区域经理，标准费用比例是20%，显然费用超支2个百分点。 小王得分＝15－2×1.5＝12分
3 终端加权分销率	③终端加权分销率＝报告分销率×报告抽查准确度 ➡报告分销率：详见相关报告格式及计算说明 ➡报告抽查准确度：企业每年至少对各级销售经理辖区内的分销报告数据抽查一次，以此作为全年报告的准确度 ➡示例：小王上报其所辖区域的加权分销率是90%，上级某次抽查其报告准确率是89%，则： 终端加权分销率＝90%×89%＝80% ➡数据来源：以分销报告为基础，加上实地抽查准确度	15	➡该项指标得分： 85%以上：15分　80%～84%：10分 75%～79%：7分　70%～74%：5分 60%～69%：3分　60%以下：0分 分销特别优秀或特别恶劣者，酌情考虑。 ➡示例：小王该项指标得分：10分
4 重要终端销量指数	④重要终端销量指数＝辖区内平均销量÷全国平均销售额 ➡重要终端的定义：详见公司定义的KA店和专柜等 ➡示例：小王所辖区域的重要终端月均销量为3万元，全国重要终端单店月均销量是2.5万元，则： 重要终端销量指数＝3÷2.5×100%＝120% ➡数据来源：以公司的终端部门统计为准	15	➡该项指标得分＝8×重要终端销量指数 ➡该项指标得分，最高为15分 ➡示例：小王得分＝8×120%＝10（分） （注：计算结果四舍五入）
5 回款准时率	⑤回款准时率＝准时回款额÷回款总额 ➡准时回款的定义：客户在合同要求时间之内的回款 ➡示例：小王的年度总回款为1 100万元，其中950万元为准时回款，则： 回款准时率＝950÷1 100＝86% ➡数据来源：一律以财务部门提供的数据为准	10	➡该项指标得分 95%以上：10分　90%～95%：5分 80%～89%：3分　80%以下：0分 情节特别恶劣者，可以评定为负分。 ➡示例：小王得分为3分
6 报表水平	➡报表水平的定义：上交报表的及时性和准确性 ➡数据来源：以报表统计人员提供的评分为准： 5分——优秀；4分——良好；3分——及格；0分——差	5	➡该项指标封顶为5分
7 扣分	1. 冲货行为扣分：如果一旦发现冲货行为，每次扣5分，并将冲货金额乘以10～30倍从其实际销售额中扣除 2. 凡有重大欺骗或弄虚作假行为的，一经发现取消其评估资格，并按相关制度处理 3. 对于其他有损公司利益的行为，酌情扣分直至取消评估资格		

以上综合评估的积分，用于年度综合奖金的评定和相关方面：

（1）年度综合奖金按照上述积分，乘以各级职位的每一分所对应的奖金基数（总分70分以下无奖金）。

（2）各级职位的积分前三名，将获得额外奖金（具体金额详见各职位的奖金制度）。

（3）以上积分也是职位晋升和增加底薪的重要参考依据。

9.4.5　精神层面的激励

薪酬待遇（重点是奖金机制）无疑是激励下属最直接的方式，但员工的需求具有多个层次。精神激励不仅是要员工实现业绩目标，更重要的是激发员工对工作的兴趣，并将这种兴趣转化为对销售的热忱。按照激励强度从低到高的顺序排列，大致有以下5种精神激励的方法：

1. 适时的表扬与肯定

任何员工都希望上级能看到和肯定自己的工作成绩和进步（哪怕很微小），所以销售管理者不要"吝惜"自己的表扬。从当面的口头表扬到销售会议上的公开表扬，也许管理者的一个鼓励就可以起到"春风化雨"的作用，甚至改变一个员工的职业生涯。

作者亲身经历过一个难忘的案例：曾经有一个下属通过自己的努力工作，从销售代表一直升到区域经理，有一天对我说："我能到今天都是因为当初您的一句话。也许您已经忘记了。我还是销售代表的时候，有一次您到我们区域实地工作，当时我负责的网点销量并不理想，但您看到某个较难分销的产品在我负责的网点中分销不错时，您肯定了我的这一微小的闪光点。这给了我很大的信心，从此我下决心要比别人做得更好。"下属的这番话让我久久回味，并真正体会到了什么是"小激励，大效果"。

2. 始终给下属公开表现的机会

不仅要表扬下属，还需要给下属提供公开表现的机会。比如，在每天的早会或正式的销售会议中，让下属当众介绍一下他的某些经验或想法，这将对其本人和其他人都起到不小的激励作用。如果坚持下去，就可以"涓涓细水，汇成江河"。又如，将员工的销量进度图贴在办公室的醒目位置，或张贴"每月一星"的照片等，也是"无声"地给下属提供表现的机会。

3. 定期评选优秀员工，并给予某种称号

这是很多销售管理者都在应用的激励方式，虽然往往伴随着少量的奖金，但对员工精神层面的鼓励是主要的。比如，"每月之星""分销标兵""销售先锋"等，既可以综合评估，也可以针对单项指标设立。

4. 适时调整分工，让下属的工作更新鲜或更具挑战性

销售管理者不可能总是给优秀的下属升职，但可以在同级别内提供更"新鲜"或更具挑战性的工作，这也是一种精神奖励。

比如，让能力很强的销售代表负责拓展空白的二级城市，虽然级别没变，但是会让下属感到更有挑战性并且找到"城市经理"的感觉；又如，在零售和批发渠道之间适当对调人员，也能让下属感到工作有"新鲜感"。当然，在不影响工作的前提下，适当考虑下属的工作地点和家庭所在地也是一种精神激励方式。

5. 适当授权

"权限分配"不仅仅是组织结构设计的问题，授权同时也是一种精神激励的方式，让下属感受到的是信任和责任。即使一句类似"这件事情你决定吧，我相信你"的话，也可能让下属感动不已并倾力而为。

综上所述，虽然精神激励并没有让下属"升官发财"，但激励效果不容小视，常常可以在销售管理工作中起到"四两拨千斤"的作用，特别是当实地销售经理在奖金和升职方面的权力非常有限的时候，精神激励很可能成为主要的激励方式。

9.5 销售人员的综合评估与晋升机制

前面阐述的薪酬激励与精神激励统称为"横向激励机制",因为都属于一个层级内的激励方式。横向激励机制可以视为员工职业生涯发展中的"量变",而职位升迁则可视为员工职业生涯发展中的"质变",由于这涉及上下层级之间的垂直变动,所以本书将其称为"纵向激励机制"。

横向激励机制必定存在(比如不可能没有薪酬制度),一般只是**"好不好"**的问题;而纵向激励机制在许多销售队伍中却是**"有没有"**的问题。不少销售队伍缺乏明确的职位晋升机制,一切都靠"上级说了算"。毋庸置疑,让各级员工清晰地看到通往更高职位的"管道",是每一个销售管理者必须高度重视的激励手段。

实用工具10

销售人员晋升机制的"1234"设计模式

销售人员晋升机制的"1234"设计模式如图9-9所示。

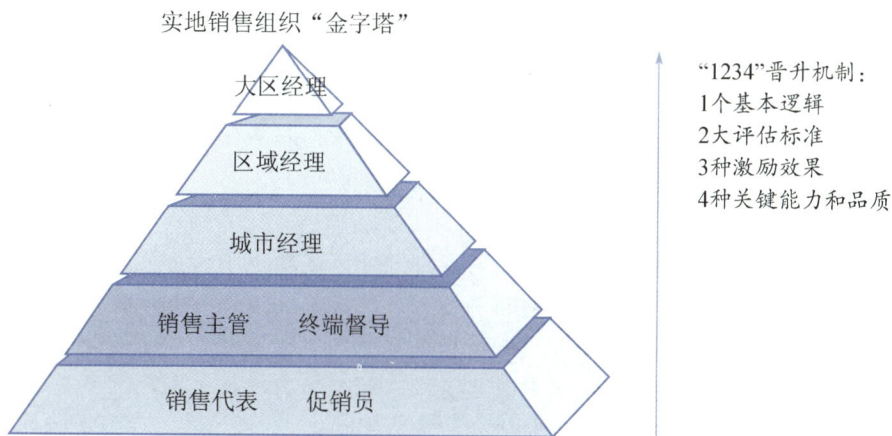

注:以上"金字塔"以大多数企业现状为背景,不同企业的层级划分和职位设置有所不同。

图9-9　销售人员晋升机制的"1234"设计模式

1个基本逻辑:

获得晋升的销售人员必须在同级别中销售业绩突出,但并非业绩突出就一定应该晋升。

2大评估标准:

(1)"硬指标":销售业绩。

A. 对于城市经理及以上级别人员,不能仅把销量大小作为销售业绩的唯一标准,应该结合多项生意指标综合评估。其详见之前的"实地销售经理积分卡"。

B. 对于销售代表、促销员等基层销售人员,可以简单地把销量目标完成率作为标准。

C. 在具体设计晋升机制时,可以将销售业绩的绝对值(如销售经理的综合得分、基层销售人员的目标完成率)和相对排名相结合,这样既可以避免"从一堆烂苹果中勉强挑选或硬性淘汰",又可以考虑到影响生意的客观因素。此外,晋升机制应该"有升有降"。举例如下:

➡ 晋升标准(示例):在同级销售经理中综合得分排名前10%,同时得分不低于80分;在销售代表或促销员中目标完成率排名前10%,同时完成率不低于80%。

➡ 降职标准(示例):在同级销售经理中综合得分排名最后10%,同时得分低于70分;在销售代表或促销员中目标完成率排名最后10%,同时完成率低于70%。

注:①以上晋升标准只是必要条件,还需考虑工作能力;降职标准可直接生效。②有时候按比

例"硬性淘汰制"可以更大地增加员工的压力，但不宜长期使用。

（2）"软指标"：工作能力和品质。

销售业绩突出并非证明能够胜任更高的销售管理职位，详见后续的4种关键能力和品质。

3种激励效果：

晋升机制与其他横向激励机制最大的区别在于，一个人的晋升不仅仅是对其本人的激励，同时也会对同级别的所有人产生巨大的"心理影响"。虽然奖金机制和精神激励等也有类似影响，但是没有晋升带来的"心理冲击"强烈和直接。

（1）正面反应（分配的公平）。

提升了某个员工之后，大部分与其同级别的人"心悦诚服"并以其为榜样，这是所有销售管理者最希望看到的结果。要取得这样的效果，就必须建立以两大评估标准为基础的晋升机制。

（2）中性反应（程序的公平）。

提升了某个员工之后，大部分与其同级别的人并不"心服"，但至少认为上级是按照"有言在先"的制度（比如简单地根据销量目标完成率的排名）作出决定的，没有掺杂私人因素。所有人员虽然不一定都认同晋升制度的合理性，但相信自己努力达到相应标准也会有升职的机会。

（3）负面反应（程序不公平）。

"提升了一个人，打击了一大片"，这是最糟糕的晋升机制。原因在于管理者没有制定任何明确的晋升标准，完全出于自己的主观判断，甚至以个人关系和喜好为决定因素。这样的情况屡见不鲜，晋升机制走向了激励的反面，将使员工失去对上级的信任和降低努力工作的积极性。

4种关键能力和品质：

除了销售业绩以外，一个销售人员是否应该获得晋升，还取决于其工作能力和品质能否胜任更高管理职位的要求。有关这个问题，我们可以开出长长的清单并设计一大堆的问卷，但是从实地销售经理的可操作性方面来看，重点在于把握最关键的能力和品质要求。什么是关键能力和品质呢？这个问题也没有标准答案，我们不妨将其转换成另一个等价的问题来考虑：

◆ 各级销售管理工作的主要差异在哪里？

A. 职位越高，管理的生意范围越大，能够支配的资源也越多；

B. 职位越高，决策工作相对执行工作的比例越大；

C. 职位越高，管理的人员一般也越多，管理工作也越复杂。

从以上三点出发，我们不难得出在评估职位晋升中的关键能力和品质要求。

（1）人品正直。

所谓正直，就是公正与诚信。升职后能够支配更多的资源，并对更大范围的生意造成影响，无疑，人品正直是首要关注的品质。

（2）策略性思维能力。

销售人员升职后的工作相比之前的工作，更多地需要思考"做什么"和"怎么做"的问题，这就需要更强的策略性思维能力，具体包括：

▶ 生意洞察能力：能够敏锐地洞察生意的增长点和问题点。

▶ 优先性设置的能力：要做的事情必然很多，分清轻重缓急非常重要。

▶ 分析复杂问题的能力：能够透过现象看本质，找出问题的深层次原因和解决方案。

（3）领导能力。

销售人员升职后，往往管理下属的数量比之前要多，而且其直接下属将是以前与自己同级别的人员，所以领导能力的要求更高（详见9.8.2部分）。

（4）培训能力。

广义来讲，培训能力也是领导能力的一部分。不言而喻，职位越高越凸显培训能力的重要性，特别是要具备培训原来同级别人员的能力（详见 10.1.3 部分）。

◆ 360 度绩效评估制度

360 度绩效评估制度，最早由被誉为"美国力量象征"的 Intel 公司倡导并实施，基本思想就是要从多个角度评估工作绩效。对于一个销售人员的工作能力和品质，管理者不能只从自己这一个角度来评估，特别是大部分人都会把最"美好"的一面呈现在上级面前。还需要就以上 4 种关键能力和品质广泛地征求其下属和客户的意见，往往可以从中得到更真实的信息。就实地销售管理者的操作性来看，正式问卷容易让对方感到拘束和有所保留，在轻松的氛围中口头沟通反而会得到更有价值的信息。

虽然工作能力和品质是"软指标"，但是之前所讲的隔级任免的机制首先可以在一定程度上防止出现"作弊"的问题；其次每个管理者应该要求下属在提升员工时，必须提供有关以上四个关键能力和品质的具体案例和说明，并有针对性地核查。

综上所述，晋升机制的"1234"设计模式的核心在于建立相对客观的销售业绩量化评估体系（如积分卡）和对 4 种关键能力和品质的多方位考查。

有的观点是将"软指标"再进行量化评分，并同"硬指标"得分合并按一定权重（比如三七开）得出最终的评分。本书认为两种指标应该分别独立地作为晋升的必要条件，不能用一方面的优秀掩盖另一方面的不足，所以没有必要合并计算（这个合并的过程也难保客观）。

最后，在具体操作过程中应该注意两点：

A. 事先公布晋升机制（包括降职），既可以让下属清楚应该努力的方向，也可以避免在职位调整之后让下属感觉"先内定人选，再找理由"。

B. 一定要将职位调整及其理由（销售业绩和工作能力/品质）"公之于众"，既说明整个决定过程的光明正大，也让其他下属明白应该学习的地方和努力方向。

9.6 如何约束销售人员的"道德风险"

横向和纵向激励机制的着眼点都是"提高员工的工作努力程度"，上下级之间的"委托代理关系"决定了下属可能存在"道德风险"，而约束机制则着眼于"提高员工的诚信程度"。约束机制的出发点不是简单的"信不信任"的问题，对员工本人也有利：

A. 为所有员工提供公平竞争的机会，以免"劣币驱逐良币"；

B. 不向下属提供滋生"机会主义"行为的土壤，以免"断送"其职业生涯的发展前途。

实地销售人员常见的"道德风险"如下：（1）吃"空饷"或贪污其他销售费用；（2）做假报表；（3）"冲货"问题；（4）贪污货款或货物；（5）兼职问题；（6）其他问题。

知识链接 第 4 章有关"道德风险"的详细说明

383

9.6.1 约束机制的两大原则

1. 销售人员的机会主义风险 = f（所获利益，惩罚力度，监测概率）

以上公式的含义是，销售人员的机会主义风险的可能性大小取决于公式右边的三个因素，并与其成反比。

（1）销售人员所获利益（可理解为所有激励的总和）越大，则越会"投鼠忌器"，因为担心被企业或上级发现后的损失更大。这有点类似于"高薪养廉"。

（2）企业的惩罚力度越大，则销售人员机会主义行为的可能损失就越大，自然机会主义的倾向就越低。比如，企业为防范风险让销售人员提供保证金或担保等，都属于提高对其机会主义行为惩罚力度的措施。

（3）如果企业虽然惩罚力度很大，但实际上不能有效监测到销售人员的机会主义行为，那么销售人员也不会有所顾忌。这就是通常所说的"光打雷，不下雨"。

2. 企业或上级的监测力度 = f（边际监测成本，边际监测收益）

显然，企业的监测概率与其监测力度成正比。该公式的含义是，企业的监测力度取决于边际监测成本和该监测所带来的收益（这种收益指减少了企业目前或未来的损失）。

（1）一般而言，企业或上级的监测工作也遵循边际报酬递减规律，所以监测力度会停留在边际监测成本等于边际监测收益的那一点，因为再提高监测力度就得不偿失了。监测成本很大程度上是固定成本，这就意味着规模越大的企业其监测力度可能越大，同一企业对职位越高的人员监测力度可能相对越大。

（2）惩罚有时也需要企业付出短期的成本，如辞退了销售人员可能导致当地生意暂时的下降，这主要取决于企业或上级的处罚决心。

约束机制三要素中的利益问题，已在前面的激励机制中详细阐述。接下来主要分析惩罚力度和监测手段。

9.6.2　惩罚力度

约束实地销售人员"道德风险"的惩罚力度（按从低到高的顺序排列）：

（1）批评→公开批评→处分；

（2）罚款；

（3）降职；

（4）辞退；

（5）追究法律责任。

以上5种惩罚力度实际上就是激励手段的反向操作，最终形成的无非类似"如果你怎么样，我将如何处罚"的管理制度。制定这样的管理制度并不困难，难点在于如何防范和监测员工的"机会主义行为"。

9.6.3　如何防范和监测实地销售人员的"道德风险"

方法1：通过合理的"权限分配"，减少下属"道德风险"可能造成的损失

"权限分配"的基本原则无非两点：一是生意需要；二是下属的成熟度。成熟度就包括了责任心和人品等因素，详见之前有关授权的阐述。

▶ **知识链接**　本章的授权模型和责权利确认书

方法2：通过制定严密的操作流程，缩小下属"道德风险"的行为空间

▶ 费用和工资方面：比如，规范报销票据和人员费用标准等。

▶ 货/款方面：比如，要求客户提供详细的营业资料等文件，并在合同中规定不许销售人员接触现金和私借货物等条款。

▶ **知识链接**　第11章的费用管理制度

方法3：切实贯彻MNE的管理模式，降低下属"偷懒"或兼职的可能性

如果仅仅给下属制定一个总的销量目标，很难知道下属工作的努力程度。很可能下属没怎么努力，仅仅依靠生意增长惯性就完成了销量目标；即使没有完成目标，也可以找出一大堆的客观理由"糊弄"过去。

▶ 通过给下属制定具体与可衡量的目标、确定其工作重点，并评估其工作结果，可以大致判断下属的努力程度，并至少督促其完成最重要的工作。

▶ 不预先通知下属具体的实地工作，也可以更准确地了解其工作情况。

方法 4：根据抽样统计的原理，适当抽查工资、费用和报表的真实性，以及通过数据库软件自动监测数据之间的逻辑关系和数据源的真实性

方法 5：建立监测冲货的有效机制

也许有的观点会认为"何必这么麻烦，不如全包干好了"。前面的分析已经指出，"全包干"会使企业的销量和利润遭受较大损失，并且可能导致销售人员将费用贴补给客户从而造成大量的冲货，这种做法一般只适用小型企业。**两害相权取其轻，我们不能"因噎废食"。**

约束下属的"道德风险"，并非表面上的"处罚制度"，也不是一项"孤立"的工作，关键在于和其他销售管理工作相辅相成。

9.6.4　专题讨论：激励与约束机制的"公平"

"公平"无疑是一切激励和约束机制的着眼点和落脚点，包括两层含义：

1. 分配的公平（distributive justice）

分配的公平也可以理解为结果的公平，即所有的奖励和处罚都客观反映了员工的行为和能力，这也是人们通常所说的"公平"的含义。但是由于管理者无法直接"观测"到销售人员的行为和能力，只能通过生意结果来"推测"，所以绝对意义上的分配公平是不可能的。

2. 程序的公平（procedural justice）

程序的公平是各级销售管理者真正可以做到的"公平"，其含义是：

（1）所有的奖励和处罚都基于定义清晰的规则（尽可能量化），并且"有言在先"；

（2）规则面前，人人平等。

比如，事先规定了按照"销量目标完成率"决定奖金和晋升，虽然奖金最高和获得晋升的员工并不一定是同级别中最努力和最优秀的人，但是该激励机制符合"程序的公平"；又如，规定了报表作假以抽查到的数据为准，也许有很多人做假但只有一个人被抽查到，从结果看不公平但程序上是公平的。现实生活中，高考是最典型的例子，分数最高的不一定是最优秀的学生，但是从程序来讲是公平的。

因此，对于激励和约束机制的"公平"可以理解如下：

"分配的公平"是努力追求的目标，而"程序的公平"是达到分配公平的必要条件。

"公正透明"的原则可以理解为："公正"指分配的公平，"透明"指程序的公平。

"公正"是努力追求的目标，"透明"是达到公正的必要条件。

9.7　实地销售队伍的日常管理

前面所讲的激励与约束机制如同管理销售队伍的"游戏规则"，主要针对员工的工作努力程度和诚信程度，是整个管理工作的基础。对实地销售管理者而言，并非确定了"游戏规则"就能指望"坐享其成"，每个员工完成其销量目标有很多途径，最终的生意结果不仅要看工作是否努力，还要看"力往何处使"。

下属工作的"有效性"指其具体目标与工作重点是否正确，并且与团队整体目标是否协调。简单地讲，就是下属的工作努力能否最终转化为有效的生意结果。

提高下属工作的"有效性"就是日常管理工作的目标。从表面看起来，销售队伍的日常管理

工作千头万绪，但基本管理思想就是四个字：**有始有终**，具体指每月的三个管理步骤：

M（morning）——"早餐"→目标管理：

月初，明确下属当月的目标及相互协调的工作重点。

N（noon）——"午餐"→实地工作：

在下属的工作过程中，管理者应该勤于实地工作，及时指导下属和跟进其工作进度。

E（evening）——"晚餐"→评估结果：

月底，管理者及时对下属的工作结果进行评估，以便制订下一阶段的计划。

注：虽然也有年度计划和季度计划，但根据实地销售工作的特点，日常管理工作最好以月为单位。

MNE 是一种形象化的说法，将三个管理步骤比喻为给下属"要吃好一日三餐"，忽视任何"一餐"都可能造成"营养不良"。MNE 的管理思想与本书强调的系统思维可谓"一脉相承"：将下属的工作视为一个系统，M（目标管理）代表管理者对该系统的"输入"，N（实地工作）代表对系统的过程控制，E（评估结果）代表该系统的"输出"及评估（见图 9 – 10）。

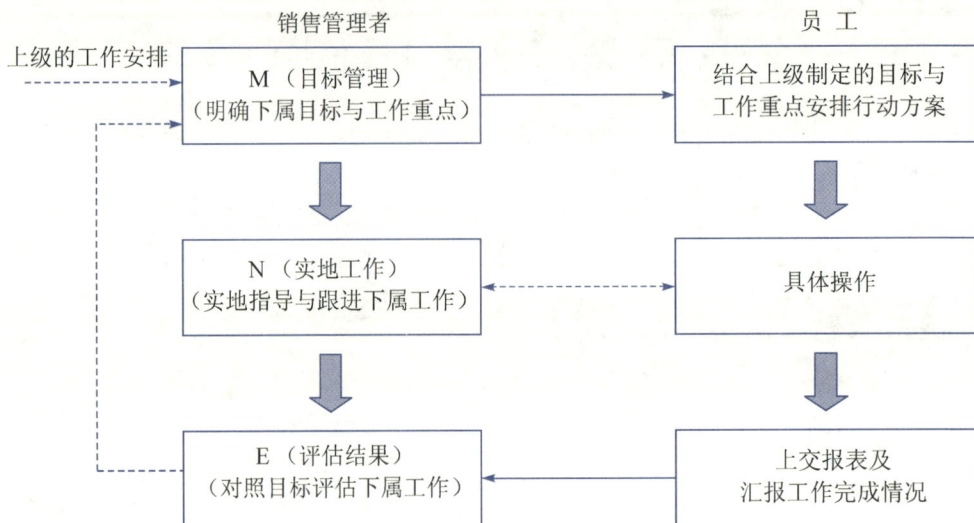

注：MNE 管理模式实际上是管理者与下属的互动过程，MNE 只是对管理者工作的概括。

图 9 – 10　MNE 管理模式操作流程

9.7.1　目标管理

不少销售经理认为上级的职责就是给下级分配销量目标，而"制订计划"（如何达到目标）应该是下级自己的事情。各级销售经理与下属的最大区别之一，就在于"站得高，看得远"。如果销售管理者只是一个分解销量目标的"中转站"，有何存在的价值？

"制订计划"的步骤也就是"目标管理"（management by objectives，MBO）的核心，即给下属明确具体的目标和工作重点。在实际工作中，许多管理者往往将 MBO 理解为向下属分配总体销量目标，这属于**结果导向型的目标**，基本上只具奖金计算和其他考核的意义；MBO 作为管理手段的重点是向下属明确**过程导向型的目标**，即指导下属通过哪些途径去达到销量目标。

仅仅以结果导向的销量目标很抽象，容易使下属感到"茫然"而不知从何着手；将抽象的销量目标分解为明确具体的细分目标，并指出完成细分目标的工作重点，将使下属的工作更具针对性和可操作性，并且使其对完成总体销量目标"胸有成竹"。一个销售管理者往往有很多下属，为各个下属明确每月的细分目标和工作重点并非易事，以下的实用操作工具将有助于实地销售经理快速准确地制定下属的细分目标和工作重点。

制定下属工作目标的"365"快速分解法

总体说明：

（1）制定下属的"工作目标"属于日常管理工作的范畴，而总体"销量目标"属于激励机制的范畴；前者是"过程导向型目标"，后者是"结果导向型目标"，两者是一种相辅相成的关系。

（2）对销售管理者而言，制定下属"工作目标"的工作量不小。如果没有快速准确的逻辑分解方法，将使管理者耗费过多的精力或索性忽略此项工作。

（3）本实用工具有助于销售管理者思路清晰、逻辑严密、表达简练。

3 维销量细分：

如图9-11所示，销量是一个三维立方体，第一步就是通过对下属生意状况的3个方向的分析，为下属明确具体的销量增长点，所有的工作以此为重心。

（1）地域/客户方向：哪些地域（尽可能明细到客户）的销量是空白或有很大增长潜力？

（2）渠道方向：哪些渠道（如KA、批发、中小终端）的销量是空白或有很大增长潜力？

（3）产品方向：哪些产品（可明细到品类甚至单品）的销量是空白或有很大增长潜力？

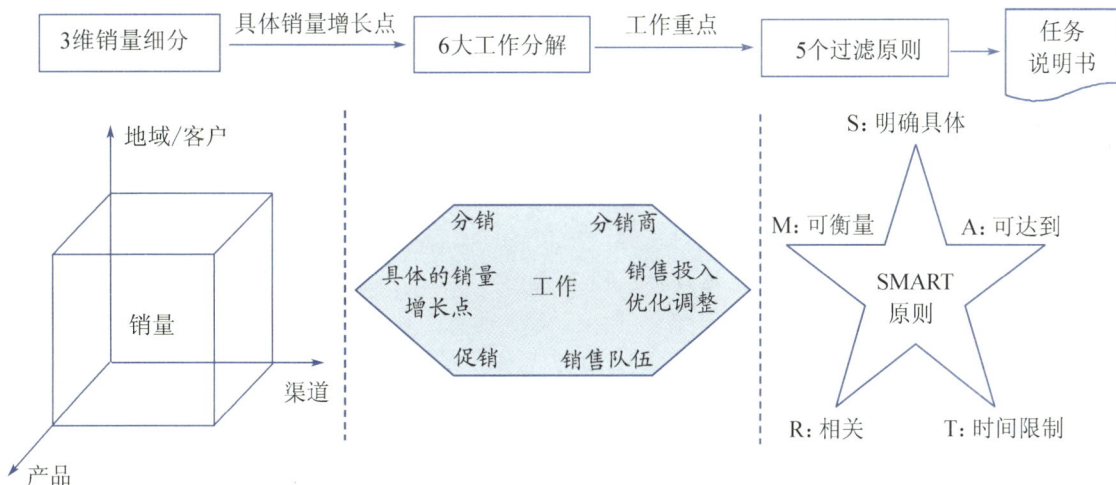

图9-11 "365"快速分解法示意图

虽然理论上3个方向都有增长潜力，但一般每月对下属只明确1个主攻方向，至多加上1个次要方向。换句话说，关键是抓住主要矛盾，而且一个月的时间有限，方向太多实际上就是没有方向。

举例如下：

——如果下属所辖客户中有明显薄弱的客户或空白市场，往往以其为主要的销量增长点。

——如果下属的整体生意中有明显薄弱的渠道或空白渠道，往往以其为主要的销量增长点。

——如果下属的整体生意中有明显薄弱的产品或新产品上市，往往以其为主要的销量增长点。

6 大工作分解：

针对第一步所得出的销量增长点，可以通过表9-1中的工具表格逻辑性地找出具体的工作重点。

（1）基本面的工作重点：首先确定要实现销量增长点的目标，重点是提升分销广度还是单店销量？具体需要在分销（渠道促销理解为分销工作）和终端促销方面做什么？

（2）系统面的工作重点：针对上述基本面的要求，具体需要在分销商和销售队伍建设方面做什么？

（3）资源面的工作重点：针对上述需求，具体需要在资源配置方面做什么调整？

表 9 - 1

工具表格

销量增长方向	具体增长点	分销	促销	分销商	销售队伍	资源配置
地域/客户						
渠道	×××	?	?	?	?	?
产品						

表 9-1 只是一个思维框架，并不需要每项工作都一一列明，关键是找出最重要的工作。

上述工作分解的思路，实际上就是图 2-47 销售作用力体系图（环视图）的 6 个要素，详见有关内容。

5 个过滤原则：

通过上述分解得出很多工作重点，最后通过以下 5 个原则（SMART）进行过滤和表述：

specific（明确具体）：所有的细分目标和工作重点不能模糊不清，必须便于了解和可操作。

measurable（可衡量）：所有的细分目标和工作重点尽可能用数据表述，便于事后对照评估。

achievable（可达到）：所有的细分目标都不能过高，工作重点也不能太多，应让下属能完成。

relevant（相关）：所有的细分目标和工作重点都应与企业的整体战略和下属的工作密切相关。

time-line（时间限制）：如果各项工作重点有先后顺序，不要笼统地都讲"本月内"。

根据以上 5 个原则，将下属的月度工作重点过滤到 3 个左右（至多不超过 5 个），并简练表述。

案例 9-1 为根据"365"快速分解法制定的"月度任务说明书"示例。

销售力

案例 9-1   **月度任务说明书**

负责人：刘垒（哈尔滨城市经理）   制定人：王兵（黑龙江区域经理）   适用时间：201×年 3 月

   1. 总体生意目标：

回款目标：40 万元   发运目标：45 万元

   2. 主要销量增长点：

将"ABC 产品"的销量从目前的每月 10 万元提升到 15 万元。

   3. 工作重点：

（1）3 月 10 日前，增加 1 名负责中小终端分销的销售代表。

（2）3 月 20 日前，完成"ABC 产品"在哈尔滨市 KA 的"春蕾"促销活动，销量目标为 8 万元。

（3）3 月底以前，将"ABC 产品"在哈尔滨市中小终端的分销网点数量从目前的 130 家提升到 200 家。

   注：其他工作详见统一的生意计划。

说明： ①即使已有年度计划和季度计划，个性化的"月度任务说明书"仍然是不可或缺的具体管理工具；②"月度任务说明书"并不能代替下属的工作计划，只是表达上级最关注的要点，"有话则多，无话则少"；③制定下属的"月度任务说明书"需要事先与其沟通，并且越面向基层内容越具体；④下属根据此"月度任务说明书"再结合自己的工作计划，制订具体的行动方案；⑤"365"快速分解法只是帮助实地销售经理快速理清思路的操作工具，背后需要管理者的专业知识和分析能力作为支撑。

9.7.2　实地工作

实地工作（field work）类似于通常所说的"走市场"，是连接目标管理和结果评估的桥梁，也是将目标转化为生意结果的重要保障。

1. **实地工作是什么，不是什么？**

▶ **是"市场扫描"，不是"走马观花"**

每个销售经理（特别是中高级管理者）应有效利用实地工作的机会，尽可能系统地了解当地的生意状况，并非"走走过场"。

▶ **是销售管理者的"分内工作"，不是"视察工作"**

虽然销售管理者并不一定直接参与市场第一线的具体工作，但是辖区范围内的所有生意问题都是自己的问题，不能将实地工作简单地理解为"视察工作"。

▶ **销售管理者是问题的"提出者和解决者"，而非"仲裁者"**

实地工作的核心是"提出问题"和"解决问题"，并不是轻描淡写地给下属或客户一个评价，那样于事无补。

▶ **销售管理者是下属的"协助者"，而非"指责者"**

任何员工都希望上级可以帮助自己找到生意的增长点，并且现场处理自己的能力难以应对的问题，而不是一味地指责。

2. **为什么要实地工作？**

▶ **不仅"知其然"，而且"知其所以然"**

生意运行机制由四个层面组成，坐在办公室里看报表或电话"遥控"只能知道生意的结果（指标面和资源面的投入产出），但较难准确地找到产生这种结果的原因（基本面和系统面的实际状况）。

▶ **改善销售管理者相对于下属和客户的"信息不对称"劣势**

实地工作有助于各级销售管理者更多地掌握市场的第一手资料，而不是完全靠报表和汇报作出判断。

▶ **对下属和客户的激励与约束**

每一个员工（包括客户）都将上级的"视察频率"视为对当地生意的重视程度，同时实地工作也是监测员工和客户"机会主义行为"的重要手段。

▶ **现场解决下属难以解决的生意问题**

各级销售经理都不是纯粹意义上的"管理者"，直接解决生意问题也是其重要职责。比如，城市经理需要直接拜访重要批零网点，区域经理及以上级别人员需要直接与重要客户谈判等。

3. **如何有效地开展实地工作？**

实地工作的"有效性"包括数量和质量两层含义。实地工作的数量可以理解为频率，这方面很难有统一标准，读者可以参考各级销售经理"职位说明书"中的相关内容。至于基层销售代表的拜访频率可以参考"人员编制"计算中的经验数据。

知识链接 职位说明书（示例）、人员编制计算方法

以下的实用工具主要阐述实地销售经理（特别是中高层管理者）如何提高实地工作的质量。

实用工具12

实地工作的 Z 形路线图

总体说明：

（1）实地工作技能可谓各级销售经理的基本功，对于提升实地工作的质量非常重要。

（2）Z 形路线图涵盖了实地工作的全过程（见图 9－12），特别适用于中高层的销售管理者。

一、确定实地工作的主要目标

"凡事预则立，不预则废。"销售经理在每次实地工作之前，应该首先确定希望了解什么信息

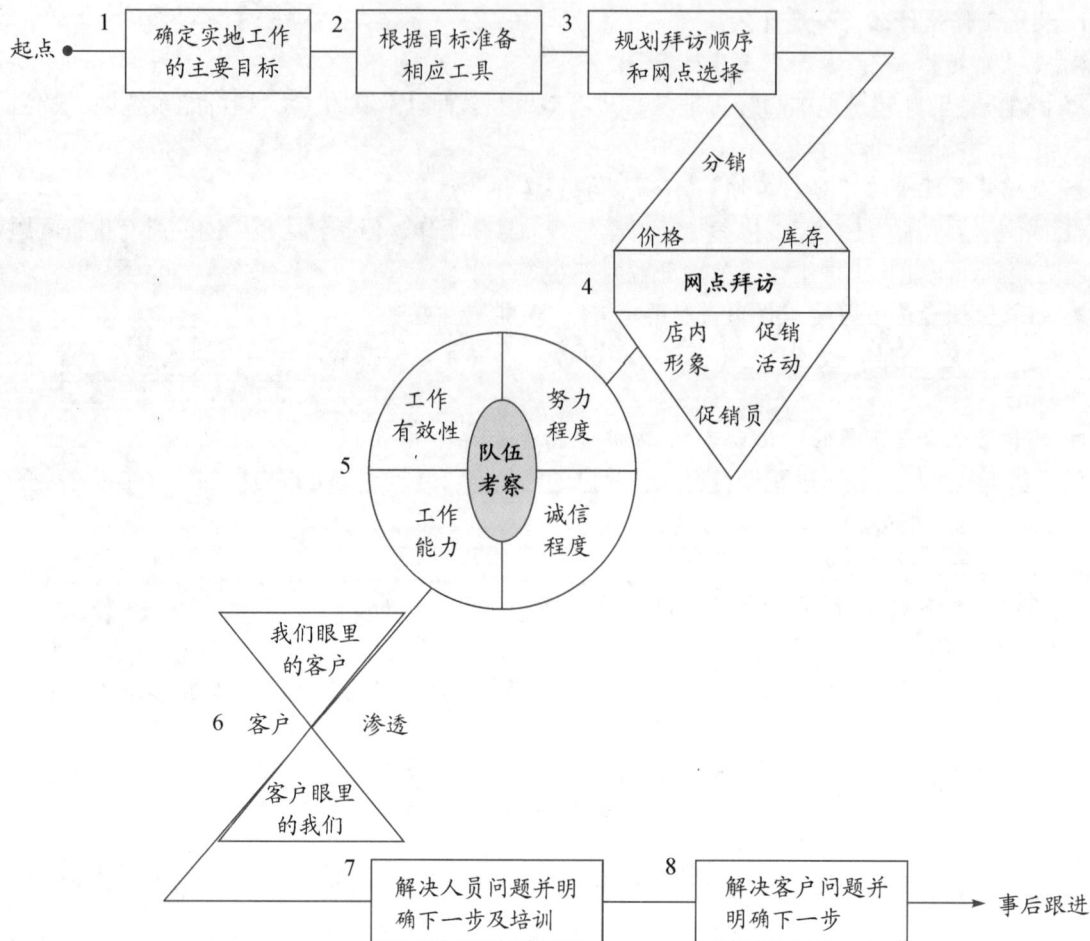

图 9 - 12　实地工作的 Z 形路线图

和解决什么问题，否则整个实地工作的效率将很低。实地工作的目标主要围绕三类对象确立：渠道/网点、销售队伍、客户。

1. 针对当地渠道/网点的常见目标

▶ 了解当地各渠道的分销状况

下属上交的分销报表一般仅限于直接拜访的网点，要全面了解分销状况必须通过实地工作；另一方面，也可以核查分销报表的真实性。

▶ 了解和提升当地终端的销量及促销水平

下属上交的销量报表一般仅限于重要终端的销量（往往由促销员提供），要全面了解终端销量状况必须通过实地工作；另一方面，也可以核查终端销量报表的真实性。

▶ 了解竞争对手的分销和促销情况

这方面的信息往往不能仅靠下级的报告，需要通过实地工作才能深入了解。

2. 针对当地销售队伍的常见目标

▶ 了解下属的工作努力程度

▶ 实地抽查下属费用和报表的真实程度等

▶ 了解和提升当地队伍的管理水平

▶ 了解当地销售人员的工作能力并实地培训

3. 针对当地客户（也适用于销售分公司）的常见目标

▶ 定期或不定期的生意回顾

▶ 实地解决企业与客户的矛盾

▶ 实地调查和处理"冲货"等问题

由于实地工作的频率和每次工作的时间有限，所以应事先有周详的考虑，尽可能将各项工作合并处理；同时，也不能指望"毕其功于一役"，目标太多实际上就是没有目标。最重要的是根据生意需要和时间长短选择实地工作的主要目标。

二、根据实地工作的目标准备相应"工具"

事先根据目标准备相应"工具"，可以大大提高实地工作的效率（见表9-2）。

表9-2   实地工作常用"工具"及用途

实地工作常用"工具"	主要用途
1. 网点实地调查表（附后）	在拜访网点时方便记录，并提示不要遗漏重要内容
2. 当地上交的分销报表	可以对照实际分销状况，抽查报表准确度
3. 当地上交的终端销量报表	可作为网点选择的参考，并可对照实际销量抽查报表准确度
4. 当地的工资表和费用统计表	可对照核查是否有"吃空饷"或其他弄虚作假的行为
5. 月度任务说明书等工作计划	可对照目标和计划了解具体的工作进度
6. 客户回款/发运/费用等统计表	可作为与客户进行生意回顾和解决问题的参考依据
7. 其他与实地工作目标相关的文件资料等	

三、规划拜访顺序和网点选择

1. 拜访顺序：网点→人员→客户

"没有调查，就没有发言权"。先拜访网点可以掌握市场的第一手资料，然后再和当地销售人员（不仅限于直接下属）详细沟通，最后拜访客户与其讨论相关问题和计划。这里的"拜访"指正式拜访和处理问题，并不拘泥于见面的顺序。

2. 网点选择的三种方法

▶ 随机抽样法：适用于对中小批零网点的拜访或主要以抽查和统计分销率为目标的实地工作。

▶ 高低搭配法（常用方法）：

适用于对走访城市的选择，比如选择一个区域中生意最好的城市、中等城市、最差的城市，也适用于对一个城市中重要批零网点的选择，方法同上。

▶ 针对性选择法：直接点名要拜访的网点，适用于目的性很强的核查。

无论采用上述哪一种方法，销售经理选择拜访网点不能仅凭下属的建议，或干脆任凭下属带着走。为了解到真实信息，最好不要提前通知下属（除非确有工作需要其配合）。

四、网点拜访

之前的三个步骤可以归结为实地工作的准备工作，网点拜访是正式实地工作的最重要环节，因为人员和客户工作的所有结果都必然反映在渠道基本面上，这也是后续与人员和客户沟通的基础。网点拜访的过程也是对下属进行实地培训的过程，现场讲解是最直接、最实用的培训。所谓"外行看热闹，内行看门道"，能否看出"门道"取决于销售经理长期积累的生意洞察力，否则只能是看看分销和陈列水平，然后给一个评价而已。

在网点拜访过程中，仅仅停留在了解和评价的阶段并不会带来生意的改善，关键是从中找到生意的增长点，并且培训下属"举一反三"地应用到其他网点中。以下四点将有助于提高实地工作中的网点拜访质量：

（1）拜访网点的质量比数量更重要。对于走访网点的数量不要"贪多"，如果每个网点都是"蜻蜓点水"式的拜访，那么获得的信息也就是一个总体印象而已。网点的问题往往存在"共通性"，全面深入的了解才能找到生意的增长点并起到"以点代面"的作用。

（2）透过现象看本质。不少销售经理在走访网点时最关注的是分销全不全、陈列好不好，其实生意的实质是"盈利"，分销和陈列都是实现这个目标的手段，并非"为分销而分销"或"为陈列而陈列"。所谓"楚王好细腰，宫中多饿死"，如果上级经理在实地工作时只看表面现象，那么下属和客户必然是极力迎合这种心态，这样的例子在不少企业中相当普遍。

（3）"看"出生意机会和问题的方法：边际分析法。所谓边际分析法，就是增量分析法，不能只是笼统地问一问总销量和总费用，而应该深入了解每一项店内要素的新增销量和新增成本。

知识链接 第5章的"边际分析法"及案例

（4）不仅要看自身产品的店内表现，还要观察主要竞争对手产品的店内表现。竞争优势总是相对而言的概念，最终生意结果不仅取决于自己做得怎么样，还取决于竞争对手的表现。所以，销售经理应利用实地工作的机会注意观察竞争对手产品的店内表现，并将其作为借鉴和制定对策的依据。

具体来讲，网点拜访过程中必须关注如图9－13所示的店内六要素及其新增的投入产出状况。实用工具12.1和实用工具12.2有助于读者在实际的网点拜访过程中提高效率和质量。

图9－13 网点拜访的店内六要素

五、队伍考察

实际上前面的"网点拜访"也是对当地销售队伍考察的过程，因为图9－14的四个要素最终都反映到渠道基本面的状况中了：

（1）销售人员的努力程度可以通过拜访频率和缺货状况等作出大致判断。

（2）销售人员的诚信程度可以通过实地抽查作出判断。

（3）销售人员的工作能力可以通过分销率、店内形象、价格稳定性、促销员表现和促销活动的执行情况等作出判断。

（4）工作有效性可以通过上述指标综合判断。

图9－14 销售队伍考察的四要素

网点拜访之后与当地人员的具体沟通，主要是从人员作用力方面找到造成上述问题的原因。需要说明的是，实地工作中不要仅仅与直接下属沟通，还需要向基层销售代表和促销员详细了解情况，这样才能了解到最真实的信息。

六、客户渗透

这里的"客户"指和企业直接发生生意关系的分销商、直供终端等；"渗透"的含义指深入了解客户的生意策略、经营状况等。如图9－15所示，客户渗透包括两个目标：一是了解客户影响本企业生意的三大作用力；二是了解本企业为客户带来的经济效益以及客户的建议甚至抱怨。第二点往往是通过企业自身的报表所无法了解的信息，并且为不少销售经理所忽视。

图9－15 客户渗透示意图

七、解决人员问题并明确下一步以及人员培训

对于当地销售队伍存在的问题，实地工作结束时最好现场解决，比如人员编制和分工调整、管理制度优化等。

此外，尽量给当地的销售主管一份书面的实地工作总结（文件），以明确下一步的工作重点。如果时间允许，最好能针对当地人员能力的薄弱环节进行有针对性的集中培训。

八、解决客户问题并明确下一步

涉及当地客户的问题，最好现场解决，而不要简单地交代当地销售主管执行，并且最好亲自与客户沟通下一步的生意想法，如有必要可签订书面协议。

本实用工具只是简要说明了实地工作的操作流程。但实地工作与销售的各个方面紧密相联，要从根本上提高实地工作的质量并非"一日之功"，需要销售管理者长期积累的知识和技能作为支撑。

重要终端实地调查表

| 城市： | 商店名称： | 拜访日期： | 填写人： |

一、定量调查：

品类或规格简称	分销	零售价格	每月销量

分销费用（户头费、条码费等）：

备注：
1. 品类或规格简称应事先填写，以免浪费时间。
2. 以上数据如已有相关报表，可直接用报表对照实地状况，只注明差异之处。

二、定性调查：

2.1 陈列概况：

    2.1.1 货架陈列（如专柜则填写专柜的陈列状况）：

    A. 位置：   B. 高度：

    C. 面位：   D. 陈列规范：

    2.1.2 特殊陈列现状（堆头/端架等）：

    A. 产品名称：

    B. 陈列形式：

    2.1.3 正在使用的助销工具：

    2.1.4 陈列费用：

2.2 正在进行的促销活动的投入产出效益和执行问题：

2.3 店内缺货情况：

2.4 促销员基本状况：

    2.4.1 促销员仪态/服装：

    2.4.2 销售技巧及培训情况：

    2.4.3 销售目标及实际工资/奖金：

    2.4.4 对产品/促销/货物供应等的意见和建议：

2.5 销售代表状况（询问促销员和营业员）：

    2.5.1 商店拜访频率：

    2.5.2 商店拜访质量：

2.6 竞争对手情况：

品牌	大致销量状况和突出产品	陈列等店内形象	正在执行的促销活动

393

普通网点实地调查表

城市：　　　　　　　　拜访日期：　　　　　　　　填写人：

网点简称	网点类别		主要品类分销与价格状况						大致销量状况（月均销量、畅销规格、滞销规格等）	店内形象（货架陈列、堆头/端架、使用的助销工具等）	其他（缺货情况、促销活动、竞争对手的销量和店内表现）
		产品品类简称→									
		分销标准（规格数）→									
1		分销→									
		价格→									
2		分销→									
		价格→									
3		分销→									
		价格→									
4		分销→									
		价格→									
5		分销→									
		价格→									
6		分销→									
		价格→									
7		分销→									
		价格→									
8		分销→									
		价格→									
9		分销→									
		价格→									

销售力

394

9.7.3　评估结果

评估结果（一般以月为单位）是日常管理工作的最后一个环节，通常和激励机制（如奖金、精神激励等）联系在一起。评估结果是"承上启下"的重要环节，其意义不仅在于激励和惩罚下属，更重要的是找到生意的增长点并制定相应策略。

实地销售经理在"评估结果"阶段的工作包括三层含义：

A. 了解下属的工作结果→ 报表＋实地调查；

B. 对结果进行分析并作出判断；

C. 回到 MNE 的第一个环节，制定下属的目标和工作重点。

下面主要从日常管理的操作性出发，介绍以实地销售报表为主的实用操作工具。

1. 为什么需要下属上交报表

销售数据总体上可以分为两类：一类是由企业总部直接统计的数据，如直接客户的回款、发运、费用等数据；另一类是从实地销售队伍中自下而上统计的数据，如分销、网点销量、客户进销存等数据。虽然少数大型企业试图或已经建立将所有实地销售数据联网的数据库系统，但是对绝大多数企业而言，实地销售报表仍然是必要的销售数据来源。

实地销售报表既是上级了解下属工作结果的必要信息来源，也是引导各级销售人员自我评估和分析的重要工具。

2. 报表设计的基本原则

各个企业的销售管理者设计的报表体系差异较大，但基本思想只有一个：

从内容来看，尽可能简化填写人的工作量；从格式来看，尽量方便理解和填写。

（1）只让下属提供上级无法直接掌握的数据。凡是企业总部可以直接获得的销售数据，不要再作为实地销售报表的内容。这个道理虽然很简单，但不少销售管理者仍然让下属汇报回款、发运、费用等数据。这样做既增加了下属的工作量，相关数据也缺乏权威性和准确性。

（2）例行报表只包括下属可以准确获得的数据。例行报表中不应包括诸如整体市场分销率、陈列水平等的数据，这些数据本身不需要每月提供，而且一般需要制订周详的抽查方案和应用专业的统计方法。如果要求实地销售人员每月提供，那只能是随意编造数据，反而会误导上级的决策。

（3）具体的报表格式应"以人为本"。设计报表格式没有什么诀窍，关键是从便于对方理解和填写的角度出发，而不是以设计者自身的喜好为标准，"清晰"的报表就是好的报表。

（4）尽可能设计"智能化"的电子报表。在一个报表中，尽可能只让下属填写"非填不可"的原始数据，其他衍生数据（如汇总、比例、排序、图表等）可通过预先设立的计算程序完成。不言而喻，这样可以大大节省下属填写报表的时间，并保证所有衍生数据和操作准确无误，而且方便后续的分析工作。如果大量的下属都没有电脑，宁可设立一个专门的文员负责数据录入和处理。

3. 实地销售报表的基本流程和格式

大部分企业的实地销售报表都存在一定的"共性"，以下提供的实用操作工具有助于读者了解基本的报表流程和格式，在此基础上稍加修改就可直接应用。

实用工具13

实地销售报表的基本流程与格式

总体说明：

（1）这里所讲的报表是狭义的"报表"，仅指下级向上级的汇报。实际上整个信息沟通体系是上下级之间的双向流程，比如企业总部需要给各级实地销售经理提供准确的回款/发运/费用等统计表，上级需要给下属明确的目标与工作重点。

（2）以下报表流程只涉及实地销售管理中最基本（不宜再简化）的报表，其他报表可根据生意需要补充。

（3）以下流程没有涉及费用方面的管理，这部分详见下一章的销售费用管理部分。

395

第9章 实地销售队伍管理

一、实地销售报表的基本流程

实地销售报表的基本流程如图9-16所示。

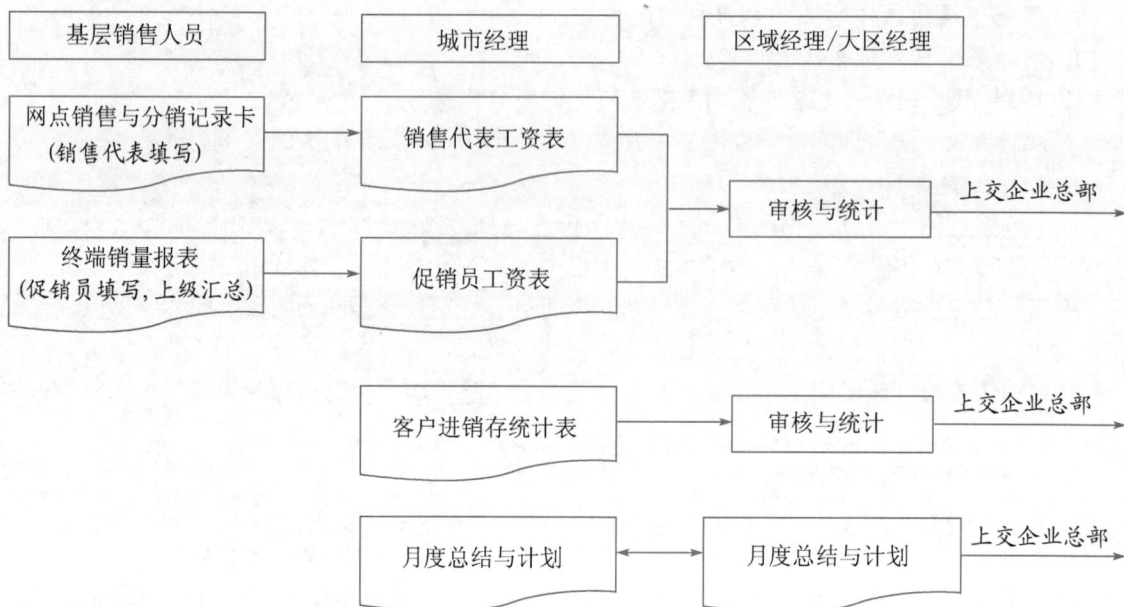

基层销售人员	城市经理	区域经理/大区经理

```
网点销售与分销记录卡        销售代表工资表
（销售代表填写）     →

                                          审核与统计  →  上交企业总部
终端销量报表          促销员工资表
（促销员填写，上级汇总）  →


客户进销存统计表        →        审核与统计  →  上交企业总部


月度总结与计划      ↔      月度总结与计划  →  上交企业总部
```

注：①报表上交的具体时间和形式（如电子版还是手写版），取决于企业或各级销售管理者的具体规定。②基层销售人员的工资表（底薪与奖金等），往往需要由城市经理按照规定的奖金制度统计后再上交。③月度总结与计划是上下级之间的双向沟通（如图所示的双向箭头），上级也需要向下属明确目标与工作重点。

图9-16　实地销售报表的基本流程

二、最重要的3个实地销售报表

最重要的3个实地销售报表如表9-3所示。

表9-3　　　　　　　　　　　　　　**3个最重要的实地销售报表**

报表名称	主要用途	填写人
1. 客户进销存统计表	了解分销商等直接客户的基本销售状况，是销售经理起码应该知道的数据；通过对单品销量和库存结构的分析，可以有针对性地制定生意计划	城市经理（或客户主管人员）
2. 网点销售与分销记录卡	了解分销商的主要出货对象及网点分销状况，可从地域/渠道/产品三方面寻找生意增长点，也是评估销售代表工作业绩和计算奖金的主要依据	销售代表（或网点负责人）
3. 终端销量报表	了解真正销售给消费者的具体产品销量分布，是制定分销与促销策略的重要参考，也是评估促销员工作业绩和计算奖金的主要依据	促销员（或从终端直接获取）

注：以上3个报表与企业总部可直接统计的销售数据合在一起，刚好可以反映各个销售环节的销售状况（见图9-17），所以非常重要。虽然可以统计的网点仅限于销售代表直接覆盖的网点，终端销量也往往局限于有促销员的终端销量，但是这些数据可以起到"以点代面"的作用，并且往往包括了主要的网点和重要终端。

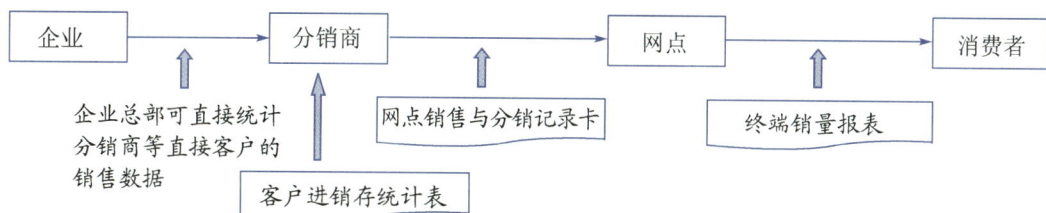

图 9 - 17　3 个实地销售报表反映各销售环节的销售状况

实用工具13.1

月度客户进销存统计表

客户编号：　　　　　　　　客户名称：　　　　　　　　月份：　　　　　填写人：

说明：（1）以下数据以箱为单位，金额由程序自动计算。

　　　　（2）每一行的数据必须满足右侧公式：$F = A + B + C - D - E$。

产品代码	产品规格	月初库存 A	进货 B	网点退货 C	出货 D	向企业退货 E	月末库存 F
汇总→							
...							

实用工具13.2

月度网点销售与分销记录卡

城市：　　　　　　　　　分区：　　　　　　　　　月份：　　　　　填写人：

说明：（1）网点代码、网点简称和网点类别必须按规范填写；本月新增网点，在"网点代码"一栏打勾表示。

　　　　（2）目标完成率以回款和发运数据取其低，然后除以销量目标；本表需经分销商盖章确认。

　　　　（3）产品品类下方的空格填写该网点实际分销的单品数，分销率由程序自动计算。

本月销量目标：　　　　本月回款总额：　　　　本月发运总额：　　　　目标完成率：

网点代码	网点简称	网点类别	回款额	发运额	品类1	...	品类 n
...							

月度终端销量汇总表

城市：　　　　　　　　月份：　　　　　　　　填写人：

说明：（1）本表根据促销员提供的数据，再由城市经理或终端督导汇总而成。

　　　　（2）由于各个终端的零售价不尽相同，所以在品类下方的空格只填销售数，金额由程序自动计算。

本月销售额目标：　　　　　　本月实际销售额：　　　　　　目标完成率：

网点代码	网点简称	网点类别	品类1	品类2	品类3	…	品类n
…							

注：①如果可能，可以将品类细分为每个产品规格，分别填写销售数。②如果要求更高，可以模仿"客户进销存统计表"，对核心终端每个单品的进销存分别统计。

4. 如何甄别报表的真实性

前面介绍过下属的"道德风险"之一是可能提供虚假的报表，以"骗取"奖金等其他利益。这也是各级销售管理者在"结果评估"中非常头疼的一个问题，下面三种方法可以极大地提高甄别报表真实性的效率：

（1）利用数据之间的逻辑关系，判断数据的真实性。

（2）利用正态分布的数理统计原理，找出"可疑"数据（包括录入错误）。

以上两种方法的工作量较大，一般需要设计简单的电脑程序自动完成，详见第6章数据库理论及其应用部分。

（3）利用数理统计的"抽样统计"原理，实际抽查数据的真实性。

这是很多销售经理常用的方法，但是往往会遇到两个问题：

A. 如何选择最适合的抽查样本数量？数量太多浪费时间，太少又怕不具代表性。

B. 如何判断抽查结果在衡量总体情况方面的误差？否则很容易给下属以借口，自己也难有说服力。

　　　　　知识链接　　第6章的数理统计相关公式

结果评估的直接工作当然是结合激励机制"奖优罚劣"，但是仅仅给出一个评价和兑现奖惩并不能有效地改善生意状况。在结果评估环节，更重要的是找到生意增长点并制定下一步的目标与工作重点。

9.7.4 MNE管理模式小结

最后用三句话作为销售队伍管理工作的结束语：

1. 坚持"有始有终"

MNE管理模式的核心就是"有始有终"，即"事前"有计划，"事中"有跟进与指导，"事后"有评估。

2. 不要满足于"形似而神不似"

MNE管理模式只是销售队伍管理工作的三个环节，每个环节的工作质量取决于销售经理长期积累的知识和技能，仅仅遵循三个管理步骤只能是"形似而神不似"。

销售力

3. 功夫在诗外

有的人可以在MNE的三个环节中游刃有余，有的人则是举步维艰，原因就在于通常所说的"台上三分钟，台下十年功"，也就是古语"功夫在诗外"的道理。

9.8 如何从管理者成长为领导者

在各个企业的销售队伍中，员工常常将其上级称为"领导"；各级销售管理者也将自己视为团队中"当然"的领导者。在大多数人的心目中，管理者和领导几乎是同义词，管理者也就是领导者。前面所阐述的HVC激励机制和MNE管理模式，只是销售经理的必要管理技能，但仅停留于此并不能成为真正的领导者。

并非所有的管理者都是领导者，领导者也并不一定是管理者。

9.8.1 领导者与管理者的区别（见表9-4）

表9-4　　　　　　　　　　　　　　　　领导者与管理者的区别

	对比指标	管理者	领导者
1	产生方式	**自上而下的"任命"** 由组织正式任命的管理职位所决定	**自下而上的"认同"** 必须来自于下属和其他人内心的认同
2	影响力类型	**权力（power）** 取决于组织所赋予的权限	**权威（authority）** 取决于综合素质所产生的影响力和威信
3	影响范围	**下属** 仅限于组织结构中可以管辖的下属	**各种人员** 包括下属、客户、同级人员甚至上级等
4	素质要求	**符合职位要求的经验和技能** 往往表现为学历、资历、专业知识和技能	**优秀的综合素质** 高瞻远瞩、渊博的知识、良好的性格特质
5	行为方式	**往往按部就班** 往往按照既定规程工作	**总是勇于创新** 敢于打破常规，摆脱惯性思维
6	管理方法	**主要依靠强制性的手段** 往往表现为奖金和其他惩罚机制等	**强制性的手段＋个性化激励** 更多地运用远景规划、精神激励、培训等
7	工作绩效	**完成上级制定的目标** 一般以上级制定的目标为限	**往往超越规定的目标** 自我设立更高的目标，并坚定地实现目标

9.8.2 什么是领导能力

一百个人对"领导能力"作出的定义恐怕就有一百个答案，以下只是广义的定义：

领导能力（leadership），即影响一个群体实现目标的能力。

➡ 这种影响力的来源既包括正式的权力，也包括正式权力之外的影响力；

➡ 是贯穿生意管理系统的"红线"和在市场竞争中制胜的"法宝"；

➡ 是驱动革新与创造性的"主导力量"，是增加个人贡献与成就感的力量源泉。

对"领导能力"的理解大致可以分为两类：

1. 领导的特质理论

不少人是"特质理论"的忠实信徒，认为领导能力从根本上说是天生造就的，你要么注定是"领导者"，要么注定是"追随者"。一般认为领导者有6种特质：进取心、领导意愿、正直与诚实、自信、智慧和具备与工作相关的知识。

2. 领导的行为理论

与"特质理论"相反，行为理论认为领导能力由具体的行为构成，而且这些行为是可以培养的。我们可以"培养"领导，即通过培训把领导者所具备的行为模式植入个体身上。这种思想的前景更为光明，它意味着领导者的队伍可以不断壮大。

无论是上述哪种理论，领导能力对生意发展和个人发展的重要性是毋庸置疑的。本书无意对上述两种理论进行深入分析，仅从结果的积极性和建设性来看，作者倾向于"领导的行为理论"，即领导能力至少可以在一定程度上通过自我努力来提高。

9.8.3 如何提升领导能力

根本途径当然是以领导能力的"行为特征"为目标，不断自我完善。仅仅拉出一个长长的清单并不是最有效的学习方式，下面的操作工具将有助于销售经理系统认识领导能力的构成要素及其相互关系，仅供读者参考。

实用工具14

领导能力之"驱动引擎"

总体说明：

（1）以下将领导能力的构成要素设计为飞机的喷气式发动机的正面视图（见图9-18），以便于直观理解。

（2）引擎本义指推动物体前进的动力来源，这里引申为两层含义：

A. 领导能力是推动生意发展的重要动力；

B. 各种要素是驱动领导能力的重要动力。

1种核心素质：高瞻远瞩，目标坚定

如果领导能力只能用一句话来描述的话，那么一定是"高瞻远瞩，目标坚定"。如图9-18所示，无论引擎如何高速旋转，这一点始终是整个引擎的中心。

A. 始终着力于可能性，而不是局限性。

着力于局限性总是人们的第一反应，并且容易"心安理得"。这也是领导者很少而追随者很多的原因。

▶ 缺乏领导能力的人总是会选择逃避并自圆其说：

"我们不能这样做，因为老板肯定不会批准……"

"我们不能这样做，因为通常都不这样做……"

"我们不能这样做，因为这会花很多钱……"

"我们不能这样做，因为以前试过就失败了……"

"我们不需要这样做，因为那是其他人的责任……"

"我们不需要这样做，因为这不在我的项目范围内……"

▶ 领导者常常这样想：

"只要对企业有利，我们不妨可以尝试……"

"虽然过去这样做，但可能还有一种更好的方法……"

"虽然这样做会花很多钱，但产出更大……"

"虽然以前这种做法失败了，但影响因素在发生变化……"

"虽然那是其他人的责任，但我们应该……"

"虽然这不在我的项目范围内，但我们应该……"

领导能力=1种核心素质 + 3项基本功 + 6种特质

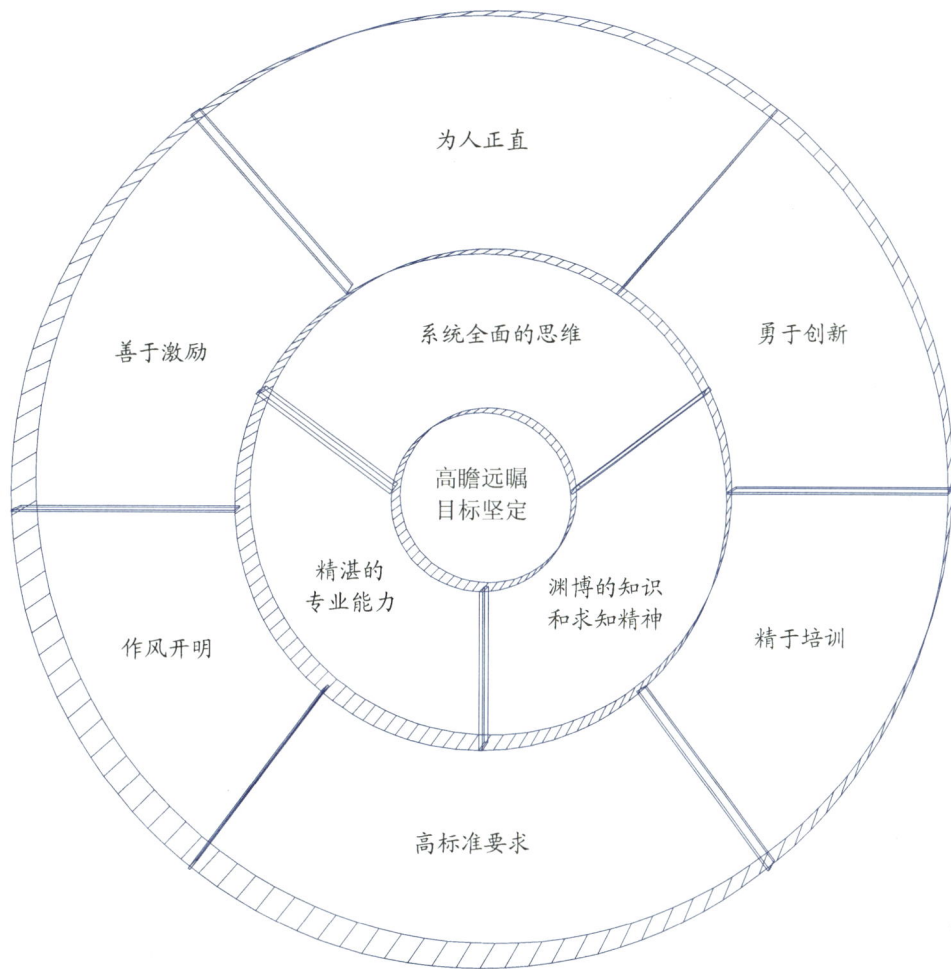

图9-18 领导能力之"驱动引擎"示意图

B. 清晰地规划未来蓝图，并争取下属与相关人员的共识、参与和承诺。

一般人总是习惯于按照蓝图（blueprint）来"施工"，领导者的责任和魅力就体现在着力于可能性的基础上设计未来的蓝图，并将其清晰（visualize）地展现在人们面前，让所有人员相信按照蓝图"施工"就能达到组织和个人的目标，以激发人们的斗志。这就是"望梅止渴"的典故所蕴涵的道理，领导者永远不能说"我也不知道"。

C. 一旦确立目标，绝不轻言放弃。

领导者必须有自己的"主见"，不能人云亦云或朝令夕改，有时甚至需要一点"专横"的霸气。当然，这种"霸气"基于长期积累的洞察力。

3项基本功：

"高瞻远瞩，目标坚定"的素质并非空中楼阁，也不是一个简单的自信乐观的性格问题。如果没有相应的知识和思维能力作为支撑，那就是"刚愎自用，独断专行"。以下3项基本功是上述核心素质的重要支柱。

（1）系统全面的思维。

领导者与非领导者在思维方法上的一个重要区别就是：领导者通常考虑问题注重系统性和逻辑性，而非领导者往往"只见树木，不见森林"或"头痛医头，脚痛医脚"。系统全面的思维能力是领导者正确决策的重要保障。

（2）精湛的专业能力。

这一点很容易理解，如果一个销售团队领导者的专业能力还不如下属或客户，何谈"高瞻远瞩"。专业能力包括与销售有关的专业知识、渠道信息和管理能力以及"单兵技能"（如谈判能力、说服能力、沟通能力）等。

（3）渊博的知识和求知精神。

销售并非无源之水，许多学科的知识都可"为我所用"，各级销售领导者（特别是高层人员）应该具有"跳出销售看销售"的视野和胸怀。要获得渊博的知识必须具有强烈的求知精神，如果"浅尝辄止"或"自以为是"，必然无法拥有渊博的知识。

6种特质：

（1）为人正直。

正直是领导者起码的人品要求，包括三层含义：

▶ 公正对待下属和客户

本书对此已有详细的分析，这里不再赘述。

▶ 信守承诺，言出必行

没有诚信，威信何在？

▶ 勇于承担责任

不向下属或其他人员推诿自己应该承担的责任，是领导者最起码的品质。

（2）勇于创新。

"墨守陈规"让人们从心理上觉得更"安全"，而惯性思维是最容易的思维方式。敢于打破常规，不受惯性思维的约束，就是领导者与其他人的一个重要区别。

（3）善于激励。

领导者首先要善于授权，这既表示对下属的信任，也能让自己集中精力于更重要的事情上。有关激励的各种方法和具体操作，本章之前已有详细阐述。

知识链接　本章有关激励的相关内容

（4）精于培训。

精于培训是领导者提升下属能力的重要途径，培训的最高境界就是"深入浅出"。详见后续有关培训的阐述。

（5）作风开明。

领导者具有"主见"并非就意味着"独断专行"。作风开明包括善于倾听他人的意见、体察他人的需要、善于接受批评等。

（6）高标准要求。

高标准要求指工作上的高标准和品格上的自律，包括对己、对人两个方面。如果凡事都"将就"，那么工作绩效也注定是"平庸"的。这里所讲的对人高标准要求，主要指对下属工作质量的要求，与"严于律己，宽以待人"的大原则并不矛盾。

上述的领导能力要素（1+3+6）仅代表本书的观点，每个人都会有自己的理解和划分标准。但是归结起来，我们可以得出三个基本结论：

（1）领导能力并非天生造就的，可以通过自我努力成为领导者；

（2）领导"魅力"并非简单的性格问题，有实力才能有魅力；

（3）"高瞻远瞩，目标坚定"是最核心的领导能力。

销售力

领导能力评估表
(leadership assessment tool，LAT)

被评估人姓名： 填表人： 日期：

说明：1. 填此表格的目的是向被评估人提供他/她在发展业务以及组织方面的领导能力的反馈意见。

2. 请注意，由于每个人的具体背景不同，不同的人可以用不同的风格去演绎某一具体行为。

3. 本表也可用于对领导能力的自我评估。

评估总分：_____

	反　馈 请根据你对此人以下行为的频度观察， 在适当的地方划上"×"					
	总是	几乎总是	偶尔	很少	从不	不知道
	5	4	3	1	0	
1 种核心素质（高瞻远瞩，目标坚定）						
1. 是否总是把重点集中在可能性而不是限制上						
2. 总能描绘蓝图，并激发斗志						
3. 组织的精力和重点集中在主要目标和制胜的战略上						
4. 以言行亲自向他人描绘蓝图并表达自己坚定的立场						
3 大基本功（系统全面的思维、精湛的专业能力、渊博的知识和求知精神）						
1. 思考问题是否总能遵循一套严密的逻辑方法						
2. 在有关专业知识方面是否总能担当专家的角色						
3. 是否在思考和解决问题时体现出广博的知识背景						
4. 总是怀有学习的激情和强烈的求知精神						
6 种特质（为人正直、勇于创新、善于激励、精于培训、作风开明、高标准要求）						
1. 总是公正地对待下属和客户						
2. 总是信守承诺，言出必行						
3. 勇于承担属于自己的责任，不推诿给下属或其他人						
4. 总是敢于打破常规，不受惯性思维的约束						
5. 总是愿意并擅长用各种方法激励下属						
6. 表达对别人能力的支持和信任，创造一个积极的工作环境						
7. 有效地授权给下属或相关人员						
8. 指出并消除只有领导人才能解决的组织方面的障碍						
9. 能"深入浅出"地培训下属，致力于提高下属的工作能力						
10. 善于倾听他人的意见，善于批评和接受批评						
11. 尊重并重视个性不同给组织带来的积极影响						
12. 总是确立较高的工作标准，并对自己和下属严格要求						

请在下面写上具体的建议，以帮助被评估人提高其领导能力。

1. _____

2. _____

3. _____

4. _____

5. _____

9.9 实地销售队伍管理的精髓

一个销售队伍是"士气低落，各自为战"还是"斗志高昂，分工协作"，取决于管理的力量。管理是一门既复杂又简单的学问，通过本章的阐述，我们可以将**实地销售队伍管理的"精髓"**简化为以下 **12 个字**（作为本章的结束语）：

> 知己知彼，公正透明，有始有终

透视上下级关系的实质：**知己知彼**
建立激励与约束机制的核心：**公正透明**
日常销售管理的原则：**有始有终**

即使我们没有学过任何的管理知识，只要在实际管理工作中贯彻上述原则，至少是一名合格的销售管理者；如果对自己设立更高的目标并不断自我完善，就有望成为优秀的领导者。

本章要点回顾

本章概括了实地销售队伍管理的目标与策略及整个作用力体系，并着重阐述了管理队伍的两大工作："建立激励与约束机制""销售队伍的日常管理"，最后简要说明了管理者的更高境界：成长为领导者。本章的重点在于将管理的原理和分析方法"固化"为实用工具，为销售经理提供"容易的下一步"。

本章要点可以概括为"1+6+6"：

1 个销售队伍管理的目标与策略示意图（见图 9-2）。

6 个英文字母分别代表 6 项管理工作：
▶ HVC 激励与约束机制，即人员管理的 3 个"游戏规则"：
H（horizontal）——横向激励机制
V（vertical）——纵向激励机制
C（constraint）——约束机制
▶ MNE 管理模式，即日常管理工作的 3 个步骤（如同人的一日三餐）：
M（morning）——目标管理（开始）
N（noon）——实地工作（中间）
E（evening）——评估结果（结束）

6 个实用工具：
【实用工具 9】销售人员奖金制度的"1234"设计模式
【实用工具 10】销售人员晋升机制的"1234"设计模式
【实用工具 11】制定下属工作目标的"365"快速分解法
【实用工具 12】实地工作的 Z 形路线图
【实用工具 13】实地销售报表的基本流程与格式
【实用工具 14】领导能力之"驱动引擎"

读者可以在第9章的基础上进一步延伸知识体系（见图9-19）。

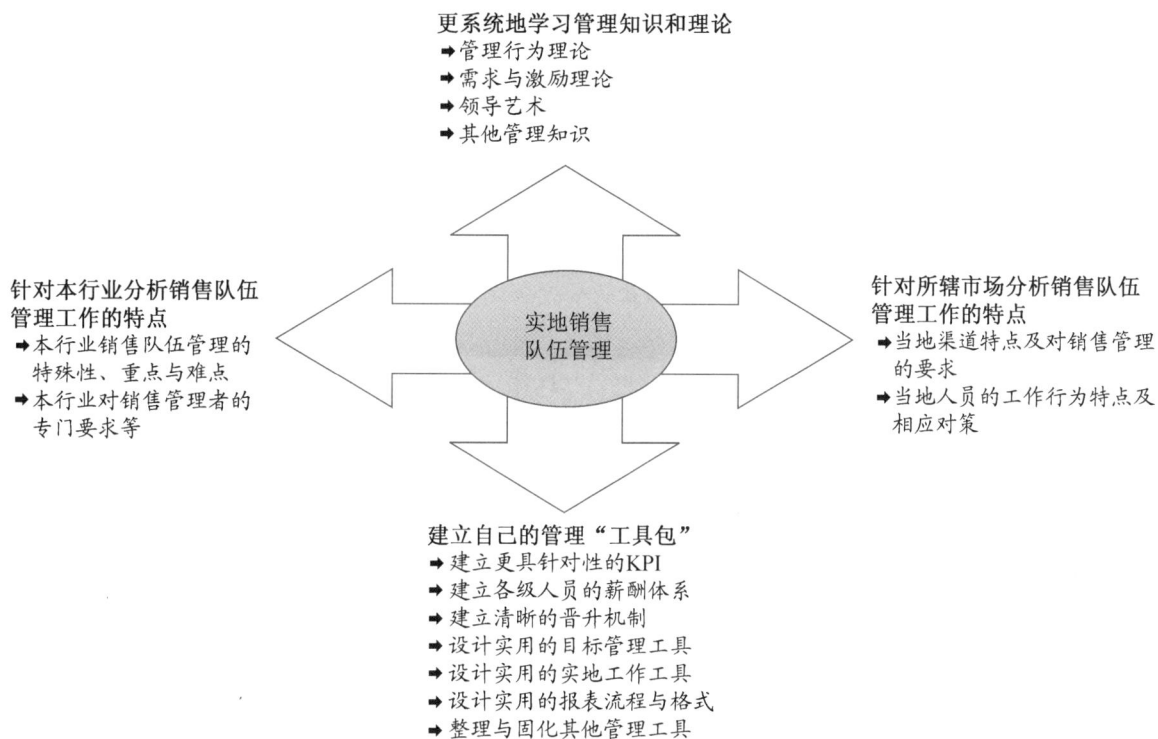

更系统地学习管理知识和理论
➡管理行为理论
➡需求与激励理论
➡领导艺术
➡其他管理知识

针对本行业分析销售队伍管理工作的特点
➡本行业销售队伍管理的特殊性、重点与难点
➡本行业对销售管理者的专门要求等

实地销售队伍管理

针对所辖市场分析销售队伍管理工作的特点
➡当地渠道特点及对销售管理的要求
➡当地人员的工作行为特点及相应对策

建立自己的管理"工具包"
➡建立更具针对性的KPI
➡建立各级人员的薪酬体系
➡建立清晰的晋升机制
➡设计实用的目标管理工具
➡设计实用的实地工作工具
➡设计实用的报表流程与格式
➡整理与固化其他管理工具

图9-19 第9章的知识体系延伸示意图

405

第10章 ◣ 实地销售队伍培训 ◢

正如第8章所强调的,把握好招聘环节非常重要,但这只是建立成功的销售队伍的基础。员工能否在销售组织中发挥更大的作用,还取决于企业和上级对他的培训。

培训(training)是帮助员工掌握工作所需的知识和技能,以提升工作绩效的持续过程。

▶ 培训的目的就是提升员工的工作绩效,这也是评估培训效果的最终标准;

▶ 培训内容一般限于和员工工作相关的知识和技能,不是一般意义上的教育;

▶ 培训是一个持续的过程,不仅有助于新聘用的销售人员快速进入工作角色,而且能帮助有经验的员工掌握日益更新的销售知识和技能。

许多销售经理对培训的认识与广告类似,都知道它重要,但是不太清楚它如何起作用并且难以准确评估对生意的贡献。正因为如此,不少销售管理者虽然认识到了培训的重要性,但往往将其放在比较次要的位置,总是认为"培训是闲着没事干的时候做的事情"。

还有一些销售人员则固执地认为:

"销售是无法培训的,经历是最好的老师。"

"我就是在'摸爬滚打'这所社会学校中学会销售的。"

这样的观点在目前我国的销售队伍中并不少见。对于这些观点,我们可以这样来回答:

"经历确实是最好的老师,但不站在别人的肩膀上学习的人是个傻瓜。"

"读'摸爬滚打'这所社会学校所付出的学费,远比上'学习'这所学校要高。"

与上述观点一样,不少人认为销售根本没有什么专业性,完全靠自己的三寸不烂之舌;对于希望自我提升的人来讲,又感到入门容易做精难,似乎谁都可以从事销售工作,但达到一定程度后就感到自我提升非常缓慢,甚至看不到进一步提升的空间。

客观地讲,目前我国绝大多数企业都没有建立系统的销售培训体系,大部分销售从业人员主要靠自己的经验和接受零散(甚至相互矛盾)的培训来工作。本章试图建立一个相对系统的针对各级销售职位的培训体系(仅限于销售的共性知识),并引导读者如何在实际工作中成为一个优秀的培训者。

10.1 销售培训概述

10.1.1 销售培训工作的"输出"与"输入"

销售培训的直接目的当然是提高员工素质,但是培训并非一般意义上的教育,其出发点和归宿只有一个:**提升销售业绩**。同时,实地销售经理在培训下属的过程中也必须考虑来自企业和当地销售队伍的三大影响因素。

1. 销售培训工作的"输出"

如图10-1所示,培训工作是提升"人员作用力"的重要手段,其"输出"包括以下两点:

(1)销售人员的工作能力。

任何一级销售管理者的成功都依赖于下属的成功,而下属是否成功与其工作能力直接相关。销售人员的工作能力是一个比较广泛的概念,主要指完成生意目标所需的知识和技能,本章的后续内容试图对此作出清晰和规范的界定。

(2)销售人员的工作积极性。

培训的作用不仅体现为提升下属的工作能力,也是一种重要的激励方式。通过培训可以增加销

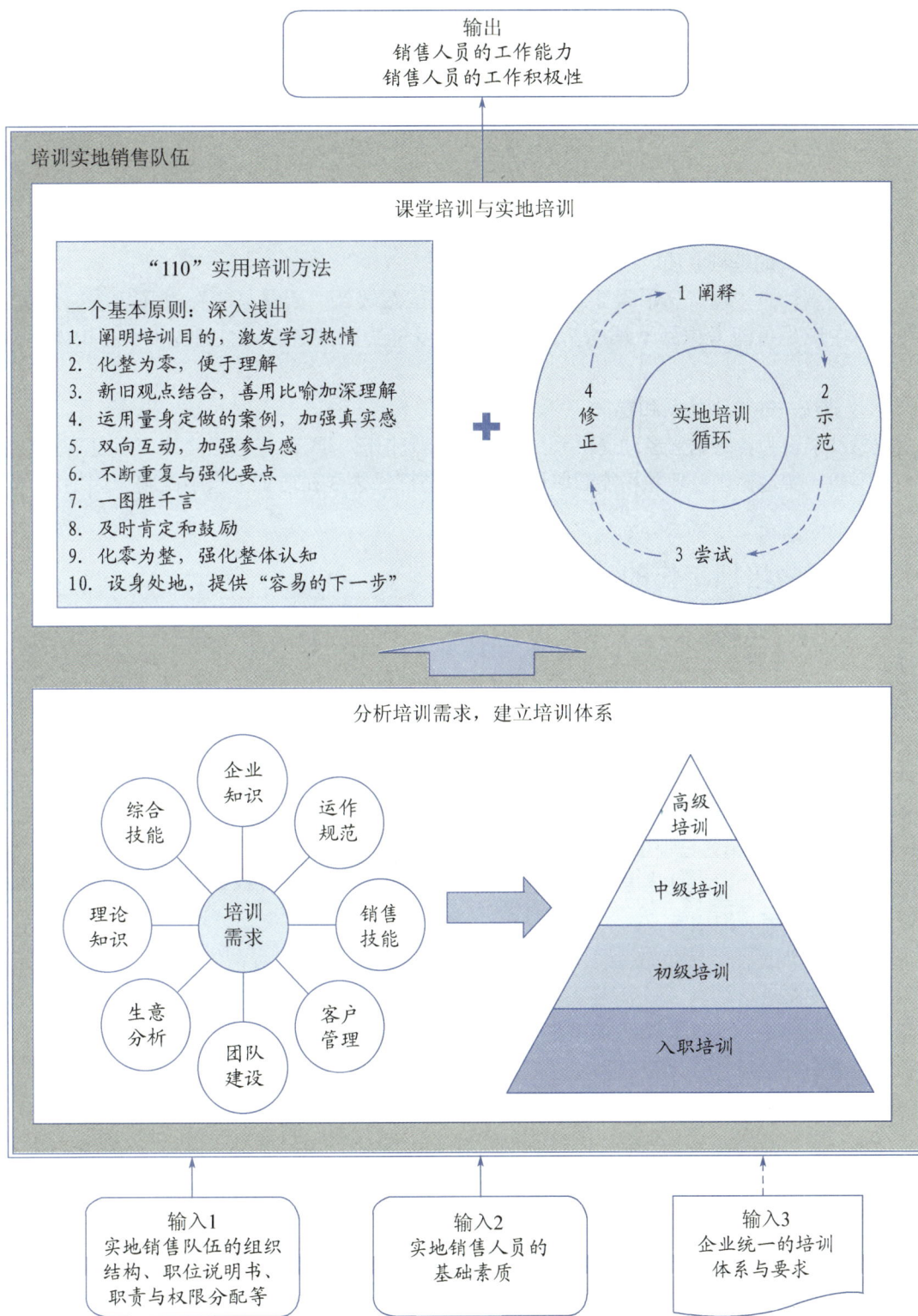

图10-1 培训实地销售队伍作用力体系图

售人员的信心和热忱，增强团队凝聚力并降低人员流动率，而且让员工肯定自我价值。这种精神层面的作用不容小视。

上述两点是销售培训工作的直接"输出"，最终通过增强"人员作用力"而提升销售业绩，这也是培训的价值所在。

2. 销售培训工作的"输入"

如图 10-1 所示，影响实地销售培训工作的因素包括三个方面：

(1) 销售人员的职责和权限等。

培训以生意需要为导向，销售人员的职责和权限决定了其工作需要什么样的知识和技能。虽然各个企业之间存在一定的共性，但是培训必须结合企业自身的特点才更具针对性，而且即使同一个企业不同市场的销售人员，其具体职责也有所不同。所以，实地销售经理在培训工作中应该根据销售人员的具体"需求"来决定培训内容。

(2) 销售人员的基础素质。

每个销售人员的"起点"不同且"各有长短"，虽然做到"因材施教"并不容易，但是销售经理在培训中应尽可能考虑到下属的基础素质和接受能力，并有针对性地选择培训内容和培训方法。

(3) 企业统一的培训体系和要求。

企业总部能否为各级销售经理提供系统的培训资料和具体要求，自然对销售培训工作的质量影响巨大。当然，实地销售经理并不能简单地"生搬硬套"，需要在培训工作中做到"因地制宜"和"因材施教"。

10.1.2 销售培训工作的"4W1H"

所谓4W1H，泛指考虑一项工作的 5 个基本要素：

who：谁来承担销售培训工作？

when：在什么时候进行培训？

where：在什么地点、场合培训？

what：培训什么？

how：如何培训？

1. who：谁来承担销售培训工作？

不少销售经理认为培训是"专业培训公司"或企业总部的事情，其实各级销售管理者正是其下属最重要的培训者。原因有三：

(1) 销售培训是一个持续的过程，并非集中几天的"短训"，只有销售管理者才可能为下属提供实际工作中的跟进培训。

(2) 任何标准的培训知识都必须在工作中实际运用，才能被销售人员真正掌握，培训工作对各级销售经理而言可谓"责无旁贷"。

(3) 正如第 9 章所强调的，培训本身也是激励下属的重要方式之一，也是领导能力的重要体现。

2. when：在什么时候进行培训？

(1) <u>入职时</u>：任何销售人员新入职，都需要对其进行必要的入职培训。

(2) <u>升职或工作调整时</u>：升职或工作调整，意味着该销售人员所承担的职责有所变化，自然应该针对新的工作需要培训相关知识和技能。

(3) <u>工作过程中</u>：在工作过程中，也需要针对销售人员的工作绩效及不足之处适时培训相关知识和技能。

从以上三点可以看出，针对性的培训实际上是伴随销售人员职业生涯发展的连续过程。

3. where：在什么地点、场合进行培训？

(1) <u>课堂</u>：这里的课堂指广义的"课堂"，一般指对销售人员的集中培训。

(2) <u>实地</u>：销售是一个操作性很强的工作，实地培训是培训工作的重要形式。

(3) <u>其他场合</u>：除了以上两种正式的培训场合外，销售会议等也是培训的场合。

4. what：培训什么？

销售人员工作中所需要的知识和技能就是"培训需求"，各级销售管理者需要在此需求的基础上建立整个培训体系。这是本章的第一大重点，详见后续内容。

5. how：如何培训？

销售培训主要分为"课堂培训"和"实地培训"两种方式，培训者需要运用基本的培训方法和实地培训循环以实施有效的培训。这是本章的第二大重点，详见后续内容。

10.1.3 销售培训者需要具备的基本素质

培训能力并非少数人的"专利"，只要能够按照以下四个目标努力，人人都可以成为培训者。

1. 拥有"固化"的销售专业知识和技能

知识和技能的"固化"就是一种积累和沉淀，是一个人和一个组织持续发展的基础。作者从工作经历中深深体会到了外企和本土企业在这方面的巨大差别。这实质上反映了东西方文化的差异。我国的传统文化崇尚"言传身教"或强调"师傅带徒弟"的作坊式培训，西方文化强调知识体系的"系统化""结构化"，显然后者便于知识的长期积累和更广范围的传播。

一个销售管理者的业绩无论多么出色，如果所有的知识和经验积累总是处于"只能意会，不可言传"的模糊状态，不可能成为一个优秀的培训者。成为培训者的前提是善于学习和提炼，能运用抽象思维将自己的知识和经验"固化"下来；否则只能是"茶壶里装饺子"，除了耕好自己的"一亩三分田"以外，对整个组织的贡献非常有限，也不太可能成为一个卓越的高层领导。

2. 具有丰富的销售实践经验

销售是一个实践性很强的工作，任何理论都必须与实践相结合，而且不少知识本身就是经验的总结和提炼；如果没有丰富的实践经验作为支撑，销售培训必然"苍白无力"。

比如，要有效地培训区域经理，培训者最好（曾经）是一名优秀的区域经理，这样整个培训才能达到预期效果。即使是"领导能力"和"人员激励"等各部门通用的培训主题，如果由一个纯粹的人力资源管理专家对销售人员进行培训，其效果也会有所局限。

3. 掌握必要的培训技巧和方法

从被培训者的角度看，"接受培训"就是学习的过程，而学习有其自身的规律。所以销售经理在具备以上两个必要素质的基础上，还需要根据学习的规律掌握一些必要的培训技巧和方法，这样才能成为优秀的培训者。这正是本章的重点。

4. 把学员视为"客户"，将培训当成"推销"

如果把上述三项素质归结为培训者所需的"硬件"，那么第四点可以说是培训者必备的"软件"，即培训者应具有正确的心态。事实上，销售经理从事培训工作具有"得天独厚"的优势，只要把学员视为"客户"并将培训工作当成"推销"过程，就很容易把握正确的培训心态并运用熟悉的销售技能。

（1）培训的目的是让学员掌握相关的知识和技能，如同让客户接受产品一样。

（2）培训不是将知识"居高临下"地灌输给学员，而是耐心细致地把知识"推销"给被培训者；只有让学员明白培训内容对其工作的价值所在，他们才能积极配合整个培训过程并且学以致用。

（3）即使销售经理不学习任何培训技巧，只要将培训过程当成向客户的推销过程，就能充分运用沟通技巧、说服能力、演示技巧等熟悉的销售技能，并且贯彻"以客户为导向"的基本思想。

10.2 分析培训需求

正确地分析培训需求是整个培训工作的第一步，基本思路就是从培训对象的工作需要出发，提供有针对性的培训。虽然不同企业各个销售职位的培训需求具有一定差异，但是总体上可以从 8 个方面去分析培训需求（见图 10-2）。

销售人员的 8 类培训需求，按照逻辑关系可以分为两大类：

第一类需求："如何做"（How to do it）
第二类需求："如何做得更好"（How to do it better）

10.2.1 第一类培训需求："如何做"

1. 企业知识

这里的"企业知识"是广义的概念，指该企业所特有的知识和信息等。不言自明，企业知识是任何一个销售人员需要首先了解的基础知识，主要包括以下两大类。

（1）企业概况。

图 10-2　销售人员的 8 类培训需求

每个企业都有自己独特的历史、组织结构和企业文化等，各级销售人员至少应对企业概况有一个大致的了解。

A. 企业的历史与发展轨迹等；

B. 企业的部门设置及其主要职能；

C. 企业文化，如价值观和行为准则等；

D. 企业规模和主要竞争优势等；

E. 其他需要让销售人员了解的企业概况。

（2）产品知识。

一个企业存在的前提必然是向社会提供某些产品（包括服务性产品），产品知识无疑是各级销售人员的基本培训内容。

A. 产品线组合、品类划分、具体的产品规格等；

B. 各种产品的基本原理及竞争产品的主要卖点等；

C. 各种产品的地位及其相互关系；

D. 与各级销售人员工作相关的产品价格体系等；

E. 其他需要让销售人员了解的产品知识。

2. 运作规范

运作规范指与该职位相关的各种管理规程，目的是让销售人员明白如何开展工作。

（1）职位描述与相应的"责权利"。

一个销售人员开展工作的必要前提是至少明白三件事：

A. "我应该做什么？"→职位说明书

B. "哪些事情我可以做决定，哪些需要请示和向谁请示？"→ 责权利确认书

C. "我的薪酬待遇和费用标准是什么，做好了有什么奖励？"→ 责权利确认书

（2）相关操作流程和规章制度。

在明白了上述三件事情的基础上，还需要了解具体的操作程序和规定：

A. 订货—发运—结算的操作流程和相关制度。

B. 人事管理规程：主要是招聘—录用—调动—辞退等操作流程和相关制度，当然也包括对本人和下属的考勤制度等。

C. 销售费用操作规程：费用申请与批复—使用—报销的操作流程和相关制度。

D. 报表规程：该职位需要上交的报表类型和操作流程以及相关制度。

E. 其他与该职位工作相关的管理规程。

上述的"企业概况"与"运作规范"是所有销售人员最起码的培训需求，也是每个员工入职的时候就应该立即进行的培训；否则一个销售人员连"如何做"都不明白，更不用谈提升销售业绩了。

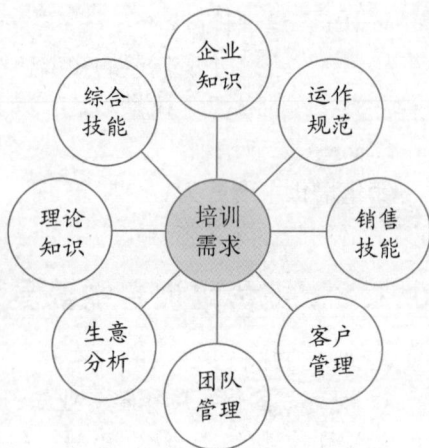

销
售
力

10.2.2 第二类培训需求："如何做得更好?"

第一类培训需求与每个企业的具体情况联系紧密，而第二类培训需求则相对具有较大的共性，这也是本书阐述的重点。

1. 销售技能

从操作层面看，销售总是与人打交道的工作。销售技能指与各类客户面对面沟通、说服、谈判等的"单兵"技能，是所有销售人员（包括中高层管理者）从事这项职业必须具备的基本功，其重要性不言而喻。销售技能包括沟通技巧、说服性销售、处理反对意见、客户渗透、谈判能力等诸多技能。这些技能广泛地应用于销售工作的各个环节。本书的后续章节将会穿插介绍重要的销售技能。

2. 客户管理

各级销售人员的主要工作对象就是"客户"，当然对于不同层级的销售人员而言，其客户的含义和范围也不同。对基层销售代表而言，直接客户是批零网点；对促销员而言，直接客户就是消费者；对销售经理而言，直接客户是分销商和直供终端等。

A. 客户知识：分销商、批零网点的购买行为和再销售行为以及具体操作；消费者的购买行为等。

B. 客户拜访与管理：基本拜访步骤、客户布局与优化、库存管理、应收款管理、客户激励与约束、如何协助客户再销售、生意回顾等。

3. 团队管理

作为销售管理者，建立一支优秀的销售队伍是实现生意目标的重要保障，所以掌握团队管理的知识和技能也是各级销售经理的培训需求。

A. 建立激励与约束机制：激励原理、绩效评估与激励方式、约束机制等。

B. 日常管理：目标管理、实地工作、结果评估、主持销售会议等。

C. 领导能力：领导者的素质、领导能力的提升方法等。

4. 生意分析

了解生意现状并洞察生意机会，是每一个销售经理提升工作绩效的必备技能，包括现状扫描、生意分析、计划实施等。

5. 理论知识

对于中高级销售经理，不仅需要"知其然"，还需要"知其所以然"，所以有针对性地培训一些基本的理论知识有助于销售经理"站得更高，看得更远"，当然这也对培训者提出了更高的要求。

6. 综合技能

综合技能包括必要的电脑知识、公文写作能力、演示能力和时间管理技能等。

从销售人员的工作需要出发（当然不同层级的职位必须有所侧重），以上所列的8大类知识和技能就是分析培训需求的8个方向，分析的结果就形成了针对各级职位的培训体系。

10.3 建立销售培训体系

"建立销售培训体系"是整个培训工作中的核心环节，也是"承上启下"的关键步骤，上连对培训需求的分析，下接具体的培训工作。

虽然各个企业的销售培训体系很难有统一模式，但是毕竟还是存在相当的共性，所以本书接下来试图向读者提供一个针对各个销售职位的系统培训体系。以下的实用操作工具中所包含的诸多培训主题及其分类，基于作者对培训的理解和工作经历中的积累，仅仅代表本书的观点，希望对读者有所裨益。

12345，培训"销售虎"
——建立实地销售培训体系

总体说明：

（1）上述标题便于读者记忆建立培训体系的各种要素。所谓销售虎，比喻具备优秀专业知识和技能的销售人员。

（2）该培训体系主要针对各级实地销售人员（大区经理及以下级别人员）。

（3）该培训体系相当于销售培训的基础框架，所有培训主题限于共通而且重要的知识和技能，具体应用时可在此基础上结合企业特点适当增减。

1 个建立培训体系的基本思想：

▶ 给销售人员一串珍珠，而不是一把珍珠

培训体系如同一座大厦，所有的培训内容都能在这座大厦中找到合适的位置，并且彼此之间具有清晰的逻辑关系。如果培训体系只是一个随意拼凑的"大杂烩"，很可能"越培训越糊涂"，而且每个培训内容所能发挥的作用也非常有限。这就是系统论中所讲的"整体大于部分之和"的道理，给销售人员一串珍珠才能将培训有效转化为推动生意的作用力，否则只是"为培训而培训"。

2 个构建培训体系的结构要素：

虽然以满足每个人的需求来"定制"培训体系是不可能的，但以此为借口来提供"一个模式满足所有人"的培训也是没有理由的。比较合理的方法是构建一个标准组合的系统，在一定程度上做到"因材施教"。

▶ 以职位需求为导向

不同层级的职位担负着不同的工作职责，也自然意味着不同的培训需求，所以按照职位来构建培训体系是合理的方法；不要将所有的培训内容列成一个长长的清单，或笼统地划分成"初级""中级""高级"，这样做并不能真正满足工作需要。

▶ 循序渐进

即使同一职位的培训体系也应把握好培训的"节奏"，既方便销售人员逐步学习和掌握相关知识和技能，也利于针对不同基础素质的人员灵活决定培训内容。

3 个选择培训内容的重要原则：

▶ 现实主义的原则

比起其他类型的培训，销售培训更需要反映现实世界。所有的培训内容应该给受训者一幅与实际销售领域相似的景象，否则受训者一回到实际工作中就会感到非常矛盾并且摒弃掉培训内容。比如，我们常常在培训中讲"客户第一"，但是销售人员在实际工作中被其上级经理要求的却是"为了销量可以牺牲客户利益"，销售人员自然会感到无所适从。

▶ 量身定做的原则

即使是各部门通用的培训主题（比如谈判技巧），也需要根据销售工作的特点提供具体的应用工具，否则只是让受训者学会了一些框架和概念，难以有效地在销售工作中加以运用。

▶ 即时可用的原则

培训内容并非越多越好，最好是受训者"第二天就可用得到"，否则很容易被忘记并且可能与原有知识混淆不清。

培训梯次及对应的销售职位如图 10-3 所示。

销售力

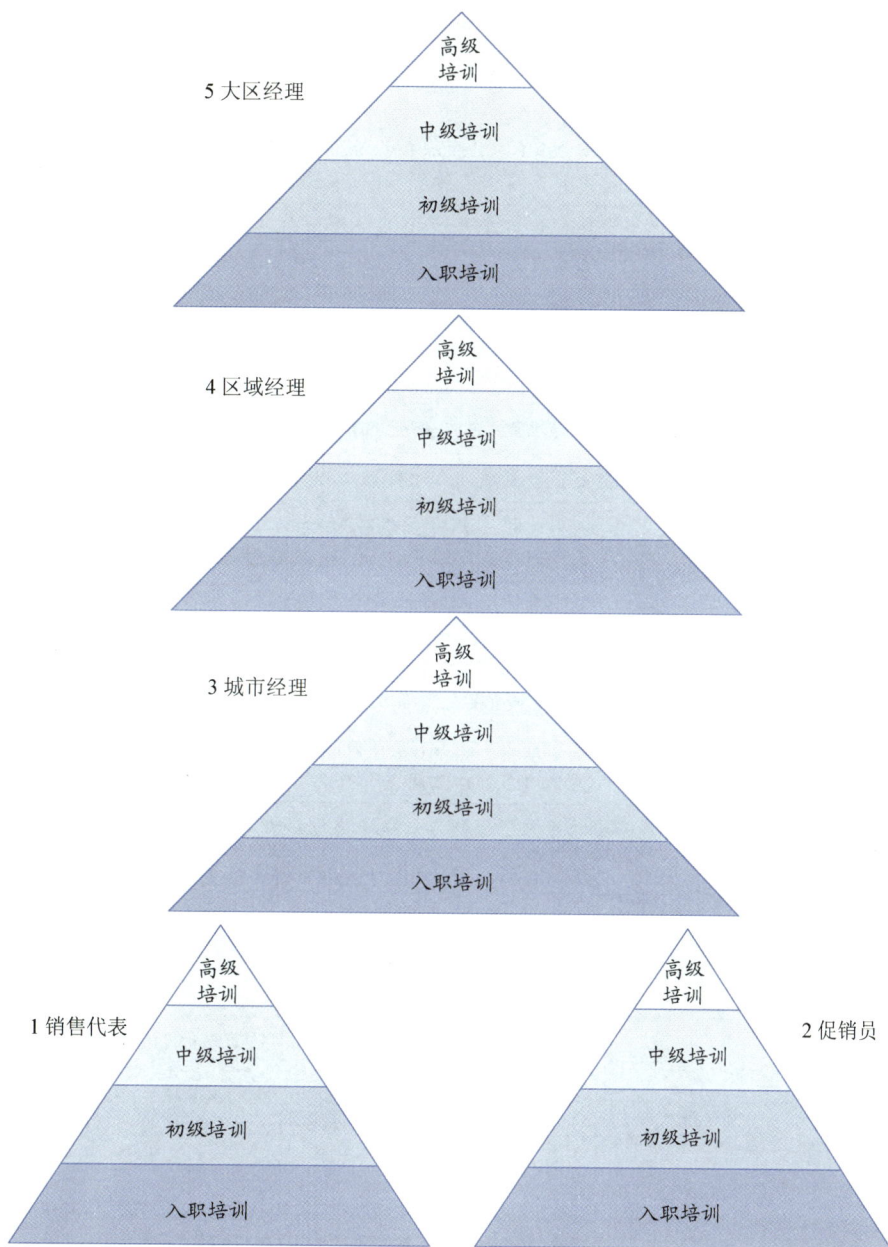

图 10 - 3　培训梯次及对应的销售职位

413

实用工具15.1

销售代表培训体系
（销售学校1（Sales School Ⅰ））

总体说明：

（1）销售代表，指直接覆盖批零网点的基层销售人员，也称为业务员或销售员等。

（2）本工具协助城市经理等基层销售管理者建立针对销售代表的系统培训体系。

（3）涉及具体企业和当地市场等"个性化"的培训主题，没有纳入统一编号（以英文字母表示）。

序号	培训主题	类别	培训目的及主要内容
入职培训→使新入职的 SR 了解开展工作的必备知识和信息			
A	企业概况	企业知识	培训目的：使新 SR 快速了解企业的基本状况 主要内容：包括企业历史、行业地位、价值观等
B	产品知识	企业知识	培训目的：使新 SR 快速了解所销售产品的基本知识 主要内容：包括产品品类与规格、主要卖点、竞争产品、销售价格等
C	职位规范	运作规范	培训目的：使新 SR 明白其职责及相应报酬（重点是奖金计算方法） 主要内容：包括职位说明书、具体覆盖的网点、底薪与奖金计算等
D	操作规程	运作规范	培训目的：使新 SR 了解开展工作的基本流程和规章制度 主要内容：包括当地分销商或分公司的 OSB 规程、费用和报表规程等
初级培训→使 SR 掌握最基本的网点拜访技能，以完成网点的拜访工作			
1	店内四要素	销售技能	培训目的：使 SR 了解覆盖一个网点需要做的四项基本工作 主要内容：分销、货架、助销（海报等）、价格
2	使用销售工具	销售技能	培训目的：使 SR 能妥善准备和使用销售工具，以提升拜访质量 主要内容：包括订单、价格表、访问报告、存补货记录、POP、文具等
3	BCP（basic call procedure，基本拜访步骤）	销售技能	培训目的：使 SR 能对网点进行完整的拜访 主要内容：拜访 7 步曲，包括制订拜访计划、店内检查、销售介绍等
4	规划拜访路线	销售技能	培训目的：使 SR 能合理地规划拜访路线，从而提升拜访效率 主要内容：建立网点资料库、绘制覆盖地图并合理分区等
中级培训→针对 SR 覆盖网点类型培训必要的客户管理技能，以提升网点销量			
5	零售终端的分销与维护	客户管理	培训目的：提升 SR 对终端分销和日常管理的基本技能 主要内容：终端的新品分销流程、终端的 OSB 流程等
6	零售终端的陈列管理	客户管理	培训目的：提升 SR 管理终端陈列的能力，从而提升终端销量 主要内容：货架陈列、货架外陈列、POP 运用等
7	零售终端的促销执行	客户管理	培训目的：提升 SR 执行终端促销活动的能力，从而提升终端销量 主要内容：终端促销活动的操作流程及相关技巧
8	批发商的销售管理	客户管理	培训目的：提升 SR 对批发商的销售管理能力，从而提升批发商销量 主要内容：批发商的分销特点与陈列管理及相关技巧
9	网点回款管理	客户管理	培训目的：提升 SR 回笼货款的技能，从而提高回款准时率 主要内容：10 个回款技巧及 6 大回款风险信号
10	网点库存管理	客户管理	培训目的：使 SR 学会如何计算网点的"建议订单"，减少缺货率 主要内容："库存控制目标"的设立、"建议订单"的计算公式等
高级培训→使 SR 掌握基本的沟通和推销技能，提高销售成功率			
11	客户渗透（1）	销售技能	培训目的：使 SR 学会如何了解目标网点的信息，做到"知己知彼" 主要内容：对批零网点需要了解什么信息及如何收集这些信息
12	面对面沟通技巧	销售技能	培训目的：使 SR 掌握基本的沟通技巧，提高销售成功率 主要内容：面对面沟通 3 要素和 6 种常用的沟通技巧
13	PSF（persuasive selling format，说服性销售模式）	销售技能	培训目的：使 SR 更具逻辑性地组织推销过程，提高销售成功率 主要内容：说服性销售的 5 个逻辑步骤（以推销产品为重点）
14	HO（handle objection，处理反对意见）	销售技能	培训目的：使 SR 能有效处理网点的反对意见，提高销售成功率 主要内容：处理反对意见的 4 个逻辑步骤，及常见反对意见处理

销售力

414

注：（1）OSB（order-shipment-billing），指销售工作中最基本的"订货—发运—结算"循环。（2）本培训体系重点针对销售代表共通的专业知识和技能，并且只选择重要的培训内容；具体培训时应根据生意需要适当增减。

（3）本培训体系以消费品（特别是快速流通消费品）行业为背景，其他行业可以此为参考。

促销员培训体系
（销售学校2（Sales School Ⅱ））

总体说明：

（1）促销员，主要负责终端的产品推销及相关工作，也称为导购员等。

（2）本工具协助城市经理等基层销售管理者，建立针对促销员的系统培训体系。

（3）涉及具体企业和当地市场等"个性化"的培训主题，没有纳入统一编号（以英文字母表示）。

序号	培训主题	类别	培训目的及主要内容	
入职培训→使新入职的PA了解开展工作的必备知识和信息				
A	企业概况	企业知识	培训目的：使新PA快速了解企业的基本状况	
			主要内容：包括企业历史、行业地位、价值观等	
B	产品知识	企业知识	培训目的：使新PA快速了解所销售产品的基本知识	
			主要内容：包括产品品类与规格、主要卖点、竞争产品、销售价格等	
C	职位规范	运作规范	培训目的：使新PA明白其职责及相应报酬（重点是奖金计算方法）	
			主要内容：包括职位说明书、具体负责的终端、底薪及奖金计算等	
D	操作规程	运作规范	培训目的：使新PA了解开展工作的基本流程和规章制度	
			主要内容：包括企业和商店的管理制度及报表规程等	
初级培训→使PA掌握最基本的销售知识和技能，以提高推销成功率				
1	与产品相关的专业知识	销售技能	培训目的：使PA通过了解与产品相关的专业知识，提高推销成功率	
			主要内容：因产品而异	
2	使用销售工具	销售技能	培训目的：使PA能妥善准备和使用销售工具，以提升推销成功率	
			主要内容：包括产品手册、促销海报/快讯以及产品样品和试用等	
3	推销六步曲	销售技能	培训目的：使PA能对顾客进行完整的推销工作	
			主要内容：推销6部曲，包括迎接顾客、了解需要、推荐产品等	
中级培训→进一步提高PA的销售技巧，从而提升终端销量				
4	顾客应答原则与技巧	客户管理	培训目的：使PA掌握对顾客的应答原则与技巧，以提升推销成功率	
			主要内容：6大应答原则与10个应答技巧	
5	连带销售技巧	客户管理	培训目的：使PA通过连带销售，提高每个顾客的购买金额	
			主要内容：如何根据顾客特点组合产品、连带销售的沟通技巧等	
6	终端形象维护	客户管理	培训目的：提升PA维护终端陈列的能力，从而提升终端销量	
			主要内容：陈列标准、POP运用等相关技巧	
7	运用促销活动提升销量	客户管理	培训目的：使PA能有效地运用促销活动、以提升终端销量	
			主要内容：各类促销活动的店内操作、及如何将促销转换为销量	
高级培训→使PA掌握工作所需的综合技能，更有效地完成本职工作				
8	终端库存管理	客户管理	培训目的：使PA学会基本的库存管理知识，减少缺货率	
			主要内容："库存控制目标"的设立、"建议订单"的计算公式等	
9	顾客投诉处理技巧	销售技能	培训目的：提升PA处理顾客投诉的能力，将负面影响降到最低	
			主要内容：顾客投诉处理3原则和6种常用技巧	
10	HO	销售技能	培训目的：使PA能有效处理顾客的反对意见，提高销售成功率	
			主要内容：处理反对意见的4个逻辑步骤及常见反对意见处理	
11	竞争产品的信息收集	销售技能	培训目的：使PA学会收集竞争产品的信息，为上级提供一线反馈	
			主要内容：明确竞争产品及收集信息的类型，掌握信息收集方法	

注：（1）本培训体系重点针对促销员共通的专业知识和技能，并且只选择重要的培训内容，具体培训时应根据生意需要适当增减。（2）由于促销员的工作与产品密切相关，所有的培训内容需要与企业的产品特点有更紧密的结合。（3）本培训体系以消费品（特别是快速流通消费品）行业为背景，其他行业可以此为参考。

415

城市经理培训体系
（销售学院1（Sales College Ⅰ））

总体说明：

（1）城市经理，指直接管理分销商等客户的基层销售经理，也称为客户经理或销售主任等。

（2）本工具协助区域经理及以上人员，建立针对城市经理的系统培训体系。

（3）本培训体系基于 CM 已经掌握了 SR 和 PA 所需的知识和技能，培训主题的序号从 26 开始（SR 有 14 个培训主题，PA 有 11 个培训主题）。

（4）涉及具体企业和当地市场等"个性化"的培训主题，没有纳入统一编号（以英文字母表示）。

序号	培训主题	类别	培训目的及主要内容
入职培训→ 使新入职的 CM 了解开展工作的必备知识和信息			
A	企业概况	企业知识	培训目的：使新 CM 快速了解企业的基本状况 主要内容：包括企业历史、行业地位、生意概况、价值观等
B	产品知识	企业知识	培训目的：使新 CM 快速了解所销售产品的基本知识 主要内容：包括产品品类与规格、主要卖点、竞争产品、价格体系等
C	职位规范	运作规范	培训目的：使新 CM 明白其职责、报酬及相应权限 主要内容：包括职位说明书、责权利确认书、销售目标等
D	操作规程	运作规范	培训目的：使新 CM 了解开展工作的基本流程和规章制度 主要内容：包括企业的 OSB 规程、人事管理规程、费用和报表规程等
初级培训→ 使 CM 有效管理分销商的运作，确保生意的正常运转			
26	分销商运作系统概述	客户管理	培训目的：使 CM 能够对分销商的生意运作有一个全面的了解 主要内容：分销商的角色与作用及分销、促销、后勤等运作系统
27	分销商的库存管理	客户管理	培训目的：使 CM 能分析分销商的库存现状，并优化其库存结构 主要内容：设定分销商的库存控制目标、库存指标的分析与优化
28	分销商的回款管理	客户管理	培训目的：提升 CM 回笼货款的技能，从而提高回款准时率 主要内容：针对分销商的 8 个回款技巧及 5 大回款风险信号
29	分销商的费用管理	客户管理	培训目的：提升 CM 管理分销商费用的能力，以提高投入产出效益 主要内容：费用类型划分、费用分配、费用监控等
30	分销商的激励与约束	客户管理	培训目的：提升 CM 激励与约束分销商的能力，使双方合作更流畅 主要内容：分销商的需求、激励方式及技巧、约束其"道德风险"等
31	客户渗透（2）	销售技能	培训目的：使 CM 学会如何了解分销商的信息，做到"知己知彼" 主要内容：对分销商需要了解什么信息及如何收集这些信息
32	书面沟通技巧	销售技能	培训目的：使 CM 能运用书面沟通的方式与分销商等进行良好的沟通 主要内容：书面沟通 4 原则和 8 种常用的沟通技巧
33	概念性销售（conceptual selling）	销售技能	培训目的：使 CM 能逻辑性地推销概念和计划，提高销售成功率 主要内容：PSF 的框架回顾、澄清概念和利益提炼等
34	HO	销售技能	培训目的：使 CM 能有效处理分销商的反对意见，提高销售成功率 主要内容：处理反对意见的 4 个逻辑步骤及常见反对意见处理

销售力

416

序号	培训主题	类别	培训目的及主要内容
中级培训→ 加强 CM 协助分销商再销售的能力，以提升分销商的销量			
35	KA 的分销及维护	客户管理	培训目的：加强 CM 分销 KA 渠道的能力，提高 KA 渠道的分销水平 主要内容：KA 采购流程及其特点、目标 KA 及产品选择、分销技巧等
36	KA 的陈列与促销	客户管理	培训目的：加强 CM 管理 KA 的能力，从而提升 KA 的单店销量 主要内容：货架陈列、货架外陈列、POP 运用、促销活动策划与实施等
37	建立批发网络	客户管理	培训目的：加强 CM 对批发商的管理能力，提高批发渠道的分销水平 主要内容：批发商的布局与选择、价格维护、协助批发商再分销等
38	建立小店分销系统	客户管理	培训目的：加强 CM 覆盖小店的能力，从而提高小店的分销水平 主要内容：区域划分、产品选择、拜访与送货体系等
39	销售代表的编制/招聘与配置	团队建设	培训目的：使 CM 学会如何根据生意需要建立 SR 队伍 主要内容：SR 编制计算、SR 招聘途径与面试技巧、SR 配置方法等
40	销售代表的日常管理	团队建设	培训目的：加强 CM 管理 SR 队伍的能力，从而提升团队效率 主要内容：针对 SR 的目标管理、实地工作、结果评估等
41	促销员的编制/招聘与配置	团队建设	培训目的：使 CM 学会如何根据生意需要建立 PA 队伍 主要内容：PA 配备的标准、PA 招聘途径与面试技巧、PA 配置方法等
42	促销员的日常管理	团队建设	培训目的：加强 CM 管理 PA 队伍的能力，从而提升终端销量 主要内容：针对 PA 的目标管理、实地工作、结果评估等
高级培训→ 加强 CM 培训和生意分析的能力，推动生意的可持续发展			
43	培训基本原则与循环	团队建设	培训目的：使 CM 掌握基本的培训方法，成为一个合格的培训者 主要内容："110" 实用培训方法和实地培训的 4 个循环步骤
44	销售代表的培训	团队建设	培训目的：使 CM 学会如何培训 SR，提高 SR 的销售技能 主要内容：SR 的培训体系、培训计划制订、课堂与实地培训等
45	促销员的培训	团队建设	培训目的：使 CM 学会如何培训 PA，提高 PA 的销售技能 主要内容：PA 的培训体系、培训计划制订、课堂与实地培训等
46	销售代表和促销员的激励与约束	团队建设	培训目的：使 CM 掌握如何建立激励与约束机制，提升下属积极性 主要内容：激励原理、4 种激励方式及如何约束下属的"道德风险"
47	生意分析基础	生意分析	培训目的：使 CM 初步掌握生意分析的基本框架，提高思维逻辑性 主要内容：生意分析的 3 大环节、4 个逻辑层面及基本分析方法等
48	城市销量提升指南	生意分析	培训目的：为 CM 提供实用的生意分析工具，提高生意分析的效率 主要内容：4 大模块、10 个作业、48 个问题、16 个解决方案、3 个行动方案
49	生意发展计划的制订/实施	生意分析	培训目的：使 CM 学会将分析结果转化为正式的生意计划并付诸实施 主要内容：生意发展计划的标准格式、行动方案的分解落实等
50	计算机知识培训（1）	综合技能	培训目的：使 CM 初步掌握基本的办公软件，提升工作效率 主要内容：用 Word 编写简单公文、用 Excel 制作简单表格

注：（1）本培训体系重点针对城市经理共通的专业知识和技能，并且只选择重要的培训内容；具体培训时应根据生意需要适当增减。（2）本培训体系中的分销商也可以理解为销售分公司，其运作存在相当的共性。（3）本培训体系以消费品（特别是快速流通消费品）行业为背景，其他行业可以此为参考。

417

区域经理培训体系
（销售学院2（Sales College Ⅱ））

总体说明：

（1）区域经理，指管理一个省级区域的中层销售经理，也称为省区经理、地区经理或分公司经理等。

（2）本工具协助大区经理及以上人员，建立针对区域经理的系统培训体系。

（3）本培训体系基于UM已经掌握了CM所需的知识和技能，培训主题的序号从51开始（CM及以下人员共有50个培训主题）。

（4）涉及具体企业和当地市场等"个性化"的培训主题，没有纳入统一编号（以英文字母表示）。

序号	培训主题	类别	培训目的及主要内容
入职培训→ 使新入职的UM了解开展工作的必备知识和信息			
A	企业概况	企业知识	培训目的：使新UM快速了解企业的基本状况 主要内容：包括企业历史、行业地位、生意概况、价值观等
B	产品知识	企业知识	培训目的：使新UM快速了解所销售产品的基本知识 主要内容：包括产品品类与规格、主要卖点、竞争产品、价格体系等
C	职位规范	运作规范	培训目的：使新UM明白其职责、报酬及相应权限 主要内容：包括职位说明书、责权利确认书、销售目标等
D	操作规程	运作规范	培训目的：使新UM了解开展工作的基本流程和规章制度 主要内容：包括企业的OSB规程，人事管理、费用和报表规程等
初级培训→ 使UM有效管理一个区域的生意和团队，建立良好的生意基础			
51	分销商与直供终端的布局与设立	客户管理	培训目的：使UM能够对企业直接客户进行合理布局 主要内容：分销商与直供终端的利弊比较、目标客户选择及谈判等
52	分销商经营效益分析	客户管理	培训目的：使UM学会从分销商的角度分析生意，提升其经营效益 主要内容：分销商的生意指标扫描、及分析利润和ROI的增长点
53	分销商评估与优化	客户管理	培训目的：提升UM评估分销商的能力，以优化客户结构 主要内容：分销商的评估指标体系、决策规律及相关技巧
54	区域性连锁KA管理	客户管理	培训目的：提升UM管理和协调连锁KA的能力，使双方合作更流畅 主要内容：合同谈判、分销与促销协调、常见冲突解决等
55	城市经理的编制/招聘与配置	团队建设	培训目的：使UM学会如何根据生意需要建立CM队伍 主要内容：CM的控制跨度、CM招聘途径与面试技巧、CM配置方法等
56	城市经理的日常管理	团队建设	培训目的：加强UM管理CM队伍的能力，从而提升团队效率 主要内容：针对CM的目标管理、实地工作、结果评估等
57	城市经理的激励与约束	团队建设	培训目的：使UM掌握如何建立激励与约束机制，提升下属积极性 主要内容：激励原理、4种激励方式，及如何约束CM的"道德风险"
58	城市经理的培训	团队建设	培训目的：使UM学会如何培训CM，提高CM的工作能力 主要内容：CM的培训体系、培训计划制订、课堂与实地培训等
中级培训→ 提升UM的综合素质，以更好地完成本职工作			
59	谈判原理与技巧	销售技能	培训目的：提升UM的谈判技能，以提高销售成功率 主要内容：谈判的基本原理和3个环节以及相关技巧等
60	品类管理（1）	客户管理	培训目的：使UM在终端谈判和生意分析中的视野扩大到整个品类 主要内容：品类管理的作用与7步流程及相关工具等

序号	培训主题	类别	培训目的及主要内容
61	供应链基础知识	客户管理	培训目的：使UM能运用供应链知识优化分销商的后勤保障系统 主要内容：物流系统基础、仓储与运输体系评估指标、优化技能等
62	领导能力	团队建设	培训目的：提升UM的领导能力，打造更强的销售队伍 主要内容：领导能力之"驱动引擎"及领导能力评估工具等
63	区域销售会议	团队建设	培训目的：使UM学会如何主持销售会议，提高会议的效率 主要内容：主持销售会议的5个步骤与6个技巧等
64	公文写作	综合技能	培训目的：提升UM的公文写作技能，使公文更规范清晰和简洁 主要内容：主要公文类型的格式及相关技巧等
65	时间管理	综合技能	培训目的：强化UM管理时间的能力，提升工作效率 主要内容：时间管理的4大类共15种实用方法
66	计算机知识培训（2）	综合技能	培训目的：使UM能学会设计"智能化"的电子表格，提高数据处理能力 主要内容：Excel的重要公式与函数、数据透视表、自动格式化表格等
高级培训→使UM掌握生意分析的基本方法，从而提升销售业绩			
67	销售预测基础知识	生意分析	培训目的：使UM初步掌握销售预测的基本方法，以提高预测准确率 主要内容：销售预测的基本流程、4种简单的销售预测方法
68	生意现状扫描	生意分析	培训目的：帮助UM建立完整的销售信息体系，加深对生意的了解 主要内容：指标面扫描、基本面扫描、系统面扫描、资源面扫描等
69	生意策略分析	生意分析	培训目的：帮助UM从繁杂的信息中找到生意机会点并制定相应策略 主要内容：指标面分析、基本面分析、系统面分析、资源面分析等
70	边际分析法及其在销售中的应用	理论知识	培训目的：使UM掌握重要的边际分析方法，提高生意分析能力 主要内容：边际的概念、边际分析的核心思想、边际分析的应用等
71	静态比较分析法及其在销售中的应用	理论知识	培训目的：使UM掌握静态比较分析方法，提高生意分析能力 主要内容：静态比较的概念、参照系的选择、静态比较分析的应用等
72	计算机知识培训（3）	综合技能	培训目的：使UM能学会运用电脑幻灯片演示，提高生动性和互动性 主要内容：Powerpoint软件运用基础、10大实用技巧
73	财务与税务基础知识	综合技能	培训目的：使UM对销售工作中涉及的财务和税务知识有基本了解 主要内容：3张财务报表及相关指标计算、分销商等客户的税务常识

注：（1）本培训体系重点针对区域经理共通的专业知识和技能，并且只选择重要的培训内容，具体培训时应根据生意需要适当增减。（2）本培训体系中的分销商也可以理解为销售分公司，其运作存在相当的共性。（3）本培训体系以消费品（特别是快速流通消费品）行业为背景，其他行业可以此为参考。

实用工具15.5

大区经理培训体系
（销售学院3（Sales College Ⅲ））

总体说明：

（1）大区经理，指管理多个省份的高层销售经理，也称为市场经理、片区经理等。

（2）本工具协助销售总监等领导层，建立针对大区经理的系统培训体系。

（3）本培训体系基于DM已经掌握了UM所需的知识和技能，培训主题的序号从74开始（UM及以下人员共有73个培训主题）。

（4）涉及具体企业和当地市场等"个性化"的培训主题，没有纳入统一编号（以英文字母表示）。

销售力

序号	培训主题	类别	培训目的及主要内容
入职培训→ 使新入职的 DM 了解开展工作的必备知识和信息			
A	企业概况	企业知识	培训目的：使新 DM 快速了解企业的基本状况 主要内容：包括企业历史、行业地位、生意概况、发展规划、价值观等
B	产品知识	企业知识	培训目的：使新 DM 快速了解所销售产品的基本知识 主要内容：包括产品品类与规格、主要卖点、竞争产品、价格体系等
C	职位规范	运作规范	培训目的：使新 DM 明白其职责、报酬及相应权限 主要内容：包括职位说明书、责权利确认书、销售目标等
D	操作规程	运作规范	培训目的：使新 DM 了解开展工作的基本流程和规章制度 主要内容：包括企业的 OSB 规程，人事管理、费用和报表规程等
初级培训→ 使 DM 有效管理大区的生意运作与团队建设，确保整体生意的良性运转			
74	生意运行逻辑	生意分析	培训目的：帮助 DM 建立对生意全貌的逻辑"图象"，提高系统思维能力 主要内容：销售作用力体系全貌、销售分析力体系全貌等
75	品类管理（2）	客户管理	培训目的：使 DM 在与分销商的生意谈判中，达到咨询性销售的高度 主要内容：针对分销商整体生意的品类管理 7 步流程及相关工具等
76	消费者行为基础	客户管理	培训目的：使 DM 能初步了解消费者的购买行为，并据此制定策略 主要内容：消费者购买地点、频率、数量，及店内购买时的决策过程
77	KA 等零售商行为洞察	客户管理	培训目的：提升 DM 对 KA 等零售商行为的洞察力，并据此制定策略 主要内容：KA 的盈利之道、常用谈判策略、采购员行为分析等
78	财务分析基础	生意分析	培训目的：加强 DM 对财务指标的分析能力，提高企业和客户的效益 主要内容：损益分析、现金流分析、资金周转与 ROI 分析等
79	区域经理的管理与培训	团队建设	培训目的：加强 DM 管理与培训 UM 队伍的能力，从而提升团队效率 主要内容：针对 UM 的目标管理、实地工作、结果评估及培训体系等
80	组织结构设计与优化	团队建设	培训目的：加强 DM 建立和优化销售组织的能力，以建立高效的组织 主要内容：组织结构设计 6 要素组织表现分析等
81	团队文化的建设	团队建设	培训目的：使 DM 初步掌握建设团队文化的技能，以强化队伍凝聚力 主要内容：团队文化的构成要素及 5 大实用方法
中级培训→ 提升 DM 对大区生意战略的决策能力，做到"见树又见林"			
82	交易成本理论基础	理论知识	培训目的：使 DM 初步学会从交易成本的高度看待和分析销售问题 主要内容：交易成本理论的主要概念、3 大定理及其在销售中的应用
83	渠道矩阵宽度与长度组合的决策基础	理论知识	培训目的：使 DM 能根据生意需要合理规划渠道格局，提高渠道效率 主要内容：渠道矩阵的概念、宽度决策规律、长度组合决策规律等
84	渠道一体化程度的决策基础	理论知识	培训目的：使 DM 能根据市场特点合理规划渠道一体化程度，提高效益 主要内容：渠道一体化指数、渠道一体化程度的决策规律等
85	委托代理理论基础	理论知识	培训目的：使 DM 初步学会从委托代理的角度分析各种销售关系 主要内容：委托代理理论的主要概念、2 大定理及其在销售中的应用
86	渠道利益分配的决策基础	理论知识	培训目的：使 DM 能初步运用委托代理关系分析渠道利益分配问题 主要内容：渠道利益的构成 3 要素、渠道利益分配的决策规律等
87	实地销售队伍利益分配的决策基础	理论知识	培训目的：使 DM 能初步运用委托代理关系分析人员利益分配问题 主要内容：人员利益分配的基本原理及激励和约束原则

序号	培训主题	类别	培训目的及主要内容
88	品牌定位与产品开发/推广的基础知识	综合技能	培训目的：使DM对（狭义）营销知识有基本的了解，并与销售有机结合 主要内容：品牌定位要素与基本思维方法产品开发与推广基础等
89	演讲能力	综合技能	培训目的：提升DM在正式场合的演讲能力，增强传播效果 主要内容：演讲内容准备的5个注意事项及8大演讲技巧
90	计算机知识培训（4）	综合技能	培训目的：使DM学会设计简单的数据库，高效地存储与计算数据 主要内容：数据库结构的基本原则与3个范式及常用数据库范例
高级培训→使SR掌握基本的沟通和推销技能，提高销售成功率			
91	博弈论基础及其应用	客户管理	培训目的：使DM初步学会从博弈的角度看待和分析销售问题 主要内容：4种博弈类型、纳什均衡及其在销售中的应用
92	系统论基础及其应用	生意分析	培训目的：使DM初步掌握系统分析方法，使思维更加严密和逻辑化 主要内容：3个系统论的基本观点、逻辑链等5种主要的系统分析方法
93	抽样统计基本原理	综合技能	培训目的：使DM初步掌握抽样统计的方法，更好地处理不确定性问题 主要内容：最佳样本容量的计算、统计误差的区间计算等
94	时间数列预测方法	综合技能	培训目的：提高DM销售预测的能力，改善预测准确率 主要内容：季节指数的计算、简单的线性回归分析等
95	因果预测方法	生意分析	培训目的：提升DM定量判断销售因果关系的能力，提高决策的科学性 主要内容：简单的线性回归分析、相关性指数计算方法等
96	数据挖掘基础	生意分析	培训目的：使DM初步学会如何从原始数据中提炼关键信息，帮助决策 主要内容：生意集中度分析、稳定性分析、成长性分析、重要性指数等
97	计算机知识培训（5）	综合技能	培训目的：使DM学会设计常用的自动生意分析报表，提升分析效率 主要内容：基本的程序设计流程、常用的程序设计方法等

注：（1）本培训体系重点针对大区经理共通的专业知识和技能，并且只选择重要的培训内容，具体培训时应根据生意需要适当增减。（2）考虑到大区经理在决策方面的工作比重相对较大，所以本培训体系加入了部分理论知识以提高其思维能力。（3）本培训体系中的分销商也可以理解为销售分公司，其运作存在相当的共性。（4）本培训体系以消费品（特别是快速流通消费品）行业为背景，其他行业可以此为参考。

"实地销售培训体系"小结：

实地销售培训体系如同由97个台阶（培训主题）构成的"天梯"，引领销售人员不断提升自己的专业知识和技能，并在一定程度上将其培养成为"销售专家"。

虽然本书试图建立相对标准和规范的销售培训体系，但是由于行业与企业的差异，绝对标准的培训体系是不存在的。该实用工具中97个培训主题的选择与划分仅代表本书的观点，在实际培训工作中应根据具体情况灵活应用：

（1）企业之间各级销售人员的基础素质差异较大，有的可能需要"补课"，有的可能需要"跳级"；具体培训内容可以此为基础，有针对性地重新组合。

（2）本实用工具针对5个基本的实地销售职位来设立，但各个企业的职位设置不尽相同，有可能一些职位介于这5个基本职位之间，也可能有一些从事专项工作的销售人员（如KA经理）。

可根据这些人员的工作职责，从中抽取相关的培训内容另行组合。

（3）本实用工具中的所有培训主题都列明了所属类别，也可根据生意需要针对某个类别进行专门培训，比如销售技能培训、客户管理培训、团队建设培训或电脑知识培训等。

（4）从某种意义上讲，本书也是一本针对实地销售经理的"销售培训教材"，并涵盖了培训体系中的部分内容。但是本书的出发点是系统阐述销售力，其内容按照销售力的作用关系进行编排，并非纯粹的培训教材。因此，读者在应用本书作为培训教材时需要注意以下几点：

A. 本书基本上没有包含销售代表和促销员的培训内容。

B. 本书几乎没有涉及培训体系中的综合技能部分（如电脑知识、公文写作等）。

C. 本书只在必要时才介绍相关的销售技能（"单兵"技能），并且这些技能穿插在全书的各个章节，并没有集中在一起。

销售管理者在选定了培训内容之后，还需要根据时间安排制订详细的培训计划。这方面很难有统一的标准，因为不同企业培训者和受训者的可用时间不同，而且受训者的接受能力也不相同。

10.4　销售培训的实用方法

培训如同呈现给学员的"知识盛宴"，完善的培训体系及其内容如同"原料"，培训者好比是厨师；食物的鲜美程度不仅取决于"原料"质量，还与厨师的烹饪水平密切相关，而烹饪水平指的就是培训方法。

虽然每个人都有自己的培训风格，但我们还是可以从中找到一些共通的行之有效的培训方法。因为一切培训的目标都是相同的，那就是让销售人员最大限度地理解和接受培训内容，帮助他们用更有效的方法将工作做得更好。找到最简单的学习方法，我们就有了最可靠的培训方法。

实用工具16

"110"实用培训方法

总体说明：

（1）"110"指1个基本的培训原则＋10个培训实用方法

（2）"110"恰好是我国的求救和报警电话，这里比喻缺乏培训经验时只要牢记1个原则与10个方法，就至少能成为一个合格的培训者。

（3）本实用工具只是包含了最主要的培训方法，其他方法可在培训工作中逐步总结。

1个基本的培训原则：深入浅出

深入浅出无疑是贯穿所有培训的"红线"，也是培训的最高境界。但是要真正达到这四个字的标准并非易事，"深入"要求培训者具有渊博的知识，而"浅出"要求培训者具有"抽丝剥茧"的能力，这已经不是一个简单的培训技巧的问题了。与之相比，"深入深出"和"浅入浅出"要容易得多，这也是培训过程中最常见的问题。

◆"深入深出"

如果培训者对相关知识的理解只是"囫囵吞枣"，自然呈现出来的就是"一知半解"式的生搬硬套，很可能使学员越培训越糊涂。

◆"浅入浅出"

如果培训者缺乏渊博的知识和一定的理论高度，培训只能是简单的"就事论事"。这种简单其实是"简陋"，这种"浅"是"肤浅"而非"浅显易懂"。

10 个实用培训方法：

在"深入浅出"的大原则下，我们可以从自身经验以及对优秀培训者的观察中总结出以下 10 个实用的培训方法，这对于提升培训效果不无裨益：

(1) 阐明培训目的，激发学习热情。

(2) 化整为零，便于理解。

(3) 新旧观点结合，并善用比喻加深理解。

(4) 运用度身定做的案例，加强真实感。

(5) 双向互动，加强参与感。

(6) 不断重复与强化要点。

(7) 一图胜千言。

(8) 及时肯定和鼓励。

(9) 化零为整，强化整体认知。

(10) 设身处地，提供"容易的下一步"。

在以下的阐述中，我们将以"说服性销售模式"（persuasive selling format，PSF）的培训为例，使读者更直观地理解 10 个实用培训方法的具体运用。

注：PSF 是宝洁公司针对销售技能的一个非常实用的培训课程，其核心是展开推销过程的 5 个逻辑步骤。

1. 阐明培训目的，激发学习热情

优秀的培训者首先是一个杰出的"推销员"，善于将培训内容作为知识性产品"推销"给受训者，以激发学员的学习热情。这种"推销"与销售过程中的产品推销的基本原理完全一致，同样是围绕"客户"的需求和利益（如何满足需求）来展开。从这个意义上讲，销售经理担任培训者具有先天优势，长期积累的销售技能在培训工作中大有"用武之地"。对培训主题的"推销"应该在培训的一开始进行，下面介绍可以借鉴的一些技巧：

▶ 根据培训内容有针对性地列出销售工作中的常见"难点"，引起学员的"共鸣"。

【PSF 培训示例】

——我们是否在推销过程中遇到过"自说自话"的窘境，客户对我们所讲的根本不感兴趣？

——我们是否在推销过程中遇到过这样的尴尬：自己讲了半个多小时，客户反问我们一句"你今天来究竟想说什么？"

——我们是否在推销过程中感觉自己讲的东西"模糊不清"，难以说服客户？

——我们是否遇到过这样的情况：自己感觉推销过程很成功，但事后却未实现真正的销售？

▶ "一语中的"地指出培训内容带给学员的关键利益。

【PSF 培训示例】

——PSF 能使我们从上述的窘境和尴尬中摆脱出来，使我们的推销更成功。

——通过学习 PSF 的逻辑性推销步骤，我们更容易使客户对推销的产品或概念"心动"，并最大限度地将这种"心动"转化为及时的"行动"。统计数据表明，在同等情况下运用 PSF 可以将推销成功率提升 45%。

▶ 如果可能，再简要地举一个从培训中受益的真实案例（略）。

2. 化整为零，便于理解

把要讲述的内容划分成容易理解和讲授的小的组成部分。当然，培训者应根据受训者不同的接受能力来细分内容。对于接受能力相对差或慢的，需要将内容分得更细些；相反，对于接受能力强的，就不必把内容分得很细了。

【PSF 培训示例】

——PSF 一共有 5 个逻辑步骤，分别是：概述情况、陈述主意、解释主意如何运作、强调关键利益、建议容易的下一步。

3. 新旧观点结合，并善用比喻加深理解

当你将一个新的观点与受训者已经了解并接受的旧观点联系起来时，你就将这个新观点的直接含义放到他的头脑里去了，他能将你现在讲的观点与已经讲过的部分联系起来。这样，你就系统地建立起了各种论点之间的逻辑关联，这种关联将在他们的头脑中留下长时间的印象，并且有助于受训者融会贯通。比喻是帮助受训者理解的重要方法，并可以抓住受训者的兴趣。

【PSF 培训示例】

——我们之前已经培训过客户渗透、沟通技巧、处理反对意见，这些也属于销售技能的范畴，如果我们不能融会贯通，就会越培训越糊涂。它们和 PSF 之间究竟是一种什么关系呢？

——如果将整个推销过程比喻成一场战役的话，那么 PSF 的 5 个逻辑步骤如同这场战役的 5 个阶段："概述情况"如同火力侦察，了解对方的关注点；"陈述主意"如同明确的总攻信号；"解释主意如何运作"好比具体的战斗过程；"强调关键利益"如同结束前的"致命一击"；"建议容易的下一步"如同清理阵地，巩固战果。

——而"客户渗透"如同发起战役之前的侦察活动；"沟通技巧"如同匍匐前进等单兵战术；战斗过程不可能一帆风顺，总会在前进道路上遇到一些敌方的碉堡，"处理反对意见"如同炸掉敌方碉堡的"爆破筒"。因此在四个基本的销售技能中，PSF 是整个推销过程的"骨架"，而其他三个技能分别在推销前和推销过程中起到不同的作用。

4. 运用量身定做的案例，加强真实感

虽然案例的作用已经在培训中得到普遍认同，但是不少培训者将一个案例用于所有的培训对象，这样的案例培训只是"形似而神不似"。案例必须针对培训对象的工作特点"量身定做"，这样才能有真实感，并且易于使受训者将培训知识迅速地用于实际工作中。

【PSF 培训示例】

PSF 实际上可用于任何推销过程，但不同层级的人员其推销的具体内容差异较大，即使同一培训课题也需要有针对性地选择不同的案例。

——对于基层销售代表，可选择产品推销的案例。

——对于城市经理，可选择向终端或分销商"推销"促销计划的案例。

——对于区域经理或以上级别人员，可选择向分销商"推销"完整生意计划的案例。

5. 双向互动，加强参与感

培训是一个双向沟通的过程，并非培训者单方面的"自说自话"，让学员参与到培训过程中将有助于其更好地理解培训内容，并且使培训气氛更加活跃。

▶ 主动提问，如果可能给予小的物质奖励(如圆珠笔、便签簿等)。

▶ 安排简短的课堂作业并及时讲评，如果可能给予优秀者小的物质奖励。

▶ 安排与培训相关的角色扮演、游戏或竞赛等，如果可能给予优胜者小的物质奖励。

【PSF 培训示例】

——下面我们将所有学员分成三组，每组推选两名学员，一名担任客户，一名担任销售代表，运用 PSF 的技巧推销"×××产品"；两组竞赛的时候，另外一组担任裁判。

——评估标准见下发的评估表格，首先看是否完整地展现了 5 个逻辑步骤，其次看每个步骤的完成质量。

——第一名将获得×××奖励。

6. 不断重复与强化要点

根据学习的记忆规律，受训者不可能当场记住所有的培训内容，所以对于要点需要不断重复和强化以产生累积效应，给受训者留下一个鲜明而深刻的印象。从记忆规律来看，"一头一尾"是学员最容易记住的内容。

▶ 培训开始就指明本次培训的要点，结束时再回顾要点。

► 在培训过程中，只要有可能就不断重申要点以反复加深学员的印象。

7. 一图胜千言

图形是将知识"模型化"的手段，无疑是最直观和最浓缩的信息传递方式，能极大地提高受训者的理解程度和记忆深度。图形按照表现形式和用途，可大致划分为以下 5 种类型：

► 流程图：常用于表述顺序的操作流程。

► 逻辑关系图：用于清晰地表述事物之间的因果关系。

► 形象化的示意图：将复杂的概念和关系用形象化的比喻方法进行直观地表述。

► 数据图表：将生意数据用图表形式进行直观的表述。

► 图片：适用于直观地讲述产品对比、陈列和 POP 等。

上述 5 种图形在本书中都能找到大量的实例，可供读者参考，这里不再赘述。

8. 及时肯定和鼓励

培训者需要在培训过程中针对学员的回答、课堂作业、角色扮演等，先肯定"结果"，再提出需要提高的地方。这是一个受到普遍认同的培训方法，其中的道理无须赘述。

9. 化零为整，强化整体认知

这是前面"化整为零"的逆向过程。前面我们将课题分解为易于讲授的小的组成部分，当讲授完所有这些部分后，应该将其重新变为整体。这样会给受训者一个清晰的"全貌"和完整的概念，也是化繁为简的过程，避免学员"埋没"于众多的细节之中，"只见树木，不见森林"。

10. 设身处地，提供"容易的下一步"

实际上，这个步骤不仅用于推销过程，也适用于几乎所有工作的结束环节。任何培训的最终目标都是希望学员能"学以致用"，因此正式培训的结束恰恰是受训者实际运用的开始。"容易的下一步"则是连接"学"和"用"之间的关键环节，也是让学员从"心动"转化为"行动"的"助推力"。

【PSF 培训示例】

——本次培训即将结束，下面提供一张 PSF 的工具表格给大家，方便各位在实际工作中具体应用。

——PSF 的工具表格方便大家在推销产品或概念之前，先针对 5 个步骤的内容做好充分的预先准备。表格上已经提示每个步骤需要考虑的问题和注意事项，这样各位不用麻烦地翻查培训资料，就可以逻辑性地组织推销过程并且不会遗漏要点。

——培训结束后，大家先把"×××产品"的推销过程填写在 PSF 工具表格上，然后在实际工作中尝试性地运用，你们一定会发现这是一个简单而实用的工具！

"110"实用培训方法不仅适用于正式的课堂培训，也适用于非正式的讲解和实地培训等，并且对销售演示也有借鉴作用。只要我们在实际培训工作中切实加以运用，将其变成自己的"习惯"，对于提升培训效果一定会有所帮助。

10.5 实地培训循环

销售是一个实践性很强的工作，实地培训是课堂培训的必然延伸。实地培训又称在岗培训（on-the-job training，OJT），是运用非常广泛的销售培训方法。OJT 具有将受训者引入真实世界的优势，同时也给培训者以机会观察和评价受训者在实际工作中的表现。

10.5.1 实地培训循环的作用

实地培训循环为培训者提供了一个全面的实地培训程序，也促使受训者加深对培训主题的认识及掌握。

1. 对受训者的作用

（1）提供完整的学习程序；

（2）从听觉和视觉两方面加强印象；

（3）树立标准，并证明这个标准是正确的和可实现的；

（4）培养正确的工作态度。

2. 对培训者的作用

（1）提供可以执行的步骤；

（2）确保每个培训程序的一致性和完整性；

（3）可以观察到受训者的表现并有针对性地修正；

（4）确保培训质量。

10.5.2　实地培训循环的步骤与注意事项

实地培训如果运用得当，就是非常有效的培训方法；反之，它就算不上培训。以下实用工具将有助于销售经理提高实地培训的质量。

实用工具17

实地培训循环及其 15 个注意事项

总体说明：

（1）本工具提供了实地培训的 4 个完整步骤（见图 10-4）。

（2）15 个注意事项有助于培训者避免常犯的错误，提高实地培训的技巧。

1 阐释（什么/怎样/为什么）
➡ 给出清晰的培训目的
➡ 鼓励提出问题
➡ 保证全部理解
➡ 清楚、简单、现实

4 修正
➡ 指出做得好的地方
➡ 讨论需要改进的地方

2 示范
➡ 严格按照步骤进行确保你以要求销
➡ 售人员的方式完成任务
➡ 演示相关技能

3 尝试
➡ 销售人员按照你的示范进行尝试
➡ 销售人员必须严格按你所要求的步骤进行

实地培训循环

1 阐释　2 示范　3 尝试　4 修正

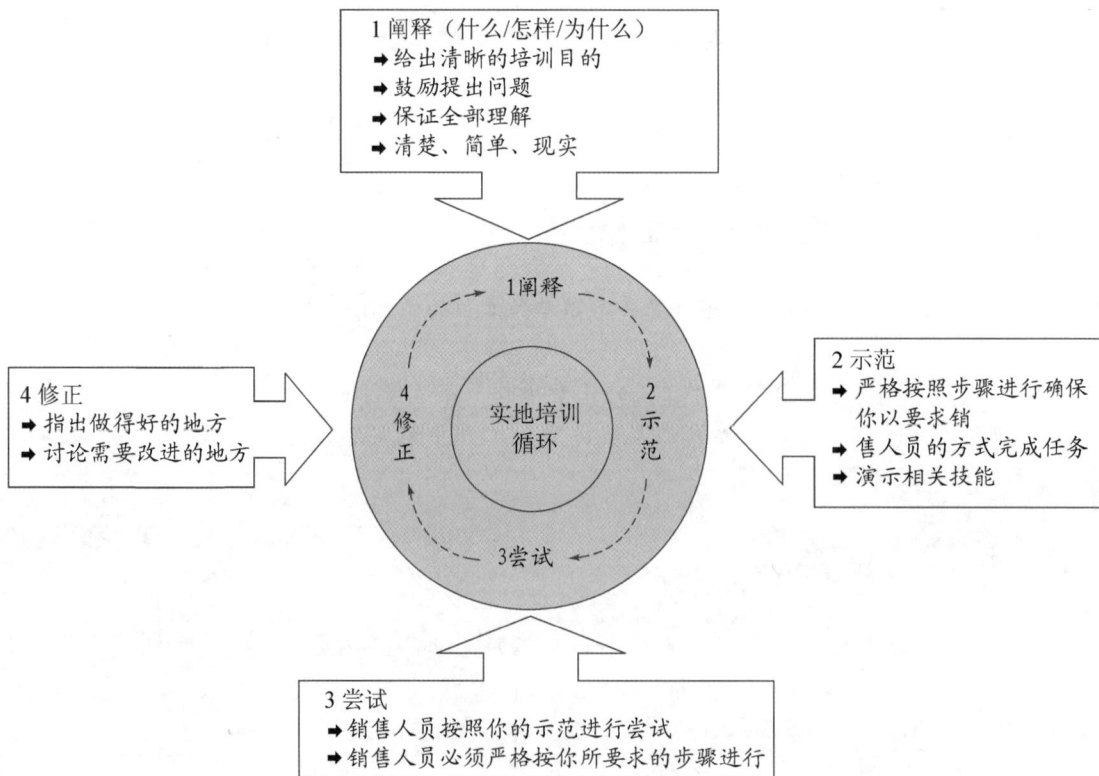

图 10-4　实地培训循环示意图

15 个实地培训中的注意事项：

1. 凡事预则立，不预则废

培训者一定要事先温习培训资料，确保完全理解其中所有的内容，保证不遗漏任何一个要点。因为"示范"的意义是定义标准，对受训者的影响极大。

2. 在"阐释"环节中设立清晰的培训目标

例：我们今天实地培训的目的是运用 PSF 技能，提升×××产品的分销成功率；我先示范 2 家店，你们接着尝试 5 家店。

3. 当你在作"示范"访问的时候，让销售人员尽量靠近你

这样不但可以让销售人员听得最清楚，而且可以让他感觉他也在处理同一问题。

4. 在"示范"环节中，尽量减少你的个人能力或权力对销售结果的影响

在"示范"过程中，应重点突出所培训的知识和技能，不要通过个人特殊能力或权力达成销售目标。这样才能让销售人员相信运用同样的技能，他也可以得到良好的销售结果。

5. 在"示范"过程中，不要过于担心自己的"面子"

如果"示范"过程的销售结果不成功，你不用感到丢了"面子"，因为影响销售结果的因素很多。任何知识和技能只是相对提高成功率，不可能做到 100%。可以客观地分析不成功的原因，指出影响结果的其他因素。这样也可避免销售人员对培训抱有不切实际的期望，并且他们也不会在"示范"不成功之后认为培训没用。

6. 在"尝试"环节中，尽量使受训者的第一印象成为一个好印象

第一印象的重要性已得到普遍认同，因为第一印象是保留得最长久的。所以在让销售人员"尝试"时，要确保你选择的是一个合适的客户，这个客户至少能给受训者时间，愿意去听他们的销售介绍。如果对一种新技能的首次尝试得到肯定，会马上树立起他们的自信心，并且将长期地影响他们的态度。

7. 在"尝试"环节中，不要与受训者站得太近

当销售人员自己在尝试作客户访问时，确保你站在靠后的地方，不要介入正在进行的交谈。站得太近可能会影响销售人员的发挥，而且可能导致销售人员或客户就某些事情询问你，这样你就会参与一起讨论，于是你就不能真正、客观地观察和评价他们的工作表现。

8. 在"修正"环节中，利用最近的印象及时修正或肯定

留下印象和重新唤起这一印象之间的间隔时间越短，这个印象就越有效。对于一个不成功的尝试，要趁受训者还记得它的时候讲解它；对于一个好的表现，也要趁它在他们头脑中还很清晰的时候去表扬他们。

9. 在"修正"环节中，技巧性地指出不足之处

A. 在批评及修正前，首先要表扬那些做得好的地方；

B. 就事论事，不要随意延伸；

C. 使错误听上去比较小；

D. 不要在其他人面前修正错误。

10. 避免用"挑剔"的态度对待受训者

不要挑出与培训内容无关的其他细节，或指出销售人员做得不好的细微部分，这样会让他们感觉他们做的每一个地方都是错的，从而忽略培训的主题。

11. 保持幽默感

不要取笑你所培训的销售人员，可以找一些有趣的事情使工作变得轻松。

12. 留意受训者应有的仪态及外表

实地培训着装要整洁、正式，仪表得体，态度认真。

13. 不要谈论别人的闲话

在培训过程中切忌谈论客户或其他人员的闲话，否则会严重地影响培训氛围。

14. 时常给受训者发问的机会

实地培训是双向沟通的过程。给学员发问的机会，能有效帮助学员对培训内容的认识和掌握，同时也会为培训者积累培训经验提供更多的资料。

15. 若你不是受训者的直接上司，避免与他们讨论企业的制度及政策或薪水及提升等问题，最好将问题交给其直接上司处理

销售经理要真正掌握实地培训的工作方法，必须在实践中不断总结和提高，这就是"熟能生巧"的道理。只有将实地培训的步骤和技巧融入到自己的"言谈举止"当中，才能真正成为"言传身教"的表率。

10.5.3 如何撰写培训报告

每一次正式的实地培训结束之后，培训者应尽可能撰写书面培训报告，而不是仅仅停留于口头总结。其目的在于：

A. 给受训者进行完整的培训回顾和进一步的培训跟进。

B. 为培训者与受训人提供了书面沟通的工具。

C. 使受训者的直属经理或相关人员了解培训的情况和进展。

1. 培训报告的作用

（1）对受训者：

——记录培训过程和销售结果；

——详细记录培训者的思想和观点；

——提供培训表现反馈；

——分析强项和弱项；

——记录培训进展；

——明确下一步。

（2）对培训者：

——准确描述培训的具体情况；

——提供培训表现反馈的工具；

——记录下一步培训计划和指令；

——优秀的跟进工具。

2. 一篇好的培训报告应涵盖的内容

（1）写培训报告的时间。最后一个拜访结束及与学员讨论回顾之后，尽可能及时完成培训报告。如果确实有时间压力，应在培训结束后的第二天完成报告。

（2）强调本次培训的目标与重点。培训报告是回顾式小结，应与培训者在培训中强调的内容前后呼应。

（3）简要回顾本次培训的过程。

（4）清晰指出学员哪些地方做得好。所谓的好，是指在理解和运用所培训的技巧方面表现得好，无须过多涉及其他方面。

（5）确认学员需要提高的方面。与第四点类似，不要将与培训主题无关的问题都列入培训报告中，这样将冲淡培训报告的重点。此外，一定要先指出好的地方，再找出需要提高的方面。

（6）讨论提高的方法，并向学员建议"容易的下一步"。

（7）可能的话，告知下一次实地培训的日期和主题等。

实地培训报告

致（学员）：_____   自（培训者）：_____   抄　　送：_____

培训地点：_____   培 训 日 期：_____   报告日期：_____

1. 培训的目标与重点		
1.1	培训主题	
1.2	培训目标	
1.3	培训重点	
2. 培训过程回顾		
2.1	示范过程 （拜访客户，销售结果）	
2.2	尝试过程 （拜访客户，销售结果）	
3. 学员在培训过程中值得表扬与鼓励的地方		
3.1	对培训内容的 理解方面	
3.2	对培训知识和技能的运用方面 （步骤完整性、运用 的熟练程度等）	
3.3	培训态度	
3.4	其他方面	
4. 学员尚需提高的地方及如何提高		
4.1	需要提高的地方	
4.2	提高的方法	
4.3	建议容易的下一步	
5. 其他		
6. 下次培训安排		
6.1	培训主题	
6.2	培训日期	
6.3	培训目标与重点	
6.4	学员需要作的准备	

10.6　在销售培训上花多少钱和时间

在销售培训方面，困扰人们的问题通常是："**投入于培训值得吗？**"培训和其他销售工作一样，最终的衡量指标仍然是对生意的边际贡献，即培训所带来的收益减去培训的成本。

1. 培训收益的评估

培训收益是一个比较抽象的概念，如果简单地理解，可以将接受培训和没有接受培训的销量差异作为评估指标。

（1）评估培训收益的基本方法：静态比较分析法。

静态比较分析法是指在选取的其他因素基本相同的情况下，分析培训对销售业绩的提升作用。当然，要完全针对具体的培训主题进行评估几乎是不可能的，而且观察培训效果的时间跨度相对较长，即使最基础的培训也需要至少3个月以上的时间才能看出明显的业绩变化。

A. 纵向比较法： 对一个受训者培训前和培训后的销售业绩进行比较。

B. 横向比较法： 对受过培训的人员与没受过培训的人员的销售业绩进行比较。

> **知识链接** 5.3.8 部分的静态比较分析法

（2）影响培训收益的两大因素。

培训与销售业绩的传递关系是：**培训→销售人员的能力→销售业绩。**

A. 培训转化为销售能力的程度。

它取决于培训内容的选择、培训者的水平、受训者的基础素质和学以致用的态度等。

"我听则我忘记；我明白则我记住；我做了则我理解"。

B. 销售能力转化为销售业绩的程度。

这个环节与培训工作本身并没有太大关系，取决于销售人员在生意体系中的重要性和影响生意的其他因素。如果销售人员对生意结果的影响力非常有限（如渠道一体化程度很低），或生意的瓶颈在于产品、资金等其他因素，那么再优秀的销售人员恐怕也无"用武之地"。

2. 培训成本的控制

培训成本大致包括三个方面：讲师费用、人员差旅/场地/资料等费用、销售人员的时间成本。控制培训成本的方法主要有两条：

（1）适当提高内部培训的比例。

使用外部培训专家的优点是更加专业，但成本较高。如果能逐步建立销售队伍内部的培训机制，可以大大降低培训成本，而且可能更加实用，当然这对于我国绝大多数本土企业而言，还有很长的一段路要走。

（2）尽可能将培训"穿插"于其他销售工作中。

A. 尽可能利用召开销售会议的时间，穿插集中的课堂培训；

B. 尽可能利用实地工作的机会，对下属进行实地培训。

在销售培训上应该花多少钱和时间？这是一个见仁见智的问题，恐怕永远也不会有标准答案，但有一点是肯定的，那就是**"磨刀不误砍柴工"**。最后用古代圣人孔子的至理名言作为本章的结束语，并和读者共勉：

> **工欲善其事，必先利其器**

▶ 本章要点回顾 ◀

本章的目的在于引导实地销售经理成为一个优秀的培训者。由于销售经理并非专业的培训讲师，所以本章没有过多着墨于培训的一般原理和综合知识，而是将重点集中于销售培训的一些实用工具上，为开展销售培训工作提供"容易的下一步"。

本章要点可以概括为"1＋8＋5＋2"：

1 个总览销售培训的作用力体系图
▶ 培训什么？ → 各级培训体系
▶ 如何培训？ → 课堂培训与实地培训的实用方法

8 个分析销售培训需求的方向
▶ **第一类培训需求：如何做？（How to do it?）**
（1）企业知识　　　　　　　（2）运作规范
▶ **第二类培训需求：如何做得更好？（How to do it better?）**
（3）销售技能（"单兵"技能）（4）客户管理
（5）团队建设　　　　　　　（6）生意分析
（7）理论知识　　　　　　　（8）综合技能

5 级实地销售培训体系（实用工具 15）
　　根据以上 8 种销售培训需求并结合各级销售职位的工作特点，我们将 97 个培训主题划分为 5 个级别的培训体系，每个级别内部又细分为 4 个梯次：入职培训、初级培训、中级培训、高级培训。
　　基本思想：给销售人员一串珍珠，而不是一把珍珠。
　1. **销售学校 1**（Sales School Ⅰ）：销售代表培训体系(14 个培训主题)
　2. **销售学校 2**（Sales School Ⅱ）：促销员培训体系(11 个培训主题)
　3. **销售学院 1**（Sales College Ⅰ）：城市经理培训体系(25 个培训主题)
　4. **销售学院 2**（Sales College Ⅱ）：区域经理培训体系(23 个培训主题)
　5. **销售学院 3**（Sales College Ⅲ）：大区经理培训体系(24 个培训主题)

2 个实用培训方法
1. **"110"实用培训方法（实用工具 16）**
▶ **1 个培训的基本原则：深入浅出**
▶ **10 个实用的培训方法：**
（1）阐明培训目的，激发学习热情
（2）化整为零，便于理解
（3）新旧观点结合，并善用比喻加深理解
（4）运用度身定做的案例，加强真实感
（5）双向互动，加强参与感
（6）不断重复与强化要点
（7）一图胜千言
（8）及时肯定和鼓励
（9）化零为整，强化整体认知
（10）设身处地，提供"容易的下一步"
2. **实地培训循环（实用工具 17）**
▶ **4 个实地培训的基本步骤：阐释—示范—尝试—修正。**
▶ **15 个实地培训的注意事项：**
（1）凡事预则立，不预则废
（2）在"阐释"环节中设立清晰的培训目标

（3）当你在作"示范"访问的时候，让销售人员尽量靠近你

（4）在"示范"环节中，尽量减少你个人能力或权力对销售结果的影响

（5）在"示范"过程中，不要过于担心自己的"面子"

（6）在"尝试"环节中，尽量使受训者的第一印象成为一个好印象

（7）在"尝试"环节，不要与受训者站得太近

（8）在"修正"环节中，利用最近的印象及时修正或肯定

（9）在"修正"环节中，技巧性地指出不足之处

（10）避免用"挑剔"的态度对待受训者

（11）保持幽默感

（12）留意受训者应有的仪态及外表

（13）不要谈论别人的闲话

（14）时常给受训者发问的机会

（15）若你不是受训者的直接上司，避免与他们讨论企业的制度及政策或薪水及提升等问题，最好将问题交给其直接上司处理

▶ **1 份实地培训报告（实用工具 17.1）**

读者可以在本章的基础上进一步延伸知识体系（见图 10-5）。

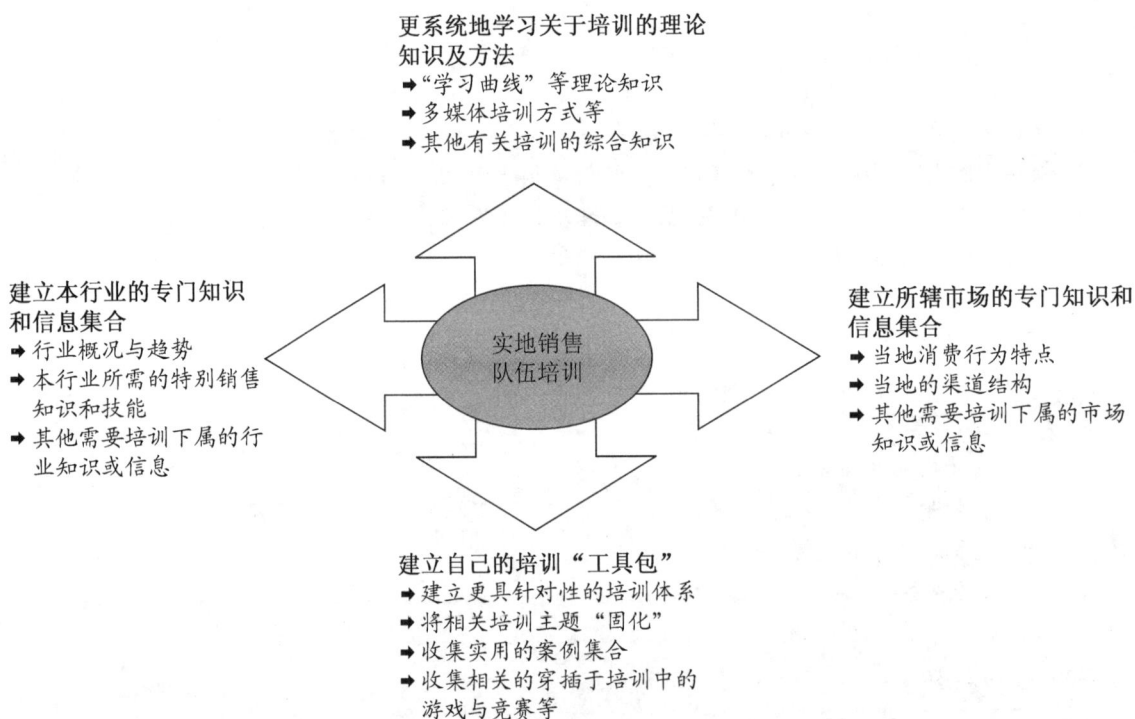

图 10-5　第 10 章的知识体系延伸示意图

第11章　◣ 实地销售资源管理 ◢

第8、9和10章用了大量的篇幅阐述实地销售的"人员作用力"，无疑"人"是销售作用力中的关键因素；但是"巧妇难为无米之炊"，"资源作用力"是与"人员作用力"相配合，共同推动生意发展的重要"引擎"。**实地销售的"资源作用力"特指狭义的"销售资源"**，如图11-1所示。

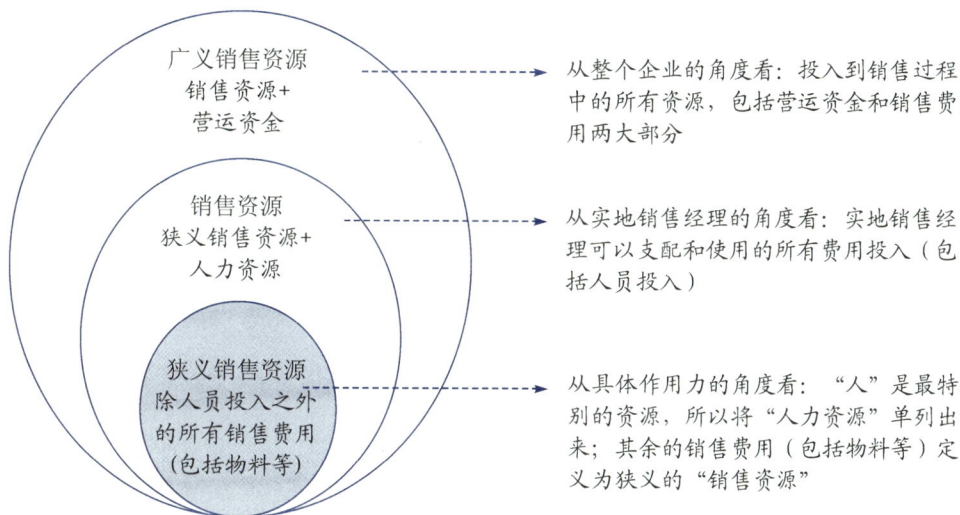

广义销售资源
销售资源+
营运资金 — — ▶ 从整个企业的角度看：投入到销售过程中的所有资源，包括营运资金和销售费用两大部分

销售资源
狭义销售资源+
人力资源 — — ▶ 从实地销售经理的角度看：实地销售经理可以支配和使用的所有费用投入（包括人员投入）

狭义销售资源
除人员投入之外
的所有销售费用
（包括物料等） — — ▶ 从具体作用力的角度看："人"是最特别的资源，所以将"人力资源"单列出来；其余的销售费用（包括物料等）定义为狭义的"销售资源"

注：以上销售资源是从企业投入的角度来划分的，主要指"有形"的资源，不包括渠道资源、客情关系等无形资源。

图11-1　销售资源三层含义示意图

企业所有的销售资源投入都需要通过**实地销售资源管理模块**，才能有效地转化为推动实地销售过程的"资源作用力"。实地销售资源的管理工作较为繁杂，本章将其简化为两大类工作：

（1）合理分配资源（决策层面）：目的是让有限的销售资源尽可能产生最大的销量，即通常所说的如何"把钱用在刀刃上"。

（2）完善操作规程（操作层面）：目的是提高销售资源的运作效率及堵住"费用黑洞"，即通常所说的如何"将每一分钱落到实处"。

本章的所有内容都基于一个前提（此前提对于大部分企业在一定程度上是成立的）：

企业的整体销售战略中包括投入一定的实地销售资源，而且不是简单地将费用"包干"给客户。

11.1　实地销售的"资源作用力"概述

从图11-2中不难看出，整个模块是一个"4+2+2"的结构：

4个输出：整个模块作用于后续三大销售过程的资源作用力

其包括：提升分销商运作水平的资源作用力、促进分销的资源作用力、提升终端销量的资源作用力、销售费用的运作效率。

2类工作：决策与操作层面

A. 资源分配：谁来分配费用，如何分配费用？

B. 费用操作规程：费用操作的流程及如何堵住"费用黑洞"。

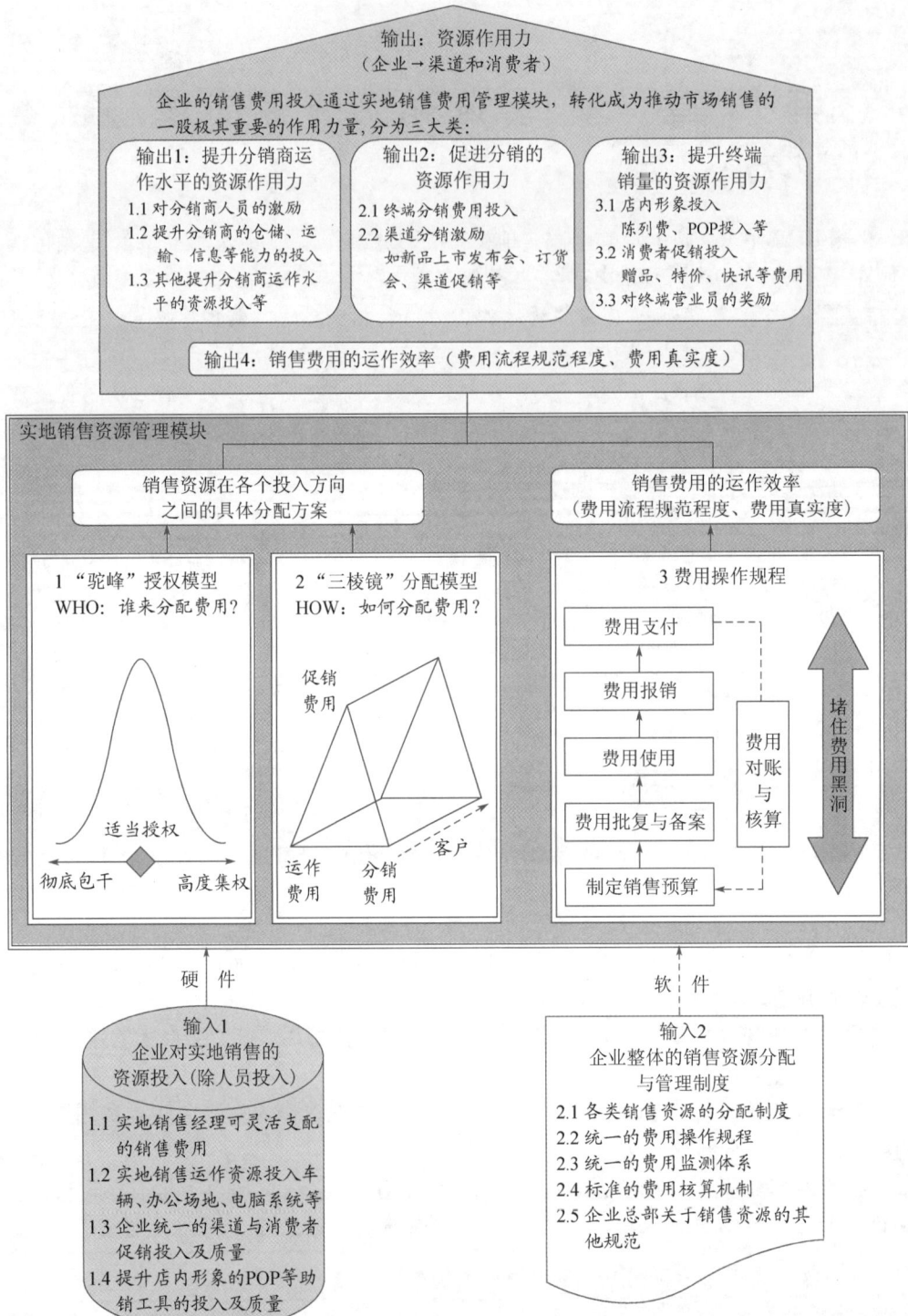

注：本图以大多数企业现状为背景。如果企业设立销售分公司，可以理解为本图中的分销商，其余机构以此类推。

图 11 - 2　实地销售资源管理模块作用力体系图

2 个输入：影响整个工作模块的作用力

企业对实地销售的资源投入（硬件）、企业整体的销售资源分配与管理制度（软件）

根据系统论中的"黑箱理论"，我们首先关注**实地销售资源管理模块**的输出与输入，然后再详细分析中间的具体工作。

11.1.1　输出：销售过程中的三种资源作用力

与前面阐述的三种"人员作用力"相对应，**实地销售资源管理模块**的"输出"就是作用于后续实地销售过程的三种资源作用力。总体而言，最终落实到实地销售过程中的销售费用（包括物料等）投入越大，无疑实地销售的"资源作用力"越强，反之亦然。

注："最终"的含义是指确实投入于销售过程的费用，即企业投入的资源减去被实地销售人员或客户浪费甚至截留的部分。

1. 分销商运作资源力→分销商

这是指企业投入资源以提升分销商运作能力，从而推动生意发展的销售作用力。

分销商是大部分企业实地销售的运作平台（销售分公司可以理解为"所有权一体化"的分销商），其运作能力对后续销售环节影响极大。很多时候仅靠人员管理能力并不能解决所有问题，所以如果企业与分销商之间不是简单的"买卖关系"，往往应视生意需要投入一些费用和物品，以提升分销商的运作能力。这种投入当然是为了企业自身的利益，"帮助别人也是帮助自己"。以下为可能的三个投入方向：

（1）对分销商人员的激励。

企业"投入"自己的销售队伍协助分销商再销售，本身就是提升分销商运作能力的措施之一，本书将其归入"人员作用力"的范畴。虽然在操作层面，不少企业将基层销售人员的劳动关系"挂靠"在当地分销商下面，但只要这些人员专职销售该企业的产品，我们都应将其视为企业实地销售队伍的一部分。

资源作用力中的人员激励主要针对分销商自身的人员，实质上是对实地销售"人员作用力"的补充。即使企业拥有自己的实地销售队伍，有时候也需要投入一些费用激励分销商的人员，原因如下：

A. 企业的实地销售队伍不可能覆盖所有网点，部分网点仍然需要由分销商的人员综合覆盖（一般和其他品牌合在一起）；即使由企业的销售人员直接覆盖的网点，在回款、送货等方面也需要分销商人员的配合。

B. 分销商的老板与其员工之间仍然存在"委托代理问题"，对分销商的激励并不一定能有效传递到承担具体工作的销售人员（有时只是激励了老板）。

对分销商人员的激励，常常在新品上市期或重大促销活动期间，具体表现为与销量或分销、促销等过程指标挂钩的奖金方式。当然，所有的激励都需要与分销商老板事先沟通并达成共识。

（2）提升分销商仓储、运输等能力的投入。

分销商的后勤保障能力对于生意的正常运转和发展影响很大，也是企业之所以选用分销商覆盖当地渠道的原因之一。常见的投入方式包括以下 3 种：

A. 对分销商运输费用的补贴，常用于协助分销商拓展二级城市的过程中。

B. 有条件地支持分销商一些运输车辆，以提升其运输能力。

C. 改善分销商的仓储环境。其往往适用于那些对仓储环境要求较高的产品，如雪糕、冷冻食品、易溶巧克力等。

（3）提升分销商信息管理能力的投入。

企业往往需要通过分销商获得第一线的实地销售数据和信息，提升分销商信息管理能力的投入不仅有助于提升分销商的管理水平，也便于企业获得相关数据和信息。这方面的投入主要包括电脑系统的硬件和软件投入及相关培训等。

2. 分销资源力→批零网点

这是指企业投入费用以协助分销直供终端及分销商的再分销过程，从而提升整体分销水平的销

435

售作用力。

分销在销售工作中的重要性不言自明，但仅靠人员拜访或渠道的自然分销，分销广度和速度都难以达到企业的要求，所以，投入必要的分销费用是促进分销的重要推动力。

（1）终端分销费用投入。

在中国目前买方市场的背景下，零售终端（特别是大型终端）处于渠道中的优势地位，往往要求供应商支付一些分销费用（如进场费、赞助费、返利）。直供终端的分销费用自然由生产企业承担，由于企业的毛利一般高于分销商的毛利，而且企业更在乎自身产品的分销速度与广度，所以部分企业也会为分销商承担一些终端分销费用，以快速提升分销水平。

（2）渠道分销激励。

在重要新品上市或希望快速提升原有产品的分销水平时，企业往往会提供费用支持分销商在当地召开新品上市发布会或订货会，或针对渠道客户提供赠品、特价等激励措施，这些投入统称为**"渠道促销"**。

渠道促销主要针对批发渠道，因为企业和分销商都难以直接面对批发商下面数量众多又分散的小型终端，所以希望通过刺激批发商提升其下线终端的分销水平。渠道促销的目的当然是提升销量，其作用过程是通过提升批发商下线终端的分销速度与广度从而提升销量，一般不能提升终端的单店销量，所以本书将渠道促销列入分销部分。

一般而言，渠道促销由企业总部统一策划，但同样体现为实地销售中的分销资源力。当然，凡事有利必有弊，如果企业滥用渠道促销甚至纯粹以"套钱"为目的，就走向了事物的反面，其导致的价格混乱和渠道观望等对企业的长远销售具有极大损害。

3. 终端促销资源力→消费者

企业投入费用（包括物料）以协助终端再销售，从而提升终端单店销量的作用力。

终端是所有销售环节中最终面对消费者的端口，其重要性不言而喻，特别是大型终端历来是"兵家必争之地"。在竞争日益激烈的市场环境下，如果只是把产品摆到终端的货架上任其自然销售，其销量自然差强人意。

此外，终端促销资源的投入往往不能完全依靠分销商（分销商顾名思义其主要职责是分销），一方面，终端促销的费用较大，大多数分销商没有这个积极性；另一方面，即使"重赏之下必有勇夫"，由于许多终端促销资源的投入需要一定的专业性和规模性（例如促销员培训、POP设计与制作、大型促销活动推广等），分销商也难以独立完成。所以生产企业投入一定的终端促销资源，并与终端促销人员力有机地结合，对提升终端的单店销量是一种极大的推动力。

（1）提升终端店内形象的费用和POP等投入，包括陈列费用和POP费用等（如海报、陈列架、灯箱、专柜、店中店等）。

（2）投入于各种消费者促销活动及其传播方面的费用，包括赠品费用、特价费用、快讯费用、户外促销场地费用等。

（3）向终端营业员提供的销售奖励费用。向终端营业员提供的销售奖励费用，可以转化为营业员推动销售的人员作用力，这也是对实地销售队伍终端促销人员作用力的补充，特别适用于中小型终端。

4. 销售费用的运作效率

除了上述三大类资源投入以外，实地销售的"资源作用力"还包括销售费用的运作效率。无疑，效率越高，同样的资源投入所发挥的作用也越大。

（1）费用流程的规范程度。

规范的费用流程是使费用操作各个环节"有条不紊"的制度保障，虽然难以量化"规范"的标准，但我们可以从以下几个方面进行定性评估：

▶ 整个费用的申请—批复—使用—报销—支付流程是否清晰？
▶ 上述流程的每个环节需要多长时间？

▶ 上述每个环节是否有"格式化"的工具表格以提高工作效率？

▶ 销售费用的相关各方（直接负责人、上级和企业总部、客户等）是否较为容易地跟踪每一笔费用的状态，并能及时了解所发生的费用？

▶ 其他涉及销售费用运作效率的问题。

（2）费用的真实度。

"费用黑洞"是各级销售管理者最反感的问题，但又是屡禁不绝的问题。费用的真实度反映了销售费用真正落实到位的比例，也是费用管理工作的重点和难点。

综上所述，实地销售的三大资源作用力分别针对销售过程中的三类主要对象：

▶ **分销商运作资源力** → **分销商**

▶ **分销资源力** → **批零网点**

▶ **终端促销资源力** → **消费者**

注：以上作用关系指作用力最终指向的对象，并非从操作角度看问题。例如，不少企业的分销费用和终端促销费用往往需要由分销商代垫，并视为向该分销商的投入，但最终的作用对象其实是网点和消费者；又如，终端促销费用，虽然从费用支付对象来看是终端，但最终的作用对象实际上是消费者，因为其作用过程是提升消费者的购买欲望从而提高终端销量。

由于所有的销售资源投入都可以量化为金额，因此量化评估资源作用力的大小比较简单。在日常工作中，我们也常用**"费用比例"**作为销售资源投入的相对量化指标。

11.1.2 输入要素简介

不言自明，任何一个企业都会严格约束实地销售的资源投入，各级销售经理只能在以下两个因素的制约下尽可能做好资源管理工作：

1. 企业对实地销售的资源投入（硬件）

其包括实地销售经理可以灵活支配的销售费用，以及企业统一的促销、运作费用投入和POP等助销工具投入等。

2. 企业整体的销售资源分配与管理制度（软件）

上述的硬件和软件是企业战略层面作用力体系的"输出"，也是实地销售资源管理工作的"输入"，实地销售经理不可能超越其客观条件的限制。有关这两项输入要素的具体说明，详见之前的相关内容，这里不再赘述。

▶ **知识链接** 第7章的战略层面的资源作用力

11.1.3 两大类工作简介

本章将**实地销售资源管理模块**的重点放在实地销售费用的管理上，并从逻辑上划分为两大类工作：

1. 合理分配费用（决策层面）

本书将费用分配工作简化为以下两个直观模型：

（1）"驼峰"费用授权模型。

在"谁来分配费用"这个问题上，大致有两个极端：一是彻底包干给客户或销售经理，二是高度集权。介于两种极端情况之间的是"适当授权"。三种费用授权方式下的产出效果构成了"驼峰"形状（两端低，中间高）。而如何根据费用类型的特点"适当授权"，则是本章将要详细探讨的问题。

（2）"三棱镜"费用分配模型。

在"如何分配费用"这个问题上，本书将其简化为"三棱镜"形状的分配模型。三棱镜的每一个横截面代表投入于一个客户的销售费用，其中三个角分别代表"运作费用""分销费用""促销费用"。

2. 完善费用规程（操作层面）

（1）销售费用的操作流程。

流畅的操作流程对销售费用的具体运作至关重要，主要包括六个步骤：

制定费用预算→费用批复与备案→费用使用→费用报销→费用支付→费用对账与核算

如何规范费用流程及设计相关的"格式化"工具，是本章的重点。

（2）常见的"费用黑洞"与对策。

"费用黑洞"泛指任何销售费用的无谓流失，如浪费、挪用、截留甚至贪污等。找出常见的"费用黑洞"并对症下药，是一项富有挑战性的费用管理工作。

11.1.4 小 结

综上所述，**实地销售资源管理模块**是将企业的销售费用投入转化为"资源作用力"的重要环节，对于推动生意发展具有举足轻重的作用。以下形象化的比喻，有助于读者更直观地理解实地销售资源管理的输入、输出及具体工作：

如果把企业投入的实地销售资源比作一袋"面粉"，那么销售管理者如同"面包师"，资源管理工作好比面包的制作过程，而"输出"的资源作用力组合就好比生产出来的一堆面包。

虽然"面包师"不能选择"面粉"总量的多少，但是可以决定如何分配"面粉"来生产什么形状和大小的面包组合，而且精心做好每道工序并尽可能减少"面粉"的流失。

11.2 实地销售费用科目及其分类

有效管理实地销售费用的前提，是正确地设置费用科目并合理分类。表面上看这是企业财务部门的工作，但作者在工作经历中有一个很深的体会：财务部门的费用科目设置主要出于记账的需要，并且一般都按照通用的会计科目来设置，从销售的角度看或者太粗或者太细，并且费用分类也不利于销售管理和生意分析。

正确地设置实地销售费用科目并合理分类，可以根据费用特点合理地授权、更具针对性地管理以及便于后续的生意分析。虽然每个企业的销售费用类型不尽相同，但是大致框架基本一致，接下来介绍的实用工具试图为读者提供一个销售费用的分类体系，仅供参考。

实用工具18

实地销售费用的"3833"分类体系
（3 个费用大类 + 8 种费用类型 + 33 项费用科目）

总体说明：

（1）本工具将要素提炼为"3833"（见图 11 - 3），便于读者记忆，所列的费用科目不包括销售人员工资及其个人费用。

（2）本工具仅限于实地销售，企业总部专有的销售费用科目没有纳入其中。

（3）本工具的费用科目设置及其分类，以 FMCG 行业为背景，且只包含相对通用的费用科目，具体使用时需要在此基础上根据企业特点适当增减。

费用科目设置及分类的基本原则：

1. 繁简适度

如果科目设置太多和分类过细，将导致相关操作过于复杂；反之，又会在后续的费用管理和分析环节中得不到足够的信息。具体的繁简程度难以有统一的衡量标准，关键取决于生意需要。本实

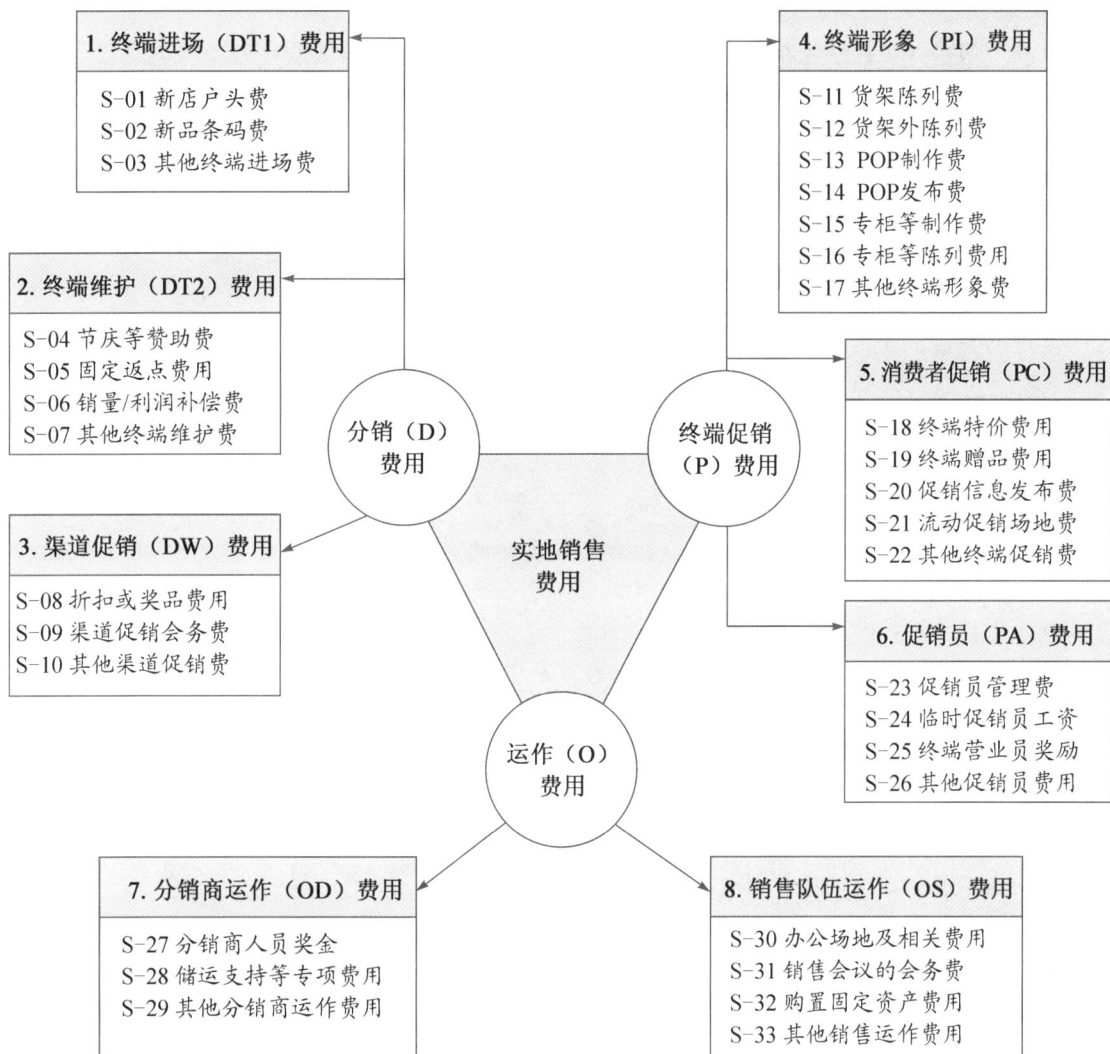

图 11-3　实地销售费用的"3833"分类体系

用工具就是向读者提供一个实例作为参考。

2. 相互独立，完全穷尽

所有的费用科目及其分类，必须彼此之间没有任何交叉；否则，会在具体操作中混乱不清。同时，每一笔费用应该都可以找到相对应的费用科目。为简化起见，可以将偶尔发生或金额较小的费用归入"其他"。

439

3 个"费用大类"

"费用大类"是划分实地销售费用的第一层次，本书根据资源作用力所面向的 3 大销售模块划分为 3 个费用大类：

▶ 分销（D）费用

这是指一切投入于提升或维护分销水平的实地销售费用。

注：分销费用的代码设为D，取自英文单词 distribution（分销）的第一个字母。

▶ 终端促销（P）费用

这是指一切投入于提升终端单店销量的实地销售费用。

注：终端促销费用的代码设为P，取自英文单词 promotion（促销）的第一个字母。

▶ 运作（O）费用

这是指一切投入于提升或维护分销商及队伍运作水平的实地销售费用。

注：运作费用的代码设为O，取自英文单词operation（运作）的第一个字母。

8种"费用类型"及33项费用科目

"费用类型"是介于"费用大类"和"费用科目"之间的中间层次，便于针对某一类型的费用进行管理和分析；"费用科目"则是基本的费用统计单位，指具体的费用集合。

一、分销（D）费用

从渠道类型看，分销首先可以分为零售终端渠道和批发渠道。在零售终端的分销费用中，有必要进一步分为直接的进场费用和后续的终端维护费用。

1. 终端进场（DT1）费用

这是指一切投入于新增终端或新增产品分销的实地销售费用，是衡量终端直接分销成本的重要指标。

注：终端进场费用的代码设为DT1，意为第1类终端分销费用；T取自英文单词terminal（终端）的第一个字母。

▶ S-01 新店户头费

这是指新进入一个终端的开户费用，一般仅KA等大型终端才收取此项费用。

▶ S-02 新品条码费

这是泛指向零售终端分销新品的费用，一般小型终端没有此项费用。具体表现形式包括按每个条码计算费用，也可能按整个品牌或产品品类收取费用。

▶ S-03 其他终端进场费

这是泛指不包括在前两项费用科目之内的其他终端进场费。

2. 终端维护（DT2）费用

这是指所有除直接进场费以外的维护终端生意运转的实地销售费用，是衡量终端分销"无效"成本的重要指标。

直接的进场费用只是终端分销费用的"首批款"，因为在终端合同中往往有附带的一些条款，要求供应商交纳各种费用，这些费用实际上也是与终端分销直接相关的成本。

之所以将终端维护费用单列，原因在于这些费用实质上都是"无效"成本，因为既没有提升终端的分销水平，也没有提升终端的单店销量。其只不过是KA等大型终端（因为具有优势地位）强迫供应商支付的"利润补贴"。

注：终端维护费用的代码设为DT2，意为第2类终端分销费用。

▶ S-04 节庆等赞助费

这包括节庆费（也称年节费）、新店开张赞助费及其他类型的赞助费。

虽然名目繁多，但实质上就是对终端的"利润补贴"，并且一般是不与销量挂钩的固定费用；如果某些赞助费用与销量挂钩，则记入"固定返点费用"科目。

▶ S-05 固定返点费用

这是泛指终端收取的与销量挂钩并按照一定比例提取的费用。其具体表现形式包括储运费用、广告费用、无条件返利、销量目标返利等。

无论是什么名目，只要是与销量挂钩的终端费用就可以归结到此费用科目，以便于成本核算和分析。

▶ S-06 销量/利润补偿费

有时候大型终端要求每个品牌完成"保底"的销量或利润，否则就要按"保底额"交纳"埋单"费用。这种费用主要针对以店中店或专柜等形式占据固定位置的品牌。

销
售
力

▶ S-07 其他终端维护费

这是泛指其他不经常发生或费用金额较小的终端维护费用。

3. 渠道促销（DW）费用

这是指主要针对批发渠道的订货会及其特价或奖品促销等的实地销售费用，是衡量批发渠道分销成本的重要指标。

渠道促销的对象主要是各级批发网点，通过刺激批发商订货而加快其下线终端的分销速度和扩大分销广度。这种促销费用的作用最终也是提升终端分销水平，一般不能提高终端的单店销量，所以也归入分销费用。

▶ S-08 折扣或奖品费用

这是泛指针对渠道客户的特价折扣或奖品等的促销费用。

无论如何"包装"和炒作渠道促销的主题与形式，渠道促销的实质无非给予渠道客户一些特价商品或奖品，以刺激其订货。

▶ S-09 渠道促销会务费

这是泛指一切针对渠道客户的新品发布会、订货会等会议的操作费用，包括场地租赁费用、餐费、礼品费用等。

▶ S-10 其他渠道促销费

这是泛指其他偶尔发生或费用金额较小的渠道促销费用，如针对批发网点陈列奖励等的费用投入。

二、终端促销（P）费用

所有终端促销费用投入的目的都是提升终端的单店销量，因此按照提升终端销量的三大途径将终端促销费用进一步划分为三种类型。

1. 终端形象（PI）费用

这是指一切投入于提升终端店内形象的实地销售费用。

注：终端形象费用的代码设为PI，I取自英文单词 image（形象）的第一个字母。

▶ S-11 货架陈列费

这是指为提升产品在终端的货架陈列位置和面积等所支付给终端的费用。

▶ S-12 货架外陈列费

这是泛指所有除标准货架以外的专门陈列费用，包括堆头、端架、促销墙等形式。

▶ S-13 POP 制作费

这是指为终端"度身定做"的提升店内形象的助销工具的费用，一般由企业统一制作的 POP 不包括在此列。具体形式包括灯箱、包柱、立牌、横幅、挂条、陈列架等的费用。

▶ S-14 POP 发布费

这是指往往大型终端还要针对放置企业的 POP 收取一定的费用。

▶ S-15 专柜等制作费

专柜、店中店等为企业在终端"占据"了固定的"销售阵地"，其制作单价远比普通 POP 要高，所以有必要将此费用单列。

▶ S-16 专柜等陈列费用

往往大型终端需要对企业设立专柜或店中店等收取一定的费用，这些费用的实质就是"买位费"，具体形式包括年租金、管理费、水电费等。

▶ S-17 其他终端形象费

这是泛指其他偶尔发生或费用金额较小的终端形象费用。

2. 消费者促销（PC）费用

这是指所有直接刺激消费者购买意愿的特价、赠品等投入及其相关实地销售费用。

注：消费者促销费用的代码设为PC，C取自英文单词 consumer（消费者）的第一个字母。

► S-18 终端特价费用

这是指所有由企业承担的终端特价让利的费用。

特价是终端向消费者促销的常用形式，并往往要求供应商承担全部或部分差价；也可能是企业主动进行特价促销。

► S-19 终端赠品费用

这是指企业为促进消费者购买所投入的终端赠品费用。

赠品是特价之外的主要消费者促销形式，也包括无形的赠品（如旅游服务等）。

► S-20 促销信息发布费

这是指所有为向消费者发布促销信息所投入的费用。

最常见的发布形式是DM（促销快讯），此外还有店内广播、促销海报、促销横幅等。当然，如果由实地销售经理支配报纸等的促销广告费用，这些费用也归入此类费用科目。

► S-21 流动促销场地费

这是指在终端的公共场地或户外举行短期促销活动的场地费用。

► S-22 其他终端促销费

这是泛指其他费用金额较小的促销杂费等终端促销费用。

3. 促销员（PA）费用

这是指投入于终端的促销人员费用(除正式促销员工资以外)。

注：促销员费用的代码设为PA，A取自英文单词 assistant（协助人员、助理）的第一个字母。

► S-23 促销员管理费

这是指终端向供应商收取的派驻促销员的管理费用，一般仅限于KA等大型终端。

► S-24 临时促销员工资

这是指不纳入正式促销员编制的临时、兼职等促销人员的工资。

► S-25 终端营业员奖励

这是指为激励终端营业员推销本企业产品而支付的奖金等费用。

这种方式一般仅适用于中小型终端。

► S-26 其他促销员费用

这是泛指其他金额较小或不可预计的促销员费用。

如购买终端统一的促销员服装的费用和促销员工卡费、培训费等杂费，以及因为促销员的工作问题（如偷盗商品）所导致的其他费用。

三、运作（O）费用

运作费用可以从使用主体的角度，划分为分销商运作费用与实地销售队伍运作费用两大类型。

1. 分销商运作（OD）费用

这是指一切投入于提升或维护分销商运作水平的实地销售费用。

注：分销商运作费用的代码设为OD，D取自英文单词 distributor（分销商）的第一个字母。

► S-27 分销商人员奖金

这是指为激励分销商的相关人员销售本企业产品而支付的奖金等费用。

► S-28 储运支持等专项费用

这是指为提升分销商的仓储、运输、信息管理等能力所投入的实地销售费用。

► S-29 其他分销商运作费用

这是泛指其他金额较小或不可预计的分销商运作费用。

2. 销售队伍运作（OS）费用

这是指一切投入于提升或维护实地销售队伍运作水平的费用(人员工资及费用除外)。

注：销售队伍运作费用的代码设为OS，S取自英文单词 sale（销售）的第一个字母。

▶ S-30 办公场地及相关费用

这是指用于实地销售队伍办公的场地费及相关电话费、办公用品费用等。

如果企业让实地销售经理在分销商处办公，则较少涉及此项费用。

▶ S-31 销售会议的会务费

这是指实地销售队伍召开工作会议所发生的费用，包括场地租赁费、食宿费等。一般交通费计入个人费用，当然也可统一归入会务费中。

▶ S-32 购置固定资产费用

这是指实地销售人员在当地购买传真机、电脑等固定资产的费用。

▶ S-33 其他销售运作费用

这是泛指其他金额较小或不可预计的销售运作费用。

上述实地销售费用的"3833"分类体系，较为系统地阐述了费用科目的设置及其分类，为实地销售经理提供了一个关于费用划分的整体框架；如果与销售人员的工资和个人费用合并，就可以构成完整的实地销售费用分类体系。

在本实用工具的基础上，读者需要根据企业和当地生意的特点适当调整。调整的基本原则仍然是：

A. 繁简适度；

B. 相互独立，完全穷尽。

11.3 "驼峰"费用授权模型

实地销售费用管理的第一个问题，自然是**"谁来决定销售费用如何使用"**，实质上也就是费用权限如何分配的问题。这个问题总让人感到有些"说不清，道不明"，似乎任何模式都有利有弊，而且如果问100个销售管理者，恐怕就会有100种不同的答案。

但是，费用权限的分配问题是每一个销售管理者都无法回避的问题，我们必须作出选择和决定。本书对这个问题的分析将围绕图11-4中的直观的模型来展开。

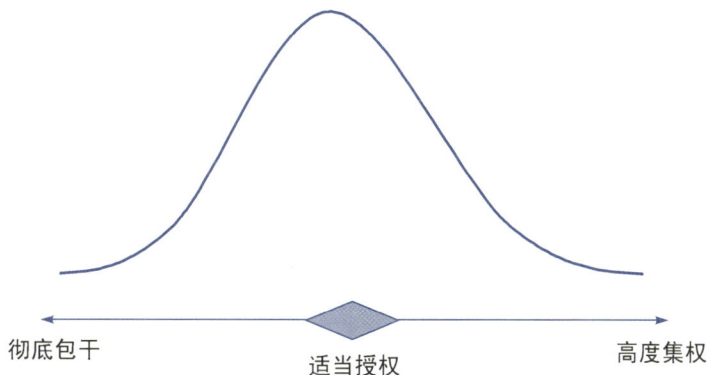

彻底包干   适当授权   高度集权

注：(1) 横轴表示：所有的费用权限分配模式可以大致划分为三类：彻底包干给客户或人员、适当授权、高度集权。(2) 曲线的高度代表三种费用授权模式所对应的产出效益。(3) 本图的含义是：在"彻底包干"或"高度集权"两种极端情况下，销售费用的产出效益都较低；只有建立"适当授权"的模式，才能使销售费用尽可能地转化为产出。

图11-4 "驼峰"费用授权模型

接下来的内容将主要围绕"驼峰"授权模型的两个问题展开：

(1) 为什么"彻底包干"或"高度集权"的费用管理模式产出效益较低？

(2) 如何对实地销售费用进行合理的权限分配？

11.3.1 为什么费用"彻底包干"模式的产出效益较低？

所谓销售费用彻底包干的模式，基本上包括两点共性：

A. 按照销售回款额的固定比例（至少在一定时期固定）核算各地可支配的销售费用。

B. 将所有销售费用（包括基层人员工资）包干给分销商或销售经理，企业几乎不控制费用的用途，并且报销的要求也很"宽松"，甚至针对客户直接在出厂价中扣。

这样做对企业或销售管理者表面上的好处是显而易见的，可以概括为**"一箭三雕"**：

（1）操作很简单，企业的管理成本可以降到最低；

（2）大部分销售费用都是与回款挂钩的变动成本，企业的亏损风险似乎很小；

（3）企业或管理者似乎不用担心代理人浪费或贪污费用的风险，节省了监督成本。

而且，采用费用"彻底包干"模式的决策者，往往有这样一种出于直觉的逻辑：

费用支持对于客户和员工无疑是一种激励和利益。费用包干机制意味着对于回款越多的客户或员工，企业提供的销售费用越多，那么所有客户和员工不就"拼命"回款了吗？

对这部分的分析请参见4.3部分关于企业对外和对内实行简单的激励机制造成的销量和利润损失。

> **知识链接**　4.3 部分

"彻底包干"的费用机制往往是弊大于利，是一种低效的费用管理模式。我们不要去抱怨客户或人员的素质，正如新制度经济学定理一所指出的，"制度是最重要的"，关键在于"游戏规则"，而不是寄希望于"游戏者"的道德水平。

当然，对于严重缺乏管理能力的小企业，采用"费用包干"的方式也不失为一种权宜之计，但不可作为长久之策。只要看一看中国目前各个行业真正成功的企业，就会发现它们很少采用"费用包干"的模式。如果这种模式真的既简单又最有效，这些企业为何还要舍近求远呢？

11.3.2 为什么费用"高度集权"模式的产出效益较低

与费用"彻底包干"模式相对的另一个极端是"高度集权"，一般指所有的实地销售费用决策权都集中于企业总部或高层经理手中，而最"登峰造极"的费用集权恐怕就如某些民营企业的"每一分钱都要老板说了算"。

采用费用"高度集权"模式的决策者，往往"信奉"以下逻辑：

我对谁都信不过，所以每一笔费用都必须经过我审批，这样我才觉得放心；由我自己审批的费用，当然是对我最有利。

第8章在阐述"组织结构设计"中，将销售权限划分为四大类：人事权限、费用权限、货/款权限、客户设立与调整权限，并且探讨了权限分配的基本规律和集权与分权的利弊。

> **知识链接**　第8章的授权部分内容

实地销售费用的决策工作相比其他三类工作而言，具有以下3个明显特点：

A. 实地销售费用的发生频率较高，所以对应的费用决策比较琐碎且工作量较大。

B. 实地销售费用决策对"时效性"往往要求更高。

C. 实地销售费用决策需要更多地参考市场一线的现场知识和信息。

由于实地销售费用决策存在上述3个特点，所以采用费用"高度集权"的模式，其弊端将远甚于其他方面的"集权"，对生意发展会造成较大的不利影响。

1. 在费用"高度集权"的模式下，决策速度必然大幅降低，容易错失良机

实地销售费用非常"琐碎"，如果全部"涌向"几个甚至一个人来作决定，无疑经过的环节较多，再加上决策者的精力有限，必然导致决策速度缓慢；另一方面，任何企业都不可能做"独门生意"，相关客户不可能"坐等"你的答复，正所谓良机稍纵即逝。

2. 在费用"高度集权"的模式下，由于决策者缺乏市场一线的现场知识和信息，要么刚愎自用，要么事实上被下属所左右

企业老板或者高层管理者不可能对各地市场一线的现场知识和信息"了如指掌"，这就是与实地销售经理之间的"信息不对称"。如果决策者对谁都信不过，所有的费用决策只能凭自己的主观判断，其准确性可想而知。此外，实地销售经理完全可以将市场一线的现场知识和信息作为"资本"，在一定程度上左右老板的决定，这种情况下所谓的审批不过是形式而已，充其量只是决策者自己的"心理安慰"。

因此，不见得将费用审批权抓在自己手上所作的决定就很准确或对自己最有利。

3. 在费用"高度集权"的模式下，容易让下属产生依赖心理并逃避责任

任何权力总是对应同等的责任。在费用"高度集权"的模式下，下属很可能产生所谓**无权一身轻**的心态：

反正什么费用都是老板说了算，报不报是我的事，批不批是你的事。每笔费用都是由你"签字画押所钦定"，出了问题也不关我的事，特别是当上级被下属的意见所左右而作出决定时，出了问题更是"哑巴吃黄连，有苦说不出"。就算老板责怪下属的信息不准或判断力有误，下属同样可以振振有词地回答（至少是腹诽）："您的决策能力本来就应该比我强，您都看不出来，我怎么可能未卜先知呢？"

从以上分析可以看出，"高度集权"的费用机制同样是弊大于利，在一定程度上甚至只是决策者的心理安慰而已。当然，对于生意规模很小的企业或者处于特殊阶段的销售队伍，采用"高度集权"的费用模式也可作为权宜之计，但一定不能成为长久之策。

11.3.3 如何建立实地销售费用的"适当授权"机制

所谓费用适当授权，包括两层含义：

A. 尽可能将某项费用的决策权授予最适合作出决定的人员；

B. 明确授权的限制范围，有效地控制风险。

第 8 章简要阐述了决定权限分配时需要综合考虑的因素，接下来主要是从操作层面具体分析，究竟每项实地销售费用应该授予什么样的管理层级？

如上所述，实地销售费用的决策工作相比其他三类工作而言，具有 3 个明显的特点。但是就实地销售费用内部来看，不同的费用类型之间仍然具有一定的区别，我们可以从以下几个角度来分析与费用授权相关的因素。

（1）如何根据不同费用类型的特点，将决策权授予最适合作出决定的人员（见图 11-5）。

（2）如何明确授权的限制范围，有效地控制风险。

任何费用授权都必然有明确的权限规定，一般可以从以下三个方面对一项费用权限的"边界"进行准确的界定（见图 11-6）。

本章只是简要阐述销售费用"适当授权"的基本规律，这方面不可能存在标准模式，因为每个企业的具体情况千差万别，而且即使同级别的人员也需要"因人而异"地授权。读者可以进一步参考第 8 章实用工具 5 中的费用权限分配与描述，以及基于下属"成熟度"的授权模型。

11.3.4 "驼峰"费用授权模型小结

（1）在"彻底包干"与"高度集权"两种极端费用模式下，费用的产出效益较低（见图 11-4），只能作为权宜之计，不是长久之策。

（2）"适当授权"的费用模式，可以将实地销售费用尽可能转化为产出：

▶ 根据不同费用类型的 4 个因素合理分配权限：

——费用决策的时效性；

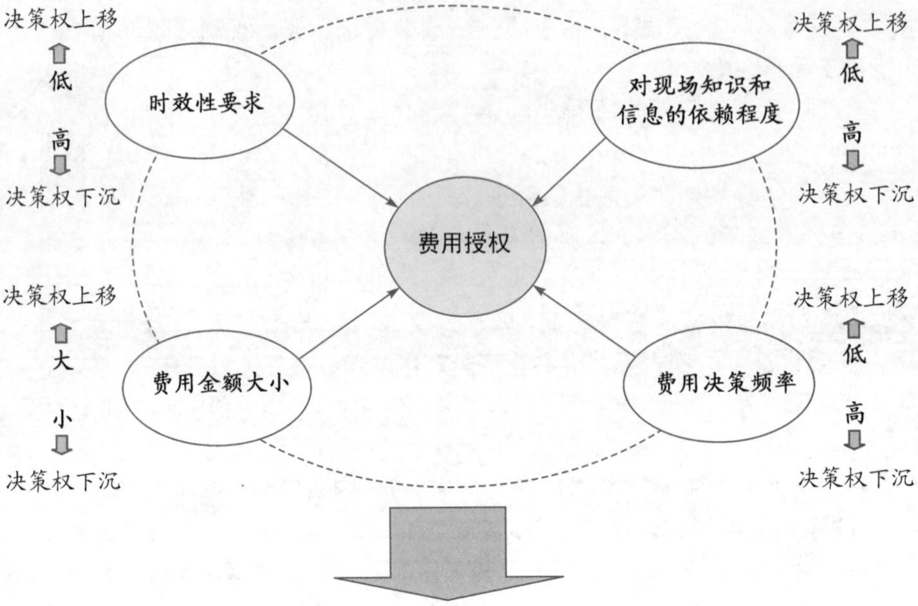
决策权上移
低
时效性要求
高
决策权下沉
对现场知识和信息的依赖程度
决策权上移
低
高
决策权下沉
费用授权
决策权上移
大
费用金额大小
小
决策权下沉
费用决策频率
决策权上移
低
高
决策权下沉

4个考虑因素	终端促销费用	分销费用	运作费用
1. 时效性要求	**高：**在决定陈列、促销活动等投入时，往往时间压力较大，甚至有时要求“现场拍板”	**较高：**在决定分销新店或新品进场时，同样有一定的时间压力，但比促销费用要低	**不高：**运作费用与分销商或队伍有关，时间压力相对不大
2. 对现场知识和信息的依赖程度	**高：**在决定陈列、促销等投入时，必须考虑终端的要求和过往的促销效果及竞争状况及时作出决定	**较高：**在决定新店或新品分销时，必须考虑该终端在当地的地位、过往销量及产品表现	**不高：**分销商或队伍运作具有一定的共性，也需考虑当地需要
3. 费用金额大小	**不高：**陈列、促销活动等单笔费用金额相对于分销等费用，并不太高	**高：**一般大型终端的分销费用很高，而且一次性进入的产品规格往往不少	**较高：**一般单笔运作费用金额较高，而且往往具有延续性
4. 费用决策频率	**高：**主要终端几乎每月都会发生陈列、促销活动等费用，相对频率较高	**较高：**进场费用主要集中于市场启动期或新品上市期，但终端维护费用屡有发生	**不高：**运作费用往往延续发生，决策频率并不太高

总体而言，终端促销费用的决策权适宜“下沉”至城市经理（部分权限）和区域经理

一般分销费用的决策权适宜授予城市经理（少量权限）和区域经理（部分权限）及大区经理

总体而言，运作费用的决策权适宜“上移”至区域经理（部分权限）和大区经理

图 11－5　与费用授权相关的因素

——费用决策对现场知识和信息的依赖程度；

——费用金额大小；

——费用决策频率。

▶ 从 3 个方面明确授权的限制范围：

——“费用总额”限制；

——“单笔费用金额”限制；

——“连锁网点”限制。

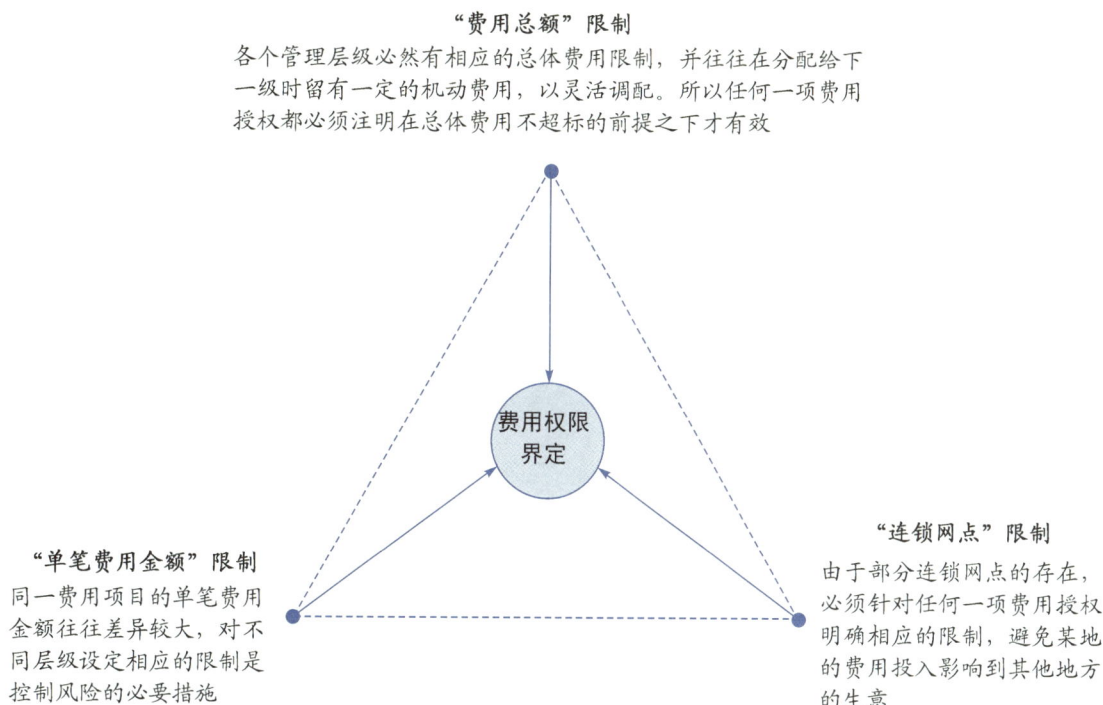

"费用总额"限制
各个管理层级必然有相应的总体费用限制，并往往在分配给下一级时留有一定的机动费用，以灵活调配。所以任何一项费用授权都必须注明在总体费用不超标的前提之下才有效

"单笔费用金额"限制
同一费用项目的单笔费用金额往往差异较大，对不同层级设定相应的限制是控制风险的必要措施

费用权限界定

"连锁网点"限制
由于部分连锁网点的存在，必须针对任何一项费用授权明确相应的限制，避免某地的费用投入影响到其他地方的生意

图 11-6　费用权限界定示意图

11.4　"三棱镜"费用分配模型

所谓费用决策，实质上就是一个费用分配的过程。因为对任何决策者而言，销售费用总是有限的，投入到 A 客户的费用多了一分，就意味着投入到其他客户的费用少了一分，投入到某个项目的费用就不可能再用于其他用途。

在实地销售费用的分配过程中，**"如何分配费用"** 实际上比**"谁来分配费用"** 更为重要，这也是将销售投入有效转化为"资源作用力"组合的核心环节。无论由谁来分配费用，关键都在于费用分配的合理性，其目标和衡量标准是一致的：

如何让有限的销售费用，尽可能产生相对最大的销量？

虽然销售费用分配的目标简单明了，但是具体的分配工作并不简单，似乎存在太多的可能性和组合，而且乍一看都有利有弊，让人有点"捉摸不透"。接下来阐述的"三棱镜"费用分配模型，试图向读者提供一个实用工具，希望能使各级销售管理者在费用分配的过程中思维更具逻辑性和更"简洁"。

实用工具19

"三棱镜"费用分配模型

总体说明：

（1）"三棱镜"的含义既是本工具中各费用分配要素的提炼，也比喻费用分配过程如同一束光源通过"三棱镜"后散射成多股光线的作用。

（2）需要说明的是，销售费用的分配并不是一项孤立的工作，是整个销售分析过程的最后一个环节，必须建立在科学分析生意现状和发展策略的基础之上。

如图 11-7 所示，对于实地销售费用的分配，可以从"三棱镜"的两个角度来分析：

447

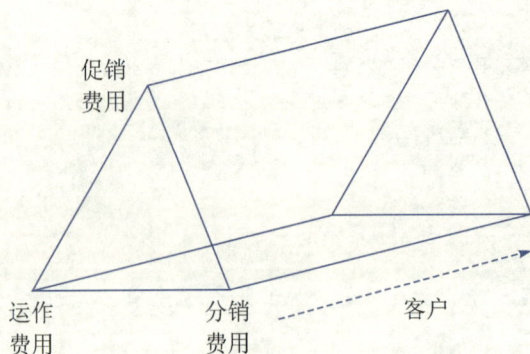

图 11 -7　"三棱镜"费用分配模型示意图（一）

◆ 纵向分配

这是指如何在辖区内多个客户之间分配费用，如同将图 11 -7 的三棱镜沿纵深方向切割成不同厚度的三角形。

说明：

（1）这里的客户是广义的概念，对于不同层级的销售管理者，具体含义有所不同。对城市经理而言，一般指辖区内的二级分销商和重要网点等；对区域经理而言，一般指分销商、直供终端等；而对于大区经理及以上级别人员，一般指区域或销售分公司（可理解为客户的集合）。

（2）虽然可以从地域、产品、渠道等角度分析生意，但最终销售费用的分配总要落实到具体的客户。

◆ 横向分配

就每个客户而言，如何在三个大类之间分配费用？

每个客户的总费用如同三棱镜的一个横截面，可以从三个方向进一步细分。

一、实地销售费用的纵向分配

1. 客户费用分配的基本公式

客户费用总额 = 销量×相应的费用比例 + 灵活调配费用

销量无疑是每个客户费用分配的重要参考依据，一般用回款额作为计算指标。

为简化操作和便于授权，设定每个客户的销售费用比例很有必要，但是千篇一律的费用比例肯定不适合生意发展，如何"因地制宜"地设定每个客户的费用比例是费用分配的重点。

生意发展不可能"拘泥"于事先设定的费用比例，所以各级销售管理者在向客户和下级分配费用时，如果可能应尽量留有适当的灵活调配费用，以增加某些客户确有必要的投入和应付不可预计的费用支出。

2. 客户费用比例的 Z 形分类法

无视客户具体情况的单一费用比例虽然操作很简单，但明显是一种"偷懒"的做法，可是要为每个客户"度身定制"费用比例显然不具备操作上的可行性。合理的做法是根据某些标准将客户分类，按照客户类型设定不同的费用比例，如图 11 -8 所示。

不能把对客户的费用支持等同于"返利"或利润补贴。其关键取决于当地的生意需要。本工具采用与销售费用投入最密切相关的两个划分标准，将客户分为四大类：

▶ 标准 1：客户的生意运作形态

总体而言，我们可以把客户的生意运作形态划分为"精耕型"和"粗放型"，其衡量标准可以是客户直接覆盖批零网点的数量及其服务水平。显然，对于那些等客上门的"坐商"或"天女散花"式的"二传手"，不可能给予太多的费用支持，否则不是白白转化为了客户的利润，就是增加了其"冲货"的资本。

▶ 标准 2：客户的生意发展阶段

理论上我们可以把客户的生意发展阶段分为启动期、成长期、成熟期和衰退期，但从便于操作

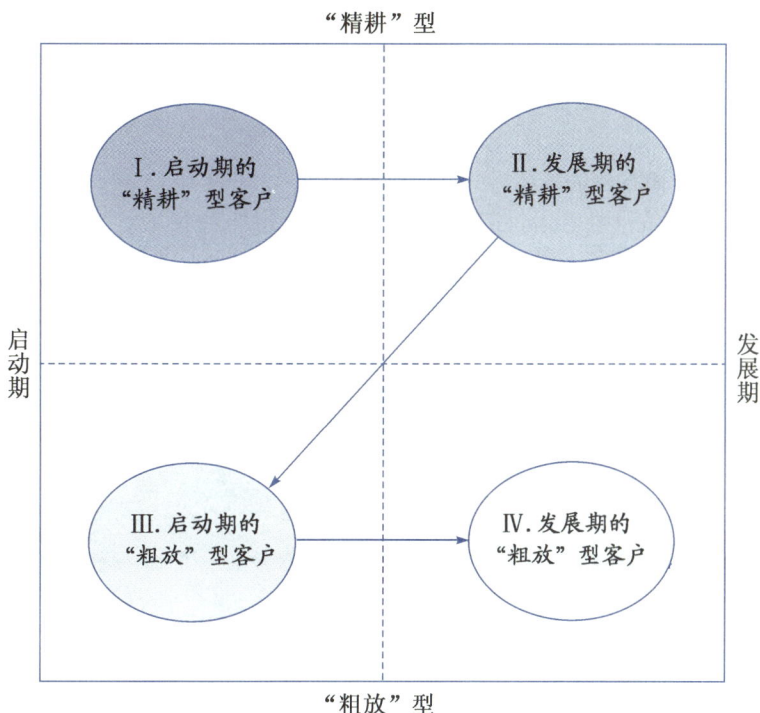

"精耕"型

Ⅰ.启动期的
"精耕"型客户

Ⅱ.发展期的
"精耕"型客户

启动期

发展期

Ⅲ.启动期的
"粗放"型客户

Ⅳ.发展期的
"粗放"型客户

"粗放"型

图 11-8 客户费用比例的 Z 形分类法示意图

的角度来看，图11-8只是将启动期与别的阶段区分开来。因为启动期的销量往往最小，而前期费用投入（主要表现为分销费用）却最大，如果只设定单一费用比例，那么新客户或新市场恐怕很难成长起来。

从销售费用的投入来看，一般可将新客户或新市场的启动期设定为3~6个月，在此期间应适当提高销售费用的比例，或将分销费用单列为一项专门投入，变相提高费用比例。此外，如果有重大新产品上市，一般可将新产品的启动期设定为3个月，适当增加相关客户的费用投入。

▶ 四种客户类型及对应的费用比例

A. 启动期的"精耕"型客户 →销售费用比例相对最高

B. 发展期的"精耕"型客户 →销售费用比例相对较高

C. 启动期的"粗放"型客户 →销售费用比例相对较低

D. 发展期的"粗放"型客户 →销售费用比例相对最低

注：以上四大类型的客户主要指分销商或销售分公司，也可以理解为市场（客户的集合）；直供终端虽然也是企业的直接客户，但其费用比例差异较大，详见后续终端分销与促销部分。

449

说明：

（1）以上四种客户类型只是最基本和必要的划分，在实际工作中当然还可以就上述两大标准进一步细分。比如，对"精耕"型客户根据终端费用水平进一步划分成不同的层级，或者就生意发展阶段进一步细分。但是客户分类不宜过多，因为分类太多实际上也就是没有分类。

（2）对于客户类型的划分及其费用比例，主要是为实地销售经理建立费用分配的标准，并不是简单的"费用包干"。此外，不需要将全部内容知会每个客户。

（3）至于具体的费用比例则没有统一标准，实地销售经理只能在可以支配的费用范围内，对上述四类客户相对有所侧重。

二、实地销售费用横向分配的"三部曲"

就每个客户内部的费用分配来看，主要有三个投入方向：分销、终端促销、运作。每个客户的费用总额必然是有限的，但整个生意往往会有许多需要投入费用的地方，如何决定取舍呢？

第一步：首先满足延续费用和必须发生的费用，计算可灵活支配的费用总额

▶所谓延续费用，指每月例行发生的费用（包括人员工资）。当然，对延续费用也有必要检讨其合理性；而必须发生的费用则指根据与分销商或网点的过往协议或约定，需要支付的费用。

▶费用分配的第一步，自然是先用费用总额减去延续费用和必须发生的费用，得到可以灵活支配的费用总额。

第二步：根据每笔新增费用的MGI指标，初步决定费用的取舍

▶MGI（marginal productivity index）意为**"边际产出指数"**，计算公式如下：

MGI ＝该笔费用的预计新增销量÷费用金额

▶既然要取舍就意味着比较，运用MGI指标决定费用取舍的意义在于：

A. 同样的投入尽可能产生相对最大的销量，是费用分配的核心准则。

B. 根据"边际分析"的原理，所有费用投入的价值体现于新增的销量。

C. 运用MGI不仅可以贯彻上述两点思想，而且可以"抹平"每笔费用在用途、绝对金额和产出效果之间的差异，使我们可以运用统一的标准进行比较。

▶所有选定的费用，应该满足两个要求：

A. 从投入产出的绝对效益看，至少该笔费用投入没有亏损，即费用投入的MGI指标至少应≥基准MGI（基准 MGI ＝1÷毛利率）。

B. 从投入产出的相对效益看，所有选定费用的MGI指标应大于未选定的其他费用的MGI指标。

第三步：最后综合其他因素，决定费用分配方案

所谓其他因素，指费用的紧急程度、投入的风险性等难以量化的因素。

【例11－1】小王是某食品企业负责成都市场的城市经理，又到了每月制定费用预算的时候，他感到有好多事情要做，但奈何"僧多粥少"，如何才能把钱用到"刀刃"上呢？于是小王找到上级刘经理，希望他帮自己出出主意。

▶第一步：首先满足延续费用和必须发生的费用，计算可灵活支配的费用总额

刘经理帮小王先作了一个初步规划：

（1）根据公司规定的费用比例，成都分销商本月可用的预算总额是5.5万元。

（2）所有的延续费用加在一起大约是每月3万元。其中，人员工资1.8万元，促销人员管理费用6 000元，分销商运费补贴3 000元，其他3 000元。

（3）小王本月可以支配的费用最多是2.5万元。

刘经理问小王："根据之前的协议，本月必须发生的费用有哪些？"小王回答说："对了，是有一笔费用必须要支出。沃尔玛的年节费上月就来催了，我好不容易从8 000元谈到5 000元，这个月必须付。"

（4）于是小王本月真正可以灵活支配的费用只有2万元。

▶第二步：根据每笔新增费用的MGI指标，初步决定费用的取舍

刘经理接着问小王："根据你对生意的分析，都有哪些费用需要投入？"小王急着说："可多了，你看……"刘经理听完以后说："这样吧，我把你说的这些费用算一算，再排个序。"

（1）根据MGI指标对每项费用进行排序（见表11－1）。

表11-1　　　　　　　　　　　　　根据 MGI 指标的费用排序

序号	费用项目	费用金额（元/月）	预计新增销量	MGI
1	在荷花池新增一名批发销售代表	2 500	30 000（月）	12.0
2	在家乐福连锁店新分销3个产品规格	9 000	35 000（年）	3.8
3	沃尔玛连锁店"美味巧克力"八折特价促销	4 500	15 000（月）	3.3
4	在沃尔玛亚太店增加一个促销员	3 000	7 000（月）	2.3
5	在红旗连锁店设立5个"美味巧克力"堆头	3 000	6 500（月）	2.1
...				

注：（1）虽然资源作用力中的实地销售费用不包括人员投入，但是在制定费用预算时往往需要与人员投入合并考虑，所以上例中也包括了人员费用。此外，上述人员费用和新增销量都按月计算；制定促销员费用预算同时考虑了相应发生的管理费 1 500 元。（2）由于分销费用是一次性投入的，所以上述第 2 项费用的预计新增销量按 1 年计算。

刘经理针对上述内容和小王分析：

（2）公司的毛利率大约是 50%，也就是说基准 MGI 是 2。从排序第 6 的费用项目开始 MGI 指标都小于 2，就不用考虑了。

（3）小王可以灵活支配的费用只有 2 万元，上面的 5 项费用加起来已经是 2.2 万元，何况还得留一点机动费用，看来第 4 项和第 5 项费用只能选一个了。这两项费用的 MGI 指标相差不大，需要考虑其他因素最终决定。

▶ 第三步：最后综合其他因素，决定费用分配方案

刘经理接着问小王："在派驻亚太店促销员和设立红旗超市堆头方面，哪个对时间要求更急？"小王回答说："堆头错过了这个月可能就没位置了，促销员下个月还可以进。"刘经理说："那就选择堆头吧。"

▶ 于是小王本月最终的费用分配方案如下：

——可用预算总额：5.5 万元。

——延续费用金额：3 万元。其中，人员工资 1.8 万元，促销人员管理费用 6 000 元，分销商运费补贴 3 000 元，其他 3 000 元。

——本月必须发生的费用：5 000 元（沃尔玛年节费）。

——本月新增销量的费用：18 000 元（见表 11-2）。

表 11-2　　　　　　　　　　　　最终的费用分配方案

序号	费用项目	费用金额（元）	预计新增销量	MGI
1	在荷花池新增一名批发销售代表	2 500	30 000（月）	12.0
2	在家乐福连锁店新分销 3 个产品规格	9 000	35 000（年）	3.8
3	沃尔玛连锁店"美味巧克力"八折特价促销	4 500	15 000（月）	3.3
4	在红旗连锁店设立 5 个"美味巧克力"堆头	3 000	6 500（月）	2.1
...				

——本月剩余费用：1 000 元。

说明：

MGI 无疑是评估一个客户各种费用投入方向的关键指标，但是涉及两个问题：

——这些费用投入项目从何而来？

——如何预测"新增销量"？

费用投入方向基于对生意现状和策略的分析，不是本章讨论的重点。就费用管理而言，我们的重点是对已经"想到"的各项费用投入进行评估和取舍。

预测每笔费用的"新增销量"是我们在决定费用分配时必然要考虑的投入产出问题，即使不引入MGI指标也需要面对这个问题，具体方法详见第 6 章的因果预测法。MGI 指标为我们取舍每项费用时提供统一的评估工具。

三、"三棱镜"费用分配模型小结（见图 11-9）

实地销售费用的分配过程，如同一束光源（总体销售投入）通过一个不同形状的三棱镜（费用分配工作），可以折射成不同方向和颜色的光线（费用分配方案）。

451

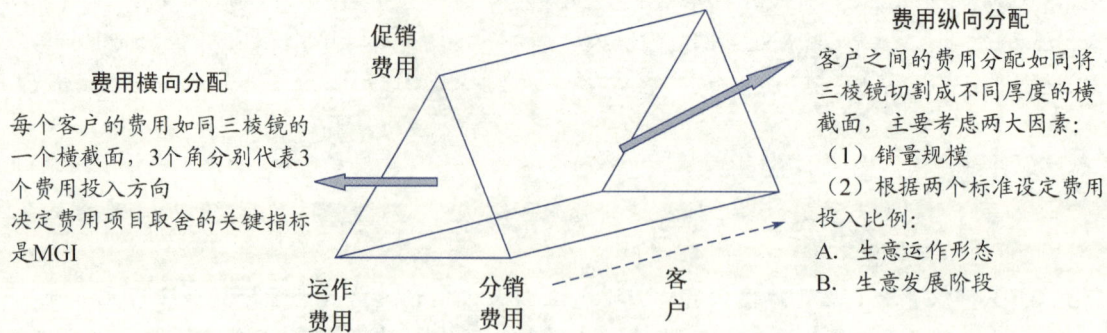

费用横向分配

每个客户的费用如同三棱镜的一个横截面，3个角分别代表3个费用投入方向
决定费用项目取舍的关键指标是MGI

费用纵向分配

客户之间的费用分配如同将三棱镜切割成不同厚度的横截面，主要考虑两大因素：
（1）销量规模
（2）根据两个标准设定费用投入比例：
A. 生意运作形态
B. 生意发展阶段

促销费用

运作费用　　分销费用　　客户

图 11-9　"三棱镜"费用分配模型示意图（二）

11.5　实地销售费用的操作规程

相信各级销售经理都有一个很深的体会：即使拥有充足的费用投入并且分配合理，如果缺乏流畅的费用规程也将是"举步维艰"。我们在销售工作中听到最多的抱怨，几乎都集中于费用问题上：

▶ 下属的抱怨：

"这老板（指上级）是怎么搞的，费用申请交上去了半天也没个答复，你批还是不批倒是给个准信啊，否则黄花菜都凉了。"

▶ 上级的抱怨：

"这下面的费用申请简直是乱七八糟，看起来都费劲，你有没有一点基本的预算管理常识，为什么不把你的意思简明扼要地表达出来呢？"

▶ 所有销售经理对财务部门的抱怨：

"这财务是怎么回事，查一笔费用这么麻烦，我用的电话费都比要查的费用还高。"

"明明跟你说好的事，我也已经答应了客户，你为什么总是不把费用付给人家呢？"

▶ 客户对企业的抱怨：

"你们的公司究竟是怎么搞的，费用多和少是一回事，你们答应了的（费用）为什么不算数？我帮你们代垫的费用为什么总是迟迟不付给我，再这样下去我不做了，赚的那点钱还不够亏的费用。"

▶ 财务人员对销售部门的抱怨：

"你们的管理怎么这样差劲，明明有制度总是要破例，一笔费用老是变来变去，而且经常发现假发票，有没有一点起码的责任心？"

有时候用"怨声载道"来形容上述抱怨并不为过，这不是简单地说一句"理解万岁"就可以解决的问题。究其根源往往在于三个方面：

A. 费用权限不清；

B. 企业诚信很差或资金窘迫；

C. 费用管理规程粗糙甚至几乎空白。

前面已经阐述了费用权限分配的问题，而企业诚信或资金问题也不是销售经理可以左右的事情。下面着重探讨在减少上述抱怨方面，作为实地销售经理可以做什么。

11.5.1　实地销售费用的操作流程一览

实地销售费用的操作流程如图 11-10 所示。

实地销售费用的具体操作，相比其他销售工作具有以下 4 个明显的特点：

（1）费用琐碎，管理工作量较大；

（2）涉及单位较多，包括销售队伍的各个层级、客户以及企业的财务部门等；

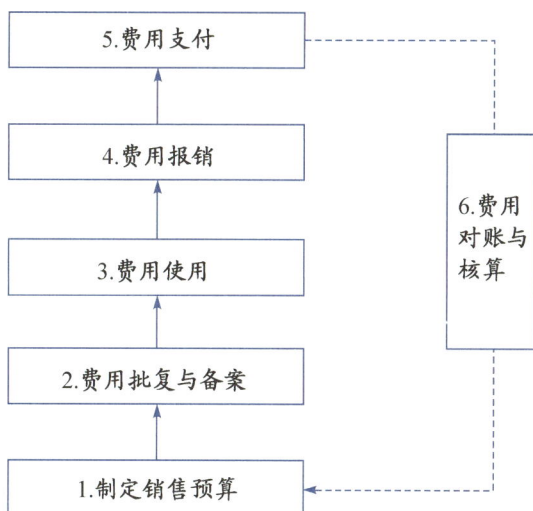

图 11 - 10　实地销售费用的操作流程

（3）每笔费用的时间跨度较长，从申请到最终支付往往需要 2～3 个月的时间甚至更长；

（4）每一分钱都关系到企业和相关单位的切身利益，必须管理严密，运作流畅。

基于费用操作的上述特点，建立完善的操作规程极其重要，其标准可以用四个字来概括：**流畅、严密**。从实地销售的角度出发，本节的重点集中于预算制定、费用跟进、费用对账与核算三个方面，其他内容将穿插于下一节的"费用黑洞及对策"中。

11.5.2　制定销售预算

所谓销售预算（sales budget），简单地讲就是对销售费用投入的整体规划。

按照时间跨度，销售预算可以分为年度预算、季度预算和月度预算；

按照空间层次，销售预算可以分为全国预算、大区预算、区域预算和城市预算。

由于大部分生意策略最终都与费用投入相关，所以从这个意义上讲，销售预算可以被看做生意计划的缩影。如果采取"一事一报"的费用申请方式，将会使销售费用的管理严重缺乏计划性，并且难以协调和控制。

从实地销售的可操作性来看，季度预算和月度预算比较实用，特别是月度预算不可或缺。如果预算的时间跨度太长，将会导致预算与实际相差较大，缺乏真正的管理意义。前面所讲的"三棱镜"费用分配模型，实际上就是销售预算的决策过程；接下来提供的实用工具，可以帮助销售经理将费用分配方案落实为简洁清晰的销售预算表。

实用工具20

实地销售预算表的"1＋3"格式

总体说明：

（1）"1＋3"指 1 个主要数据总览 + 3 类销售费用预算。

（2）本工具有助于实地销售经理快速清晰地将费用分配方案转化为具体的预算表。

实地销售预算表是销售经理与上下级、客户甚至财务部门就费用投入方案进行沟通的主要工具，关键在于简洁和清晰。

1 个主要数据总览

主要数据总览可以使审批或阅读人员在最短的时间内迅速"捕捉"到预算表所呈现的整体

"画面"，而不用费力地从各个角落去收集最关注的信息。

3 类销售费用预算（见图 11 –11）

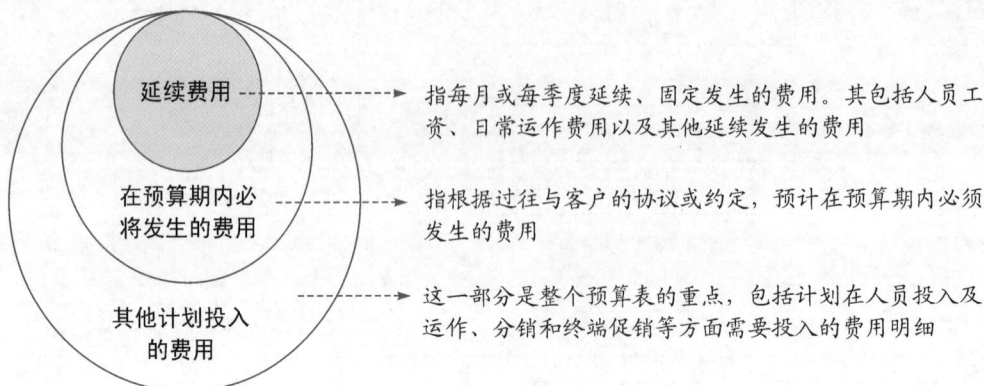

延续费用 --------→ 指每月或每季度延续、固定发生的费用。其包括人员工资、日常运作费用以及其他延续发生的费用

在预算期内必将发生的费用 --------→ 指根据过往与客户的协议或约定，预计在预算期内必须发生的费用

其他计划投入的费用 --------→ 这一部分是整个预算表的重点，包括计划在人员投入及运作、分销和终端促销等方面需要投入的费用明细

图 11 –11　销售费用预算示意图

实用工具20. 1

实地销售预算表（基本格式）

预算单位：　　　　　　预算期间：（　　—　　）　　　　编制日期：　　　　　填写人：

<table>
<tr><td colspan="9" align="center">主要数据一览</td></tr>
<tr><td colspan="5">Ⅰ. 投入产出数据</td><td colspan="4">Ⅱ. 本期预算结构</td></tr>
<tr><td></td><td>预算总额</td><td>回款总额</td><td>费用比例</td><td>赤字/盈余</td><td></td><td>人员投入</td><td>分销费用</td><td>促销费用</td><td>运作费用</td></tr>
<tr><td>预算期内</td><td></td><td></td><td></td><td></td><td>金　额</td><td></td><td></td><td></td><td></td></tr>
<tr><td>本年累计</td><td></td><td></td><td></td><td></td><td>占预算总额比例(%)</td><td></td><td></td><td></td><td></td></tr>
</table>

一、延续费用明细

费用项目→	人员底薪	人员奖金	个人费用	固定运作费用	其他延续费用	延续费用总额
金额（预计）→						
占预算总额比例（%）→						

◆ 备注：（如对"固定运作费用""其他延续费用"的用途说明，及如果减少延续费用的说明）

二、预算期内必需发生的费用（含新增人员投入）

费用编号	客户或单位	费用类型	费用摘要	费用金额	预计新增销售额	MPI
			总　计→			

◆ 备注：（对上述费用必需发生的原因作一简要说明）

454

三、其他计划投入的销售费用（含新增人员投入）

费用编号	客户或单位	费用类型	费用摘要	费用金额	预计新增销售额	MPI
			总　计→			

◆ 备注：（对上述费用的主要投入方向与策略作一简要说明）

◆ 实地销售预算表（基本格式）填写说明

1. 表头

（1）预算单位：填写××大区、××区域或××城市（甚至细分至客户）。

（2）预算期间：一般指某季度或某月。

2. 主要数据一览

（1）投入产出数据：一般投入产出的核算以年度为单位，"本年累计"指本年过往数据加上该预算期的数据；当然也可根据需要设置半年为累计期间。

（2）本期预算结构：虽然本章所讲的资源作用力不包括人员投入，但从操作角度看，销售预算一般都包括人员投入在内的所有销售费用，所以预算结构中包含人员投入与三大类销售费用，具体划分详见本章之前的内容。

3. 延续费用

人员投入是最主要的延续费用，也是制定销售预算时首先需要考虑的费用。

4. 为什么要将"必须发生的费用"与其他费用分开

首先是提示预算制定者先考虑哪些费用是必须发生的，同时也便于审阅预算表的人员能够特别关注"必须发生的费用"。

5. 费用描述字段

（1）费用编号：对每笔费用进行唯一性的编号，利于以后的查询和跟进。如果可能，最好是全公司统一编号。

（2）客户或单位：能够明确到客户的费用，则填写客户名称，如可能，尽量细分至费用投入的网点；对于那些无法计入某个客户的费用，比如销售队伍的会务费等运作费用，则明确至"单位"，如××城市、××区域或××销售分公司等。

（3）费用类型：本章前面将实地销售费用划分为 8 个类型，再加上人员投入，一共是 9 个费用类型。

（4）费用摘要：简明扼要地对费用的用途和要点作一个概括。

（5）费用金额：该笔费用预计发生的金额。

（6）预计新增销售额：在预算表中注明每笔费用的"预计新增销售额"很有必要，便于审阅者大致了解投入产出状况。

（7）CPI：该笔费用的"边际产出指数"，可以让审阅者更清晰地了解产出效益（具体定义和计算详见上一节）。

销售预算表不是有关销售费用的"大杂烩"，最重要的是简洁和清晰。其他关于生意策略的分析或费用的详细说明，以及企业要求的具体费用申请表等，可以作为预算表的附件。此外，生意是在不断发生变化的，任何销售预算都需要留有余地并及时增减。

本工具只能提供实地销售预算的基本框架，在实际使用时，还需要根据企业的具体要求进行适当调整，但简洁和清晰仍然是最主要的衡量标准。

11.5.3　费用的批复与备案

各级销售管理者既是辖区内销售预算的制定者，也是下属费用申请的批复者。一般而言，对费用的批复应该在收到申请的次日内完成（特别紧急的，应即时回复），最多不超过 3 天。对费用的批复一般可以分为以下四种：①同意；②只同意部分费用甚至某笔费用的部分金额；③不同意；④暂不能决定，需要补充提供相关信息。

在费用批复的过程中，关键看两点：①预算总额是否超支；②每笔费用的预计新增销量是否相对准确。

费用批复的过程实际上也就是费用分配的决策过程，具体的分析方法与前面"三棱镜"费用分配模型基本类似，这里不再赘述。下面着重探讨当一笔费用被批准之后，如何有条不紊地跟进其实施的全过程。

不言自明，即使我们将每笔费用的原始文件（如申请与批复表）和单据保存得非常完善，但如果仅仅靠原始材料去跟进费用，费用一多就必然会"手忙脚乱"，而且耗费的时间很长。接下来提供的实用工具，将有助于实地销售经理改善对销售费用的跟进效率，并大大降低后续费用统计与分析的工作量。

实用工具21

F-20 一体化费用跟进表

总体说明：

（1）所谓 F-20，指费用跟进表的 20 个必要字段（表的 20 列），F 是英文 field（字段）的缩写。

（2）所谓一体化，指一笔费用从得到批准开始，直至报销和支付的全过程。

（3）本工具有助于实地销售经理准确把握每一笔费用的"来龙去脉"。

◆ **运用"一体化"跟进表的基本思想**

将每一笔费用操作全过程的关键要素抽离出来，建立一个小型数据表，既便于进行高效的查询，也可轻松应对任何费用统计和分析的需求。

◆ "一体化"跟进表的 20 个字段（见图 11 - 12）

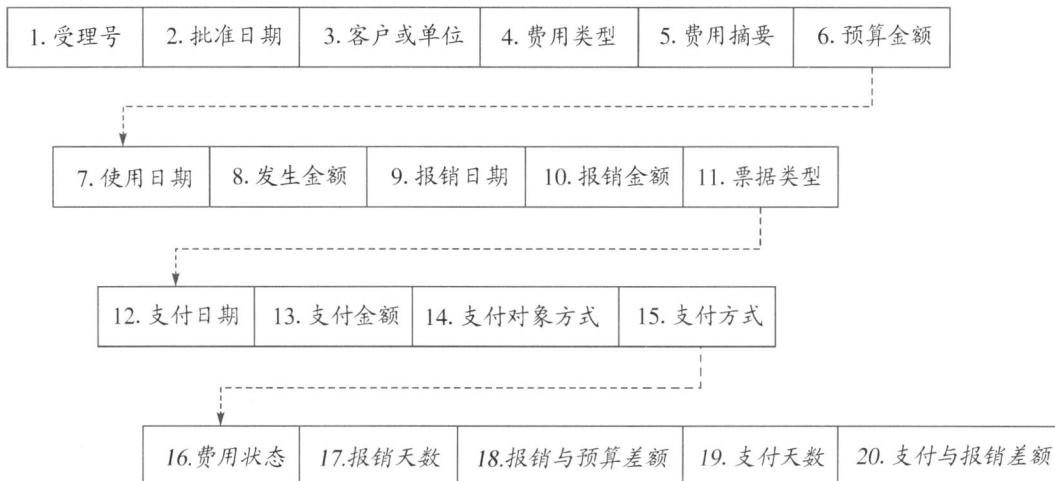

1. 受理号	2. 批准日期	3. 客户或单位	4. 费用类型	5. 费用摘要	6. 预算金额

7. 使用日期	8. 发生金额	9. 报销日期	10. 报销金额	11. 票据类型

12. 支付日期	13. 支付金额	14. 支付对象方式	15. 支付方式

16. 费用状态	17. 报销天数	18. 报销与预算差额	19. 支付天数	20. 支付与报销差额

注：（1）每一笔费用在上述 20 个字段构成的数据表中，体现为一行记录；这 20 个字段基本囊括了一笔销售费用"来龙去脉"的所有关键点。（2）16～20 号的字段之所以用斜体，表示这些字段是衍生数据，如果运用电脑可以自动计算。

图 11 - 12　"一体化"跟进表的 20 个字段示意图

一、费用基本字段

通过以下 6 个字段，可以对每笔费用的基本信息进行准确而唯一的界定，且一般不再需要查找费用申请或审批的底单。

1. 受理号

设置唯一的受理号是跟踪每一笔费用的有效手段，因为各笔费用的日期、客户、费用摘要、金额等很容易混淆，通过受理号可以极大地简化查询工作量。受理号也称为"批准号""授权号""费用编号"等。

2. 批准日期

它指任何一笔费用申请正式得到确认的日期。

3. 客户或单位

客户一般指企业的直接客户，如果能精确到网点更好。凡是不能明确客户的费用（如销售队伍的运作费用），则填写××大区、××区域、××城市或××销售分公司，以及其他由企业规范的销售组织名称。如果希望通过电脑自动统计，则所有的客户和单位简称应标准化。

4. 费用类型

填写统一的规范费用类型，便于以后按费用类型进行统计。具体费用类型的划分可参考本章前面的 8 个费用类型。该字段也可设定为更细的费用科目，或粗略地设定为费用大类。

5. 费用摘要

费用摘要，即对每笔费用用途和要点的简要描述，便于以后的查询跟进。

6. 预算金额

预算金额，即每笔费用被批准的预计使用金额。

二、费用使用和报销字段

通过以下 5 个字段，可以对每笔费用的使用和报销过程进行清晰与完整的记录，并且在一般情况下不用再花时间去查找原始的报销单据。

1. 使用日期

使用日期指每一笔费用真正发生的日期。这个字段不太重要，如果记不清也可不填。

457

2. 发生金额

发生金额指每一笔费用真正发生的全部金额，设置这个字段的原因有两点：

(1) 费用的发生金额很可能同预算金额有所差异，甚至可能没发生。

(2) 一笔费用很可能由企业与客户分摊，通过发生金额可以了解分摊比例，也可以评估该笔费用的真正投入产出效益（即使是客户的投入也要重视）。

3. 报销日期

报销日期指实地销售经理将每一笔费用向企业报销的日期，最好以确认总部收到的日期为准。设置这个字段的作用在于两点：

(1) 便于了解一笔费用是否已经报销以及何时报销。

(2) 便于和财务部门沟通，以及衡量财务部门的支付速度。

4. 报销金额

报销金额指每一笔费用真正向企业报销的金额，设置这个字段的原因有两点：

(1) 报销金额很可能同原来的预算金额有所差异。

(2) 一笔费用很可能由企业与客户分摊，报销金额并不一定等于发生金额。

5. 票据类型

票据类型指实地销售经理在报销每一笔费用时，向企业总部提供的票据种类。其包括分销商发票、分销商收据、商店发票、商店收据或一般的签收单等。

设置这个字段很有必要，因为财务部门对票据要求往往较为严格，并很有可能以此为由拒付。通过这个字段，销售经理可以记录下每笔费用的报销票据类型，做到"心中有数"。

三、费用支付字段

通过以下 4 个字段，可以对财务部门对每笔费用的支付情况进行清晰与完整的记录，并且一般情况下不用去查找原始的支付凭证等原始单据。

1. 支付日期

支付日期指企业的财务部门真正支付每一笔费用的日期。这个字段非常重要，便于了解和跟进到账情况，以及衡量财务部门的费用支付速度等。

2. 支付金额

支付金额指企业的财务部门对每一笔费用真正支付的金额。设置这个字段的原因在于，最终支付金额很可能与报销金额有差异，如因为票据不合理或超过预算金额等，财务部门只支付了部分金额。

3. 支付对象

支付对象指企业的财务部门最终将该笔费用支付给了谁。设置这个字段的作用在于两点：

(1) 便于相关客户或人员及时查收到账情况。

(2) 费用的支付对象与前面的字段 3 "客户或单位"不一定相同，比如有可能是销售经理个人为客户代垫的费用，也可能是客户为销售队伍代垫的费用。记录每笔费用的支付对象有助于日后对账，或一旦出现问题时能提供查找线索。

4. 支付方式

企业对每笔费用的可能支付方式，大致有以下 4 种：(1) 直接汇款；(2) 转为客户回款；(3) 发货相抵；(4) 冲减销售经理、分公司的借款或备用金等。

由于企业支付费用不一定采用直接汇款的方式，设置这个字段的目的是便于和其他账目（如客户应收款）联系，方便日后对账。

四、衍生字段

以下 5 个衍生字段并非必需字段，主要是运用电脑软件进行一些自动统计。

1. 费用状态

费用状态指每笔费用当前所处的状态，大致包括 4 种：

(1) 已批未用：该笔费用预算并没有真正使用，需要撤销以增加可用预算。

（2）已用未核：该笔费用已经使用，但还没有向企业核销。

（3）已核未付：该笔费用已经向企业核销，但财务部门还没有支付。

（4）已付：企业已经将该笔费用支付给相关客户或人员。

设置该字段，便于统计处于每种状态的费用总额，及查询每种状态下的费用明细。

2. 报销天数

报销天数 = 报销日期 – 批准日期

该字段可帮助销售经理衡量自己或下属费用的报销速度，并查找一些异常情况。

3. 报销与预算差额

报销与预算差额 = 报销金额 – 预算金额

该字段可帮助销售经理评估下属的预算准确度及报销超支情况。

4. 支付天数

支付天数 = 支付日期 – 报销日期

该字段可帮助销售经理衡量企业财务部门的费用支付速度，为投诉提供"真凭实据"。

5. 支付与报销差额

支付与报销差额 = 支付金额 – 报销金额

该字段可帮助销售经理评估企业财务部门的支付比例及存在的问题。

通过对上述 20 个字段内容与作用的介绍，我们不难看出，F-20 一体化费用跟进表基本上达到了"相互独立，完全穷尽"的标准；每个字段都有其独立存在的价值，而所有字段加在一起基本涵盖了"费用流"的所有关键要素。本工具的20个字段是在对使用者的电脑水平几乎不作要求的前提下设立的（手填也可以），在此基础上稍加调整就可以演化为简单实用的费用数据库。

虽然输入或填写相关内容会耗费一点时间，但是其作用绝对可以称得上"事半功倍"。运用 F-20 一体化费用跟进表，销售经理可以从此摆脱"汗流浃背"地到处查找原始费用底单的工作，轻松面对任何费用跟进查询，以及后续的费用统计和分析工作。

11.5.4 费用对账与核算

从一笔销售费用的"流向"来看，似乎到"费用支付"环节已经画上了一个句号，但是就整体费用管理而言，定期的费用对账与核算可谓"点睛"之笔。

1. 谁和谁对账

费用对账与核算主要涉及三类主体，并两两构成三种费用对账与核算关系。

（1）一级管理机构，指财务相对独立的销售分公司或大区/区域等。当然，这些管理机构最终也需要和企业总部对账与核算。

（2）客户，主要指和企业直接交易的单位，如分销商、直供终端等。销售分公司可以理解为所有权一体化的分销商。

（3）销售经理的上下级之间也存在费用对账与核算的必要。

2. 为什么要进行费用对账与核算

费用对账与核算的价值至少体现在以下两点：

（1）将预算管理真正落到实处。

一方面，所有的销售预算都基于对未来销售回款额或发运量的预测，这种预测与实际状况肯定会有所差异；另一方面，所有的费用预算必然和最终报销与支付的金额有所不同。通过及时的费用对账与核算，可以让相关人员准确了解投入产出的真实情况，并且作为下一步制定销售预算的依据。

（2）减少费用方面的"信息不对称"问题。

通过上述的三方对账，可以使企业总部或高层管理者与客户直接沟通，避免某些人员的"欺上瞒下"问题，或至少能及时发现费用问题，并在造成更大损失之前予以解决。

3. 如何进行费用对账与核算

费用对账与核算的时间跨度一般以月为单位，最多以季度为单位。就具体内容而言，主要分为"费用核算"与"费用状态及明细"两大部分：

（1）费用核算。

费用核算的核心数据比较简单，实际上和销售预算表的"主要数据一览"基本一致：

A. 投入产出指标：费用总额、销售回款额（或发运量）、费用比例、费用赤字或盈余等指标。

B. 费用结构指标：人员投入、分销费用、终端促销费用、运作费用的金额及其比例等指标。

（2）费用状态及明细。

如果实地销售经理建立了F-20一体化费用跟进表或类似数据表，那么统计费用状态及其明细的工作将非常简单。实地销售费用的4种状态如图11-13所示。

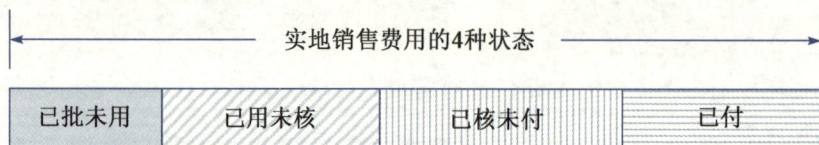

实地销售费用的4种状态

| 已批未用 | 已用未核 | 已核未付 | 已付 |

注：（1）上述4种费用状态的定义，详见 F-20 一体化费用跟进表的第16字段。（2）可以根据需要，将"已批未用"和"已用未核"合并为"已批未核"。

图 11-13 实地销售费用的 4 种状态

<u>从任何一笔销售费用来看，</u>在某一时点其必然处于图 11-13 所示的 4 种状态中的一种，而且一般都会按从左至右的顺序经过每一种费用状态。

<u>从整体费用对账与核算来看，</u>各地的销售费用总额一定可以分解为以上 4 种费用状态下的金额，这也是相关各方的主要关注点。

与客户的费用对账与核算，可以视需要和企业内部人员之间的对账有所区别。比如，有时不希望客户知道企业规定的最高费用比例，或者不希望客户知道企业自身的某些销售费用，但是至少应让客户知道与其相关的费用金额，以及当前所处的费用状态。

11.5.5　费用操作规程小结

销售费用的操作是一个相对比较繁杂的工作，各个企业都有其相应的费用管理制度，但是作为实地销售经理，仍然可以通过自己的努力在一定程度上提高费用的运作效率，关键在于以下三点：

A. 制定简洁清晰的销售预算；

B. 建立一体化费用跟进的机制；

C. 及时与客户和总部对账。

从操作层面来看，只要做好了上述三项工作，销售费用的管理基本上是<u>**"有条不紊"**</u>的。

11.6　常见"费用黑洞"及其对策

所谓费用黑洞，泛指一切导致企业销售费用失控和流失的行为。

毋庸置疑，堵住"费用黑洞"是各级销售管理者孜孜以求的共同目标。虽然具体方法各异，但基本的思路无非两点：

（1）了解在销售费用的操作过程中存在哪些"费用黑洞"。

（2）如何针对这些"费用黑洞"采取针对性的措施。

虽然各个企业以及具体市场所面临的"费用黑洞"千差万别，但是毕竟存在一定的共性，因为其根源都在于信息不对称下的"委托代理"问题。接下来提供的实用工具，试图完整地"探测"销售领域中的"费用黑洞"，并探讨各种"对症下药"的措施。

7个"费用黑洞"及7项对策
（针对实地销售费用）

总体说明：

（1）"黑洞"本义指吞噬任何事物（包括光线）的物理天体，这里比喻费用失控和流失对销售的严重影响。

（2）本工具所指的"费用黑洞"（见图11－14）主要是就费用的操作层面而言的，不包括因为决策失误导致的费用过高等问题。

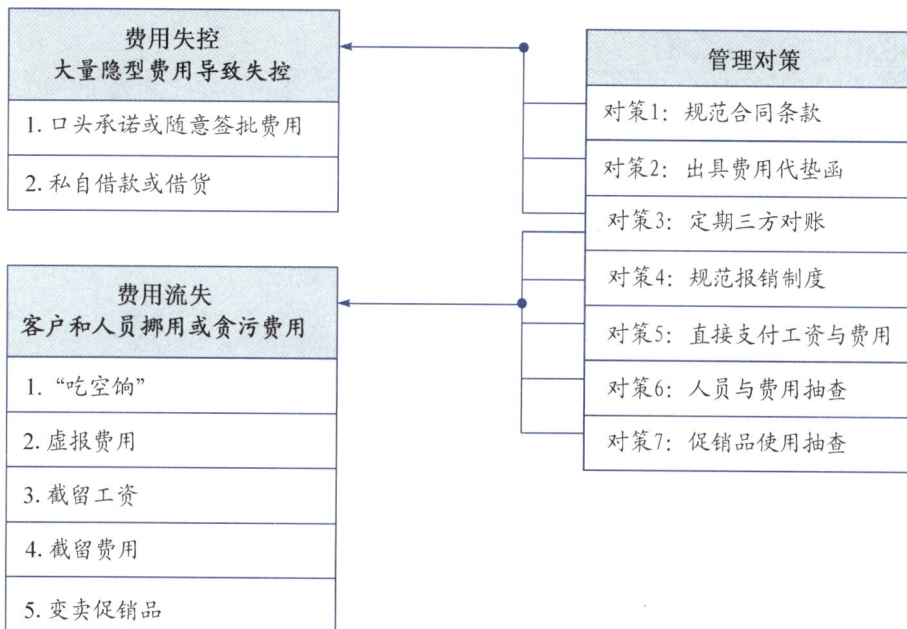

费用失控 大量隐型费用导致失控	管理对策
1. 口头承诺或随意签批费用	对策1：规范合同条款
2. 私自借款或借货	对策2：出具费用代垫函
	对策3：定期三方对账
费用流失 客户和人员挪用或贪污费用	对策4：规范报销制度
1. "吃空饷"	对策5：直接支付工资与费用
2. 虚报费用	对策6：人员与费用抽查
3. 截留工资	对策7：促销品使用抽查
4. 截留费用	
5. 变卖促销品	

图11－14　7个"费用黑洞"及7项对策

一切"费用黑洞"的根源，都在于客户和销售人员作为"代理人"，可能利用其信息优势在追逐自身利益的同时损害企业的利益。所有的"费用黑洞"可以分为两大类：费用失控、费用流失。

一、费用失控

费用失控主要指由于大量"隐性"费用的存在，导致费用总额失去控制。所谓隐性费用，是企业或上级管理者事先没有批准也无备案，突然涌现出来的销售费用。

1. 当地人员向客户口头承诺或随意签批费用

很多时候客户不可能知悉企业内部的费用权限和操作流程，所以往往把当地的销售经理视为企业的代表，这样就会导致实地销售经理在客户和企业（包括上级）之间具有独特的"信息优势"。这些口头承诺或随意签批的费用，将会让上级管理者处于<u>**两难选择**</u>：

A. 以大局为重，只能吞下苦果；

B. 以各种理由拒付，严重影响与客户的合作关系。

2. 当地人员向客户私自借款或借货

客户在不知情的情况下，很可能将当地销售经理的借款或借货视为"企业行为"，特别是这些费用又确实投入于销售过程中时，同样会让上级管理者处于上述的<u>**两难选择**</u>。

二、费用流失

费用流失主要指销售费用被客户和人员挪用或贪污。

1. "吃空饷"

"吃空饷"指通过虚报人数谋取利益的行为。这是最常见也是相对最容易的费用流失途径，客户或实地销售经理都有可能甚至合谋"吃空饷"。

备注：虽然狭义的资源作用力不包括"人员投入"，但从"费用黑洞"的角度可以合并看待。

2. 虚报费用

虚报费用主要是在报销发票上面"做文章"。

（1）以送礼或给回扣等为名，虚报费用。这类费用由于不可能签收且难以追查，往往成为虚报费用的途径之一。

（2）利用收据虚报费用。收据很容易获得且不具有法律效力，客户或销售经理很可能借口开不到发票，而通过收据虚报费用。

（3）利用发票复印件虚报费用。发票复印件太容易篡改，客户或销售经理很可能借口拿不到发票原件，而通过涂改发票复印件虚报费用。

（4）利用假发票虚报费用。假发票很容易买到，这也是客户或销售经理虚报费用的手段之一。

（5）利用"子母票"虚报费用。所谓子母票，指发票完全真实，只是发票的金额与对方留底的金额不同。这是相对最难发现的虚报费用方法，当然相对也较难获得。

3. 截留工资

截留工资指客户或销售经理利用转发人员工资的机会"雁过拔毛"。

（1）客户利用转发企业基层销售人员工资的机会，克扣工资。

（2）销售经理利用转发下属工资的机会，克扣工资。

4. 截留费用

销售经理很可能利用下列两种手段，截留销售费用：

（1）向财务部门假报某些费用由自己代垫，要求公司汇款给他。

（2）私自更改客户或分公司的账户，贪污费用。

5. 变卖促销品

客户和销售经理都有可能变卖企业的促销品牟利，这也是费用流失的途径。

通过以上手段流失的销售费用，一方面可能流入了客户或销售经理的"腰包"，也可能被挪用到其他用途，比如"冲货"等。

三、管理对策

针对上述费用失控或流失的"黑洞"，所有的对策可以简化为8个字：

制度防范＋适时抽查

对策1：规范合同条款

为避免"信息不对称"而造成的费用失控，应该在与客户签订的合同（或补充协议）中详细列明与客户相关的费用、当地主管人员的权限，以及不允许私自借款或借货等。这样客户就很清楚哪些费用当地主管人员可以批准，而且需要什么样的程序或凭证。

对策2：出具费用代垫函

即使是各级销售经理有权批准的费用，也必须交上级经理和企业总部备案。因此，最好由企业总部或一级管理机构向客户出具书面的"费用代垫函"，这样可以降低费用失控的风险。

对策3：定期三方对账

正如上一节所讲，及时的费用对账是解决"信息不对称"问题的有效措施。为避免销售人员截留费用对账单，一定要客户提供盖章的对账单回执。具体内容详见上一节的费用对账与核算部分。

对策4：规范报销制度

（1）尽可能要求客户或销售人员提供正式的发票（以企业为抬头）。

（2）针对费用特点，要求客户和销售人员除发票以外提供相关凭证：

——终端进场费用：终端的新品进货单等。

——终端维护费用：终端合同。

——终端形象费用：陈列照片、POP照片等。

——促销活动费用：快讯原件、终端的促销协议等。

（3）规定各类费用的报销时间限制，避免时间一长更难追查。

对策5：直接支付工资与费用

为避免客户或销售人员截留人员工资与费用，应尽可能直接支付工资与费用，并且对于更改汇款账户要有非常严格的限制，如要求原单位出具盖章的原件说明。

对策6：人员与费用抽查

即使建立了很严密的制度防范，仍然存在"百密一疏"的地方，所以适时对人员和费用的真实性进行抽查是不可避免的。如果一旦查实，必须"严惩不贷"，以产生威慑作用。

为减少抽查的工作量和提高准确度，可以运用第6章所介绍的抽样统计方法。

对策7：促销品使用抽查

对于促销品的变卖和浪费问题，只能采取适时抽查的方法。具体操作同样可以参考第6章所介绍的抽样统计方法。

"费用黑洞"正如其名，将会不断地吞噬企业的销售费用投入，极大地损害实地销售的资源作用力，并且削弱企业对客户和销售人员的正常激励作用。俗话说："道高一尺，魔高一丈。"找到"费用黑洞"并采取相应对策不是件一劳永逸的事情，需要常抓不懈。

每个实地销售经理都是辖区范围内的"总经理"，如何将企业的销售资源投入有效地转化为产出，永远是销售工作的重要课题。本章重点阐述了实地销售费用的分配与操作，但这只是产生资源作用力的第一步，如何与具体的销售工作相结合是后续各章将要涉及的内容，因为几乎所有的销售工作都与费用投入相关。

最后用以下体会作为本章的结束语，并和读者共勉：

> 资源永远是稀缺的，费用永远是不够的。
> 正如牌是不能选择的，但可以选择如何把牌打得更好！

本章要点回顾

本章阐述了如何将企业的销售费用投入有效地转化为推动生意发展的"资源作用力"。本章的重点集中于资源配置的决策与操作层面，并尽可能为销售经理实施费用管理工作提供"容易的下一步"。

本章要点可以概括为"1+3+5"：

1个总览实地销售的资源作用力体系图：

▶ **4个输出：**

整个模块作用于后续三大销售过程的资源作用力。其包括：提升分销商运作水平的资源作用力、促进分销的资源作用力、提升终端销量的资源作用力和销售费用的运作效率。

▶ **2类工作：**

决策与操作层面：

A. 资源分配：谁来分配费用，如何分配费用？

B. 费用操作规程：费用操作的流程及如何堵住"费用黑洞"。

▶ **2 个输入：**

影响整个工作模块的作用力：企业对实地销售的资源投入（硬件）、企业整体的销售资源分配与管理制度（软件）。

3 个模型或流程图：

▶ "驼峰"费用授权模型（见图 11 - 4）

▶ "三棱镜"费用分配模型示意图（一）（见图 11 - 7）

▶ 实地销售费用的操作流程（见图 11 - 10）

5 个实用工具：

【实用工具 18】实地销售费用的"3833"分类体系

【实用工具 19】"三棱镜"费用分配模型

【实用工具 20】实地销售预算表的"1 + 3"格式

【实用工具 21】F-20 一体化费用跟进表

【实用工具 22】7 个"费用黑洞"及 7 项对策

读者可以在本章的基础上进一步延伸知识体系（见图 11 - 15）。

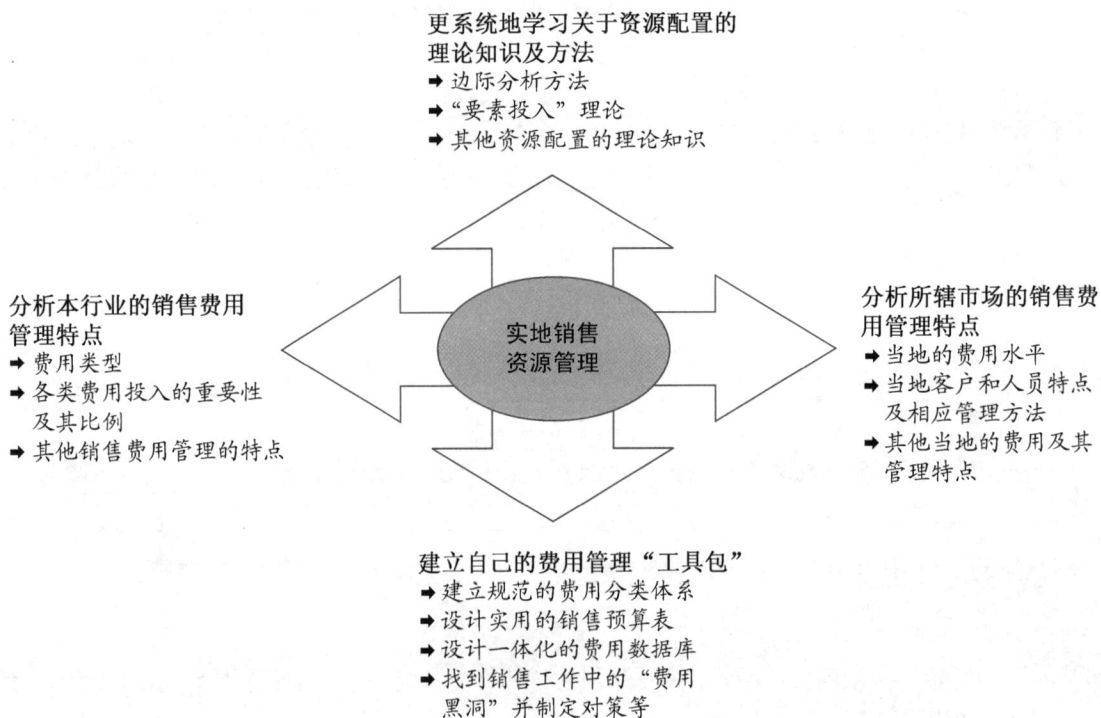

更系统地学习关于资源配置的理论知识及方法
➡ 边际分析方法
➡ "要素投入"理论
➡ 其他资源配置的理论知识

分析本行业的销售费用管理特点
➡ 费用类型
➡ 各类费用投入的重要性及其比例
➡ 其他销售费用管理的特点

实地销售资源管理

分析所辖市场的销售费用管理特点
➡ 当地的费用水平
➡ 当地客户和人员特点及相应管理方法
➡ 其他当地的费用及其管理特点

建立自己的费用管理"工具包"
➡ 建立规范的费用分类体系
➡ 设计实用的销售预算表
➡ 设计一体化的费用数据库
➡ 找到销售工作中的"费用黑洞"并制定对策等

图 11 - 15   第 11 章的知识体系延伸示意图

第 4 篇

分销商系统

第 12 章　◤ 分销商概论 ◥

依然在生产企业（特别是消费品行业）的销售渠道中扮演着极为重要的角色，是大部分企业实地销售的"运作平台"。分销商系统的构建与管理模块，则是连接"企业能量星"与"分销商能量星"之间的桥梁，在整个实地销售工作中占有举足轻重的地位。

本章旨在对分销商的概念和作用力体系以及相关内容进行概括的阐述，为第 4 篇后续 3 章分销商系统构建与管理的具体工作奠定良好的基础。

12.1　什么是分销商

虽然"分销商"是所有销售人员耳熟能详的基本概念，但是目前业内对"分销商"外延和内涵的理解存在一定差异，而且广泛流传着不少与之类似或混淆的概念。所以，我们有必要首先对分销商给出一个清晰的定义，并澄清与相关概念的联系和区别。

12.1.1　分销商的定义

本书对"分销商"的定义如下（仅代表本书观点）：

分销商（distributor）是与生产企业直接进行产品交易，并为企业提供持续的分销等服务职能的批发商。

◆ **关键词：批发商、直接、产品交易、持续、分销等服务职能**

1. 分销商的本质就是批发商

"批发"的含义是将企业的产品再转售给下线批零网点。快速流通消费品的分销商一般不直接从事零售业务，工业品及部分耐用消费品（如汽车）的分销商也可能从事部分零售业务。如果零售商同生产企业直接进行产品交易，一般也不会认为它是该企业的分销商，而称为直供零售商。当然，连锁零售商也在其连锁体系内为生产企业承担了一些分销职能。再比如，集团购买的单位也不可能被视为企业的分销商，因为其购买产品的目的是消费。

2. 是否与生产企业直接交易，是判断分销商的必要条件

所谓分销商，总是针对具体的生产企业而言的，并非所有销售该企业产品的批发商都是其分销商。例如，某化妆品批发商从联合利华公司直接进货，但同时也批发飘柔、海飞丝等宝洁公司的产品（但不是从宝洁直接进货），则该批发商对联合利华公司而言是分销商，而对宝洁公司而言就是普通的批发商。

3. 是否与生产企业进行产品交易，是判断分销商的必要条件

所谓产品交易，是指企业与分销商之间必须存在产品的买卖行为，产品的所有权通过这种买卖行为从企业转移到分销商。所有其他为企业提供各种销售服务（也是与企业交易），但不实际占有产品的单位（或人员），可以统称为销售辅助机构。举例如下：

经纪人： 为生产企业寻找客户或管理客户，但并不实际占有企业的产品。

配送商： 为生产企业提供仓储与运输服务，但并不实际占有企业的产品。

售后服务商： 为生产企业提供产品的售后服务，但并不实际占有企业的产品。

4. 是否与生产企业保持持续的合作关系，是判断分销商的重要标准

所谓持续，是指一种稳定而连续的生意关系。如果某批发商只是偶尔同生产企业进行直接的产品交易，一般也不会称其为该企业的分销商。

5. 为生产企业提供分销等服务职能，是分销商的价值所在

对大部分生产企业来讲，不是任何一个批发商都可以从企业直接进货；分销商与生产企业之间并非简单的买卖关系，实质上它是生产企业的"服务商"。这种服务顾名思义是以分销为基本内容，简单地说就是将企业的产品卖进各类网点并维持供货的交易行为。此外，分销商的服务职能也可能包括促销、售后服务等。

一般而言，我们可以将满足上述前4项标准的客户定义为生产企业的分销商，因为要严格鉴定一个客户是否充分履行了"分销等服务职能"并不容易。当然，我们可以在分销商内部再根据其履行职能的程度进一步细分。比如，有的企业将直接进货的批发客户划分为分销商和直供批发商，或者将分销商按其重要性细分为A、B、C类。即使直供批发商，我们也可将其视为与企业合作相对松散的分销商。

12.1.2 与"分销商"相关的概念简析

曾经有一位来中国做生意的新加坡人问作者："英文 distributor 的含义是分销商，为什么中国有这么多的概念？你能不能给我讲讲分销商、经销商、代理商之间的区别在哪里，而且什么又是总代理和总经销？"

确实，目前我国的销售业界，无论是口头上还是书面上都广泛流传着这些概念，而且其定义也是五花八门，很容易让人产生困惑或歧义。

1. 经销商

其实"经销商"与"分销商"的含义基本相同，本书之所以采用"分销商"这个概念而非"经销商"，基于以下两点原因：

（1）与国际接轨，因为 distributor 的准确翻译就是分销商；经销商是一个本土化的名词，如果翻译成英文应该也是 distributor。

（2）"分销商"的概念更直截了当地指明了其首要职责是"分销"。

至于有的理论刻意将"分销商"和"经销商"有所区分，甚至认为经销商下面再设立分销商，作者认为并不可取。持这种观点多半是因为"分销商"的概念有一个"分"字，其实这个"分"的含义是"分而销之"，恰恰点出了分销工作的实质，并非等同于"分公司"或"分支机构"。

2. 代理商

许多人使用"代理商"的概念时，实际含义就是指"分销商"；但"代理商"的概念有些似是而非，很容易让人混淆不清。本书之所以采用"分销商"这个概念而非"代理商"，基于以下四点原因：

（1）国外几乎所有的营销理论以及国内的部分书籍，对代理商的定义是不占有企业产品所有权的销售代理人，类似于"经纪人"的概念。

（2）"代理商"的概念在各行各业中应用非常广泛，如保险代理、广告代理等，很容易让人产生歧义。

（3）"代理商"的英文是 agency，在英文中与"分销商"的含义相去甚远。

（4）根据前面介绍的"委托代理理论"，本书中"代理人"泛指任何"委托代理关系"中具有信息优势的一方。

3. 总经销和总代理

这两个概念的大致含义是指其授权销售范围较大，如整个省或几个省（甚至全国）。本书将避免使用"总代理"和"总经销"的概念，因为这两个概念不够准确，什么是"总"难以明确界定。

我们可以根据分销商的授权销售范围在前面加限制词，如××大区分销商、省级分销商、地市级分销商、县级分销商等。

4. 二级分销商

二级分销商（sub-distributor）也是与"分销商"相关的一个概念，实际含义是指分销商下线的特殊批发商。其特殊性在于分销商或企业对其有更多支持，当然也要求其承担更多的分销、促销等职能。本书将会在批发渠道的相关内容中采用这个概念。

综上所述，为提高表达的准确性和避免产生歧义，本书将会自始至终采用"分销商"的概念，读者可以将其视同于其他书籍中（或听说过）的"经销商"或"代理商"等。

12.2 分销商在销售渠道中存在的价值

根据前面第3章的交易成本理论及渠道矩阵分析，我们知道交易成本是影响渠道模式的决定性因素，而一个生产企业是否需要分销商可以从两个角度进行分析：

A. 从渠道长度看，是否需要分销商这样一个中间环节？

B. 从渠道的所有权一体化来看，是否可以用企业自建的销售分公司取代分销商？

12.2.1 生产企业在什么情况下需要分销商？

从图2－15中不难看出，如果不包括直销模式的话，生产企业可能通过3种不同长度的渠道将产品销售给消费者或最终用户，如图12－1所示。

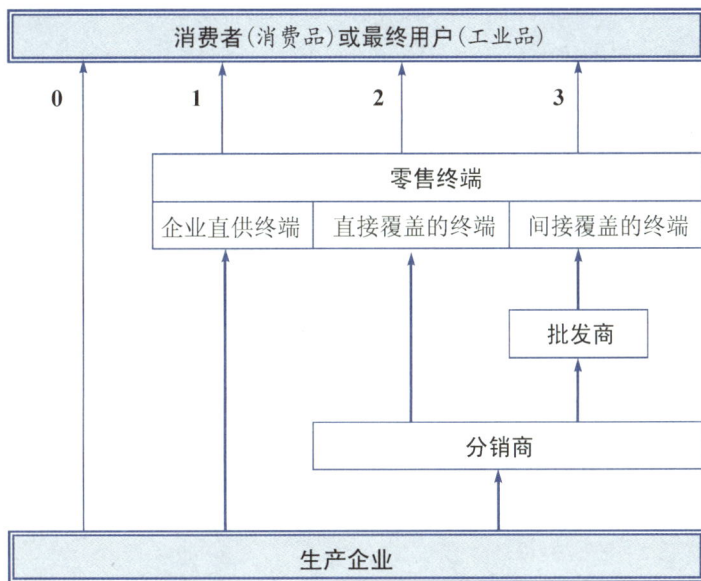

图 12－1　3 种不同长度的渠道示意图

根据图12－1，再考虑到渠道所有权一体化的问题，我们很容易知道，企业在以下3种情况下不需要分销商：

A. 生产企业完全采用直销方式，即在生产企业与消费者或最终用户之间，完全不需要任何中间环节。

B. 生产企业完全采用直供终端的方式，即在生产企业与所有终端（包括自建终端）之间，完全不需要其他中间环节。

C. 生产企业在各地自建销售分公司等分支机构，取代分销商。销售分公司也是生产企业与终端的一个中间环节，可以理解为企业下辖的所有权一体化的分销商，因此不需要通常意义上的分销商。

无论企业是否选用分销商或采用上述3种方式的哪一种，衡量标准无疑都是能否使企业将产品最终销售给消费者（或最终用户）的单位交易成本最低。

469

直销方式主要适用于工业品和少数消费品，不是本书讨论的重点。绝大多数的消费品最终都需要通过零售终端卖给消费者，对于"生产企业在什么情况下需要分销商"这个问题，我们可以得出以下结论：

▶ **生产企业必定需要分销商的约束条件：**

必要条件： 如果生产企业与零售终端直接交易的单位交易成本大于企业可以承受的单位交易成本，那么必定需要分销商或销售分公司等当地的分销机构。

充分条件： 如果生产企业的规模、毛利等无法支撑自建销售分公司的成本，而分销商可以有效节约企业的交易成本，那么生产企业必定选用分销商。

▶ **生产企业可能选用分销商的约束条件：**

必要条件： 如果生产企业通过分销商覆盖当地零售终端的单位交易成本低于企业直供终端或自建销售分公司的单位交易成本，企业可能选用分销商。其最终取决于生产企业对其他因素的衡量（如渠道控制等）。

以上结论源于第 3 章的销售命题 3（渠道长度决策）和销售命题 4（渠道一体化决策），而且对实地销售经理而言，最主要的是如何构建与管理分销商系统，所以不再赘述具体的分析过程。

12.2.2 分销商在销售渠道中的价值

从生产企业和批零网点的心态来看，必定不希望双方之间存在分销商这样一个中间环节。分销商的"生存之道"就在于为渠道的上下游提供了某种价值，这就是其存在的理由。

1. 分销商在销售渠道中的核心价值

分销商的核心价值在于节约了上下游的交易成本。

说明： 从表面上看，分销商必定要赚钱（主要体现为差价），多了这样一个中间环节自然导致交易成本的上升，但实际上如果没有分销商，生产企业或下游网点将会承担更多的交易成本，具体表现为利润的下降或价格的上升。

2. 从生产企业的角度看，分销商为什么能够节约企业的交易成本

（1）分销商比生产企业更具有规模化效应。

销售成本在相当程度上是一种固定成本，比如储运成本、人员成本、分销费用、管理成本等。分销商将多个品牌的产品合在一起销售，就局部市场而言，显然比生产企业的单位交易成本更低。

（2）分销商比生产企业更具有本地化优势。

分销商往往在当地已经经营了较长时间，无论是客户网络的广度及其客勤关系，还是市场信息反馈，甚至与当地政府部门的沟通等，都比生产企业具有明显的本地化优势。这种优势必然在一定程度上体现为交易成本的节约。

（3）分销商本身也投入了一定的销售资源，并承担了部分风险。

分销商并不是"经纪人"，为了企业产品的再销售往往要投入资金、储运和人员等资源，并且也承担了一定的经营风险（如坏账），这在一定程度上必然为企业分担了交易成本和风险。

3. 分销商对生产企业而言，具体价值是什么

（1）为生产企业节省了资金投入，并降低了财务风险。

A. 加速了企业的资金回笼，从而节省了企业的流动资金投入；

B. 为企业节省了在仓储、运输等方面的固定投资；

C. 企业只与分销商直接交易，可以有效降低与众多网点分散交易的坏账风险。

（2）通过规模化经营，为生产企业节约了部分运作费用。

A. 为企业节约了仓储、运输等方面的费用；

B. 为企业节省了生意运作方面的人员和管理费用。

（3）使生产企业加快了分销速度，并在一定程度上节约了分销和促销费用。

A. 分销商可以利用原有网络，加快企业产品的分销速度；

B. 分销商可利用其客勤关系，为企业节约分销和促销费用。

（4）使生产企业从日常的生意运作中解脱出来，专注于生意发展。

A. 分销商为企业承担了最繁琐的针对网点的订货、送货、回款等维护性工作，企业的销售人员可以专注于扩大分销广度和提升终端销量等；

B. 将大量的生意维护工作分离出去，也降低了企业在当地的销售管理难度。

（5）利用其本地化优势，可以为企业提供其他帮助。

A. 分销商可以利用本地化优势，为企业及时提供当地市场的信息；

B. 分销商可以利用本地化优势，在企业的产品销售涉及当地政府的管理等方面为企业提供帮助。

归根结底，分销商通过其投入的资源以及规模化经营和本地化优势等，可以为生产企业在一定程度上节约交易成本。当然这只是就总体而言的，具体价值还取决于企业具体选择的分销商和后续的管理与沟通。

12.2.3 专题讨论：分销商 VS 销售分公司

对大多数消费品企业而言，由于企业总部与全国各地的终端直接交易的成本太高，所以建立贴近市场的"实地销售平台"势在必行。其基本思路无非两条途径：一是建立分销商系统；二是自建销售分公司。这是企业关于渠道一体化程度的战略决策问题。

应该选用分销商还是自建销售分公司，一般不是实地销售经理所考虑的问题，下面主要从实地销售工作的角度，探讨具体管理工作上的共性和差异性。

1. 销售分公司本质上就是企业所有权一体化的分销商

这里所讲的销售分公司是指真正履行分销职能的企业分支机构，不包括那种以管理或后勤服务为主的分公司。就具体销售工作来看，销售分公司与分销商的共性大于差异性：

（1）销售分公司与分销商的共性。

A. 从渠道角色来看：都以生产企业为上游，以当地的批零网点为下游。

B. 从履行职能来看：都以分销和促销工作作为其最主要的职能。

C. 从与企业的关系来看：都是生产企业的代理人，而企业都是委托人的角色。销售分公司经理与分销商老板一样，都是追求自身利益最大化的代理人，并且都可能利用其信息优势产生"机会主义"行为。

（2）销售分公司与分销商的差异性。

A. 基本差异：销售分公司的所有权属于生产企业，而分销商则不是。换句话说，销售分公司与生产企业之间的交易属于"企业内交易"，而分销商与生产企业之间的交易是"市场交易"。

B. 具体差异：

①企业必须对销售分公司的盈亏负责，而无须对分销商自身的盈亏负责。

②分公司经理一般不需要投入自己的资金，当然也不能拥有分公司的利润；分销商老板需要投入自己的资金，当然也拥有利润和承担经营风险。

通过对销售分公司和分销商的上述对比不难看出，无论是分公司经理还是主管分销商的销售经理，其具体工作基本相同。因此本书**分销商系统构建与管理模块**的内容同样适用于销售分公司的管理人员，只不过将销售分公司视为一种特殊的分销商而已。这种特殊性主要表现在：分公司的管理人员需要完全负责最基本的生意运转（如订单处理、送货、结算等），但省却了与分销商沟通和谈判的"麻烦"。

2. 选用分销商还是自建销售分公司，用数据说话

选用分销商还是自建销售分公司，实际上就是一个渠道专业化还是一体化的问题。如果从定性分析的角度来看，两者的利弊一目了然：

（1）选用分销商（专业化）的利弊。

A. "利"在于借用分销商的资金、储运、网络、人员等资源，节省企业的销售投入、降低其管理难度。

B. "弊"在于企业必须让渡毛利和提供其他奖励，以"购买"分销商的服务，而且不可能完全控制分销商按照自己的意愿行事，并在一定程度上面临渠道"受制于人"的风险。

（2）自建销售分公司（一体化）的利弊。

A. "利"在于企业的利润不被"分销商"所瓜分，而且相对更容易实现"全国一盘棋"的渠道拓展与管理，并增强了企业对渠道的控制能力。

B. "弊"在于企业必须大幅增加资金、储运、人员和费用等方面的投入，经营风险随之上升，并且管理工作的难度大大增加，特别需要防范分公司负责人的"道德风险"。

如果在任何一个企业内部，就选用分销商还是自建分公司的问题展开辩论的话，无论是正方还是反方肯定都能"言之凿凿"，并且旁征博引地举出无数案例。其实从定性分析的角度，道理是明摆着的事情，两种模式互有利弊，谁也不可能说服谁。

决策的关键在于用数据说话，核心指标就是两种模式的"边际利润"，相关的决策规律详见本书第3章的销售命题4（渠道一体化决策）。

3. 两大误区

（1）误区1：盲目"跟风"和照搬。

应该选用分销商还是自建销售分公司，这本身是一个根据企业实际情况并运用相关数据理性判断的问题，但是人们在潜意识里往往把行业中的知名企业（特别是外企）当成"风向标"，似乎这些企业的模式就是先进的模式，别人怎么做我就怎么做，最终的结局只能是"壮士断腕"或"抚伤自慰"。本书反复强调的一点就是：没有先进与落后之分，**"适合即最佳"**。

以对分销密度要求最高的饮料行业为例，可口可乐、百事可乐、康师傅等企业都是采用自建销售分公司（具体机构名称可能不同）的模式，因此不少本土饮料企业盲目"跟风"，甚至连机构名称都一模一样，结果不少盲从者发现自己的销售规模、毛利空间以及管理能力根本无法支撑销售分公司的运作，只能又"壮士断腕"。相比较而言，本土饮料企业中最成功的"娃哈哈"，却选用分销商的模式异军突起。

不仅企业之间不能盲从，即使一个企业内部的不同市场之间，也不能简单"攀比"或照搬。比如，上海建立了销售分公司而且运作良好，并不代表新疆就适合建立分公司。

（2）误区2：围城效应。

著名学者钱钟书先生在《围城》这本小说中，比喻婚姻像一座围城，城里的人想冲出去，城外的人想冲进来。在选用分销商还是自建销售分公司的问题上，不少决策同样是围城效应在作崇，因为两者的利弊非常鲜明且"针锋相对"。

已经采用分销商模式的企业，在合作不畅时，很容易看到分销商的弊端和分公司的好处；而已经采用分公司模式的企业，在效益不佳或管理困难时，就很容易看到分公司的弊端和分销商的好处。在这种围城心态的支配下，所谓的决策实际上是一种"意气用事"，即使罗列出不少的数据，充其量也只是"先入为主"情况之下的论据而已。

围城效应如果用系统论的术语来表达，就是**"对策可能比问题更糟"**。任何改变都应该基于系统的思考，而不是情绪化的逻辑："**因为A不好，所以B好。**"

在选用分销商还是自建销售分公司问题上的两大误区，实际上反映了人性的两大弱点：一是盲从心态，二是围城心态。这两大人性的弱点同样会给其他销售工作带来危害。

12.3　分销商系统的构建与管理概述

前两节分别探讨了分销商的定义及其价值，在此基础上我们将深入到分销商系统内部，了解分销商系统的作用力体系。图12-2勾勒出分销商系统作用力体系的"3+5+3"整体轮廓：

473

资源作用力（企业→分销商）

>分销商对批零网点的分销费用投入
-终端进场费用
-终端维护费用
-渠道分销激励等

>分销商对主要终端的促销费用投入
-店内形象费用
-消费者促销费用
-其他促销费用

基本作用力（企业→分销商）

>企业的品牌/产品竞争力
通过产品自然传递给分销商

>分销商的渠道影响力
覆盖网点的数量与质量、渠道地位与声誉、合作紧密程度等

>对批零网点的利益推动力
毛利/融资服务/无形利益等

>对批零网点的服务力
库存/送货/退货/结算/费用支付等

人员作用力（企业→分销商）

>分销商投入分销的人员数量与质量
-有效拜访网点的数量及拜访频率
-拓展与维护能力

>分销商投入促销的人员数量与质量
-促销员数量/质量
-店内形象提升及促销活动的执行力

融资服务   价格体系

2 管理分销商系统

2.4 分销商洞察与顾问型管理

2.3 伙伴型管理:协助分销商提升再销售能力价格体系/OSB运作/信贷管理/人员管理/费用管理

2.2 委托型管理:激励与约束分销商投入资源资金/储运/人员/费用等支撑再销售过程的投入

2.1买卖型管理:企业与分销商之间的OSB维护资金流管理（货款与费用）/物流管理（订货与退货）

分销商的数量及其分布

分销商的质量：分销商的渠道影响力 / 分销商的硬件实力及管理能力 / 分销商对企业的重视程度

企业与分销商的合作条款

市场规模与渠道格局

1 构建分销商体系

分销商布局与定位 | 确立分销商选择标准 | 调查与筛选目标客户 | 合作谈判 | 审核确定

企业统一的渠道矩阵规划及分销商合同等

资源作用力（企业→分销商）

>对分销商相关人员的激励

>提升分销商的仓储、运输、信息等运作能力的投入

>其他提升分销商运作水平的资源投入

基本作用力（企业→分销商）

>品牌/产品竞争力
品牌/价格/概念/包装/质量等优势

>企业的渠道影响力
行业地位/声誉、合作紧密程度等

>对分销商的利益推动力
毛利/融资服务/无形利益等

>对分销商的服务力
库存/送货/退货/结算/费用支付等

人员作用力（企业→分销商）

>分销商管理人员的数量及其配置

>分销商管理人员的工作努力程度

>分销商管理能力
设立分销商、日常管理、激励与约束、协助分销商再销售等能力

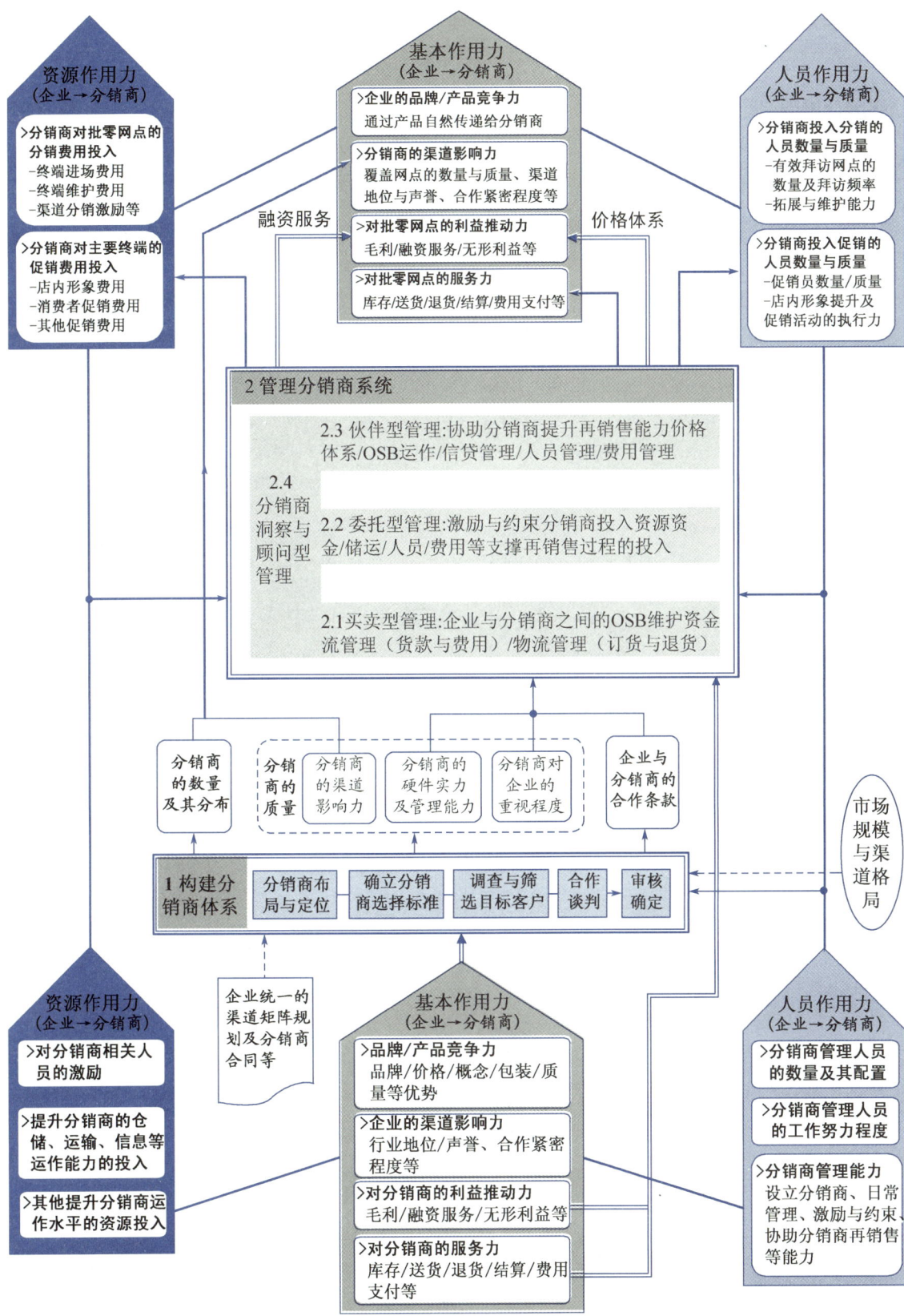

注：企业的销售分公司等分支机构可以理解为所有权一体化的分销商，其作用力体系基本类似，详见本书相关内容。

图 12－2　分销商系统构建与管理模块作用力体系图（一）

3 个输出：

分销商作用于后续再销售过程的三大作用力：分销商的基本作用力、人员作用力和资源作用力。

5 项工作：

按照逻辑顺序排列如下：构建分销商系统 →企业与分销商之间的订货—发运—结算流程维护→激励与约束分销商→协助分销商提升管理能力 →分销商洞察。

3 个输入：

企业作用于分销商的三大实地销售作用力：企业的基本作用力、分销商管理人员力、分销商运作资源力。

12.3.1　输出："分销商能量星"的三大作用力

分销商并非产品的消费者，而是销售渠道中重要的"中转站"，因此在各级销售经理的眼中，分销商不应该是渠道的终点或抽象的渠道伙伴，而是实实在在影响企业再销售过程的"能量体"。本书将其定义为"分销商能量星"。

所谓分销商能量星，即分销商推动企业产品再销售过程的三大作用力集合（见图 12 –3）。

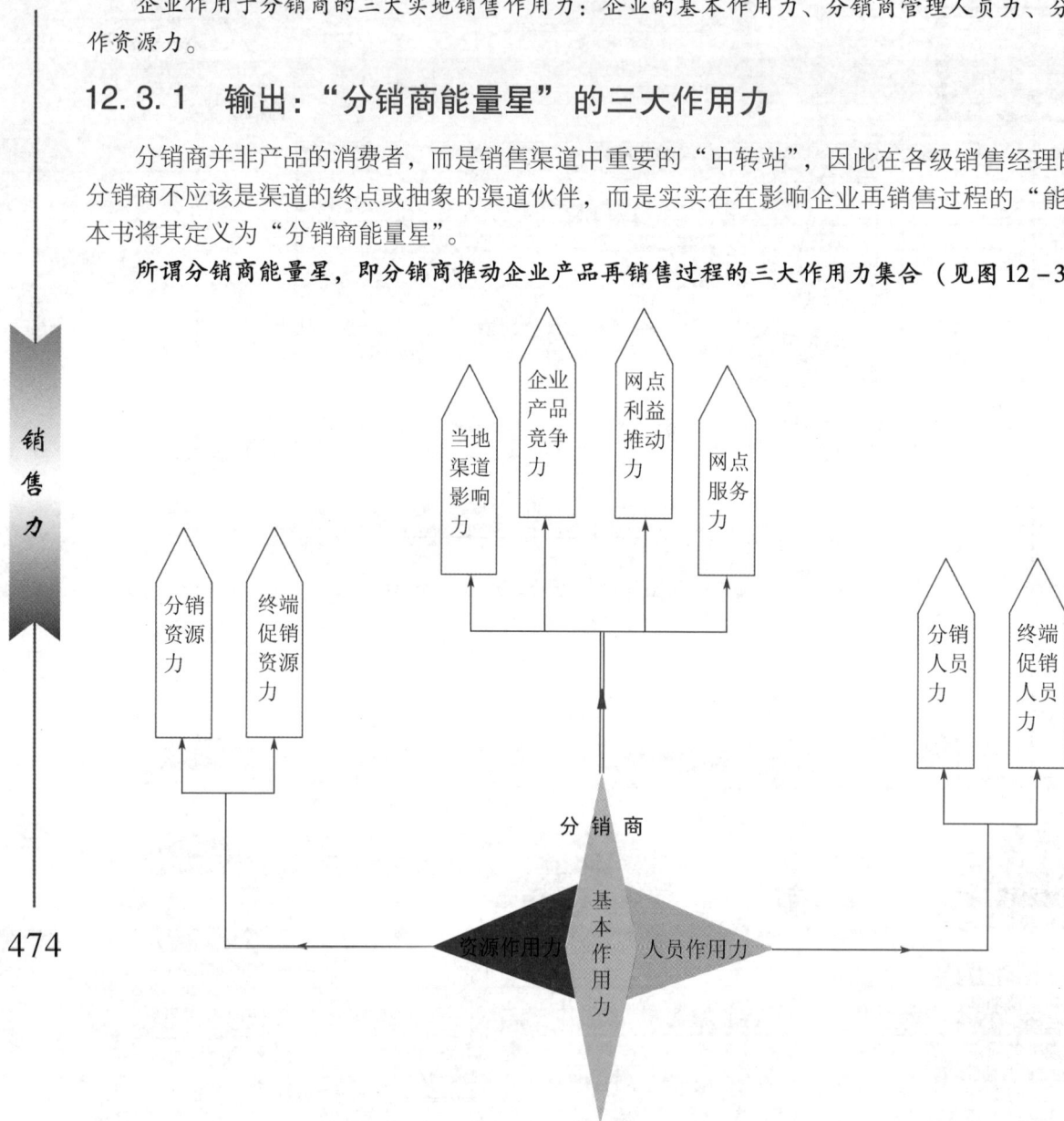

图 12 – 3　分销商能量星示意图

"分销商能量星"是一切分销商系统构建与管理工作的出发点和落脚点；

"分销商能量星"作用力的大小，直接影响企业的分销与促销工作，最终影响销量。

分销商作用于下线批零网点的三大作用力，与企业作用于分销商的三大作用力基本一致，包括基本作用力、人员作用力和资源作用力。以下只是简要介绍，具体内容读者可以参考相关的知识链接。

1. 分销商的基本作用力

基本作用力指分销商必然影响下线客户购买和再销售行为的四种作用力，是任何交易行为中不可或缺的四大因素。

（1）企业的品牌/产品竞争力。

在面对下线批零网点时，分销商就如同生产企业的"代表"，企业的产品竞争力也自然传递作为分销商基本作用力的一部分，影响下线网点的购买与再销售行为。当然，分销商除了不要卖假货和过期产品外，并不需要针对这部分做什么。

> **知识链接**　*第7章的品牌/产品竞争力*

（2）分销商对批零网点的利益推动力。

利益无疑是影响任何交易的关键因素，而分销商如同渠道利益的"再分配者"。

A. 批零网点的再销售毛利率，这一点取决于企业设计的价格体系及其稳定性和分销商是否遵循该价格体系。

B. 分销商对其下线批零网点所提供的信贷支持。

C. 分销商以及企业的产品给批零网点所带来的无形利益等。

> **知识链接**　*第7章的企业对分销商的利益推动力*

（3）分销商在当地的渠道影响力。

A. 分销商在当地所覆盖的批零网点的数量与质量（就企业产品类型而言）。

B. 分销商在当地渠道中的地位与声誉。一般而言，分销商在当地代理此类产品的品牌越多及销量越大，其渠道地位越高；而声誉则是指其在交易中是否公平和诚信。

C. 分销商与当地批零网点的合作紧密程度。分销商对下线网点的支持越大、越是深入到这些网点的再销售过程，其影响力越大。

> **知识链接**　*第7章的企业的渠道影响力*

（4）分销商对批零网点的服务力。

它主要指分销商对批零网点资金流与物流方面的服务水平，最基本的服务包括存货满足度、送货服务、退货服务、双向结算服务（分销商对网点的对账/发票等服务及对网点的费用支付）等。分销商的网点服务力实质上就是其营运资金投入、后勤保障能力和管理能力等。

> **知识链接**　*第7章的企业的客户服务力*

上述分销商的四种基本作用力无疑对企业在当地的销售业绩影响很大，其中的关键要素类似于我们通常所说的产品、价格、网络、资金、后勤等。

2. 分销商的人员作用力

正如生产企业需要投入人员作用力，以协助分销商的再销售过程，分销商一般也需要投入销售人员，参与具体的分销和促销工作。这里的人员作用力指分销商自身的销售人员，不包括企业投入的销售人员，虽然有时企业投入的销售人员在名义上挂靠在分销商下面。

当然，人员作用力并非分销商必须投入的作用力，但是如果企业自身也不投入人员参与渠道的分销和促销工作，那么分销商的人员作用力就显得非常重要。

（1）分销商的分销人员力。

这是指分销商投入于分销拓展与维护工作中的销售人员数量与质量。对那些不投入分销人员力的生产企业而言，分销商或多或少都必须投入销售人员执行批零网点的分销工作，当然其投入人员力的大小取决于企业对分销商的利益推动力和自身实力等。即使生产企业投入销售人员协助分销商的分销工作，一般而言，分销商也需要投入自身的销售人员负责生意的维护，如订货和收款等。

知识链接 第8章的企业的分销人员力

（2）分销商的终端促销人员力。

这是指分销商投入于终端促销工作中的销售人员（含促销员）数量与质量。

大多数分销商都认为"我把货卖进去，企业负责卖出去"，即分销是其职责，但促销就是企业的事了。但也有一些分销商因为利益驱使或与企业的协定投入人员力到终端促销中。其包括以下三种人员作用力：

A. 协助终端再销售的促销员数量与质量。多数分销商都从自身利益出发向终端派驻其代理多个品牌的综合促销员。

B. 分销商的销售人员建立企业产品在终端的优秀店内陈列。这方面真正能做到和做好的分销商并不多。

C. 分销商的销售人员执行企业或分销商自身策划的各种消费者促销活动。这方面真正能做到和做好的分销商也是极少。

虽然理论上分销商具有终端促销人员力，但是各级销售经理实不可对这一点抱太大希望，真正做好终端促销工作还是要靠企业自身的终端促销人员力。

知识链接 第8章的企业的终端促销人员力

3. 分销商的资源作用力

分销商的资源作用力与人员作用力也是相辅相成的。它主要指分销商自身投入于分销和促销工作的销售费用。虽然有时企业直接投入的分销或促销费用需要通过分销商代垫，但这不属于分销商投入的资源作用力。

当然，资源作用力也并非分销商必须投入的作用力，但是如果企业不直接掌控销售费用，而只是给分销商丰厚的毛利空间或将所有费用包干给分销商，那么分销商的资源作用力对于销售业绩就显得非常重要。

（1）分销商的分销资源力。

这是指分销商投入费用以直接分销终端及协助批发商的再分销过程，从而提升整体分销水平的作用力。

一些分销商会投入全部或部分终端分销费用将企业产品卖进终端，当然这取决于生产企业对分销商的利益推动力和管理。一般而言，分销商较少主动为企业产品召开新品发布会或订货会，即使其主动提出也需要企业支付全部或至少部分费用。

知识链接 第11章的企业的分销资源力

476

（2）分销商的终端促销资源力。

这是指分销商投入费用以协助终端再销售，从而提升终端单店销量的作用力。

A. 投入费用提升企业产品在终端的陈列等店内形象，如陈列费用等。

B. 投入于各种消费者促销活动及其传播的费用，如赠品费用、特价费用、快讯费用、户外促销场地费用等。

C. 向终端的营业员所提供的销量奖励费用（转化为营业员推动销售的人员作用力）。

虽然理论上分销商具有终端促销资源力，但是与其终端促销人员力一样，各级销售经理对此不可寄予太大希望，因为分销商愿意投入的前提一定是企业让渡了自身的部分利润，且前面讲过分销商即使做也不一定能做好。

知识链接 第11章的企业的终端促销资源力

"分销商能量星"的上述三大作用力是影响企业生意结果的重要因素，生产企业当然希望这些作用力越大越好，但是作用力越大，反作用力也越大，要想提升分销商对下线批零网点的作用力，企业也必须加大对分销商的作用力。对实地销售经理而言，无法控制许多来自企业的客观因素，最可行的途径在于提高自身对分销商系统的构建与管理能力。

12.3.2　输入：企业作用于分销商的三大作用力

企业作用于分销商的三大作用力，自然就是**分销商系统构建与管理模块**的输入，也就是最终影响"分销商能量星"作用力大小的关键因素。

1. 企业作用于分销商的基本作用力

（1）企业的品牌/产品竞争力；

（2）企业对分销商的利益推动力；

（3）企业的渠道影响力；

（4）企业对分销商的服务力。

以上四种作用力对企业能够找到什么样的分销商以及分销商的再销售行为无疑影响巨大。这四种基本作用力几乎不能为实地销售经理所控制，是企业战略层面作用力体系的输出，详见第7章的企业的基本作用力相关内容。

2. 企业管理分销商的人员作用力

（1）分销商管理人员的数量及其配置；

（2）分销商管理人员的工作努力程度；

（3）分销商管理人员的工作能力。

直接管理分销商的人员一般是企业的区域经理或城市经理，其数量与质量是分销商系统构建与管理工作的重要驱动因素，也是**实地销售队伍建设模块**的输出之一。

> **知识链接**　第8章的企业的分销商管理人员力

3. 企业为提升分销商运作水平而投入的资源作用力

（1）对分销商相关人员的激励；

（2）提升分销商仓储、运输、信息管理等运作能力的投入；

（3）交由分销商支配的销售费用等。

一般规模较大且目光长远的企业，都可能会投入资源以提升分销商自身的运作水平。而企业投入的销售费用可以分为两类：一类是完全交由分销商支配的费用（比如费用包干），这种类型的费用可以归入企业针对分销商投入的资源作用力；另一类是企业直接投入于渠道分销与促销过程的费用，虽然也是帮助分销商再销售，但由于其实际作用对象是批零网点和消费者，并由企业掌控，所以没有归入此列。企业为提升分销商运作水平而投入的资源作用力，也就是**实地销售资源管理模块**的输出之一。

> **知识链接**　第11章的企业的分销商运作资源力

12.3.3　五项工作简介

如图12-4所示，根据作用力体系的逻辑层次，将分销商系统的构建与管理工作整合为E形模型。后续两章将分别阐述分销商系统的构建与管理，这里不再赘述。

12.3.4　小　结

"分销商系统构建与管理"模块的整个作用力体系，可以简化为如图12-5所示的示意图。

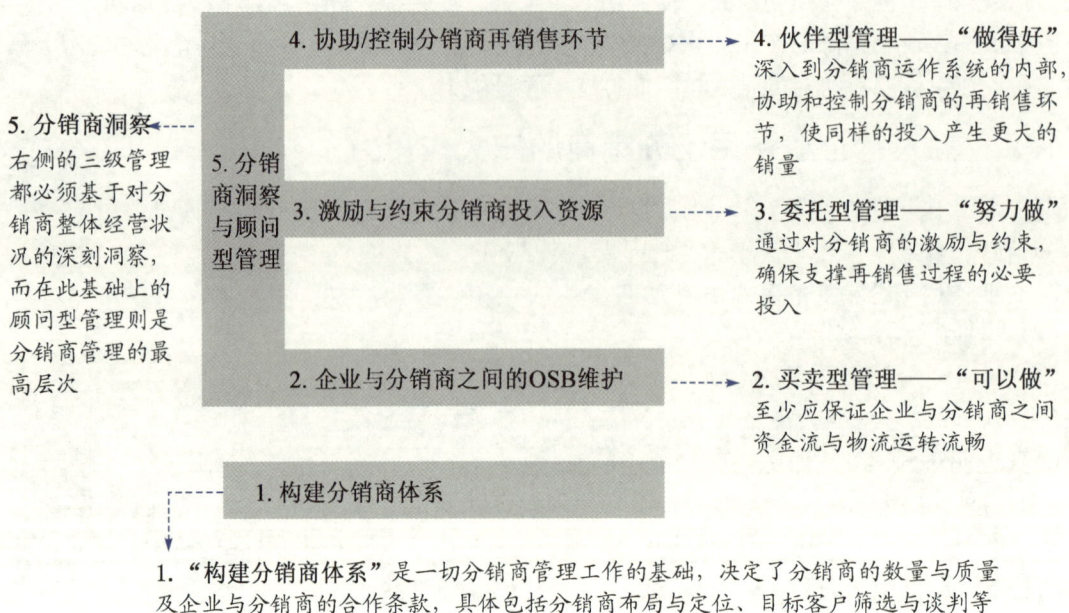

4. 协助/控制分销商再销售环节

4. 伙伴型管理——"做得好"
深入到分销商运作系统的内部，协助和控制分销商的再销售环节，使同样的投入产生更大的销量

5. 分销商洞察
右侧的三级管理都必须基于对分销商整体经营状况的深刻洞察，而在此基础上的顾问型管理则是分销商管理的最高层次

5. 分销商洞察与顾问型管理

3. 激励与约束分销商投入资源

3. 委托型管理——"努力做"
通过对分销商的激励与约束，确保支撑再销售过程的必要投入

2. 企业与分销商之间的OSB维护

2. 买卖型管理——"可以做"
至少应保证企业与分销商之间资金流与物流运转流畅

1. 构建分销商体系

1. "构建分销商体系"是一切分销商管理工作的基础，决定了分销商的数量与质量及企业与分销商的合作条款，具体包括分销商布局与定位、目标客户筛选与谈判等

图 12-4　分销商系统构建与管理的 E 形结构图

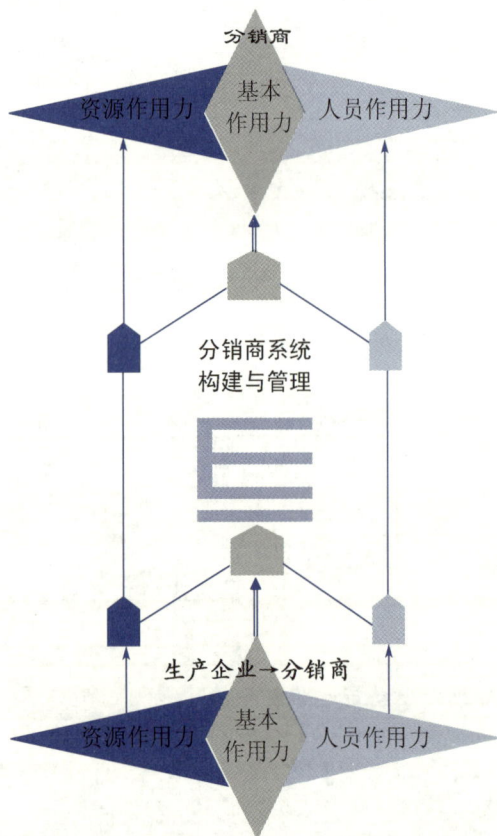

销售力

➤ 输出："分销商能量星"
分销商作用于再销售过程的三大作用力

➤ E形工作模块
（1）构建分销商体系
（2）企业与分销商之间的OSB维护
（3）激励与约束分销商投入资源
（4）协助/控制分销商再销售环节
（5）分销商洞察与顾问型管理

➤ 输入："企业能量星"中作用于分销商的三大作用力
这里的"企业能量星"是从分销商的角度来看待的，其中的"资源作用力"和"人员作用力"已经通过实地销售经理的工作，将企业的原始投入转化为具体的作用力

478

图 12-5　分销商系统构建与管理模块的整个作用力体系示意图

12.4　透视企业与分销商的合作关系

　　表面上看，生产企业与分销商之间是一种产品的"买卖关系"，即企业把货发给分销商，分销商将款回给企业。如果我们的认识仅停留于此，那么对分销商系统的构建与管理工作将会局限在一

个非常肤浅的层次，图 12 - 6 揭示了企业与分销商合作关系的实质。

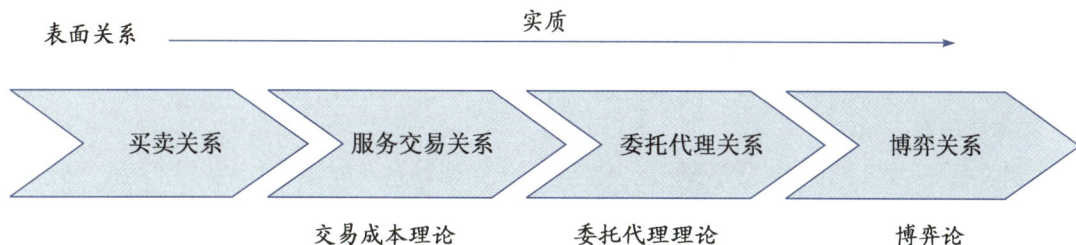

注：以上认识是根据上述三大理论，对这种"合作关系"的理解不断深入和完善的过程。

图 12 - 6　生产企业与分销商"合作关系"的实质

正是在交易成本理论、委托代理理论和博弈论的指引下，我们对企业与分销商"合作关系"的实质有了不断深入的认识。本书的第 2 篇中已经对这三大理论体系及其在销售中的应用作了较为详细的阐述，以下只是将相关内容集中起来作一个简要的回顾。

12.4.1　买卖关系首先是一种"服务交易"的关系

生产企业与分销商之间的"买卖关系"表面上看是一种产品交易关系，但其实质是"服务交易"关系（见图 12 - 7）。

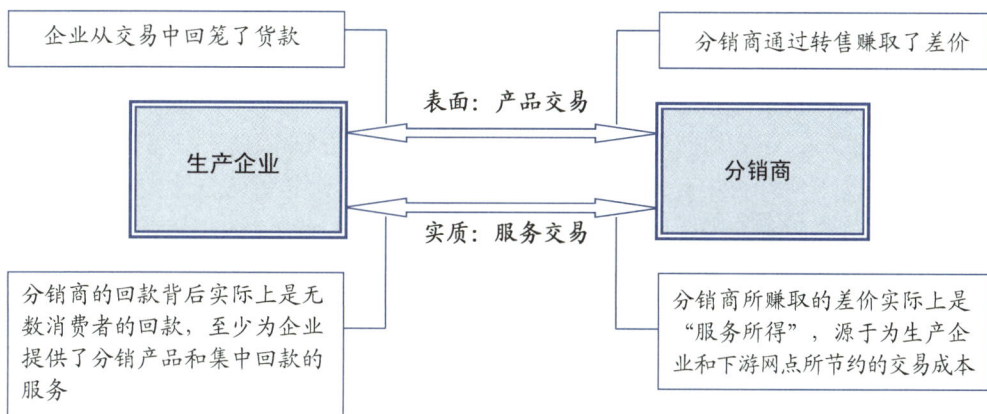

图 12 - 7　生产企业与分销商之间的"服务交易"关系

1. 生产企业通过让渡毛利和提供其他奖励，"购买"分销商的服务

（1）分销商并非产品的消费者，向企业的回款实际上体现的是一种服务。所有的分销商至少都为生产企业提供物流和资金流服务，即将产品分送到众多的网点并集中回款给企业。此外，分销商的服务还可能包括提供分销网络和促销执行等。

（2）虽然分销商赚取的差价，表面上看并非由企业直接支付，但实际上是企业从自身的毛利空间中让渡给分销商的一部分；而诸如返利或其他奖励，则由企业直接支付给分销商。这些都可以看成是生产企业购买分销商服务的"代价"。

2. 分销商之所以能够"贱买贵卖"，基于为上下游所节约的交易成本

众所周知，分销商必定通过转售赚取差价。这种差价存在的唯一理由，是其小于生产企业（或其销售分公司）与批零网点直接交易的单位交易成本。比如，A 企业如果与 C 终端直接交易，可能每支产品平均需要 10 元的单位交易成本，而通过 B 分销商可以将单位交易成本降低到 4 元，那么该分销商赚取的差价就源于单位交易成本中所节约的 6 元钱，并且其差价不可能高于 6 元。

将企业与分销商之间的产品交易深入到"服务交易"的层面，有助于我们更深刻地认识分销商的作用，并为后续的分销商布局与管理工作奠定良好的基础。

知识链接　　第3章的交易成本理论有关内容

12.4.2　企业与分销商合作关系的本质是"委托代理关系"

企业与分销商之间的关系不仅是"交易关系"，还是一种建立在"信息不对称"基础之上的"委托代理关系"。第4章的委托代理理论已经对委托代理关系有非常详细的阐述，以下只是作简要回顾。

1. 生产企业是委托人，分销商是代理人

分销商作为生产企业的下游环节，企业的许多销售工作都需要通过它来完成，因此分销商显然比企业更了解当地市场和实际的生意状况，即分销商比企业更具有信息优势。根据委托代理理论的定义，代理人泛指在交易关系中具有信息优势的一方，所以分销商既是企业的销售代理人，也是下游网点的采购代理人（比网点更了解企业的销售政策等）。

2. 生产企业作为委托人，必然面临来自分销商的两个"约束"

（1）分销商（代理人）的参与约束。

任何企业必须首先吸引分销商（代理人）参与到销售过程中来。最直接的理解就是分销商销售该企业产品的投入产出水平，不能低于分销商的机会成本（最低是银行利息）；否则，分销商根本不可能与企业合作，或者即使合作也可能中途"另攀高枝"。

（2）分销商（代理人）的激励相容约束。

激励相容约束是指生产企业要想让分销商按照其最希望的要求行动，不可能通过"强制合同"来实现，而且不论委托人如何奖惩代理人，代理人总是选择最大化自己利益的行动。因此，企业就必须设计一种激励机制，让分销商在努力销售其产品的时候，自身的利益也达到最大化。

简单地说，就是如何将企业与分销商的利益联系在一起，让分销商越努力其所获得的利益越大，自然企业的目标也越容易实现。

3. 生产企业作为委托人，面临分销商的"道德风险"

分销商很可能利用其信息优势，在追逐自身利益的同时损害企业的利益。比如，肆意抬高价格或四处"冲货"，克扣人员工资或截留销售费用，以及提供虚假的市场信息骗取企业的投入等。这些"道德风险"的根源都在于"信息不对称"。

深刻认识企业与分销商之间的委托代理关系，是有效激励与约束分销商的前提。

知识链接　　第4章的委托代理理论有关内容

12.4.3　企业与分销商的合作关系也是一种"博弈关系"

所谓博弈，简单地讲就是游戏，既然是"游戏"，就是双方的互动过程。分销商并非企业销售政策的被动接受者，双方都会根据对方的策略不断调整自己的策略，以实现自身的利益最大化。

运用"博弈"思维，各级销售经理在与分销商打交道的过程中，考虑会更加周密并更容易主动出击，其要点在于：

1. 凡事都首先考虑：什么是均衡状态

均衡是指所有参与人的最优战略的组合。在这种情况下，任何一方都不会从改变现状中获得更大的利益（在其他条件不变的情况下）。

比如，你制定一个价格保护协议，希望所有分销商按照统一的价格出货，那么你就必须明白这个协议不是一种均衡状态。因为每个分销商都可能从违反协议中获取更大的利益，特别是在其他分销商遵守协议的情况下。既然不是均衡状态的协议，那么它就不可能自动实施，因此是否推出这样的协议必须慎重，如果一定要推出那么如何约束？

又如，企业与分销商就回款和费用等问题发生了矛盾，这时也需要考虑什么是最终的均衡状态，从而决定自己的最优策略。

知识链接 第 14 章的"回款博弈"案例

2. 凡事都多考虑一步

"如果我这么做，分销商会有什么反应或对策，如何据此调整我的行为？"

在很多时候，分销商和销售经理之间都不可能完全了解对方。分销商一定会注意观察你的一举一动及对各种问题的处理，甚至会通过一些事件故意试探你，并通过他们的观察不断修正其判断，然后根据其"信念"选择针对你的行为。所以，你必须尽量传递对自己有利的信息，这样博弈的均衡状态才会按照你的目标发展。

比如，前面在介绍博弈论时所举的例子，一个销售经理不能完全靠本性做事，首先必须"表现"得坚强和果断（即使你其实很柔弱）。因为大多数分销商都是欺软怕硬的，所以你不能显得软弱和优柔寡断，否则就只能是**"马善被人骑，人善被人欺"**。

从"博弈"的高度认识企业与分销商的合作关系，对于加强分销商管理不无裨益，具体内容读者可以参考前面第 5 章有关博弈论的介绍。

12.4.4 企业与分销商的合作关系小结

综上所述，生产企业与分销商之间的合作关系不仅仅是表面上的"买卖关系"，首先是一种建立在利益交换基础上的"服务交易"关系，即分销商通过向企业提供服务赚取差价，而企业通过让渡毛利或直接奖励的方式"购买"分销商的服务。

企业与分销商之间又是一种特殊的交易关系，其本质是建立在"信息不对称"基础上的委托代理关系。企业作为委托人必然面临分销商的"参与约束"和"激励相容约束"，并且必须防范分销商利用其信息优势给企业带来的"道德风险"。

最后，企业与分销商之间也是一种博弈关系，在与分销商打交道的过程中，企业必须考虑均衡状态及应采取的最优策略。

12.5 中国分销商群体的现状简析

从严格意义上讲，中国的分销商是改革开放以后才出现的一个新兴群体，这 40 年的发展史可以说是一部充满机遇和挑战的历史。我国目前的分销商主要包括两大类型：一是从"摆地摊"开始成长起来的民营批发商，二是国营或从国营改制的批发企业。如果用一句话来概括中国分销商群体的现状，那就是：

专业素质普遍较低，面临极其严峻的挑战。

1. 经营意识落后

如果你问分销商以下两个最基本的问题，他们的答案基本一致：

A. 你最重要的资源是什么？ 答：网络

B. 你赚钱的途径是什么？ 答：赚差价

网络确实是分销商最重要的资产，但是许多分销商理解的网络就是他的客户名单，不少分销商还停留在"守株待兔"式的等客上门，或至多是简单的送货与收款。在市场竞争日益激烈的今天，如果分销商不能把松散的客户网络建设成一个高效的分销系统，那么这种所谓的网络其实什么都不是。

许多分销商还把赚钱的途径，肤浅地理解为"贱买贵卖"，看不到这种"差价"背后的根源在于对上下游交易成本的节约。如果分销商不能将自己的角色从"二道贩"转化为上下游的"服务商"，那么这种差价必定会越来越少直至消失。

2. 管理能力低下

民营批发商的管理往往非常松散，所用人员也大多是亲戚或老乡；而国营批发商即使改制成股份制企业，实际的运作机制和人员也大都是"老国营"的班底。我国目前大多数的分销商都还谈不上流畅的物流、资金流、信息流，以及高效的客户管理和数据决策，更不用说系统的人员培训体系了。这种低下的管理能力不仅极大地制约着分销商自身的发展，也成了生产企业生意发展的"瓶颈"之一。

作者曾经目睹了这样一个案例：一个年生意规模上亿元的分销商，居然被一个普通销售人员贪污了 50 万元的货款还完全不知晓。这个销售人员贪污的手法其实并不高明，就是收了货款以后不上交，然后把客户的退货直接拉去低价卖掉。由此可见，连最基本的资金流和物流尚且如此，其他方面可想而知。

当然这也许是一个特例，但是分销商普遍管理能力低下却是不争的事实。比如，许多分销商对其生意通常是"模糊控制"，有些甚至连准确的利润数据都不知道，更不用说生意的渠道结构，品牌结构等，决策的随意性非常大。

3. 告别"暴利"时代，进入"微利"时代

在 1995 年以前，中国大致处于"短缺经济"阶段，许多分销商的原始积累都是在那一时期完成的。那种"暴利"的程度在今天听起来可能是"天方夜谭"，以下是作者曾经见过的一个真实案例：

马老板在 1990 年开始从浙江义乌进货，然后贩卖到新疆。其中有一款口红，他以为进价是每支 12 元，于是在当地按照 24 元一支的价格批发给地县级的批发商，结果后来才发现进价是 12 元一打。他后来很得意地跟我说："当时 24 元一支卖得很好，我就没改价钱了。"这种一转手就赚 24 倍的利润，已经超出了人们的想象力。这虽然是一个特例，但几乎所有的分销商回忆起那段"黄金时代"，仍然是"心驰神往"。

随着中国全面告别"短缺经济"而进入买方市场，分销商也不可避免地进入了"微利"时代，而且利润相比上下游而言更加微薄，原因如下：

（1）同行之间的价格竞争，使分销商的利润化为乌有（特别在批发渠道）。

正如第 5 章所阐述的**伯川德市场竞争模型**一样，分销商所销售的同一企业的产品是无差异商品，加上落后的经营意识和管理能力，价格竞争必然成为同行之间的主要竞争手段，趋于微利是必然的结局。虽然价格竞争同样会在分销商的上下游展开，但是生产企业之间存在一定的品牌或技术壁垒，而零售终端也存在地段、连锁规模等壁垒，价格并非唯一的竞争手段。

（2）KA 等大型终端居于强势地位，吞噬了分销商相当部分的利润。

KA 等大型终端的迅速崛起，意味着大量传统零售店的消失。这些大型终端对分销商而言，如同"鸡肋"。如果不做，销量上不去，做了又利润很薄甚至完全无利可图。分销商过去在零售渠道的高额利润逐渐化为乌有。

（3）大品牌同样居于强势地位，给分销商的毛利空间很低，而小品牌的销量又很小。

对分销商所代理的品牌而言，销量大的往往毛利低，毛利高的往往销量小，这也是造成分销商"微利"的原因之一。

4. 厂家"圈钱压货"的手段层出不穷，稍有不慎就遭受严重损失

许多厂家迫于销量和资金的压力，花样翻新地推出各种针对分销商的"圈钱压货"的所谓促销活动，特别是在旺季，分销商需要疲于应付各种招商会、订货会、新品发布会；而刺激手段也五花八门，从早期的彩电、冰箱过渡到出国旅游等。表面上看起来，这是厂家给分销商的优惠和让利，实际上分销商稍有不慎就可能为了一点"蝇头小利"而血本无归。

作者认识一个某知名化妆品品牌的分销商，他就有一段惨痛的教训。一到 3 月份，该品牌就召开了订货会并推出了极其"强劲"的促销攻势，凡是在 3 月 20 日前回款 100 万元以上的分销商，奖励 10 万元现金并双人海南游。在利润微薄的年代，10 万元纯利对于王老板很有吸引力，于是付

了 100 万元；谁知到了 4 月份，厂家的销量没有达到预期目标，又推出了新的促销活动，只要回款 50 万元以上就直接价扣 18%，王老板一想别人拿了这个促销优惠还不立刻冲货过来，又咬咬牙付了 50 万元。

结果市场上的批发价格在 4 月下旬已经跌到扣 20%，许多分销商迫于资金压力把会务费和返利都贴进去到处冲货。结果王老板不仅没赚到促销的优惠，而且积压了大量货物无法退掉，厂家的理由是特价产品不退货。

5. 厂家"过河拆桥"，客户"赖账不还"

中国目前普遍存在信用危机，分销商不仅要招架"明枪"，还要躲着上下游的"暗箭"。虽然每个生产企业都把"客户至上，诚信为本"挂在嘴上，但真正能做到的可谓少之又少。不少厂家在分销商回款之前是"好话说尽"，只要你给钱，独家代理、广告投入、价格折扣、费用投入，什么都好说，只要一回款就翻脸不认人。另一方面，由于竞争的压力，分销商往往被迫赊销给下游的终端和批发商，结果跑了一家也就跑了整年的利润。

6. 厂家渠道扁平化和渠道一体化的动作，不断挤压分销商的生存空间

如果说分销商之前所面临的挑战只是战术层面的话，那么这项挑战将是关系到分销商生存空间的战略意义上的严重挑战。

（1）厂家的区域细分必然导致原有分销商的销售范围缩小，甚至为厂家所"抛弃"。

当生产企业的销售规模达到一定程度时，势必希望区域细分，这是渠道扁平化的方式之一。厂家很可能绕过原来的省级分销商，直接开设地市级分销商；或者绕过原来的地市级分销商，直接开设县级分销商。

（2）厂家的渠道一体化，很可能用销售分公司取代原有分销商。

当生产企业的销售规模和管理能力达到一定程度，很可能感觉建立销售分公司（甚至自建终端）的时机已经成熟，原来的分销商也就没有存在的必要了。

（3）大型连锁终端的快速发展，使厂家绕过分销商与终端直接交易的门槛大大降低。

第 3 章的交易成本理论指出，生产企业之所以通过分销商覆盖终端，原因在于和终端的直接交易成本太高；但是大型连锁终端的快速发展，无疑可以降低企业与终端直接交易的门槛，而且连锁终端自然也有此需求。在生产企业和连锁终端的"一唱一和"之下，分销商也就只能黯然退出零售主渠道。

在作者和许多分销商交谈的过程中，常常感到他们对企业上述行为的"愤愤不平"，他们觉得自己成了厂家的"托儿所"，孩子小的时候就塞给他们，一养大就不是他们的了。虽然痛斥厂家"过河拆桥，不讲情义"，但品牌是别人的，分销商除了扼腕叹息之外只能徒感心酸无奈！

虽然中国的分销商群体面临极其严峻的挑战，但也不是"四面楚歌"和无所作为，关键在于把握两点：

A. 将自己准确定位于厂家的"销售代理"和客户的"采购代理"，并不断提高自己的服务水平。

B. 找准哪些上游厂家和下游渠道最需要自己的代理服务，以及需要什么样的服务。

当然，也有一些分销商在面临如此严峻的挑战之下，选择了向上下游延伸的策略。比如，自创品牌或自建终端，这也不失为一种"突围"之举。但是这种纵向一体化的策略，要求分销商具有雄厚的资金和多元化的管理能力，效果如何还需拭目以待。

了解中国分销商群体的现状，对于各级销售经理在构建和管理分销商系统方面，有什么启示呢？

▶ 由于分销商群体的专业素质普遍较低，销售经理不能是"甩手掌柜"，不仅要让分销商"愿意做"，还需要使其"能够做"，即协助分销商更有效地做好再销售工作。

▶ 由于分销商群体面临极其严峻的挑战，销售经理在寻找和管理分销商的过程中，特别需要"因势利导"和有针对性地打消其各种顾虑。

◢◤ 本章要点回顾 ◢◤

本章重点探讨了分销商的定义及存在的价值、分销商系统的作用力体系、企业和分销商的合作关系，以及中国分销商群体的现状等。

本章的要点概括如下：

1. 分销商的定义及存在的价值

▶ 分销商是与生产企业直接进行产品交易，并为企业提供持续的分销等服务职能的批发商。

关键词：批发商、直接、产品交易、持续、分销等服务职能。

说明：本书之所以不采用"经销商""代理商"等概念，是为了提高表达的准确性和避免产生歧义，以及更好地同国际接轨。

▶ 分销商的核心价值在于节约了上下游的交易成本。

2. 分销商系统构建与管理模块作用力体系（见图 12 - 8）

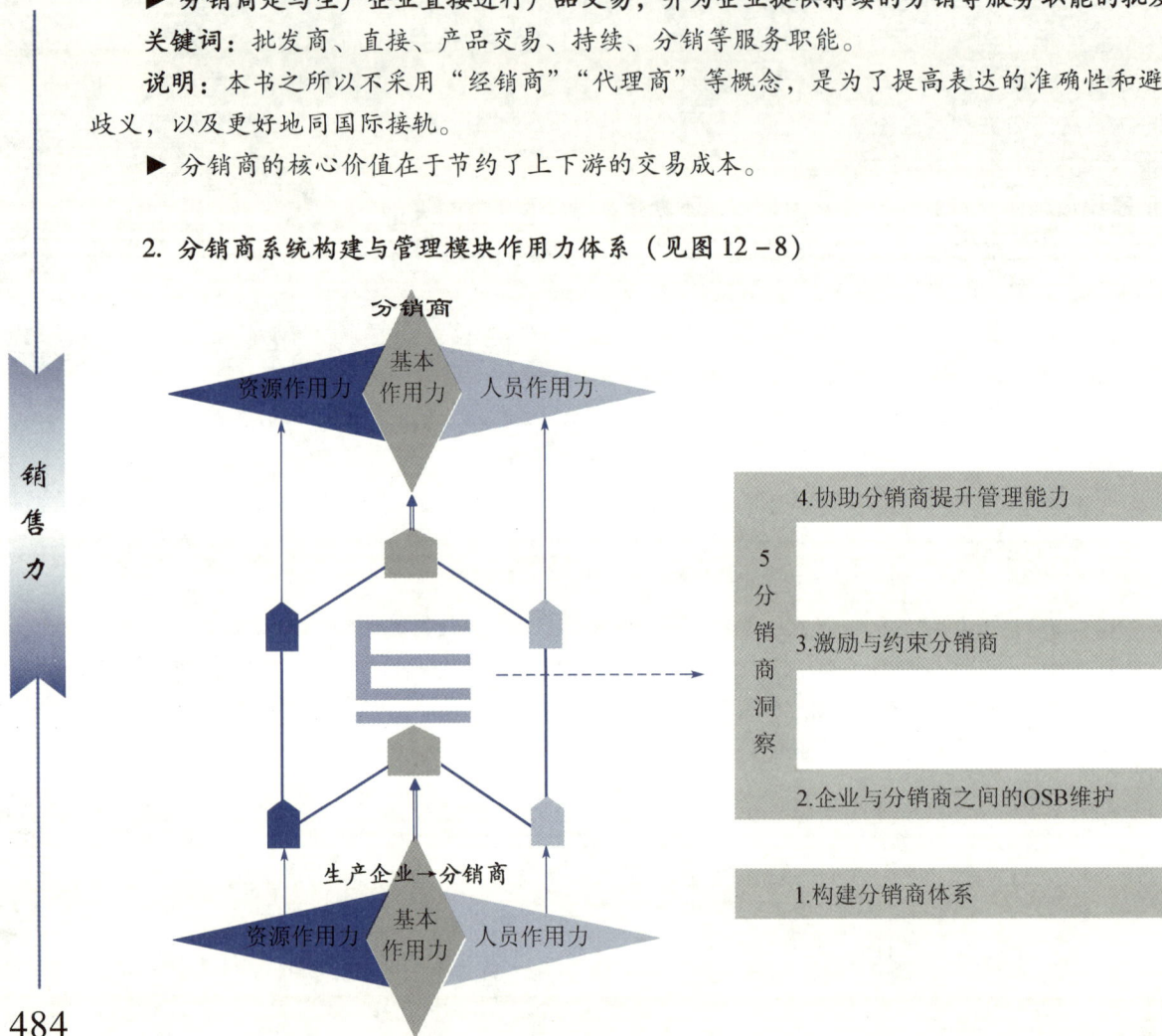

图 12 - 8　分销商系统构建与管理模块作用力体系图（二）

3. 企业与分销商的合作关系（见图 12 - 6）

4. 中国分销商群体的现状

专业素质普遍较低，面临极其严峻的挑战。

484

第13章　▶ 分销商系统的构建 ◀

在激烈的市场竞争环境下，分销链就是一个企业的"生命线"，而分销商无疑是这个链条中至关重要的一环。不少企业的兴衰沉浮都说明了一个基本的道理，那就是"成也分销商，败也分销商"，特别是对那些过分依赖分销商的企业而言，把产品和市场交给了分销商之后，也就等于把企业的前途（甚至是生存）交给了分销商。有的分销商不仅没有为企业打开市场，而且还四处"冲货"或欠款不还。虽然可以从分销商的管理层面去找原因，但究其根源往往是最初的布局不合理和没有选择适合的分销商。

如果在构建分销商系统的工作上草率行事或缺乏专业判断，将会给后续的分销商管理工作带来极大的困难，而且日后调整布局或更换分销商必将经历"伤筋动骨"的阵痛。许多销售人员将分销商的布局和选择视为一场"赌博"，这一方面说明了此项工作的重要性，另一方面也说明了其难以准确把握的特点。确实，无论你如何慎重，总会有许多事前不了解的信息和考虑不周到的地方。从这个意义上讲，"赌博"论不无道理。本章试图为各级销售管理者提供系统的分析和操作工具，以提高在这场"赌博"中的胜算。

本章的所有内容都基于一个前提（此前提对于大部分企业是成立的）：

企业的整体销售战略中需要建立分销商系统。换句话说，企业不是采用直销或完全直供终端的模式，或者全部以自建销售分公司取代分销商。

注：至于为什么需要分销商，详见第12章的概论。

13.1　分销商系统的构建概述

"分销商系统"的概念，说明各级销售经理需要设立的分销商不止一个。也就是说，在作用力体系图上表示的"分销商能量星"是所有分销商三大作用力的汇聚。此外，本书之所以没有采用"分销商群体"或"分销商集合"等概念，是因为这些分销商不是一个随意组合的群体或集合，而是在代理的地域、产品、渠道方面明确划分的一个有机组合。

所谓**构建**，顾名思义包含两个动作："构思"与"建立"。"构思"指对分销商系统的预先规划，即"做正确的事"；"建立"指对目标分销商的具体搜寻、谈判和设立等工作，即"正确地做事"。

图 13－1 是本章所有内容的"逻辑地图"，以下内容就是对该示意图的简要说明，读者可以结合原图作为参考。

13.1.1　"分销商系统构建"工作的"输出"

"分销商系统构建"的工作完成之后，将会取得什么结果呢？或者说这项工作对后续的销售过程会产生什么影响呢？简单来讲，我们最关注的结果无非以下三点：

A. 在什么地方设立了多少分销商？　　→　分销商的数量及其分布
B. 这些分销商怎么样？　　　　　　　→　分销商的质量
C. 用什么条件说服这些分销商合作？　→　企业与分销商的合作条款

1. 分销商的数量及分布

分销商的数量及分布是整个分销商系统的"大模样"。所谓分销商的分布，是指分销商在三个维度上的分布，即地域划分、产品划分和渠道划分。地域划分是分销商分布的首要及必需的划分标准，而规模较大的企业或特别针对规模较大的市场，还可能在同一地域内按照产品品类或渠道类型对分销

输出1
分销商的数量及其分布

输出2
分销商的质量

2.1 分销商的渠道影响力
>客户数量与质量
>在当地渠道的地位
>在当地渠道的声誉
>客户合作紧密程度

2.2 分销商的硬件实力与管理能力
>资金实力
>仓储与运输实力
>人员的数量与质量
>生意管理能力

2.3 分销商对与本企业合作的重视程度

输出3
企业与分销商的合作条款

构建分销商体系

3 寻找与调查目标分销商 → 4 与目标分销商谈判促成合作 → 5 审核确定分销商

目标分销商的素描"画像"

"右手":渠道影响力 ← → "左手":销售队伍的数量与质量
"头":经营意识
"心":合作意愿
"右腿":资金投入 ← → "左腿":仓储和运输能力

2 确立分销商的选择标准(什么样的分销商适合扛起需求"杠铃")
根据目标分销商的需求"杠铃"和企业自身条件勾勒出目标客户的"画像"

目标分销商的需求"杠铃"

服务广度 ← → 服务深度

代理渠道 代理产品 代理地域   物流与资金流服务 分销服务 促销服务

1 分销商布局与定位(需要分销商提供什么样的服务)
➡分销商布局:从地域／产品／渠道三个角度,规划分销商的代理范围
➡分销商定位:从物流与资金流／分销／促销三个角度,界定分销商的服务内容

销售力

输入1
企业统一的渠道矩阵规划与分销商合同等
>渠道宽度要求(分销密度)
>渠道长度规划
>渠道一体化程度规划
>统一的分销商合同等

输入2
基本作用力
(企业→分销商)
>品牌／产品竞争力:
品牌/价格/概念/包装/质量等优势
>对分销商的利益推动力:
毛利/融资服务/无形利益等
>企业的渠道影响力:
行业地位/声誉/合作紧密程度等
注:企业服务力在合作前难以体现,相关条款包含在合同中

输入3
人员作用力
(企业→分销商)
>分销商管理人员的数量及其配置
>分销商管理人员的工作努力程度
>在分销商布局及谈判等方面的能力

输入4
当地的市场规模与渠道格局
>目标消费群或用户的数量及购买能力
>市场竞争强度
>城市间的货物流向
>批发渠道的集中度
>各类零售渠道的权重与集中度

486

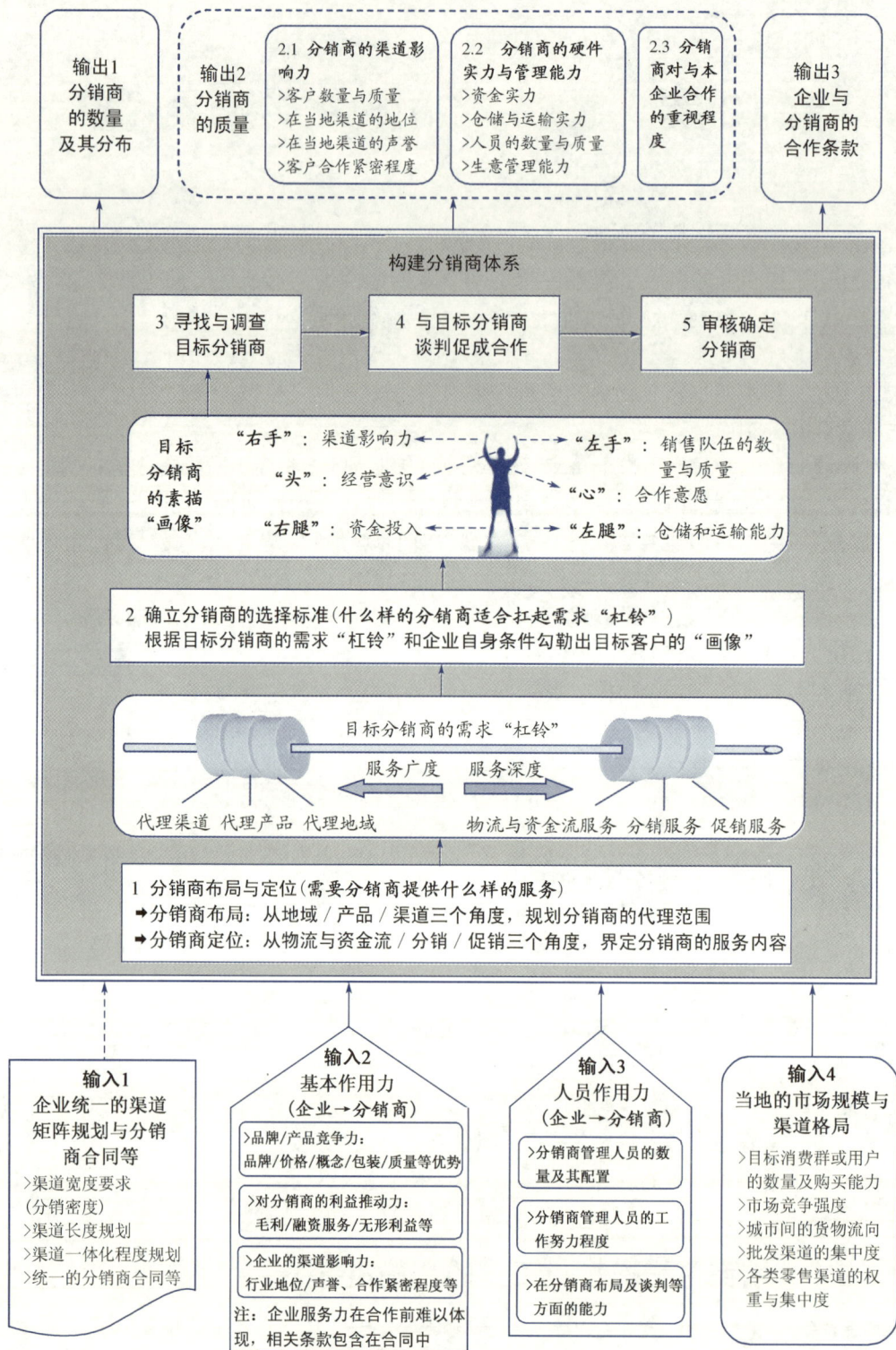

图 13 – 1 构建分销商系统作用力体系图

商的代理范围进一步细分。毋庸置疑,分销商的数量及其分布是影响生意发展的重要因素。

2. 分销商的质量

从某种意义上讲,"找到什么样的分销商"比"找了多少分销商"更为重要,谁也不会否认分销商的质量对当地生意发展的重要性。但是"质量"似乎是一个抽象的概念,每个人都可以从不同的角度去认识和衡量。本书对分销商质量的判断,只从影响企业再销售的作用力角度出发,即哪些因素会影响分销商最终输出的三大作用力,那么这些因素就包含在分销商的质量范畴之内,其他

与企业再销售无关的因素（比如笼统的素质高低、文化水平或喜好等）不在我们的考虑和评价范围之内。

（1）分销商的渠道影响力。

分销商的渠道影响力类似于通常所说的"网络"，但又不仅限于普通意义上的"网络"，本书将其概括为**2个硬指标+2个软指标**，如图13-2所示。

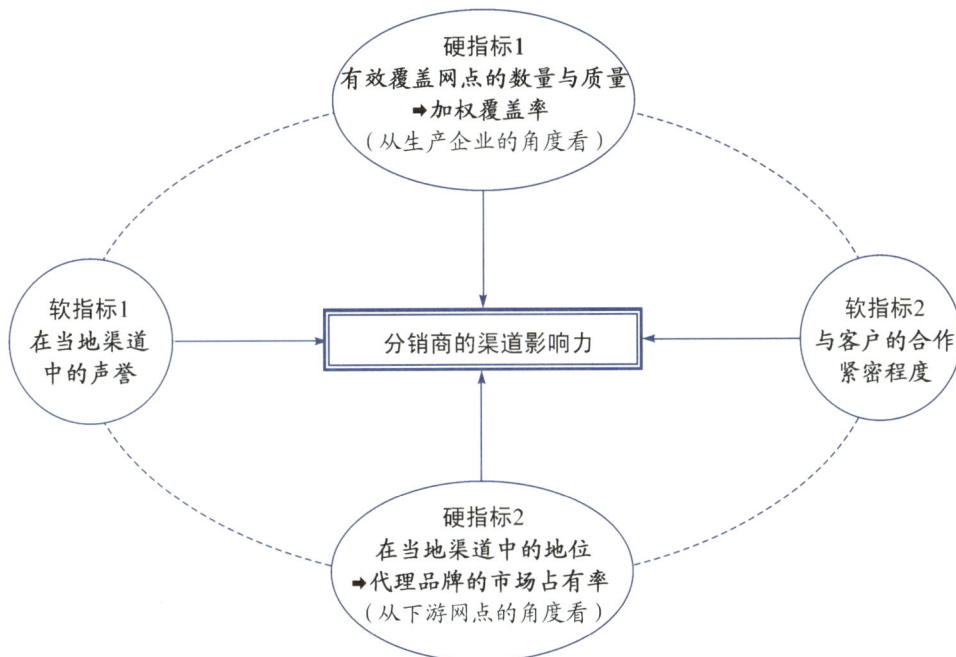

图13-2　分销商的渠道影响力示意图

A. 有效覆盖网点的数量与质量。

▶ 什么是"有效覆盖"？

如果A分销商与渠道下游的B网点建立了稳定连续的生意关系，就可以说A分销商有效覆盖了B网点。

▶ 什么是网点的"质量"？

所谓网点的质量，可以简单理解为该网点在当地市场的销量比重，当然这是就生产企业的同类产品而言的。

▶ 网点数量与质量的综合评估指标 → 加权覆盖率

销售人员常常会评价一个分销商的网络"好"还是"不好"，潜意识里就是用"加权覆盖率"作为评估标准。"加权覆盖率"是指分销商直接或间接覆盖的所有终端，占当地市场全部终端的销量比例。在实际应用中，常常需要按渠道类型细分分销商的"加权覆盖率"；通过批发商间接覆盖的终端，只能作为参考。

有时为更简单明了，我们也会采用相对笼统的**"有效覆盖半径"**的概念，即分销商可以有效覆盖的地理范围。

B. 分销商在当地渠道中的地位。

所谓分销商的"地位"，主要指分销商所代理的品牌组合在同类产品中的销量比例，可以理解为代理品牌的市场占有率之和。显然，对任何一个网点而言，某分销商在其生意中的比例越高，必然对这个网点的影响力越大。这种影响力具体表现为分销商的谈判地位和网点的配合程度，对企业的分销和促销工作影响颇大。

C. 分销商在当地渠道中的声誉。

分销商的"声誉"，主要指分销商在当地渠道客户中的形象，核心就是"诚信"问题。比如，分销商是否卖假货，是否与下游客户着眼于长期合作，是否总是兑现自己的承诺等。虽然分销商的声誉只是其自身的形象，但对于企业的再销售（甚至企业在当地渠道中的形象）无疑会产生重要的影响。

D. 分销商与客户的合作紧密程度。

所谓合作紧密程度，主要指分销商参与和协助下游客户再销售过程的深入程度。如果分销商与下游客户只是"一手交钱，一手交货"的纯粹买卖关系，那么这种客户网络必然是一个非常松散的网络；反过来，如果分销商能够为下游客户提供融资、送货、退货等服务，甚至积极帮助客户再销售，那么分销商将会拥有相对稳定的客户网络，而且自然加强了对渠道的影响力（甚至控制力）。

分销商的渠道影响力并不仅仅是一串客户名单，而是实际推动或制约企业生意发展的重要作用力。所有分销商的渠道影响力合在一起，就是整个分销商系统的渠道影响力，这也是作用力体系图中将"分销商数量及其分布"和"分销商的渠道影响力"合并指向最终的"渠道影响力"的原因。

（2）分销商的硬件实力与管理能力。

分销商的硬件实力与管理能力，无疑也是分销商质量的重要组成部分。其主要包括以下 4 个方面：

A. 分销商的资金实力。

表面上看，分销商的资金表现为对企业的回款，实际上这种资金投入主要体现在两个方面：库存和应收款。如果分销商的资金不够充足，很可能导致下游客户的经常缺货，并且难以向客户提供融资服务。不言自明，这两点对企业的再销售过程影响巨大。

B. 分销商的仓储与运输实力。

仓储实力主要指分销商的仓库面积及存放环境，这对货物流转量较大或对存放环境有特殊要求（如易腐食品、药品等）的企业特别重要。运输实力主要体现为运输车辆的总吨位，对某些对运输条件要求较高的企业而言，还包括运输车辆的装备，比如某些产品需要具备冷冻条件的运输车辆。

C. 分销商的销售人员的数量与质量。

销售"以人为本"，即使企业在当地拥有自己的销售队伍，分销商自身的销售队伍（包括促销员）也可以起到重要的补充作用。而对于那些基本依赖分销商的企业，这一点就显得尤为重要，甚至是成败的关键。

D. 分销商的管理能力。

即使分销商的硬件实力非常强大，如果缺乏有效的管理，这些硬件资源真正转化成的销售作用力也会相当有限。分销商的管理能力，主要包括资金管理、物流管理、客户管理、人员管理、信息管理等。

（3）分销商对与本企业合作的重视程度。

分销商的质量不仅表现在"他自身怎么样"，更重要地表现在"他对我怎么样"，而后者常常是销售人员所忽略的地方。即使一个分销商的自身条件非常好，如果对企业极不重视，那也不能说这个分销商的质量很好。虽然可以在后续的分销商管理中加强沟通和激励，但最初的选择已经在很大程度上定下了双方合作的"基调"，沟通与激励不过是"锦上添花"而已，很难带来根本性的改变。

因此，本书将分销商的重视程度作为构建工作的"输出"之一。分销商的重视程度必须作为评估分销商质量的一个重要因素。其关键在于适合而非一味"求大"，否则只能是"中看不中用"。

3. 企业与分销商的合作条款

任何分销商的设立都必然以最终签订合同为标志，所以分销商系统的构建工作也确定了企业与分销商的合作框架。这不仅要看"找了多少分销商"和"找到什么样的分销商"，还要看以什么样的条件找到这些分销商。

虽然在与分销商的合作过程中，还可以对合作条款进行修改，但是设立分销商时所签订的合同必将在一段时间内产生相当的约束力和惯性，对销售工作的影响不容小视。

综上所述，分销商系统的构建工作完成之后，分销商的数量与质量，以及双方的合作框架也基本

"定型"。这三大结果对于分销商管理乃至后续的分销与促销工作影响深远，其重要性不言而喻。

13.1.2 "分销商系统构建"工作的"输入"

实地销售经理在构建分销商系统时，受到哪些因素的影响和制约呢？这个问题很难有标准答案，本书将主要的作用因素归纳成以下四大类：

1. 企业统一的渠道矩阵规划与分销商合同

虽然实地销售经理必须"因地制宜"地构建分销商系统，但是企业统一的渠道矩阵规划也是需要考虑的约束条件，主要包括渠道宽度（分销密度）、渠道长度及渠道一体化程度的规划等。此外，每个企业都有标准的分销商合同，许多条款并不能随意更改。

2. 企业作用于分销商的基本作用力

（1）企业的品牌/产品竞争力；

（2）企业对分销商的利益推动力；

（3）企业的渠道影响力。

以上三种作用力对于分销商的布局，以及找到什么样的分销商至关重要。至于客户服务力，在实际的生意运作中才能体现，相关的条款（如退货、费用支付等）已经包含在分销商合同之中。企业的基本作用力和渠道矩阵规划（可以理解为基本作用力相应的软件），都是企业战略层面作用力体系的输出（详见第 7 章的基本作用力相关内容）。

3. 构建分销商系统的销售经理的数量与质量

"人"是分销商系统构建工作中的能动因素，如果建立分销商系统的人员太少，很可能导致一切以"省事"为原则或仓促决定；而各级销售管理者的责任心、判断和谈判能力更为重要，正所谓什么样的人找什么样的客户。销售经理的数量与质量是**实地销售队伍建设模块**的输出之一，详见第 8 章中企业的分销商管理人员力相关内容。

4. 市场规模与渠道格局

即使同一家企业，也必须根据目标市场的特点因地制宜地构建分销商系统。影响分销商布局的市场因素，可以从市场的总量与结构两个角度进行分析。

（1）市场规模，指目标消费群或用户的数量及购买能力。中国幅员广阔且人口众多，各地的人口分布与经济发展水平差异很大，因此不能简单地用行政区划"套用"分销商布局的模式。总体而言，市场规模越大的省份或城市往往要求分销商的布局越细，反之亦然。

对消费品市场而言，衡量市场规模的最好指标当然是某类产品在当地的消费总量，但是实地销售经理一般很难获得这种数据。我们可以采用省份或城市的**"消费品零售总额"**作为衡量市场规模的近似指标，这个指标在统计年鉴或网络上很容易查到。

（2）市场竞争强度，指同类产品在目标市场的竞争激烈程度。显然，市场竞争强度和市场规模一样，也是影响企业产品在目标市场销量的因素。

（3）渠道格局，主要包括以下三个因素：

A. 城市间的货物流向。

所谓货物流向，简单地讲，就是各个城市之间已经形成的进货习惯。比如，从省份来看，可以大致分为集中型和分散型。所谓集中型，指这个省存在一个中心城市（一般是省会城市），可以"辐射"全省的主要地级市，如郑州可以辐射河南省的主要地级市；"分散型"指该省不存在唯一的中心城市，比如江苏省。

B. 批发渠道的集中度。

批发渠道的集中度，主要指当地批发商生意规模的相对集中程度。企业的分销商一般都是从当地的批发商中挑选的，因此批发渠道集中度无疑是影响分销商布局与选择的重要因素。

C. 各类零售渠道的权重与集中度。

我国各地的零售渠道发展水平很不平衡，比如有的市场以连锁超市为主要渠道，有的还是以传统的零售渠道为主，而且对于不同城市，零售商市场占有率的相对集中程度差异也很大。构建分销商系统的目的最终是为了覆盖目标市场的零售终端，因此当地的零售渠道状况显然也是影响分销商布局与选择的因素。

综上所述，最终"输出"的分销商的数量与质量及其合作条款，取决于企业自身和目标市场两方面的因素。以上只是对相关因素的简要介绍，具体分析详见后续内容。

13.1.3 "分销商系统构建"工作的5个步骤

构建分销商系统的工作，从逻辑顺序上可以分为以下5个步骤：

第一步：需要分销商提供什么样的服务？→分销商的布局与定位

分销商布局：从服务广度上，明确每个分销的代理地域、代理产品、代理渠道。

分销商定位：从服务深度上，明确每个分销商具体需要做什么。

比喻：将需要分销商提供的服务比喻为"杠铃"，一端的重量是服务广度，另一端的重量是服务深度。显然，服务范围越小（布局较细），服务深度越浅（企业参与生意的程度较深），则"杠铃"的重量越轻，反之亦然。

第二步：什么样的分销商适合提供上述服务？→确立分销商的选择标准

所谓确定选择标准，也就是根据上述"杠铃"与企业自身条件，勾勒出目标分销商的"画像"。

比喻：将分销商比喻为"举重选手"，把分销商的选择标准比喻为对"举重选手"各个身体部位的要求。

第三步：如何找到适合的分销商？→寻找与调查目标分销商

比喻：对"举重选手"的征集、了解和初步筛选。

第四步：如何说服对方，并达成合理的合作条款？→与目标分销商谈判促成合作

比喻：说服候选人加入"举重队"，并就相关条件进行谈判。

第五步：如何作出最后决定？→审核确定分销商

比喻：根据候选人的身体素质和开出的条件，最终确定人选。

上述第一步和第二步就是对分销商系统的构思，而后三步则是实际设立分销商。本书将构建分销商系统的工作，形象化地比喻成"举重队"的组建工作（见图13-3）。

分销商体系构建 ➡ "举重队"组建

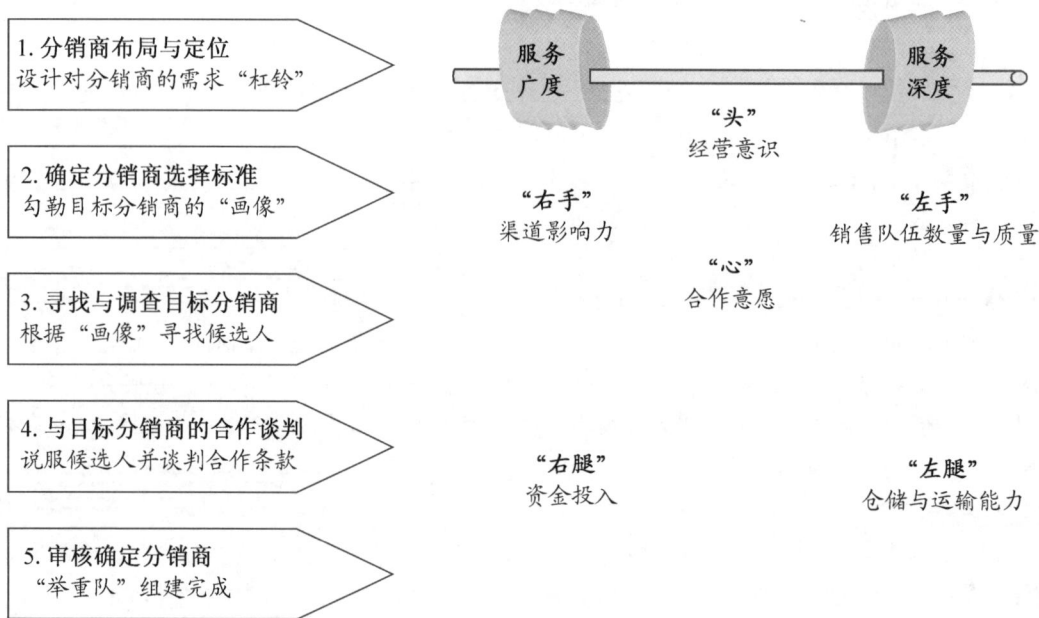

1. 分销商布局与定位
   设计对分销商的需求"杠铃"

2. 确定分销商选择标准
   勾勒目标分销商的"画像"

3. 寻找与调查目标分销商
   根据"画像"寻找候选人

4. 与目标分销商的合作谈判
   说服候选人并谈判合作条款

5. 审核确定分销商
   "举重队"组建完成

服务广度

服务深度

"头"
经营意识

"右手"
渠道影响力

"左手"
销售队伍数量与质量

"心"
合作意愿

"右腿"
资金投入

"左腿"
仓储与运输能力

图13-3 分销商系统构建示意图

13.2 分销商布局

从上一章对企业与分销商合作关系的透视中，我们知道分销商与生产企业之间并非表面上的买卖关系，而是一种"**服务交易**"关系。换句话说，分销商本质上是企业的"**销售服务商**"。构建分销商系统的第一步，自然就是从服务广度上界定每个分销商的代理范围，这就是分销商布局。

所谓分销商布局，就是规划每个分销商的代理地域、代理产品和代理渠道，其中地域划分是首要和必须考虑的布局问题。显然，布局越细，则所需分销商的数量越多；反之亦然。

13.2.1 生意立方体的"切割"

本书将分销商布局，视为在分销商层面上对生意立方体的"切割"。

"生意立方体"（business cube）是本书定义的一个重要概念。其含义是每个销售经理所管辖的生意（包括企业的整体生意），都可以看成是在地域、渠道和产品所构成的三维空间中的一个立方体，如图13-4所示。

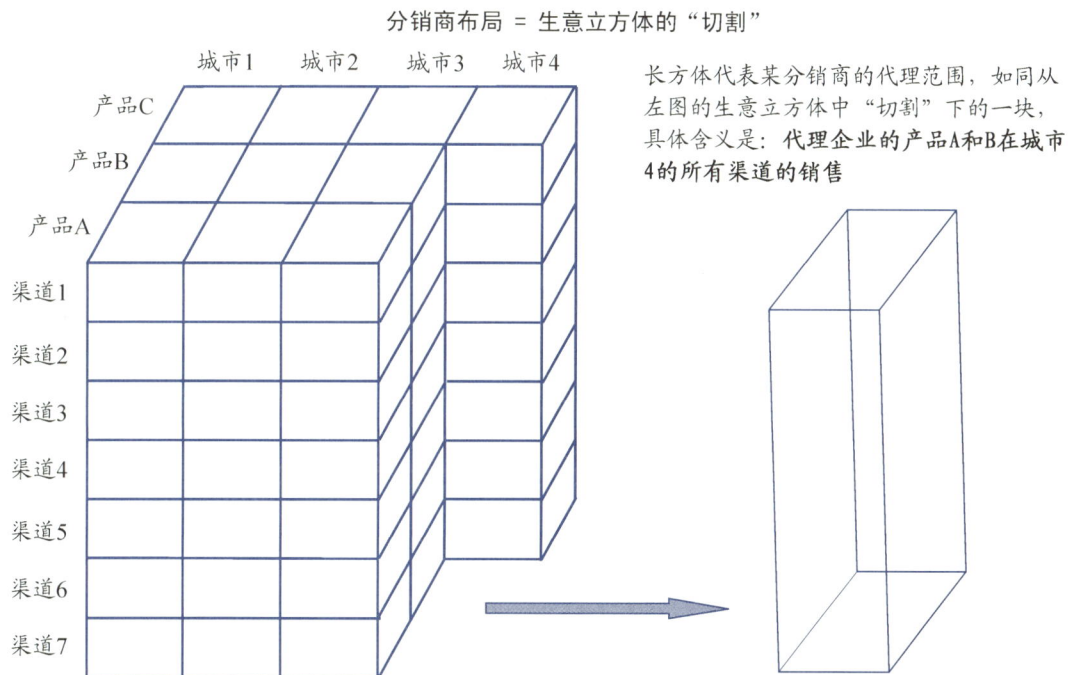

图13-4 生意立方体的切割示意图

如图13-4所示，各级销售管理者都管辖一个大小不同的"生意立方体"，而且总是从其上级所辖的"生意立方体"中切割下的一块。对每一个实地销售经理而言，分销商布局如同将自己手中的"生意立方体"进行再"切割"，分别交给不同的分销商。

显然，对于一个同样的"生意立方体"，可以从不同的角度进行切割，也就意味着有不同的分销商布局模式。由于可能的"切割"方式太多，分销商布局并非一件容易的事情。比如，从一个省份的分销商布局来看，可以全部交给一个分销商，也可以按照地级市拆分给若干个分销商，甚至还可以在主要的县城都设立分销商，更不用说按照产品和渠道进一步细分了。

无论我们对"生意立方体"如何"切割"，都应遵循"1:1匹配原则"。

所谓1:1匹配原则，是指每个分销商的代理范围应该从地域、产品、渠道三个方面进行准确的界定，并且一个"生意立方体"只匹配一个分销商。

如果分销商的代理范围模糊不清或相互交叉，无疑会给后续的销售工作带来很多麻烦。至于刻意引入竞争，虽然可以带来"赛马效应"，但很容易导致价格混乱，而且谁也不愿意长期投入，往往弊大于利。让分销商在同一代理范围内相互竞争，至多是启动市场时或生意处于非常时期中的权宜之计。

13.2.2　渠道扁平化 VS 大客户战略

虽然各个企业的分销商布局模式差异较大，但基本思路无非两个字："分"与"合"。目前，在渠道布局方面的主流趋势是**"渠道扁平化"**，核心思想就是尽可能减少生产企业与消费者（或最终用户）之间的中间环节，反映在分销商布局方面，就是尽量缩小分销商的地域划分，比如企业直接在地县级城市设立分销商。在这种主流趋势下，也存在另外一种声音，那就是所谓的**大客户战略**。其核心思想就是客户在精不在多，反映在分销商布局方面，就是不要将分销商的地域划分得过细，应通过大分销商去覆盖市场。

渠道扁平化与大客户战略，正好反映了分销商布局问题上的"分"与"合"的矛盾。作者曾经见过不少关于这两种观点的争论（无论是口头还是书面），支持"渠道扁平化"的一方无非指责对方目光短浅和跟不上形势；支持"大客户战略"的一方也指责对方不切实际或不懂得"借力"。如果不结合企业和市场的具体情况，这两种观点其实根本没有争论的必要，因为两者的利弊非常明显：

▶ **渠道扁平化在分销商布局方面的利弊**

"利"在于通过减少渠道的中间环节，可以加快分销速度和扩大分销广度，并且有利于企业提高对市场的控制能力和反应速度。此外，还可以降低企业"在一棵树上吊死"的风险，以及容易对分销商"分而治之"。

"弊"在于企业必须大幅增加资金、储运、人员和费用等方面的投入，经营风险随之上升，并且管理工作的难度大为增加。

▶ **大客户战略在分销商布局方面的利弊**

"利"在于企业可以利用大分销商的资金、储运、网络、人员等方面的资源，降低自身的经营风险和管理难度。

"弊"在于渠道的中间环节较多，往往难以做到目标市场的"精耕细作"，并且企业对市场的控制能力较弱、反应速度较慢。此外，企业容易受制于大分销商，难以按自己的意志运作。

通过以上简要分析，不难看出两种模式互有利弊，空谈无益。如果一定要作一个总体评价的话，本书的观点如下：

"渠道扁平化"无疑是渠道发展的趋势，但趋势不等于现实；而"大客户战略"一般适用于市场开拓初期和中小企业，但不是一个企业做大做强的长久之策。

本书的宗旨始终坚持"适合即最佳"，我们没有必要去迷信什么模式，更不要人为地贴上所谓先进或落后的标签；一个企业最终在某个市场采用什么样的分销商布局模式，关键基于对企业和市场两方面具体情况的分析。

与是选用分销商还是自建销售分公司的两大误区一样，在分销商布局问题上往往也存在"盲从"和"围城"心态，不少企业的分销商布局正应了中国的古训：**"分久必合，合久必分"**。虽然有一些企业是根据生意发展阶段而"与时俱进"的，相当部分却是"盲从"或"围城"的心态在作祟，而且每次改变都可以理直气壮地高举"渠道扁平化"或"大客户战略"的大旗。

▶ **知识链接**　本章前面的"盲从"和"围城"心态分析

13.2.3　实用工具：分销商布局的"浮球"分析法

我们很容易列出一大堆决定渠道宽度与长度的因素，但是从实地的分销商布局来看，销售经理并不需要从零开始去考虑所有问题，至少对本行业的渠道特点具备基本的常识。比如，本行业是否需要密集分销，或从产品的物理属性来看是适合短渠道还是长渠道。有关这方面的介绍，读者可以参考前面关于渠道矩阵战略规划的相关内容。

▶ **知识链接** *第7章的渠道矩阵决策简介*

接下来阐述的实用工具，试图从纷繁复杂的现象中找出影响分销商布局的关键因素，并且形象化地展现其中的逻辑关系，为各级销售管理者提供一个简洁而清晰的分析工具。

▶ **实用工具23** ◀

分销商布局的"浮球"分析法

总体说明：

（1）"浮球"用来比喻目标市场的"亩产量"，这是决定分销商布局的核心指标（见图 13–5）。

（2）本工具假定实地销售经理已经具备本行业的渠道常识，重点探讨在既定的行业背景下如何对分销商布局作出决策。比如，同样是密集分销的行业，不同的企业在不同的市场如何进行分销商布局。

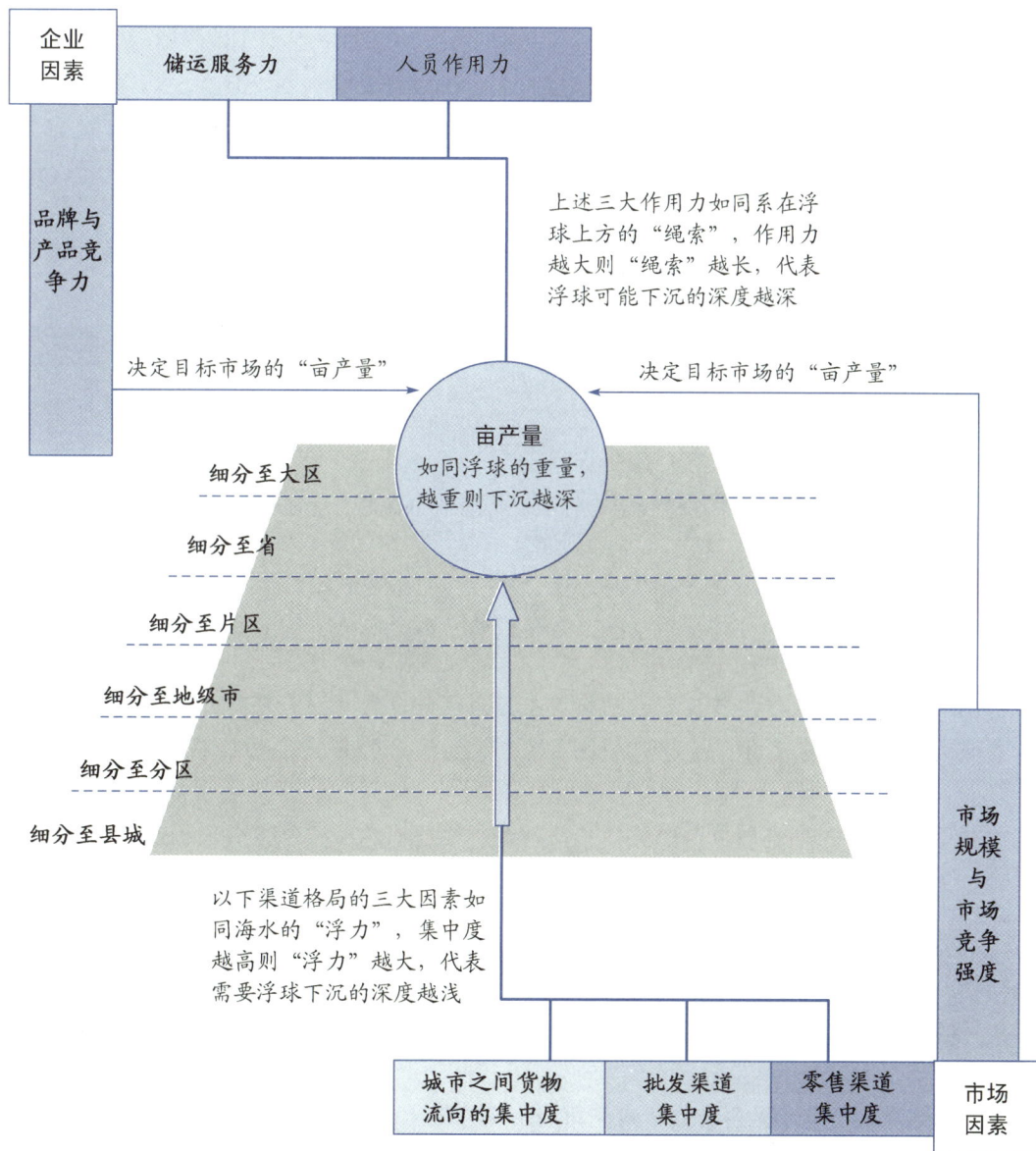

图 13–5　分销商布局的"浮球"分析法示意图

一、"浮球"分析法概述（"2 + 3 + 6"）

"浮球"分析法以目标市场的"亩产量"作为分析的核心，将"亩产量"的大小比喻为水中浮球的重量；所有影响分销商布局的因素都归纳为企业因素和市场因素，这两大因素最终体现为包括浮球重力在内的三种作用力，共同决定了浮球下沉的深度。

▶ **2 类影响分销商布局的因素：企业因素 + 市场因素**

这一点很容易理解，不同企业在同一个市场所采用的分销商布局模式显然不同，这就是企业因素；而同一个企业在不同市场的分销商布局也有所差异，这就是市场因素。

▶ **3 个分析分销商布局的作用力：浮球重力 + 绳索长度 + 海水浮力**

A. 浮球重力 →目标市场的"亩产量"

B. 绳索长度 →束缚分销商布局下沉的两种企业作用力

C. 海水浮力 →影响"以点代面"效应的三种渠道集中度

▶ **6 种地域划分尺度**

地域划分是分销商布局中首要和必需的划分标准，在图 13 - 5 中，地域划分的尺度越细，比喻为浮球下沉的深度越深，按照从浅到深可分为以下 6 种类型：

A. 大区：把几个省（包括直辖市）组合为一个大区，这种划分尺度过宽，通常仅限于小企业或某些对分销密度要求不高的行业。

B. 省份：以省级行政区划作为划分尺度，是中小型企业常用的划分尺度。

C. 片区：把几个地级市（包括省会级城市）组合为一个片区，这种划分尺度通常适用于中型企业和市场规模不大的地级市。

D. 地级市：以地级市（包括省会级城市）作为划分尺度，适用于大中型企业。

E. 分区：在城市内再进一步划分为多个"分区"，或把几个县城组合为一个分区。这种划分尺度主要针对大中型城市，而且大多为大型企业所采用。

F. 县城：以县城作为划分尺度，通常适用于对分销密度要求很高的大型企业，也有部分走"农村包围城市"路线的中小企业采用这种划分尺度。

注：一个企业对分销商的地域划分很可能是多种方式的组合，比如在一个省内可能既有片区分销商，也有地级市分销商，甚至还有分区分销商。

二、目标市场的"亩产量"是影响分销商布局的决定性因素

1. 什么是目标市场的"亩产量"

所谓亩产量，就是当地的消费者真正购买该企业产品的金额。对于通过终端销售的产品，可以理解为终端的销售额之和。而目标市场可以根据布局的要求，理解为某个省、某个地级市或某个县城等。

——比如，成都荷花池批发市场的销量就不能视为成都市的"亩产量"，因为这些批发量主要被二/三级城市的消费者所"消化"；从四川"冲货"到云南的销量，也不能理解为四川的"亩产量"。

——同时也不能被分销商的首笔回款或首批订货所迷惑，这完全不能代表"亩产量"。

2. 哪些因素影响目标市场的"亩产量"

不言自明，企业的品牌/产品竞争力、市场规模和市场竞争强度，综合决定了目标市场的"亩产量"。其中"市场竞争强度"常常为人们所忽略，其实不少中小品牌的突围之举正是利用了这一点，往往选择竞争强度相对较低的地级市甚至县城直接设立分销商。小品牌在小市场中也可能建立局部优势，其"亩产量"并不一定比这些品牌在大城市的"亩产量"低，更重要的是利润相对丰厚。

3. 为什么说"亩产量"是影响分销商布局的决定性因素

分销商布局下沉的好处是显而易见的，可以更好地挖掘出市场潜力和降低企业被分销商控制的风险，但同时也面临运作和管理成本的大幅上升。一个企业在某个市场的分销商布局的下沉过程也

销
售
力

就是销量不断"分薄"的过程，具体可以下沉到什么程度，"亩产量"是决定性因素。如图 13 - 5 所示，"亩产量"越大，代表浮球的重力越大，则下沉的深度越深，意味着分销商布局越细。

(1) 从投入产出的角度看，企业的储运、办公、人员等销售成本在一定程度上是固定成本，"亩产量"越大则销售成本越容易"摊薄"，经营效益也越好。具体的计算过程并不复杂，比如希望在主要的地级市都直接设立分销商，只要把相关的销售成本与目标地级市的"亩产量"一对比，就可以知道是否可行。

(2) 从现实的物流角度看，一般每个企业都会有最小订单的限制，"亩产量"太小将会造成分销商补货的麻烦。这方面有一个经验数据与读者分享：

亩产量（月）÷最小订单量≥4

例如：企业的最小订单限制是每张订单必须达到 2 万元，那么预计的"亩产量"至少要达到每月 8 万元才能直接开设分销商，否则将来在补货方面很可能会遇到麻烦。

4. 如何测算"亩产量"

如果目标市场还没有销售企业的产品，可以通过两种方法对其"亩产量"进行测算：一是对当地竞争品牌的终端销量进行了解或抽样统计，然后通过其他市场与该品牌的销量对比关系进行测算；二是以本企业在类似市场的销量作为参考标准。抽样统计的方法详见第 6 章的数理统计原理。

从以上分析可以看出，无论是从投入产出还是从现实的物流角度来看，"亩产量"都是决定分销商布局下沉深度的决定性因素。所以一般大企业或大市场的分销商布局会相对越细，即使对走"农村包围城市"路线的中小企业而言，"亩产量"同样是决定这条路在哪里走和是否走得通的关键因素。

三、企业的两种作用力是束缚分销商布局下沉深度的"绳索"

虽然"亩产量"是决定性因素，但是企业的其他因素也会束缚"浮球"的下沉深度，其中最主要的是以下两种作用力：

1. 企业对分销商的储运服务力

虽然理论上企业可以通过层层转运，将货物最终送到中国的每一个地级市或县城，但是时效性可能很差，储运成本可能很高。如果运输时间过长，无疑会使分销商的资金过度积压于在途货物上，而且市场也很容易断货。正因为如此，许多对分销密度要求很高而且运输成本较高的行业，往往在各地建立中转仓甚至分散设厂，比如啤酒、洗衣粉、软饮料等行业。因此，企业对分销商的储运服务力可以达到什么层面，也就决定了分销商布局的下沉过程可以走多远。

2. 企业的人员作用力

分销商布局越是下沉，意味着分销商的数量越多，管理难度与分销商之间的矛盾（如冲货）势必相应增加，自然对销售队伍的数量与质量要求也更高。如果企业的人员作用力较弱，即使由于品牌和产品竞争力很强而使"亩产量"较高，也会极大地束缚分销商布局的下沉深度。这种情况在那些"重品牌，轻销售"的本土企业中容易出现。

如果在分销商布局的过程中，无视"绳索"的长度而下沉过深，很可能导致货物供应和人员管理方面跟不上，甚至造成"绳索"断裂。

四、市场的渠道格局是影响分销商布局下沉深度的"浮力"

除了浮球重量和绳索长度之外，浮球的下沉深度显然还与海水的浮力有关。渠道格局中的三种集中度如同海水的浮力，渠道越集中，则意味着通过分销商"以点代面"的效应越强，如同海水的浮力越大，需要浮球下沉的深度也相对越浅。

1. 城市之间货物流向的集中度

中国各个省份和城市的货物流向差异较大，总体来看，华东和华南诸省的货物流向较为分散，而中西部和东北地区则相对向省会城市集中。

比如，就安徽省来看，仅在合肥设立分销商难以有效覆盖全省，一般还需要在蚌埠、阜阳、芜湖、安庆也直接设立分销商。换句话说，即使你再推崇"大客户战略"，在安徽设立省级分销商也并不一定可行，至少需要下沉到 5 个片区直接设立分销商。而与安徽相邻的河南则不同，基本上郑州是全省的批发中心，如果你推崇"大客户战略"，那么通过在郑州设立分销商可以在一定程度上覆盖全省。

如果从每个地级市的角度来看，也是同样的道理。有的地级市是所辖县城的批发中心，有的却缺乏辐射能力，这也需要因地制宜地考虑分销商布局。

2. 批发渠道的集中度

某地的批发渠道越集中，则相对利用一个分销商覆盖当地市场的可能性越大，否则很可能需要对市场进行拆分，分别选择不同的批发商作为分销商，以形成网络互补。

3. 各类零售渠道的权重与集中度

我国各地的零售渠道发展水平很不平衡，总体来看，华东和华南诸省的连锁超市渠道所占比重相对较高，零售渠道也相对集中；而中西部地区的零售渠道相对分散。显然，零售渠道越集中，中心城市的分销商（或者企业）越有可能通过大型连锁零售商覆盖地县级市场，当然企业也就不一定要在地县级直接设立分销商。

当然，渠道格局的集中度所产生的"浮力"只是从必要性的角度出发。浮力越小，意味着分销商布局应相对下沉，但是浮力越大并不意味着企业一定会降低布局下沉的深度，关键还在于浮球本身的重量（"亩产量"）。

五、分销商布局中的产品和渠道划分

以上主要从地域划分的角度探讨分销商布局问题，在此基础上，我们也可能按照产品和渠道作进一步的细分：

1. 产品划分

并非每个企业在每个市场都需要按照产品划分来确定分销商布局，一般只适用于规模较大的企业和市场。产品划分通常以"产品线"或"品牌"作为划分尺度，其中"产品线"主要以销售渠道的差异作为划分标准。

2. 渠道划分

和产品划分一样，并非每个企业在每个市场都需要按照渠道划分来确定分销商布局，一般只适用于规模较大的企业和市场。最常用的是把渠道分为"零售渠道"和"批发渠道"，也有的企业将 KA 渠道从"零售渠道"中进一步细分出来，分别交给不同的分销商代理。

产品划分和渠道划分只不过是从不同的角度将"亩产量"分薄，其分析原理和地域划分基本一致，同样是考虑浮球重量、绳索长度和海水浮力的问题。对于产品划分，需要特别考虑企业的销售资源（比如人员）是否需要共享及如何共享的问题；对于渠道划分，则需要特别关注渠道的界定是否清晰的问题。

496

六、"浮球"分析法小结

分销商布局＝浮球重量＋绳索长度＋海水浮力

▶ "亩产量"如同浮球重量，是分析分销商布局问题的**核心指标**。

▶ 企业的相关作用力如同系住浮球的绳索长度，代表分销商布局下沉的**可行性**。

▶ 渠道格局的集中度等因素如同海水的浮力，代表分销商布局下沉的**必要性**。

分销商布局如同对"生意立方体"不同方式的切割，不可能存在通用的布局模式。所谓的两步走策略（先粗后细）、"中心突破"或"农村包围城市"等，只是最终的表现形式，分析的核心仍然是企业当时的"浮球重量""绳索长度"及目标市场的"海水浮力"等。

"浮球"分析法只是为读者提供一个"以简驭繁"的分析框架，本工具所包含的内容并非所有需要考虑的因素，在具体使用中还需要结合企业和市场特点将其他因素"装入"这个分析框架。

案例 13－1　　　　渠道扁平化还是利润扁平化?

某知名小家电企业的分销商布局一直细分至地级市,但王总在"渠道扁平化"的理论鼓舞之下热血沸腾,特别是在听了"等兔子上门,不如下乡捉兔子"的思想之后,毅然决定将分销商布局再推进到县城一级,在全国编织一个巨大的分销网络。

王总几乎不需要说服和动员,所有的员工都明白此举的战略意义,于是公司上下全部行动起来,3个月之内就取得了辉煌战果:

(1) 公司在全国主要省份设立了12个中转仓,为分销商提供储运服务。

(2) 全国共开设了460家县级分销商,新分销商的首批回款额累积4 000万元。

(3) 销售队伍也随之迅速膨胀了35%,加上储运等其他费用,总体费用比原来上升了30%。

(4) 虽然费用上升了30%,但是和这4 000万元回款额比起来,利润仍然可观。

正在公司上下为之欢欣鼓舞之际,财务部的老刘发现生意趋势似乎不太对劲,这些新的县级分销商在接下来的2个月之内几乎没有补货,原有分销商的销量急剧下跌了50%,即使扣除新分销商的销量摊薄因素,总销量也呈下降趋势,而费用却居高不下。王总安慰老刘:"任何改革都会有阵痛,过一段时间就好了。"又持续了3个月,大家发现其实每个县城的真正销售额平均不到3万元,而费用就占了一半,而且人员管理也跟不上,销量下降和费用上升使得公司的利润真正实现了"扁平化"。

最后,王总又怀念起以前的"美好"年代,斩钉截铁地说了一个字"砍",于是公司又在"大客户战略"的指引下收缩战线……

【案例分析】

(1) 这个案例最深刻的教训在于没有事先对县城的"亩产量"进行准确的测算,而被所谓的首批回款蒙住了双眼。其实并非王总或其他人员不懂得"亩产量"的重要性,而是当人们的情绪被某种思想调动起来以后,事先的调查往往流于形式,而且只看到和相信自己愿意看到与相信的一面,比如宁愿将分销商的首批回款视为"亩产量"。

(2) "亩产量"如同浮球的重量,如果球没有达到一定的重量,被人为地按入海水的深处,迟早会浮起来。

(3) 至于原有分销商销量的下降,本来就是意料之中的事:一方面是因为销量被分薄,另一方面是抵触情绪,这是任何渠道扁平化过程中必然遇到的问题。只要目标市场的"亩产量"确实能够支撑更细分的布局,这些问题和人员管理问题都只是前进中的问题。但是如果"亩产量"达不到要求,则很可能是"旧的去了,新的不来",最终是"赔了夫人又折兵"。

(4) 最终王总作出"砍"的决定基本上是正确的,但也需要对不同的市场区别对待,而不能在"围城"心态的驱使之下走向另一个极端。

13.3　分销商定位与需求"杠铃"

前面所讲的分销商布局,是从服务广度上界定每个分销商的代理地域、代理产品和代理渠道。那么在给定的代理范围之内,究竟需要分销商做什么呢?虽然笼统而言,无非都是资金流与物流、分销和促销等方面的服务,但如果仅仅停留在泛泛而谈的层面,显然对于后续分销商的选择并不会带来多大帮助。

"需要分销商做什么"实际上就是企业与分销商之间如何分工的问题。换句话说,企业提供的协助越少,自然要求(至少是期望)分销商做得越多;反之亦然。企业参与分销商再销售过程的深入程度,就是第3章所定义的"运作一体化程度"。

13.3.1 实用工具：目标分销商"定位标尺"

所谓分销商定位，就是在资金流与物流、分销和促销等服务范畴内，准确界定分销商的角色与职责。企业的"运作一体化"程度越低，则所需分销商提供的服务越多；反之亦然。

接下来阐述的实用工具，希望对各级销售经理而言是一个逻辑清晰、表达直观的操作工具。

实用工具24

目标分销商"定位标尺"

总体说明：

（1）"定位标尺"是对分销商服务深度进行度量的工具（见图13-6）。

（2）本工具有助于实地销售经理对分销商的角色与职责作出简洁快速的定位。

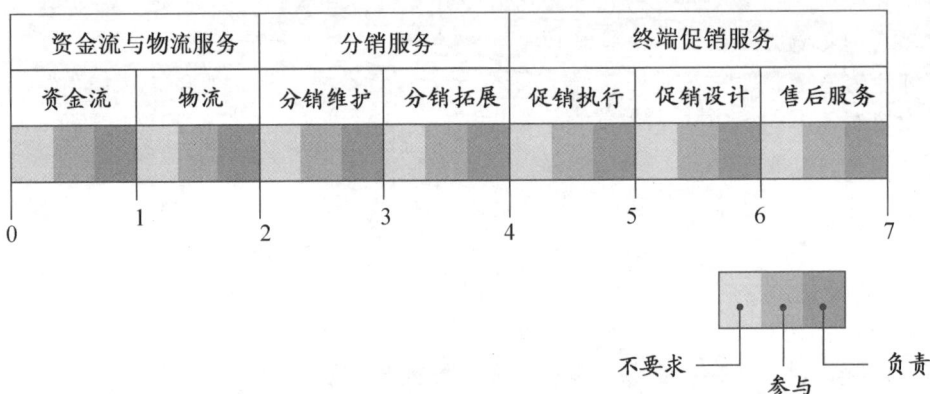

注：标尺中三种不同深浅的色块代表对该项服务要求的三个等级。

图 13-6 目标分销商"定位标尺"示意图

一、"定位标尺"概述（7×3）

"定位标尺"将需要目标分销商提供的服务，按照由浅到深的顺序分为7种，对每种服务的要求又划分为3个等级，通过这样一个7×3的标尺可以在总体上进行目标分销商的定位。目标分销商的"定位标尺"与前面第3章渠道一体化程度的度量标尺，实际上殊途同归，只不过前者从分销商提供的服务的角度看问题，后者着眼于企业参与销售过程的深度。

二、"定位标尺"上的7种服务

1. 资金流

其主要体现为分销商为企业提供的集中回款服务，以及所承担的下线网点的信用风险。这是所有分销商向企业提供的最基本的服务，否则就不是分销商而是"经纪人"了。

2. 物流

其主要体现为分销商为企业提供的仓储和运输服务，虽然服务水平各异，但这也是分销商向企业提供的最基本服务。

3. 分销维护

分销维护，简单地讲就是对批零网点的日常拜访，包括对网点的及时补货和收款等。这是大多数企业要求分销商负责的工作，当然也有部分对市场"精耕细作"的企业，只要求分销商提供最基本的资金流和物流服务。

4. 分销拓展

分销拓展的含义就是提升企业在当地的分销水平：一是让更多的网点销售企业的产品；二是让这些网点的分销品种尽可能齐全。分销拓展是比分销维护要求更高的服务，大多数企业都要求分销

498

商负责此项工作，至少是参与。当然，也有部分企业主要依靠自身的销售队伍进行分销拓展，只要求分销商做好分销维护工作。

5. 促销执行

这里的促销主要指终端促销，即促进终端销售的工作。其主要包括店内形象、消费者促销活动和促销员三大部分。一般企业都要求分销商至少参与促销执行工作，但也有部分企业对分销商的要求到分销为止，所有终端促销的执行都由企业的销售队伍完成。

6. 促销设计

促销设计显然是比促销执行要求更高的服务，大中型企业一般都不要求分销商参与促销设计；如果分销商完全负责促销设计，基本上意味着企业把生意已经全"包干"给了分销商。

7. 售后服务

并非每个行业都需要向消费者提供售后服务，售后服务主要集中于电器、汽车等耐用消费品和工业品行业。此外，也有一些特殊的快速消费品需要售后服务，比如某些减肥产品的售后护理等。售后服务从本质上讲也是终端促销的一种形式，因为这种服务实际上是促进消费者购买的手段，而且不少售后服务本身就是以消费者促销活动的形式体现的。比如，"国庆期间买×××电器产品，加送2年保修服务""买×××化妆品，送2次美容护理"等。

企业一般都不会让分销商负责售后服务，因为需要较强的专业知识和器材，而且也担心分销商的服务质量达不到要求。所以在售后服务方面，分销商至多是参与的角色。

三、"定位标尺"示例

读者在使用目标分销商"定位标尺"时，只要填写表13-1第3行的7个空格就可以了。

表13-1 目标分销商定位标尺表格

资金流与物流服务		分销服务		终端促销服务		
资金流	物流	分销维护	分销拓展	促销执行	促销设计	售后服务
负责	负责	负责	参与	参与	不要求	无

每个企业在各个市场的分销商定位都可能有所差异，关键取决于企业的渠道一体化程度。从实地销售经理的角度来看，只要将手中的可用资源对照上述7大服务，就不难知道需要分销商提供什么了。当然，这只是对目标分销商的粗略定位，但却是勾勒目标分销商更清晰的"画像"的基础。

13.3.2 目标分销商的需求"杠铃"

分销商布局与定位是构建分销商系统的第一步，分别从服务广度和深度两个方面界定了需要分销商提供的服务。简单地讲就是明确了一个问题："找分销商来做什么"。这个问题的答案就汇聚成对目标分销商的需求"杠铃"，如图13-7所示。

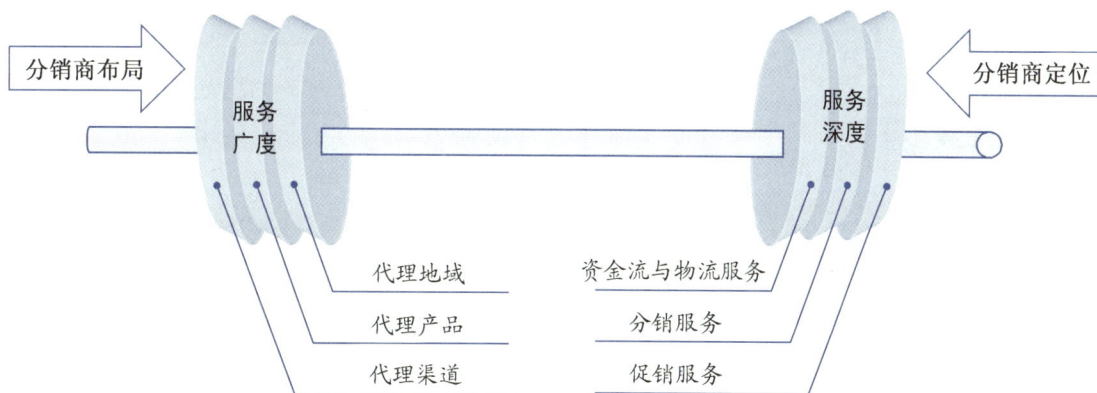

注：目标分销商的代理范围越广和服务要求越高，杠铃的重量越重；反之亦然。

图13-7 目标分销商的需求"杠铃"示意图

1. 分销商布局如同将一个杠铃拆分成多个杠铃，从而决定每个杠铃的重量

前面讲过，分销商布局就是对"生意立方体"的切割，这里也可以将整体生意理解为一个杠铃，而分销商布局如同将一个杠铃拆分成多个杠铃。显然，拆分得越细，意味着每个分销商的服务广度越窄，每个杠铃的重量也越轻。

2. 分销商定位如同企业是否与分销商分担杠铃，从而影响每个杠铃的实际重量

每个杠铃实际压在分销商肩上的重量不仅取决于服务广度，还与企业是否与分销商共同分担重量密切相关。企业深入地参与到分销商的再销售过程中，可以理解为企业用一只有力的手与分销商一起托起杠铃，则分销商实际承受的杠铃重量相对减轻。

3. 目标分销商需求"杠铃"的寓意

目标分销商的需求"杠铃"直观地表达了分销商布局与定位和后续分销商选择之间的逻辑关系。

需求"杠铃"的重量由分销商的服务广度和深度共同决定。杠铃越重，对分销商的综合能力（硬件与软件）要求越高，否则分销商很可能"托不起"或"举不高"。

所谓托不起或举不高，表现为分销商的资金和储运实力根本无法支撑生意发展的要求，或者分销商对所辖市场的分销广度与深度达不到企业的要求等。

反过来，如果需求"杠铃"的重量较轻，比如分销商的代理范围较窄或企业提供的支持很大，则选择分销商时并不一定要"求大求强"，更重要的可能是其经营意识和合作意愿。

目标分销商的需求"杠铃"只是预先的规划，往往在实际建立分销商的过程中还需要根据实际情况进行修正。比如，在找不到合适的"大客户"的情况下很可能还需要对市场进一步细分，或者在客户的强烈要求下扩大其代理范围等。

13.4　如何确立分销商的选择标准

在确定了目标分销商的需求"杠铃"之后，接下来自然是考虑"谁适合来托举这个杠铃"。这个问题的思考过程，就如同在脑海里勾勒一幅目标分销商的"画像"。通常的描述总是"网络好、资金强、信誉佳"之类的语言，这几乎是每个销售人员都可以脱口而出的概念。很明显这样的"画像"实在是太过于粗糙，表面上看似乎"放之四海而皆准"，其实并不能为后续寻找与确定分销商的工作带来任何实质性的指导和帮助。

如果将确立分销商的选择标准比喻为在一张白纸上对其"画像"进行素描的话，那么下面的实用工具如同为读者提供的一个"素描模板"，可以帮助销售经理更简洁快速地完成此项工作。目标分销商的"素描模板"主要探讨以下三个问题：

A. 在确立分销商的选择标准时，究竟需要考虑哪些因素？

B. 这些因素有哪些可能的选择？

C. 如何根据企业实际情况确定每个因素的选择标准？

500

实用工具25

目标分销商的"素描模板"

总体说明：

（1）"素描"指初步确立目标分销商的选择标准，只有最终确定分销商之后才是真实的"照片"。

（2）"素描模板"（见图13–8和表13–2）的用途在于为销售经理提供一个实用的分析框架，而不再是从一张白纸开始勾勒目标分销商的"画像"。

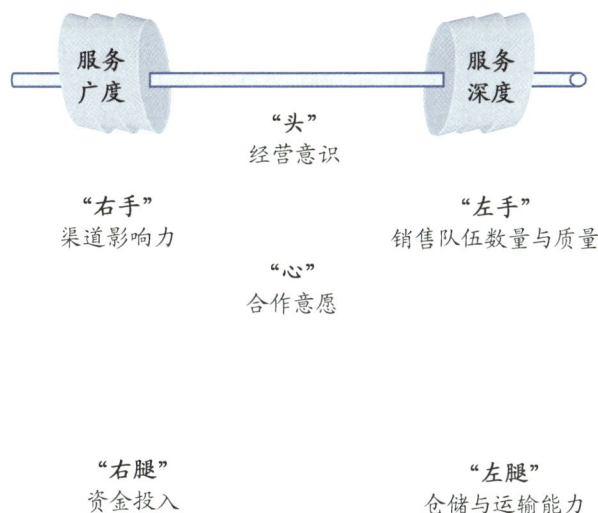

图 13-8　目标分销商"素描模板"示意图

表 13-2

目标分销商"素描模板"

"画像"轮廓	可用"素材"或提示	适用企业
1. 经营意识		
1.1 盈利之道	A 类：薄利多销	➡ 适用于大部分企业
	B 类：追求高毛利率	➡ 仅适用于只能靠高毛利率吸引分销商的小型企业
1.2 自主意识	A 类：主要依赖厂家开拓与维护市场	➡ 适用于深入到再销售过程并希望控制分销商的大型企业
	B 类：着力于自主操作市场	➡ 特别适用于那些几乎不参与分销商再销售过程的中小型企业
1.3 发展意识	A 类：勇于进取，希望做大做强	➡ 所有的企业都希望分销商具有较强的发展意识，这一点对于中小企业或过分依赖分销商的企业尤为重要
	B 类：安于现状或转移投入方向	
2. 合作意愿		
2.1 销量比重	企业在分销商总销量中所占的比例	➡ 分销商合作意愿的强弱主要基于左侧的三大因素，对中小企业和完全依赖分销商的企业尤为重要。对这些企业而言，"门当户对"是基本原则，做"小庙里的大和尚"不失为一种选择
2.2 利润比重	企业在分销商总利润中所占的比例	
2.3 无形利益	包括形象提升、扩展网络、品类完善等	
3. 渠道影响力		
3.1 客户网络	0 级：不作要求，甚至什么行业都行	➡ 适用于那些"一切向钱看"或在本行业声誉极差的企业
	A 级：能直接覆盖市内大型零售终端	左侧 A~F 级将对分销商客户网络的要求按照从低到高分为 6 个层级，理论上讲企业自然是希望直接覆盖的网络越广越好，在目标分销商素描中主要是限定必需或最低限度的要求
	B 级：能直接覆盖市内大型批发网点	
	C 级：能直接覆盖市内中小型批发网点	
	D 级：能直接覆盖外埠主要批发商	➡ A 级几乎是所有企业对分销商客户网络的基本要求
	E 级：能直接覆盖外埠主要零售终端	➡ B~D 级是大多数 FMCG 企业希望分销商达到的网络要求
	F 级：能直接覆盖外埠中小型批零网点	➡ E~F 级适用于精耕细作的大企业或着重于周边市场的小企业
3.2 品牌组合	A 点：不希望同时代理的竞争品牌	➡ 适用于那些不希望分销商向直接竞争对手泄密的大中型企业
	B 点：希望同时代理的其他品牌	➡ 适用于希望借助强势品牌带动或在品类上互补的中小企业
3.3 在渠道中的声誉	包括是否诚信和"冲货"等	➡ 所有企业都希望分销商在当地渠道中具有良好的声誉
3.4 客户合作紧密程度	包括是否赊销及协助客户再销售等	➡ 几乎所有企业都希望分销商与下游客户的合作越紧密越好
4. 销售队伍		
4.1 分销人员	A 级：能定期拜访市内大型批零网点	左侧 A~D 级将对分销商主动拜访能力的要求按照从低到高分为 6 级，理论上讲企业自然是希望越高越好，在目标分销商素描中主要是限定必需或最低限度的要求
	B 级：能定期拜访市内小型批零网点	
	C 级：能巡回拜访外埠主要批零网点	
	D 级：在外埠常驻人员拜访当地网点	➡ 企业自身销售队伍越薄弱，希望分销商的主动拜访能力越强
4.2 促销人员	A 级：在市内重要终端设有综合促销员	➡ 特别适用于品牌/产品竞争力较弱的中小企业，这些产品即使有分销也未必有销量，且单店销量太低，难以自行配备促销员
	B 级：在外埠重要终端设有综合促销员	

"画像"轮廓	可用"素材"或提示	适用企业
5. 资金投入		
5.1 库存占用资金	根据预计销量和平均库存天数测算	所有企业对分销商资金投入的要求都可以用如下公式测算:
5.2 应收款占用资金	根据各渠道销量和平均回款天数测算	➡ 资金投入 = 库存 + 应收款 − 信用额 + 其他资金需求
5.3 企业提供的信用额	指企业向分销商提供的最大欠款额度	当然,对于那些以招商名义"卖经销权"的企业,则无须按上述
5.4 其他资金需求	如要求分销商代垫费用或保证金等	公式测算,所谓"价高者得"
6. 储运能力		
6.1 仓库面积	根据预计销量和产品体积测算	➡ 货物周转量较小的企业基本不用考虑仓库面积的问题
6.2 仓储环境特别要求	包括温度、湿度、空气微尘含量等	➡ 适用于易腐食品、药品、精密仪器等行业,一般企业无须考虑
6.3 运输车辆特别要求	包括温度和特殊装卸设备等	➡ 适用于冷冻食品、汽车和工业品等行业,一般企业无须考虑
6.4 运输能力	A级:能送货至市内大中型批零网点	左侧A~F级将对分销商运输能力的要求按照从低到高分为6个层级,理论上讲企业自然是希望越高越好,在目标分销商素描中主要是限定必需或最低限度的要求
	B级:能送货至市内小型批零网点	➡ A级几乎是所有企业对分销商运输能力的基本要求
	C级:能为外埠客户提供托运服务	
	D级:能对外埠客户的大订单直接送货	➡ B~C级是大多数FMCG企业希望分销商达到的运输能力
	E级:能定期送货至外埠批零网点	
	F级:在外埠设有分仓和运输车辆	➡ D~F级适用于精耕细作的大企业或着重于周边市场的小企业

注:(1)以上"素描模板"主要以消费品企业的共性为背景,此外还有一些与行业特点相关的特殊要求(如分销商的技术水平等)。(2)所谓"外埠"指分销商所在城市的周边地区,比如对于省级分销商指周边地级市,对于地市级分销商指周边县城等。(3)以上对分销商网络、人员、运输能力等方面的分级,主要从"素描"阶段的可操作性出发,量化评估留待最终审核阶段。

▶ 目标分销商的"画像"

➡ 分销商的资金投入与储运能力是支撑生意的基础,所以将其比喻为"双腿"。

➡ 分销商的渠道影响力与销售队伍直接作用于再销售过程,所以将其比喻为"双手"。

➡ 分销商的经营意识决定了其生意目标与策略,所以将其比喻为"头"。

➡ 分销商的合作意愿代表对企业的重视程度,所以将其比喻为"心"。

▶ "素描模板"相关说明

1. 经营意识

分销商的经营意识对企业销售业绩的影响不言而喻,但听起来似乎是一个既广泛又空洞的概念,本模板选择从盈利之道、自主意识、发展意识三个方面对其进行"刻画"。当然,这三点与分销商的所有权性质、生意发展阶段等有一定关系,但这种联系并非必然,所以本书不赞成对分销商的所有权性质或生意发展阶段进行硬性规定。

2. 合作意愿

分销商的合作意愿似乎是比经营意识更空泛的概念,笼统地讲"合作意愿强"是没有任何意义的。从根本上来讲,分销商的合作意愿关键取决于企业与分销商的实力对比。如果在选择分销商时一味求大,很可能导致合作条件苛刻并且分销商对企业不够重视,最终的销售结果并不理想。例如,对于某中等洗发水品牌,可以这样描述目标分销商的合作意愿:

——销量比重(示例):具有中等规模,本企业能在其所代理品牌中位列前5名。

——利润比重(示例):最好本企业能在其所代理品牌中位列前3名。

——无形利益(示例):最好没有代理中等价位的洗发水,能对其品类形成互补。

3. 渠道影响力

不少企业对分销商的客户网络要求常常类似于"覆盖当地网点80%",这种要求实际上很难具有操作性。首先应分直接覆盖还是间接覆盖,如果分销商通过两三个大批发商覆盖所有网点,也许最终的间接覆盖率也达到了80%,但是没有企业愿意找这样的"二传手"。

此外,本模板将对分销商客户网络的要求分为市内和外埠。其原因在于通常分销商都是在其所在城市直接覆盖率较高,而周边市场相对较弱;而A~F的6个层级,可以引导销售经理逐级思考对分销商的客户网络要求。至于分销商在每个层级内的直接覆盖率,则可以放到最终审核阶段对候

销售力

选分销商之间的比较时再权衡。

当然，也有企业主动寻找没有任何客户网络和从业经验的分销商，希望在一张白纸上完全从零开始，这样容易贯彻公司的经营理念和便于控制。这种做法一般仅适用于分销密度不高的行业，而且需要企业具有强大的管理和培训能力，并能"忍受"启动市场的成本和时间。

4. 销售队伍

本模板中所讲的销售队伍是指分销商自有（至少能控制）的分销人员和促销人员，不包括其他品牌挂靠在分销商名下的专职分销或促销人员，这些人员再多也不可能为其所用。本模板将分销人员的主动拜访能力分为A～D共4个层级，可以引导销售经理逐级思考对分销商主动拜访能力的要求。此外，对品牌/产品竞争力薄弱的企业而言，如果分销商在市内和外埠的主要终端设有综合促销员，将会是提升销量的极为重要的资源。

5. 资金投入

资金投入是每个分销商与企业都非常关心的问题，笼统地要求资金实力雄厚显然没有实际意义，究竟需要分销商投入多少资金呢？本模板中提供的计算公式，可以帮助销售经理计算出具体需要分销商投入的资金。

例如：小李准备在武汉设立一个分销商，预计月销售额是60万元，其中KA等大店的月销售额大约是20万元，平均回款天数是60天；批发渠道月销售额大约是35万元，平均回款天数是7天；小店等其他渠道的月销售额大约是5万元，全部现款。此外，已知企业针对武汉分销商的送货时间是3天左右，而且企业可以向分销商提供30万元的信用额。试问小李要找的分销商需要投入多少资金？

分销商的库存占用资金 = 预计月销售额 ÷ 30 × 平均库存天数

（其中：平均库存天数 ≈ 企业针对分销商的送货时间 × 3，详见第14章的库存管理）

平均库存天数 = 3 × 3 = 9（天）

库存占用资金 = 60 ÷ 30 × 9 = 18（万元）

分销商的应收款占用资金 = 各渠道的平均应收款之和

（注：这里的渠道主要按照网点向分销商回款的天数的差异来划分）

KA渠道的应收款 = 20 × （60 ÷ 30） = 40（万元）（占用2个月销售额的资金）

批发渠道的应收款 = 35 × （7 ÷ 30） = 8.2（万元）（占用1周销量的资金）

应收款占用资金 = 40 + 8.2 = 48（万元）（注：小店等其他渠道全部现款，不占用资金）

分销商的资金投入 = 库存 + 应收款 - 信用额 + 其他资金需求

上例中要求武汉分销商的资金投入 = 18 + 48 - 30 = 36（万元）

注：不考虑费用代垫等原因，要求分销商投入的额外资金。

通过上述计算公式，可以较为准确地测算出对目标分销商的资金投入要求。比如，小李在寻找武汉分销商时，心里明白至少要找那些能投入36万元资金的客户，否则将来就可能出现断货或者分销商被迫收缩网点的情况。当然，计算资金投入所需的数据，在正式合作之前只能是预测，一般可借鉴同类城市的相关数据。

6. 储运能力

本模板对分销商运输能力的要求与对客户网络的要求类似，也分为市内和外埠，因为通常分销商也是对其所在城市网点的运输服务能力较强，而周边市场相对较弱；而A～F的6个层级，可以引导销售经理逐级思考对分销商储运能力的要求。对绝大多数企业而言，在素描阶段并不需要精确到对车辆吨位的明确要求。至于分销商的车辆吨位和OTD（送货时间）等更细化的要求，可以放到最终审核阶段对候选分销商之间的比较时再权衡。

▶ **"素描模板"小结**

通过目标分销商的"素描模板"，各级销售经理在考虑分销商的选择标准时，不再是"天马行空"地一切从零开始，整个思路可以更简洁和更具逻辑性：

首先，可以迅速地"聚焦"到6大要素及其20个指标。

其次，在素描过程中，各种可用素材与提示可以"常备案边"。

最后，在决定的时候，可以参考模板中对"适用企业"的提示。

当然，"素描模板"只是一个实用工具，在具体使用时还必须结合企业与市场的特殊要求进行修正。不过如同写文章一样，修改文章总是比在白纸上起草要省事一点。

为了给读者提供一个"容易的下一步"，本书将之前的目标分销商需求"杠铃"和"素描模板"组合为一个规范的格式化表格，称为目标分销商"画像"。其实每个销售经理在实际寻找目标分销商之前，至少在脑海里存有一幅类似的"画像"。这张表格的意义在于使头脑中的模糊"画像"更清晰和完整地"跃然纸上"，并便于组织内部的沟通。

目标分销商的清晰"画像"，如同后续寻找、谈判、审核分销商等工作的参考坐标，这些具体工作实际上就是如何"按图索骥"的问题。

实用工具25.1

目标分销商"画像"（格式）

一、需要分销商做什么？（需求杠铃）

服务广度≫ （代理范围）	代理地域		代理产品	代理渠道

服务深度≫ （角色定位）	资金流与物流服务		分销服务		终端促销服务		
	资金流	物流	分销维护	分销拓展	促销执行	促销设计	售后服务

二、什么样的分销商适合提供上述服务？（素描画像）

1. 经营意识	
1.1 盈利之道	
1.2 自主意识	
1.3 发展意识	
2. 合作意愿	
2.1 销量比重	
2.2 利润比重	
2.3 无形利益	
3. 渠道影响力	
3.1 客户网络	
3.2 品牌组合	
3.3 在渠道中的声誉	
3.4 与客户合作紧密程度	
4. 销售队伍	
4.1 分销人员	
4.2 促销人员	

5. 资金投入					
资金投入＝A＋B－C＋D	A. 库存	B. 应收款	C. 信用额	D. 其他	备注：

6. 储运能力	
6.1 仓库面积	
6.2 仓储环境特别要求	
6.3 运输车辆特别要求	
6.4 运输能力	

注：（1）在实际寻找目标分销商之前，每个人的脑海里都存在一幅模糊的"画像"，本表格有助于让这幅"画像"清晰和完整。（2）第一部分"服务深度"的空格填写"不要求""参与""负责"；第二部分的填写详见素描模板的相关内容。

13.5　如何寻找与调查目标分销商

分销商系统的构建包含两个动作："构思"与"建立"，即"做正确的事"与"正确地做事"。之前的分销商布局与定位，以及确立分销商的选择标准都属于"构思"的范畴，如何将规划变为现实就是本章接下来将要探讨的问题。

13.5.1　如何寻找目标分销商

"茫茫商海，你在何方"，这是每个销售经理怀揣目标分销商的"画像"之后所面临的第一个问题。寻找目标分销商的途径，大致有以下 9 种（按照容易程度和使用频率排序）：

（1）自己所熟悉或认识的当地客户；
（2）同行、朋友或上级介绍；
（3）其他分销商介绍；
（4）当地的批发商或零售商介绍；
（5）通过本行业的刊物查询；
（6）向当地的行业协会或商会了解；
（7）实地调查当地批零网点的同类产品供货商（在完全人生地不熟的情况下）；
（8）媒体广告（报纸、行业刊物、电视、互联网等）；
（9）行业内的贸易展览或交易会。

通过媒体广告收集到的候选客户名单往往最多，但成本较高，而交易会具有明显的时间限制。除此之外，在实际操作中往往是"多管齐下"，一般以找到 2 ~ 3 个候选客户为宜。获得候选客户的名单并非难事，关键在于后续的调查和谈判工作。

13.5.2　如何调查目标分销商

部分销售人员在拿到候选客户名单之后，就迫不及待地与目标分销商开始正式谈判，这种做法常常是"欲速则不达"。因为在销售人员和目标分销商之间存在明显的"信息不对称"，对方往往会利用其信息优势夸大其词，再加上许多有经验的分销商很明白厂家最关心的是什么，他们的每一句话无不挠到你的痒处：

——"我的网络遍及各地，你去打听一下，这行业里谁不知道我……"
——"说到精耕细作，这是我一贯的经营思路，我肯定不会冲货……"
——"我的资金绝对没问题，只要你的货能卖，要多少有多少……"
——"我这个人别的优点没有，就是讲诚信、重感情……"

相信上述这些话对每个销售人员都不陌生，要想真实地了解一个目标分销商，市场调查是必不可少的环节。市场调查的具体操作，可以从以下几个方面去把握：

▶ 到哪里（where）去调查？
期望目标分销商覆盖的主要网点，自然就是调查的主要对象，比如市内的主要终端和批发网点，或外埠批零网点等（对以周边市场为主的企业非常重要）。

▶ 调查什么（what）？
不言而喻，目标分销商"画像"（选择标准）中的内容就是需要调查和收集的信息。

▶ 如何（how）调查？
A. "看"目标分销商所代理品牌的市场表现：这些品牌的分销广度、陈列水平、价格和促销执行等。

B. "听"批零网点对目标分销商的反应和评价：是否定期拜访及拜访频率、是否主动送货及送货时间、在渠道中的声誉及与客户的合作方式等。

就对目标分销商的市场调查工作来看，并没有什么秘诀，关键是要在思想上重视，不能只图"省事"。如果时间允许的话，尽可能多看多听，避免以偏概全。正所谓磨刀不误砍柴工，市场调查的价值至少体现在以下两点：

A. 根据收集到的信息对候选客户进行排序和初步筛选，避免浪费时间。

B. 事先对候选客户的相关信息有一个基本了解，做到在正式谈判中"心中有底"。

针对目标分销商的市场调查是收集信息的第一步，与分销商的直接沟通和谈判也是增进了解和进一步收集信息的过程，比如资金实力、储运能力、销售队伍数量与质量、经营意识等。

13.6　如何说服目标分销商，提高其合作意愿

与目标分销商的谈判可以分为两个步骤：首先是要让对方"愿意谈"，然后才是具体合作条款的谈判。前一个步骤实际上就是对合作项目的综合推销。推销是否成功，除了取决于企业自身的各种客观因素之外，还与销售经理的说服能力密切相关。

生产企业与分销商之间是一种双向选择的关系，并非只有企业对分销商有选择标准，分销商同样对生产企业有自己的要求。所谓知己知彼，百战不殆，说服分销商的前提是必须了解分销商在选择生产企业时最关注的是什么，然后才是如何"对症下药"的问题。

13.6.1　分销商在选择生产企业时考虑的主要因素

201×年某咨询公司就分销商选择生产企业的考虑因素，对300多家消费品行业的分销商进行了调查，结果如图13-9所示。

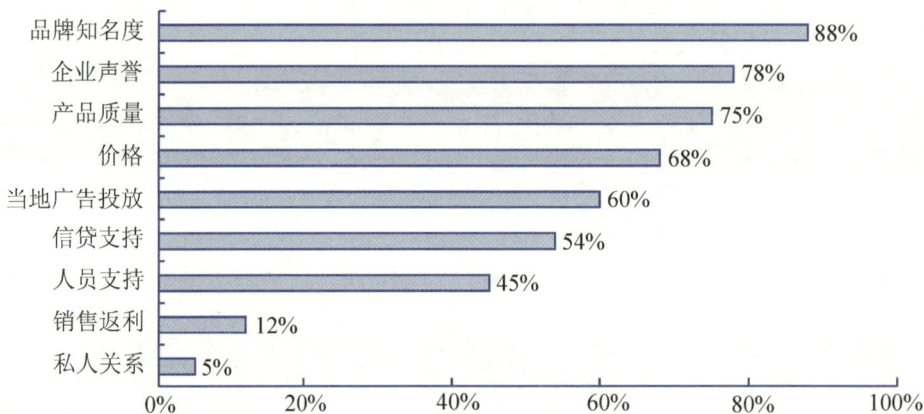

图13-9　分销商选择生产企业时的关注因素

从图13-9中的调查结果可以看出，分销商对企业的品牌/产品竞争力非常关注，因为这是决定销量的重要因素，而价格无疑对分销商的毛利空间影响颇大。对企业声誉的关注程度之高，从一个侧面反映了当今中国厂商的信用危机。

产品的价格对分销商的毛利空间与广告对消费品销售的意义不言而喻，如果企业向分销商承诺在当地有广告投放，无疑是一块极具吸引力的"敲门砖"；分销商关注信贷支持和人员支持，这是意料之中的事情。

销售返利只起到一种锦上添花的作用，并非分销商最关注的因素。值得注意的是，与厂家的销售人员是否具有私人关系并非分销商考虑的重点，利益是永恒的主题。

每个企业总有其长处和短处。比如，品牌知名度高的企业一般毛利较低且投入资金较多，而中小企业却恰恰相反，说服分销商的关键在于如何"扬长避短"。总体而言，企业的品牌知名度越高、声誉越好，越容易说服分销商参与合作。从这个意义上讲，中小企业的销售人员往往需要更高的说服能力。

13.6.2 实用工具：目标分销商"利益驱动光盘"

众所周知，要想说服目标客户成为分销商，必须让他感觉有利可图。列出几条空泛的说服性原则或技巧很容易，但并不能为销售人员提供实质性的帮助。接下来介绍的实用工具将围绕目标分销商的利益建立一个完整的逻辑框架，可使销售人员在说服分销商时"拿来即用"。

实用工具26

目标分销商的"利益驱动光盘"

总体说明：

（1）本工具将所有说服分销商参与合作的利益因素，按照逻辑关系形象化地组织成一张直观的光盘模型（见图13-10），便于读者记忆。

（2）除了在形状上相似以外，从寓意上也看也很吻合。如同每台电脑都需要相应的驱动光盘才能启动运行，每个目标分销商也需要一张"利益驱动光盘"，这样才可能说服其参与合作。简单地讲，如果把目标分销商比喻成一把锁，那么"利益驱动光盘"就如同开锁的钥匙。

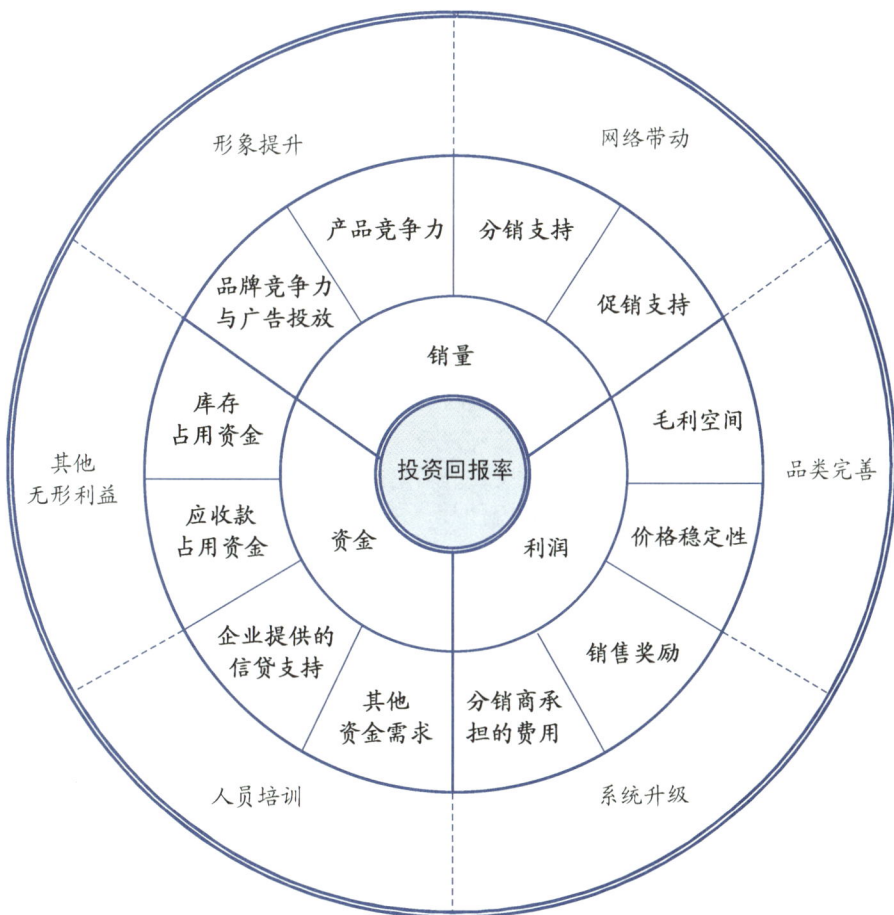

图13-10 目标分销商"利益驱动光盘"

一、"利益驱动光盘"概述

虽然目标分销商关注的因素很多，但归根结底都可以浓缩为4个问题。能否说服目标客户成为分销商，就取决于你是否能妥善地回答这4个问题：

A. 你的产品好不好卖？　　　　　　　　→　**销量**　⎫
B. 卖了以后，我有多少钱赚？　　　　　→　**利润**　⎬ 投资回报率

C. 为了赚这些钱，我需要投入多少钱？ → **资金**

D. 除了赚钱以外，我还有什么好处？ → **无形利益**

"利益驱动光盘"正是围绕上述 4 个问题来设计的，按照从内到外的顺序分为 4 环：

第 1 环（核心环）：ROI = 利润÷投入资金

ROI 是分销商代理一个产品所获得的直接利益的最终判断标准（可以年度、季度、月为时间跨度），不仅可以在代理的不同品牌之间比较，也可以和其他的商业项目进行比较。换句话说，ROI 也是企业对分销商的利益推动力的综合评估指标，因此自然成为"驱动光盘"的核心。

第 2 环：与 ROI 直接相关的三大生意指标

所有影响 ROI 的因素，最终的落脚点无非销量、利润和资金三个方面，这也是在说服分销商时无法回避的三个指标。因此在"驱动光盘"中，三大生意指标就是紧紧围绕 ROI 的第 2 环。

第 3 环：影响三大生意指标的 12 个因素

显然，在说服分销商的过程中，我们不能只是简单地列出预计的销量、利润和资金的数据，还必须讲出让分销商信服的理由。换句话说，我们必须告诉分销商这些生意指标是如何测算出来的。"驱动光盘"的第 3 环按照扇形的放射方向，每 4 个因素对应一个生意指标，这 12 个因素基本囊括了说服分销商所需采用的"论据"。

第 4 环（外环）：无形利益

前面三环主要针对为分销商带来的直接利益，除此之外，我们也不能放过可能为分销商带来的任何无形利益，有时候无形利益的重要性并不亚于直接利益。"驱动光盘"的第 4 环列出了在考虑无形利益时可能思考的 6 个方向，方便销售人员逐个扫描，不要漏掉自己的任何一点优势。

二、使用"利益驱动光盘"的两大原则

"素材"是死的，人是活的，说服分销商的关键在于"**因势利导**"。

1. 陈述利益时，根据对方情况"灵活剪裁"

无论是直接利益还是无形利益，都需要根据目标分销商的生意现状灵活"剪裁"。比如，对于规模大但利润不丰厚的客户，可以着重强调利润和投资回报率；反过来，对于规模小而毛利率较高的客户，可以着重强调规模效应的好处。

同一个企业为不同的目标分销商所带来的无形利益，更是需要灵活"剪裁"。比如，企业的行业地位属于中等，在针对已经代理大品牌的客户时，可以重点从品类完善等方面陈述无形利益；反过来，对于只代理中小品牌的客户，可以着重陈述在形象提升、网络带动、系统升级等方面的无形利益。

2. 阐述论据时，根据自身情况"扬长避短"

"驱动光盘"列出了所有需要考虑的因素，但并不意味着在说服过程中需要涉及全部因素，关键在于从这些因素中找出自身的优势，"浓墨重彩"地详细阐述；而对于短处，则可以"一笔带过"甚至根本不用提及，但需要预先考虑如何在这些问题上应对分销商的提问和反对意见。

比如，你的产品颇有新意，那就将这一点发挥到"淋漓尽致"；如果企业暂时不可能在当地投放广告，那自己就没必要主动涉及这个问题；如果分销商对广告有异议，可以阐述在价格和其他支持方面的优势，或笼统地讲待分销工作完成之后再向企业申请。

三、如何回答"货好不好卖"的问题

根据销售作用力体系图，我们知道销量的大小取决于分销广度和单店销量，而单店销量又取决于品牌/产品竞争力和店内促销。因此，"驱动光盘"中所列的 4 个因素实际上就是围绕销售作用力体系展开的，如图 13-11 所示。

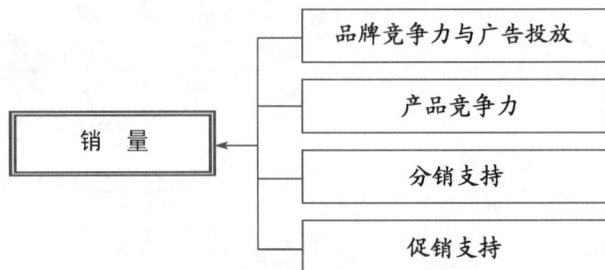

图 13-11　"驱动光盘"中影响销量的 4 个因素

品牌竞争力与广告投放

产品竞争力

分销支持

促销支持

销　量

1. 品牌竞争力与广告投放

品牌竞争力源于品牌资产，包括品牌知名度、品牌定位等。这方面只需简要提及，因为如果分销商是业内人士，必然"心中有数"。如果企业准备在当地投放广告，那无疑需要"极力渲染"。当然，如果企业在这一点上明显弱势，那根本无须提及，但要事先准备好相应的应对答案，以免手足无措。

销售力

2. 产品竞争力

产品竞争力包括产品的组合、质量、价格、概念、包装等方面的优势。在阐述产品竞争力时，关键在于从各项产品因素中找出相比同类产品的独特优势，比如概念创新、稳定优质、价格低廉、包装美观等。有些销售经理将目标分销商当成消费者或受训的销售人员，不厌其烦地讲述作用机理甚至具体成分，其实分销商关心产品，并非在于产品本身的使用价值，关键在于这个产品有没有竞争力，好不好卖。因此，只要简明扼要地指出产品的独特卖点就足够了。

知识链接　第7章的品牌/产品竞争力

3. 分销支持

分销支持包括分销人员投入、终端分销费用投入以及渠道激励（如订货会）等。"货好不好卖"的问题，并非仅仅指品牌和产品本身，实际上是一个销量大不大的问题。如果企业为分销商提供分销支持，将促进其提高分销广度从而提升销量。

4. 促销支持

这里的促销支持主要指企业在终端促销方面的投入，包括促销员、终端陈列、消费者促销活动、POP等方面的投入。促销支持显然是影响终端（特别是大型终端）销量的重要因素之一，如果企业对分销商有促销支持，需要详细说明。

以上4大因素及其包括的要点，就是支撑销量的主要论据，从中"择其长"而"避其短"是增强说服力的关键。当然，在阐述分销与促销支持时，只涉及企业肯定会提供的支持，为后续谈判留一些"讨价还价"的空间。

四、如何回答"赚不赚钱"的问题

分销商的利润＝销量×实际毛利率＋销售奖励－分销商承担的费用

除销量之外，实际毛利率、销售奖励和费用投入是影响分销商利润大小的因素，其中实际毛利率又取决于名义上的毛利空间和价格稳定性。因此，"驱动光盘"中所列的四大因素正是源于分销商的利润公式，当然严格来讲还需考虑分销商的风险（如坏账），但一般在说服分销商时不用主动提及风险问题。"驱动光盘"中影响利润的4个因素如图13-12所示。

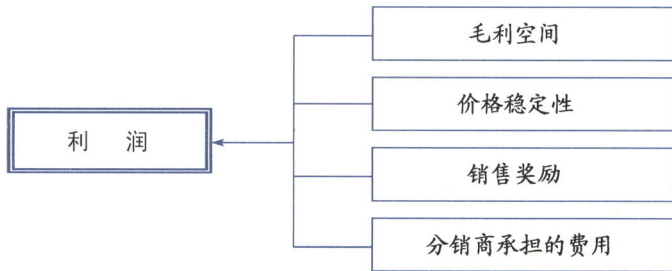

图13-12　"驱动光盘"中影响利润的4个因素

1. 毛利空间

毛利空间指分销商再销售的差价。一般来说，分销商在不同渠道的毛利空间差异较大，比如供应批发渠道和零售渠道的毛利就有显著差异。

2. 价格稳定性

对分销商而言，如果企业无法控制跨区域的"冲货"问题，名义上的毛利空间再高，也可能是"水中月，镜中花"，这是任何分销商都必然关注的问题。在阐述冲货问题时，可以从两个方面进行分析：

（1）从分销商布局和周边分销商的情况等方面，向对方说明"冲货"的可能性并不大。

（2）阐述企业处理"冲货"问题的决心和措施。

"冲货"问题是在说服目标分销商过程中无法回避的问题，如果上述两点是企业的长处，那最好主动提及，这样会使分销商感觉你考虑得很周到并切实为他们的利益着想；如果实在是乏善可陈，那也必须准备好应对的答案，至少要笼统地表明企业对处理"冲货"问题的态度和决心。

3. 销售奖励

除了分销商自身的经营毛利以外，企业一般还会给分销商一些销售奖励，如返利、数量折扣、付款折扣等。这些销售奖励也是分销商的利润来源，千万不要遗漏。

4. 分销商承担的费用

不少销售人员往往不主动提及分销商承担的费用，希望可以让对方感到利润丰厚，但常常被分销商的一句话"噎住"："你说的只是毛利，扣掉费用我能赚多少钱？"如果你说没考虑过或敷衍了事，那一定会给分销商留下不好的印象，很可能认为你不专业或并未设身处地为他们着想，甚至对你讲的其他内容也产生怀疑。

在费用问题上，最好的策略是主动提及，但可以充分运用边际分析的方法降低预期费用。

（1）只涉及分销商因为代理本产品所新增的费用，需要分担的分销和促销费用，当然可相对保守地测算。

（2）对于仓储、运输、人员等费用，不仅不应"认账"，还应将这一点变为对分销商的利益，因为这些运作费用基本上是分销商的"沉没成本"，即使不代理新产品也会发生。同时，尽力让对方明白新代理本产品后，由于规模效应，原有的固定费用会被进一步"摊薄"，实际上提高了这些资源的利用率和整体的经营效益。一般分销商都会向你"诉苦"，一一列出这些费用要占销售额的多少百分比，销售人员不能被分销商"牵着鼻子走"，除非确有新增的运作费用。

除了销量之外，以上4个因素都是影响分销商利润的主要因素，在具体阐述时同样要遵循"扬长避短"的原则。

五、如何测算资金投入，并灵活运用 ROI 说服分销商

1. 分销商资金投入的测算公式

分销商的资金投入 = 库存 + 应收款 − 信用额 + 其他资金需求

关于上述公式的详细说明，详见之前的目标分销商"素描模板"。

在具体阐述时应注意以下三点：

（1）库存和应收款可以根据实际情况，适当调整。比如，你需要目标分销商支付一大笔首批款，那么需要从库存和应收款的资金占用等方面，说明这笔首批款并非"异想天开"，而是基于生意需要；反过来，如果你不想一下子"吓住"对方，那么在测算时可适当保守一些。

（2）如果企业肯定会向分销商提供信用额，可以主动向对方说明最保守的信用额度，否则没必要主动提及。

（3）除非企业要求分销商提供保证金等，否则对于代垫费用等资金占用没有必要主动提及。

▶ 知识链接 本章前面的目标分销商"素描模板"

2. ROI 的作用

分销商的 ROI = 利润 ÷ 资金投入

如果你的产品为分销商带来的销量和利润绝对值都不大，那么利用 ROI 这个相对指标常常可以最大限度地展示为分销商带来的直接利益；反过来，则可以着重强调销量和利润在目标分销商整体生意中的比重而弱化 ROI 的影响。

六、如何善用"无形利益"说服分销商

善于展现为目标分销商带来的无形利益，是一个销售人员推销技能的更高体现，这也就是通常所说的"卖概念"。无形利益必须针对目标分销商的情况"度身定做"，一般可从以下6个方面进行"挖掘"（见图13-13）。

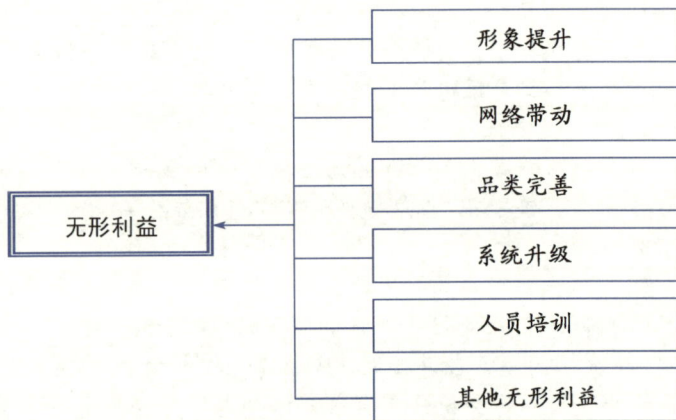

图 13-13　针对目标分销商无形利益的6个因素

形象提升
网络带动
品类完善
系统升级
人员培训
其他无形利益
无形利益

1. 形象提升

并非只有一流的知名品牌才会提升目标分销商在当地渠道中的形象，其关键取决于厂商的实力对比，只要企业的品牌在目标分销现有代理品牌中具有一定的优势，都可以将此作为无形利益。形象并非一个空泛的概念，可以转化为分销商的实际利益，在具体阐述时可以从以下两个方面进行

分析：

（1）提高分销商在当地批零渠道的谈判地位，为其争取更有利的谈判条件。

（2）可以帮助分销商吸引更多的同类品牌，并提高分销商与其他品牌的谈判地位。

2. 网络带动

如果生产企业的行业影响力较大，并且着力于精耕细作，往往会大大扩展分销商的客户网络，这也是分销商非常看重的无形利益。这一点和形象提升一样，重要的不是你怎么样，而是你和分销商现有的代理品牌相比怎么样，只要具有相对优势就可将此作为无形利益。

3. 品类完善

如果分销商代理一个新产品，能和原有产品形成互补而非矛盾，那么这无疑也是一种无形利益。在分析品类完善方面的无形利益时，可以从以下4个方面进行挖掘：

（1）在产品品类（甚至是产品线）之间是否形成互补？

（2）在同一产品种类中，是否在不同的目标消费群之间形成互补？

——比如，女士手机相比普通手机，或儿童化妆品、男士化妆品相比普通化妆品等。

（3）在同一目标消费群中，是否在价格定位上形成互补？

——任何产品一般都有高、中、低档的区分，这是考虑品类完善的重点之一。

（4）即使前面的3个因素都雷同，还可以从产品功能、包装或外形方面寻找互补之处。

——比如："您现在代理的自行车中，还没有我们这样可折叠的产品。"

——比如："你现在代理的化妆品中，还没有我们这样完全透明包装的产品。"

——比如："您现在代理的电视机中，还没有我们这样卡通造型的产品。"

4. 系统升级

系统升级包括提升分销商的"货－票－款"运作系统、客户管理系统、人员管理系统和信息系统等。比如，宝洁公司为分销商安装的IDS系统（一体化分销商生意管理系统），可以帮助分销商提升运作和管理能力，这显然是无形利益之一。

5. 人员培训

如果企业自身的管理和培训能力较强，对提高分销商的人员素质会有很大帮助，这对于分销商打造长远竞争力可谓意义深远。

6. 其他无形利益

根据不同的行业特点与目标分销商的具体情况，还有可能"挖掘"出其他无形利益。

七、"利益驱动光盘"小结

1. "利益驱动光盘"的作用

(1) 帮助销售人员"一语中的"地陈述利益：**ROI（销量、利润、资金）＋无形利益**。

(2) 帮助销售人员系统全面地阐述论据：**围绕销量、利润、资金的12个因素**。

2. "利益驱动光盘"的使用原则

(1) 在陈述利益时，根据对方情况**"灵活剪裁"**。

(2) 在阐述论据时，根据自身情况**"扬长避短"**。

3. "利益驱动光盘"的使用方法

(1) 向目标分销商展现清晰的**"利益蓝图"**（投入产出表，详见实用工具26.1）。

▶人的心态总是希望看到一张实际的"蓝图"，而不仅仅是听你"口若悬河"。

▶人的思维总是有惯性的，如果你先展示"蓝图"将会引导和影响对方的思维。

▶人的第一印象很重要，如果能向目标分销商展现一张专业的投入产出分析表，将会使对方感到你很专业和敬业并且重视他，这种好感是重要的"润滑剂"。

(2) "扬长避短"地阐述论据，让对方信服你的"蓝图"，并处理其反对意见。

让对方找上门请求合作自然是最理想的情况，但这不是实地销售经理可以左右的事情，有效地运用"利益驱动光盘"将会在同等条件下提升说服目标分销商的成功率。当然，还需要具备基本的沟通、说服和处理反对意见等技巧，这些"单兵"技能详见本书的后续内容。

目标分销商投入产出表

一、关键指标一览　　　　　　　　　　　　　　　　　　　单位：万元

编号	财务指标	年度总计	第一季度	第二季度	第三季度	第四季度
A	销售额（出货价）	1 079	219	250	290	320
B	利润额	60.1	11.1	13.7	16.8	18.5
C	资金投入	64.7	53.0	60.0	68.0	78.0
D	投资回报率 $D=B÷C$	93%	21%	23%	25%	24%

季度投入产出示意图
单位：万元
利润额　资金投入

53　60　68　78
11.1　13.7　16.8　18.5
第一季度　第二季度　第三季度　第四季度

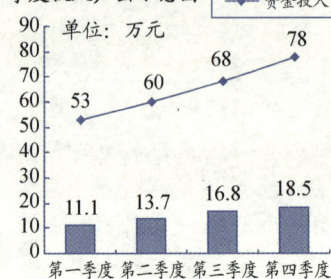

二、第一季度平均每月指标分解　　　　　　　　　　　　　单位：万元

编号	财务指标	计算公式	总计	大型终端	中小终端	批发渠道
A	销售额(出货价)		73	30	8	35
A1	销售额(进货价)		65.0	23.3	7.2	34.5
B	利润额	$B=B2-B3+B4$	3.7	1.4	0.8	1.5
B1	毛利率（倒扣）	$B1=(A-A1)÷A$	11%	22%	10%	3%
B2	毛利额	$B2=A×B1$	8.5	6.7	0.8	1.0
B3	费用投入		6.7	6	0.2	0.5
B4	销售奖励	$B4=A1×$返利或折扣%（以3%计算）	1.9	0.7	0.2	1.0
C	资金投入	$C=C1+C2-C3+C4$	53			
C0	应收款天数		19天	45天	现款	5天
C1	应收款金额	$C1=A1÷30×C0$	41	35	0	6
C2	库存金额	$C2=A1÷30×$平均库存天数（15天）	32	<<企业的送货天数是5天，乘以3则是15天		
C3	信用额		20	<<企业向分销商提供的铺底额是20万元		
C4	其他资金需求		0			
D	月投资回报率	$D=B÷C$	7.0%			

渠道销量比例示意图（月）

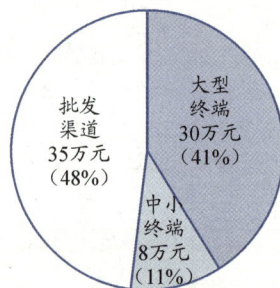

批发渠道 35万元（48%）　大型终端 30万元（41%）　中小终端 8万元（11%）

渠道利润比例示意图（月）

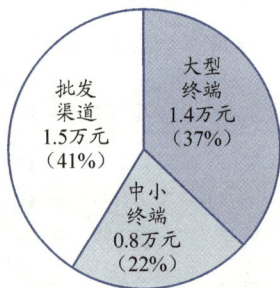

批发渠道 1.5万元（41%）　大型终端 1.4万元（37%）　中小终端 0.8万元（22%）

512

注：（1）本实用工具是从目标分销商的角度，为其代理本企业产品所规划的"利益蓝图"，可作为说服目标分销商的重要工具。（2）本实用工具只是为读者展示投入产出分析表的基本格式。（3）在预测数据时可以参考类似市场和当地类似品牌的相关数据，虽然数据不可能绝对准确，但至少勾勒出了大致轮廓。（4）本实用工具的数据纯属虚构，只是向读者演示数据之间的逻辑关系和计算步骤，其他更明细的数据可作为附件或口头讲解。（5）如何让目标分销商"信服"上述数据，详见"利益驱动光盘"的相关内容。

13.7　如何与目标分销商谈判合作条款

　　之前的说服性工作越是能激发起目标分销商的合作意愿，显然越有利于接下来对合作条款的实质性谈判。因此，前期的说服性工作不仅是让对方"愿意谈"，而且对于在实质性谈判中获取主动非常重要。

谈判就是双方为达成交易而弥合分歧的互动行为。

▶ 谈判双方都应以达成交易为初衷，否则就不是谈判而是沟通。

▶ 如果双方没有任何分歧，那就无须谈判。

▶ 双方能否达成交易，取决于最终是否弥合了主要分歧，否则就是谈判破裂。

谈判步骤如图 13 – 14 所示。

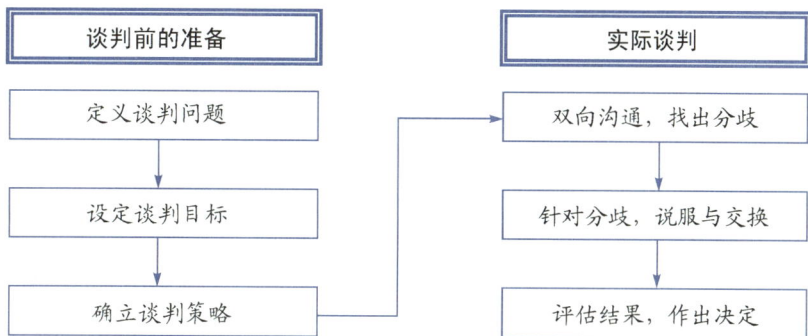

图 13 – 14　谈判步骤示意图

13.7.1　如何做好谈判前的准备工作

成功的谈判，在你坐到谈判桌之前就已经开始了。无论你在谈判时的技巧多么高明，如果不对谈判作准备，与老练的对手相比，你还没开始就已经处于下风。正所谓"凡事预则立，不预则废"。如图 13 – 14 所示，谈判前的准备工作主要包括三点，接下来介绍的内容将深入到这些问题中，试图为读者提供清晰完整的分析与操作工具。

实用工具27

目标分销商的"谈判地图"

总体说明：

（1）"谈判地图"将所有可能与目标分销商谈判的问题比喻为双方争夺的"高地"，而谈判目标如同在各个"高地"所设定的推进程度，谈判策略则好比确定所有"高地"的攻守重点。

（2）以"谈判地图"比喻谈判前的准备工作，希望帮助读者建立一目了然的全局观，并便于记忆。

一、"谈判地图"概述

1. 定义谈判问题

图 13 –15 中的 A—I 代表需要谈判的问题。

2. 设定谈判目标

图 13 –15 中每一个字母对应的高点代表目标，而低点代表"底线"。

3. 确立谈判策略

将所有谈判问题分为三类：

（1）无谈判余地，故高低点重合。

（2）有谈判余地，但希望尽可能达到目标。

（3）有谈判余地，且在必要时可让步作为交换。

二、定义谈判问题

对与目标分销商的谈判准备就如同描绘一幅清晰的"谈判地图"，第一步自然是明确需要"谈什么"。这好比在"谈判地图"中标明双方可能争夺的"高地"。本工具将所有可能谈判的问题分为两大类：

A. 贸易条款：规范双方产品交易所必需涉及的问题。

B. 委托代理条款：进一步规范委托人（生产企业）与代理人（分销商）的权利和义务。

A B C D E F G H I

无谈判余地　　主攻点　　可让步作为交换

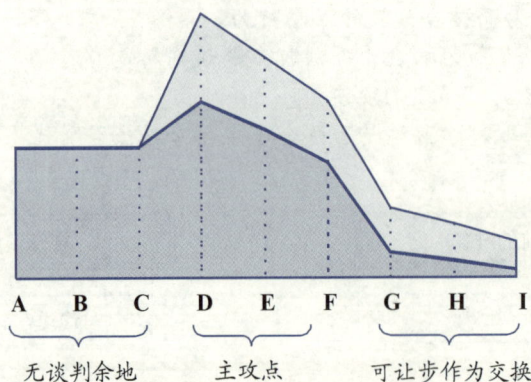

图13-15　"谈判地图"示意图

即使企业的销售人员手中拿着一本厚厚的合同，但真正需要与目标分销商谈判的主要是9个问题，如图13-16所示。

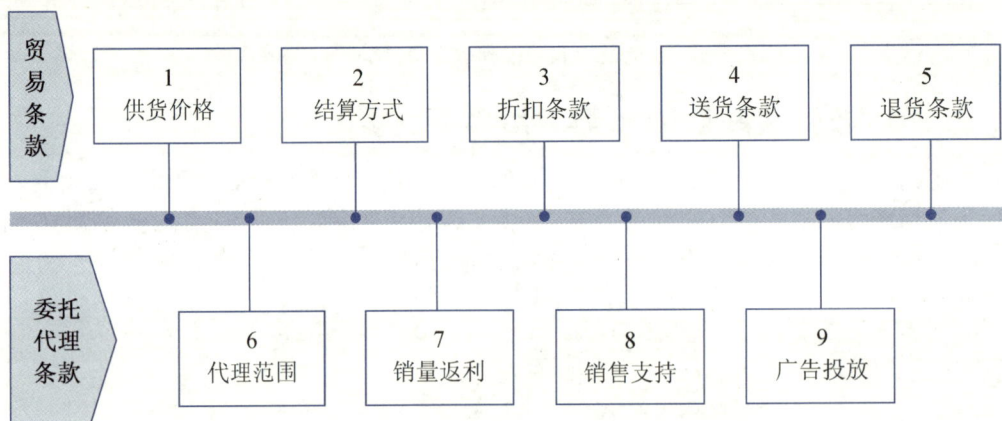

销
售
力

贸易条款

| 1 供货价格 | 2 结算方式 | 3 折扣条款 | 4 送货条款 | 5 退货条款 |

委托代理条款

| 6 代理范围 | 7 销量返利 | 8 销售支持 | 9 广告投放 |

图13-16　与目标分销商的主要谈判问题一览

下面就上述9个问题的谈判"焦点"，以及企业与分销商的立场作一简要说明（见图13-17）。

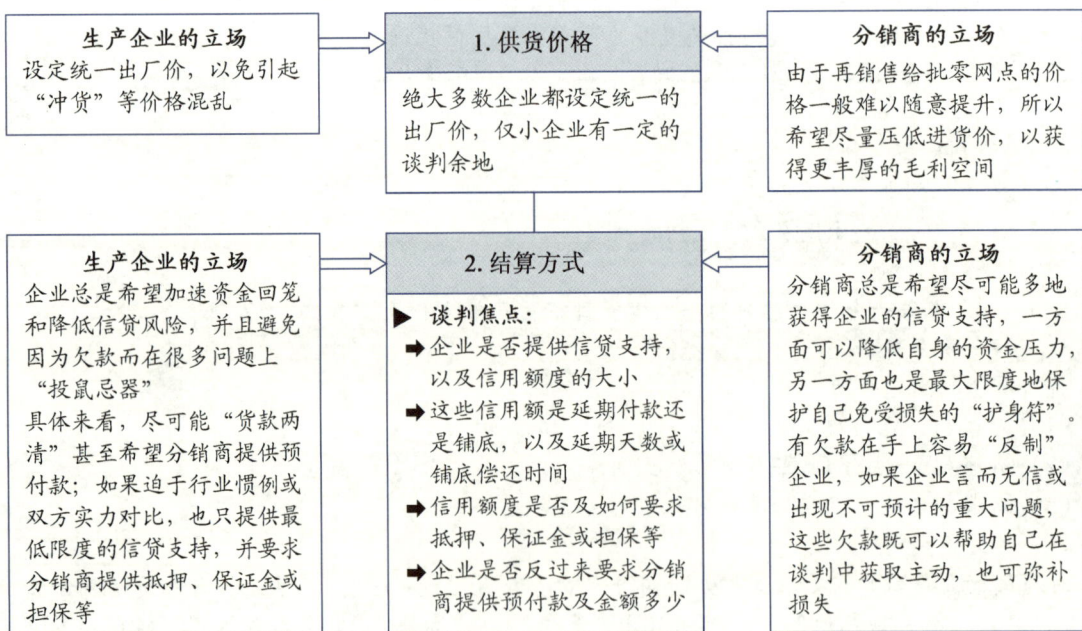

生产企业的立场
设定统一出厂价，以免引起"冲货"等价格混乱

1. 供货价格
绝大多数企业都设定统一的出厂价，仅小企业有一定的谈判余地

分销商的立场
由于再销售给批零网点的价格一般难以随意提升，所以希望尽量压低进货价，以获得更丰厚的毛利空间

514

生产企业的立场
企业总是希望加速资金回笼和降低信贷风险，并且避免因为欠款而在很多问题上"投鼠忌器"
具体来看，尽可能"货款两清"甚至希望分销商提供预付款；如果迫于行业惯例或双方实力对比，也只提供最低限度的信贷支持，并要求分销商提供抵押、保证金或担保等

2. 结算方式

▶ **谈判焦点：**
➡ 企业是否提供信贷支持，以及信用额度的大小
➡ 这些信用额是延期付款还是铺底，以及延期天数或铺底偿还时间
➡ 信用额度是否及如何要求抵押、保证金或担保等
➡ 企业是否反过来要求分销商提供预付款及金额多少

分销商的立场
分销商总是希望尽可能多地获得企业的信贷支持，一方面可以降低自身的资金压力，另一方面也是最大限度地保护自己免受损失的"护身符"。有欠款在手上容易"反制"企业，如果企业言而无信或出现不可预计的重大问题，这些欠款既可以帮助自己在谈判中获取主动，也可弥补损失

生产企业的立场
企业希望通过提供折扣、鼓励分销商及时回款和批量购买，以加速资金回笼并降低储运成本

3. 折扣条款
▶ 谈判焦点：
➡ 及时付款折扣率及条件
➡ 批量订货折扣率及条件

分销商的立场
分销商如果资金宽裕且认为风险较小，也希望通过折扣来提高利润，但会对折扣率的高低及其条件讨价还价

生产企业的立场
企业并非总是希望由分销商支付运输费用，那样很可能造成临近地区对偏远地区的冲货。此外，企业往往要求最小订单量，以节省储运成本。在送货的其他方面，企业自然希望风险尽可能转嫁给分销商，并对自己的服务不作要求或模糊要求

4. 送货条款
▶ 谈判焦点：
➡ 运输费用由谁支付
➡ 最小订单量限制
➡ 分销商收货时，如发现残损或短少如何处理
➡ 此外，分销商也可能对企业保证供货以及送货时间提出要求

分销商的立场
分销商总是希望企业支付运输费用，并且市场规模较小的分销商希望尽量压低最小订单量的限制，以免积压资金。此外，分销商希望企业承担收货时以后发现的所有残损或短少的赔付，并且尽可能在合同中对企业的送货服务提出明确要求

生产企业的立场
企业总是希望将产品的滞销风险完全转嫁给分销商，并希望通过不能退货迫使分销商自我"消化"。当然，这样做也会导致分销商进货非常保守，容易断货，并且可能导致过期产品在市场上流通，影响企业的品牌形象

5. 退货条款
▶ 谈判焦点：
➡ 是否允许退货及其比例
➡ 对于退货的其他限制，如保质期、整箱或零散等
➡ 退货的运输费由谁支付
➡ 对于退货的处理方式，如换货或冲减货款等

分销商的立场
分销商总是希望没有"后顾之忧"，最好企业能承诺无条件退货。滞销产品的积压将会导致分销商的资金沉淀，并且可能出现跌价甚至报废损失，很可能使分销商的名义利润"化为乌有"

生产企业的立场
企业看重"亩产量"，希望让更多的分销商都精耕细作，而且最好能引入竞争机制，产生"赛马效应"

6. 代理范围
▶ 谈判焦点：
➡ 是否独家代理
➡ 对代理地域、产品、渠道的划分问题

分销商的立场
分销商看重"总销量"，希望能"广种博收"，而且占据更多的地盘可以预防未来周边地区的冲货

生产企业的立场
企业将与总销量挂钩的返利视为对分销商的一种激励手段，并希望通过销量目标对分销商施加足够的压力

7. 销量返利
▶ 谈判焦点：
➡ 销量目标与返利百分比
➡ 返利支付时间与方式，如季返/年返或现金/补货

分销商的立场
分销商当然欢迎企业的销量返利，但希望尽量压低销量目标，能确保得到返利，同时也希望获得更高返利百分比

生产企业的立场
总体来看，企业希望尽量将销售费用转嫁给分销商，而且无论提供的销售支持多与少，都不希望在合同中将其明确无误地进行限定，这样会成为对企业日后操作的束缚

8. 销售支持
▶ 谈判焦点：
➡ 企业需要向分销商提供哪些销售支持
➡ 费用的操作方式，包干还是由企业自己运作等
➡ 费用支付方式与时间，如是否要求代垫及偿付时间

分销商的立场
分销商总是希望企业提供尽可能多的销售支持，并且为保护自己的利益，很可能要求这些支持明确无误地写入合同中。此外，分销商一般都不希望为企业代垫费用，即使代垫也要求企业的偿还时间尽量缩短

生产企业的立场
企业往往将广告投放作为说服目标分销商合作的手段，但一般不可能将广告投入明确列于合同之中

9. 广告投放
一般而言，广告投放至多在合同中笼统地说明，除非少数分销商以此为合作前提

分销商的立场
分销商如果投入大量资金，很可能要求将广告投放的具体标准列入合同之中

515

图 13-17　与目标分销商的主要谈判问题详解

在上述9个谈判问题中，双方"交锋"的热点往往集中于3个问题：**结算方式、代理范围、销售支持**。供货价格虽然很重要，但这通常是目标分销商在考虑"做还是不做"的时候首要想到的问题，真正在合作条款的谈判中反而不是重点，因为分销商很清楚对大多数企业而言，供货价格是难以更改的。当然，对于那些供货价格弹性较大的企业，供货价格无疑也是"热点"之一。

除9大谈判问题之外，企业的代理合同中可能还有不少重要条款，但一般并非谈判的重点问题，举例如下：

▶ 比如，企业的代理合同中一般都有诸如"不能卖假货，不能冲货，不能弄虚作假，不能冒用企业名义"等约束条款。这些条款从理论上来讲，双方不会存在分歧，因此也无须谈判。即使分销商想卖假货或冲货，也不可能提出来。

▶ 又如，企业的代理合同中往往有对分销商职责的诸多限定，如"分销率达到80%，积极配合促销，保证不断货"等，这些条款往往比较笼统和模糊，而且与分销商的直接利益关系不大，所以一般也不会成为谈判的重点。即使企业规定得极其详细并且提供针对分销商服务水平的奖励，由于这些奖励是企业主动提出，所以一般也不存在谈判的必要。

三、设定谈判目标

虽然目标分销商不一定会针对上述9个谈判问题都提出异议，但对每个问题都设定好自己的目标与底线（最低目标）非常重要，如同在"谈判地图"上标明每个"高地"的期望推进距离与防守底线。

1. 设定谈判目标的误区："漫天要价，坐地还钱"

不少销售人员认为先抛出一个很苛刻的合作条件，给自己留下很大的回旋余地，即使不行再做大的让步，这样也会让对方很有成就感并且感激自己，以便于以后的合作。这其实是一种似是而非的观点，不少谈判理论也支持类似的主张。这种做法对于一次性的产品买卖或许非常适用，但是在与目标分销商的谈判中如果把目标定得太高，将会产生很大的弊端：

（1）即使最终双方签订了合同，也会给对方留下一个非常不好的印象："这个人说的没一句实话，什么都可以大打折扣，而且就他这样的谈判水平，我以后吃定他了。"

（2）更糟糕的是，很可能一下子把对方吓回去了，认为你根本没有谈判的诚意；如果你再主动找上门提出巨大的让步，那么你在谈判中必然极其被动和始终处于下风。

与目标分销商的合作并非"一锤子买卖"，而且真正优秀的候选客户并不会太多，所以设定的谈判目标必须是你自己确实认为可能达到的目标，而不能一味地追求"高开低走"。

2. 设定谈判目标时需要考虑的因素

（1）本企业的合同限制与重点要求。

（2）当地市场的行业惯例。

（3）目标分销商代理类似品牌的合作条款（可通过这些品牌在其他地方的合作条款推测）。

（4）之前对目标分销商的相关信息调查（特别是行业地位与声誉）。

（5）企业与目标分销商的实力对比。

如果在谈判目标中包括对分销商提供一定的信贷支持，那么在具体测算信用额度时，可以参考之前目标分销商"素描模板"中的计算公式，先测算对方的总体资金占用额，再结合企业政策考虑提供的信用额度。

516

知识链接 本章的目标分销商"素描模板"

四、确立谈判策略

除了一方占绝对优势的"城下之盟"外，谈判策略实际上就是一种**妥协与交换的艺术**。尽管设定了每个谈判问题的目标与底线，但不可能在每个谈判问题上都期望达到目标。**所谓谈判策略，就是确定哪些应该坚持，哪些应该力争，哪些在必要时可进行交换。**

因此，我们在"谈判地图"中将所有谈判问题分为三大类：

A类问题：没有谈判余地。换句话说，在这些问题上目标就是底线。

注：一般是企业硬性规定不能灵活处理的条款，或者志在必得的目标。

B类问题：有谈判余地，但力争达到目标，不轻易让步。

注：一般是谈判中的重点问题，但又存在一些弹性，如结算方式。

C 类问题：有谈判余地，而且在必要时可进行交换。

注：一般是企业可灵活让步但对方却很看重的问题，如销售支持。

谈判策略的确立必须基于谈判的具体情况。所谓具体情况，主要指企业的硬性规定和各个目标的权重，以及对目标分销商的了解。接下来介绍的案例将对此提供更直观的理解。

五、"谈判地图"小结

1. 谈判准备工作如同绘制"谈判地图"的 3 个步骤

（1）谈什么？→ 定义谈判问题 → 标明争夺的"高地"

（2）要什么？→ 设定谈判目标 → 划定每个"高地"的期望推进距离与防线

（3）怎么谈？→ 确立谈判策略 → 确定所有"高地"攻守重点

2. "谈判地图"要点

（1）9 个主要的谈判问题及谈判"焦点"，以及企业与分销商的立场。

（2）在设立谈判目标时，切忌"漫天要价，坐地还钱"。

（3）除了一方占绝对优势的"城下之盟"外，谈判策略实际上就是**妥协与交换的艺术**。

虽然在实际的谈判准备工作中并不需要真的绘制"谈判地图"，但销售经理可以在脑海中迅速建立一个清晰的谈判目标与策略框架，如有必要可以在目标与底线之间再增加一个中间层次。本工具只是列出了具有共性的主要谈判问题，在具体使用"谈判地图"时，由于行业的特殊性以及市场差异，可能会增加或省略某些谈判问题。

案例 13 - 2   **小王的"谈判地图"**

小王是某企业新任命的四川区域经理，计划先在成都设立分销商，专门覆盖成都市内及周边的 7 区 12 县。根据多天来的市场调查，他选中了目标分销商老王。初次接触后，老王有了一定的合作意向，约小王第二天到办公室具体谈一谈合同。

小王根据企业的合同规定和他对老王的了解，并在请示上级之后，挑灯夜战制定了第二天的"谈判地图"（见图 13 - 18）。

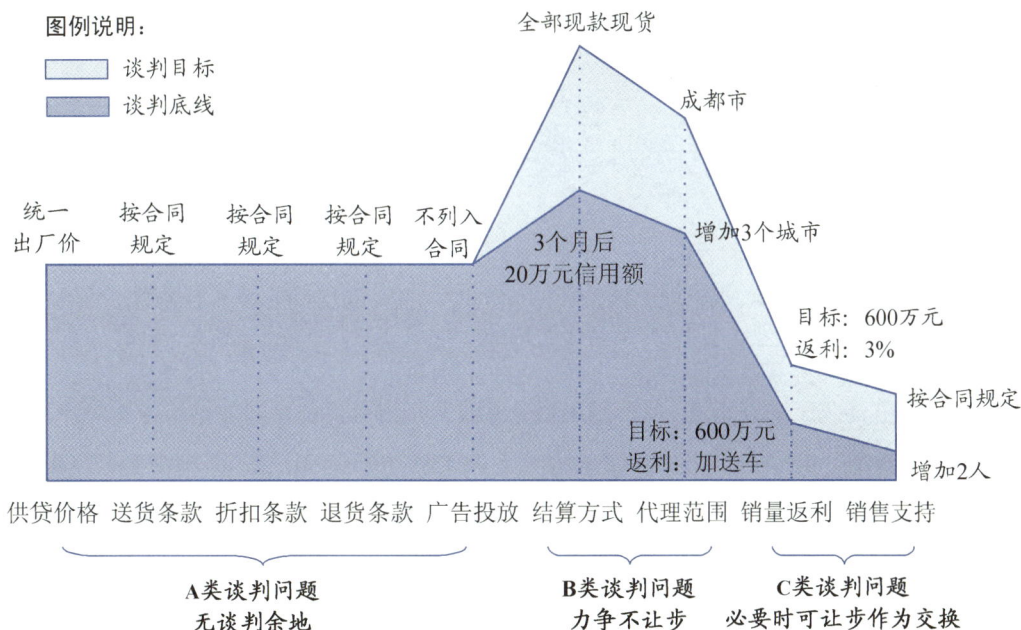

图 13 - 18   小王的"谈判地图"

1. A 类谈判问题（坚持）

<u>供货价格与送货条款</u>：就以合同为准，估计老王不会对此有异议。

<u>退货条款与折扣条款</u>：上级规定只能以合同为准，但估计老王对此有异议。

<u>广告投放</u>：上级规定不能列入合同中，估计老王也只是提一提，不会坚持。

2. B 类谈判问题（力争）

结算方式：

——**目标**：全部现款现货。

——**底线**：3 个月后给予 20 万元的信用额，在此额度内货到后延期 30 天回款。

——**分析**：根据对成都市场资金投入的测算，大约需要 50 万元。老王在当地算是一个中上型分销商，投入 50 万元资金应该没问题，但他即使出于规避风险的目的，肯定也会要求一定的信用额度。为免日后在合作中"投鼠忌器"，现款现货是要力争的首要目标。

代理范围：

——**目标**：仅成都市。

——**底线**：最多将临近且市场较小的德阳、眉山、雅安一并划入。

——**分析**：四川主要地级市的规模较大，可以直接设立分销商，如果从成都覆盖全省很难达到企业要求的分销和销量目标，所以力争不让步。

3. C 类谈判问题（必要时可让步作为交换）

销量返利：

——**目标**：年销量目标 600 万元，按合同规定返利 3%。

——**底线**：年销量目标降至 500 万元，如达到 600 万元，除返利外送一辆价值 15 万元的货车。

——**分析**：老王目前代理了两个名牌和几个杂牌，总体利润较薄，而且目前的运输能力明显不足；送车既不会导致冲货，还可加强外埠拓展的运输能力。与年度销量目标挂钩，企业并没有什么风险，这一点已获上级同意。

销售支持：

——**目标**：按合同规定。

——**底线**：增加 2 个销售人员的支持。

13.7.2　如何实现谈判目标

"谈判地图"的 9 个问题，可以说都是企业与分销商的立场"针锋相对"的问题，因此与目标分销商的谈判犹如对弈，必定是互有攻守。但是谈判与对弈的最大区别在于，谈判的目标不是"取胜"而是"成功"。所谓成功，就是双方找到了各自满意（至少是可以接受）的利益平衡方案，从这个意义上讲，只要达成了协议，双方都是胜利者。

虽然谈判无输家，但最终利益的天平将偏向哪一方呢？决定性的因素自然是双方的谈判地位或谈判力。粗略地看，谈判地位取决于实力对比；更准确地讲，谈判地位取决于"**谁更想达成交易**"，这不仅取决于企业自身的行业地位，还与当地市场的集中度有关，有时候也可能是"强龙难压地头蛇"。从实地销售经理的角度看，谈判地位的高低并非自己可以改变的事实，除了在选择目标分销商时不要"一味求大"之外，最重要的就是提高自身的谈判技能。

有关谈判技能的书籍和培训很多，以下介绍的实用工具通过高度概括与提炼的方式，为实地销售经理提供一些简洁实用的谈判技巧。

实用工具28

"雪花"形实用谈判技能
（针对与目标分销商的合作谈判）

总体说明：

（1）雪花共有 6 瓣，且每瓣上面分布均匀，比喻 6 种谈判技能及其包含的 3 个要点，便于读者记忆（见图 13-19）。

（2）上述比喻不仅源于形状上的相似，更重要的是取其寓意，因为最高的谈判技能就如同雪花那样"润物细无声"的境界，在达到自己目标的同时让对方也乐于合作。

1. 把握好谈判断过程的3大步骤
——双向沟通，找出分歧
——针对分歧，说服与交换
——评估结果，作出决定

6. 正确认识3种"面子"问题
——为对方保留"面子"
——必要的让步并非"丢面子"
——达成协议，大家都有"面子"

2. 努力保持自己的3种心态
——诚心
——信心
——耐心

谈 判 技 能

5. 适当使用3种施压的手段
——适当暗示还有其他选择
——适当指出对方"软肋"
——适当利用时间压力

3. 充分表现自己的3大素养
——专业知识
——对市场与对方的洞察
——不卑不亢的平稳态度

4. 善于运用3种打破僵局的方法
——善于将讨价还价转移到"把饼做大"的方向
——善于利用"虚拟上级"，不让步或体面地让步
——善于通过"如果……"，试探建设性方案

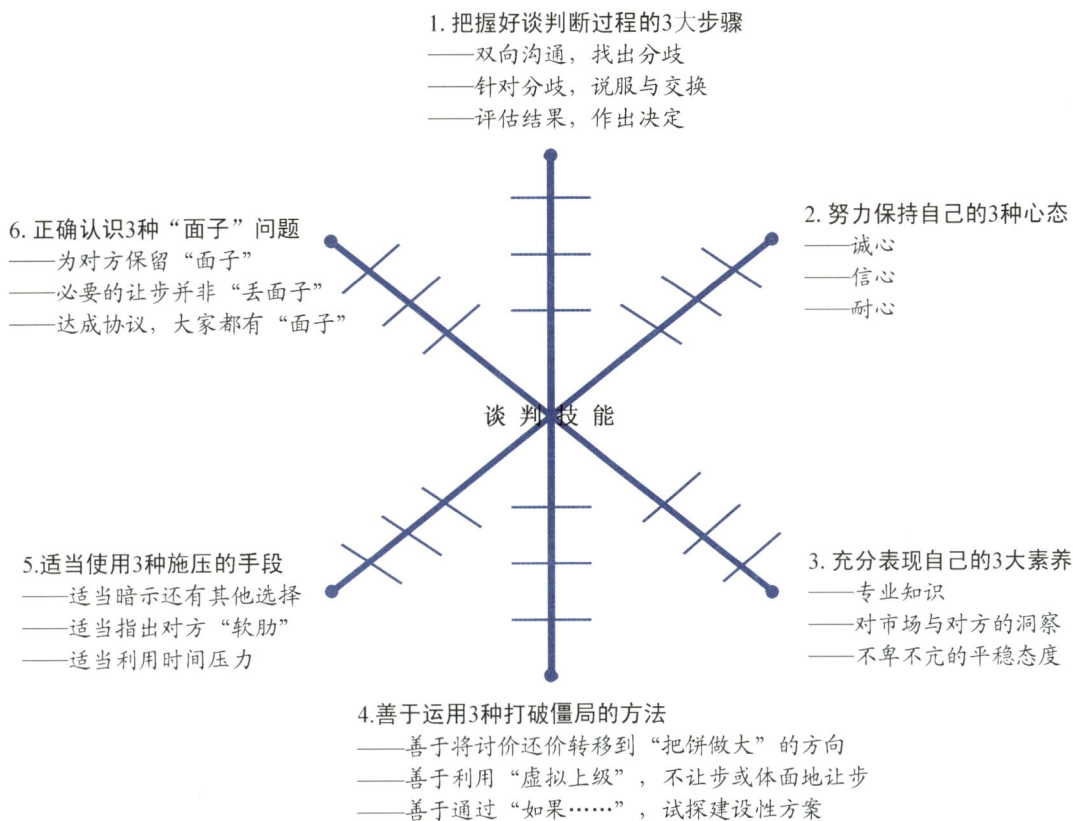

图 13-19 "雪花"形谈判技能示意图

通过"雪花"形示意图，相关的谈判技能一览无遗，在具体阐述图中所示的谈判技能之前，有必要就几个基本问题作一说明。

A. 谈判人员的组合

在与目标分销商正式谈判时，最好不要"单刀赴会"，尽量组成2~3人的小型团队（人太多也没必要），这样可以相互"掩护"，分别扮演"黑脸"与"红脸"的角色。"黑脸"通常由团队中的最高职位者扮演，作用是坚持己方的立场和逼迫对方让步；"红脸"最好由以后直接管理分销商的销售经理扮演，可以在双方陷入僵局的时候充当"和事佬"与"说客"，这样有利于日后与该分销商的具体合作。

B. 谈判对手的选择

最好与目标分销商的老板或总经理直接谈判，在关于是否引入一个新品牌的问题上，即使高层管理人员往往也没有决定权。如果对方一定要先派出缺乏决定权的人来谈判，那么只需要对其进行说服，而非实质性谈判；即使谈判也不能作出任何让步，静待关键人物的出场。

C. 谈判地点的选择

最有利于自己的当然是"主场"谈判，但这一点对实地销售经理而言比较困难，比较可能的选择是先礼节性地拜访对方，然后选择一个气氛轻松、环境雅致的咖啡厅或茶座进行谈判。即使主动上门谈判，只要避免对方的环境影响或暗示，谈判地点也不是影响谈判结果的关键因素。

D. 谈判时间的选择

事先电话预约无疑是必要的，并且尽可能选择双方都没有太大时间压力的时段，否则手机声此起彼伏显然不利于谈判的进行。

一、把握好谈判过程的 3 个步骤

与目标分销商的正式谈判如同下棋一样，可以分为开局、中盘、残局 3 个阶段，把握好整个谈判过程的节奏是成功的关键。

1. 开局：双向沟通，找出分歧

谈判的开局阶段，目的是通过双方表达各自立场，找出分歧。具体来讲，主要是完成以下三个任务：

（1）营造良好的谈判气氛。

营造气氛如同谈判前的热身，主要通过聊一些轻松愉快的话题来拉近双方的距离。常用的技巧是"舒服性试探"（comfortable probe），即主动触及对方的得意之处并适当地恭维。举例如下：

▶ "刘总，刚才看到你们的送货车满载而出，生意不错吧？"

▶ "刘总，你们的办公室电脑这么多，看来您挺重视系统化管理的。"

▶ "您就是刘总，我去市场走访的时候，那些客户都提到了您，您的知名度很高啊！"

对方一般都会接着你的话"得意"地往下讲，自然而然就拉近了双方的距离。

（2）清晰地向对方介绍合作条款。

这一步主要是就"谈判地图"的9个问题及其他重要条款详细讲解，其他方面可一带而过。当然，这是基于之前已经向对方做了说服性工作，对方已经对"利益驱动光盘"的内容有了基本了解；否则，需要先进行说服性工作，简要地介绍"利益驱动光盘"的各项内容（详见之前的实用工具）。

（3）仔细听取对方的反馈。

这是开局阶段的最重要环节，可以让你清晰地了解对方的立场。一般聆听及思考问题的速度比对方讲话要快4倍，所以只要注意力集中，完全可以捕捉到对方传递的信息，常用的"聆听"技巧有3点：

▶ 目光平视对方，表示你在认真听他的讲话，并不时点头示意，简单附和或记录，鼓励对方继续说下去。

▶ 注意观察对方说话时的神态和身体语言，听出其"言外之意"。

▶ 在"聆听"的过程中不要"见招拆招"，即使对方提出了一些尖锐性的问题也不要急于回答（除非对方明确要求你马上回答）；如果感觉对方还没讲完，可以用一些开放式的问题引导他将自己的意思完全表达出来。比如："您讲的前几个问题我已很清楚，除此之外您还有其他关心的问题吗？"

通过开局阶段的谈判，你应该可以清晰而完整地了解对方的立场，并且知道双方的分歧在哪里，以及这些分歧中哪些是对方最关注的。

2. 中盘：针对分歧，说服与交换

中盘阶段是谈判过程中最重要也是最复杂的阶段，在这个阶段主要是完成以下3个任务：

（1）通过说服性工作，在不让步的情况下弥合分歧。

针对双方的分歧，首先从容易说服的问题着手，推动对方的立场向自己的立场靠拢。在这个步骤中，无非还是围绕"利益驱动光盘"中的相关内容，相当于再一次有针对性地展开说服工作，这里不再赘述。

（2）针对仍然存在的分歧，通过小幅让步与对方交换，进一步缩小分歧。

通过前面的说服性工作，可能会减少分歧，但希望完全通过说服来解决所有分歧，往往不太现实。在一切的说服性工作都已经尝试之后，双方可能就陷入了僵局，这时可以适当表现出灵活的立场，通过预先设定的小幅让步与对方交换，但必须注意两点：

▶ 如果单方面善意让步，对方必定会得寸进尺，所以任何让步都尽可能与对方交换。

▶ 在中盘阶段，切忌作出大的让步，谈判的规律是"**80%的让步总是留待最后20%的时间里**"。也就是说，大的让步应该在残局阶段作出。

（3）如果双方仍然存在重大分歧就暂行搁置，留待残局阶段再作决定。

本工具的其他谈判技能大部分都应用于中盘阶段，具体如何说服与让步，详见后续内容。

3. 残局：评估结果，作出决定

经过"中盘"的拉锯，如果双方能够弥合所有的分歧自然最好，假如还存在重大分歧，那么就需要在残局阶段作出最终决定。在残局阶段主要是完成以下2个任务：

（1）对于剩余的重大分歧，作出是否让步以及如何交换的决定。

针对双方剩余分歧的大小，再根据之前的种种试探和自己的谈判底线，在最后关头作出是否让步以及如果让步与对方如何交换的决定。

（2）向对方传递非常明确的信息，这是最终决定。

所谓最终决定，是向对方表明：你已经作了最大限度的让步，如果对方还不接受那就意味着双方的谈判将会破裂。传递最终决定的方式并不一定要声色俱厉，往往温和而坚定的态度更为有效，并且要为对方保留面子，最好让对方感到这个最终决定对双方而言，他是胜利者。举例如下：

▶"刘总，您的谈判技巧真的很厉害，这是我请示公司总部以后，为了体现长期合作的诚意，对您破例所作的决定。您要是还不同意，那我可爱莫能助了。"

▶"刘总，您已经逼得我们公司什么底牌都拿出来了，这底牌您也看了，在我的谈判经历中还从来没有接受过这样的条件。不管咱们合不合作，您可得教我几招，要都是这样的合同拿回去，我非得被炒了不可。"

注：通过"爱莫能助"或"底牌"等字眼，让对方明白这实际上就是"最后通牒"。

二、努力保持自己的 3 种心态

整个谈判过程往往跌宕起伏，既可能陷入"山穷水尽疑无路"的困境，又可能迎来"柳暗花明又一村"的喜悦，因此销售人员的心态对谈判结果影响很大。

1. 诚心

所谓诚心（sincerity），并非指什么东西都和盘托出，而是指尊重谈判对手。只有"以诚待人"，才会换来对方的诚意。举例如下：

▶ 按时赴约。

▶ 事先准备好各种谈判所需的资料，不要让对方感觉你草率行事或丢三落四。

▶ 不要随意提出"不着边际"的目标。

▶ 在谈判过程中仔细倾听对方的讲话，不要东张西望或漫不经心。

虽然不少谈判理论都强调要蔑视和"整治"谈判对手，但作者认为这并不适用于同目标分销商的谈判。

2. 信心

如果你对自己的产品和方案都没有信心（confidence），那么最好不要去谈判。即使你心中没底，坐在谈判桌前的一刹那间，也必须通过自我心理暗示，让自己充满成功的信心。

3. 耐心

与目标分销商的谈判很可能变成一种"拉锯战"，具备耐心是促使谈判成功与争取最大利益的必要条件。所谓耐心（patience），包括两层含义：一是不要急于求成，越着急的人越会在谈判中处于下风；二是不要轻易放弃，谈判陷入僵局甚至停顿是很正常的事情。

三、充分表现自己的 3 种素质

谈判双方表面上的言语沟通，背后其实是知识、信息和修养的全面"比拼"，谁在这场"比拼"中占据上风，无疑将会产生巨大的心理优势。因此，成为对方所尊敬的谈判对手是获取成功的重要因素，这主要源于平时的积累和事先的调查，并不是一个简单的技巧问题。

1. 展现自己的专业知识

"专业知识"的含义比较广泛，首先包括"利益驱动光盘"的所有内容，其次包括对分销商再销售过程的分析，以及对行业现状和前景的认识等。你越专业，对方就越不敢小瞧你，也更加信服你所提出的观点和论据。

2. 表现自己对当地市场和对方的洞察

这种洞察基于之前对当地市场和目标分销商的调查，让对方感到不能随意利用其信息优势来"糊弄"你。这正是应了军队里常说的一句话："战前多流汗，战时少流血。"

3. 体现不卑不亢的平稳态度

在谈判中情绪不稳定，是双方都可能出现的情况，而且对方很可能利用发怒等情绪宣泄的方式，作为向你施压的手段。当对方情绪激动时，人们往往出于本能会有两种极端反应：一是害怕或恐惧，这正是对方希望达到的目标；二是与对方硬碰硬，"这个世界谁怕谁"。无疑，这两种本能的反应都可能会给谈判带来灾难性的后果。

有一些人本身容易激动，有一些人却把这个作为谈判手段，无论属于哪一种情况，当对方情绪非常激动时，如何在一刹那之间克制自己的本能反应呢？作者有一个小诀窍屡试不爽，每当这时我就会想"他又在演戏了"，一下子我既不会感到害怕也没有与对方硬碰硬的冲动，而且我会自然产生一种心理优势："与这种演技和修养的人谈判，我一定会成功。"当你具备这种心理优势后，完

全可以用一两句话将对方的"凌厉攻势"化于无形,并且让他对自己的失态(无论是故意还是无意)感到不好意思。举例如下:

▶ 温和型:"刘总,您这么激动,需不需要先休息一下,我们待会儿再谈。"

▶ 反击型:"刘总,您别这么激动,赚钱事小,身体事大。"

所以在谈判过程中始终保持不卑不亢的平稳态度,既能体现自己的修养,又能使对方对你捉摸不透。虽然不少谈判理论也"教育"销售人员应该采用"情绪激动"这一招,但这一招并不适用于同目标分销商的谈判,而且作者始终认为"不怒而威"才是更高境界。

四、善于运用3种打破僵局的办法

谈判实质上就是发现分歧、缩小分歧,最终消除分歧的过程。当双方因为某个分歧而寸步不让时,谈判也就陷入了僵局。能否有效地打破僵局是谈判能否成功(甚至能否继续下去)的关键,也是对谈判技能的集中考验。

1. 善于将讨价还价转移到"把饼做大"的方向

如果与对方在某个孤立的问题上简单地讨价还价,往往不是解决分歧的有效方法。要想既不作出让步,又能让对方的立场向自己靠拢,最好的方法就是把讨价还价转移到"把饼做大"的方向,引导对方着眼于总体利益,而不要纠缠于一城一地的得失。现以通常冲突最激烈的结算方式为例,介绍如下:

▶ "刘总,您刚才提到别的品牌都给您提供信贷支持,而我们却要求您现款现货,您觉得难以接受。其实这个问题并不能孤立地看待,您最关注的实际上是投资回报的效益,并非为了信用额本身。有的品牌给您提供信贷支持的同时又拼命压货,实际上您投入的资金可能更多,更重要的是,我们为您提供丰富的分销与促销支持,而且还准备在本地投放广告,只有帮您把货卖出去您才能赚钱和加快资金周转,否则给您的信用额无非变成了库存积压和一大堆应收款。

从我为您测算的投入产出分析表来看,现款现货,无论从投资回报率还是从利润绝对值来看,都在您目前代理的品牌中名列前茅……"

2. 善于利用"虚拟上级",不让步或体面地让步

无论你的权限有多大,一定要为自己设立一个"虚拟上级"。所谓虚拟,是不要明确表明这个上级是谁。这一方面可以避免对方把你看成僵硬的谈判对手,把不让步的矛盾无形中转移给"虚拟上级";另一方面在有必要作出让步时,让对方感觉你之前的立场都是在坚持原则,而你反过来为他向公司争取了更多的利益,否则对方会感觉你之前的"表演"都是惺惺作态,而且肯定会得寸进尺地向你提出更多要求。举例如下:

▶ "刘总,这个返利高低的问题,不是我不帮您,确实是公司总部统一规定并且明令绝对不能破例的。这一点您应该可以理解,如果我今天答应了您,明天答应其他人,那最终如果冲货,不是对谁都没有好处吗?"

▶ "刘总,之前您提到要增加两个人员支持的问题,我确实没有决定权,不过我看到了您的合作诚意,反复向上级争取,最后他们终于答应了。"

有些销售人员在谈判中唯恐别人不知道他"位高权重",特别是在对方的吹捧之下,甚至逾越权限"先斩后奏"。这实际上是一种虚荣心在作祟,很容易被对方所利用。

3. 善于通过"如果……",探讨建设性的方案

在谈判处于僵局的时候,可以采用"如果……那么……"的提问。这既有助于进一步探讨对方的底线和交换条件,又不会使自己处于被动地位。因为你只是提出了一种假设,即使对方同意,你还需要"虚拟上级"的批准。举例如下:

▶ "刘总,如果我向公司争取3个月后给您提供20万元的信用额,那么您就要答应我承担这些费用……"

▶ "刘总,如果您同意预付80万元,那么我尽量向公司争取您需要的费用支持。"

五、适当使用3种施加压力的手段

在与目标分销商的谈判过程中,适当地向对方施加压力,有时是迫使对方让步与促成合作的必要手段。当然,施加压力的前提是双方的谈判地位至少对等,或者你还具有相对优势,否则很可能会适得其反。

1. 适当暗示还有其他选择

如果对方举棋不定或坚持不肯在重大问题上让步，那么有必要暗示对方你还有其他客户可以选择，既抬高自己的"身价"，又给对方施加心理压力。这种暗示尽量不要在正式谈判场合使用，并且最好由扮演"红脸"的销售人员向对方的二号人物转达，以避免引起对方的逆反心理。举例如下：

▶ "张经理，我是很想与你们合作，您最好和刘总说一下，不要在代理范围的问题上再坚持。不瞒您说，我们陈经理还看中了其他两家客户，他们都没有这个要求。"

2. 适当指出对方的"软肋"

一般情况下没有必要这样做，但如果对方"气焰嚣张"或对本企业横加指责，那么适当的"回敬"往往对谈判结果会产生有利的影响。可以挖掘的"软肋"包括：

（1）对方相比其主要竞争对手（当地的其他分销商）的弱项，如代理品牌的组合、管理水平、网络广度等。

（2）对方的生意可能很大，但是否处于下降趋势？

（3）对方所代理品牌的市场表现以及当地批零网点的不利评价等。

当然，在指出对方的"软肋"时，要注意两点：一是信息来源必须准确；二是态度仍然要不卑不亢，措辞尽量委婉。举例如下：

▶ "刘总，正如您所讲，您的客户确实很多，但不知道我讲的对不对，从我到市场走访的情况来看，许多客户与贵公司之间都只是一种松散的合作关系，而且近半年出现了不少客户流失的现象……"

3. 适当利用时间压力

如果在谈判中感觉对方也很想达成交易，那么适当利用时间压力可以促使其作出最终的让步，这一般应用于残局阶段。举例如下：

▶ "刘总，这已经是我公司体现最大诚意的合同了，公司规定我必须在本周内确定分销商。如果您不能在明天给我一个准确答复，虽然我很想与您合作，也只好很遗憾地选择其他客户了……"

六、正确认识3种"面子"问题

很多时候，困扰谈判结果的往往是双方的"面子"问题。因此，正确地认识"面子"问题对谈判结果同样非常重要。

1. 为对方保留"面子"

谈判的目标是"成功"，不是"取胜"，所以即使最终的谈判结果对你有利，也不要让对方感觉是因为他的谈判技巧不如你，而且在谈判过程中，也要努力为对方保留"面子"。

▶ "刘总，您刚才说这份合同没有达到您的预期目标，其实这份合同已经是非常优惠的了，主要是我们公司的规定太死板了，没法改变。"

注：把谈判结果"推"给公司死板的规定，可以让对方心里好受一些，不认为"输"给了你。

2. 必要的让步并非"丢面子"

有的销售人员自视谈判技巧高超，以"毫不让步"作为检验自己谈判能力和成功的标准。除非你占绝对优势的"城下之盟"，否则谈判就是妥协与交换的艺术，僵硬不变的立场在多数情况下只会使谈判破裂。谈判能力的高低不在于是否作出了让步，而在于如何作出巧妙的让步和交换，以实现预定的总体目标。因此，完全没有必要将让步与"面子"问题联系在一起。

3. 达成协议，大家都有"面子"

只要最终达成了协议，说明谈判结果至少是在双方的可接受范围之内。换句话说，至少说明达成这个交易比谈判破裂对大家都有利。从这个意义上说，双方都是"赢家"。

七、"雪花"形实用谈判技能小结

美国谈判学会主席尼尔伦伯格说过，谈判是一个"合作的利己主义"的过程。谈判行为是一项复杂的人与人之间的互动行为，如何在冲突中寻求合作，是一个复杂而永恒的课题。谈判如同下棋，即使你把所有的棋谱都"烂熟于心"，在每次下棋的时候还是会面临不同的开局、中盘和残局。因此，谈判也是"兵无常势，水无常形"，无论你学习了多少谈判技能，关键还是在于从实践中总结与提高。唯有像雪花那样**"润物细无声"**，才是谈判技能的最高境界；在达到自己目标的同时让对方也乐于合作，并非"赢了合同就等于赢了市场"。

13.7.3 与目标分销商的合作谈判小结

与目标分销商的整个谈判过程包括三大部分，本书分别提供了三个实用工具：

(1) 说服目标分销商"愿意谈"　　→　目标分销商的"利益驱动光盘"

(2) 合作条款谈判的准备工作　　→　目标分销商的"谈判地图"

(3) 实际谈判合作条款　　　　　→　"雪花"形实用谈判技能

最后，用4种动物分别比喻不同的谈判者类型，读者可以自行对比参考（见图13-20）。

驴
➤ 不动脑筋，勇字当头
➤ 死守教条，立场僵硬
➤ 成事不足，败事有余

羊
➤ 毫无主见，总被说服
➤ 胆小怕事，易于屈服
➤ 步步退让，出卖利益

狐
➤ 心思细密，阴字当头
➤ 阴谋诡计，欺软怕硬
➤ 不择手段，损人害己

鹰
➤ 目光长远，视野开阔
➤ 从容不迫，处变不惊
➤ 有理有节，注重双赢

图13-20　4种不同的谈判者类型图

13.8　最终确定分销商的方法与误区

如果同时与多个目标分销商谈判，最终还需要对这些候选客户进行综合比较，从中选择最适合的客户成为正式分销商。在审核确定的时候，基本思路自然是将最初确立的目标分销商"画像"（选择标准）与候选客户的实际情况进行比对，从中找出最"相似"的客户。

524　13.8.1　审核确定分销商的两种方法

对候选客户的比较有时候很容易，因为各自的优劣可能一目了然；有时候却让人思虑再三，难以决断。这里向读者介绍两种判断方法，仅供参考。

1. 强制评分法

所谓强制评分法，就是针对目标分销商的各项评估指标设立权重，然后分别打分，最后将综合得分最高的候选客户作为分销商。这种方法看起来似乎很客观，而且完全用数据说话，但是实际上不具有操作性，而且综合评分高的客户未见得就一定是最适合的分销商。其原因如下：

(1) 在设立各项指标的权重时，很难有科学的依据。

(2) 在对每项指标打分时，主观因素仍然会占有相当大的比重。

(3) 即使上述两个问题都可以解决，最大的问题在于各项指标之间能够相互替代吗？

比如，A客户的网络是30分，资金实力是20分，经营意识是10分，加总是60分。这个60分的意义何在？难道资金不足可以用网络来替代，或者经营意识很差能用资金来弥补吗？

作者认为"强制评分法"顶多可以帮助销售人员明白在选择分销商时，哪些因素相对重要，哪些相对次要。在最终对几个候选客户进行比较时，并没有太大的实际价值，而且很可能误导决定。

2. 三步过滤法

"三步过滤法"是作者从工作经验中总结出来的一种确定分销商的方法，简述如下：

第一步：通过必要条件，首先淘汰不具备基本条件的候选客户

必要条件一般选择直接支撑生意运转，而且候选客户在短期内难以改变的指标，如渠道影响力、资金实力（并非越强越好）和储运能力等。如果候选客户不能满足必要条件，那无论其他方面多么强，也不会考虑。

每个企业在不同市场的必要条件可能会有所不同，但渠道影响力应该是最先考虑的必要条件，因为这是选用分销商的主要目的，而且网络建设绝对不是"一日之功"。对生意规模较大的企业而言，候选客户的资金实力与储运能力一般也属于必要条件，因为这也是短期内难以改变的因素，除非企业愿意给予巨大的信贷与储运支持。此外，有些必要条件与行业特点相关，比如 IT 行业可能要求目标分销商必须拥有起码的技术人才与设备等。

第二步：以"合作意愿"作为判断标准，淘汰"合作意愿"不强的候选客户

"合作意愿"是否强烈是除必要条件之外的关键因素，因为只要对方具有强烈的合作意愿，再加上具备必要条件，就可以成为一个合格的分销商，其他方面都可以在合作过程中逐步完善和改变；反过来，如果"合作意愿"不强，即使其他条件再好也只是一个"绣花枕头"，中看不中用。"合作意愿"强烈与否，往往会体现在谈判结果上，对方合作意愿越强烈，通常合同条款也越有利于企业。

第三步：结合经营意识、销售队伍等因素，最终确定分销商

一般仅仅通过前两步就可以作出决定，如果候选客户较多而且前面两步都可以通过，那么最后就是比较经营意识和销售队伍等其他因素了。这并不是说这两个因素不重要，而是相比前几个因素，其相对容易改善。

"三步过滤法"的核心是逐步排除，至于每一步具体选择什么指标，则需要根据企业和市场的实际情况而定。比如，也可能将销售队伍作为必要条件，而将储运能力作为第三步再考虑的因素。

13.8.2 确定分销商的两大误区

▶ 误区1：一切向钱看

目标分销商的资金实力无疑是支撑生意运转和发展的必要条件，但是只要能满足企业对目标市场的资金投入要求就可以了，并非给钱多的客户就是最适合的分销商。一个新分销商愿意为企业支付大量的预付款，无疑代表他有很强的合作意愿，这也是销售人员谈判技能的一个体现。但在确定分销商时，如果把"钱"看得太重，势必会牺牲其他条件，无论新分销商给多少预付款，他总是要把货卖出去才能形成再回款，否则就是一次性买卖，失去了找分销商的意义。

如果一个分销商先付 200 万元的预付款，卖一年都没卖完；另一个分销商每个月稳定回款 30 万元，孰优孰劣本来并不难判断，但为什么很多企业和销售人员在选择分销商的时候会容易"一切向钱看"呢？道理很简单，企业的老板急功近利，目光短浅；销售人员想的是先拿到奖金，以后的问题以后再说，说不定到时候自己都已经调走了。最终分销商积压大量的货物，而企业却白白丢掉了市场，还要处理退货等一大堆棘手的问题，这对分销商和企业是一个"双输"的结局。接下来讲到的案例，将充分说明这种"双输"的结局是多么惨重。

▶ 误区2：一味求大

有些销售人员在比较确定候选客户时，往往有一个简单的逻辑：越大越好。这种逻辑的依据是"大树底下好乘凉"。其实"大并不等于强"，大分销商往往都代理诸多名牌，很可能主要依靠厂家直接操作市场，自己的操作能力其实相当薄弱，而且必然对其他品牌（特别是中小品牌）的重视程度很低并要求苛刻。企业最终的结果可能是"赔了夫人又折兵"。

不少有经验的销售人员将找分销商比喻为找对象，光是好看没用，关键要看人家对你怎么样，重要的是双方"情投意合"。这个比喻实际上一针见血地指出了一味求大的弊端。

案例 13-3   **"一切向钱看"的双输结局**

　　某化妆品企业推出了一套全新的高档化妆品，面向全国招商。其中广东省原有 15 个分销商，大家都有兴趣代理这套新产品，大约预付款可以收到 200 万元。这时海南一个专营酱油的批发客户听到了这个消息，他正准备进入化妆品行业并进军广东市场，顿时感到这是一个一举两得的机会，于是大手一挥："我出 500 万元，一年包销 1 500 万元。"

　　这一下可乐坏了该化妆品企业的老板，他毫不犹豫地把广东省新产品的代理权交给了这个海南的酱油批发商。原来的分销商都不愿意做他的二级分销商，于是这个酱油批发商只好在网络和队伍一片空白的基础上，从零起步。我们来盘点一下最后的结果：

　　▶ **分销商：** 500 万元的货物两年都没卖完，最后还退了 250 万元。500 万元的资金积压了整整两年，而且绝对亏损，投资回报率惨不忍睹。一个字：**输**。

　　▶ **企业：** 先收了 500 万元预付款，扣除退货，实际上两年回款 250 万元。如果交给原广东的分销商代理，保守估计一年能卖 1 000 万元，等于损失了 1 750 万元的回款；再加上与原有渠道分开以后，新增大量的商场费用，一个字：**输**。

　　【案例分析】

　　这个案例充分说明了在确定分销商时，"一切向钱看"将会带来灾难性的结局。

　　（1）高档化妆品一般需要通过大商场的专柜销售，这个终端网络的建设远远比通过批发市场自然分销困难得多，而且广东市场的规模位列全国之首，历来是"兵家必争之地"，其市场竞争异常激烈。因此在选择分销商的时候，渠道影响力自然是必要条件，如果按照"三步过滤法"，这个海南的酱油批发商在第一步就应该被"刷掉"。

　　（2）这个海南酱油批发商的合作意愿应该说非常强烈，从其预付款的金额来看，该化妆品企业在与其签订的合同中"风光占尽"，但是赢了合同就等于赢了市场吗？

　　（3）合同中所谓的年销售目标实际上没有什么意义，卖多少不是企业或者分销商说了算，而是消费者说了算。煽动激情永远不是成功之道，唯有精耕细作才是发展之路。

　　（4）这个案例再次说明了一个颠扑不破的真理，急功近利永远没有好结果，企业的着眼点应该是如何把产品卖给消费者，而不是如何把所谓的经销权卖给分销商，最终只能是"害人害己"。

　　企业选用分销商的目的无非两个字：**借力**，也就是所谓的杠杆效应（leverage effect），希望以分销商作为支点来"撬起"目标市场（见图 13-21）。

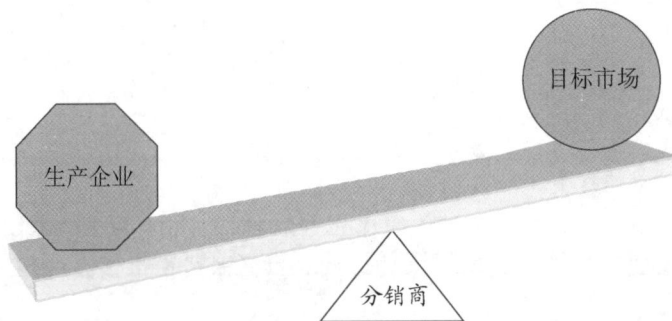

图 13-21 杠杆效应示意图

　　如果分销商系统的布局合理，并且选择了合适的分销商，企业将会得到一个有力的"支点"，再加上其他销售工作的配合，生意必然蒸蒸日上。但是这个"跷跷板"游戏并不是那么好玩，如果草率行事或缺乏专业判断，那么最终的结果将走向反面，不仅市场低迷，而且企业还将付出昂贵的代价。因此，在构建分销商系统的工作中必须要<u>**慎思而笃行**</u>，这是一个动态的过程，需要根据生意的发展情况不断调整和优化。

　　最后用唐太宗李世民的一句名言作为本章的结束语，并和读者共勉：

注：原意指君王为舟，百姓为水。这里引申为企业是舟，分销商是水。在构建分销商体系的时候一定要慎之又慎；否则，不仅不能"泛舟湖上"，反而沉入水中。

▌ 本章要点回顾 ▌

本章简要概括了分销商系统构建工作的整个作用力体系，并系统地阐述了自始至终五大步骤的具体工作。整章把分销商系统的构建工作形象化地比喻为"举重队"的组建过程，有助于读者更全面和直观地理解其中的逻辑关系。本章的重点在于针对每一项具体工作，将相关原理、分析方法以及实际操作"固化"为实用工具，为销售经理提供"容易的下一步"。

本章的要点可以概括为"1 +1 +6"：

1 个总览：分销商系统构建与管理模块作用力体系图
▶ 3 个输出：作用于后续分销商管理过程的作用力
分销商的数量及其分布
分销商的质量：渠道影响力、硬件实力与管理能力、对本企业的重视程度
与分销商的合作条款
▶ 5 大工作：预先构思与实际建立
预先构思：分销商布局与定位 →确定分销商的选择标准
实际建立：寻找与调查目标分销商 →合作谈判 →审核确定
▶ 4 个输入：影响实地销售经理构建分销商系统的作用力
企业因素：企业对分销商的基本作用力、企业统一的渠道规划与合同
自身因素：销售经理自身的分析与谈判能力等
市场因素：目标市场的规模与渠道格局

1 个形象化的比喻示意图（见图 13 –3）。

6 个实用工具：
【实用工具 23】分销商布局的"浮球"分析法
【实用工具 24】目标分销商的"定位标尺"
【实用工具 25】目标分销商的"素描模板"
【实用工具 26】目标分销商的"利益驱动光盘"
【实用工具 27】目标分销商的"谈判地图"
【实用工具 28】"雪花"形实用谈判技能

读者可以在本章的基础上进一步延伸知识体系（见图 13 –22）。

527

第13章　分销商系统的构建

更系统地学习渠道矩阵以及谈判
的相关理论与知识
➡ 交易成本理论
➡ 渠道宽度的决策
➡ 渠道长度的决策
➡ 渠道一体化程度的决策
➡ 谈判心理与策略等

针对本行业，分析构建分销
商系统的特点
➡ 本行业的分销商布局
密度以及分销商的整
体状况等
➡ 本行业对分销商的专
门要求等

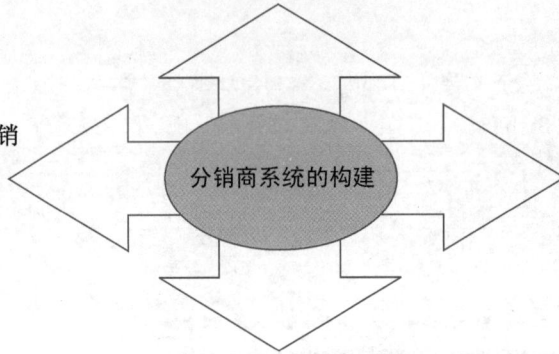

分销商系统的构建

针对所辖市场，分析构建
分销商系统的特点
➡ 当地市场规模与渠道格
局，以及相应的布局特
点等
➡ 当地分销商的现状以及
谈判难点等

建立自己的相应"工具包"
➡ 设计更具针对性的目标分销商"素描
模板"
➡ 建立基于企业实际情况的目标分销商
"利益驱动光盘"
➡ 总结提炼更具针对性的"谈判地图"
与谈判技巧
➡ 归纳整理其他实用工具

图 13 - 22   第 13 章的知识体系延伸示意图

销售力

528

第14章 ◣ 分销商系统的管理 ◢

构建分销商系统如同在神州大地"播种",种子选得怎么样以及播在哪里,无疑对日后的收成影响极大。但是否播完种就"完事大吉",等着"靠天吃饭"呢?在以前"天公作美"的卖方市场的年代,"靠天吃饭"或许是一种不错的选择,但在市场竞争日益激烈的今天,如果不加强对分销商系统的管理,恐怕收成只会一年比一年差。

不少分销商在谈起厂家的销售经理时,常常用一种鄙视和无奈的口吻说:"这个人除了月底能见他一次,一个月都不见人影,他一来准没别的事,就是要钱。"试想如果我们是这样的销售管理者,你还指望能有多大销量和多少回款,更不用说什么"厂商双赢"或者"加强分销商的忠诚度"了。如果一个销售经理沦落为纯粹的"催款员",那将是其职业生涯中既可悲又可笑的一幕。

分销商系统的管理是一个比较宽泛的概念,本章将由浅入深地阐述相关内容,并努力将具体知识"固化"为实用工具,为读者提供"容易的下一步"。需要说明的是,本章的大部分内容同样适用于对销售分公司的管理,因为销售分公司所承担的具体职能与分销商大同小异。就管理工作而言,省却了与分销商打交道的过程,并且从协助再销售变成了完全负责再销售过程。

14.1 分销商系统管理概述

根据第4章系统论的观点,我们不是仅仅把分销商看成一个人(老板)或一个经营实体,而是将其视为企业整个销售系统中的一个子系统。对分销商系统外延与内涵的界定,很难有一个统一标准,本书对"分销商系统"的定义如下,仅供参考:

所谓分销商系统,就是分销商支撑企业产品再销售的运作系统,具体包括价格体系、订货—发运—结算运作、信贷支持、销售人员、费用投入等。

图14-1是概括本章所有知识的"逻辑地图",以下内容就是对该示意图的简要说明,读者可在阅读时结合原图作为参考。

14.1.1 分销商系统管理工作的"输出"与"输入"

1. 分销商系统管理的"输出"

管理分销商系统的目的很明确,那就是尽可能提升分销商的销量和回款,而分销商系统作用于后续再销售过程的作用力越大,自然销量和回款也就越多。因此,分销商系统管理的直接"输出"就是"分销商能量星"的三大作用力:

(1)分销商对批零网点的利益推动力和服务力;

(2)分销商对网点分销与促销的人员作用力;

(3)分销商对网点分销与促销的资源作用力。

关于以上三大作用力的具体说明,详见第12章的"分销商能量星",这里不再赘述。

2. 分销商系统管理的"输入"

"分销商能量星"的三大作用力的大小,首先取决于分销商自身的实力(内因),同时也与销售经理对分销商的管理(外因)密切相关。具体来讲,包括以下四个因素:

(1)分销商的质量及其与企业的合同条款。

A. 分销商的硬件实力与管理能力,是决定其再销售作用力大小的基础。

B. 分销商对企业的重视程度,是影响其销售投入和配合的主观因素。

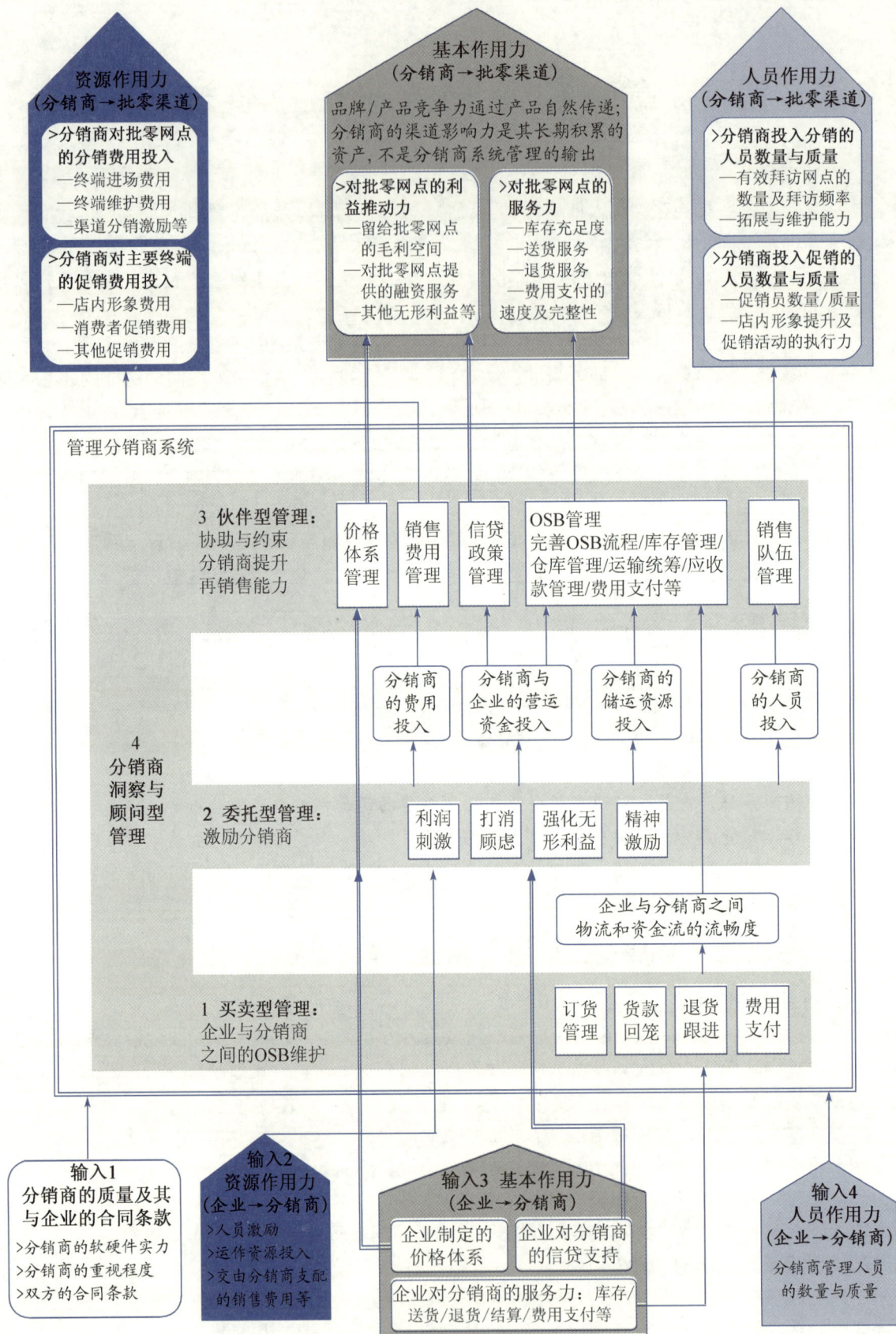

资源作用力
(分销商→批零渠道)

>分销商对批零网点的分销费用投入
——终端进场费用
——终端维护费用
——渠道分销激励等

>分销商对主要终端的促销费用投入
——店内形象费用
——消费者促销费用
——其他促销费用

基本作用力
(分销商→批零渠道)

品牌/产品竞争力通过产品自然传递；分销商的渠道影响力是其长期积累的资产，不是分销商系统管理的输出

>对批零网点的利益推动力
——留给批零网点的毛利空间
——对批零网点提供的融资服务
——其他无形利益等

>对批零网点的服务力
——库存充足度
——送货服务
——退货服务
——费用支付的速度及完整性

人员作用力
(分销商→批零渠道)

>分销商投入分销的人员数量与质量
——有效拜访网点的数量及拜访频率
——拓展与维护能力

>分销商投入促销的人员数量与质量
——促销员数量/质量
——店内形象提升及促销活动的执行力

销售力

管理分销商系统

3 伙伴型管理：
协助与约束分销商提升再销售能力

| 价格体系管理 | 销售费用管理 | 信贷政策管理 | OSB管理 完善OSB流程/库存管理/仓库管理/运输统筹/应收款管理/费用支付等 | 销售队伍管理 |

分销商的费用投入 | 分销商与企业的营运资金投入 | 分销商的储运资源投入 | 分销商的人员投入

4 分销商洞察与顾问型管理

2 委托型管理：
激励分销商

| 利润刺激 | 打消顾虑 | 强化无形利益 | 精神激励 |

企业与分销商之间物流和资金流的流畅度

1 买卖型管理：
企业与分销商之间的OSB维护

| 订货管理 | 货款回笼 | 退货跟进 | 费用支付 |

530

输入1
分销商的质量及其与企业的合同条款
>分销商的软硬件实力
>分销商的重视程度
>双方的合同条款

输入2
资源作用力
(企业→分销商)
>人员激励
>运作资源投入
>交由分销商支配的销售费用等

输入3 基本作用力
(企业→分销商)
企业制定的价格体系 | 企业对分销商的信贷支持
企业对分销商的服务力：库存/送货/退货/结算/费用支付等

输入4
人员作用力
(企业→分销商)
分销商管理人员的数量与质量

图 14-1　管理分销商系统作用力体系图

C. 分销商与企业的合同条款，是分销商管理的"准绳"。

上述三大因素都是分销商体系构建工作的"输出"，详见第13章的相关内容。

（2）企业对分销商的基本作用力。

A. 企业让渡给分销商的毛利空间（包括折扣）决定了分销商的合作积极性以及再销售的价格体系。

B. 企业对分销商提供的信贷支持，是分销商再销售的营运资金的一个组成部分，在一定程度上会影响分销商对下线客户的信贷支持以及库存充足程度。

C. 企业对分销商的服务力，决定了企业与分销商之间资金流与物流的流畅程度，从而在一定程度上影响了分销商对下线客户的服务力。

（3）企业对分销商的人员作用力。

对分销商进行管理的人员的数量与质量，无疑是直接影响分销商管理工作的能动因素，对于最终的"分销商能量星"起着至关重要的作用。

（4）企业对分销商的资源作用力。

企业直接向分销商提供的运作资源和费用支持等，对于加强分销商的运作能力及促进其销售投入，都会产生相当程度的影响。

企业作用于分销商的三大作用力是之前销售工作模块的"输出"，详见相关内容。

> **知识链接** 第7章的企业的基本作用力

> **知识链接** 第8章的企业的分销商管理人员力

> **知识链接** 第11章的企业的分销商运作资源力

14.1.2 E形分销商管理模型

分销商系统的管理工作千头万绪，而且可以从不同的角度去认识和划分。本书从管理层次的角度，按照由浅入深的顺序将管理工作简化为E形模型，如图14-2所示。

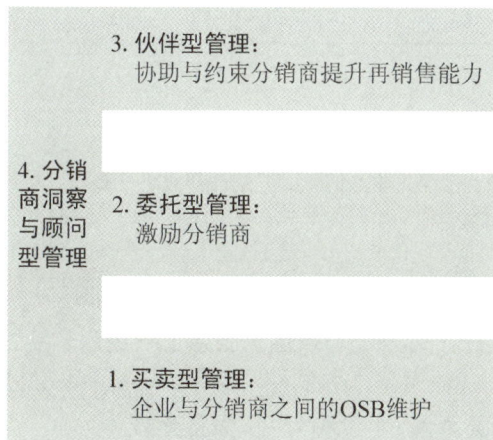

图14-2 E形分销商管理模型示意图

1. 买卖型管理（可以做）

这是最低限度的分销商管理，即维护企业与分销商之间的生意往来，确保资金流与物流的双向流畅。买卖型管理并不能提升分销商的销量和回款，但至少让分销商感觉这个生意还"可以做"，保证已有的销量和回款不要流失。

2. 委托型管理（努力做）

这比买卖型管理前进了一步，注重对分销商的激励，使其努力投入资源到本企业产品的再销售过程中，对于提升销量有一定的促进作用。但是这种管理还只是停留在让分销商"努力做"的层次，至于分销商做得怎么样只能靠他自己了。

3. 伙伴型管理（做得好）

这比委托型管理又进了一步，直接协助与约束分销商的再销售过程，如同与分销商并肩战斗的合作伙伴，不仅让分销商"努力做"，而且让分销商"做得好"。能达到伙伴型管理的层次已经相当不错，但这还只是着眼于企业自身产品的销售，有时候还需要将视野扩大到分销商整个生意的范围，从中寻找生意机会。

4. 分销商洞察与顾问型管理（做得更好）

上述三个层次的分销商管理，都必须基于对分销商经营状况的深刻洞察，否则所谓的管理只能是盲目和空洞的。顾问型管理已经超出了通常意义上的"管理"，这种管理的特点是通过对分销商整体生意结构的优化，提升本企业产品的销量。当然，顾问型管理对各级销售管理者的要求非常高，但是如果能达到这个层次，在分销商的眼里他将不仅是厂家的销售经理，也扮演"顾问"的角色。

分销商系统的 E 形管理模型如图 14 - 3 所示。

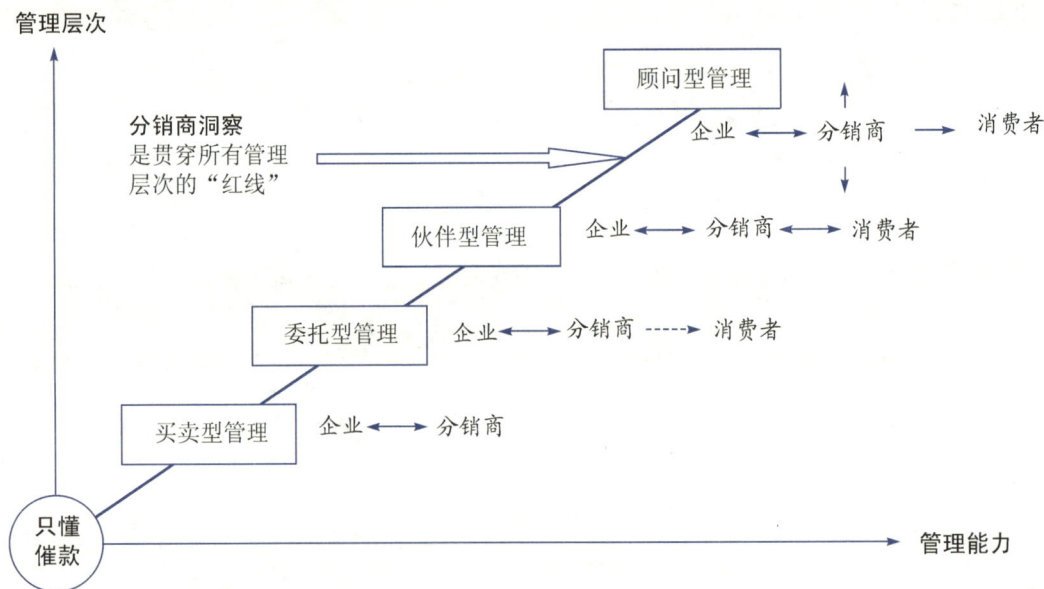

注：（1）分销商系统管理按由浅入深共分 4 个层次，并且每个层次都以前一层次为基础。（2）"委托型管理"中分销商与消费者之间的虚线，表示已经关注如何激励分销商努力将产品再销售给消费者，但自己并不参与再销售管理。（3）"顾问型管理"中分销商的上下箭头，表示不仅关注企业自身产品的销售，而且关注分销商的整体生意状况。

图 14 - 3 分销商系统管理"坐标图"

E 形分销商管理模型和上述坐标图，清晰地勾勒出了分销商系统管理的整体框架，使我们在具体管理工作中不至于迷失方向或淹没于众多的细节之中，并始终以四个层次的目标作为一切分销商管理工作的指引：**可以做 → 努力做 → 做得好 → 做得更好**。

14.2　分销商眼里的企业及其销售人员

从生产企业和各级销售经理的角度，考虑最多的是"分销商应该怎么做"或"什么是好的分销商"等问题。在开始介绍分销商管理的具体内容之前，我们不妨先作个换位思考，站在分销商的角度，看一看他们喜欢与不喜欢的企业是什么"类型"，以及他们喜欢与不喜欢的销售经理是什么"模样"。这样的换位思考有助于我们在分销商管理工作中做到"知己知彼"，并从中得到一些启示。

14.2.1 分销商喜欢与不喜欢的生产企业

分销商喜欢与不喜欢的生产企业见表 14 - 1。

表 14 - 1   分销商喜欢与不喜欢的生产企业

分销商喜欢合作的企业	分销商不喜欢合作的企业
1. 目光长远	1. 追求"短、平、快",无长远打算
2. 公正与诚信	2. 凡事讲关系,言而无信
3. 产品经过合法审批且质量稳定	3. 产品的手续不全或出现质量问题
4. 销售政策能够"因地制宜"	4. 销售政策"一刀切"
5. 销售政策连贯一致	5. 销售政策"朝令夕改"
6. 提供经过正规培训与稳定的队伍协助他们再销售	6. 让分销商"孤军奋战"或派驻的销售队伍既不专业也不敬业
7. 能够平等地倾听他们的意见	7. 居高临下,无理施压
8. 帮助他们提升运作和管理能力	8. 运作和管理水平低下

注:以上只是从分销商与企业合作的角度看问题,至于利益问题是不言而喻的,当然是越多越好。

总体而言,分销商希望生产企业成为他们可以信赖的长期合作伙伴,而不是"巧取豪夺"或"阴谋算计"的生意对手。用通俗的话讲,分销商希望企业着眼于如何"把饼做大",而不是一味地考虑如何"分饼"的问题。

14.2.2 分销商喜欢与不喜欢的厂家销售经理

分销商喜欢与不喜欢的厂家销售经理见表 14 - 2。

表 14 - 2   分销商喜欢与不喜欢的厂家销售经理

分销商喜欢的销售经理	分销商不喜欢合作的销售经理
1. 诚实守信	1. 油腔滑调,不可靠
2. 积极解决生意问题	2. 总是拖延或不解决问题
3. 能并肩战斗,共同把销量做大	3. "甩手掌柜"
4. 从公司获得更多支持	4. 从不考虑他们的感受和利益
5. 向公司真实反映市场情况	5. 过分催账
6. 做好计划,加强沟通	6. 居高临下地"发号施令"
7. 尊重与保护他们的商业机密	7. 泄露它们的商业机密
8. 人品优良	8. 素质很差,只会吃、拿、卡、要

实地销售经理作为企业与分销商之间的桥梁,把生意做大必然是实现"三赢"的根本途径。在与分销商的合作过程中,必然会存在不同程度的利益冲突,作为企业的代表,当然首要是维护企业的利益。但是"竭泽而渔"并非最优策略,如果罔顾分销商的感受和利益,最终也可能损害企业的长远利益。因此,如何在维护企业利益的同时兼顾分销商的利益,往往是管理工作的重点和难点。

14.3　企业与分销商之间的 OSB 维护

所谓 OSB（order-shipment-billing），是指企业与分销商之间的整个订货—发运—结算流程。OSB 维护无疑是最基本的"买卖型"管理工作，目的是维持企业与分销商之间物流和资金流的双向流动，这是一切生意运转和发展的基础。

从资金流来看，最重要的当然是分销商向企业的回款，同时也包括企业向分销商支付的费用、返利等；从物流来看，主要是企业按照分销商的订单发货，有时也包括分销商向企业的退货。毋庸置疑，企业与分销商之间的资金流和物流是否流畅，对后续销售过程将产生根本性的影响；而企业对分销商的服务力显然是影响 OSB 流畅度的决定性因素，但这是企业销售、财务、储运等部门的综合"输出"（详见之前的相关内容）。从实地销售经理的角度来看，主要是在企业服务力的基础上，尽可能通过自己的有效管理和勤于跟进，提高企业与分销商之间的 OSB 流畅度。

> **知识链接**　*第 7 章的企业的客户服务力介绍*

14.3.1　如何做好分销商的订货管理

"下订单"可以说是每个销售经理最频繁也是最起码的工作，但是不少销售人员可能工作了很多年，依然习惯于由分销商提供订单，自己只负责传真和跟进。事实上，一个专业的销售经理并非分销商想要多少货就给多少货，而是告诉分销商应该要多少货。

如何向分销商建议订货的数量呢？指导思想非常清楚，那就是既要保证不断货，又不要积压货物，而基本思路无非根据每个产品的销量和现有库存来决定订货数量。但仅仅有这些粗略的指导思想和基本思路显然是远远不够的，接下来介绍的实用工具将帮助销售经理提高下订单的科学性和准确度。

> **实用工具29**

OPA 订单计算法

总体说明：

（1）O（objective）代表每个产品的最高库存目标，P（point）代表每个产品的最低库存点，A（adjustment）代表人工调整；3 个英文单词的首字母缩写概括了订单计算的 3 个要点，以其作为本工具的名称，便于读者记忆。

（2）OPA 订单计算法将定量与定性分析相结合，是科学决定订货数量的有力工具。

一、OPA 订单计算法概述

▶ 指导思想：既保障市场的货物供应，又不要无谓地积压分销商的资金。

▶ 基本方法：

（1）例行订单 + 补充订单。

——按照一定的时间间隔，根据设定的最高库存目标与现有库存等数据，有规律地向企业订货。

——根据设定的最低库存点，当实际库存接近该点时，及时向企业补充订货。

（2）定量分析 + 定性分析。

根据最高库存目标、最低库存点、现有库存等数据初步确定订货数量，然后再结合对销售趋势（如季节性）的判断，适当调整订货数量。

二、如何设定最高库存目标

为利于叙述的简洁，以下用 MIO（maximum inventory objective）代表"最高库存目标"。设定每个产品的 MIO 可以分为两大步骤：

1. 设定统一的 MIO 天数

▶ 公式（14 – 1）：

MIO（天）＝订单间隔 + 送货时间 + 安全库存（天）

（1）订单间隔：分销商通常两次订货之间的间隔时间。

分销商一般是每周订货一次，故最常用的订单间隔是 7 天。此外，3 天也是较为常用的订单间隔。

（2）送货时间：从分销商向企业下订单至货到仓库所需的时间。

（3）安全库存（天）：为应付分销商的生意波动而额外准备的库存。

客户生意如果波动大，安全库存就较大，反之亦然。在没有经验的情况下，安全库存（天）通常可等于送货时间，然后再逐步修正。

2. 设定每个单品的 MIO（箱）

▶ 公式（14 – 2）：

MIO（箱）＝该单品的月销量÷30×MIO（天）

该单品的月销量：

一般以上月的销量作为计算依据，如缺乏代表性，可用前 3 个月的平均月销量作为计算依据。此外，如果上月的缺货情况严重，那么月销量并不能真实地反映市场需求，需要根据缺货率适当提高月销量的估计值。

说明： 对于大宗商品，可能不是以"箱"为单位，而是以"个"为单位。

【例 14 – 1】某分销商通常每周下一次订单，从企业到分销商的平均送货时间是 5 天。已知该分销商 A 产品的上月销量为 200 箱，B 产品的上月销量为 120 箱，试问 A、B 两种产品的最高库存目标是多少？

①计算 MIO（天）：

MIO（天）＝订单间隔 + 送货时间 + 安全库存（天）

　　　　　＝7 + 5 + 5 = 17（天）

②计算每个单品的 MIO（箱）：

A 单品的 MIO（箱）＝A 单品的月销量÷30×MIO（天）

　　　　　　　　　＝200÷30×17 = 113（箱）

同理，可算出 B 单品的 MIO（箱）为 68 箱。

三、订单计算公式

设定最高库存目标 MIO 的目的是应用于订货量的计算，公式如下：

▶ 公式（14 – 3）：

订货量＝MIO（箱）- 现有库存 - 在途订单 + 销售承诺

（1）现有库存：指分销商目前仓库中每个单品的实际库存数量。

（2）在途订单：指分销商已向企业下订单并获通过，但尚未送到仓库的货品。

（3）销售承诺：指下线网点已明确向分销商订购的货物规格与数量。

（4）备注："在途订单"和"销售承诺"之所以用斜体表示，原因在于这两个数据并非每次计算订货量时都必须包括的因素。

（5）原理说明：运用上述公式计算订货量，其原理是本次订货量加上现有库存和在途订单，必须满足<u>下次订单到货前</u>的正常市场需求加上专门的销售承诺。读者只要结合 MIO 的计算方法，就不难明白其中的道理。

【例 14 – 2】假定例 14 – 1 中分销商的 A 产品库存为 50 箱，在途订单有 30 箱，下周商场促销下线网店已经订购了20箱；B产品库存为30箱，既无在途订单也无销售承诺。试问A、B两种产品的订货量分别是多少？

①对于A产品的订货量，计算如下：

订货量 = MIO（箱）－现有库存－在途订单＋销售承诺

　　　 = 113 － 50 － 30 ＋ 20 ＝ 53（箱）

②对于B产品的订货量，计算如下：

订货量 = MIO（箱）－现有库存－在途订单＋销售承诺

　　　 = 68 － 30 ＝ 38（箱）

四、对通过MIO计算的订货量进行必要的人工调整

通过上述公式（14－3）计算订货量的前提，是假定生意趋势基本延续，如果接下来的销量因为某些因素与之前的销量相比有明显变化，那么就必须对计算结果进行人工调整，主要考虑的因素有：

1. 季节因素

对于季节性较强的商品，不能简单地用上月销量作为参考依据，特别是在旺季开始或结束的时候，需要结合去年的同期销量进行必要调整。

2. 广告或促销等因素

如果在接下来的时间里，广告、促销等因素会发生重大改变，那么必须评估这些因素对销量的影响有多大，并据此调整订货量。

3. 企业的产品供应是否充足

如果预计企业的产品供应将可能出现短缺，那么就必须相应加大订货量。

4. 其他影响未来销量的因素

如分销商或企业的组织结构或生意策略发生重大变动等。

虽然有可能进行必要的人工调整，但是通过公式（14－3）计算出的订货量仍然具有重要的参考价值：一方面，这是人工调整的基础；另一方面，并非每次订货都需要人工调整。

五、根据最低库存点，及时补充订单

虽然MIO已经考虑了安全库存的问题，但是分销商的生意波动仍然可能导致在下一次例行订货之前，库存就已经明显不足。因此，除了例行订单之外，还必须设立每个单品（至少是主要单品）的最低库存点，根据库存的变动情况及时补充订单。为利于叙述的简洁，以下用MIP（minimum inventory point）代表"最低库存点"。设定MIP同样分为两大步骤：

1. 设定统一的MIP天数

▶ 公式（14－4）：

MIP（天）＝送货时间

一般MIP天数就设定为送货时间，其原理是每个单品的最低库存天数如果低于送货时间，那么即使你马上下订单也可能出现断货。比如，例14－2中企业向分销商的送货时间是5天，那么当任何一个单品的库存只能支撑5天销量的时候，就必须立即补货；否则，肯定会出现断货的情况。

2. 设定每个单品的MIP（箱）

▶ 公式（14－5）：

MIP（箱）＝该单品的月销量÷30×MIP（天）

注：单品的月销量与MIO（箱）的计算数据相同。

【例14－3】仍然以计算MIO的例子说明如下：

①计算MIP（天）：

MIP（天）＝送货时间＝5天

②计算每个单品的MIP（箱）：

A单品的MIP（箱）＝A单品的月销量÷30×MIP（天）

　　　　　　　　 ＝200÷30×5＝33（箱）

同理，可算出 B 单品的 MIP（箱）为 20 箱。

假如该分销商的惯例是每周一补货，但是在星期四的时候就发现 A 产品的库存量低至 35 箱，已经非常接近 MIP（33 箱），而且并没有在途订单。这时如果机械地等到下周一再订货，那么自下周三开始 A 产品很可能就会断货，而下周一的订单却还没有到货。

在计算 A 产品的补充订货量时，仍然运用订单计算公式（14 - 3），即用 A 产品的最高库存目标 MIO（113 箱）减去现有库存量（35 箱），得出订货量是 78 箱。

六、OPA 订单计算法小结

在具体使用 OPA 订单计算法时，一般应遵循以下 4 个步骤：

第一步（O）：计算最高库存目标的统一 MIO 天数，并分别计算每个单品的 MIO（箱）。

第二步（P）：计算最低库存点的统一 MIP 天数，并分别计算每个单品的 MIP（箱）。

说明：MIO（箱）和 MIP（箱）计算出来以后，在一段时间内（如一个月内）相对稳定，并不需要每次订货时都重新计算。但一般每个月要根据上月销量更新一次，或在订单间隔、送货时间等因素发生改变的时候及时调整。

第三步（计算订货量）：每次下订单时，根据 MIO（箱）计算例行订单的订货量，并在订单间隔期间监测库存的变动情况，如果某些单品的库存量接近 MIP（箱），及时补充订单。

第四步（A）：对于根据订单公式计算出来的订货量，结合影响未来销量变动的相关因素，进行必要的人工调整。

销售经理可以在实际工作中，将 OPA 订单计算法固化为 Excel 中的一个自动计算表（只需用到最简单的公式），这样每次下订单时只需要输入各个单品的现有库存，建议订单就会自动产生，然后再据此进行必要的人工调整。如果完全手工计算的话，那么最好先选择几个主要的单品作为尝试，你同样会看到 OPA 订单计算法所显示出来的"威力"。在生意没有发生重大变动的情况下，你将会看到分销商的库存呈现井然有序的变动曲线，如图 14 - 4 所示。

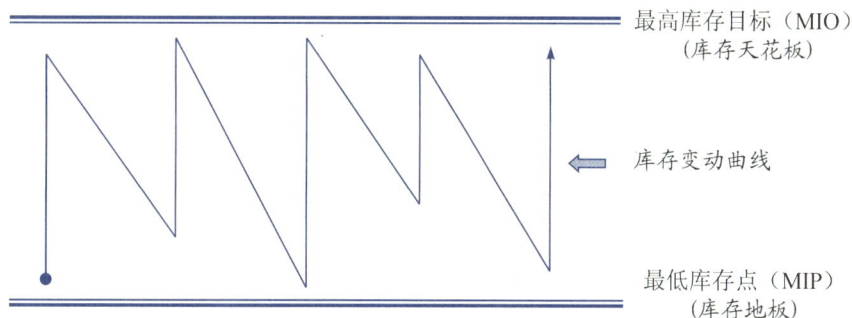

注：库存变动曲线的每个高点代表每次到货后的库存量，然后随着销售而逐步降低，在下次到货前到达低点；虽然曲线起起伏伏，但一般都在 MIO 和 MIP 之间变动。

图 14 - 4　分销商库存的变动曲线

OPA 订单计算法不仅适用于对分销商的订货管理，也适用于销售分公司或批零网点等所有经营单位。因为这种计算方法体现了一个重要的指导思想，那就是如何在不断货的前提下，尽量避免无谓的库存积压。也许有的销售经理在观念中根本就不认同这个指导思想，还把向分销商"压库存"视为一种销售策略，甚至还总结了"压库存"的一些绝招，这样做显然是看中了"压库存"所带来的短期发运量和回款的上升，以及迫使分销商由于库存压力而拼命推销的"好处"。

沉溺于"压库存"所带来的"蝇头小利"实际上是非常短视的行为，这样做首先会为分销商带来资金上的巨大压力，影响后续的正常订货与回款。更重要的是，如果产品不能真正卖给消费者，那么"压"的越多，"退"的越多，而且由于库存积压所造成的产品过期或损坏，最终也要企业来"埋单"。所谓企业的埋单，包括两层含义：一是直接承受所有的退货和产品报废的损失；二是企业将所有损失转嫁给分销商，那么将很可能会失去市场和声誉。后一种"埋单"虽然不会即时体现为眼前的损失，但企业为此将会付出更加昂贵的代价。因此，拼命向分销商"压库存"实在是一种损人害己的"双输"行为。

14.3.2 如何应对分销商拖欠货款的难题

能够与分销商货款两清甚至反过来"套用"分销商的资金，无疑是每个企业努力追求的目标。但是在目前大部分行业处于买方市场的大环境下，给分销商一定的信贷支持常常是难以避免的，而由此产生的分销商拖欠货款的问题，往往使销售经理"心力交瘁"。流传在销售人员当中的一句话很深刻地说明了这种两难处境："不赊销是等死，赊销是找死。"

实用工具30从实地销售工作的角度，为销售经理提供一个应对收款难题的分析和操作工具。

实用工具30

应对分销商拖欠货款的"8520"方法

总体说明：

（1）"8520"的含义是8种预防措施 + 5种拖欠类型 + 20种应对措施，便于读者记忆（见图14 - 5）。

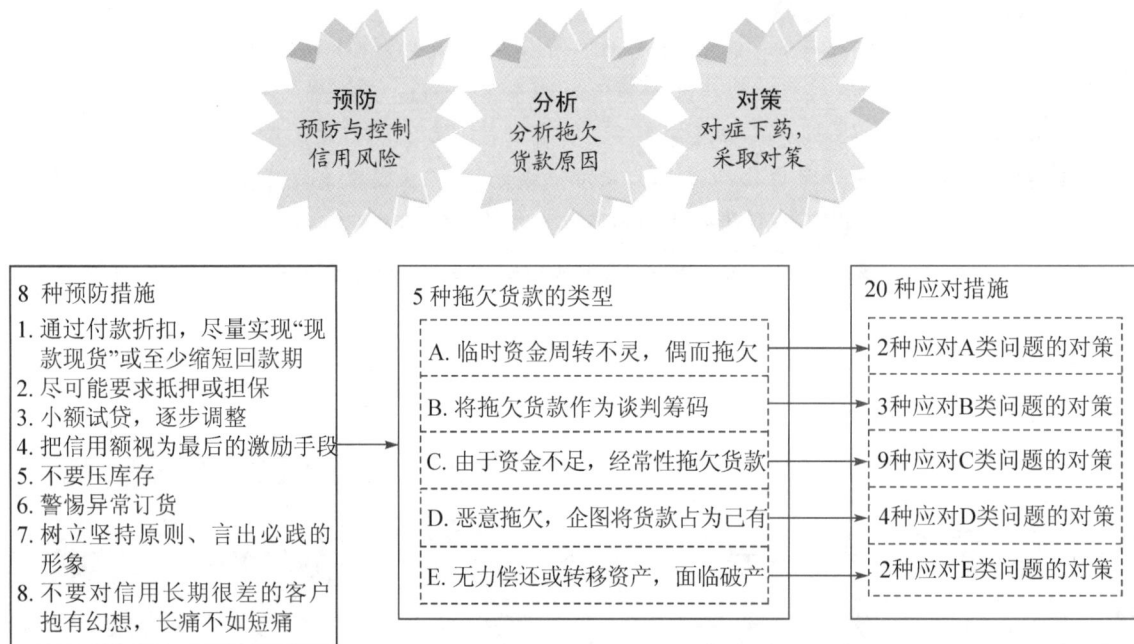

8种预防措施	5种拖欠货款的类型	20种应对措施
1. 通过付款折扣，尽量实现"现款现货"或至少缩短回款期 2. 尽可能要求抵押或担保 3. 小额试贷，逐步调整 4. 把信用额视为最后的激励手段 5. 不要压库存 6. 警惕异常订货 7. 树立坚持原则、言出必践的形象 8. 不要对信用长期很差的客户抱有幻想，长痛不如短痛	A. 临时资金周转不灵，偶而拖欠 B. 将拖欠货款作为谈判筹码 C. 由于资金不足，经常性拖欠货款 D. 恶意拖欠，企图将货款占为己有 E. 无力偿还或转移资产，面临破产	2种应对A类问题的对策 3种应对B类问题的对策 9种应对C类问题的对策 4种应对D类问题的对策 2种应对E类问题的对策

图14 - 5 应对分销商拖欠货款的"8520"方法示意图

（2）所谓拖欠货款，指分销商未在合同规定的回款期内支付货款。

一、"8520"方法概述

货款拖欠对实地销售经理而言，不是完全靠谈判能力就可以解决的问题。即使分销商有欠款，如果企业的产品销量大，利润好，那么发生拖欠货款的概率也将大大降低。因此，努力协助分销商提高销量和利润，才是解决货款拖欠问题的根本途径，不要总是在收款时才想起他们。"8520"方法是在假定这些努力都已经尝试过的前提之下，探讨应对分销商拖欠货款的方法，基本思路包括以下两点：

1. 预防为主，不要总是"亡羊补牢"

如果分销商已经拖欠了企业很多货款，那么无论用什么样的方法都会"困难重重"，而且必然耗费销售人员大量的精力，所以，不要先把注意力集中于所谓的追款绝招上，未雨绸缪才是上上之策。

538

2. 当拖欠货款的问题出现后，必须对症下药地采取对策

如果分销商已经出现了拖欠货款的行为，那么必须具体问题具体分析，没有通用的所谓催款12招；假如不问青红皂白地"一刀切"，往往会适得其反。

从上述两个基本思路出发，自然会得出应对拖欠货款问题的3个步骤：

预防（8）→分析（5）→对策（20）

二、预防与控制信用风险

1. 通过付款折扣，尽量实现"现款现货"或至少缩短回款期

付款折扣是对提前付款的分销商的一种奖励，常用的表达方式如：3/3、1/15、N/30。其含义为货到（发票到）3天内付款优惠3%，15天内付款优惠1%，最迟付款期限为30天，没有折扣。通过企业让利的方式，尽量吸引分销商提前付款，可以有效地降低信用风险。当然，这不是实地销售经理可以决定的事情，但如果企业有这样的付款折扣政策，那么一定要鼓励分销商尽量争取付款折扣。

2. 尽可能要求抵押或担保

在实际销售工作中，一般很难对分销商的信用状况进行深入和准确的调查。如果一定要提供信用额的话，一个两全其美的方法是让分销商提供不动产抵押，这样既可以让分销商获得必要的信贷支持，又可以使企业的风险大大降低。如果要求抵押有难度，那么至少也要求分销商提供担保。

3. 小额试贷，逐步调整

如果很难要求分销商提供抵押和担保，那么也不能根据所谓的信用调查一次性发放过大的信用额，因为要真正了解一个分销商，必须在长期合作中逐步观察。所谓路遥知马力，日久见人心。最好采用"小额试贷"的方法，根据分销商的生意发展趋势和回款状况再逐步调整。

4. 把信用额视为最后的激励手段

给予或增加信用额度，无疑是激励分销商的重要手段之一，但是除非万不得已，不要增加分销商的信用额，可以先用费用支持、代理范围、折扣等作为激励手段，以免在生意合作中陷入被动。

5. 不要压库存

压库存必然会造成分销商巨大的资金压力，影响正常的订货与回款，而且分销商很容易以此为条件要求增加信用额度，或成为其拖欠货款的借口。

6. 警惕异常订货

即使分销商在信用额度内订货，也需要警惕其异常订货情况。所谓异常订货，指明显与生意量不符的订单，这很可能是分销商准备谈判筹码甚至恶意拖欠的先兆。

7. 树立"坚持原则、言出必践"的形象

即使分销商没有出现拖欠货款的现象，也必须事先在分销商的心目中树立"坚持原则、言出必践"的形象。如果分销商在其他事情上发现你是一个容易妥协的人，那么拖欠货款可能是迟早的事情。这就是第5章博弈论中所阐述的"信号传递"的道理，否则"临时抱佛脚"是很困难的。

8. 不要对信用长期很差的客户抱有幻想，长痛不如短痛

如果一个客户长期拖欠货款，那么你最好不要存在侥幸心理，要想从根本上改变一个人的信用几乎是不可能的。与分销商终止合作，必然会带来短期的"阵痛"，但如果欠款越来越多，将来更是"欲罢不能"。

三、分析拖欠货款的原因，并采取相应对策

尽管采取了多种预防措施，但是由于分销商主观或客观的原因，拖欠货款的事情仍然可能发生。当分销商出现了拖欠货款的行为时，一定要先分析这种现象背后的原因，然后再对症下药。本工具从主观与客观两个方面，并按照严重性从低到高的顺序，归纳了以下5种拖欠货款的类型及其对策：

1. 由于临时性的资金周转不灵，偶尔拖欠货款

（1）判断特征。

A. 该分销商的回款记录一直良好。

B. 该分销商向企业清晰地说明了资金困难的原因，并明确了延期付款的期限。

C. 经过了解，分销商所讲的原因属实（如注册公司，临时抽调了大笔资金）。

（2）对策。

任何企业都会有头寸紧张的时候，这种情况实际上是善意的拖欠货款，因此在处理的时候不能采用通常催款的方式，具体对策如下：

A. 雪中送炭。一个人在困难的时候送他一把米，比在他富足的时候送他一亩田还有用。因此，不仅不要急着向分销商催款，反而可适当表示理解，并且在其信用额度内继续发货。这样会将坏事变为好事，以后当企业需要分销商帮助的时候，他也可能伸出援手。

B. 不要让分销商感觉你的支持很容易。虽然在大方向上应该"雪中送炭"，但是在具体操作的时候，一定不要让分销商感觉很容易，必须让他觉得这是企业破例为之，而且审批手续非常复杂，以免他从中尝到甜头并养成习惯。比如，即使你有审批权限，也要让分销商提供书面的情况说明与付款时间承诺，并且让他知道这需要你的上级和公司财务部批准，而且偶尔选择一两次不批准，表示总部难以通过。

2. 以拖欠货款作为谈判筹码，要求企业答应他的其他要求

（1）判断特征。

A. 该分销商经营正常，资金也不是问题。

B. 该分销商向企业提出了明确要求作为回款条件（并非托词或借口）。

（2）对策。

这种情况在双方的合作过程中可能经常遇到。比如，分销商对受到冲货的冲击不满，或对企业拖延支付费用的意见很大，或对企业没有兑现承诺非常恼火。总之，拖欠货款往往是分销商"反制"生产企业的重要招数。这时候需要的不是通常所说的催款技巧，而是需要与分销商博弈和谈判的能力，具体对策如下：

A. 分析双方博弈的可能均衡结果，制定自己的最优策略。从生产企业这一方来看，可以选择的行动无非三个：答应、不答应、部分答应。而分销商可以选择的行动也是三个：坚持、不坚持、部分坚持。如果双方都选择强硬的立场，很可能导致生意停顿甚至终止，这对任何一方都不利，因此最终的均衡结果关键看哪一方更"输不起"。一般来讲，除非企业确实理亏，否则不要答应分销商的无理要求。即使生意暂时停顿，也不能助长分销商以拖欠货款作为要挟的方式，否则以后"永无宁日"，分销商动不动就会拿出这个"撒手锏"来。

B. 如果既定策略是不答应分销商的要求，那么就"耐心说服＋适当施压"。在说服和施压（如停货、减少费用直至威胁要终止合作）的时候，销售经理不要把自己当成分销商的谈判对手，而是设身处地地站在分销商的角度，分析他的得与失。如同前面"雪花形"谈判方法中所讲的，将一切问题推给"虚拟上级"，并要保护对方的面子。

C. 如果既定策略是答应分销商的要求，那么也不要直接交换，否则分销商会将拖欠货款作为"撒手锏"。例如："刘总，您这是何必呢，不就是费用支付的速度慢了一些嘛。其实您不提出来，我们财务部也正准备给您汇款，但货款和费用是两本账，您不能在货款中扣除代垫的费用，这两天您就会收到汇给您的费用。"B类货款拖欠问题的处理，对销售经理的综合能力要求最高，后面将会有专门的案例分析，这里不再赘述。

3. 由于资金不足，经常性拖欠货款

（1）判断特征。

A. 该分销商由于经营品牌过多导致"僧多粥少"，或者资金实力本身就不强，导致资金状况一直比较紧张。

B. 但是该分销商的生意状况基本正常，并没有出现恶意拖欠或面临破产的情况。

（2）对策。

对于这种情况的分销商，催款技巧非常重要，但仍以继续合作为前提，不要轻易采用过激的催款方式。从长远来看，需要逐步缩小其代理范围，不能视为战略性合作伙伴。具体对策如下：

A. 保持往来账目清晰无误，不要给对方任何借口。当分销商资金紧张的时候，最容易找借口拖欠货款，比如以需要对账或发票未到为由拖欠货款。因此，保证货—票—款等账目清晰无误非常重要，否则你的货款只能是一拖再拖。对于往来账目的管理，本章后续将提供一个简单有效的实用工具。

知识链接 本章后面的"分销商往来账目一体化跟踪表"

B. 了解对方的结算流程，提前"排队"，并给对方财务部门"容易的下一步"。这种类型的分销商并非"没钱"，而是钱给了谁的问题。所以在货款到期前几天，就作一份书面的付款说明给对方的财务部门，一来引起对方的重视和便于安排资金，二来让对方的财务部门很容易查询收货与发票的明细情况。

C. 勤于"催款"。如果你催款的时候很容易被打发，那么分销商必定认为你也不是很重视，自然是能拖多久就拖多久。

D. 善于"动之以情，晓之以理"。在"僧多粥少"的情况下，"会哭的孩子有奶吃"永远是朴素的真理。

E. 把订单拆细，做到高频次、小金额。缩小订单间隔，增加订货频率，从而降低每张订单的金额。一方面在催款时会更容易，因为分销商总是对小金额的货款不那么在意；另一方面可以适当控制风险，如果前面的货款拖欠严重，可以暂时停发后面的货物。

F. 分期付款，聊胜于无。在难以全额回笼货款时，可以让分销商分期付款，这也是分销商容易接受的方式，而且当剩余货款不多时，分销商的谈判筹码也大大降低了。

G. 借助公司总部的压力。在上述方法都不能奏效的时候，可以让公司的财务部先发一份书面的催款通知给你（为分销商保留面子），并且对你"严厉批评"。这样既让分销商间接感受到压力，也说明你根本没有退路，便于"软磨硬泡"。当然，如果仍然无效，那只能让财务部向分销商直接发出措辞严厉的催款通知，并适当施加压力（如停货）。

H. 请上级领导亲自出马。如果以上方法都行不通，那只好请上级领导亲自出马，表示对这件事情的高度重视，并且可以通过双方的高层沟通，拿出解决问题的方案。

I. 逐步缩小代理范围。如果这个分销商还有一定的存在价值，但由于资金紧张又经常性拖欠货款，那么解决问题的根本方法就是逐步缩小代理范围，当然这需要与其事先沟通并做好最坏准备。

4. 恶意拖欠，企图将货款占为己有

（1）判断特征。

A. 该分销商已经对双方合作与否毫不在乎，其目的很明显就是要侵吞货款。

B. 但是该分销商的整体生意还算正常，没有关门的迹象。

（2）对策。

对于这种情况的分销商，普通催款技巧的作用已不大，关键是三个字：快、准、狠。

A. "快"：不要再用一般的催款方式与其纠缠，必须果断采取实质性的措施。英国专家波特·爱德华的研究结果表明，应收账款持续的时间与收款成功率成反比。赊销在60天之内，回收货款的可能性接近100%；在100天之内，收款的可能性接近80%；在半年之内，收款的成功率为50%；超过1年，收款的成功率不到10%。因此，当判断对方属于恶意拖欠时，不要浪费时间在无谓的说服和谈判上，而必须果断采取实质性的措施。

B. "准"：找准对方的"痛处"，严正警告。只要对方的生意还在继续，那他最怕的肯定是在其客户面前丢面子，怕别人都认为他是一个"奸商"而影响与他的合作。因此，如果你只是与对方一对一地催款，通常收效甚微，最好的方法是提出严正警告，使他明白"好事不出门，坏事传千里"的道理，正所谓"死猪也怕开水烫"。

C. "狠"：如果对方对你的警告无动于衷，那就只能是"猛下狠药"。针对对方的"痛处"，不再优柔寡断地顾及情面或幻想以后再合作，果断采取措施，常用的方法包括：

a. 故意在他办公室有客户的时候，进去催款。

b. 发出书面通知给所有批零网点，声明他因为欠款不还，已不再是本企业的分销商。

c. 在其办公场所制造"讨债"的声势。

例如，某厂家的业务员在万般无奈之际，只能"以恶对恶"，在对方的大门外张贴"讨债"公告，并准备了所谓的"讨债服"和一面破锣，该分销商的态度马上来了个大转弯，立即同意还款。当然，并非一定要采用这样的形式，但是通过各种手段制造"讨债"的声势，往往是催款的"撒手锏"。

D. 如果采用非法律手段仍然无效，那就必须立即起诉。虽然"打官司"耗时费力，但是起诉这个行为本身就是向对方传递一个明确的信号："不收到款，绝不罢休"。有些时候，分销商一看到起诉书，不用"对簿公堂"就立即还款了。

5. 无力偿还或蓄意转移资产，面临破产

（1）判断特征。

E类问题与前面四种情况最大的区别是，分销商由于客观或主观的原因，很可能不再继续经营，随时面临破产。

（2）对策。

对于这种情况的分销商，采取对策的关键是"眼明手快"。

A. "眼明"：随时观察对方的经营状况，及时察觉异动现象。虽然销售人员不可能去审查分销商的财务报表，但还是可以从一些"蛛丝马迹"中发现分销商可能破产的征兆。比如，对方突然大量处理并不滞销的库存商品，或者与商场合作大幅打折收款，下面的员工迟迟领不到工资或者辞职者突然增多，或者老板为逃避厂家追债而经常不来公司上班等。

B. "手快"：抓紧"拉货抵债"，并抢先起诉。如果使尽"浑身解数"都无法收到货款，那么先拉走一些货物也是减少损失的方法，否则稍一犹豫可能连货都没有了。可以想象当分销商真正破产的时候，必然会"官司缠身"，因此抢先起诉可以占领先机，争取在对方宣布破产之前先回收货款。

四、"8520"方法小结

本实用工具对拖欠货款的类型只是作了大致划分，实际情况往往相当复杂，可能是多种类型的特征都兼而有之，那么也需要将相应的对策结合使用。

客观地讲，并不存在应对货款拖欠难题的"制胜法宝"，从根本上解决这个问题是一项庞大的系统工程，涉及提高企业的行业地位、改变行业习惯等宏观问题，并且需要企业销售、财务、法律等部门的协同配合。仅从实地销售工作的角度来看，包括本工具在内的所有"收款技巧"实际上都是下策，并非解决问题的根本之道。

"最高的技巧就是无技巧！" 蓄意诈骗的分销商毕竟是极少数，对那些通过努力工作赢得分销商尊敬的销售经理而言，分销商较少出现拖欠货款的问题，而且即使出现问题，似乎也没用什么技巧就解决了；对于那些"沦落"为专职"催款员"的销售经理，或许再高的收款技巧也没用。

案例 14-1　　　　　　　　　　回款博弈

李明作为公司新任命的东北大区经理，刚一上任就去拜访沈阳的"钉子户"陈总，这个分销商拖欠一笔 20 万元的货款已经长达 45 天，双方的生意也因此陷入停顿。

刚一见面还没有寒暄两句，这个分销商就抛出来一迭费用单据，说道："这些都是你的前任同意支付的销售费用，让我先代垫，现在你们公司又不认账。我的要求很简单，只要你们把这 8 万元的费用汇给我或者让我在货款中扣除，我立刻支付欠你们的货款。"

李明刚刚准备解释，对方不耐烦地打断他："你什么都不用说了，咱们东北人图个爽快，行还是不行你说句痛快话；如果你们不答应我的要求，那我就不做了，大家清账了事。"

李明眼看已经没有谈下去的必要，于是说道："陈总，我刚来，情况还不是很清楚，您的这些单据我先看一下，明天一定给您一个准信。"

李明会如何处理这个棘手的问题呢？

【案例分析】

回款是企业与分销商 OSB 维护中最为重要的问题，而在分销商拖欠货款的 5 种类型中，又以分销商将拖欠货款作为谈判筹码最为普遍和棘手。处理这种货款拖欠问题实际上就是与分销商博弈，如果能够运用博弈论的相关原理分析和解决问题，将会大大增加己方的胜算。本案例比较典型地说明了如何与分销商进行回款博弈。

一、李明对博弈均衡状态的分析

所谓均衡状态，指博弈过程最终可能达成的结果。在这种状态下，博弈双方都不能从改变这种状态中获取更大的利益。

1. 李明与陈总可能采取的行动

李明的选择无非三个：答应、不答应、部分答应。

无论李明作出什么样的选择，陈总无非两个选择：还款、清账。

2. 李明对双方生意状况的分析

己方：目前沈阳有两个分销商，陈总一个月的销售额大约是 40 万元，另一个分销商的生意量略小，销售额大约是每月 30 万元。如果陈总不再合作，本企业每月将损失 40 万元的销售额，而且这些销售额主要来自于沈阳市内的 KA 卖场，要想在短时间内弥补是不可能的。

陈总：陈总目前的总体生意额大约是每月 120 万元，本企业占了他大约 33% 的生意比重，而且纯利润比例达到 10%，也就是说每月能为陈总带来纯利 4 万元。更重要的是，陈总代理的其他品牌主要通过批发渠道销售，本品牌是他在沈阳市内 KA 卖场的相对强势品牌，如果他不经营本品牌，将会极大地削弱在 KA 的谈判地位，并且难以承受 KA 高昂的费用。

根据上述分析，李明将双方不同行动组合下的损益列明如图 14－6 所示。

李明 \ 陈总	还款	清账
答应	李：损失8万元费用，保住每月40万元的销售额 陈：得到8万元费用，没有任何损失	
不答应	李：保住每月40万元的销售额，没有任何损失 陈：损失8万元费用，保住每月40万元的销售额与4万元利润，并保持在KA卖场的优势	李：损失每月40万元的销售额 陈：得到8万元费用（货款冲减），但损失每月4万元利润，并失去KA卖场的优势

图 14－6　李明与陈总的得益矩阵

3. 李明根据"得益矩阵"，考虑自己的最优策略。

很明显，最终清账对于李明与陈总是一个"双输"的结局，因此必定有一方要让步。

如果李明听信陈总"不答应，就清账"的威胁，那么必然会选择以费用来换取回款及进一步合作。但是，显然陈总更"输不起"，这8万元费用与他的有形和无形利益相比，根本不值一提，所以陈总"清账"的威胁是"不可置信的威胁"，不应作为均衡状态的因素。

　　那么能不能作个折中，部分答应陈总的费用呢？

　　（1）公司在合同中明确要求所有费用都必须有总部正式的代垫函，尽管这些费用有前任经理的签名，但这明显不符合公司原则，公司并没有任何理亏的地方。

　　（2）也许几万元的费用本身并不是件大事，但是李明以后还需要和陈总继续合作，因此这是一个重复博弈的问题。把眼光放长远一些，假如部分答应对方的要求，将向对方传递一个非常危险的信号，那就是公司的原则很容易违反，而且李明是一个容易妥协的人，这样会为以后的合作定下一个非常不好的基调。因此，部分答应陈总的要求也会对李明非常不利。

　　4. 李明最终选择了自己的最优策略

　　一分钱的费用也不能答应，对方肯定不会选择"清账"。

　　"不答应，还款"是双方博弈的均衡状态，因为对李明而言无疑是最好的结果；在李明不答应的情况下，陈总只能选择还款，否则会得不偿失。

　　彻底打消对方的幻想，避免对方拖延时间。

　　制订一份合作计划，努力说服对方，并为他保留面子。

　　二、李明与陈总的"谈话"过程

　　李明：陈总，我昨天把那些费用单据仔细看了一遍，也和公司财务部对了一下账，发现这些费用都没有公司的代垫函，而合同第七款第二条明确写着：任何费用必须有公司的代垫函，您才能垫付。

　　陈总：你们的刘经理（前任经理）不就是公司的代表吗？这些费用可都是他签字同意的，我也实实在在花出去了，你可以去商场看看那些专柜，进场费用都是真实的。

　　李明：以您陈总的为人，我绝对相信这些费用的真实性，但是公司之所以在合同中明文规定，其实就是为了保护分销商的利益。我也向公司领导反复请示过了，但财务部坚持不能破例，所以这些费用没有办法付给您。

　　陈总：那好，我也没什么好说的，大家就清账吧。

　　李明：陈总，您这是何苦呢，和气生财嘛。您上个月由于拖欠货款，公司也没给您发货，我去商场走了一下，好几个最好卖的品种都已经断货了。您算一算，这每个月4万元的纯利，照这样耽搁下去，两个月的损失不就等于那8万元的费用吗？我虽然没法答应您这8万元的费用，但是我有一个计划，可以在以后的合作中帮助您提升销量，把这8万元赚回来并不难。我的计划是这样的……

　　陈总：你说的这计划很好，我也希望你们多出主意，不要就知道收款。但是，我之前的损失也太大了，怎么样你们也承担一半吧。

　　李明：陈总，我们公司的财务部是最死板的，就是换了张明、何明来，或者您找到我们总监，他也没这个权力答应您。我看这个事情，您就别再拖了，抓紧做生意很快就可以把这个钱赚回来，再断货下去，每天利润都在流失，而且商场还要罚款。我给您说的计划不是"纸上谈兵"，绝对说到做到，明天我就带人开始去实施。

　　陈总：好吧，我就信你这一回，我赌一把，明天我就让财务把钱汇出去。

　　李明：谢谢陈总，我一定会信守承诺，您就看我的行动吧。就怪我们财务部太死板，以前的事我帮不了您，但相信以后我们的合作一定会很愉快。

　　类似"回款博弈"这样的案例在销售工作中经常遇到，有些销售人员一遇到这种问题，常常抱的是这样一种态度："尽量谈，实在不行就一人一半"。这种先入为主的观念往往并非最优策略。并非每次博弈的结局都是案例中的结果，但是分析思路基本类似：

A. 不要把货款拖欠问题看成一个普通的谈判问题，而是习惯于从博弈均衡的角度去分析问题，从而制定自己的最优策略。

B. 销售人员与分销商之间是重复博弈的关系，因此不能只从单次博弈的角度衡量得失；每次博弈的结果都会为对方传递某种信号，必然影响到以后其他问题的处理。

14.3.3 如何管理企业与分销商之间的往来账目

要想使企业与分销商之间的物流与资金流运转流畅，除了掌握订货与收款的知识和技巧之外，还必须有效地管理双方的往来账目，这是常常为人们所忽视但又十分基本的问题。当企业与分销商之间的生意往来非常频繁的时候，保持账目清晰无误显得尤为重要，这本来是财务部门的工作，但是就作者的工作经验来看，财务部提供的账单一般都不能完全满足销售人员和分销商的需要，普遍存在以下两个问题：

（1）以财务的角度为出发点，不是为销售服务；内容烦琐难懂，形式不够直观。

（2）数据分散，常常需要从多个报表中才能找到所需的数据，这在由电脑系统生成的对账单或报表中尤为明显。

接下来介绍的"一体化"跟踪表，将为销售经理提供一个简单实用的工具，能够将分销商的往来账目管理得有条不紊。

实用工具31

分销商往来账目一体化跟踪表

总体说明：

（1）分销商的往来账目，主要指分销商与企业之间的"货－票－款"数据。

（2）所谓一体化，涵盖分销商从订货到付款的整个流程。

（3）本工具有助于实地销售经理清晰准确地管理分销商与企业的往来账目。

▶ **运用"一体化跟踪表"的基本思想**

将分销商"从订货到付款"全过程的关键数据抽离出来，建立一个小型数据表，既便于高效的查询，也可轻松应对任何生意统计和分析的需求，把销售经理从繁杂的送货单、发票、汇款单等原始票据中解脱出来。

▶ **"一体化跟踪表"（见表14–3）的用途**

（1）以更直观和更集中的形式呈现分销商与企业的往来账目，可作为销售经理与分销商的对账单，也可应对与企业总部的对账需要。此外，对管理销售分公司与企业总部的往来账目同样适用。

（2）有助于销售经理随时掌握分销商的欠款情况，及时回收货款。

（3）方便销售经理计算分销商的返利、付款折扣，以及统计按时回款率等。

（4）使销售经理在大多数情况下不用查看原始票据，也能轻松应对任何有关账目的查询。

（5）可以为针对分销商生意的统计和分析提供清晰而完整的原始数据。

（6）分为"关键数据一览"和明细数据两大部分，即便于清晰了解总体数据，也方便查询明细。

销售力

分销商往来账目一体化跟踪表

表14-3　　　　　　　　　　　　　　　　　　　　　　　　　　起始日期：2018-8-1

分销商代码	105	分销商名称	滨江市顺发商贸有限公司	填写人	李明

关键数据一览>>>	期初余额	订货总额	回款总额	欠款总额	超期货款总额
	0	619 941.60	436 920.00	183 021.60	69 478.40

回款期限：最迟发货后30天付款　　信用额度：300 000　　可用信用额度：116 978.40

	订货				发票			结算状态			回款			
A	B	C	D	E	F	G	H	I	J	K	L	M	N	O
送货单号	送货单日期	订货类型	订货金额	订货箱数	发票日期	发票号码	发票金额	货款到期日	实际支付日期	结算状态	回款日期	回款金额	回款类型	回款备注
18758	2018-8-9		115 560.00	750	2018-8-10	12345678	115 560.00	2018-9-9	2018-8-5	已付	2018-8-5	300 000.00	汇款	合作首批款
18941	2018-8-15		132 192.00	800	2018-8-16	23456788	132 192.00	2018-9-15	2018-8-5	已付				
19139	2018-8-21		164 168.00	100	2018-8-23	34567878	164 168.00	2018-9-22	2018-9-22	已付	2018-9-22	111 920.00	汇款	
19287	2018-8-28	赠品	0.00	10							2018-9-28	25 000.00	费用转款	受理号1352号费用
20615	2018-9-16		94 478.40	590	2018-9-17	35679878	94 478.40	2018-10-17	逾期未付，尚欠69 478.40					
20723	2018-9-25	退货	-35 000.00	-105										
20851	2018-10-15		157 615.20	870	2018-10-16	45678901	113 543.20	2018-11-15		未付				
20980	2018-10-16	缺货	-9 072.00	-35										
…														

注：以上数据截至2018年10月30日的记录。

注：（1）本表的数据结构纯属虚构，旨在尽可能包含各种可能出现的情况，便于读者理解。
（2）本表的明细数据分为左右两部分，左边的"订货—发票—结算"状态，以每张送货单为跟踪单位，直至该笔货款付清；由于分销商的回款往往并非与每笔订货一一对应，故右边将"回款"单列。

数据填写与计算说明：
1. "关键数据一览"部分
（1）"订货总额"等于D列数据之和；"回款总额"等于M列数据之和。
（2）欠款总额＝期初余额＋订货总额－回款总额，可用信用额度＝信用额度－欠款总额。
2. 明细数据部分
C列—订货类型：一般分为"订货"（可缺省）、"退货"、"缺货"、"赠品"四大类。

H列—发票金额：一般与送货单金额一一对应，但也可能扣除退货、缺货而有所差异。
I列—货款到期日：送货单日期＋付款期限。
J列—该笔货款实际支付的日期。
K列—结算状态：一般分为"已付""逾期未付""未付"三种状态。
N列—回款类型：一般分为"现金""汇款""费用转款"（包括返利结转等）。

14.3.4 "买卖型"管理小结

"买卖型"管理工作示意图如图 14 – 7 所示。

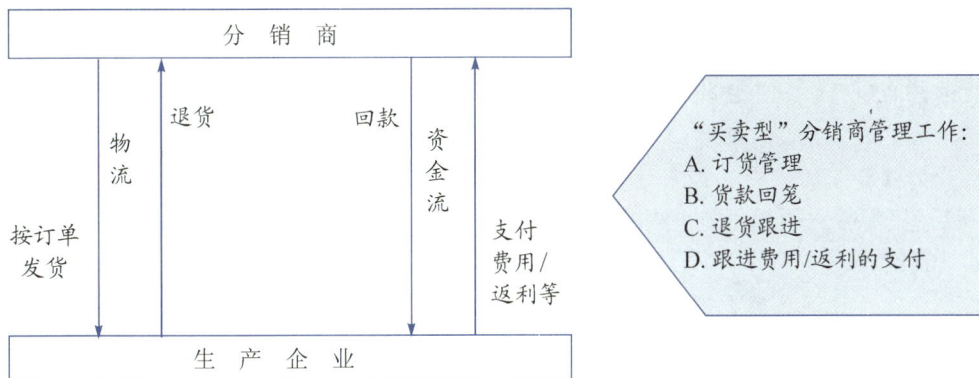

图 14 – 7 "买卖型"管理工作示意图

实地销售经理作为企业与分销商之间的桥梁，维护双方物流与资金流的流畅是最基本的分销商管理工作，其中所需要的主要知识和技巧是订单计算、催收拖欠货款以及往来账目的管理，剩下的具体操作并没有太多诀窍可言，关键在于勤于跟进和两头落实。

"买卖型"管理的四项工作，可以说是销售经理"非做不可"的工作，但这还只是停留在与分销商"做买卖"的初级阶段，要想提升分销商的销量，还有很长的一段路要走。

14.4 激励分销商

生产企业与分销商之间是一种基于信息不对称的委托代理关系，分销商作为代理人必然以追求自己的利益最大化为目标，因此要想提升分销商的销量，首先要通过满足分销商的需要来提高其销售积极性。这就是分销商管理的第二个层次："委托型"管理。

"委托型"管理的核心就是激励分销商，相关的概念和原理详见第 4 章的委托代理理论；而对于分销商的约束，则要求销售经理深入到再销售管理中才能真正落实，所以本书将其归入分销商管理的第三个层次。

14.4.1 企业通过激励分销商，究竟想得到什么

企业通过激励分销商，究竟想得到什么？这个问题是激励分销商的出发点和落脚点，对这个问题的理解直接影响到激励分销商的措施及其效果。

1. 笼统的答案：多回款

几乎所有人都可以不假思索地回答，激励分销商的目的当然是想让分销商多回款。但如果分销商的回款是四处"冲货"而来的，那也是企业希望得到的结果吗？

2. 相对准确的答案：提升"亩产量"

企业当然不希望分销商通过"冲货"来增加回款，所以相对准确的答案是希望激励分销商在代理区域内"精耕细作"，通过提高"亩产量"来增加回款。但是"亩产量"的大小仅仅取决于分销商的努力吗？

3. 准确的答案：提升分销率、分销维护水平以及终端促销水平

影响"亩产量"的因素有很多，比如品牌/产品竞争力就不是分销商能够左右的，因此更准确地讲，企业通过激励分销商想得到的结果是提升当地市场的分销和促销水平。

4. 最终的答案：推动分销商加强销售投入

当地市场的分销和促销水平并不仅仅取决于分销商，即使仅就分销商因素来看，也还存在分销

商的主观努力与客观能力两方面的问题。激励并不能改善分销商的客观能力（如管理水平、人员素质等），真正能够起到的作用是提升分销商的积极性。这种积极性的具体表现就是分销商的销售投入，因此企业激励分销商的真正意义在于推动分销商加强销售投入。

（1）营运资金投入不足可能带来的生意问题：

A. 库存偏低，经常断货。

B. 收缩产品规格，只卖畅销产品。

C. 不愿给下线客户提供必要的信贷支持，影响网点的分销与进货。

D. 对于必须赊账的客户（如 KA 等大型终端），尽可能少分销甚至不分销。

（2）储运资源投入不足可能带来的生意问题：

A. 由于受到仓储空间的限制，库存偏低，经常断货。

B. 由于运输车辆不足或不愿承担运输费用，对客户送货不及时甚至根本不提供送货服务，直接影响到网点的拓展与维护水平。

（3）人员投入不足可能带来的生意问题：

这里的人员投入不仅指分销商的分销与促销人员投入，也包括部门经理甚至老板等管理人员的时间和精力投入。

A. 由于缺乏对网点的主动拜访，分销率低，分销速度慢，网点经常断货。

B. 由于缺乏对网点的主动拜访，店内陈列较差，促销活动执行不力，再加上缺乏对促销员的投入，严重影响终端的销量。

（4）分销与促销费用投入不足可能带来的生意问题：

A. 当地的重要终端往往都需要一定的分销费用，如果分销费用投入不足，必然导致重要终端的分销率较低。

B. 由于缺乏必要的促销费用投入，重要终端的店内陈列较差，促销活动贫乏，从而影响终端的销量。

注：即使企业直接投入了分销与促销的人员和费用等，也不可能包揽所有网点，因此激励分销商的销售投入仍然非常重要。

从以上分析可以看出，如果分销商的销售投入不足，将会带来一系列的生意问题，即使强化管理也是"巧妇难为无米之炊"。因此，在图 14 - 1 中，上述 4 种销售投入就是分销商激励的最终"输出"。

综上所述，对于"企业通过激励分销商，究竟想得到什么"这个问题，图 14 - 8 直观地给出了答案。

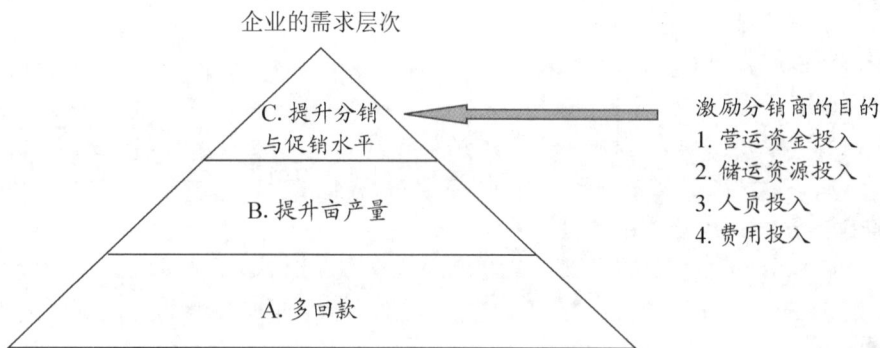

图 14 - 8　企业激励分销商的目的

14.4.2　分销商的需求是什么

企业的需求必须通过满足分销商的需要来实现，因此激励分销商的第二个问题，自然是要了解分销商需要什么，然后才能有针对性地选择激励措施。以下借助马斯洛的"需求层次"理论，对分销商的需求作一简要分析：

1. 赚钱的需要

"赚钱"是分销商的第一需要，因为分销商本来就是一个以追逐利润为目标的经营单位。这一点类似于个人的"生存需要"。但仅此而已吗？

2. 安全的需要

如果分销商对与企业的合作没有安全感，即使眼前赚取了"暴利"，他也不会对该企业的产品有长远的投入。涉及安全感的因素很多，但一般分销商主要顾虑以下5点：

（1）"怕"企业过河拆桥，总是"自己栽树，别人乘凉"。

（2）"怕"恶性冲货，让自己辛勤耕耘的市场"颗粒无收"。

（3）"怕"企业言而无信，使自己连本带利一起赔进去。

（4）"怕"产品滞销（特别是新产品或季节性产品）所造成的积压和报废损失让一年的利润"化为乌有"。

（5）"怕"企业缺乏长远打算，只求掠夺性地开发市场，最终把自己"架在火上烤"。

可以想象，如果不打消分销商的这5种顾虑，分销商肯定是小心翼翼地"摸着石头过河"，生意发展的进度必然不理想。

3. 发展的需要

大多数分销商都希望自己的生意能够不断发展壮大，因此对于网络拓展、人员素质的提高、管理系统的升级等，都会有不同程度的需要。

4. 精神层面的需要

任何人都会有精神层面的需要，分销商也同样希望得到企业的尊重和认可，这种需要在前3种需要得到满足的情况下，显得尤为重要。

分销商的上述4种需要就是所有激励方式的着眼点，如图14-9所示。

激励分销商的方式　　　　　　　　　　分销商的需求层次

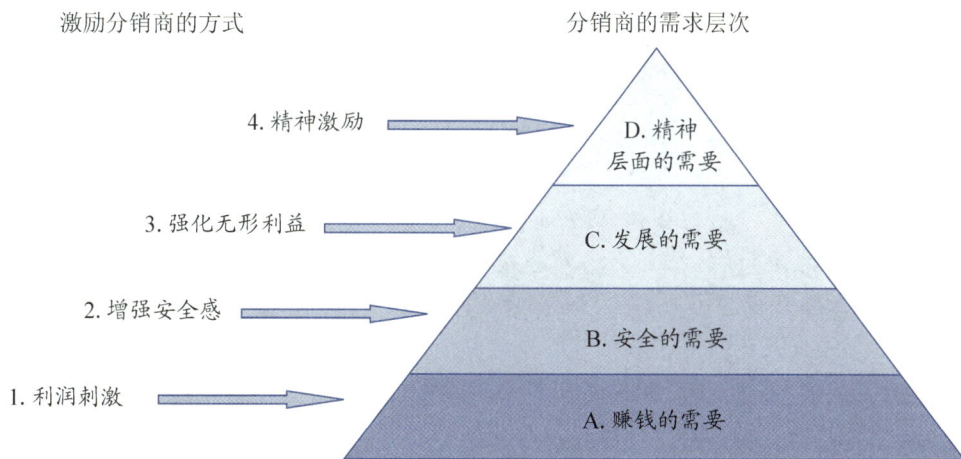

4. 精神激励　→　D. 精神层面的需要

3. 强化无形利益　→　C. 发展的需要

2. 增强安全感　→　B. 安全的需要

1. 利润刺激　→　A. 赚钱的需要

图14-9 分销商的需求示意图

14.4.3 分销商激励体系一览

激励如同一根纽带，将企业的需求与分销商的需求紧密联系在一起，驱动分销商在追求自己目标的同时实现企业的目标。接下来介绍的实用工具试图呈现一幅清晰而完整的"分销商激励全景图"，为销售经理提供一个简洁实用的分析和操作框架。

激励分销商之"勾股定理"

总体说明:

(1)"勾股定理"(勾三股四弦五)在中国最早的数学专著《周髀算经》中首次提出,意为直角三角形的斜边的平方等于两条直角边的平方和。

(2)本工具借用"勾股定理"的含义,将激励分销商的要素浓缩于一个直角三角形中,使读者更直观地理解其中的逻辑关系(见图14-10)。

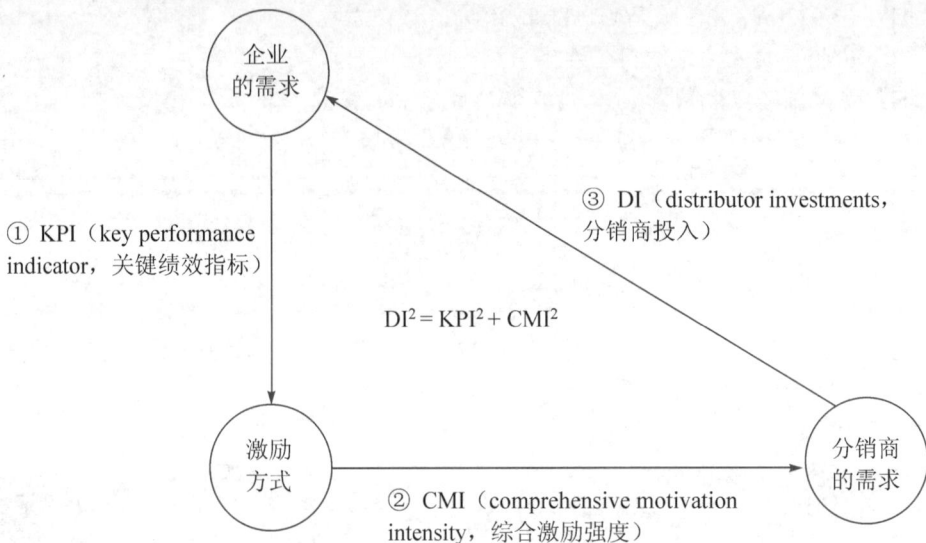

图中标注:

企业的需求

① KPI(key performance indicator,关键绩效指标)

③ DI(distributor investments,分销商投入)

$$DI^2 = KPI^2 + CMI^2$$

激励方式

② CMI(comprehensive motivation intensity,综合激励强度)

分销商的需求

图14-10 激励分销商之"勾股定理"示意图

一、激励分销商之"勾股定理"概述

1. "激励三角形"简介

三个顶点代表了激励分销商的三大着眼点,而三条边则代表了激励机制的三大要素。

(1)"企业的需求"是整个分销商激励体系的出发点和归宿。它决定了与激励方式"挂钩"的关键绩效指标,而激励的最终目的是希望分销商加强销售投入,以满足企业的需求。

(2)"激励方式"是连接企业需求与分销商需求的纽带,"输入"是源于企业需求的绩效评估指标,而"输出"是满足分销商需求的"综合激励强度"。

(3)"分销商的需求"是整个激励体系的"重心","输入"是满足分销商需求的"综合激励强度"以及与之"挂钩"的绩效评估指标,而"输出"是分销商对该企业产品的销售投入。

2. 激励分销商的核心思想

直角三角形斜边的长度代表"分销商投入"的大小,底边的长度代表"综合激励强度"的强弱,而垂直边的长度代表"绩效评估指标"的合理性。因此,根据"勾股定理"可以得出公式:$DI^2 = KPI^2 + CMI^2$,具体含义如下:

(1)激励的目的并非空泛地提高分销商积极性,更不是鼓励分销商"冲货",而是要将这种积极性切实转化为销售投入。

(2)"分销商投入"的大小,不仅取决于"综合激励强度"的强弱,而且与"绩效评估指标"的合理性密切相关,如同斜边长度同时取决于两条直角边的长度。

(3)金钱刺激并非激励分销商的唯一手段,必须注重多种激励方式的组合,这样才能形成整体的"综合激励强度"。

550

二、分销商激励"全景图"（见图14-11）

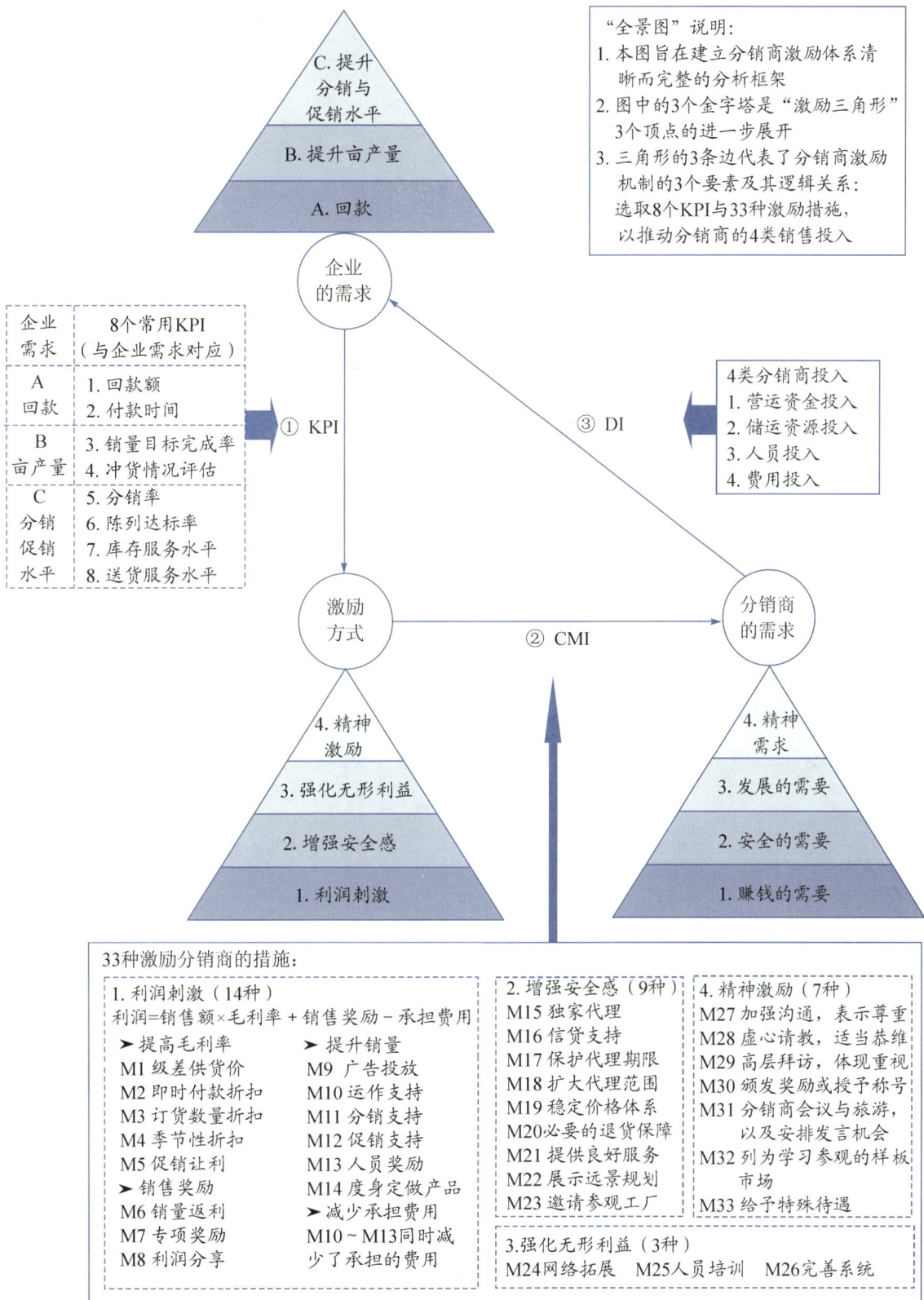

"全景图"说明：
1. 本图旨在建立分销商激励体系清晰而完整的分析框架
2. 图中的3个金字塔是"激励三角形"3个顶点的进一步展开
3. 三角形的3条边代表了分销商激励机制的3个要素及其逻辑关系：选取8个KPI与33种激励措施，以推动分销商的4类销售投入

C.提升分销与促销水平
B.提升亩产量
A.回款

企业的需求

企业需求	8个常用KPI（与企业需求对应）
A 回款	1. 回款额 2. 付款时间
B 亩产量	3. 销量目标完成率 4. 冲货情况评估
C 分销促销水平	5. 分销率 6. 陈列达标率 7. 库存服务水平 8. 送货服务水平

① KPI

③ DI

4类分销商投入
1. 营运资金投入
2. 储运资源投入
3. 人员投入
4. 费用投入

激励方式

② CMI

分销商的需求

4.精神激励
3.强化无形利益
2.增强安全感
1.利润刺激

4.精神需求
3.发展的需要
2.安全的需要
1.赚钱的需要

33种激励分销商的措施：

1. 利润刺激（14种）
利润=销售额×毛利率＋销售奖励－承担费用

➤提高毛利率
M1 级差供货价
M2 即时付款折扣
M3 订货数量折扣
M4 季节性折扣
M5 促销让利

➤销售奖励
M6 销量返利
M7 专项奖励
M8 利润分享

➤提升销量
M9 广告投放
M10 运作支持
M11 分销支持
M12 促销支持
M13 人员奖励
M14 度身定做产品

➤减少承担费用
M10～M13同时减少了承担的费用

2. 增强安全感（9种）
M15 独家代理
M16 信贷支持
M17 保护代理期限
M18 扩大代理范围
M19 稳定价格体系
M20 必要的退货保障
M21 提供良好服务
M22 展示远景规划
M23 邀请参观工厂

3. 强化无形利益（3种）
M24网络拓展　M25人员培训　M26完善系统

4. 精神激励（7种）
M27 加强沟通，表示尊重
M28 虚心请教，适当恭维
M29 高层拜访，体现重视
M30 颁发奖励或授予称号
M31 分销商会议与旅游，以及安排发言机会
M32 列为学习参观的样板市场
M33 给予特殊待遇

图14-11　分销商激励"全景图"

三、激励分销商之"勾股定理"小结

本工具将整个分销商激励体系浓缩于一个直角三角形中，有助于销售经理在考虑分销商的激励问题时，思路更简洁和清晰；同时总结了常用的8个KPI和33种激励分销商的措施，相当于是激

励分销商的操作"工具包"（具体阐述详见后续内容），读者可以在实际工作中选择使用。本实用工具的所有要点都浓缩在了图 14-12 及其数字当中。

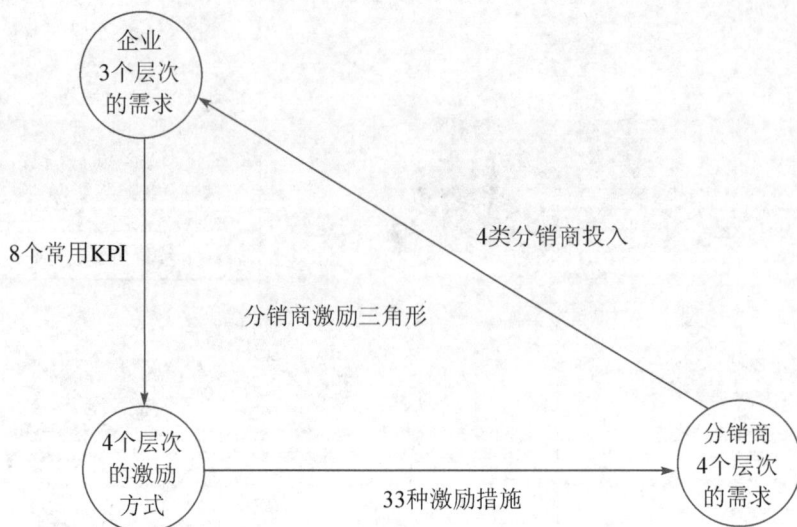

图 14-12 分销商激励三角形示意图

14.4.4 如何设定激励分销商的绩效评估指标

分销商激励机制包括两部分：一是如何评估分销商的优劣，即"做正确的事"；二是如何针对 KPI 采取具体的激励措施，即"正确地做事"。设定合理的 KPI 对于激励效果具有决定性作用，如果方向不正确，那么很可能最终的激励效果与初衷相反。KPI 的选择主要取决于企业对分销商的需求定位，如图 14-13 所示。

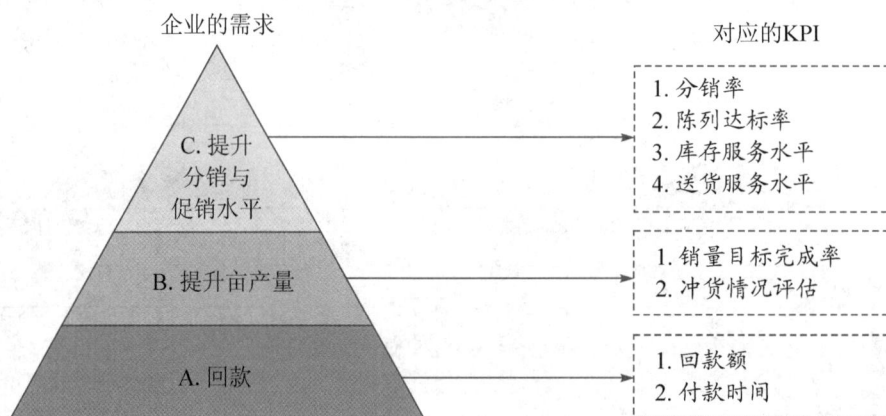

图 14-13 KPI 的设定

1. KPI 越能反映分销商的投入，激励效果越好

沿着上述"需求金字塔"，越往上越能准确反映分销商的投入程度，当然获取相应 KPI 数据的成本也越高。所以在可能的条件下，企业应尽可能准确地定位分销商的需求，而不要笼统地以"回款"作为唯一的评估指标。

2. 基于"回款"的 KPI 分析

企业对分销商的回款需求无非希望"多回款，早回款"，因此"回款额"和"付款时间"就成为评估分销商的两个重要指标。如果企业对分销商的需求仅仅定位于回款，自然在所有的激励措施中都贯穿着一条简单的逻辑："回款越多的分销商越好，所以也应该给予更多的奖励和支持"。之前有关企业对分销商的需求分析中，已经很清楚地表明回款额的多少并不与分销商的投入成正

销售力

比，很可能占据大市场但并不努力投入或者四处"冲货"的分销商获得最多的激励。激励越大，自然分销商的积极性越高，但这种积极性并不一定有效地转化为分销商的投入，甚至成了分销商冲货的"资本"。

3. 基于"亩产量"的 KPI 分析

直接评估"亩产量"往往比较困难，一般的做法是根据市场规模确定每个分销商的销量目标，然后根据"销量目标完成率"判断分销商的努力程度。此外，必须评估分销商的冲货情况，因为冲货的销量完全与"亩产量"无关。有时候也可能采用"销量增长率"作为评估指标，但由于市场的成熟度不同，这个指标的差异会很大，而且通常在制定销售目标时已经考虑了不同市场增长率的问题，因此用扣除冲货的"销量目标完成率"基本上已经可以反映"亩产量"的大小。基于"亩产量"的 KPI 显然能比回款额相对更准确地反映分销商的投入程度。

制定分销商的销量目标与制定销售人员的目标类似，同样是遵循**"跳起来够得着"**的基本思想和 **SMART** 原则（详见第 9 章的相关内容）。

4. 基于"分销与促销水平"的 KPI 分析

当地市场的"分销与促销水平"更直接地反映了分销商的投入程度，也是提升"亩产量"乃至回款额的"必由之路"。与分销和促销水平相对应的 KPI 可以视为"过程指标"，相对容易量化和常用的"过程指标"主要有 4 个：

(1) 分销率。

其是综合评估分销商整体绩效的最重要指标，从之前关于企业对分销商的需求分析中可以看出，分销率的高低与企业的四类销售投入都密切相关。因此，分销率是判断分销商努力程度的重要"窗口"。

(2) 陈列达标率。

其可以评估分销商在维护店内形象方面的执行情况，但相比分销率难以量化，一般可作为辅助指标。

(3) 库存服务水平（1 - 平均缺货率）。

其反映了分销商的库存充足程度，是判断分销维护水平的重要指标。

(4) 送货服务水平。

衡量送货服务水平的主要数据是 OTD（order to delivery），即分销商从收到客户订单到送货上门的时间，也是判断分销维护水平的重要指标。

不言而喻，上述 4 个过程指标准确地反映了分销商的投入程度（也包括管理水平），剩下的其他影响"亩产量"和回款额的因素与分销商基本无关。

以上基于企业 3 个层次需求的 8 个 KPI，只是常用且相对容易操作的指标，此外还有"客户满意度""促销配合度""技术达标率"等。虽然每个行业和企业评估分销商的指标具有一定差异，但基本规律可以概括如下：

原则 1：

激励并非"万能灵药"，关键是找准分销商究竟可以影响什么。在此基础上，尽可能采用能直接反映分销商努力程度的 KPI，这样才能使激励落到实处。

原则 2：

激励机制中采用的 KPI 并不等于是全面评估指标，所以 KPI 并非越多越好。最终选择的 KPI 应尽可能容易量化和检查，而且不要相互重叠，否则会在操作上带来很大困难。

14.4.5　所有激励措施都以 KPI 为基础，并以分销商需求为导向

每一项激励措施一定要基于企业的需求，同时又要满足分销商的需求，这两方面缺一不可。根据之前对分销商需求的分析，分销商一共有 4 个层次的需要，因此围绕这 4 个方面可以将所有的激励措施分为 4 类，分别满足分销商不同层面的需要。只有多管齐下，才能形成整体的综合激励强度，如图 14 - 14 所示。

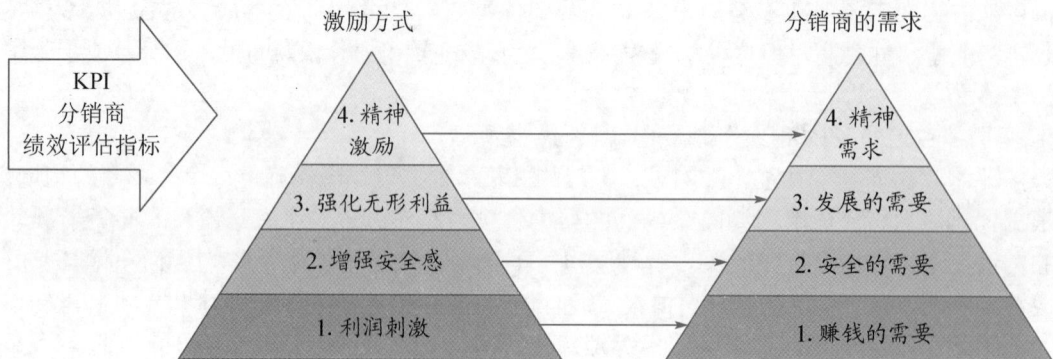

图 14-14　分销商绩效评估指标示意图

14.4.6　激励方式1：利润刺激（14种措施）

"赚钱"的需要无疑是分销商最基本的需要，因此利润刺激自然是激励分销商的首要方式。在考虑采用哪些激励措施时，基本的思路就是从分销商的利润方程式出发：

分销商的利润 = 销售额 × 毛利率 + 销售奖励 - 承担的费用

任何一种激励措施只要能改变等式右边的任一变量，必然会影响到分销商的利润。前面的实用工具针对4个影响分销商利润的变量，归纳了常用的14种利润刺激措施，其中大部分措施都必须由企业总部统一决策和实施，实地销售经理往往只是负责执行，因此以下只是作一简要介绍，没有深入展开。

1. 提高分销商毛利率的5种激励措施

▶ M1 级差供货价。这是指按照分销商的代理范围和销售规模等标准将其划分为不同的级别，每个级别对应不同梯度的供货价格。这种激励措施的优点是可以保护"大户"的利润，但弊端是容易使"大户"将价格差转化为冲货的"资本"，并损害中小分销商的积极性。"级差供货价"一般适用于处于开拓市场阶段或奉行"大客户"战略的企业。

▶ M2 即时付款折扣。这是指根据分销商付款时间给予不同比例的折扣作为激励，当然这种折扣肯定高于银行利息水平。不少企业都采用"即时付款折扣"的激励措施，一方面可以加速企业的资金周转和降低信用风险，另一方面也提高了分销商的毛利率。

▶ M3 订货数量折扣。这是指按照分销商每张订单的订货数量给予不同比例的折扣，激励分销商相对集中地订货。通过"订货数量折扣"的激励措施，既提高了分销商的毛利率，又节省了企业的储运成本。这种激励措施一般适用于货物周转量较大的企业，而且折扣率不宜过高。

▶ M4 季节性折扣。这是指在销售淡季给予分销商订货的特别折扣，可以在一定程度上缓解由于销售高峰给企业带来的采购、生产、存货的时间和成本压力。这种激励措施主要适用于季节性很强的产品，如驱蚊片、防晒化妆品、羽绒服等。

▶ M5 促销让利。这是指企业在某一规定期间内（一般不超过一个月）通过向分销商提供特价或赠品等优惠，刺激分销商集中订货与回款。直接针对分销商的促销让利，无疑会在短期内大幅提升分销商的订货与回款，但极易造成渠道价格体系的紊乱，对提升长期销量而言往往是弊大于利。

以上5种直接提高分销商毛利率的激励措施，共同之处都是与分销商的回款和订货"挂钩"，优点是操作简单而且"立竿见影"。但弊端也显而易见：一方面，分销商的积极性不一定会有效转化为切实的销售投入；另一方面，很容易影响渠道价格体系的稳定性，这一点在"促销让利"中体现得尤为明显。

2. 销售奖励的3种激励措施

虽然销售奖励的方式各异，但共同点都是通过给予分销商除经营毛利外的额外利润，进一步提高分销商的销售积极性。

▶ M6 销量返利。这是指根据分销商的销量（一般以回款额为具体评估指标）给予不同比例的现金或货物奖励，通常有"年返""季返""月返"三种时间跨度。销售返利是大多数企业提供销售奖励的常用措施。

返利计算方式 1：按回款的绝对额，递增返利的比例

比如，年回款额达到 100 万元返利 1%，200 万元返利 2%，以此类推。这种返利方式反映了企业对分销商的需求定位就是"回款"。根据前面对 KPI 的分析，回款额的绝对值并不与分销商的努力程度成正比，因此这种返利计算方式明显不合理，仅仅适用于处于启动阶段的企业或几乎空白的市场，是销售目标很难制定情况下的一种"权宜之计"。

返利计算方式 2：按回款目标完成率递增返利的比例

比如，目标完成率达到 80% 返利 1%，达到 100% 返利 3%，超额部分再增加 2%。这种返利方式引入了"亩产量"的概念，在制定目标时考虑了市场规模和发展阶段的差异性，不以回款额的绝对值"论英雄"，而是看重目标完成率，为大多数企业所采用。

▶ M7 专项奖励。其一般与分销率等过程指标相"挂钩"，不再笼统地以回款或销量作为评估标准，是激励分销商努力投入的有效措施。这种激励措施的逻辑其实很简单：

你希望分销商多回款，他如果不冲货，也就只能通过提高分销率和单店销量两条途径来增加销售额，然后才能多回款。既然影响回款和销量的因素很多，难以从中准确判断分销商的努力程度，那为什么不直接针对分销和促销水平来激励呢？

▶ M8 利润分享。其通常是以吸引分销商入股（或仅仅是分红的股份）的方式，以比商业利润高得多的利润推动大批分销商（或仅限核心分销商）投入资金、储运、人员、费用等要素。"利润分享"模式除了能极大地调动分销商的积极性之外，最主要的是能让企业得到大批的流动资金，并通过产权或契约关系将企业和分销商之间的合作关系"固化"下来，对于稳定和巩固分销商体系具有极其重要的作用。不少企业都曾经或正在采用这种"超级"销售奖励的方式，如案例 14 - 2 中的春兰集团。

> **案例 14 - 2　　　　春兰集团与分销商的"利润分享"机制**
>
> 春兰集团从 20 世纪 90 年代中期开始，大力吸引分销商入股分红，广泛吸纳分销商的资金，让分销商除了赚取自己的经营利润之外，还可以从春兰集团的利润中"分一杯羹"，在最高峰时返还给分销商的利润曾经占到春兰总利润的 80%。
>
> 虽然看起来春兰集团的利润率下降了，但是由于分销商努力销售，把"饼做大了"，企业更容易实现规模化经营，既提升了销量，又降低了单位生产成本。更为重要的是，采取这一措施为成长中的春兰集团注入了大量的流动资金，使春兰有足够的能力投入于新品研发、品牌推广、网络拓展等，为提升企业的长期竞争力奠定了坚实的基础，从而使企业进入滚动发展的良性循环阶段。

3. 提升销量的 6 种激励措施

提高分销商的毛利率和销售奖励都是最直接的利润刺激措施，而帮助分销商提高销量则是通过"把饼做大"的方式来提升分销商的利润水平。具体激励措施主要从广告、销售、产品支持三个方面来考虑：

▶ M9 广告投放。毋庸置疑，这是激励分销商的重要手段。

▶ M10 运作支持。这是指对分销商提供仓储、运输、信息系统等方面的支持。

▶ M11 分销支持。这是指对分销商提供分销人员、终端分销费用、渠道激励等方面的支持。

▶ M12 促销支持。这是指对分销商提供的促销人员、终端促销费用、POP 物料等方面的支持。

▶ M13 人员奖励。这主要指针对分销商自身的销售人员的奖励。

▶ M14 度身定做产品。这是指针对当地市场的消费特点，专门开发更具针对性的产品。

在同等支持力度的情况下，采用什么样的 KPI 与广告和销售等支持"挂钩"，对分销商的激励效果影响很大。如果简单地以回款额乘以一个比例来计算对分销商的支持力度，往往很难将分销商的积极性切实转化为销售投入；如果结合分销商的分销和促销水平作为支持力度的标准，则更容易使激励措施落到实处，案例14-3有力地说明了这一点。

案例14-3　　　　　　宝洁激励分销商的"覆盖服务费"

宝洁并没有针对分销商回款或销量的返利，而是将分销商定位于提供"分销覆盖服务"的服务商，根据对分销商"覆盖服务水平"（CSL）的评估提供专项的费用支持。

1. 评估指标："覆盖服务水平"

其以"分销达标率""陈列达标率""促销达标率"三大指标为主。此外，还包括"客户服务水平""系统数据准确度""特定职员劳动合同签订率""特定职员基本工资发放率""特定职员政府福利上交率"等指标。

2. 费用支持："覆盖服务费"（CSF）

根据对分销商覆盖服务水平的评估数据，向分销商提供"覆盖服务"所需承担的所有费用，包括特定职员的工资、奖金、福利、招聘、培训和解雇费等。

月覆盖服务费 = 覆盖人员奖金基数总额 × 覆盖服务水平 × 覆盖服务费比例

注：覆盖服务费比例是一个相对固定的比例，根据市场情况进行阶段性调整。

3. 如何保证"覆盖服务水平"的数据准确度

（1）通过 IDS 电脑系统，规范相关数据的录入和计算流程，并帮助初步核查。

（2）建立四层核查的实地检查机制：客户经理→销售主管→销售组长→分销人员，再辅以上级经理和总部的抽查。

（3）凡是数据准确度达不到90%的，将扣除"覆盖服务费"的10%，并追究人员责任。

宝洁"覆盖服务费"的激励模式，既直接推动了分销商提高分销覆盖水平，又在一定程度上避免了分销商将这些费用支持用来冲货。假定"覆盖服务费"占宝洁整体销售额的3%，如果宝洁将这3%作为分销商的回款返利的话，那么可以断定最终宝洁产品的批发价格将下浮3%，分销商并不会从中得到多少实际利益，也就不可能转化为切实的销售投入。

当然，并非每个企业都具备足够的人员和管理能力来实施宝洁的这种激励模式，但是将销售支持尽可能与分销商的分销和促销水平"挂钩"，一定是在可能的条件下应该尽量采用的激励方式。从实地销售经理的角度来看，真正能做的只能是在公司的大方向下合理分配销售费用等资源，以激励分销商努力销售。这方面的具体工作详见前面第11章费用分配方面的相关内容。

对分销商的销售支持除了帮助其提升销量之外，同时也相对减少了分销商承担的销售费用，因此是一种非常重要的利润刺激措施。

14.4.7　激励方式2：增强安全感（9种措施）

是不是让分销商"有钱赚"，他就一定会努力投入到企业产品的销售中去呢？案例14-4将有助于对这个问题的回答。

案例14-4　　　　　　分销商的顾虑是必须打开的一把"心锁"

某服装企业拿到了一个国际知名的卡通品牌的授权，可以在中国大陆用该品牌生产儿童服装。李总雄心勃勃地推出了一个极具吸引力的招商计划，给分销商的毛利率比同类服装高出50%，而且服装款式也不错，再加上品牌够响，一时间分销商趋之若鹜，李老板着实地狠赚了一笔。但是过了两个月，李总就发现分销商的订货数量并不大，他百思不得其解，无论是毛利率还是产品的竞争力都不错，问题出在哪里呢？

于是李总亲自登门拜访老客户王老板，想要一探究竟。王老板坦诚地说："产品不错，毛

销售力

利率也很高，但是我只能慢慢做，原因在于……"李总从王老板的谈话中了解到对方主要有5点顾虑：

（1）与分销商的合同期限都是一年，但是拓展市场至少就要好几个月，而且前期的分销费用太高，如果一年后李总"另攀高枝"，那王老板的投入根本收不回来，岂不是为他人"做嫁妆"。

（2）毛利率虽然很高，但是王老板看不到李总稳定价格体系的决心和具体措施。按他的经验，这种"暴利"迟早会保不住，因此不能盲目投入。

（3）合同中注明分销商不能退货，因此王老板只能逐步尝试，不敢一下铺开。

（4）李总只是被授权使用这个国际品牌，王老板担心一两年后这个品牌收回授权，他的投入越大自然回收期越慢，到头来岂不是"竹篮打水一场空"。

（5）王老板从李总的销售政策中察觉到，李总对这个品牌也没有长期打算，无非想赚一把"快钱"，那他自然也只能是"小心翼翼"，稍有不慎就可能连本钱都赔进去。

由于王老板等分销商存在以上顾虑，他们虽然愿意做但不可能"做大"，必然是"求利不求量"。如果他们心中的这把"锁"不能被打开，那么最终"锁"住的将是李总的生意发展。李总该怎么办呢？

从案例14-4可以看出，利润刺激当然是提高分销商积极性的重要手段，但是如果不能打消分销商的种种顾虑，那么这种积极性并不一定就能完全转化为对销售的投入。通常我们可以选取以下9种激励措施来增强分销商的安全感：

▶ M15 独家代理。这是指在代理地域、代理产品、代理渠道的划分上，尽量不要让分销商之间彼此交叉甚至重合。代理范围如同分销商的"责任田"，如果把一块田交给两个人耕种和收获，虽然企业希望产生"赛马效应"，但是最可能的结局往往是谁也不可能有太多投入，这就是下一章在探讨冲货问题时将会提到的"公共地悲剧"。

▶ M16 信贷支持。目前，我国的现状是厂商之间普遍缺乏信任，因此对分销商提供必要的信贷支持，常常是增强分销商安全感的重要措施；否则，分销商必然是顾虑重重，不敢放手拓展生意。当然，凡事有利必有弊，提供信贷支持必须建立在企业对风险和收益的评估之上，不能一概而论。此外，提供信贷支持除了增强分销商的安全感之外，对于提升分销商的投资回报率也非常重要。

▶ M17 保护代理期限。品牌是厂家的，分销商总是没有安全感和归属感，这个问题在前期投入较大的新产品或新市场方面显得更为突出。但从企业的角度来看，分销商也是有好有差，不可能一下子无条件地给予分销商相当长的代理期限，使自己陷于被动。解决这个问题的折中方法是在合同中规定最低销量或其他要求，如果分销商达到这个标准，那么确保他的代理权限可以延续。

557

▶ M18 扩大代理范围。其既包括代理地域的扩大，也包括代理产品或渠道的增加。对于优秀的分销商，扩大代理范围是极为重要的激励措施，其作用甚至超过利润刺激。

▶ M19 稳定价格体系。名义上的毛利率再高，如果企业没有稳定价格体系的决心和措施，那么分销商必然会感到心里不踏实，从而影响其销售投入的力度。这一点在第15章讨论冲货问题时会详细阐述。

▶ M20 必要的退货保障。对于新产品和季节性产品，向分销商提供必要的退货保障尤为重要，否则分销商在进货和再销售过程中必然"缩手缩脚"，担心产品积压使自己遭受严重损失。

▶ M21 提供良好服务。如果一个企业经常断货或者费用/返利等迟迟不予支付，不难想象分销商必然是"处处提防"，这种心态甚至会给企业的生意带来致命的影响。

▶ M22 展示远景规划。无论是企业还是实地销售经理，都必须善于向分销商描述"发展蓝图"，一方面展示企业的规划前景，另一方面让分销商感到企业不是采用"打一枪就跑"的游击战术。不言而喻，任何一个分销商都希望与有发展前景、勇于担当的企业合作。

▶ M23 邀请参观工厂。这一点对于打消新分销商的顾虑非常重要，每个人的心态都是"眼见为实"。

14.4.8　激励方式3：强化无形利益（3种措施）

大多数分销商都不会只图眼前利益，一般还具有长期发展的需要，因此强化无形利益对于激励分销商往往具有"事半功倍"的作用。这就是虽然销售大品牌的利润不高，但许多分销商仍然愿意合作的主要原因。下面三种激励措施，详见第13章的"利益驱动光盘"：

▶ M24 网络拓展。
▶ M25 人员培训。
▶ M26 完善系统。

14.4.9　激励方式4：精神激励（7种措施）

分销商也是普通人，必然会有精神层面的需要，因此精神激励同样不可或缺，而且精神激励不用花钱或少花钱，但往往能起到"四两拨千斤"的作用。

▶ M27 加强沟通，表示尊重。每个人都有受到尊重的心理需要，因此在与分销商的合作过程中，一定不要"独断专行"或简单地"发号施令"；否则很可能无意中就影响了分销商的积极性，严重者甚至伤害到分销商的自尊心，这可能是用金钱都难以挽回的损失。

▶ M28 虚心请教，适当恭维。分销商对当地市场的了解和经商经验等，往往有值得各级销售管理者学习的地方，而且每个人都在心理上希望获得他人的认可，因此虚心请教和适当恭维，往往能起到"四两拨千斤"的激励效果。

▶ M29 高层拜访，体现重视。这同样基于分销商希望受到尊重的心理需要，通过高层拜访可以在一定程度上满足这种心理需要，同样会起到很好的激励效果。

▶ M30 颁发奖励或授予称号。每个人都有自我实现的心理需要，向分销商颁发奖励或授予其称号，可以极大地满足分销商的这种心理需要。常见的奖励或称号有"全国最佳分销商""全国××强客户""××公司战略合作伙伴""××公司营销顾问"等。

▶ M31 分销商会议与旅游，以及安排发言机会。安排分销商参加会议与旅游，对于加深厂商了解和密切双方关系，往往具有不可低估的激励作用。对于优秀的分销商，应尽量安排机会让其讲述成功经验，这可以极大地满足其自我实现的心理需要。

▶ M32 列为学习参观的样板市场。对于优秀的分销商，可将其覆盖区域列为样板市场，组织销售人员或其他分销商学习参观，既表示对该分销商的认可，也是对其他分销商的启发和鞭策。

▶ M33 给予特殊待遇。特殊待遇的含义很广泛，核心就是让优秀和重要的分销商感觉"与众不同"，如小范围的"大户会议"，甚至一些细微的关照等。

14.4.10　分销商激励小结

激励就是通过满足分销商的需要来实现企业的目标，本节所有的要点都可以浓缩于如图14-12所示的"激励三角形"中，斜边的长度代表激励效果，两条直角边代表激励方案：

4类分销商投入＝8个常用KPI指标＋33种激励措施

14.5　协助与约束分销商提升再销售能力

激励分销商可以在一定程度上解决其主观能动性的问题，但如果分销商管理工作仅仅停留于这个层次，实地销售经理始终是站在分销商的身后，相当于把整个生意完全"委托"给分销商去运作。至少存在以下两点原因，使得各级销售管理者有必要深入到分销商的再销售环节中，对分销商进行"肩并肩"式的"伙伴型"管理：

A. 从第 12 章关于中国分销商群体的现状分析中可以看出，目前大多数行业的分销商还难以提供专业的销售代理服务，因此分销商"努力做"不等于就"做得好"，而且激励分销商的成本往往很高，所以除了适当"让利"以外，更重要的是和分销商一起"创利"。

B. 分销商作为生产企业（委托人）的代理人，只会以自身的利益最大化为目标，并且很可能利用其信息优势在谋取利益的同时损害企业的利益。即使在合同中列明一大堆约束条款，如果销售经理不深入到分销商的再销售管理中，这些约束条款往往流于形式，起不到太多实际作用。

案例 14 - 5　　　　分销商"努力做"就一定会"做得好"吗？

有一次我去 K 市实地工作，晚上与当地分销商老陈吃饭的时候，他说他有一个朋友代理了 S 品牌，现在"苦不堪言"，希望我能去看一看，能不能出点主意。我说那就让他过来聊一聊嘛，老陈略带神秘地说："最好你亲自去看一看，一定会大吃一惊。"

于是我带着好奇心，与老陈一起到了唐老板的住处。刚一进门，还没来得及打招呼，我就被眼前的"景象"完全震住了：整个客厅到处都是堆放的货物，甚至连厨房、洗手间、床下都是货。唐老板看上去很老实，他苦笑着解释："仓库都堆满了，没有办法只好放到家里来，让您笑话了。"

我怎么可能笑得出来，当时的情景至今仍记忆犹新，唐老板的一番话似乎还言犹在耳：唐老板看中了 S 品牌的高毛利和一定的知名度，一下子先汇了 50 万元给厂家，拿到了代理权。到货没 3 个月，厂家又召开全国分销商会议并附带"香港豪华游"，唐老板为了参加会议和拿到促销政策又汇去了 50 万元。之后 S 品牌的老总和销售人员又通过各种激励措施和"游说"，从唐老板这里收走了 30 万元。

不到半年，唐老板总共付了 130 万元给 S 品牌，而且夫妻俩还招了 10 多个销售人员四处铺货，自己也是起早贪黑地到处推销。但是这些销售人员有的拿着客户的货款就跑了，有的只是盲目铺货根本不收款。结果现在唐老板库存有 80 万元，而且大部分都是滞销产品，真正好卖的货又没钱进；外面的应收款差不多有 40 万元，整个生意已经完全陷于困境。

我问唐老板："这一个月也就是 10 多万元的生意，你为什么要投入 130 万元的资金呢？"他说："这个厂家的各项措施都很吸引人，而且老板和销售人员的态度都很好，讲话又很有鼓动性，我真的想竭尽全力把这个品牌做好，所以才会投入这么多资金和精力。"

我问："那这个品牌的销售人员平时都干些什么呢？"他说："主要是给我鼓劲，然后就是讲各种销售政策，其他的就靠我自己了。"

于是我们开始更深入地沟通和探讨……

【案例分析】

（1）S 品牌无论在金钱还是精神层面，对分销商的激励都做得非常出色，成功地推动了分销商在资金、人力等方面的努力投入，但是 S 品牌在 K 市"赢"了吗？

（2）也许案例中像唐老板这样严重的情况是一个特例，但不少分销商都不同程度地存在管理和运作能力低下的问题。激励不是"万能灵药"，虽然"重赏之下必有勇夫"，但并非"人有多大胆，地有多大产"。

（3）如果实地销售经理只是扮演企业这个"大委托人"下面的"小委托人"的角色，除了鼓动分销商以外就指望"坐享其成"，那么这种"美梦"多半会破灭。

14.5.1　分销商的再销售管理概述

分销商只是销售链条中的一个"中转站"，除了企业和市场因素之外，分销商的再销售（reselling）能力直接决定了最终的销量和给企业的回款。所谓再销售能力，也就是分销商作用于后续销售过程的三大作用力。从图 14 - 1 中可以看出，分销商的三大作用力不仅取决于其销售投入，而且和表 14 - 4 中的 5 个方面的管理能力密切相关。

表 14 - 4　　　　　　　　　　　　　**分销商再销售管理表**

<table>
<tr><td>再销售管理</td><td>协助分销商（12 项）</td><td>约束分销商（14 项）</td></tr>
<tr><td>1
价格体系管理</td><td>①协助分销商制定再销售的价格体系</td><td>①分销商肆意抬高价格，牟取暴利
②分销商低价倾销，四处冲货</td></tr>
<tr><td>2
信贷政策管理</td><td>②协助分销商确立针对不同客户的信用额度与回款期限</td><td>③分销商不愿给客户提供必要的信贷支持
④分销商不愿进入欠款较多的 KA 等终端</td></tr>
<tr><td>3
OSB 管理</td><td>③协助分销商完善 OSB 流程
④协助分销商管理应收账款
⑤协助分销商管理库存
⑥协助分销商优化仓库管理
⑦协助分销商做好运输统筹</td><td>⑤分销商资金投入不足，导致经常断货
⑥分销商只卖畅销产品，库存品类不足
⑦分销商不愿送货或送货不及时
⑧分销商对企业提供的仓储、车辆、电脑系统等支持未按要求使用
⑨分销商不愿向客户提供必要的退货服务
⑩分销商拖延甚至截留企业给批零网点的促销优惠或费用支持等</td></tr>
<tr><td>4
销售队伍管理</td><td>⑧协助分销商优化其人员配备与管理机制
⑨协调分销商的销售人员与企业的销售人员之间的分工与协作
⑩协助分销商培训其销售人员</td><td>⑪分销商诱使或强迫企业的销售人员为其推销其他产品
⑫分销商克扣甚至虚报企业支付的销售人员工资与费用等</td></tr>
<tr><td>5
销售费用管理</td><td>⑪协助分销商合理分配其投入的销售费用
⑫协助分销商有效管理费用的操作过程</td><td>⑬分销商未将企业交由其支配的费用足额投入到再销售过程中
⑭分销商不愿拿出部分毛利作为销售费用投入</td></tr>
</table>

（左侧竖排文字：销售力）

560

　　实地销售经理在协助分销商提升再销售管理能力时，并非表 14 - 4 中 12 项工作都要面面俱到，关键是从中找到分销商的管理瓶颈并结合自己的特长，有针对性地重点突破。接下来我们将选择一些重点来探讨如何协助分销商提升再销售的管理能力，至于约束分销商的工作将在本节的最后集中阐述。

14.5.2　如何管理分销商的再销售价格体系

　　价格体系无疑是销售渠道中最重要和最敏感的问题，有关企业的整个定价策略已经超出了实地销售的范围。从实地销售经理的角度来看，出厂价（分销商的进货价）和建议零售价都由企业总部给定，但由于各个市场的差异性，需要"因地制宜"地协助分销商设计"再销售的价格体系"（reselling price，RSP）。

1. 设计分销商 RSP 所需考虑的四大因素

分销商的 RSP 设计实际上也就是在分销商、批发商和零售商之间进行利益分配的过程。在 RSP 设计方面不可能存在通用的标准，但一般需要根据以下四大因素来综合决定（见图 14 - 15）。

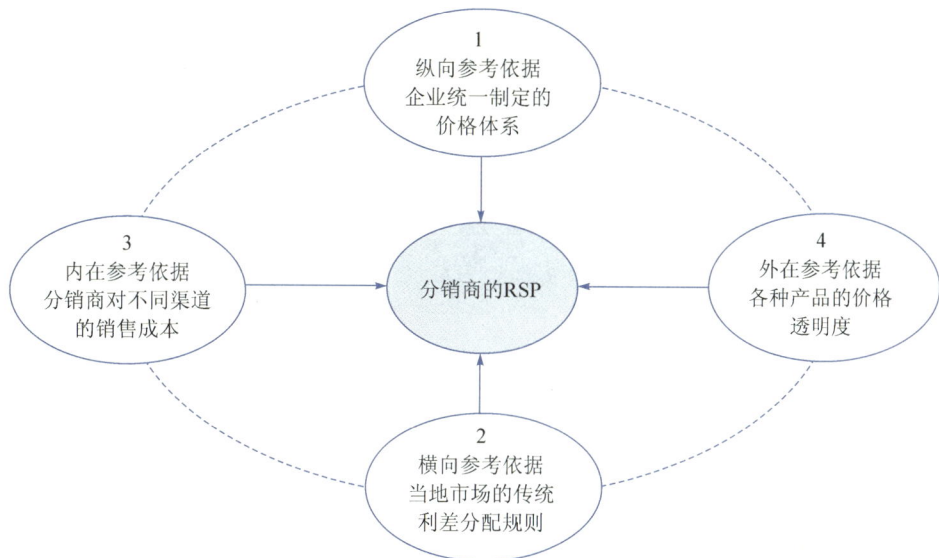

注：一般而言，产品越畅销则价格透明度越高；产品上市时间越长，价格透明度越高。

图 14 - 15 分销商的 RSP 示意图

2. 消费品行业的典型价格体系示意图

图 14 - 16 中的价格分类以及排列顺序，只是就大部分消费品企业的价格体系的共性而言的，而且分销商的再销售价格也不可能只是 4 种价格，还会根据客户的付款情况和购买数量等灵活决定。至于具体的差价水平则很难一概而论，但一般存在以下 5 条规律：

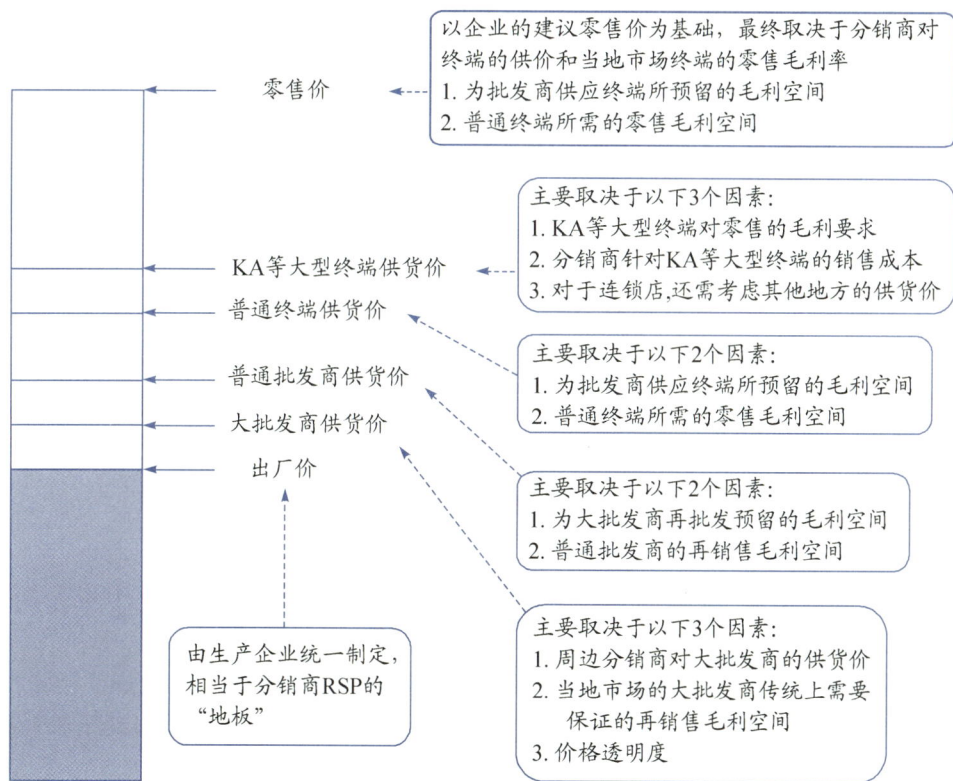

图 14 - 16 消费品行业的典型价格体系示意图

A. 企业的销量越大，往往每个中间环节（包括分销商）的毛利空间越小。

B. 就分销商的再销售价格而言，一般会很明显地划分为批发价和终端供货价，为批发商预留批零差价的空间。

C. 对大批发商的供货价往往很接近出厂价（甚至低于出厂价）。也就是说，分销商销售产品给大批发商的毛利率一般很低，而且这是一个最敏感的价格，分销商很难自行定价，基本上要求与市场通行的批发价一致。

D. 由于 KA 等大型终端的分销成本较高且付款期限较长，所以分销商的供货价格往往也较高，除非企业承担了所有的分销成本。

E. 分销商对每个产品的加价率根据价格透明度的不同而有所差异。分销商往往对新产品先追求相对较高的毛利率，随着产品上市时间越长，导致价格透明度越高，分销商的毛利率也会随之降低。此外，越是畅销的产品其价格越敏感，分销商的毛利率也相对越低，反之亦然。

总体而言，协助分销商设计再销售价格体系的工作并不困难，因为一方面有企业的价格体系作为基础，另一方面有当地市场现存的利差分配规则作为参考。真正的重点和难点在于如何约束分销商"高价牟利"和"低价冲货"的行为，特别是冲货几乎是所有企业面临的"老大难"问题（详见本书的后续内容）。

14.5.3 如何协助分销商管理应收账款

从表面上看，分销商的应收账款似乎是他自己的事，但是如果应收账款不合理地占用过多营运资金，最终必然会影响到向企业的正常订货与回款。大多数分销商都会高度重视并有效管理其应收账款；对于那些管理能力薄弱的分销商，销售经理可以从"事前"和"事后"两个方面协助其管理应收账款。

1. 事前控制信贷风险

未雨绸缪永远是必要的预防性措施，如果等到分销商的应收账款已经"满目疮痍"再"亡羊补牢"，显然是一件事倍功半的事。通常可以采取以下两种措施协助分销商在事前控制信贷风险：

（1）按照客户的生意额、信用状况和市场惯例，确定每个客户的信用额度和付款期限。

（2）根据设定的信用额度和付款期限，对每张赊销的订单严格把关。对于那些拖欠货款严重的客户，必须坚决断货，避免应收账款越滚越多更难以收回；即使对于 KA 等大型终端，也不能因为"投鼠忌器"而无限制地盲目供货。

2. 事后加强货款回笼

在加强货款回笼的工作中一般需要"三管齐下"，既要完善分销商财务部门的货—票—款管理制度，还需要激励销售人员并防范其"道德风险"，最后就是针对拖欠货款的客户采取必要措施。具体来讲，可以采取以下 5 种措施协助分销商加强货款回笼：

（1）协助分销商的财务部门建立完整清晰的客户往来账目（特别是针对欠款较多的客户），作为对账和跟进收款的依据。这方面可参考前面企业与分销商之间的往来账目跟踪表。

知识链接　实用工具31

（2）就回款准时率和坏账率等指标，协助分销商建立对相关责任人的奖惩机制。

（3）根据客户往来账目，协助分销商制订每周（甚至每天）的收款计划，给每个销售人员明确具体的收款任务，并及时跟进评估。

（4）建议分销商最好不要让销售人员直接收取现金货款，同时需要将这一点告知所有客户。此外，协助分销商建立严格的发票管理和客户签收制度，以免销售人员遗失发票或者在发票上"做文章"。

（5）协助分销商培训销售人员的收款技巧，以及直接帮助分销商收款。这方面可参考前面针对分销商拖欠货款所采取的实用方法。

有些销售经理不仅不协助分销商管理应收账款，而且为了片面追求销量或分销率，还极力怂恿分销商向很可能造成坏账的客户大量赊销。这实际上是一种非常短视的行为，帮助分销商就是帮助自己，损害分销商的利益最终也会殃及自己。

反过来，对于信贷控制过严的分销商也必须采取相应的约束措施，否则会给分销率和销量带来很大的负面影响，本节的最后将会对约束分销商的相关内容集中阐述。

14.5.4　如何协助分销商管理库存

分销商的营运资金主要占用于应收款和库存，相比应收款而言，库存更是协助分销商管理的重点，因为不少分销商对库存管理重视不足并缺乏科学的管理方法。接下来介绍的实用工具立足于"双赢"的角度，帮助销售经理更有效地协助管理分销商的库存。

实用工具33

T形库存管理方法

总体说明：

(1) 库存管理实际上就是在 T 形横梁（见图 14 – 17）的两端努力寻求平衡。

(2) T 形支柱中的 3 个库存管理方法，就是保持库存平衡的工具。

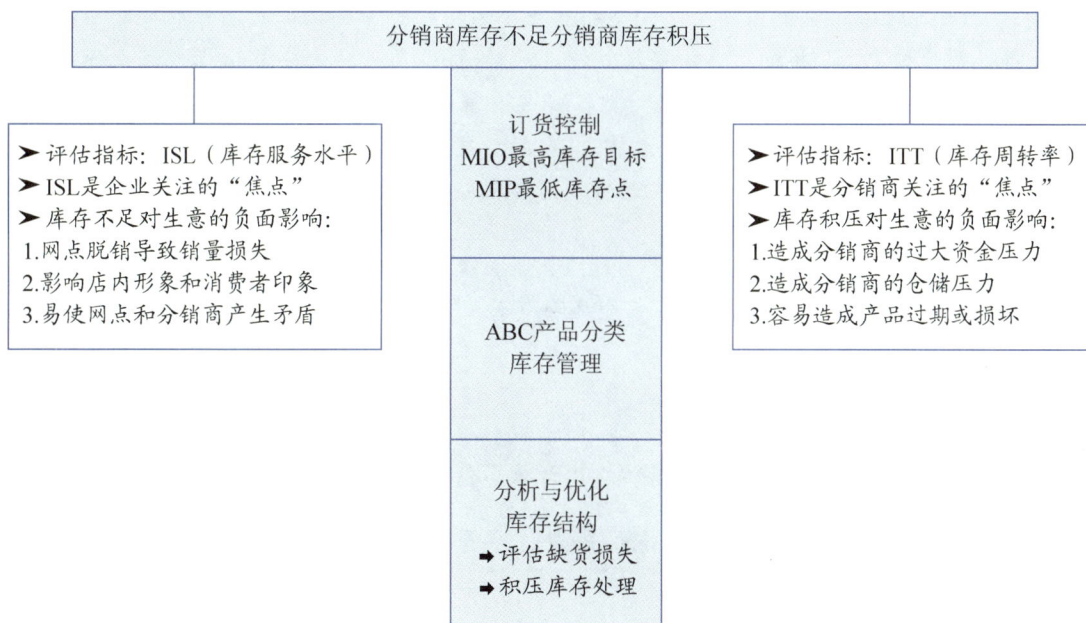

分销商库存不足　分销商库存积压

➤评估指标：ISL（库存服务水平）
➤ISL是企业关注的"焦点"
➤库存不足对生意的负面影响：
1.网点脱销导致销量损失
2.影响店内形象和消费者印象
3.易使网点和分销商产生矛盾

订货控制
MIO最高库存目标
MIP最低库存点

ABC产品分类
库存管理

分析与优化
库存结构
➡评估缺货损失
➡积压库存处理

➤评估指标：ITT（库存周转率）
➤ITT是分销商关注的"焦点"
➤库存积压对生意的负面影响：
1.造成分销商的过大资金压力
2.造成分销商的仓储压力
3.容易造成产品过期或损坏

图 14 – 17　T形库存管理方法示意图

一、评估库存管理水平的两大指标

1. 库存服务水平（inventory service level，ISL）

ISL = 1 – 加权平均缺货率

加权平均缺货率 = 每个单品的缺货率 × 销售额比重，然后相加

注：①加权平均缺货率的计算一般以月为单位，也可在此基础上计算季度或年度缺货率。②每个单品的缺货率 = 缺货天数 ÷ 当月总天数。所谓缺货天数，并不一定要视为库存绝对为零的天数。通常来讲，库存低于 1～2 天的销量就可视为缺货，因为这时已经不能满足稍微大一些的客户订单。

【例 14 – 4】假定某分销商只销售企业的 3 种产品，其中 A 产品的销售额比重占 50%，当月没有发生缺货现象；B 产品的销售额比重占 30%，当月中有 3 天处于缺货状态；C 产品的销售额比重占 20%，当月中有 6 天处于缺货状态。试问该分销商的 ISL 是多少？

(1) 加权平均缺货率 = B 产品缺货率 × 销售额比重 + C 产品缺货率 × 销售额比重

$$= 3 天 ÷ 30 天 × 30\% + 6 天 ÷ 30 天 × 20\%$$

$$= 7\%$$

(2) ISL = 1 – 7% = 93%

2. 库存周转率（inventory turnover times，ITT）

ITT = 年度销售额 ÷ 平均库存金额

注：必须用同一价格计算分销商的销售额与库存金额，通常以企业的出厂价计算。

【例 14 – 5】假定某分销商一年的销售额是 2 000 万元，平均库存金额是 150 万元，试问该分销商的 ITT 是多少？

ITT = 2 000 ÷ 150 = 13

说明：ITT 是计算库存周转效率的通用指标，也称为"库存周转次数"。但由于要引入年度销售额的数据，并不适合对分销商库存周转效率的日常评估，可以采用另一个等价指标"平均库存天数"来评估分销商的库存周转效率。

平均库存天数 = 平均库存金额 ÷ 日均销量

例 14 – 5 中分销商的平均库存天数 = 150 ÷（2 000 ÷ 365）= 27（天）

3. 两大库存评估指标的对比说明

很显然，ISL 和 ITT 在一定程度上是两个相互冲突的指标，一个指标的上升有可能导致另一个指标的下降。对分销商 ISL 指标的具体要求，详见后续 ABC 类产品的分类指标；至于什么样的指标才是优秀的 ITT 指标，很难一概而论，一般"年库存周转率"至少要求在 10 次以上。

二、订货控制

库存管理的首要重点自然是从源头上做好订货控制，这方面的内容详见之前的"OPA 订单计算法"，以下对其要点作一简要回顾：

(1) 最高库存目标（MIO）：

MIO（天）= 订单间隔 + 送货时间 + 安全库存（天）

(2) 最低库存点（MIP）：

MIP（天）= 送货时间

(3) 根据 MIO（天）和 MIP（天），结合每个单品的销量，确定各个单品的 MIO（箱）和 MIP（箱）。

(4) 订货量 = MIO（箱）– 现有库存 – 在途订单 + 销售承诺，然后再进行人工调整。

564

知识链接 ▶ 实用工具 29

三、ABC 产品分类库存管理

当企业的产品规格较多时，对每一个单品都进行细致的库存管理往往工作量很大，最好的方法是根据销量对产品进行分类，既兼顾所有产品又突出重点。各行业都存在一个普遍现象，即较小比例的产品占据了较大比例的销量，这种现象通常称为 80/20 规则，或帕累托法则。

1. ABC 产品分类方法

A 类产品：销量大和移动快速的产品，通常把占总体销量前 60% 的产品列为 A 类产品，一般 A 类产品的数量占总体产品数量的 10%。

B 类产品：销量适中的产品，通常把占总体销量 60% ~ 85% 的产品列为 B 类产品，一般 B 类产品的数量占总体产品数量的 15%。

C 类产品：销量低和移动缓慢的产品，通常把占总体销量最后 15% 的产品列为 C 类产品，一般 C 类产品的数量占总体产品数量的 75%。

ABC 类产品的数量比例与销量比例对比如图 14 – 18 所示。

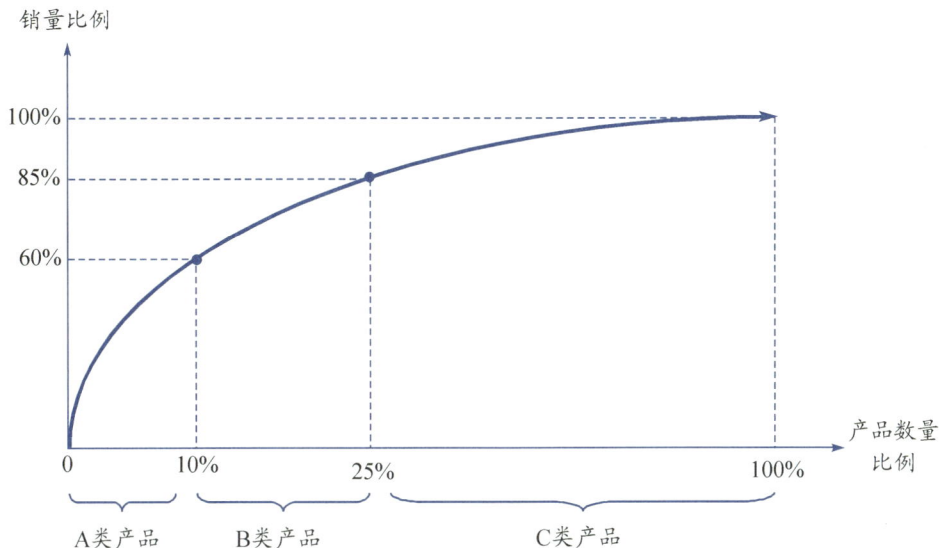

图 14 – 18　ABC 类产品的数量比例与销量比例对比示意图

2. ABC 类产品的库存管理指标

划分 ABC 类产品的目的是集中资源重点管理销量较大的产品，表 14 – 5 为经验数据。

表 14 – 5　　　　　　　　　　　ABC 类产品的库存管理指标

产品分类	ISL 指标要求（库存服务水平）	补货监督	备　　注
A 类产品	100%	每天	下线网点对 A 类产品的订货频率较高，而且销量波动也较大
B 类产品	≥95%	每周	B 类产品的订货频率相对较低，存货状况不会发生迅速变化
C 类产品	≥90%	双周	C 类产品的库存变化速度缓慢，且偶尔缺货不会产生重大影响

四、分析与优化库存结构

无论多么科学地管理订货，分销商还是可能会出现缺货和库存积压的现象，最糟糕的情况是库存结构严重不合理，大量库存积压于滞销产品，而畅销产品又因为资金周转的原因而经常断货。也就是说，ISL 和 ITT 两个指标都很差。因此，分析和优化分销商的库存结构，目的就是评估缺货损失和库存积压情况，并有针对性地采取措施（见实用工具 33.1）。

通过分销商库存结构分析表，可以清晰地找到提升 ISL 和 ITT 的途径。有些时候，分销商对缺货的损失只是一种模糊的认识，并不一定会重视。如果能够将因为缺货所损失的销售额准确地告诉分销商，无疑会对其产生较大的触动，对于解决缺货问题有很大的帮助。

分销商积压的不合理库存，常常是因为对新产品的销量预测不准，或为拿到促销优惠而大量进货。各级销售管理者必须正视分销商的库存积压问题，否则越拖越难解决。通常，可以采取以下 4 种措施适当缓解库存积压的压力：

（1）最好的方法是通过特价或赠品等消费者促销活动，提高这些产品在终端的销量。

（2）针对批零网点适当推行渠道促销，但这样做容易导致渠道价格体系的混乱，以及造成日后恢复正常价格的难度。

（3）在不同的分销商之间调剂，有时候 A 地滞销的产品可能在 B 地并非滞销产品。

（4）尽量在公司原则范围内及时退换货，否则时间一长，分销商的损失会更大，而且最终这些损失也可能需要企业来分担。

库存管理是整个物流系统的重要组成部分，涉及的知识面很广。T 形库存管理方法只是从实地销售工作的可操作性角度出发，为销售经理提供一个简单实用的工具，如果读者对此有兴趣，可参考关于物流系统和存货控制方面的书籍。

实用工具33.1

分销商库存结构分析表

库存管理评估指标	ISL(库存服务水平)→	87.5%
	ITT(库存周转率)→	11.8
	现有库存天数→	31天

库存天数设置	最高库存天数设置→	21天
	最低库存天数设置→	7天
	以下用MIO和MIP代表最高和最低库存	

		产品基本信息			进销存数据						库存控制线			库存结构分析			
A	B	C	D	E	F	G	H	I	J	K	L	M	N	O	P	Q
SKU代码	SKU名称	产品类别	每箱单价	期初库存(箱)	进货(箱)	销货(箱)	期末库存(箱)	销货(金额)	期末库存(金额)	现有库存天数	MIO(箱)	MIP(箱)	缺货天数	缺货损失的销售额	过量库存(箱)	过量库存(金额)
	总计 ->			2 260	1 990	1 995	2 255	599 450	620 050	31	1 505	502		74 800	1 086	270 593
101	产品1	A	150	200	800	620	380	93 000	57 000	18	434	145				
102	产品2	A	400	120	550	480	190	192 000	76 000	10	403	134	5	38 400		
103	产品3	B	200	100	320	310	110	62 000	22 000	11	217	72				
104	产品4	B	560	50	220	180	90	100 800	50 400	12	158	53	6	25 200		
111	产品5	B	330	650	0	160	490	52 800	161 700	92	112	37			322	106 260
112	产品6	C	120	560	0	80	480	9 600	57 600	180	56	19			396	47 520
113	产品7	C	800	30	100	70	60	56 000	48 000	21	59	20	5	11 200		
114	产品8	C	350	90	0	50	40	17 500	14 000	24	35	12				
122	产品9	C	420	250	0	30	220	12 600	92 400	220	21	7			189	79 170
301	产品10	C	210	210	0	15	195	3 150	40 950	390	11	4			179	37 642.5

注：SKU(stock keeping unit)是"单品"的通用表示法。

分销商库存结构分析表实际上是对分销商月度进销存报表（销售经理最易获得的数据）的延伸，从中挖掘出有价值的信息，重点在于清晰地评估缺货损失和过量库存情况，便于采取针对性的措施。

1. 库存管理评估指标的计算

ISL 本来等于 1 - 加权平均缺货率，这里为简化计算过程，直接用 O 列总计除以 I 列总计。

ITT 本来指年度的库存周转率，这里直接用 365 天除以"现有库存天数"，仅供参考。

一般来讲，应该用"平均库存天数"作为评估指标，但本表从实地销售的可操作性角度出发，改为"现有库存天数"。

2. 库存天数的设置

最高库存天数（MIO）＝订单间隔＋送货时间＋安全库存（天）

最低库存天数（MIP）＝送货时间

具体说明详见 OPA 订单计算法。

3. 明细数据的计算

E～J 列：直接取自分销商的进销存数据。

K 列（现有库存天数）＝ J 列 ÷［I 列 ÷（30 - N 列）］

L 列（MIO（箱））＝ G 列 ÷（30 - N 列）×最高库存天数

M 列（MIP（箱））＝ G 列 ÷（30 - N 列）×最低库存天数

N 列（缺货天数）：取自平时的监测结果。

O 列（缺货损失的销售额）＝ G 列 ÷（30 - N 列）×N 列×D 列

P 列（过量库存（箱））＝ H 列 - L 列 ×1.5

这里将超过最高库存目标 1.5 倍以上的库存视为过量库存，这个系数可灵活决定。

14.5.5 如何协助分销商优化仓库管理

仓库管理并非销售经理必须涉足的领域，但如果对此有一些基本了解，对于提高分销商的仓库运作效率和密切双方的合作关系不无裨益。以下所介绍的基本常识，旨在为读者提供一些简单易行的优化仓库管理的方法。

实用工具34

仓库管理的基本常识

总体说明：

仓库管理是一项技术性较强的工作，本工具只是从实地销售的角度，就基本常识作一简要介绍。

一、仓储布局的基本常识

仓储布局的目的就是使仓库内的货物移动有序并尽可能缩短移动距离，其中有两个要点：一是直线式的进出仓流程；二是将货物流量大的产品尽可能放在移动距离最短的位置（见图 14 - 19）。

（1）如图 14 - 19 所示的直线式的仓储布局，可以使仓库的拥塞和混乱降到最低程度；如果因条件所限，也可将进仓和出仓的大门分开。

（2）将高流量产品堆放于靠近主通道的地方，可以使货物的总体移动距离最短；如果用货架堆放货物，那么同时应将高流量的产品放在靠近地面的高度。

二、货物堆放的基本常识

1. 定点堆放

定点堆放可以节省搜寻货物的时间并避免差错，所以每一种产品都应尽可能地在固定的位置堆

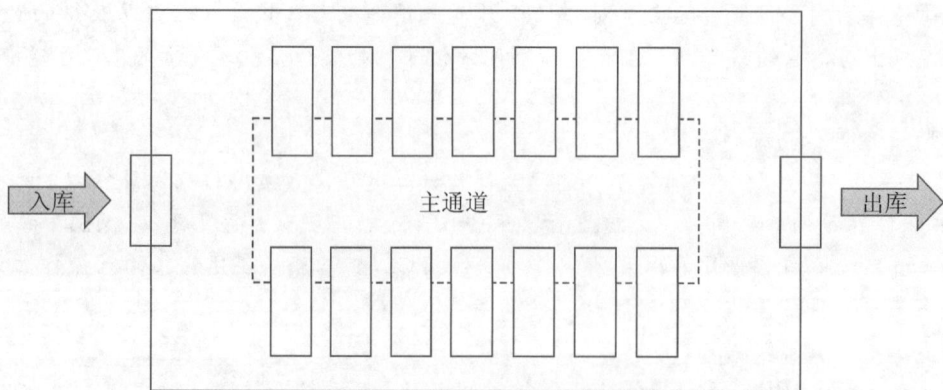

注：虚线范围内代表高流量产品的堆放空间，虚线范围外代表低流量产品的堆放空间。

图 14 - 19　直线式仓储布局示意图

放。如果条件有限，应按每个品牌的品类定点堆放；如果空间非常有限，那么至少应保证高流量产品的定点堆放。

2. 货架堆放

如果仓库的空间较高，应尽可能采用货架堆放，以节省仓储空间；如果没有货架，那么就必须限定每类产品的堆放层数。

3. "行列式"堆垛方法

除了长宽相等的箱子以外，其他货物都应采用行列交叉的方法堆垛，通过交叠压缝可以增加堆垛的稳定性。

4. 相对较重的货物应安排在离地面较低的位置

三、协助分销商建立 3 个基本的仓库管理制度

1. 建立 FIFO 机制

所谓 FIFO，就是"先进先出"（first in, first out）的意思。不少分销商的货物出仓都很随意，协助分销商建立 FIFO 机制，对于保质期较短的产品尤其重要。

2. 建立库存定期盘点制度

账面库存与实际库存相吻合，是库存管理的基本要求。但有些分销商连这一点都没做到，这样必然会给销售工作带来不必要的麻烦，而且很可能造成货物的流失。一般来讲，每个月都应该实际盘点库存，并找出账面库存与实际库存的差异及其原因。

3. 建立送货与退货的标准流程

有些分销商的仓库管理非常松散，以为用了亲戚或老乡就没问题，所以"打白条"甚至打声招呼就提货的现象屡见不鲜。直接贪污货款的难度往往较大，于是一些别有用心的人就在货物上"做文章"，许多案例都说明了松散的仓库管理将会给分销商带来不可小视的损失。

以上只是"蜻蜓点水"地介绍了仓库管理的基本常识，至于仓库的选址等更为重大的问题，由于销售经理很少涉及而且所需的知识相对艰深，这里不再赘述。

14.5.6　如何协助分销商做好运输统筹

销售业界讨论很多的一个话题是分销商要从"坐商"转变为"行商"。所谓行商，指除了主动拜访客户以外，还要提供送货上门的服务。这两点是一个主动分销系统的必要组成部分。不少销售管理者往往认为分销商如何安排运输"与己无关"，只要他能把货送到就可以了。即使某些企业以奖励或支持的方式向分销商提供一些运输车辆，也只是视为一种激励分销商的手段，或者模糊地以提高分销商的运输能力为目标。

所谓运输统筹，就是如何合理安排运输能力，使其产生最大的经济效益。从销售工作的角度看，更重要的是如何将运输车辆与客户、人员协同配合，建立"三位一体"的高效分销系统。

从上述定义可以看出，不能将运输统筹看成一个简单的送货问题，而是与分销商的有效覆盖半径和分销水平密切相关的分销系统问题，这一点在建立市内的深度分销网络和拓展外埠市场时显得尤为重要。目前，国内大多数分销商都将运输车辆纯粹当作送货工具，不仅谈不上分销，而且即使从运输本身的效益来看也有很大改善的空间，因此协助分销商做好运输统筹工作很有必要。

货物运输有一个最大的特点，那就是一次运输过程的成本完全是固定成本，几乎与运输货物的数量没有关系。因此，指导运输统筹主要有两条基本原理，即规模经济和距离经济。

1. 规模经济

规模经济（economy of scale）的特点是随着装运规模的增长，每单位产品的运输成本将不断下降，因为固定的运输成本被"摊薄"了，所以努力实现整车装运（TL）是运输统筹的首要目标。

2. 距离经济

距离经济（economy of distance）的特点是每单位距离的运输成本随距离的增加而减少。例如，300公里的一次装运成本要低于两次150公里的装运成本（具有相同的货物重量）。距离经济的原理类似于规模经济，尤其是装卸费用相对较高的情况下更为明显。

根据上述两大原理，所有运输统筹方案的出发点都是让每次装运的规模和距离最大化，同时仍要满足客户的服务期望。由于本书的一切出发点都是从销售的角度看问题，并非孤立地探讨运输问题，所以对运输统筹的具体说明将放在下一部分的分销系统当中一起阐述，这里不再赘述。

14.5.7 如何协助分销商加强人员管理

分销商的销售人员活跃在市场第一线，对生意结果的重要性不言而喻，至少存在以下两点原因，企业需要协助分销商加强人员管理：

A. 分销商内部人员之间也是一种委托代理关系。

如果不加以特别说明，我们通常在提到分销商时潜意识里是指所有者或决策者，但是分销商并非一个人，在其所有者和销售人员之间同样存在委托代理问题。换句话说，并非分销商的老板积极性很高，其销售人员就会努力工作，因此关注分销商的人员管理很有必要。

B. 不少分销商的管理能力非常薄弱，其销售人员的素质也普遍偏低。

如果分销商的所有者能够有效地管理和培训其销售队伍，那么也不需要企业的销售经理来"操心"了。但目前国内大多数分销商的现状刚好相反，管理松散和人员素质低下是一种较为普遍的现象，因此仅仅"抓住"分销商的老板显然是不够的。

协助分销商加强人员管理的要点在于三个词：**机制、协调、培训**。

1. 协助分销商优化其人员配备与管理机制

分销商内部的销售人员管理与企业的销售队伍管理非常类似，同样包括组织结构设计、人员招聘、建立激励与约束机制以及日常管理等，具体内容详见本书前面关于销售队伍建设的阐述。

▶ **知识链接** 第8、9章的销售队伍建立与管理内容

2. 协调分销商的销售人员与企业的销售人员之间的分工与协作

如果企业同时也有销售人员直接参与分销商的分销与促销工作，那么就必须明确双方人员的分工与协作，否则很可能会出现"表面上大家都管，实际上大家都不管"的尴尬局面，甚至造成双方人员之间的对立和冲突。双方人员的分工模式很难一概而论，但通常应遵循以下3条原则：

▶ **分工原则1：分销商的销售人员侧重于生意维护，企业的销售人员侧重于销量提升。**

分销商的销售人员相对侧重于分销维护和促销协助方面的工作，而企业的销售人员相对集中于

提升分销率和促销谈判与执行等工作。

► **分工原则2：涉及钱款等敏感事项的工作，最好由分销商的销售人员负责。**

涉及价格、付款条件和现金收款等敏感问题时，最好由分销商的销售人员负责，以避免不必要的麻烦甚至误会。

► **分工原则3：具有多品牌"规模效应"的工作适合以分销商的销售人员为主，企业的销售人员为辅；反之亦然。**

比如，订单跟进与送货、对账、发票、收款等工作，往往不可能以品牌为单位进行，通常都是分销商与其客户之间的整体生意往来，所以适合以分销商的销售人员为主，企业的销售人员只是提供必要协助；反过来，比如企业独立的促销活动等，则适合以企业的销售人员为主，分销商的销售人员只是提供必要协助。

在分工的基础上，必须建立沟通和协作机制，再加上一些定期的销售会议和集体活动等，努力促成双方销售人员在一定程度上的"融合"，避免造成"泾渭分明"的态势。

3. 协助分销商培训其销售人员

分销商的销售人员（包括促销员）一般都同时负责多个品牌的销售工作，因此必要的培训是"争夺"这种"公共资源"的有力手段。从培训内容来看，至少应使分销商的销售人员了解企业的产品和主要卖点，以及如何将这些卖点组织成一个具有说服力的逻辑性推销过程。具体的培训方法和培训课题，详见第10章关于销售人员培训的阐述。

此外，在有条件的情况下直接向分销商的销售人员（包括促销员）提供不同方式的奖励，肯定会对推动本企业产品的销售产生积极作用，但这必须与分销商的老板事先沟通，以避免产生不必要的矛盾。

14.5.8 如何协助分销商管理销售费用

从企业的角度看，分销商投入的销售费用自然是越多越好，但是分销商投入的唯一目的就是希望获得预期的回报。如果这些投入的回报不理想，显然会影响分销商以后投入的积极性，而且分销商的费用投入总是有限的，同样的费用如何分配自然会对最终的销量产生重要影响。接下来提供的实用工具，将有助于销售经理积极引导分销商的费用投入，并与企业的销售费用投入有机地联系在一起。

实用工具35

厂商联合预算表

► **联合预算表的基本思想：**

将企业和分销商的销售费用投入视为一个有机整体，通过协同管理使双方收益最大化。

► **"联合预算表"的用途：**

（1）通过清晰的投入产出分析以及用企业的费用投入为"饵"，激励分销商投入费用。

（2）通过"联合预算表"引导分销商费用投入的方向，避免其盲目投入或与企业的生意策略不一致，从而使双方的费用投入形成"合力"。

（3）通过"联合预算"机制，向分销商灌输"一起浇水，共同收获"的意识，避免分销商养成完全依赖企业的习惯，甚至认为企业的所有投入都是"天经地义"的，从而最大限度地发挥分销商作为"同盟军"的作用。

企业名称：＿＿＿＿＿＿　分销商名称：＿＿＿＿＿＿　预算期间：（　—　）　企业代表签名：＿＿＿＿＿＿　分销商代表签名：＿＿＿＿＿＿

月度联合预算表

费用编号	客户或单位	费用类型	费用投入基本信息 费用摘要	费用金额	预计新增销售额	MPI	分摊金额及其说明 企业分摊金额	分销商分摊金额	费用分摊说明	分销商回报分析 分销商毛利率	分销商新增毛利	分销商新增纯利
		总 计 → （单位：元）										
301	上河区	人员费用	增加一名覆盖终端的销售代表	1 800/月	30 000/月	16.7	1 200/月	600/月	企业承担底薪与奖金，分销商承担1%的奖金	10%	3 000/月	2 400/月
302	红禾卖场	分销费用	新分销"先锋"系列产品，共10个规格	15 000	10 000/月	8	7 500	7 500	按合同规定，进场费用的双方各承担50%	15%	1 500/月	875/月
303	上河连锁超市	促销费用	"阳光"系列产品共5个规格，在3月1日至15日期间9折促销	5 000	25 000	5	2 000	3 000	企业承担快讯费用，分销商承担特价费用	20%	5 000	2 000
304	清田连锁超市	促销费用	"奇美"系列产品，在3月15日至31日期间"买一送一赠品"促销，配合堆头陈列	7 000	30 000	4.3	5 000	2 000	企业承担赠品费用，分销商承担堆头费用	18%	5 400	3 400
		…										

第14章　分销商系统的管理

571

说明：

（1）联合预算表可作为实地销售经理与分销商就销售费用投入进行沟通并确定的工具，使双方全面地了解费用投入项目、彼此分摊方案以及投入产出情况。

（2）联合预算表中所涉及的费用通常是企业和分销商新增而且需要分摊的费用，至于延续由分销商承担的费用则没有必要在此表中列出。

（3）MPI的含义是"边际产出指数"，等于预计新增销售额÷费用金额，用以衡量一笔费用的投入产出效益，详见第11章企业销售费用管理中的相关内容。

（4）"分销商回报分析"部分，主要是向分销商分析其投入产出的效益，说服其投入相应的费用。

（5）至于相关费用项目的来源和筛选，与企业投入销售费用的分配方法一致，详见第11章的"三棱镜"费用分配模型。

（6）就协助分销商跟进每一笔销售费用的"来龙去脉"来看，同样可以建议分销商运用第11章的F-20一体化费用跟进表。

14.5.9　如何约束分销商的不利行为

企业与分销商的利益从根本上来讲是一致的，因此协助分销商也就是帮助自己。但是分销商毕竟是追求自身利益最大化的经营实体，必定会有一些行为影响甚至损害企业的利益，因此约束和协助如同一个硬币的两面，是分销商管理中的两大主题。要约束分销商就意味着双方在一定程度上的问题在所难免，接下来介绍的实用工具系统地总结了与分销商之间的主要问题，并尽可能完整地找出针对性的解决方法。

实用工具36

分销商管理中的16种问题及其对策

总体说明：

（1）本实用工具讨论的是分销商的主观行为对企业产品再销售所造成的负面影响甚至损害，至于分销商的客观能力限制所带来的问题，属于如何协助分销商的范畴。

（2）本实用工具所归纳的16种问题，主要指分销商再销售管理中所遇到的问题，至于分销商与企业之间的货款拖欠等问题，详见之前的有关内容。

一、解决问题的5个原则

1. 先做好自己该做的事情，不要等问题出现了再"临时抱佛脚"

所谓一个销售经理该做的事情，那就是本章之前所讲的维护企业与分销商之间的生意往来，激励和协助分销商再销售。如果这些工作都没有做好，只是一味地指责和约束分销商，那么再多的技巧和对策也难有施展的余地。

2. 善用数据和事实向分销商剖析利害关系，泛泛而谈起不了什么作用

如果只是不痛不痒地向分销商讲一些人所皆知的"大道理"，不仅缺乏说服力，而且容易让对方产生反感。比如，"抬高价格不如薄利多销""冲货损人害己""投入总会有回报"之类的空洞道理，很难对分销商形成实质性的触动。

3. 当双方各持己见而僵持不下时，往往可以通过试点的方式找到突破口

"实践是检验真理的唯一标准"，要想证明你的观点正确，最好的方法是先通过试点的方式让分销商"眼见为实"。这既可以起到"以点带面"的效应，又使分销商容易接受。

4. 找准对方的"软肋"，适当施加压力

向分销商施加压力往往是解决问题的最后手段，但一定要找准对方最在乎的是什么；否则，不仅对分销商而言如同"隔山打牛"，也很可能让自己陷入进退两难的尴尬境地。

5. 对于原则性问题，绝对不能妥协和让步

所谓原则性问题，主要指分销商的机会主义行为以及其他明显违反合同规定的行为。在原则性问题上的任何一次妥协和让步，都会向对方传递一个非常危险的信号，往往换来的是对方的"得寸进尺"甚至其他分销商的纷纷效仿。所以在解决与分销商的问题过程中，不能仅看重一时一地的得失，还要考虑到对全局和长远的影响，这就是重复博弈中"信号传递模型"所揭示的道理。

二、两大价格问题

价格问题无疑是对分销商的再销售管理中最激烈也是对生意影响最大的问题，具体表现为分销商高价牟利和低价倾销两种形式。

1. 分销商肆意抬高价格，牟取暴利

▶ 对生意的负面影响：

（1）分销商抬高价格，必然形成"水涨船高"的效应，使最终的零售价在市场上缺乏竞争力，影响消费者的购买量。

（2）分销商抬高价格以后，很容易降低批零网点（特别是批发商）的再销售利润，影响分销广度和速度以及下线网点的进货数量。

▶ 对策：

（1）向分销商阐明企业的定价依据，并特别强调当地竞争产品的价格水平，从而指出因价格劣势所带来的销量损失。

（2）告知分销商其他地方的价格体系，并深入分析这种"暴利"的脆弱性：不仅容易受到外地的冲货冲击，而且一旦批零网点发现之后很可能向分销商要求退货、补差价，甚至严重损害下线网点与分销商的合作关系。

（3）如果僵持不下，可以让分销商先选少量网点调低价格，并对调价前后分销商的毛利额（销售额×毛利率）进行对比分析。对于终端的价格试点，可以先用特价促销的形式关注销量变化情况，不一定要直接调整供应价格。

（4）如果分销商拒不接受建议，可以通过减少费用支持等进一步施加压力，这样做也合乎情理，因为企业提供的费用支持是基于原先设定的分销商毛利率。

（5）如果分销商最终接受调价的建议，在具体操作时需要尽量避免下线网点的猜疑，必须找到一个合乎情理的降价理由。比如，以企业降低了对分销商的供货价为理由，并要求下线网点也同步降低销售价格，通常这种价格传递的过程至少也需要1~2个月。

如果企业能够直供当地的部分重要终端，树立零售价格的"标杆"，对于抑制分销商的高价牟利行为极有帮助。

2. 分销商低价倾销，四处冲货

▶ 对生意的负面影响：

（1）造成其他分销商的利润迅速下降，严重打击这些分销商的积极性。

（2）给批零网点造成企业价格不稳定的印象，容易使市场上产生观望情绪。

▶ 对策：

分销商低价冲货对生意的危害和解决难度，远远超过高价牟利的问题，所以本书的下一章将专门探讨冲货问题的原因与对策，这里不再赘述。

知识链接　第 15 章对冲货原因与对策的深入探讨

三、2 个信贷政策方面的问题

1. 分销商不愿给客户提供必要的信贷支持

▶ 对生意的负面影响：

除了毛利水平以外，信贷支持同样是影响批零网点购买和再销售行为的利益推动力之一。在买

方市场的情况下，假如分销商对下线网点要求全部现款现货，自然会对企业的分销率和销量带来较大的负面影响。

▶ 对策：

（1）与分销商进行诚恳的沟通，并特别强调代理其他同类产品的分销商的信贷政策，使其清晰地看到因为信贷控制过严所带来的销量损失。

（2）协助分销商评估主要客户的信用风险，先从信用较好且销量较大的客户着手，使分销商看到提供必要的信贷支持以后所带来的销量和毛利增长。

（3）如前所述，协助分销商建立良好的应收账款管理制度，打消其顾虑。

（4）如果分销商拒不接受建议，而且信贷控制过严确实已经严重影响到当地的生意发展，可以通过减少企业对分销的信贷支持等进一步施加压力，甚至以更换分销商或缩小其代理范围作为施压手段。

2. 分销商不愿进入欠款较多的 KA 等大型终端

▶ 对生意的负面影响：

（1）造成企业的产品在当地零售主渠道的分销率很低，并损失部分销量。

（2）使企业难以建立在渠道中的良好形象，影响整体生意发展。

当然，如果企业本来就不以 KA 等大型终端作为重点渠道之一，则不在此列。

▶ 对策：

（1）向分销商指出 KA 等大型终端的销量比重和"窗口"作用，并通过其他分销商（包括其他品牌）的成功案例促使对方改变思路。

（2）协助分销商评估主要终端的信用风险，先从信用较好的终端着手，使分销商看到 KA 等大型终端所带来的销量和带动作用。当然，如果某些终端的信用确实很差，那么也不要勉强分销商。

（3）如果对方拒不接受建议，可以视为其放弃对这些终端的代理权限，转而考虑由其他分销商供应这些 KA 终端，甚至在可能的情况下采取企业直供的方式，这两种方式同样也是对分销商施加压力的手段。

（4）假如上述两种施压方式从全局来看并不可行，那么可以采用向分销商提供专项信贷支持的方法，将新增信用额度与目标终端的进场直接"挂钩"。

四、6 个 OSB 运作方面的问题

1. 分销商资金投入不足，导致经常断货

▶ 对生意的负面影响：

（1）因为缺货，造成企业和分销商的销量损失。

（2）影响企业和分销商在批零渠道以及消费者心目中的形象。

▶ 对策：

（1）运用"分销商库存结构分析表"，清晰地向分销商指出因为缺货所损失的销售额，直观的数字远比模糊的说教要有效得多。此外，还要向分销商强调下线客户的不满，特别是 KA 等终端可能会对缺货所采取的罚款等措施。

（2）根据 OPA 订单计算法中的最高库存目标和最低库存点，明确告诉分销商要维持生意正常运转所必须投入的库存资金。

（3）协助分销商优化库存结构，积极通过促销或退换货等方式处理滞销产品，加快分销商的资金周转，并重点保证 A 类产品的库存储备。

（4）如果分销商拒不接受建议，那么必须考虑缩小其代理范围，严重者甚至要更换分销商，并将这两种方式作为施压手段。

2. 分销商只卖畅销产品，库存品类不足

▶ 对生意的负面影响：

造成企业的产品分销率不均衡，并且影响品类组合的优势，从而损失部分销量。

▶ 对策：

（1）向分销商阐明"手指理论"的道理，任何企业的产品组合都如同五个手指头，总会有长有短，但它们之间是一种互补的关系。如果仅卖畅销产品，就好比去掉了其中的一两个手指头，难以握成一个拳头，使企业的产品组合形不成综合优势。

（2）协助分销商分析某些产品滞销的原因，并通过试点的方法采取针对性的促销措施，努力提升销量以增强分销商的信心。

（3）协助分销商控制相对滞销产品的库存，使其不要占用分销商过多的资金。

3. 分销商不愿送货或送货不及时

▶ 对生意的负面影响：

（1）制约产品的分销率和下线客户的进货量。

（2）分销商的客户网络会较为松散，对长期生意发展非常不利。

▶ 对策：

（1）向分销商阐明在市场竞争激烈的情况下"服务就是竞争力"，如果不对下线客户提供良好的送货服务，必然会导致销量的损失和客户的流失。此外，引导分销商不能把送货简单地看成物流运输问题，这实际上是分销系统密不可分的一部分。

（2）运用其他分销商通过送货服务拓展分销网络的成功案例，吸引分销商转变思路。另外，可着重强调该分销商在当地的主要竞争对手如何加强送货服务，以及对其所产生的威胁。

（3）为分销商规划合理的运力（买车、租车）及进行投入产出分析，并在必要的情况下，与其销售业绩和送货服务水平"挂钩"，奖励运输车辆或提供运输补贴等。

（4）协助分销商建立明确的配送目标和管理流程，规划合理的运输路线，使分销商在提高送货服务质量的同时，尽量实现"规模经济"和"距离经济"。

4. 分销商对企业提供的仓储、车辆、电脑系统等支持未按要求使用

▶ 对生意的负面影响：

（1）造成企业投入的资源闲置，不能发挥应有的作用。

（2）如果分销商将企业的资源投入作为其所有代理品牌的综合资源，不仅会影响对企业的销售保障，还可能会间接帮助竞争品牌。

▶ 对策：

（1）通常，企业在向分销商提供上述支持时，都会针对具体使用订有明确的限制性条款。所以在处理此类问题时绝对不能妥协，必须明确指出分销商的违约之处以及给企业带来的损害。

（2）运用协议的惩罚性条款或以将来停止类似支持作为施加压力的手段，迫使分销商及时改正。

（3）如果企业提供的资源确有剩余能力（比如车辆），那么也至少要求分销商首先保证本企业产品的销售需要，并且不能用于直接竞争对手的产品。

5. 分销商不愿向客户提供必要的退货服务

▶ 对生意的负面影响：

有时候即使企业向分销商提供退货服务，分销商由于怕麻烦或承担运费等原因，也不愿向其客户提供退货服务。分销商的这种行为，尤其会对企业的新产品和季节性产品的分销率和销量造成严重的损害。

▶ 对策：

（1）向分销商阐明企业提供退货服务的原因，并强调下线客户的不满以及由此带来的分销和销量损失。

（2）协助分销商建立针对不同类型客户的退换货制度，并促使分销商与其主要客户签订关于退换货的协议，以消除这些客户的"后顾之忧"。

（3）如果分销商拒不接受建议，而退货问题已经严重影响到企业的分销和销量，那么可以将缩小代理范围甚至更换分销商作为施加压力的手段。

6. 分销商拖延甚至截留企业给批零网点的促销优惠或费用等

▶ 对生意的负面影响：

使企业的促销或费用投入起不到应有的作用，并可能导致批零网点的不满。

▶ 对策：

（1）为避免分销商"从中作梗"，最好的方法是从制度上加以约束。比如，针对批零网点的任何促销和费用支持，都事先告知他们具体内容以及支付时间，让分销商难有"可乘之机"。

（2）如果这样的问题仍然发生，必须向分销商严肃地指出这是一种违约行为，并强调下线客户的不满以及由此带来的销量损失，绝对不能姑息。

（3）如果分销商拒绝改正，那么就收回未执行的部分，并把减少以后的销售支持作为施加压力的手段。

五、2个人员方面的问题

1. 分销商诱使或强迫企业的销售人员为其推销其他产品

▶ 对生意的负面影响：

销售人员（包括促销员）精力分散，难以有效执行规定的任务和完成销售目标。

▶ 对策：

（1）要加强对销售人员的控制力，其中一个最重要的措施是必须直接发工资给这些销售人员（即使名义上挂靠在分销商下面），而不要通过分销商转发。

（2）给销售人员规定明确具体的工作任务，并加强实地检查，使他们无暇顾及分销商交代的其他产品。

（3）如果一旦发现销售人员背地里推销其他产品，立即予以开除，从而起到"杀一儆百"的作用。

（4）如果分销商采用强迫的手段并一意孤行，可以把停止支付人员工资作为施加压力的手段。

（5）本着与分销商长期合作的精神，有时候也可以在不影响正常销售工作的情况下，让销售人员为分销商的整体销售提供一些力所能及的帮助。但前提是分销商必须事先知会企业的销售经理，并由销售经理来统一安排。

2. 分销商克扣甚至虚报企业支付的销售人员工资与费用等

▶ 对生意的负面影响：

造成企业人员投入的流失，而且难以落实对销售人员的激励措施，从而严重影响整个销售队伍的战斗力。

▶ 对策：

（1）解决分销商克扣工资问题的根本途径，在于直接发工资给这些销售人员（即使名义上挂靠在分销商下面），而不要通过分销商转发。

（2）如果分销商虚报人员工资，当地的销售经理一定知晓甚至可能参与其中，因此建立严密的抽查机制和严格的处罚制度（通常针对销售经理）是解决这个问题的必要措施。

（3）对于问题严重的分销商，可以用停止支付人员工资作为施加压力的手段，迫使其立即改正。在这种原则性问题上，没有妥协的余地。

六、2个费用方面的问题

1. 分销商未将企业交由其支配的费用足额投入到再销售过程中

▶ 对生意的负面影响：

造成企业的费用流失，不能起到推动销量增长的作用。

▶ 对策：

这种情况主要出现在对分销商采用费用包干的企业中，最好的对策就是不要采用费用包干的方式，因为这样做实际上已经将费用的控制权交到了分销商的手里，而且从某种意义上讲就是一种变相的降价。即使在费用包干协议上注明了对分销商的种种约束措施，实际上销售经理已经很难约束，只能采用耐心说服的方式。这与下一个问题的对策类似。

2. 分销商不愿拿出部分毛利作为销售费用投入

▶ 对生意的负面影响：

分销商作为企业的"同盟军"，如果不愿意拿出部分毛利作为再销售投入，往往严重制约当地市场的分销和促销水平。这个问题对于那些不直接投入销售费用（给分销商丰厚的毛利）或采取费用包干方式的企业，可以说是致命的打击。

▶ 对策：

（1）通过之前介绍的"联合预算"机制，可培养分销商共同投入的意识和习惯，并为其清晰地展示每一笔费用的投入产出效益。如果企业并不直接投入销售费用，那么可以省略企业分摊部分，但基本原理一致。

（2）通过其他分销商在费用投入方面的成功案例，吸引该分销商转变观念。

（3）如果分销商非常"抠门"，那么可以采用试点的方式，让其看到投入与回报的对比效益，从而逐步树立分销商对费用投入的信心。

（4）如果分销商拒不接受建议，那么可以将减少企业的费用支持或收回包干费用等作为施加压力的手段。

七、2个其他方面的问题

1. 分销商不断承接新的代理品牌，造成资源和精力分散

▶ 对生意的负面影响：

分销商的品牌过多，很可能会出现"僧多粥少"的局面，各项资源（尤其是资金）跟不上本企业的生意发展步伐甚至连生意的正常运转都出现问题。要解决这个问题，当然需要企业在分销商的整体生意中占有一定的地位，否则"位微言轻"。

▶ 对策：

（1）向分销商阐明"贪多不如做精"的道理，详细分析本企业对分销商整体生意的贡献以及发展趋势。如果生意运转已经出现了问题，那么更需要抓住时机，用具体的数字说明造成的生意损失，让分销商感到"得不偿失"。

（2）向分销商明确本企业生意发展所需的资金、储运、人员、费用等各项投入，并尽可能说服分销商将相关资源"封闭"使用，类似于一个"虚拟"的分公司。当然，如果本企业处于龙头地位，那么真正成立一个完全独立的分公司是解决问题的根本途径。

（3）如果分销商拒不接受建议，并确实造成了本企业的生意损失，那么可以将缩小代理范围或更换分销商作为施加压力的手段。

2. 分销商不愿提供相关的生意数据和信息

▶ 对生意的负面影响：

如果不能获得分销商的生意数据和信息，那么销售经理就很难了解分销商的再销售情况，也就谈不上深入的生意分析与管理。

▶ 对策：

（1）解决这个问题的最好方法就是建立双向的信息沟通机制，不要在分销商提供了数据和信息之后就如同"石沉大海"，而是将分析结果及相应的策略反馈给他，让他明白这些数据和信息的用途与价值所在。

（2）作为销售经理，一定要恪守职业道德，不要随意泄露分销商的经营状况，这样才能打消分销商的顾虑。

以上所列的16种问题只是分销商管理中常见和具有共性的问题，生意状况千变万化，必然还存在与分销商的各种各样的问题，本工具所阐述的5大原则也可供读者在解决其他问题时参考。上述问题的对策，旨在为读者提供解决问题的思考方向，具体操作很难一概而论，需要根据实际情况随机应变。

14.5.10 "伙伴型"管理小结

如果实地销售经理能够深入到分销商的再销售环节，成为分销商的合作伙伴，这已经达到了分销商管理的较高层次。"伙伴"的意义首先在于协助，而不是袖手旁观或动口不动手。但这种协助并不等于无原则的纵容，甚至用出卖企业利益来讨好分销商。所以，"伙伴型"管理的实质是**"在合作中解决问题，在问题中共同发展"**，而协助和约束则是其中的两大主题。

14.6 分销商洞察

无论是"伙伴型"管理还是"委托型"管理甚至最基本的"买卖型"管理，都要求销售经理从不同的侧面和深度去了解分销商在想什么、做什么、怎么做、做得怎么样。缺乏对分销商的洞察就如同"雾里看花"，一切有效的管理都无从谈起。

所谓分销商洞察（distributor insight），简单地讲，就是全面深入地了解分销商经营状况的相关信息和数据。其主要内容如图 14－20 所示。

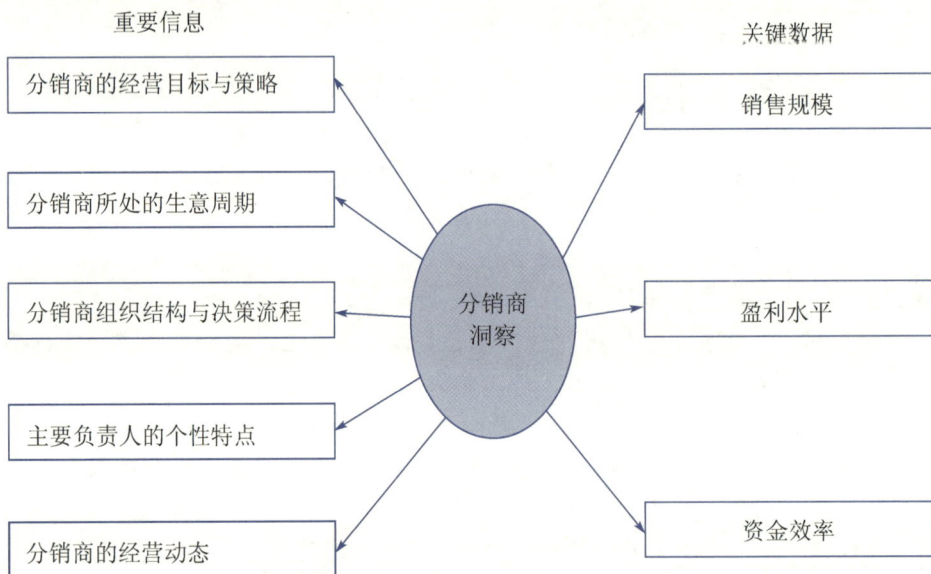

图 14－20　分销商洞察示意图

14.6.1 了解分销商的经营管理信息

要了解分销商经营管理方面的信息，首先要求销售经理深入到分销商的再销售过程中，这样才能获得分销商的信任和接触到各种信息来源。此外，良好的沟通技巧和一定的信息辨别能力也是必备技能。具体来看，一般有以下几种了解信息的途径：

A. 与分销商的负责人和员工加强沟通，这是重要信息的直接来源。

B. 通过平时的观察与分析，捕捉各种现象背后所蕴含的信息。

C. 通过同行和分销商的下线客户等其他渠道收集相关信息。

分销商经营管理方面的信息非常广泛，接下来提供的实用工具从中提炼出了需要重点了解的信息并加以系统的归纳和整理，帮助读者理清思路且易于操作。

分销商洞察工具表

总体说明：

本工具将需要了解分销商的主要信息（不包括数据）归纳为 5 个大类和 10 个问题，有助于引导销售经理系统深入地洞察分销商的经营管理状况，从而更有效地与之合作。

需要了解的内容	具体信息
一、分销商的经营目标与策略	
▶ **用途**：了解分销商的经营目标与策略，可以尽可能地将企业的目标和策略与之相结合，并有助于事先预见双方可能出现的分歧及制定对策 ▶ **备注**：有的分销商自身缺乏清晰的目标与策略，需要主动引导其思路才能了解他的大致想法	
1. 分销商的总体发展目标是什么？ 比如提升在当地渠道中的地位以及生意增长目标等	
2. 分销商的具体经营目标是什么？ (1) 分销商的销售目标是什么？按其代理品牌如何分解？ (2) 分销商的利润目标是什么？按其代理品牌如何分解？ (3) 分销商对资金投入总额以及投资回报率的期望是什么？ (4) 分销商期望本品牌贡献的销售额和利润额是多少？期望投入于本品牌的投资回报率是多少？ (5) 分销商其他的经营目标还有哪些？	
3. 分销商的主要经营策略是什么？ 所谓策略，就是指分销商实现其经营目标的途径 (1) **产品策略**：是以做好现有品牌为主，还是以引进新品牌为主？如果是后者，那么计划引进哪些类型的品牌？ (2) **地域策略**：是以做好现有地域为主，还是以拓展新地域为主？如果是后者，那么计划拓展哪些地区？ (3) **渠道策略**：计划以什么渠道作为其生意重点？具体表现在分销和促销方面的策略是什么？ (4) **在资金方面**，如何支撑其上述策略？ (5) **在储运方面**，如何支撑其上述策略？ (6) **在人员方面**，如何支撑其上述策略？ (7) 分销商其他的经营策略还有哪些？	
二、分销商所处的生意周期	
▶ **用途**：了解分销商处于什么生意周期，可以有针对性地确定管理方式与工作重点 ▶ **备注**：所谓生意周期（life cycle），指分销商的生意从启动、成长、成熟到衰退的循环 A. **对启动期分销商的管理重点**：必须收紧信贷，善于为其描绘发展蓝图，并协助建立再销售的管理与培训系统 B. **对成长期分销商的管理重点**：引导和协助其快速拓展市场，但要特别关注可能出现的资金紧张、管理脱节等问题 C. **对成熟期分销商的管理重点**：充分利用其网络等各项优势，但要特别注重激励和生意分析，以提高本品牌的地位 D. **对衰退期分销商的管理重点**：借机加强本品牌的地位，并引导和协助其"抓大放小"，但要特别关注其经营动向	

需要了解的内容	具体信息
4. 分销商处于生意周期的哪一个阶段？具有哪些特点？ （1）**启动期的特点**：一般成立0～2年，代理品牌较少，规模不大，客户网络和人员经验比较欠缺；但渴望发展，比较配合 （2）**成长期的特点**：一般成立1～5年，销量快速增长，在引进品牌和渠道拓展方面很主动；但资金、人员等资源可能比较紧张 （3）**成熟期的特点**：一般成立5年以上，销量较大但有些停滞不前，代理品牌一般多而杂，网络、资金、人员等各项资源比较健全；但往往对市场拓展趋于保守，且对厂家要求较为苛刻 （4）**衰退期的特点**：销量出现持续下滑，代理品牌和客户网络逐渐流失，人员老化且信心不足，较为珍惜有价值的品牌	
三、分销商的组织结构与决策流程	
▶ **用途**：了解分销商的组织结构与决策流程，可以使双方合作更为流畅，至少做到"找对人，做对事" ▶ **备注**：对于一些中小型分销商而言，组织结构和决策流程可能非常简单，凡事都是老板说了算	
5. 分销商的组织结构如何设置及运行？ （1）分销商的部门如何设置？ （2）分销商各部门的主要职能是什么？ （3）分销商各部门之间的操作流程是什么？ 如向企业的付款、订货、费用流程，以及面向客户的OSB流程等	
6. 谁是重要问题的决策者？ （1）回款：谁作出最终决定？谁能施加影响力？ （2）订货：谁作出最终决定？谁能施加影响力？ （3）费用：谁作出最终决定？谁能施加影响力？ （4）人事：谁作出最终决定？谁能施加影响力？ （5）再销售价格：谁作出最终决定？谁能施加影响力？ （6）储运：谁作出最终决定？谁能施加影响力？	
四、主要负责人的个性特点	
▶ **用途**：只有了解分销商的主要负责人的个性特点，才能采用正确的方式与其打交道	
7. 分销商的主要负责人的个性特点是什么？ （1）为人言而有信，还是总出尔反尔？ （2）讲话直截了当，还是喜欢拐弯抹角和"话中有话"？ （3）遇事果断，还是优柔寡断？ （4）习惯于主观判断，还是注重以数据和事实为基础？ （5）处理问题情绪化还是理性化？ （6）其他个性特点	

销售力

580

需要了解的内容	具体信息
五、分销商的经营动态	
▶ **用途**：跟踪分销商的经营动态，有助于及时抓住有利因素和防范风险	
8. 分销商在经营管理方面有何动向？ （1）分销商是否有新的资金注入（如贷款、新股东加入等）？ （2）分销商是否将大量资金转移到其他投资项目？ （3）分销商是否准备投入较多资金引进新品牌？ （4）分销商在组织结构与人事方面有什么调整？ （5）分销商在储运能力方面有什么重大改变？ （6）分销商在客户网络方面有什么重大变化（新增或流失）？ （7）分销商的其他动向	
9. 分销商对与本企业的合作有何看法？ （1）分销商对销量、盈利、资金效率方面有什么意见甚至抱怨？ （2）分销商对本企业的产品和服务等有什么意见甚至抱怨？ （3）分销商有哪些明确或模糊的需求？ （4）分销商的其他意见和建议	
10. 分销商的其他代理品牌在经营方面有何动态？ （1）其他品牌（特别是本企业的直接竞争品牌）的经营业绩如何？ （2）其他品牌在与分销商的合作方面有什么新的重大举措？ （3）分销商引入了哪些新品牌？对本品牌的销售有何影响？ （4）有哪些品牌从分销商那里撤出？原因是什么？	

注：（1）分销商洞察所涉及的信息非常广泛，以上内容只是其中较为重要且具有共性的部分。（2）读者可以在本表上直接填写，这个填写的过程也同时检验了自己究竟对所辖分销了解多少。（3）本书将分销商洞察分为信息和数据两大部分，至于经营数据方面的内容详见"沙漏"数据分析法。

14.6.2 分销商的绩效评估

"分销商洞察"除了前面所讲的了解其经营管理方面的信息之外，重点就是对分销商的绩效评估，接下来介绍的内容，试图为读者提供一个清晰完整的分析和操作工具。

实用工具38

沙漏形分销商绩效评估方法

总体说明：

本工具用"沙漏"作为标题，是将企业和分销商比喻为沙漏的两端容器，而其中的流沙则好比双方的利益（见图14－21）。在洞察分销商经营状况的时候，不能只是从企业的角度看问题，还必须从分销商的角度分析其经营效益。两种观察角度的转换，就如同将沙漏反复颠倒的循环过程。

▶ **沙漏形绩效评估的基本思想**

既要从企业的角度评估分销商的绩效，也要站在分销商的角度评估其代理品牌的经营效益。换句话说，既要看到"我们眼里的分销商"，也要看到"分销商眼里的我们"，只有这样才能完整和深刻地洞察分销商，从而有效地管理分销商。

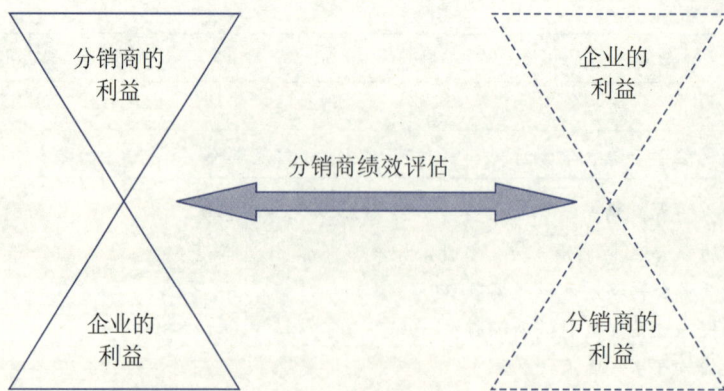

图 14 – 21　沙漏形分销商绩效评估示意图

▶ **沙漏形绩效评估的两个思路**

1. 无论是从企业还是从分销商的角度，都始终围绕以下三条"主线"考虑问题

（1）销售规模：卖得怎么样？

（2）盈利水平：赚了多少钱（扣除费用）？

（3）资金效率：投入了多少资金，效益如何？

2. 运用静态比较分析法，设立参照标准

分销商洞察的意义并不仅仅在于罗列出一大堆指标，孤立的数据是不会"讲话"的。

（1）从企业的角度看，合理的参照标准是所有分销商的平均水平（全国或区域），这样可以将行业形势、企业的产品和推广等分销商无法左右的因素摒弃在外。比如，某分销商的回款目标完成了 80%，这个数据本身并不能说明什么，如果所有分销商的回款目标完成率平均是 95%，那么显然绩效并不理想；反过来，如果由于企业的产品开发和推广失误等原因，导致全国的回款目标只完成 60%，那么这个分销商的绩效无疑较为优秀。

（2）从分销商的角度看，合理的参照标准是其总体经营水平，这样可以将当地市场以及分销商的自身因素引入其中，并有助于判断本品牌在其整体生意中的地位变化。

> **知识链接**　第 5 章的静态比较分析法

> **实用工具38.1**

分销商量化评估工具表

总体说明：

分销商量化评估工具表的时间跨度以月、季度或年度为单位，整个数据结构基本一致。以下示例数据以季度为单位。

编号	企业关注的生意指标	计算公式或备注	数据	平均水平	绩效指数	权重	得分
一、销售规模							
A11	回款目标完成率	A11 = A12 ÷ 回款目标	88%	80%	1.10	30	33
A12	回款额	分销商向企业的回款额	5 800 000				
A13	发运额	分销商从企业的进货额	6 300 000				
A14	发运额增长率	按时间序列或与去年同期比较	20%	15%	1.33	10	13.3

编号	企业关注的生意指标	计算公式或备注	数据	平均水平	绩效指数	权重	得分
A15	回款准时率	A15 = 准时回款额 ÷ A12	90%	95%	0.95	5	4.7
A16	退货率	A16 = 退货额 ÷ A13	5%	3%	0.60	5	3.0
A17	冲货情况评级	按严重程度可分为 0、－1、－2、－3 四级	－1			10	－10
二、盈利水平							
A21	企业的总体费用比例	A21 = A23 + A24 + A25	21.5%	20%	0.93	15	14.0
A22	企业的直接费用投入	一般指销售费用（也可包含广告费用等）	850 000				
A23	直接费用比例	A23 = A22 ÷ A13（或除以 A12）	13.5%				
A24	销售奖励比例	企业向分销商提供的返利或折扣等	3%				
A25	交由分销商支配的费用比例	主要指由分销商包干的费用比例	5%				
三、资金效率							
A31	企业的信贷资金周转率	A31 = A13 ÷ A32（或用 A12 替代 A13）	12.6	10	1.26	10	12.6
A32	分销商欠款总额	分销商目前欠企业的货款金额	500 000				
A33	逾期未付金额及其账龄	所谓账龄，指欠款时间	100 000		≤账龄为 45 天，逾期 15 天		
四、过程指标							
A41	加权平均分销率	对各类终端渠道的分销率加权平均	75%	70%	1.07	10	10.7
A42	终端直接销量比例	直接覆盖终端的销量所占生意比例	62%	68%	0.91	5	4.6
A43	库存服务水平	A43 = 1 － 加权平均缺货率	98%	95%	1.03	5	5.2
A44	送货服务水平评级	按服务水平可分为 0、1、2、3、4、5 六级	3 级	3 级	1	5	5.0
					综合评分：		96.1

本工具只是为读者提供一个量化评估分销商的基本框架，具体使用时需要根据实际情况适当调整。

（1）"企业关注的生意指标"：

A. 在第二部分"盈利水平"中没有直接列出企业的利润额，原因在于实地销售经理很难准确知道企业的总体利润水平，通过"总体费用比例"指标，已经可以对企业在不同分销商之间的"盈利水平"进行评估和比较了。

B. 从生产企业的角度看，其不仅关注最终的生意结果，也关注过程，所以将 4 个主要的过程指标列入其中。

（2）"计算公式或备注"：

A17"冲货情况评级"：这个指标较难量化，只能根据该分销商的冲货频率与数量进行人工评级。

A44"送货服务水平评级"：这个指标也较难量化，需要根据企业实际情况确定分级标准，也可参考第 13 章"目标分销商素描模板"中设立的 6 个级别进行评级。

（3）"平均水平"：孤立地评估某个生意指标并没有太大意义，任何一个分销商的绩效好坏都只能是一个相对的概念。

本工具采用企业或区域的平均水平作为评估的"标杆"，当然也可根据企业的要求直接设定各项指标的参考标准。

（4）"绩效指数"：某项指标的绩效指数越高，代表分销商在这方面相对越出色，指数为 1 表示平均水平。

"绩效指数" = "数据" ÷ "平均水平"，但 A16（退货率）和 A21（总体费用比例）的绩效指数则是"平均水平" ÷ "数据"。

（5）"权重"：代表每一项指标在整个指标体系中的相对重要性，以上权重分配只是示例，读者需要结合实际情况自行确定。

（6）"得分"：每一项指标的得分等于其"绩效指数"乘以权重，但 A17（冲货情况评级）的得分则是用评级数据直接乘以权重。

实用工具38.2

分销商经营效益分析表

总体说明：

分销商经营效益分析表的时间跨度可以月、季度或年度为单位，整个数据结构基本一致。以下示例数据以季度为单位。

编号	分销商关注的生意指标	计算公式或备注	本品牌数据	总体数据（可估算）	生意比重或对比指数	说明
一、销售规模						
B11	销售额（出货价）	分销商销售给下线客户的金额	7 200 000	23 000 000	31%	≪销量比重
B12	销量增长率	按时间序列或与去年同期比较	22%	15%	1.47	≪销量增长指数
B13	销售额（进货价）	B13 = B11 − B23	6 624 000			
二、盈利水平						
B21	分销商的利润额	B21 = B11 × （B24 + B26 + B27）− B25	452 000	1 200 000	38%	≪利润比重
B22	分销商的利润率	B22 = B21 ÷ B11	6.3%			
B23	分销商的毛利额	B23 = B11 × B24	576 000			
B24	分销商的毛利率（倒扣）	分销商再销售的平均毛利率	8%			
B25	分销商承担的费用投入	分销商投入于再销售的费用	700 000			
B26	企业给予的销售奖励比例	企业向分销商提供的返利或折扣等	3%			
B27	企业给予的费用补贴比例	企业交由分销商支配的费用	5%			
三、资金效率						
B31	分销商的投资回报率（ROI）	B31 = B21 ÷ B33	22.2%	16%	1.38	≪ROI 指数

编号	分销商关注的生意指标	计算公式或备注	本品牌数据	总体数据（可估算）	生意比重或对比指数	说明
B32	分销商的营运资金周转率	B32 = B11 ÷ B33	3.5 次			
B33	分销商的营运资金投入	B33 = B34 + B36 + B38 − A32	2 040 000	5 000 000	40.8%	≪资金占用比重
B34	应收款金额	下线客户目前欠分销商的货款总额	1 440 000			
B35	平均应收款天数	B35 = B34 ÷ 每天平均销售额（出货价）	18 天			
B36	库存金额	分销商最新的库存金额（进货价）	1 100 000			
B37	库存天数	B37 = B36 ÷ 每天平均销售额（进货价）	15 天			
B38	分销商的其他资金投入	如保证金或为企业代垫的费用等	0			

本实用工具从分销商的角度对其经营效益进行全面分析，并且结合分销商的整体生意状况，了解本品牌在分销商生意中的相对地位和表现。本表也可以理解为分销商对本品牌的绩效评估表。

（1）"分销商关注的生意指标"：分销商的关注点紧紧围绕本品牌在"销售规模""盈利水平""资金效率"三大方面的表现，至于具体指标的选择，读者可以根据实际情况在本表基础上适当调整。

（2）"计算公式或备注"：

B33"营运资金投入"：分销商的应收款金额中包含了毛利部分，但为便于操作，本表没有将毛利部分从中剥离出来。

B34"应收款金额"和B36"库存金额"：理论上应取统计期间的平均值，但为便于操作，本表仅取最新数据作为参考。

B35"平均应收款天数"：其中"每天平均销售额（出货价）" = B11 ÷ 90 = 8 万元（季度平均），再用应收款金额相除即得 18 天。

B37"库存天数"：其中"每天平均销售额（进货价）" = B13 ÷ 90 = 7.36 万元（季度平均），再用库存金额相除即得 15 天。

（3）"总体数据"：指分销商整体的经营数据，在无法获得准确数据的时候，可以通过估算获得近似数据。

分销商往往不会孤立地看待本品牌的经营效益，总是将本品牌放在他的整个生意体系中进行比较，所以本表采用分销商的总体经营水平作为参考标准。此外，还可以将分销商的经营数据与其他分销商的平均水平进行比较。

（4）"生意比重或对比指数"：等于本品牌的数据除以分销商的总体数据。本表只对 5 个重要指标进行了对比，读者可以根据需要对其他指标按同样方式进行比较分析。分析分销商经营效益的目的，最重要的在于洞察四个问题：

A. 本品牌在分销商整体生意中的销量比重是多少？

B. 本品牌在分销商整体生意中的利润比重是多少？

C. 本品牌的销量增长速度相对于分销商的整体生意而言快还是慢？

D. 本品牌为分销商带来的投资回报率相对于其整体生意而言高还是低？

▶ 沙漏形分销商绩效评估方法的图示表达

采用如图 14 −22 所示的表达方法，可以更直观地洞察分销商的经营状况，为有效地管理分销商和实现"双赢"提供决策依据。图 14 −22 中的数据来源于实用工具 38.1 和实用工具 38.2 中的

585

第14章 分销商系统的管理

示例数据，在实际应用时还需要标明具体的统计期间。

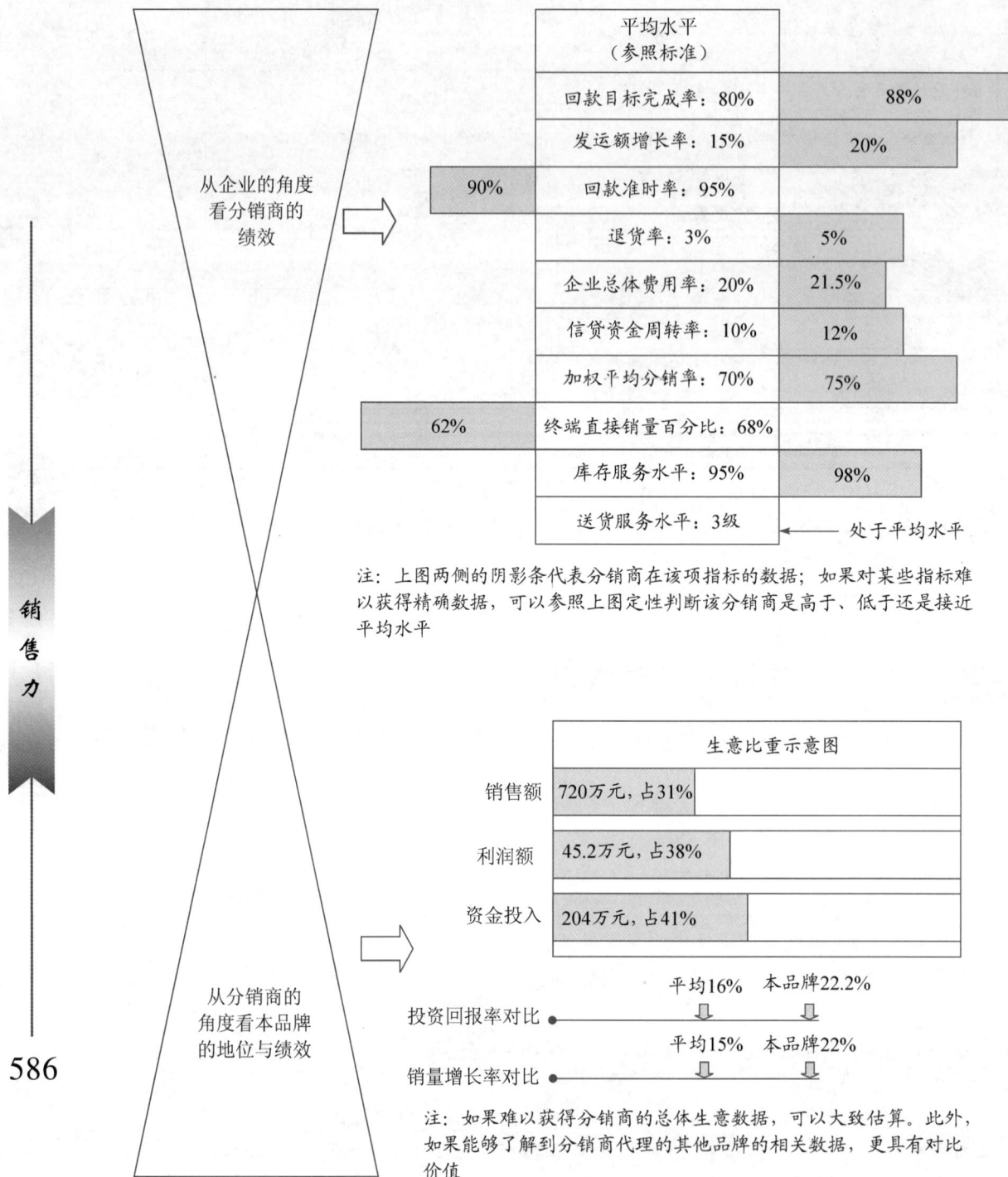

从企业的角度看分销商的绩效

平均水平
（参照标准）

回款目标完成率：80%　88%
发运额增长率：15%　20%
回款准时率：95%　90%
退货率：3%　5%
企业总体费用率：20%　21.5%
信贷资金周转率：10%　12%
加权平均分销率：70%　75%
终端直接销量百分比：68%　62%
库存服务水平：95%　98%
送货服务水平：3级　处于平均水平

销售力

注：上图两侧的阴影条代表分销商在该项指标的数据；如果对某些指标难以获得精确数据，可以参照上图定性判断该分销商是高于、低于还是接近平均水平

生意比重示意图

销售额　720万元，占31%
利润额　45.2万元，占38%
资金投入　204万元，占41%

投资回报率对比　平均16%　本品牌22.2%
销量增长率对比　平均15%　本品牌22%

从分销商的角度看本品牌的地位与绩效

注：如果难以获得分销商的总体生意数据，可以大致估算。此外，如果能够了解到分销商代理的其他品牌的相关数据，更具有对比价值

图 14 – 22　沙漏形分销商绩效评估方法示意图

▶"沙漏形"分销商绩效评估方法小结

从以上分析中不难看出，对分销商的绩效评估需要掌握许多重要（甚至是敏感）数据，销售经理获得这些数据大致有以下4条途径：

A. 企业总部或上级提供的数据。

B. 自己平时的生意记录和分析。

C. 下属提供的销售报表（如分销报告等）。

D. 通过与分销商主要负责人的沟通，获取相关的经营数据。这是难度较高但非常重要的数据收集途径，关键在于通过平时的工作赢得分销商的信任，并且让分销商看到你分析数据之后所反馈的有价值的信息。

本实用工具的重点在于"沙漏形"的双向评估角度，以及三条主线（销售规模、盈利水平、资金效率）和静态比较分析方法。至于具体指标的选择，不可能存在完全通用的指标体系，读者在具体使用时可以根据生意需要删减或增加其他指标，或将其中的指标进一步明细化。

14.6.3 "顾问型"管理简介

"顾问型"管理最大的特点是不局限于本品牌与分销商之间的生意合作，而是将视野扩大到分销商的整个经营管理范围，通过协助分销商优化生意结构来提升本品牌的销量。"顾问型"管理必须基于对分销商全盘生意的深刻洞察，可能涉及分销商的各个经营管理环节，其中最重要的是两点：

1. 品类管理 (category management)

通过对分销商所有代理品牌的经营状况的分析，协助其优化品类结构，使有限的资源尽可能产生最大的效益。当然，从实地销售经理的角度来看，这样做的前提是本品牌一定要在建议分销商主攻的品类之中，并且本品牌是其中最大的受益者之一。具体的分析方法与企业内部的品类分析类似，无非从各个品类及其品牌的投资回报率、销量贡献、利润贡献等方面"择优去劣"。

2. 渠道优化 (channel optimization)

通过协助分销商对其分销渠道进行结构性调整，拓展本品牌的分销网络。这种结构性的渠道优化往往需要多个品牌形成合力，不一定是本品牌"单打独斗"。

至此，本章已经按照由浅入深的顺序阐述了分销商管理的三个层次——"买卖型"管理、"委托型"管理、"伙伴型管理"，以及这三种管理所基于的分销商洞察。相信各级销售管理者都有一个很大的体会，在分销商管理工作中，"合作"与"冲突"永远是两大主题，如何处理这个矛盾呢？

最后用作者的一点领悟作为本章的结束语，并和读者共勉：

> **成为分销商"信赖的伙伴和尊敬的对手"**

说明：

（1）作为"伙伴"，要让分销商信赖你的人品和专业能力。

（2）作为"对手"，要让分销商尊敬你维护企业利益的立场以及"有理有节"的处事之道。如果只会胡搅蛮缠或以出卖企业利益来讨好分销商，只会被对方所鄙视。

◤ 本章要点回顾 ◢

本章简要概括了分销商系统管理工作的整个作用力体系，并系统地阐述了分销商系统管理的具体内容。全章把分销商系统的管理工作按由浅到深的顺序划分为 4 个层次，并将分销商洞察作为贯穿 4 个层次管理工作的"主线"。本章的重点在于针对每一项具体工作，将分析方法和实际操作"固化"为实用工具，为销售经理提供"容易的下一步"。

本章的要点可以概括为"1 + 1 + 10"：

1 个总览（见图 14 - 1）。

▶ **3 个输出："分销商能量星"的三大作用力**

分销商对批零网点的利益推动力和服务力

分销商对网点分销与促销的人员作用力

分销商对网点分销与促销的资源作用力

▶ **E 形管理模型：**

3 横分别代表 3 个层次："买卖型"管理 → "委托型"管理 → "伙伴型"管理

1 竖代表贯穿 3 个管理层次的"主线"——分销商洞察

▶ **4 个输入：影响实地销售经理管理分销商系统的作用力**

分销商的质量及与企业的合同条款

企业对分销商的基本作用力

企业对分销商的人员作用力

企业对分销商的资源作用力

1 个分销商系统管理的"坐标图"（见图 14 - 3）。

10 个实用工具：

【实用工具 29】OPA 订单计算法

【实用工具 30】应对分销商拖欠货款的"8520"方法

【实用工具 31】分销商往来账目一体化跟踪表

【实用工具 32】激励分销商之"勾股定理"

【实用工具 33】T 形库存管理方法

【实用工具 34】仓库管理的基本常识

【实用工具 35】厂商联合预算表

【实用工具 36】分销商管理中的 16 种问题及其对策

【实用工具 37】分销商洞察工具表

【实用工具 38】沙漏形分销商绩效评估方法

读者可以在本章的基础上进一步延伸知识体系（图 14 - 23）。

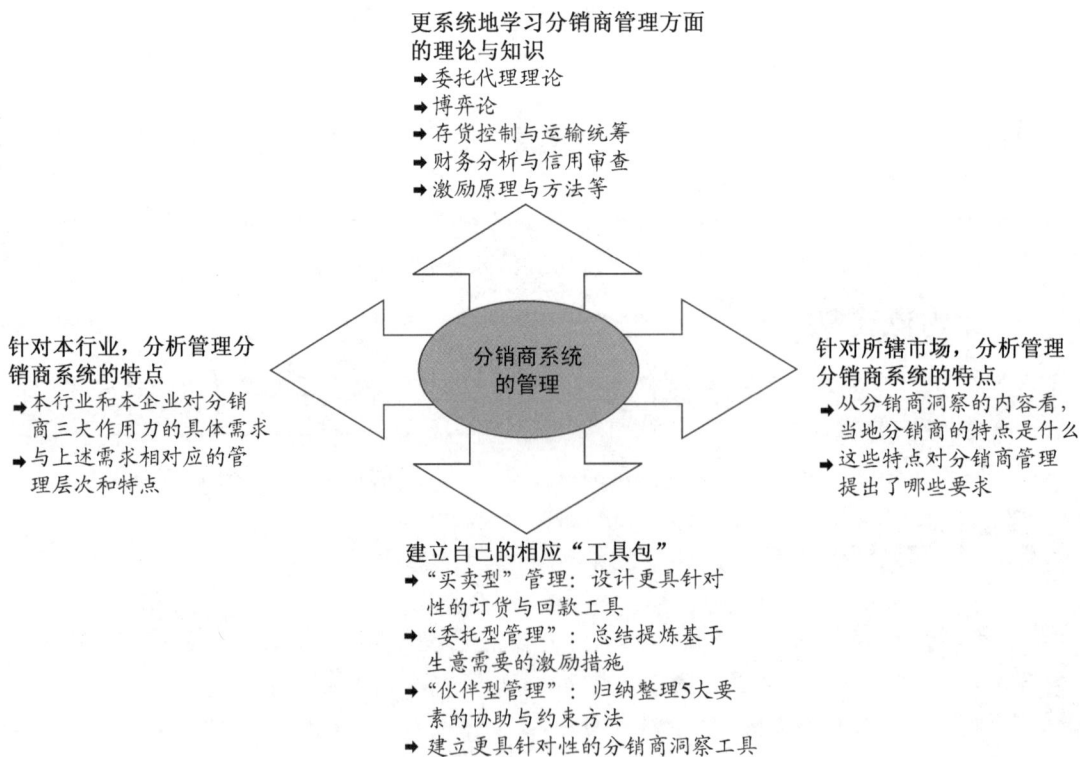

更系统地学习分销商管理方面
的理论与知识
➡ 委托代理理论
➡ 博弈论
➡ 存货控制与运输统筹
➡ 财务分析与信用审查
➡ 激励原理与方法等

**分销商系统
的管理**

针对本行业，分析管理分
销商系统的特点
➡ 本行业和本企业对分销
商三大作用力的具体需求
➡ 与上述需求相对应的管
理层次和特点

针对所辖市场，分析管理
分销商系统的特点
➡ 从分销商洞察的内容看，
当地分销商的特点是什么
➡ 这些特点对分销商管理
提出了哪些要求

建立自己的相应"工具包"
➡ "买卖型"管理：设计更具针对
性的订货与回款工具
➡ "委托型管理"：总结提炼基于
生意需要的激励措施
➡ "伙伴型管理"：归纳整理 5 大要
素的协助与约束方法
➡ 建立更具针对性的分销商洞察工具

图 14 - 23　第 14 章的知识体系延伸示意图

销
售
力

588

第15章 ◣ 分销商冲货问题的分析与对策 ◢

　　冲货（也称为窜货、倒货）一般指分销商（也包括企业的销售分支机构）向非授权地区低价倾销的行为，是营销渠道问题中最为典型和激烈的表现形式之一。

　　恐怕没有任何一个销售问题比冲货更为普遍和难以解决，几乎各个行业（特别是消费品）在每个市场都可能被冲货问题所困扰，而且纵使你使尽"浑身解数"，似乎也很难克服这个"顽疾"。虽然营销界对冲货问题的讨论和"出谋划策"可谓不计其数，但放眼现实，却很少有企业真正成功地解决了冲货问题，很多方案实施的效果往往是"昙花一现"甚至"对策比问题更糟"。正因为冲货问题是各级销售管理者必须正视的一个焦点与难点，本书专辟一章对这个问题进行专题讨论，我们将重点探讨以下三个问题：

　　A. 冲货对生意的危害有多大？
　　B. 冲货问题背后的原因是什么？
　　C. 如何应对冲货问题？

15.1　冲货对生意的危害有多大

案例15-1　　　　　　　　　"旭日"落地对冲货问题的警示

　　曾经如日中天、光芒四射的"旭日升"如今却遇到了不小的经营困难，人们形象地把它称为"旭日"落地。据资料显示，目前旭日保健公司的总负债已经达到5.3亿~5.6亿元，其中欠客户2.3亿元，另外还有大量的员工集资款（每人收1万元的风险金）没有付清。"旭日"为什么会从天上摔下来？除了其内部粗放式经营管理之外，对营销渠道管理不严、分销商冲货现象严重也是罪魁祸首。

　　人们经常看到成集装箱的旭日升冰茶从公司运到分销商手中，然后分销商又把货成车成车地拉到其他区域销售，甚至是从哪来的回哪去，有人把它叫"冲货"，旭日集团则把它叫"窜货"。不管叫什么，其本质都是跨区域降价销货，这导致的直接后果就是市场价格混乱。

　　其他企业也有冲货现象，但旭日集团的冲货却是空前的，一些分公司连续不断地冲货还被集团内部高层管理人员所认可，旭日集团的一位领导更是语出惊人："货不冲不卖。"在他们眼里，冲货根本就没什么大不了的。他们根本就没意识到，冲货会冲掉旭日的明天。

　　有这样一个例子：旭日集团曾搞过一个大型促销活动，每进30件冰茶搭赠一辆价值180元的自行车；每进50件搭赠价值300元的人力三轮车；不足30件的，则赠购物卡。各地区搭赠的物品不尽相同，但原则是平均每件6元的促销费。这个政策一出台，立刻收到了前所未有的效果，仅保定某县分销商就进货1万件，且在极短的时间内把1万件货迅速出手了，并要求再次进货。这1万件冰茶该县消化的了吗？当然消化不了。那么货又到哪去了呢？回答是给冲走了。冲到哪里去了，没有人知道。在促销期过后，因二级批发商手中的货压得太多，产品在该周边地区开始滞销。原来，分销商们利用促销机会，以低于市场价很多的价格把货出手了。当时，冰茶的价格一度跌到了33元1件，而出厂价是41.6元1件。

　　以上只是"旭日升"分销商进行冲货的简单一例。没有了监督和压力，分销商们便放开手脚去冲击其他市场，甚至是赔钱卖货（带动其他产品销售）。

销

售

力

这样一来，商家笑了，可厂家却哭了。冲货现象破坏了"旭日升"原有的营销渠道，造成市场秩序紊乱，丢失了利润的主要来源地，如蚁噬大堤一般，在不经意间让一个有序的市场体系崩于一旦。不促销，分销商不进货，可促销又无异于饮鸩止渴；渴得难受时，明知是鸩也要饮，"旭日升"陷入了进退两难的境地。其结果自然是丢掉了原有的市场份额，产品积压严重，经营陷入困境也就不足为奇了。**"旭日落地"，冲货罪责难逃**。

资料来源　徐志伟. 从旭日落地看冲货销售 [J]. 经营管理者，2005（12）.

稳定有序的价格体系是任何一个企业保持渠道畅通的首要条件，而恶性冲货恰恰从根本上动摇了企业整个销售系统的根基，因此对于"冲货对生意的危害有多大"这个问题，我们可以作出如下回答：

冲货对生意的危害是致命性的，各级销售管理者必须从战略高度来重视这个问题。

注：我们常常把分销商的代理范围比喻成责任田，试想一个社会如果纵容甚至怂恿人们到别人的田里收割庄稼，那么还有谁愿意通过精耕细作来"劳动致富"呢？最终的结果必然是所有的田地都一片荒芜。

当然，并非所有的冲货行为都必须立即加以制止，当企业处于市场启动阶段时，可以关注冲货问题但不一定要马上采取行动。本章的讨论对象不是这种类型的企业。

虽然冲货可以在短期内提高企业的销量和回款额，但是这些"好处"与其危害相比可谓微不足道。如果各级销售管理者沉溺于这些"好处"，都认为"货不冲不卖"，那么冲掉的不仅是分销商及其客户的信心，更是企业的明天。

认识到冲货的危害和具有解决问题的决心，并不等于冲货问题就迎刃而解了。要想解决冲货问题绝对不是想象中那么简单，似乎只要规定一个价格体系再加上惩罚机制就"万事大吉"了。因此，深入洞察冲货问题背后的原因是解决冲货问题的第一步。

15.2　透视冲货问题背后的原因

一提到冲货的原因，人们自然会从分销商和企业两方面去找，比如归咎于分销商的素质不高或者企业急功近利的销售政策等，但事实仅仅如此吗？

15.2.1　伯川德悖论与囚徒困境

1. 伯川德悖论

法国著名的经济学家伯川德（Joseph Bertrand）于 1883 年建立了一个经典的经济模型，史称**伯川德悖论**。其核心思想可以用一句话来概括：

完全竞争市场中的"无差异产品"，利润趋于零。

（1）所谓完全竞争市场，指市场上销售某类产品的企业数量很多，无人可操纵价格。

（2）所谓无差异产品，指各个企业销售的产品几乎不存在差异性，如石油、煤炭等。

如果满足上述两个条件，那么在完全竞争市场中每类无差异产品最终只有一个价格，并且在这个价格下，各企业的利润趋于零。

"伯川德悖论"原本用于分析生产企业之间的市场竞争行为，但我们将其应用到对分销商之间的竞争分析当中，也会发现存在类似的规律。各个分销商所销售的同一企业的产品是 100% 的**"无差异产品"**，根本没有任何区别。如果生产企业的分销商布局广泛，数量众多，那么实际上就接近于**"完全竞争市场"**。满足了这两项条件，就说明"伯川德悖论"同样适用于分销商之间的市场竞争行为，最终的结果必然是互相冲货，从而导致利润水平普遍很低。

"伯川德悖论"并非只是一个"猜想"，而是经济学家运用严密的数学公式推导而来的（具体证明过程从略），并且这个结论至少在大趋势上与现实的经济状况相吻合。

2. 囚徒困境

伯川德悖论同样可以用博弈论中的囚徒困境模型来解释。当多个分销商销售的是同一企业的"无差异产品"时，他们所面临的需求曲线是一条非常平缓的曲线，微小的价格变动就可能导致需求量的巨大变化。因此，价格竞争无疑是最重要的竞争手段，而这种价格竞争实际上就是分销商之间的博弈。

【例 15－1】某企业在 A、B 两地各有一个分销商，A 地每月销售额 100 万元，B 地每月销售额 150 万元。A、B 两个分销商从企业拿到的进货价都是 10 元，企业要求所有分销商都按照 11 元批发。假定任何一个分销商按照 10.5 元（降价 5%）的价格冲货到对方市场，就可以"抢到"对方 50% 的销量（批发渠道），试问这两个分销商会遵守企业的要求吗？什么才是这个博弈的均衡状态？（冲货博弈的得益矩阵如图 15－1 所示）

A分销商 ＼ B分销商	冲货	不冲货
冲货	8.75（A），10（B）	13.75（A），7.5（B）
不冲货	5（A），17.5（B）	10（A），15（B）

注：4 个方格中的数字代表两个分销商在不同行动组合下的利润（单位：万元）。

图 15－1　冲货博弈的得益矩阵

（1）在冲货博弈中，纳什均衡就是（冲货，冲货），同时也是占优战略均衡，就是说不论对方如何选择，自己的最优选择都是冲货。

（2）比如对 A 分销商而言：在 B 分销商不冲货的情况下，如果自己冲货的话可以增加 3.75 万元的利润，所以冲货比不冲货好；在 B 分销商冲货的情况下，如果自己也冲货可获得 8.75 万元（在 A 地损失了 5 万元，从 B 地获得 3.75 万元）的利润，不冲货的话白白损失了 5 万元利润，所以还是冲货比不冲货好。这样在 A 分销商看来，无论 B 分销商是否选择冲货，自己选择冲货都是最优战略。同理，B 分销商也是一样的思考过程，所以最终两个分销商都选择冲货。

（3）为什么两个分销商都不冲货，各人都赚自己的钱不构成纳什均衡呢？因为在这种情况下，任何一个分销商只要降价就会大幅增加销量和利润，因而每个分销商都会有强烈的冲动去削价竞争。所以都不冲货往往只能是短暂的状态，不可能是长期均衡。

在例 15－1 中，两个分销商彼此冲货的结果必然导致批发价格降低到 10.5 元，但这个价格仍然不是最终的价格水平。以此为起点，双方仍然有进一步降价争夺市场的冲动，最终的均衡状态将是批发价格接近 10 元的成本价。因为在批发价已经接近 10 元的时候，任何一个分销商都不会再有改变价格的冲动，假如某个分销商抬高价格，必然会导致生意的大量流失；而如果再降价，虽然可以扩大生意量，但将会带来严重亏损。这就是"伯川德悖论"所揭示的规律：**完全竞争市场中的"无差异产品"，利润趋于零。**

当然，以上只是分销商"冲货博弈"的简化模型，实际上，分销商之间的冲货问题要比"囚徒困境"博弈复杂得多，这种复杂性主要体现在两点：

（1）各个分销商并非在信息隔绝的情况下独立决策，他们可以先观察对手的行动，再决定自己的策略，并且只要生意还在延续，分销商之间就有一个重复博弈的过程，所以每个分销商都可能顾及到长远利益而有所收敛。

（2）各个分销商之间可以相互沟通（也可能由厂家牵线），甚至订立口头或书面的价格协议，这些沟通或者协议都可能在短期内对冲货行为形成一定的约束，从而减缓价格下跌的速度。

尽管存在以上两点区别，但从整个趋势来看，分销商之间的冲货和价格不断下跌几乎是不可避免的，具体的差别只是体现为时间问题，并且这种进程一直到所有分销商都无钱可赚才会停止。这种规律往往不以人的意志为转移，因为博弈论的核心思想就在于此：

任何一种博弈（这里可理解为价格竞争）必然将趋向和最终稳定在均衡状态（称为纳什均衡）。所谓均衡状态，就是在这种状态下，博弈各方都没有改变现状的冲动。"囚徒困境"博弈揭示了一个深刻的哲理："大家都好"往往不构成纳什均衡，最终的结果常常是"大家都差"。这就是个人理性与集体理性的矛盾。

知识链接 第 5 章的囚徒困境

3. 从更广阔的视野来认识冲货问题

以上分析说明分销商的冲货并不是一个简单的素质问题，而是为完全竞争市场的经济规律所支配。如果我们把视野拓宽到其他领域，就更容易理解这个问题。

（1）生产企业之间的价格竞争。

为什么各个生产企业不惜投入重金来建立品牌呢？原因就在于企业希望通过品牌使自己的产品从"无差异产品"中脱离出来，从而避免利润趋于零的结局。尽管如此，当品牌竞争力较为接近和产品同质化的时候，价格竞争往往是必由之路。比如，大家所熟悉的彩电行业，价格一降再降，直至各企业几乎无利可图甚至严重"流血"。那些大的彩电生产企业之间也曾经订立过"价格同盟"，而且国家信息产业部也屡次出面协调和约束，为什么这些努力都无法阻止降价的洪流呢？

彩电行业的这种削价竞争也可以理解为品牌之间的"冲货"，只不过争夺的对象直接是消费者而已。难道长虹、康佳、TCL 等彩电生产企业不明白"稳定价格，大家都有钱赚"的浅显道理吗？难道我们可以将这种现象天真地归咎于这些企业的领导人素质不高吗（恰恰相反，他们都是中国赫赫有名的卓越企业家）？而且同样的"悲剧"还在我国的手机、汽车以及其他行业继续重演。也许有的人会将这种现象解释为市场供过于求或者厂家的库存积压严重等，但这些原因不过是"导火索"而已。只要是完全竞争的市场和"无差异产品"（或差异不大），最终的利润趋于零就是难以违背的法则，这种结局是达到纳什均衡的必然要求，谁也难以逃脱囚徒困境。

作者曾经见过不少销售经理在自己的品牌大幅削价竞争的时候，却痛斥分销商的冲货行为，将自己的削价竞争美化为"竞争策略"，而将分销商的冲货行为归于"素质低下"。其实这两件事情根本就是一回事，根源都在于伯川德悖论和囚徒困境博弈所揭示的市场竞争规律。

（2）国家之间的军备竞赛。

如果我们将目光投向政治、军事等领域，就会发现囚徒困境所揭示的道理同样适用于这些领域。各个国家都不进行军备竞赛甚至都不建立军队，将巨额的军费开支投入到经济建设中去，无疑对每个国家都是巨大的利益，但为什么现实却与理想背道而驰呢？因为美好的愿望往往不符合纳什均衡的条件。如果各国都没有军队或者军事力量都不强，任何一个国家都有强烈的改变现状的冲动。它只要发展军事力量就很容易统治全世界，所以最终的结局就只能是基于军备竞赛的"恐怖平衡"。这与"分销商都不冲货"的美好愿望同现实的巨大反差，可谓"异曲同工"。

从伯川德悖论和囚徒困境博弈中我们似乎得出了一个非常悲观的结论，那就是分销商的利润注定趋于零，但为什么现实并非完全如此呢？比如：

A. 为什么分销商的冲货往往集中于批发渠道，而终端渠道的利润却相对较高呢？

B. 为什么分销商即使在批发渠道也并非利润为零，而是处于微利的状态呢？

C. 为什么分销商代理某些小品牌可以获得暴利并维持相当长的时间呢？

销
售
力

D. 为什么即使就同一企业的产品和销售政策而言，不同地区的分销商冲货程度也会有所差异呢？

接下来我们将以冲货行为的交易成本为着眼点，分析和解答上述问题。

15.2.2　冲货行为的交易成本分析

伯川德悖论和囚徒困境博弈着重阐明了分销商削价竞争的冲动，但要具体实施冲货行为同样会面临交易成本的问题。任何理性的冲货行为（不包括恶意报复），都必然以冲货的分销商和接收冲货的客户都要有利可图为前提，而冲货行为的"单位交易成本"的高低就决定了对冲货产品和渠道的选择，以及最终的均衡价格水平。

1.　什么是冲货行为的"单位交易成本"

冲货行为的"单位交易成本"＝冲货的交易成本÷冲货金额

从以上公式可以看出，"单位交易成本"的高低同时取决于交易成本和冲货金额。

下面从冲货的分销商和接收冲货的客户两个角度，列出可能发生的交易成本（见表15-1）。

表15-1　　　　　　　　　　　　　冲货行为的交易成本一览表

从冲货的分销商角度看	从接收冲货的客户角度看
1. 异地运输费用	1. 异地运输费用
2. 搜寻客户以及沟通/谈判的成本	2. 由于异地批量订货所造成的资金积压成本，以及失去就近补货的其他便利（如方便的退换货服务）等
3. 由于异地收款可能增加的收款成本甚至坏账风险	3. 可能失去企业和当地分销商所提供的各项支持
4. 其他交易成本	4. 其他交易成本

注：以上暂不考虑企业可能施加的惩罚成本。

2.　为什么冲货往往相对集中于批发渠道（特别是批发大户）

这个问题的答案很简单，那就是冲货到批发渠道（特别是批发大户）的单位交易成本最低（见表15-2）。

表15-2　　　　　　　　　　　　　不同渠道的冲货成本对比表

渠道类型	单位交易成本	交易成本	冲货金额
批发大户	最低	低	大（且需求的价格弹性很大）
普通批发商	较低	低	较大（且需求的价格弹性较大）
KA等大型终端	高	最高	较大（但需求的价格弹性较小）
中小零售终端	高	较低	小（且需求的价格弹性很小）

（1）冲货到批发渠道的交易成本远低于零售渠道。

▶ **冲货至批发渠道（特别是批发大户）的交易成本简析：**

A. 批发商的组织结构一般较为简单，往往是老板说了算，因此沟通成本很低。

B. 批发商与本地分销商的合作关系一般比较松散，他们最看重的是价格，只要价格低很容易转换供应商。

C. 批发商的订货与回款流程极其简单，所以异地送货与收款的成本不高。

▶ 冲货至 KA 等大型终端渠道的交易成本简析：

A. KA 等大型终端的组织结构相对比较复杂，而且决策时间较长，因此建立客勤关系以及沟通的成本很高。

B. KA 等大型终端往往与本地分销商签订了明确的采购合同，转换供应商并非一件很容易的事情，而且需要的时间很长。

C. KA 等大型终端对送货、发票、结款的要求比较严格而且复杂，并且回款时间普遍较长，所以异地送货与收款的成本相对较高。

D. KA 等大型终端并不仅仅看重采购价格，还非常关注生产企业或分销商给予的各种促销支持，所以必然会要求异地供应商提供同样的促销支持，而冲货的分销商很难满足这些要求（即使想满足，在操作上也会遇到很大困难）。

至于中小零售网点的交易成本则介于上述两者之间。

（2）批发渠道的销量较大，而且需求的价格弹性很高。

批发商（特别是批发大户）的销量相当于下线批零网点的汇总，所以销量一般都大于零售终端，而且更重要的是，批发商需求量的价格弹性远高于零售终端，如图 15-2 所示。

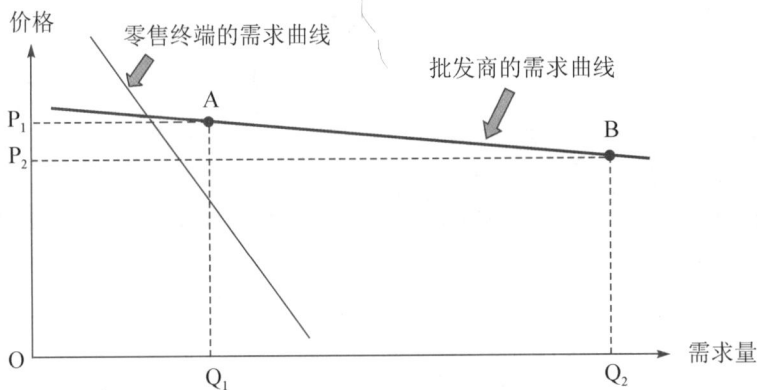

注：（1）P_1 代表批发商的进货价 1，Q_1 代表此价格所对应的批发商的需求量；（2）P_2 代表批发商的进货价 2，Q_2 代表此价格所对应的批发商的需求量。

图 15-2　零售终端与批发商的需求曲线

从图 15-2 可以看出，批发商的需求曲线是一条非常平缓的曲线，微小的价格变动就可能导致需求量的巨大变化；零售终端的需求曲线是一条相对陡峭的曲线，同样的价格变动所带来的需求量的变化远比批发商要小。因此，批发商的需求量对进货价格非常敏感，如果异地分销商的价格极具竞争力，那么批发商不仅很容易转换进货渠道，而且很可能大大增加其进货额。

综上所述，既然分销商冲货到异地批发渠道（特别是批发大户）的交易成本相对较低，而且冲货金额又相对较大，那么单位交易成本必定是最低的，所以批发渠道必然是冲货的"重灾区"，这一点和现实状况也非常吻合。当然，这并非讲终端渠道就绝对不会受到冲货的影响，一方面，批发价格的下跌会间接对终端的价格体系造成压力；另一方面，当 KA 等大型终端形成连锁业态后，销量的扩大可以在一定程度上降低异地冲货的单位交易成本。

3. 为什么分销商即使在批发渠道也并非利润为零，而是处于微利的状态呢

从许多知名品牌的批发价格来看，往往分销商还会保留 0.5% ~2% 的毛利（已包括了所有返利等），为什么不是绝对的利润为零呢？这个微利水平又是取决于什么呢？

【例 15 - 2】某企业在 A、B 两地各有一个分销商，A、B 分销商从企业的进货价都是 10 元，年终返利 3%。已知 A、B 两地相距约 200 公里，运输费用分摊到每支产品上大约要 0.1 元。企业要求所有分销商按照 11 元的价格批发。试问两地分销商对批发大户的批发价最终会稳定在什么价位？

答：两地分销商对批发大户的批发价最终极有可能稳定在 9.85 元左右。

分析：

（1）一开始 A、B 分销商可能会按照 11 元的价格批发，但根据之前所讲的"伯川德悖论"和"囚徒困境"博弈的规律，双方都有削价冲货的冲动，所以批发价格肯定会逐步下滑。这种价格下跌的动因，并不一定首先是由于分销商主动冲货，很可能是两地的批发商以销量作为诱饵，并虚报市场价格逼迫分销商降价。

（2）当批发价格下跌至 9.85 元左右时，A、B 分销商的冲货基本达到均衡状态：

A. 分销商的底价在进货价扣除返利之后是 9.7 元。

B. 如果运费由冲货的分销商支付，那么他必须在 9.7 元的底价上再加上 0.1 元的运费，按照 9.8 元的价格供应给对方的批发商；反之，如果运费由接收冲货的批发商支付，那么即使价格为 9.7 元，实际"到岸价"也是 9.8 元。

C. 再考虑到批发商就近补货不用积压资金以及其他便利，本地分销商即使在 9.8 元的价格上再加 0.05 元（这个加价是一种主观判断，也可能加得更高或一分钱都不能加），批发商应该都不会到外地进货。所以，最终的均衡价格很可能定位在 9.85 元左右。

（3）当批发价格下跌至 9.85 元左右时，两地之间的冲货基本停止，双方都不会再有改变现状的冲动，最终 A、B 两个分销商的批发毛利率都维持在 1.5% 的微利水平。

从例 15 - 2 中，我们可以大致得出如下公式：

最终的均衡批发价格 = 分销商的底价 + 冲货的单位交易成本（异地运费等）

比如，例 15 - 2 中两地分销商最终在批发渠道（主要指批发大户）维持 1.5% 的微利水平，实际上就源于双方冲货的单位交易成本，这种单位交易成本如同两地冲货的"壁垒"。冲货的单位交易成本越高，则最终分销商维持的毛利水平就越高，反之亦然。此外，对那些行业内的"龙头品牌"而言，最终的均衡批发价格很可能等于分销商的底价。也就是说，分销商在这些"龙头品牌"上略亏，从其他代理品牌上赚回来，这就是通常所说的"堤内损失堤外补"的道理。

以上所讲的冲货主要指异地冲货，如果某生产企业在一个城市有两个或两个以上的分销商并且代理同样的产品，那么由于同一城市内分销商之间冲货的单位交易成本几乎为零，最终的均衡批发价格往往就是分销商的底价。也就是说，这些分销商在批发渠道（主要指批发大户）的利润基本为零。

当然，实际的生意状况非常复杂，还与企业产品的畅销程度、分销商的布局密度和选择，以及控制冲货的措施等密切相关。上例中的数据只反映畅销品牌的一种基本规律。此外，如果企业进行大规模的渠道促销或费用出现流失，那么实际上就是降低了分销商的底价，从而进一步降低了最终的均衡批发价格。所以有的企业给分销商的正常返利只有 5%，但市场上的批发价格却可能低至出厂价扣 20%。

4. 为什么分销商代理某些小品牌可以获得暴利并维持相当长的时间

在实际工作中，我们会发现对小品牌而言，伯川德悖论和囚徒困境似乎并不完全适用，原因有以下两点：

A. 小品牌的分销密度往往较低，所以还没有达到完全竞争市场的条件，而且小品牌的价格透明度一般也不高，所以分销商在相当长的一段时间内可能会赚取暴利。

B. 由于小品牌的分销网点少以及产品的变现速度慢，分销商冲货的交易成本（如搜寻客户、沟通与谈判以及送货和收款等）反而更高，再加上冲货金额较低，因此冲货的"单位交易成本"必然很高，对冲货的分销商和接收冲货的客户而言，实际收益并没有太大的吸引力。

因此，当许多小品牌声称已经控制住了冲货时，实际上只是因为分销商的冲货动力不足甚至根本不想冲货。随着生意的不断发展壮大，可以预见冲货情况也会随之愈演愈烈。同样的道理也适用于同一品牌的不同产品之间，往往畅销产品的冲货情况最为严重，而分销商一般在相对滞销产品上还可以保留略高一些的毛利。

5. 为什么即使就同一企业的产品和销售政策而言，不同地区的分销商冲货程度也会有所差异

（1）每个分销商的冲货能力有所差异，这主要表现为分销商在其代理区域外是否有较大的渠道影响力。如果分销商在其他区域没有现成的客户网络，那么搜寻客户以及沟通和谈判的成本并不低，特别是在收款方面存在一定的难度和风险。所以很多分销商声称不冲货（而且事实上也没有冲货），部分原因也是因为他根本没有冲货渠道，对于这类分销商并不能掉以轻心，他一旦建立了冲货渠道，同样可能"开闸放水"。这就如同许多人对社会上的腐败现象深恶痛绝，但当他一旦掌权之后，可能腐败程度有过之而无不及。

（2）市场规模越大或者产品越是畅销的地区，一般冲货情况越为严重，原因在于冲货的"单位交易成本"较低。

（3）分销商往往同时代理若干个品牌，因此同一个品牌在不同的分销商看来，其重要性程度和利益侧重点差异较大，所以每个分销商在价格策略和冲货意愿方面也会有所不同。

（4）由于冲货相对集中于批发渠道，因此一个地区的批发渠道比重越大，或者分销商直接覆盖终端的比例越小，自然冲货情况就越"泛滥"。

6. 小结

尽管伯川德悖论和囚徒困境阐明了分销商冲货行为的必然性（直至无利可图），但是从现实情况来看，冲货行为在渠道、产品、地区之间并非均匀分布，而是呈现出明显的选择性特点。这种选择性取决于具体冲货行为的"单位交易成本"：

分销商冲货的"单位交易成本"越低，那么冲货程度往往就越严重。

▶ 从渠道看，冲货往往集中于单位交易成本最低的批发渠道；

▶ 从产品看，产品越畅销则单位交易成本越低，所以冲货情况也越严重；

▶ 从地区看，市场规模越大，当地的分销商越是具有冲货渠道，批发渠道比重越大，则冲货情况也越严重。

以上规律是基于分销商在一定毛利空间下的比较，毋庸置疑，分销商的毛利空间越大，则冲货情况可能越严重，因为分销商在同等交易成本下的收益也越大。

15.2.3 企业急功近利的销售政策是加剧冲货问题的"催化剂"

虽然分销商冲货源于完全竞争市场的经济规律，但是生产企业一些急功近利的销售政策也在其中起到了"推波助澜"的作用，极大地提高了冲货的强度和价格下跌的速度。这些销售政策涉及企业销售管理的各个方面，归纳起来大致有以下五条，其中共同的特点就是"急功近利"。

1. 纯粹以回款总额为导向的分销商激励机制

如果生产企业对分销商的激励机制只是遵循一个简单的逻辑："回款越多，奖励和支持就越多"，那么不难想象这样的企业必定是分销商冲货的"天堂"。既然可以通过冲货轻松地增加销量，为什么还要"精耕细作"呢？而且冲货越多必然回款越多，所得到的企业奖励或支持（比如更低的供货价，更高的折扣、返利和费用支持等）也越多。这不但可以弥补冲货的成本，还可以反过来作为进一步冲货的"资本"。

2. 纯粹以回款总额为导向的销售人员激励机制

在这样的激励机制下，必然是"重赏之下必有勇夫"，不过这个"勇"很可能不是发挥在努力提高真正的销量上面，而是发挥在了鼓动分销商冲货的积极性上面。任何扎扎实实工作的效果都不可能如冲货那样立竿见影，所以在这样的"指挥棒"下，一个理智的销售经理必定不会舍近求远。

事实上，很多分销商冲货的背后都离不开厂家销售经理的怂恿和支持，将各种费用甚至自己的提成作为分销商冲货的"弹药",这样的现象在当今销售队伍中俯拾皆是。至于为什么会拿出自己的提成来"补贴"分销商(冲货),这就是"边际分析法"的应用:

反正那些区域的销量也不是自己的,冲货的这一块销量完全是新增的销量,即使实际拿到的提成比例少了一些也是可以"赚"回来的,而且就算一分钱提成不拿,至少也提高了销售业绩,在年终奖或者升职方面也会"有所斩获"。

3. 分销商布局过密或选择不当

销售经理为了在短期内大幅增加回款,最好的方法就是不断地开设新分销商,甚至根本不对分销商之间的代理范围进行明确划分。这样做势必会加剧市场的竞争程度,促使分销商更快地陷入囚徒困境之中,冲货的激烈程度可想而知。此外,由于事先考虑不周(甚至故意),选择了拥有大量冲货渠道的分销商,也必然会加剧周边地区的冲货问题。

4. 通过渠道促销,一味向分销商压库存和回款

当销售遇到瓶颈或者想在短期内放"卫星"的时候,任何人都想得到的最容易的方法就是向分销商大幅让利促销。渠道促销一般不可能提升年度销量,往往只是将2~3个月的回款集中到1个月之内,这样做必然造成分销商竞相冲货和市场价格的大幅下滑,用饮鸩止渴来形容并不为过。此外,向分销商制定过高的销售目标,也是驱使分销商冲货的原因。

5. 由于费用控制不力,费用转换为分销商冲货的"资本"

由于销售经理和分销商都存在冲货的意愿,企业如果对费用控制不力,必然会导致费用流失为分销商冲货的资本。市场上一些分销商以明显亏损的超低价冲货还"乐此不疲",原因就在于此。至于那些将费用包干给分销商的企业,实际上等同于变相降价,可以预见如果包干的费用是15%,那么市场上的批发价格很可能就是出厂价扣15%。

以上五个问题在本书的相关部分都有较为详细的阐述,这里只是将其集中作一简述,不再深入展开。从企业销售政策与管理的角度分析冲货的原因,可以为我们提供两点启示:

A. 当我们在一味指责分销商或销售人员恶性冲货并四处"围追堵截"的时候,不要忘了先反省企业的销售政策;否则,一脚踩刹车,另一脚却踩在油门上,"冲货之车"怎么也停不下来。

B. 如果我们故意纵容甚至怂恿分销商冲货,并在为短期回款而"窃喜"时,不要忘了分销商无利可图可以换一个品牌做,而冲货实际上冲掉的是企业的明天。

15.2.4 冲货原因小结

1. 从完全竞争市场的经济规律看,只要还存在一定的利润空间,冲货就是必然趋势

点评:冲货不是简单的分销商素质问题,而是受经济规律支配的一种必然行为。

2. 冲货行为同样存在交易成本,因此在冲货的渠道、产品和地区等方面表现出明显的选择性;分销商实施冲货行为的"单位交易成本"越低,冲货程度往往就越严重

▶ 从渠道看,冲货往往集中于单位交易成本最低的批发渠道。

▶ 从产品看,产品越畅销则单位交易成本越低,所以冲货情况也越严重。

▶ 从地区看,市场规模越大,当地的分销商越是具有冲货渠道,则冲货情况也越严重。

▶ 从价格体系看,分销商的毛利空间越大,则冲货情况一般也越严重。

3. 企业一些急功近利的销售政策是加剧冲货问题的"催化剂"

点评:从1、2两点可以看出,冲货的根源并不在于分销商的素质和企业的销售政策,但是如果企业采取急功近利的销售政策,将会对冲货行为起到"推波助澜"的作用,所以改善企业的销售政策可以在一定程度上缓解冲货问题。

上述三种影响冲货问题的原因如同三种力量,构成了一个直观而简洁的"力学模型",如图15－3所示。

③推力：企业急功近利的销售政策是加剧冲货问题的"催化剂"，如同图中"冲货之球"加速运动的推力

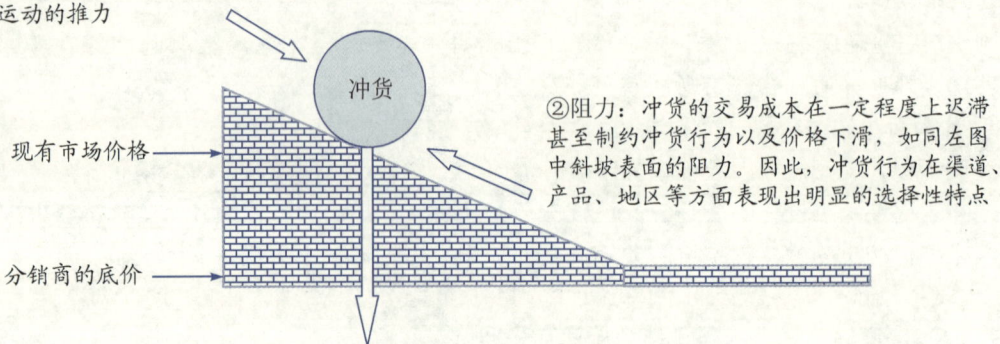

冲货

②阻力：冲货的交易成本在一定程度上迟滞甚至制约冲货行为以及价格下滑，如同左图中斜坡表面的阻力。因此，冲货行为在渠道、产品、地区等方面表现出明显的选择性特点

现有市场价格 →

分销商的底价 →

①重力：完全竞争市场的经济规律，决定了冲货是一种必然趋势，如同把价格拉低的万有引力
➡ 伯川德悖论：完全竞争市场中的"无差异产品"，利润趋于零
➡ 囚徒困境："大家都有钱赚"并非稳定的均衡状态，最终结果很可能是"大家都无利可图"

图 15-3 透视冲货原因的"力学模型"

15.3 冲货的"洪流"仅仅靠处罚机制能"堵"住吗

当洪水泛滥的时候，人们的第一反应就是采用堵塞的方法，哪里出水堵哪里；同理，当各级销售管理者面对冲货的"洪流"时，最容易想到的就是采用惩罚的方法，谁冲货就处罚谁，这似乎已经成了解决冲货问题的惯性思维。

15.3.1 常见的冲货处罚机制

虽然各个企业在解决冲货问题时可谓"各显神通"，但万变不离其宗，归结起来都可以称为"三位一体"的模式：**限定最低销售价格 →产品编码或标记 →冲货处罚**。

1. 对分销商的再销售价格体系进行严格限定

限定分销商的再销售价格体系（其中最重要的是限定最低批发价格），既是对分销商的价格指引，也是冲货行为的判断标准。

2. 对所有产品进行编码或标记

由于各个分销商销售的是"无差异产品"，必须针对发往每个分销商的产品内外包装进行编码或标记，这样可以辨别冲货的来源。常见的方法按照从易到难排列如下：

（1）发运之前，在外包装箱上编号或作标记。

（2）在每支产品出厂前，记录发往每个分销商的产品流水号。

（3）直接在每支产品上，喷印每个分销商的编号或者"××地区专卖"之内的标记。

当然，企业在生产和发运环节越麻烦，在辨别冲货来源时也就越准确和方便。

3. 与分销商签订防止冲货的协议，并明确惩罚措施

对冲货的常见惩罚措施，按照由宽到严的顺序大致可分为以下 5 种（常混合使用），并常常按照该分销商被发现的冲货次数递增处罚强度：

（1）要求冲货的分销商，自行将所有冲货的产品完全回收。

（2）根据被发现冲货的产品数量，按照每一箱（甚至每一支）处以事先规定的罚款。考虑到"被抓住"的冲货产品可能只是"冰山一角"，所以不少企业还对被发现冲货的产品数量按照倍增法计算，比如发现一支产品当作一箱计算等。

（3）扣除冲货分销商的返利以及其他利益等。

（4）要求分销商交纳"防冲货保证金"，如果一旦发现冲货就予以全部或部分扣除。

（5）取缔分销商的代理资格。

此外，有些企业在处罚冲货的分销商的同时，还弥补被冲货分销商的损失。

任何企业都可以很容易地制定一个关于冲货的处罚机制，而且分销商一般都不会有任何异议（除了交纳"防冲货保证金"），所以与分销商签订防止冲货的协议也不困难。但冲货问题这么容易就解决了吗？

15.3.2 冲货行为的鉴定困难

分销商一旦向厂家付款提货，就取得了货物的所有权，这种所有权当然也包括对货物的处置权和收益权等。因此，分销商按照什么价格再销售以及把货物卖到哪里，理论上讲厂家只能与其协商但无法强制。从这种意义上讲，分销商低价冲货属于其合法权益，并非"违法行为"。当然，厂家与分销商签订了防止冲货协议之后，厂家按照协议处罚分销商就是"合理合法"的事情，但这必须基于厂家能够拿出分销商冲货的确凿证据，否则分销商必定会对处罚不服甚至反过来起诉厂家。

所以准确鉴定分销商的冲货行为，就成了任何冲货处罚机制在具体实施中的焦点问题。鉴定分销商的冲货行为，一般有两种标准：

A. 只要在甲地的任何一个批零网点发现乙地的货物，就视为乙分销商冲货；

B. 在上述标准上，再加上乙分销商确实以低于限定的最低价销售。

上述两种标准，在具体的鉴定过程中都面临巨大的困难。

1. 如何区分自然流通、恶意冲货、蓄意栽赃

如果仅仅采用 A 标准作为鉴定冲货的依据，那么处罚的范围将会扩大并难保公正，因为在甲地的某个批零网点发现乙地的货物，并非只有恶意冲货一种可能。

（1）自然流通。

虽然企业可以约束分销商的货物走向，但不可能限制广大批零网点的进货渠道，有时候即使在甲乙两个分销商价格相同的情况下，甲地的网点也可能从乙地进货，原因如下：

A. 企业常常按照行政区划（省、市、县）来界定各分销商的代理区域，但渠道流向并不一定囿于行政区划的限制，特别是两个代理区域的交界部分。比如，安徽的马鞍山市离江苏的南京市比离本省的合肥市甚至芜湖市还近，再加上南京的货物品种更为丰富，当地的批发商长期形成了从南京进货的习惯；即使在马鞍山市设立了分销商，也难以保证下面县城的批发商不从南京进货。

B. 有的分销商可能对下线客户的服务很差，比如不愿意赊账、经常断货、从不退换货等，这必然导致下线客户即使在同等价格下，也可能从异地进货。如果当地分销商的销售价格比企业规定的价格高出许多，那更会促使下线网点的异地进货。

此外，还有不少原因造成两地之间的自然流通，这并非分销商的恶意冲货，而是源于批零网点自己的进货习惯和选择。如果把自然流通也理解为"冲货"的话，那么这实际上是一种良性的"冲货"。

（2）恶意冲货。

所谓恶意冲货，就是指分销商的异地倾销行为，这才是需要严厉打击的对象。

（3）蓄意栽赃。

所谓同行相争，分销商之间很有可能出于诋毁或者报复对方（比如因为自己冲货被罚而怀恨在心）的心理，故意指使下线的某些网点从其他地方进货，然后向企业举报，表演一出"人赃并获"的好戏。就算企业的督察人员"明察秋毫"，但在没有确凿证据的情况下，是否也要被迫按照协议处罚呢？蓄意栽赃的现象在对冲货处罚严厉的企业中屡见不鲜，一时间"贼喊捉贼"的声音严重混淆视听而且很难辨别，让企业陷入"骑虎难下"的尴尬境地。

通过以上分析不难看出，仅仅发现异地编号或标记的货物就处罚分销商，将会使处罚措施过于严厉，并且很可能会造成"冤假错案"。也许有的企业会下定"宁可错杀三千，也绝不放过一个"的决心，但这样做不仅会"疲于奔命"，而且会对生意造成太大的负面影响，很可能得不偿失。

2. 难以获得分销商的真实冲货价格

正是因为考虑到上述问题，不少企业在鉴定冲货行为时还要求满足"低价"的条件，这样就可以将自然流通、蓄意栽赃同恶意冲货区分开来，因为前两种情况下良性的分销商都不会低于限定价格销售。

但是这样一来鉴定标准又显得过松，将会使很多恶意冲货的分销商逃过处罚。众所周知，分销商完全可以在销售单据上写明正常的销售价格，然后按照低价收款，你根本无法拿到书面证据，而这种做法对于绝大多数财务制度不规范的批发商完全适用。所以，如果以"低价"作为鉴定冲货的必要条件，那么事实上处罚机制很可能"形同虚设"。

即使你采用逻辑推理的方法判断无误，冲货的分销商也可以随便搪塞过去。比如，甲地的分销商按照 10 元的价格供应商品给当地批发商，但某些批发商却以 10 元的价格（甚至更高）从异地的乙分销商那里进货，这明显说明乙分销商给这些批发商的价格肯定低于账面上的价格。但乙分销商可以用甲分销商的服务差，或者当地批发商由于同行相争不愿从本地进货等原因搪塞过去。

综上所述，鉴定分销商的冲货行为绝对不是想象中那么简单，如果鉴定不准确，那么处罚的效果和"威慑力"必然会大打折扣。

15.3.3 对冲货行为的处罚困难

即使能够准确鉴定分销商的冲货行为，在接下来处罚分销商的问题上也会遇到不少困难，主要表现在以下三个方面：

1. 冲货很可能演变成普遍现象，让企业陷入"法不责众"的两难处境

"伯川德悖论"和"囚徒困境"博弈已经指出了冲货是完全竞争市场中的一种必然趋势，差别只在于时间和程度问题。所以如果企业没有充分认识到这一点，妄图"死守"价格或者对冲货的鉴定标准过于严格，那么很可能一夜之间发现许多分销商都不同程度地存在冲货行为，从而陷入"法不责众"的两难处境。

2. 如果分销商欠企业大量货款，处罚措施往往难以落实

不言自明，当一个分销商还欠着企业大量货款的时候，对他处以一定金额的冲货罚款，显然困难重重甚至根本不现实。因此处罚措施真正落实的前提是，必须要求分销商和企业之间现款现货（即使有赊账，也至少提供不动产抵押），当然能做到让分销商提供防止冲货的"保证金"就更加具有威慑力。但是，要做到与分销商现款现货甚至建立"保证金"制度，并非企业一厢情愿的事情，这与行业内的竞争强度和企业的行业地位密切相关。

3. 当重要分销商存在冲货行为时，各级销售管理者在处罚上往往会"投鼠忌器"

虽然不少销售管理者（包括企业主）在谈到处罚冲货行为时"信誓旦旦"，但是当重要分销商出现冲货问题时，由于顾忌到这些分销商所占的生意比例较大，并不一定敢按规定处罚甚至终止合作。这些分销商也会充分利用自己的生意比重，对企业进行要挟。

除非企业上下都有坚定打击冲货的决心，并且勇于承受短期的阵痛，否则所谓的处罚只能是抓一些"小虾米"做做样子，多半都是"雷声大，雨点小"。

正是由于冲货处罚机制在具体实施过程中，会面临鉴定与处罚的两大困难并耗费不少人力成本，所以我们会发现许多企业在治理冲货问题上往往是"虎头蛇尾"，而且从"信誓旦旦"到"偃旗息鼓"并不需要经历太长的时间。因此，各级销售管理者在面对冲货问题时，千万不要一时冲动而贸然推出理想化的处罚措施，否则很容易让自己陷入"进退两难"的尴尬境地，正所谓"上去容易下来难"。以上分析同时也折射出了解决冲货问题的复杂性和艰巨性，说明单纯寄希望于通过处罚机制来"堵"住冲货的"洪流"并不可行。

15.4 应对冲货问题的"12+1"对策

要想从根本上解决冲货问题，最好的方法当然是取消分销商体制甚至整个批发环节，由生产企

业直接覆盖所有终端甚至全部自建终端；或者以自建销售分公司取代分销商，虽然分公司也可能互相冲货，但是企业的管控相对容易很多。

比如，英国的啤酒生产企业直接购买或建设酒店、酒吧等啤酒零售终端，在英国 82 000 多家啤酒零售终端中，75%属于不同的啤酒生产企业，从而确保了啤酒价格的稳定。又如，家电领域的松下企业在设立了 22 000 多家松下专卖店之后，才成功地在全国范围内实施了"不二价"运动。在我国，海尔集团通过设立海尔专卖店和海尔家电园等措施，将销售渠道牢牢掌控在自己而不是分销商手中，从而切实保证了价格在全国范围内的稳定。

但是，由于中国幅员辽阔以及渠道集中度相对较低，再结合企业的自身条件，大多数企业都不可能简单照搬上述模式，特别是那些对分销密度要求很高的 FMCG 行业，完全摆脱分销商体制乃至整个批发环节，至少在现阶段缺乏可行性。所以，下面我们重点讨论在分销商体制下，如何应对冲货问题。

15.4.1　基本思路：大禹治水——疏导为主，堵截为辅

销售人员常常把冲货比喻为"洪水泛滥"，原因在于价格差异是形成冲货的必要条件（如同水往低处流的道理），而且冲货如同洪水一样四处泛滥并造成严重的后果。

本书借用"大禹治水"的故事，引出应对冲货问题的基本思路：

疏导为主，堵截为辅。

其具体包括以下两层含义：

▶ **解铃还需系铃人：**

——必须从冲货背后的原因中去寻求对策，如同治水必须先知水性。

▶ **解决冲货问题是一项系统工程：**

——从解决冲货问题的目的看：不要狭隘地理解为仅仅为了保护分销商的　大禹治水的故事
利益，可以因势利导促使分销商"精耕细作"，在一定程度上"变害为利"。如同大禹在治理洪水的同时，也通过水利工程服务于农业灌溉和水运等。

——从解决冲货问题的手段看：必须从销售工作的各个方面着手，并非只是局限于在末端环节对分销商进行处罚。如同大禹采用开渠排水、疏通河道的方法，而非一味堵住洪水。

——从解决冲货问题的时间看：绝不是一朝一夕之功，不要指望"一声令下"问题就迎刃而解。大禹治水花了 13 年的时间，而且"三过家门而不入"。

15.4.2　应对冲货问题的"12 + 1"对策

应对冲货问题的"12 + 1"对策如表 15 – 3 所示。

15.4.3　基于冲货"重力"的 4 种对策

完全竞争市场的"伯川德悖论"与"囚徒困境"博弈，指出了冲货以及价格下滑是一种必然趋势，本书将其比喻为把价格拉低的万有引力。基于对冲货"重力"的分析，我们在解决冲货问题时不能抱有"人定胜天"的幻想，而应在这种趋势下制定务实的对策。

对策 1：不要让所有的"筹码"都体现在分销商的"底价"当中

伯川德悖论和囚徒困境都说明市场价格（特别是批发价）将不断趋近于分销商的"底价"，而当市场价格几乎等于分销商的"底价"时才会处于均衡状态。由此可见，分销商的"底价"是一个至关重要的价格，而且也是冲货的底线。

所谓分销商的底价，并不是指企业的出厂价，而是分销商扣除所有已知的返利、折扣甚至费用比例之后的价格。比如，企业的出厂价是 10 元，给予分销商的年终返利是 5%，即时付款折扣是3%，费用包干比例是 10%，那么分销商的"底价"将会是出厂价扣 18%，即 8.2 元。因此如果市场上出现 8.2 元（或非常接近）的批发价格，并不会让人感到惊奇，这只是反映了完全竞争市场的经济规律。

表 15 - 3　　　　　　　　应对冲货问题的 "12 + 1" 对策（疏导为主，堵截为辅）

12 种疏导对策	1 种堵截对策
1. 基于冲货 "重力" 的对策（认清趋势，制定务实对策） （1）不要让所有的 "筹码" 都体现在分销商的 "底价" 当中 （2）适当缓解市场的竞争强度，并尽可能结合商品流向划分代理区域 （3）适时推出新产品，为分销商补充利润来源 （4）引导分销商走出 "囚徒困境"，实现 "恐怖平衡"	▶ 建立具备一定可行性的分销商冲货处罚机制 虽然解决冲货问题以疏导为主，但是必要的处罚机制仍然非常重要，可以作为一种重要的威慑力和表明企业的态度 前面的分析指出，冲货处罚机制在鉴定与处罚方面会面临较大的困难和成本，所以在制定处罚制度时一定要着重考虑可行性：
2. 基于冲货 "阻力" 的对策（将提高利润与加强零售覆盖相结合） （1）引导和支持分销商通过在零售渠道 "精耕细作" 赚取利润 （2）设立专项奖励，激励分销商加强零售覆盖水平和提高服务水平 （3）将重要批发商发展为二级分销商，引导其加强分销覆盖	➡ 从宏观来看，要考虑企业在主观与客观两个方面的因素 ➡ 从微观来看，要考虑价格限定标准、冲货鉴定标准、货物编码或标记以及处罚措施严厉程度四个方面的可行性
3. 基于冲货 "推力" 的对策（对症下药，切忌急功近利） （1）改进对分销商只重回款的激励方式，降低其冲货的意愿和 "资本" （2）完善对销售人员的激励与处罚机制，至少使其不要成为冲货的帮凶 （3）慎用渠道促销，不要一味地压分销商的库存和回款 （4）严格控制无序开设分销商的情况，并把握好分销商的选择标准 （5）加强费用控制，避免费用流失成为分销商冲货的 "弹药"	

（1）既然难以阻止市场价格趋近于分销商的 "底价"，那么就适当抬高分销商的 "底价"，留出一些空间通过其他方式来激励分销商。

企业给予分销商很低的出厂价和极高的返利或折扣，本意是希望激励分销商，让其因为丰厚的利润而努力销售。但无数的事实都证明，只要企业的激励措施让分销商很容易折算到 "底价" 中，那么你给予分销商多少，市场价格就会降低多少，最终是 "赔了夫人又折兵"；不仅分销商仍然无利可图，而且企业又因为 "一刀用老" 而缺乏利润空间再激励分销商。

所以，各级销售管理者不能只为图 "省事" 而将所有的激励措施（直接或变相）放到 "价格" 这一个篮子中，并且千万不要对自己处罚冲货的措施太过自信，适当抬高分销商的 "底价" 才是明智和务实之举。

（2）不要以不切实际的 "高价" 作为鉴定冲货的标准，那样只会让自己 "骑虎难下"。

企业以高毛利来吸引分销商本无可厚非，但如果把 "高价" 作为鉴定冲货的标准，则明显是轻率之举，说明完全没有认识到 "万有引力" 的作用。

比如，你限定分销商的最低批发价必须高于出厂价20%，否则就视为冲货而予以处罚。可以预见这种价格体系迟早会崩溃，除非市场竞争强度很低（比如产品不畅销或者分销商数量很少）。到时候，你要么为众多的冲货投诉而 "焦头烂额"，要么就陷入 "法不责众" 的尴尬境地之中。

（3）最好企业对所有分销商都按照 "到货价" 计算，让分销商的 "底价" 一致。

如果企业让分销商承担运费，那么势必造成距离越远的分销商的 "底价" 越高，从而为近距离的分销商冲货创造便利（多品牌的货物集中在一起可以使运费更便宜）。此外，更不能让分销商自提而由企业补贴运费，那样的话，近距离的市场很可能成为冲货的 "重灾区"，许多分销商就近倾销以赚取运费就够了。

对策2：适当缓解 "市场的竞争强度"，并尽可能结合商品流向划分代理区域

伯川德悖论基于 "完全竞争市场" 和 "无差异产品" 两个条件，因此从这两方面着手都可以适当缓解市场的竞争强度。对每个分销商提供不同的产品一般不现实，所以关键在于控制分销商的布局密度。当然，分销商布局并不仅仅以冲货问题作为主要衡量标准，但至少应做到三点：

（1）所谓一山不容二虎，尽量不要让两个（或更多）分销商的代理范围交叉甚至完全相同，否则冲货必然盛行并且会波及其他地区。

（2）不要为追求短期回款而无序地设立分销商，这样做无异于"饮鸩止渴"。

（3）由于各地渠道格局中自然形成的商品流向，很容易在城市之间形成自然流通，所以在划分每个分销商的代理区域时，不能机械地按照行政区划来划分。

有些小品牌实际上就是通过降低市场的竞争强度（如给予一个分销商广阔的代理区域）来维持分销商的高毛利的，当然这种做法并不适合于大中型品牌。

对策3：适时推出新产品，为分销商补充利润来源

既然市场价格注定会持续下滑，直至分销商无利可图，那么适时推出新产品为分销商补充利润来源也是一个务实之举。当然，推出新产品绝不仅仅是为了这一点。如果企业指望通过冲货处罚措施来维持一个成熟产品的价格，常常会"心有余而力不足"。

对策4：引导分销商走出"囚徒困境"，实现"恐怖平衡"

虽然分销商之间的冲货博弈与"囚徒困境"很相似，但毕竟分销商之间是长期博弈，而且可以互相沟通信息，所以我们在解决冲货问题时，并不一定只把视野局限在企业和分销商之间，可以引导分销商彼此之间实现"恐怖平衡"。

所谓恐怖平衡，就是让分销商之间彼此相信对方具有反击冲货的报复能力和决心，使双方在这种"可置信的威胁"中达到互不冲货的均衡状态。这在博弈论中称为"针锋相对"（tit for tat）的最优策略，也是人们常说的"人不犯我，我不犯人；人若犯我，我必犯人"。如同美俄两个核大国之间的"核恐怖平衡"，双方都拥有足以摧毁对方的核武器，于是双方才稳定在互不侵犯的均衡状态。

"恐怖平衡"的策略不仅可以用于分销商之间，还可以针对接收冲货的当地批发商。这些批发商一般也代理其他品牌，所以可针对其最赚钱或销量最大的品牌施加威胁，在双方之间建立"恐怖平衡"。

有些人是"不见棺材不掉泪"，在受到"威胁"之后仍然会基于侥幸心理而继续冲货，那么被冲货的分销商必须立即作出反击（无论以多大的代价），给对方树立一个"说到做到"的形象，这将会使其他客户也不敢轻易"冒犯"。很多时候，仅仅靠耐心说服或者签一个协议并不能解决问题，必须让冲货的分销商感到"切肤之痛"才能遏制其冲货的势头；分销商之间的反击比企业的处罚要容易得多，并不需要调查取证，只要"心知肚明"就可以了。

15.4.4　基于冲货"阻力"的3种对策

分销商冲货同样存在交易成本，这是阻止其冲货的天然"壁垒"，所以分销商的冲货往往相对集中于"单位交易成本"最低的批发渠道；KA等大型终端渠道对异地分销商而言，往往交易成本太高，中小终端又因为单店销量较低而没有吸引力。由于分销商冲货到零售渠道会遇到较大的"阻力"，这就给我们提供了一个应对冲货问题的新思路：

既然解决冲货问题的最终目的是维护分销商的利润，那么何必一定要"困守"批发价格这个"老大难"问题呢？引导和协助分销商提升零售渠道的分销率和终端销量，同样可以增加分销商的利润（并且相对稳定），而且还能把生意发展同应对冲货问题有机地结合起来。

对策1：引导和支持分销商通过在零售渠道"精耕细作"赚取利润

批发渠道冲货严重以及毛利微薄的压力，正好可以引导和支持分销商加强零售渠道的分销和促销工作，使其从"精耕细作"中赚取稳定的利润。此外，当地接收冲货的批发商，他的货（即使再层层批发）最终也必须通过零售渠道才能卖出去。因此，分销商加强直接覆盖终端的能力，对这些批发商而言无异于是"釜底抽薪"之举，也是间接打击了异地冲货行为。当然，零售渠道的拓展工作不是一日之功，需要长时间的持续努力，但这毕竟是一个"一石三鸟"的正确策略：**提高分销商的利润，加强企业的零售覆盖，间接打击冲货行为**，所以必须坚持不懈。

虽然当地接收冲货的批发商很可能会针对零售渠道倾销（主要针对中小终端），但是零售终端关注的不仅仅是价格，还包括送货上门、主动拜访、陈列和促销支持等其他要素，所以只要价格相差不是很远，并不会构成太大威胁。

反过来，对于那些恶性冲货的分销商，则可以运用零售费用支持进行"威逼利诱"，促使其将注意力转移到零售渠道拓展上来。当然，如果企业的其他销售政策太过于急功近利，那么分销商也可能会把从零售渠道赚取的利润"贴补"到批发渠道的冲货中，但是企业对零售费用支持的伸缩弹性远比冲货的罚款要容易一些。

对策2：设立专项奖励，激励分销商加强零售覆盖水平和提高服务水平

这方面的内容已经在上一章的分销商激励当中加以阐述，通过这项措施同样可以起到"奖优罚劣"的作用，既补贴了分销商的利润，又引导其加强了零售覆盖水平和提高了服务水平。

对策3：将重要批发商发展为二级分销商，引导其加强分销覆盖

仅仅通过加强零售渠道拓展，可能速度较慢，因此在有条件的情况下，可以将一些重要的批发商发展为二级分销商，对其提供一定的分销与促销支持，使其接收异地冲货的机会成本大大增加，不会为了一点差价而摇摆不定。具体操作，详见后续章节的有关内容。

以上所有的零售费用或奖励都必须严格监管，并且根据当地零售渠道的发展需要来决定，不能简单地与分销商的回款挂钩，否则又沦为了分销商的"冲货基金"。

15.4.5 基于冲货"推力"的5种对策

从完全竞争市场的经济规律来看，分销商之间的冲货以及价格下滑本来就有其必然性，如果企业进一步推行急功近利的销售政策无异于"火上浇油"，无论采用何种"疏导"或"堵截"的对策都无济于事。因此，从企业自身的角度减少加剧冲货的"推力"至关重要。

以下5种对策分别对应于5种产生冲货"推力"的原因，本章前面的内容已经加以说明，所以下面只是简单列出减少冲货"推力"的5种对策：

对策1：改进对分销商只重回款的激励方式，降低其冲货的意愿和"资本"

对策2：完善对销售人员的激励与处罚机制，至少使其不要成为冲货的帮凶

对策3：慎用渠道促销，不要一味地压分销商的库存和回款

对策4：严格控制无序开设分销商的情况，并把握好分销商的选择标准

对策5：加强费用控制，避免费用流失作为分销商冲货的"弹药"

以上5种对策涉及销售管理工作的各个方面，具体操作详见本书的相关内容，其中都考虑到了尽量避免加剧冲货行为，这里不再赘述。

15.4.6 建立具备一定可行性的冲货处罚机制

上述应对冲货问题的12种"疏导"对策，主要以冲货问题背后的"重力""阻力""推力"3个方面为着眼点，强调因势利导和对症下药，这是明智和务实的应对策略。虽然解决冲货问题以疏导为主，但是必要的处罚机制仍然非常重要，特别是可以作为一种重要的威慑力并表明企业的态度。

前面的分析指出，冲货处罚机制在鉴定与处罚方面会面临较大的困难和成本，所以在制定处罚制度时一定要考虑可行性；一个难以实施的冲货处罚机制还不如没有，这就是系统论中所讲的"对策可能比问题更糟"的道理。

1. 从宏观来看，冲货处罚机制的可行性需要从以下两个方面来考虑

（1）从主观方面来看。

企业的主要决策者是否有足够的治理冲货问题的决心，这种决心一方面表现在监测冲货行为上的投入（如专门的督察机构和人员），另一方面表现在是否有足够的心理准备来承受因为处罚冲货分销商所可能带来的短期阵痛（如货款风险、生意额下降甚至终止合作等）。如果没有这样的决心，那么最好不要"玩火"。

（2）从客观方面来看。

决心来自于实力，并不是拍拍胸脯这么简单。行业的竞争强度以及企业在行业中的地位，是否让企业在处罚冲货的分销商方面具有足够的威慑力和行动空间？对于行业内的一流企业，这个问题并不困难；而对于小企业，可能希望分销商冲货都没得冲；而对中型企业而言，这个问题确实需要反复掂量。

2. 从微观来看，冲货处罚机制的可行性需要从以下 4 个方面进行斟酌

（1）设定可行的价格限定标准。

前面的分析已经指出，不切实际地设定一个"高价"（特别是批发价）作为界定冲货行为的最低限价，本身就是一种"掩耳盗铃"的行为，注定无法维持。所谓可行的价格标准，没有一个通用的模式，一般可以用同类产品的分销商在各个渠道的平均毛利率作为参考。

（2）设定可行的冲货鉴定标准。

如何鉴定冲货行为是处罚机制面临的最大困难。如果只要发现异地货物就视为冲货，虽然足够严厉但又难以区分自然流通、恶意冲货、蓄意栽赃；而如果一切冲货行为都要附加"低价"作为鉴定标准，又因为难以获得真实的冲货价格而显得标准过宽。总体而言，如果企业有足够的督察人员进行实地调查，那么可以采用较为严厉的鉴定标准；反之，可以采用稍微宽松的鉴定标准，给自己留下一些回旋的余地。比如，只对相对容易鉴定的 KA 等大型终端渠道和主要的批发市场进行严格规定（只要发现异地货物就视为冲货），其他渠道可以附加"低价"作为构成冲货的条件。

（3）设定可行的货物编码或标记。

所谓可行，一方面指容易鉴别货物来源，另一方面指企业的生产和储运部门可以支撑。这两者显然是互为消长的关系，货物编码或标记越细，自然越容易鉴别，但生产和储运环节的成本也越高。这方面取决于企业的决心和实力。

（4）设定可行的处罚措施。

处罚措施越严厉当然威慑力越强，但是如果企业的实力没有达到相当程度，仅凭一时冲动制定过于严厉的处罚措施，很容易让自己"骑虎难下"。比如，动不动就要取消分销商的代理权，很容易让企业（特别是当分销商所占生意比重较大时）因为"投鼠忌器"而难以下手。因此，最好是设计循序渐进的处罚强度，并在协议的措辞方面留有一定余地，如"企业将对情节严重并不予改进的分销商，终止与其合作"。至于可以选用的具体处罚措施，前面在讨论"三位一体"冲货处罚机制时已经加以说明，这里不再赘述。

综上所述，"可行性"是建立冲货处罚机制的核心。从宏观来看，并非每个企业都一定要贸然推出冲货处罚机制，当条件不成熟时，可以代之以具体问题具体处理的方式。从微观来看，需要仔细斟酌处罚机制的 4 个要素，绝对不能简单地照搬其他企业的模式（本书为避免误导读者，也没有提供所谓的成功案例）；否则，很容易陷入"进退两难"的尴尬境地。

分销商之间的冲货行为是冲击渠道价格体系的主要问题。此外，批发商的"砸价"和零售终端之间的"低价竞争"也会对价格体系造成不同程度的影响，这方面的问题将会在后续的分销部分加以阐述。事实上，所有渠道成员的削价竞争行为，都是基于完全竞争市场的普遍经济规律，缺乏对冲货原因的深刻洞察就不可能找到正确的应对方案，一味地"围追堵截"只会导致"愚公移山"式的悲壮结局。正是由于价格竞争问题的普遍性和复杂性，注定了没有完美的解决方案，这是一个需要长期研究的课题。

最后应用中国古代两个发人深省的故事作为本章的结束语，并和读者共勉：

> 应对冲货问题，应效仿"大禹治水"，而非"愚公移山"。

◤◤◣ 本章要点回顾 ◢◥◥

本章实际上是从第 14 章"分销商系统的管理"中单列出来的一个专题讨论。分销商的冲货问题是各级销售管理者所面临的一个普遍而艰深的问题，本书无意（事实上也不可能）向读者提供一个完美的解决方案，重点在于剖析冲货问题背后的原因，并据此提出应对冲货问题的基本思路和主要对策。

本章的所有要点都浓缩在图 15 - 3 和表 15 - 3 中。